História do Teatro Brasileiro

EDITORA PERSPECTIVA

Supervisão editorial J. GUINSBURG

Equipe de realização
Preparação de texto YURI CERQUEIRA DOS ANJOS
Revisão MARCIO HONORIO DE GODOY
Capa e projeto gráfico SERGIO KON
Produção RICARDO W. NEVES, LUIZ HENRIQUE SOARES, SERGIO KON, ELEN DURANDO *e* RAQUEL FERNANDES ABRANCHES

SERVIÇO SOCIAL DO COMÉRCIO
Administração Regional no Estado de São Paulo

Presidente do Conselho Regional ABRAM SZAJMAN
Diretor Regional DANILO SANTOS DE MIRANDA

Edições SESC SP

Conselho Editorial
IVAN GIANNINI, JOEL NAIMAYER PADULA, LUIZ DEOCLÉCIO MASSARO GALINA, SÉRGIO JOSÉ BATTISTELLI

Gerente MARCOS LEPISCOPO. *Adjunto* ÉVELIM LÚCIA MORAES. *Coordenação editorial* CLÍVIA RAMIRO, ISABEL M.M. ALEXANDRE. *Produção editorial* ANA CRISTINA PINHO, JOÃO COTRIM

Colaboradores
MARTA RAQUEL COLABONE

História do Teatro Brasileiro

JOÃO ROBERTO FARIA
direção

J. GUINSBURG E JOÃO ROBERTO FARIA
projeto e planejamento editorial

◆

volume 2

DO MODERNISMO ÀS TENDÊNCIAS CONTEMPORÂNEAS

sesc PERSPECTIVA

CIP-Brasil. Catalogação-na-Fonte
Sindicato Nacional dos Editores de Livros, RJ

H58

História do teatro brasileiro, volume 2: do modernismo às tendências contemporâneas / João Roberto Faria (dir.); J. Guinsburg e João Roberto Faria (projeto e planejamento editorial). – São Paulo: Perspectiva: Edições SESCSP, 2013.
40 il.

ISBN 978-85-273-0958-5 PERSPECTIVA
ISBN 978-85-799-5056-8 EDIÇÕES SESC SP

1. Teatro brasileiro – História – Séc. XX. 2. Teatro brasileiro – Séc. XX – História e crítica. 3. Teatro – Brasil – História. I. Guinsburg, J. (Jacó), 1921-. II. Faria, João Roberto, 1946-. I. Título.

12-6473. CDD: 792.0981
CDU: 792(81)

06.09.12 19.09.12 038851

[PPD]

EDITORA PERSPECTIVA S.A.

Av. Brigadeiro Luís Antônio, 3025
01401-000 São Paulo SP Brasil
Telefax: (11) 3885-8388
www.editoraperspectiva.com.br

SESC
Edições SESC SP

Av. Álvaro Ramos, 991
03331-000 São Paulo SP Brasil
Tel. 55 11 2607-8000
edicoes@edicoes.sescsp.org.br
www.sescsp.org.br

2020

Para J. Guinsburg

Em reconhecimento pelos inestimáveis serviços que vem prestando à causa do teatro no Brasil, como professor, ensaísta e editor. [J.R. FARIA]

Sumário

Nota Editorial

A divisão desta *História do Teatro Brasileiro* em dois volumes obedeceu a critérios estéticos e cronológicos. Considerando que as práticas do chamado "velho teatro" se estenderam até pelo menos a década de 1950, convivendo com experiências e realizações modernas que se anunciavam já nos anos de 1920 e se consolidaram posteriormente, decidimos que o primeiro volume poderia avançar até a metade do século XX, ao passo que o segundo deveria recuar aos tempos da Semana de Arte Moderna. Inicialmente, pensamos em cinco ou seis volumes menores, com uma divisão que levaria em conta os movimentos literários. No entanto, o teatro brasileiro adquiriu dinâmica própria e desenvolveu-se independentemente da literatura a partir das últimas décadas do século XIX. Sua especificidade como arte que conquistou autonomia e estatuto próprios exigiu uma divisão menos fragmentada e orientou-nos na concepção dos dois volumes: o primeiro tem 6 partes e 26 capítulos que abordam desde as origens até o declínio das velhas companhias dramáticas profissionais e de seus astros, na década de 1950; o segundo, com 5 partes e 25 capítulos, começa com a contribuição dos modernistas de 1922 e alcança as realizações contemporâneas, passando pelo processo de modernização do nosso teatro.

Quando começamos a nos reunir para discutir a presente obra, era intenção da editora Perspectiva contar com a participação de um dos maiores críticos brasileiros, o prof. Sábato Magaldi. Infelizmente, essa valiosa colaboração – que, por certo, teria enriquecido sobremaneira o trabalho realizado – não pôde efetivar-se. De todo modo, aqui ficam os nossos agradecimentos pelos ensinamentos que ele nos proporcionou por meio de seus escritos, tanto no terreno da crítica jornalística e ensaística como no da historiografia. Deixamos, pois, registrado o nosso reconhecimento pela importância de sua obra para a concepção e realização desta *História do Teatro Brasileiro*.

J. GUINSBURG E JOÃO ROBERTO FARIA

O *Locus* do Sujeito

O que é ler senão aprender a pensar na esteira deixada pelo pensamento do outro?

Ler é retomar a reflexão de outrem como matéria-prima para o trabalho de nossa própria reflexão.

Marilena Chauí

[...] *a História existe apenas em relação às questões que nós lhe formulamos.*

Materialmente, a História é escrita com fatos; formalmente, com uma problemática e conceito.

Paul Veyne

Pois aqui estamos diante de uma longa esteira, feita com as hastes finas do junco colhido por quarenta e cinco pesquisadores que, ao longo dos últimos anos, têm formulado questões acerca da história do teatro brasileiro. Não se trata de esteira comum, de trançado fácil, sem acabamento; trata-se, sim, de esteira com trançado elaborado, o qual carrega consigo a cautela advinda da experiência, o zelo pela harmonia das linhas que se cruzam, a precisão no arremate.

Percorrê-la é uma oportunidade. Diríamos mais, percorrê-la é uma experiência que vai além do simples conhecer os fatos que compõem a história do teatro brasileiro. Percorrê-la é, também, conhecer a história do pensamento de cada geração que aqui deixa sua marca, com suas dúvidas, certezas, paixões, desencantos e tudo o mais que uma pesquisa – e a vida! - podem suscitar.

Quando nós do SESC chegamos, a esteira já estava trançada. Fomos convidados a percorrê-la pelas hábeis mãos desses artesãos da palavra, J. Guinsburg e João Roberto Faria. Intuíamos que a nossa experiência com a cena teatral nos daria certa tranquilidade de travessia. Os anos de proximidade com o Centro de Pesquisa Teatral e Antunes Filho; as centenas de espetáculos vistos desde o nascedouro até a última mudança de luz antes da cortina se abrir; a observação das pessoas que, dia a dia, visitam o teatro como a visitar a si mesmas; a construção, a reforma, a manutenção de salas que acolhem corpos e encenações. Surpreendidos fomos. A cada passo, a cada reflexão, novas possibilidades de pensar, descobrir e redescobrir não somente a história do teatro brasileiro, mas a nossa própria história. Problematizações, inquietudes, o rompimento das fronteiras do debate acadêmico, a vontade de dialogar. De fato, estávamos diante de uma História. De uma nova História.

Mas o que é a História? A origem da palavra nos responde e nos incita. Tomemos emprestado um dos seus significados: história é testemunha, é aquele que vê, é o espectador. E tomemos emprestado, também, um dos significados da origem da palavra teatro: teatro é o lugar de onde se vê. Juntos, determinam o *locus* do sujeito. Nosso lugar, nessa esteira, não é mais o do espectador da cena, mas o do espectador da interpretação da cena. Qual seja: buscamos explicações, nos dão sentido àquilo que um dia foi trazido à luz.

Se "olhar não é apenas dirigir os olhos para perceber o 'real' fora de nós. É, tantas vezes, sinônimo de *cuidar, zelar, guardar*, ações que trazem o outro para a esfera dos cuidados do sujeito"[1], o que mais poderíamos dizer ao leitor?

Que aceite a travessia por essa bela esteira. E que faça a travessia com os olhos imbuídos da mesma paixão com que cada pesquisador viu e verteu em palavras as experiências vividas nesse local de onde se vê tanta vida.

Danilo Santos de Miranda
Diretor Regional do SESC São Paulo

1 Alfredo Bosi, Fenomenologia do Olhar, em Adauto Novaes (org.), *O Olhar*, São Paulo: Companhia das Letras, 1988, p. 78.

Introdução:

Por uma Nova História do Teatro Brasileiro

O objetivo desta introdução é apresentar e discutir algumas ideias sobre a historiografia do teatro brasileiro, a começar pelo seu atraso em relação à historiografia da literatura brasileira. Por atraso entendo o seguinte: ao longo do século XIX nossa literatura foi objeto de vários estudos críticos e historiográficos, os primeiros feitos com regularidade no país, nos quais se estabeleceu o cânone relativo aos gêneros épico e lírico que serviu de base às histórias literárias do século XX. Assim, obras como o *Résumé de l'histoire littéraire du Brésil*, de Ferdinand Denis (1826); o "Ensaio Sobre a História da Literatura no Brasil", de Gonçalves de Magalhães (1836); os estudos de Joaquim Norberto de Sousa Silva, publicados na *Revista Popular* entre 1859 e 1862; o *Curso Elementar de Literatura Nacional*, de Joaquim Caetano Fernandes Pinheiro (1862); e *Le Brésil littéraire*, de Ferdinand Wolf (1863), entre muitos outros textos críticos, seguramente serviram de guia para as duas primeiras histórias da literatura brasileira realmente importantes: a de Sílvio Romero (1888; 2. ed. 1902) e a de José Veríssimo (1916). Estava consolidada a tradição a partir da qual seriam escritas as demais histórias da nossa literatura.

No caso do teatro, vale dizer que a dramaturgia – apenas a dramaturgia, não a arte do espetáculo – sempre foi um apêndice dessa historiografia, não merecendo, até 1904, nenhuma obra específica. É desse ano, como se sabe, o livro de Henrique Marinho, *O Teatro Brasileiro: Alguns Apontamentos para a sua História*. Para piorar a situação, uma grande parte das peças brasileiras encenadas ou escritas durante o século XIX permaneceu inédita, dificultando qualquer análise mais abrangente da nossa produção dramática. Comparando, porém, a primeira história do nosso teatro com os capítulos dedicados à dramaturgia por Romero e Veríssimo, percebemos que a literatura brasileira teve grandes historiadores, na virada do século XIX para o XX, mas não o nosso teatro. A obra de Marinho não foi capaz de estabelecer o nosso cânone dramatúrgico e, ao mesmo tempo, refletir sobre a especificidade do teatro como arte que extrapola os limites do domínio literário. Curiosamente, no próprio prefácio desse livro, escrito por Sílvio Romero, estão apontadas suas falhas:

> O sr. Henrique Marinho, no trabalho que ora publica, procura adiantar nossa historiografia por este lado [estudar com afinco a história do teatro no Brasil]. Infelizmente ele atende mais à história dos edifícios destinados às representações cênicas, e às companhias que neles funcionaram do que à história da produção literária do gênero dramático entre nós[1].

Como que desejando sanar a lacuna existente na obra de Henrique Marinho, Sílvio Romero apresenta um quadro da evolução dramática no Brasil,

1 A Dramaturgia Brasileira, em Henrique Marinho, *O Teatro Brasileiro: Alguns Apontamentos para a Sua História*, Rio de Janeiro: Garnier, 1904, p. 4.

de Anchieta a Coelho Neto, dividindo-a em oito fases. Em seu pensamento e também no de Veríssimo, o teatro ainda é uma arte literária, o que os faz escrever especificamente sobre a dramaturgia, com alguns julgamentos que não aceitamos mais. Romero, por exemplo, apesar de valorizar a nossa dramaturgia, afirma que aprecia mais os dramas quando os lê, porque "uma representação teatral é uma arte que se sobrepõe a outra e a vela em grande parte. O talento dos atores produz uma como segunda criação que pode até certo ponto dificultar a exata inteligência da primeira"[2]. José Veríssimo, por sua vez, é capaz de afirmar que "Martins Pena não é senão isto, um escritor de teatro"[3], desejando dizer que faltava ao criador da comédia brasileira o propósito literário e diminuindo o valor de sua obra. Hoje, apreciamos Martins Pena exatamente por ter sido um comediógrafo que escrevia com os olhos voltados para a cena.

Se para Romero e Veríssimo o que conta é a dramaturgia de cunho literário, conceito comum na época em que escreveram suas histórias da literatura brasileira, como entender que Henrique Marinho não tenha sequer estudado nossa dramaturgia em sua história do teatro? A resposta está em uma nota prévia na qual ele explica que era sua intenção

> fazer as críticas das peças mais notáveis da nossa dramaturgia e tracejar as biografias dos nossos autores dramáticos e comediantes, mortos e vivos. Não pudemos, porém, vencer as dificuldades com que tivemos que arrostar. Ficará isso para mais tarde[4].

Infelizmente a promessa não foi cumprida e nossa primeira história do teatro brasileiro, incompleta, não pôde influir com eficácia sobre as futuras obras de mesma natureza. Assim, os problemas que aparecem em Marinho reaparecem em Múcio da Paixão (*O Teatro no Brasil*, escrito em 1917, publicado em 1936): muitas informações sobre edifícios teatrais, companhias, repertório, decretos, uma infinidade de nomes de autores e títulos de peças representadas, mas pobreza franciscana nas considerações de ordem estética ou no plano analítico e interpretativo, seja no terreno da dramaturgia, seja no da encenação. Em outras palavras, tanto Henrique Marinho como Múcio da Paixão escreveram histórias do teatro brasileiro sem levar em conta ou estudar a dramaturgia, ao contrário de Veríssimo e Romero, que escreveram capítulos sobre o teatro brasileiro considerando apenas a dramaturgia.

A consciência de que uma história do teatro devia abordar o texto dramático e a cena, conjuntamente, aparece pela primeira vez na *História do Teatro Brasileiro*, de Carlos Sussekind de Mendonça, publicada em 1926. E é de se lamentar que o autor tenha ficado no primeiro volume, pois, ao contrário dos seus predecessores, tinha uma concepção moderna de teatro. É interessante acompanhar a exposição de seu "método", feita depois de arrolar os estudos de cunho histórico que já haviam sido feitos no Brasil e que são os seguintes:

1. O capítulo de José Veríssimo sobre o teatro brasileiro, incluído em sua *História da Literatura Brasileira*.
2. O estudo de Clóvis Bevilacqua, "O Teatro Brasileiro e as Condições de sua Existência", publicado em *Épocas e Individualidades*.
3. O ensaio de Mello Moraes Filho, "O Teatro no Rio de Janeiro", introdução às *Comédias*, de Martins Pena.
4. O estudo de Aderbal de Carvalho, "O Teatro Brasileiro de Relance", publicado em *Esboços Literários*.
5. O livro de Henrique Marinho, *O Teatro Brasileiro: Alguns Apontamentos para a Sua História*.
6. A conferência de Reis Perdigão (João de Talma) sobre "O Teatro Brasileiro antes de João Caetano", publicada no *Suplemento Teatral do Imparcial*, em 1923.
7. Uma polianteia organizada por Carlos Câmara sobre *O Teatro Cearense*, 1922.
8. Uma conferência de Cláudio de Souza, "A Evolução do Teatro no Brasil", 1920.
9. O texto "100 Anos de Teatro no Brasil", de Renato Vianna, publicado em *A Noite*, setembro de 1922.
10. A resenha de Chichorro da Gama, *Através do Teatro Brasileiro*, 1907.
11. A síntese de Max Fleiuss, publicada no *Dicionário Histórico, Geográfico e Etnográfico Brasileiro*, 1922.
12. Um projeto sugerido por Zeferino Oliveira Duarte sobre "Organização do Teatro Dramático Nacional".

2 *História da Literatura Brasileira*, 2. ed., Rio de Janeiro: Garnier, v. 2, 1903, p. 185.

3 *História da Literatura Brasileira*, 5. ed., Rio de Janeiro: José Olympio, 1969, p. 254.

4 *O Teatro Brasileiro: Alguns Apontamentos para a Sua História*, p. 7.

13. O livro de Sousa Bastos sobre o teatro português e brasileiro, *Carteira do Artista*.
14. O capítulo de Eduardo de Noronha sobre "A Arte Dramática no Brasil", do livro *Evolução do Teatro*.
15. A conferência de Oscar Lopes, "O Teatro Brasileiro: Seus Domínios e Suas Aspirações", publicada nos *Anais da Biblioteca Nacional*, 1914.
16. As observações de Ronald de Carvalho sobre o teatro brasileiro em sua *Pequena História da Literatura Brasileira*.
17. Um estudo de Eduardo Vitorino, "A Evolução da Cena Brasileira", publicado na *Ilustração Brasileira*, 1923.
18. A memória de Samuel Campello sobre "O Teatro em Pernambuco", 1922.
19. O ensaio de Múcio da Paixão, "Do Teatro no Brasil".
20. O livro *O Teatro na Bahia* (1823-1923) e mais seis conferências de Sílio Boccanera Júnior sobre "O Teatro Brasileiro" (1906), "O Teatro Dramático na Bahia" (1908), "Florescência e Decadência do Teatro Nacional" (1912), "O Centenário do Teatro São João" (1912), "O Teatro na Bahia" (1915) e "Teatro Nacional: Autores e Atores na Bahia".

Que contribuição esses estudos trouxeram para a história do teatro brasileiro? Para Mendonça, pouca, por uma razão muito simples: em nenhum deles o teatro é considerado simultaneamente em seus aspectos literários e cênicos. Afirma ele a respeito dos estudos citados: "A maioria se vicia de um mal considerável: os que se ocupam da literatura dramática esquecem-se da cena; os que se interessam pela cena despreocupam-se, em absoluto, da literatura dramática"[5]. Mas, poder-se-ia perguntar: a soma desses estudos não apresenta uma visão completa do teatro brasileiro? Não, diz Mendonça, que explica seu ponto de vista: "Quando se diz, de um modo geral, que o estudo do teatro abrange dois aspectos – o literário e o cênico – não quer dizer, com isso, que se creia possível estudá-lo, separadamente, em um ou outro. Não. A sua evolução não se fez isoladamente com a de um ou a de outro. Fez-se, pelo contrário, da conjugação de ambos, da ação recíproca de um sobre o outro, ação às vezes convergente, de outras oposta, mas sempre interdependente". Logo, para se escrever uma história do teatro brasileiro de modo correto, é preciso que se estabeleça "o sincronismo entre as manifestações literárias e as manifestações cênicas, sem o que muitos fenômenos, talvez os mais interessantes da nossa vida teatral, escaparão de todo ao nosso entendimento". Por fim, Mendonça acrescenta um terceiro aspecto que deve ser considerado no estudo do teatro: o social. A seu ver, cada um dos três aspectos corresponde a funções definidas: "a de criação (aspecto literário), a de representação (aspecto cênico), a de repercussão (aspecto social). A primeira função é exercida pelos autores. A segunda pelos artistas, pelas empresas e pelos profissionais do teatro em geral. A terceira, finalmente, pelo público e pela crítica".

Em linhas gerais, é com essas ideias em mente que Mendonça pretende escrever a história do teatro brasileiro. No primeiro volume, o único que nos deixou, ele se aplica com diligência e põe em prática o seu "método", abordando o teatro brasileiro nos tempos coloniais e em nosso primeiro romantismo, levando em conta aspectos literários e cênicos.

Quero crer que sua obra deveria ter servido de modelo para quem viesse a escrever a próxima história do teatro brasileiro. Afinal, ela trazia um método e uma concepção modernos de teatro. Mas não é isso que acontece logo em seguida, quando Lafayette Silva publica a sua *História do Teatro Brasileiro*, em 1938. Ele repete o padrão de Henrique Marinho e Múcio da Paixão: muitas informações, datas, nomes, e pouca reflexão crítica. Leia-se, por exemplo, o capítulo sobre a dramaturgia brasileira, para se perceber a fraqueza ou mesmo a inexistência de análises e interpretações ou considerações de ordem estética. Além disso, não há integração entre as partes que abordam a literatura dramática e os aspectos ligados ao que ocorria nos palcos brasileiros.

Depois de Lafayette Silva, a proposta de Carlos Sussekind de Mendonça foi retomada por José Galante de Sousa, que em 1960 publicou a primeira boa história do teatro brasileiro, em dois volumes: *O Teatro no Brasil*. Pode-se dizer que Galante é o primeiro estudioso do nosso teatro que soube sistematizar o trabalho de pesquisa e refletir sobre sua trajetória, desde Anchieta até o final dos anos de 1950, referindo-se tanto aos aspectos dramatúrgicos como aos cênicos. Grande pesquisador,

5 C. S. de Mendonça, *História do Teatro Brasileiro, v. 1, 1565-1840*, Rio de Janeiro: Mendonça Machado & Cia., 1926, p. 60. As citações seguintes provêm desta edição.

escreveu uma obra notável, à qual devemos voltar sempre, mas, infelizmente, limitada pelo modesto alcance crítico de seu pensamento. Assim, se o resultado concernente às informações sobre vida teatral, artistas, companhias dramáticas, censura e outros aspectos é muito positivo, decepcionam na obra as análises críticas e as interpretações que faz da dramaturgia brasileira. Sem fôlego crítico, Galante sanciona o tempo todo as opiniões que Décio de Almeida Prado havia exposto em 1956, num capítulo de obra coletiva – *A Literatura no Brasil* –, intitulado "A Evolução da Literatura Dramática".

De qualquer modo, o mérito de Galante é inegável, não apenas pela extensão da pesquisa, mas também por discutir as divisões da história do teatro brasileiro, feitas anteriormente por Sílvio Romero, Henrique Marinho, Múcio da Paixão e Carlos Sussekind de Mendonça, propondo uma divisão mais correta, aprimorando as sugestões do último historiador mencionado, o único, a seu ver, "que abordou com visão mais ampla o problema da divisão em períodos"[6].

É de 1961 o *Teatro in Brasile*, de Ruggero Jacobbi, uma síntese benfeita da nossa história teatral, mas com ênfase no estudo da dramaturgia, que ocupa quase que a totalidade de suas cem páginas. Ruggero viveu no Brasil entre 1946 e 1960 e desempenhou um papel importante como encenador no processo de modernização do nosso teatro. Além disso, foi professor, crítico e ensaísta que se empenhou profundamente em compreender nossa história, costumes e cultura. São muito boas as observações críticas que faz sobre as comédias de Machado de Assis e de Martins Pena e excelentes as dedicadas à obra dramática de Gonçalves Dias. No volume *Teatro in Brasile*, merecem destaque os momentos nos quais o autor aborda os anos de 1940/50 com o olhar de quem participou da renovação teatral que estava em curso quando da publicação de seu livrinho.

Em 1962, Sábato Magaldi publica o seu *Panorama do Teatro Brasileiro*. O que faltava a Galante, no que diz respeito ao alcance crítico, sobra em Magaldi, que não escreve uma história do teatro brasileiro na linha preconizada por Carlos Sussekind de Mendonça, mas, fundamentalmente, uma história da dramaturgia brasileira: apenas três dos seus 21 capítulos são dedicados a outros aspectos ligados ao fazer teatral: arte do ator, companhias teatrais modernas, papel do encenador etc. Ninguém contestará o mérito dessa obra, dada a qualidade das análises e interpretações de peças e autores, porém o fato é que ela não contempla todos os aspectos necessários para que se escreva uma história do teatro brasileiro. Aliás, o próprio autor tinha consciência disso quando a escreveu, pois ao final do volume, em nota intitulada "Informações bibliográficas", afirma:

> Ainda está por escrever-se uma História do Teatro Brasileiro. Somente quando se fizer um levantamento completo de textos se poderá realizar um estudo satisfatório de todos os aspectos da vida cênica – dramaturgia, evolução do espetáculo, relações com as demais artes e com a realidade social do país, existência do autor, do intérprete e dos outros componentes da montagem, presença da crítica e do público. Por enquanto, mesmo que seja imensa a boa vontade, se esbarrará em obstáculos intransponíveis. Talvez a tarefa não seja de um único pesquisador: exige busca paciente em arquivos e jornais, leitura dos alfarrábios e inéditos, a esperança de que se publiquem documentos inencontráveis. Todos fornecemos subsídios para a obra que – acreditemos – um dia virá a lume[7].

Com a lucidez de quem acompanhou e apoiou o nascimento e o fortalecimento do teatro moderno no Brasil, Magaldi sabia que seu *Panorama* não atendia ao que ele denomina no excerto acima "todos os aspectos da vida cênica". E pela relação desses aspectos, percebemos o quanto sua concepção de teatro é moderna. Além disso, há na citação uma constatação importante: a "vida cênica" tem tantos domínios que talvez já não seja possível que um único pesquisador consiga escrever uma história do teatro brasileiro realmente significativa. O leitor destas páginas pode deduzir de onde vem a inspiração para a presente história do teatro brasileiro.

Depois de Magaldi, em 1980, Walter Rela publica *Teatro Brasileño*, no Uruguai, e Mário Cacciaglia, na Itália, *Quattro secoli di teatro in Brasile* – edição brasileira em 1986: *Pequena História do Teatro no Brasil: Quatro Séculos de Teatro no*

6 *O Teatro no Brasil*, Rio de Janeiro: MEC/INL, 1960, v. 1, p. 70.

7 *Panorama do Teatro Brasileiro*, São Paulo: Difel, 1962, p. 271.

Brasil. Ambos os autores apresentam uma síntese da nossa história teatral, com base na bibliografia que existia à época em que se puseram a escrever. Nesse sentido, as obras não trazem acréscimos significativos ao que se conhecia antes, seja porque não nascem de novas pesquisas, seja porque não trazem análises e interpretações aprofundadas. O livro de Walter Rela me parece uma síntese mais feliz, uma vez que o autor preocupou-se em considerar tanto a dramaturgia como os aspectos cênicos de nossa vida teatral – pelo menos do período moderno –, com ênfase nos grupos, companhias e encenadores das décadas de 1940 a 1970. Já a obra de Cacciaglia é mais uma história da nossa dramaturgia, não do nosso teatro, prejudicada por muitos equívocos – nomes de autores, títulos e enredos de peças, datas etc. – e omissões. Ressaltem-se, todavia, os méritos do autor: ele comenta a obra de dramaturgos que estrearam nos anos de 1960/70 e elabora uma ótima bibliografia do teatro brasileiro.

Outra síntese bem cuidada e que se pode ler com interesse foi publicada em 1996, no volume 3 da prestigiosa *The Cambridge History of Latin American Literature*. O autor, Severino João Albuquerque, concentra em dois alentados capítulos a história do teatro brasileiro, desde Anchieta até as manifestações da década de 1980. Ainda que o foco central seja a evolução da literatura dramática, ganham destaque as realizações de grupos e encenadores do período moderno.

Há trabalhos importantes de historiografia teatral, mas que abordam períodos determinados, não se configurando como propostas de uma história do teatro brasileiro em sua totalidade. Refiro-me às seguintes obras: 40 *Anos de Teatro*, de Mário Nunes; *O Drama Romântico Brasileiro*, *História Concisa do Teatro Brasileiro* (1570-1908) e *O Teatro Brasileiro Moderno* (1930-1980), de Décio de Almeida Prado; *O Teatro no Brasil* (quatro volumes dedicados ao teatro jesuítico, ao teatro da colônia e da regência, e ao teatro sob D. Pedro II), de Lothar Hessel e Georges Raeders; *Moderno Teatro Brasileiro*, de Gustavo Dória; *Teatro Brasileiro: Um Panorama do Século XX*, de Clóvis Levi; *História do Teatro Brasileiro: De Anchieta a Nelson Rodrigues*, de Edwaldo Cafezeiro e Carmen Gadelha (publicada em 1996, avança apenas até o início da década de 1940); *Cem Anos de Teatro em São Paulo*, de Sábato Magaldi e Maria Thereza Vargas; *Aspectos do Teatro Brasileiro*, de Paulo Roberto Correia de Oliveira (obra centrada nas realizações do século XX); *O Teatro Através da História: O Teatro Brasileiro*, de Carlinda Fragale Pate Nuñez (org.) e *Brasil: Palco e Paixão – Um Século de Teatro*, livro ricamente ilustrado que contém textos de Leonel Kaz, Bárbara Heliodora, Tania Brandão, Sábato Magaldi e Flávio Marinho.

Todas essas obras trazem contribuições críticas inestimáveis. Consultá-las é uma obrigação para quem queira ampliar pesquisas sobre a história do teatro brasileiro ou mesmo sobre um determinado dramaturgo ou ator, um ensaiador ou encenador, um período ou uma forma dramática.

Há que se somar a essa bibliografia os estudos críticos, de natureza historiográfica ou não, que foram realizados a partir de meados da década de 1970, no âmbito das universidades brasileiras. Como se sabe, com o surgimento dos cursos de pós-graduação em artes cênicas, e com a contribuição de pesquisadores das áreas de letras, história e sociologia, formou-se uma enorme fortuna crítica, oriunda das dezenas de dissertações de mestrado e teses de doutorado. Nos últimos dez ou vinte anos multiplicaram-se também as revistas acadêmicas dedicadas ao estudo das artes cênicas. A consequência disso tudo é que ampliamos muito o conhecimento sobre o nosso teatro, tanto o do passado como o do presente, tanto o feito no eixo Rio-São Paulo como o feito nas mais diversas regiões do país, o que nos dá condições de escrever uma nova história do teatro brasileiro, nos moldes daquela vislumbrada por Sábato Magaldi. Em outras palavras, é preciso incorporar à história do teatro brasileiro o conhecimento produzido no espaço universitário. É preciso agregar o que se encontra disperso.

Tal tarefa, evidentemente, não pode ser levada a cabo por uma única pessoa. Se em 1962 já parecia difícil a Magaldi, o que dizer cinco décadas depois? O fato é que, com a especialização crescente dos profissionais que atuam na universidade, há quem se dedique ao estudo da dramaturgia, da encenação, da arte do intérprete, de um determinado período, de um determinado gênero dramático, de aspectos do espetáculo, e assim por diante. Daí a ideia de se fazer uma nova história do teatro brasileiro com a colaboração de vários especialistas, somando as contribuições do passado com a volumosa produção crítica do presente.

Em relação à bibliografia citada acima, merecem destaque as obras de Décio de Almeida Prado, porque, justapostas a outras que escreveu, acabam abordando praticamente todas as épocas e a maior parte do nosso movimento teatral até o final dos anos de 1970. Infelizmente, ele não teve tempo de escrever uma história completa do teatro brasileiro. Entretanto, no livro *Teatro de Anchieta a Alencar*, de 1993, a primeira parte intitula-se significativamente "Para uma História do Teatro no Brasil". São cinco densos capítulos que abordam desde o teatro jesuítico até a obra de Gonçalves de Magalhães. Levando ao pé da letra que o autor destinava esses textos para uma futura história do teatro brasileiro, pareceu-me de bom alvitre aproveitar quatro deles aqui. Essa decisão deve ser entendida como uma forma de garantir a qualidade das investigações sobre o nosso período colonial e o advento do romantismo, e também como uma homenagem ao extraordinário homem de teatro que foi Décio de Almeida Prado.

Os demais capítulos estampados nos dois volumes desta obra foram encomendados a mais de quarenta especialistas, a maioria formada nos cursos de pós-graduação e atuando no ensino em várias universidades brasileiras. Esse perfil dos colaboradores dá uma dimensão nova a esta história do teatro brasileiro: é a primeira em nosso país escrita com base no espírito universitário de pesquisa. Daí a abrangência, a riqueza de informações, o domínio da bibliografia, a verticalidade das análises e interpretações de peças teatrais, espetáculos, fatos artísticos, ideias, formas dramáticas, bem como do trabalho de atores e atrizes, encenadores, grupos e companhias etc.

A divisão em dois volumes obedeceu a critérios cronológicos e artísticos. O primeiro volume dá conta do nosso teatro desde Anchieta até meados do século XX. Como se sabe, em grande medida muitas das práticas teatrais do século XIX tiveram continuidade no Brasil até a década de 1950: manutenção do ponto, companhia dramática apoiada no grande astro, repertório de peças convencionais, espetáculos montados por um ensaiador – função mais técnica do que artística. A partir de 1922, a insatisfação com o "velho teatro" já aparece entre os escritores modernistas – por exemplo, na crítica teatral de Antônio de Alcântara Machado, e em seguida nas peças teatrais de Oswald de Andrade – e nos trabalhos pioneiros de Renato Vianna, Álvaro Moreyra e Flávio de Carvalho. Durante mais de três décadas nossa vida cênica se exprime em duas vertentes que correm paralelas, até que nos anos de 1950 o teatro moderno se impõe. O segundo volume aborda esse processo histórico, em suas múltiplas manifestações, voltando ao movimento modernista de 1922 e seguindo até a contemporaneidade.

O primeiro desafio que uma obra coletiva dessa dimensão coloca diante de seu organizador diz respeito à harmonia e unidade do conjunto. Depois de receber a primeira redação dos capítulos, trabalhei junto aos colaboradores, dando sugestões de cortes e acréscimos, discutindo conceitos e opiniões críticas, aceitando as divergências, sempre aberto ao diálogo para alcançar o melhor resultado possível. Devo dizer que foi uma experiência enriquecedora e que, graças ao empenho de todos, o leitor tem diante dos olhos não uma antologia de ensaios, mas uma verdadeira história do teatro brasileiro, isto é, uma obra à qual não faltam unidade e organicidade. Ainda que seja inevitável, com tantos colaboradores, haver algum choque de opiniões, uma ou outra informação que se repete, e mesmo alguma eventual nota dissonante entre um capítulo e outro, não creio que fique prejudicada a visão de conjunto de nossa história teatral.

Agradeço, pois, a todos os envolvidos nesta empreitada. E agradeço especialmente ao editor e amigo J. Guinsburg a confiança depositada em mim para levar adiante esta obra, bem como as sugestões para a inclusão de alguns capítulos sobre as práticas teatrais modernas e contemporâneas. O seu interesse, ao longo do trabalho, foi tão grande que acabou envolvido na redação de um capítulo. Como esta história do teatro brasileiro vem a lume devido à sua persistência e amor pelo teatro, ela lhe pertence. Dedico-a a ele, como prova de amizade e admiração.

João Roberto Faria

I.
O Teatro e o Modernismo de 1922

1. O TEATRO DOS ESCRITORES MODERNISTAS

Em estudo pioneiro sobre a Semana de Arte Moderna, Mário da Silva Brito detectou algumas inclinações difusas na direção da modernização artística durante os anos que antecederam a festa de 1922[1]. Ele mostrou que já havia uma consciência em relação à necessidade de renovar os processos criativos e atualizar os modelos da tradição. Contudo, as iniciativas de promoção de mudanças efetivas ainda se limitavam a manifestações individuais, isoladas e esporádicas. O impulso modernizador, é sabido, só veio a adquirir unidade e força com a organização da Semana, realizada no Teatro Municipal de São Paulo, que resultou na convergência inédita, em termos de Brasil, entre diferentes linguagens artísticas.

Porém, longe de esgotar-se nos gestos demolidores da "fase heroica", como se tornou conhecida aquela investida inaugural do modernismo, o evento funcionou como um ponto de irradiação, um foco de efervescência criativa, preparando o campo para mudanças futuras, inclusive de ordem social. Ofereceu estímulo a experimentações artísticas, que continuaram a surgir nas décadas seguintes. Em uma de suas linhas de frente, o movimento acentuou as inquietações internacionalistas, como decorrência do contato direto com as vanguardas europeias do pós-guerra, as quais exerceram forte impacto sobre o pensamento conceitual no campo das artes plásticas e da literatura, embora reflexos sejam encontráveis igualmente na arquitetura, no estatuário, nas artes decorativas e, sem dúvida alguma, no teatro. Paralelamente, uma feição nacionalista proveniente da exaltação dos elementos nativos motivou os anseios de emancipação frente à influência estrangeira e demarcou caminhos diversos na busca da renovação dos mitos da nossa nacionalidade.

O teatro enquanto ingrediente da nascente cultura de massas mantinha-se distante das propostas vanguardistas, pois permanecia em consonância com as exigências do esquema comercial imposto às empresas atuantes no circuito profissional. Os palcos brasileiros continuaram reproduzindo a preferência do público médio pelos gêneros de bulevar e pelos exemplares remanescentes do teatro ligeiro[2]. Em parte porque dependente dos resultados da bilheteria e sem contar com subsídios permanentes, o teatro via-se diretamente afetado pelas condições econômicas estabelecidas no mercado de bens culturais. Como consequência, as artes cênicas tardaram

1 *História do Modernismo Brasileiro: 1 – Antecedentes da Semana de Arte Moderna*, 2. ed., Rio de Janeiro: Civilização Brasileira, 1964.

2 O teatro musicado, na segunda metade do século XIX, identifica um fenômeno da nascente cultura de massas, que, no Brasil, se alimentou da produção de sucessivas revistas de ano. Cf. Fernando Antonio Mencarelli, *A Cena Aberta: A Absolvição de um Bilontra e o Teatro de Revista de Arthur Azevedo*, Campinas: Editora da Unicamp, 1999.

a incorporar as proposições da Semana, que outros campos artísticos absorveram com maior rapidez.

Não houve, porém, descaso dos modernistas em relação ao teatro, como se chegou a supor[3]. As evidências são suficientes para assegurar que a geração modernista se preocupou com os rumos da arte dramática e nela desejou interferir. Antônio de Alcântara Machado, Oswald de Andrade e Mário de Andrade redigiram artigos de opinião tratando da cena contemporânea. Veicularam ensaios de crítica, publicaram peças curtas e deixaram manuscritos em que o desejo de modificar a linguagem teatral torna óbvio o envolvimento com os palcos[4]. Em certa medida, foi a distância involuntária da ribalta, talvez gerada pela própria ruptura que idealizaram em relação aos espectadores e também aos artistas, o que tornou as incursões modernistas pela arte dramática um fenômeno mais literário do que teatral.

Alcântara Machado

Décio de Almeida Prado foi o primeiro a ressaltar a contribuição de Antônio de Alcântara Machado (1901-1935) como crítico e teórico do teatro no período de militância heroica do modernismo. O crítico enfatizou o caráter doutrinário dos escritos de Alcântara Machado, fazendo-os equivaler a um verdadeiro *Prefácio a Cromwell*[5]. Na mesma linha de redescoberta, Cecília de Lara percebeu, por trás do trabalho jornalístico dele, a sensibilidade de um homem que se confrontava, de modo cada vez mais intenso, com a complexa relação entre o exercício do crítico teatral, o trabalho do dramaturgo, a atuação dos atores e a participação da plateia. Em seus artigos Cecília de Lara encontrou uma espécie de diagnóstico inconformado daquilo que vigorava no teatro de entretenimento, assinalando a gestação de um posicionamento discordante que se acentuou rapidamente, a ponto de o escritor demonstrar grande irritação e uma atitude veemente de protesto, própria dos gestos modernistas de revolta e contestação[6].

Na função de crítico teatral, Alcântara Machado considerava o meio paulistano atrasado. Acusava os espectadores de falta de paladar e formação estética. Na cobertura dos espetáculos diários para o *Jornal do Comércio* acompanhou as montagens dos teatros Apolo, Boa Vista e Sant'Anna[7]. Expôs o progressivo desgaste das fórmulas praticadas pelas empresas profissionais que excursionavam no Brasil e na América do Sul. Em relação às nacionais, quase todas sediadas no Rio de Janeiro, reclamava da inexistência de novidades. Queixava-se do repertório trazido pelas bem-sucedidas trupes cariocas, como Abigail Maia e Trianon, em que prevaleciam as comédias de costumes, muito apreciadas pela plateia, mas que a seu ver estavam impregnadas pelo romantismo sentimental, que a voga sertaneja de peças talhadas na vertente regionalista, como *Flores de Sombra*, de Cláudio de Souza, fizeram ressurgir, e desgastadas pela "mesmice insuportável" dos tipos tradicionais. Atacava a repetição de situações e de tipos da galeria fixa em que figuravam sempre a repisada mulata, o caipira, o português enriquecido e o rapaz de comportamento afrancesado. Desagradava-lhe, sobretudo, a linguagem chula, escorregando invariavelmente para os "abomináveis exageros" próprios da farsa e da baixa comédia, cujo intuito único era, em sua opinião, oferecer um entretenimento fácil à audiência. Também considerava indignas as revistas do teatro musicado, apesar de reconhecer o sucesso que colhiam nas casas da Praça Tiradentes. Não se cansava de apontar os mesmos defeitos de sempre:

> Obras como essa abundam no teatro nacional. São peças que procuram fixar um momento, um aspecto caracterís-

3 Samuel Rawet, Teatro no Modernismo: Oswald de Andrade, em José da Gama Saldanha Coelho (org.), *Modernismo: Estudos Críticos*, Rio de Janeiro: Revista Branca, 1954, p. 101-111.

4 Exemplos são os textos de Mário de Andrade, Moral Quotidiana. Tragédia (Juro que É Tragédia), *Estética*, n. 2, jan./mar. 1925, p.1; Sérgio Buarque de Holanda, Antinous (Fragmento) Episódio Quase Dramático, *Klaxon*, n. 4, p. 1-2; A. de Alcântara Machado, A Ceia dos Convidados, *Jornal do Comércio*, São Paulo, 22 jan.1927; e idem, O Nortista (póstumo), divulgado por Múcio Leão em *A Manhã*, Rio de Janeiro, 16 maio 1943, Suplemento Autores de Livros; Oswald de Andrade, Fragmento Garcia [título póstumo], *Sarrafo*, mar. 2003, p. 12.

5 Décio de Almeida Prado, O Teatro, em Affonso Ávila (org.), *O Modernismo*, 2. ed., São Paulo: Perspectiva, 2002, p. 139-151.

6 *De Pirandello a Piolim: Alcântara Machado e o Teatro no Modernismo*, Rio de Janeiro: Inacem, 1987.

7 A. de Alcântara Machado registrou no *Jornal do Comércio* impressões sobre várias montagens, como *Amigo da Paz*, de Armando Gonzaga (15/02/1923), *A Vida É Sonho*, de Oduvaldo Vianna (2/03/1923), *Nossos Papás*, de Ribeiro Couto (23/03/1923), *Tentação*, de Amadeu Amaral (5/04/1923), *1830*, de Paulo Gonçalves (19/04/1923) e *A Inquilina de Botafogo*, de Gastão Trojeiro (2/05/1923).

Alcântara Machado.

tico da vida da burguesia carioca. O comediógrafo faz a caricatura de meia dúzia de tipos reais, sempre os mesmos, tendo à frente a infalível criada mulata e naturalmente pernóstica; exagera o cômico de certas cenas verdadeiras; inventa duas ou três situações de efeito hilariante; arma um entrecho tocado de uma leve ponta de sentimentalismo piegas; põe na boca das personagens uma série de disparates, expressos numa linguagem pitoresca e estranha que se parece muito de longe com o português de Camões e de todos nós; adapta as suas figuras ao feitio e ao temperamento dos atores que devem encarnar; enche os três atos de piadas, de trocadilhos, de mil coisas irrisórias, e faz então a peça assim construída subir à cena, absolutamente seguro de seu êxito, e com razão, porque em verdade ele nunca falta[8].

Insatisfeito com a acomodação dos comediógrafos brasileiros às fórmulas da comicidade popular, tentou apontar alternativas e recomendar a criação de comédias mais sérias[9]. De outra parte, relacionava a precariedade do repertório à instabilidade das empresas profissionais mostrando-se reticente com relação ao oportunismo de certos empreendedores, cujo interesse financeiro considerava prejudicial à renovação da arte dramática. Sua preocupação com a constituição do mercado de trabalho para os atores aliava-se à recusa ao personalismo exagerado dos intérpretes. Censurava os gestos de vaidade pessoal dos primeiros atores, o excesso de interferência na interpretação dos textos e as rivalidades gratuitas. Num período em que os atores se especializavam em tipos – o cômico, o galã, a viúva –, Alcântara discordava da troca de papéis. Não aceitava, por exemplo, que profissionais do teatro de revista, acostumados a atuar em papéis populares, como caipiras ou mulatos, representassem tipos elegantes e de boas maneiras. Acreditava ser impossível conciliar os dois papéis num só intérprete; e por isso reivindicava coerência e bom senso na distribuição dos tipos. De modo semelhante, repreendia a atuação de atores caracteristicamente trágicos em comédias por considerar que isso criava um desajuste em cena e prejudicava a percepção da plateia. Também quando se tratava da nacionalidade dos atores entendia que o teatro deveria evitar falsificações, saindo em defesa da atuação de brasileiros nos papéis caracteristicamente nacionais.

Já em relação às companhias estrangeiras, reclamava da vinda de grupos decadentes que chegavam ao Brasil com atores velhos, no final da carreira, para apresentar um repertório conhecido e sem atrativos. Seus alvos principais eram as companhias portuguesas, contra as quais se lançou em combate. Sintonizado com o viés nacionalista do *Manifesto Pau Brasil*, adotou uma posição de resistência às montagens do além-mar e ao padrão de representação lusitano[10]. No mesmo ano em que Oswald lançou o manifesto na imprensa, Alcântara estampou no

8 Manifestou-se a propósito de *Zuzu*, de Viriato Corrêa, levada à cena no teatro Boa Vista, pelo grupo Trianon, tendo à frente Cristiano de Souza e Procópio Ferreira (*Jornal do Comércio*, 26 out. 1923). Alcântara já havia comentado a montagem da peça *Juriti*, de Viriato Corrêa, em janeiro do mesmo ano.

9 Entusiasma-se, em especial, com *As Levianas*, de Afonso Schmidt, que a companhia carioca Abigail Maia estreou no teatro Sant'Anna, em 28 de dezembro de 1923. Aprecia igualmente os dramas de Ribeiro Couto e Paulo Gonçalves.

10 O *Manifesto da Poesia Pau Brasil*, de Oswald de Andrade, foi publicado no *Correio da Manhã* e transcrito na sessão "Resenha do Mês" da *Revista do Brasil*, Rio de Janeiro, n. 100, abr. 1924, p. 361-363.

Jornal do Comércio uma matéria contundente contra a presença de intérpretes portugueses e artistas estrangeiros nas empresas locais:

> Mas por que motivo [as companhias nacionais] não procuram no Brasil as figuras necessárias para a formação de seu elenco? Não as há aqui aproveitáveis? Quer-nos parecer que sim. [...] O teatro de Portugal atravessa hoje em dia uma crise alarmante. A prova está nas companhias lusas que por cá têm aparecido, desde alguns anos, companhias em que há um só elemento apreciável cercado por dez ou vinte detestáveis[11].

Na campanha contra a atuação dos atores lusitanos, preocupava-se com a prosódia da língua portuguesa. Considerava que a valorização da fala brasileira nos palcos poderia representar uma conquista na busca da afirmação do projeto nacionalista do modernismo.

> Esse defeito na organização das nossas companhias dá resultados deploráveis, como, por exemplo, a composição de tipos essencialmente brasileiros por artistas que não dizem – ser, mas "cheire", o que é coisa muito diversa para nós, tampouco – Brasil, mas "Brasile", o que é errado [...]. Ainda tratando-se de originais estrangeiros é horrível ouvir dois interlocutores, brasileiro um e português outro, que pronunciam diferentemente as mesmas palavras e repugna ao bom senso do espectador reconhecer que eles se compreendem [...]. Já que não temos, para vergonha nossa, repertório exclusivamente brasileiro, tenhamos ao menos, para consolo, brasileiros como intérpretes exclusivamente[12].

Cecília de Lara revelou o quanto o contato com o repertório italiano de vanguarda modificou o pensamento teatral de Alcântara Machado nos anos imediatamente posteriores à Semana. Seu ponto de referência ancorava-se, até então, nos modelos do teatro francês, em particular nas sondagens psicológicas de H. Bataille e H. Bernstein. Frequentemente, nas avaliações sobre os contemporâneos, Alcântara Machado estabelecia paralelos com dramaturgos europeus como Romain Coolus, Pierre Veber, Maurice Hannequin e Paul Gavault, referindo-se a um repertório bastante convencional, que se pautava antes pelo ideal artístico dos textos do que pela teatralidade da cena moderna. Após assistir à montagem de Pirandello pela Companhia do Teatro Argentina de Roma, na temporada de 1923 do Teatro Municipal, compreendeu que aquela visão tradicional calcada no texto havia se esgotado. Aprofundaria esse contato inicial com a vanguarda, em 1925, por ocasião da permanência na Europa, onde pôde se atualizar em relação às concepções teatrais e aos debates teóricos. A maturidade teórica conquistada no exterior transparece nos artigos de *Terra Roxa e Outras Terras* e *Revista do Brasil*, que datam justamente de seu retorno ao país.

A percepção de que nosso teatro distanciava-se das produções europeias modernas, de que estávamos destituídos de uma dramaturgia de qualidade, de técnicas e recursos cenográficos[13], induziu Alcântara a projetar uma solução para os palcos similar aos dois "trancos" que modernizaram a linguagem literária – uma operação dupla, de universalização e nacionalização. A primeira, segundo ele, traria a atualização técnica, ao passo que a segunda promoveria a integração no ambiente[14]. Acreditava que se pudesse revigorar a técnica com o auxílio da importação de fórmulas inovadoras desenvolvidas no velho continente por um Shaw, Pirandello, Zimmer, Romains. O abrasileiramento viria, por sua vez, da incorporação de dramas corriqueiros, de enredos baseados em situações cotidianas vividas pela nova gente paulista. Na busca do elemento genuinamente nacional, Alcântara Machado passava a reivindicar com insistência uma feição paulistana para nossa dramaturgia:

> A cena nacional ainda não conhece o cangaceiro, o imigrante, o grileiro, o político, o ítalo-paulista, o capadócio,

11 Antônio de Alcântara Machado, Pela Nacionalização dos Elencos, *Jornal do Comércio*, 16 mar. 1924.

12 Idem.

13 A fatura do espetáculo ficava a cargo do ensaiador, que cuidava da marcação do texto. Havia por vezes um encarregado pela *mise-en-scène*, que fazia o arranjo da cena e organizava a decoração. A cenografia se limitava a paisagens coloridas de gabinete. O máximo de renovação ocorreu com a contratação de pintores, como Paim, Oswaldo Sampaio e Cardoso Aires, para assinarem os espetáculos de Procópio Ferreira. Cf. Gustavo A. Dória, *Moderno Teatro Brasileiro*, Rio de Janeiro: MEC/SNT, 1975.

14 A. de A. Machado, *Prosa Preparatória & Cavaquinho e Saxofone*, Rio de Janeiro: Civilização Brasileira, 1983, p. 305-309.

o curandeiro, o industrial. Não conhece nada disso. E não nos conhece. Não conhece o brasileiro. É pena. É dó[15].

A aversão pelos espetáculos assentados no modelo realista já superado encaminhava Alcântara para uma guinada conceitual, que se manifestava na simpatia e na valorização das formas espontâneas da comicidade popular. Diante do quadro insatisfatório dos teatros, redescobre na improvisação das pantomimas circenses e no teatro de revista uma tradição efetivamente nacional, que se desenvolvia de modo criativo e original, aparentemente independente dos elementos postiços. Comparado às companhias dramáticas, o palhaço – Alcebíades e, especialmente, Piolim – é exaltado como o artista representativo da autêntica arte brasileira, improvisando de maneira inconsciente e, por isso mesmo, genial, pantomimas hilariantes[16]. A atenção de Alcântara Machado se volta para o risível dessas representações do circo, nascido da imitação deformadora de Piolim, que consegue explorar tão bem o ridículo das situações e dos caracteres. O que lhe agrada, na perspectiva dos modernistas, é a pureza dessa comicidade que brota do absurdo e não da lógica passadista[17]. Daí a simpatia que começa a nutrir pelas técnicas assimiladas de formas menores, como a farsa grosseira e a burleta, até então rejeitadas por ele com veemência. Desafia os comediógrafos a aceitarem a "salvação pelo popular", citando inclusive a orientação de diretores contemporâneos, como Copeau, na França, Craig, na Inglaterra, Reinhardt, na Alemanha, Bragalia, na Itália, e Meierhold, na Rússia, nomes que indicava como exemplos de tentativas bem-sucedidas de rompimento com a tradição do melodrama e do drama realista[18]. Dava, assim, sinais de reconhecer a importância do papel dos diretores na nova cena teatral.

Ao voltar seus olhos para as criações populares, em busca de liberdade e improvisação, o crítico seguia uma tendência da vanguarda europeia, que se aproximara e absorvera ingredientes do circo, do café-concerto e da arte cinematográfica. Ciente dos debates em pauta no continente, Alcântara Machado não apenas citava modelos a serem incorporados como também opinava a respeito de polêmicas que acompanhava pela imprensa estrangeira, a exemplo do prognóstico de exaustão da arte teatral em face ao avanço do cinema. Posicionava-se a favor do cinema, reconhecendo nele uma influência positiva no esforço de renovação técnica dos palcos[19]. Segundo pensava naquele momento, o teatro "só teve a lucrar com o advento do cinema e o prestígio cada vez maior do café-concerto". Sob a influência forçada de ambos, entendia que o teatro tinha conseguido se atualizar, ganhar novas expressões e ampliar seu campo de ação. A adaptação de princípios cinematográficos permitia que o teatro alcançasse variedade e universalidade. Era de opinião de que, dentro de suas possibilidades, o teatro estava procurando imitar do cinema os "meios de evocação, simultaneidade, movimento, plasticidade, perfeição rítmica, liberdade de fantasia", enquanto aprendia com o café-concerto "o traço rápido, a síntese fulminante, a força do burlesco, a instantaneidade cômica, o vigor caricatural, o imprevisto, o multiforme poder do improviso". Concordava, portanto, com a noção de teatro-espetáculo aproveitando-se de outros campos artísticos[20].

Em sintonia com o espírito antropofágico de 1928, radicalizou ainda mais o discurso favorável à deglutição dos elementos importados, deduzindo que a tentativa da arte europeia de voltar ao ponto de partida, às origens, à essência, encontrava-se, no Brasil, naturalmente e de modo espontâneo, em várias manifestações cotidianas – na macumba, na festança, no fandango, nos serões –, em tudo o que denominou de "teatro bagunça"[21]. A fusão de expressões autênticas, que a Europa buscava para o teatro moderno, existia, segundo Alcântara Machado, na nossa vida social, na pândega, na balbúrdia de todo dia, na mestiçagem e no espírito de camaradagem. O que a vanguarda desejava

15 Indesejáveis, *Terra Roxa e Outras Terras*, ano 1, n. 1, 1926.

16 Sobre a valorização do circo, ver Maria Augusta Fonseca, *Palhaço da Burguesia*, São Paulo: Polis, 1979.

17 A. de A. Machado, Circo, do Brasil ao Far-West: Piolim, *Terra Roxa e Outras Terras*, ano 1, n. 3, 27 fev. 1926.

18 Idem, Um Aspecto da Renovação Contemporânea, *Revista do Brasil*, ano 1, n. 1, 15 set. 1926, p. 25-26.

19 Idem, Choradeira sem Propósito, *Revista do Brasil*, ano 1, n. 2, 30 set. 1926, p. 33-36. Pelo Réu, *Revista do Brasil*, ano 1, n. 6, 1926, p. 38-41.

20 Idem, Um Aspecto da Renovação Contemporânea, *Revista do Brasil*, ano 1. n. 1, 15 set. 1926, p. 25-26.

21 Idem, Teatro do Brasil, *Movimento*, Rio de Janeiro, ano 1, n. 2, nov. 1928, p. 14.

resgatar com a improvisação e o divertimento nós tínhamos na mistura e na falta de lógica, porque o absurdo, o caos, antes de ser uma elaboração artística, era, entre nós, parte integrante da vida: "Ora o que ele [o teatro europeu] procura é o informe que nós somos. Não saímos até hoje do princípio. E o princípio é a farsa popular, anônima, grosseira. É a desordem de canções, bailados, diálogos e cenas de fundo lírico, anedótico ou religioso. Cousa que entre nós se encontra no circo, nos terreiros, nos adros, nas ruas, nas macumbas[22].

Acreditava na possibilidade de a geração de 1922 criar um teatro nacional a partir da rica matéria virgem, ainda inexplorada. Lamentava que nosso teatro estivesse morto, mas ainda nutria esperanças de que uma semente soterrada pudesse germinar, inspirada nos que eliminaram a tese e o dramalhão sentimental substituindo-os pelo humor e pela sátira ágil. Ao final dos anos de 1920, não poupou elogios às tentativas de criação do chamado "teatro puro", do jogo teatral com base no divertimento e na fantasia, à maneira do dramaturgo Noel Coward, sob a direção de Copeau, no Vieux Colombier. Empenhou-se em estimular escritores brasileiros a se desligarem da ideia de teatro como sinônimo de "palavras profundas e emoções violentas"[23]. Nos artigos do *Diário Nacional*, Alcântara Machado chegou a traçar uma estratégia de ação que se apoiava em três frentes – a fundação de um teatro de comédia, de uma companhia estável e uma escola de atores. Vislumbrava nessas iniciativas um caminho viável de construção da cena moderna[24].

A partir dos anos de 1930, contudo, o seu otimismo reformador, próprio da utopia modernista, cedeu lugar a uma visão pessimista e desencantada, já que nenhuma de suas propostas teve eco. As concepções que defendeu na imprensa não repercutiram, nem frutificaram, a ponto de alterarem minimamente a cultura teatral. Apesar disso, seus ensaios atestam que houve uma impregnação do espírito modernista de ruptura no campo das ideias teatrais, fermentando as mudanças futuras.

22 Idem, p. 15.

23 A. de A. Machado, L'Illustration, *Diário Nacional*, 22 nov. 1928. Apud C. de Lara, op. cit.

24 Devemos a Cecília de Lara a descoberta da série de matérias sobre teatro que Alcântara publicou no *Diário Nacional* na coluna "Caixa", sob o pseudônimo J. J. de Sá, em 1928 e 1929.

Na perspectiva histórica, o abrasileiramento da cena que Alcântara projetou por meio da conversão ao popular se tornaria uma das principais conquistas do teatro moderno. E, se o efeito de seu pensamento foi nulo entre os contemporâneos, por outro lado seu diagnóstico sobre a falência do teatro tradicional e a percepção que teve dos fatores que conduziriam à renovação estética lhe garantem um papel central, já mostrou Décio de Almeida Prado, como pioneiro e idealizador do moderno teatro nacional.

A contribuição de Alcântara Machado para nossa dramaturgia, em compensação, é modesta. Publicou apenas uma cena na imprensa e deixou uma comédia inacabada[25]. A cena única intitulada "A Ceia dos Não Convidados" se passa, às duas da madrugada, no salão do restaurante Telêmaco, provavelmente uma casa que funcionava na avenida Ipiranga, nas proximidades da avenida São João. Representa uma situação imaginária, pela qual Alcântara promove o rebaixamento farsesco de D. João VI e Domitila, a marquesa de Santos, amante de D. Pedro I, a quem ela trata por Pepê. A rubrica indica que ao fundo do restaurante pende um retrato de Mussolini a cavalo e à esquerda uma imagem do sugestivo episódio em que Otelo mata Desdêmona. No papel de criado entra o Chalaça para servir canja ao monarca.

Aos olhos nacionalistas de Alcântara Machado, D. João VI, um homem barrigudo, "com cara de cretino, olhar material, lábios gulosos", retorna à terra metido num ridículo fraque apertadíssimo. A feição caricatural do monarca lusitano é enfatizada nos gestos exagerados de glutão. Mastiga sem parar, lambe os beiços e abre as narinas para sentir o prazer da comida, à medida que devora uma canja, quatro azeitonas pretas e seis frangos acompanhados de arroz com manteiga. Sua figura grotesca e decaída se evidencia ainda no jeito pândego com que flerta a "mimosa flor do Brasil" em meio a elogios ambíguos e palavras de baixo calão.

D. JOÃO VI (*besuntando de lábia e gordura*): Ora! De quem havia de ser? A ausência (*lírico*) da mimosa flor do

25 A Ceia dos Não Convidados, *Jornal do Comércio*, 22 jan. 1927; reproduzida em *O Percevejo*, Rio de Janeiro, ano 5, n. 5, 1997, p. 41-44.

Brasil, da formosa deidade de São Paulo, digna de ser cantada pelo meu colega Salomão!

MARQUESA (*com o coração na boca*): Eu, é Janjão? Eu?

D. JOÃO VI (*com a mão na boca*): Deve estar claro.

A marquesa exibe a desenvoltura da mulher liberal, morena e apetitosa, que se apresenta com aspecto moderno, de cabelos cortados e joelhos à mostra. De início, demonstra certo nervosismo, explicável pela ansiedade em desvendar o que lhe teria reservado a posteridade. Acaba por render-se suspirosa às boas notícias. Sedutora como as divas do cinema, pinta os lábios, arruma as ligas, fuma um Nina Pancha e arrisca alguns passos de tango. Enquanto o rei se farta e se lambuza, ela bebe guaraná Zanotta e enche várias taças de champanhe Pommery, com as quais embriaga sua majestade, antes de tomar um táxi para voltar ao céu a tempo de ser recebida por são Pedro.

Alcântara Machado parece testar os expedientes modernos que defende em favor da farsa e da síntese pela fusão de elementos díspares, anacronismos combinados sem qualquer lógica espacial ou temporal. O diálogo inclui menções rápidas a personalidades do mundo político, bíblico e científico (Augusto Comte, Salomão, Arquimedes, Paranaguá, Mussolini e Afonso Celso), além de referências a instituições e correntes estéticas (Academia de Belas Artes, futurismo), que são lançadas para efeito cômico, sem qualquer coerência. O risível da cena encontra-se no retrato grotesco do monarca e no jogo cênico, próprio da vanguarda, que usa do absurdo para criar o novo.

Na comédia inacabada, *O Nortista*, de que nos restou apenas o primeiro ato, o jovem alagoano Hércules de Souza Spencer incorpora a figura satírica do jornalista ambicioso e cavador. A peça tem início numa sala do ministério da agricultura na qual Hércules, de posse de uma carta de apresentação do governador de Alagoas, insiste em ser atendido. O segundo quadro transcorre na sede do Grêmio Beneficente e Recreativo Amigos da Grécia, onde, convidado a ser o orador oficial, Hércules sugere interesseiramente a aclamação do ministro como presidente honorário do Grêmio. Ressurge, no terceiro quadro, trabalhando de redator no jornal *Ordem e Progresso*. Ao lado de Benedito, repassa o original da nota redigida pelo diretor sobre a cerimônia de casamento da filha do ministro. Determinado a conseguir uma audiência, inclui inadvertidamente seu nome na lista de convidados que enviaram flores à noiva. Consegue a aprovação da notícia alterada na revisão e deixa a redação proferindo um discurso, carregado pela eloquência vazia, sobre a inexistência de preconceito racial no Brasil, totalmente indiferente à melancolia do negro Benedito.

O quarto e último quadro encontra Hércules sentado, às três da madrugada, num banco à beira-mar com a namorada Jandira. Mirando o oceano, que segundo a rubrica seria a plateia, ele resume envaidecido as vitórias dos três meses de vida no Rio de Janeiro: um lugar no ministério, outro na imprensa, dois alunos, de francês e geografia, e um serviço de escrita aos domingos para dois vendeiros do Mangue. Em contraste, Jandira recorda saudosa de quando se conheceram e ele trabalhava no circo, levantando peso. Amorosa e sonhadora, propõe-lhe que venha morar no Irajá e fique apenas com o trabalho no ministério, já que ela conta com um rendimento certo do montepio. Hércules, porém, rejeita a ideia, porque tem planos maiores para seu futuro. Planeja casar com uma viúva rica e imagina-se exercendo um papel importante na vida nacional. Por isso, não hesita em mentir e deixar Jandira sozinha naquela mesma noite, ao perceber uma oportunidade de aproximação com o senador Costa Vaz, cujos empregados procuram um homem suspeito de roubá-lo.

JANDIRA: Eu juro, meu bem, que aqui não passou ninguém. Que é que você vai fazer? Eu vou com você. (*Hércules empurra os homens e se volta*).

HÉRCULES: Idiota! Vá embora! Amanhã vou ver você!

JANDIRA: Você não faz isso para mim, Hércules... Eu juro que não vi ninguém passar por aqui!

HÉRCULES (*saindo*): Eu sei, eu sei que você não viu ninguém! Você nunca vê nada! Você não enxerga um palmo adiante do nariz! (*Corre*). [26]

Os quadros remanescentes de *O Nortista* indicam o tom satírico conferido por Alcântara Machado ao

26 O Nortista, *O Percevejo*, ano 5, n. 5, 1997, p. 45-48.

retrato da ascensão inescrupulosa desse ambicioso protagonista. Hércules possui os traços morais duvidosos dos que buscam um trampolim para subir na sociedade por intermédio da política, tendo no jornalismo e na oratória os meios de sobrevivência e barganha. A sobrevida desse único ato da peça não nos permitiria prever o desenvolvimento completo do enredo. No entanto, é possível observar a opção de Alcântara pela sátira.

Nesse sentido, as duas breves experiências dramáticas são ilustrativas do empenho de Alcântara em aplicar os procedimentos que recomendou para revigorar a linguagem teatral. Como dramaturgo, explorou as sínteses humorísticas e revelou a preferência pela sátira política, que se tornou marcante na produção dos modernistas na virada dos anos de 1930.

Oswald de Andrade

Data de 1913 a redação do primeiro texto dramático de Oswald de Andrade (1890-1954), cujo original se perdeu, tendo o título sugestivo de *A Recusa*. Quiçá inspirado nas experiências um tanto tumultuadas da vida afetiva, Oswald criou em parceria com Guilherme de Almeida duas peças em francês, ao gosto da nossa elegante *belle époque* que tomava de empréstimo à França o modelo ideal de civilização. *Mon coeur balance* e *Leur âme* (1916), foram razoavelmente divulgadas nos meios literários antes de ganharem edição encadernada no volume *Théâtre brésilien* que os autores distribuíram para presentear personalidades ilustres e artistas famosos[27]. Conforme o costume da época, realizaram-se algumas leituras públicas de *Leur âme* nos salões, associações e redações de periódicos ilustrados. A principal esteve a cargo de Suzanne Desprès, da companhia francesa organizada por Lugné-Poe, que prestou homenagem aos autores com a leitura de um ato, no Teatro Municipal de São Paulo, em dezembro de 1916.

A dramaturgia francesa de Oswald, dedicada à exposição de sofrimentos íntimos e loucuras decorrentes da sentimentalidade ultrarromântica, sem pôr em risco a estabilidade moral da burguesia, servia de compensação imaginária para a avidez de um público de teatro que almejava encontrar nos palcos experiências novas e reconfortantes. Tratava-se de uma dramaturgia que se mantinha dentro dos limites e expectativas definidas pelas convenções burguesas, com as quais Oswald romperia de maneira drástica apenas nos anos de 1930[28].

Após participar ativamente na preparação da Semana de Arte Moderna, buscando a adesão dos escritores cariocas com quem se reuniu no Rio de Janeiro, e de incorporar o caráter transformador do movimento, tanto nas proposições de um primitivismo lançado em forma de manifestos, quanto nas pesquisas de uma nova linguagem poética em *Pau Brasil* (1924) e *Primeiro Caderno do Aluno de Poesia Oswald de Andrade* (1927), Oswald volta a surpreender com uma guinada na direção do engajamento político de esquerda. Envolvido com Patrícia Galvão, a Pagu, que já estava grávida de Rudá, o escritor desfaz o casamento com Tarsila do Amaral, sua parceira e cúmplice intelectual na trajetória artística iniciada em 1923, para abraçar um projeto revolucionário[29]. Deixa para trás, sem com isso se desfazer das conquistas da Semana, uma fase de conforto e cosmopolitismo animada pelas viagens de turismo e temporadas prolongadas em Paris. Numa reviravolta pessoal e ideológica, explicável, em parte, pelas polarizações políticas nos anos de 1930 e pela crise internacional de 1929, que desferiu um golpe duro nas suas finanças pessoais, Oswald revê as opções do passado recente e renega a ingenuidade de sua vida boêmia, reescrevendo o citadíssimo prefácio a *Serafim Ponte Grande*, no qual manifesta, em 1933, o desejo de ser *pelo menos casaca-de-ferro da revolução proletária*[30].

Com vontade de servir às causas políticas, o escritor decreta o *necrológio da burguesia*, no enterro simbólico de si mesmo e de todas as formas artísticas

27 O volume foi enviado a Afonso Arinos, Freitas Valle e João do Rio, segundo Boaventura, e a Isadora Duncan e Lucien Guitry, informa Fonseca. Cf. M. A. Fonseca, *Oswald de Andrade: Biografia*, São Paulo: Art Editora, 1990; e Maria Eugênia Boaventura, *O Salão e a Selva*, Campinas: Editora da Unicamp, 1995.

28 De atmosfera semelhante, Oswald escreve também o drama *O Filho do Sonho* (1916), do qual não se tem notícias de publicação, e o romance *Os Condenados* (1922).

29 Em dezembro de 1930, Oswald viajou com Pagu ao Uruguai para encontrar-se com Luís Carlos Prestes que se encontrava no exílio. Na volta, o casal fundou o pasquim *O Homem do Povo*, que durou apenas vinte dias por ter sido empastelado pelos estudantes da Faculdade de Direito.

30 *Serafim Ponte Grande*, 9. ed., São Paulo: Globo, 2007, p.55-58.

alienadas, a começar pela literatura vanguardista brasileira que, aos seus olhos, se mostra agora "provinciana e suspeita, quando não extremamente esgotada e reacionária"[31]. Nessa fase de adesão à utopia marxista, sucedânea da utopia antropofágica dos anos de 1920, dedica-se a criar uma *literatura interessada* pelas questões sociais, marcando o retomo ao texto dramático. As três peças – *O Rei da Vela* (1933), *O Homem e o Cavalo* (1934) e *A Morta* (1937)[32] – resultam da tentativa de rompimento mais radical com os paradigmas da estética teatral burguesa, em favor das pesquisas formais da vanguarda, sobretudo, em relação às formas de arte popular.

Em *O Rei da Vela*, peça escrita em 1933, mas publicada em 1937, Oswald aborda o tema da exploração capitalista, flagrando-a desde um ângulo microscópico, a partir das operações de crédito pessoal, até as transações imperialistas, que, em uma esfera maior, impõem uma dependência crônica aos países colonizados. Naquele momento de crise no mundo, tratava-se de incluir nos palcos uma nova perspectiva analítica para denunciar a situação semicolonial do Brasil, país de economia agrícola, afetado pela queda dos preços do café. Por meio do exame da agiotagem financeira Oswald submete a uma sátira mordaz todas as relações que julga inerentes ao regime capitalista. Focaliza para isso as estratégias de sobrevivência da burguesia brasileira, conservadora e reacionária, a qual procura desmascarar por meio de sínteses humorísticas e do uso da paródia.

Estruturada em três atos, a peça gira ao redor de Abelardo I, novo rico paulista que planeja dar dignidade ao seu dinheiro firmando um compromisso de matrimônio com Heloísa, filha de uma tradicional família do Império. O casamento de conveniências mútuas entre Abelardo I e Heloísa, retomando em chave paródica a mitologia amorosa medieval, representa para o banqueiro milionário o último degrau na ascendente escalada social, ao passo que para o pai da noiva, o fazendeiro arruinado sr. Belarmino, cuja família está moralmente debilitada pela sexualidade desviante, o enlace oferece uma sobrevida ao alimentar o sonho de um Banco Hipotecário que venha salvar os latifúndios falidos da cafeicultura. Porém, Abelardo I, descobrindo-se vítima de um golpe financeiro que seu secretário e *alter ego* Abelardo II executou, decide pelo suicídio no último ato. O casamento não se consuma em cena, mas o efeito é didático, porque o golpista passa a tomar conta do escritório do ex-patrão, porque herda-lhe as dívidas e a noiva. Uma última nota irônica soa por conta do credor americano de Abelardo I, Mr. Jones, que comemora aliviado a solução favorável aos seus interesses imperialistas e declara sorridente: "Oh! good business!".

Como protagonista, Abelardo I incorpora a imagem satírica do capitalista triunfante, cujos antecedentes mais próximos recuam ao farsesco Rei Ubu, de Alfred Jarry. Para conquistar a coroa, Abelardo I age em três frentes simultâneas, sendo agiota, industrial e latifundiário. Toma parte da comercialização do café e especula no momento em que a superprodução faz despencar os preços do produto. Ao mesmo tempo, lança-se no caminho do capitalismo urbano, dando início à fabricação, em escala industrial, de pequenas velas para a alma dos mortos, além de comprar latifúndios arruinados. Esse espírito agressivo de Abelardo I assinala uma distância proposital em relação à velha burguesia agrária privilegiada pelos mecanismos arcaicos de dominação econômica (a valorização artificial do café), social (o baixo custo da mão de obra que caracterizou o campesinato) e política (o coronelismo).

Ao contrário dessa velha burguesia, que se manteve oligarquicamente no poder até a dissidência interna na Revolução de 1930, Abelardo I congrega os interesses dos investidores estrangeiros, visto que não atua sozinho, mas sim financiado pelos ingleses, no caso da intermediação comercial e financeira do café, e pelos americanos, no estímulo à indústria. Vendido aos interesses internacionais, tira proveito próprio da ruína alheia e da falência do país. Explora com indiferença o pânico da baixa classe média, o medo dos cafeicultores, as causas da população grevista e a fé dos religiosos, de modo a erguer-se como antípoda dos afortunados em queda.

Para retratar a desumanização das relações comerciais Oswald apresenta, no primeiro ato, o embrutecimento do protagonista desdobrando-o

31 O. de Andrade, Objeto e Fim da Presente Obra, *Revista do Brasil*, n. 6, 30 nov. 1926, p. 5; reproduzido em *Serafim Ponte Grande*, p. 47.

32 Há muitas edições das peças de Oswald. Aqui as citações serão tiradas de O. de Andrade, *Teatro: A Morta, O Rei da Vela, O Homem e o Cavalo*, Rio de Janeiro: Civilização Brasileira, 1976.

na figura do seu duplo, Abelardo II, um domador de feras que, segundo a rubrica, trabalha de botas e porta um revólver à cintura. O aprisionamento dos clientes inadimplentes numa jaula para animais ferozes, que o secretário-domador controla à base de chicotadas, traduz a autoridade do usurário. O recurso cênico visual enfatiza a selvageria do mercado por meio da caricatura hiperbólica das ações do banqueiro, insensível aos apelos dos clientes a quem manda executar sem piedade. Oswald previu outros elementos cenográficos a fim de indicar visualmente o sistema de penhoras da casa: um retrato de Gioconda, um divã futurista, uma cadeira Luís XV, um castiçal de latão e um prontuário com rótulos nas gavetas classificadoras, onde se lê "malandros, impontuais, prontos, protestados, penhoras, liquidações, suicídios, tangas".

É o domador Abelardo II, com apoio na agilidade e na violência da farsa circense, em contraposição direta ao teatro realista, quem explicita essa concepção cênica como espinafração: "A burguesia só produziu um teatro de classe. A apresentação da classe. Hoje evoluímos. Chegamos à espinafração". Assíduo frequentador do circo, Oswald cogitava em dar ao palhaço Piolim o papel cômico do protagonista, discutindo com ele detalhes e passagens da peça[33]. A escolha da ambientação circense para o primeiro ato visa à demonstração da lógica das transações da casa, exposta como símbolo do rudimentar capitalismo brasileiro. O negócio todo consiste na armação premeditada de ciladas, via concessão de crédito a juros altíssimos, com intuito de conduzir os devedores (desempregados, microempresários falidos ou donos de oficinas caseiras) à penhora e futuramente à liquidação.

As sucessivas entradas em cena ilustram o esquema perverso da casa e o jogo de relações sociais implicadas nos negócios ilegais do banqueiro, que uma nova lei contra usura buscava reprimir no Brasil. Aos imigrantes italianos desiludidos com o sonho de prosperidade, Aberlado I grita: "Sou eu que vou buscá-los para assinar papagaios? Ou são eles que todos os dias enchem a minha sala de espera? Abra a jaula! [...] Rua! Nem mais um negócio! Vou fechar essa bagunça!" A um padre com quem conversa ao telefone, embora se diga ateu e descrente, Abelardo I dá indícios das articulações entre a Igreja e a burguesia, o que faz Abelardo II se declarar "o primeiro socialista no teatro brasileiro". Ao ditar para a Secretária N. 3 uma carta confidencial a Cristiano de Bensaúde, brincadeira maliciosa com Tristão de Athayde representado ironicamente como o "industrial do Rio. Metido a escritor [...] que foi crítico literário e avançado, quando era pronto" e que agora pede ajuda para formar uma frente única contra os operários, Abelardo I recomenda a adoção de estratégias fascistas como medidas para o controle das fábricas, insinuando o recrudescimento militar necessário à preservação da burguesia avançada. Exige definições dos intelectuais, como o autor de biografias neutras Pinote, ex-futurista, que se diz moderado, quase conservador, apesar da faca de madeira que usa como bengala: "Ninguém é neutro no mundo atual... precisamos de lacaios... É preferível morrer como inimigo do que como adesista". Enfurecido com a fraqueza do poeta que se nega a servir aos interesses dos ricos, Abelardo I, aos berros, expulsa-o de cena: "A minha classe precisa de lacaios, A burguesia exige definições. Lacaios, sim! Que usem fardamento. Rua!"

Feita a explanação didática dos mecanismos de enriquecimento, Abelardo I assegura à noiva Heloísa que "sob a lei da concorrência, os fortes comerão sempre os fracos". Essa certeza se quebra com a entrada do investidor americano, Mr. Jones, diante do qual Abelardo I se curva até o chão.

O segundo ato situa as ações na paradisíaca ilha de Abelardo I, na baía de Guanabara. A propriedade adquirida para abrigar a cerimônia de casamento com Heloísa traz uma possível remissão à Ilha de Paquetá, onde Oswald escreveu a peça, conforme observou Sábato Magaldi[34]. Na organização visual desse fabuloso idílio, Oswald propõe, em sua rubrica, a justaposição de um exotismo tropical, que contém ecos poéticos de nossa sentimentalidade romântica, bem nutrida por cantos de exílio, assovios de pássaros e balanço de palmeiras, aos quais se somam alguns resquícios da indolência indianista, ao modo *Pau Brasil*, na sutil indicação da presença de uma rede do Amazonas. Tudo disposto lado a lado com índices futuristas, perceptíveis nos objetos, móveis mecânicos e efeitos

33 Cf. M. A. Fonseca, *Oswald de Andrade: Biografia*.

34 O País Desmascarado, em O. de Andrade, *O Rei da Vela*, São Paulo: Globo, 2003, p. 7-19.

sonoros produzidos pelas emissões de um rádio, de um motor de lancha e de uma corneta. No cenário há um terraço à beira-mar, que se comunica com a areia por meio de uma escada, em que figura também uma platibanda de cor metálica com cactos verdes e coloridos em vasos negros. O efeito plástico desse conjunto, vale notar, lembra a vivacidade e o colorido dos quadros de Tarsila do Amaral[35].

Oswald concebeu um cenário paradisíaco para emergência das fantasiosas transgressões burguesas que desqualificam tanto o novo rico, cafajeste e vulgar, quanto os membros da tradicional família quatrocentona. Estabelecendo um correlato entre a crise do capitalismo e o declínio dos códigos morais, Oswald traz à tona expressões de uma sexualidade desviante, que a voga das leituras freudianas introduziu e um anticlericalismo de esquerda só fez reforçar. A faceta de conquistador barato em Abelardo I se manifesta no jogo desavergonhado de sedução com D. Cesarina, sua sogra, ela mesma tida por garça arrivista, na opinião da intransigente D. Poloca, neta da Baronesa do Pau-Ferro, que encarna a voz da tradição, o "passado puro". Um jogo sutil de vogais põe em ridículo a resistência da matriarca, confundida com as belas polacas que caíram na prostituição devido a falsas promessas de casamento. Indecisa diante do galante arrivista, ela suspira por "Uma noite de amor em Petrópolis! Nessa idade!"

Além da libertinagem sexual, há no comportamento dos irmãos da noiva, Totó Fruta do Conde, de "asa partida", e Joana (João) dos Divãs, indicações de uma bissexualidade que Oswald recupera enquanto conteúdo introjetado, em tom de chiste, um pouco como troça preconceituosa. Acumulam-se, nesse segundo ato, uma variedade de trocadilhos, frases feitas e chavões que funcionam como pilhéria em forma de sucata, cujo objetivo é implodir as soluções desgastadas dos palcos[36]. A alusão às camadas obscuras da sexualidade, por meio dessa manipulação um tanto insólita de ditos e situações que não geram conflitos efetivos, cria uma atmosfera imaginosa de conciliação festiva na ilha, onde tremula a bandeira americana. O procedimento alusivo com o qual Oswald grotescamente desqualifica as máscaras burguesas prepara assim o anticlímax para o roubo surpreendente de Abelardo II, no terceiro e último ato da peça.

A cena final de *O Rei da Vela* retorna ao escritório de usura, dessa vez com destaque para os objetos penhorados da Casa de Saúde, sob uma luz fraca que entra pela janela ampla. Descoberto o roubo, Abelardo I admite a uma soluçante Heloísa que, embora tenha sabido jogar pesado e blefar, foi "vergonhosamente batido por um coringa"; portanto, resta-lhe o suicídio: "Sou um personagem do meu tempo, vulgar, mas lógico. Vou até o fim. O meu fim! A morte no terceiro ato".

O agiota Abelardo I, a despeito de ser alvo da sátira à burguesia arrivista, acumula a função de porta-voz das mensagens didáticas da peça. No lugar de *raisonneur* é ele quem expõe as teses sobre a persistência da classe e a hipoteca ao estrangeiro, além de fornecer as referências metateatrais. No momento da morte, delirante, anuncia a agonia do teatro convencional, com seus resíduos de melodrama e de comédia antiga. Oswald reforça por seu intermédio a rejeição pelos truques e mágicas. Inova, por exemplo, ao introduzir seu diálogo direto com o ponto e com os espectadores, de modo a explicitar a nova teatralidade.

HELOÍSA: Abelardo. Não faça essa loucura. Vamos recomeçar. Fugiremos daqui para bem longe! Vamos...

ABELARDO I: Recomeçar... uma choupana lírica. Como no tempo do romantismo! As soluções fora da vida. As soluções no teatro. Para tapear. Nunca! Só tenho uma solução. [...] Schopenhauer! Que é a vida? Filosofia de classe rica desesperada! Um trampolim sobre o Nirvana! (*Grita pra dentro.*) Olá! Maquinista! Feche o pano. Por um instante só. Não foi à toa que penhorei uma Casa de Saúde. Mandei que trouxessem tudo para cá. A padiola que vai me levar... (*Fita em silêncio os espectadores.*) Estão aí? Se quiserem assistir a uma agonia alinhada esperem! (*Grita.*) Vai atear fogo às vestes! Suicídio nacional! Solução do Mangue! (*Longa hesitação. Oferece o revólver ao Ponto e fala com ele.*) Por favor, seu Cireneu...(*Silêncio. Fica interdito.*) Vê se afasta de mim esse fósforo...

35 Devo a uma conversa memorável com o professor Décio de Almeida Prado a observação sobre as semelhanças desse cenário com as pinturas dos anos de 1920 de Tarsila.

36 Mário Chamie aponta a sucata verbal como a mediação pela qual Oswald faz sua incursão demolidora da sociedade burguesa sob o influxo de um pansexualismo. Cf. *A Linguagem Virtual*, São Paulo: Edições Quiron/Secretaria de Cultura, Ciência e Tecnologia, 1976.

Agonizante, Abelardo I alterna momentos de lucidez e delírio acompanhados pelos soluços de Heloísa. O epílogo é melodramático e ganha uma notação cômica no trocadilho com as palavras vela e vala. A gesticulação exageradamente circense do moribundo, na iminência da vala comum, embora sonhasse com um túmulo grandioso, põe fim lacônico às fantasmagorias burguesas ilustradas pela fábula revolucionária do cão Jujuba. Os *soluços enormes* de Heloísa são antepostos aos acordes da Marcha Nupcial. A *luz frouxa da vela* que Abelardo I deixa tombar é substituída pela *luz doce* sobre o novo par recebendo saudações. A grandiloquência melodramática da cena ressoa na confluência dissonante do casamento com a morte, uma fusão de efeito extremamente cômico.

O Rei da Vela não subiu aos palcos nenhuma vez antes da montagem que o grupo Oficina realizou, em 1967, sob direção de José Celso Martinez Corrêa. Depois de redigir a peça, Oswald se entusiasmou com a preparação do original de *O Homem e o Cavalo* para o Teatro da Experiência, de Flávio de Carvalho. O fechamento do teatro pela polícia, no entanto, impediu que o espetáculo se realizasse. Oswald levou adiante o projeto de desentulhar a arte das mazelas burguesas, promovendo na arena a implosão simbólica de valores morais e religiosos, à luz do materialismo histórico. Dessa vez, a exegese bíblica serviu-lhe de roteiro para a revisão crítica do cristianismo, a partir do confronto com a verdade bolchevista, da qual extraiu uma síntese extraordinária de imagens poéticas distantes da mera caricatura. Sob a óptica da ação política, Oswald se empenhava em divulgar a utopia da universalidade proletária, que, de certo modo, substituía, na fase de sua militância comunista, a utopia antropofágica dos anos de 1920. O entusiasmo pelo teatro participante, de choque, concebido para reeducar o público e enaltecer a epopeia heroica do novo regime inflava de otimismo a peça que se alimentava dos bons prognósticos do progresso russo.

Parece provável que Oswald tenha colhido inspiração nos esquemas básicos da dramaturgia de Maiakóvski. Os empréstimos mais evidentes, sugere Sábato Magaldi, teriam vindo de *Mistério-Bufo*, peça representada em 1918 como parte das comemorações da revolução soviética, em Petrogrado, antiga São Petersburgo, que homenageia são Pedro, não por acaso o protagonista de *O Homem e o Cavalo*[37]. Assim como Maiakóvski, Oswald recorreu ao modelo alegórico dos autos medievais para representar o paraíso mecanizado do socialismo, no qual vivem os sobreviventes do dilúvio revolucionário[38]. A peça divide-se em nove quadros que estabelecem dois movimentos estruturais de contraste. O primeiro corresponde à fase capitalista na qual prevalecem os valores decaídos que serão em seguida submetidos a um julgamento hilariante. O segundo, contemplando cinco quadros, ressalta as realizações do coletivismo e apresenta a expansão imaginária da sociedade sem classes para outros planetas.

O quadro de abertura, situado no "reduto da eternidade", exibe ruínas da decadência burguesa na forma mecânica de um "velho carrossel" e de "um elevador inutilizado", peças incapazes de conduzir à ascese. A estagnação se confirma nos índices de rebaixamento moral promovidos pelas sugestões sexuais, tanto na inscrição "Deus-Pátria--Bordel-Cabaço", que faz referência irônica ao lema da direita católica e conservadora "Deus-Pátria--Família-Propriedade", quanto na ambiguidade das expressões ("sururu", "periquito macho", "pistolão", "bichanas" "uvas", "camisa de vênus"), de sentido erótico. Nesse paraíso às avessas, encontram-se os representantes do velho mundo decaído: as Quatro Garças desocupadas, à espera de parceiros sexuais, o Poeta-Soldado, representando o discurso da força e o Divo, no papel de um afeminado cantor de ópera italiana, que expõe ao ridículo o gosto pelos solistas. O contraponto para a ociosidade no "ferro velho" surge nas palavras do astuto São Pedro, que se apoia no avanço da ciência e da física de Einstein para anunciar o advento do materialismo histórico:

SÃO PEDRO: [...] Respeitai a quarta dimensão do Paraíso.
Se destruirmos este reduto da eternidade na mudança,

37 Ver Fernando Peixoto, Uma Dramaturgia Lúcida e Radical, em O. de Andrade, *O Rei da Vela*, São Paulo: Difusão Europeia do Livro, 1967, p.123; S. Magaldi, A Mola Propulsora da Utopia, em O. de Andrade, *O Homem e o Cavalo*, São Paulo: Globo/ Secretaria de Estado da Cultura, 1990, p. 5-14; F. Clark, Oswald and Mayakovsky: O Homem e o Cavalo and Mistery-Bouffe, *Revista de Estudios Hispánicos*, tomo XVI, n. 2, maio 1982.

38 Vladimir Maiakóvski, *Mistério-Bufo: Um Retrato Heróico, Épico e Satírico da Nossa Época (1918)*, trad. Dmitri Beliaev, São Paulo: Musa Editora, 2001.

o mundo mergulhará no materialismo histórico. Sou São Pedro; São Pedro na era da máquina!

AS QUATRO: Viva o céu!

SÃO PEDRO: Obrigado! Vivemos no único céu possível, acima das camadas estratosféricas! O céu físico do meu compatriota Einstein – o céu no tempo. Algo se move!

O Poeta-Soldado, dirigindo-se à plateia, declara que a felicidade do homem é carniceira e anuncia a guerra química como solução. É grande a agudeza com que Oswald enfatiza, por meio da caricatura desse intelectual, misto de homem de letras e armas, já visto em *O Rei da Vela*, a emergência da ideologia nazifascista, que acabou por implantar regimes de exceção sustentados no militarismo extremado e no racismo discriminatório[39].

O segundo quadro transcorre no interior do balão do cientista que atravessou a estratosfera e desembarcou no céu com chapéu de escafandro. As três cenas desse quadro mostram o passatempo do grupo durante a viagem de regresso à Terra na aeronave do Professor Icar. A viagem distende a percepção espaço-temporal do espetáculo, à luz da teoria da relatividade. O deslocamento imaginário pela Via Láctea reitera, por assim dizer, a superação dos marcos cronológicos na mistura deliberada de personagens alegóricas a personagens históricas para quebrar as ilusões dramáticas. Paralelamente, sinais da atualidade se manifestam nos recursos auditivos que captam as transmissões radiofônicas de uma partida de futebol na América do Sul, equivocadamente confundida com a revolução social, e palavras de ordem bolchevista.

O desembarque do grupo, no terceiro quadro, ocorre em local abandonado do famoso hipódromo inglês, em pleno Derby. Os procedimentos típicos do universo circense ganham ênfase nesse momento, pois a cena projeta um plano espacial próprio das apresentações equestres[40]. A presença de cavalos no palco que, segundo a rubrica, deve ligar-se à plateia, remete diretamente ao circo de cavalinhos, uma modalidade teatral muito apreciada no século XIX e possível matriz de Oswald. Entram O Cavalo de Troia e o Cavalo Branco de Napoleão, personagens que evocam a metáfora animal, cuja derivação mecânica, na figura do cavalo motor, serve de base para o otimismo progressista, na boa interpretação de Sábato Magaldi[41].

Aos olhos do grupo liderado por São Pedro, a disputa entre os jóqueis no Grande Prêmio se converte numa espécie de rebelião guerreira, pela qual animais de corrida representam uma série de cavalos lendários e históricos, repassando no jogo de associações livres os marcos da cultura ocidental. Ao lado do assustado Tratador de Cavalos, o grupo assiste debruçado sobre a paliçada aos pronunciamentos do Poeta-Soldado que prega a "purificação pelo sangue". Os ruídos dos relinchos crescem à medida que são mencionados os inúmeros animais associados ao "delírio guerreiro" da burguesia. Os efeitos sonoros da cena combinam relinchos de cavalos com aclamações furiosas, gritos de euforia, trinar de cornetas, troar de bombas, relâmpagos, barulhos de tempestade, estouro de canhões e roncos de motor de avião, assinalando o uso intenso de elementos da estética futurista. O impacto auditivo da cena é, sem dúvida, enorme.

Tanto a concepção cênica – o espaço semelhante ao do picadeiro, onde os cavalinhos do circo se movimentam – quanto os recursos auditivos imprimem uma aceleração no ritmo e na dimensão das ações que se sucedem rapidamente na forma de breves episódios, fragmentados e sem continuidade. As marcações rápidas, a agilidade dos diálogos, bem como a síntese verbal e o timbre geral do espetáculo circense idealizado por Oswald reportam às formas do teatro burlesco praticado pelas vanguardas do início do século XX. *O Homem e o Cavalo* segue as propostas da nova teatralidade, visto que põe em choque frenético duas sociedades (burguesa e socialista) a fim de ridicularizar a gente reacionária. O teor doutrinário da peça, contrabalançado pelo grau máximo da fantasia poética, dinamiza a crítica de costumes amena e pouco agressiva que vigorava no teatro brasileiro.

39 É oportuno considerar que a feição caricatural da violência instigada pela personagem do Poeta-Soldado se liga às acusações de Oswald ao programa ultranacionalista do integralismo de Plínio Salgado, a quem recriminaria por pretender entregar o Brasil a Mussolini e a Hitler, quando não ao imperialismo japonês. Cf. O. de Andrade, A Retirada dos Dez Mil, *A Platéia*, 23 e 24 jul. 1935.

40 Sandra Moreira de Macedo, *Mistério Buffo e O Homem e o Cavalo: A Arte do Circo na Dramaturgia de Maiakóvski e Oswald de Andrade*, dissertação de mestrado, FFLCH-USP, São Paulo, 2003.

41 A Mola Propulsora da Utopia, op. cit.

Naquela fase, Oswald acentuou os ataques à burguesia com a qual identificava os adeptos do fascismo. Sua preocupação com a liderança carismática de direita e com a manipulação das multidões deu origem a um esquete intitulado *Panorama do Fascismo*. Oswald reagia ao recrudescimento do governo populista de Getúlio Vargas, com o golpe de 1937, redigindo uma sátira mordaz ao discurso da força[42]. Em *O Homem e o Cavalo* fez a agitação ruidosa da multidão anônima culminar no silêncio instaurado pelo soar da "trompa heroica de Lohengrin", uma apropriação irônica de Wagner, compositor caro ao regime de direita. O som precede a entrada da Valquíria, uma amazona nua, que traz o rosto coberto por uma máscara "contra gases asfixiantes". A figura mitológica emprestada ao universo operístico atravessa o palco chegando até a plateia sobre um cavalo de guerra, como quem procura os heróis que morrerão no campo de batalha. "É a guerra química!" conclui Icar.

A seguir, o quadro A Barca de São Pedro representa o Vaticano sobre uma jangada. No primeiro andar funciona um *dancing* onde se pode beber, ouvir *jazz* e dançar o *foxtrote*, a exemplo do que faz Cleópatra, alusão à bela rainha egípcia interpretada no cinema por Theda Bara, célebre nos papéis sedutores e fatais[43]. Dessacralizado pelas sobreposições, o Vaticano convive com heranças simbólicas do paganismo. São Pedro, na vez de almirante, declara-se materialista convicto e renega a fé cristã. O gângster Lord Capone, notável sonegador de Chicago, conversa com o aristocrático poeta romântico, Mister Byron, que admite a exploração dos camponeses ingleses. Em meio a trocadilhos e agressões todos assistem à rebelião do condutor da barca, acusado de traidor por tê-los trazido ao cais, onde um clamor de vozes subversivas incita à ação do proletariado, remetendo ao filme de Eisenstein, *O Encouraçado Potenkin* (1925).

O MESTRE DA BARCA: Súcia de ladrões. O vosso dia chegará e bem próximo! A vossa hora virá! Há vinte anos que trabalho 14 horas por dia sem almoçar. Para vocês terem vícios e doenças mentais. Largo hoje esta bosta! Estamos à vista dos estaleiros. Vou levantar os meus irmãos. Somos mártires e queremos liberdade!

A visão noturna de uma cidade industrial, tendo ao fundo estaleiros e arranha-céus iluminados, confere um aspecto cubofuturista à arquitetura cênica do quinto quadro, acrescida de sinais bélicos: uma divisão naval, foguetes e holofotes. De nome S.O.S., o quadro debocha do desespero burguês, com uma ladainha sem nexo, em face à convocação anti-imperialista e anticapitalista enunciada pelo Mestre da Barca e pelo Soldado Vermelho de John Reed, o escritor norte-americano que discursa citando Lênin: "Proletários de todo o mundo, uni-vos!" Os marujos se rebelam e o tumulto cresce. Cleópatra morre como sinal de impotência diante do avanço popular, enquanto as estrofes da "Internacional", em reconhecimento da vitória, invadem o mundo.

A nova ordem socialista surge a partir do sexto quadro. A cena exibe uma edificação industrial à porta da qual se encontram sentados Pedro, Icar e Mme Icar, sua viúva. O trio melancólico de mendigos vestidos comicamente de trapos carrega trouxas e restos do passado – uma cruz e um osso de fêmur. São Pedro traz consigo um instrumento nostálgico, a sanfona, muito comum nas festas camponesas do interior e nas apresentações circenses brasileiras. Pelo enorme alto-falante da usina, irradia-se em *off* A Voz de Stálin, que enumera fantásticas conquistas soviéticas, a eletrificação e a mecanização.

O recurso auditivo do quadro se prolonga na emissão em *off* da Voz de Eisenstein que fornece estatísticas comprobatórias da transformação pacífica promovida pelo coletivismo após a fase de luta revolucionária. A inclusão do cineasta russo nas emissões sonoras da peça, a despeito do teor publicitário, é significativa do aproveitamento que os modernistas tentaram efetuar de referentes da estética cinematográfica, combinados a elementos do circo e do teatro épico, como cartazes e letreiros. Menos inovadora é a presença de crianças no *hall* de uma creche, como forma de ensinar as vantagens do fim da propriedade, da família e da religião. O médico, tipo gasto da comédia tradicional, conclui o interregno didático do sétimo quadro, enfadonho

42 *Panorama do Fascismo / O Homem e o Cavalo / A Morta*, São Paulo: Globo, 2005, p. 9-12.

43 A respeito da atuação de Theda Bara no cinema, ver o artigo Theda Bara, *Palcos e Telas*, 11 jun. 1918.

e panfletário, o que contrasta com a vivacidade dos demais quadros.

No oitavo quadro Oswald recupera a força humorística ao encenar um julgamento anedótico de Cristo, acusado pelo Tigre de ser "um espermatozoide feroz da burguesia". O quadro é extremamente rico e dinâmico. Depoimentos sobre a luta contra o imperialismo de Roma surgem na voz de Verônica e Maria Madalena, uma guerrilheira que foi modelo nu e agora se declara cubista. O duelo entre o chinês Fu-man-chu e D'Artagnan, por seu turno, escarnece dos falsos combates da burguesia. O quadro repassa as justificativas da condenação ao capitalismo internacional corporificado no elegante Bar-ra-bás, espécie de duplo do poderoso barão Rotschild. O julgamento termina com o pronunciamento da alegoria que atualiza a perspectiva social da peça.

A CAMARADA VERDADE: Subi à fogueira de Bruno e à de Servet. Morei com os alquimistas. Fui companheira de Cromwell e assisti à agonia de Marat. Preparei o advento da Máquina. Flama do Socialismo utópico, fui a base do socialismo científico. Morei na cabeça genial de Hegel e na de Feuerbach. Hoje sou a física de Einstein e a ciência social de Karl Marx.

Frases artificialmente atribuídas à plateia são pronunciadas para corroborar a operação demolidora em curso no palco, onde acusações se levantam contra Cristo. Um Pequeno-Burguês *sincero* anuncia sua conversão ao cristianismo; Vozes Lá Fora gritam viva ao P.R.P.; Um Poeta Católico declama versos de solidariedade ao barão Rotschild. Ao simular uma integração de vozes externas ao plano da ação dramática, Oswald tenta criar um painel multifacetado e contraditório dos interesses em jogo no Tribunal. A brevidade e o dinamismo das incursões, quase simultâneas, conferem à cena o aspecto de um caleidoscópio, insinuando certo parentesco com os métodos de decomposição e encaixe do excentrismo russo, que Eisenstein adotou no cinema[44].

O cenário do último quadro de *O Homem e o Cavalo* mostra uma estação interplanetária, fruto da imaginação de Icar, em que há um resquício de ficção científica. Local de embarque para viagens espaciais, esse posto avançado confere uma dimensão universal ao programa político. Na estação o trio de sobreviventes se depara com um desfile de figuras exemplares: uma baronesa caridosa de Marte, um vendedor reprimido pelo agente da GPU, um carregador à procura do burro de Cristo e um chefe de marcianos em marcha. Desolado, Icar opta pelo suicídio, enquanto São Pedro, embora admita a socialização, conserva o sonho de viver do pequeno comércio.

Se o didatismo doutrinário de algumas passagens soa hoje anacrônico e ingênuo, a mescla do proselitismo político a conceitos modernos de *mise-en-scène* explica a experimentação da nova linguagem cênica. A descontinuidade da trama, recortada por entradas breves e por uma permanente troca de desmentidos, institui um mecanismo farsesco que retoma constantemente, e por diferentes ângulos, a negação das convenções teatrais. O próprio processo de retalhamento do objeto da sátira desarticula a notação psicológica e reforça, por assim dizer, a dimensão simbólica dos elementos associados, sobretudo, a uma série de quinquilharias mentais, ruínas acumuladas e soterradas pelo apocalipse que a ação política instaura. Oswald põe reparos ao teatro de câmara, no âmbito do qual se desenvolveram as pesquisas inovadoras de autores que foram suas referências, a exemplo de Bragaglia e Pirandello. Contra a clausura do gabinete e da sala de estar, dá preferência ao teatro de arena, seguindo as estratégias da vanguarda no rompimento com o público burguês.

Tendo concebido um espetáculo ágil e iconoclasta de dimensões revolucionárias em *O Homem e o Cavalo*, Oswald empreendeu uma nova guinada em *A Morta* ao criar um "ato lírico em três quadros". Deslocou seu foco para o universo interior do poeta dramatizando nele o conflito da arte moderna diante do chamamento para a ação política. Dessa vez, o alvo da sátira é a arte de evasão. Simbolicamente morto, o artista se encontra paralisado pela esterilidade e pela impotência. Essa última peça da trilogia oswaldiana, escrita no período de endurecimento da ditadura de Vargas, acompanha de perto a trajetória febril e convulsa do poeta, risível na sua atitude, às vezes romântica,

44 A partir das ideias de Marinetti, o excentrismo russo imprimiu uma dinâmica veloz e impetuosa ao espetáculo concebendo-o de forma sintética como uma sucessão incessante de entradas, truques e exibições acrobáticas. Cf. Aurora F. Bernardini (org.), *O Futurismo Italiano: Manifestos*, São Paulo: Perspectiva, 1980.

outras vezes surrealista, com propósito de denunciar a desarmonia da arte sob domínio do individualismo burguês[45]. Arte e sociedade encontram-se apartadas até que o poeta "demonstre a coragem incendiária de destruir a própria alma desvairada e consiga sair das catacumbas líricas para desembocar nas catacumbas políticas".

A peça segue uma divisão em três quadros que exprimem as formas de soterramento da arte nos territórios da alma: O País do Indivíduo, O País da Gramática, O País da Anestesia. No prólogo didático, O Hierofante, espécie de sacerdote dos rituais antigos, sentado sobre a caixa do ponto, dirige-se à plateia para preveni-la de que assistirá ao "indivíduo em fatias". E como parte do mundo está em ruínas, a plateia deve compartilhar da paisagem hospitalar em que se apresenta a ação. O pacto com a audiência integra palco e plateia no jogo teatral por meio do qual se pretende fazer a autópsia da burguesia, numa investida violenta contra os espectadores. "Consolai-vos em ter dentro de vós um pequeno poeta e uma grande alma!" conclui, antes de dar início ao "banquete desagradável".

No quadro inicial, o universo psíquico se configura como um "panorama de análise". Uma assepsia hospitalar germina da disposição minimalista dos elementos: um cenáculo de marfim e um banco metálico. A diluição do espaço em favor de uma atmosfera onírica é sugerida pela ambientação noturna – apenas a luz de uma lareira ilumina o palco –, que ajuda a deslocar o eixo temporal para a pulsação interior das personagens. Marionetes fantasmais gigantes figuram como desdobramentos psíquicos das personagens localizadas nos camarotes laterais. A relação entre duplos se confirma no contraste entre a gesticulação exuberante das marionetes e o lento movimento dos seres a elas correspondentes. De modo similar, a fala indireta no uso de microfones lembra que as personagens não possuem vida própria, são emanações da alma. Em número de quatro (Beatriz, A Outra, O Poeta, O Hierofante) emergem como de um sonho, assinalando o efeito anti-ilusionista que marca os bonecos como seres sem vida real. A condição doentia da arte, fruto da "sociedade esquizofrênica" e sob censura – lembre-se que a peça foi escrita no ano de 1937 – vem atestada, conforme as indicações da rubrica, pelo único ser em ação no centro do palco, A Enfermeira, surpreendida na fadiga de uma noite de vigília.

O drama do artista contemporâneo encontra-se no conflito de O Poeta com sua musa Beatriz, que ironicamente retoma o casal da *Divina Comédia* de Dante. Os solilóquios de O Poeta, um tipo romântico, de cabeleira faustosa, desvendam os esconderijos líricos da psique como flagrantes da desintegração labiríntica do indivíduo incapaz de exercer plenamente sua função social. Contorcendo-se, ele delira, atormentado pelas exigências do mercado, e sonha com a volta à atmosfera. Os pronunciamentos das personagens delineiam a cartografia de uma patologia gerada, nos termos das explicações freudianas, pelo trauma sexual.

Vale notar que esse esquema interpretativo, com base na função simbólica da sexualidade, vinha sendo posto em circulação pelos surrealistas, como Benjamin Péret, que esteve no Brasil em 1929, proferindo conferências, e fora saudado nas páginas da *Revista de Antropofagia*. Aparentemente, Oswald estaria formalizando uma crítica ao caráter burguês das ficções interiores exploradas pelo surrealismo. Como rejeição à sentimentalidade amorosa, ele reconstitui o trauma primário de maneira jocosa a partir da reminiscência de um exame ginecológico que Beatriz confunde com uma experiência sexual. Mais grotesca parece a imagem da violação sádica rememorada pela A Outra, que associa o orgasmo masculino à insólita figura de um sacerdote de circo, ironizando o sentimento de culpa burguês, transformado em mero espetáculo de curiosidades.

A OUTRA: Que vês, poeta?

O POETA: Há uma fresta na tua imagem. Uma fresta. Está aberta a porta do teu quarto tenebroso! Mas não há ninguém dentro dele.

BEATRIZ: Há o outro homem, o ciúme e a ameaça permanente da vida...

A OUTRA: Há, um grande sádico, um sacerdote no circo.. No plenário do circo... Quero denunciar! Quero! Que sexualidade crescente! Aquele aparelho um prolongamento do corpo dele. A sua cara de orgasmo! Fundemos um tribunal

45 O. de Andrade, Elogio da Pintura Infeliz, *Dom Casmurro*, set. 1938; reproduzido em M. E. Boaventura (org.), *Estética e Política*, São Paulo: Globo, 1992, p.146-153.

BEATRIZ: Foi na sala cirúrgica. A pureza me envolvia como algodão. E o pai da minha primeira experiência digital!

O POETA: Sinto um suspiro imenso pelo teu corpo em posição ...

O HIEROFANTE: Ginecológica... A fantasia é sempre um paraquedas

O POETA: A arte é outra realidade...

O Poeta luta solitário para libertar-se da jaula de si mesmo, da fantasia, da retórica gasta, dos arroubos sentimentais, da dicção solene e da impostação melodramática. A sua musa representa o refúgio subterrâneo da poesia, que se expressa por meio de clichês, de versos exemplares, pequenos protestos do artista emparedado, pequeno burguês castrado pelo mercado e pelo Estado. As notações poéticas surgem ora na fala do Poeta, "És maternal! Que madrugada de amor, vamos ter, cotovia!", ora nas frases da própria Beatriz, que se apresenta como "uma grande flor no leito de um açude", ou na fala de A Outra, quando esta ordena que Beatriz se deite pois "sua camisola é de vidro", numa alusão à transparência luminosa do inconsciente que a poética surrealista cultivou. Enquanto o Poeta vive o embate de quem tenta voltar à Ágora, sua contraparte feminina deseja evitar os problemas econômicos para continuar a cantar o amor, o "quero-porque-quero". Dentre suas múltiplas menções, Beatriz se mostra também na qualidade de obra inacabada, peça de museu, nos moldes criticados pelo Manifesto Futurista: "És sempre a Vitória de Samotrácia, com os olhos e os cabelos presos a um horizonte sem fundo".

No quadro O País da Gramática, o embate da criação poética toma a forma de um confronto alegórico, em estado de dicionário, no qual se enfrentam vocábulos vivos e mortos. Nesse quadro Oswald transfere o mapeamento da psique para o âmbito das codificações, sob a vigilância permanente das instituições, como as academias e os museus. A cena representa uma praça, para onde convergem várias ruas. Vigora nessa região a censura autoritária, institucionalizada por via da norma e de uma estética oficial. As personagens O Polícia e O Turista explicitam suas funções de guardiães dessa terra ordenada e catalogada, "sem surpresas".

Acredita-se que venha de Monteiro Lobato, mais especificamente de *Emília no País da Gramática* (1934) e do conto "O Colocador de Pronomes", a inspiração dessa concepção da linguagem, ligando-se, mais de perto, à ridicularização do universo escolar, das cartilhas e antologias oficiais[46]. Oswald tira proveito da hierarquia imposta pelas categorias gramaticais fixas e condicionantes das relações sociais para aprofundar a dicotomia ideológica com que o poeta se depara. Na contenda gramatical tomam posições contrárias os Conservadores de Cadáver, em nome dos integralistas, e os Cremadores, representando as ideias marxistas. Os primeiros, protegidos pela Polícia poliglota, formam o mundo dos mortos, oficialmente apoiado pela normatização da língua que cristaliza na produção da literatura acadêmica. Representam a cultura da classe dominante, que entre nós tem larga tradição na figura do bacharel, próximo ao poder, gravitando nos cargos públicos e funções diplomáticas. Em contraposição à elite ilustrada, adepta do vernáculo quinhentista, dos "adjetivos lustrosos e senhoriais arcaísmos", os Cremadores vinculam-se aos "galicismos, solecismos e barbarismos" da língua falada, pregando nas ruas a revolução purificadora por meio da ação incendiária.

O tumulto da multidão cresce no palco. A charanga dos conservadores toca. Um julgamento se instaura por interferência do juiz de classe, "um grande gramático". O Cremador toma a palavra, em tom de comício, para denunciar a exploração do trabalho: "O que nos traz à cena é a fome. Mais que qualquer vocação. Muito mais que a vontade de representar. É o problema da comida! A produção da terra é desviada dos vivos para os mortos. Nós trabalhamos para alimentar cadáveres". Apesar dos protestos, o juiz condena os vivos a continuarem sob a dominação dos mortos, seguindo os cânones.

Diante da tumultuada "vanguarda que luta pela libertação humana", O Poeta ainda hesita em seguir Beatriz até que, por fim, resolve eliminar definitivamente os "símbolos dialéticos do sexual". Ele ganha traços heroicos no gesto incendiário que põe termo ao seu exílio noturno. Elimina Beatriz, fonte

46 Elisabeth Anne Jackson, Paródia e Mito em *A Morta* de Oswald de Andrade, *Travessia: Revista de Literatura Brasileira*, Florianópolis, n. 8/9, jan.-jun. 1984, p. 20-31.

de todo mistério, origem dos sentimentos forjados pelo temor a Deus. Simbolicamente, lança às chamas a arte que se prostituiu para responder às exigências do mercado e a arte dividida entre a ação social e a metafísica religiosa, numa provável ironia aos poetas dos anos de 1930, simpáticos às técnicas surrealistas, como Murilo Mendes e Jorge de Lima[47].

O terceiro quadro, País da Anestesia, representa o estado de inconsciência da matéria teatral por meio de uma simbologia mórbida. Os brasões tumulados ganham voz nas alegorias bíblico-literárias. Situada sobre um composto híbrido de carvão e alumínio, a cena tem lugar no aeródromo que serve de necrotério, transformando-se em patrimônio simbólico das ossadas do ocidente. Nesse último quadro, Oswald utiliza um procedimento similar ao que explorou em *O Homem e o Cavalo*. A desmistificação dos conteúdos da fábula cristã converte o episódio, também nesse caso, na necropsia da cultura burguesa, enquadrada no âmbito das reuniões mundanas, nas quais a arte não passaria de divertimento banal, mero "brinquedo de sociedade".

Esse gesto de rebeldia torna o escritor um adversário da plateia, responsabilizada pelo seu banimento social. A agressão define uma atitude de protesto característica da dramaturgia moderna, na herança deixada pelas revoltas românticas. A obra de arte convertida em gesto subversivo, explica Robert Brustein, se fundamenta, em parte, na reconstituição imaginativa de um mundo caótico e desordenado[48]. O refúgio na esfera da fantasia e da imaginação, porém, entra em atrito com o mundo material, de que a arte procura evadir, criando uma polarização permanente entre ilusão e realidade. Ora, é justamente a tensão entre a idealização da ruptura e a ação da revolta que constitui a dialética de *A Morta*.

O tema da afasia da arte desvinculada de suas funções sociais tem implicações formais no aparente silenciamento de *A Morta*, impregnada de lacunas, reticências e falas entrecruzadas, que evocam a impossibilidade da lírica. Por força da suspensão dos diálogos, decorrente das formas elípticas da peça, a tensão que imobiliza o protagonista vem à tona, de maneira alusiva, numa linguagem de grande densidade metafórica. A mediação poética imprime ao conflito subjetivo uma dicção falsamente elevada na tentativa de dissimular a intenção humorística de Oswald, que na expressão de Mário da Silva Brito construiu uma "farsa solene"[49].

A peça enquanto metaobra é explicitada na escolha do teatro como ícone do confinamento – "Praticamente este edifício só tem forros fechados. Habitamos uma cidade sem luz direta – o teatro". O espaço fechado e pouco iluminado da sala marca os vários sentidos implícitos na clausura, que é psicológica, estética e também política. A combinação do drama pessoal com o político, reproduzido no embate entre marxistas e integralistas, ao qual se soma um plano formal, na tensão entre arcaísmo e modernidade, cria o efeito da simultaneidade pulsante que lembra bem a técnica da montagem cinematográfica[50]. Dessa maneira, Oswald concede um tratamento metalinguístico à reivindicação de engajamento da arte. Se em *O Homem e o Cavalo* o escritor não hesitou em emprestar de Maiakóvski a paródia ao dilúvio bíblico como estratégia de divulgação da revolução vitoriosa, em *A Morta* formulou na imagem poética de um "dilúvio do fogo" a atitude de libertação do artista a serviço das conquistas sociais.

Mário de Andrade

Sendo um dos idealizadores da Semana modernista, Mário de Andrade (1893-1945) atuou diretamente na preparação do evento. Interessado na operação transformadora que o movimento desferiu contra a arte brasileira, em particular no ataque às convenções da poesia parnasiana, fez, durante o festival, a leitura de *Pauliceia Desvairada* e proferiu palestra.

47 Mário da Silva Brito nos informa que na primeira versão de *O Santeiro do Mangue* havia uma irônica dedicatória de Oswald – "Aos poetas/ Wolfgang Goethe/ de Weimar/ Paul Claudel/ de Paris/ Murilo Mendes e Jorge de Lima/ do Rio de Janeiro" –, seguida dos nomes de alguns amigos e dos "michês em geral" e das "Senhoras Católicas em particular", estando estes dois últimos termos riscados, como se o autor os tivesse excluído. Cf. O. de Andrade, *O Santeiro do Mangue*, *O Santeiro do Mangue e Outros Poemas*, São Paulo: Globo/Secretaria de Estado da Cultura, 1991, p. 9-15.

48 Robert Brunstein, *O Teatro de Protesto*, Trad. Álvaro Cabral, Rio de Janeiro: Zahar Editora, 1967.

49 M. da S. Brito, *As Metamorfoses de Oswald de Andrade*, São Paulo: C. Estadual de Cultura, 1972.

50 Cury analisou a dialética do fogo em *A Morta* em diálogo com a doutrina anarquista de Bakhunin e Kropotkin, muito difundida no Brasil na década de 1930. Cf. José João Cury, *O Teatro de Oswald de Andrade: Ideologia, Intertextualidade e Escritura*, São Paulo: Annablume, 2003.

Com auxílio de conceitos e técnicas emprestadas à música, redigiu os manifestos e ensaios fundamentais para a consolidação da poética modernista, a exemplo de *Prefácio Interessantíssimo* e *A Escrava Que Não É Isaura*. O aprofundamento intelectual do movimento deve-se, em grande parte, à liderança que exerceu na condução do pensamento do grupo. Pesquisador inquieto e leitor atualizado em relação às tendências da vanguarda, Mário registrou nos seus escritos de crítica as reflexões que acompanharam as iniciativas de demolição do passado. A vasta correspondência que manteve com amigos ilumina o processo de amadurecimento das preocupações estéticas. Sua presença na imprensa e nos periódicos foi intensa[51], sem que descuidasse por isso da experimentação literária exercida em vários gêneros, como dão prova os poemas de *Pauliceia Desvairada*, *Losango Cáqui*, *Clã do Jaboti*, os *Contos de Belazarte* e os romances *Amar Verbo Intransitivo* e *Macunaíma*.

O interesse de Mário pelo teatro complementa as demais áreas de sua pesquisa artística, cuja referência principal está na música e literatura, mas inclui a dança, as artes plásticas e a arquitetura. A atenção que dedicou à forma dramática se torna perceptível não apenas nos estudos sobre danças e coreografias de raiz popular, como também nas composições poéticas. Um bom exemplo está na concepção de *Infibraturas do Ipiranga*, pensado para ser um tipo de "oratório profano". Nele, a conjugação de vozes e instrumentos orquestrais, com ritmos e tonalidades contrativos, aponta um processo criativo original, que se assenta nas noções fundamentais do espetáculo cênico. Em sua potencial teatralidade o oratório de *Pauliceia Desvairada* já prenuncia certos expedientes que seriam retomados nos trabalhos posteriores de Mário para o teatro cantado. Em outros textos, o uso da estrutura dialogada acena para uma marcação dramática que foi colhida, provavelmente, na ópera; tal se vê em *Eva* (1919) e *Moral Cotidiana* (1922)[52]. No primeiro, Mário mostra-se ainda muito preso à atmosfera penumbrista anterior à Semana. Já no segundo, a sátira humorística assinala a denúncia contra a falsa moral da burguesia, cuja caricatura pinta, bem ao gosto modernista. Distribuída em duas cenas e um intermédio, a intriga amorosa envolvendo um casal e a amante evolui em tom de farsa, por meio de cantos corais orquestrados. Mário lança mão de quatro grupos corais (senhoras casadas, senhores casados, senhoras idosas, senhores idosos) na manifestação do ponto de vista da amante sofredora. Ela entoa o único solo, a "Cavatina da Abandonada", um exagero melodramático, que sugere o propósito cômico dessa releitura crítica da tragédia amorosa, tão comum nos espetáculos líricos, que Mário conhecia a fundo.

A indisposição do escritor com os espetáculos de ópera iria crescer ao longo da década de 1920. Os textos que assinou na imprensa fornecem vários testemunhos da má vontade que demonstrava, na função de crítico musical, com o desgastado repertório estrangeiro e com o que considerava falta de profissionalismo das companhias. A partir de 1928, ano de forte preocupação nacionalista, passaria a insistir na necessidade de contrapor o repertório lírico envelhecido à valorização de nossas diversas formas musicais, citando o fandango, o lundu e os pregões como exemplos de cantos a serem aproveitados pelos compositores brasileiros modernos[53]. É desse momento a conclusão de *Macunaíma*, marco central da prosa modernista, em cuja organização se evidenciam, mostrou Gilda de Mello e Souza, modelos musicais[54]. Data desse mesmo ano a redação do libreto *Pedro Malazarte* (1928), um divertimento musical gracioso, em que Mário busca recriar com forte colorido local o relato do folclore brasileiro ao qual Graça Aranha havia retornado em seu *Malazarte* (1911)[55].

51 Dentre os periódicos destacam-se *Klaxon*, *Revista do Brasil*, *Revista de Antropofagia*, *Terra Roxa e Outras Terras*, *Festa* e *Revista Nova*. Na imprensa, sobressaem *Diário da Manhã*, *Diário Nacional*, *Diário de S.Paulo* e *Folha da Manhã*.

52 Mário de Andrade, *Primeiro Andar: Obra Imatura*, São Paulo: Martins, 1960.

53 Mário publica diversas obras nascidas dessa preocupação, como *Ensaio Sobre Música Brasileira* (1928), *Compêndio da História da Música* (1929), *Modinhas Imperiais* (1930) e *Música, Doce Música* (1933).

54 Gilda de Mello e Souza assinalou a importância da experiência musical de Mário nesse romance criado segundo os moldes de uma rapsódia, valendo-se da combinação de registros orais e escritos. Ela aponta dois processos criativos, um que se baseia no princípio rapsódico da suíte (presente no bumba-meu-boi) e outro que aproveita a variação existente no improviso dos cantadores nordestinos. Cf. *O Tupi e o Alaúde, uma Interpretação de Macunaíma*, São Paulo: Duas Cidades, 1979.

55 Escrito entre 27 e 29 de agosto de 1918. Publicado em *O Estado de S. Paulo*, 10 nov. 1955. Reproduzido em *Revista do Livro*, n. 17, mar. 1960, p. 195-203. Transcrito em *Dionysos*, set. 1972, p. 100-109.

O caipira brasileiro que Mário elegeu como protagonista, de filiação ibérica, pertence à tradição popular do ciclo de Malazarte. Sua origem remonta às aventuras do espertalhão Malas-Artes ou, na versão de Miguel de Cervantes, às peripécias de Pedro de Urdemalas. Indiretamente descende ainda do tipo astuto da *Commedia dell'Arte* italiana, que produziu réplicas variadas no teatro, antes de chegar ao cinema, em 1959, na interpretação genial de Mazzaropi. A partitura musical Mário deixou a cargo do jovem Camargo Guarnieri, por quem demonstrou grande entusiasmo em carta a Manuel Bandeira. A empolgação com a moderna musicalidade brasileira que o talentoso compositor imprimiu ao seu libreto parece corresponder à expectativa que tinha de concretizar a nacionalização da música com o uso de melodias populares, como a embolada com que o forasteiro Pedro se apresenta, a modinha na voz da sedutora mulata Baiana, o coco e o refrão de uma ciranda repetida pelo coro no final dos sitiantes em festa[56].

Nas dimensões limitadas de um ato, Mário previu a combinação de recitativos ou cantos individuais com entradas de um grupo coral que, no fundo do palco, comenta as ações do sagaz protagonista, deixando evidente uma consciência sobre o impacto cênico que tal alternância produz. Para além da variedade melódica, por si só bastante expressiva, as rubricas oferecem detalhes que abrangem outros aspectos constitutivos do espetáculo. Em relação ao cenário, Mário enfatiza a rusticidade da cena, que se passa numa casa de roça, em Santa Catarina. Estabelece com precisão a disposição dos elementos decorativos e os efeitos cromáticos que deseja criar nos figurinos, mostrando domínio sobre a simbologia de cada referente no palco. Assim, a plasticidade visual e a riqueza sonora dessas cenas breves, em que se sucedem, como na farsa popular, os vários golpes e enganos cometidos pelo caipira, não deixam de anunciar as múltiplas dimensões do espetáculo cênico que Mário desdobraria na sua principal criação para o teatro cantado, a ópera *Café*[57].

De acordo com as anotações manuscritas, a primeira redação de Café data de 1933, a segunda de 1939 e a última de 1942. Embora a conclusão do libreto seja tardia, os procedimentos adotados na composição remetem às ideias que Mário havia discutido anteriormente na imprensa, conforme deixa evidente o estudo de Jorge Coli[58]. Depois de declarar sua irritação com as temporadas líricas e manifestar uma enorme fadiga, que se convertia em sentimento de ódio e desprezo pelos palcos paulistanos, Mário decidiu tomar com bom humor os espetáculos em cartaz e conseguiu repensar o valor estético da ópera. Na coluna musical da *Folha da Manhã*, explicou aos leitores como se dera, em 1933, sua conversão à ópera, entendida não mais como espetáculo de ostentação da classe dominante, mas como forma de teatro cantado de grande força social[59]. Compreendeu, naquela ocasião, a importância de recuperar a tradição artística do teatro musicado enquanto um princípio universal e essencial da sociedade humana, presente em várias civilizações. Cumpria resgatar, segundo ele, o sentido popular que havia se desviado de sua função principal no serviço aos interesses de uma classe minoritária. Restaria, portanto, encontrar um assunto contemporâneo de interesse coletivo e didático.

Motivado pela crise de 1929, Mário elegeu, assim como Oswald, em *O Rei da Vela*, o tema do café. Porém, enquanto Oswald tratou da manobra salvacionista da aristocracia arruinada do campo, que se vendeu ao capital norte-americano, Mário enfocou a crise da monocultura exportadora pela óptica dos trabalhadores braçais empobrecidos, entendendo que da miséria extrema nasceria a força da transformação social. Sem ter plena consciência, ele próprio confessa, estava determinado a tratar do café a partir da noção "de princípio místico de morte e ressurreição"[60].

56 J. M. Valle Brandão, *Pedro Malazarte: Ópera Cômica em um Ato de Mozart Camargo Guarnieri, Sobre Libreto de Mário de Andrade: Uma Abordagem Interpretativa em Ópera Brasileira no Século XX*, dissertação de mestrado, Escola de Música-UFBA, Salvador, 1999. Apud Maria Elisa Pereira, *Lundu do Escritor Difícil: Canto Nacional e Fala Brasileira na Obra de Mário de Andrade*, São Paulo: Editora da Unesp, 2006, p. 82-85.

57 M. de Andrade, *Café, Poesias Completas*, Diléa Zanotto Manfio (ed.), Belo Horizonte: Itatiaia, 2005, p. 399-449.

58 *Música Final: Mário de Andrade e Sua Coluna Jornalística Mundo Musical*, Campinas: Editora da Unicamp, 1998.

59 O Teatro Cantado, *Folha da Manhã*, 4 nov. 1943; reproduzido em J. Coli, op. cit., p. 100-103.

60 Psicologia da Criação, *Folha da Manhã*, 11 nov. 1943; reproduzido em J. Coli, op. cit., p. 104-107.

A solução técnica para o conceito de coletividade embutido no tema do café lhe foi dada pela ousadia de imaginar um libreto para ópera coral. A escolha implicava a exclusão dos cultuados solistas e virtuoses em favor de grupos corais. A ideia do solista repugnava Mário a ponto de fazê-lo substituir a pessoa do fazendeiro pelo grupo de proprietários, intitulado Companhia Cafeeira S.A., que entrega a fazenda endividada aos comissários. A única entrada solo da peça é a da Mãe, cujo drama singular representa menos a pessoa do que o povo sofredor. Na avaliação de Jorge Coli, o surgimento de massas corais em *Café* advém das reflexões de Mário sobre os modelos da ópera histórica – *Grand Opéra* –, gênero iniciado com *Guilherme Tell*, de Rossini, a que se liga *Boris Godunov*, de Mussórgski, ambos analisados por ele na temporada lírica de 1933[61]. Da ópera histórica, Mário teria incorporado, na perspectiva política da luta de classes, o recurso ao coro justificando a exclusão dos papéis individuais. A preocupação com o caráter social e o alcance libertário do teatro deu impulso ao seu projeto de uma ópera coral.

No primeiro ato, quatro grupos corais são introduzidos em cena. Os estivadores de um armazém de café no porto entoam o Coral do Queixume, espécie de refrão desesperado a indagar "Que farei agora que o café não vale mais!" Desde o primeiro verso, constatam a perda de grandeza da terra, fonte de calor e de paz. A falta de trabalho vem indicada no Madrigal do Truco que um grupo canta com sotaque caipira diante do jogador distraído com a partida. Mulheres irrompem pelo palco com frases soltas. Forma-se o Coral das Famintas que pronuncia a decisão de agir "Eu tenho fome! Na minha boca nasce a palavra decisão!" Em tom de delírio amoroso pela terra, um coral misto de desnutridos estivadores e suas mulheres canta a Imploração da Fome para marcar o renascimento do sentido tribal da fome de pão, de justiça e de equiparação. A cena seguinte mostra a fazenda da Companhia Cafeeira S.A., onde velhos e velhas dirigem ao moleque que chupou uma fruta no cafezal a lição do provérbio paulista. O ensinamento popular "laranja no café – é azeda ou tem vespeira" motiva a discussão dos colonos com os comissários, que flagram a ocorrência. Uma bagunça coral a várias vozes culmina na partida dos trabalhadores rurais, fartos daquela oratória oca dos novos proprietários que não lhes pagam o salário. Indignados, dois colonos mordem laranjas azedas. Ao fundo ecoa o canto melancólico do provérbio na boca das velhas. O "Coral do Abandono" encerra o primeiro ato com o pensamento dos trabalhadores cientes do desemprego e da própria incapacidade de se revoltar.

O segundo ato tem início com uma sessão da câmara dos deputados. Em atmosfera de farsa a cena se abre com o Quinteto dos Serventes, que fazem intrigas durante o falatório do Deputado do Som Só. O velho político profere um discurso sem nexo, enquanto deputados e jornalistas dormem facilitando golpes e falcatruas. O Deputadinho da Ferrugem estreia no plenário com a Embolada da Ferrugem, um discurso sobre a ferrugem das panelas que ridiculariza a inutilidade dos debates políticos. A embolada do jovem rapaz é acompanhada de um fundo coral de deputados. Esse movimento, contudo, é interrompido pelo grito de um estivador que se manifesta da galeria, "Pra quê falar em ferrugem de panela, si não tem o que cozinhar!", provocando, segundo a rubrica, uma pequena barafunda coral. A entrada da Mãe, que chega arrastada pelo Deputado Cinza, chama a atenção. Numa espécie de delírio, ela esquece o discurso que havia ensaiado e canta sozinha a Endeixa da Mãe. Indiferentes, todos se movimentam, mexem, cantarolam e dançam o balé da câmara. Policiais cuidam do povo nas galerias e chegam para levá-la presa.

O cenário alterado enquadra a segunda cena na plataforma de uma estação de trem de um vilarejo, na qual os colonos aguardam, ao entardecer, uma condução para a cidade. Por meio de três cantos coletivos – Coral Puríssimo, Coral da Vida, Coral do Êxodo – a cena introduz jovens solteiros, casais fatigados, crianças e velhos fantasmais, que gritam à exaustão "Não posso mais! Quero viver! Quero morrer! Adeus, adeus! Eu sinto frio! Eu tenho fome!" Tomados pelo delírio dos idosos, os mais moços se unem na lamentação e, em coro, declaram a vingança da terra.

Mário recorre no último ato de *Café* às emissões de um rádio ("O Parlato do Rádio") para anunciar o alvorecer de uma nova época, expediente utili-

61 Idem, ibidem.

zado também por Oswald em *O Homem e o Cavalo*. O ato final, intitulado "Dia Novo", faz com que o pátio de um cortiço seja invadido pelas lutas revolucionárias que convulsionam a cidade. Diversos cantos corais, com mulheres, revoltosos e soldados governistas são intercalados a gritos, estrondos e emissões radiofônicas que, em ritmo cada vez mais acelerado, divulgam os sinais do combate. Aos gritos de "café, café, café", o grupo feroz de revoltosos avança. A vitória sobre as forças derrotadas do governo culmina com uma calma apoteose final, talvez um resgate didático dos populares espetáculos musicais, na qual o Hino da Fonte da Vida é entoado pela Mãe que volta ao palco. O canto de encerramento, marcado pela reiteração do café como fonte da vida, força de paz e justiça social, transmite a mensagem profética da libertação possível com engajamento artístico.

Mário deixou várias versões de sua ópera coral concluída em 1942. Em 1939, vivendo no Rio de Janeiro, julgou ter encontrado o parceiro que buscava no amigo e compositor Francisco Mignone, a quem encomendou a partitura. O projeto da parceria, contudo, não chegou a se completar. Mário dedicou o manuscrito de *Café*, dividido em duas partes – "Concepção Melodramática" e "Tragédia Secular" (o poema) –, a Liddy Chiafarelli, esposa de Mignone. Sua publicação ocorreu apenas em 1955, dez anos após a morte de Mário.

Nas anotações que servem de orientação ao poema, Mário deixou indicada toda a concepção do espetáculo que imaginava encenar. A visão complexa que tinha daquele espetáculo musical fica evidente nas minuciosas definições que forneceu, tanto no prefácio quanto nas rubricas. Buscou produzir um efeito plástico por meio do figurino, dando especificações de escala de cores para cada grupo coral. Previu ainda o uso de objetos em cena, de recursos sonoros vindos de diferentes lugares e de movimentos coreográficos para a atuação dos intérpretes, cuja marcação corporal também se preocupou em estabelecer. No depoimento que publicou sobre o processo criativo de *Café*, declarava ter-se inspirado nas imagens que lhe surgiam antes da própria música. A ideia do espetáculo, admitiu, vinha-lhe à mente como "uma coreografia plástica, despreocupado com o realismo, tendendo à formação de visões plásticas". Dinâmica e colorida, a pintura de quadros em movimento brotava na sua imaginação inovadora. Da série inicial de quadros-vivos sucessivos germinariam os ritmos e melodias combinados na construção socialmente relevante da grande ópera coral.

Ao concluir o manuscrito, Mário admitia que sua obra épica havia resultado "imperfeita". A convicção com que recusou valores cristalizados e normas vazias trouxe consigo incertezas e indefinições. Sua pesquisa formal alicerçada na busca de elementos modelados na tradição erudita e popular impunha uma variedade de sínteses, nem sempre felizes, embora expressassem um desejo autêntico de renovar a técnica literária e transformar a realidade social pela via revolucionária. As noções de teatralidade incorporadas nesse espetáculo coral confirmam o quanto tentou enriquecer os palcos com técnicas modernas associadas à valorização de heranças populares.

Em comum, os dramaturgos modernistas compartilharam a mesma atitude de insatisfação com os esquemas convencionais que se manifestou no cultivo da paródia e da sátira social. O humor, principal instrumento de recusa dos valores associados à burguesia, perpassa as produções destinadas aos palcos, orientando e definindo um modo de afirmação da releitura das formas gastas da tradição, que estimula o resgate de temas e motivos nacionais. A absorção das conquistas das vanguardas internacionais, ao lado da adoção de análises políticas, em particular nas criações datadas dos anos de 1930, guiou, por outro lado, os esforços de renovação dos palcos, demarcando um percurso repleto de acertos e hesitações.

Assim como na poesia e no romance, a renovação na linguagem teatral empreendida pelos modernistas aconteceu com altos e baixos. Incorporando um pouco do satanismo dos peraltas e outro tanto do gesto profético dos visionários, eles ajudaram a encerrar o ciclo da arte palatável num prenúncio do choque que seria desferido nos palcos pelo moderno teatro brasileiro na década de 1940.

2. PRIMEIRAS TENTATIVAS DE MODERNIZAÇÃO

Cada homem é filho de seu tempo, e a sua expressão é a expressão desse tempo.

Lasar Segall, conferência de 1924

Com o teatro profissional acomodado, vivendo principalmente do sucesso do teatro de revista e das comédias de costumes, os escritores modernistas pouco puderam fazer pela modernização da cena brasileira, como se viu no capítulo anterior. Ao longo dos anos de 1920/1930, o sistema teatral deu continuidade ao modo de produção baseado nas práticas do século anterior e centrado na figura do primeiro-ator (geralmente dono das companhias). A encenação e a interpretação, dependentes da velha tipologia dramática, levavam a uma consequente limitação dramatúrgica, tanto de temas quanto do tratamento estético-teatral. Para os dramaturgos, o ciclo vicioso persistia: textos eram encomendados como veículo do estrelismo dos primeiros-atores, secundados por uma galeria fixa de tipos que limitavam o desenvolvimento de temas e enredos. Além disso, a pesada carga de espetáculos semanais – de segunda a segunda, com matinês e sessões corridas – desembocou na acomodação e na recusa em testarem-se novas experiências.

A esses aspectos elucidativos no que diz respeito à acomodação cênico-interpretativa do teatro profissional, acrescente-se que um dos sintomas dessa paralisia pode ser percebido na questão da prosódia teatral, visto que até a década de 1940 a língua falada no palco obedecia ao sotaque lusitano; somente em 1956, portanto depois das experiências modernizadoras da década de 1940, é que ocorrerá, em Salvador (BA), o Primeiro Congresso de Língua Brasileira Falada no Teatro[62]. Não obstante, é mister registrar que em 1927 Oduvaldo Vianna, com sua peça *O Castagnaro da Festa*, tentou promover uma alteração na prosódia ao criar a primeira Companhia de Prosódia Brasileira[63], cujo lema era: "Companhia brasileira, não; companhia de comédias de prosódia brasileira". Diz Sadi Cabral que "foi a primeira vez que se teve a preocupação de falar uma prosódia brasileira"[64]. Apesar da iniciativa auspiciosa, nas palavras de Miroel Silveira, "quanto às encenações, estavam ligadas a propostas muito limitadas, restritas a salas de visita, coisas desse tipo"[65].

Se as iniciativas visando a uma alteração dramatúrgica do teatro brasileiro foram tímidas e de alcance limitado – lembremos que Oswald de Andrade escreveu suas principais peças na década de 1930 e não as viu encenadas –, não há dúvida de que no campo da reforma cênico-interpretativa houve uma ação mais deliberada com o objetivo de arejar os palcos brasileiros. Três nomes devem ser indicados nessa linha, os quais, à distância crítica proporcionada pelos anos, apresentam perfis e resultados distintos: Renato Vianna, Álvaro Moreyra, e Flávio de Carvalho – este último, embora de repercussão concreta mínima no cenário teatral, pouco estudado e valorizado na sua única experiência na área.

Renato Vianna

Dentre os nomes ligados às tentativas de modernização teatral alimentadas pelo espírito modernista, Renato Vianna (1894-1953) é, seguramente, a figura mais complexa e controvertida. Iniciou suas atividades como escritor teatral – o que, como se verá, não esteve entre suas melhores contribuições – e paulatinamente foi ocupando uma gama variada de espaços no fazer teatral. Além disso, é justo dizer-se que, no grupo dos pré-modernistas, foi o único a desenvolver o seu trabalho diretamente com o teatro

62 Ver *Anais do Primeiro Congresso Brasileiro de Língua Falada no Teatro*, 1958, que versaram sobre as normas para a língua falada no teatro. Havia, nos anos de 1950, um interesse sobre a dicção ouvida em nossos palcos, a ponto de um dos integrantes da Escola de Arte Dramática de São Paulo, a profa. Maria José de Carvalho, diagnosticar: "A nossa negligência a esse respeito está a exigir que se cuide seriamente disso, pois não se pode esquecer que a arte de bem representar implica, necessária e indispensavelmente, entre outras coisas, uma dicção conscientemente irrepreensível". (Dicção – Problema Fundamental no Teatro, *Teatro Brasileiro*, n. 7, jun. 1956, p. 13-14). A título de ilustração, cabe dizer que a referida professora pautou seu método, ao qual se refere no artigo citado, nas pesquisas feitas por Mário de Andrade sobre a língua cantada no Brasil, conforme se lê nos *Anais do Congresso da Língua Nacional Cantada* realizado em São Paulo no ano de 1937.

63 Miroel Silveira, em Alfredo Mesquita et al., *Depoimentos II*, Rio de Janeiro: MEC/DAC/Funarte/SNT, 1977, p. 136.

64 Em Afonso Stuart et al., *Depoimentos I*, Rio de Janeiro: MEC/DAC/Funarte/SNT, 1976, p. 123.

65 M. Silveira, op. cit., p. 136.

profissional; apenas na última etapa de seu trajeto – inicialmente à frente da Escola de Arte Dramática de Porto Alegre e, depois, como diretor da Escola de Teatro Municipal do Rio de Janeiro (hoje Martins Pena) – é que se voltou exclusivamente para a área de retaguarda do teatro: escola e amadorismo.

Ainda jovem, com dezesseis anos viu seu texto *A Prova* ser representado em Manaus pelos atores portugueses Adelina Nobre e Alves da Silva. Aportou ao Rio de Janeiro em 1918: o jovem autor fez-se conhecer adequadamente nos meios teatrais, no qual se comentava que "Renato Vianna vai escrever para a Itália Fausta! É um rapaz do Norte, magrinho como um palito. Mas, dizem que tem talento para dar e vender"[66]. Isso realmente ocorreu: no mesmo ano, a Companhia Dramática Nacional, de Itália Fausta e Gomes Cardim, encenava textos que marcaram a estreia do autor: *Na Voragem* e, em seguida, *Salomé* e *Os Fantasmas*. Ressalte-se que esta última foi, em 1919, transformada por Villa-Lobos na ópera *Zoé*. A seguir, Leopoldo Fróes, astro inconteste da época, encenou outra peça sua: *Luciano, o Encantador*, que no entanto ficou apenas uma semana em cartaz.

Renato Vianna foi aclamado nos meios cultos da época – leiam-se os comentários de Mário Nunes em *40 Anos de Teatro* – como figura de vanguarda, provavelmente porque também, desde então, passou a proferir palestras sobre o teatro moderno, insistindo na necessidade de atualização cênica no Brasil, à semelhança do que se passava na Europa. Sua pregação baseava-se nas ideias que desenvolvia a partir de leituras e informações sobre o teatro russo (Komissarjévski, Stanislávski, Meierhold) e o francês (Antoine, Lugné-Poe, Jacques Copeau). Propunha, então, "a renovação dos velhos códigos teatrais e a instauração de novos processos como meios para se chegar a uma 'expressão brasileira' em cena"[67]. Apesar da repercussão, suas peças causavam desconfiança, conforme avaliava, por esse tempo, Gilberto Amado:

> Não há, por exemplo, quem possa negar ao sr. Renato Vianna, jovem autor de *Na Voragem*, *Os Fantasmas* e *Salomé*, uma intensa vocação de autor dramático. Suas peças, porém, tão fortes e tão vivas, ficam dois ou três dias nos cartazes, enquanto o *Pé de Anjo* e a *Terra Natal* ultrapassam o centenário. Por quê? Porque inegavelmente o público dominante, o grande público, o que paga, o que vai ao teatro, só aprecia coisas do gênero... isto é, troça, calão ou sentimentalismo de décima ordem[68].

Em 1921, por motivos de trabalho, Renato Vianna vai com a família para Recife e lá escreve *A Última Encarnação do Fausto*, iniciando planos para estruturar o movimento que denominou Batalha da Quimera – e que lançaria no Rio de Janeiro no ano seguinte. Também conheceu, na capital pernambucana, Samuel Campelo, grande homem de teatro que criou o grupo Gente Nossa, de muita importância no movimento teatral nordestino. Ainda lá fez uma leitura pública do seu texto. Voltando ao Rio em meados de 1922, encenou *A Última Encarnação do Fausto* com a colaboração dos modernistas Villa-Lobos e Ronald de Carvalho, com os quais fundou a Batalha da Quimera, uma organização que, segundo Gustavo Dória, "tentava mostrar pela primeira vez, no Brasil, o teatro de síntese, de aplicação da luz e do som como valores dramáticos, da importância dos silêncios, dos planos cênicos e da direção"[69]. Com críticas severas por parte da imprensa, o espetáculo ficou apenas três dias em cartaz, causando o fim da Batalha da Quimera.

Em 1924, a partir de conversas com a figura de proa do teatro profissional, o ator Leopoldo Fróes, Renato Vianna escreveu uma peça sobre a cocaína – estava na moda, nos meios intelectuais, falar sobre essa droga e o seu uso. *Gigolô* estreou em setembro, com grande sucesso de crítica e público. A carreira do espetáculo começou auspiciosa e teria dado ao autor o sucesso que buscava, não fosse o conflito que o envolveu com Fróes, exatamente como consequência desse êxito: quando entregou o texto ao ator, Vianna ainda não estava filiado à Sbat – entidade de defesa dos direitos autorais que começou suas atividades em 1917[70], e da qual muitos autores

66 R. Magalhães Júnior, *As Mil e uma Vidas de Leopoldo Fróes*, Rio de Janeiro: Civilização Brasileira, 1966, p. 69.

67 Sebastião Milaré, *Dossiê Renato Vianna: Campanhas Artísticas*. Disponível em: < www.antaprofana.com.br >. Acesso em: 2005. Do autor ver também *Batalha da Quimera*, Rio de Janeiro: Funarte, 2009.

68 Apud, R. Magalhães Júnior, op. cit., p. 112.

69 *Moderno Teatro Brasileiro*, Rio de Janeiro: MEC/SNT, 1975, p. 14.

70 Sobre a Sbat, ver A Sociedade Brasileira de Autores Teatrais, em João Roberto Faria (dir.), *História do Teatro Brasileiro*, v. 1, São Paulo: Perspectiva/Edições SESC-SP, 2012, p. 384-388.

Renato Vianna.

relutavam em fazer parte. Dentre os empresários, Leopoldo Fróes distinguia-se por desenvolver uma atividade marginal nessa área, administrando a seu modo o pagamento aos autores. Quando Renato Vianna foi convidado como figura de honra à comemoração da Sbat, em 24 de setembro de 1924, não pôde esquivar-se ao convite de nela ingressar: a partir daí deu-se o rompimento entre o ator e o autor, ocasionando a retirada de *Gigolô* de cartaz[71].

Tentando superar os percalços do episódio e, certo de que em São Paulo, cidade que promovera a Semana de Arte Moderna, encontraria ambiente favorável às ideias teatrais que tinha em mente, Renato Vianna decidiu fundar em São Paulo a sua nova companhia, A Colmeia. A estreia deu-se em 5 de dezembro de 1924 com um texto chileno, *A Abelha de Ouro* – alusão ao nome da companhia –, que contava com apenas dois profissionais conhecidos e um elenco jovem e desconhecido, do qual fazia parte Olga Navarro. O espetáculo ficou apenas uma semana em cartaz e a crítica paulista foi condescendente, destacando as ideias renovadoras e a juventude dos artistas. O espetáculo estreou no Rio em 22 de janeiro de 1925 e encerrou as atividades da Colmeia[72].

Em fins de 1927, provavelmente estimulado pelo sucesso da estreia do Teatro de Brinquedo, de Álvaro Moreyra, no Casino Beira-Mar do Passeio Público, associou-se a Roberto Rodrigues (irmão de Nelson Rodrigues) e a Paschoal Carlos Magno para fundar o grupo A Caverna Mágica. Ao mesmo tempo, repudiava acusações de que pretendia travar uma batalha contra o teatro profissional, com a justificativa de que o teatro precisava de elementos novos, "de um teatro de arte, de um teatro de cultura [...] uma longa disciplina [...] Precisamos estudar, precisamos aprender"[73]. Em 17 de janeiro de 1928 estreou com *Fim de Romance*, espetáculo que foi recebido com estranhamento por causa das "longas pausas e movimentos de luz". Quanto a um dos itens programáticos principais do grupo, o elenco não conseguiu ater-se à disciplina imposta pelo diretor, o que provocou o fim da companhia duas semanas depois da estreia. Vianna, então, mudou-se para Fortaleza por motivos de trabalho.

De volta ao Rio em 1932, teve encenadas *A Última Conquista*, por Procópio Ferreira, e *Divino Perfume*, por Jayme Costa. O êxito estimulou-o a fundar o Teatro de Arte, com propostas de renovação e elenco formado por atores novos. O grupo estreou em 21 de fevereiro de 1932 com *O Homem Silencioso dos Olhos de Vidro*. Os problemas começaram com o adoecimento da atriz principal. Dulcina de Moraes veio substituí-la e, como a situação se deteriorasse, Itália Fausta aceitou participar de nova montagem de *Os Fantasmas*. Porém novo fracasso levou-o de novo a Fortaleza, onde trabalhou com afinco em novo projeto: o Teatro Escola. O objetivo era organizar um elenco estável, vinculado a uma escola dramática. No entanto, as dificuldades em Fortaleza eram enormes: eis Vianna de retorno ao Rio de Janeiro.

71 Para "castigar" Renato Vianna por sua adesão à Sbat, Fróes multou-o em 40% dos seus direitos e intimou-o: ou ficava com a Sbat, ou com ele. De olho na publicidade do episódio, Vianna decidiu ficar com a Sbat, dirigindo a Fróes uma carta enérgica cuja cópia enviou a todos os jornais do Rio de Janeiro. Recorreu também à polícia para impedir a representação e "roubou" a atriz principal da companhia de Fróes, à qual prometeu fundar uma companhia só para ela – que seria a futura A Colmeia. Cf. R. Magalhães Júnior, op. cit., p. 190-192.

72 Cf. S. Milaré, *Dossiê Renato Vianna: Campanhas Artísticas*.

73 Idem, ibidem.

Após um ano de luta, conseguiu que o Governo Vargas patrocinasse o seu projeto e, assim, fundou o Teatro Escola com um elenco no qual atores profissionais trabalhariam ao lado de profissionais emergentes ou outros absolutamente desconhecidos. Auspicioso foi o fato de terem aceitado participar do projeto três dos principais nomes da época: Itália Fausta, Jayme Costa e Olga Navarro. A ideia era criar uma espécie de Conservatório visando à formação de novos atores, com um programa ambicioso:

Realização de uma temporada anual de seis meses, com repertório mínimo de doze peças de autores nacionais e estrangeiros;

Manutenção de curso de cultura popular de artes afins, por meio de conferências a cargo de capacidades nossas;

Realização de doze récitas populares gratuitas;

Preços ínfimos das récitas ordinárias, no máximo três mil réis;

Reserva de localidades para escolas e instituições educacionais mantidas pelo Estado;

Realização de récitas beneficentes;

Aproveitamento dos alunos diplomados pela Escola Dramática Municipal; Excursão anual pelos Estados[74].

A ideia básica era vincular um curso de teatro ao elenco permanente; os alunos trabalhariam como estagiários e, posteriormente, seriam incorporados à companhia. A Prefeitura concedeu o Casino do Passeio Público para sua instalação. Em troca de facilidades, o Teatro Escola obrigava-se, após cada temporada, a viajar pelo Brasil de Norte a Sul apresentando espetáculos e eventos didáticos. O lançamento do projeto provocou polêmicas no meio teatral e na imprensa. Estreou em outubro de 1934 com a peça *Sexo* – que provocou polêmicas ainda maiores devido ao conteúdo, como relembra, em depoimento, uma das atrizes, Lourdes Mayer: "Era um escândalo para a época em que ele escreveu. Aquele debate entre a ciência e a religião era a maior audácia possível para a época. [...] Foi uma polêmica incrível, uma discussão terrível"[75]. Décio de Almeida Prado considera *Sexo* uma peça audaciosa quanto ao conteúdo – "ao denunciar a tirania sexual masculina e ao insinuar que o ciúme dos maridos e dos irmãos se alimentava às vezes de motivos menos nobres do que eles mesmos supunham, alargava o âmbito de nossa tímida literatura dramática"[76] –, mas nada renovadora quanto à forma, que derivava, a seu ver, da comédia de tese do século XIX. Essa primeira temporada do Teatro Escola teve ainda, no repertório, *Canto sem Palavras*, de Roberto Gomes; *Divino Perfume*, do próprio Renato; e *História de Carlitos*, de Henrique Pongetti.

A sequência da curta vida da instituição foi, no entanto, ainda mais conturbada: no início da segunda temporada, as três principais figuras profissionais da companhia – Itália Fausta, Jayme Costa e Olga Navarro – revoltaram-se e abriram processo contra Renato Vianna por desvio "de supostos lucros da empresa". Num ambiente tumultuado, a segunda temporada do Teatro Escola apresentou *Deus* – outro texto de Vianna –, que na estreia provocou grande reação, inclusive com passeata de estudantes diante do Municipal. O espetáculo foi cancelado e transferido para São Paulo, onde foi bem recebido pela crítica e contou com manifestações de apoio e homenagens:

Deus é chamada de admirável, e *O Homem Silencioso dos Olhos de Vidro* "assinala uma importante evolução da técnica teatral. É o teatro moderno: expressão, movimento, dinamismo, cenas rápidas e diálogos ligeiros" (7/9/1935). No elenco do Teatro Escola estão Rodolfo Mayer, Susana Negri, Delorges Caminha e Lu Marival[77].

De volta ao Rio, o espetáculo voltou ao cartaz, ao mesmo tempo que o parecer técnico elaborado no processo movido pelos três atores profissionais inocentou Renato Vianna. Não obstante, como os anteriores, esse projeto também chegou ao fim.

Cabe aqui um parêntesis: é curioso constatar-se o interesse com que os meios teatrais paulistanos viam Renato Vianna. Para exemplificar essa deferência, lembre-se que foi inaugurado, em janeiro de 1937, um teatro que pertencia à Sociedade Rádio Cosmos, com a Companhia Paulista de Comédia, da

74 G. Dória, op. cit., p. 15-16.

75 Apud Luiza Nazareth, em A. Stuart et al., op. cit., p. 60-61.

76 *O Teatro Brasileiro Moderno*, São Paulo: Perspectiva, 1988, p. 24-25.

77 Sábato Magaldi; Maria Thereza Vargas, *Cem Anos de Teatro em São Paulo*, São Paulo: Senac, 2000, p. 138-139.

qual faziam parte Eglé Camargo Bueno, Rosa Mary, Tilde Serato, Carmen Navarro, Armando Peixoto, Alberto Dumont e João Batista de Almeida. O evento passaria despercebido não fosse a informação de que em fevereiro Renato Vianna assumiu a direção da companhia, pondo em cena *Cumparcita*, mais uma peça de sua autoria, que foi considerada "delicada, muito interessante e literariamente perfeita [...]. Renato Vianna tem uma de suas maiores criações no tipo boêmio sentimental do maestro Gonzaga. A montagem é de Oswaldo Sampaio (17/2/1937)"[78].

Porém voltando aos seus embates em prol da renovação, convencido de que suas ideias para alterar a estrutura teatral estavam corretas, Renato Vianna iniciou um trabalho que denominou de "Missões Dramáticas": fundou uma companhia que, de março a novembro de 1938, visitou vários estados do Norte e Nordeste, levando no repertório as peças já montadas e grande acervo cenográfico. Tal trabalho de divulgação, com cerca de 250 apresentações, repercutiu muito, principalmente no Recife, onde dois dos elementos que viriam a ser o eixo da renovação do teatro nordestino – Valdemar de Oliveira e Samuel Campelo – não economizaram, através da imprensa, comentários e elogios ao trabalho de Vianna, ressaltando especialmente o sentido de disciplina da companhia e o trabalho sério dos atores a garantir a qualidade das apresentações[79].

No segundo semestre de 1939 ocorreu a segunda "missão", com subvenção do SNT, e cujo destino foi o Sul/Sudeste do país. Ecos de seu trabalho são detectados na passagem por São Paulo, onde encena uma "curiosa" *A Dama das Camélias*, baseada em Dumas Filho, mas também em Jules Janin, Jules Marsan e Freud. Conforme relato de Magaldi e Vargas, o crítico de *O Estado de S. Paulo* diz que o autor

> suprimiu, acrescentou, modificou e ainda adotou como motivo central do entrecho uma personagem que, no romance de Dumas Filho, é simplesmente acidental e sem grande importância: a estranha e doentia paixão do velho Duque pela "Dama das Camélias". Assim, os amores entre Margarida Gautier e Armando ficaram relegados para plano secundário, figurando na peça somente por meio de citações[80].

Mencionamos esse caso no intuito de tentar melhor entender o pensamento dramatúrgico de Renato Vianna, que, para alguns críticos, produzia textos verborrágicos e tediosos. É possível constatar-se, na estranha e, por que não dizer, desastrada adaptação de *A Dama das Camélias*, um uso equivocado da estruturação do enredo e da carpintaria teatral: deslocando o eixo da trama para uma personagem marginal, o edifício dramatúrgico desmorona e o grande amor de Margarida e Armando, eixo central da obra-prima de Dumas Filho, transforma-se em mero episódio.

O fato é que a estrutura da "missão dramática" levou o inquieto diretor a concretizar um projeto coerente. Na "missão" ao Sul, em Porto Alegre, fundou a Escola de Arte Dramática do Rio Grande do Sul, em 1942, no Teatro S. Pedro; depois ela se transferiu para uma sede própria à qual anexou um galpão no qual nasceu o Teatro Anchieta – novamente a junção das metades que compunham o Teatro Escola. O grande sucesso da iniciativa viu-se coroado quando, em 1945, o Teatro Anchieta excursionou ao Rio de Janeiro e depois percorreu Estados do Norte/Nordeste. Em 1948 o projeto foi atingido pelas dificuldades gerais do país e sua continuação tornava-se difícil; foi quando o prefeito do Rio de Janeiro convidou Renato Vianna a dirigir a velha Escola Dramática Municipal (hoje Escola Dramática Martins Pena), que ele reorganizou e dirigiu, com grandes resultados, até sua morte em 1953.

Sob este aspecto – o de formador e administrador de escola de teatro –, deve-se reconhecer que, finalmente, Renato Vianna acertou a mão. Eis como Gustavo Dória avalia o trabalho que desenvolveu à frente da Escola Dramática Municipal:

> Conseguiu, depois de uma breve luta, instalar a escola no prédio tombado pelo Patrimônio Histórico, onde nasceu Rio Branco, à rua Vinte de Abril. Para isso reformou-o e arrumou-o com o maior cuidado. Procurou selecionar um corpo de professores capazes e abriu as portas da Escola para artistas e conferencistas que ali se quisessem fazer ouvir. Recebeu personalidades de destaque em visita ao Rio e emprestou ao estabelecimento uma grande dignidade como centro de ensino. Dois grandes espetáculos montou ele no Teatro Municipal, com alunos da Escola e elementos convidados de fora: *Édipo*, de André Gide, na tradução de Prudente de

78 Idem, p. 142-3.

79 S. Milaré, *Dossiê Renato Vianna: Campanhas Artísticas*.

80 S. Magaldi; M. T. Vargas, op. cit., p. 168.

Moraes Neto, e *O Inimigo do Povo*, de Ibsen, numa realização custosa e que exigiu um grande corpo de colaboradores. Em ambos contou com a prestigiosa ajuda de Santa Rosa, o pintor ilustre e figura de destaque em nosso teatro, amigo seu[81].

Por tudo que foi exposto, ressalta como principal qualidade de Renato Vianna o seu papel como grande disciplinador, o elemento que, no Brasil, pela primeira vez introduziu no teatro a direção do espetáculo tal como veio a ser efetivada posteriormente na década de 1940. De acordo com Paschoal Carlos Magno, foi ele quem

> teve a audácia, a esplêndida coragem de introduzir na nossa cena silêncios, valorizando-os com gestos [...] inicialmente sublinhando o drama de situações e palavras, usou de recursos luminosos e sonoros [...] quando não se falava entre nós no subconsciente e no invisível expostos no palco, já deles se inquietava [...] fazendo-se ao mesmo tempo manipulador do abstrato e do real [...]. Quem, como diretor, apontou diretrizes, abriu picadas, iluminou consciências[82].

Em 1934 um crítico carioca, ao comentar um de seus espetáculos, já elogiava o seu método de trabalho:

> Nas mãos de Renato Vianna a personalidade tão delicada da criança-mulher, criada pela sensibilidade de Roberto Gomes, tomava forma, vivia e se adaptava aos gestos, à voz, à fisionomia de Suzana Negri [...]. E era curioso ver como a inteligência do ensaiador caminhava sob a estrutura verbal e a aparente significação do texto, como sob as abóbadas de um subterrâneo perscrutando, na penumbra do pensamento, as intenções do autor e, mesmo, aquelas que o subconsciente do escritor lá deixara ficar e que o ensaiador tinha o dever de fazer ressaltar[83].

Todo o seu cuidado e apuro nas montagens desembocavam num "milagre de homogeneidade", segundo Valdemar de Oliveira. Quanto às reações e polêmicas que suscitou, como aponta Luíza Barreto Leite, deve ser a sina dos "pioneiros [que] nunca foram compreendidos"[84].

81 G. Dória, op. cit., p. 17.

82 Prefácio, em Renato Vianna, *Sexo*; *Deus*, Rio de Janeiro: A Noite, 1954, s/p.

83 S. Milaré, *Dossiê Renato Vianna: RV por Seus Contemporâneos*. Disponível em: < www.antaprofana.com.br >. Acesso em: 2005.

84 Idem, ibidem.

Ao se fazer um paralelo entre a trajetória de Renato Vianna e a de algumas das figuras mais influentes na renovação teatral brasileira do século XX – Paschoal Carlos Magno, Alfredo Mesquita e Décio de Almeida Prado –, as aproximações são muitas e, de negativo, somente a apontar os deslizes desculpáveis num trabalho tão intenso e contínuo como foi o seu. Na avaliação de Miroel Silveira,

> talvez a razão de seu fiel insucesso fosse aquele "intelectualismo" falsificado, que o autor às vezes tentava disfarçar com elementos de "atrevimento". [Foi] um homem culto e inteligente, mas de uma confusão total na avaliação dos valores dramáticos. Suas peças, extremamente verborrágicas e cacetes, em verdade não tinham nada a dizer"[85].

Palavras duras, que apesar desse veredicto são acompanhadas pelo reconhecimento do papel de Renato Vianna na renovação teatral brasileira. Se como autor dramático foi "livresco" e "pomposo", deve-se louvá-lo por ter sido o primeiro a teorizar entre nós sobre a direção cênica,

> embora fosse realmente impraticável efetivar Copeau ou Dullin sobre textos tão tolos quanto *Sexo* e *Deus*. Mas Renato Vianna instituiu o princípio da direção teatral entre nós, já não apenas como um marcador de movimentos, mas como o maestro que conhece a partitura e pretende dar à execução da orquestra um sentido único de harmoniosa expressividade[86].

Álvaro Moreyra

Depois das inovações estéticas propiciadas às artes em geral pela Semana de Arte Moderna, quanto ao teatro a expectativa era pessimista. Em 1927 Abadie Faria Rosa dizia enfaticamente não existir teatro no Brasil, mas apenas a arte de representar, sob o domínio dos grandes astros. A seu ver, a produção nacional não ia além do puro diletantismo. A única novidade era a iniciativa de Álvaro Moreyra (1888-1964): "O ano fecha com uma afirmação da mais quente das admirações. O Teatro de Brinquedo, a que Álvaro Moreyra imprimiu o cunho de sua

85 *A Contribuição Italiana ao Teatro Brasileiro (1895-1964)*, São Paulo: Quíron/INL, 1976, p. 210.

86 Idem, p. 289.

curiosa intelectualidade, é tudo quanto há de mais interessante como expressão literária do gênero"[87]. Sendo Álvaro Moreyra um intelectual ativíssimo, cujo trabalho incluía também a participação em vários órgãos da imprensa do Rio de Janeiro, suas ideias teatrais e o seu projeto foram prévia e amplamente divulgados e comentados. O aspecto algo "pedagógico" da campanha predispôs ao sucesso o futuro espetáculo do Teatro de Brinquedo, cuja motivação principal poderia ser apontada como a necessidade de conscientização em relação a um evento que apresentava um novo código teatral ainda ignorado pelo público. Tal atitude "pedagógica" tornava-se, no caso, muito útil, porque apenas as camadas populares frequentavam as nossas salas de espetáculos, divididas na apresentação de revistas e comédias de costumes. As camadas acima "da média" estavam fora do público teatral e a elite cultivava outro tipo de atividades artísticas, calcadas nos moldes franceses e que consistiam, na maioria, em espetáculos beneficentes, saraus em grupos fechados nos quais amadores poetavam, recitavam, cantavam, tocavam instrumentos etc. Tudo muito restrito e segregado.

Essas atividades culturais da elite carioca, seguindo a moda, foram criando um certo ranço no exercício cultural que haverá de marcar, inclusive, as demais elites urbanas pelo Brasil afora – também entre os amadores teatrais paulistas, quando do movimento da década de 1940, esses resquícios de hábito cultural encontram-se disseminados ainda nas suas primeiras incursões teatrais[88]. É, portanto, nesse contexto que se insere a experiência de Álvaro Moreyra assinalada por Abadie Faria Rosa: sendo digno representante da elite, ele finalmente decidira "consertar" um setor da cultura que menosprezava – qual seja, o teatro da época –, fato auspicioso que acentuará, ao longo do processo de modernização, um flagrante distanciamento do teatro profissional, tendo este sido etiquetado como passadista, ultrapassado e coisas do gênero. Curioso é que, tanto quanto Faria Rosa, Moreyra fará questão de realçar a especificidade dessa visão elitista; conforme assinala o próprio Gustavo Dória, ambos partiam "de uma ideia um tanto errada que era a de contrapor um suposto 'teatro de arte' ao teatro existente"; isso parecia-lhe "uma desculpa para não ferir os que militavam no profissionalismo, pois que na verdade o que se pretendia mesmo era a existência de um teatro profissional em nível de qualidade"[89].

O que se sabe é que, desde uma estada em Paris em 1913, quando assistiu a ensaios de Copeau na companhia do Vieux Colombier, Álvaro Moreyra sonhava com a adaptação do modelo francês ao nosso teatro; desde o início, tal postura estava carregada de um preconceito deletério em relação ao teatro profissional, visto que conforme diz em 3 de setembro de 1927, alguns meses antes da estreia do Teatro de Brinquedo, a humanidade dividia-se

> em duas espécies, a dos bonecos que representam um papel aprendido – referência clara ao teatro profissional –, e a dos naturais, espécie menos numerosa de entes, que nascem, vivem e movem-se segundo Deus os criou... – evidentemente a elite intelectual da qual fazia parte –, para poucas pessoas cada noite"[90].

Essa atitude algo esnobe não trai um suposto modelo. Moreyra diz que o Teatro de Brinquedo será o que foram o Vieux Colombier e o Atelier, em Paris; o Teatro degli Indipendenti e o Teatro da Villa Ferrari, em Roma; o Dailer, em Rigal; o Kammerny, em Moscou, entre outros. Ou seja, a "receita" foi gestada a partir de locais os mais ilustres e avançados. A distinção clara de fazer algo que estava para além do profissionalismo é evidente: "Sempre sonhei uma companhia de artistas amorosos da profissão que a não tornassem profissão". Dizendo melhor: havia uma atitude de indecisão – ou indistinção – entre os conceitos de *teatro amador*, já que pretendia "artistas amorosos", e *teatro profissional*, visto que almejava elementos que amassem a profissão, mas que não a tornassem sua atividade profissional. Seria realmente o caso de um preconceito contra a profissão

87 Apud G. Dória, op. cit., p. 19-37.

88 É o caso, por exemplo, ainda em 1941, do Teatro Universitário dirigido pelo prof. Raeders, na Faculdade de Filosofia da USP. Em excursão pelo interior do Estado de São Paulo em junho de 1941, o seu elenco incluía, entre outros, a declamadora Sara Fridman e o pistonista Roque Consolo, apresentando nos espetáculos "números humorísticos, esquetes relâmpagos", entre outras coisas, conforme anuncia o *Jornal de Franca*. Em São José do Rio Preto, nessa mesma excursão, o programa constava de: "Comédias – Números humorísticos – Esquetes relâmpagos – Solos musicais e o chorinho *Filosofia*". Fonte: Arquivo Waldemar Wey.

89 G. Dória, op. cit., p. 27.

90 Apud G. Dória, op. cit., p. 27. As demais citações de palavras de Álvaro Moreyra são tiradas desta fonte.

ou puro esnobismo? Parece-nos que essa observação tem razão de ser porque, nas palavras a seguir, diz que "representaríamos os nossos autores novos e *os que nascessem por influência nossa*" (grifo nosso): a experiência invoca uma importância de base para o teatro futuro. No que diz respeito ao repertório, o objetivo é igualmente refinado: "Daríamos a conhecer o repertório de vanguarda do *mundo todo*". Quanto a gêneros ou estéticas cogitadas, passam elas ao largo: os "espetáculos de uma peça seriam um gênero". Deve-se entender que a encenação, no caso, seria em si um gênero? Adiante a confusão aumenta: "Seria outro gênero a apresentação de programas com pantomimas musicadas, as lendas brasileiras, canções estilizadas, comédias rápidas, motivos humorísticos". Vale dizer: de tudo haveria um pouco, na linha das apresentações que a elite carioca já fazia em círculos restritos. A ausência de clareza parece marcar essa tomada de posição inicial, visto que quando fala em "comédias rápidas, motivos humorísticos" pode-se inferir que a referência seja tanto a esquetes quanto a piadas, a saber, o trivial showzinho recorrente nesses mesmos círculos restritos, bem como nos meios estudantis, das elites cariocas e paulistas, quiçá do Brasil inteiro da época. Tal hipótese não é descabida, pois, em seguida, Moreyra diz que nesses programas "tomariam parte poetas dizendo os seus poemas, músicos tocando as suas músicas": uma referência cabal aos saraus então em voga.

Essa primeira declaração de princípios do Teatro de Brinquedo soa algo confusa e inconsequente, fato muito sério considerando-se que o projeto, nas palavras do próprio autor, começou a ser gestado em Paris em 1913 e foi dado à luz quatorze anos depois – tempo de maturação mais do que suficiente para um posicionamento adequado. Entretanto, ao mencionar, a seguir, o local em que se darão os espetáculos, fica claro o intuito inovador. No Casino Beira-Mar, o espaço cênico é trabalhado por dois parceiros no projeto: Luiz Peixoto – figura conhecida e famosa do teatro profissional, o que soa estranho considerando-se o posicionamento de Moreyra a favor do amadorismo –, e Lúcio Costa, arquiteto que mais tarde tornar-se-á famoso como um dos responsáveis pela construção de Brasília. Tratava-se de um espaço inovador em termos cênicos, projetado para ter apenas plateia, com 180 lugares. Ou seja, a encenação seria concretizada em local não específico (atores em movimento) para poucos espectadores; na época, era impensável plateia tão pequena: lembre-se que o TBC, quando inaugurado em 1948, inovou pela sua plateia reduzida: 365 lugares[91]. Essa seletividade atinge igualmente o elenco, cuja "*troupe* é formada de senhoras e senhoritas da sociedade do Rio, escritores, compositores, pintores. *Tudo gente de noções certas*. O teatro *de elite para a elite*". Foram esclarecidos a concepção teatral e os destinatários para que se denotasse uma distinção com relação ao teatro profissional e ao público popular: "Teatro para as criaturas que *não iam ao teatro*"[92].

Na acepção de Dória, tratava-se da concretização "dos anseios de uma determinada classe", de um sonho "longamente acalentado e do conhecimento de todos os seus amigos"[93], mas que a nosso ver trazia, não obstante, uma contradição básica: ele se projetava à luz do movimento encetado pelo Vieux Colombier, porém, deixando-se de lado a questão da descontextualização cultural, geográfica e histórica, não pretendia impor-se ao teatro como um todo – isto é, o seu alcance estava explicitamente limitado às origens. Quiçá devido a essa indefinição e/ou inadequação, Álvaro Moreyra chamou, desde o início, a iniciativa de "brincadeira", possível álibi ante a impossibilidade de se prever as consequências futuras. Talvez consciente dessas contradições, no próprio dia da estreia ele dá entrevista ao *Correio da Manhã*, em que novamente frisa a distância que o separa do profissionalismo: "a qualquer teatro que

91 "A única notícia sobre o funcionamento do Casino Beira-Mar como sala de espetáculo teatral refere-se ao Teatro de Brinquedo. Em 1927 foi improvisada uma sala de espetáculos no Salão Luís XV para a apresentação do Teatro de Brinquedo de Eugênia e Álvaro Moreyra. Para a realização da ideia, Lopes Fernandes, Ferraz & Cia. facilitaram a Álvaro Moreyra o subsolo do Casino Beira-Mar. Nele, Luiz Peixoto e Lúcio Costa armaram a sala: só plateia, 180 lugares [...]. O palco foi montado pelo maquinista Ozório Zaluf. Decoração da sala: arquiteto Lúcio Costa e Luiz Peixoto, que também se encarregou da encenação; instalações elétricas, Aníbal Bonfim; Direção Geral, Álvaro Moreyra; tesoureiro, A. Cunha Neves; publicidade, René de Castro". Como esses dados não coincidem com as informações de Gustavo Dória, consta a seguir a indicação de que, "para Gustavo Dória, o Teatro de Brinquedo foi montado no Salão Renascença, com decoração e adaptação de Luiz Peixoto e Di Cavalcanti". Ver Teatros do Centro Histórico do Rio de Janeiro. Disponível em: <www.ctac.gov.br/centrohistorico>. Acesso em: 2005.

92 Todos os grifos nas citações são nossos.

93 G. Dória, op. cit., p. 28.

Alvaro Moreyra.

tenha cunho comercial seria impossível dar espetáculos como os nossos, que não prendem e não podem agradar ao público habitual dos outros"[94]. Supomos que ele se refira à iniciativa de estar fazendo teatro de vanguarda, ainda não testado perante o grande público. E outra vez Moreira oscila na conceituação quanto aos elementos que dirige: "São, não quero dizer amadores, mas amorosos do teatro". Essa dubiedade parece voltar-se, novamente, para a pré-defesa de algo que poderia não dar certo: "A *mise-en-scène* é de brinquedo, como tudo lá".

Apesar dessa "abrangência" e posicionamento estético algo confuso, Álvaro Moreyra tem plena consciência da necessidade de modernização teatral quanto à encenação propriamente dita: "Chamo moderno a um velho autor do séc. XVII, ao qual lendo-o hoje daremos uma interpretação de hoje". No entanto, esta reinterpretação moderna logo soa claudicante, quando declara que "podemos interpretar algumas obras-primas – interpretar errado, naturalmente". As indefinições estéticas com referência à encenação ficam ainda mais evidentes quando se refere à participação de Luiz Peixoto, que fazia as marcações porque "entendia" de teatro. No momento em que percebeu que o ensaiador estava fazendo tudo muito "certinho", o fato chamou sua atenção e, como estava consciente da necessidade de renovação cênica, acrescentou: "achamos melhor acabar com a marcação. Cada um fica [onde achar melhor] e faz como entender, mesmo que atrapalhe a companhia". Difícil e delicada situação enfrentada por um *outsider* do teatro, poeta e intelectual famoso e de largo espectro que decide "pôr a mão na massa".

Possivelmente instado pela necessidade de assumir um papel pioneiro, em outro depoimento, publicado em *O Jornal*, na coluna de Peregrino Júnior, e também transcrito por Gustavo Dória, novamente retoma a alusão à "brincadeira": "O Teatro de Brinquedo não vem endireitar coisa alguma, nem pretende entrar em competições. É uma brincadeira de pessoas cultas que enjoaram de outros divertimentos e resolveram brincar de teatro, fugindo aos cânones acadêmicos, mumificados". Poder-se-ia detectar nesse posicionamento, além do álibi entrevisto por Dória, um total descompromisso com relação a uma experiência cultural autorresponsável e digna; pairava no ar, pode-se dizer, uma atitude de imaturidade, tanto mais quando arremata: "Só interessa [essa experiência] aos que tiverem curiosidade intelectual. É um grande colégio em que o público será o reitor, a crítica será a Madre Superiora e os que representam serão os colegiais". A "ingenuidade" que Gustavo Dória entreviu tem igualmente um sabor de pretensão e cabotinismo.

O fato é que, considerando-se a posição de Álvaro Moreyra nos meios intelectuais e na mídia impressa, a promoção antecipada que fez do evento – afora o fato de que muitos dos integrantes do Teatro de Brinquedo eram parte integrante desses meios – teve um papel de divulgação que, na época, tornou o evento um acontecimento com repercussões não só locais como nacionais; deve-se notar, inclusive, que havia no grupo um elemento encarregado apenas da publicidade. A expectativa criada foi imensa e dezenas de pessoas dirigiam-se diariamente ao Casino Beira-Mar. Isso fez com que *O Jornal*, a exemplo de outros periódicos,

94 Apud G. Dória, op. cit., p. 29. As demais citações da entrevista também são tiradas desta obra.

ressaltasse a singularidade do fato: "Que espécie de público é esse que insiste em não ir embora, não encontrando 'chanchada'? A elite, os intelectuais. Desta vez, então, a elite passará para o lado da maioria". A saber: tanto o evento quanto seus realizadores e destinatários estavam caracterizados com o rótulo de teatro *de* e *para* a elite.

No dia 10 de novembro de 1927 o espetáculo estreou com decoração e adaptação de Luiz Peixoto (ensaiador) e Di Cavalcanti, no teatro instalado no Salão Renascença do Casino Beira-Mar, junto ao Passeio Público, "graças à colaboração de seus arrendatários e do empresário Neves, do Teatro Recreio, que cedeu seus carpinteiros, além de adiantar a quantia necessária para as obras e a montagem"[95]. Voltamos a um ponto que deve ser frisado: apesar da pretensão de destacar-se do circuito de teatro profissional, o espetáculo somente foi possível pela colaboração de alguns elementos dessa área teatral; igualmente é problemático rotular-se a experiência como "amadora", pois ficou claro que: "A renda obtida seria dividida, metade-metade entre a *troupe* e os proprietários do salão cedido"; dessa forma, houve sim um intuito comercial, tanto mais que, "mais tarde, aproveitando um oferecimento do então Prefeito, Antônio Prado Júnior, Álvaro Moreyra receberia a ajuda oficial de seis contos de réis, para pagar as dívidas contraídas pelo Teatro de Brinquedo e que importavam naquela soma"[96]. Longe de recriminarmos o objetivo de recuperar o custo investido na experiência, o que desejamos frisar é que para se aplicar o conceito de teatro amador ao evento, isto é, desvinculado totalmente de uma concepção profissional, haveria alguma dificuldade: o elenco foi contemplado financeiramente e os custos foram pagos por terceiros.

De todo modo, no dia seguinte à estreia de *Adão, Eva e Outros Membros da Família*, peça do próprio Álvaro Moreyra levada pelo Teatro de Brinquedo, as manifestações mais entusiasmadas referiam-se principalmente a dois aspectos: à movimentação "natural" dos atores, cujas interpretações foram muito aplaudidas, e ao texto, elogiado como excelente comédia satírica e espirituosa. A peça foi saudada pelo colunista do jornal *A Noite* como "produto legítimo de um formoso talento e, apenas por isso, com amplo direito de ser também bizarra", isto é, nas entrelinhas pode-se entender que, apesar de não estar dentro do contexto teatral da época, o talento eventual tinha que ser aplaudido pela ousadia. O elenco do espetáculo teve: Aída Ferreira, Atílio Milano, Fernando Guerra Duval, Frederico Barreto, Joracy Camargo, Machado Florence, Mary e Briolanja Sotto Mayor, René de Castro.

Entretanto, talvez pelo conjunto de fatores, ou exatamente por isso, o mesmo colunista de *A Noite* lança dúvidas quanto ao prosseguimento: "Mas é preciso destacar o *en train* com que se apresentaram o casal Álvaro Moreyra, Luiz Peixoto e Marques Porto, de quem o teatro nacional muito pode esperar, *se o brinquedo que agora os enche de entusiasmo não acabar por aborrecê-los*" (grifos nossos). Melhor dizendo: a não adesão a uma postura mais séria e responsável (a profissionalização) colocava em suspenso o êxito alcançado, assinalando-se ainda que tais palavras vinham provavelmente de Armando Gonzaga, autor de prestígio no teatro que também escrevia crítica teatral. Essa ressalva torna-se tanto mais oportuna porque o público do teatro de revista, devido à publicidade e à repercussão do espetáculo, passou a afluir ao Casino. Contudo, como o elenco era de amadores, que possuíam os seus interesses e atividades fora do teatro, as sessões passaram a acontecer em dias incertos. Além disso, o sucesso levou um dos componentes do Teatro de Brinquedo (Sérgio da Rocha Miranda) a apresentar no Teatro Municipal, no dia 17 do mesmo mês, um espetáculo beneficente "na sua quase totalidade com textos em francês, [mas] que tinha entretanto, em português, os seus esquetes, interpretados pelos componentes do Teatro de Brinquedo"[97]. Retoma-se assim, novamente, o sistema de colagens de gêneros tão ao gosto das brincadeiras das classes altas de então. Esse intervalo não impediu que, no dia 22 a seguir, tenha se realizado uma "festa do autor": homenagem a Álvaro Moreyra, com a representação de *Adão, Eva...* e de um recital de poesias – outra vez a recaída na voga declamatória da alta sociedade carioca. O sucesso de Moreyra foi tão bem recebido nos meios teatrais que essa homenagem contou até com uma saudação feita por Cláudio de Souza, nessa

95 G. Dória, op. cit., p. 30.

96 Idem, p. 30-31.

97 Idem, p. 32.

altura escritor consagrado e membro da Academia Brasileira de Letras, fato que ajudou essa "mescla" de interesses teatrais com os literários.

Por outro lado, retomando a ressalva colocada por Armando Gonzaga, ela parece contemplar um viés característico do amadorismo da época, qual seja, o da dispersão e da falta de continuidade, que também atingiram o Teatro de Brinquedo. Para o segundo espetáculo, a ausência de maior empenho no prosseguimento das experiências de renovação como que provocou um retorno ao comodismo. A programação de um conjunto de esquetes, cançonetas, cenas curtas e pequenas peças em um ato foi anunciada juntamente com o que seria uma grande novidade, e a representação de pantomimas, tida como uma "experiência mais interessante" por ser mais moderna e ousada. Para Gustavo Dória, esse espetáculo, assim concebido, seria reflexo, talvez, da anterior estada de Moreyra na França e de seu contato com os membros do Cartel, ou, mais provavelmente, da simpatia do artista pelo circo, que frequentava, como muitos escritores modernistas. Na encruzilhada de dilemas estéticos tão desnorteantes e imprevistos gerados pela oscilação entre o amadorismo e o profissionalismo, o Teatro de Brinquedo denominou o segundo espetáculo de *Espetáculo do Arco da Velha*, composto de uma improvisação denominada *O Circo*, um trecho de "cinematografia falada" denominado *Câmara Lenta*, e as pantomimas *Samba*, de autoria de Heckel Tavares e Di Cavalcanti, e *História da Sinhá Moça*. Soa-nos algo estranho esse *mix* de gêneros, porém a ele foram acrescentados números de "canções modernas", de Heckel Tavares, poemas de Felipe de Oliveira e Raul de Leoni, esquetes do próprio Álvaro, como *Pensão do Purgatório* e *O Carro do Santíssimo*, de Prosper Merimée. Tendo o espetáculo estreado em 3 de dezembro de 1927, a recepção foi desfavorável e não escapou a alguns críticos o amadorismo da realização à qual faltou melhor acabamento.

Na sequência, programou-se um terceiro espetáculo – encenação de *Voulez-vous jouer avec moâ?* (Você Quer Brincar Com Eu?) e de *Uma Mulher e Três Palhaços*, de Marcel Achard, que não chegou a ser apresentado. Devido a dificuldades financeiras e às festas de fim de ano, organizou-se um *réveillon*, que teve decoração de Luiz Peixoto e Gilberto Trompowsky e um programa de quadros variados, como de hábito. A seguir, nos primeiros dias de 1928, volta *Adão, Eva e Outros Membros da Família*, que em seguida excursiona a São Paulo em fins de janeiro. A atuação na capital paulista marcou o fim dessa primeira fase do Teatro de Brinquedo. Quais as causas do seu malogro? De acordo com Dória, endossando argumentação do próprio Álvaro Moreyra, o que faltou ao Teatro de Brinquedo foi uma boa administração. Numa séria autocrítica trinta anos depois, o diretor carioca concorda que não teve sucesso porque faltou planejamento; um "determinado grupo" – seria uma referência a alguns elementos que, mais tarde, vincular-se-iam às futuras experiências amadoras do Teatro do Estudante e de Os Comediantes? – usufruiu positivamente da experiência, porém a grande maioria tinha "as suas ocupações diárias e, por mais sonhos que tivessem com possibilidades de concretização, *o teatro, como profissão*, ainda era uma hipótese, *dentro de seus padrões de vida*" (grifos nossos). Levando em conta os termos grifados, a nosso ver foram dois os pontos fracos que marcaram a experiência: a. uma renovação/inovação desenvolvida à margem e, por vezes, frontalmente contra o teatro corrente, fator altamente restritivo do seu alcance devido à descontextualização que caracterizou todo o evento como autossegregacionista; b. em segundo lugar, tendo em vista a situação social dos membros do Teatro de Brinquedo, que os alçava a níveis econômicos seletíssimos no contexto brasileiro, a visão do teatro como meio de ascensão econômica e social, ou mesmo como profissão, devia ser considerada por eles, na época, como algo impensável, tendo em vista a situação em que se encontrava, social e culturalmente, o teatro brasileiro.

Não obstante, é muito importante salientar que, apesar de sua efêmera existência, o Teatro de Brinquedo deixou lições importantes para a modernização do teatro brasileiro: a necessidade de alargamento do público de teatro com a incorporação de camadas altas e médias da sociedade brasileira; a ideia de montar os grandes clássicos mundiais, até então raríssimos e ausentes do repertório das companhias nacionais; a absoluta exigência de um conhecimento dos *meios e modos da criação teatral*. Qualquer teatro que se pretenda inovador tem que confiar em elementos que assumam a aventura teatral como crucial para suas vidas. Como se verá dez anos depois, essa postura é fundamental em épocas de renovação e ruptura: foi o que demonstraram tanto os amadores cariocas quanto os paulistas, assunto do próximo capítulo deste livro.

Igualmente importante é assinalar dois outros aspectos que tornaram essa experiência como que um elo na evolução teatral brasileira: o primeiro é que, a partir dela, qualquer projeto visando inovações ou inconformismo com o *status quo* não mais seria visto como utopia ou desvario; o segundo aspecto é que o texto *Adão, Eva e Outros Membros da Família*, de Álvaro Moreyra, quando confrontado com a dramaturgia de seu tempo, possui aspectos inovadores que marcarão a renovação dramatúrgica das décadas de 1940-1960: o diálogo teatral enxuto, dir-se-ia "telegráfico", com uma linguagem do cotidiano brasileiro e uma tipologia não mais adstrita à sala de visitas; temas sociais visando contemplar uma nova realidade e novos atores da sociedade capitalista que se instalava a todo vapor num Brasil em franca industrialização.

Flávio de Carvalho

Dos nomes apontados, Flávio de Carvalho (1889-1973) é, sem dúvida, o mais instigante e ousado dos três. Após uma permanência de dez anos na Europa – formou-se engenheiro na Universidade de Durhan –, chegou ao Brasil pouco depois da famosa Semana de Arte Moderna. Na sua estada europeia, entrou em contato com as ideias das vanguardas – expressionismo, dadaísmo, futurismo – e conheceu pessoalmente os surrealistas. No Brasil, embora ligado aos modernistas, manteve ideias próprias, o que se pode depreender de sua atuação já em 1931, quando se torna "precursor de um tipo de performance interdisciplinar que incorporava conceitos de psicologia, antropologia, artes plásticas e teatro"[98]. Sua *Experiência N.* 2 (não se sabe qual teria sido a n. 1), feita em 7 de junho de 1931 no centro de São Paulo, provocou a ira de participantes da Procissão de Corpus Christi:

> [Quando] se achava na esquina da rua Direita e Praça do Patriarca, não se descobriu, conservando ostensivamente seu chapéu na cabeça. Os crentes, que acompanhavam o cortejo, revoltaram-se com esta atitude e exigiram em altos brados que ele se descobrisse. Ele, no entanto, sorrindo para a turba, não tirou o chapéu, embora o clamor da multidão já se tivesse transformado em franca ameaça. Foi então que inúmeros populares tentaram linchá-lo, investindo contra ele. O rapaz pôs-se em fuga, ocultando-se [...]. O subdelegado de plantão na Polícia Central compareceu ao local, onde deu garantias ao moço, protegendo-o contra a ira do povo.

Segundo Flávio de Carvalho, a experiência visava testar a "capacidade agressiva de uma massa religiosa à resistência das forças das leis civis, ou determinar se a força da crença é maior do que a força da lei e do respeito à vida humana", tendo-lhe ocorrido

> desvendar a alma dos crentes; por meio de um reagente qualquer que permitisse estudar a reação nas fisionomias, nos gestos, no passo, no olhar, sentir enfim o pulso do ambiente, palpar fisicamente a emoção tempestuosa da alma coletiva, registrar o escoamento dessa emoção, provocar a revolta para ver alguma coisa inconsciente.

Confessou que estava "procurando um efeito dramático" e, quando a multidão se enfureceu, abriu os seus braços "num gesto patriarcal e patético", explicando que era "um contra mil..."; enquanto a multidão discutia, resolveu "atravessar a procissão por dentro, como a única fuga possível, o que provocou um engarrafamento dentro do cortejo, e lhe permitiu escapar com vida". Não há dúvida de que Flávio de Carvalho reproduzia práticas dadaístas, pois essa experiência

> incorporou deles – futuristas e dadaístas – uma abordagem de vanguarda ao estabelecer a rua como um espaço de confronto com o público [...]. Estava em jogo não apenas um manifesto ou um protesto, mas uma experiência com a reação do público, inserindo-se, portanto, dentro de um contexto dos *happenings* e dos *environments*.

Numa época em que o teatro profissional estava paralisado esteticamente, considerando a plateia como elemento passivo, a ser cortejado pelo espetáculo, Flávio de Carvalho propõe não somente

98 Zeca Ligièro, Flávio de Carvalho e a Rua: Experiência e Performance. Disponível em: <www.unirio.br/opercevejoonline/7/artigo.htm>. Acesso em: 2006. As citações seguintes da experiência de Flávio de Carvalho provêm dessa fonte.

uma reação pública – que somente chegaria a nós com as encenações do Teatro Oficina nas décadas de 1960/70 –, mas também a inclusão da plateia como participante interativo da ação cênica, algo impensável para a época. Logo a seguir, em 24 de novembro de 1932, juntamente com Antonio Gomide, Di Cavalcanti e Carlos Prado, ele funda o CAM – Clube dos Artistas Modernos –, onde então já se discutia a criação do Teatro da Experiência, que acabou por ser inaugurado em 15 de novembro de 1933, "com reformas projetadas por Flávio e decorado por Tarsila do Amaral, Lívio Abramo, Oswaldo Sampaio, Oswald 'Júnior' (Nonê), Esther Bessel e Hugo Adami, estreando com a peça *O Bailado do Deus Morto*, de autoria do próprio Flávio"[99].

A única encenação do Teatro da Experiência foi relatada por Flávio de Carvalho, que a historiou, explicando o que tinha em mente. O que ia ser, afinal, o Teatro da Experiência, se a iniciativa não tivesse sido abortada pela polícia? Vejamos suas palavras:

> Primeiro, uma base teórica, uma dialética... O Teatro seria um laboratório e funcionaria com o espírito imparcial de pesquisa de laboratório. Lá seria experimentado o que surgiria de vital no mundo das ideias: cenários, modos de dicção, mímica, a dramatização de novos elementos de expressão, problemas de iluminação e de som e conjugados ao movimento de formas abstratas, aplicações de predeterminados testes (irritantes ou calmantes) para observar a reação do público, com o intuito de formar uma base prática da psicologia do divertimento, realizar espetáculos-provas só para autores, espetáculos de vozes, espetáculos de luzes, promover o estudo esmerado da influência da cor e forma na composição teatral, diminuir ou eliminar a influência humana ou figurada na representação, incentivar elementos alheios à rotina a escrever para o teatro... e muitas mais coisas que no momento me escapam[100].

Como se vê, o ideário programático era avançadíssimo. Como detectou a falta de autores, Flávio de Carvalho escreveu *O Bailado do Deus Morto*, "peça cantada, falada e dançada: os atores usavam máscaras de alumínio e camisolas brancas, o efeito cênico era um movimento de luzes sobre o pano branco e o alumínio". Havia um grande recurso à música (com instrumentos como "urucungo, reco-reco, uquiçamba, tamborim, cuíca ou puíta, bumbo") e à dança, sendo que "os atores eram quase todos negros, pegados a esmo na rua". A inauguração

> foi brilhante: um público variado e duas vezes maior do que a capacidade do teatro enchia o recinto e transbordava pela escada estreita dos altos... A peça [era] uma obra filosófica, e sob o ponto de vista do teatro, obra experimental que procurava novos moldes de expressão. A peça envolve uma escala de alguns milhões de anos e mostra as emoções dos homens para com o seu Deus.

Tendo voltado à cena mais duas vezes, a seguir a censura interditou o espetáculo e o Teatro da Experiência "deu além alguns espetáculos sem importância, destacando-se no entanto uma coletânea de danças com cânticos da época da escravidão".

Na experiência relatada de Flávio de Carvalho, em conjunto com outras na sua sequência cujo registro não possuímos, é possível constatar o claro objetivo de trazer para o teatro, de forma ativa e concreta, a participação do negro e de sua cultura: além do elenco majoritariamente negro, danças, músicas e instrumentos da cultura afro-brasileira foram inseridos destacadamente no espetáculo. Deve-se frisar que, entre os modernistas, Raul Bopp talvez tenha sido o único a insistir, programaticamente, na questão do negro, principalmente a partir da fase antropofágica[101].

Flávio de Carvalho continuaria sua brilhante carreira artística nas artes plásticas, sem jamais ter retornado ao teatro. Há de se convir que as suas incursões revestiram-se de uma riqueza de ideias

99 J. Toledo, *Flávio de Carvalho: O Comedor de Emoções*, São Paulo/Campinas: Brasiliense/Editora da Unicamp, 1994, p. 168.

100 Flávio de Carvalho, A Epopéia do Teatro da Experiência, *A Origem Animal de Deus e O Bailado do Deus Morto*, São Paulo: Difel, 1973. As demais citações de Flávio de Carvalho provêm dessa fonte.

101 "O drama da escravatura deixou pelo país um sopro amargo. Negro chegou, amarrado, em lotes, com coleira de ferro. Catou mineração para el-Rei. Trabalhou de sol a sol nas lavouras. Apalpou o Brasil com as mãos. Assistiu, sem saber, ciclos da nossa história. Fez papel de sombra". O mesmo Bopp relata que por essa época "o interesse intelectual do movimento fazia-se já sentir em diversos setores... O teatro negro, que Di Cavalcanti animava, com um grupo da escola nova [Antonio Bento, Mário Pedrosa, Lívio Xavier, Plínio Melo e outros], remexia ideias que foram se instalando na órbita do modernismo, com um tempero de sátira social". Diário da Antropofagia, *Cadernos Brasileiros*, Rio de Janeiro, jul.-ago. 1966, p. 33-34.

e inovações que faltava ao teatro praticado no período. À distância do tempo, percebe-se no seu arcabouço uma audácia estética e uma visão modernizadora verdadeiramente contundente.

* * *

Vistas à distância, as atividades que visaram, nas décadas de 1920/1930, à alteração do defasado *status quo* teatral, nos fazem aventar variadas reflexões sobre as suas motivações e reflexos. Não há dúvida de que, ao se examinar o panorama do teatro profissional, a visão que dele temos é desalentadora sob o ponto de vista estético. Nas últimas décadas muito se tem escrito na literatura especializada sobre aquele que se convencionou chamar de "velho teatro" – as suas práticas empresariais viciadas, sua dramaturgia estagnada e caudatária da estrutura decadente da interpretação tipológica, os malefícios gerados pela instituição do reinado do primeiro-ator-empresário, a inelasticidade do público espectador, a alienação das elites pensantes, enfim, toda uma gama de considerações negativas a justificar a paralisia estética do teatro da primeira metade do século XX. Sem deixar de mencionar, pelo menos indicativamente, o conjunto de fatores históricos que certamente influíram para a moldagem desse quadro – tais como as transformações econômicas, sociais e políticas, além, evidentemente, da revolução provocada nas artes pela instauração da indústria cultural de massas –, não podemos deixar de levar em conta, nesse raciocínio, a atual evolução da teoria teatral no mundo e em todos os níveis; isso porque, considerando-se que a nossa historiografia teatral começou a avolumar-se somente a partir da década de 1970 – como resultado da criação e/ou expansão dos vários cursos e escolas de teatro no ensino universitário –, percebemo-nos, em termos de estudos teatrais, em constante pesquisa e reavaliação de meios e modos de nossa produção teatral. A título de exemplo, podemos citar a crescente importância que vem adquirindo, nas análises do fato teatral, o peso específico da recepção do espetáculo. A teoria, nem tão nova assim, da semiologia teatral tem-nos levado a avaliar e a dar um peso maior a um dos componentes essenciais do teatro: o público. No caso brasileiro, essa abordagem, num primeiro momento, coloca-nos em guarda: vêm-nos à lembrança críticos seminais que, ao longo da fase mais importante da formação de público no Brasil – os dezesseis anos de vida do TBC (Teatro Brasileiro de Comédia) –, sistematicamente manifestavam a sua estranheza ao se deparar com o enorme sucesso de espetáculos feitos por atores ainda vinculados ao "velho teatro", ou mesmo ao se falar, numa retrospectiva histórica, do longo calvário vivido por Artur Azevedo ao sentir-se na obrigação de defender o teatro que escreveu visando o grande público. Não seria esse aspecto motivado pela incompreensão do papel do espectador como parte integrante e indissociável da obra de arte teatral?

Por outro lado, não seria o caso, no presente, de adotarmos uma postura mais coparticipante no sentido de buscar entender as razões que nortearam esse público da primeira metade do século XX a aclamar, sistematicamente, textos que hoje nos soam datados e esteticamente fracos? Colocando de outro modo: ao longo de todo o processo de renovação, desde o pré-modernismo até a modernização efetiva do teatro brasileiro na década de 1940, será que não nos esquecemos, à luz do deslumbramento da cultura teatral europeia, de atentar para a essência do que ficou soterrado nos escombros do "velho teatro"? Melhor dizendo: o público brasileiro, quando aplaudia vigorosamente obras consideradas "menores" ou "ultrapassadas", não estaria, na verdade, nos mandando um recado? Será que esse recado não ficou submerso nas análises estéticas que procuravam, em vão, um sentido mais "elevado" desse repertório permeável somente à psicologia do grande público brasileiro? Não seria o caso de modificarmos as motivações do olhar crítico em direção a esse período histórico?

Para finalizar: sob o olhar retrospectivo, a pré-modernização teatral brasileira afigura-se-nos como um longo processo, cheio de percalços e descaminhos. Se não teve a homogeneidade de um programa objetivo e certeiro, foi, mais do que tudo, o reflexo da própria caminhada do país numa etapa histórica importante, qual seja, a da sedimentação da tradição herdada do século XIX às vésperas das grandes mudanças geradas pelas transformações econômicas, políticas, sociais e culturais do século XX.

II. A Modernização do Teatro Brasileiro (1938-1958)

1. OS GRUPOS AMADORES

O teatro profissional nas décadas de 1920 e 1930, ignorando ou fazendo pouco caso das conquistas modernistas das outras artes, como a literatura, a pintura, a música e a escultura, não viu sua hegemonia ser ameaçada e continuou a desenvolver o tipo de trabalho que agradava o seu público fiel. Os grandes astros, primeiros-atores e geralmente donos das companhias dramáticas, conquistaram um prestígio que parecia inabalável. O repertório que apresentavam ia ao encontro das expectativas dos espectadores, de modo que as transformações desejadas por intelectuais ou artistas ligados ao espírito moderno pareciam um sonho distante. As primeiras iniciativas que visaram à modernização da nossa cena, como já visto no capítulo anterior, foram efêmeras, em função de todo tipo de dificuldades enfrentadas, mas lançaram sementes que germinaram algum tempo depois. O amadorismo, como forma de teatro alternativo, com preocupações artísticas e nada comerciais, surge nesse contexto e constrói as bases sobre as quais se edificará a nossa modernidade teatral.

Nesse sentido, serão lembrados aqui os grupos amadores que buscaram interferir no panorama teatral estagnado do período, pois isso os distingue de outros grupos que se espelhavam na produção profissional. E para enfatizar o papel renovador do amadorismo, devem-se destacar suas três vertentes mais importantes: a. o movimento carioca, entre os anos de 1938 e 1947; b. o movimento paulista, que durou de 1942 a 1948 e culminou na criação do Teatro Brasileiro de Comédia (TBC) e da Escola de Arte Dramática (EAD); c. o movimento pernambucano (com extensão para todo o Nordeste), que começou com feições peculiares e, na década de 1940, incorporou meios e modos teatrais em uso no Sudeste.

É preciso ressaltar, não obstante, que ao se fazer uma opção de análise privilegiando uma visão geográfica, em alguns momentos e sob muitos aspectos os grupos amadores aqui estudados interagem, complementam-se. Como todo fenômeno histórico, também o movimento teatral amador reflete o movimento geral da sociedade em direção a um ponto ótimo na sua escala evolutiva. O que se quer frisar é que uma série de fatores desses movimentos é intrínseca à própria evolução cultural do período e que é sob esse aspecto que deve ser analisada a interpenetração entre os agentes culturais envolvidos. Nesse nexo, é importante salientar, inicialmente, o papel irradiador do Rio de Janeiro enquanto capital intelectual, e, num caminho inverso, porém igualmente representativo, a crescente valorização da voz cultural paulista como resultado do papel hegemônico de São Paulo, preponderantemente inserido no panorama econômico brasileiro – basicamente o de industrialização e exportação.

Amadores Cariocas

O Teatro do Estudante do Brasil – TEB

A história do Teatro do Estudante do Brasil (TEB) confunde-se com a de seu mentor: Paschoal Carlos Magno (1906-1980). Verifica-se ao longo de sua trajetória uma simbiose criador/criatura. Obviamente, como todo evento teatral, vários fatores convergiram para tornar possíveis os espetáculos, eventos e sua própria existência. Contudo, a marca do criador está indelével na sua trajetória desde 1938 – ano de fundação – até 1965, com a criação da Aldeia de Arcozelo.

Paschoal interessou-se muito cedo pelo teatro. Aos 12 anos, estimulado pelo pai, escreveu *A Torrente*, que foi apresentada a Gomes Cardim, que o encorajou a continuar a escrever. Aos 20 anos, participou do movimento Caverna Mágica, de Renato Vianna, atuando em *Abat-jour* (1926). O fracasso do movimento não o desanimou; em 1927 participou de outra tentativa de modernização teatral, intervindo como ator no Teatro de Brinquedo, de Álvaro Moreyra[1]. Em 1930, seu texto *Pierrot* foi premiado em concurso promovido pela Academia Brasileira de Letras. Com o sucesso e a encenação do texto, planejou formar um grupo denominado Caixa de Bonecos – talvez influenciado pelas ideias do Teatro de Brinquedo – na Associação dos Artistas Brasileiros; o plano não foi adiante porque passou a trabalhar no teatro profissional como diretor-artístico da companhia Jayme Costa. Nesse ínterim, tendo ingressado na carreira diplomática, ausentou-se do país em 1933. Retornou em 1936 e, a partir de então, sua vida liga-se umbilicalmente à do Teatro do Estudante do Brasil. A motivação principal foi a melancólica situação do teatro brasileiro, atrasado em relação ao moderno teatro europeu, repetindo as velhas fórmulas do passado.

A estreia do TEB foi precedida de ampla informação e promoção junto à mídia impressa – aspecto que caracterizaria, doravante, todas as iniciativas de Paschoal Carlos Magno, ele próprio ligado, especialmente nos últimos anos, ao jornalismo carioca. Em 10 de fevereiro de 1938, a *Gazeta de Notícias* fez uma convocação pública:

> Estão convidados os estudantes de ambos os sexos que estejam interessados no Teatro Universitário [...]. À maneira do que se efetua nas universidades europeias e americanas, este núcleo teatral realizará um movimento de cultura por intermédio do teatro"

Duas observações: no início do convite, em vez de referir-se ao TEB, consta que "a Casa do Estudante do Brasil estabeleceu as bases de um *Departamento Cultural*, dirigido pelo seu brilhante membro fundador, o cônsul Paschoal Carlos Magno"[2]. Nesse texto, fica dúbio se haveria um grupo de teatro ou se o Departamento Cultural abrigaria as atividades programadas; por outro lado, a denominação "Teatro Universitário" foi por ele rejeitada posteriormente:

> Nunca pretendi que o movimento se chamasse "teatro universitário", porque teatro não pertence a uma classe. O erro dos teatros universitários que vieram depois é que nenhum deles era realmente de universitários, mas sim abusavam do nome. Teatro do Estudante era para mim alguma coisa que abrangia estudantes de escolas superiores, secundárias, técnicas, normais e aceitava qualquer pessoa que quisesse fazer teatro e fosse menor de trinta anos. Eram todos estudantes... de teatro[3].

Pouco antes da estreia, que se deu em 28 de outubro de 1938, *A Noite* noticiou os ensaios de *Romeu e Julieta*. Em 23 de outubro, entrevistou Itália Fausta, que dirigiu o espetáculo. Ela deu informações sobre o elenco, a música, a confecção dos figurinos, finalizando que "*Romeu e Julieta* vai ser uma revelação de bom gosto, de beleza, de luxo e de audácia jovem". Dois dias depois, Mafra Filho (que interpretou a personagem de Frei Lourenço), entrevistado pelo *Jornal do Brasil*, não poupou elogios a Paschoal e ao trabalho de Itália Fausta. Na véspera da estreia, Austregésilo de Athayde, um dos mais importantes intelectuais cariocas da época, teceu considerações sobre a peça no *Diário da Noite*, terminando o texto com um *gran finale*: "Ao cair do pano os corações, hoje como há três séculos, estarão tomados da mesma simpatia emotiva, *for never was a story of more woe than this of Juliet and her Romeu*".

1 Ver supra p. 48-54.

2 Grifo nosso.

3 Orlanda Carlos Magno, *Pequena História do Teatro Duse*, Rio de Janeiro: SNT, 1973, p. 4.

Teatro do Estudante. Sérgio Britto e Sérgio Cardoso, em *Hamlet*, 1948.

No dia seguinte à estreia, o espetáculo foi elogiado por Mário Nunes, no *Jornal do Brasil*, e por artigos publicados no *Correio da Noite* e na *Gazeta de Notícias*. A repercussão foi favorável e positiva, como provam outros depoimentos na imprensa, entre os quais se destaca o do grande cronista Rubem Braga, que escreveu em *O Imparcial* de 6 de dezembro de 1938:

> o importante é que os estudantes fizeram teatro de verdade. Fizeram, estão fazendo e vão fazer. Isto é muito sério. Antes do último ato um rapaz apareceu no palco para anunciar a instalação do Congresso Nacional de Estudantes. Eles vão discutir os problemas culturais, econômicos e esportivos de sua classe.

Curiosamente, no *Jornal do Brasil* desse mesmo dia, um artigo intitulado "Reabilitação Artística das Massas" comentava a elitização da cultura brasileira, contrapondo que

> acorreram pessoas de todas as categorias para admirar e aplaudir não somente a genuína façanha daqueles intérpretes improvisados, como também o drama, que acharam magnífico [...] pois nada impediu que a sua criação fosse entendida pela nossa plateia popular melhor do que o são, às vezes, as 'chanchadas' prediletas de muitos empresários.

O primeiro espetáculo do TEB, por todos os méritos, além de acenar com o revigoramento cênico, trouxe à baila a necessidade de expansão do público teatral com vistas a sua renovação. O *Boletim da Casa do Estudante do Brasil* de março, abril e maio de 1939, à guisa de despedida e agradecimento, fez extensas considerações sobre a "superioridade da arte" e a figura de Itália Fausta, que é apontada como a grande responsável pelo sucesso, pois

> durante quase quatro meses – portanto, a partir de julho de 1938 –, numa constância assustadora para os céticos das realizações de sacrifício, mais de trinta jovens, em ensaios tri-semanais, lutaram tenazmente em campo desconhecido pela vitória tão desejada e honestamente conseguida por todos [...]. E a explicação resume-se em duas palavras apenas: Itália Fausta [...]. A gratidão, porém, dos estudantes do país a esta boníssima mestra é muito maior. Maior porque ela evidenciou o valor dos moços que querem construir. Porque conseguiu moldar formas brutas; obteve o aprimoramento, inatas qualidades que careciam de exteriorização.

Os elogios à montagem de *Romeu e Julieta* destacaram a qualidade do elenco, a direção, a ambientação de época, as danças e a música executada pelo maestro Chiafitelli. Após a bem-sucedida estreia do TEB, Itália Fausta viajou para a Europa. Paschoal Carlos Magno convidou a atriz portuguesa Esther Leão para dirigir os espetáculos que se seguiram: *Leonor de Mendonça*, de Gonçalves Dias, e *Romanescos*, de Edmond Rostand. Obrigado a se afastar do Brasil, por causa da carreira diplomática, Paschoal foi substituído por Maria Jacintha, que se tornou a diretora do TEB, trabalhando em parceria com Esther Leão, a diretora cênica do grupo.

Primeira atriz em Portugal, discípula de André Antoine, Esther Leão não foi uma grande diretora, de acordo com Maria Jacintha. Faltavam-lhe os conhecimentos teóricos para conceber um espetáculo e baseava-se nas dificuldades surgidas nos ensaios para buscar soluções práticas. Ao contrário de Itália Fausta, que tinha objetivos cênicos e interpretativos, Esther Leão não era propriamente uma "diretora teatral completa", mas uma mestra na "arte de dizer". Isso não a impediu de ser a grande disciplinadora e ensaiadora de vários espetáculos do TEB, como *A Duquesa de Pádua*, de Oscar Wilde; *Dias Felizes*, de Claude André Puget; *O Jesuíta*, de José de Alencar, 3.200 *Metros de Altitude*, de Julien Luchaire – espetáculo que estreou em 12 de abril de 1941, revelando Cacilda Becker; e *Como Quiseres*, de Shakespeare.

Retornando ao Brasil em 1944, Paschoal Carlos Magno reorganizou o TEB e, para tanto, programou um Curso de Férias de Teatro. Os debates travados entre escritores, atores, cenógrafos e o público causaram agitação nos meios artísticos e intelectuais, trazendo à tona, por exemplo, a questão do negro no Brasil e no teatro. Não por acaso, data desse evento a criação do Teatro Experimental do Negro por Abdias do Nascimento, cuja estreia se deu com *Palmares*, de Stella Leonardos. Sobre o significado desse espetáculo, Gustavo Dória escreveu:

> O espetáculo foge mais uma vez ao programa que vinha adotando (o TEB) de recrutar o seu elenco somente entre

Paschoal Carlos Magno.

amadores estudantes e na apresentação de textos clássicos e antigos. Poder-se-ia talvez dizer que esse novo espetáculo teve antes o patrocínio de Paschoal Carlos Magno do que a sua responsabilidade, como realização, uma vez que nele interferiram diversas organizações sob um comando central. De todo modo, coube a Paschoal promover a sua coordenação e da tarefa participaram o corpo de baile e a orquestra do nosso principal teatro, mais o Corpo Orfeônico do Colégio Pedro II, além de elementos participantes do Teatro Experimental do Negro, recentemente fundado[4].

Ausentando-se outra vez, Paschoal convidou para a direção do TEB o professor José Jansen, o qual decidiu que montaria somente peças de importância cultural. O primeiro espetáculo em 2 de abril de 1945 foi o *Auto da Mofina Mendes*, de Gil Vicente, e o *Auto d'El Rei Seleuco*, de Camões, peças que marcam o retorno ao repertório clássico, dessa vez por meio de textos em língua portuguesa. O segundo espetáculo estreou em 3 de setembro de 1945: um ato de recitativos e números musicais, seguido da representação de *A Escola de Mães*, de Marivaux.

Em 1946, de volta ao Brasil, Paschoal Carlos Magno reorganizou pela segunda vez o TEB. No início de 1947, publicou edital convocando

> estudantes de teatro – sejam eles universitários, alunos de escolas secundárias, profissionais, técnicos, amadores em geral [...] pode colaborar na obra qualquer pessoa que "estude teatro", querendo habilitar-se como ator, eletricista, contrarregra, costureiro, maquinista, cenógrafo etc.

O pragmatismo o levou a alargar o espectro de convocados, "prevendo uma certa elasticidade na formação de seu corpo de colaborares, com a franquia a todos os que 'estudem' teatro"[5]. Já decidido a montar *Hamlet*, fez uma série de palestras sobre as personagens da peça, procedendo, através de uma comissão que examinou mais de cem candidatos, a uma seleção para o elenco. Além disso, programou uma concentração para preparação e ensaios do texto. O retiro durou cerca de seis meses: a partir de julho, houve palestras, debates e ensaios sob a direção do diretor alemão Hoffmann Harnish, cujo encontro com Paschoal deu-se por conta do seu trabalho diplomático no Brasil. Harnish, quando jovem, fora ator e representara várias personagens de Shakespeare em toda a Europa. *Hamlet* estreou com grande sucesso em 6 de janeiro de 1948 e marcou o aparecimento de um dos maiores atores trágicos brasileiros: Sérgio Cardoso, que, no entender de Santa Rosa

> se distancia de seus colegas, urdindo todo o desenrolar dos incidentes, compensando mesmo aqueles pontos fracos ou neutros com a sua vibratilidade e inteligência. Sente-se a construção intelectual do personagem, passo a passo, talvez o mais complexo personagem da história dramática. Ele sustenta a peça como uma heroica cariátide, um pequeno titã, de ocultas e desmedidas forças[6].

Não era o único lado auspicioso: o espetáculo foi louvado por muitos e nos comentários não faltaram elogios nem para os outros artistas do elenco – como Luiz Linhares, Sérgio Britto e a estreante Maria Fernanda, entre outros –, nem para a montagem assinada por Pernambuco de Oliveira. Em 27 de fevereiro de 1948, na linha dos clássicos

4 *Moderno Teatro Brasileiro*, Rio de janeiro: MEC/SNT, 1975, p. 55-56.

5 Idem, p. 57.

6 Apud G. Dória, op. cit., p. 59.

portugueses, encenou-se *A Castro*, de Antônio Ferreira. Registrou-se o número de cinquenta representações para *Hamlet* e 27 para *A Castro*, "recorde absoluto no Rio de Janeiro para qualquer manifestação teatral"[7]. O êxito repercutiu Brasil afora e, no meio do ano, o TEB foi a São Paulo e Campinas, atendendo a convites e com uma modificação no elenco: Barbara Heliodora, que fazia a Rainha, adoeceu e foi substituída por Cacilda Becker.

Na retaguarda, preparava-se um Seminário de Arte Dramática, pensado para ser o embrião de uma escola de teatro a ser criada nos moldes da Escola de Arte Dramática de São Paulo. Instalado, teve a inscrição de 156 alunos, e acabou servindo apenas para selecionar atores para o TEB, uma vez que Paschoal Carlos Magno já preparava para o ano seguinte (1949) um festival com peças de Shakespeare. É tempo de frisar um traço constante na personalidade de Paschoal: grande animador – um dos maiores que já tivemos na área –, o seu fôlego encurtava-se nos projetos que exigissem, além de uma constância ininterrupta, espírito sistemático e organizador. Tinha uma tendência dispersiva e patrocinava simultaneamente várias organizações artísticas, como a Orquestra Universitária, o Conjunto Coral Brasileiro, o Coral Lutécia e o Coral Bach.

Em abril de 1949, começam a ser publicadas as primeiras notas sobre a nova apresentação do TEB, com vistas ao Festival Shakespeare. *Romeu e Julieta* estreou em 19 de maio, seguindo-se *Macbeth* e *Sonho de Uma Noite de Verão* – esta última já sob a direção de Ruggero Jacobbi. É oportuno observar que, considerando-se os dez anos transcorridos desde sua estreia, bem como a evolução teatral ocorrida, com o surgimento no Rio de Janeiro e em São Paulo de outros grupos identificados com o teatro moderno, os espetáculos do TEB já não chamavam tanto a atenção. Além disso, Paschoal Carlos Magno encontrava-se premido por dívidas cada vez mais vultosas e, transferido para Atenas em 1950, somente retornou em 1951. Motivado pela estada grega, programou um Festival de Teatro Grego, mas, antes, programou uma excursão ao Norte "a fim de se apresentar (o TEB) em algumas capitais, no desempenho de um repertório composto de originais de Sófocles, Eurípides, Shakespeare, Ibsen, Gil Vicente e Martins Pena, ensaiados por Esther Leão e Jorge Kossowski"[8]. A excursão ao Norte deu-se em 1952 com sucesso e teatros lotados, e, como sói acontecer em casos semelhantes, deixando no seu caminho um rastro positivo de eventos e influências. Ainda em 1952 Paschoal Carlos Magno fundou, na própria casa, o Teatro Duse, com cem poltronas e um pequeno palco. Teatro sem bilheteria, teve uma função importante: "lançar jovens e desconhecidos autores brasileiros, novos atores, diretores, cenógrafos, figurinistas, eletricistas, maquinistas"[9]. Infelizmente, sua duração findou em 1956. O saldo foi muito positivo: 26 novos dramaturgos encenados – entre outros, Antonio Callado – e mais de 200 atores – entre eles, Othon Bastos, Tereza Raquel e Maria Pompeu.

Entre 1952 e 1956, Paschoal Carlos Magno promoveu intensa atividade política e cultural, não abandonando, no entanto, seu trabalho à frente do TEB. Quiçá como fruto dessa intensa atividade pública, em 1958 conseguiu iniciar uma das etapas mais instigantes e produtivas de seu trabalho: a fase dos festivais de teatro estudantil. Tendo quase esgotado seu patrimônio pessoal, e após conseguir patrocínio governamental – diretamente da Presidência da República ou através do MEC –, o TEB praticamente "plantou", ao menos enquanto duraram as verbas, o teatro pelos quatro cantos do país. O I Festival Nacional de Teatro de Estudantes deu-se em Recife em 1958, com a participação de mil e quatrocentos estudantes e a revelação de João Cabral de Melo Neto como autor de *Morte e Vida Severina* e de Antônio Abujamra como diretor teatral, à frente do Teatro Universitário do Rio Grande do Sul. O II Festival ocorreu em Santos (SP), em 1959, dessa vez com dois mil estudantes participantes e revelando Aldomar Conrado, José Celso Martinez Corrêa, Amir Haddad e Etty Fraser. Já o III Festival aconteceu em Brasília (DF), em 1961, e o destaque foi para as quatro caravanas que percorreram Goiás, Minas Gerais, estado do Rio e o estado de São Paulo. Nesse festival, o TEB também recebeu em doação a Fazenda de Arcozelo, no Estado do Rio, futuro espaço para a criação da

7 G. Dória, op. cit., p. 58-60.

8 Idem, p. 64.

9 Ver, O. C. Magno, op. cit.

Aldeia de Arcozelo, centro de arte e cultura, fundada em 1965 (Fundação João Pinheiro Filho). O IV Festival realizou-se em Porto Alegre, em 1962, com participação de estudantes de vários Estados. O V Festival ocorreu na Guanabara (então Estado da Guanabara), em 1968, e o último da série foi o VI Festival, em 1971, na Aldeia de Arcozelo (RJ). O fato importante a assinalar é que esses festivais difundiram-se pelo país, criando a tradição de festivais de estudantes que, além de congregarem os participantes em torno da arte teatral, foram um laboratório e grande celeiro de talentos.

O principal legado do TEB, não se pode esquecer, foi o estímulo à modernização do teatro brasileiro. No balanço das atividades do grupo, Paschoal Carlos Magno escreveu:

> Em 1937 voltava eu ao Brasil depois de alguns anos na Inglaterra, onde aperfeiçoara meus conhecimentos sobre arte dramática e compreendera a valia dos teatros universitários. Encontrava-se o nosso teatro em situação triste. Melhorara, um pouco depois das experiências de Álvaro Moreyra e Renato Vianna. Mas andava tudo com ar meio parado, agonizante.
>
> Sabia que nenhum movimento entre nós – político, literário ou artístico – se tornou triunfante sem o apoio da mocidade das escolas.
>
> Bati à porta dos universitários para que ajudassem a reintegrar o teatro no seu destino de muito importante província da inteligência. Minha voz encontrou eco. Esse teatro de jovens imediatamente obteve ressonância nacional. Que fez ele? Impôs a presença de um *diretor* como responsável pela unidade artística do espetáculo. Acabou com o *ponto*. Valorizou a contribuição do cenário e do figurinista trabalhando sob a orientação do diretor. Exigiu melhoria de repertório e maior dignidade artística. Divulgou Shakespeare, Racine, Corneille, Gonçalves Dias, Camões, Gil Vicente, Sófocles, Eurípedes, Martins Pena, Rostand, Ibsen, Tchékhov e outros clássicos. Destruiu também o preconceito contra o ofício do teatro. Jovens, com sedimentação universitária, depois de suas experiências estudantis, nele permaneceram profissionalmente. Impôs a fala brasileira no nosso palco infestado de sotaque lusitano. Abriu caminho, serviu de exemplo. Copiando-lhe os processos e os ideais, com um mesmo ou maior entusiasmo, multiplicaram-se por esse mundão de Brasil os teatros de estudantes, operários, comerciários, industriários, bancários. (Mais tarde Os Comediantes o ajudariam, de maneira vigorosa, nessa missão de recuperação do teatro brasileiro)[10].

Os Comediantes

No Rio de Janeiro, no mesmo ano em que o TEB estreou com *Romeu e Julieta* (1938), outro grupo amador surgiu como decorrência da insatisfação com os rumos do teatro brasileiro. Já em 1935 um grupo de intelectuais ligados ao movimento modernista se reunia praticamente todas as tardes no Café Simpatia, na Av. Rio Branco, centro do Rio, onde prevaleciam as conversas sobre as artes em geral. Os encontros eram incentivados por Álvaro Moreyra e faziam parte do grupo, entre outros, Luíza Barreto Leite, Aníbal Machado, Carlos Lacerda e Jorge de Castro[11].

Por essa época, também a Associação dos Artistas Brasileiros – voltada principalmente às artes plásticas, mas estendendo suas atividades para as artes em geral – era uma espécie de refúgio de pintores, músicos, poetas e escritores, que ali se reuniam em exposições, concertos e palestras[12]. A sede da AAB ficava no antigo Palace Hotel, lugar frequentado pela elite da cidade. Tendo à frente Celso Kelly, intelectual interessado em teatro, em 1936/1937 a AAB promoveu um concurso de teatro amador para peças em um ato, cujo vencedor foi o grupo Os Independentes, dirigido por Sadi Cabral e Mafra Filho, que tinha entre seus membros Luíza Barreto Leite e Margarida Bandeira Duarte.

O sucesso e a repercussão da iniciativa levaram Kelly a criar um grupo teatral na AAB. Como nenhum dos integrantes do grupo vencedor aceitasse dirigi-lo, chamou Jorge de Castro, jovem fotógrafo amador que havia feito um curso de teatro na Inglaterra e era conhecido tanto de Luíza Barreto Leite quanto de Aníbal Machado, todos frequentadores do Café Simpatia em 1935. Foi então criado em 1938 o grupo Os Comediantes[13], que tinha como

10 Teatro de Estudante, *Dionysos*, Rio de Janeiro, MEC/SNT, n. 23, set. 1978, p. 117.

11 Cf. Luíza Barreto Leite, em Alfredo Mesquita et al., *Depoimentos II*, Rio de Janeiro: MEC/DAC/Funarte/SNT, 1977, p. 79-80.

12 Sobre o grupo Os Comediantes, consulte-se a revista *Dionysos*, Rio de Janeiro, MEC/SNT, n. 22, dez. 1975.

13 O nome do grupo foi escolhido por Santa Rosa, que confessa que o procurou durante dias e dias: "Era preciso que exprimisse o meu real desejo; que cada elemento reunisse o conjunto de qualidades necessárias para encarnar qualquer personagem. Acho

objetivo "algo mais na linha do movimento de Copeau, Dullin, Baty, Pitoëff e Jouvet, na França. A sua primeira diretoria oficial era constituída por Aníbal Machado (presidente), Tomás Santa Rosa (diretor-artístico), Brutus Pedreira (diretor de produção) e Carlos Perry (diretor-financeiro)". A etapa seguinte foi a escolha do espetáculo de estreia, que requereu muitas leituras e ensaios durante dois anos. Saindo Jorge de Castro, passaram a dirigir o grupo Santa Rosa, Brutus Pedreira – que havia participado do Teatro de Brinquedo de Álvaro Moreyra – e Luíza Barreto Leite. Agregaram-se à diretoria dois novos nomes: Agostinho Olavo e Gustavo Dória, ambos com algumas experiências em realizações amadoras. O objetivo principal: "a vontade de fazer um teatro diferente do que aquele que então existia, desprovido de qualquer conteúdo artístico [...]. Tornava-se necessário prosseguir com a bandeira desfraldada, cerca de dez anos antes, com o Teatro de Brinquedo". Portanto, uma continuidade das ideias de 1927, visto que "devido à experiência com o Teatro de Brinquedo, Álvaro Moreyra atuou como consultor e Mário da Silva como fornecedor de subsídio, já que dispunha de uma das mais completas bibliotecas especializadas no assunto do país"[14]. O projeto básico estava lançado: realizar espetáculos diferentes daquilo que havia no profissionalismo e *continuar* a linha já traçada pelo Teatro de Brinquedo, ou seja, a de um teatro que se espelhasse no moderno teatro europeu.

Para tocar a iniciativa e tendo que optar por textos adequados ao programa, grande foi a quantidade de peças examinada, optando-se pelo seguinte repertório: *A Verdade de Cada Um*, de Pirandello; *Uma Mulher e Três Palhaços*, de Marcel Achard; e *A Escola de Maridos*, de Molière, sendo que esta seria levada junto com *Um Capricho*, de Musset. Como se vê, repertório eminentemente europeu, com a clara influência de Álvaro Moreyra, que traduzira a peça de Achard.

O passo seguinte, tendo em vista a juventude dos componentes do grupo, foi complementar o elenco com atores de aparência mais adulta; com os trabalhos já adiantados, tratou-se de procurar verbas para custear as encenações. Toda essa etapa preparatória dava-se às vésperas da estreia do TEB; e a montagem bem-sucedida de *Romeu e Julieta* deixou o grupo ainda mais motivado. Com dez contos de réis obtidos junto ao SNT, a ajuda de Santa Rosa e móveis e objetos antigos alugados, Os Comediantes puderam apresentar seu primeiro espetáculo: no dia 15 de janeiro de 1940, subiu à cena *A Verdade de Cada Um*. A crítica especializada não se manifestou, mas a repercussão foi grande, provocando um clima de expectativa quanto ao espetáculo seguinte, que estreou uma semana depois: *Uma Mulher e Três Palhaços*. Após esse espetáculo o dinheiro acabou, inviabilizando-se as duas montagens em preparação: *Um Capricho* e *A Morte Alegre*, de N. Evreinov.

O grupo continuou a reunir-se na AAB e, devido às dificuldades financeiras, decidiu reapresentar a peça de Pirandello. Exatamente nessa altura dá-se a grande inflexão que marcará o grupo para sempre: o encontro com Ziembinski, em setembro de 1941. Num coquetel oferecido a um grande pianista polonês em visita ao Rio, Ziembinski foi apresentado a Agostinho Olavo, que o colocou a par da atuação do grupo. Ele logo se interessou: foi conhecer a sede da AAB e se integrou ao trabalho em andamento. A 14 de novembro de 1941, subia à cena a remontagem de *A Verdade de Cada Um*, cenários de Bellá Paes Leme e direção de Adacto Filho, supervisão de Ziembinski.

O sucesso do espetáculo, que ficou um mês em cartaz, aumentou a responsabilidade do grupo, cuja inexperiência poderia prejudicar as próximas montagens. Aproveitando a presença de Louis Jouvet no Rio de Janeiro, Brutus Pedreira e alguns colegas dirigiram-se ao encenador francês, que lhes deu um conselho simples: prestigiem a literatura dramática nacional, o único caminho que lhe parecia válido para a criação de um teatro brasileiro de qualidade.

O conselho de Jouvet era difícil de ser seguido, pois à época a dramaturgia brasileira encenada em nossos palcos era por demais convencional. Nas reuniões internas, o grupo discutia o repertório a ser encenado, quando, para surpresa de todos, Brutus Pedreira trouxe um novo original, e brasileiro, para ser avaliado: *Vestido de Noiva*, de um autor então desconhecido, Nelson Rodrigues. Lida,

que foi num dicionário ou revista italiana na qual havia um artigo de meu amigo Mário da Silva que encontrei a definição específica diferenciando *ator* de *comediante*". Cf. Cássio Emmanuel Barsante, *Santa Rosa em Cena*, Rio de Janeiro: Inacen, 1982, p. 40.

14 Idem, p. 39-40.

Cena de *Vestido de Noiva*, de Nelson Rodrigues, com direção de Ziembinski e cenários de Santa Rosa, levada por Os Comediantes no Teatro Municipal do Rio de Janeiro, em 1944.

discutida e aprovada por todos, com entusiasmo, a peça foi incluída no repertório da segunda temporada de Os Comediantes, assim definido: *Vestido de Noiva*, de Nelson Rodrigues (direção de Ziembinski), um espetáculo duplo com *Um Capricho*, de Musset e *Escola de Maridos*, de Molière (direção de Adacto Filho), *Fim de Jornada*, de Sheriff (direção de Ziembinski), *O Leque*, de Goldoni (direção de Adacto Filho), *Peleas e Melisanda*, de Maeterlinck (direção de Ziembinski), e *O Escravo*, de Lúcio Cardoso (direção de Adacto Filho) – outro original brasileiro para seguir a orientação de Jouvet. A ideia era fazer uma programação que pudesse "alternar espetáculos densos e leves, dosar gêneros e escolas e demonstrar a preocupação com os autores brasileiros, valorizando-os, abrindo e fechando a temporada com Nelson Rodrigues e Lúcio Cardoso, respectivamente"[15].

Com dificuldades financeiras, prosseguiu-se trabalhando, enquanto Ziembinski dirigia outros espetáculos. Em fins de 1943, com a notícia da nova programação publicada antecipadamente, houve alterações quanto à intenção de abri-la e fechá-la com autores brasileiros, devido à falta de datas no Municipal: a estreia deu-se em 27 de novembro de 1943 com *Um Capricho* e *Escola de Maridos*; em 4 de dezembro seguiu-se *Fim de Jornada*; e no dia 10, *O Escravo*, com refletores emprestados do Palácio da Guanabara. O primeiro espetáculo foi muito elogiado e aplaudido, enquanto os outros foram criticados: a peça de Sheriff, por ser prolixa e muito longa, com mais de quatro horas de duração, e o texto de Lúcio Cardoso por ser muito literário e pesado. A expectativa maior voltava-se para *Vestido de Noiva*. Pois a peça de Nelson Rodrigues estreou no dia 28 de dezembro de 1943 e tornou-se um marco fundamental tanto na trajetória de Os Comediantes quanto na própria história do teatro brasileiro: nosso primeiro espetáculo verdadeiramente moderno, em termos de concepção e realização, com texto brasileiro também moderno. A direção de Ziembinski, o cenário de Santa Rosa, a iluminação, o bom desempenho do elenco, tudo contribuiu para o enorme sucesso que foi a representação da peça no Teatro Municipal do Rio de Janeiro. O

15 Idem, p. 46-47.

Santa Rosa, à esquerda, observa a montagem do cenário de *Vestido de Noiva*, acompanhado por Ziembinski, ao centro, e Nelson Rodrigues.

espetáculo foi ovacionado, comentado e discutido sob todos os aspectos: depois dele, o teatro brasileiro não foi mais o mesmo. Na avaliação do principal crítico literário da época, Álvaro Lins, Nelson elevava-se à altura de um Carlos Drummond de Andrade, e Os Comediantes tinham potencial para colocar o teatro brasileiro "dentro das modernas correntes de teatro universal"[16].

Em seguida, a 18 e 19 de janeiro de 1944, o grupo apresentou *Peleas e Melisanda*, sucesso de público e crítica. Três dias depois estreou *O Leque*, com cenários e figurinos de Enrico Bianco. A recepção da temporada foi auspiciosa:

> O que causou surpresa foi o arrojo, a segurança, o idealismo com que Os Comediantes dominaram as suas dificuldades, tornando bem pequenas as deficiências e realmente gran-

16 Álvaro Lins, *Sagas Literárias e Teatro Moderno do Brasil*, Rio de Janeiro: Edições de Ouro, 1967, p. 119.

des as consequências positivas. Uma obra de colaboração desinteressada como a de Os Comediantes não é comum no Brasil. Ficará deles, ao lado da emoção transmitida pelos espetáculos, a lição de dignidade artística, de subordinação de todos os sentimentos à ideia da seriedade, em que arte de dedicação a uma obra difícil e penosa (prepondera) sem outro interesse que não fosse o da própria arte. Este grupo de amadores tomou hoje entre nós o papel de uma escola dramática, no melhor sentido da palavra[17].

Em meados de 1944, Os Comediantes apresentam seu repertório no Teatro Municipal de São Paulo, com enorme repercussão junto aos grupos amadores paulistas. A percepção de que há um diretor responsável pela totalidade do espetáculo define o campo da modernidade a ser alcançado.

Em novembro de 1945, com novos intérpretes, entre os quais a atriz polonesa Irene Stipinska, o grupo reencena *Vestido de Noiva* e seus membros começam a pensar na possibilidade da profissionalização. No entanto, depois de montar a primeira peça de Nelson Rodrigues, *A Mulher sem Pecado*, com direção de Sigmunt Turkow – outro polonês refugiado no Brasil – e *Era uma Vez um Preso*, de Jean Anouilh, com direção de Ziembinski, em janeiro e março de 1946 respectivamente, o grupo estava falido e sua continuidade era incerta. Nessa altura, Miroel Silveira, que tinha criado o Teatro Popular de Arte, em Santos, está no Rio de Janeiro, sem lugar para se apresentar, apesar de ter contratado Ziembinski. Ou seja, embora o seu grupo tivesse um pequeno capital e o melhor diretor, não tinha teatro, porque todos estavam ocupados. Como o SNT reservara o Teatro Ginástico para Os Comediantes, os grupos se fundiram, por sugestão de Brutus Pedreira, formando um novo, que se chamou Os v Comediantes. Miroel Silveira tornou-se tesoureiro e organizador geral das temporadas, Santa Rosa permaneceu como vice-presidente e Brutus Pedreira como secretário[18]. A primeira montagem do novo grupo, que passou a contar com a atriz Olga Navarro, foi *Desejo*, de O'Neill, dirigida por Ziembinski e estreada em 17 de julho de 1946. O espetáculo deu início à fase profissional de Os v Comediantes, infelizmente bastante curta. Em 1947, com nova denominação, Os Comediantes Associados, o grupo apresenta *Terra do Sem-Fim*, adaptação do romance homônimo de Jorge Amado, e *Não Sou Eu...*, de Edgar Rocha Miranda. E sai de cena depois de cumprir um papel decisivo no processo de modernização do teatro brasileiro.

Teatro Universitário

O Teatro Universitário, embora participante e caudatário do movimento amador carioca, exerceu um papel bem específico: apesar de nascido em meio às iniciativas de renovação de fins da década de 1930, início de 1940, ao longo de sua trajetória voltou-se preferencialmente para a ampliação do público e o alargamento do repertório. Sua origem está ligada ao Diretório Acadêmico da Escola Nacional de Música. Quando presidente do Diretório, em 1938, Jerusa Camões criou-o como uma das atividades da sua gestão. Com a boa acolhida do primeiro espetáculo *Filigranas*, de teatro musicado, o grupo foi em frente. Segundo depoimento de Jerusa,

> o TU tinha como proposta definida fazer teatro qualquer que fosse, como diversão, sem grandes revoluções cênicas. Coisas que nos alegrassem a vida. Por isso, éramos um grupo alegre e interessante [...]. No sentido de contribuir para essa alteração de mentalidades [...], acho que o nosso trabalho foi significativo. Por isso, costumo dizer que fomos necessários no nosso tempo[19].

Sempre contou com apoio oficial, portanto não teve problemas financeiros. Além de representar em vários locais públicos – fábricas, praças públicas, sindicatos etc. –, também fez excursões, principalmente ao longo da linha da Central do Brasil, da qual obtinha passagens gratuitas.

Após o espetáculo inicial, estreou oficialmente com a opereta *Longe dos Olhos*, de Abadie Faria Rosa, seguindo-se *O Mano de Minas*. No terceiro espetáculo a ousadia foi maior: *A Viúva Alegre*, que revelou o barítono Paulo Fortes e os atores Mário Brasini – que na sequência seria um dos principais diretores do TU –, Alberto Perez e Milton

17 Idem, p. 118-119.

18 Yan Michalski, *Ziembinski e o Teatro Brasileiro*, São Paulo/Rio de Janeiro: Hucitec/MEC/Funarte, 1995, p. 91-93.

19 *Dionysos*, Rio de Janeiro, MEC/SNT, n. 23, set. 1978, p. 29.

Carneiro. Após essas experiências na área musical, seguiu-se a fase dramática propriamente dita, que revelaria grandes atores: Sérgio Cardoso, Vanda Lacerda, Sérgio Britto, Mário Brasini, Paulo Fortes, Jaime Barcelos, Fernando Torres e Nathália Timberg, entre outros. Para dirigir os estudantes, Jerusa Camões trouxe dois ensaiadores experimentados: Adacto Filho e Esther Leão, o primeiro ligado a Os Comediantes, a segunda ao TEB. O repertório foi marcado pelo ecletismo: Shakespeare, Strindberg, Wilde, Casona, Castro Alves, Martins Pena, Coelho Neto, Machado de Assis, entre outros autores[20]. Como diretor – teatral e do grupo – e autor, além de Jerusa Camões, a grande figura do TU, sem dúvida, foi Mário Brasini.

Teatro Experimental do Negro

O Teatro Experimental do Negro, dirigido por Abdias do Nascimento, nasceu em 1944 no Curso de Férias de Teatro do TEB, no Rio de Janeiro. As aulas-debates superlotaram as plateias e criaram um ambiente polêmico em torno dos assuntos culturais brasileiros. O clima favoreceu a aglutinação de vários elementos negros interessados e o resultado foi a encenação de *Palmares*, texto de Stella Leonardos (então com vinte anos), um roteiro composto de seis jornadas. A crítica apontou deficiências no espetáculo, mas a última jornada tinha qualidades que foram ressaltadas pelo *Correio da Manhã* de 23 de dezembro de 1944:

> O *clou* do espetáculo foi sem dúvida o quadro referente à República dos Palmares, no qual o Teatro Experimental do Negro iniciou suas atividades. O ator Agnaldo de Oliveira que fez o papel de Zumbi tem um bom físico para o palco, possui uma voz excelente. O tom grandiloquente de sua interpretação, o cenário pomposo, o grande número de comparsas, deram à fase final do espetáculo um aspecto novo [...]. *Palmares* enfim representa um esforço coletivo. O êxito de sua representação tem de ser, por isso mesmo, dividido entre todos aqueles que prepararam o espetáculo[21].

A ideia de criar o Teatro do Negro já havia ocorrido a Abdias do Nascimento em 1941, em viagem que fez pela América do Sul: na capital peruana, assistiu à apresentação de *Imperador Jones*, de O'Neill, com um ator branco pintado de negro[22]. A participação no espetáculo do TEB foi o estímulo que faltava. A 8 de maio de 1945, o Teatro Experimental do Negro estreou no Teatro Municipal do Rio com *Imperador Jones*, de O'Neill, direção de Abdias do Nascimento. O espetáculo foi reapresentado no Teatro Ginástico, em julho de 1945, e no Fênix, em junho de 1946, substituído em seguida pela segunda montagem do grupo, *Todos os Filhos de Deus Têm Asas*, também de O'Neill[23].

Desde o princípio o projeto cultural do TEN possuía intenções muito abrangentes, para além da área teatral: paralelamente às atividades cênicas promoveram-se várias atividades[24]. O sucesso influenciou também a fundação, em São Paulo, do TEN-SP. Participaram dos projetos: Abdias do Nascimento, Aguinaldo de Oliveira Camargo, Ruth de Souza, Lea Garcia, Arinda Serafim, Ironildes Rodrigues, Claudiano Filho, Tibério Wilson, José Herbal, Teodorico dos Santos, Haroldo Costa, Marina Gonçalves, Mercedes Batista, Solano Trindade e muitos outros. Sua atividade foi intensa e estendeu-se a São Paulo, onde o grupo fixou-se posteriormente. O estudo da trajetória do Teatro Experimental do Negro permite extrapolar o âmbito do teatro e abordar outras questões ligadas à vida e às lutas do negro no Brasil, o que foge ao nosso objetivo aqui. No terreno do teatro, fique registrada a contribuição fundamental de Abdias do Nascimento à frente do TEN, seja pela qualidade do repertório apresentado entre 1945 e 1957 – com peças como *Desejo*, de O'Neill ou *Calígula*, de Albert Camus –, seja pela profissionalização do ator negro no país.

Amadores Paulistas

O amadorismo, em São Paulo, ganhou impulso com a criação da Faculdade de Filosofia, Ciências

20 Idem, p. 27-31 e 194-204.

21 Idem, p. 143-144.

22 C. E. Barsante, op. cit., p. 65.

23 Sobre o Teatro Experimental do Negro, consulte-se o número 28 da revista *Dionysos*, Rio de Janeiro: MinC/Fundacen, 1988.

24 Cf. Leda Maria Martins, *A Cena em Sombras*, São Paulo: Perspectiva, 1995.

e Letras da Universidade de São Paulo, em 1934, e com as iniciativas de um intelectual apaixonado por teatro: Alfredo Mesquita. Já em 1936, um professor de literatura francesa, Georges Raeders, fundou um grupo teatral com alunos das primeiras turmas. No mesmo ano, Alfredo Mesquita escreveu e encenou com amadores, no Teatro Municipal, a fantasia *Noite de São Paulo*, experiência seguida de outras duas, nos mesmos moldes: *Casa Assombrada*, em 1938, e *Dona Branca*, em 1939.

Amigo um pouco mais velho de alguns jovens intelectuais egressos da Faculdade, como Antonio Candido, Décio de Almeida Prado, Lourival Gomes Machado e Paulo Emílio Salles Gomes, entre outros, Alfredo Mesquita estimulou-os a criar a revista *Clima*, que marcou toda uma geração. No terreno do teatro, foi nas páginas dessa revista que Décio de Almeida Prado desenvolveu suas primeiras reflexões sobre os meios e modos de se alcançar um teatro diferenciado em relação àquele praticado pelo profissionalismo brasileiro. Em viagem à França, em 1939, ele havia visto espetáculos de Jouvet, Pitoëff, Baty e Dullin, que lhe deram os parâmetros do teatro moderno, naquela altura, segundo suas palavras, distanciando-se do naturalismo e abrindo-se para a imaginação e a poesia: "Esse era o ponto de vista do Copeau, [que] passou para o Jouvet e do Jouvet passou para mim"[25]. A partir do aprendizado crítico iniciado na revista, o seu diagnóstico levou a uma única atitude possível: se não havia possibilidade de se reformar o teatro profissional existente, e, levando-se em conta, por outro lado, que somente com uma interferência concreta poderia emergir o moderno teatro configurado nos seus planos, a única solução seria arregaçar as mangas e colocar mãos à obra. Parece ter sido esse o entendimento também de Alfredo Mesquita, que em 1942 fundou o Grupo de Teatro Experimental, o GTE. Em 1943, Décio e Lourival Gomes Machado criaram o Grupo Universitário de Teatro, o GUT. Antes de abordá-los, dê-se o devido crédito ao grupo precursor de Georges Raeders. Até porque foi nesse grupo que Décio estreou como ator, em 1937, num pequeno papel de *A Luva*, de Júlio Dantas.

25 Décio de Almeida Prado, *Folha de S. Paulo*, São Paulo, 6 jul.1997.

Teatro Universitário

Quando chegou ao Brasil, Georges Raeders trazia o credenciamento para ensinar literatura francesa e muito mais. Ele havia sido secretário-geral da Compagnie des Quinze no Vieux Colombier e discípulo e amigo de Jacques Copeau. Seu grupo estreou em 1937 com *Les Précieuses ridicules* (As Preciosas Ridículas), de Molière (no original), e, completando o programa, *A Luva*, de Júlio Dantas. Paralelamente ao grupo formado, havia jovens que tinham interesse em fazer teatro, lembra Décio de Almeida Prado:

> tinha um grupo que começou a demonstrar interesse em fazer teatro e do qual fazia parte o Lourival Gomes Machado, que era meu colega de ano. [...] Tudo isso era uma coisa incipiente. Mas nós chegamos a traduzir a *Antígone*, de Cocteau [...]. Tínhamos um interesse pelo teatro, mas era uma coisa ainda muito vaga[26].

Esse grupo também começou a traduzir *Asmodée*, de Mauriac, para o TU. O fato é que a aproximação dos alunos em torno do teatro desembocará, em 1943, na criação do GUT.

O segundo espetáculo do TU, *Antígone*, de Sófocles, não se materializou porque a atriz que faria o papel principal "foi obrigada a transferir sua residência para o Rio e sua substituição, no momento se tornou impossível"[27]; somente em fins de 1939 o grupo retomaria o trabalho, dessa vez com uma proposta mais definida. Às vésperas da segunda apresentação, Georges Raeders explicou:

> Faz parte do programa que nós traçamos dar no mínimo uma récita por ano [...]. No próximo ano esperamos representar também peças de autores clássicos brasileiros e portugueses. Sem falsa modéstia de nossa parte [...], para breve esperamos receber manuscritos de autores brasileiros [...]. Para o futuro, organizaremos a nossa Escola Dramática para ministrar maiores ensinamentos aos principiantes, como direção, maquillage [sic], danças,

26 Apud J. Guinsburg; Nanci Fernandes, A Iniciação de um Crítico, em João Roberto Faria; Vilma Arêas; Flávio Aguiar (orgs.), *Décio de Almeida Prado: Um Homem de Teatro*, São Paulo: Edusp/ Fapesp, 1997, p. 146.

27 Cleonice Berardinelli, Retalhos de um Passado Comum, em J. R. Faria et al. (orgs.), op. cit., p. 28-29.

esgrima e outros conhecimentos imprescindíveis na arte de representar[28].

Portanto, a experiência de 1937 prosseguiu com melhor definição de ideias e objetivos. Em 23 de novembro de 1939, estreou no Teatro Municipal de São Paulo *Noite de Reis ou Como Quiserdes*, de Shakespeare, provavelmente com auxílio oficial, visto que no programa constavam créditos para o ministro da Educação. Para aumentar a representatividade estudantil, dessa vez o grupo incluía também elementos da Faculdade de Direito. O espetáculo ficou muito aquém do desejável, segundo comentário condescendente da *Folha da Noite* do dia seguinte, mas mesmo assim foi levado para o Rio, onde o sucesso inicial do TEB e as atividades em pleno andamento de Os Comediantes animavam a troca de repertórios. Em maio de 1940, o TU resolveu desligar-se da Faculdade de Filosofia, transformando-se em entidade autônoma no seio da USP, tendo como presidente José Lourenço e diretor-artístico Georges Raeders.

Em 1941, o TU, reafirmando as intenções renovadoras, apresentou novos espetáculos, numa linha de ênfase na dramaturgia em língua portuguesa: *Todo Mundo e Ninguém* (do *Auto da Lusitânia*) e *Testamento de Maria Parda*, ambos de Gil Vicente. Em seguida, incorporou ao seu repertório *Dois à Mesa*, de Sacha Guitry, e *A Volta do Marquês*, de Tristan Bernard. Ainda em 1941, o grupo recebeu a visita de Louis Jouvet – noticiada e respaldada pelos integrantes da *Clima* –, na célebre temporada em que ficou retido no Brasil devido à guerra. O papel de Jouvet foi importantíssimo na tomada de consciência dos jovens amadores brasileiros, tanto em São Paulo quanto no Rio de Janeiro. A *Folha da Manhã* de 30 de julho de 1941 informou que ele mostrou-se "encantado com o trabalho dos estudantes e sua preocupação de criar um teatro culto, na sua expressão clássica e moderna". Em 16 de agosto de 1941 o TU encerrou sua carreira no Teatro Municipal com *Todo Mundo e Ninguém* e *Dois à Mesa*[29].

O primeiro grupo teatral fundado no quadro da USP preencheu um espaço importante no desenvolvimento do teatro amador: o das fases de transição. Por questionável que tenha sido o seu desempenho sob muitos aspectos, durante cinco anos foi ponto de convergência de exercício e instigação à reflexão teatral numa turma de estudantes seriamente interessados em interferir no teatro de seu tempo.

O Grupo de Teatro Experimental – GTE

Em 1942, Alfredo Mesquita reuniu, na sua Livraria Jaraguá, amadores recrutados na alta sociedade paulista, ligados a ele desde suas primeiras experiências teatrais, e apresentou, em francês, *À quoi rêvent les jeunes filles* (Com o que Sonham as Moças), de Alfred Musset, por ele dirigida. Ao elenco inicial ligou-se outro grupo amador que frequentava a Jaraguá, os English Players. Eis a origem do Grupo de Teatro Experimental, fundado oficialmente sob a direção de Alfredo Mesquita em 28 de agosto de 1942, com sede na própria Livraria. Os English Players eram amadores ingleses e brasileiros liderados por Irene (Pussy) Smallbones, filha do cônsul inglês em São Paulo. O segundo espetáculo do GTE, em inglês, foi apresentado em 28 de novembro de 1942, no Teatro Municipal: *The Chocolat Soldier* (O Soldado de Chocolate), de Bernard Shaw, com renda totalmente doada à Cruz Vermelha.

Era objetivo do grupo "levantar o nível do teatro brasileiro, fazer um teatro-cultura e educar o público para a aceitação de peças fora do âmbito das possibilidades do teatro profissional da época"[30]. O espetáculo seguinte deu-se a 3 de setembro de 1943 com *À Sombra do Mal*, de Lenormand, direção de Alfredo Mesquita.

Em novembro de 1944, o GTE encenou *Fora da Barra*, de Sutton Vane, e *Heffeman*, de Alfredo Mesquita, bem recebidos pela crítica. Em junho daquele ano, São Paulo assistira à famosa temporada de Os Comediantes, que causou forte impressão no público e nos jovens amadores[31]. Os ânimos favoráveis à tão discutida renovação estavam mais do que

28 Apud J. Guinsburg e N. Fernandes, op. cit., p. 149.

29 Em conversa com a autora deste ensaio, Décio de Almeida Prado informou que, com o falecimento do líder do grupo, José Lourenço, o TU dissolveu-se.

30 Alfredo Mesquita, em A. Mesquita et al., *Depoimentos II*, Rio de Janeiro: MEC/DAC/Funarte/SNT, 1977, p. 25-26.

31 Ver as excelentes críticas de Alfredo Mesquita na revista *Dyonisos* n. 22, dez. 1975.

nunca acirrados. Em 1945, o GTE encenou mais três textos: *Os Pássaros*, de Aristófanes; *O Avarento*, de Molière; e *A Bailarina Solta no Mundo*, de Carlos Lacerda. Completava o programa o *Improviso do GTE*, improvisação destinada a sensibilizar o público com relação às precárias condições em que trabalhavam os amadores, principalmente pela falta de recursos financeiros. Na sequência, antes de iniciar uma fase conjunta com o Grupo Universitário de Teatro – o Teatro das Segundas-Feiras, no Teatro Boa Vista –, o GTE, na linha de encenar os clássicos, apresentou *As Alegres Comadres de Windsor*, de Shakespeare, em setembro de 1946. Ambos os grupos alternaram-se no Teatro das Segundas-Feiras, depurando suas atividades rumo a objetivos por vezes coincidentes. Na programação conjunta, deve-se observar que um dramaturgo desabrochou no GTE: Abílio Pereira de Almeida, autor e diretor de *Pif-paf*, comédia apresentada em 28 de setembro de 1946 com grande sucesso, como salientado na ocasião:

> Uma das surpresas mais agradáveis de *Pif-paf* foi o progresso que os seus elementos revelaram, no que diz respeito à naturalidade... A consequência já se viu: o público mostrou-se encantado porque reconheceu a realidade do retrato traçado, reconheceu, numa palavra, a procedência da sátira de Abílio Pereira de Almeida. Não acreditamos exagerar ao dizer que o GTE poderia representar *Pif-paf* com casas cheias, durante um mês seguido. Se ao menos houvesse teatros em São Paulo[32].

Em junho de 1947, o GTE retornou a esse espetáculo e atingiu o maior anseio de Alfredo Mesquita: formar no grupo, além de atores, um autor e um diretor. Completaram o programa *O Avarento*, de Molière e *A Bailarina Solta no Mundo*, de Carlos Lacerda. A crítica fez restrições à representação da peça clássica, tendo elogiado os outros dois espetáculos: "Ambas abrem novas perspectivas para o teatro cômico em nossa terra, estabelecendo um ponto de partida para uma comédia brasileira verdadeiramente moderna, capaz portanto de concorrer eficazmente com o cinema"[33]. A última peça encenada pelo grupo, direção de Alfredo Mesquita, foi *À Margem da Vida*, de Tennessee Williams, com grande êxito no Teatro Municipal e marcando a revelação de Nydia Licia. Com a criação da Escola de Arte Dramática de São Paulo, em maio de 1948, Alfredo Mesquita deixou a direção do GTE, que ficou sob o comando de Abílio Pereira de Almeida até 1949.

32 Sábato Magaldi; Maria Thereza Vargas, *Cem Anos de Teatro em São Paulo (1875-1974)*, São Paulo: Senac, 2000, p. 187.

33 Idem, p. 209.

O Grupo Universitário de Teatro – GUT

As origens do GUT ligam-se às iniciativas que vinham transformando a vida cultural em São Paulo e que foram acima comentadas: a criação da Faculdade de Filosofia, Ciências e Letras da Universidade de São Paulo e do Teatro Universitário por Georges Raeders, a revista *Clima* e o surgimento do GTE. Criado por Décio de Almeida Prado e Lourival Gomes Machado, o GUT tinha objetivos semelhantes aos do grupo liderado por Alfredo Mesquita: entendendo o teatro como manifestação cultural, era preciso melhorar o nível dos espetáculos, afastando-se dos vícios do profissionalismo e aproximando-se dos procedimentos modernos para apresentar algo novo às plateias. Em 2 de julho de 1943 Décio de Almeida Prado tornou pública a criação do novo grupo, em entrevista concedida ao *Diário da Noite*. Explicou que o GUT foi constituído "para auxiliar os Fundos Universitários de Pesquisas para a Defesa Nacional" e que a ideia da criação do grupo partira de Lourival Gomes Machado, com duas finalidades: "a.Auxiliar a propaganda dos Fundos; b. Contribuir financeiramente para essa instituição". Quanto à orientação, esclareceu que o GUT fará teatro "ao mesmo tempo cultural e popular, isto é, que possa agradar qualquer plateia, mantendo entretanto o nível indispensável a uma organização universitária". Na sequência, Décio sublinhou a característica fundamental e diferenciadora do grupo – "Temos também uma outra norma: representar somente autores de língua portuguesa, brasileiros de preferência" – e deixou clara sua insatisfação em relação ao teatro profissional: "Visamos ainda lançar novos autores, contribuindo dessa maneira para o crescimento e a melhoria do teatro brasileiro atual"[34].

34 Entrevista ao *Diário da Noite*, 2 jul. 1943. Fonte: Arquivo Waldemar Wey.

Reunião do GUT, em São Paulo, em 1947. Da esquerda para a direita, Caio Caiuby, Waldemar Wey, Lygia Corrêa, Carlos Falbo, Miriam Lifchitz, Décio de Almeida Prado e Rui Afonso, na casa de José Scatena.

Embora não se possa falar em influência ou até mesmo em qualquer tipo de continuidade, o GUT não foi indiferente à trajetória do grupo anteriormente criado na USP, o Teatro Universitário. Décio de Almeida Prado considera que o TU não tinha interesse declarado em modificar o teatro existente, posição postulada programaticamente pelo GTE e pelo GUT. Claro que havia afinidades entre os membros dos grupos. E foi isso que levou alguns estudantes que haviam participado do TU a ingressarem no GUT – entre eles Waldemar Wey, Douglas Michalany e Caio Eduardo Caiuby. Além disso, ligava-os a admiração por Gil Vicente, revelado a todos pela temporada da companhia portuguesa de Amélia Rey Colaço, em 1939. Importa frisar que o GUT, nesses inícios, é um grupo de elementos heterogêneos, formado por José Pimentel, Maria Guimarães Creado, Waldemar Wey, Caio Eduardo Caiuby, Douglas Michalany, Cacilda Becker, Irene de Bojano, Tito Lívio Martins (Tito Fleury), Hamilton Ferreira, Sonia Araújo Coelho, Carlos Falbo, Gastão Gorenstein e Pedro Gonçalves[35].

A estreia constou de três peças: *Auto da Barca do Inferno*, de Gil Vicente; *Os Irmãos das Almas*, de Martins Pena; e *Pequenos Serviços em Casa de Casal*, de Mário Neme. O ensaio-geral foi em 21 de julho de 1943 no Teatro Municipal e a estreia em São Carlos (SP), três dias depois, em 24 de julho. Acompanharam o GUT o reitor da USP, Prof. Jorge Americano, Lourival Gomes Machado, Clovis Graciano e Mário Neme. Décio de Almeida Prado, o diretor, lembrou que foi

> bastante auxiliado nesse momento porque encontrei uma atriz que já tinha alguma experiência profissional e um talento excepcional, que foi a Cacilda Becker. [...] A criação ficava propriamente muito a cargo dos atores porque eu dava direção geral mas não tinha técnica para poder dirigir com detalhes cada um dos atores[36].

O *Correio de São Carlos* comentou que "os elementos (do GUT) souberam desincumbir-se muito bem dos seus papéis", mas o destaque maior ficou mesmo para Cacilda Becker, "indiscutivelmente, a primeira figura do conjunto. Artista de largos recursos, desempenhou extraordinariamente os papéis que lhe foram confiados. Tem beleza, tem boa dicção, dramatiza muito bem e sabe dizer as suas falas com rara elegância". Enfatiza, não obstante, a direção do "competente diretor do GUT [...]. Quando se assiste a um bom espetáculo, pouca gente sabe avaliar o esforço e a abnegação de quem o dirigiu"[37]. Depois de se apresentar em Araraquara, o grupo retornou a São Paulo, onde apresentou *Os Irmãos das Almas* no Centro Dramático e Musical

35 Idem, ibidem.

36 A. Mesquita et al., op. cit., p. 40-41.

37 *Correio de São Carlos*, 1 ago. 1943. Fonte: Arquivo de Waldemar Wey.

Dr. Gomes Cardim. Excursionou em seguida a Piracicaba, Marília e Bauru. Após apresentação na Sociedade de Cultura Artística em 19 de outubro de 1943, transferiu-se uma semana depois para o Teatro Municipal, obtendo boa aceitação da crítica e do público.

O espetáculo foi elogiado pelo jornal *O Estado de S. Paulo* e ganhou um importante registro pela pena de Oswald de Andrade:

> Os *chato-boys* estão de parabéns. Eles acharam o seu refúgio brilhante, a sua paixão vocacional talvez. É o teatro. Funcionários tristes da sociologia, quem havia de esperar desses parceiros dum cômodo sete-e-meio do documento aquela justeza grandiosa que souberam imprimir ao *Auto da Barca* de Gil Vicente, levado à cena em nosso teatro principal? [...] Os srs. Décio de Almeida Prado, Lourival Gomes Machado e Clovis Graciano, secundados pela pequena *troupe* universitária, ficam credores de nossa admiração por terem realizado diante do público um dos melhores espetáculos que São Paulo já viu. E São Paulo conhece grandes coisas. Viu o *Édipo* de Gustavo Salvini como viu todo o modernismo de Bragaglia, viu Ibsen, as realizações telúricas do teatro popular Giovanni Grasso e as experiências de Lugné-Poe [...]. Em matéria de teatro nacional, [São Paulo] não viu muito. Apenas as tentativas de Álvaro Moreyra e de Joracy Camargo inquietaram um pouco a nossa plateia[38].

O ano de 1944 iniciou-se, em São Paulo, com a temporada de Os Comediantes, cujo repertório e trabalho cênico influíram decisivamente nas motivações e atividades amadoras paulistas. Sem dúvida, o ponto alto das apresentações foi *Vestido de Noiva*, de Nelson Rodrigues, direção de Ziembinski; porém o cômputo final das encenações serviu como estímulo às atividades e percepções dos jovens amadores. Um dado a ser lembrado é que a peça de Nelson Rodrigues, antes de chegar ao grupo carioca, havia sido oferecida tanto a Alfredo Mesquita quanto a Décio de Almeida Prado. Este alegou que sua recusa deu-se "porque esse teatro novo estava muito no início" e porque Nelson não mandara a peça a ele. Foi Clovis Graciano que lhe deu o texto para ler e ele achou que seria muito difícil encená-lo:

> Logo depois, soube que a peça estava sendo ensaiada no Rio, com o Ziembinski na direção. Aí ficamos aguardando. Diante do sucesso de Ziembinski, o meu papel de diretor amador desapareceu. É o momento em que entram os profissionais estrangeiros[39].

Reflexão lúcida e prudente, que leva à inferência de que os passos dos amadores eram dados com consciência do que faziam e dos objetivos a serem atingidos.

Depois de um intervalo de quase dois anos sem estreias, o GUT apresenta no Teatro Municipal, em 10 de outubro de 1945, a *Farsa de Inês Pereira e do Escudeiro*, adaptação de Décio para a farsa de Gil Vicente acrescida do auto *Quem Tem Farelos*, direção do próprio Décio, cenários e figurinos de Clovis Graciano. A encenação foi muito aplaudida e dela participaram pessoas que depois fariam carreira no teatro: Delmiro Gonçalves, como crítico; Maria José de Carvalho, como professora de dicção; e Haydée Bittencourt, que fundou e dirigiu por muitos anos o Teatro Universitário de Minas Gerais. No mesmo programa foi apresentada *Amapá*, peça de Carlos Lacerda, direção também de Décio, cenário e figurinos de Oswald de Andrade Filho e balé de Chinita Ullman. O autor a escreveu durante a II Guerra Mundial, quando visitou as bases norte-americanas instaladas no Norte do Brasil, como jornalista. Mesmo não achando muito talento dramático no texto de Lacerda, o diretor do GUT conseguiu concretizar um dos objetivos iniciais a que se propôs: lançar o autor nacional. Inicia-se a fase conjunta com o GTE no Teatro das Segundas-Feiras, no Teatro Boa Vista: são representações alternadas com o grupo de Alfredo Mesquita. Ambos os grupos, paulatinamente, depuravam suas atividades rumo a objetivos por vezes coincidentes. O GUT desenvolverá então dois programas: um primeiro, com a *Farsa de Inês Pereira e do Escudeiro*, *Todo Mundo e Ninguém* e *Pequenos Serviços em Casa de Casal*; e um segundo com o *Auto da Barca do Inferno*, *Auto de Mofina Mendes* e *Os Irmãos das Almas*.

Sobre as apresentações de 1946 é interessante registrar o depoimento de Maria Thereza Vargas. A primeira apresentação que viu era do GUT em

38 *Ponta de Lança*, São Paulo: Globo, 1991, p. 86.

39 D. de A. Prado, *Folha de S. Paulo*, 6 jul. 1997.

Décio de Almeida Prado.

conjunto com os English Players, no Conservatório Dramático e Musical de São Paulo. O programa constava do *Auto da Barca do Inferno* e *Todo Mundo*, ambos de Gil Vicente, acompanhados da apresentação em inglês de *Everyman*. Um texto mimeografado, com o enredo das respectivas peças, em português e em inglês, era entregue ao público. O aspecto que permaneceu privilegiado na lembrança da depoente foi a "simplicidade":

> O cenário para Gil Vicente era de fácil execução, mas atraente pela arte de quem o idealizou: uma rotunda ao fundo, um barco à direita. Segundo me informaram, a facilidade da montagem era uma exigência das contínuas excursões que o Grupo fizera ou fazia ainda pelo interior do Estado. As roupas, muito bonitas, de época, mas trabalhadas em criação artística, eram realçadas (será imaginação?) pelo tom neutro do pano de fundo e luzes. De qualquer forma, a cena, livre dos aparatos, tornava mais visível o esforço dos intérpretes, responsáveis, não há dúvida, por estas minhas recordações[40].

Apesar de ter assumido, a partir de 1946, a função de crítico teatral de *O Estado de S. Paulo*, Décio de Almeida Prado não descurou de suas atribuições e responsabilidades como diretor do grupo – muito pelo contrário: possivelmente pelo trabalho dos amadores e pelo espaço que concedia em sua coluna às suas montagens, a Prefeitura de São Paulo resolveu nomear uma comissão "para estudar e fornecer sugestões atinentes ao teatro em São Paulo", para tanto nomeando várias subcomissões – entre elas uma encarregada de teatro amador, que teve como componentes, além de Décio de Almeida Prado, o sr. Cleomenes Campos. Sugestões foram apresentadas por cinco grupos amadores de São Paulo: o GTE, o GUT, os Artistas Amadores, o Teatro Universitário do CA Horácio Berlinck e o Corpo Cênico Bancário. Reclamando da falta de casas de espetáculos e da porcentagem leonina que tinham que arrecadar em taxas para a prefeitura, propuseram à comissão seis itens para dinamizar o setor, a saber: 1. subvenções em dinheiro; 2. seguro contra prejuízos; 3. regulamento do uso dos teatros municipais pelos grupos amadores; 4. um festival de teatro amador; 5. um concurso de peças teatrais; e 6. uma escola de teatro[41].

Após dois anos sem estreias, mas continuando com as representações das peças de seu repertório – não foi adiante o projeto de encenar *Macário*, de Álvares de Azevedo, em adaptação de Lourival Gomes Machado –, o grupo apresenta, em 4 de novembro de 1948, no palco do recém criado Teatro Brasileiro de Comédia, seu mais novo trabalho: *O Baile dos Ladrões*, de Jean Anouilh, em tradução de Antonio Candido, direção de Décio, com a colaboração do ator francês R. Rognoni. Foi o último do grupo e início de um novo e decisivo capítulo da história do teatro brasileiro moderno: o TBC havia sido inaugurado um mês antes e faria do GTE e do GUT os alicerces do seu edifício teatral.

O Teatro Brasileiro de Comédia (Fase Amadora)

A fundação do TBC está intimamente associada às atividades amadoras paulistas e ao inter-relacionamento de seu idealizador, o industrial italiano Franco Zampari, com as esferas da alta sociedade. Mesmo minimizando-se a lenda em torno das origens do TBC – Zampari teria dito que o TBC

40 Maria Thereza Vargas, O Encanto de um Grupo Amador, em J. R. Faria; V. Arêas; F. Aguiar (orgs.), op. cit., p. 74.

41 S/a., Palcos e Circos, *O Estado de S. Paulo*, São Paulo, 18 jan. 1948.

nasceu de uma aposta entre grã-finos[42] –, o fato é que, por volta de fins de 1945, o GTE havia feito um apelo para angariar recursos, na abertura de espetáculo apresentado no Teatro Municipal – o *Improviso do GTE* –, pois a única colaboração financeira veio de Zampari, que já havia feito representar em sua casa, por amigos, peça simbolista de sua autoria, *A Mulher de Braços Alçados*. Após o espetáculo do GTE, sensibilizado, ele chamou os representantes dos amadores à sua casa no Morumbi e propôs construir nesse bairro, então muito distante do centro de São Paulo, um teatro para suas apresentações. Devido à inviabilidade do local, o assunto ficou esquecido. Em 1947 e 1948, Zampari encantou-se com as apresentações em São Paulo de Os Comediantes, já na sua fase profissional, e do TEB[43]. Os primeiros trouxeram no repertório as peças *Desejo*, de O'Neill; *Vestido de Noiva*, de Nelson Rodrigues; a *Rainha Morta*, de Montherlant; e *Era uma Vez um Preso*, de Anouilh. O TEB apresentou, em janeiro de 1948, um memorável *Hamlet*, de Shakespeare, protagonizado por Sérgio Cardoso, com direção de Hoffmann Harnisch. Fascinado por teatro e ciente da falta de local para os grupos paulistas levarem seus espetáculos, Zampari lembrou-se do antigo intento de construir um teatro para os amadores. Foi então levado por Hélio Pereira Queiroz, integrante do GTE, a visitar um sobrado na rua Major Diogo, o qual, três meses depois, estaria reformado com todos os requisitos indispensáveis à existência de um bom teatro montado para atividades profissionais: "dezoito camarins, duas salas de ensaio, uma sala de leitura, uma sala de carpintaria e marcenaria, uma sala de administração, um almoxarifado de guarda-roupa, um almoxarifado de objetos de cena e um depósito de cenários usados e móveis de cena", tudo como complemento ao luxuoso teatrinho de 365 lugares[44]. É oportuno, a propósito, assinalar a contradição do projeto teatral de Zampari, aparentemente destinado aos amadores. Ao darmos crédito a Alfredo Mesquita, a motivação original era clara: "Franco Zampari já tinha ideia de montar o teatro dele, profissional – ajudar amadores foi estágio experimental". A trajetória inicial do TBC parece alinhar-se com essa tese, já que todos os lances da vida da companhia confirmam que, na verdade, ele pretendia "reunir todo o teatro nacional em um grande truste controlado por ele, com dezenas de elencos atuando simultaneamente em São Paulo, no interior paulista, no Rio de Janeiro e em todo o Brasil"[45]. De qualquer modo, o papel de Zampari foi fundamental na evolução teatral de São Paulo e do Brasil, visto que

> o TBC fez a retirada do amadorismo para o profissionalismo. O amadorismo paulista era bem mais pobre do que o carioca... Estávamos num beco sem saída... dois teatros em São Paulo [em 1946]... Mas como ele [Franco Zampari] era um homem de indústria, queria que nós representássemos amadoristicamente todas as noites e contava, também, com um certo retorno de bilheteria. Ora, isso era uma espécie de contradição entre profissionalismo e amadorismo e acabou se resolvendo em favor da profissionalização[46].

Assim, a partir da largada inicial configurada pelo acolhimento das experiências de renovação dos amadores, Zampari aliou-se a mais duzentas pessoas da alta sociedade paulista e fundou a Sociedade Brasileira de Comédia, empresa que iria administrar a fase profissional do TBC.

A fase amadora do TBC durou menos de um ano. A inauguração do novo teatro deu-se a 11 de outubro de 1948, com a apresentação de duas peças: *La Voix humaine*, de Cocteau, em francês, na interpretação de Henriette Morineau, e *A Mulher do Próximo*, escrita e dirigida por Abílio Pereira de Almeida, um espetáculo do GTE. No dia 4 de novembro o GUT estreou *O Baile dos Ladrões*, de Anouilh, direção de Décio de Almeida Prado em colaboração com A. Rognoni. Seguiram-se, em alternância, vários espetáculos de amadores paulistas, reforçados por mais dois grupos: os amadores ingleses, agora sob o nome de Sociedade de Amadores Ingleses, e o Grupo de Artistas Amadores, sob a direção de Madalena Nicol, do qual faziam parte, entre outros, Paulo Autran e Esther Mindlin

42 Cf. Alberto Guzik, *TBC: Crônica de um Sonho*, São Paulo, Perspectiva, 1986, p. 3-4 e 10-14.

43 Cf. D. de A. Prado, em A. Mesquita et al., op. cit., p. 43.

44 A. Guzik, op. cit., p. 20.

45 A. Mesquita, em A. Mesquita et al., op. cit., p. 27 e 29.

46 D. de A. Prado, A Memória da Paixão, Mesa-redonda Coordenada por Júlio Lerner, *Folha de S. Paulo*, 16 ago. 1981, Folhetim.

Guimarães. Em abril de 1949, por falta de espetáculos amadores, o TBC é cedido à companhia de Aimée, que traz Silveira Sampaio. Depois de curta e derradeira apresentação dos amadores, a 8 de junho de 1949, o TBC inaugura a sua fase profissional com a peça *Nick-Bar*, de William Saroyan, com direção de Adolfo Celi. A vinda do diretor italiano abriu caminho para outros profissionais estrangeiros, que nos anos seguintes consolidaram a modernização do teatro brasileiro.

Ressalte-se, pois, a importância do GTE e do GUT nesse processo. Com seus espetáculos, mostraram o caminho alternativo ao velho teatro profissional. E mais: seus jovens artistas, com a experiência adquirida no amadorismo, constituíram o primeiro elenco do TBC. Do GUT, saíram Cacilda Becker, Waldemar Wey, Glauco de Divitiis e Célia Biar (GUT); do GTE, Abílio Pereira de Almeida, Carlos Vergueiro, Maurício Barroso, Marina Freire, Nydia Licia e Ruy Afonso.

Outros Grupos Amadores

Entre os grupos amadores que estimularam a modernização teatral nas décadas de 1940 e 1950, destacou-se o Artistas Amadores (que vinha do Grupo dos Amadores Ingleses), cujo elenco reunia Madalena Nicol, Paulo Autran, Esther Mindlin Guimarães, Paulo Cajado e Zahar. Tendo já montado a *Esquina Perigosa*, de Priestley, o grupo foi convidado a integrar o TBC após a apresentação de *A Noite de 16 de Janeiro* no Teatro Municipal de São Paulo. O objetivo do grupo era mais descompromissado, segundo Paulo Autran, era fazer o

> que víamos no cinema inglês. Aquela sobriedade, aquela contenção, quer dizer, ao amador paulista repugnava o gesto teatral, a voz teatral. Nós todos tínhamos uma certa preocupação de nos colocarmos bem em cena, com absoluta naturalidade... Eu fazia o discurso como se estivesse conversando dentro de casa[47].

Na esteira do recém-fundado TBC e reproduzindo o mesmo estilo, pode-se ainda citar o Teatro Lotte Sievers, criado em 1951, cujo programa era a "revelação de uma dramaturgia totalmente ignorada pelo público brasileiro". O grupo montou autores como Hauptmann, Sternheim, Schnitzler e Griphius, tendo fartos recursos econômicos e financeiros da fundadora, Lotte Sievers, que chegou a construir em sua mansão um teatro avançadíssimo, com camarins luxuosos; os tecidos para os figurinos eram importados da Europa e o apuro material dos seus espetáculos era elogiadíssimo[48].

Na fase hegemônica do TBC, meados do anos de 1950, surge, marcando importante inflexão, o Teatro Paulista do Estudante, que teve como entusiasmado animador Ruggero Jacobbi. Movido pelo pensamento de esquerda, com viés nacionalista, desde o início o TPE marcou firmemente sua linha de atuação:

> Embora muito levados por interesses outros teimem em negar uma tradição cultural aos brasileiros, ela existe. Possuímos uma cultura nossa e necessitamos incrementá-la. O teatro amador não se pode furtar a essa missão. Deve partir dos responsáveis por esse teatro uma verdadeira campanha de incentivo, de incremento e defesa de nossa cultura. Embora o nível cultural de nosso povo seja na verdade baixo, nosso povo representa [o Brasil], escondido nas mais variadas regiões. Nosso povo acalenta lendas, nosso povo é artista, nosso povo é poeta[49].

A defesa de um teatro nacional e popular começa a ganhar força entre jovens artistas e novos grupos que surgem para contestar a hegemonia do TBC, considerado um teatro para a elite. Em 1956, o TPE – que tinha em seus quadros Gianfrancesco Guarnieri e Oduvaldo Vianna Filho – se funde com o Teatro de Arena, dirigido por José Renato e Augusto Boal. Um novo capítulo da história do nosso teatro nasce nesse momento, que será oportunamente estudado nesta obra.

Amadores Pernambucanos

O movimento amador de Pernambuco, no período mais rico das manifestações que formam a base do moderno teatro brasileiro, teve, pelo menos no iní-

47 Em Cleyde Yáconis et al., *Depoimentos IV*, Rio de Janeiro: MEC/DAC/Funarte/SNT, 1978, p. 118.

48 M. T. Vargas, Teatro Amador em São Paulo, *Dionysos*, Rio de Janeiro, MEC/SNT, n. 15, dez.1967, p. 34-35.

49 Apud M. T. Vargas, idem, p. 35.

cio, características específicas. Várias causas podem ser citadas: além do relativo isolamento provocado pela distância geográfica e as dificuldades de acesso e comunicação que caracterizavam, à época, as trocas culturais entre o Nordeste e o Sul/Sudeste do país, fatores culturais peculiares à evolução cultural da região moldaram um teatro que, nas origens, à diferença do que ocorreu no Rio de Janeiro e em São Paulo, voltou-se predominantemente para a cultura popular e as tradições locais.

Os grupos amadores identificados com a modernidade teatral tiveram como precursor o Grupo Gente Nossa, fundado em 1931 por Samuel Campelo, no Recife. Seus membros eram autodidatas que tinham uma concepção antiquada de encenação e que escreviam peças em moldes dramáticos tradicionais. Mas já sabiam que o teatro a ser escrito no Nordeste devia contemplar o "espírito do povo". Em 1939, com a morte de Samuel Campelo, o grupo foi reorganizado por Valdemar de Oliveira, que fez aí o seu aprendizado para se tornar um dos grandes nomes do amadorismo brasileiro. O Gente Nossa encerrou suas atividades em 1942.

Teatro dos Amadores de Pernambuco – TAP

O TAP foi criado por Valdemar de Oliveira, no Recife, e seu primeiro espetáculo foi *Knock*, de Jules Romains, feito por médicos e suas esposas em abril de 1941. Nos estatutos do grupo (editados em 1955), figuram como sócios-fundadores Valdemar de Oliveira, Valter de Oliveira, Agenor Bonfim, Leduar de Assis Rocha e José Carlos Cavalcanti Borges. O TAP incorporou atores do Gente Nossa, então em sua fase final, e outros novos, a fim de criar uma identidade própria, que logo pareceu a de um grupo aristocrático, uma vez que em seus dez anos iniciais, "não foi aos bairros nem ao interior do Estado; não avançou na área popular", tendo visitado apenas capitais e atuado nos melhores teatros: "um conjunto aristocrático, em tudo isso profundamente diferenciado de sua matriz [o Gente Nossa]". Era elitista, portanto, como se dizia: "um teatro de médicos"[50].

Avaliando-se as inovações trazidas nas nove peças encenadas nos primeiros anos em Recife, Natal e Fortaleza, em 33 espetáculos, nota-se uma constante: a encenação de textos estrangeiros, com destaque para *Uma Mulher sem Importância*, de Oscar Wilde, e *Alto Mar*, de Sutton Vane. Por outro lado, houve a quebra do preconceito contra atores de teatro. Também se instituiu que as rendas se encaminhariam para uma ação filantrópica, indo os lucros líquidos para a assistência social, o que, por certo, sob o ponto de vista de se encarar a arte teatral como expressão artística a ser comercializada, estabeleceu, durante muitos anos, verdadeiro horror ao dinheiro. Outro fator interessante foi o amadorismo teatral feito em família: o TAP sempre esteve na dependência da família Oliveira. Destaque-se ainda que na sua trajetória o grupo promoveu a revelação de muitos elementos para o teatro (Martim Gonçalves, entre outros). Visando ao aperfeiçoamento dos atores e à melhoria do nível dos espetáculos, a partir de 1944 o TAP começou a contratar diretores vindos de fora, o que trouxe um sopro de renovação e atualização como o que existia no Sul/Sudeste. Entre os diretores convidados estavam Zygmunt Turkow, Adacto Filho, Ziembinski e Willy Keller, que puseram em cena peças de Molière, García Lorca e Thornton Wilder, entre outros. Se os intervalos incontornáveis entre as contratações dificultavam um pouco a evolução artística, a qualidade do repertório foi muito importante para o progresso do grupo.

Depois de sentir-se prestigiado no Nordeste, em 1953 o TAP apresentou-se em várias cidades do Sul/Sudeste, obtendo ampla repercussão nos meios culturais. Acima do ecletismo do repertório, formado por clássicos estrangeiros e brasileiros, peças de estilos e épocas diferentes, o que marcou o grupo foi a busca de um objetivo: encenar bem. Os benefícios proporcionados pelos espetáculos não foram poucos: o alargamento das possibilidades histriônicas; a possibilidade de comparação entre as diversas técnicas de direção; o conhecimento de algumas peças capitais do moderno teatro; e a expansão das atividades, isto é, a formação de homens de teatro com amplo domínio do *métier*. Valdemar de Oliveira conseguiu não apenas bons resultados artísticos. Seu trabalho estimulou o surgimento de atores, dramaturgos e outros grupos teatrais[51].

50 Joel Pontes, *O Teatro Moderno em Pernambuco*, São Paulo: Buriti, 1966, p. 47.

51 A trajetória do TAP é extensamente estudada por Antonio Edson Cadengue em *TAP: Anos de Aprendizagem. O Teatro de*

Teatro do Estudante de Pernambuco – TEP

Houve quatro Teatros do Estudante de Pernambuco: o primeiro, sem continuação, e os demais correlacionados de 1943 a 1953. O nome aparece em novembro de 1940, quando estudantes de Direito (Gebes Medeiros, Hildebrando Assis e outros) encenam *1830*, de Paulo Gonçalves. Esse primeiro grupo não foi avante. Em 1943, na Campanha do Ginasiano Pobre, houve apresentações para o público mais pobre do Recife: espetáculos compostos de comédias e farsas. Em setembro de 1945 foi realizada a II Semana de Cultura Nacional, na qual houve uma conferência de Hermilo Borba Filho, logo transformada em programa do TEP. Para ele, o teatro devia ser feito com temas e conteúdos nacionais, buscados nas histórias que envolviam, por exemplo, Maria Bonita, Lampião, Antônio Conselheiro, Zumbi e os heróis dos folhetos populares. Que se fizesse teatro com esse material e a multidão sairia das feiras para as casas de espetáculo; que se acostumasse primeiro o povo com os dramas que vivem dentro do seu sangue, para depois apresentar-lhe obras de conteúdo mais denso. É interessante assinalar que, nessa altura, surgem vários dramaturgos interessados em explorar a cultura nordestina. Além de próprio Hermilo Borba Filho, destacaram-se Ariano Suassuna, José de Moraes Pinho, Aristóteles Soares, José Carlos Cavalcanti Borges e Isaac Gondim Filho.

A fase mais importante do TEP iniciou-se em 13 de abril de 1946 com *O Segredo*, de Ramón J. Sender, e *O Urso*, de Tchékhov, espetáculo dirigido por Hermilo, com cenários de Lula Cardoso Ayres. No elenco estavam Gastão de Holanda, Genivaldo Vanderlei, José Guimarães Sobrinho, Joel Pontes, Oscar Cunha Barreto, Termutes Carvalho, Epitácio Gadelha e Milton Persivo. A estreia foi bem recebida e o segundo espetáculo foi *A Sapateira Prodigiosa*, de García Lorca, que punha em cena o fuzilamento do autor pela ditadura de Franco. A montagem contou com um comitê de crítica: José Laurênio de Melo, Ariano Suassuna, José de Moraes Pinho e estudantes Romeu Negromonte, Ivan Pedrosa e Galba Pragana. O que movia o grupo era a ideia de que era possível levar bom teatro ao povo em vez de esperar que o povo fosse ao teatro. Esperava-se que, na etapa seguinte, o povo efetuasse a criação. Em relação ao aspecto financeiro, havia orgulho em se fazer teatro sem lastro econômico: o dinheiro vinha dos próprios componentes e da ajuda de terceiros. Contudo, começaram a haver críticas, especialmente de Gilberto Freyre, que via o TEP como grupo de elite, desatento para a marginalização do povo.

Depois de *A Casa de Rosmer*, de Ibsen, e *Édipo-Rei*, de Sófocles, espetáculos que teriam sido os mais perfeitos do TEP, numa linha marcadamente popular, segue-se a experiência do teatro ao ar livre, na "Barraca" – inspirada por García Lorca – construída no Parque 13 de Maio: nela foram lançadas em 1948 as primeiras peças dos seus dramaturgos: *Cantam as Harpas de Sião*, de Ariano Suassuna, e *Haja Pau*, de José de Moraes Pinho. Paralelamente, houve mesas-redondas e realização de espetáculos folclóricos. Promoveu-se também a edição de livros, que não deu dinheiro. De 1948 em diante, mediante a cobrança de ingressos, começou-se a ocupar o Teatro Santa Isabel, havendo a preferência pela encenação de dramaturgos nordestinos. Em 1953, Hermilo Borba Filho ficou desempregado e endividado, tendo que partir para São Paulo. Com isso, encerraram-se as atividades do TEP, que nascera para ser "um teatro mágico, fantasioso, crítico, épico"[52].

O Teatro Popular do Nordeste – TPN

Criado em fevereiro de 1960, o TPN tinha nove membros em seu núcleo inicial. Cinco provinham do TEP: Ariano Suassuna, Capiba, Gastão de Holanda, Hermilo Borba Filho e José de Moraes Pinho. Os outros quatro eram: Aldomar Conrado, Alfredo de Oliveira, Leda Alves e José Carlos Cavalcanti Borges. No "Programa do Teatro Popular do Nordeste" prevê-se um regime de semiprofissionalismo. Entre os principais objetivos do grupo está a ideia de se atingir o universal por

Amadores de Pernambuco (*1941-1947*), dissertação de mestrado, ECA-USP, São Paulo, 1989; e *TAP: Sua Cena e Sua Sombra – O Teatro de Amadores de Pernambuco* (*1941-1991*), Recife: Cepe/Sesc Pernambuco, 2011, 2 v.

52 Luiz Maurício Britto Carvalheira, *Por um Teatro do Povo e da Terra: Hermilo Borba Filho e o Teatro do Estudante de Pernambuco*, Recife: Fundarpe, 1986, p. 39.

meio do regional. Logo, o seu principal lema foi o teatro popular. A estreia se deu em 1960 com *A Pena e a Lei*, de Suassuna, e *A Mandrágora*, de Maquiavel. Seguiram-se: em 1961, *O Processo do Diabo*, espetáculo que apresentava três peças, de Ariano Suassuna, José de Moraes Pinho e J. C. Cavalcanti Borges; em 1962, *A Bomba da Paz*, de Hermilo Borba Filho. Nessa altura, o TPN já vive uma grave crise, provocada tanto pelo afastamento de diretores e atores quanto pela falta de apoio governamental: não fora cumprida a promessa de construção de uma casa de espetáculos.

O que se observa nas experiências teatrais nordestinas é a busca de uma literatura dramática específica, que trabalha com a essência da matéria popular, reproduzindo inclusive a fala do povo no texto. Ainda que não haja inovação em termos de estrutura dramática, as peças são hábeis na transposição ou recriação de modelos oriundos, por exemplo, da tradição clássica. Ariano Suassuna, mesclando a comédia latina ou Molière com tipos e temas nordestinos é o melhor exemplo dessa dramaturgia ao mesmo tempo erudita e popular. Outros dramaturgos que se destacaram no panorama do amadorismo do Nordeste são Hermilo Borba Filho, Isaac Gondim Filho, Aldomar Conrado, Aristóteles Soares, José Carlos Cavalcanti Borges e Luiz Marinho Falcão Filho.

Outros Grupos

Sempre houve muitos grupos amadores em Pernambuco, formados por bancários, meninos, universitários, ou seja, as sociedades dramáticas "fechadas". Na década de 1940, existiram três: Teatro dos Bancários, Grupo Infantil de Comédias e Teatro Universitário de Pernambuco. O Teatro dos Bancários estreou em 25 de fevereiro de 1943, com *Neve ao Sol*, de Coelho Neto. Era ramificação do TAP, porém mais à moda do Grupo Gente Nossa. Os dirigentes imediatos – Hermógenes Viana e Carlos Fragoso – vinham igualmente de cargos administrativos deste último grupo. O Teatro dos Bancários revelou vários talentos: o compositor Capiba, o dramaturgo José de Moraes Pinho, o contista Gastão de Holanda, o ator Adelmar de Oliveira e outros elementos ligados ao TEP e ao TAP. Vale observar que o grupo tinha peças do Gente Nossa no repertório.

O Grupo Infantil de Comédias era constituído por um elenco de crianças. Tal fato, a limitação pela idade, dificultava a estada demorada dos atores no elenco. Foi fundado em 2 de maio de 1941 (um mês depois do TAP) e o seu responsável geral era Valdemar Mendonça, que escreveu 19 das 37 peças encenadas até 1966 (não editadas porque "exclusivas" para o grupo). Os demais autores representados pelo grupo eram brasileiros.

O TUP foi fundado em 1948 na Faculdade de Direito do Recife e teve como presidente Felipe Gomes, que havia presidido o TEP em sua segunda fase. Gomes promoveu a contratação de diretores vindos do Sudeste (Adacto Filho, Valter de Oliveira, Ziembinski, Willy Keller, Graça Mello) e realizou um produtivo intercâmbio com o TAP: alguns atores trabalhavam em ambos os grupos, que tinham uma linha comum de ação. Em 1958, Graça Mello foi contratado por três anos: datam daí os maiores sucessos do TUP, que desde o início contou com o apoio da Universidade do Recife. Não obstante o apoio financeiro, o contexto universitário dificultou a linha de continuidade, pois obrigava a uma mudança de direção a cada dois anos, bem como à troca de elencos (os estudantes se sucediam e, terminados seus cursos, afastavam-se). Dois fatores positivos devem ser salientados: o repertório e o sucesso na participação em festivais regionais e nacionais. Nesse sentido, o TUP respondeu aos estímulos que vinham de Paschoal Carlos Magno e do TEB.

Renovação, Revolução ou Ruptura?

À luz da exposição feita sobre os principais grupos teatrais amadores brasileiros, pode-se afirmar que o nosso teatro emerge desse período fértil com uma integridade e solidez nunca antes vivenciadas. Acrescente-se que ao lado dos grupos aqui contemplados muitos outros poderiam ser lembrados, porque o interesse pelo teatro espalhou-se pelo país de modo considerável após a bem-sucedida experiência do TEB. Estudantes e apaixonados pelo teatro contribuíram com suas realizações cênicas em grupos como o Teatro do Estudante da Paraíba, o Teatro de Amadores da Bahia, a Agremiação Goiana de Teatro, o Teatro do Estudante do Paraná, o Teatro do Estudante do Rio Grande do Sul; em Porto Alegre ainda se destacaram a Comédia da Província, o Teatro de Equipe e o Teatro Universitário.

O teatro do século XIX, na sua fundação histórica, havia sofrido as consequências da imaturidade de uma arte de importação e colonização: a dramaturgia, a interpretação, a encenação e a produção eram caudatárias do teatro europeu que, na maioria das vezes, nos chegava via Portugal. No século XX, principalmente depois da Semana de 1922, esse teatro viu-se contestado, porque parecia decadente e superado, apesar do sucesso comercial. O país civilizava-se, industrializava-se e modernizava-se; logo, o teatro teria que acompanhá-lo. Os grupos amadores cumpriram esse papel, atuando de modo decisivo no movimento de renovação do teatro nacional; seus esforços convergiram para estruturar uma fase instigante de reformulações. Na década de 1940 e início da seguinte, instaurou-se no Brasil um teatro riquíssimo no seu tríplice aspecto: dramaturgia característica e específica do povo; produção e encenação que incorporaram as técnicas e reflexões existentes nos centros mais avançados; e, por último, a formação de críticos e teóricos que acompanharam todo o processo desencadeado pelos amadores. Essa importante configuração de aspectos que caracterizam o período aqui abordado está na base do que hoje possuímos de mais avançado: a disseminação, pelo país, de escolas e cursos teatrais, seja na universidade ou fora dela, seja para suprimento da mídia, da televisão ou do cinema, a atestar a pujança do teatro na nossa vida cultural. Revendo a trajetória dos movimentos amadores cariocas, paulistas e pernambucanos, que cumpriram de forma digna uma maneira muito própria e autêntica de produzir e escrever teatro, somos levados a pensar numa convergência em direção a uma fase sólida e fundante – o ativo que emerge sem dúvida perfaz o contorno de um teatro íntegro e total, que reflete amadurecimento e vigor. Para entendermos o que se passou, ao lado dos termos *renovação* e *ruptura* – a passagem do *velho teatro* para o *novo* –, propomos o termo *revolução*, no sentido empregado por Hannah Arendt: o de uma autêntica fundação, um início que antes de mais nada configura um renascimento, um começar de novo à vista daquilo que desejamos deixar entregue ao passado. O teatro brasileiro que herdamos dos amadores é a base daquele que hoje possuímos.

2. AS COMPANHIAS TEATRAIS MODERNAS

O passado nos condena, é preciso apagar as suas marcas ignóbeis. O tom é de violência, mas a afirmação é justa para definir a obsessão que dominou, em ritmo crescente, a cena teatral brasileira após os anos de 1940. O movimento não chegou a ser de longa duração; prolongou-se por cerca de vinte ou trinta e tantos anos. A rigor, tratava-se de uma reedição do impulso civilizatório que assolara o teatro do país no final do século XIX e na passagem para o XX.

Reedição é uma palavra estratégica – no fundo, estava em jogo a mesma preocupação com a superação de um abismo, a distância que separaria o país do mundo dito civilizado. Nos dois momentos históricos essa preocupação surgiu como resposta ao confronto com formas consideradas aviltadas que deveriam ser combatidas. A palavra de ordem era a superação do atraso, o repúdio aos compromissos com uma inferioridade cultural considerada vergonhosa, a liquidação de um estigma que fazia com que o país parecesse, para os proponentes das mudanças, inculto e bárbaro. O contorno geral é importante para que se tente pensar os caminhos da mudança do teatro brasileiro na segunda metade do século XX, isto é, a *era do teatro moderno e do encenador*. Pois ele tem um sentido estratégico: em boa parte, explica por que razão o moderno irá, ao final, reencontrar o velho teatro que combatera, o palco que fora visto como inimigo e que se transformou em referência reprimida. É esse movimento que se tentará expor aqui.

Falar em reedição não significa apenas indicar um retorno. Não era simplesmente a continuidade de um clamor, já que, é bom frisar, não se pode em qualquer hipótese supor a existência de um projeto, no sentido de um conjunto de ações efetivas, calculadas de acordo com uma racionalidade ou um desejo explícito de resultado positivo. Desde o final da aventura realista, no século XIX, surgira um impulso de perfil impreciso, contrário ao teatro de variedades e musical, de sucesso popular. A um só tempo expressava-se o desgosto com a situação vigente e a ânsia por um outro patamar de expressão, com alguns resultados isolados, obras de indivíduos descontentes.

No início do século XX, contudo, algumas mudanças foram conquistadas; chegou-se a falar em um renascimento do texto no teatro. Mas essas mudanças foram alterações de superfície, não alteraram nem a estrutura da linguagem do palco, nem derrubaram a obediência da cena a valores menores, isto é, melodramáticos e cômicos, sentimentais, que alicerçavam os textos. Neles, a expressão subjugava a forma, ao contrário da proposição moderna, em que o culto à solução formal era a ordem do dia.

Assim, muitas das iniciativas e clamores contra formas de um velho teatro que pontilharam o teatro brasileiro do início do século XX estiveram longe de um ideário moderno. Estavam, na verdade, seguindo uma ânsia de elevação cultural ou de atualização que vinha do século XIX. Porém, muito desse impulso foi transmitido para aqueles que serão considerados como a primeira geração moderna da cena brasileira. Nesse caso, a reedição implicou em atualização – o velho impulso voltava a ser palavra de ordem sob um novo ritmo, o ritmo da industrialização, a nova face das metrópoles.

O tema, delicado, implica em muitas nuanças. O principal problema, em princípio, é o fato de que é discutível a tentativa para localizar a ocorrência de um movimento moderno no teatro nacional, como se verá adiante. No entanto, ainda que formado por uma teia de manifestações contemporâneas, despojadas de vínculos orgânicos, o teatro moderno brasileiro aconteceu sob uma dupla óptica de recusa: a recusa ao que foi visto então como atraso, em função de uma realidade local específica, herança de um modo de pensar dezenovista, e a recusa propriamente moderna, autoritária, o desejo intrínseco ao moderno de se instituir como marco zero[53].

Portanto, ainda que esse momento novo tenha a peculiaridade moderna de desejar derrubar tudo o que existia antes, vale destacar que o impulso de renovação emergente trazia o mesmo velho sonho de civilização, sob a agenda inédita de mudança, daí a opção pela palavra reedição. A combinação trará resultados curiosos, quando a aventura moderna começar a ser rejeitada pela geração seguinte.

Por ora, vale frisar que os parâmetros de avaliação, no fundo, eram os mesmos, quer dizer, eram importados ou extraídos da vida cultural praticada no mundo civilizado, leia-se o Velho Mundo, em particular a França. No continente europeu, a cena francesa liderou muito da luta a favor da transformação do teatro na primeira metade do século XX. O ideário francês contra o poderio das divas e monstros sagrados e de combate ao mercantilismo do palco, atrelado à bilheteria e ao gosto médio, inspirou muitas das mudanças que varreram a cena italiana na primeira metade do século XX. Portanto, a lógica predominante nas propostas modernas brasileiras era derivada dos movimentos e tendências que vicejaram na Europa, desde o final do século XIX.

No Brasil, o que se deve nomear como *voga moderna* durou algum tempo; persistiu até fins dos anos de 1960, início da década de 1970. O marco de esgarçamento da *tendência* teria sido o tropicalismo, a disposição para aceitar a "tropicalidade", digamos a pobreza, a cafonice, o transbordamento emocional, a rusticidade de meios e de construções, que arrostou o bom-mocismo nacional. Entre as duas balizas – os anos de 1940 e os anos de 1960 – poderia ser situado o teatro moderno brasileiro, se é que se pode ainda cogitar de recorrer a esse tipo de artifício de demarcação de épocas no estudo das práticas culturais.

Para os bons moços, ilustrados e educados capitães da onda moderna, o inimigo principal era o teatro do primeiro ator, de hierarquia e convenções, dos telões e gabinetes, um lugar em que a arte era reduzida à habilidade do intérprete para encantar e seduzir a plateia de fãs. A cena da vedete ou monstro sagrado, enfim[54]. No seu entender, lá não existia a quarta parede, não existia a concepção poética da cena, não existia um ideal

53 A respeito da definição de moderno, ver Malcolm Bradbury e James McFarlane, *Modernismo: Guia Geral* 1890-1930, São Paulo: Companhia das Letras, 1989.

54 Cf. Robert Abirached, *La Crise du personnage dans le théâtre moderne*, 2. ed., Paris: Gallimard, 1994, p. 158. (Coleção Tel).

mimético transcendental – estava em pauta o histrionismo eficiente, inclinado à cumplicidade, aos afetos imediatos e às sensações fortes. Aqui como na França, um abismo separava a cena dos debates acalorados da literatura. Era preciso, então, operar mudanças, instaurar uma ordem compatível com um outro ritmo. A questão, contudo, não era só literária.

Uma nova arte poderia surgir, com a abolição das companhias organizadas em torno de vedetes – os primeiros atores –, servidas por um elenco de atores secundários ou característicos, uma hierarquia que evocava o universo social do antigo regime, quase medieval. Seria preciso acabar com a marcação e a distribuição em cena segundo os algarismos de colocação, banir o ponto que servia de pretexto para que não se soubesse de cor as falas, nem se construísse de forma orgânica os papéis. Também o desenho e a definição da cena deveriam sair da simples localização e ambientação da trama, para que se desse lugar à criação poética do espaço, materializada na cenografia, no figurino e na luz. As referências a respeito da possibilidade desse novo fazer eram apreendidas nas viagens à Europa ou graças às turnês das companhias estrangeiras que visitavam as principais capitais do país, em geral Rio de Janeiro e São Paulo.

A palavra moderno sintetiza com precisão o que se buscava, ainda que ela não figurasse como bandeira na época e tenha surgido com mais nitidez apenas bastante tempo depois, na lavra dos historiadores. Entravam em cena, no mesmo compasso, o momento vivido, atual, a intensidade fugaz do progresso, o impulso de negação e destruição de tudo o que existira antes e a pretensão de apontar o futuro. Assim, sob um outro ponto de vista, o que se desejava era uma verdadeira revolução. Para tanto, era necessário encontrar líderes e um novo exército. O líder aclamado como um semideus era o encenador, então chamado diretor, uma autoridade nova capaz de impor o espetáculo como conceito, quer dizer, a encenação, e reduzir os atores, os monstros sagrados de um pouco antes, à dimensão de porta-vozes do autor, entidade que o encenador devia transmudar em essência da cena. O novo exército era uma nova classe teatral, que deveria ser recrutada ou formada.

Essas eram as intenções gerais do moderno – quer dizer, da geração que assumiu o compromisso efetivo de transformar o palco brasileiro, para que ele, afinal, acertasse suas passadas com o andar do mundo ocidental. Mas o apanhado esquemático não deve levar à ilusão: são conclusões de pesquisador, vale frisar – não foram nunca expressas em um manifesto, não foram o objetivo de uma proclamação e nem mesmo de um movimento artístico na acepção clássica que se costuma atribuir ao termo. Não aconteceu uma corrente do pensamento, estruturada e coerente, que caracterizasse "evolução artística", segundo a definição dos dicionários, ainda que se possa e se deva falar em um movimento de geração.

Essa condição dispersa não deve ser menosprezada. Com certeza é ela que faz com que o moderno figure "como um problema nos domínios da teoria teatral brasileira", segundo a síntese proposta por Edélcio Mostaço[55]. As intervenções isoladas e localizadas que pontilhariam, para certo ponto de vista, o início da trajetória do novo palco, intermitência ocasional que alguns pesquisadores teimam em ver como uma espécie de formulação gradual do moderno, sugeriram ao estudioso a indicação de duas tendências de análise para o aparecimento do teatro moderno. Ele considera a existência das duas propostas de análise, a evolutiva e a da ruptura, como se fosse possível indicar com nitidez um momento de ruptura, que seria a encenação de *Vestido de Noiva*, de Nelson Rodrigues, em 1943, pelo grupo Os Comediantes, sob a direção de Ziembinski.

Na verdade, parece clara a ocorrência de uma trajetória muito peculiar de formulação do novo, capaz de desautorizar tanto a noção de progressão como a de quebra. Em função desse outro modo de ver é que estamos recorrendo às noções de impulso e clamor, para chegarmos adiante à ideia de pulsação, que seria o melhor conceito para indicar a dinâmica própria ao palco brasileiro. A ideia de pulsação viabiliza a sugestão de capilaridade – variações e vertentes da substância da cultura, que se combinam e formam um desenho peculiar, que

55 Moderno (Teatro), em J. Guinsburg; João Roberto Faria; Mariangela Alves de Lima (orgs.), *Dicionário do Teatro Brasileiro*, São Paulo: Perspectiva, 2006, p. 185-186.

pode atingir diferentes formulações. Ao que tudo indica, esse seria o estratagema mais eficiente que se poderia usar para expor em algumas linhas o que foi a era das companhias modernas e do encenador no teatro de nosso país. Trata-se de um artifício de análise, cuja finalidade última é a explicação de uma dinâmica cultural rarefeita porque não obedece nem às imposições ditadas por uma ordem capitalista de estruturação de mercado, nem tampouco a uma institucionalização derivada de uma regência de estado. O procedimento permite compreender inclusive o enorme papel desempenhado pelas personalidades empreendedoras, desde sempre a chave de estruturação do meio teatral (e do meio cultural) nacional.

Sob esse ponto de vista, parece natural considerar que o período em que despontou, timidamente, o clamor de mudança foram as décadas de 1920/1930 – exatamente um período pródigo em transformações da sociedade brasileira. Os anos da primeira metade do século contaram com uma forte expansão da prática do teatro na sociedade brasileira, não só no Rio de Janeiro. Grêmios amadores surgiram em clubes, associações profissionais e escolares por todo o país. Ao que tudo indica, a voga surgira já no final do século XIX – textos como *Mambembe*, de Artur Azevedo, de 1904, permitem afirmar a existência de um ciclo já firmado, mas em franco crescimento. Do crescimento nasceu o requinte e uma resultante lógica dessa expansão da arte foi a eclosão de ambições artísticas mais ousadas, alguma rebeldia, ainda que vaga – logo, o desejo de derrocada do teatro do primeiro ator, o combate contra a cena que se restringia à exibição de virtuosos ao estilo do século XIX.

Estas condições fizeram com que o primeiro gesto moderno fosse dos amadores, como se viu no capítulo anterior. Depois das realizações nem sempre bem-sucedidas, ou bem recebidas, de Renato Vianna, Álvaro Moreyra e Flávio de Carvalho, o teatro moderno foi verdadeiramente proposto pelo Teatro do Estudante do Brasil (TEB), a partir de 1938. A repercussão de seu primeiro espetáculo – *Romeu e Julieta*, de Shakespeare, direção de Itália Fausta – funcionou como um estopim para a multiplicação de iniciativas pelo país, devotadas ao interesse em ousar propor um teatro informado por outras ideias[56]. Foi iniciado um ciclo, em que devem ser vistos empreendimentos tais como o Teatro Universitário (1940-1950), de Mario Brasini e Jerusa Camões, o Grupo de Teatro Experimental, em atividade de 1942 a 1948, organizado por Alfredo Mesquita (1907-1985), o Grupo Universitário de Teatro, fundado em 1943 e dirigido por Décio de Almeida Prado, estes dois em São Paulo, e o grupo Os Comediantes, organizado por Brutus Pedreira (1904-1964) e Tomás Santa Rosa (1909-1956), cuja estreia se deu em 1940.

Vale fixar o que se pretende esclarecer. Essa abordagem tem um cálculo preciso. Em primeiro lugar, ela busca defender um ponto de vista determinado sobre a natureza geral do teatro moderno brasileiro. Ele teria sido um clamor moderno da ordem da pulsação a favor de mudanças, mas sem organicidade, sem a densidade de um movimento e sob um impulso geral de reação contra uma situação repudiada, qualificada como de *inferioridade cultural*, uma reedição do impulso civilizatório incorporado pela vida cultural brasileira desde o século XIX. Esta condição não só fez com que a proposta do teatro moderno fosse um fato do teatro amador, mas também fez com que ela tardasse a ser incorporada pelo teatro profissional. Além disso, a sua incorporação ao profissionalismo se fez em condições muito peculiares, sob três ordens distintas de procedimentos: esforços de atualização (sensação, melodrama e filtragem), instrumentalização política e finalmente a incorporação e o luto. É preciso, então, fechar o tema do teatro moderno amador para cuidar dos três segmentos seguintes.

Amadorismo Moderno

Para uma nova compreensão do teatro moderno brasileiro, vale destacar a necessidade de uma leitura brasileira da história desse teatro. Não há sentido em continuar tentando transpor modelos e parâmetros estrangeiros para a leitura de uma dinâmica de trabalho que apresenta características

56 A montagem de estreia do TEB não foi até o momento objeto de um estudo detalhado; deveria ser avaliada com rigor em suas condições de encenação, a partir de uma análise comparativa com o filme *Romeo and Juliet*, direção George Cukor, de 1936, grande sucesso na época.

locais fortes. O primeiro grande tema de interpretação dos fatos históricos é o aparecimento do teatro moderno, como ele teria surgido, para que viesse a se tornar o modo poético, isto é, o modo de produção da cena. O debate ainda está em fase inicial: é o que atesta, por exemplo, o estado da arte exposto por Edélcio Mostaço no verbete citado. Supor a progressão ou a ruptura, a quebra, significa considerar graus de existência de uma formalização orgânica, como se houvesse um processo da história da arte, de maturação da linguagem, equiparável ao europeu. No caso, há na verdade um modo de ser do teatro local que luta sozinho pela própria sobrevivência, que pretende se manter atualizado, na medida de sua capacidade exclusiva de absorção do novo. Quer dizer, a partir de uma necessidade de expressão artística natural, inerente à vida em sociedade, são absorvidas e retrabalhadas de forma circunstancial referências variadas de linguagem, segundo o padrão europeu. Assim, o que importa reconhecer é esse percurso local, em suas tonalidades específicas, e não tentar situar ou discutir a ocorrência de formas de emergência assemelhadas ao processo europeu original.

Portanto, é de fundamental importância frisar que a modernização efetiva do teatro brasileiro começou a ocorrer como resultado da ação de amadores. Mas a dinâmica amadora brasileira conta com um perfil muito singular, pois o mercado teatral, espontaneísta, incipiente, rarefeito, não dialoga de maneira intensa com o amadorismo; o amadorismo é um espaço do puro gesto de amor mesmo, não é uma reserva para a renovação sistemática do mercado, não é o seu pulmão, não é nem mesmo o seu oxigênio. São, a rigor, vidas paralelas e o cruzamento entre os dois ciclos é mais fruto do acaso (e de razões de ordem pessoal) do que de uma sistemática institucional.

E foi essa condição de existência paralela que viabilizou a disseminação das referências do teatro moderno no universo amador. Inicialmente, no Teatro do Estudante do Brasil; depois, no grupo Os Comediantes. Tal situação, no entanto, não deve ser vista como o início de um processo gradual de mudança – como já se observou, o teatro amador era um circuito efetivamente à parte da vida teatral – e o comentário de Gustavo Dória é um bom termômetro:

> A crítica pouco se manifestou. Espetáculos de amadores não despertavam maior interesse e muito menos os realizados por estudantes. Acontece, porém, que tais previsões falharam e os jornais durante muitos dias comentaram o grande acontecimento através de artigos assinados por comentaristas ocasionais ou por intelectuais de renome que não se cansavam de louvar a iniciativa que parecia indicar novos rumos para o teatro em nossa terra. Afinal de contas, assistir-se a uma das mais comentadas obras de Shakespeare, numa versão de tão alta qualidade, não era um acontecimento comum, além do que os jovens estudantes, como amadores sem qualquer experiência, revelavam-se atores inacreditáveis[57].

É bem verdade que o poder de repercussão do TEB oscilava bastante. Ao longo de sua existência, foram muitas as realizações notáveis, até o início dos anos de 1950, quando o seu papel se tornou secundário, em boa parte porque a energia criativa de Magno passou a ser mobilizada principalmente para os festivais de teatro que começou a organizar.

Mas a leitura do texto-depoimento de Gustavo Dória sobre a movimentação teatral carioca que conduziu ao aparecimento do grupo Os Comediantes não deixa dúvida que o TEB provocou alterações. A repercussão alcançada começou a promover contaminações. Os jovens que pretendiam fazer teatro, egressos da Escola de Arte Dramática do Distrito Federal (atual Martins Pena) ou simples curiosos, passaram a demonstrar o reconhecimento de duas exigências novas para a arte – a presença de um diretor e o cuidado na seleção do repertório. Sob esses dois nortes atuaram o TEB e o grupo Os Comediantes, animados com a ideia da modernização teatral. A qualidade de seus espetáculos certamente foi um golpe para as companhias dramáticas capitaneadas pelos primeiros-atores. Não por acaso, começa a haver um processo de mudança, muito tímido e localizado – na realidade mais um desejo de atualização do que de transformação –, no mundo do teatro profissional da época, antes mesmo da estreia de *Vestido de Noiva*, em dezembro de 1943; ressalte-se a timidez de tais indícios, no fundo verdadeiras caronas na fama dos jovens, como se percebe no relato de Gustavo Dória:

57 *Moderno Teatro Brasileiro*, Rio de Janeiro: MEC/SNT, 1975, p. 50.

Jornalistas, escritores, artistas, cronistas etc., comentavam e escreviam sobre as atividades das duas iniciativas, o Teatro do Estudante e Os Comediantes, salientando as novas perspectivas abertas.

Esse apoio público, ainda que restrito a uma determinada classe, repercutiu também no profissionalismo teatral, como seria fácil de constatar.

Por exemplo: em nota publicada em *O Globo*, de 14 de fevereiro de 1940, logo após a primeira apresentação de Os Comediantes, encontramos entre os projetos de Procópio Ferreira, ator e empresário, para o seu repertório futuro, a montagem de originais como *O Avarento* e *Travessuras de Scarpino*, de Molière, em tradução atualizada, ao lado de *A Megera Domada*, de Shakespeare, e textos de Martins Pena, França Júnior, Artur Azevedo, Roberto Gomes e outros.

A 6 de março do mesmo ano Luiz Iglezias inicia as atividades de sua Companhia de Comédias, apresentando como primeira figura a atriz Eva Todor, que, muito jovem ainda, deixava o teatro de revista para o repertório de comédia. Para participar do elenco, convida Iglezias Sônia Oiticica, a *Julieta* do Teatro do Estudante, e mais outros amadores oriundos da mesma fonte como Danilo Ramirez e Ribeiro Fortes, este último diplomado pelo então Curso Prático de Teatro, do Serviço Nacional de Teatro, além de Heloísa Helena, oriunda de família de destacada posição social e que já participara de alguns espetáculos de amadores, de beneficência, além de exibições em programas de rádio. O desejo de Iglezias de se integrar no movimento que se esboçava vai além; chama para dirigir seus espetáculos Esther Leão, responsável pelas recentes realizações do Teatro do Estudante e com as atribuições de coordenadora de todo o elenco. Mas, por outro lado, cedia ao gosto do público encomendando a Paulo de Magalhães, que havia dois anos liderava a lista dos "autores mais representados do ano", o original de estreia, a comédia *Feia*, onde o então popular autor não realizava uma chanchada pura e simples, mas enveredava por uma tênue tentativa de comédia psicológica, ainda que em bases ultra rudimentares[58].

O que significa ceder no detalhe e aferrar-se ao essencial, digamos. Havia alguma percepção do esgotamento da velha forma da cena e referências novas passaram a ser incorporadas, mas eram adereços decorativos pregados em um morto. Portanto, o movimento era de fundo, não mero reflexo das atitudes dos novos e atesta a existência de uma pulsação peculiar, de sobrevivência. Muito embora o velho teatro fosse monolítico, ele era poroso, capilar, justamente por ser fruto da ação individual.

E esse movimento específico prosseguiu em seu próprio ritmo após 1943. Acrescente-se à lista, em 1944, a temporada da companhia da atriz Dulcina de Moraes, patrocinada também pelo Ministro Capanema, no Teatro Municipal, e adiante a temporada que apresentou no Teatro Ginástico, elogiada por seu rigor artístico, bastante elevado. Já nos anos de 1930, após viajar para conhecer o teatro norte-americano, Dulcina de Moraes começara a se inclinar a favor de uma elevação do padrão artístico de sua companhia.

Um outro episódio que deve ser levado em conta teve como protagonista a jovem atriz Bibi Ferreira. Ela conseguiu reabrir o Teatro Fênix, cedido pela prefeitura em 1942; depois de cuidada reforma, a sua companhia passou a ocupá-lo com repertório mais exigente do que o que dominava o mercado e a escalar nomes novos, lançados no amadorismo, ao lado de profissionais experientes. A opção contemplou também estreantes, que se projetavam na época por outras razões – como a estonteante modelo fotográfica Maria Della Costa, que fazia sucesso nas passarelas depois de embelezar shows do Copacabana Palace. Em algumas fichas técnicas, a figura do diretor começou a figurar no lugar do antigo ensaiador, muito embora nem sempre a sua função fosse justificada e precisa; acabava sendo um nome novo para uma ocupação antiga.

Esforços de Atualização (Sensação, Melodrama e Filtragem)

A timidez das iniciativas deve ser sublinhada para que não se tenha ilusão. As dificuldades não eram desprezíveis. O seu peso parece inegável quando se constata o fracasso da trajetória do grupo Os Comediantes em direção à profissionalização. Foram duas tentativas seguidas – Os v Comediantes e Os Comediantes Associados, com mudanças de integrantes, problemas de falta de verbas e de prestação de contas de verbas concedidas pelo governo – aliás, os problemas da equipe com as verbas do Estado começaram em 1944, quando a

58 Idem, p. 82.

dotação polpuda recebida em 1943 não foi objeto de prestação de contas convincente[59].

A lição que parece mais clara no contexto é a da impossibilidade de transposição das novas propostas para o meio profissional. Quer dizer: o teatro profissional brasileiro não se tornou moderno, apenas começou a absorver elementos de uma nova forma de fazer teatro, iniciando uma caminhada muito conturbada em direção à sua transformação. Um dado relevante é a demora para a supressão do ponto, instituição que sobreviveu durante boa parte dos anos de 1950.

Esse hibridismo permitiu que recursos novos de linguagem se sobrepusessem ao falar antigo, com o aparecimento de um teatro muito curioso, ainda não muito pesquisado, no cenário carioca da década de 1950. O maior termômetro para a indicação desse perfil não é só o fracasso do projeto de profissionalização de Os Comediantes, mas as dificuldades que os nomes novos tiveram que transpor para estar em cena no Rio de Janeiro – ou mesmo para sair de cena no Rio.

Um segmento desse grupo é o melhor exemplo para a análise de caso. Após o encerramento das atividades de Os Comediantes, ficaram órfãos não apenas Nelson Rodrigues e Ziembinski – este, aliás, aceitou os mais disparatados convites para sobreviver de sua arte durante os anos de 1947 e 1948, segundo conta Yan Michalski[60]. Também ficou ao desabrigo um grupo de dedicados servidores do teatro. Foi a esses nomes que Nelson Rodrigues recorreu, para tentar montar o seu texto que mais atrito provocara com a censura até então, *Anjo Negro*.

O autor conseguiu reunir algum capital; com a ajuda de um dos seus irmãos, obteve a cessão do Teatro Fênix, que estava na mão de um arrendatário, e chamou Sandro Polônio (1922-1995) para o papel de produtor. Sob a liderança do jovem, uma nova companhia foi organizada, com a participação de Ziembinski, Maria Della Costa e a veterana Itália Fausta (tia de Sandro Polônio e responsável por sua criação e formação profissional: ele fora fundador do TEB; trabalhara lá e no mercado teatral, em especial ao lado da tia, como cenógrafo, ator e empresário). Todos os nomes tinham estado na aventura final de profissionalização de Os Comediantes, ao lado de personalidades de projeção como Miroel Silveira (1914-1978)[61], que regressou para Santos após o fracasso das duas tentativas realizadas para firmar o grupo no mercado. Miroel Silveira acabou por ceder ao jovem empresário um nome sonoro para o novo coletivo: Teatro Popular de Arte.

Até o início de 1949 o Teatro Popular de Arte tentou se impor como uma companhia estável moderna. A princípio, o repertório escolhido dizia da ambição por uma arte nova. Também a ficha técnica era costurada com bastante rigor: ao lado de Ziembinski, surgiu um nome novo na cena, o primeiro dos diretores italianos que viriam a ter importância definitiva no palco nacional, Ruggero Jacobbi (1920-1981), além de cenógrafos como Lazlo Meitner e Santa Rosa. Fora isso, foi nesse cenário que se projetou a primeira diretora do teatro brasileiro, precisamente a atriz Itália Fausta, consagrada na função nesse momento.

As três primeiras peças foram marcadas por forte ambição teatral – além do polêmico *Anjo Negro*, foram montadas *Estrada do Tabaco*, de Erskine Caldwell e Jack Kirkland, e *Teresa Raquin*, de Zola, antigo sucesso do século XIX, cujo objetivo de montagem era saudar o jubileu artístico de Itália Fausta. O grupo ofereceu a seguir o espetáculo que seus próprios membros viram como o mais ousado do repertório – *Lua de Sangue*, de Büchner, na verdade o cortante *Woyzeck*, um fracasso memorável de público. Após a ousadia, o passo atrás – encenou-se o melodramático *Sonata a Quatro Mãos*, de Guido Cantini, pretexto para exibição do galã do rádio Paulo Gracindo. Um grande escândalo e um espetáculo infantil encerraram a história da empresa no teatro carioca – *A Prostituta Respeitosa*, de Sartre, e *O Anel Mágico*, de Alberto Rebello de Almeida.

A temporada foi tumultuada; uma briga com o arrendatário do teatro levou à organização de uma greve – a greve do Fênix, em que os artistas dormiam no teatro e conquistaram o apoio popular. Mas nem assim foi possível conquistar meios equilibrados para a sobrevivência da equipe. E a greve acabaria sendo

59 Cf. Tania Brandão, *Uma Empresa e Seus Segredos: Companhia Maria Della Costa (1948-1974)*, São Paulo: Perspectiva, 2009.

60 *Ziembinski e o Teatro Brasileiro*, São Paulo/Rio de Janeiro: Hucitec/MEC/Funarte, 1995.

61 Cf. Miroel Silveira, em Alfredo Mesquita et al., *Depoimentos II*, Rio de Janeiro: MEC/DAC/Funarte/SNT, 1977, p. 129-130.

motivo para o rompimento com Nelson Rodrigues em 1949. No início desse ano o conjunto abandonou a praça e partiu em viagem pelo país, no estilo do antigo mambembe, do velho teatro, para fazer caixa; exploraram o carisma da consagrada Itália Fausta, percorrendo caminhos em que ela estivera e comemorando ainda os seus cinquenta anos de cena. O curioso, então, é que a viagem serviu para formar uma nova atriz, Maria Della Costa, em múltiplos papéis e grandes desafios; mas o destaque em cena era a experiente Itália Fausta, com sua voz tonitruante e sua máscara facial de grande impacto.

Por ironia, foram para São Paulo; lá inauguraram o Teatro Cultura Artística, encontraram outro ambiente de trabalho e nunca mais voltaram para o Rio de Janeiro, a não ser em pequenas excursões. Itália Fausta voltou ao Rio para morrer (1951), enquanto os seus colegas de palco optavam pela cidade que vira nascer a estrela, no início do século XX, e que fora, então, pequena para a sua força dramática. São Paulo tinha uma outra atmosfera e de repente a grande massa de jovens que se projetou na cena carioca emigrou. Era a nova classe teatral que Pascoal Carlos Magno considerara fundamental formar, para que se tentasse construir um palco novo e inquieto.

Itália Fausta em cena de *Estrada do Tabaco*, dirigido por Ruggero Jacobbi. Teatro Popular de Arte, 1949.

Ruggero Jaccobi.

Instrumentalização Política

Para os jovens que enfrentavam o velho teatro cristalizado do Rio de Janeiro, a arena paulista era uma bênção. Na verdade, no rigor da letra, São Paulo era um deserto: àquela altura do século XX, apesar da pujança econômica crescente, não existia um teatro profissional paulista assentado, comparável ao mercado carioca. O que se chamava teatro brasileiro até então era, na verdade, o teatro feito na capital federal, carioca; os demais centros urbanos do país contavam com um cotidiano de produção rarefeito, amador, em que a vivacidade e o brilho só aconteciam quando as companhias e os elencos da capital ocupavam os palcos. Ou quando chegavam os estrangeiros.

Contudo, desde o início do século XX São Paulo era o grande poder econômico do país, a princípio graças ao café, depois em função da liderança industrial e financeira. Era preciso que a terra obreira fosse despojada de sua aparência caipira e conquistasse o estatuto de centro irradiador de ideias, arte, cultura. A exigência era um corolário da construção de um poder. A agitação nesse sentido pode ser rastreada desde as primeiras décadas do século XX – e logo chegou ao teatro. Envolvia um projeto político claro, ainda que por vezes a abordagem do processo pelos historiadores pareça um tanto mecânica demais[62].

Em tais condições, na segunda metade da década de 1940 a capital paulista se tornou o paraíso dos amadores ousados, modernos e inovadores. O amadorismo fervilhava. Foi o seu ímpeto, capaz de contagiar a elite paulistana, que fez com que um capitão da indústria, Franco Zampari (1898-1966), decidisse somar forças à agitação jovem. Como faltavam até mesmo palcos em São Paulo, sua primeira iniciativa foi remodelar um velho prédio para nele instalar um teatro, o Teatro Brasileiro de Comédia. O nome, além de encerrar um evidente projeto de poder, ecoava a bandeira de Os Comediantes, figurando uma plataforma estética a seguir. Mas era uma hipótese, pois na verdade o quadro da cena era bastante confuso.

A estreia do TBC atesta com rigor essa afirmação – conseguiu compor uma página do passado, com leve aceno para um vir-a-ser do teatro. O espetáculo inaugural foi um programa duplo; do Rio de Janeiro, veio a atriz Henriette Morineau que apresentou o monólogo *La Voix humaine*, de Jean Cocteau, em francês, o idioma da aristocracia paulistana cafeicultora, sob a direção da própria atriz e com a participação de Lúcia de Almeida como ponto. Completou a noite festiva *A Mulher do Próximo*, espetáculo do Grupo de Teatro Experimental (GTE) de Alfredo Mesquita, em que Abílio Pereira de Almeida era autor, encenador e diretor geral. O cenógrafo era Aldo Calvo (1906-1991), que chegara fazia pouco tempo da Itália, país em que conquistara projeção como cenógrafo e figurinista; trabalhava com decoração em São Paulo e, após a sua incorporação ao TBC, tornou-se um dos seus principais cenógrafos e um dos maiores nomes da transformação da cena no país. Ao seu lado, no entanto, estava o nome do ponto Hélio Pereira de Queiroz, que ajudara a encontrar o prédio reformado por Zampari e colaborara no processo de organização da nova casa de espetáculo. A casa que pretendia pulsar a favor do ritmo moderno era inaugurada sob a aura do antigo ponto.

Alberto Guzik narrou com muita clareza todo o estranho desenho dessa estreia. Se a nova casa abrigou logo os espetáculos dos grupos amadores e jovens que incendiavam São Paulo, a aproximação não foi imediata, nem fácil, conforme relato de Abílio Pereira de Almeida:

> Nós sabíamos que o Franco seguia à distância o nosso movimento [...], nos sentíamos gratos pelo seu interesse; no entanto, não víamos de que modo suas ideias um tanto quanto extravagantes poderiam se conciliar com os nossos objetivos, que reputávamos bem mais sérios[63].

Parecia impossível conciliar a figura do executivo burguês com o empreendedor de teatro e Zampari entrou para a história como esta espécie de animal de exceção, o único mecenas do teatro brasileiro, grandioso em seu gesto, perdulário em sua obra, tal a dimensão do empreendimento que acabou tornando realidade. No calor da hora, parecia aos jovens que o que ele queria era um palco e uma massa de ingênuos para vir a encenar as peças que escrevia, uma delas apresentada com rumor em uma noite de sarau da elite. Afinal, foi justamente a satisfação da alta sociedade com a apresentação de *A Mulher de Braços Alçados*, de sua autoria, nos jardins de Sophia Lebre Assunção, que levou Zampari e Cicillo Matarazzo a propor a um grupo de personalidades a fundação da Sociedade Brasileira de Comédia, entidade sem fins lucrativos que iria congregar os amadores da cidade e acabou por se tornar a mantenedora do TBC.

E a extravagância não era só o projeto de autor que lhe poderia ser atribuído, em contradição com sua rotina de capitalista – a própria escolha de madame Morineau para inaugurar o teatro parecia fora de parâmetros aceitáveis, mais pela forma como foi pensada a performance do que em razão da figura da atriz. É bem verdade que ela não era um

62 Cf. Marly Silva da Motta, *A Nação Faz Cem Anos*, Rio de Janeiro: FGV/CPDOC, 1992.

63 Apud Alberto Guzik, *TBC: Crônica de um Sonho*, São Paulo: Perspectiva, 1986, p 15.

mito revolucionário. Mas era um *acontecimento* recente do palco brasileiro. E causou escândalo – ou pelo menos bastante polêmica – o fato de que ela figurou em um conhecido monólogo em francês apenas para aquecer a noite. Segundo Alfredo Mesquita, Zampari escolheu a peça curta para entreter os presentes, enquanto os que chegassem atrasados eram aguardados para a apresentação da peça de fundo[64]. Um cenário de plumas e gazes brancas, com a atriz muito maquiada desfilando um vestido de gala, de cauda, deram a nota de um ato de inauguração em tudo oposto ao ideário de Copeau e do teatro moderno francês que apaixonava todos os amadores brasileiros ousados de então.

Francesa de nascimento, radicada aqui em virtude dos negócios do marido, Morineau abandonara a carreira de atriz na França e pudera retomá-la graças a dois golpes favoráveis do destino: a excursão de Jouvet ao continente, prolongada devido à guerra, e as aulas que começou a ministrar no Rio de Janeiro, na ABI. Pessoa extraordinária, de imenso carisma, conquistou, dentre os seus alunos, uma dupla de ardorosos fãs de teatro, Carlos Brant e Hélio Rodrigues. Eles decidiram organizar uma companhia de teatro em que ela seria o primeiro nome. Surgiu assim a companhia Artistas Unidos (1946-1959), um conjunto que não se pode qualificar como moderno na plena acepção do termo, mas que era uma empresa diferente das conservadoras empresas ao redor. A sua aproximação maior seria com a companhia da atriz Bibi Ferreira, para quem assinou algumas direções no Teatro Fênix; as duas poderiam ser qualificadas como empreendimentos de conciliação, em que o cálculo preciso de mercado era acompanhado por um rigor da arte do mais alto padrão, rigor, porém, insuficiente para derrubar velhas fortalezas do *métier* que, no caso de Madame, foram aprendidas nas exigências do Conservatoire e exercitadas na disciplina da Comédie Française.

A bem da justiça, a empresa de madame Henriette Morineau significou a proposição de um teatro de *boulevard* mais requintado na escolha do repertório e de extremo apuro na produção. Em 1947 a empresa realizou apresentações bem-sucedidas em São Paulo e empreendeu uma viagem de sucesso pelo país; ao regressar ao Rio de Janeiro, a atriz foi agraciada pelo governo com a comenda de Cavalheiro da Ordem do Cruzeiro do Sul, episódio que provocou a revolta do ator Jayme Costa. Em sua trajetória, a companhia representará um lugar de formação para os novos atores e incorporação de jovens diretores disponíveis no mercado, mas é difícil sustentar a opinião de que oferecesse o teatro mais denso possível para os paladares juvenis mais exigentes.

Portanto, a estreia do TBC acabou indicando o que ele seria em um primeiro momento: o abrigo para os amadores em uma cidade em que os teatros eram poucos e com agendas superocupadas. Logo, contudo, o rumo do edifício foi alterado e um espectro de atuação bem mais amplo surgiu ao seu redor. O TBC se tornou um polo de produção de teatro em moldes inéditos na história do país e em tais condições foi influência decisiva para tudo o que acontecia à sua volta e na posteridade. Tal não se deu por combustão espontânea, nem inspiração estrangeira.

A trajetória do Teatro Popular de Arte no Rio de Janeiro pode ter sido a grande influência para a mudança de rumo de Franco Zampari. Assim como a equipe do Rio incorporara Ruggero Jacobbi, responsável por algumas direções do conjunto por vezes em parceria com Itália Fausta, Zampari também decidiu incorporar mais um italiano à sua equipe, iniciando a era dos diretores italianos no teatro paulista. Esta se tornaria uma marca do TBC e forneceria a oportunidade para a formação da primeira geração de diretores locais.

Seguindo conselho de Aldo Calvo, ele localizou um jovem diretor italiano em Buenos Aires e lhe ofereceu o cargo de diretor artístico do novo teatro, já em 1949, situação que foi a base para a transformação do edifício em sede de uma nova companhia. O jovem diretor era Adolfo Celi (1922-1986), o primeiro diretor artístico da casa, que concebeu a estrutura da companhia em acordo com Franco Zampari. No entanto, o principal segredo de sua projeção, uma orientação de escolha de montagens que ficou conhecida como a alternância tebecista de repertório, ou o ecletismo tebecista, parece ter sido inspirada na política de gerência teatral que fora cunhada por Sandro Polônio no TPA ainda no Rio de Janeiro. No fundo, não é nada arbitrário supor que o empresário, ao reunir

64 Cf. Alfredo Mesquita, em A. Mesquita et al., op. cit., p. 27.

Nelson Rodrigues, Zola, Sartre e Guido Cantini, estivesse seguindo à sua maneira ensinamentos da velha atriz Itália Fausta, que soubera dominar o mercado através da composição de autores. Dessa forma, estranhas sintonias foram tecidas no nascimento do moderno. Elas permitiram, contudo, que o teatro paulista conhecesse uma projeção admirável – era o moderno que efetivamente se impunha, mesmo que necessitasse se implantar através de subterfúgios de conciliação que eram mais próprios da cena carioca.

É essa alquimia tão esquisita que explica a convivência de escolhas bem disparatadas, características da identidade do TBC; ela tem um alcance surpreendente. Ao lado do projeto de poder (o teatro é *brasileiro* de comédia), houve uma timidez impressionante em relação ao autor e ao assunto nacional. Ao lado de atores espontâneos, formados ao sabor da luta e em uma atmosfera algo voluntarista, já o tom da peça de estreia, *Nick Bar... Álcool, Brinquedos, Ambições*, de William Saroyan, foi a pesquisa da teatralidade e da vivacidade espetacular. Isto sem que se fale na notável curva de oscilação do repertório geral, bem situada por Alberto Guzik[65].

Para a historiografia tradicional, o TBC foi o grande templo do teatro moderno, afirmação que tende a se tornar cada vez mais discutível. As melhores linhas para sugerir o seu perfil podem ser deduzidas a partir do estudo realizado por Alberto Guzik, com a fixação das seguintes fases para a história da empresa: 1948-1949 – amadorismo e dinamismo; 1949-1953 – sucesso, ensino e estruturação; 1953-1955 – a era das estrelas; 1956 – 1960 – crise do conceito moderno; 1960-1964 – fase brasileira.

Ao longo desse percurso, o TBC instaurou um conceito de teatro como carpintaria, artesanato e requinte, formou profissionais de diversas especializações teatrais (e não por acaso abrigou em seu prédio a Escola de Arte Dramática fundada por Alfredo Mesquita, a primeira escola de teatro moderna do país), lançou cenógrafos, diretores, figurinistas, formou a primeira geração de diretores nacionais, dignificou a profissão no teatro a partir de condições trabalhistas decentes.

E lançou estrelas – atores e atrizes de grande importância para o teatro nacional adquiriram projeção absoluta em suas montagens. A lista pode ser resumida – e não sem alguma injustiça – em alguns nomes decisivos: Cacilda Becker, Madalena Nicol, Célia Biar, Fregolente, Paulo Autran, Ziembinski, Eugênio Kusnet, Ruy Affonso, Tônia Carrero, Cleyde Yáconis, Nydia Licia, Sérgio Cardoso, Ítalo Rossi, Jardel Filho, Margarida Rey, Walmor Chagas, Leonardo Vilar, Nathália Timberg. Nomes como Fernanda Montenegro e Fernando Torres, cuja carreira profissional fora iniciada com os Artistas Unidos, obtiveram sucesso no TBC – mas a sua projeção nacional surgira na empresa de Sandro Polônio.

Aliás, se é justo afirmar que o TBC se inspirou na fase de origem do Teatro Popular de Arte, é importante reconhecer que um diálogo curioso foi travado em São Paulo entre os dois núcleos. Depois do período de itinerância, Sandro Polônio e Maria Della Costa decidiram construir um teatro em São Paulo, o Teatro Maria Della Costa, que acabou impondo o seu nome à empresa, que se transformou na Companhia Maria Della Costa e relegou ao esquecimento a sigla TPA. Para orientar o novo conjunto, Polônio, que já lançara Ruggero Jacobbi, em uma troca curiosa, repetiu o gesto de Zampari – da Itália trouxe um diretor, na verdade o importante cenógrafo do Piccolo Teatro de Milão, Gianni Ratto (1916-2005). A nova orientação fez com que o palco novo fosse inaugurado com um dos espetáculos mais belos da história do teatro brasileiro, *O Canto da Cotovia*, de Jean Anouilh, em 1954, uma aula rigorosa de teatro moderno, em que a direção, a cenografia, a interpretação e a iluminação aconteciam como poesia de cena.

Após algum tempo – e depois de lançar o autor Jorge Andrade (1922-1984) e projetar em escala estrelar a atriz Fernanda Montenegro, que obteve a chance de defender o principal papel feminino de *A Moratória*, peça em que Maria Della Costa não atuou –, Gianni Ratto saiu do TMDC. Havia implantado uma concepção nova de elenco e uma visão rigorosa e moderna da encenação. Passou rapidamente pelo TBC, companhia em que não conseguiu estabilidade. Algum tempo depois ele irá para o Rio de Janeiro, mas suas influências, contudo,

65 Op. cit., p. 223-225.

Maria Della Costa.

ficaram indeléveis na companhia da atriz, e significaram a proposição de um conceito coerente para a cena, um pensamento teatral. Ainda que se acusasse Sandro Polônio de ser um empresário preso em excesso à busca do sucesso comercial, ele conseguiu fazer com que Maria Della Costa apresentasse um belo repertório. O comércio era a ferramenta possível para que a arte do teatro acontecesse, fora de um desenho institucional canônico.

A sua empresa assinou ainda feitos teatrais memoráveis. Foi o casal de arrojados empreendedores que lançou Brecht no mercado profissional brasileiro, com *A Alma Boa de Setsuan*, de 1958; a dupla aderiu à poética esquerdizante das novas gerações, com *Gimba, Presidente dos Valentes*, de Guarnieri, montagem que projetou o jovem diretor Flávio Rangel, e assinou a poesia pungente de *Depois da Queda*, de Arthur Miller, em que Maria Della Costa e Paulo Autran, sob a direção de Flávio Rangel, se moviam no cenário despojado – e deslumbrante – criado por Flávio Império.

Ecletismo, realismo, internacionalismo e bairrismo, arte e mercantilismo da arte, sofisticação intelectual e concessão ao gosto médio do público – todas as observações são pertinentes para situar a aventura que aconteceu em São Paulo nos anos de 1950 e fez com que o mapa teatral brasileiro fosse profundamente modificado. Surgiu, em especial, uma forma nova de fazer teatro, em que um projeto artístico passava a ser o ponto de partida para a formulação de uma proposta, daí a importância que passou a ter o diretor, visto como o artista capaz de oferecer a constituição de um conceito de obra.

Em decorrência, uma forma nova de organizar companhias se impôs: a partir da ideia de *comediantes*, quer dizer, artistas que são humildes serviçais de sua arte, submissos aos seus papéis, prosperou uma ideia de elenco como organização coletiva, sem hierarquias, sem primeiros nomes. Esta concepção, todavia, esteve mais forte no TMDC do que no TBC, que logo se tornou um altar de estrelas, muito embora fossem estrelas modernas, glamorosas, muito influenciadas pelo brilho do cinema. Sandro Polônio, no TMDC, não demorou muito para seguir a sugestão e acabou por fazer de sua musa um dos grandes mitos do teatro paulista, a grande estrela Maria Della Costa.

Trata-se de um movimento sinuoso como o gesto ondulante da estrela. E contraditório, pois uma tênue fronteira entre o brilho pessoal e o brilho da arte se constitui, parece tremular e muitas

Walmor Chagas e Sérgio Cardoso.

vezes desaparecer. Essa marca gravou a trajetória dos atores consagrados pelo TBC. Logo eles foram deixando o velho lar para formar empresas próprias. E elas são modernas companhias de atores, tituladas por seus nomes, indicando um caminho novo, uma distância dos primeiros debates modernos em que a palavra *comediantes* era mais do que um título, era um manifesto de arte, um compromisso transcendental de autossuperação.

As primeiras companhias que se formaram a partir e ao redor do TBC tiveram curta duração e formações variadas; foram integradas por Madalena Nicol e Ruggero Jacobbi – pois também o primeiro diretor italiano a atuar no Brasil, pensador, literato e crítico de imensa grandeza, se mudara para São Paulo. As duas empresas de atores de maior projeção, por sua duração e pela manutenção de uma estética tebecista, ainda que sob coloridos diferençados, foram a Companhia Tônia-Celi-Autran (1956-1962) e a Companhia Cacilda Becker (1958-1969).

A primeira esteve sob a liderança do grande artífice artístico do TBC e seguiu, naturalmente, uma política estética e de repertório derivada da companhia de origem, com algum aproveitamento de títulos montados no velho endereço. Atendeu em grande parte a episódios afetivos pontuais, com o casamento de Adolfo Celi e Tônia Carrero. Apresentou a peculiaridade histórica de empreender o caminho de volta para o Rio de Janeiro em caráter definitivo pela primeira vez e arrebatou a plateia carioca com a sua montagem de estreia, *Otelo*, de Shakespeare, texto que a história do teatro profissional só conhecia na versão edulcorada de Ducis defendida por João Caetano no século XIX.

A segunda empresa, com a presença de Cacilda Becker, que foi a estrela absoluta do TBC, ao lado de Ziembinski, Walmor Chagas e Cleyde Yáconis, teve como ponto de partida o repertório da atriz. Ela foi a primeira atriz do TBC – foi a primeira figura contratada do elenco da companhia, tornara-se esposa de Adolfo Celi e imperara à frente do elenco por sua qualidade interior, seu destaque, sua projeção e seu poder expressivo. Também a companhia estreou no Rio de Janeiro, muito embora sua sede persistisse sempre em São Paulo. E a estreia foi muito curiosa, pois Cacilda Becker não estava em primeiro plano no elenco, aparecia apenas no fundo do palco. A montagem foi *O Santo e a Porca*, de Ariano Suassuna, espetáculo em que o Teatro Dulcina pôde ver, um tanto atônito, uma Caroba vulgar e sedutora; era Cleyde Yáconis com as saias enfiadas por entre as pernas e as mãos hábeis para coçar as partes, no melhor espírito daquele teatro de outrora, da Praça Tiradentes, que fora desprezado e qualificado como apelativo e inferior. Ao mesmo tempo, o conjunto apresentava como segundo espetáculo uma torrente de tensão e sentimento – *Jornada de um Longo Dia para Dentro da Noite*, de O' Neill, em que Cacilda Becker e Ziembinski revelavam o seu carisma intenso. Destaque-se que a cenografia dos dois espetáculos de 1958 foi assinada por Gianni Ratto. De resto, o conjunto do repertório da companhia obedeceu ao mesmo perfil oscilante; houve uma inclinação para ir um pouco mais além, mas a morte prematura de Cacilda Becker impediu que tais ambições pudessem ser realizadas.

Em certo sentido, as companhias de atores viveram um primeiro momento de ousadia moderna, transgressão, invenção e proposição do novo. Aos poucos, foram reduzindo as suas propostas, caminhando dos conceitos e plataformas amplos para abordagens mais personalistas. Além da avaliação dos repertórios, um breve inventário de nomes ao longo dos anos de 1940 e 1950 endossa esta visão – se os títulos das primeiras companhias modernas eram abstratos, relacionados à arte que defendiam ou de alcance institucional, aos poucos passaram a ser os simples nomes dos atores (e por vezes diretores) que empresavam o conjunto, como antigamente, na era dos primeiros atores.

Um exemplo interessante é oferecido por um grupo de jovens atores formados pelo Teatro do Estudante do Brasil. O episódio que projetou a maior parte do grupo foi a montagem mais bem-sucedida do TEB, *Hamlet*, de Shakespeare, direção de Hoffmann Harnish, de 1948. Em cena, despontava para a aclamação absoluta do público brasileiro um dos maiores nomes de nossa cena no século XX, o ator Sérgio Cardoso (1925-1972), que contracenava com a jovem atriz Maria Fernanda. É certo que a montagem apresentava um discutido colorido romântico, mas o sucesso foi estrondoso, em particular graças ao ímpeto do intérprete principal.

Ainda que Paschoal Carlos Magno tivesse planos para as jovens celebridades do momento, elas decidiram enveredar pelo mercado e constituíram companhia própria – o Teatro dos Doze (1949), de curta duração. Faziam parte do empreendimento Sérgio Cardoso, Sérgio Britto, Beyla Genauer, Zilah Maria, Luiz Linhares, Carlos Couto, Jaime Barcelos, Rejane Ribeiro, Elísio de Albuquerque, Antonio Ventura, Wilson Grey e Tarcísio Zanotta. O número do nome era uma indicação direta de ambição – remetia à concepção de teatro de Copeau, era derivada de seu conceito de comediante, do ator que busca suprimir o seu ser em prol da representação, gesto que era materializado na escolha do número que suprimia os nomes.

A opção era forte, mas é curioso perguntar a que destino ela conduziu. O tema é importante para a abordagem de uma outra companhia egressa do TBC, a Companhia Nydia Licia-Sérgio Cardoso (1954-1959), e para a reflexão final que se deve fazer a propósito da aventura do teatro brasileiro moderno.

A Incorporação e o Luto

Sérgio Cardoso também se mudou para São Paulo, abandonou a aventura do Teatro dos Doze e esteve durante dois anos seguidos – de 1950 a 1952 – no TBC. Na companhia, exerceu a função de assistente de direção de Ziembinski e de Bollini e fez os cenários de uma montagem dirigida por Salce, além de trabalhar como ator em diferentes produções. Em 1953, ele já estava no Rio de Janeiro de volta, envolvido com a Companhia Dramática Nacional, criada pelo SNT, em que foi ator e assinou a sua primeira direção. Após uma breve estada de novo no TBC, o ator iniciou as atividades da companhia própria, ao lado da atriz e esposa Nydia Licia.

Se as fichas técnicas de sua companhia são examinadas com atenção, salta aos olhos o leque de funções que o ator desempenha no conjunto. Protagonista e primeiro ator em peças densas, ele conseguia ser o diretor, executar cenários e figurinos, em uma prodigalidade espantosa: o conjunto estava nas suas mãos. O mais curioso a observar é que, em 1949, quando os jovens egressos do TEB decidiram abandonar os projetos de Paschoal Carlos Magno e fundar uma empresa profissional, em que se tornaram pequenas partes de um elenco, os doze foram combatidos com veemência pelo veterano ator Jayme Costa, que só conseguia ver neles comparsas competentes para ingressar em conjuntos como o que ele próprio mantinha e governava. No pensamento do ácido ator cômico, existia uma hierarquia da arte e da profissão que era fundamental respeitar e que os jovens não podiam cogitar desobedecer.

Em 1957, em sua companhia, Sérgio Cardoso decidiu encenar uma nova comédia de Abílio Pereira de Almeida, *O Comício*. A peça apresenta uma trama de tons moralistas sobre a corrupção eleitoral e política do país. Em cena, um velho político corrupto contracena com um financiador venal do partido, propiciando construções farsescas irresistíveis para a plateia. Para o papel do político, Sérgio Cardoso convidou o velho Jayme Costa, recebido em triunfo nos bastidores, com homenagem na *tabela*, como rezava a cartilha do teatro de antigamente. Em cena, os dois artesanatos se entrecruzavam e conduziam a arte do ator para um outro lugar. A rigor, o que estava entre parênteses era o intruso que há pouco se imiscuíra nos negócios do teatro, o diretor-encenador que o primeiro ator estrelar da geração moderna ousava propor subsumir em sua intervenção. No novo desenho da companhia dos jovens de outrora, agora profissionais consagrados, o ator titular se tornava tão poderoso quanto os velhos monstros sagrados que repudiaram e combateram. Não há como negar que uma aproximação acontecera entre o teatro do antigo primeiro ator e a cena incendiária dos jovens.

Em 1959 uma nova companhia foi inaugurada, agora no Rio de Janeiro, revelando indícios de que uma transformação profunda efetivamente acontecia – talvez fosse justo afirmar que o teatro de uma geração deixava aos poucos de existir. Ironicamente, a nova companhia recebeu um nome corajoso – Teatro dos Sete. O seu líder era o mesmo diretor que fizera uma revolução na cena de São Paulo, poucos anos atrás – Gianni Ratto. Os seus atores eram nomes de primeira linha da geração moderna, dispostos a lutar por um ideal de teatro, mas agora esse ideal aparecia sob coloridos novos. Associados na organização do conjunto, além do diretor estavam Fernanda Montenegro, Fernando Torres, Sérgio Britto, Ítalo Rossi. Outros dois elementos participaram da concepção, mas se afastaram do projeto, situação que fez com que o teatro fosse na realidade dos cinco. E esse grupo, que conseguia voltar de São Paulo para o Rio após a queda do TBC, que estava em seu período final, de eclipse, esse grupo que conseguia dispensar os nomes próprios no título de sua empresa ousava montar *O Mambembe*, de Artur Azevedo, um texto do início do século em que o teatro do primeiro ator, em pleno exercício de suas formas, vagava pelo país caçando níqueis para sobreviver. A imagem não era aleatória, possuía algum sentido de verdade.

A rigor, novas gerações começaram logo cedo a combater a geração moderna – quer dizer, mal conseguiram chegar ao palco, os proponentes do moderno encontraram adversários ferozes para dizer que o que pretendiam fazer era ultrapassado. No fundo, a ambição antiga de fazer o país andar no passo da Europa chegava a um desfecho cruel, pois a linguagem nova, moderna, era ela própria estigmatizada como imperialista e colonizada, como se houvesse uma forma teatral nativa pura. O choque, que foi iniciado em meados dos anos de 1950 e chegou a uma temperatura elevada no final da década, progressiva ainda na década seguinte, fez surgir a designação pejorativa de *teatrão* como rótulo eficiente para descartar o que acontecia no palco moderno, pouco antes cobiçado como um sonho, e levou o próprio *teatrão* a buscar uma aproximação com o *inimigo*.

É esse choque que explica a fase brasileira do TBC, a última da empresa, quando, após a quebra econômica e financeira, Franco Zampari se retirou do empreendimento e, sob a intervenção da Comissão Estadual de Teatro, a companhia ficou sob o comando artístico de Flavio Rangel e Antunes Filho. Uma outra estética, mais despojada, com maior aproximação com o público, com uma interpretação menos impostada, ganhava espaço, com a preocupação de tentar voltar os olhos e as ideias para o que acontecia na sociedade do país. Em vez de mostrar em cena silhuetas finas que se deliciavam com porcelanas e chás, a hora era a de mostrar figuras embrutecidas que disputavam pedaços de pão.

É claro que existiam alas ainda mais radicais do que a dos tebecistas envoltos na brasilidade. No fim da década, o teatro de grupos era um valor novo que se projetava com força, com a *força da política* engajada e a *política da força* na discussão dos valores do indivíduo. A pouco e pouco dominando o espaço teatral, a nova voga fez surgir diversos empreendimentos, mas os grupos Arena e Oficina[66] foram os representantes máximos das duas vertentes. Nesse jogo, algumas barbáries foram cometidas, como a acusação de que o teatrão moderno fora responsável pela morte do velho teatro musical de convenções, da revista em particular, como se um defunto tão ilustre pudesse ter morrido de causa tão simples. De todo modo, 1961 é a data de convenção para a morte da revista musical carioca, e o próprio musical entrou em eclipse até os anos de 1990, com alguns eventos isolados pontuando o período.

O curioso é que – salvo o caso específico de Franco Zampari, após o ciclo inicial amador capitaneado por Paschoal Carlos Magno – o teatro moderno foi uma proposição e uma proposta sustentada pelos atores, que trataram de prestigiar os diretores, ao menos até o momento em que o grande primeiro ator do teatro moderno, o mais aclamado de seus intérpretes, começou a assinar ele próprio a direção. Não foi estranho ver surgir, nas gerações seguintes, imediatas, jovens atores inclinados ao histrionismo, à expressão pessoal mais franca e bruta, manifestações que trouxeram à lembrança a linha de trabalho de Dercy Gonçalves ou Oscarito.

E, no entanto, em entrevista para o número da revista *Dionysos* dedicado ao TBC, Antunes Filho, ilustre nome da primeira geração de diretores formados no país, fiel defensor de sua arte e de sua autoridade e hoje encenador em um sentido mais agudo do que aquele dos ingênuos diretores de outrora, fez um comentário preciso:

> Quando criança, minha mãe me levava de vez em quando ao teatro e eu vi um espetáculo muito importante, na época, da velha escola brasileira de teatro, em que se improvisava muito, havia muitos cacos. Fiquei horrorizado com isso e jurei nunca mais ir ao teatro. Eu era moleque, não entendia teatro, e ia muito pouco. Mas um dia eu fui assistir *O Mentiroso* no TBC. Foi um sonho, sabe? [...] Porque o ator brasileiro tem essa coisa que a gente chama de maravilhosa, que é a improvisação, que é um pouco de *Commedia dell'Arte*, e que é um pouco de concessão que eles fazem no trabalho, mas que me aborrece profundamente... [...] Eu acho que o teatro é uma outra coisa além da comédia de costumes[67].

O espetáculo citado é a segunda direção do recém contratado Ruggero Jacobbi no TBC, em 1949; era a estreia também de uma nova aquisição, o ator Sérgio Cardoso, "um delicioso e incontrolável mentiroso", no dizer de Sérgio Britto, louvado pelos espectadores como modelo de desempenho límpido, bem dirigido, irresistível. A encenação era cuidada, requintada, foi um dos grandes espetáculos do TBC, uma lição de leitura do texto que foi a grande lição dos primeiros diretores e que é, com certeza, o cerne da avaliação – e da escolha – feita por Antunes Filho.

Tratava-se da arte de fazer bem arte, se for resumido de forma bem esquemática um longo e inspirado estudo de Mariangela Alves de Lima. O seu estudo, no entanto, conduz o pensamento para um terceiro fator, com frequência negligenciado, e que será o motor das grandes crises do teatro brasileiro a partir de 1961 e nos anos de 1970 – o público. Se os grandes astros buscam preservar mecanismos de contato direto com os contemporâneos, será que se pode conjeturar que algo da sensibilidade brasileira foi negligenciado na sensibilidade moderna, pois o público, paulatinamente, retrocedeu? Seria esse o fator de explicação para a pulsação curiosa que precisa ser vista no palco moderno do país? Alguns dos argutos artigos de Ruggero Jacobbi já apontaram nessa direção. Para a compreensão mais nítida de nossa cena, vale pesquisar, tentar responder, ou formular perguntas.

E são muitas as perguntas que ficam no ar e nas quais é preciso pensar, já que pode ser uma pretensão muito grande tentar respondê-las. A primeira é a respeito da natureza profunda desse movimento moderno; a forma como o teatro moderno aconteceu objetivamente não impede o estudioso de pensar na proposição de "marcos para o advento do

66 Sobre o Teatro de Arena e o Oficina, ver infra, respectivamente, A Politização do Teatro: Do Arena ao CPC, p. 175; A Questão Experimental: A Cena nos Anos de 1950-1970, p. 221.

67 Entrevista concedida a Maria Lúcia Pereira, *Dionysos*, Rio de Janeiro, MEC/SNT, n. 25, set. 1980, p. 136-137.

teatro moderno" e equivalente? Em que medida esse processo precisa guardar analogia com o processo europeu de formulação da cena moderna? Não seria arbitrário, no caso da arte moderna, cogitar explicar a sua gênese ou afirmação como um processo gradual, evolutivo, cumulativo? Afinal o moderno é ou não é a instauração de um estado de ruptura? Até que ponto falar em teatro moderno explica realmente a trajetória multiforme do nosso palco, exposto a múltiplos vetores, desde as ambições locais até os ideários de migrantes de diversas origens, passando por condições muito peculiares de formação, de público, de participação do Estado e de diferentes instituições?

3. A MODERNIZAÇÃO DA ARTE DO ATOR

A primeira tentativa de transformação sofrida na então habitual arte de interpretar de nossos atores aconteceu a partir de meados do século XIX, quando a escola realista francesa entrou como novidade em nossos palcos. Imagens da realidade, personagens contemporâneas, discussões a respeito de questões sociais, debates sobre as mazelas ou virtudes da família burguesa requeriam um tipo de falar bem longe do saborear das palavras e do estilo tonitruante tão caro aos atores românticos e melodramáticos. Com o realismo cênico foram dados os primeiros passos em direção a tentativas não muito bem assimiladas das experiências naturalistas. Sem entender de fato o que se propunha, nossos ensaiadores ouviram falar de Antoine e do seu Théâtre Libre, reproduzindo a vida e sua *entourage* tal qual a víamos e vivíamos na vida real. Fazer com que o espectador estivesse "diante da vida como ela é" foi uma proclamação do naturalismo teatral. Consequentemente, alguns de nossos atores mais atilados foram mesclando ao seu modo de representar a naturalidade que julgavam necessária à mais perfeita interpretação dos dramas ou comédias então em voga.

Está claro que o estilo realista/naturalista de interpretação não fez com que a maioria de nossos intérpretes do passado abandonasse de todo o hábito do "dizer bem", preocupação primordial de muitos deles até os anos de 1940. O culto à fala não deixou de ser um perigo para os maus atores. "Diziam" sem dar muita importância ao significado mais profundo do que falavam, infensos às alterações impostas pela nova cena. Cristalizava-se a fala, e um certo pedantismo no ato de representar dominava a cena. Registre-se que o livro *Estética e Plástica Teatral*, de Antônio Pinheiro, editado em 1926, em Lisboa, assinala, entre os elementos que constituem o atrativo e o encanto natural do espetáculo, em primeiro lugar, "a beleza literária da peça" e em segundo lugar "a dicção, o canto e o encanto da voz humana". Só depois desses fatores vinha o interesse despertado pela intriga e pelas situações.

É óbvio que, algumas vezes, as exigências de linguagem de certos textos foram solicitando dos intérpretes comportamentos, na fala e no gesto, mais de acordo com os tempos em que estavam vivendo. Os ensaiadores conheciam os segredos do palco, acostumados que estavam à labuta cotidiana, mas conservavam-se distantes das teorias. Poucos teorizavam.

Adão, Eva e Outros Membros da Família, de Álvaro Moreyra (1888-1964), encenado em 1927, pelo Teatro de Brinquedo, e sobretudo *Voulez-vous jouer avec moâ?*, de Marcel Achard (texto mais ensaiado do que representado, pelo mesmo grupo), exigiam dos atores, evidentemente, uma maneira muito diferente de se expressar. Foi o que disse um remanescente do elenco de Eugênia e Álvaro Moreyra, o embaixador Vasco Leitão da Cunha (1903-1984), ao fazer um depoimento para o Serviço Nacional de Teatro: "Álvaro queria fugir a tudo que fosse convencional no teatro [...]. O Teatro de Brinquedo revelou não só artistas novos, mas novas maneiras de representar e sentir"[68]. Leia-se o seguinte diálogo:

MULHER: Vamos lá em casa, meu santo?

OUTRO: Não posso.

MULHER: Está à espera de alguém...

OUTRO: Não. Mas não posso. Qualquer dia.

MULHER: Hoje.

68 Em Afonso Stuart et al., *Depoimentos I*, Rio de Janeiro: MEC/DAC/Funarte/SNT, 1976, p. 155 e 164.

OUTRO: Hoje, não. Nem a conheço.
MULHER: Para ir à minha casa, é preciso me conhecer?[69]

Fugindo à literatice, numa tentativa de despersonalização da personagem, um expressionismo não tão deliberado, esse diálogo teria, de certa forma, forçado os atores a abandonar maneirismos antiquados, nos gestos e falas rebuscadas. O teatro dos Moreyra não era apenas de brinquedo.Caso tivesse tido continuidade, não ficaria apenas no pioneirismo, que outros iriam retomar uma década depois, mas teria formado uma escola de novos intérpretes depurados não só pela dramaturgia enxuta de *Adão, Eva*, quanto pelos textos que prometia encenar e que, certamente, iriam dar novas cores à maneira de fazer chegar até o público uma peça de teatro.

Menos hábil e menos culto do que Álvaro Moreyra, Renato Vianna (1894-1953), autor, diretor e ator, dizia-se um pioneiro, conhecedor das ideias que anunciavam uma renovação no teatro. Segundo ele, seu teatro era "um teatro de síntese, no qual som e luz seriam 'valores de ação dramática'". E quanto à interpretação? Diferentemente de Álvaro, seus textos tinham incursões melodramáticas e não conseguiam fugir de certo mau gosto. Teriam surgido novas formas de interpretação, decorrentes das pausas (uma de suas novas "conquistas") e das anotações indicativas de comportamentos cênicos? Leia-se a rubrica final, do segundo ato de *Sexo*, texto de sua autoria, cheia de intenções:

Indecifrável expressão de Calazans, que dobra lentamente o bilhete e o guarda. Um silêncio. Olha em pensamento para Vanda, pela escada por onde esta deve ter subido com Corina [...]. Vai buscar o cachimbo e dispõe-se a fumá-lo. Senta-se. E a única expressão que se consegue de tudo quanto lhe vai na alma, em segredo, é um longo e profundo suspiro, que tanto pode ser de alívio quanto de dor... Quem poderá ler o que a consciência escreve no pensamento? É melhor, pois, que o pano desça sobre a cena e a apazigue[70].

Ainda que o texto traga Freud para a cena e as divagações incitem a interiorização, desviando a interpretação da simples declamação, o linguajar permanecia antigo. "A Senhora Condessa está equivocada", diz uma personagem. Na certa o ator encarregado da fala não iria conseguir afastar o tom melodramático.

O fato é que os novos, ao findar os anos de 1930 e no início da década seguinte, conheciam pouco das realizações de Álvaro Moreyra e das batalhas de Renato Vianna. O que mais lhes chamava atenção era um teatro estabelecido em bases mais ou menos sólidas, conduzido por gerações comprometidas com adaptações de comédias estrangeiras e sobretudo com aquilo que era o forte de todos eles: nossas peças descompromissadas. Contudo havia arte no desempenho desses textos. O elenco de apoio, construindo-se através de máscaras definidas, era inventivo. A avó compreensiva, a solteirona implicante, o pai carrancudo, o tio boêmio, o amigo da família levavam os atores Aristóteles Pena, Manoel Durães (1887-1969), Manoel Pera (1894-1967), Sadi Cabral (1906-1986), e, mais do que ninguém, Conchita de Moraes (1885-1962), apesar das mesmices dos caracteres, a empregar uma técnica *sui generis* e uma verve alimentada pelo conhecimento do público e dos tipos que lhes eram familiares. Apoiavam-se num naturalismo à brasileira, herdado dos mais antigos. Apolônia Pinto (1854-1937) é sempre lembrada, ao se tocar na questão do naturalismo teatral. Por outro lado, os notáveis primeiros atores exibiam um estilo de representação muito peculiar. Vivenciavam figuras cênicas muito fortes, favorecidas por jeitos de ser, extremamente favoráveis: Procópio Ferreira (1898-1979), herdeiro de Leopoldo Fróes (1882-1932), tal como seu mestre, interpretava tipos sofisticados: astutos, elegantes, *phraseurs*. Um terceiro, Jayme Costa (1897-1967), de físico encorpado, com o passar do tempo, oscilava entre o tipo bonachão e o implicante. Dos três foi quem melhor empregou o estilo naturalista. Todos se utilizavam do ponto. Em suas criações rápidas e inteligentes faziam o que deveria ser dito percorrer um bom caminho: a voz que vinha da caixa do ponto ao ouvido em seguida tocava o cérebro e, conforme a necessidade do dia, transformava-se em frases ou palavras de agrado às diferentes plateias. Eram, portanto, atores de uma criação cênica baseada na mais extraordinária espontaneidade. Dulcina de Moraes (1911-1996), contemporânea dos três, em

69 *Adão, Eva e Outros Membros da Família*, Rio de Janeiro: MEC/SNT, 1959, p. 14-15.
70 *Sexo*, Rio de Janeiro: A Noite, 1954, p. 79.

nada se identificava com nenhum deles, apesar de ter se iniciado, praticamente, no palco na companhia de Fróes. Foi a primeira intérprete de seu tempo a buscar um estilo diferente de atuação. Uma crítica publicada no *Jornal do Brasil*, e reproduzida na excelente biografia da atriz feita por Sérgio Viotti, chamava atenção sobre seu modo de interpretar: "A vivacidade de seu temperamento que, de início a prejudicou, pois a impelia para o exagero, era um indício seguro de sinceridade e, mais do que isso, alvíssaras de um feitio próprio"[71].

Feitio próprio foi o que demonstrou em toda a sua carreira: alongava as vogais, pronunciadas com esmero, desenhava com tintas fortes gestos e expressões fisionômicas, distanciando-se de qualquer interpretação naturalista mais simples. Se fôssemos definir seu estilo, teríamos que levar em conta uma espécie de mola propulsora, um dado essencial de sua personalidade: o cultivo da fantasia.

Atores Amadores

O que faltava ao nosso teatro, portanto, ao findar os anos de 1930, não era um desconhecimento da cena, mas uma cultura que fosse aplicada ao teatro, e sobretudo sentir como necessária a harmonização da encenação. Uma direção única que colocasse em uníssono o trabalho dos intérpretes, do cenógrafo, do iluminador, e dos demais envolvidos, na fiel transposição da obra dramática. E, finalmente, um repertório mais sério, e bem acabado.

Coube ao movimento amador, pouco a pouco, impor outros princípios. Grupos amadorísticos sempre existiram, pelo Brasil afora, divertindo ou mesmo clareando ou propalando ideias novas. Mas o que aconteceu, a partir de 1938, foi um processo organizado. Arriscar-se competia àqueles que de certa forma estavam livres dos problemas econômicos e disponíveis aos acertos e erros, coisas praticamente proibitivas para o teatro profissional.

Tudo teve início quando Paschoal Carlos Magno (1906-1980), cônsul em Londres, voltou ao Brasil e resolveu fazer aqui o que vira em Oxford e Cambridge: estudantes representando Shakespeare. Auxiliado por Ana Amélia Queiróz Carneiro de Mendonça (1896-1971), fundadora da Casa do Estudante do Brasil, partiu para a montagem de *Romeu e Julieta*. Não sendo um encenador, pediu auxílio a Itália Fausta (1880?-1951), uma atriz que na época contava a seu favor, praticamente, com quarenta anos de teatro, iniciados no movimento filodramático italiano em São Paulo, tendo inclusive participado de uma companhia dramática, o Teatro Popolare, de Enrico Cuneo (na qual fora protagonista de *Giulietta e Romeo*). Amadurecida, passou para o teatro profissional com Cristiano de Souza (1864-1935) e Lucinda Simões (1850-1928). Atuou em textos clássicos, em peças de Sudermann, Henry Bataille e D'Annunzio e não deixou de experimentar as novidades do Teatro da Natureza, do Teatro de Brinquedo e do Teatro Escola de Renato Vianna. Era, naquele momento, ainda que por linhas transversas, a pessoa mais qualificada para dirigir uma montagem de Shakespeare. De que forma agiria a atriz? Escolhidos os intérpretes, Itália Fausta leu para eles o texto na íntegra. Distribuíram-se os papéis. Os atores receberam suas folhas com a deixa em vermelho e a fala completa, que lhes competia. Tania Brandão, que possui o texto da encenação, com suas respectivas anotações, informa que a "diretora cênica" – como se intitulou a própria Itália Fausta – fez algumas mudanças de palavras na tradução de Domingos Ramos, tornando-a mais compreensível para os ouvidos brasileiros: "que me piquem e verão como me mexo" foi trocado por "Eles que me toquem e... verão com quem se metem"; "nossos amos" foi mudado para "nossos patrões"; "mentis!", por "mentiroso!" e uma série de outras alterações benéficas. Quanto às marcações do texto, eram as costumeiras: "entram a DA [direita alta]", "ficam no terceiro plano EA [esquerda alta]". No plano da iluminação, Itália Fausta colocou uma observação a ser seguida no início do espetáculo: "Dia: Mancha de sol; toda luz".

Conforme o depoimento de Sônia Oiticica (1918-2007), os atores mais aplicados, querendo ter uma ideia completa do texto, correram às livrarias atrás da edição da Lello. "Fizemos questão de assistir ao filme da Metro, com Leslie Howard e Norma Shearer", informa Sônia, acrescentando:

71 *Dulcina e o Teatro de Seu Tempo*, Rio de Janeiro: Lacerda, 2000, p. 172.

Pelo que me lembro, os papéis menores, no filme, eram interpretados por antigos atores ingleses que cantavam os versos. Detivemo-nos nos dois atores principais que uniam ao dizer clássico, a modernidade das atuações cinematográficas. Ficamos fascinados com a inteligência de John Barrymore (Mercutio), equilibrando-se entre a ironia e o sarcasmo no monólogo "O, then, I see Queen Mab hath been...". O filme, de certa forma, atenuava qualquer tendência grandiloquente que incorrigivelmente nos tentava. Nada de sotaque lisboeta e muito menos de "ponto" nos soprando as falas. Itália Fausta, lutando contra nossa inexperiência – só Mafra Filho, que eu saiba, tinha conhecimento de teatro –, tomou como ponto de partida nosso ardor juvenil. Era a nossa mocidade procurando enfrentar a tragédia dos dois jovens contra a prepotência dos mais velhos. Trabalhava com isso e com as marcações, desenhando a encenação[72].

O interessante é que a diretora, em notas publicadas nos jornais, emprega o termo *unificar*, referindo-se ao trabalho dos atores, das danças dos alunos de Maria Olenewa (1893-1965) e dos alunos do Maestro Chiafitelli (1881-1954) encarregados da parte musical. Não era comum essa preocupação, e os três meses de preparação possibilitaram à montagem aproximar-se, de uma certa forma, de procedimentos modernos.

Percebe-se, pelo repertório, que a ideia de Paschoal era encaminhar os estudantes atores para os clássicos ou românticos. A presença jovem, não destituída de talento, tê-lo-ia levado a pensar em um resgate de uma tradição interrompida, desde a morte de João Caetano (1808-1863), e sempre lamentada pelos bem-pensantes? É o que parece pela escolha dos textos: Gonçalves Dias, Edmond Rostand, Alfred Musset, José de Alencar e novamente Shakespeare, quando, de volta ao Brasil, em 1948, idealizou a montagem de *Hamlet*, preparada em grande parte, em local apropriado, fora do centro, em uma enorme casa no alto da Tijuca.

A verdade é que em 1938-1939 não havia ainda um ambiente favorável para a aceitação desse repertório, que nem se mostrava tão atraente. Mais parecia um repertório de escola, para formar atores pretensamente clássicos. Tanto assim, que dois anos depois o TEB, agora sob a direção da escritora Maria Jacintha (1906-1994), mudava completamente a linha, indo buscar na França (por falta de alguma coisa nesse sentido na dramaturgia brasileira), duas peças para atrair o público jovem. Iniciava-se, dessa forma, uma curiosa experiência teatral: identificando-se os atores-amadores com suas personagens e problemas haveria uma aproximação, com uma interpretação mais natural, sem os ranços fáceis de serem cultivados.

Ao lado do TEB veio logo o Teatro Universitário, de Jerusa Camões, ligado a princípio à Escola Nacional de Música. Mais modesto em suas intenções, sem que seguisse uma linha rígida de repertório, foi responsável, juntamente com o TEB, pela formação de uma geração mais cultivada, apta a entender mais tarde as inovações do novo teatro profissional, que ia se formando aos poucos pelo Brasil. O mais curioso em relação a essa geração formada no Rio de Janeiro (havia alguns paulistas entre eles) e que seria uma das mais férteis da primeira geração do moderno teatro brasileiro, é que teve pessoas mais velhas como primeiros diretores. Sucedendo a Itália Fausta orientava-os a atriz portuguesa Esther Leão (1897-1971). Dela fala Sílvia Orthof (1933-1997), atriz da segunda fase do TEB: "eu aprendi muito com ela [...] ela nos dizia, por exemplo, que gesto ou inflexão deveríamos adotar para essa ou aquela situação ou emoção"[73]. Também Glauce Rocha (1933-1971) se lembra das lições recebidas:

Lembro-me do que nos ensinava Esther Leão: sentar, levantar, caminhar, desenho da figura, posição dos pés, das mãos. Vejo-a ainda lutar e lutar conosco, ensinando-nos o abc. Quem passou por suas mãos, se tinha vocação, tem sempre em si a lembrança da mestra[74].

É certo que alguns de seus discípulos herdaram dela certa rigidez no falar e nos gestos. Outros uniam à desenvoltura que tiveram que aprender, prestando atenção nas "deixas" e nos movimentos em cena, uma naturalidade trabalhada, mais próxima do comportamento cotidiano, como foi o caso de Mário Brasini (1911-1997) e Vanda

72 Depoimento à autora em 5 de janeiro de 2005.

73 Sílvia Orthof, *Dionysos*, Rio de Janeiro, MEC/SNT, n. 23, set. 1978, p. 100.

74 José Octavio Guizzo, *Glauce Rocha, Atriz-Mulher-Guerreira*, São Paulo/Mato Grosso do Sul: Hucitec/Editora da UFMS, 1992, p. 174-175.

Lacerda (1923-2001), que – talvez pela atuação em cinema – se aproximavam, nos anos de 1940, de uma maneira nova de atuação. É que, também, quase no anonimato transitavam intérpretes que, por intuição ou estudo, tinham noção de alguns aspectos do teatro moderno e de certa forma tornavam-se mentores de seus colegas. O ator-amador Mafra Filho, pertencente ao primeiro elenco do TEB declarava, em 1938, ser um cultor de Firmin Gémier (1865-1933) e Stanislávski (1863-1938).

Sadi Cabral descobriu no encenador russo, nos anos de 1940, um apoio teórico ao seu empenho em ser o mais verdadeiro possível em cena. Cultivava essa maneira de interpretar influenciado por Apolônia Pinto e Manoel Durães, atores de uma geração que o precedera e com quem atuara. Sadi recorda-se de "dicas" de Apolônia que o fazem pensar num Stanislávski para principiantes, mas que demonstravam a acuidade da atriz: "Não se afaste dos outros atores; preste atenção na leitura, anotando tudo que acontece [...] em tudo que os outros dizem, tem sempre uma coisa que vai mostrar a você quem você é"[75].

A atriz Beatriz Segall, sua aluna no Curso Prático de Teatro organizado pelo Serviço Nacional de Teatro o vê como um pioneiro. Além de impor uma disciplina férrea, um devotamento à cultura e respeito ao espetáculo, Sadi "já nos falava de Stanislávski; nos colocava no palco, improvisando, obrigando-nos a fazer exercícios excelentes bem próximos aos laboratórios dos anos de 1960"[76]. Isso, na certa, influenciou seus alunos e alguns de seus colegas ansiosos para fugir da rotina. Todo esse caminho percorrido, muitas vezes entre contradições, surgidas justamente no momento em que eram obrigados a transformar em prática a teoria aprendida, rumava em direção aos movimentos mais organizados e atuais, que iriam contar em breve com mentores mais bem informados.

Aos poucos, ficávamos em dia com o teatro moderno europeu, através da figura de Jacques Copeau (1879-1949), fundador do Théâtre du Vieux Colombier, em Paris, e profundo conhecedor e reformulador de tudo quanto se fez de revolucionário em teatro. Os princípios do diretor francês certamente nortearam os rumos do teatro moderno brasileiro (amador ou profissional) até os anos de 1950. Por outro lado, a presença de Louis Jouvet (1887-1951), em duas temporadas em São Paulo e no Rio de Janeiro, em 1941 e 1942, tornou ainda mais próxima a difusão das ideias de Copeau, de quem ele fora discípulo. Resumindo, os grupos amadores do Rio, São Paulo, Recife, Porto Alegre poderiam, se ainda não o tivessem feito (alguns já o faziam), sonhar em colocar em prática as palavras do diretor francês: "Para começar, o importante não é valorizar indivíduos excepcionais, mas reunir e instruir uma equipe em torno de ideias comuns"[77]. Mais do que isso, ainda segundo Copeau, era preciso renovar os processos de encenação, abri-la para grandes poetas (como chamava os dramaturgos) e concomitantemente fazer do ator um ser pensante, consciente de seu valor, senhor dos instrumentos que fazem a sua arte, moldando-o sempre, à medida das inovações cênicas.

Os Comediantes, grupo amador surgido juntamente com o TEB, mas só atuando a partir de 1940, tentará executar, em parte, o ideário de Copeau (já citado anteriormente por Álvaro Moreyra e Renato Vianna como inspirador de seus "brinquedos" e "batalhas"). Mais sofisticado do que seus colegas estudantes, com possibilidades de realização bem maiores, amparados por intelectuais e artistas plásticos, Os Comediantes procurariam erguer o teatro ao nível das outras artes, tirando-o de uma engrenagem envelhecida. Buscava-se – seguindo o modelo francês – um novo repertório e um modo mais atual de montar peças, obedecendo-se à direção, única responsável pelo todo do espetáculo. Não que os outros grupos amadores não seguissem a mesma orientação. Seguiam, mas o resultado final foi muito mais ter trazido uma juventude informada para o ambiente profissional do que investir na reformulação da interpretação e da encenação, pondo em prática um repertório internacional, ou mesmo brasileiro, de qualidade. Muitos já tinham como livro de cabeceira o *Réflexions du comédien*, de Louis Jouvet:

> Encenar, enfim, é servir ao autor, assisti-lo por meio de uma total e cega devoção, que faz amar sua obra sem reservas.

75 Sadi Cabral, em A. Stuart et al., op. cit., p. 122.

76 Depoimento à autora em 10 de novembro de 2003.

77 Georges Lerminier, *Jacques Copeau*, Paris: PUF, 1953, p. 57.

É encontrar o tom, o clima, o estado de alma que levou o poeta à concepção de sua escritura, fonte viva e fluxo que deve atingir e enervar o espectador e do qual o autor mesmo por vezes não tem ciência, nem consciência[78].

Era o que Jorge de Castro, Luiza Barreto Leite (1912-1966), Santa Rosa (1909-1956), Brutus Pedreira (1904-1964) e um pouco depois, Agostinho Olavo (1919-1988), Gustavo Dória (1910-1979), Adacto Filho (?-1963) tentavam, a duras penas, ver surgir no Brasil, através dos Comediantes. *A Verdade de Cada Um*, de Pirandello, peça de estreia, teve um preparo em nada comum com as montagens na época: Brutus Pedreira estudou o texto, fez marcações para cada uma das cenas, em gráficos, e entregou a encenação toda escrita para Adacto Filho realizar os ensaios. Lembra Gustavo Dória:

Era preciso, contudo, evitar a caricatura. Ora, num elenco de elementos jovens, por mais talentosos que fossem eles, seria pretender demais exigir-lhes comportamento que somente um aprendizado técnico de boa formação seria capaz de produzir. Exigir-lhes um comportamento cênico de gente do interior italiano através apenas de um condicionamento físico, era também querer pouco. Resolveu-se então que a apresentação do espetáculo recuaria a ação para o tempo em que a peça foi escrita, de acordo com pesquisas feitas. Com isso, evitar-se-ia uma identificação com gestos e atitudes de hoje, com a ajuda de móveis e vestuários, sem cairmos num possível abrasileiramento, hábito contra o qual lutávamos[79].

O trabalho com os atores, suas mudanças e progressos iriam acontecer com Zbigniew Ziembinski (1908-1978), refugiado da Segunda Guerra, que chegou ao Rio de Janeiro em 1941. Em 1943 já estava com Os Comediantes, tendo antes passado pelo Teatro Universitário, de Jerusa Camões, sendo responsável pela montagem de *À Beira da Estrada*, de Jean-Jacques Bernard. A contratação de Ziembinski por grupos amadores vem provar que os futuros atores já compreendiam que necessitavam de diretores inovadores para que pudessem definitivamente fazer progredir a sua arte.

Ziembinski assusta um pouco os moços, quando inicia seus trabalhos com Os Comediantes. É lento, quer com os "alunos" chegar ao fundo dos caracteres e das situações. Leva horas explicando o significado de cada palavra, de cada parágrafo do texto. Com minúcias, explica o sentido de uma peça, até então só apreendido pelos atores quando subiam ao palco. Ajuda-os a encontrar a mais profunda essência da personagem. Tem mais conhecimento do que Esther Leão, sem dúvida, mas impõe um estilo expressionista, que assusta aos que procuram a naturalidade, fugindo de um tom declamatório, às vezes ainda em uso. Suas encenações são lentas e os amadores copiam sua maneira de representar. Afirmará mais tarde, em depoimento à revista *Teatro Brasileiro*:

Eram amadores e eu tinha obrigação de apresentar espetáculos teatrais, com interpretação de verdadeiros atores. Como podia resolver o problema? Não dirigindo, mas ensinando. Dando-lhes a minha técnica para suprir o que não podiam alcançar. Assim os que não eram atores só poderiam representar aderindo às pressas a uma técnica pronta, que era a minha. Mais tarde quando se formaram atores, a partir do núcleo que criei, já pude dirigi-los sem vestígio meu. Quanto à lentidão dos meus espetáculos, era não só proveniente do meu temperamento eslavo como da inexperiência dos jovens atores, que para arrancarem algo de si, precisavam de tempo na transmissão da personagem ao público[80].

O crítico Décio de Almeida Prado (1917-2000), a propósito de uma encenação de Ziembinski, já no Teatro Brasileiro de Comédia, nos dá um apanhado sobre o que realmente o diretor polonês significou para nós, no que diz respeito à arte do intérprete:

Quando Ziembinski surgiu com Os Comediantes, os nossos atores pouco interpretavam o texto. Punham a mais uma barbicha, uma cabeleira postiça, usavam essa ou aquela roupa, conforme o papel, mas no fundo, permaneciam sempre mais ou menos idênticos a si mesmos. Tudo isso Ziembinski mudou radicalmente. O seu método incluía dois momentos. Em primeiro lugar, o ator, guiado pelo encenador, procurava aprender a essência íntima da personagem, embora com o perigo de reduzi-la a uma ideia única. Depois exteriorizava ao máximo, projetava ao máximo essa imagem. Uma e outra coisa poderiam resultar num certo esquematismo

78 Paris: Librairie Théâtrale, 1985, p. 211.

79 *Moderno Teatro Brasileiro*, Rio de Janeiro: SNT, 1975, p. 76.

80 Ziembinski, *Teatro Brasileiro*, São Paulo, n. 5, mar. 1956, p. 6.

psicológico e mesmo teatral. Mas a revolução foi utilíssima porque disciplinou nossos atores, obrigando-os a um esforço de interpretação, e também porque representava certas tendências modernas, entre as quais o expressionismo alemão, que não devíamos continuar a ignorar[81].

Sem, contudo, tocar na questão do expressionismo teatral, também o depoimento de Walmor Chagas é esclarecedor, na medida em que é um ator que trabalhou sob a direção de Ziembinski:

Aquela geração aprendeu com Ziembinski que o cérebro comanda o ato de representar. Era o rompimento com a linha do teatro português de outrora, tão parecido com o teatro infantil do Brasil de hoje, que continua utilizando mais o corpo do que a mente para a composição das personagens. Foi assim que Ziembinski nos ensinou. Era para isso que serviam suas famosas pausas polonesas. Para aprendermos deixar fluir o pensamento que irá deflagrar a fala seguinte. Em teatro se chama "tempo"[82].

O expressionismo, referido por Décio, abrandando-se, abrasileirando-se, vamos dizer assim, serviu bem mais tarde aos atores "rodrigueanos", cujo exemplo melhor será Fregolente (1912-1979). O que podemos ainda acrescentar é que Ziembinski se mostrou sempre sensível ao belo. Seu encanto pela beleza da cena vinha certamente de impressões da infância vivida na Polônia. Encantado, observava e fixava na memória a visão das minas de sal de sua terra, seu "primeiro mundo de fantasia: ambiente de uma extrema beleza, de um encantamento de raio, de luzes, de formas"[83]. Esse encanto, cultivado e transposto para sua arte, beneficiará encenações e atores. Transmitiu aos seus aprendizes um gosto apurado e uma exigência do belo, difíceis de serem encontrados antes dele no teatro brasileiro. Isso permanecerá como marca em seus discípulos, em todos os momentos de suas carreiras, ainda que já distantes do mestre, mas profundamente enraizado, se impondo em seus momentos de criação. Walmor Chagas, Margarida Rey (1924-1983) e Stênio Garcia, seus mais fiéis seguidores, embora de temperamentos opostos, souberam guardar seus ensinamentos. Os dois primeiros, na beleza que pode ser extraída de uma fala assimilada, contida; o terceiro, mais terra, mais corpo, mais regionalista na atuação, procurando a todo custo laivos de beleza no gesto, no falar cotidiano.

Ruggero Jacobbi (1920-1981), outro diretor estrangeiro de grande importância para a nossa história teatral, chegou ao Rio de Janeiro em 1946. Italiano, não vinha da Academia de Roma, como os outros chegados mais tarde a São Paulo. Fora discípulo de Anton Giulio Bragaglia (1890-1960), de escola totalmente oposta ao diretor Silvio D'Amico, este um seguidor de Copeau, naquilo que foi a crença maior do mestre francês: o respeito ao texto. Bragaglia era pelo "teatro teatral", buscando sempre uma linguagem na qual a sujeição ao texto não fosse uma imposição. Ruggero soube adaptar-se ao nosso teatro nascente. Não seria tão radical. Uma declaração sua é esclarecedora:

o teatro é equilíbrio entre texto e espetáculo. A ausência de um desses dois valores rebaixa automaticamente o próprio valor estético. Com essa diferença, porém a peça que só existe no livro é algo morto, ao passo que o espetáculo que só vale por si mesmo contribui, ao menos, para o progresso da arte de representar[84].

Antes de se transferir para São Paulo, Ruggero Jacobbi fez sua estreia no Rio. Dirige, em 1947, para o Teatro Popular de Arte, *Tobacco Road* (Estrada do Tabaco), com atores egressos das últimas experiências de Os Comediantes. Esses atores, "descendiam", portanto, de Ziembinski, mas com passagem por Zigmunt Turkow (1896-1970), também um refugiado, que havia dirigido para o grupo a adaptação para o teatro do livro de Jorge Amado, *Terras do Sem-Fim*. Bem diferente do encenador polonês, Turkow pautava-se por dar aos atores maiores liberdades, fazendo-os se sentirem mais livres e estimulados para um diálogo com o encenador, no período da criação do espetáculo. O trabalho de Ruggero foi quase sequencial. O elenco de Maria Della Costa se esforçava para atuar dentro de novas regras. Não se tratava, portanto, de ensinar atores

81 Apud Yan Michalski, *Ziembinski e o Teatro Brasileiro*, São Paulo: Hucitec/MEC/Funarte, 1995, p. 222.

82 Walmor Chagas, Autobiografia não publicada, 2006.

83 Y. Michalski, op. cit., p. 446.

84 Apud Berenice Raulino, *Ruggero Jacobbi: Presença Italiana no Teatro Brasileiro*, São Paulo: Perspectiva/Fapesp, 2002, p. 79.

bisonhos, nem convencionais. Bastava-lhes ouvir o que o novo diretor tinha a dizer, aparando arestas e discutindo caminhos.

O teatro brasileiro caminhava para uma modernização efetiva. Procópio Ferreira já tinha experimentado duas encenações de Molière, juntando antigos profissionais com elementos do TEB. Da mesma forma Dulcina de Moraes, em 1944, mudara completamente o rumo de sua Companhia, organizando o chamado Teatro de Arte, com Odilon Azevedo (1904-1966) e Maria Jacintha, contando, no elenco de apoio, nas montagens de Bernard Shaw e Federico García Lorca, com atores do teatro amador (Ribeiro Fortes, Milton Carneiro, Nelson Vaz, Danilo Ramirez, Pedro Veiga e Geraldo Avelar). Essa fusão de elementos novos, com o grupo de Dulcina (Conchita de Moraes, Aurora Aboim, Sadi Cabral, e a própria Dulcina, como diretora), veio juntar duas gerações, duas heranças propriamente: a tradição portuguesa e a aspiração pela modernidade, apenas vislumbrada, tendo por base o conhecimento de alguns, mas que Ziembinski, Turkow, Ruggero e mesmo Dulcina buscaram ampliar.

É bem verdade que no início dos anos de 1940 aparece Bibi Ferreira, filha de Procópio, nossa primeira atriz moderna, surgida por obra e graça de uma tradição teatral e de uma paradoxal formação com uma atriz francesa, radicada no Brasil, Henriette Risner Morineau (1907-1997), *une bête de théâtre*, como se dizia nos velhos tempos. Embora dando às personagens um tom demasiadamente enfático, Morineau mostrava-se muito segura em transmitir aos atores jovens a arte de "dizer bem" e uma postura em cena, digna de quem escolheu uma profissão não distante de uma singular realeza. Bibi, excepcionalmente inteligente, soube tirar partido de tudo isso, e, acrescentando um contato com atores ingleses da Royal Academy of Dramatic Art de Londres, deu-nos a primeira impressão organizada do que significava o representar moderno: a interiorização guiando o desenho exterior, afastando-a de qualquer afetação. Não chegou a isso através de um repertório excepcional. Os textos apresentados em seu início de carreira eram aqueles que se adaptavam ao seu físico e graciosidade: *La Locandiera* (A Estalajadeira), de Goldoni, *Scampolo*, de Dario Niccodemi, até passar a uma dramaticidade contida, como por exemplo em *A Bill of Divorcement* (Divórcio), de Clemence Dane – contenção essa que a guiava para uma modernidade ainda não adquirida inteiramente pelos nossos intérpretes.

Convém lembrar que mais uma vez, em 1948, pouco antes da fundação do Teatro Brasileiro de Comédia, em São Paulo, Paschoal Carlos Magno vai ressuscitar o TEB, novamente com Shakespeare, agora não mais sob a influência ítalo-portuguesa-brasileira de Itália Fausta, mas entregando seus atores, na primeira apresentação da temporada, a um europeu, o diretor alemão Hoffmann Harnisch (1893-1965). A encenação de *Hamlet*, longamente preparada, propiciará aos jovens um contato mais prolongado com o expressionismo, ou seja, uma interpretação bem longe do realismo banal, voltada agora para uma trabalhada extroversão quase chegando à exaustão, voz e gesto atingindo o espectador. A figura mais importante desse grupo foi sem dúvida Sérgio Cardoso (1925-1972), saudado pela crítica como a maior vocação trágica, depois de João Caetano. Voz, gestualidade e uma profunda tragicidade vinda de um temperamento especialíssimo surpreenderam plateias e críticos. Seria um jovem de vinte e três anos, de talento inato apenas burilado pela rápida passagem pelo amadorismo e por um diretor estrangeiro, o ator capaz de enfrentar um esplêndido repertório que começávamos a conhecer? O entusiasmo causado pelo êxito de *Hamlet* conduziu-o ao profissionalismo. Ele à frente e mais Luiz Linhares (1926-1995), Jayme Barcellos (1930-1980) e Sérgio Britto (1923-2011) formarão uma companhia, trazendo os elementos femininos, Beyla Genauer, Zilah Maria e Ruggero Jacobbi como diretor. Criou-se, assim, o Teatro dos Doze, em 1949. Interessante foi a orientação de Ruggero a Sérgio Cardoso. Já apaixonado pelo Brasil e pela sua cultura, o encenador tenta, na montagem de *Arlequim Servidor de Dois Amos*, de Goldoni, uma ideia que espantará os moços e que seria sempre uma preocupação sua, nem sempre aceita:

> No meu *Arlequim*, de 48, a maior dificuldade foi a de convencer o esplêndido Sérgio Cardoso a deixar um pouco de lado suas preocupações de elegância e a não fechar a porta aos espiritozinhos nacionais do moleque negro, do

saci-pererê, do dançarino grotesco índio, do carioca carnavalesco. O resultado foi também estupor[85].

Tudo levava a crer que o grupo (já poderíamos começar a usar o termo?) seria, pelas disposições de Ruggero, um conjunto com características muito próprias. Havia muito que exigir dos atores nas várias facetas poéticas escolhidas pelo elenco: o clássico William Shakespeare, o americano Maxwell Anderson, o popular Goldoni e a brasileira Lúcia Benedetti (1914-1998), autora do texto que dedicavam ao público infantil. A junção de jovens – já bem distantes do ranço do velho teatro – com um diretor estrangeiro, mas que demonstrava um fascínio pela nossa cultura, incentivaria novos caminhos, talvez diferentes dos traçados em São Paulo. Não teria Ruggero Jacobbi o desejo de moldar nossas ainda que escassas tradições, fossem elas eruditas ou populares, aos novos modelos de interpretação? Infelizmente, após a realização de quatro montagens, vencidos pelas dificuldades econômicas, praticamente todo grupo vem para São Paulo, absorvidos, uns pelo Teatro Brasileiro de Comédia, fundado precisamente há um ano, outros por novos conjuntos, que iam sendo formados no Rio e em São Paulo. Mas, em definitivo, o centro teatral era agora a capital paulista, resultado das excelentes realizações e ótima repercussão do novo TBC.

Amadores de Outros Estados Acrescentam Suas Peculiaridades aos Atores Paulistas e Cariocas

Ziembinski solidificou o trabalho de Os Comediantes da mesma forma que Paschoal Carlos Magno foi a alma do TEB e suas manifestações posteriores. Esses dois grupos, devido ao sucesso e divulgação de suas atividades, motivaram, em capitais ou cidades interioranas, não só o surgimento de associações amadorísticas, como renovaram e deram ânimo às já existentes. Muitas organizações mandaram vir dos centros mais adiantados teatralmente diretores experientes, que dirigindo ou promovendo encontros e palestras fortaleceram a atividade teatral. Os grupos amadores das diferentes localidades, partindo sempre de um repertório mais exigente, foram aos poucos influenciando o surgimento de um novo tipo de ator/amador mais preparado, apto a entender e passar para o público as mais variáveis manifestações da dramaturgia. No Recife, o Teatro de Amadores de Pernambuco, o Teatro Universitário e o Teatro do Estudante de Pernambuco, cada um a seu tempo e à sua maneira, tiveram um papel decisivo na formação de atores em padrões mais elevados. O TAP, egresso do grupo Gente Nossa, existente desde 1931, sob a orientação de Samuel Campelo (1889-1939), passa a partir de 1941, dirigido por Valdemar de Oliveira (1900-1977), a ser um grupo *sui generis*, lembrando as trupes familiares, muito comuns em cidades brasileiras. O núcleo central era formado pela família Oliveira e isso sem dúvida garantiu vida longa e persistência. A boa acolhida junto ao público e o entusiasmo e trabalho contínuo da iniciativa animaram a criação de outros grupos, o TEP e o TU, por exemplo. O primeiro, sob a direção de Hermilo Borba Filho (1917-1976), devotado a um público que nem sempre conhecia as atividades teatrais, e o segundo, com interrupções, chegou aos anos de 1960, com um repertório predominantemente nacional. Os grupos do Nordeste, apoiando uma nova dramaturgia, nos trouxeram, através dos "gritos da terra", uma poética encantatória e ao mesmo tempo reivindicativa, com características muito próprias que viriam a influenciar não só dramaturgos de outros Estados como a maneira de atuar de nossos atores. Acrescente-se que surgiram, por todo o Brasil, entre estudantes ou simplesmente adeptos da arte de representar, grupos das mais variadas tendências, além dos citados grupos de Recife: o Teatro do Estudante da Paraíba, o Teatro de Amadores da Bahia, a Agremiação Goiana de Teatro, o Teatro do Estudante do Paraná, orientado por Armando Maranhão, e o Teatro do Estudante do Rio Grande do Sul, de Guilhermino César, a Comédia da Província, o Teatro de Equipe, o Teatro Universitário, sediados em Porto Alegre.

Os grupos citados dessas várias regiões, cada vez mais amadurecidos pelo trabalho no palco, começam a formar seus artistas e muitas vezes a "exportá-los" para o Rio de Janeiro e São Paulo. Cada região imprime aos seus atores, mesmo amadores, uma

85 Idem, p. 76.

particularidade, de certa forma ligada ao modo de ser de sua terra. Deixando suas cidades à procura de realização profissional, conseguem, pela troca de experiências, contribuir para a formação de uma leva de intérpretes de significado ímpar, uma vez que acrescentavam matizes extremamente enriquecedores aos artistas dos centros maiores. Floramy Pinheiro (1927-1988), vinda como bolsista do governo goiano para a Escola de Arte Dramática de São Paulo, acrescenta ao porte sisudo do ator paulista a doçura daqueles que vivem longe das agruras das grandes cidades; Zé Luiz Pinho, Geraldo Del Rey (1930-1993), Othon Bastos, Sebastião Vasconcelos (os exemplos seriam muitos) trazem, do Nordeste para o Sul, um tipo de ator que em contato com a exuberância carioca e a contenção paulista vai misturar a altivez nordestina com esses sabores centro-sul, resultando daí um ator tranquilo e seguro. Os do extremo sul trazem um certo distanciamento, um olhar crítico exacerbado que irá temperar qualquer arrebatamento mais ousado. É o caso de Walmor Chagas, cuja discrição e leve distanciamento foi algumas vezes mal entendido pela crítica. Esse traço, tão elogiável, quando trabalhado mais tarde pelos diretores e pela maturidade do intérprete, foi tomado, a princípio, como displicência ou timidez.

Rio de Janeiro e São Paulo seguiram caminhos paralelos, nas tentativas de mudança em direção ao teatro moderno e consequentemente na formação de seus intérpretes. Diferenciavam-se, certamente, na maneira de atuação. Não tivemos em São Paulo, no movimento amador, nenhum Ziembinski que trouxesse para os atuantes aquele contorno mais rígido, aquela exteriorização que poderíamos até chamar de violenta. Jardel Filho (1927-1983) é um exemplo. Os amadores paulistas pautaram-se pela naturalidade em cena, muito própria da maneira paulista de ser. Tiveram, como seus principais mentores, nos anos de 1940: Madalena Nicol (?-1996), exímia cantora; Alfredo Mesquita (1907-1986), um excelente contista, dramaturgo e animador teatral; e Décio de Almeida Prado, um professor de filosofia e mais tarde crítico teatral. Com exceção de Alfredo Mesquita, que nos anos de 1930 organizara espetáculos com elementos da sociedade e em 1936 tivera uma peça representada por Procópio, os outros dois iriam jogar com seu entusiasmo e alimentá-lo com leituras e viagens ao exterior. Estavam, portanto, a par da modernidade teatral. Dotados de um gosto apurado (principalmente Alfredo Mesquita), pacientes e devotados ensaiavam seus atores/amadores, dentro dos princípios mais atualizados: leitura minuciosa do texto, conhecimento detalhado do dramaturgo escolhido, geralmente um estrangeiro, clássico ou moderno. Os elencos formavam-se, portanto, como os demais existentes no Rio e em Recife, no repertório estrangeiro, utilizando-se muito pouco do repertório brasileiro, insuficiente na época para suas metas de trabalho. No entanto foi desejo de todos eles o aparecimento urgente de uma dramaturgia brasileira que pudesse ser incorporada aos seus planos de montagem.

Alfredo Mesquita apresentou, entre os clássicos e os modernos, *Heffeman*, um texto de sua autoria, *A Bailarina Solta no Mundo*, de Carlos Lacerda (1914-1977), e viu surgir no seu grupo – o Grupo de Teatro Experimental, criado em 1942 – um autor essencialmente paulista: Abílio Pereira de Almeida (1906-1977). Tal qual na experiência de Álvaro Moreyra, no Rio de Janeiro, quase vinte anos antes, o primeiro texto desse autor, *Pif-paf*, exigiu dos atores um exercício de interpretação muito próximo, na fala e no gestual, ao comportamento cotidiano (embora alguns dos atores tivessem certa afetação no falar paulista da classe média alta). Mas, de um modo geral, o ator/amador em São Paulo era avesso a qualquer forma de teatralidade. Paulo Autran (1922-2007), que estreou no grupo de Madalena Nicol, fala muito claramente sobre isso:

> Nós todos pensávamos no que víamos no cinema inglês. Aquela sobriedade, aquela contenção, quer dizer, ao amador paulista repugnava o gesto teatral, a voz teatral. Nós todos tínhamos uma certa preocupação de nos colocarmos bem em cena, com absoluta naturalidade, uma naturalidade que talvez não fosse a naturalidade teatral, não sei. Então quando cheguei aqui no Rio, quando comecei a ensaiar minha primeira peça profissional [...] a peça começava e começa até hoje com um discurso do Anfitrião, que era o meu personagem: "Tebanos...". Lembro-me de uma discussão incrível que tive com o diretor Silveira Sampaio porque eu fazia o discurso como se estivesse conversando dentro de casa com algumas pessoas [...]. "Não, Paulo, mais forte! – Faz isso. Você se lembra que é um general, você está do lado de fora".

Paulo Autran, em cena de *Arsênico e Alfazema*, 1951.

> Eu olhava para ele e dizia assim comigo: Eu não vou fazer um papel ridículo desses! Vou fazer como sei. Vou dizer "Tebanos" com toda calma e toda contenção possíveis[86].

Até que um dia, sob pressão do elenco, Autran resolveu falar mais alto, quebrando sua prudência de ator paulista, preocupado com as formas mais modernas de representar.

Contido em suas direções também era Alfredo Mesquita. Quando, pouco antes da fundação do TBC, em 1948, apresentou *À Margem da Vida*, de Tennessee Williams, os atores por ele dirigidos, Nydia Licia, Caio Caiuby (1921-1979), Abílio Pereira de Almeida e Marina Freire (1906-1973) se aproximaram das personagens criadas pelo autor com a humildade de atores/amadores enfrentando uma nova dramaturgia, na qual o tênue realismo-poético, imposto pela direção, não disfarçava o dramático dia a dia dos "sem sorte na vida". Com sensibilidade e delicadeza Nydia Licia fez sua estreia no teatro, secundada por Caio Caiuby (que poderia ter sido o primeiro grande ator moderno surgido em São Paulo), explorando as qualidades do intérprete paulista, observadas com justeza por Paulo Autran: discrição, contenção, medida justa no gesto e no falar. Não resta dúvida que tudo surgiu do receio dos diretores amadores de São Paulo, não tão seguros na prática, de ver repetidos aqui certos arroubos em demasia – aquela tendência dos atores de serem mais expressivos do que o necessário, como se via principalmente no velho teatro carioca.

Foi sem dúvida devido a isso que Décio de Almeida Prado, diretor do Grupo Universitário de Teatro, criado com elementos da Faculdade de Filosofia, Ciências e Letras da Universidade de São Paulo e da Faculdade de Direito, se assus-

86 Em Cleyde Yáconis et al., *Depoimentos IV*, Rio de Janeiro: MEC/DAC/Funarte/SNT, 1978, p. 118.

tou quando viu a caracterização feita por Cacilda Becker (1921-1969) para a personagem Brísida Vaz, no *Auto da Barca do Inferno*, de Gil Vicente. Envelhecera o rosto, as mãos, de uma forma que lhe pareceu "antiga", mas nada pôde fazer porque a atriz conhecia mais as artes do palco do que ele. A caracterização funcionou, tal qual o grito de Paulo Autran, provando que a vida apresentada no teatro oferece oportunidade para ligeiras transgressões e que uma pitada da exuberância que julgavam antiga contribuía para a formação de suas carreiras.

Mestres Encenadores no Teatro Profissional

A boa acolhida dos três grupos paulistas (havia um quarto grupo, o dos amadores ingleses), contrastando com a falta de teatros que lhes impedia atividades contínuas, levou o industrial Franco Zampari (1898-1966), em acordo com Francisco Matarazzo Sobrinho (1898-1977) a adaptar um prédio que os abrigasse para que, em programações alternadas, pudessem dar conta de uma atividade teatral ininterrupta. Uma vez concluída a adaptação do prédio e iniciada a programação, após alguns espetáculos chegou-se à conclusão da impossibilidade de uma organização desse tipo, contando com um conjunto de amadores. O empreendedor Zampari resolveu profissionalizar o elenco, convidando alguns dos integrantes amadores dos grupos que se apresentaram para fazerem parte da nova organização.

Da noite para o dia, São Paulo teve um palco, de dimensões pequenas, mas um teatro bem aparelhado, e os atores passariam a contar, ao se tornarem profissionais, com segurança econômica e artística, possibilitando-lhes um trabalho em sequência e consequentemente um desenvolvimento profissional, inédito até então em São Paulo. Para que tudo tivesse um caráter realmente profissional, Zampari contratou um diretor italiano, Adolfo Celi (1922-1986) que no momento encontrava-se em Buenos Aires. Celi chegou ao Brasil, em 19 de janeiro de 1949, às três horas da tarde. Às cinco – segundo ele – já estava no prédio inspecionando o cenário de *Ingenuidade*, uma comédia de John Van Druten, dirigida por Madalena Nicol. Adolfo Celi formou-se pela Academia de Arte Dramática de Roma, dirigida por Silvio D'Amico (1887-1955), professor, crítico de teatro e autor de *Storia del teatro drammatico*, em quatro volumes. D'Amico era um grande seguidor de Jacques Copeau e, portanto, conhecedor das teorias de Stanislávski. O novo diretor vinha, pois, seguro de suas intenções e com conhecimentos mais do que suficientes para um empreendimento que no fundo somaria àqueles já existentes em outras capitais, dispostos "a insuflar ao teatro nacional um novo sopro de vida", como firmavam os noticiários, ao tratarem do assunto. Em 6 de fevereiro de 1949, o *Diário de São Paulo* passa aos seus leitores uma entrevista com Celi, na qual ele relata os princípios de encenação que iriam reger suas montagens:

> O teatro moderno é um teatro orientado para o mais puro realismo. O teatro atinge sua própria essência através de uma simplicidade realística, uma espécie de realismo "físico", sem contudo chegar ao expressionismo. O verdadeiro realismo, aliás, é o do teatro, não o da vida. Na vida o realismo se apresenta, e ninguém ousa negá-lo, com os maiores defeitos. No teatro os defeitos são corrigidos e o realismo se apresenta artisticamente. Isso quer dizer que o teatro corrige a vida: por conseguinte a "vida" está "realmente" no palco e não na vida.

Para o espetáculo de estreia, e para se sentir mais seguro, Celi escolhe um texto que já havia montado na Itália, *The Time of Your Life*, de William Saroyan, intitulado aqui, como *Nick Bar... Álcool, Brinquedos, Ambições*. O texto, romântico-poético, serve aos atores, na sua maioria pertencentes aos três grupos amadores. O resultado é surpreendente e o crítico Décio de Almeida Prado, n'*O Estado de S. Paulo* de 12 de junho de 1949, faz uma interessante observação sobre a direção, tocando no ponto já assinalado por Paulo Autran, e que vem indicar uma possível mudança no comportamento dos atores:

> O trabalho dos amadores paulistas já vinha sendo de primeiríssima ordem neste último tempo, mas sempre no sentido de maior naturalidade e discrição possível. Celi modificou ligeiramente tais características, dando ao elenco do TBC um senso de espetáculo [...] mais teatralidade, uma tonalidade mais agressiva e mais viva.

Quando dirige, no início de 1950, *Entre Quatro Paredes*, de Jean-Paul Sartre, pouco lida com as ideias existencialistas, enquanto ideias somente. Quer passá-las fisicamente, quase que numa contorção dos corpos. Essa força física, como elemento interpretativo, sem que se despreze contudo o interior (ainda que isso possa parecer paradoxal), não deixa de ser um choque benéfico para a naturalidade artisticamente elaborada de Nydia Licia, um contraponto para a força trágica de Sérgio Cardoso, um despertar para um novo estilo de Cacilda Becker, que chegou ao TBC com uma sucessão fabulosa e diversificada de direções e encontros em cena: Esther Leão, Sadi Cabral, Décio de Almeida Prado, Ziembinski, Zigmunt Turkow, Laura Suarez (1909-1990), Sônia Oiticica, Bibi Ferreira, Maria Della Costa, Raul Roulien (1905-2000), Caio Caiuby, Sérgio Cardoso, Sérgio Britto, Waldemar Wey (1918-2001), Olga Navarro (1905-1993), Rosa Turkow, Jardel Filho.

Os quatro atores de *Entre Quatro Paredes* – também num pequeno papel está o talentoso Carlos Vergueiro (1920-1998), vindo do grupo de Alfredo Mesquita –, ensaiam a peça de Sartre de forma inabitual para eles. Em determinado ensaio, o texto é passado sem palavras. De uma outra vez, cada uma das personagens deveria chegar à sua essência não só pelo entendimento, mas também pela imitação de bichos que se lhes assemelhem. Dizem o texto como se fossem animais: Nydia Licia tem a volúpia de uma gata angorá; Sérgio Cardoso chega ao seu covarde Garcin como um rato; Cacilda esgueira-se, traiçoeiramente, como uma cobra. Poderíamos dizer que Celi traduz na direção um vigor comparável à sua aparência, mas é bastante flexível para permitir a troca de experiências com seus pares que vêm chegando ao TBC: Luciano Salce (1922-1989), Ruggero Jacobbi e, pouco depois, Ziembinski. Por outro lado, parece se impressionar com o talento inato dos atuantes brasileiros. Interessa-nos um depoimento, feito com simplicidade por Ruy Affonso Machado (1920-2003), sobre seu trabalho na encenação de *Arsênico e Alfazema*:

> Como criei o tipo de Teddy? Isso é uma longa história. A linha do papel resultou, evidentemente, do estudo da peça que fiz em companhia de nosso diretor. Mas como você bem sabe o nosso diretor tem um grande respeito pela personalidade de seus artistas: ele prepara o terreno para que o próprio ator faça surgir o tipo desejado, sem interferir despoticamente nessa criação. Nós mesmos, em geral, é que vamos, pouco a pouco, esboçando e dando vida aos papéis [...]. Para emprestar maior força ao tipo de louco que me coube encarnar, procurei observar dementes que sofressem de idênticas manias. Como o meu Teddy crê que é o próprio presidente Teodoro Roosevelt, tratei de encontrar loucos chefes de estado [...]. Visitei em dois sanatórios, dois pacientes [...]. Um traço curioso que também pude incorporar ao meu papel está relacionado com a segurança e autoridade demonstradas pelo maníaco: sua lógica é, de um certo modo, um tanto peculiar, mas dentro dela tudo é coerente e consequente. Ele joga com absurdos e chega a uma conclusão absurda, mas sempre chega a uma conclusão, e com a maior seriedade[87].

Aos poucos, Celi vai dando espaço a certa calma harmoniosa, e formará, junto a Ziembinski e Gianni Ratto (1916-2006) o trio de maior influência na formação da modernidade do ator no Brasil. Quando dirige *Antígone*, de Jean Anouilh, em 1952, já permite a Paulo Autran humanidade, sobriedade e sutileza. É o que relata a crítica publicada em *O Estado de S. Paulo*:

> A profunda, dolorosa, experiência de vida de Creon, essa espécie de imenso cansaço, e também a dureza de quem optou uma vez por todas, transparecem com a maior nitidez em cada gesto seu. Como ator, não precisa mais sequer erguer a voz para sugerir força e autoridade[88].

Outros encenadores matizaram a experiência cênica do elenco estável do TBC. A possibilidade de uma continuidade de trabalho, um local fixo e a troca contínua entre colegas fizeram com que esse teatro se tornasse uma referência para a arte do ator e viesse influenciar e impulsionar o desenvolvimento de nossa maneira moderna de atuar – o que vinha se efetivando desde 1938.

Cacilda Becker, em artigo publicado postumamente, define cada um dos encenadores (não desqualificando nenhuma daquelas figuras heroicas

87 Programa da peça.

88 Décio de Almeida Prado, *Apresentação do Teatro Brasileiro Moderno*, 2. ed., São Paulo: Perspectiva, p. 299.

TBC. Ensaio de *Entre Quatro Paredes*, de J.P. Sartre, com Cacilda Becker, Nydia Licia e Sérgio Cardoso, 1951.

que os precederam) que a seu ver construíram o intérprete brasileiro moderno:

Ziembinski, velho mestre querido de todos – era o artista capaz dos mais belos espetáculos; Bollini trouxe as primeiras experiências do Actors Studio; Ratto, a intransigência, a severidade artística; Ruggero Jacobbi sacudia-nos intelectualmente. E por fim Maurice Vaneau, espirituoso, sagaz e audacioso como era Luciano Salce[89].

O que na verdade Cacilda poderia ter dito é que o trabalho sob a orientação desses variados encenadores possibilitou uma verdadeira escola de interpretação, formada a partir dos diferentes modelos de encenação que cada um deles punha em prática. Luciano Salce, por exemplo, nada tinha de Adolfo Celi. Nas "altas comédias", como se dizia antigamente, ele exigia dos atores inteligência e um tom irônico muito refinado, difícil ao brasileiro. Competia ao ator trabalhar esses dados, combinando-os, com um requinte próprio dos textos que escolhia. Acrescente-se a tudo isso um tom amargo e um humor negro de quem havia sofrido muito durante a Segunda Guerra Mundial. Só assim se explica a figura do caixeiro viajante, em *O Anjo de Pedra*, que exigiu de Sérgio Cardoso um jogo estranho e cruel, sem cair na violência de Celi, nem na caricatura barata. Não se notava solidão na personagem, mas um patético risível, diferente das outras criações elaboradas pelo ator; um dado a mais, portanto, em seu aprendizado. Fala-se na seriedade de Gianni Ratto. Mais do que isso foi sua habilidade cênica a pedra de toque na junção e no acabamento final da modernização do Teatro Popular de Arte, nascido de tantas individualidades: a tragicidade de Itália Fausta, o expressionismo de Ziembinski, o realismo

89 O TBC que Conheci, *Jornal da Tarde*, 11 out. 1973.

de Turkow. Seu senso de recato e justa medida na idealização dos caracteres e do espetáculo como um todo foram úteis, tanto a Maria Della Costa, quanto a Fernanda Montenegro. Tendo sido dirigida por Esther Leão, não tendo participado, pela idade, nem do TEB, nem de Os Comediantes, Fernanda se deslumbra com Gianni Ratto, quando chega ao Teatro Popular de Arte, em 1954:

> Os primeiros trabalhos que fiz, eu os fiz de uma forma linear [...]. Mas eu intuía que deveria haver uma zona além da historinha, além do vestido, além da maquiagem, além dos panelões de luz. Quando vim para a Companhia Maria Della Costa, tive a sorte de trabalhar com um homem chamado Gianni Ratto. Para mim Gianni Ratto serviu como um especulador e um instigador da verticalidade no estudo da personagem. Por intermédio do trabalho com esse diretor eu percebi que a personagem não era só horizontalidade. Havia algo mais fundo, mais denso, mais amplo [...]. Sob essa direção aprendi a considerar não a palavra isolada, mas a palavra no contexto dramático do período, no contexto de um organismo de sinais, que determinam uma crise, sempre numa avaliação intensa, vivida, carnal, diante de uma resposta, diante da aceitação de uma réplica.

Dado curioso, também revelado nesse depoimento dado a Mariangela Alves de Lima e publicado pela Fundação Nacional de Artes Cênicas é sua atenção aos que a precederam. Percebe-se nas palavras de Fernanda, quando se refere aos "antigos" com quem contracenou, o desejo consciente, também, de construir sua arte de intérprete a partir de uma tradição teatral. Confessa a atriz que, observando Lucília Peres (1881-1962) e o bem mais moderno João Villaret (1913-1961), guardou deles o que lhe pareceu útil e seguiu em frente sob a orientação de Gianni Ratto, construindo-se a partir de uma arguta observação, incorporando estilos de seus companheiros mais velhos, adaptando-os quando julgasse necessário. Exemplo máximo de uma construção sobre a herança de um tipo de interpretação é o desempenho de Marília Pêra, descendente direta de Dulcina de Moraes.

Daí se conclui com que riqueza de colorido foram-se construindo os atores brasileiros, guiados pelos encenadores estrangeiros, que não deixaram também de formar nossos diretores futuros. Em breve a geração dos anos de 1950 irá percorrer seus próprios caminhos, criando seus elencos estáveis, constituídos segundo afinidades, ou então, por força, das circunstâncias, atuando em produções eventuais.

Escola de Arte Dramática de São Paulo

Não foi por mero acaso que a Escola de Arte Dramática de São Paulo, a EAD, começou a funcionar cinco meses antes da abertura do TBC. O que moveu seu fundador e diretor Alfredo Mesquita foi a ideia de que para iniciar e dar continuidade à formação de um novo teatro era necessário que surgissem novos atores, formados dentro de uma disciplina de trabalho, de uma ética, e de uma rígida formação especializada. Esses atores deveriam estar aptos a enfrentar um repertório diversificado, de nível mais alto, exigindo novas técnicas e visões ampliadas do fenômeno teatral. A crítica e ensaísta Mariangela Alves de Lima, escrevendo sobre a formação dos atores na EAD, escolhe como epígrafe uma declaração de Jacques Copeau:

> Eu creio que é preciso educá-lo [o ator], mas não exclusivamente na prática de sua especialidade e mesmo não tanto em função do refinamento de sua técnica e mais pelo desenvolvimento harmonioso e a aquisição progressiva de todos os conhecimentos da sua arte, buscados nas mais nobres fontes. Só uma cultura geral lhe restituirá as altas qualidade humanas e a dignidade do nome de artista[90].

Tomás Santa Rosa, um dos criadores de Os Comediantes, já sentia essa necessidade:

> Eis a razão por que sempre defendo uma Escola. Escola, para que esses estudos decorram orientados por métodos sempre atualizados; Escola, para que as facilidades afetivas do julgamento não estimulem as vaidades latentes; Escola, para, enfim, aprender o que se deve[91].

90 Apud Mariangela Alves de Lima, A Formação do Ator, *Dionysos*, Rio de Janeiro, MinC/Fundacen, n. 29, 1989, p. 79.

91 *Teatro: Realidade Mágica*, Rio de Janeiro: Ministério da Educação e Saúde/Serviço de Documentação, 1953, p. 15.

O fato é que a EAD paulista nascia de uma necessidade. Tal qual a Escola fundada por Coelho Neto (1864-1934), iniciada em 1911 no antigo Distrito Federal, e que certamente fora instalada como um apoio à reação "idealístico-simbolista" preconizada pelo escritor maranhense. Era desejo ferrenho de Coelho Neto arrancar o teatro naquele momento do estado em que se encontrava, julgado por ele aviltante para a cena brasileira. Para que se implantasse o gênero que gostaria de ver cultivado, deu prioridade, ao lado do estudo da "fisiologia das paixões", ao cultivo da voz. "A voz humana é um instrumento-músico; na opinião de todos os músicos, o instrumento que mais comove, o que mais excita à compaixão, à dor, aos lances, patéticos e heroicos", dizia José Oiticica (1882-1957), professor da Escola Dramática do Distrito Federal[92].

Os novos tempos não exigiram apenas cuidados com a arte de dizer. Trinta e sete anos depois, a EAD propunha que os artistas vissem o teatro como um fato cultural, a ser viabilizado sob a responsabilidade de um diretor e de uma equipe coesa, pronta a responder às mais variegadas solicitações. O pensamento sobre encenação vigente já no final dos anos de 1940 aumentava a responsabilidade do intérprete, agora não um mero repetidor, mas alguém que em diálogo constante com seus colegas usará sua voz, seu corpo, sua inteligência a serviço de um espetáculo.

A Escola não seguiu nenhum modelo norte-americano ou europeu, inviáveis no Brasil, conforme afirmou Alfredo Mesquita. O convite para a aula inaugural a ser dada na Biblioteca Municipal por Paschoal Carlos Magno traz o nome dos colaboradores de Mesquita: Vera Janacopulos (1896-1955) cuidaria da "Dicção e impostação" da voz; Chinita Ullmann (1904-1977) se encarregaria das lições de "Mímica"; Cacilda Becker e Alfredo Mesquita dariam "Comédia" e "Drama", respectivamente; Clovis Graciano (1907-1988) ensinaria princípios básicos da "Cenografia"; Décio de Almeida Prado seria o professor de "História do Teatro"; e Lourival Gomes Machado daria "Estética".

Todos os professores ligavam-se a experiências anteriores levadas a efeito pelo diretor, com exceção de uma, a professora de "Comédia", que se iniciara também no teatro amador, em plena renovação de nossos palcos, mas logo se passara para o teatro profissional. Se a carreira de Cacilda Becker se desenvolveu nos primeiros tempos em longas e exaustivas excursões, fora recentemente temperada pelas direções de Ziembinski e Zygmunt Turkow na última fase de Os Comediantes. Logo, a EAD afinava-se às propostas inovadoras em curso nos anos de 1940, tanto pela presença de seu diretor, quanto pela escolha pensada de forma coerente, de cada um dos componentes de seu corpo docente. Cacilda representava um pouco da realidade sofrida no teatro profissional, em meio a um certo idealismo, muitas vezes ingênuo do teatro amador. Qual o comportamento dessa atriz de vinte e sete anos, que pensara em cursar a Escola, mas fora de repente solicitada como professora? Ela lia o texto, marcava-o, dava indicações de interpretação, apoiada em peças nas quais havia atuado. E os outros colaboradores, mais afinados com as ideias de Alfredo Mesquita? Vera Janacopulos, cantora, tateava ainda, ensinando como ser um bom ator. Lembra um deles: "Suas aulas eram inteiramente livres. Chamava um aluno e dizia: leia isto aqui, procure cantar aquilo. Cante um pouco mais grosso, fale um pouco mais fino"[93]. Chinita, além de uma "ginástica rítmica", aperfeiçoava gestos: como descer elegantemente uma escada, como cair, como pegar um objeto, não deixando de trabalhar, com sensibilidade, expressões e sentimentos. As aulas de história do teatro tiveram início com o estudo dos grandes textos gregos, aliando-se ao curso de mitologia, não só como auxílio aos temas, mas como base para o desenvolvimento de uma fantasia criadora, favorável aos que tomavam conhecimento, pela primeira vez, do jogo das mutações.

A EAD foi cada vez mais se aperfeiçoando com o passar do tempo e com o aprimoramento das técnicas teatrais. A aluna Myrian Muniz (1931-2005) admira-se anos depois com a professora de expressão corporal, Yanka Rudska, que lhe fala pela primeira vez em "sentido da forma e relação com o espaço: dimensões, divisões, relação da frase falada,

92 A Voz e a Dicção em Teatro, *Cadernos de Teatro*, Rio de Janeiro, n. 9, s.d. e s.p.

93 Geraldo Mateos, *Dionysos*, Rio de Janeiro, MinC/Fundacen, n. 29, 1989, p. 215.

com o movimento"[94]. Também houve progressos nas aulas de dicção sob o comando, desde 1952, de Maria José de Carvalho (1919-1995). Apesar de fazer parte do Coral Paulistano e de ter uma formação de cantora, já não se prende tanto ao canto quanto suas predecessoras, Vera Janacopulos e Madalena Lébeis (1912-1984). É que desde sempre teve uma fascinação muito grande pela palavra. Constata que vocalizar, como nas aulas de canto, e fazer exercícios isolados de técnica com os alunos não levam a coisa alguma; começa então a desenvolver sua técnica através de textos:

> A técnica vocal teatral exigia de forma absoluta e indispensável o estudo do texto adequadamente, isto é, todo o seu conteúdo psicológico, emocional, social, histórico e sobretudo estilístico, que no fim era a soma de tudo isso. Eu já conhecia algo de literatura, mas pus-me a estudar desesperadamente teoria literária e estilo. Os textos têm uma maneira própria, única, intrínseca, de acordo com as épocas e os autores. Passei então a desenvolver uma técnica nesse sentido, muito rigorosa, aliada ao estilo do texto. Outra coisa que sempre me preocupou era a necessidade de estudar sempre textos de maior beleza e importância, mesmo para começar[95].

Alfredo Mesquita era o diretor sempre presente, dirigindo ou ensinando exercícios de estilo que deixavam os alunos um pouco assustados. Aracy Balabanian fala sobre isso:

> Dr. Alfredo mandava a gente subir uma escada como rei e descer como mendigo, ou então como sentar, numa cadeira ou num sofá. Ríamos! E hoje em dia vocês sabem que eu fico pensando que isso vale muito? Na TV, por exemplo, se eu não me sentar direito, a câmera vai me perder. Tenho de perceber o movimento da câmera. Quando o *camera-man* é meio vagaroso e sei que preciso me levantar rapidamente, tenho que perceber o tempo que ele vai me dar. Tudo isso, sem dúvida alguma, é por um domínio que eu tenho por ter me exercitado, sentando, levantando, andando, subindo e descendo as escadas, com vestidos longos ou não. Outro dia, vi uma jovem atriz corretíssima na interpretação, no gesto e na expressão, mas ao se passar para um plano geral dela, percebeu-se que o corpo não correspondia absolutamente ao que ela estava dizendo[96].

Alfredo Mesquita dirigia os espetáculos de fim de ano, mas nunca deixou de chamar outros encenadores, para através de métodos diferentes proporcionar aos alunos contatos, na prática, com diversidades de estilos de trabalho.

Sendo assim, contratou Ziembinski por alguns meses. Não seria uma montagem. Ziembinski elaborou um curso dando ênfase à psicologia da personagem, usando Stanislávski e analisando por quase sete meses a peça *Desejo*, de Eugene O'Neill. Segundo Florany Pinheiro, ele dizia aos alunos:

> Não se preocupem com a decoração [...] Encontrem a personagem e tudo estará resolvido. Porque aquela personagem, naquele exato momento, naquela circunstância, dialogando com aquelas outras personagens só poderá dizer aquilo, só poderá reagir daquela forma[97].

Uma história que ele contou chamou a atenção dos alunos. Quando representou o Efraim, em *Desejo*, levava sempre um canivete no bolso, sem nenhuma utilidade aparente. Por quê? – perguntaram os alunos. "Porque aquela personagem jamais andaria pela fazenda, sem um canivete no bolso".

A flexibilidade na escolha dos professores, vindos de várias correntes, mas idênticos, no respeito e no amor ao teatro, permitiu aos alunos a riqueza do contato com estilos e textos variados. Assim transitava-se, na prática, entre o Ionesco de *Tiago e a Submissão* e o realismo de José de Alencar, de *O Demônio Familiar*, ambos os espetáculos dirigidos por Gianni Ratto. Da mesma forma participaram de duas diferentes encenações de Luís de Lima (1920-1991): *O Escriturário*, baseado em Melville, e *O Descobrimento do Novo Mundo*, de Morvan Lebesque, em que puderam perceber, enquanto ensaiavam, as concepções de Jean Vilar (1912-1971) e seu Teatro Nacional Popular. Mais tarde tiveram com Maurice Vaneau (1926-2007) um exercício facilitado de estilo com um mais puro *Scapin* e uma experiência de realismo brasileiramente atualizado em *A Falecida*, de Nelson Rodrigues, com Antunes Filho.

94 Maria Thereza Vargas (org.), *Myrian Muniz: O Percurso de uma Atriz-Giramundo*, São Paulo: Hucitec, 1998, p. 54.

95 *Dionysos*, Rio de Janeiro, MinC/Fundacen, n. 29, 1989, p. 315.

96 Idem, p. 186.

97 Idem, p. 183-184.

Além do embasamento técnico, da prática de estilos, da introdução à cultura como elemento primordial ao trabalho de qualquer ator, a contribuição da EAD à modernização do intérprete foi a de exigir do aluno/ator uma disciplina, um comportamento ético e um exercício constante no *métier*. A necessidade de um aprendizado ininterrupto, o controle de seus meios de expressão, o abandono da tentação da famosa "bossa" do brasileiro foram, aos poucos, fazendo com que o aluno compreendesse sua importância como elemento participante no seríssimo processo de elevação de uma arte que até o final dos anos de 1930 era considerada parente pobre da nossa literatura e das nossas artes plásticas.

Silveira Sampaio

Tal qual Dulcina de Moraes, com total independência interpretativa, alheio a qualquer estilo vigente, surge em 1948, em plena revolução teatral, o médico autor-ator-diretor José de Silveira Sampaio (1914-1965). Não seria um despropósito pensarmos que também ele pretendeu dar cores novas à comicidade carioca, não só na parte dramatúrgica como na maneira de se comportar em cena. O modo muito particular de interpretar seus heróis grotescos quebrava com tudo que até então se concebia como procedimento digno de um bom cômico. Guiava-o uma dose de realismo, quase semifantástico, um brincar na emissão do texto, levando-o a uma excentricidade cênica, ora subindo nos móveis, ora pondo os pés na parede, impondo um desenho rígido da personagem, algumas vezes próximo dos quadros modernistas. A originalidade de sua atuação fez com que Décio de Almeida Prado tivesse a curiosidade de conhecer sua origem. Não parecia, segundo ele, nem vir do circo, nem do *music-hall*, nem muito menos da revista. Concluiu o crítico que talvez tivesse nascido muito simplesmente "'nas chanchadas' de estudantes ou nas brincadeiras com amigos, porque uma criação como a sua não pode nascer da noite para o dia"[98]. Em 1956, entrevistado a propósito da revista *No País dos Cadillacs*, em que atua, responde com bom humor que suas influências, conscientes, foram o Ballet Jooss e as comédias de Ernest Lubistch; quanto às "inconscientes continuam inconscientes"[99].

98 *Apresentação do Teatro Brasileiro Moderno*, p. 34.

Silveira Sampaio não teve seguidores. Dulcina ainda está presente no prazer de ser atriz e no *timing* perfeito tanto de Nicete Bruno quanto de Marília Pêra. Mas o que ficou do ator-autor? Um leve sinal de sua presença, na maneira de emitir o texto, com certas surpresas, irá aparecer nos anos de 1970/1980, quando alguns atores vão fundamentar suas criações no hábil manejo das improvisações.

Um Breve Resumo

A geração da década de 1940 foi se moldando à geração da década seguinte. O trabalho realizado na maioria das vezes de forma intensa deu aos artistas, em pouco tempo, todas as regras da profissão. O que muitas vezes se chamou, levianamente, de preciosismo e de "estrangeirismo" foi fruto de alguns anos de estreita colaboração entre ator e diretor. Jardel Filho moldou sua força nas sucessivas experiências com Ziembinski; Cleyde Yáconis diz que, com Adolfo Celi, aprendeu duas coisas: ouvir e pensar. Na verdade, as duas gerações souberam ser fiéis aos primeiros ensinamentos, da mesma forma que permaneceria para sempre (embora atentos às várias solicitações) algo intrínseco em sua natureza. Seria o que poderíamos chamar de cerne de seu destino artístico. Assim, a doçura de Sônia Oiticica, trabalhada por Itália Fausta em *Romeu e Julieta* foi aplicada em sua Madame Clessy (de *Vestido de Noiva*), no grupo Tapa, em 1994; a contenção de Paulo Autran presidiu todas as suas criações; a tragicidade de Cacilda Becker, consequência de uma infância e mocidade difíceis, fez nascer em nossa primeira atriz traços interpretativos muito pessoais, uma mistura de agressividade e ternura; doçura, ironia e uma pequena dose de sarcasmo, trabalhadas artisticamente por Silveira Sampaio, estão presentes em Tônia Carrero; Beatriz Segall não deslembra Sadi Cabral, perscrutando à exaustão os movimentos do corpo e da alma de suas personagens; um senso de poesia e altivez no que fazem ou faziam (recordação de O'Neill e de

99 S. Magaldi, Silveira Sampaio em 40 Respostas, *Teatro Sempre*, São Paulo: Perspectiva, 2006, p. 174.

Abdias do Nascimento, seus primeiros mestres) envolvem, ou envolveram, Ruth de Souza e Aguinaldo Camargo; a vibração de Nathália Timberg (um ponto positivo de Esther Leão, mas mitigado pela permanência nos últimos anos do TBC) é a sua característica primeira; o prazer, a dedicação ao trabalho e a humildade perante as personagens construíram Maria Della Costa; Vera Nunes segue a leveza de Tônia Carrero, com quem participou de um elenco estável em 1949; Nicette Bruno, dando primazia à alegria e simpatia, traduz em seu tempo de comédia o que aprendeu com Dulcina; a racionalidade, às vezes traída pela emoção, está presente em Cleyde Yáconis e Nydia Licia; a amálgama proposital de influências e divergências fazem a arte de Fernanda Montenegro; a tranquilidade de Othon Bastos e Sebastião Vasconcelos trazem riqueza à nossa história interpretativa; e o "distanciamento" de Ítalo Rossi (1931-2011) e Walmor Chagas integra-os com perfeição às regras de uma interpretação exigida pela modernidade.

Altera-se o Perfil dos Nossos Intérpretes

Como um preâmbulo da mudança radical que aconteceria em meados dos anos de 1950, uma simpática geração de jovens diretores brasileiros começa a aparecer no Rio de Janeiro, matizando um pouco o que poderíamos chamar de interpretação própria da "Geração TBC", que no início era vista por eles com entusiasmo, mas depois de algum tempo com olhos críticos. Uns vinham de estágios no exterior, outros formaram-se no Rio de Janeiro, no Conservatório, ou na Escola Martins Pena. Maria Clara Machado (1921-2001) foi aluna de Regis Outin, em Paris, e de Laban, em Devon; Eros Gonçalves (1919-1973) observou teatro na França; João Bethencourt (1924-2007) fez direção em Yale; Augusto Boal (1931-2009), dramaturgia na Columbia University; Alfredo Souto de Almeida (1923-1996), Léo Jusi, José Maria Monteiro e Geraldo Queiroz (1925-2004) iam se construindo na prática, após concluírem seus cursos. Independentes, despojados, livres da carga violenta da sapiência estrangeira muito presente nos italianos de São Paulo, conseguiam manter com seus jovens atores uma aproximação mais calma, mais fraternal e serena que, sem dúvida, iria possibilitar interpretações também mais tranquilas, mais esmaecidas do que as praticadas nos vários estilos, muito marcados, de cada uma das encenações do TBC. Observe-se que alguns desses diretores começaram a dirigir originais brasileiros, no momento em que Paschoal Carlos Magno, em 1952, resolveu incentivar novos dramaturgos, encenando-os em seu Teatro Duse. Os textos ali apresentados, de Hermilo Borba Filho (1917-1976), Maria Inez Barros de Almeida, Antonio Callado (1917-1997), Rachel de Queiroz (1910-2003), Aristóteles Soares e Francisco Pereira da Silva (1918-1985), por sua brasilidade, tocaram certamente atores e diretores, exigindo-lhes um caminho natural, sem artifícios, nem volteios. Um desses citados jovens diretores, José Maria Monteiro, lembrava, numa entrevista dada em 1988, que fora ele o primeiro brasileiro a dirigir uma peça de Nelson Rodrigues (tratava-se de *A Falecida*, em 1953), de uma maneira carioca, verdadeiramente brasileira, porque até então Ziembinski fazia espetáculos europeus com as peças de Nelson Rodrigues[100].

Acrescente-se a isso o que observou João Bethencourt, no primeiro número da revista *Teatro Brasileiro*, de novembro de 1955:

> a peça brasileira de certo nível é quase sempre uma boa oportunidade para o ator brasileiro. E é natural que assim seja. Retratar uma atmosfera cultural que não é do ator, por força oferecerá maiores dificuldades que uma personagem cujo modelo o intérprete talvez encontre pelas ruas[101].

Não seria um bom exemplo disso o fato de a quase estreante Glauce Rocha (1933-1971), que participou do Teatro Duse, poder ser considerada, num certo sentido, a precursora de um tipo de atriz que irá se impor a partir da década de 1960? Da mesma forma Tereza Raquel, também agregada ao Duse, teve com aqueles diretores a possibilidade de nuançar sua tragicidade (na Escola Martins Penna fora exímia intérprete de clássicos) a uma original expressividade, própria da gente carioca que lhe deu a oportunidade

100 Um Teatro dos Negros e Outras Experiências Contemporâneas, *Dionysos*, Rio de Janeiro, MinC/Fundacen, n. 28, 1988, p. 154.

101 Teatro Brasileiro, *Teatro Brasileiro*, n. 1, nov. 1956, p. 6.

de uma genial interpretação da heroína-trágica, de *Bonitinha, mas Ordinária*, de Nelson Rodrigues.

Em meados dos anos de 1950, mudanças radicais no país iriam fortalecer caminhos que já se esboçavam ainda sem muita ênfase. A arte teatral viva, lidando e se dirigindo aos homens, não poderia ficar alheia. "A maioria dos diretores do TBC [...] fazia espetáculos muito lindos, mas que estavam bastante afastados da realidade brasileira"[102], ponderou Augusto Boal, refletindo sobre as encenações de outros elencos e as mudanças efetuadas pelo Teatro de Arena. Sim, porque coube ao Teatro de Arena de São Paulo – criado em 1953 por José Renato (1927-2011) num exíguo espaço onde cabiam cerca de 180 espectadores e cuja cena media pouco mais de 3 x 4 metros –, afirmar ideologicamente certas mudanças tanto no campo da dramaturgia quanto no do desempenho dos atores.

Boal, vindo da Columbia University, foi contratado em 1956 por José Renato. Extremamente inteligente e muito animado torna-se, ao lado de Oduvaldo Vianna Filho (1936-1974), o principal mentor do grupo. O mais curioso é que as coisas têm início sob a influência da América do Norte. Há qualquer coisa do Actors em seus primeiros espetáculos: *Ratos e Homens*, de John Steinbeck; *A Mulher do Outro*, de Sidney Howard; *Juno e o Pavão*, de Sean O'Casey. Se o Actors sonhava com um ator novo, longe da maneira inglesa de representar, aplicando revisitadas técnicas stanislavskianas de construção da personagem, também acaba por sugerir ao Arena mudanças a partir dos métodos do mestre russo (a princípio através das aulas de Sadi Cabral e Beatriz Segall, depois do próprio Boal). Resumindo, o ator brasileiro deveria se livrar do TBC, na época ainda considerado um teatro-padrão. Mas, na verdade, quem impôs uma procura na tão propalada "busca de uma maneira nova de representar" foram os temas surgidos a partir de um Seminário de Dramaturgia criado em 1958. O sucesso de *Eles Não Usam Black-tie*, escrita pelo ator Gianfrancesco Guarnieri (1934-2006), e encenada a partir de fevereiro de 1958, oficializa o entusiasmo pela preferência do autor nacional. A ocasião era propícia. O Brasil transformava-se. Dois anos antes, em sua mensagem de "Ano Novo", em seu primeiro ano de governo, o presidente Juscelino Kubitschek proclamava: "o Brasil começou a mover-se e atuar, a pressionar tudo, para poder expandir-se". Pouco a pouco o nacionalismo tornou-se uma bandeira e respirar Brasil era a nova ordem. O Seminário, a princípio, traz uma particularidade sutil: alguns dos novos autores a serem discutidos seriam atores e encenadores do próprio elenco. E isso faria surgir uma forma dramatúrgica, no mínimo segura. Imaginemos autores/atores habituados às dimensões do palco onde atuam criando textos dentro dele, cônscios de suas próprias possibilidades, procurando imaginar situações e personagens. O entusiasmo provindo de uma era que se iniciava tão promissora e o ardor da juventude (Guarnieri e Vianna eram ligados à esquerda) conduziam à execução e à discussão de uma dramaturgia não neutra, enfocando em seus temas o comprometimento social e político, na verdade exigências do momento.

A preocupação com mudanças sociais despertava atenções. Havia uma sensível mudança no proceder das manifestações artísticas, por parte dos atuantes da esquerda. A atriz Vera Gertel esclarece:

> Você sabe que era uma época em que expressões como reforma agrária, reforma urbana, enfim, eram palavras de ordem. Não sei se é possível chamá-las de revolucionárias, mas eram palavras de ordem progressistas, de reivindicações de mudanças no país. Eram nacionalistas. Esses dizeres eram uma coisa corrente, eram naturais, normais naquela época. Existia já no cinema essa participação. Nós fomos responsáveis por essa participação no teatro[103].

Apresentando a peça *Gente como a Gente*, de Roberto Freire (1927-2008), um dos participantes do Seminário, Augusto Boal escreve em 1959:

> Escreve-se sobre a Central do Brasil, sobre futebol, o morro carioca, um lugarejo mineiro, um bairro do Rio, gente do norte: escreve-se sobre o Brasil. O caminho está se impondo: escrever brasileiro sobre temas nossos, interpretar brasileiro, peças nossas[104].

Já antes da guinada nacionalista, Boal pretendia em suas encenações despojamento e simplicidade.

102 Apud M. T. Vargas (org.), op. cit., p. 124.

103 Apud Izaías Almada, *Teatro de Arena: A Estética da Resistência*, São Paulo: Boitempo, 2004, p. 63.

104 *Marido Magro, Mulher Chata*, 1957. (Programa da peça).

"Tom coloquial, de conversa despreocupada e marcações objetivas, diretas"[105] era a linha seguida na montagem de *Marido Magro, Mulher Chata*, de sua autoria. Para uma dramaturgia tão clara em seus propósitos, voltada para a realidade política do país; para personagens tão nossas, e em cena falando quase ao nosso lado, era necessário, segundo os mentores, um novo ator, inspirado no homem comum brasileiro. Continuariam os laboratórios, analisando e envolvendo a carga emocional de cada um dos atores oriundos de camadas sociais diversas, anexando às sessões o que viam ao redor. Os atores voltavam sua atenção e busca de material para os exercícios fora de seu espaço de trabalho. Observavam, nas ruas, o comportamento da população: seu jeito de andar, suas atitudes, suas reações. Está claro que esses laboratórios externos levavam a um estilo de representar diferente daquele exigido pelos diretores do TBC e de seus seguidores. Basta dizer que para criar a senhora Frola de *Assim É...Se Lhe Parece*, Cleyde Yáconis não sai à rua observando velhas italianas. Os exercícios se fazem na sala de ensaios: atravessar a rua e ser quase atropelada, ver cachorro, ver criança, ver vitrina, rezar, ir à igreja. Cria-se, através da memória e do pensamento, a imagem artística. O real que Vera Gertel observa na rua e tenta incorporar é diferente:

> Fomos buscando uma forma de representação semelhante à do Actors Studio, de Nova York. E, nesse naturalismo, foi-se encontrando uma forma de representação brasileira também, porque as pessoas eram brasileiras. Então, o laboratório de ator só poderia representar à brasileira. Ele não iria imitar o James Dean ou o Marlon Brando [...]. O Milton Gonçalves, eu, aprendemos a abandonar os estereótipos[106].

E segundo Augusto Boal:

> Nacionalizávamos a personagem estrangeira, ao passo que o outro grupo (TBC) alienava as personagens nacionais. As personagens brasileiras que eles faziam, você olhava e dizia: "Essas personagens não têm nada de brasileiro", ainda que se chamassem José da Silva ou João de Sousa[107]. [E conclui,] no final dos anos de 1950, estávamos num momento especial de luta. Devíamos afirmar uma arte que não fosse totalmente guiada por padrões estrangeiros[108].

Mas o Arena era, sobretudo, uma organização atenta. Movia-se, segundo a urgência das horas, tanto no tempo real quanto no tempo das artes. Apresentando *O Testamento do Cangaceiro*, em 1961, seu autor Chico de Assis refere-se às reviravoltas dramatúrgicas sofridas pelo grupo, à procura de um teatro brasileiro: "Depois da *Revolução na América do Sul*, onde Boal se desliga de uma hora para outra daquele realismo no qual estávamos empenhados, outros caminhos se mostraram com possibilidades muito largas"[109].

Para os atores isso também é muito bom. Essa "mobilidade" interpretativa leva-os a uma não estratificação e à busca de maneiras sempre novas de interpretação para enfrentar determinadas personagens, às vezes simbólicas, apontando realidades da triste vida cotidiana, outras vezes "substituindo a rígida ordem de séculos longínquos por uma liberdade de maneiras", criando "uma atmosfera jovem"[110], próxima ao entendimento dos atores e do público também moço, que os frequentava. Ao permitirem-se uma "nacionalização dos clássicos" as interpretações de Guarnieri, Fauzi Arap, Lima Duarte e Myrian Muniz são exemplares. São atores preparados, amadurecidos em boas escolas e na erudição. Conhecem o classicismo a ponto de poder jogar com ele com uma intencionalidade nossa, sem deformá-lo na essência, somando-o ao que conhecem de nossa tradição cômica. Com tudo isso, pode-se afirmar que foi nessa nacionalização que se delineou o tão almejado ator brasileiro. Criticando *Tartufo*, de Molière, Décio de Almeida Prado escreve:

> a empregada assumindo sem rebuços o lugar do patrão e a velha avó sendo quase escorraçada de casa – ninguém mesmo finge que escuta quando ela fala. Nada disso é propriamente inventado e tudo está contido em germe no texto de Molière – apenas a falta de etiqueta e de cerimônia é que nos parece bem brasileira[111].

105 Idem, ibidem.
106 Apud I. Almada, op. cit., p. 68.
107 Apud M. T. Vargas, op. cit., p. 123.
108 Idem, p. 125.
109 Programa da peça.
110 *Exercício Findo*, São Paulo: Perspectiva, 1987, p. 41.
111 Idem, p. 41.

Em *O Inspetor Geral*, de Gógol, Myrian Muniz encontra o cerne de sua graça espontânea, no estilo farsesco que o encenador exige.

Os clássicos nacionalizados trazem situações e palavras precisas. Facilitam mais, é evidente, a compreensão do que seja um teatro popular. E, além do mais, o território é vasto e disponível para a experimentação dos atores. Não resta dúvida de que a geração dos anos de 1960/1970, consciente ou inconscientemente, volta-se, revisitando-as, para as grandes figuras do teatro popular: Oscarito, Grande Otelo, Alda Garrido e Dercy Gonçalves.

A década de 1960 principia a exigir do público compreensão e reflexão crítica. Bertolt Brecht (1898-1956) e o encenador Roger Planchon, ativo desde 1953, passam a dominar o pensamento dos encenadores e atores mais jovens. Enquanto isso os filhos do TBC, olhando de longe as novas propostas, prosseguiam em seu ideário humanístico, procurando, teimosamente, para suas personagens (algumas até brasileiras), uma amplitude universal.

4. A DRAMATURGIA MODERNA

Admirável, em muitos casos grandioso, foi o voo empreendido pela dramaturgia brasileira nas décadas de 1940 e 1950. A produção dramatúrgica acompanhou, e não poucas vezes antecipou, conquistas no acelerado ritmo de uma era em que o teatro passou por fundas transformações na estruturação da narrativa dramática, na sintaxe da encenação, na linguagem e estilo de trabalho dos atores.

Houve instantes pedestres, em que essa dramaturgia patinou em convencionalismo, prolixidade, psicologia de almanaque, e deu mergulhos rasos em água opaca. Mas nos momentos relevantes exibiu arrojo, ousadia, ambição, esplêndida envergadura. E legou ao repertório nacional textos que, em poucas décadas, atingiram o estatuto de clássicos. Entre os dois extremos surgiram experiências de variados quilates e propósitos. No conjunto, essa produção formou um arco que se estendeu do drama psicológico ao teatro social, da temática regional à urbana, da pesquisa de linguagem à retomada de modelos neoclássicos. À medida que o espetáculo ganhava novas feições, a escrita teatral alargou seu leque de assuntos. E, no terreno da estrutura, incorporou à sua tessitura procedimentos que se tornariam futuros paradigmas.

A literatura dramática produzida durante o período realiza a tardia e necessária incorporação das conquistas do modernismo ao palco brasileiro. Retoma e ultrapassa as experiências pioneiras de Renato Vianna e Álvaro Moreyra na década de 1920. Mas inexiste nela um cunho nacionalista dominante, no sentido em que o empregava, por exemplo, Oswald de Andrade. O Brasil está presente nos textos da maior parte dos dramaturgos dos anos de 1940/1950. Mas o retrato do país que surge nas peças desliga-se da exigência programática de uma escola. Não é difícil supor a razão da escassez de vezes em que os artistas desse tempo recorreram a tal veículo de expressão da brasilidade.

De um lado, todas as vertentes da arte modernista fizeram essa opção em algum momento. De outro, a comédia de costumes dos anos de 1920/1930 também pôs sob seu foco os modos de viver brasileiros, com resultados às vezes eficientes, porém, em sua maioria, modestos, quando não frágeis. Assim, é compreensível que, para os autores que começaram a produzir a partir de 1940, não soassem apetecíveis nem o nacionalismo didático dos modernistas nem a brasilidade doméstica quintal-e-sala-de-estar da comédia de costumes.

A imagem do Brasil capturada, por exemplo, por Nelson Rodrigues, Jorge Andrade e Ariano Suassuna, distancia-se decididamente dos modelos anteriores. E não há como desconhecer que os três – os nomes superlativos do período, em que pesem as grandes diferenças entre os estilos e as preocupações estéticas de cada um – tiveram o interesse constante de colocar o Brasil em suas alças de mira. Nota-se, ao cotejá-los, que os Brasis de Rodrigues, Suassuna e Andrade são ao mesmo tempo iguais e diferentes entre si.

Além dessa trinca de pesos pesados, ao longo dessas duas décadas a produção de textos teatrais atrairia também os escritores Antonio Callado, Rachel de Queiroz, Lúcio Cardoso, Guilherme de Figueiredo e Raimundo Magalhães Jr., os médicos Pedro Bloch e Silveira Sampaio, os jornalistas Millôr Fernandes e Henrique Pongetti, o advogado Abílio Pereira de Almeida, o engenheiro agrônomo João Bethencourt.

O eixo da produção teatral se alterava. São Paulo, durante a expansão industrial que viveu ao fim da Segunda Guerra Mundial, veio a ocupar um posto destacado no terreno da cultura, em geral, e do teatro, em particular. Atores e diretores paulistanos de trupes amadoras reclamavam, no início da década de 1940, da ausência de casas de espetáculos. Contabilizavam apenas os teatros Municipal e Santana, ambos no centro da cidade. Alfredo Mesquita escreveu uma peça chamando a atenção para a questão e, à maneira de Molière, deu-lhe o nome de *O Improviso do Grupo de Teatro Experimental*. A obra foi montada no Municipal por sua companhia, o GTE. O único a sensibilizar-se com o apelo de Mesquita foi o industrial Franco Zampari, futuro fundador do Teatro Brasileiro de Comédia. Em meados da década seguinte a situação era bem diversa. A cidade ganhara, entre outros, o TBC, o Bela Vista, o Maria Della Costa, o Arena, o Federação (cujo nome seria trocado depois para Cacilda Becker), o Novos Comediantes (que viria a ser mais tarde o Oficina), e boas salas construídas pela prefeitura: os ainda existentes João Caetano, na Vila Mariana; Martins Pena, na Penha; Artur Azevedo, na Mooca; e o Leopoldo Fróes, em Vila Buarque, inexplicavelmente e estupidamente demolido nos anos de 1970 para dar lugar a um *playground*.

Foi considerável nessa época o aumento da atividade cênica paulistana, alimentado também pela Escola de Arte Dramática, criada pelo mesmo Alfredo Mesquita do GTE, que passa a oferecer artistas bem treinados e competentes ao nascente mercado. Mas a maior parte das vozes da dramaturgia ascendente vinha do Rio de Janeiro. A então capital da República era ainda o maior centro de fermentação intelectual do país, e isso valia também para o teatro. Ao contrário de São Paulo, o Rio, desde a segunda metade do século XIX, fora dotado de várias e importantes salas de espetáculos, e contava com uma atividade teatral profissional constante e consistente. Ao longo do período que aqui se examina, foi no Rio que se fez a dramaturgia da cearense Rachel de Queiroz, dos mineiros Pongetti e Cardoso, bem como do maranhense Magalhães Jr., do pernambucano Nelson Rodrigues e do carioca, nascido em Niterói, Antonio Callado. Exceções a essa lista, Jorge Andrade e Abílio Pereira de Almeida forjaram seus textos a partir de bases paulistas, e Ariano Suassuna jamais deixou seu Nordeste.

Além do fato geográfico do predomínio do Rio como principal centro gerador dessa produção dramática, outra característica, esta estética, define o grupo de autores: não pertenceram a nenhum movimento literário, não integraram um batalhão movido por uma ideia artística central, não agiram em uníssono nem com homogeneidade de propósitos. Na verdade, ao tratar dessa fase não se pode falar sequer de uma dramaturgia formada por vasos comunicantes. Foram vozes isoladas, e seus donos observaram o mundo segundo perspectivas e valores na maior parte das vezes distantes uns dos outros.

Nelson Rodrigues

Nelson Rodrigues (1912-1980) é o autor de uma das criações dramáticas mais relevantes – muitos diriam: a mais relevante – desse tempo. Nascido no Recife e criado no Rio de Janeiro a partir dos quatro anos, exerceu no teatro brasileiro um papel fundador. Ousado, espirituoso, ferino, dono de estilo que incorporou a fala das ruas ao texto, indivíduo atormentado, analista penetrante da alma humana, Nelson forjou em dezessete criações teatrais, a primeira escrita em 1941, a última em 1978, uma obra singular, de gigantesca estatura.

Até hoje um dos autores modernos mais encenados no Brasil, Nelson desenhou um retrato da condição humana – mais especificamente da condição humana carioca – que marca pela veemência, pela pungência poética que conjurou nas peças de viés expressionista, pela grandeza que discerniu nos revezes e traições do dia a dia, elevados por ele a um *status* trágico. O Rio de Janeiro de Nelson, com seu provincianismo, crimes, vidas secretas, desejos mórbidos, tornou-se um espaço universal onde estamos todos refletidos, assim como nos vemos em Shakespeare, Molière, Tchékhov, O'Neill.

A visão do conjunto da produção rodrigueana está hoje apoiada em análises penetrantes e abrangentes. Talvez seja o mais estudado dos escritores teatrais brasileiros. Nos últimos vinte anos, grande número de volumes de estudos a seu respeito foi lançado. Seu mais importante exegeta segue sendo o crítico Sábato Magaldi, que lhe dedicou incontáveis artigos, vários livros, entre eles *Nelson Rodrigues: Dramaturgia e Encenações*[112], e organizou a obra do escritor no volume *Teatro Completo*[113], para o qual escreveu um alentado e sólido prefácio. Tornou-se clássica, depois de aprovada pelo próprio Nelson Rodrigues, a divisão operada pelo crítico no *corpus* rodrigueano, agrupado em peças psicológicas, peças míticas e tragédias cariocas. Independentemente do fato de se aceitar ou não essa classificação, que tem hoje seus críticos, deve-se declarar que a análise que Magaldi empreendeu do trabalho do dramaturgo tem balizado a compreensão de uma obra que deriva de uma visão de mundo e de um código de valores muito particulares. O teatro de Nelson Rodrigues vai de tragédias delirantes ao registro grotesco de um dia a dia corriqueiro, sem nunca perder a coerência, o estilo ácido, mordaz, o diálogo pontiagudo.

O título que Ruy Castro deu a sua boa biografia de Nelson Rodrigues, *O Anjo Pornográfico*[114], é preciso na apreensão das obsessões que impelem a criação rodrigueana. A fixação do escritor na pureza, na aspiração ao ser isento de desejo e pecado, só faz aumentar a frequência com que recorre ao comportamento sexual para delinear os conflitos centrais de suas personagens. O sexo, com seu cortejo de culpa, asco e morte, é a questão, na criação rodrigueana. Filho de jornalista, ele mesmo jornalista desde a primeira adolescência, encarregado de cobrir a seção policial do jornal do pai, cultivou um gosto por dramas extremos que injetou em tudo o que escreveu: romances, contos, crônicas, e, de modo mais depurado, no teatro.

112 São Paulo: Perspectiva, 1987.
113 Rio de Janeiro: Nova Aguilar, 1993.
114 São Paulo: Companhia das Letras, 1992.

Profissional da pena, sua estreia no palco decorreu da necessidade em que tantos jornalistas se veem de procurar formas paralelas de aumentar a receita. Ruy Castro relembra n'*O Anjo Pornográfico* um fato que o dramaturgo contou em entrevistas. Em 1941, ao sair da redação do jornal, passou em frente a um teatro da Cinelândia – na época uma espécie de Broadway carioca – onde o escritor maranhense R. Magalhães Júnior apresentava sua comédia, *A Família Lero-Lero*, com o popular ator Jayme Costa na pele de um atrapalhado pai de família às voltas com as ambições desmedidas dos filhos. A fila de espectadores junto à bilheteria dobrava o quarteirão. Enquanto atravessava a multidão, Nelson ouviu alguém dizer que o autor da peça estava "faturando os tubos". Foi quanto bastou para que decidisse escrever uma comédia. Chegou a casa, pôs mãos à obra. Pensou talvez em uma trama humorística envolvendo um adultério, mas o texto que nasceu, *A Mulher Sem Pecado*, desde a primeira cena mergulha na tragédia desesperada dos ciúmes mórbidos que Olegário sente de sua bela e jovem mulher, Lídia. O teatro de Nelson Rodrigues, a partir do início, não pendeu para o equilíbrio neoclássico, então em voga, mas para a distorção operística, melodramática.

Em dezembro de 1942, *A Mulher Sem Pecado* foi posta em cena no Teatro Carlos Gomes, no Rio, com Rodolfo Mayer – que também assinou a direção – no papel de Olegário. A montagem não fez Nelson "faturar os tubos", mas chamou para o jovem dramaturgo a atenção de gente do porte de Manuel Bandeira, que escreveu um sensível texto sobre a obra, colocando em foco sua importância inovadora. Observa Sábato Magaldi no prefácio ao *Teatro Completo* que *A Mulher Sem Pecado* reúne muitos dos temas e das características de estilo que o autor viria a desenvolver nas obras posteriores.

A consagração chegaria um ano mais tarde. Em dezembro de 1943 estreou no Teatro Municipal do Rio *Vestido de Noiva*, segunda peça de Nelson Rodrigues. A produção, dirigida por Zbigniew Ziembinski, com cenários do artista plástico Tomás Santa Rosa, fazia parte de uma temporada realizada pelo grupo amador Os Comediantes. Tal foi o impacto da estreia de *Vestido de Noiva*, que o restante do repertório da trupe comandada por Brutus Pedreira empalideceu. A percepção da importância do texto e do espetáculo foi imediata. A repercussão crítica e a adesão do público comprovam isso. Houve quem insinuasse que o polonês Ziembinski teria sido responsável pela divisão da narrativa em três planos, recurso visto como a vertente mais inovadora explorada pelo autor. O próprio diretor desmentiu a calúnia. O palco tripartido fora concebido por Nelson e fazia parte da tessitura da peça.

Assim como a obra dramática, a montagem fez história. Para atender às exigências do texto, Santa Rosa criou um cenário formado por praticáveis que se intercomunicavam, onde ocorriam as cenas da alucinação, da memória e da realidade, que estabelecem as molduras nas quais a agonizante Alaíde, protagonista, desvenda ao público a história trágica do seu amor infeliz por Pedro, na qual tem como rival a irmã, Lúcia. À narrativa de Alaíde misturam-se *flashes* urbanos de ruas e de trânsito, de uma sala de cirurgia, de uma redação de jornal. E ainda se entrelaça na fábula a história de Madame Clessy, francesa dona de bordel, assassinada no Rio, no início do século XX, por seu amante de dezessete anos. Pelo que registram as crônicas da época da estreia, esse universo complexo ganhou de Ziembinski uma tradução cênica dinâmica, ativa, vigorosa. A iluminação, à qual o diretor dispensou especial cuidado, apresentou aos brasileiros um conceito moderno de luz teatral, movimentando-se de acordo com o desenrolar da história e da ocupação do espaço pelos atores. Eram dezenas de movimentos e intensidades que encantaram a plateia, acostumada a efeitos muito mais simples e realistas: dia, noite, interior e exterior.

O grupo voltou a montar *Vestido de Noiva* em novembro de 1945 e, em janeiro do ano seguinte, estreou uma nova produção de *A Mulher Sem Pecado*, remontada por Turkov, outro encenador polonês. A glória conquistada com *Vestido de Noiva* manteve o nome de Nelson Rodrigues no panteão da glória da cena nacional, onde ele ficou até de lá ser despejado em fevereiro de 1946, já em pleno processo de redemocratização do país, que saía da ditadura Vargas. Nesse momento de retorno à liberdade de expressão, a censura proibiu a montagem da nova peça de Nelson, *Álbum de Família*, sob a alegação de que a sombria e desesperançada tragédia familiar defendia o crime e o incesto. É falso. A peça, como sempre acontece no universo rodriguiano, entra por esses temas para melhor rejeitá-los. O escritor é um moralista fascinado pela miséria humana. Como Dostoiévski, caminha por dentro da abjeção para iluminar seus horrores e os condenar.

A ótima recepção de *Vestido de Noiva* não deu ao dramaturgo o retorno financeiro com que havia sonhado. Entre 1944 e 1948 escreveu, sob o pseudônimo de Susana Flagg, romances em folhetim publicados pela imprensa diária: *Meu Destino É Pecar*, *Escravas do Amor*, *Minha Vida* e *Núpcias de Fogo*, primeiros títulos de uma lista de romances que cresceria nos anos seguintes em atividade que o autor manteria até o fim da vida, e que geraria ao menos duas obras de considerável porte: *Asfalto Selvagem* e *O Casamento*. Sem desanimar ante a interdição de *Álbum de Família*, cuja proibição gerou muita celeuma, Nelson escreveu entre 1946 e 1947 *Anjo Negro* e *Senhora dos Afogados*. Em 1948, as duas peças foram também proibidas pela Censura Federal, mas em abril *Anjo Negro*, liberada, estreou no Teatro Fênix, no Rio.

Álbum, *Anjo* e *Senhora*, alinhadas por Magaldi entre as "peças míticas" são obras nas quais é possível perceber influências do teatro expressionista e da dramaturgia de Eugene O'Neill. São textos densos, de uma tragicidade à flor da cena, que expressam visões torturadas do asfixiante universo familiar patriarcal, da opressão gerada pelo preconceito de cor, de sexo e de classe, dos conflitos entre pais e filhos. As tramas conduzem a embates ásperos, violentos, travados em cenários de pesadelo. Assim ocorre na velha e decadente casa de fazenda no meio da mata em *Álbum de Família*, na casa antirrealista de *Anjo Negro* e na residência e no prostíbulo junto ao porto, em *Senhora dos Afogados*. As tramas são quase libretos de óperas, falam de paixões extremas, de desejos proibidos postos a nu em meio a grandes sofrimentos. Os gritos de uma menina mal entrada na adolescência, prestes a parir o filho do prepotente dono da casa, Jonas, que a deflorou sob o mesmo teto em que mora a mulher, Senhorinha, pontuam *Álbum de Família* e sua ciranda de amores incestuosos. Em *Anjo Negro*, que enfoca o atormentado casamento da branca Virgínia e do negro Ismael, e em *Senhora dos Afogados*, que opõe a mãe, Eduarda, ao marido,

Misael, e à filha, Moema, coros respectivamente de senhoras pretas e de vizinhos acompanham e comentam a ação.

Na próxima peça, *Doroteia*, escrita em 1949 e encenada no ano seguinte, esses traços antirrealistas são levados ao extremo. Numa casa de mulheres feias, as viúvas Flávia, Carmelita e Maura, que jamais puderam ter uma vida sexual normal, pois que na noite de núpcias sentiram "a náusea", tudo será posto de ponta-cabeça com a chegada de uma bela parenta, Doroteia, que não sentiu horror ao sexo. Embora esteja à procura de suas raízes, Doroteia vem subverter esse universo matriarcal/virginal, em que o sexo é abominação, no qual um homem, o noivo da bela e jovem Das Dores, é representado por um par de sapatos carregado pela mãe, Dona Assunta da Abadia.

O formato antirrealista predomina ainda na obra seguinte. Em 1951, Nelson estreou *Valsa n. 6*, monólogo em que criou um elaborado *tour de force* para uma atriz. A obra requer uma intérprete experiente e jovem, pois Sônia, a protagonista, como define o autor na folha de rosto da peça, é uma "menina assassinada aos 15 anos". Com uma fala entrecortada, tensa, fragmentada, revela sua vida, paixão e morte (incluída aí a revelação dos motivos do assassinato), o espectro da menina morta, em que muitos estudiosos veem um contraponto à Alaíde do *Vestido de Noiva*. No mesmo ano da estreia de *Valsa n. 6*, além de continuar a escrever romances em folhetim sob pseudônimo, Nelson inicia a publicação, no jornal *Última Hora*, da série de contos *A Vida como Ela É...*, em que observava e dramatizava o cotidiano carioca, com um olhar que teria perceptíveis repercussões nas "tragédias cariocas", que ele passaria a escrever logo em seguida, abandonando o filão antirrealista.

A Falecida, primeira das "tragédias cariocas", escrita e encenada em 1953, marca uma notável mudança na rota do dramaturgo. Antecipando-se à voga nacionalista, que em fins dos anos de 1950 levaria o povo para a cena nas montagens políticas do Teatro de Arena de São Paulo e dos Centros Populares de Cultura, Nelson Rodrigues pôs, como protagonistas de sua trama, figuras que poderiam habitar seus contos da *Última Hora*. Em *A Falecida* deu voz a Zulmira, a dona de casa suburbana, religiosa, que está certa de que vai morrer e sonha com um enterro de primeira classe. Na trama entram também seu marido, o desempregado Tuninho, fanático por futebol, e uma fauna extraordinária de vizinhos, parentes, habitantes de um Rio de Janeiro sem nenhum *glamour*. Depois da morte de Zulmira, a peça culmina com a humilhação de Tuninho, que no terceiro ato é informado de que foi traído pela mulher com um bicheiro de nome Pimentel. Em lugar de pagar o enterro de luxo sonhado por Zulmira, Tuninho usa o dinheiro que extorquiu de Pimentel para, no Maracanã, apostar tudo em seu time perdedor.

Da obsessão de Zulmira pelo próprio enterro, Nelson passaria para a obsessão de Raul, primeiro pela cunhada, Judite, e depois pela sobrinha, Glorinha. *Perdoa-me por me Traíres*, estreada no Municipal do Rio em junho de 1957, volta a certas características das "peças psicológicas" e em mais de uma passagem recorda o clima de *A Mulher Sem Pecado*. Ao mesmo tempo, já tem um colorido novo, derivado da coloquialidade das "tragédias cariocas". O primeiro ato, quase uma peça à parte, anuncia a relação complexa entre Raul e a sobrinha. Mas gira todo ao redor da paixão e morte de Nair, amiga da adolescente Glorinha, que de início a leva ao bordel de Madame Luba e logo a seguir perde a vida durante um aborto. Só no segundo ato entra em cena Raul, o grande manipulador, que afirma ter criado a sobrinha "dia a dia" para si. Raul impede Glorinha de ir para o colégio e narra para ela a história de seus pais, Gilberto e Judite, mortos quando a menina tinha dois ou três anos, e cuja destruição ele orquestrou. O autor rotulou a peça de "tragédia de costumes".

Em setembro de 1957, talvez movido pelas críticas ferozes que alvejaram *Perdoa-me por me Traíres*, Nelson Rodrigues apresentou no Teatro S. Jorge, no Rio, *Viúva, Porém Honesta*. Classificada por ele como "farsa irresponsável", foi incluída por Magaldi entre as "peças psicológicas". É uma sátira ácida à imprensa e à família. O Dr. J. B. de Albuquerque Guimarães, poderosíssimo dono do jornal *A Marreta*, convoca especialistas porque sua filha Ivonete, que enviuvou há pouco, não se senta mais, movida pela ideia de que sentar-se e talvez cruzar as pernas seria um desrespeito ao marido morto. Aos poucos revela-se a história de Ivonete, que se casou com Dorothy Dalton, garoto afeminado e ignorante, fugido de uma instituição para menores delinquentes, que o redator do jornal de seu pai transformou em crítico teatral. Em uma alfinetada evidente, Nelson definiu o tipo magrelo, amaneirado, marginal, com nome de atriz do cinema mudo, como "o crítico teatral da nova geração". Uma vez casada, Ivonete trai o marido sem cessar. Na noite de núpcias, trai quatro vezes. Mas depois de viúva, impõe a si mesma o dever da fidelidade. Apaixonado por ela, o Diabo da Fonseca, representante das forças do mal que interveio na ação, ressuscita o crítico teatral para que Ivonete possa voltar a sentar-se. E a trair.

Em outubro de 1958 estreia no Teatro Carlos Gomes *Os Sete Gatinhos*, outra "tragédia carioca" que, a despeito do conteúdo corrosivo e amargo, o autor definiu como "divina comédia". A trama põe em foco a família de Noronha, contínuo da Câmara dos Deputados e pai de cinco filhas. É uma casa decadente, e um de seus moradores expressa a insatisfação escrevendo palavrões e fazendo desenhos pornográficos no banheiro. As quatro filhas mais velhas trabalham parte do tempo como prostitutas, juntando dinheiro para o enxoval de Silene, a caçula, que estuda em um bom colégio. As coisas se complicam quando Silene é expulsa do colégio por ter matado uma gata prenhe, e logo que volta para casa descobre-se que está grávida. Os delírios da família, as mentiras, as aparências enganosas forneceram ao autor a matéria-prima para essa peça, uma das mais virulentas de sua lavra.

Em 1959, Nelson escreve *Boca de Ouro*, a tragédia do bicheiro que nasceu em uma pia de gafieira, contada em três versões distintas. Única das peças do dramaturgo a estrear fora do Rio, foi lançada em São Paulo, em outubro de 1960, no Teatro Federação, com Ziembinski na direção e no papel-título. *Boca de Ouro*, exercício poderoso de dramaturgia, leva para o palco a figura mítica de um marginal violento e poderoso. As alterações por que passa Boca de Ouro, à medida que a história avança e é recontada sob outros prismas, estabelecem as modulações por meio das quais a obra sintetiza relações humanas e sociais, detectando de forma pioneira no teatro o fascínio que a marginalidade exerce sobre as classes abastadas.

Em *Boca de Ouro* a imprensa mais uma vez desempenha papel de importância substancial na história, pois as três versões são narradas por dona Guigui, ex-amante do Boca, ao repórter Caveirinha. A peça seguinte, *Beijo no Asfalto*, aprofunda a análise empreendida por Nelson sobre o ofício jornalístico, do qual traça uma visão nada positiva. Na trama do *Beijo*, o inescrupuloso repórter Amado Ribeiro, associado ao investigador Aruba, transforma em escândalo nacional um gesto puro e piedoso. Testemunha de um acidente, no qual um homem é atropelado e agoniza no meio da rua, o jovem Arandir realiza o último desejo da vítima e dá-lhe em praça pública um beijo na boca. Em seu jornal sensacionalista, Ribeiro lança a suspeita da homossexualidade sobre Arandir e o homem morto. É quanto basta para que a vida do rapaz, marido amantíssimo e fiel de Selminha, vire do avesso. E o fato de Aprígio, seu sogro, não o tolerar, vai complicar mais as coisas. O casamento de Arandir acaba, ele se vê suspeito de assassinar o atropelado, tem de sair de casa, é caçado como criminoso, deve recusar a paixão de Dália, irmã de Selminha, e por fim é assassinado por Aprígio, que, como ficamos sabendo na última fala da peça, nunca suportou o genro por amá-lo apaixonadamente.

É de 1962 a penúltima das grandes obras do autor, *Otto Lara Resende ou Bonitinha, mas Ordinária*. A partir da frase "O mineiro só é solidário no câncer", do jornalista Otto Lara Resende, cujo nome Nelson incorporou ao título da peça, constrói-se mais um estudo de proporções dostoievskianas sobre a condição humana. Edgar, o protagonista, é o grande repetidor do dito de Resende, que, no contexto criado por Nelson, significa, em última análise, "tudo é permitido". Mas em lugar de adotar essa máxima, o rapaz, quando se vê numa situação que lhe permitiria aplicá-la, percebe-se dotado de princípios que o tolhem. O canalha da peça, Peixoto, que corresponde ao Amado Ribeiro de *Beijo no Asfalto*, vai seduzir o pobretão Edgard com uma fortuna que lhe será paga se aceitar casar-se com uma garota de sociedade, filha de Werneck, poderoso milionário. O problema da moça, Maria Cecília, é que foi estuprada por cinco marginais, e tornou-se socialmente "inaceitável". É preciso conseguir-lhe um casamento de conveniência. Numa trama paralela, desenvolve-se a história da vizinha de Edgard,

Ritinha, responsável pelas três irmãs mais novas, Aurora, Dinorá e Nadir, e pela mãe, Dona Berta, que enlouqueceu depois de ser demitida dos correios, vítima inocente de uma acusação de roubo. A moça, professora de um colégio de freiras, trabalha de fato como garota de programa em um "lupanar", para aumentar a receita magra e garantir às irmãs casamentos honrados e vidas limpas.

A luxúria do vilanesco Werneck e sua insaciável fome de excessos são o cimento que junta as duas histórias. O milionário oferece como espetáculo aos convidados de uma orgia o defloramento de três meninas, exatamente as irmãs de Ritinha, atraídas à armadilha por Alírio, o jovem canalha namorado de Aurora. Pela boca de Werneck fala o capitalista que acredita poder comprar tudo com dinheiro. Quando Ritinha descobre o que houve com as irmãs e consegue chegar à festa, o defloramento foi consumado. E Werneck se oferece para pagar a restauração da virgindade das meninas, que serão operadas por um médico especializado nisso. Ao fim, o ambicioso Edgard revela ter princípios e rompe o noivado com Maria Cecília, que morre assassinada por Peixoto. Este, na verdade, foi quem armou o estupro da garota, a pedido dela, que era sua amante. Edgard leva Ritinha para a praia, e se torna com ela personagem do único final otimista no quadro das tragédias de Nelson. Edgard liberta-se da infâmia ao queimar um cheque vultoso que lhe foi presenteado por Werneck. Ele e Ritinha vão iniciar sua história do nada, recusando a falta de princípios e de moral no mundo.

O quadro traçado por Nelson da sociedade carioca, isto é, da sociedade contemporânea, é o de um organismo decadente e doente, movido por impulsos sexuais incontornáveis, pela mesquinharia, pela crueldade, pela morbidez. Uma sociedade que vive a inversão de valores característica do melodrama – Maria Cecília, a rica moça de boa família, é a depravada, e Ritinha, a prostituta, é pura e honesta. Esse mundo será retratado mais uma vez na próxima obra, *Toda Nudez Será Castigada*, a última das grandes "tragédias cariocas" e uma das obras-primas indiscutíveis do dramaturgo. Estreada em 1965, a peça foi inspirada pelo falecimento precoce, em 1962, de uma das maiores estrelas do século XX, Marilyn Monroe. Nelson associou a morte da atriz à sua nudez, retratada na célebre série de fotos de 1949, de autoria de Tom Kelley, publicadas pela *Playboy*, na qual a bela Monroe, em início de carreira, se espreguiça, nua, lânguida, loura, sobre as dobras de uma grande peça de veludo vermelho. A foto, que a ajudou a atingir a fama, somada à morte de Monroe, levou Nelson a criar uma de suas mais afiadas tragédias.

A presença da morte faz-se anunciar em *Toda Nudez* desde a primeira cena. A voz da protagonista, Geni, em uma fita que é entregue pela empregada ao marido recém-chegado, proclama: "Herculano, quem te fala é uma morta. Eu morri. Me matei"[115]. A partir daí, a história é narrada retrospectivamente. Tudo começou quando o casto Herculano, viúvo, entrou em depressão profunda depois que a mulher morreu de câncer. Um trio de velhas tias temeu pela vida do sobrinho e enviou seu irmão, Patrício, à procura de um padre. Em lugar disso, o cínico e amoral Patrício, que alega que "o casto é um obsceno", levou para Herculano uma foto da prostituta Geni. Ao ver a imagem da bela mulher nua, Herculano sentiu-se impelido a ir à procura dela. E aconteceu o imprevisível. O casto transformou-se num sátiro. Manipulado por Geni, sentindo-se apaixonado pela prostituta, tira-a do bordel e faz dela sua amante.

Quando o tio lhe revela que o pai está tendo um caso com outra mulher, o pudico filho de Herculano, Serginho, que santifica a memória da mãe, rebela-se contra o pai. Embriaga-se em um bar, entra numa briga, é preso e estuprado na cadeia por um ladrão boliviano. Em uma série de breves cenas bem encadeadas, Nelson, que pontua toda a peça com a voz de Geni, mostra ao público como, em conluio com Patrício, Serginho trama a perdição do pai. Instada pelo garoto, a prostituta, que se apaixona perdidamente pelo menino violado, casa-se com Herculano. Durante pouco tempo Geni saboreia o romance com o enteado, mas este anuncia uma viagem. Alega querer viver em algum lugar onde ninguém saiba o que aconteceu com ele. Parte depois de pedir e obter a permissão da madrasta/amante, que é informada, então, sempre pelo cunhado canalha, que o garoto viajou acom-

115 N. Rodrigues, *Teatro Completo*, p. 1052.

panhado do "ladrão boliviano". Patrício classifica a viagem como uma "lua de mel". O público não é informado sobre o que acontece a Herculano depois que este termina de ouvir a fita, mas, dadas as circunstâncias, não é difícil supor.

A peça evidencia a mestria técnica de Nelson, que, vinte anos depois da inovadora *Vestido de Noiva*, prossegue elaborando uma dramaturgia criativa, ágil, feita de cenas tensas, sucintas. *Toda Nudez Será Castigada* não tem estrutura linear, é feita de saltos. As cenas se sucedem com crescente intensidade, compondo um painel fragmentário dos acontecimentos. De certa forma, Nelson revisita a técnica de *Vestido de Noiva*, mas situa todo o foco narrativo no plano da memória. A primeira montagem de *Toda Nudez*, estreada em 1965, com direção de Ziembinski e com Cleyde Yáconis no papel de Geni, foi um sucesso de público e crítica. Nada fazia prever que depois desse texto, Nelson, no auge da forma criativa, permaneceria por nove anos sem voltar a produzir para o palco. Apenas em 1974 um texto seu tornaria à cena, *Anti-Nelson Rodrigues*, que Sábato Magaldi acopla às "peças psicológicas".

Segundo informa Magaldi, Nelson atribuiu a distância da cena ao ofício jornalístico. O dramaturgo a essa altura era uma figura nacional e participava de mesas redondas sobre futebol na tevê, onde também ancorou um programa de entrevistas, *Cabra Vadia*. Produziu nesse tempo um excelente romance, *O Casamento*, e escreveu suas *Memórias*, que publicou no jornal *Correio da Manhã*. A saúde do dramaturgo deteriorou-se no período. *Anti-Nelson Rodrigues* não tem a grandeza arrebatadora das obras anteriores do artista. Se comparada com as "peças míticas" e as "tragédias cariocas", parece mais pálida, menos visceral. Ainda assim tem sua qualidade teatral. As cenas são breves, os focos narrativos deslocam-se constantemente. O autor estabelece em *Anti-Nelson* um diálogo com *Bonitinha, mas Ordinária*. O protagonista, o playboy Oswaldinho, partilha de várias das características de Edgar. Há a diferença de que é filho de Gastão, um industrial milionário, a quem odeia. Mas trata-se do mesmo perfil do falso canalha, do bom caráter escondido sob o desespero de alguém que despreza a sociedade em que vive.

O texto é tecido de cenas curtas, diálogos tensos. Tereza é a mãe extrema. Não se importa mais com a infidelidade do marido, com a infelicidade de um casamento fracassado. Deseja realizar-se através do filho, pelo qual tem obsessão. Oswaldinho, que na primeira cena aparece roubando joias da mãe, pois está sem dinheiro, será resgatado da quase marginalidade em que se encontra pelo amor por Joice, filha do zeloso e moralista Salim Simão. Joice é personagem fictícia. Salim Simão, assim como o Amado Ribeiro de *Beijo no Asfalto*, é uma figura real que Nelson transportou para sua ficção. Jornalista, Simão era um dos melhores amigos do dramaturgo e personagem de suas colunas sobre futebol. O correto Simão da peça criou bem a filha, que é religiosa e tem noivo. Na última cena, recusa o dinheiro de Oswaldinho, que quer pagar para fazer sexo com ela, e se entrega a ele por nada, por amor. O rapaz, transtornado, percebe que está apaixonado. O final feliz reservado ao casal justifica o título da peça na obra de um dramaturgo que caprichou em finais infelizes. A figura oposta à de Oswaldinho é seu pai, Gastão, crápula da dimensão do Werneck de *Bonitinha*. A personagem é vigorosa e, num rasgo típico rodriguiano promete à mulher, Teresa, que vai dividir sua fortuna entre ela e filho. Distribui a herança em vida, pois quer, na morte, ao menos a aparência do amor da família. Para Salim Simão o dramaturgo reservou algumas de suas melhores tiradas, falas brilhantes e inteligentes. A despeito de suas virtudes e dos ótimos diálogos, faltam a *Anti-Nelson Rodrigues* a dimensão e fundura atingidas pelas prospecções anteriores do artista.

Ao comentar *Anti-Nelson* no Prefácio do *Teatro Completo*, Magaldi lamenta que Nelson não tenha vivido para realizar a ideia que acalentava, de uma autobiografia teatral em nove atos. O crítico observa que é possível vislumbrar algumas sementes desse projeto no *Anti-Nelson*. O escritor não chegou nem mesmo a dar início ao intento.

A última peça, *A Serpente*, que estreou em 1980, poucos meses antes da morte de Nelson, é uma obra esquemática. Nelson retorna ao tema das irmãs às voltas com um mesmo homem, que marcou sua carreira desde *Vestido de Noiva*. Abandonada pelo marido, Décio, que nunca a desejou, Lígia quer morrer. A irmã, Guida, que é feliz em seu casamento com Paulo, oferece-lhe uma noite de amor com o marido. A noite que Paulo passa com Lígia envenena a relação deste com Guida e desta com a irmã. Décio, que se realiza sexualmente com Crioula, a empregada da casa, uma noite, embriagado, tenta reatar com Lígia, mas é expulso por Paulo. Roídos de culpa, Paulo e Lígia ensaiam dar sequência ao romance, mas são descobertos por Guida. Lígia está obcecada pela ideia de que Guida deseja matá-la. Tenta convencer o cunhado a assassinar a mulher. O desfecho é abrupto. Paulo joga Guida pela janela. E Lígia nega ser culpada dessa morte e denuncia o cunhado aos berros na mesma janela pela qual Guida foi precipitada para a morte.

Com suas obsessões temáticas e verbais, frases breves, interrompidas abruptamente, sua imaginação vigorosa, Nelson Rodrigues levou a dramaturgia brasileira para um plano que ela antes não habitava. Até mesmo seus textos mais exagerados e tributários do melodrama atingem densidade e verdade humana de árdua elaboração. A partir de seus materiais ele soube forjar um magnífico retrato da crise de valores do homem contemporâneo. Não é de espantar que, entre os seus contemporâneos, Nelson permaneça, mais de duas décadas após sua morte, o mais provocativo, o mais discutido e o mais encenado dos dramaturgos brasileiros.

Apesar das "peças míticas", com seu mergulho na atemporalidade e numa certa indefinição dos espaços dramáticos (a casa de fazenda, em *Álbum de Família*, a casa familiar e o prostíbulo, ambos próximos da praia, em *Senhora dos Afogados*, são territórios arquetípicos), a obra de Nelson, no todo, integra um setor que poderíamos designar como sendo o do "teatro urbano" da dramaturgia brasileira moderna. Sem a cidade, suas peculiaridades, seu anonimato, não existiriam as tramas e as pulsões das personagens de Nelson, todas metropolitanas até a medula. Os pontos de partida de pelo menos duas das grandes peças, *Vestido de Noiva* e *Beijo no Asfalto*, decorrem de atropelamentos, acidentes de trânsito exclusivos das grandes cidades. *Bonitinha, mas Ordinária* e especialmente *A Falecida* transpiram urbanidade.

Afirmar, porém, que o teatro de Nelson é "urbano" é uma redução da realidade. Lembremos, sobre a questão das classificações, que Magaldi observa que nenhuma das "peças míticas", das "psicológicas" e das "tragédias cariocas" desse dramaturgo se atém exclusivamente a um só nicho, incluindo também elementos das outras categorias em sua tessitura. Claro está que seu teatro não é apenas "urbano". Ainda assim, a percepção do papel da cidade em sua dramaturgia mostra como o artista era sensível ao meio ambiente que lhe fornecia munição para a ficção.

Abílio Pereira de Almeida, Silveira Sampaio, Millôr Fernandes e João Bethencourt

Do mesmo modo que Nelson Rodrigues, dada a presença das cidades em suas obras, outros dramaturgos do período poderiam ser incluídos dentro da categoria do "teatro urbano". São eles Abílio Pereira de Almeida, Silveira Sampaio, Millôr Fernandes e João Bethencourt. O paulistano Abílio Pereira de Almeida (1906-1977) foi um dos primeiros dramaturgos profissionais do teatro moderno no Brasil. O que Nelson Rodrigues quis em vão fazer, um teatro popular, do agrado de grandes públicos, Almeida conseguiu. Advogado, ator integrante do Grupo de Teatro Experimental de Alfredo Mesquita, ele tentou a mão pela primeira vez na dramaturgia em 1942, em *Pif-paf*, peça na qual retratava uma alta sociedade paulistana dotada de frouxos princípios e discutia o papel do jogo de cartas em um tempo no qual os cassinos eram legais. Em 1948, veio *A Mulher do Próximo*, em que entrava em questão o adultério. A peça fez programa duplo com *A Voz Humana*, de Jean Cocteau, interpretada em francês por Henriette Morineau, na inauguração do Teatro Brasileiro de Comédia, em 1948. A proximidade com Franco Zampari, industrial que criou o Teatro Brasileiro de Comédia, valeu a Abílio o fato de ser o dramaturgo brasileiro mais representado na sala da rua Major Diogo.

A dramaturgia de Abílio Pereira de Almeida não foi escrita de olho no futuro nem na história do teatro. Era o presente que interessava ao autor. E o presente muitas vezes em sua forma mais frívola. A despeito das moralidades que arrematam essas peças, *Pif-paf* e *Mulher do Próximo* tratam de questões sérias, mas o fazem de modo fútil. Há nas peças um ar de escândalo contado ao pé do ouvido. Ainda que não o faça diretamente, bom adepto do realismo que era, o autor toma a plateia como confidente de comportamentos que condena como forças destruidoras da sociedade.

Moral em Concordata, *Paiol Velho*, *Santa Marta Fabril S.A.*, *O Comício*, *Rua São Luís, 27, 8º*, *Alô, 36-5499*, *Em Moeda Corrente no País*, *Dona Violante Miranda*, são algumas das peças de Pereira de Almeida escritas e montadas nos anos de 1950, com grande sucesso, por companhias como o Teatro Brasileiro de Comédia, Maria Della Costa, Cacilda Becker, Nydia Licia-Sérgio Cardoso, Dercy Gonçalves. Mesmo sem contar com o aval da crítica, que com impressionante unanimidade sempre fez severas restrições ao seu teatro, Pereira de Almeida durante aquela década contou com o beneplácito maciço do público. Suas peças ficavam meses em cartaz, e não havia companhia que recusasse um original do dramaturgo.

Ele desenvolveu um esquema que aplicou a todas as peças. Na temática, buscava um tratamento de choque para a plateia burguesa que o prestigiava. Na maior parte das obras trata da questão da corrupção, da decadência dos costumes e da moral. Em *Moral em Concordata*, a heroína suburbana, que durante anos foi brutalizada pelo marido bonitão e casca-grossa, volta de um tratamento em uma estação de águas acompanhada por um velhusco e feioso e rico amante. Em *Paiol Velho*, o capataz da fazenda que dá título à peça consegue arrematar para si as terras, depois que o jovem proprietário, herdeiro de família de barões do café, arruína-se no jogo e perde a vida. O capataz deixará as terras para o filho que a mulher espera. Ocorre que o filho não é do capataz e sim do falecido ex-proprietário.

Como se vê, estamos no terreno do melodrama, quase transitando para o dramalhão. Nessa chave, Pereira de Almeida teceu suas demais peças. Relidas hoje, elas têm o inevitável sabor datado das obras demasiado enraizadas em seu momento. Contudo, se vistas como documentos de época, podem testemunhar que ainda não mudaram os problemas que se enfrentam no Brasil, com suas negociatas de políticos e arreglos de industriais, com seus desmandos e arbítrios.

Em Moeda Corrente no País é talvez a mais atual das peças. Um honesto funcionário público recusa propina para participar de ato ilícito e descobre mais tarde que seu chefe aceitou o suborno e viabilizou a ação que ele tentou impedir. Derrotado pela venalidade dos superiores, o protagonista da peça é ainda destratado pela mulher, também funcionária pública, irada com a ingenuidade do marido.

A partir dos anos de 1960, quando uma nova forma de dramaturgia passou a ser praticada e montada no Brasil, irradiada pelo Teatro de Arena, de São Paulo, e pelo Grupo Opinião, do Rio de Janeiro, Pereira de Almeida viu o modelo dramatúrgico que praticava ser rapidamente superado por uma realidade cambiante. Seus dramas burgueses, inspirados em modelos franceses do século XIX, a "peça benfeita" e a "peça de tese", foram batidos pela obra engajada e combativa de jovens como Oduvaldo Vianna Filho e Gianfrancesco Guarnieri[116]. Pereira de Almeida foi um dos primeiros dramaturgos a conseguir transformar seu ofício, ao menos por bom tempo, em atividade profissional, coisa que era e continua a ser quase impossível no Brasil. No cinema, ele teve expressiva passagem pela Cia. Cinematográfica Vera Cruz, onde foi roteirista, ator e diretor. Realizou diversos filmes, entre eles *Sai da Frente* e *Nadando em Dinheiro*, de 1952, e *Candinho*, de 1953. Neles ajudou a lançar e consolidar a figura de um dos maiores fenômenos de público do cinema brasileiro, o humorista Amácio Mazzaropi, oriundo do circo-teatro.

O carioca José da Silveira Sampaio (1914-1964) escreveu sua primeira peça, *Futebol em Família*, em 1931, em parceria com Arnaldo Faro. Em 1934, o juvenil autor teve mais uma peça montada, *Reginaldo Costureiro*. Mas depois de formar-se em medicina pediátrica, em 1935, e de começar a clinicar, Silveira Sampaio deixou de produzir para os palcos. Voltaria a eles em 1948 para criar uma obra cômica de características muito particulares, de marcante contemporaneidade, que não teve seguidores diretos na dramaturgia brasileira. Fenômeno de bilheteria nos anos de 1940/1950, figura de extraordinária popularidade, Sampaio é hoje um dos nomes invisíveis daquelas décadas. Sua obra não vem merecendo

116 Ver infra, A Politização do Teatro: Do Arena ao CPC, p. 175.

novas edições, e as remontagens de textos seus são raras, mais até que as de Abílio Pereira de Almeida.

Talvez isso se deva ao fato de ele haver escrito comédias muito focadas nos costumes sociais e na moral sexual da época. Decididamente nesse terreno uma grande distância nos separa dos anos de 1940/1950, pré-feministas e pré-hippies. No entanto, a dramaturgia de Sampaio mereceria melhor lugar e um olhar mais atento da posteridade. Quanto mais não seja, porque o dramaturgo renovou a linguagem da comédia observando a burguesia urbana que o cercava, usando cinismo e ironia para traçar sua caricatura.

As peças que integram a *Trilogia do Herói Grotesco – A Inconveniência de Ser Esposa, Da Necessidade de Ser Polígamo* e *A Garçonnière do Meu Marido* – são exemplares perfeitos do estilo de Sampaio. Há nesses textos, escritos entre 1948 e 1949, um tratamento livre dado a assuntos-tabus, diálogos audaciosos, personagens então pouco comuns, como maridos argutos e hábeis, quer traidores quer enganados, e mulheres inteligentes e resolutas, que lutam por seu prazer. Tudo isso era novo no teatro brasileiro da época. Os exemplares do homem "copacabanoide" que frequentam os textos de Sampaio são tipos citadinos e endinheirados, parentes das figuras sofisticadas e excêntricas que encontramos nas peças de Noël Coward ou nas comédias *screwbsall*, refinadas, sofisticadas, que Hollywood produziu até o início da Segunda Guerra Mundial. O dramaturgo retrata um Rio anterior ao tráfico e à violência, em que Copacabana era um bairro elegante, famoso em todo o mundo por sua nobre qualidade de vida.

Mas Sampaio também soube romper essas fronteiras numa excelente sátira política: *Só o Faraó Tem Alma*, escrita em 1950. As farpas dirigidas ao movimento queremista de Getúlio Vargas vão além do alvo e atingem a demagogia em si, uma força sinistra, presente até hoje, quem sabe ainda com mais força, na vida política brasileira. A trama é conduzida por um certo mestre do coro. Sendo a alma no antigo Egito um privilégio restrito ao faraó, o mestre entra em confronto com a ordem estabelecida, reclamando almas para si e para o povo (o coro, "Nós queremos alma", é entoado pelo mestre e pelos espectadores, regidos por ele, num precoce traço interativo imaginado por Sampaio). À medida que a pressão popular cresce, a corte se assusta e o mestre é chamado a parlamentar. E assim que pode, troca o povo, que representa, por um acordo com a nobreza. Depois de cooptado, perdendo o apoio popular, o mestre termina por ser executado. E tudo volta ao que era antes.

Sampaio escreveu ainda *A Vida Imita a Arte, Um Homem Magro Entra em Cena* (1948), *Paz Entre os Bichos de Boa Vontade* (1949), *O Impacto* (1950), *Flagrantes do Rio n. 1*, Triângulo Escaleno (1951), *Deu Freud Contra* (1952), *Flagrantes do Rio n. 2* (1952), *O Diabo em Quatro Corpos, O Cavalheiro das Camélias* (1953) e *Sua Excelência em 26 Poses* (1954). Exercitou-se na comédia e na revista, gênero que na década de 1950 ainda vivia uma fase faustosa, com produções de Carlos Machado, Zilco Ribeiro e outros. Embora a dramaturgia de Silveira Sampaio esteja muito ancorada nos costumes da virada dos anos de 1940/1950, ela espera por um resgate cênico capaz de capturar seu humor único, renovador, ousado, capaz de surpreendentes experiências dramatúrgicas.

O talentoso autor que foi Sampaio não deu continuidade ao seu próprio teatro. Ator, produtor e diretor de suas obras, ele dispensou todos esses ofícios em troca de uma nova vitrine que se impunha nos anos de 1950, a TV. Foi o primeiro âncora de *talk-show* brasileiro, *Bate-Papo com Silveira Sampaio*, que durante anos apresentou. O programa tinha quase a estrutura de um quadro de teatro de revista. Sampaio improvisava sobre os assuntos do dia, discutia matérias publicadas nos jornais e conversava a respeito dessas questões com interlocutores de peso, em telefonemas fictícios. Um de seus "parceiros" de telefone mais constantes era o "dr. Julinho", ou Júlio de Mesquita Neto, diretor do então poderosíssimo e influente jornal *O Estado de S. Paulo*. Na segunda parte do programa ele recebia convidados que poderiam ser artistas, políticos, homens públicos. À televisão Sampaio emprestou seu talento até a morte precoce. Eloquente, cativante, extremamente irônico, tornou-se um sucesso nessa mídia numa época em que a vida inteligente nas emissoras de televisão era sensivelmente mais acentuada, assim como sua ambição cultural.

O carioca Millôr Fernandes (1923-2012), uma das figuras mais relevantes do humor brasileiro contemporâneo, chegou ao teatro em 1950. Sua peça de estreia, *Do Tamanho de um Defunto*, era uma comédia de costumes que tratava de modo cômico da violência no Rio, colocando frente a frente um canhestro ladrão armado e as atrapalhadas vítimas do assalto, um modesto médico de subúrbio e sua esposa. Desde então, Fernandes escreveu uma dezena e meia de textos teatrais, lançando sobre seus temas um olhar jornalístico. A sátira está sempre presente em seus escritos, que não raro atingem o grotesco. Sua comicidade é cáustica, amarga, pouco palatável, e por isso mesmo interessante. Assim como Silveira Sampaio, Millôr Fernandes buscou inspiração no comportamento urbano e carioca para criar fábulas ácidas. Há na obra do artista uma opção pelo ceticismo irônico. E a comédia não é seu campo de ação mais costumeiro no teatro. Em seus textos mais expressivos, *Um Elefante no Caos* (1960) *Liberdade, Liberdade* (1965, em coautoria com Flávio Rangel), *É...* (1976), *Os Órfãos de Jânio* (1980, inspirada em *Os Filhos de Kennedy*, de Robert Patrick), percebe-se que a balança do dramaturgo pende mais para o drama que para qualquer dos gêneros cômicos.

Em alguns de seus textos, porém, a presença do humor é determinante. E não poucas vezes trafega pelo terreno do teatro do absurdo. Caso de *Um Elefante no Caos* (1960), que disseca as dificuldades de uma família de classe média carioca. Moradores da Zona Sul são vizinhos de um prédio em chamas que jamais tem seu incêndio debelado, pois, a cada vez que os bombeiros estão perto de levar a melhor, falta água e o fogaréu volta a lavrar. Além dos membros da família, bombeiros também figuram na trama. Compreensivelmente, aliás. Usam o apartamento dos protagonistas como uma das muitas bases de que precisam para o combate ao fogo. Pela via do absurdo também caminha *Flávia, Cabeça, Tronco e Membros*, texto de 1963 que, com a história de uma garota de classe média, envereda pelo mundo do assassinato e do esquartejamento, antecipando tanto o musical de Stephen Sondheim, *Sweeney Todd*, de 1979 (que conta a história de um barbeiro esquartejador na Londres do século XIX), quanto o filme de Oliver Stone, *Assassinos por Natureza*, rodado em 1994 com Woody Harrelson e Juliette Lewis.

Liberdade, Liberdade foi um ousado exercício de cidadania, empreendido logo após o golpe militar de 1964, que levou o Brasil a vinte anos de ditadura. Escrita em 1965, a peça é uma coletânea de textos de autores de várias épocas, da Grécia clássica ao século XX, tratando do conceito de liberdade e de seu sentido na vida do ser humano. Exercício teatral vigoroso, essa antologia, ao contrário do que em geral ocorre com textos desse tipo, não era sentimental nem lacrimosa. Reunião de fragmentos de discursos, episódios históricos e falas extraídas de obras teatrais, como o *Júlio César* de Shakespeare, *Liberdade, Liberdade*, dirigida por Flávio Rangel e protagonizada por Paulo Autran, foi um dos maiores sucessos de crítica e bilheteria da época e correu o Brasil em longa turnê.

O maior sucesso de Millôr Fernandes na década de 1970, *É...*, vem a ser um ácido retrato da *intelligentsia* carioca, suas limitações e inabilidades. Uma visão ranzinza do movimento feminista também faz parte do texto, escrito em 1976, quando a ação das militantes ganhava suas mais aguerridas ofensivas. O fato de boa parte da condenação do feminismo vir da boca de uma mulher próxima dos cinquenta anos, que considera ter um "destino biológico", aumenta a força provocadora dos argumentos. Na trama, um casal de meia-idade, Vera e Mário, e um casal de jovens, Ludmila e Oto, conhecem-se e frequentam-se, até que, por uma inevitabilidade da paixão, Ludmila e Mário estabelecem um caso que se transforma enfim em um novo casamento. Vera haverá de sobreviver ao desastre, mas não Oto. *É...* parte da comédia para atingir uma dramaticidade exacerbada, e com essa receita atingiu em cheio a sensibilidade do público, que transformou o espetáculo, dirigido por Paulo José e protagonizado por Fernanda Montenegro e Renata Sorrah, em estrondoso sucesso que permaneceu por dois anos em cartaz.

Se a atividade do dramaturgo tornou-se bem menos intensa durante e depois dos anos de 1980, o mesmo não se pode dizer de seu desempenho como tradutor. Desde o início da década de 1960, Fernandes tornou-se um dos mais requisitados e bem-sucedidos tradutores teatrais em atividade no país. De *Hamlet*, de William Shakespeare, a *Chorus Line*, de Michael Bennett, passando por Bernard Shaw, Edward Albee e Anton Tchékhov, não há desafio que não tenha aceitado. E a todos venceu com grande habilidade. Sua maior arma como tradutor é a compreensão plena do texto a ser traduzido, somada a uma busca de coloquialidade na língua portuguesa. Mesmo as tragédias e comédias shakespearianas, bem como as comédias molierescas que traduziu, com sua linguagem retórica e ornamentada, saíram de suas mãos sob a forma de obras acessíveis, compreensíveis aos ouvidos do espectador não erudito. Sem empobrecer os originais, Fernandes encontrou figuras de linguagem que, embora equivalentes às usadas por esses dramaturgos, mostram-se acessíveis a um público acostumado a uma forma de expressão mais direta, menos rebuscada. As traduções realizadas por Millôr Fernandes são um capítulo importante na história da viagem da dramaturgia internacional no Brasil. Conseguiu verter de modo brilhante *A Megera Domada*, de Shakespeare, na qual o uso de figuras de linguagem, de jogos verbais e de trocadilhos constituem um pesadelo para qualquer tradutor. Sua versão do *Dom Juan*, de Molière, tem vitalidade, frescor e ímpeto dignos do magnífico original, talvez a maior peça do dramaturgo, que produziu não poucas obras-primas.

João Bethencourt (1924-2006), à semelhança de Millôr, foi dramaturgo e tradutor, mas começou mesmo como professor de Direção no Conservatório Nacional de Teatro – havia feito mestrado em teatro na Universidade de Yale, nos Estados Unidos – e diretor, estreando em 1954, com a montagem de *Nossa Cidade*, de Thornton Wilder, para o Tablado, no Rio de Janeiro. Ao longo da carreira, que se estende até 2005, conquista fama e prestígio nas três atividades, que desempenha com desenvoltura. Como dramaturgo, estreia em 1957, com *Jogo de Crianças* e *As Provas de Amor*, peças ainda imaturas, a primeira trazendo à cena quatro crianças que brincam num campo de concentração, junto a uma estátua cujos olhos vertem lágrimas, a segunda já experimentando a comicidade farsesca em torno de personagens caricatas e tratamento irreverente de um tema sério: o suicídio por amor.

Em 1964 João Bethencourt acerta a mão na comédia *A Ilha de Circe ou Mister Sexo*. A facilidade de criar situações cômicas, amarradas a um enredo que se enovela com confusões, quiproquós, trocas de identidade, mal-entendidos e personagens que representam tipos sociais define o caminho de sua obra. Nessa peça, um intelectual que edita uma revista literária séria, mas pouco lida, vê seu apartamento – que é também utilizado por um amigo para fotografar modelos para uma campanha de um político – invadido pelo síndico, cuja filha namora sem que ninguém no prédio saiba, e por moradoras que se preocupam com a moral e os bons costumes. Em meio à confusão já reinante, várias personagens em cena falando ou querendo falar ao mesmo tempo, dois argentinos chegam e comunicam ao rapaz que um tio deixou-lhe como herança uma cadeia de revistas pornográficas. Como uma bola de neve, o enredo avança com o acúmulo de situações cômicas que divertem o espectador. O crítico Yan Michalski fez restrições à peça, condenando as concessões de "gosto popularesco" do autor, mas reconheceu que, no palco, suas qualidades cênicas eram evidentes: "Vivacidade do ritmo, o extraordinário dinamismo da *mise-en-scène* e a riqueza das invenções cômicas dão ao espetáculo uma tal densidade teatral que, quando termina o segundo ato, o espectador já está exausto e sem fôlego"[117].

João Bethencourt continuou a divertir o seu público, em comédias como *Frank Sinatra 4815*, *O Dia em que Raptaram o Papa*, *A Venerável Madame Goneau* e *Bonifácio Bilhões*, entre muitas outras. O domínio das técnicas do *playwriting*, que aprendeu em seu estágio nos Estados Unidos, proporcionou-lhe enormes sucessos de bilheteria e reconhecimento também fora do Brasil, com peças montadas em vários países. Conciliando a observação dos costumes da classe média em especial e recursos cômicos tradicionais, escreveu sua obra sem grandes pretensões intelectuais, seguindo a divisa de todo humorista, que é a de fazer rir. Mas, por vezes, a ironia e a crítica social colam-se aos enredos bem amarrados do comediógrafo.

Jorge Andrade

Jorge Andrade (1922-1984) é natural de Barretos, interior do estado de São Paulo. Nasceu em família de

117 Em Fernando Peixoto (org.), *Reflexões Sobre o Teatro Brasileiro no Século XX*, Rio de Janeiro: Funarte, 2004, p. 29.

barões do café que conhecera a decadência do antigo fausto, dado que determinou em boa parte a visão de mundo do artista e foi axial em sua obra. Determinado, visionário, Andrade construiu um edifício único na história da dramaturgia brasileira. Forjou uma ampla narrativa que abarca diversos eventos da história do país, de fins do século XVIII até fins do século XX. Em *Marta, a Árvore e o Relógio*[118], livro que reúne sua obra teatral quase completa, Andrade teve o cuidado de unificar dez peças, transformando-as em uma saga, cruzando referências, fatos e personagens que ecoam de um texto para outro.

O "ciclo", nome que deu ao conjunto, é uma das mais sólidas construções dramatúrgicas surgidas no Brasil, no século XX. Nenhum outro autor, nem mesmo Nelson Rodrigues, foi possuído por essa ambição grandiosa de entender o homem brasileiro no contexto nacional, não a partir de seu cotidiano, de seu presente, mas de suas raízes, do caminho que traçou ao longo de décadas. O primeiro impulso de Jorge Andrade para o teatro foi o caminho do ator. Chegou a cursar interpretação na EAD, mas logo derivou para a dramaturgia. E graças à visão inspirada que o levou a escolher o teatro para traçar um painel épico da nossa civilização, tornou-se um artista singular de voz relevante, uma figura de gigantesca proporção.

Quando se considera o "ciclo" de Andrade, a imagem de "drama histórico" é a primeira que vem à mente. Não deixa de ser verdadeira, mas considerá-la como a única premissa central da obra andradina seria um equívoco grave, pois esse teatro, muito mais que "histórico", é psicológico. São as razões humanas que se encontram por trás dos atos políticos que interessam ao dramaturgo. Ele usa amplos painéis para desvendar os medos, as ambições, os desejos que movem o ser humano e que o levam a moldar – para o bem e para o mal – a história da qual é protagonista. E registra as consequências devastadoras dos movimentos políticos e sociais na vida das personagens.

O "ciclo", tal como se apresenta em *Marta, a Árvore e o Relógio*, sua edição definitiva, supervisionada pelo próprio dramaturgo, foge da ordem cronológica em que as peças foram escritas. *As Confrarias* e *O Sumidouro*, que abrem o volume, são obras posteriores a *O Telescópio*, *Pedreira das Almas* e *Vereda da Salvação*, por exemplo. Independentemente de suas datas de criação, Andrade organizou as peças na ordem cronológica que compõe o painel histórico por ele concebido. Assim, as obras da maturidade antecedem as da juventude, no "ciclo". Usando esse procedimento, o dramaturgo nos legou um vasto "romance" com capítulos formados por textos teatrais, registrando o desbravamento do Brasil pelos bandeirantes, as lutas políticas dos séculos XVIII e XIX e o destino dos descendentes dos protagonistas daqueles conflitos no século XX. É uma saga de energia transformada em fraqueza, de vigor que se derreteu em vulnerabilidade. O ímpeto pioneiro metamorfoseia-se em inabilidade para a vida, em incapacidade de luta.

A primeira peça do ciclo, *As Confrarias*, tem sua ação situada no Brasil colônia, no século XVIII. É um conflito épico que opõe Marta, enérgica mulher que busca dar sepultura ao filho José, às confrarias das igrejas do Brasil colônia, no final do século XVIII. A peça busca as alturas da tragédia, escalada que não é ocasional na produção de Andrade. As rubricas do texto convidam a uma montagem cinematográfica, capaz de empregar variados e amplos recursos audiovisuais. Escrita em 1969, *As Confrarias* recorre a inúmeras técnicas para tornar ágil sua narrativa. Usa cenas breves e saltos bruscos no tempo, entre passado e presente. Passagens coloquiais, de tom realista, são sucedidas por outras, de inspiração épica. A peça acompanha a trajetória de Marta enquanto carrega em uma rede o corpo de José, ator, morto por participar de uma conjuração pela independência do Brasil. Qualquer semelhança com Ouro Preto e a Inconfidência Mineira não será mera coincidência. As reações das confrarias, desde a mais rica e conservadora até a mais liberal, ao pedido de Marta, para a sepultura do seu filho, alimentam os conflitos da trama. A peça discute a luta libertária e a responsabilidade de cada um nos destinos de uma coletividade. A profissão de José, o ofício do teatro, trabalho de mulatos que "massacram o verso", no dizer de um aristocrático confrade do Carmo, é alvo de uma bela homenagem por parte de Jorge Andrade. A peça que abre o ciclo tem como protagonista um ator que morre lutando para defender o direito à liberdade de palavra.

118 São Paulo: Perspectiva, 1970.

Jorge Andrade. *Teatro Brasileiro*, n. 6, São Paulo, 1956

Nas peças seguintes do "ciclo", as questões centrais que sustentam *As Confrarias* – a discussão do direito à palavra, o ofício da arte, a defesa da liberdade, bem como a constatação da complexidade dos motivos que movem cada ser humano – já haviam sido levadas a consequências mais amplas e intensas (não se pode esquecer que a peça foi escrita depois das que a sucedem no "ciclo"). *Pedreira das Almas* traça um confronto de valores entre velho e novo, o culto aos mortos ou à vida. Em nome do culto à vida morre Martiniano, filho da matriarca Urbana. O rapaz, como quase todo o povo, desejava partir de Pedreira num grupo liderado por Mariana, filha de Urbana, e pelo noivo dela, Gabriel. Este tornou-se um sedicioso procurado pela polícia do Império. Martiniano acompanhou-o e morre ao ser trazido de volta prisioneiro. A ação se passa em 1842. A independência foi conquistada, mas o país sofre devido a choques entre conservadores e liberais. Gabriel, cuja família liberal foi massacrada por inimigos políticos, deseja abandonar Minas Gerais e Pedreira, cidade cujos veios de ouro se esgotaram, trocando-a pelas férteis terras do interior de São Paulo. Vasconcelos, o chefe da tropa que chega a Pedreira em busca de Gabriel, impede que os trabalhos de construção de um novo cemitério prossigam, e com isso Mariana toma a decisão de manter insepulto o corpo de Martiniano. Urbana morre na igreja, enquanto vela o corpo do filho. A resistência da cidade em entregar Gabriel a Vasconcelos vence o delegado e força-o a retirar-se de Pedreira. Mas Gabriel não terá mais a companhia de Mariana na viagem para São Paulo. A jovem decide permanecer na cidade abandonada para velar por seus mortos.

No "ciclo", *Pedreira das Almas* é seguida por *A Moratória*, texto anterior do dramaturgo, estreado em 1955, no Teatro Maria Della Costa, em São Paulo, sob direção de Gianni Ratto, em produção que revelou a dimensão do talento da jovem Fernanda Montenegro. A peça conta a decadência dos herdeiros do Gabriel de Pedreira, que depois de se terem tornado grandes latifundiários perderam terras e fortuna na crise do café, que se seguiu ao estouro da bolsa de Nova York, em 1929. *O Telescópio*, drama em um ato, é a peça que avança a história do ciclo. Cronologicamente, é a primeira peça de Jorge Andrade, escrita em 1951. Nela, numa época posterior ao quadro da crise de *A Moratória*, é examinada a decadência de costumes e a perda de valores de outra aristocrática família de barões do café. *Vereda da Salvação*, que o autor reescreveu repetidas vezes entre 1957 e 1964, data de sua estreia no TBC, sob direção de Antunes Filho, com Raul Cortez e Cleyde Yáconis encabeçando o elenco, mostra o reverso do mundo até agora explorado pelo dramaturgo. Em lugar dos senhores de terra, são postos em foco os trabalhadores braçais, meeiros a soldo dos grandes fazendeiros. É o retrato de um grupo de gente inculta, que vive na miséria e, nessa situação, se torna presa fácil do fanatismo religioso, culminando tudo no assassinato de uma criança que julgam estar possuída pelo demônio. Tirada de uma notícia de jornal, a história foi burilada pelo dramaturgo até se transformar em uma de suas obras-primas. Mas a aspereza da história e sua tragicidade talvez tenham ajudado a afastar o público. A produção do TBC foi um dos maiores fracassos da história da companhia.

Senhora na Boca do Lixo, a obra seguinte do "ciclo", foi censurada pelo regime militar e estreou em Portugal, em 1967, sendo só posteriormente encenada no Brasil. É mais um quadro em que se aprofunda a análise da decadência da aristocracia rural. O foco é ocupado por Noêmia, mulher de família tradicional que custeia viagens à Europa trazendo produtos importados que vende para amigas, sem sequer ter consciência de que está praticando contrabando. Quando é presa por essa atividade ilegal, o delegado Hélio Camargo leva-a para uma delegacia que, ironia do destino, foi outrora o palacete de amigos da família de Noêmia. O confronto entre o mundo real e o universo ilusório do qual a velha dama não consegue se livrar alimenta a trama, que envolve ainda Camila, a filha de Noêmia, várias amigas da dama, policiais, marginais e outros frequentadores da delegacia que foi construída como a elegante mansão de um senador.

A Escada, peça que ocupa o lugar seguinte no ciclo, foi escrita em 1961, estreada no Teatro Brasileiro de Comédia e se transformou no primeiro grande sucesso de público da carreira do dramaturgo. O casal de aristocráticos descendentes dos senhores rurais, Antenor e Amélia, vive desenraizado, passando um tempo em cada um dos apartamentos dos filhos, Maria Clara, Francisco, Helena Fausta e Vicente, que têm as próprias famílias e seus problemas pessoais para serem resolvidos. Quando os filhos não têm mais condições de abrigar os velhos, cada vez mais perdidos no passado, a questão que se levanta é a internação em um asilo. A juventude que se afasta dos antigos padrões e as relações afetivas entre classes sociais distintas (o mulato Omar namora Zilda, filha de Maria Clara) também entram em cena nesta peça. E surgiu nela, pela primeira vez, a figura do escritor Vicente, que serviria de *alter ego* do dramaturgo em outras obras.

Os Ossos do Barão, de 1963, transforma as relações entre diferentes categorias sociais no seu foco. No centro de tudo está o imigrante italiano Egisto Ghirotto, que enriqueceu com seu trabalho, tornou-se milionário e mora hoje na mansão que foi um dia do barão de Jaraguá. Quando ele anuncia que vai pôr à venda a capela que contém os ossos do barão, os descendentes deste, chefiados por Miguel Camargo Parente de Rendon Pompeo e Taques, apresentam-se para tentar demovê-lo da ideia. Isso resultará eventualmente em um casamento entre Isabel, filha de Miguel, e Martino, filho de Egisto. O nome ilustre e arruinado é salvo por uma aliança com o capital amealhado pelo imigrante que até ontem não passava de um "carcamano". Essa comédia ensolarada, produzida pelo TBC, constituiu-se em memorável êxito de público, o maior da carreira de Andrade.

Fecham o "ciclo" *Rasto Atrás* e *O Sumidouro*, que, ao lado de *As Confrarias*, estão entre as últimas obras teatrais de Andrade, escritas em fins dos anos de 1960. A primeira é uma autobiografia teatral que flagra Vicente aos cinco, aos quinze, aos 23 e aos 43 anos. A peça é um profundo mergulho na psicologia do protagonista, mostrando as diferentes fases da construção de sua personalidade, seus conflitos com o pai e as dificuldades do exercício da dramaturgia no Brasil. É um texto confessional que impressiona pela força e pela consistência. *O Sumidouro* volta ao Brasil colônia e o acopla com o país do momento em que o dramaturgo escreveu a obra. Temos ao mesmo tempo uma teatralização poderosa de retalhos da vida do bandeirante Fernão Dias, com especial ênfase em seu conflito com o filho mameluco José Dias, e um grave bloqueio de criação vivido por Vicente. A peça oscila entre passado e presente dramáticos com grande agilidade. Um vigoroso e contundente retrato da brasilidade, com suas contradições permanentes, seus problemas insolúveis, brota dessas páginas.

A telenovela afastou Jorge Andrade do teatro. Em 1973 estreou com sucesso na Globo *Os Ossos do Barão*, na qual o dramaturgo misturava a essa peça a trama de *A Escada*. A novela que escreveu em 1975, polêmica e áspera, *O Grito*, acabou levando ao seu desligamento da emissora carioca. Em 1977 foi editada a primeira peça sua escrita fora do "ciclo", *Milagre na Cela*, em que, novamente inspirado em um fato real, narra a relação amorosa que se estabelece entre uma freira torturada pela repressão do regime militar e seu carrasco. A peça tem a capacidade de extrair poesia do realismo abjeto da prisão e da tortura. É um exercício delicado, amargo, talvez o trabalho mais intimista desse dramaturgo sempre afeito a grandes afrescos. Em 1978, Andrade lançou um romance autobiográfico, *Labirinto*. No ano seguinte escreveu, para a TV Tupi, *Gaivotas*. Vieram depois, na TV Bandeirantes, *Adolescentes*,

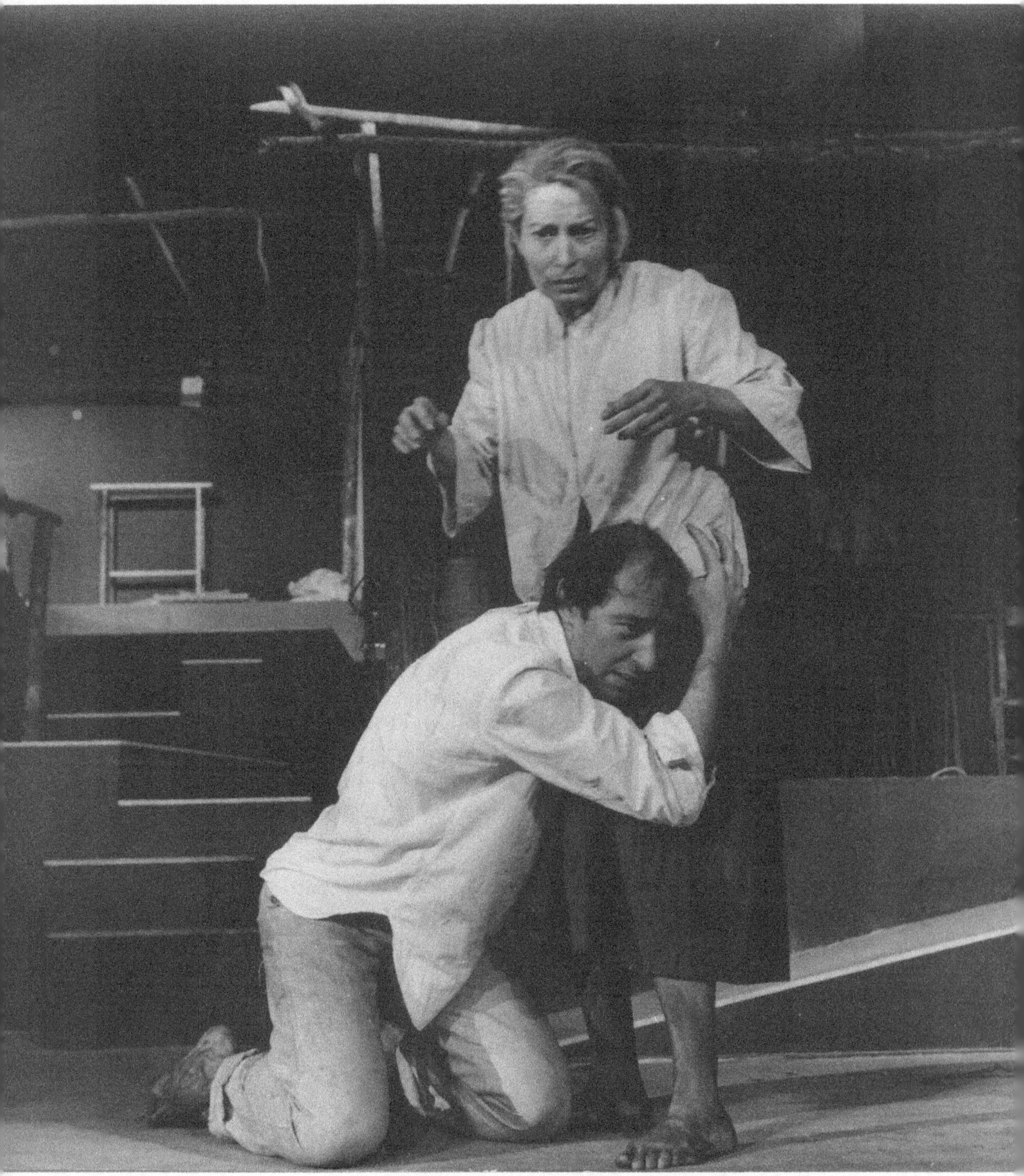

Cleyde Yáconis e Raul Cortez em *Vereda da Salvação*, de Jorge Andrade, no TBC.

Doroteia vai à Guerra, *O Ninho da Serpente* e *Sabor de Mel*. Sua morte, aos 61 anos, foi atribuída por muitos de seus amigos ao estresse causado pelo exercício da teledramaturgia. A luta pelo Ibope acabou por inviabilizar vários projetos teatrais que nunca saíram do papel. Bastam, porém, as peças contidas em *Marta, a Árvore e o Relógio* e *Milagre na Cela* para que se reconheça em Jorge Andrade um dos três grandes nomes da dramaturgia brasileira no século XX. O fato de sua produção andar tão esquecida e escondida, salvo raras produções, é mais um escândalo num país que descura tanto de sua cultura.

Lúcio Cardoso, Pedro Bloch

Nessa viagem marcada pelo elaborado universo psicológico das personagens, que se destacou aqui como uma das características mais evidentes da criação de Jorge Andrade, deve-se observar que ele tem a companhia de outros escritores com estilos e projetos bem diversos do seu. Um deles é o mineiro Joaquim Lúcio Cardoso Filho, nascido em Curvelo, Minas Gerais, em 1913 e falecido no Rio, em 1968. Filho de família tradicional, estabeleceu-se no Rio de Janeiro definitivamente em 1929, ano em que escreveu seu primeiro romance, *Maleita*. A obra foi publicada em 1934, e chamou para ele a atenção da crítica. Em 1943, mesmo ano da criação de *Vestido de Noiva*, Lúcio Cardoso, já um escritor de reconhecido mérito, teve montada, também pelos Comediantes, sua peça *O Escravo*, mas essa produção não carreou ao romancista os mesmos louros que seriam recebidos pelo jornalista Nelson Rodrigues. E tampouco o fizeram seus textos posteriores *O Filho Pródigo*, *Angélica* e *A Corda de Prata*, escrita em 1947 para uma experiência de teatro de câmara empreendida em parceria com a poeta Cecília Meireles, que contribuiu para ela com *O Jardim*. O autor não se limitou a criar sua própria ficção para o palco. Trabalhou com outras fontes de inspiração. Em 1952 Cardoso adaptou para o palco um conto de Edgar Allan Poe, *O Coração Delator*, que foi encenado com cenografia do desenhista e artista plástico Athos Bulcão.

No espaço que dedica a Lúcio Cardoso no *Panorama do Teatro Brasileiro*, Sábato Magaldi assinala em três momentos os insucessos das produções que levaram ao palco obras do dramaturgo. Ao tratar de *O Escravo*, a peça que mais admira dentre as escritas pelo autor, assinala: "Informa-se que a montagem, cheia de erros, não permitiu a adequada avaliação do texto". Logo adiante designa como "encenação infeliz" a que recebeu o texto *Angélica*. E por fim arremata:

> Desestimulado pelos malogros cênicos, Lúcio Cardoso se recolheu à obra romanesca, afastando-se [...] do palco. Em sua bagagem, porém, há numerosas outras peças, à espera de um encenador inteligente e sensível que, dispondo-se a trabalhá-las com o dramaturgo, as revele na real plenitude"[119].

Cardoso morreu antes que o desejo do crítico se cumprisse. E tem como sua principal contribuição à cultura brasileira os romances complexos, que levam as personagens a profundos mergulhos psicológicos. O mais ambicioso deles, porém, *Crônica da Casa Assassinada*, portentoso relato da decadência de uma família aristocrática de Minas Gerais escrito em 1959, foi pouco valorizado pela crítica da época e passou longo tempo sem merecer reimpressões.

Outro dramaturgo que se filia à linhagem da pesquisa psicológica das personagens, mas com resultados bastante superficiais, é o médico pediatra Pedro Bloch, nascido na Ucrânia em 1914 e falecido no Rio em 2004. Autor de dezenas de livros infanto-juvenis e antologias de crônicas recolhidas de suas colaborações para a revista *Manchete*, Bloch dedicou-se ao teatro em 1950, com a estreia do monólogo *As Mãos de Eurídice*. Sucesso estrondoso da época, representado milhares de vezes pelo ator Rodolfo Mayer, que fez dele seu cavalo-de-batalha pelas décadas seguintes, *As Mãos de Eurídice* narra de forma melodramática uma história de amor e morte que permite ao seu intérprete a exploração das fronteiras últimas do histrionismo. Um texto conservador, cuja personagem central, um pai de família, encontra a desgraça ao seguir seu coração e os passos de uma mulher que lhe devorará a fortuna e a felicidade. A história toda acontece na antiga

119 S. Magaldi, *Panorama do Teatro Brasileiro*, 3. ed., São Paulo: Global, 1997, p. 266.

casa de família, agora vazia, em que um dia o protagonista foi, sem saber, feliz.

Bloch explorou o filão dos monólogos em outras peças, como *Esta Noite Choveu Prata*, também interpretada por Mayer, e *Morre um Gato na China*, que teve Procópio Ferreira como protagonista. Nenhuma delas, porém, alcançou a repercussão de *As Mãos de Eurídice*, que, por recorrer a uma paleta extensa de colorações teatrais, indo do naturalismo intimista ao melodrama descabelado, acabou atraindo a atenção de intérpretes do mundo todo. A peça foi, ao longo da década de 1950, traduzida para diversas línguas e representada em 45 países. Isso fez de Bloch o autor brasileiro mais encenado fora do Brasil, até que João Bethencourt, nos anos de 1970, roubou-lhe esse cetro.

Ainda da autoria de Bloch, e sempre explorando de forma superficial os desenhos psicológicos das personagens, deve-se mencionar *Dona Xepa*. É a história de uma feirante sem instrução, mas de coração enorme, que luta encarniçadamente para dar aos filhos uma educação superior. Os filhos tornam-se sumidades, e então começam a desprezar a mãe modesta e inculta. Mas esta tem a seu favor o bom senso e o equilíbrio. A questão da ciência contra o equilíbrio da vida humana também se coloca, pois o filho de Xepa é um físico que colabora com uma pesquisa que porá em risco a sobrevivência do homem no planeta. A peça termina com um longo monólogo melodramático de Xepa, no qual os valores humanistas são exaltados de forma sentimental e ligeira.

Antonio Callado e Guilherme de Figueiredo

Se, durante essa fase, pode-se atribuir a um dramaturgo o interesse pela observação das estruturas sociais e da questão racial, esse sem dúvida será Antonio Callado (1917-1997). "Callado foi um dramaturgo importante, cuja obra teatral é ofuscada pelos seus romances. Convém ler suas peças com o cuidado que merecem", afirma o poeta Fernando Py[120]. O escritor carioca, formado em direito, foi acima de tudo jornalista. Trabalhou em serviços de radiodifusão da BBC, baseado em Londres, e na Radiodifusão Francesa, em Paris. De volta ao Brasil, atuou em veículos como o *Correio da Manhã*, *O Globo*, *Jornal do Brasil* e *Folha de S. Paulo*. Começou a dedicar-se à ficção no início dos anos de 1950.

Em 1954, ano do lançamento de seu primeiro romance, *A Assunção de Salviano*, Callado escreveu também dois textos teatrais, a peça histórica *A Cidade Assassinada* e o drama *Frankel*. Na primeira, João Ramalho, alcaide de Santo André da Borda do Campo, opõe-se ao jesuíta José de Anchieta, que pretende privar aquela cidade do título de "vila", para destiná-lo à recém-fundada São Paulo. Obra escrita com grande apuro técnico, *A Cidade Assassinada* evidencia o interesse de Callado pela dramaturgia. O texto, escrito a propósito do quarto centenário da fundação de São Paulo, chama a atenção por mostrar uma visão pouco positiva do nascimento da cidade, tendo Anchieta não como herói, mas como vilão. *Frankel* é talvez a primeira peça a tratar modernamente em cena a causa indígena no Brasil. Quando começa a obra, cuja ação tem lugar na área do rio Xingu, sua personagem-título, um cientista, já está morto. As personagens, dois funcionários do Museu Nacional, um chefe de posto do (ex-) Serviço de Proteção aos Índios e um jornalista, tentam entender quem matou Frankel, e por quê. Aos poucos revela-se o conflito entre os índios e o cientista que os estudava e os considerava meros objetos de análise.

Em 1957 escreve *O Colar de Coral*, versão brasileira e moderna de *Romeu e Julieta*, de Shakespeare, envolvendo duas famílias nordestinas que radicam-se no Rio e trazem consigo brigas ancestrais. Data do mesmo ano uma de suas obras mais conhecidas, *Pedro Mico*. De novo Callado é pioneiro. Pela primeira vez no palco brasileiro um texto exige como cenário um barraco de favela. Só dois anos depois o texto de Callado ganharia companhia. O mesmo ambiente foi requisitado por *Gimba*, de Gianfrancesco Guarnieri, estreado em 1959. *Pedro Mico* é a história simples, tensa e também engraçada do malandro que se refugia em um barraco na favela para escapar da polícia, depois de assaltar uma joalheria. O brilho do protagonista e o senso de humor, que

120 O Teatro de Antonio Callado. Disponível em: <www.jornalpoiesis.com>. Acesso em: 2011. Texto publicado na versão impressa de *Poiésis: Literatura, Pensamento & Arte*, n. 127, out. 2006, p. 12.

não perde apesar da tensa situação que enfrenta, são notáveis. Em sua estreia no Rio, a peça foi dirigida pelo jornalista e crítico Paulo Francis, em uma rara incursão deste pelo palco.

Entre 1958 e 1961, Callado escreve suas últimas obras teatrais: *O Tesouro de Xica da Silva*, *A Revolta da Cachaça* e *Uma Rede para Iemanjá*. Na primeira delas aborda a história da poderosa escrava, que conquistou o contratador de diamantes João Fernandes, no momento em que Xica está prestes a perder o companheiro e o poder. *A Revolta* retrata um ator negro que se enfurece contra os papéis eternamente coadjuvantes que lhe cabem. Em *Uma Rede para Iemanjá* o escritor elabora o encontro de uma mulher grávida, branca, abandonada pelo marido, e um velho que roga a Iemanjá para que lhe devolva o filho que perdeu. Do encontro dos dois nasce, segundo Fernando Py, "uma bela história, um legítimo auto de Natal de inspiração afro-brasileira"[121].

No período que se examina neste capítulo há um dramaturgo que se isola de seus pares mais ainda do que esses já estavam separados uns dos outros. Pela estética que adota, por suas escolhas temáticas, podemos reconhecer em Guilherme de Figueiredo (1915-1997) um dramaturgo que procura enraizar seu teatro em filões clássicos. Aspira ao teatro grego, a Molière. Não é pouca coisa. Formado em direito, exerceu crítica teatral e crítica literária em periódicos do Rio. Começou a escrever para teatro em 1948. Sua comédia *Lady Godiva* e seu drama *Greve Geral* foram produzidos pela companhia do prestigiado e popularíssimo ator Procópio Ferreira, persistente lançador de novos talentos, que nessa época pôs em cena as primeiras peças de Dias Gomes e o texto de estreia de Alfredo Mesquita, *A Esperança da Família*.

Em 1949 Figueiredo escreveu sua terceira peça, *Um Deus Dormiu lá em Casa*, que foi dirigida por Silveira Sampaio para a estreante companhia da atriz Tônia Carrero, que dividiu o palco com Paulo Autran, este em sua estreia como ator profissional. A peça, uma versão leve e bem-humorada do mito grego narra o nascimento de Héracles, ou Hércules para os romanos. Estando o general Anfitrião, de Tebas, ausente em batalha, Zeus toma a sua forma e apresenta-se em sua casa para a esposa daquele, Alcmena. Da ligação do deus com a mortal nascerá o herói, mas isso não significa que Anfitrião aceite com facilidade toda a história. O tema foi levado ao palco por Plauto e por Molière. A versão espirituosa e ligeira de Figueiredo foi premiada, assim como o espetáculo que a traduziu em cena.

O dramaturgo escreveu para o teatro de revista *Miss France* e *A Imprensa É Livre*, a quatro mãos com Geysa Bôscoli. Em 1951 volta a Molière, que inspira seu *Don Juan*. Em 1952 chega ao maior sucesso de sua carreira, *A Raposa e as Uvas*, versão fantasiosa da vida do autor romano de fábulas, Esopo. Na estreia, Sérgio Cardoso encarnou a personagem, e conheceu com ela um de seus maiores triunfos. A trama põe em foco a luta de Esopo, escravizado, pela liberdade. Ao mesmo tempo, remete a *Cyrano de Bergerac*, de Rostand, na subtrama da bela mulher que se apaixona por um homem disforme na aparência, mas interiormente belo. *A Raposa e as Uvas* rivalizou com *As Mãos de Eurídice*, de Pedro Bloch, pela quantidade de vezes em que foi traduzida e de países em que foi montada.

A peça seguinte, *A Menina sem Nome*, era dedicada ao público infantil. Em 1958 volta às raízes clássicas com *A Muito Curiosa História da Virtuosa Matrona de Efeso*. A obra foi montada com moderado sucesso por Alberto d'Aversa em produção do Teatro Brasileiro de Comédia, com Fernanda Montenegro no papel-título. Nos anos seguintes lança *Tragédia para Rir*, *Os Fantasmas*, *Retrato de Amélia*, que não atingem grande repercussão. Em 1957 publicou *Xântias: Oito Diálogos Sobre Arte Dramática*, em que expôs seus pontos de vista sobre as técnicas da dramaturgia. Professor de teatro, além de dramaturgo, Guilherme Figueiredo teve sua carreira dramática nitidamente atropelada pelas novas tendências que surgiram em fins dos anos de 1950, e que puseram o Brasil no palco brasileiro com uma energia, um ímpeto assombrosos. Não havia mais espaço para deuses gregos depois de *Eles Não Usam Black-Tie*, de Gianfrancesco Guarnieri e de toda a linhagem de autores voltados às questões sociais que surgiram em sua esteira.

121 Idem, ibidem.

A Dramaturgia do Nordeste e Ariano Suassuna

Nas décadas de 1940/1950, uma última grande contribuição estilística ainda estava reservada aos palcos brasileiros, vinda dessa vez do Nordeste, particularmente de Pernambuco. Seu protagonista foi o paraibano Ariano Suassuna, coadjuvado por muitos outros nomes que merecem registro, porque consolidaram a dramaturgia da região com peças representadas por grupos amadores ou mesmo com encenações ocorridas no eixo Rio-São Paulo, no âmbito do teatro moderno profissional[122].

Hermilo Borba Filho (1917-1976) foi um homem completo de teatro: ator, diretor, crítico, teórico, historiador e dramaturgo que esteve à frente de iniciativas importantes como o Teatro do Estudante de Pernambuco, nos anos de 1940, e o Teatro Popular do Nordeste, já no início dos anos de 1960. Para ele, o teatro era fundamentalmente uma "arte do povo", mas seu entendimento a esse respeito não era simplista. Shakespeare, Molière, Lorca e Eugene O'Neill, para citar alguns dos grandes dramaturgos universais que admirava, eram homens do povo e faziam por isso um verdadeiro teatro popular. Suas primeiras peças bebem nessas fontes. *Electra no Circo* (1944) e *O Vento no Mundo* (1948) são tentativas de escrever a tragédia moderna, a partir dos mitos gregos. *João Sem-Terra* (1947), peça em 4 atos, mergulha no ambiente nordestino para trazer à tona a questão da posse da terra. O interesse pela cultura popular de sua região o leva a escrever várias peças alimentadas pelo diálogo entre a sua formação erudita e a tradição dos espetáculos populares como o pastoril, o mamulengo e, principalmente, o bumba-meu-boi, que ele reconhece como fonte inesgotável de inspiração. Assim, *A Cabra-Cabriola* (1948) é uma peça para teatro de bonecos, enquanto *O Cabo Fanfarrão* é uma farsa épica que lança mão da personagem Cabo Setenta, presente em inúmeras peças do mamulengo e em *Torturas de um Coração*, de Ariano Suassuna. Já *A Donzela Joana* (1964) é uma peça mais ambiciosa em sua forma épica, escrita para ser representada com música e à maneira dos espetáculos populares do Nordeste, em especial o pastoril e o bumba-meu-boi, o enredo centrado na luta contra a invasão holandesa. Hermilo escreveu mais de vinte peças, e ainda podem ser lembradas o *Auto da Mula-de-Padre* (1948), *A Barca de Ouro* (1949), *Três Cavalheiros a Rigor* (1953) *Um Paroquiano Inevitável* (1954) *A Bomba da Paz* (1962) e a adaptação de *Sobrados e Mocambos* (1972), de Gilberto Freyre.

Ligado ao Teatro de Amadores de Pernambuco – TAP, onde trabalhou como ator no início dos anos de 1940, José Carlos Cavalcanti Borges (1910-1983) iniciou na década seguinte um fecundo trabalho de dramaturgo. Valorizando os tipos e a linguagem regionais, aprimorou-se no gênero cômico, compondo um conjunto de cinco comédias que denominou "comédias municipais", por trazerem à cena o cotidiano das cidades pequenas do interior, sempre às voltas com incidentes provocados por personagens apreendidas pelo ângulo de uma comicidade singela. Esse conjunto de comédias, escrito entre 1952 e 1961, apresenta os seguintes títulos: *O Poço do Rei*; *Tempestade em Água Benta*; *Mão de Moça, Pé de Verso*; *O Motor de Seu Lima* e *Em Figura de Gente*. Em 1954 Cavalcanti Borges faz a adaptação teatral do clássico *Casa Grande & Senzala*, de Gilberto Freyre, que ele define como uma tentativa de comédia de costumes do século XVIII. O gosto pelas adaptações o levou a dramatizar obras literárias importantes, como *Fogo Morto*, de José Lins do Rego, em 1955; *Dom Casmurro*, de Machado de Assis, que recebeu o título *A Flor e o Fruto* (Prêmio Cláudio de Souza da Academia Brasileira de Letras, em 1970); e *O Caso do Colar*, adaptação de um conto de Maupassant.

Aristóteles Soares (1910-1989) é talvez o dramaturgo mais engajado do grupo, no sentido de explorar em sua dramaturgia o sofrimento do homem nordestino desprovido de terra e de futuro.

122 Sobre a dramaturgia do Nordeste, podem ser consultados: Joel Pontes, *O Teatro Moderno em Pernambuco*, São Paulo: Buriti, 1966; Luiz Maurício Britto Carvalheira, *Por um Teatro do Povo e da Terra: Hermilo Borba Filho e o Teatro do Estudante de Pernambuco*, Recife: Fundarpe, 1986; Milton Baccarelli, *O Teatro em Pernambuco: Trocando a Máscara*, Recife: Fundarpe, 1994; Anco Márcio Tenório Vieira, *Luiz Marinho: O Sábado que Não Entardece*, Recife: Fundação de Cultura Cidade do Recife, 2004; Luiz Augusto da Veiga Pessoa Reis, *Fora de Cena, no Palco da Modernidade: Um Estudo do Pensamento Teatral de Hermilo Borba Filho*, tese de doutorado, Universidade Federal de Pernambuco, Recife, 2008; Igor de Almeida Silva, *Réquiem à Infância: Um Estudo Sobre um Sábado em 30 e Viva o Cordão Encarnado, de Luiz Marinho*, Recife: Edições Bagaço/PPGL-UFPE, 2009.

Em seu começo de carreira ele escreveu comédias de costumes com ambientes e tipos regionais, estruturadas de maneira convencional, como *O Barão de Caitetu* e *Casei-me com a Madrinha*. Mas em 1949, com *A Trovoada*, dá início a um conjunto de peças escritas com olhar crítico sobre a realidade nordestina. Agora, em vez de explorar o enredo cômico, o foco recai sobre o trabalhador explorado pela monocultura da cana de açúcar, o homem que não tem um pedaço de terra para tirar dela o seu sustento. À mesma linha pertence *Terra Queimada* (1950), peça premiada pela Academia Brasileira de Letras, que aborda a decadência dos engenhos de açúcar, tema explorado no romance por José Lins do Rego, e *Cana Brava* (1952). *Sangue Velho* (1952), escrita em parceria com Valdemar de Oliveira, é também uma peça de forte alcance crítico, pois se passa no sertão e gira em torno da luta do homem nordestino pela terra. Autor que se exprime por um áspero realismo, Aristóteles Soares arriscou a comédia satírica para fazer a crítica dos costumes políticos do interior em *Município de São Silvestre* (1962), pondo em cena a corrupção dos coronéis durante uma eleição.

Isaac Gondim Filho (1925-?), Aldomar Conrado, Osman Lins (1924-1978) e Luiz Marinho (1926-2002) pertencem ao mesmo grupo dos três autores mencionados anteriormente, com atuação expressiva nos grupos amadores do Recife, mas também com reconhecimento no centro-sul. O primeiro foi ator, diretor e professor de interpretação, além de dramaturgo. Sua estreia se deu com a peça *Conflito na Consciência*, em 1950, à qual se seguiram *A Hora Marcada*, *Recalque*, *O Mundo é Pequeno Demais*, *Uma Estrela Correu no Céu*, entre outras. O maior sucesso foi obtido com *A Grande Estiagem*, uma tragédia rural nordestina em três atos, que ganhou o Prêmio Artur Azevedo da Academia Brasileira de Letras em 1955. Montada em São Paulo pelo Conjunto Experimental de Novos Artistas, grupo dirigido por Evaristo Ribeiro, a peça foi traduzida para o francês, inglês, italiano, alemão e holandês. O enredo gira em torno de uma família nordestina que sofre com a falta de chuva e que se recusa a abandonar as suas terras ao contrário dos outros moradores da região. O desespero leva as personagens a atitudes extremas, culminando com o assassinato de Apolinário pela neta, que deseja migrar.

Aldomar Conrado, nascido em 1936, com apenas 18 anos escreveu sua primeira peça, *O Livro de Davi*, premiada num concurso promovido pelo governo do Estado de Pernambuco. Em 1956, com *A Grade Solene*, na qual a paisagem nordestina, com seus engenhos de açúcar, serve de pano de fundo para uma história de amor, reatualiza o mito de Édipo. A ousadia do tema rendeu ao autor o prêmio de melhor peça no 2º Festival Nacional de Teatro de Estudantes, em Santos, em 1959. Ao longo dos anos de 1960, Conrado escreveu outras peças – *Os Peregrinos*, *A Grande Noite de Olívia*, *A Imensa Janela do Mundo*, *A Ponte Sobre o Pântano* e *O Apocalipse ou o Capeta de Caruaru*. Esta última, inspirada em *Macbeth* e *A Comédia dos Erros*, de Shakespeare, foi montada em 1968 no Rio de Janeiro, com direção de Amir Haddad, que realçou a crítica social e política do texto, em meio ao enredo fantasioso que põe em cena, em Caruaru, irmãos gêmeos separados de suas mães, com os inevitáveis quiproquós, bruxas, uma mulher que não para de crescer, outra que engorda a ponto de não passar pela porta, um cavalo que nasce com cabeça de gente. Tais acontecimentos, que são atribuídos ao capeta pelo povo, acirram as disputas políticas entre os poderosos e tornam a cidade um destino turístico, na visão satírica do autor.

Fantasia e imaginação não faltam a Osman Lins, que se tornou mais conhecido como romancista do que como dramaturgo. Mas em seu início de carreira, no Recife, já em 1958, escreve a primeira peça, *O Vale Sem Sol*, que obtém menção honrosa no 1º Concurso Nacional de Peças Brasileiras da Companhia Tônia-Celi-Autran – CTCA. A esta se seguem outras, como o auto de Natal *O Cão do Segundo Livro*, o drama *Os Animais Enjaulados*, e, finalmente, a comédia *Lisbela e o Prisioneiro*, seu primeiro grande sucesso de crítica e público, encenada pela CTCA no Rio de Janeiro em 1961. Ainda que tenha escrito outras peças nos anos de 1960 – *A Idade dos Homens*, *Guerra do Cansa-Cavalo*, *Capa Verde e o Natal*, a trilogia *Santa, Automóvel e Soldado*, formada por *Mistério das Figuras de Barro*, *Auto do Salão do Automóvel* e *Romance dos Dois Soldados de Herodes* –, *Lisbela* dá a medida do talento do autor para a comédia e de sua capacidade de observação da realidade nordestina, onde não faltam valentões, crimes, culto aos sentimentos de honra e vingança. A peça tem como protagonistas o funâmbulo Leléu, que está preso na cadeia de Santo Antão, e Lisbela, a filha do tenente e delegado Guedes. O par amoroso, como é típico dos enredos cômicos, fará de tudo para vencer os obstáculos que impedem a sua união. A graça das soluções e a linguagem bem trabalhada são qualidades que contribuíram para o sucesso do texto, que já teve várias encenações e foi adaptado para a televisão e para o cinema.

Luiz Marinho escreveu quatorze peças e se tornou conhecido pelo sucesso de três delas, que foram representadas no Recife, primeiramente, e depois em várias cidades brasileiras, conquistando prêmios e reconhecimento da crítica especializada: *Um Sábado em 30*, *A Incelença* e *Viva o Cordão Encarnado*. A primeira foi concluída provavelmente em 1960 e se passa na casa de um senhor de engenho de Timbaúba, terra natal do autor, durante a Revolução de 1930. Em cena, a família de "Seu" Quincas, empregados, um velho major e sua filha, duas agregadas, enfim, um conjunto de tipos nordestinos com sua linguagem típica, vivendo conflitos dos quais o autor extrai a comicidade e a crítica social e política de uma sociedade esclerosada, presa a tradições arcaicas. Peça ancorada na memória do autor, que viveu sábados parecidos na infância, é matriz de várias outras que se seguiram e que abordam o mesmo universo. *A Incelença* (1962), por exemplo, põe em cena os velórios nordestinos, com suas rezas cantadas e conversas regadas a bebida, anedotas e histórias populares. O linguajar das personagens é o ponto alto da peça: um belo exercício de reelaboração da linguagem popular. *Viva o Cordão Encarnado* (1968), comédia em dois atos, apresenta um enredo que envolve artistas populares, os brincantes dos pastoris. O folguedo transforma-se em assunto e forma da peça, inspirada nos chamados pastoris de ponta de rua. O enredo é bastante movimentado, com situações cômicas que envolvem o velho do pastoril no dia do seu aniversário, sua esposa e um cabo da polícia, formando um triângulo amoroso que se movimenta numa noite de festa em que há uma apresentação desse folguedo popular.

A dramaturgia do Nordeste tem ainda outros autores que se tornaram conhecidos nos anos de 1950/1960, com destaque para Joaquim Cardozo (1897-1978), Francisco Pereira da Silva (1918-1985), Altimar Pimentel (1936-2008) e Rachel de Queiroz. O aproveitamento dos folguedos populares na reelaboração erudita de peças teatrais foi um dos procedimentos mais utilizados pelos dois primeiros. Joaquim Cardozo tornou-se conhecido com *O Coronel de Macambira* (1963), primeira peça de uma trilogia inspirada no bumba-meu-boi e formada também por *De uma Noite de Festa* (1971) e *Marechal, Boi de Carro* (1975). Nesses três textos o autor obedece às regras do gênero popular, mesclando diálogos, danças e cantos para ficar fiel a essa brincadeira popular que é o bumba-meu-boi.

O piauiense Francisco Pereira da Silva, embora radicado no Rio de Janeiro, manteve-se fiel às origens nordestinas, trazendo para dentro de suas peças os tipos e as tradições populares. Autor de uma adaptação do romance *Memórias de um Sargento de Milícias*, de Manuel Antônio de Almeida, aproveita uma lenda sertaneja e cantigas do cancioneiro popular em *Romance do Vilela* (1960) e o bumba-meu-boi em *O Desejado* (1966-1969). Maior alcance crítico tem as peças *Cristo Proclamado* (1960), uma forte abordagem da miséria nordestina, e *Chão dos Penitentes* (1965), uma visão desmistificadora do padre Cícero. Entre outras peças que escreveu, destaca-se também *Chapéu de Sebo* (1962), um drama forte, de denúncia dos desmandos de um fazendeiro. Capaz de abordar os sofrimentos do homem nordestino em dramas pungentes, a veia cômica do autor se faz presente na ótima comédia *O Vaso Suspirado* (1963), na qual duas beatas disputam um objeto nada convencional utilizado por um bispo para guardar como lembrança: um urinol.

O alagoano Altimar Pimentel estreia com uma peça em que se vale de personagens do mamulengo. *Casamento Branco*, de 1964, já anuncia o caminho que o dramaturgo iria seguir, como homem impregnado da cultura popular nordestina. Assim, na segunda peça, *Auto da Cobiça* (1967), apropria-se da estrutura do bumba-meu-boi; e na seguinte, *Auto de Maria Mestra* (1968), vale-se do pastoril religioso.

Com *Viva a Nau Catarineta* (1970) inspira-se em outro folguedo popular: a chegança. A peça mais bem-sucedida do autor intitula-se *A Construção*. Foi premiada com o 2º lugar no concurso do Serviço Nacional de Teatro, em 1968, e encenada no ano seguinte por Amir Haddad. À semelhança de Francisco Pereira da Silva, que em *Chão dos Penitentes* faz uma crítica ao abandono a que eram relegados os fiéis do Padre Cícero, Altimar Pimentel também faz a denúncia da exploração da religiosidade do homem nordestino. Lançando mão de recursos épicos, ele põe em cena uma história que envolve beatos e romeiros, às voltas com a construção de uma igreja, uma réplica da Basílica de São Pedro, que o Padre Cícero fora proibido de construir.

A breve experiência da cearense Rachel de Queiroz (1910-2004), notável romancista, no território da dramaturgia também merece registro. A autora de *Memorial de Maria Moura* escreveu duas peças: *Lampião* (1953) e *A Beata Maria do Egito* (1958). São dois textos de envergadura, que demonstram vigor narrativo. Em uma página da Internet, <www.releituras.com/racheldequeiroz>, mencionam-se ainda dois textos inéditos, *O Padrezinho Santo* (roteiro para TV) e *A Sereia Voadora*. *Lampião* narra uma história do cangaço, retratando o mesmo ambiente duro e hostil que havia sido cenário de *O Quinze*, seu romance de estreia, no qual aborda a seca e suas consequências na vida dos sertanejos. *A Beata Maria do Egito* recorre à mesma moldura para tratar de um conflito entre fé e paixão dentro do universo nordestino.

Lampião tem como protagonista o mais famoso dos cangaceiros, um rebelde que por anos foi caçado por tropas estaduais e federais. Na obra, Rachel de Queiroz evoca a grandiosidade da personagem, que brota depois de seu encontro com Maria Bonita. Conforme assinala Sábato Magaldi em seu *Panorama*, "todo o desenvolvimento da peça nasce da premissa desse amor"[123]. Ele é o móvel que leva o bandoleiro a propor uma trégua ao governo. E é ele que impele Lampião, no final da peça, a oferecer seus feitos à mulher que ama, dedicando-os como se fosse um cavaleiro andante na Idade Média. O desenho das personagens é sólido, e os diálogos de *Lampião* têm ao mesmo tempo o colorido da fala popular e a mão segura de uma escritora capaz de grandes voos.

A Beata Maria do Egito, que estreou no Rio de Janeiro, com Glauce Rocha no papel central, tem como ponto de partida a história de Santa Maria Egipcíaca, que viveu no século V d.C. e, depois de uma vida de pecados, arrependeu-se e rumou para o deserto, onde expiou com orações, por quarenta anos, uma vida de devassidão. Maria do Egito, a beata da peça de Rachel de Queiroz, é uma devota do padre Cícero, e, assim como a santa, terá de sacrificar sua pureza para poder seguir seu caminho rumo à direção que sua devoção aponta. A diferença entre as duas histórias é que a santa entrega-se a um barqueiro para poder seguir viagem, e a beata terá de se deixar possuir por um delegado de polícia. Na estreia do texto, no Rio de Janeiro, além da grande atriz Glauce Rocha estavam em cena Sebastião Vasconcelos, como o tenente-delegado, Jayme Costa, na pele do coronel-chefe-político e Rodolfo Arena como o cabo-ordenança. A peça, dirigida pelo teatrólogo José Maria Monteiro, não fez boa carreira apesar do elenco de peso. A tragédia concebida por Rachel de Queiroz, na qual a profanação do divino é resgatada pelo homem com sua morte, não ecoou junto ao público. E a autora abandonou então o teatro, dedicando-se exclusivamente à prosa e à crônica, ao exercício do jornalismo.

A presença nordestina na cena brasileira, nos anos decisivos de nossa modernização teatral, não é pequena, como se vê. E antes de passarmos à análise da obra de Ariano Suassuna, convém observar que essa geração de autores comentada acima não teve igual nos anos que se sucederam. De qualquer modo, nos anos de 1970, destacaram-se, como herdeiros da geração anterior, Vital Santos e Jairo Lima. O primeiro, que já escreveu mais de duas dezenas de peças, inscreve-se na tradição da crítica social, preocupado em denunciar a fome, a miséria e o sofrimento do homem nordestino. Sua peça mais bem-sucedida é o *Auto das Sete Luas de Barro*, um musical sobre o ceramista Mestre Vitalino encenado em 1979 pelo Grupo Folguedo de Arte Popular de Caruaru. Jairo Lima filia-se aos autores que retrabalham de maneira erudita as fontes populares, como faz em *Cancão de Fogo*, entre outras peças que escreveu.

123 S. Magaldi, *Panorama do Teatro Brasileiro*, p. 263.

* * *

A contribuição nordestina ao teatro brasileiro que se mostrou mais duradoura e influente foi a de Ariano Suassuna. Ao contrário das experiências frustradas de Rachel de Queiroz no palco, a obra de Suassuna granjeou-lhe notoriedade nacional e levou-o a buscar identificar na cultura nordestina os elementos específicos de um cruzamento de tradições vindas da Europa, da África somadas a outras, criadas no Brasil. O universo popular dos cordelistas, dos mamulengos, da linguagem dos folguedos como o reisado e o bumba-meu-boi, está presente na obra de Suassuna, somado a influências do teatro religioso medieval e das tradições da *Commedia dell'Arte*.

Toda essa complexa mescla foi levada plenamente ao palco no *Auto da Compadecida*, primeira peça de Suassuna a atingir o grande público e a encantar críticos e intelectuais do país inteiro, ecoando particularmente no Sudeste, não ficando circunscrita a sua região de origem. Mas esse caldeirão de cruzamentos culturais já estava presente de uma forma ou de outra em todas as obras que antecederam *A Compadecida*, cuja estreia se deu em setembro de 1956 no Recife.

Ariano Vilar Suassuna nasceu em João Pessoa, na Paraíba. Iniciou os estudos em Taperoá, no interior de seu estado natal. Em 1942, quando está com quinze anos, a família muda-se para o Recife, onde Suassuna conclui os estudos intermediários, ingressando em 1946 na Faculdade de Direito da capital pernambucana, onde se bacharelou em 1950. Na faculdade conheceu artistas, poetas, romancistas, atores que viriam a influenciá-lo. Com Hermilo Borba Filho criou o Teatro do Estudante de Pernambuco. Escreveu a primeira peça, *Uma Mulher Vestida de Sol*, em 1947, baseada no romanceiro popular, e com ela ganhou o prêmio Nicolau Carlos Magno, em 1948.

As obras seguintes foram *O Desertor de Princesa* (1948), *Os Homens de Barro* e *O Auto de João da Cruz* (1949), *O Arco Desolado* (1952), *Auto da Compadecida* (1955), *O Santo e a Porca* e *O Casamento Suspeitoso* (1957), *A Pena e a Lei* (1959), *Farsa da Boa Preguiça* (1960), *A Caseira e a Catarina* (1962) e *O Romance da Pedra do Reino e o Príncipe do Sangue do Vai e Volta* (1971). Este último texto, uma narrativa em prosa, foi levado ao palco em 2006 por Antunes Filho, com a equipe de seu Centro de Pesquisa Teatral. De sua conclusão o escritor ocupa-se há 25 anos. Declarou recentemente em entrevista à Rede Globo que está prestes a terminar a obra, que se estenderá por cinco volumes. A partir dos anos de 1950 exerceu atividades como professor universitário e como integrante de importantes órgãos da administração da cultura, entre eles o Conselho Federal de Cultural e a Secretaria de Educação e Cultura do Recife. Isso e o longo engajamento no Romance da Pedra do Reino talvez tenham criado obstáculos a que continuasse a produzir textos para teatro. Mesmo assim, a contribuição deixada por ele com essa dezena de peças é suficiente para inscrever definitivamente seu nome entre os luminares da dramaturgia brasileira no século XX.

Suassuna construiu uma obra consistente, tecida sempre a partir de uma óptica cultural nordestina, mais especificamente sertaneja. Taperoá, cenário do *Romance da Pedra do Reino*, deve ser também o das obras teatrais do escritor. Uma terra banhada por rio mas encravada em plena caatinga, aparentemente árida e inóspita. O universo do dramaturgo, formado por pequenas cidades plantadas nesse sertão, é habitado por pecadores, santos, demônios, coronéis, sacerdotes, adúlteras, jovens amorosas, cangaceiros, burgueses. E por amarelinhos, os trabalhadores, os criados, os servos, que Suassuna transforma nos Arlequins e Brighellas do seu teatro.

A queda e a redenção estão sempre em questão nas suas obras. Ele não tem pela condição humana grande complacência. Entende até os pecadores, mas nem por isso deixa de condená-los ao fogo eterno. Pode mostrar uma surpreendente compaixão, porém, com pecadores cujos crimes nascem da desgraça, da miséria, da fome, não de desvios de caráter e temperamento. É o caso da relativa redenção de João Grilo, o amarelinho do *Auto da Compadecida* que, por intervenção de Nossa Senhora, a compadecida do título, terá, depois de morto e julgado, a chance de voltar à vida para então, quem sabe, resgatar seus pecados e merecer o reino dos céus.

Suassuna é católico, religioso, a fé impregna sua obra. *O Auto de João da Cruz*, uma de suas primeiras peças, trata de um artesão que vende a alma para o diabo em troca de riquezas terrenas. O texto foi inspirado por um tema, a venda da alma para um agente das trevas, que percorre a cultura ocidental da literatura medieval aos nossos dias. No *Auto de João da Cruz*, como em muitas outras versões da peça, o capeta não leva a melhor. Suassuna alia erudição e raízes populares em sua criação, e assim como buscou um temário medieval naquela peça, vai voltar-se para a obra de Calderón de la Barca na obra seguinte, *O Arco Desolado*. O texto inspira-se na lenda que levou o dramaturgo espanhol a escrever *A Vida É Sonho*. A distância entre as obras é grande. O Sigismundo de Calderón é lírico, o de Suassuna, brutal. Ainda assim, ao final da história haverá de encontrar um modo de purgar seus pecados.

O *Auto da Compadecida*, que veio em seguida, projetou nacionalmente o nome de Suassuna. A montagem estreou no Recife em 1956 e chegou a São Paulo e ao Rio de Janeiro em 1957, entusiasmando os críticos locais, conquistando prêmios, aplausos e casas lotadas. A melhor raiz cômica popular alia-se nessa peça às tradições derivadas da dramaturgia religiosa medieval – autos sacramentais, mistérios, milagres – que relatam os julgamentos das almas depois da morte. A relação entre João Grilo e Chicó tem uma estrutura cômica clássica, que chega a nós via Plauto e a tradição cômica que, derivada da Idade Média, desaguou na *Commedia dell'Arte*. "Para esperto, esperto e meio" é a moral da primeira parte da obra. A mesma, aliás, partilhada pela medieval *A Farsa de Mestre Pierre Pathelin*. Essa moralidade se aplica, porém, não apenas aos humanos, mas de certa forma estende-se também para a segunda parte da peça. Assim como João Grilo e Chicó foram mais espertos que o padeiro, a mulher do padeiro, o sacerdote, o coronel, enrolando a todos eles numa trama de enganos que só termina com a chegada do cangaceiro à cidade, também o Cristo e a Virgem acabam sendo mais espertos (e compassivos) que os seres humanos e, sem dúvida, que o diabo.

Toda a fértil imaginação da Idade Média, que concebe inúmeras cenas de julgamentos de almas em sua literatura e em sua dramaturgia, e que deságua no legado tardio mas nem por isso menos vigoroso de Gil Vicente, é incorporada por Ariano Suassuna com toques surpreendentes. A questão social está presente em toda a primeira parte da obra, na relação de Grilo e Chicó com os poderosos. Grilo é o malandro, autor de tramas, criador de confusões que lhe permitam arrumar o que comer mais um dia. Chicó é o mentiroso ingênuo, quase lírico. Os dois envolvem as demais personagens na história do enterro de um cachorro e em outra, que tem a ver com um gato que "descome" dinheiro. A questão racial entra quando Cristo, por determinação expressa do autor, é personificado por um ator negro. O diabo expressa seu espanto ante a aparência do Salvador, e este o repreende por manifestar preconceito.

Como todo o teatro de Suassuna, a *Compadecida* não pende para a pesquisa formal ou para o estudo da psicologia das personagens, que se encontram nas criações de Nelson Rodrigues e Jorge Andrade. Mas não é esse seu alvo. A peça gira no âmbito do universo cômico popular, alimentado por estereótipos, caricaturas, máscaras. Nenhuma das personagens da *Compadecida* é desenhado de modo realista. Todos eles têm uma outra derivação. Vieram das tradições do mamulengo, do teatro de bonecos (fantoches, bonecos de mão, bonecos de vara, marionetes) que, vindo da Europa nas naus portuguesas, enraizou-se no Nordeste, tornando-se elemento de destaque naquela cultura. O fascínio que exerce a peça vem de sua multiplicidade de fontes, das personagens simples vivendo dilemas complexos. As figuras que protagonizam os causos da primeira parte da obra têm de fazer o balanço de suas vidas na segunda parte. E mesmo Grilo, que se safa do fogo eterno e volta à vida depois da intercessão de Nossa Senhora, a Compadecida, não será materialmente bem-sucedido. O dinheiro em que ele e Chicó puseram as mãos em decorrência de suas tramoias foi prometido pelo companheiro de João Grilo a Nossa Senhora, caso o amigo voltasse à vida. "Ah, promessa desgraçada, ah promessa sem jeito, Chicó!", exclama Grilo no fecho da peça, lamento que ecoa o "Meu dinheiro", do Sganarello de *Don Juan*, de Molière.

O pendor do dramaturgo para usar o palco como tribuna para a defesa de suas ideias toma, em *O Casamento Suspeitoso*, a curiosa forma de um autojulgamento das personagens no desfecho da peça. Usando um recurso em que podemos reconhecer parentesco com o distanciamento elaborado por Bertolt Brecht, Suassuna leva as personagens a dirigirem-se diretamente à plateia, para a qual apontam seus próprios erros e emitem os castigos que merecem. Esse é o final de uma comédia de costumes na qual está em questão o casamento por interesse. Recursos clássicos da farsa, como travestimentos e espancamentos são usados amplamente. E Cancão, figura tomada de empréstimo do bumba-meu-boi, é o protagonista da história, o empregado embrulhão que armará muitas confusões. Em *O Santo e a Porca*, que provém do molde plautiano da *Aululária*, no qual Molière se inspirou para seu *Avarento*, o desenho das personagens é menos estilizado, mais realista. Nessa história que gira ao redor do casamento da filha de um avarento, beira o trágico a personalidade de Euricão, o unha-de-fome da história, que esconde uma fortuna em um cofrinho em forma de porca. O santo da peça é Antônio, o casamenteiro. O texto transforma a fábula irônica e farsesca de Plauto e a obra refinada de Molière, textos que inspiram o *Santo e a Porca*, em uma história que busca mesclar, como em *A Compadecida*, o humor popular com a reflexão religiosa. O resultado, porém, não é equilibrado. A história narrada aqui por Suassuna resulta sombria e tristonha, temperada com rompantes de humor.

A Pena e a Lei e *A Farsa da Boa Preguiça* encontram Suassuna de retorno às raízes populares. Na primeira obra, o autor mescla cenas tiradas de sua primeira peça, *Torturas de um Coração*, e também da *Compadecida*. Mateus, figura do bumba-meu--boi, mais Benedito e as figuras de mamulengo, Cheiroso e Cheirosa, são encarregados aqui de manter o humor em ação. Mas a peça trata de questões sérias. Fala de condições de trabalho, de reivindicações operárias, de fome. Mas sempre equilibrando a gravidade desses assuntos com a presença forte da comicidade.

Já em *A Farsa da Boa Preguiça* o dramaturgo alinhavou três atos que podem funcionar como peças em um ato independentes entre si. O mamulengo mais uma vez fornece a ele munição. Dos males da avareza às tentativas do capeta de levar um casal para as profundas do inferno alimentam-se os atos intitulados *O Peru do Cão Coxo*, *A Cabra do Cão Caolho* e *O Rico Avarento*. Suassuna não pretende a originalidade, a invenção estética, o arrojo experimental. Constrói sua criação a partir dos materiais que considera relevantes para pôr em evidência uma visão crítica e ironicamente ácida do mundo contemporâneo, das relações dos homens entre si e deles com Deus. Não é uma conclusão apaziguadora essa a que Suassuna chega. Mas é provocativa, incômoda, faz pensar. Sua obra tem de ser considerada dentro do quadro do movimento Armorial, que o escritor lançou para valorizar as raízes culturais, folclóricas e intelectuais da cultura nordestina.

* * *

A contribuição de Nelson Rodrigues, Jorge Andrade e Ariano Suassuna ao teatro bastaria para inscrever essa arte como uma das pilastras mais relevantes da cultura brasileira. Os três desbravaram ou redescobriram territórios que continuam a ser explorados, investigados, reinventados. No futuro, o século XX, e mais especificamente as décadas de 1940 e 1950, certamente serão vistas como um momento de virada em que o palco passou a ambicionar mais que a graça simples da comédia de costumes e a malícia brejeira do teatro de revista. Essa dramaturgia inscreveu o Brasil no território da modernidade, encaminhando a cultura cênica local para um patamar de reelaboração de linguagens que permite ao teatro capturar e retratar o espírito de um povo. Que o retrato não seja lá muito lisonjeiro, repleto de doentias obsessões (Nelson Rodrigues), de frustrações amargas e doloridas (Jorge Andrade) e de vícios e pecados incessantes (Ariano Suassuna), isso não é "culpa" dos dramaturgos, mas do país que eles mapearam em suas criações.

5. O TABLADO E A MODERNIZAÇÃO DO TEATRO INFANTIL

O Tablado, grupo amador, foi fundado em 1951 e permanece até hoje no mesmo endereço, na avenida Lineu de Paula Machado, na Gávea, zona Sul do Rio de Janeiro. Ali funciona o Patronato da Gávea, entidade assistencial onde Maria Clara Machado (1921-2001) fez suas primeiras experiências teatrais, então com teatro de bonecos. Estão presentes na fundação do Tablado Maria Clara Machado, seu pai, o escritor Aníbal Machado, Martim Gonçalves (que batizou o grupo), estudantes da PUC (João Sérgio Marinho Nunes, Jorge Leão Teixeira, Nilo Vasconcelos) e as amigas bandeirantes de Maria Clara, Edy Rezende, Kalma Murtinho, Carmen Sílvia Murgel, Edelvira Fernandes, Marília Macedo[124].

Com repertório eclético em montagens bem cuidadas, elogiadas pelo bom acabamento, o grupo passa a ser a grande referência, no Rio de Janeiro, quanto a espetáculos de alto nível cultural, sem concessões.

Após três anos de sucesso, o grupo começa a enfrentar tensões, causadas principalmente pela questão da profissionalização, que vai colocar-se de forma aguda a partir do final de 1954, quando o Teatro Brasileiro de Comédia, o TBC, resolve "exportar" suas produções de São Paulo para o Rio de Janeiro, organizando um elenco carioca. Além de atrair componentes do Tablado, o empreendimento do TBC sugere a existência de um mercado em expansão. À diferença do que acontecia nos anos de 1940, a tendência do movimento teatral de prestígio é a atividade profissional.

Maria Clara Machado sempre resistiu à profissionalização do Tablado. Discordante, um grupo significativo deixa a casa, em 1955, para fundar o Teatro da Praça. Foi apenas a primeira leva de outras tantas que passaram pelo prédio do Patronato da Gávea. Ali, muitos se formaram e se afirmaram como artistas, e seguiram em busca de seus próprios caminhos. Essa característica de formador de talentos para o teatro profissional acabou por marcar a história do Tablado, particularmente depois que ali se criou, em 1964, um curso de teatro do qual, nos anos de 1970, saiu boa parte dos atores e diretores de grupos experimentais do Rio de Janeiro e profissionais que, a partir da década de 1980, irão se destacar na televisão.

Nesse teatro irão estrear quase todas as peças para crianças escritas por Maria Clara Machado[125]. A primeira delas, *O Boi e o Burro no Caminho de Belém*, é levada ao palco em 1953.

Um Pouco de História

Antes de prosseguir com os rumos do Tablado e, especificamente, do teatro infantil desenvolvido naquela casa, talvez seja útil retomar um pouco a história desse gênero teatral de tradição bastante recente. Com efeito, só se pode falar em teatro para crianças como atividade contínua e claramente caracterizada a partir do período que se segue à Segunda Guerra Mundial. Antes disso, o que se registra é a ocorrência de teatro *por* crianças, ou seja, realizado por crianças e jovens, geralmente com supervisão de um adulto, como prática educativa.

Aquilo que aqui chamamos de "teatro para crianças" diz respeito a espetáculos realizados por adultos para público infantil, ou a peças escritas com vistas a esse tipo de espetáculos. Poderá ter – e muitas vezes tem – caráter pedagógico, mas esta não precisa ser sua primeira finalidade.

É bem provável que a modalidade tenha sua origem na tradição europeia da peça de Natal, ou pantomima de Natal, representações a serem vistas pelas famílias. Foi como peça de Natal que apareceu, em 1904, a obra que viria a ser um dos clássicos das criações para crianças, *Peter Pan, o Menino que Não Queria Crescer*, de James Barrie.

Nos primeiros decênios do século XX, já acontecem, na Europa e nos Estados Unidos, algumas experiências de dedicar montagens e até salas de espetáculo ao público infantil. Nem sempre o empreendimento vingou. Não vingou na Espanha, onde, na primeira década do século XX, Jacinto

124 Para maiores informações sobre o Tablado, ver o volume especial de *Dionysos*, n. 27, organizado por Flora Süssekind, publicado no Rio de Janeiro, em 1986, pelo MinC/Inacen.

125 As exceções são *A Volta do Camaleão Alface*, 1959, Teatro da Praça; *Camaleão e as Batatas Mágicas*, 1976, Teatro Municipal de Niterói; *O Aprendiz de Feiticeiro*, 1969, Teatro Ipanema; e *Os Cigarras e os Formigas*, 1976, Teatro Casa Grande.

Benavente, dramaturgo já consagrado, escreve peças originais, tendo como projeto a criação de um Teatro das Crianças. O autor e sua iniciativa merecem o aplauso de um público de intelectuais e pessoas ligadas a teatro. Ao que tudo indica, porém, Benavente antecipou-se às condições socioculturais de seu país e, assim, ao Teatro das Crianças faltarão exatamente as crianças.

Experiências esparsas, na França, na Inglaterra, serão interrompidas com a eclosão da Segunda Guerra. Nos Estados Unidos, registra-se a montagem, na Broadway, de alguns importantes espetáculos, até a década de 1920, quando a modalidade, ao que parece, deixa de interessar às companhias profissionais, delineando-se, desde então, uma descentralização da atividade que passa ao domínio de entidades comunitárias e/ou grupos universitários. O interesse do governo federal se faz sentir em 1936, com o Federal Theatre Project, a partir de um programa da Works Progress Administration (WPA). Em 1939, porém, o projeto é dissolvido, entre outras alegações, pela suspeita de influência de ideias comunistas.

Foi no Leste europeu, mais exatamente na União Soviética, que a modalidade se enraizou e se expandiu mais rápida e amplamente. Como se sabe, a revolução vitoriosa, em 1917, assume o governo de um país arrasado pelas guerras. Entre os grandes problemas a enfrentar com urgência avulta o da existência de milhares de crianças órfãs ou abandonadas, entregues à miséria e à marginalidade. O programa soviético de resgate da infância incluiu a criação do Teatro da Criança, que se inaugura, em Moscou, pouco tempo após a revolução, sob a direção de Natália Satz, seguindo-se, meses depois, a criação de um teatro congênere em Leningrado, dirigido por Alexandre Briantsev. Em poucos anos, o teatro infantil se expandiria por todo o território soviético.

Notícia dessa experiência é divulgada no Brasil por um entusiasmado Joracy Camargo, que teve a oportunidade de conhecê-la na década de 1930:

> No dia 7 de novembro de 1918, quando os corneteiros dos batalhões aliados executavam o toque de cessar-fogo, e terminava a Primeira Grande Guerra, o povo soviético festejava o primeiro aniversário da Revolução e inaugurava, em Moscou, o primeiro teatro exclusivamente para crianças. Como parte integrante do plano geral de educação, e visando, sobretudo, a preparar a nova geração para receber a influência direta do teatro na formação de uma mentalidade diferente, o Teatro da Criança constituiria uma organização especial com a dupla finalidade de implantar o gosto pelas artes cênicas e de desvendar os mistérios da alma infantil[126].

A bem-sucedida realização soviética só foi amplamente conhecida após a Segunda Guerra, quando se realiza, em 1948, sob os auspícios da Unesco, o congresso do International Theatre Institute.

Como já foi dito, nesse período que se segue à Segunda Guerra, o teatro para crianças irá fixar-se definitivamente nos países ocidentais, articulando-se as diversas experiências pela multiplicação de encontros e congressos nacionais, regionais, internacionais. Nos anos de 1950, por toda parte, o teatro infantil se institucionaliza. A internacionalização se intensifica a partir da década seguinte com a criação (em 1965) da Associação Internacional de Teatro para a Infância e a Juventude (Assitej), que, em 1966, realizará seu primeiro congresso regular.

Os contatos internacionais deixarão ver as diferenças de qualidade e de condições gerais de realização do teatro infantil em cada país, por conta, principalmente, de suas formas de inserção na cultura, ou, antes, na política para cultura do país. Assim, por exemplo, Moses Goldberg[127] assinala que, à diferença dos Estados Unidos, a tradição de patrocínios privados e principalmente estatais é a base do teatro (incluindo o teatro infantil) na Europa, sendo esta uma das vantagens que garante a melhor qualidade artística do teatro europeu. Diferenças à parte, algo parece aproximar o teatro infantil realizado em diferentes pontos dos Estados Unidos e da Europa: a preocupação educativa, em diferentes graus. Na França, por exemplo, praticamente toda iniciativa tem origem em programas e entidades educacionais. Diversos elencos são formados não originalmente por artistas, mas por educadores interessados em teatro.

Algum sentido educativo, mais amplo ou mais restrito, sempre acompanhou a atividade teatral. É

126 Teatro da Criança, *Dionysos*, Rio de Janeiro: SNT/MEC, n. 10, dez. 1961, p. 11.

127 *Children's Theatre: A Philosophy and a Method*, New Jersey: Prentice-Hall, 1974.

preciso, no entanto, muito cuidado com o "educativo" quando se trata de obras para crianças. Nessa relação desigual entre produtor e destinatário é comum que disposições utilitárias ou imediatistas obstruam outras dimensões da obra. Os riscos de um educativo-restritivo não parecem distantes do teatro infantil. Em 1965, Maria Clara Machado representou o Brasil no Terceiro Congresso Internacional de Teatro para a Criança e a Juventude, realizado em Paris. Não gostou do que viu e ouviu. Conta ela que os discursos não passavam pelas questões da criação, mas por metas educacionais e número de crianças atingidas.

No Brasil, as condições de origem do teatro para crianças irão colocar a modalidade em mãos de gente de teatro, distanciando-a, ao menos quanto ao seu circuito de realização, do domínio preponderante de preocupações educacionais.

Ainda hoje, no Brasil, como em outros países, é comum que se atribuam as limitações do teatro para crianças a certas questões extraestéticas. Assim, onde escasseia o amparo oficial reclama-se das condições econômicas. Em seguida, fala-se em escassez de peças, o que não seria de se estranhar em modalidade com história tão recente. Outra reclamação diz respeito à presença muito limitada da crítica, o que dificultaria o aprimoramento de padrões.

O fato é que todas as insuficiências arroladas não impediram que o teatro para crianças se expandisse e se afirmasse, por toda parte, principalmente nas últimas décadas. Para essa expansão – em quantidade e qualidade – contribuíram fatores sociais, tais como mudanças na educação e nas relações familiares, ou como a consideração da criança como consumidor efetivo ao qual se passam a destinar mais e mais produtos de diversa ordem.

Terá sido, no entanto, da maior importância um fenômeno interno ao próprio teatro, qual seja, o das tendências que revolvem a cena a partir dos anos de 1960. "A década de 60", afirma Jean-Jacques Roubine, "marca, e o percebemos melhor agora com o recuo do tempo, um ponto culminante na evolução da prática teatral contemporânea. Em matéria de espaço cênico, assiste-se a uma verdadeira explosão da estrutura à italiana"[128].

Essa explosão do espaço traz consigo uma necessária transformação nos elementos cênicos e na arte do ator, assim como na condição do espectador de quem já não se espera uma recepção passiva, mas diversas formas, ou graus, de participação que vão até a integração no universo da representação cênica. Esses novos acordos com a plateia coincidem com as necessidades da relação do palco com um público infantil. Irão, assim, avalizar práticas do teatro para crianças e trazer-lhe sugestões proveitosas.

Ainda, no teatro dos anos de 1960/1970, a ênfase desloca-se do texto para o espetáculo, e o prazer do jogo irá reger a escolha e exploração de novas linguagens e instrumental cênico. Esse espírito lúdico, que se afasta das fórmulas de um certo realismo convencional, terá pontos de aproximação com o teatro popular e com o teatro para crianças. Abre-se, para este, todo um arsenal de soluções adequadas a seus objetivos e a seu público.

Jad H. Davis e Mary Jane Evans observam que o teatro para adultos sempre influenciou o teatro para crianças, mas não com a rapidez que se verifica, nesse trânsito, a partir dos anos de 1960, quando as tendências gerais do teatro passam a se refletir imediatamente no teatro infantil. Segundo os autores isso provavelmente se deve "ao fato de que muito do novo teatro era essencialmente infantil em concepção e performance, emprestando da infância a exuberância do jogo, do franco engajamento no faz-de-conta, o encanto da transformação instantânea"[129].

Lúdico é o termo que entre nós se tem usado para designar um teatro que não pretenda impor comportamentos ao público infantil, teatro oposto ao doutrinário. E ao estabelecer o lúdico como característica desejável ofereceu-se um norte, ainda que bastante relativo, para a concepção dos espetáculos.

Antes do Tablado

No Brasil, o teatro para crianças nasce e se fixa entre 1948 e o início dos anos de 1950. Pode-se registrar um marco inaugural: a montagem, em 1948, no Rio de Janeiro, de *O Casaco Encantado*, criação de Lúcia Benedetti. Ao mesmo tempo, articula-se em

128 *A Linguagem da Encenação Teatral: 1880-1980*, Rio de Janeiro: Zahar, 1982, p. 103

129 *Theatre, Children and Youth*, New Orleans: Anchorage, 1982.

São Paulo o grupo liderado por Tatiana Belinki e Júlio Gouveia que irá montar, em 1949, *Peter Pan*, de James Barrie. Acontecimento decisivo para a afirmação da modalidade acontece, no Rio de Janeiro, em 1951, com a fundação de O Tablado onde, a partir de 1953, Maria Clara Machado irá criar e encenar suas peças para público infantil.

Não que antes inexistisse qualquer tipo de obra teatral destinada a esse público. Os objetivos, porém, eram outros, cabendo aqui insistir na distinção entre teatro *para* crianças, isto é, encenado por adultos para público infantil, e teatro *por* crianças, ou seja, textos criados para serem lidos ou representados por crianças, geralmente como prática educativa.

Conforme menções encontradas na literatura, ainda no século XIX as crianças brasileiras teriam tido contato com peças teatrais e/ou com espetáculos circenses, além do teatro de bonecos. Pelo que se infere de menções esparsas, e, particularmente, pelas primeiras publicações de teatro infantil, era prática comum a representação por crianças no ambiente doméstico.

Nitidamente direcionado para a representação em ambiente doméstico é o *Teatrinho Infantil*, de Figueiredo Pimentel, que se publica em 1899. O volume apresenta-se como

> coleção de monólogos, diálogos, cenas-cômicas, dramas, comédias, operetas etc. (em prosa e verso) próprias para serem representadas por crianças de ambos os sexos, dispensando-se despesas com cenários, vestimentas e caracterização, colecionadas por Figueiredo Pimentel.

À guisa de prefácio, tem-se uma cena curta, um diálogo entre crianças que querem representar e a mãe que vai lhes ensinando como fazer teatro em casa. A cena inclui a indicação dos textos publicados pela livraria Quaresma, qual seja, a editora do *Teatrinho Infantil*.

Em 1905 publica-se o *Teatro Infantil* de Coelho Neto e Olavo Bilac, obra que terá várias reedições, quanto mais não fosse, recomendada pelo prestígio de seus autores. A obra, porém, tem mais valores, pelo menos em termos de expectativas da época, do que o brilho das assinaturas famosas. O livro contém uma dúzia de peças curtas (seis de cada autor), identificadas como "comédias e monólogos em prosa e verso". Algumas são recitativos no mínimo graciosos, como *Quando Eu For Grande*, ou *As Bonecas*, de Bilac. O primeiro texto mostra bastante contato com o sentimento de uma criança.

Há, porém, textos que dificilmente poderíamos imaginar recitados, hoje, por, ou para, crianças. É o caso do monólogo *A Carta*, de Coelho Neto. Trata-se do lamento de um analfabeto que recebe uma carta da mãe e sofre por não poder decifrá-la: "Nem posso receber a bênção de minha mãe: tenho-a aqui na mão e nunca a descobrirei [...]. Sou como o aleijado que, para gozar o aroma de uma flor, tivesse de pedir a alguém que a colhesse do ramo"[130].

Percebe-se, particularmente nas comédias, que as atenções se dirigem menos à criança do que à defesa de certas ideias que andam preocupando os autores, sendo o discurso menos orientado para as crianças do que para outros interlocutores, como a intelectualidade e a educação brasileira.

Em 1920, publica-se o *Teatro das Crianças*, do educador mineiro Carlos Góis, cujos diálogos e monólogos são, em alguns casos, reelaborações bem menos felizes dos monólogos de Bilac e de Coelho Neto. Também Góis terá o seu analfabeto, que se lamenta no mesmo tom e quase nos mesmos termos daquele de 1905. Agora, em 1920, ele tem algo a mais a chorar: não pode ir ao cinema e ler os letreiros das fitas. Para ele, porém, há solução à vista: alegra-se pelo fato de que o governo está abrindo escolas noturnas para os adultos. Nosso choroso analfabeto entende que depois de cursar essa escola irá sentir-se verdadeiramente um homem: "Serei admitido como *eleitor* e como *jurado*, e só então começarei a ser o que ainda não fui até aqui, e o que mais almejo na minha vida – *um cidadão*!"[131]

Se o analfabeto de Coelho Neto desagradava pelo excesso de retórica, este, de Góis, vem acrescido de um tom fortemente utilitário, pragmático.

A obra de Carlos Góis não se resume, porém, a monólogos como esse, desajeitados, ou, antes, arranjados à força para passar lições. É também autor de uma peça graciosa, e de grande sucesso na época, apresentada como "comédia cômica em um ato", chamada *A Dona de Casa*. Escreveu ainda uma

130 *Teatro Infantil*, Rio de Janeiro: Francisco Alves, 1905, p. 77.
131 *Teatro das Crianças*, 6. ed., Rio de Janeiro: Paulo de Azevedo & Comp., 1950, p. 146.

opereta, *Branca de Neve*, "sobre música original do maestro russo Alexandre Weisseman".

Além das representações domésticas, as peças escritas na primeira metade do século XX supunham sua apresentação como prática escolar. Em alguns casos, os próprios títulos declaram sua destinação. Vicente Guimarães, festejado autor de histórias infantis, e mais conhecido como Vovô Felício, é autor, por exemplo, de *O Pacificador* (em um ato, homenagem a Caxias), *Tiradentes*, *Uma Visita Ilustre* (sobre a independência do Brasil), *Dia da Bandeira*, *Dia do Professor*.

Entram em cena novos veículos para as peças infantis: as revistas destinadas a esse público. Vicente Guimarães começa a publicar na revista *Era uma Vez*, de Belo Horizonte, na qual figuravam, regularmente, peças curtas. Depois, o autor irá dirigir, no Rio de Janeiro, no Sesi, a revista *Sezinho* e ali continuará publicando peças para crianças, ou, melhor se diria, para festividades escolares.

Lúcia Benedetti em seu *Aspectos do Teatro Infantil*[132] informa que a revista *Tico-Tico* publicava regularmente peças de Eustórgio Wanderley.

Não era incomum que pessoas ligadas à educação escrevessem peças com vistas a representações escolares. Uma pesquisa nessa direção encontrará, provavelmente, um número significativo de títulos.

O *Teatro da Criança*, que Joracy Camargo e Henrique Pongetti publicam, pela Francisco Alves, em 1938, diferencia-se das outras obras até aqui mencionadas pela minúcia com que, em longa introdução, tratam-se aspectos da encenação, detalhes como a dimensão do palco em relação ao tamanho da sala, cena e coxias, camarins e bastidores, boca de cena e ribalta, cenografia, iluminação, maquiagem. Todo esse cuidado permite supor que os objetivos dos autores, homens de teatro, estejam menos dirigidos aos jogos domésticos ou às lições escolares do que ao incentivo do teatro realizado como atividade amadora. Estava-se, afinal, no tempo em que o amadorismo se responsabilizava pela renovação do teatro brasileiro, em um processo cujo início se pode situar nos anos de 1920. E Joracy Camargo havia participado do Teatro de Brinquedo, fundado por Eugênia e Álvaro Moreyra em 1927.

132 Rio de Janeiro: SNT/MEC, 1969.

Em matéria de teatro para crianças, como se pode ver, a primeira metade do século XX oferece um número reduzido de textos e praticamente nada de espetáculos específicos para público infantil. Os meninos de boa família, quando interessados em teatro, assistiam aos próprios espetáculos para adultos, como se pode depreender de depoimentos como aqueles colhidos pelo SNT, nos anos de 1970/1980[133].

Em São Paulo, no início do século XX, grêmios operários desenvolvem intensa atividade cultural, e nela o teatro tem papel dos mais importantes. Das programações do teatro operário as crianças participavam, quer como espectadores, quer como cantores e declamadores[134]. Ainda aqui se trata de crianças atuando para adultos, ou assistindo a espetáculos não concebidos especialmente para elas.

De Figueiredo Pimentel até Joracy Camargo e Henrique Pongetti, o teor geral das peças muda muito pouco, raras vezes escapando do gracioso ou do moralizante. A criança que se imagina representando essas peças é provavelmente a engraçadinha capaz de entreter as visitas, ou, então, o dócil repositório de comédias em que se castigam pequenos e grandes defeitos de comportamento nem sempre típicos de gente pequena. Em um e outro caso, parece considerar-se a criança um pouco como veículo para falar ao adulto.

Em termos de composição teatral, são peças bastante simples, exceção feita à opereta de Carlos Góis. Afinal, eram concebidas para serem representadas por crianças: o cenário é, quase invariavelmente, único; personagens, apesar de nomeadas, são definidas sobretudo por suas funções (mãe, professor, irmão etc.); os textos são monólogos, diálogos, comédias em um ato.

Algumas características recorrentes chamam a atenção. Mesmo quando se trata de temas patrióticos, há predomínio absoluto da ambientação doméstica. Até situações de aprendizagem formal, nas quais interferem professores, acontecem na casa dos pupilos. É, pois, um teatro para o qual não parece existir outro mundo senão o lar. Algo

133 Vários autores, *Depoimentos*, Rio de Janeiro: MEC/DAC/Funarte/SNT, 1977-1981, v. 1-4.

134 Mariangela Alves de Lima; Maria Thereza Vargas, *Teatro Operário na Cidade de São Paulo*, São Paulo: Idart/Secretaria Municipal de Cultura, 1980.

diferente já se anuncia no início dos anos de 1930, com Camargo e Pongetti. Uma de suas peças, por exemplo, passa-se na entrada de um circo.

É interessante observar, nesse teatro, a presença insignificante do maravilhoso. É um mundo sem fadas, nem bruxas, sem princesas e sem qualquer entidade de tipo sobrenatural ou fantasioso. Para crianças, assim como para adultos, muito do que se escreveu na primeira metade do século XX vem impregnado de uma visão materialista-positivista do mundo.

O Casaco Encantado *de Lúcia Benedetti*

Diante dessas características é surpreendente a diferença daquilo que se vê, em 1948, com *O Casaco Encantado*. Assim, Lúcia Benedetti narra as origens de sua peça:

> No verão de 1948 apareceu no Rio uma companhia austríaca fazendo teatro para crianças. A peça chamava-se *Juca e Chico* e causou grande curiosidade. Um velho empresário carioca, Francisco Pepe, foi ver o espetáculo e sentiu desejos de fazer também ele um espetáculo para crianças. Pelo telefone convocou uma escritora para lhe dar o texto dentro de trinta dias. A escritora é a mesma que aqui está batendo estas linhas. De teatro infantil, tinha sido intérprete de Carlos Góis, nos velhos tempos de escola. Nada mais. O velho e lírico empresário achou que aquilo era mais do que suficiente. Vá ver *Juca e Chico*, a peça que está em cartaz e me faça uma coisa naquele gênero. Fui ver *Juca e Chico*.
>
> Era uma sequência de cenas em pura pantomima, com pouquíssimas palavras, uma ou outra exclamação. Era entretanto muito movimentada. Juca e Chico, dois garotos arteiros, apareciam correndo, fazendo suas travessuras ou fugindo da surra que sempre mereciam levar. E era natural que assim fosse. Os artistas, refugiados de guerra, não sabiam português e apelavam para expressão corporal, gritos e pantomima, para dar conta do recado[135].

A escritora, no final de contas, não seguiu o modelo de *Juca e Chico*, sequência de esquetes. Escreveu uma peça completa, começo, meio e fim, uma comédia em três atos. Também não foi Francisco Pepe quem produziu o espetáculo. Ele desistiu da empreitada, sem maiores explicações. Foi Paschoal Carlos Magno quem acolheu a peça, levando-a aos Artistas Unidos, na ocasião um grupo de muito prestígio no Rio de Janeiro.

O Casaco Encantado "herda" de *Juca e Chico* algum excesso de movimentação, de recursos cômicos decorrentes da exploração de automatismos, mas vai muito além dessa inspiração. Conta a história de dois alfaiates, José e João. Tendo José sido responsável por danos ao casaco do rei durante um cortejo, os dois se veem condenados a coser um novo casaco, em menos de 24 horas, sob pena de decapitação. Quando acabam finalmente o trabalho e se preparam para descansar um pouco, chega à sua casa um mágico prepotente que come os dois pãezinhos, único alimento que restava aos rapazes, deita-se na cama deles e exige que fiquem de guarda para que ninguém atrapalhe seu sono.

Como José e João não param de conversar, o mágico se enfurece. Vai-se embora depois de transformar José em um sapo e de enfeitiçar o casaco: quem o vestir, ficará pulando sem poder parar até conseguir retirar o casaco. É o que acontece com o rei quando vem experimentar a peça.

Os protagonistas estão novamente à beira da decapitação, adiada pela intervenção da clemente princesa. Atendendo a seus rogos, o rei dá-lhes o prazo de três dias para que encontrem e tragam preso o mágico.

No segundo ato João e José (este agora caracterizado como sapo) estão na floresta, passados dois dias de procura, quando encontram Josefina, a mulher do mágico, grande trapalhona, temerosa do castigo que a espera por ter quebrado a vassoura predileta do marido. Chega também à floresta a princesa, que ensina aos alfaiates um verso para adormecer o mágico, verso que não pode ser repetido, devendo ser decorado à primeira audição. Por meios bem pouco sutis, fazendo a reumática Josefina vestir o casaco saltador, João e o sapo obrigam-na a ensinar-lhes o caminho de sua casa.

O terceiro ato passa-se na casa do mágico, o qual até se alegra pela chegada de visitas: elas fornecerão os ingredientes (como fígado de alfaiate) para uma poção. Podem, ainda, ser transformadas em móveis

135 *Teatro Infantil*, Rio de Janeiro: O Cruzeiro, 1957.

e objetos de decoração. Na aflição, nem João, nem José conseguem lembrar os versos. Não assim a trapalhona Josefina que se vale deles para livrar-se da surra quando o marido descobre o acidente com a vassoura. Mágico adormecido, levam-no para o palácio, arrastando junto, amarrada, a pobre Josefina.

Chega-se, assim, ao epílogo, que se passa na sala do trono à qual nossos heróis comparecem no último minuto do prazo. Acontece que, estando o mágico adormecido, não há quem possa desfazer o feitiço do casaco. A ideia salvadora foi vestir-lhe o casaco. Com o pula-pula, o mágico desperta e, para livrar-se do tormento desencanta casaco e sapo. O rei, no entanto, acha melhor manter o casaco enfeitiçado. Há para isso uma razão de Estado. Deve receber a visita de outro rei, muito ambicioso, que pode declarar-lhe guerra. Se isso acontecer, já se sabe – casaco nele!

O sucesso foi tal que a peça para adultos então levada no Ginástico foi tirada de cartaz para que *O Casaco Encantado* pudesse ser exibido também no horário noturno. Depois, excursionando com o espetáculo pelo país, os Artistas Unidos provocam grande entusiasmo. A peça de Lúcia Benedetti é premiada como revelação do ano pela Academia Brasileira de Letras (prêmio Artur Azevedo) e pela crítica.

Desenvolvimento do Teatro Infantil

Rapidamente multiplicam-se os elencos dispostos a apresentar espetáculos para crianças. Já no primeiro semestre de 1949, três grupos, no Rio de Janeiro, empenham-se na nova modalidade: o Teatro da Carochinha monta a peça *O Sítio do Pica-pau Amarelo*, inspirada na obra de Monteiro Lobato e *A Revolta dos Brinquedos*, de Pedro Veiga e Pernambuco de Oliveira; o Teatro dos Novos leva *O Príncipe e o Lenhador*; o Teatro dos Doze apresenta, no Ginástico, *Simbita e o Dragão*, nova peça de Lúcia Benedetti. Em São Paulo, no mesmo ano, surge o Teatro Escola de São Paulo (Tesp), que, tendo à frente Júlio Gouveia e Tatiana Belinky, estreia seu *Peter Pan* no Teatro Municipal. Passam a levar, todo fim de semana, espetáculos no centro e na periferia, onde houvesse, ou não, um teatro, até 1951, quando Júlio Gouveia e Tatiana Belinky começam a dedicar-se ao teleteatro, na recém-inaugurada TV Tupi de São Paulo.

Aparecem, também, novos textos, e escritores de prestígio como Odilo Costa Filho e Silveira Sampaio aventuram-se no teatro infantil.

O interesse institucional em incentivar a modalidade manifesta-se, em 1950, em projeto de Jorge de Lima, então vereador do Distrito Federal, que resulta na instituição do Prêmio da Prefeitura do Distrito Federal, que irá destacar a cada ano as três melhores peças inéditas para teatro infantil. Em 1952, a 1ª colocação será de Lúcia Benedetti; em 1953, de Maria Clara Machado.

Dos respeitáveis nomes envolvidos com os primeiros passos de nosso teatro para crianças, podem ser mencionados, entre os participantes da Primeira Conferência Nacional sobre o Teatro e a Juventude, Luiza Barreto Leite e Cecília Meireles (esta também autora de um belíssimo texto para bonecos, *O Natal do Menino Atrasado*), além do incansável Paschoal Carlos Magno, a quem se deve, no fim de contas, o começo desta história.

Não faltam aos realizadores atenções para o movimento internacional, tanto assim que entre as resoluções da Conferência figura a aprovação e reforço das conclusões da Primeira Conferência Internacional sobre o Teatro e a Juventude, realizada em Paris e promovida pelo Instituto Internacional de Teatro.

No início dos anos de 1950, o Serviço Nacional de Teatro cria seu Departamento de Teatro Infantil e passa a subvencionar a montagem de novas peças para crianças. A acolhida do teatro para crianças pelo movimento teatral/cultural brasileiro é, portanto, imediata e entusiasmada, vindo a modalidade a somar-se, por assim dizer, naturalmente, ao quadro de modernização do teatro brasileiro.

O ano em que surge *O Casaco Encantado*, 1948, é o mesmo da fundação do TBC. Não apenas pela época, nosso teatro infantil nasce no processo de constituição do teatro brasileiro moderno, somando-se às preocupações correntes de ampliação/formação de plateias e popularização do teatro. Essas perspectivas de expansão do teatro brasileiro oferecem clima propício ao desenvolvimento do teatro infantil. A possibilidade de arrogar-se, então sem controvérsias, um sentido educativo só vinha somar pontos a uma modalidade que parecia destinada a formar, desde cedo, as plateias para um grande teatro.

Surgindo e fixando-se ao mesmo tempo em que surge e se enraíza o teatro para crianças na maioria dos países ocidentais, o teatro infantil brasileiro tem algumas características próprias decorrentes da circunstância de nascer no interior da constituição do teatro brasileiro moderno. Sua origem não está vinculada a programas educativos. Aparece, desde o início, como atividade artística específica e profissional, realizada em local específico, ou seja, em teatros, pretendendo estabelecer um circuito em tudo semelhante ao do teatro para adultos: textos, autores, encenadores, produtores, atores, crítica, público pagante. As premiações, subvenções, supervisão oficial, correm, ao menos formalmente, os mesmos canais do teatro para adultos.

Se inicialmente coincidem rumos e pretensões, em pouco tempo o teatro para crianças, assim como ocorrerá com o teatro amador, irá escorregando para patamares de prestígio inferiores aos do teatro para adultos.

Nas décadas de 1950/1960, o teatro infantil perde vários de seus melhores profissionais, absorvidos pelo teatro adulto em expansão e pela televisão. O que levou esses pioneiros a abandonar o teatro infantil não se resume ao que muitas vezes se alega, ou seja, os influxos das dificuldades financeiras. Entre os anos de 1940/1950, o teatro brasileiro vai passando por um salto de qualidade que estabelece, rapidamente, a enorme distância entre o tearo adulto e um teatro para crianças, este então carente de textos e de quadros, para que pudesse ser realizado. O teatro infantil perde, em pouco tempo, sua aura. O que dela restou vai ficar, nos anos de 1950/1960, contido no Tablado, resguardado pelas condições especiais que ali se concentravam.

A Obra de Maria Clara Machado

No ano de 1953, Maria Clara vence o concurso da Prefeitura do Distrito Federal com *O Rapto das Cebolinhas*, texto que levará à cena no ano seguinte e cujo enredo tem por base a investigação em torno do roubo de certas cebolinhas mágicas cultivadas pelo coronel Felício, um avozinho, meio agricultor, meio cientista. Envolve, além dessa personagem, seus netos, Maneco e Lúcia, o cachorro Gaspar, a gata Florípedes e o burro Simeão, um médico e, como não poderia deixar de ser, o ladrão das cebolinhas, um certo vilão chamado Camaleão Alface.

A peça vai valer-se bastante de recursos farsescos, trapalhadas, alguma correria e pauladas no vilão que mostram um espírito ainda parecido com a, por assim dizer, ingênua violência de *O Casaco Encantado*. Diferentemente, porém, da peça de Lúcia Benedetti, tem-se um texto mais enxuto, no qual se respeitam com mais firmeza as relações de causalidade. O conflito, único, coloca-se já no início da peça, quando o coronel Felício dá pela falta de suas preciosas cebolinhas e se encerra com o encaminhamento do Camaleão Alface, não para a prisão, mas para um hospital onde irá tratar sua ruindade de coração.

Embora simples, a peça já revela sobejamente o senso de palco de Maria Clara Machado e algumas das características persistentes da autora, tais como o gosto pela construção de cenas marcantes distribuídas em momentos estratégicos do espetáculo e a exploração de diversos tipos de comicidade, da comicidade das palavras (discurso empolado do vilão; falas com duplo sentido) à de movimentos inesperados, passando pelo desmedido de certos objetos (por exemplo, um estetoscópio enorme) e das ações a eles concernentes.

Entre os grandes achados está a concepção de bichos com meia humanidade, que não falam, mas se comunicam com toda a eficiência possível de suas vozes animais aliadas a expressão corporal.

A peça pode ser considerada moderna, entre outras razões, por construir situações próximas do cotidiano e do contemporâneo, pela eficiência e simplicidade da linguagem, pela ausência de disposições moralizantes.

O sucesso do esquema e, sobretudo, das personagens, motivou seu reaparecimento em novas peças: *A Volta do Camaleão Alface* (1959) e *Camaleão na Lua* (1969). Esta última, já se vê, inspirada pela chegada do homem à Lua. A de 1959 envolve a procura, em terras indígenas, de uma certa receita de bem viver. Em 1976, o Camaleão reaparece agora para roubar as batatas mágicas que o coronel pretende encaminhar à FAO para acabar com a fome no mundo. Toda essa preocupação circunstancial que orienta as peças não lhes foi favorável.

Em 1955 Maria Clara vence mais uma vez o concurso da prefeitura do Distrito Federal, com *A Bruxinha que Era Boa*, obra que representa um salto em termos de efabulação e criatividade, introduzindo o espectador em um mundo às avessas, mundo dos bruxos, no qual todos os chavões repetidos nos discursos que incitam ao bem e ao bom comportamento são usados em chave invertida, para fazer a apologia do mal.

Na escola das bruxas, a bruxinha Ângela, loura e linda, incapaz de realizar as maldades que se esperam de uma aluna aplicada, é alvo de chacota e castigos, enquanto feiuras como as bruxinhas Caolha, Fedorosa, Fredegunda são elogiadas e premiadas pelo bruxo Belzebu, que tem o título de "Sua Ruindade Suprema".

Bem mais ambiciosa que *O Rapto das Cebolinhas*, a peça está entre as mais bem acabadas das criações da autora. É também, sob alguns aspectos, a mais tradicional em termos dramatúrgicos e, provavelmente, uma das mais fáceis de representar. O conflito é cerrado, sem qualquer risco de dispersão, distanciando-se, porém, do esquematismo da peça anterior. Há maior equilíbrio na distribuição de diálogos e de movimentos, de humor e de lances líricos. A concepção de uma protagonista que pode suscitar a adesão imediata do público e a concentração do enredo nas vicissitudes por que passa a heroína propiciam uma evolução, embora linear, competente do conflito.

Com essa peça Maria Clara e o Tablado afirmam-se definitivamente como referências para o teatro infantil. Até por questão de sensatez, a autora não mais concorrerá ao prêmio da prefeitura. Se o fizesse é bem provável que vencesse outra vez, pois o texto que escreveu logo em seguida é dos mais interessantes e mais lembrados entre as criações para o público infantil. Trata-se de *Pluft, o Fantasminha*, peça que, por algumas razões, merece um comentário mais extenso.

O início é todo expectativa e surpresas. Começa com um prólogo. À frente das cortinas, passam três marinheiros trôpegos, bêbados, que, em falas fragmentadas, referem-se à procura de um tesouro e de uma menina, neta de um capitão Bonança. Abrindo-se as cortinas vê-se um ambiente doméstico no qual uma senhora, sentada em uma cadeira de balanço, faz tricô enquanto uma criança brinca no chão. Tudo normal se ambos não fossem estranhamente brancos e vestissem brancos e estranhos panos. Para aumentar a estranheza, este é o primeiro diálogo da peça:

– Mamãe, gente existe?
– Claro, Pluft, claro que gente existe[136].

Vai ficando patente que se trata de mãe e filho, mas mãe e filho fantasmas.

Elementos cênicos destoantes dão tom bizarro ao cenário doméstico: coisas de marinha, além de cabides onde estão penduradas roupas pouco comuns. Saberemos, mais adiante, que as roupas são figurinos, lembranças do pai de Pluft (que já "virou papel celofane"), antigo fantasma da Ópera; as referências marítimas vêm do tio Gerúndio que se aposentara como fantasma de navio, exatamente do navio daquele capitão Bonança mencionado no prólogo.

A essa relativa complexidade do cenário corresponde um enredo também complexo, no qual se combinam duas linhas de efabulação. De um lado temos uma história de mares e marujos, cujo propósito envolve o resgate de um tesouro escondido e a liberação da menina Maribel, neta do capitão Bonança, sequestrada pelo malvado marinheiro Perna de Pau. De outro lado, uma história de fantasmas em que um fantasminha medroso resiste aos estímulos da mãe que quer vê-lo "ir para o mundo" e assumir sua condição e ofício fantasmal de assustar pessoas.

O "mundo", ou "gente", aqui representados pelo núcleo marítimo da história, invadem o refúgio de Pluft quando na casa aparentemente abandonada entra o Perna de Pau trazendo prisioneira a menina Maribel. Enquanto o vilão, por medo de possíveis fantasmas, vai buscar uma vela, Pluft, não sem medo, tem a oportunidade de ter seu primeiro contato com "gente", no caso, a menina Maribel. Descobrem ambos que apesar das diferenças pode estabelecer-se entre eles uma relação amistosa e afetuosa. Será um contato solidário por meio do qual Pluft irá superar

136 *Teatro I*, 9. ed., Rio de Janeiro: Agir, 1982, p. 171-172.

boa parte de seus medos e a menina encontrará apoio para livrar-se do bandido Perna de Pau.

No final da história, a única diferença que restará é aquela que separa bons e maus. Os três marujos amigos de Maribel, junto com a família fantasma (tios e primos de Pluft) levam o vilão a precipitar-se nas profundezas marinhas. Eliminado o mal, a peça termina pelo congraçamento entre gente e fantasmas.

Simbolicamente, encimava o cenário um retrato do capitão Bonança Arco-íris, o qual permanece coberto durante o decorrer da peça e é desvelado no final, na cena do congraçamento. Outro signo relacionado a Bonança é a canção repetida pelos marinheiros:

> Ainda era uma criança
> Quando saiu para o mar
> Aprender a navegar
> O capitão Bonança[137].

Assim era o modelo de crescimento indicado para as gerações mais antigas, e que a mãe fantasma quer ver seguido por Pluft: sair para o mar/mundo; aprender a navegar/construir sua vida, ao exemplo dos heróis aventurosos, personagens de muitas das histórias que, desde *Robinson Crusoé*, se têm destinado à leitura dos pequenos.

As novas gerações, representadas por Pluft, não precisarão empreender a tão arriscada jornada. O fantasminha não precisará ir ao mundo; o mundo virá até ele, até o ambiente doméstico onde, protegido pela família, fará sua iniciação.

O primeiro e facilitado contato de Pluft com o que escapa a seu mundinho familiar virá pela figura meiga, criança como ele, como ele frágil, da menina Maribel. Outra aproximação se dará com os marujos, tão amigos quanto trapalhões, aos quais é fácil assustar sem temer maiores consequências. Algumas escaramuças contra Perna de Pau e, pronto, a maior parte do aprendizado está feita.

Nessa peça, os pequenos sequer precisam enfrentar o serviço sujo de expulsar o mal de suas vidas. O enfrentamento ao vilão é realizado pelos mais velhos, pelos representantes da proteção familiar.

137 Idem, p. 167.

Se a peça trata, como diz ter percebido a autora[138], do medo de crescer, trata também de outra possibilidade de se realizar esse crescimento e que implica uma visão de relações com a criança que, critiquemo--lo ou não, devemos admitir como correspondente a um padrão moderno: o sentido de proteção da infância. Caminha junto a ideia de que cabe às novas gerações missão diversa daquela atribuída a seus pais que "saíram para o mar" a procurar fortuna e que enfrentaram por terra, mar e ar[139] as vilanias.

Já não se trata, na perspectiva da peça, de insistir nos valores dos *self-made-men*, os desbravadores sociais representantes de uma burguesia em ascensão. Os tempos são outros. Nos tempos que dão origem a *Pluft, o Fantasminha*, tempos que seguem à Segunda Grande Guerra, o que se acredita legar às novas gerações é um mundo aplainado, no qual se derrotou o grande mal. Resta aos jovens o aprendizado de outras relações, mais delicadas, que envolvem o reconhecimento da diferença e a superação dos entraves para a convivência pacífica.

As peças desse período inicial de criação figuram entre as mais otimistas de Maria Clara Machado. Também são, *A Bruxinha que Era Boa* e *Pluft, o Fantasminha*, aquelas que mais nitidamente se passam em um mundo maravilhoso, acima das leis naturais. Padrão semelhante (apenas semelhante) a autora retomará nos anos de 1980, a partir de *João e Maria* (1980), ou de *O Dragão Verde* (1984). Desde o final dos anos de 1950, e mais nitidamente nas duas décadas seguintes, a fantasia irá se afastando do palco de Maria Clara, ao mesmo tempo em que o otimismo vai dando lugar a tons de desencanto. Ainda, a partir desse período, nem sempre as peças terão um teor sintonizado com o público infantil, apresentando um viés juvenil, quando não indeterminado.

O ponto de inflexão está na montagem de *O Embarque de Noé*, em 1957. A peça incomoda à crítica, primeiro pelo tratamento humorístico dado ao mito. A seguir, pelos anacronismos representados sobretudo por objetos (bola de futebol, cortinas, máquina de costura) levados para a arca de Noé. Percebe-se, neste último caso, que o *nonsense*, já presente nas

138 M. C. Machado, em entrevista concedida à autora no Tablado, em 23 de outubro de 1991.

139 Junto com os marujos e com tio Gerúndio, antigo fantasma de navio, interfere na expulsão de Perna de Pau o primo Xisto, fantasma aviador.

peças anteriores de Maria Clara e que será um dos ingredientes que marcarão toda sua obra, ultrapassou a capacidade de compreensão dos críticos. As restrições quanto ao teor humorístico fazem supor uma visão conservadora quanto à adequação de temas e gêneros. Questiona-se, ainda, a insuficiência de ação.

A terceira restrição feita ao espetáculo diz respeito à indefinição do público alvo. Quanto a esse aspecto, e quanto à indefinição de gênero, a autora já se defende no programa da peça:

> *Embarque de Noé* – que chamaremos de farsa bíblica à falta de melhor designação, foi escrita e encenada sem que a autora cogitasse a natureza do público a que estaria destinada. Adultos ou crianças? Por que não admitir-se um público de idade neutra, entre infantil e adulta, que deve ser a do nosso subconsciente?

O fato é que, se tem bichos dançarinos e humor em boa parte acessível a qualquer faixa de público, a peça carrega a nódoa de um crime irreparável – um casal de animais (os protozímbios pintados) é morto por humanos indesejáveis que querem tomar seu lugar na arca – e termina por um castigo rigoroso: os criminosos, no fundo humanos fracos, quase entram na arca; atrasados por terem ido buscar seu cachorrinho, ouvem, de fora, as marteladas que lacram o barco salvador e ali ficam, condenados a serem engolidos pelas águas do dilúvio. A corrupção, porém, vai na arca, no caráter de Cam, que aceitara, por dinheiro, dar um jeito de levar, a reboque, o casal de criminosos.

O final da peça é triste, até mesmo porque o próprio Noé vacila quanto à justeza de sua missão. Não consegue terminar de ler o discurso final em que se admoesta a humanidade corrupta e se louva o dilúvio como a limpeza dos pecados e o começo de um novo mundo purificado:

> NOÉ: ...não – não posso continuar a ler, mamãe Noé, é melhor falar sem ler; meus amigos e todos aqueles que vão ficar... por que eu e minha família nos vamos salvar *não sei*. Minha família talvez não seja melhor que a vossa... apenas eu... um velho maluco, um velho ranzinza...
>
> SENHORA NOÉ: Não exagera, Noé.
>
> NOÉ: É isto mesmo, um velho igual a qualquer outro velho... apenas eu construí minha arca, por isso vou me salvar... *construí minha arca*... meus amigos. Só isto. E nela salvarei a humanidade[140].

Desde o início da peça, as relações de Noé com Deus são problemáticas. Sua comunicação é difícil, como em uma ligação telefônica cheia de ruídos[141]. E o Senhor a quem Noé serve emite ordens implacáveis, sem qualquer contemplação para a pequenez de suas criaturas. A mais solene das ordens é a de fechar a arca ao primeiro pingo de chuva, fique de fora quem ficar.

Acontece que Noé, a quem cabe a tarefa épica de salvar as espécies, vê-se, por vezes, pressionado entre os mandamentos do alto e as solicitações miúdas, muito humanas, da senhora Noé, tais como levar a máquina de costura, fazer cortinas, prover de algum conforto a arca rústica em que viverão por sabe lá quanto tempo. Saindo à procura de sua preciosa máquina, e fazendo-se acompanhar por Sem e pelas meninas, futuras companheiras dos filhos, mamãe Noé se atrasa. Cai o primeiro pingo. Noé se dispõe a obedecer ao Senhor, fechar a arca e partir. Ma vence o sensato apelo da senhora Noé. O marido aceita, afinal, que ela entre na arca e que traga, se quiser, todas as pequenas coisas que recheiam um lar e cercam uma família: "máquinas... televisão, fotografias, bibelôs..." Do grandioso, do alto de onde se dirige ao Deus que não mais responde, Noé desce ao miúdo e aceita as galochas que a mulher lhe estende para não molhar os pés.

Aqui, como ao longo da obra de Maria Clara Machado, o pequeno, o íntimo, o familiar estão acima de outros valores e, principalmente, acima de qualquer ambição. O lar, o aconchego, valem mais que qualquer outra dimensão do mundo. Quando se avança para o grandioso ou para o amplo é sempre para retornar, sem maior ganho que o reconhecimento dos valores domésticos e cotidianos.

Assim acontece com o grande voo dramatúrgico de Maria Clara Machado. *O Cavalinho Azul*, que se encena em 1960, rompe, antes de mais nada, com o relativo respeito da autora aos cânones de uma dramaturgia rigorosa. Ao invés do desenvolvimento de um conflito tem-se agora a narrativa de uma busca, por cenas recortadas e coordenadas pela interferência

140 *O Embarque de Noé*, 5. ed., Rio de Janeiro: Agir, 1982, p. 213.

141 Esta é uma das soluções provenientes do *Noé*, de Obey, peça inspiradora de *O Embarque de Noé*.

de um narrador. A estrutura tem parentesco com criações internacionais, sendo o exemplo mais próximo a peça *Nossa Cidade*, de Thornton Wilder, já levada pelo Tablado em 1954. A dramaturgia brasileira, no entanto, não registrava, até os anos de 1960, o emprego de procedimentos tão abertamente épicos.

A busca do menino Vicente, que percorre o país atrás de seu cavalinho azul, é melancólica e solitária. O percurso nos leva até um circo que, ao invés de lugar da alegria e da magia, é disfarce de ladrões; a uma cidade cujos habitantes nunca podem parar e se atropelam em uma pressa maníaca; ao curral de um caubói que o salva dos bandidos, mas não será o herói capaz de levá-lo até o cavalinho azul. Na cidade, uma personagem, a Velha-Que-Viu, figura marginal à correção apressada dos outros moradores, parece ter visto o cavalinho, mas, qual... trata-se, antes, de uma louca sonhadora!

Tudo é imperfeito. O próprio narrador, chamado João de Deus, age por vezes como o deus da história. Outras vezes deixa ver as limitações de seu papel: ele dispõe os cenários, mas não interfere decisivamente nas ações das personagens. Assim, não é, também ele, que prestará a Vicente ajuda efetiva.

A verdade é que a busca parece sem rumo e sem objetivo, a não ser para o obstinado Vicente. Na primeira parada, o circo, ele encontra uma companheira de jornada, uma menina que, ao chegar à cidade já estará cansada do esticado da busca e se contentará com o simulacro, cavalinhos de papelão oferecidos por um vendedor, e voltará para casa, conduzida por João de Deus, ou o Sr. Deus, como quer Vicente.

Então ocorre um grande salto na história. O narrador resume os últimos acontecimentos, diz que Vicente correu mundo enquanto todos na cidade esperavam – e esperam – sua volta. Aparece Vicente, faminto, esfarrapado e, não mais que de repente, uma luz azulada toma o palco. Surge o cavalinho azul e diz a rubrica:

> Como se estivesse fazendo a coisa mais natural do mundo, sem absolutamente encarar a aparição do seu cavalinho como coisa impossível, pega a corda que, como na primeira cena, caía do pescoço do cavalo, e começa a fazer com ele as mesmas evoluções[142].

142 *O Cavalinho Azul*, 5. ed., Rio de Janeiro: Agir, 1982, p. 73.

Segue-se o anúncio de Vicente de que agora está voltando para casa, certo de que o pai, a mãe, a menina, o palhaço, todos o estariam esperando.

Como nada na sequência da peça anunciasse qualquer aproximação de Vicente a seu objetivo, esse final parece meio arranjado. Pode-se dizer, até com base em depoimento da autora, que o retorno ao lar foi enxertado para atender à sensibilidade do público infantil. O fato é que se verifica um recuo tanto na observação da estrutura escolhida quanto no desenrolar da história. Artificialmente a busca deixa de ser acompanhada e abreviam-se as aventuras – todas negativas – do pequeno herói. E este único herói de Maria Clara, que obtém alguma coisa de valor em sua andança pelo extenso e perigoso mundo, recebe esse bem num lance artificial, depois de ter passado, sem se alterar em nada, por muitas vias que levam ao desencanto.

As peças mais marcantes que Maria Clara Machado estreia nos anos de 1960 (fora *O Cavalinho Azul*) são todas, curiosamente, centralizadas em personagens femininas: *Maroquinhas Fru-Fru* (1961); *A Gata Borralheira* (1962); *A Menina e o Vento* (1963); *Maria Minhoca* (1968).

Havíamos assinalado que o maravilhoso vai se afastando do palco do Tablado, o que agora se evidencia com o tratamento dado à fábula da Gata Borralheira, operando-se subversão no conto de fadas com a substituição do maravilhoso e do arquetípico por forças e problemas sociais. A peça, como já ocorrera com *Maroquinhas Fru-Fru*, tem muito de comédia de costumes.

A tarefa de contar "a verdadeira história da Gata Borralheira, como aconteceu no Brasil"[143], é confiada a um narrador que começa por apresentar as personagens. A protagonista não se chama Cinderela, mas Dulcineia, enteada da viúva Firmina de Sousa Borralheira, cujas filhas, Margarida e Rosinha, são chamadas pelas más línguas de "as moças do pezão". A fada é apenas Dona Fada Santos, madrinha de Dulcineia, despachada senhora a quem a vizinhança conhece como "Dona Resolve-Tudo".

Interferem na peça, ainda, dois jovens pretendentes de Rosinha e Margarida: João Jaca, fazendeiro, e Simão Leitão, açougueiro, têm suas

143 *A Gata Borralheira*, 7. ed., Rio de Janeiro: Agir, 1986, p. 129.

pretensões recusadas pela emproada Firmina que considera suas filhas dignas de partidos mais cultos e nobres. Seus planos de elevação social andam muito agitados com a chegada à cidade de um príncipe espanhol, Dom Tinhorão de Garcia Macedo y Perez. Manipulado por seu primeiro-ministro, o príncipe está ali para uma missão nada encantada: trata-se de sanear os graves problemas financeiros da família, casando-se com alguma herdeira rica.

Em franca e gaiata exposição de convenções, o narrador anuncia outras personagens: "como o sapo verde, o Arauto e outros que surgirão no correr da peça para encherem certas cenas"[144].

Como na fábula tradicional, a heroína é maltratada pela madrasta e por suas filhas. É proibida de ir ao baile do príncipe. Mas com a ajuda de Dona Fada e de um vizinho, senhor Ângelo, tudo se arranja e caminha para o final feliz, com direito a experimentação de sapatinho, já não perdido, mas propositadamente deixado pela donzela.

Lamentavelmente para o príncipe, a noiva escolhida não tem fortuna. Para resolver o problema, neste mundo sem soluções mágicas, o príncipe modera suas ambições. Decide vender o palácio para montar, com sua amada, uma loja de flores. É o que chamaríamos hoje de "uma solução Sebrae".

Ao longo desse traçado narrativo, a peça vai se dedicar, sobretudo, a demolir o castelo das pretensões e aparências, com muita insistência sobre a falsa cultura e a falsa *finesse*. Todas as pretendentes, com algo de "preciosas ridículas", tentam agradar o príncipe com a exposição e exibição de seus dotes. Já a conversa de Dulcineia com o príncipe envolverá temas tão pouco elevados como a preferência por pastéis e empadinhas.

Os persistentes Simão e Jaca, desprezados por sua falta de cultura e refinamento, recorrem a um livreiro que lhes recomenda "um livro de cultura em 23 lições. Infalível sobretudo nas festas, reuniões e saraus onde é necessário impressionar sem molestar, afirmar sem convencer e brilhar sem ofuscar", ou, como resume o livreiro, "perfeito para um salão onde se deve falar muito sem dizer nada"[145].

Essas personagens aprendem também que os trajes são mais importantes que a fala. Com o auxílio do onipresente narrador, ajustam-se aos figurinos que melhor os valorizem. Leitão, digno do nome, deve acentuar, com roupas vistosas, a barriga, para sugerir prosperidade. Jaca deve compor o gênero poeta *blasé*.

Da caracterização de personagens às concepções cênicas, dos temas que comporta à solução moderna e prática para o par amoroso, a peça mostra pés bem fincados no chão, longe de mundos ideais e marcada por um tipo de "realismo" que se traduz aproximadamente pelas acepções de bom senso e moderação.

A peça seguinte, *A Menina e o Vento*, passa-se em dois planos com características distintas. Há o lado da fantasia, representada pelo vento e os efeitos que provoca, além da viagem que a menina do título faz em sua companhia. E há o plano dos seres e coisas comuns, onde permanecem os parentes da menina Maria, repórteres e policiais, habitantes de mais uma comédia de costumes. Em termos de presença em cena, este último plano é o predominante. E é o vencedor já que Maria, arrependida do sofrimento causado à família, desiste de sua aventura. Mais do que isso, na peça a aventura é desautorizada: a escapada vale a Maria um castigo, o de ver, por decorrência de sua travessura, a mãe e toda a família colocadas atrás das grades.

Cenicamente a peça tem elementos deslumbrantes, a começar pela concepção da figura do vento, algo que, à falta de melhor descrição, poderíamos comparar ao destaque de um carro alegórico. Outros recursos, sonoros e visuais, integram a maravilha. Por exemplo, a cena em que o vento sopra as personagens para fora da prisão, num balé em que os movimentos dos dançarinos traduzem seu caráter, e que culmina com o menino Pedro sendo arremessado ao palco com as grades da prisão, numa alegoria da liberdade. Antes dessa, há uma cena que se pode dizer, em mais de um sentido, espetacular. Sozinha, sentada em uma pedra, Maria chora seu arrependimento enquanto começam a vir, de fora do palco, os sons do desconcerto dos elementos, a começar por um piano tocando as escalas desordenadamente. Aos efeitos sonoros seguem-se os visuais: "Folhas mortas caem de cima, pedaços de música, chapéus de todas as espécies, uma roda de bicicleta..."[146]

144 Idem. p. 129.
145 Idem, p. 140.

146 *A Menina e o Vento*, 7. ed., Rio de Janeiro: Agir, 1986, p. 47.

Não é, porém, pelo encanto que termina a peça. O epílogo se dá no plano do mundo banal e em tom de chanchada.

A imagem que permanece, e que tem levado a se incluir *A Menina e o Vento* entre as melhores criações da autora, será aquela marcada pelos efeitos plásticos e sonoros, tão deslumbrantes que escondem o que há na peça de conformismo e de tendências doutrinárias dirigidas antes aos pais e educadores do que aos pequenos, o que é, aliás, um traço frequente e negativo em produções para crianças.

Maria Minhoca, de 1968, será um marco de readequação de repertório. A autora vale-se agora das tradições da comédia nova e do teatro popular, compondo uma história de amor contrariado, com direito a prólogo e coro, envolvendo personagens como o militar fanfarrão que rivaliza com o civil fraco mas apoiado por ajudante engenhoso, o qual nos faz pensar, entre outros representantes da espécie, no João Grilo das histórias nordestinas.

Se a receita básica da peça é tradicionalíssima, o tratamento que a autora dá às convenções resulta em algo inesperado. Maria Minhoca é a jovem obrigada por seu pai, o autoritário Mister João Buldog, a aceitar a corte de um certo Capitão Quartel, que impressiona o pretendido sogro com seus dotes de soldado e poeta. É claro que tais "dotes" serão, para o espectador, motivos de riso e, por consequência, mais ainda o será a admiração de Mister Buldog.

A moça prefere o fracote e modesto Chiquinho Colibri. E este tentará conquistar a mão da donzela pelo caminho necessário de conquistar as boas graças do pai. E o fará ajudado pelos ardis do amigo Pedro Fon-Fon.

Se o que mais impressiona Buldog é farda e valentia, Fon-Fon se disfarça de leão feroz e é enfrentado por Colibri vestido de guarda noturno. A encenação está quase dando certo quando aparece armado o Capitão Quartel e o feroz leão tem que fugir às carreiras. Os amigos, porém, descobrem um fraco do capitão, o que lhes permite preparar um golpe mais certeiro. O fanfarrão é levado a um encontro, na praça, com certa ardente e rica espanhola, na verdade Fon-Fon disfarçado. Pela conversa descobre-se o verdadeiro interesse de Quartel em Maria Minhoca: sua fortuna.

Ainda por estratagema de Fon-Fon, Mister Buldog irá testemunhar a vilania de Quartel, e, além disso, a "valentia" de Colibri, que desce o porrete em um já batido Capitão Quartel.

A peça termina pela comemoração do noivado dos jovens e não sem uma nota maliciosa quando Mister Buldog confidencia a Fon-Fon seu interesse por uma certa espanhola.

Yan Michalski[147] propõe que se considere *Maria Minhoca* "não como peça infantil ou juvenil, mas como comédia *tout court*, uma versão *naïve* da oposição poder civil/poder militar". E, olhando a peça por esse prisma, irá concluir: "Tenho plena consciência de estar pesando bem minhas palavras ao afirmar que *Maria Minhoca* é o melhor espetáculo atualmente em cartaz na Guanabara". O fato indiscutível é que nessa nova fase a autora distancia-se de fontes e padrões mais característicos do teatro infantil.

A peça, permitindo-se atrevimentos com a figura do militar e gaiatices com símbolos pátrios, tinha, para os tempos que então se vivia, um sabor a mais, o de desforra. Isso não era, porém, o mais relevante. O espetáculo permitia apreciar recursos cômicos originais e recursos dramáticos e cênicos com a marca da originalidade. A cena do combate entre o falso leão e Colibri, por exemplo, começa por um anúncio estilo "mágico de feira", feito pelo próprio herói, que interrompe a ação para dirigir-se ao público:

> Peço às senhoras e crianças para evacuarem a praça e entrarem para dentro de casa e assistirem do balcão à luta do terrível leão comigo [...] Vejam a luta da qual sairei vencedor, para conquistar a mão da minha amada [...] (*Colibri vai até o balcão beijar a mão de Maria Minhoca, mas sem ver beija a mão de Buldog, que logo fica indignado*) Leão Epaminondas do Zoo *versus* Chiquinho Colibri numa luta de morte![148]

Cada um dos contendores vai para um canto do palco, posicionando-se como em luta de boxe. Classicamente soam os toques de gongo para início da luta. Para essa cena foram previstos efeitos especiais de sonoplastia, com sons e ruídos eletrônicos, intercalando-se a luta com falas de Minhoca e do "coro", no caso concebido como quadros vivos, isto

147 Yan Michalski, Maria Minhoca no Tablado, *Jornal do Brasil*, Rio de Janeiro, 21 maio 1968.

148 *Maria Minhoca*, 7. ed., Rio de Janeiro: Agir, 1986, p. 108.

é, como instantes em que todas as personagens ficam estáticas, o que acrescenta comicidade às falas, das mais risíveis da peça:

MINHOCA: Que horror! Que dispneia! Que hematoma!! Papai!

QUADRO VIVO: Faça alguma coisa!!

QUADRO VIVO: Que homem corajoso! Que homem heroico do brado retumbante!

QUADRO VIVO: Nunca vi homem lutar com um leão tão monstruoso. Você já viu, papai?

QUADRO VIVO: Veja, papai, repare bem a coragem deste intrépido e varonil, Pátria Amada, Brasil, lutando sozinho com leão tão terrível!

QUADRO VIVO: Olha, papai, quais cisnes brancos em noite de lua!![149]

Também para o prólogo encontrou-se uma solução inusitada, um balé-mímica, com música, e apresentando as personagens e a situação básica da peça. E mais uma vez, como vinha sendo característico no teatro de Maria Clara Machado, efeitos sonoros e rítmicos teriam grande importância. O ritmo, o do espetáculo e de cada cena em particular, deve ser cumprido com rigor, sem relaxamentos ou acelerações excessivas.

Destaquem-se ainda as músicas compostas para o espetáculo por um rapaz talentoso, mas então desconhecido: Egberto Gismonti[150].

No período de 1967 a 1969, Maria Clara substitui suas fontes. Além de *Maria Minhoca*, com argumento emprestado da comédia nova, escreveu *O Diamante do Grão-Mogol*, cujo argumento é parcialmente emprestado do cinema, e *O Aprendiz de Feiticeiro*, que se inspira em histórias de espionagem[151]. Não é de estranhar que o Tablado entre nos anos de 1970 com uma peça inspirada em histórias de bangue-bangue, *Tribobó City*.

As tonalidades *pop* em versão debochada vão do título da peça e do tratamento dado ao enredo de faroeste à inserção jocosa de menção a certos produtos populares. Assim, a dona do *saloon* tem o malicioso nome de Dona Cafeteira Rochedo; a bebida com que os vilões celebram seus pactos é o conhaque de alcatrão São João da Barra; a uma personagem que se machuca recomenda-se o popularíssimo emplastro Sabiá. E, embora o Rum Creosotado já estivesse há muito tempo fora do mercado, a certa altura da peça recita-se a famosa quadrinha do tempo dos bondes. O clima da peça terá algo de tropicalista.

Tribobó City, com seu enredo de faroeste, é um musical recheado de sátira voltada principalmente à revelação de uma sociedade corrupta em que meliantes explícitos ou disfarçados na figura de cidadãos influentes defendem seus interesses particulares em prejuízo do bem-estar da coletividade.

Atual em sua percepção da avalanche da cultura de massas e do estabelecimento de uma sociedade consumista, a peça, que oscila entre adesão e paródia quanto à história de bangue-bangue, não se compromete muito com os questionamentos que deixa aflorar. Tendo uma estrutura próxima da revista, sem faltar a apoteose, a peça mantém ainda um pouco do espírito da revista tradicional no Brasil, o de crítica ligeira e divertimento descompromissado. Sem fazer menção a esse aspecto, a crítica cobra à peça uma coerência e amarramento que não figuram entre seus propósitos.

Teatro: Poesia para os Sentidos

E por mencionar amarramento, creio que é tempo de falarmos um pouco sobre o processo de criação de Maria Clara Machado e, em particular, da criação de *Tribobó City*.

Bem poucas peças da autora sugerem elaboração anterior à realização cênica. Algumas desenvolvem experiências anteriores, menos formalizadas. É o caso de *O Rapto das Cebolinhas* e *Pluft, o Fantasminha* que foram criadas primeiramente como teatro de bonecos. A maioria das peças vai se construindo sobre o palco, a partir de uma ideia, ou de um projeto de fábula.

Autora e diretora de suas peças, com um teatro permanente à disposição, com um constante celeiro de atores-alunos, com experiência em atividades e aulas de improvisação, Maria Clara dispõe dos meios para criar a partir do palco.

149 Idem, p. 109.

150 A música é um dos elementos enriquecedores do teatro de Maria Clara Machado, sempre composta especialmente para o espetáculo, nem sempre por músicos ligados diretamente ao Tablado. A música de *A Gata Borralheira*, por exemplo, é de Carlos Lyra.

151 *Aprendiz de Feiticeiro* não estreou no Tablado, mas no Teatro Ipanema.

Os depoimentos sobre *Tribobó City* quase nos permitem visualizar a peça nascendo das aulas-ensaios, a partir de um roteiro mínimo. Conta Sílvia Fucs:

> Nos ensaios ela [Maria Clara] se entusiasmou tanto com as improvisações e brincadeiras dos atores que cada dia ela trazia um adendo novo. O pessoal já brincava: Adendo n. 1, Adendo 32, veja no Adendo 47. Ela modificou muito o texto, incluindo as frases dos atores[152].

O depoimento é revelador, ainda, de que no teatro-escola se havia criado uma forte ligação entre autora/diretora e alunos, o que provavelmente explica o teor juvenil da maior parte dos espetáculos levados entre o final da década de 1960 e início da de 1980. Uma ligação não isenta de conflitos que terão, eles mesmos, influenciado os rumos da criação de Maria Clara.

Lembram alguns alunos, entre eles, Louise Cardoso:

> O Tablado era visto como um teatro de elite, para os filhos de gente rica, e era considerado altamente conservador. Diziam que o Tablado estava velho. Não gostavam das montagens da Clara. Eu tinha muita aflição por causa disso. Eu queria transformar o Tablado num teatro de vanguarda[153].

Nos anos de 1970, excetuando-se talvez *O Patinho Feio*, as criações de Maria Clara tendem ao juvenil. Em 1978, quando o teatro passou por uma grande reforma, a festiva reinauguração se faz com uma peça que parece retomar alguns motivos mais ligados ao mundo dos espetáculos infantis. A história de *Quem Matou o Leão?* transcorre em um circo e tem suas cenas coordenadas pela intervenção de três palhaços. Trata-se, porém, de um verdadeiro circo de horrores onde trabalham: uma contorcionista velha e decadente, que ao pretender mostrar sua arte se esborracha no chão; uma mulher-serpente, com o caráter traiçoeiro da cobra; o limpador do leão, que é surdo, mudo, torto, analfabeto e usa uma buzina quando quer se comunicar – uma exacerbação do grotesco.

O circo é, além disso, um reduto do mal, onde os trabalhadores são vilmente explorados pelos proprietários, e cenário de um crime que dá ensejo à história, que é um enredo policial, uma investigação. Acontece que ao iniciar-se a função circense verifica-se que o leão Mussolini está morto. O dono do circo informa, então, ao respeitável público que o espetáculo está suspenso. Da plateia levantam-se, e dirigem-se ao picadeiro, um detetive e seu auxiliar. O público reclama seu direito de permanecer e assistir à investigação. Como o dono do circo recusa, afirmando que isso não faz parte do espetáculo, ouve-se o argumento decisivo:

> PÚBLICO 2: Mas é bem melhor do que o espetáculo. É a própria vida como ela é! A gente paga mais, mas deixa a gente ficar...

O veio crítico da peça espalha-se em diversas direções, a começar por esse interesse perverso pelas histórias policiais, ou, antes, pelas desgraças da "vida como ela é". A exploração dos trabalhadores do circo será parte do mau-caratismo dos proprietários traduzido em ambição, cobiça que os leva ao crime. Como se descobrirá, foram eles os autores da morte do velho leão, com o objetivo de receber o seguro.

Cobiça, além do culto das aparências, é tema constante na obra de Maria Clara Machado, seu principal alvo de censura. As grandes lições de seu teatro envolvem sobretudo questões éticas.

O que aqui chamamos de lições não implicam, salvo alguns momentos de exceção, composição dramática que revele atitude doutrinária. Representam tradução legítima do ponto de vista de uma autora, e que está presente também em suas peças para adultos[154].

Antes, porém, de veiculadora de valores éticos, Maria Clara Machado é uma boa compositora de histórias, mas de histórias para o palco – uma completa dramaturga, que alia admirável domínio da efabulação, da composição de enredos e personagens, à sensibilidade para os aspectos cênicos, compreendendo espetáculo como combinação de

152 Depoimento de Sílvia Fucs em *Dionysos*, Rio de Janeiro, MinC/Inacen, n. 27, 1986, p. 236.

153 Depoimento de Louise Cardoso em *Dionysos*, Rio de Janeiro, MinC/Inacen, n. 27, 1986, p. 239.

154 *As Interferências* (1966) e *Os Embrulhos* (1970) são peças de Maria Clara Machado para público adulto, inspiradas no teatro do absurdo; além dessas, a autora apresentou, fora do Tablado, no Teatro Ipanema, em 1970, o musical *Miss Brasil*.

texto e cena. Nos artigos e entrevistas em que expõe sua concepção de teatro percebem-se os influxos de sua condição de diretora, atenta às questões de montagem. Várias vezes remete a Artaud: "Teatro é poesia em movimento no espaço", ou "teatro é uma linguagem concreta que se destina aos sentidos, que deve satisfazer primeiro os sentidos; há uma poesia para os sentidos, como há uma poesia para a linguagem"[155].

Em outro texto, que se inicia por citação de Artaud, a autora prossegue, referindo-se especificamente ao teatro infantil:

> Se esta concepção de teatro revoluciona a velha ideia de que teatro é apenas literatura declamada, no teatro para crianças esse princípio se aplica em toda sua extensão. É pelos sentidos e não pela inteligência que a criança guarda suas primeiras impressões. Na idade em que a inteligência está apenas em desenvolvimento, é principalmente pelos sentidos que a criança chega às coisas. E que melhor meio de cultura e de educação que o teatro "poesia em movimento no espaço", para levar a criança aos maravilhosos domínios da realidade e do sonho?[156]

Deve-se entender aqui que a palavra também é, ou pode ser, dirigida aos sentidos. E assim ocorre no teatro de Maria Clara Machado, em que se verifica acurada elaboração dos recursos verbais, seja para efeito humorístico, seja para efeito poético, combinando-se aos diversos recursos sonoros e plásticos, empregados, todos eles, com propósito, servindo à coerência do espetáculo, e não caindo nos excessos muitas vezes encontrados em teatro (não só teatro infantil) que recaem na pirotecnia, na maravilha sem substância.

Há falhas. A crítica em geral apontou-as. E esta é uma outra importante dimensão do teatro para crianças feito no Tablado: a capacidade de mobilizar a crítica.

O teatro para crianças expande-se, no Brasil, a partir da década de 1970, com autores, grupos especializados, realizações em diversos centros. Mesmo então, e até hoje, a atividade ressente-se da ausência ou insuficiência do acompanhamento crítico que é necessário para o autorreconhecimento e aperfeiçoamento da criação em qualquer domínio da arte. Dessa restrição o Tablado não pôde se queixar, desde suas primeiras montagens.

Entre aqueles que, no Rio de Janeiro, escreveram com frequência sobre os espetáculos para crianças do Tablado figuram, entre outros, Henrique Oscar, como crítico do *Diário de Notícias*; Paulo Francis, pelo *Diário Carioca*; Barbara Heliodora, Yan Michalski e Ana Maria Machado, pelo *Jornal do Brasil*. Na revista *O Cruzeiro*, a mais lida nos anos de 1950/1960, há textos sobre os espetáculos do Tablado assinados por Clóvis Garcia e por Accioly Neto. Nos anos de 1970, há matéria extensa na revista *Veja*.

O Tablado merece ainda textos eventuais de escritores como Manuel Bandeira (*Jornal do Brasil*), Carlos Drummond de Andrade (*Correio da Manhã*), Stanislaw Ponte Preta (*Diário da Noite*), Hermilo Borba Filho (*Última Hora*).

Mas o Tablado mantém ainda seu próprio veículo de divulgação: os *Cadernos de Teatro*, cuja publicação se inicia em 1956. Os *Cadernos* foram idealizados como meio de estimular o amadorismo em todo o país, chegando às regiões mais distantes, e oferecendo subsídios que vão de textos de teoria do teatro a orientações práticas para montagens, passando por matérias informativas ou formativas quanto a domínios específicos da arte teatral.

Resta dizer que todas as peças para crianças de Maria Clara Machado foram publicadas[157], o que as coloca em posição privilegiadíssima neste país carente de publicações de textos para teatro, particularmente de teatro infantil.

Peças publicadas, divulgação e retorno da crítica, teatro próprio e permanente, disponibilidade de recursos materiais e humanos para as montagens, tais são as condições incomuns no teatro brasileiro que contribuíram para que o Tablado se tornasse uma referência, primeiramente para o teatro brasileiro, amador ou profissional, e, depois, de modo mais persistente, para o teatro infantil. Não bastariam, no entanto, e não se teriam, por certo, combinado essas condições, não fosse a

155 M. C. Machado, O que se Deve, Pois, Oferecer à Criança?, *Cadernos de Teatro*, n. 31, jul.-set. 1964, reproduzido em *Dionysos*, Rio de Janeiro, MinC/Inacen, n. 27, 1986, p. 58.

156 Idem, ibidem.

157 As edições e reedições são da editora Agir.

qualidade do trabalho desenvolvido pelo grupo e, o que particularmente aqui nos interessa, a qualidade das peças de Maria Clara Machado enquanto concepção dramatúrgica e realização cênica.

O talento da autora fica mais nítido se for considerado o que aqui se expôs quanto à pequena tradição do teatro para crianças e quanto à exiguidade da prática no Brasil quando Maria Clara começa a escrever suas peças, as quais, de imediato, ultrapassam aquelas poucas experiências então conhecidas.

6. A CRÍTICA TEATRAL MODERNA

Ao reunir as críticas escritas entre 1947 e 1955 no livro *Apresentação do Teatro Brasileiro Moderno*, Décio de Almeida Prado justificava a publicação de matéria tão transitória ponderando que "existe todo um processo da vida teatral, referente à representação, aos atores, que não costuma subsistir a não ser através dessas notações diárias, apressadas, imperfeitas, fragmentárias"[158]. O que permanece no tempo não é, portanto, o espetáculo, mas o seu registro, a impressão causada no espírito e articulada como juízo de valor. O que significa, nas palavras do historiador e crítico de arte italiano Giulio Carlo Argan, que "a história da arte não é tanto uma história de coisas como uma história de juízos de valor"[159] e, consequentemente, uma história da crítica de arte.

Na história da arte, assim como na história do teatro, o objeto e sua crítica são indissociáveis. Por isso a história da crítica teatral se confunde, necessariamente, com a história do teatro, como veremos neste capítulo sobre a moderna crítica teatral brasileira. Se por vezes parecer que também fazemos uma apresentação do teatro brasileiro moderno, tomando emprestado o título de Décio de Almeida Prado, é porque não há como tratar da história da moderna crítica teatral sem discutir a cena brasileira no século XX.

158 2. ed., São Paulo: Perspectiva, 2001, p. XVII.

159 *Guia de História da Arte*, Lisboa: Editorial Estampa, 1992, p. 14.

A "Velha Crítica"

Em sua introdução a *O Teatro no Brasil*, publicado em 1960, José Galante de Sousa chama a atenção para uma das temáticas mais recorrentes nos estudos sobre a arte teatral no país até meados do século XX: a questão da existência ou inexistência do teatro brasileiro. Diz o autor:

> Quantas vezes se tem dito que o teatro brasileiro não existe, ou então, que existe, sim, mas nada vale. Felizmente já vai diminuindo o número dos que cerram fileiras atrás da negativa injusta. Já não se ouve com tanta frequência o velho chavão, repetido por críticos lamurientos e desiludidos da nossa capacidade de realização[160].

De fato, até a década de 1940, são frequentes as afirmações sobre a inexistência do teatro tanto em estudos literários e historiográficos quanto nas colunas teatrais de periódicos. Comum a essas diferentes modalidades de escrita é a designação do teatro em termos negativos e até mesmo patológicos, tais como moribundo, anêmico, temporão e imaturo.

Também recorrente nos estudos e críticas teatrais desse mesmo período é a afirmação, por parte daqueles que creem na existência do teatro nacional, de sua "decadência". Ao descrever as cidades do Novo Mundo em *Tristes Trópicos*, o antropólogo Claude Lévi-Strauss comentava que "um espírito maligno definiu a América como um país que passou da barbárie à decadência sem jamais ter conhecido a civilização"[161]. Para determinados críticos, historiadores e até mesmo profissionais do meio, tal parece ter sido também a trajetória do teatro brasileiro: mal florescera e já se mostrava decadente. Em *40 Anos de Teatro*, por exemplo, Mário Nunes observa que a breve vitalidade experimentada pelo teatro brasileiro com João Caetano extinguiu-se

160 Rio de Janeiro: MEC/INL, 1960, t. I, p. 3.

161 São Paulo: Anhembi, 1957, p. 96.

com sua morte, em 1863, começando "aí a chamada decadência do nosso incipiente teatro"[162].

Muitas eram as razões apontadas para tal: a ausência de uma dramaturgia nacional, o número escasso de teatros, o desinteresse do governo, a predominância do teatro ligeiro, o teatro por sessões, as montagens descuidadas e apressadas privilegiando sempre a vedete da companhia e o gosto "grosseiro" do público. A acusação principal, entretanto, voltava-se para o teatro ligeiro, considerado por muitos a causa dos males que afligiam a cena nacional.

A denominação do teatro ligeiro como inferior e a consequente condenação do gosto do público que o prestigiava obedeciam, acima de tudo, a uma orientação de classe. Enquanto esta atraía um público popular, menos exigente aos olhos da crítica, as temporadas estrangeiras destinavam-se, basicamente, a uma elite formada pelas camadas mais cultas da sociedade. Como observa Mário Nunes, o público de massa "se formara no circo, era muito pouco exigente – como se compreende – e só agasalhava um desejo – o de se divertir. O sucessor imediato do circo foi o teatro de revista por sessões: o *compère* substituiu o palhaço"[163].

A crítica ao gênero ligeiro ou alegre caracteriza-se, em geral, como um discurso moral contra a pornografia e a obscenidade "cultivadas" em alguns espetáculos. Alguns críticos julgavam que a responsabilidade cabia principalmente aos dramaturgos, por transigirem com o gosto do público. Outros, como Múcio da Paixão, distribuíam as responsabilidades entre o público, os empresários teatrais que com ele condescendiam, os escritores que teimavam em ignorar o teatro e, principalmente, a crítica teatral, orientada antes pelos interesses de balcão dos jornais do que pela competência. Diz ele:

> A imprensa tem uma grande responsabilidade no descalabro apontado, por isso que esquecendo-se do seu papel eminentemente doutrinário e moralizador, abandonou o teatro à fúria de elementos deletérios e corrosivos [...]. Se no nosso país a imprensa velasse pela Arte, se a sua crítica se exercesse com competência e moralidade, eficiência e justiça, poderia ela prestar os mais assinalados serviços ao nosso depauperado teatro. Infelizmente o que se vê também na imprensa é o bastardo interesse pecuniário prevalecer sobre os alevantados interesses da arte[164].

Henrique Marinho também sublinhava o caráter pouco exigente da crítica em *O Teatro Brasileiro: Alguns Apontamentos para a Sua História*. Eis sua opinião: "O que se faz aqui não é crítica. Rara é a que aparece. Que defeitos da obra apontam? que do desempenho? que da encenação? que do vestuário? que da dicção? ... Tudo estava muito bem. Tudo foi bem no melhor dos mundos. [...] Uma maravilha"[165].

Alguns críticos, porém, defendiam-se argumentando que a má situação do teatro não permitia uma verdadeira apreciação crítica. Para um dos redatores do *Jornal do Comércio* do Rio de Janeiro, que Henrique Marinho não nomeia,

> dadas, porém, as condições do nosso teatro, temos de adotar um ponto de vista especial, cheio de tolerância e benevolência, para não prejudicar, com severidade talvez descabida, uma instituição que tende a desaparecer do nosso meio, dos nossos hábitos, da nossa educação e da lista nos nossos documentos de gente literária e civilizada[166].

Com fina ironia, João do Rio expressava opinião semelhante em "A Crítica nos Bastidores", ao defender-se daqueles que o acusavam de ser cruel e pérfido no exercício da função:

> O estado da praça teatral é tão precário que seria um atentado de lesa-existência uma opinião desfavorável. Quando vou às "primeiras", estou convencido de que a casa está cheia a transbordar e que os artistas foram excelentemente. É o máximo da isenção de ânimo: julgar antes de ver. E acho que procedo bem, porque depois de vê-los, se lhes notasse defeitos, aumentaria a fama de maldizente e a vaidade ofendida do cômico[167].

Já para Mário Nunes, crítico teatral do *Jornal do Brasil* por mais de quarenta anos, a situação da crítica no país não podia ser dissociada da produção teatral. Crítica e teatro são elementos inseparáveis de um

162 Rio de Janeiro: Serviço Nacional de Teatro, 1956, v. 1, p. 33.
163 Idem, p. 32.

164 *O Teatro no Brasil*, Rio de Janeiro: Brasília Editora, 1936, p. 528-529.
165 Paris/Rio de Janeiro: Garnier, 1904, p. 139.
166 Apud H. Marinho, op. cit., p. 146.
167 Paulo Barreto (João do Rio), A Crítica nos Bastidores, *O Percevejo*, ano 2, n. 2, 1994, p. 27.

mesmo fenômeno: "efetivamente, não havia crítica no Rio, porque não havia teatro: criticar a valer o que existia era destruir o pouco com que contávamos"[168].

Mas vejamos quais eram as caraterísticas da crítica teatral. Até as primeiras décadas do século XX, a maioria dos jornais, salvo raras exceções, não possuía seção teatral fixa. É verdade que escritores do porte de Martins Pena, Machado de Assis, João do Rio e Artur Azevedo ocuparam-se da crítica teatral em diferentes momentos. Na sua maior parte, entretanto, a crítica era exercida por redatores sem maior preparo para a função e que frequentemente desdobravam-se em outras seções dos diários. Mário Nunes relata como se dava a escolha do crítico nas redações dos jornais:

> Eventualmente, o secretário da redação incumbia um redator de banca, de dar notícia de tal ou qual espetáculo. De posse dos bilhetes-convite enviados pela empresa, indagava quem queria ir, e esse qualquer se arvorava em crítico teatral naquela noite. Alguns tomavam gosto e se candidatavam daí em diante e, assim, se fizeram, com os conhecimentos que iam adquirindo, cronistas teatrais[169].

O termo cronista, empregado por Mário Nunes, é, sem dúvida, apropriado. Pois no reduzido espaço destinado aos espetáculos de música, teatro e circo, a crítica se constituía antes como um misto de crônica social e divulgação publicitária do que crítica especializada tal como conhecemos hoje. Sem contar que, muitas vezes, tal espaço – variando entre quinze linhas e duas colunas no máximo – dividia-se entre as "primeiras" (como eram chamadas as críticas de estreia), o noticiário teatral (que reproduzia quase que literalmente o material de divulgação enviado aos jornais pelas próprias empresas teatrais) e os anúncios das companhias em cartaz. Essas as características da maior parte da crítica teatral até a década de 1940. No apelo à imprensa feito em 1921, Nunes discorria sobre a incompetência da crítica teatral, resultante do seu caráter pouco profissional. Vejamos:

> Já é tempo de encararem os nossos jornais o teatro com mais seriedade, cometendo a redatores fixos e notoriamente dotados de bom senso, o delicado encargo de exercer a crítica e controlar o noticiário. Não é a benevolência o que deve ser censurado à imprensa, mas a incompetência. Aquela é necessária como incentivo em país de arte teatral incipiente e de meio artístico restrito; esta revolta aos atingidos pelos seus conceitos, gera a descrença e o desânimo. Não se pode, de boa fé, acusar a imprensa de pôr a perder artistas ou autores com os seus elogios. Ela age patrioticamente procurando exaltar as coisas de mérito que nos pertencem, sem indagar se o faz em benefício de vaidades tolas ou de pretensões idiotas. Merece, porém, a mais acerba condenação o encômio que visa nulidades, a censura dirigida ao valor[170].

Além dos redatores de jornal designados para a seção teatral – em caráter permanente ou apontados como críticos momentâneos –, não era raro que escritores, intelectuais e autores teatrais fizessem às vezes de crítico. Era o caso, por exemplo, de Abadie Faria Rosa, Armando Gonzaga, Guilherme Figueiredo e Raimundo Magalhães Jr., além dos já citados anteriormente.

Dentro deste quadro, a crítica teatral do escritor modernista Antônio de Alcântara Machado constituiu-se como exceção. Nas primeiras décadas do século XX, mais especificamente a partir da Semana de Arte Moderna em 1922, as artes plásticas, a música, a poesia e a literatura rompem bruscamente com os cânones artísticos e acadêmicos vigentes. O teatro, porém, ainda permaneceria atrelado por mais de duas décadas ao modelo de produção e interpretação do século XIX, no qual predominava o ator vedete. Embora os primeiros frutos do movimento modernista só surjam na cena teatral na década de 1940, no campo da crítica registra-se a interessantíssima atuação do crítico paulista como se viu em capítulo anterior.

A singularidade da crítica de Alcântara Machado, produto não só de um profundo conhecimento de teatro – incluindo as tendências mais modernas do teatro europeu de então –, mas também de suas ideias modernistas, cujo conjunto revela um autêntico programa para o teatro brasileiro, manifestava-se tanto na forma quanto no conteúdo. Em termos formais, diferenciava-se pela linguagem sintética e incisiva, por vezes telegráfica, e pelo caráter mais ensaístico de seus textos. Em

168 M. Nunes, op. cit., p. 87.

169 Idem, p. 14.

170 Idem, Apelo à Imprensa, op. cit., v. 2, p. 13.

suas análises, buscava fazer uma avaliação completa do fenômeno teatral, levando em conta os diversos elementos do espetáculo – texto, música, cenários, interpretação –, o que o distinguia dos demais críticos de sua época. Tudo isso, porém, ainda que represente uma significativa contribuição modernista para o teatro – principalmente tendo em vista a afirmação tantas vezes repetida de que o teatro foi a única arte sem representação nesse movimento –, teve pouca repercussão entre seus contemporâneos. O crítico teatral Alcântara Machado preconizando a modernização do teatro brasileiro, foi, nas palavras de Walter Benevides, "uma voz no deserto"[171].

A Crítica Moderna em São Paulo

Com exceção de Antônio de Alcântara Machado, a crítica teatral paulista obedecia aos mesmos moldes da crítica-crônica carioca: artigos não assinados ou assinados apenas por iniciais ou pseudônimos, de formato curto, escritos por profissionais da imprensa não especializados na matéria e escolhidos, por vezes, de forma aleatória.

Em 1936, Alfredo Mesquita, criador do Grupo de Teatro Experimental, da Escola de Arte Dramática – EAD, e um dos principais responsáveis pela renovação do teatro brasileiro, passaria e escrever críticas para *O Estado de S. Paulo*, encarregando-se, principalmente, de comentar as temporadas estrangeiras no Municipal. Mas mesmo para Alfredo Mesquita, a crítica tinha um caráter diletante, sendo apenas uma das muitas atividades que exerceu em sua trajetória de homem de teatro. A importância de Alfredo Mesquita para a moderna crítica teatral seria antes de ordem indireta, pois foi ele quem encarregou Décio de Almeida Prado da seção de crítica teatral na revista *Clima*.

Criada em 1941 por Alfredo Mesquita e um grupo de alunos da recém-criada Faculdade de Filosofia, Ciências e Letras da Universidade de São Paulo, formado por Antonio Candido, Décio de Almeida Prado, Paulo Emílio Salles Gomes, Gilda Morais Rocha (mais tarde Gilda de Mello e Souza), Rui Coelho e Lourival Gomes Machado, *Clima* iria revelar um conjunto de críticos que se afirmaria como o mais importante de sua geração nas artes e na literatura. De fato, a revista iria se distinguir por ser o primeiro veículo de uma nova crítica, de uma nova mentalidade, resultante da formação universitária e, mais precisamente, da influência dos professores franceses que compunham o departamento de Filosofia da USP, tais como Jean Maugüé, Claude Lévi-Strauss, Roger Bastide e Paul Arbousse Bastide.

Ao contrário da crítica praticada até então nos rodapés de jornal e nas revistas culturais pelos homens de letras, e que se apresentava, sobretudo, como um exercício de retórica, a crítica inaugurada pelo grupo de *Clima* se diferencia por seu caráter analítico e especializado. Em *Rodapés, Tratados e Ensaios – A Formação da Crítica Brasileira*, Flora Süssekind identifica a personalidade do crítico, a publicidade e a estreita relação com o mercado como características fundamentais da crítica de rodapé[172]. Nesse sentido, a crítica literária se aproxima, em certos pontos, da crítica teatral da época, por sua natureza mais próxima da crônica e da nota jornalística do que do exercício analítico propriamente dito.

Desde os primeiros textos publicados em *Clima*, Décio de Almeida Prado imprimiria uma nova feição à crítica teatral. O período em que escreveu para *Clima* – a revista durou dezesseis números, entre maio de 1941 e novembro de 1944 – serviria como uma formação para o crítico, dando a Décio a oportunidade de formular os conceitos e as diretrizes que serviriam de base à crítica que exerceria mais tarde em *O Estado de S. Paulo*.

Quando Décio começa a escrever em *Clima*, o movimento teatral da cidade de São Paulo é quase nulo. Dos muitos teatros existentes na cidade, apenas três, além do Teatro Municipal, reservado às companhias estrangeiras, encontravam-se em funcionamento: o Santana, o Colombo e o Boa Vista. Seu texto de estreia será sobre o teatro de Louis Jouvet, cuja companhia acabara de chegar a São Paulo. Ao longo de nove páginas, Décio procura explicar, ao público paulista, a importância do trabalho de

171 Teatro Brasileiro, *Festa*, n. 5, apud Cecília de Lara, *De Pirandello a Piolim: Alcântara Machado e o Teatro no Modernismo*, Rio de Janeiro: MEC/Inacen, 1987, p. 9.

172 Rio de Janeiro: Editora da UFRJ, 1993.

Grupo Clima: Antonio Branco Lefèvre, Décio de Almeida Prado, Paulo Emílio Salles Gomes, Roberto Pinto Souza, Alfredo Mesquita, Antonio Candido e Lourival Gomes Machado, em 1944.

Jouvet no panorama do teatro internacional e na renovação da cena francesa, discorrendo sobre sua ligação com Jacques Copeau, a posição destes de valorização do teatro poético em contraposição ao teatro naturalista de Antoine. O crítico também não deixa de apontar a significação da temporada de Jouvet para o público brasileiro, já que os espetáculos apresentados ofereciam um panorama do teatro francês dos últimos trinta anos, funcionando como uma espécie de curso intensivo sobre as grandes transformações processadas no teatro europeu no século XX.

A companhia de Jouvet desempenharia, de fato, influência fundamental na modernização do teatro brasileiro. Impossibilitada de retornar à França devido à guerra, ela permaneceria no país por dois anos, período durante o qual tanto o público quanto os profissionais e amadores de teatro puderam assistir a representações de textos clássicos e contemporâneos, revelando um parâmetro de qualidade diferente daquele que se conhecia na cena brasileira até então. Diferente até mesmo das companhias estrangeiras que se apresentavam com regularidade no país, pois também estas pecavam pelo caráter improvisado, como observa Décio em seu texto:

> Via de regra as companhias francesas que aqui aportam têm todos os vícios da improvisação: os cenários são improvisados, o repertório é improvisado, porque constituído de peças de todos os gêneros e de todos os teatros de Paris, a própria escolha dos atores é acidental às vezes, o grupo sendo formado tendo-se em vista especialmente a excursão a fazer. Não é uma companhia que se desloca, com seu repertório, seus atores, seus cenários, seus auxiliares. É um grupo de bons atores, chefiados por alguém, com um programa mais ou menos fixo[173].

Já os espetáculos da companhia de Jouvet eram representados tais como tinham sido montados na França, com elenco, cenário, figurinos e música originais. Além disso, a encenação subordinava todos os elementos da cena a uma ideia central: a de servir como veículo do texto dramático. O resultado, observa Décio, traduz-se numa "harmonia que envolve todo o teatro"[174].

A influência exercida por Jouvet se mostraria importante também na formação de uma crítica moderna, inaugurada por Décio de Almeida Prado.

173 O Teatro "Louis Jouvet" em São Paulo, *Clima*, São Paulo, n. 3, ago. 1941, p. 94-95.
174 Idem, p. 100.

Com efeito, o teatro de Jouvet vinha ilustrar e reforçar as ideias de Jacques Copeau de respeito absoluto ao texto, ideias que iriam enformar a visão de Décio a respeito da encenação, e que estão na base de grande parte dos critérios utilizados pelo crítico.

Durante o período de *Clima*, algumas transformações significativas iriam se processar no teatro brasileiro. Alfredo Mesquita funda, em 1942, o Grupo de Teatro Experimental, com o objetivo de "levantar o nível do teatro brasileiro, fazer um teatro cultural e educar o público para a aceitação de peças fora do âmbito das possibilidades do teatro profissional da época"[175]. Um ano mais tarde, o próprio Décio de Almeida Prado criaria o Grupo Universitário de Teatro, que partia da convicção da necessidade do encenador para a renovação da cena teatral brasileira e cuja proposta de montar um repertório de autores de língua portuguesa – clássicos e contemporâneos – visava estimular o crescimento do teatro brasileiro. Paralelamente, no Rio de Janeiro, o grupo Os Comediantes empenhava-se num projeto de "aprimoramento do espetáculo teatral, procurando levantar, com a ajuda do interesse do público, o nível cultural do espetáculo"[176]. E em dezembro de 1943, a montagem pelo grupo de *Vestido de Noiva*, de Nelson Rodrigues, dirigida por Ziembinski, colocaria o teatro no centro das discussões intelectuais do país.

Ao escrever sobre a temporada do grupo em São Paulo em 1944, Décio destaca, precisamente, a presença de diretores como uma das mais importantes características de Os Comediantes e como razão do sucesso de seus espetáculos, que julga estar

> em nível incomparavelmente superior ao do nosso teatro profissional:
>
> Os Comediantes possuem, aliás, outra grande originalidade no Brasil: é um conjunto teatral que se distingue e se caracteriza não pelo valor isolado de algumas figuras do elenco mas por um corpo de diretores. Quem quiser criticar seriamente Os Comediantes tem de referir-se obrigatoriamente aos diretores, porque desta vez, sim senhor, há diretores: Santa Rosa, Ziembinski, Adacto Filho, Brutus Pedreira e outros. Isso significa apenas que o ator não está mais soberano e abandonado no palco[177].

Servindo como ponta-de-lança de uma nova mentalidade teatral, a crítica de Décio de Almeida Prado vai ser um dos fatores de grande importância no processo de renovação do teatro brasileiro, assumindo uma posição clara no combate aos vícios do teatro profissional e buscando contribuir para a formação de uma nova consciência teatral. Exemplo significativo da postura do crítico é a crítica ao espetáculo *O Inimigo das Mulheres*, por Procópio Ferreira, e que marcou a estreia de Bibi Ferreira nos palcos:

> Não irei fazer crítica do espetáculo inaugural de Procópio em São Paulo, espetáculo em que foi representada a peça *La Locandiera*, ou *O Inimigo das Mulheres*, conforme a tradução nacional, de Carlo Goldoni.
>
> Farei apenas um protesto.
>
> No teatro nada exige mais saber, mais tato, mais finura, mais amor, mais compreensão verdadeira do fenômeno teatral que a montagem da peça clássica. [...] Pois foi essa prova que o sr. Procópio Ferreira afrontou. O resultado não poderia ter sido mais desastroso. Tudo foi adulterado conscientemente, modificado de propósito, até o enredo. Não resistindo, nem procurando resistir, à tentação de ser engraçado, o sr. Procópio fez os maiores esforços para substituir, sempre que possível, Goldoni por Procópio, com danos evidentes para Goldoni. Nada poupou o sr. Procópio Ferreira, nem latidos. Compreende-se, aliás, o que se passa atualmente com o sr. Procópio Ferreira: quer elevar o nível de seu repertório mas, ao mesmo tempo, não quer perder o público dos bons tempos das traduções espanholas no Boa Vista.
>
> Entretanto, sr. Procópio, raramente a arte permite acomodações. Decida-se de uma vez num sentido ou noutro, escolha entre ganhar mais dinheiro ou arriscar um pouco do que ganhou em novas experiências. Não continue nesse esforço ingente e ineficaz de conciliar Goldoni e Paulo de Magalhães. E, principalmente, não se esqueça de considerar, no balanço final, a vocação nascente de sua filha, que, francamente, merece consideração e respeito[178].

175 Alfredo Mesquita, em Alfredo Mesquita et al., *Depoimentos II*, Rio de Janeiro: MEC/DAC/Funarte/SNT, 1977, p. 25-26.

176 Processo 24.694 de pedido de subvenção dos *Comediantes* ao Ministro da Educação e Saúde Gustavo Capanema, 20 mar. 1944.

177 Os Comediantes em São Paulo, *Clima*, São Paulo, n. 13, ago. 1944, p. 83.

178 O Teatro em São Paulo, *Clima*, São Paulo, n. 9, abr. 1942, p. 112-113.

O caráter engajado e moderno da crítica de Décio pode ser medido pela comparação com a crítica publicada em *O Estado de S. Paulo* sobre o mesmo espetáculo. O desrespeito de Procópio para com o texto de Goldoni parece não ter incomodado o crítico do jornal (cujo nome ignoramos), e que chega mesmo a afirmar a superioridade de Procópio e Bibi Ferreira sobre o autor:

> O desempenho foi francamente superior ao tema e ao seu desenvolvimento, pois o papel dominante teve da parte de Bibi Ferreira uma interpretação do mais apurado quilate. Simpática e elegante, ao mesmo tempo plástica e justa numa extensa escala de variados matizes, ela é realmente uma excelente artista, de ótima afirmação e que tem à sua frente um grande conjunto de possibilidades, desde que não caia no sistema tão comum aos nossos melhores elementos de primeiro plano, de formular e repetir um processo de representar. A seu lado foi também aplaudido e admirado Procópio Ferreira, na parte principal masculina – compondo uma figura de misógino que aos poucos se torna um apaixonado como qualquer outro[179].

Os três anos de *Clima* permitiram a Décio amadurecer suas ideias e sua escrita, preparando-o para a posição de crítico em *O Estado de S. Paulo*, que desempenhará por 22 anos (1946-1968). Denominada "Palcos e Circos", a seção de crítica teatral do *Estado* também não era assinada (e assim permaneceria ainda por muitos anos), pois, em tese, representava o ponto de vista do jornal. Apesar disso, Décio logo se tornaria o crítico mais respeitado em São Paulo e no resto do país.

Em 1948, o movimento dos amadores paulistas produzia seus primeiros frutos: uma companhia profissional estável, o Teatro Brasileiro de Comédia, e uma escola para formação de atores, a Escola de Arte Dramática, de onde sairia toda uma geração de professores, diretores e atores. Surgia, também, um novo público. Mas a tarefa da modernização teatral não seria possível sem o auxílio de uma crítica também moderna, que dialogasse não só com aqueles envolvidos na prática teatral, mas também com o público que crescia a cada dia. A crítica de Décio de Almeida Prado se revela, portanto, como elemento essencial para a consolidação do teatro brasileiro moderno.

A criação de uma consciência teatral é, como dissemos, uma das preocupações centrais do crítico. Daí o caráter informativo, didático, que suas críticas exibem num primeiro momento, privilegiando não tanto a discussão estética mais aprofundada mas antes a abordagem histórica, buscando sempre situar o autor e a peça em seu contexto literário e social. Ao publicar sua primeira seleção de críticas, Décio justificava a necessidade de tal atitude:

> Com referência à crítica, sobretudo aquela feita em jornal, para um leitor qualquer, entendo-a, no Brasil, como um misto de crítica propriamente dita e de divulgação, quase de propaganda de ideias concernentes ao teatro. Quero dizer com isto que nem sempre deixei subentendidas muitas noções que, se seguisse o exemplo dos críticos estrangeiros, poderia perfeitamente dar por conhecidas. Daí o tom algo didático, algo expositivo, de muitas crônicas, principalmente das primeiras, quando o nosso teatro estava longe de possuir a maturidade estética atual: em vez de criticar, expliquei uma peça, situei um autor, servindo de intérprete junto ao público, ganhando em alcance social, em ação sobre o meio, o que porventura perdi, sem o menor remorso, em pureza estética. Em tais casos o que predominou, creio, foi o desejo de servir ao teatro da melhor maneira possível[180].

Pela primeira vez, o teatro ocupava um papel realmente importante na vida cultural do país. Décio dispõe de um espaço significativo no jornal, e, em vários momentos, publica mais de uma crítica sobre o mesmo espetáculo, explorando, em cada uma delas diferentes questões levantadas pelas encenações. Tal prática foi possível não só pelo interesse que se havia criado em relação ao teatro e ao maior espaço que os periódicos da época dedicavam à cultura, mas também devido à dimensão relativamente reduzida do movimento teatral da época, em que o número de montagens não havia assumido ainda as proporções do teatro contemporâneo.

Além da preocupação didática, a crítica apresentava também um aspecto engajado, militante, pois se colocava claramente ao lado da nova geração, como o próprio Décio reconhecia:

179 Apud Sábato Magaldi; Maria Thereza Vargas, *Cem Anos de Teatro em São Paulo*, São Paulo: Senac, 2000, p. 173.

180 *Apresentação do Teatro Brasileiro Moderno*, p. XXI.

Não escondo, por exemplo, a minha preferência pelos atores que estão agora na casa dos vinte ou dos trinta. Respeito e admiro os mais velhos por terem alimentado o teatro em épocas ingratas, vendo as condições adversas frustrarem-lhes as melhores possibilidades de progresso. Mas é aos mais novos que me acho ligado pelas ideias, aos que vieram, de uma maneira geral, depois e não antes de Ziembinski[181].

A verdade é que nesse momento, a crítica e a prática teatral encontram-se empenhadas num projeto comum, e é do diálogo que se estabelece entre as duas partes que resulta a feição que toma o teatro brasileiro moderno. Nos anos seguintes à criação do TBC e da EAD, é visível o crescimento do teatro brasileiro: novos teatros são estabelecidos, o repertório se expande, incluindo obras clássicas e contemporâneas da dramaturgia universal e novas companhias são formadas – basta lembrar a Companhia Cacilda Becker e Walmor Chagas; Companhia Nydia Licia e Sérgio Cardoso; Companhia Maria Della Costa; o Teatro dos Sete; o Teatro de Arena; o Grupo Oficina. Na dramaturgia, surgem autores como Jorge Andrade, Oduvaldo Vianna Filho, Ariano Suassuna e Gianfrancesco Guarnieri, para citar apenas alguns; e vemos nascer toda uma geração de encenadores brasileiros: Antunes Filho, José Renato, José Celso Martinez Corrêa, Flávio Rangel etc.

À medida que o teatro brasileiro tende a se afirmar, a crítica de Décio de Almeida se mostra também mais exigente, abrindo maior espaço para a reflexão teórica e estética, sem perder, entretanto, a perspectiva histórica.

A partir de 1956, Décio acumula, à função de crítico, a de diretor do Suplemento Literário de *O Estado de S. Paulo*, uma das mais importantes publicações culturais de todo o país. O Suplemento, para o qual colaboram escritores de peso como Sérgio Buarque de Hollanda, Antonio Candido, Lúcia Miguel Pereira, Wilson Martins, Otto Lara Resende, Sérgio Milliet, Manuel Bandeira, João Cabral de Melo Neto e Carlos Drummond de Andrade, para citar apenas alguns, seria também um importante veículo de reflexão teatral, por meio da divulgação de ensaios e estudos de Anatol Rosenfeld, Sábato Magaldi, João Bethencourt e Ruggero Jacobbi.

181 Idem, p. xx.

Sábato Magaldi, mineiro de nascimento, iria afirmar-se como outro crítico importante de São Paulo. Antes, vivendo no Rio de Janeiro, foi convidado por Paulo Mendes Campos para substituí-lo como crítico do *Diário Carioca*. Magaldi começa a escrever para o jornal em 1950, e logo adquire o respeito do meio teatral carioca. Em 1952, o crítico vai estudar na França, e de lá continua a enviar artigos sobre espetáculos franceses. Convidado por Alfredo Mesquita para lecionar na Escola de Arte Dramática (EAD) de São Paulo, Sábato Magaldi muda-se para a capital paulista em 1953. Além da função de professor na EAD, ele fica responsável pelo noticiário teatral de *O Estado de S. Paulo*, fazendo reportagens e escrevendo uma coluna informativa. Quando o Suplemento é criado, Décio de Almeida Prado entrega a Sábato a seção teatral, em que o crítico publica ensaios semanais, posteriormente reunidos em livro.

Em 1966, quando o *Jornal da Tarde* é fundado, Sábato Magaldi é contratado como crítico titular. Assim como Décio, Magaldi se distinguiu sempre por uma postura engajada, de efetivo diálogo com a prática teatral e em especial com o Teatro de Arena, tendo participado ativamente dos Seminários de Dramaturgia, importantíssimos para a subsequente valorização do autor nacional. Em depoimento ao Serviço Nacional de Teatro em 1978, ele deixava clara sua visão do crítico como participante ativo, alguém integrado ao meio teatral:

Não vejo a crítica de teatro no Brasil como algo olímpico, distante do movimento teatral. Nosso movimento teatral é uma criação coletiva dos diretores, autores, atores e também dos críticos. Nunca, como crítico, me senti distanciado do movimento teatral. Participei de todos os movimentos, todas as reinvindicações. [...] No processo de construção do nosso teatro, sempre me senti muito solidário[182].

Outro crítico que deve ser lembrado é Miroel Silveira, que escreveu para as *Folhas*[183], de 1947 a 1957. Embora esses periódicos fossem menos expressivos em termos de prestígio e de circulação, a crítica de Miroel Silveira é interessante por

182 Sábato Magaldi, *Depoimento ao Serviço Nacional de Teatro*, 1978, cópia datilografada consultada no acervo da Funarte.
183 *Folha da Manhã*, *Folha da Tarde* e *Folha da Noite*.

representar um contraponto à crítica de Décio de Almeida Prado, como o próprio Miroel apontou, ao publicá-las no livro *A Outra Crítica*.

Com formato bem mais curto do que as críticas de Décio de Almeida Prado, o que reduzia consequentemente a possibilidade de uma reflexão crítica mais aprofundada, os textos de Miroel vão chamar a atenção por causa da postura socialista assumida pelo crítico, que traz para o *métier* a consciência da questão de classe. Criticando o Teatro Brasileiro de Comédia por seu caráter elitista, Miroel Silveira toma a "defesa dos componentes do teatro brasileiro, [...] em sua qualidade de artesãos e de operários, subitamente abalados pela competição com um grupo de economia industrializada"[184]. Para Miroel, a crítica que a nova geração teatral nascida do amadorismo fazia aos velhos profissionais do teatro era não só "exageradamente severa" como também injusta, pois esses profissionais não dispunham das mesmas facilidades econômicas desfrutadas pelo TBC. Os profissionais da geração mais antiga eram "proletários da ribalta", e se suas realizações não apresentavam a mesma qualidade das montagens do Teatro Brasileiro de Comédia, isso se devia às dificuldades econômicas que enfrentavam. Comparando o teatro profissional a uma criança subnutrida e o TBC a uma eugenicamente perfeita, Miroel Silveira argumentava, em "A Cia. Eva Todor":

> Ninguém mais do que eu tem reconhecido e proclamado os méritos da criança eugenicamente perfeita, o TBC. Sempre que sucede ao teatrinho da Rua Major Diogo apresentar espetáculos de grande arte como *Anjo de Pedra*, *Antígona*, ou *Na Terra Como no Céu*, aqui está o cronista pronto no aplauso e no entusiasmo. No entanto, é preciso não esquecer, quando vamos comparar essas realizações às outras dos demais elencos brasileiros, que nenhum outro conjunto nacional possui teatro estável, brindado graças à louvável generosidade de um grupo de capitalistas inteligentes. Todos esses outros conjuntos vivem em casas alugadas, pagando caro sua permanência, que nunca pode ser longa. É preciso não esquecer que essas crianças desnutridas não tiveram nem terão por trás de si uma sociedade a garantir-lhes o primeiro ano de prejuízos: ou fazem imediata e constante bilheteria, ou morrem, porque o empresário singular, o homem único a que estão afetas todas essas responsabilidades, não dispõe de reservas financeiras[185].

A seu ver, a crítica precisava levar em conta, em seu julgamento, as condições de produção do teatro, evitando a alienação da apreciação "puramente" estética: "A primazia das imposições econômicas precisa ser confessada e reconhecida, e por um dever urgente de honestidade substituída à opinião que se baseia apenas em fatores estéticos"[186].

O crítico voltaria ao assunto ao escrever sobre as concessões que o TBC viria a fazer eventualmente ao repertório comercial:

> O predomínio dos fatores econômicos é quase total, mesmo em assuntos de cultura e arte. Teríamos sido menos severos para com os atores da velha guarda se soubéssemos o que hoje sabemos (e muita gente teima, ainda, em negar, apesar da evidência): que os elencos dependem do público, e que este consagra *Uma Certa Cabana* como regra, e *Desejo* e *Antígona* apenas como exceção; que é impossível elevar rapidamente o nível cultural do povo, de modo perceptível e capaz de reinfluenciar, por sua vez, os artistas[187].

Miroel Silveira também criticava o repertório majoritariamente estrangeiro do TBC e a imposição de uma estética neorrealista, produto do trabalho dos encenadores italianos contratados pela companhia, como norma. Alguns desses encenadores iriam também exercer a função de críticos em jornais de São Paulo. É o caso de Ruggero Jacobbi, que assinaria a coluna teatral de *A Última Hora*, no início da década de 1950, e a coluna "Espetáculo", da *Folha da Noite*, de 1952 a 1956[188]. Além disso, Jacobbi escreveria uma série de ensaios para o Suplemento Literário de *O Estado de S. Paulo*, cujos temas abrangiam desde Gonçalves Dias – sobre quem escreveu uma série de seis textos – à significação da tragédia e questões de estética contemporânea. Outro encenador a exercer a crítica foi Alberto D'Aversa, que

184 *A Outra Crítica*, São Paulo: Símbolo, 1976, p. 12.

185 Idem, p. 83.

186 Idem, p. 84.

187 Idem, p. 95.

188 Sobre Ruggero Jacobbi consultar Berenice Raulino, *Ruggero Jacobbi*, São Paulo: Perspectiva, 2002 e Alessandra Vannucci (org.), *Crítica da Razão Teatral: O Teatro no Brasil Visto por Ruggero Jacobbi*, São Paulo: Perspectiva, 2005.

escreveu para o *Diário de São Paulo* entre 1965 e 1969, quando faleceu.

É preciso mencionar ainda a contribuição de Delmiro Gonçalves, que foi crítico e diretor da companhia dramática que levava seu nome; Paulo Mendonça, que foi também professor da EAD; e Clovis Garcia, que escreveu críticas para *O Cruzeiro* (1951-1958) e *A Nação* (1963-1964)[189]. Por fim, lembre-se a importante contribuição de Anatol Rosenfeld para a crítica ensaística. Responsável pela seção de Letras Germânicas do Suplemento Literário de *O Estado de S. Paulo*, Rosenfeld publicou dezenas de ensaios entre 1956 e 1967, dedicados à análise e interpretação das obras dramáticas e do pensamento teórico de dramaturgos como Bertolt Brecht, Erwin Piscator, Frank Wedekind, Friedrich Dürrenmatt, Georg Büchner, Schiller e muitos outros; posteriormente esses textos foram editados em livros.

A Crítica Moderna no Rio de Janeiro

Enquanto em São Paulo o processo de consolidação do teatro moderno se dá sem maiores resistências, em razão de ser o teatro profissional paulista ainda incipiente em comparação ao da então capital federal, no Rio de Janeiro o embate entre a nova geração de atores que vinha reformular a cena e a velha geração de profissionais atrelada às antigas práticas teatrais não se limitaria apenas ao palco, mas iria se estender também à crítica.

Em relação ao palco, vale lembrar alguns episódios para caracterizar o clima de disputa da época entre os amadores e os profissionais do "velho teatro", resistentes quanto à modernização que se revelava aos poucos.

O prestígio e o sucesso alcançado pelos Comediantes junto ao público e a imprensa, principalmente depois da histórica montagem de *Vestido de Noiva*, acabou gerando, em meados dos anos de 1940, um comportamento hostil por parte dos atores profissionais, que reclamavam das subvenções e apoio obtidos pelos grupos amadores, através de um órgão oficial – o Serviço Nacional de Teatro – SNT. R. Magalhães Júnior, autor de inúmeras comédias levadas à cena por companhias profissionais, atacava o grupo no jornal *A Noite*:

> Os Comediantes resolveram se erigir em "nec plus ultra" em matéria de arte teatral, criaram um departamento de expedição mútua de diplomas de genialidade e entraram a desferir golpes, a torto e a direito, contra o desgraçado teatro profissional. Abaixo os burros! Abaixo os errados! Morte aos profissionais! – eis os gritos de guerra dos novos cruzados. [...]
>
> Os rapazes e moças de Santa Rosa precisam ser [...] mais humildes, a fim de ver claramente a distância que ainda os separa da perfeição. Precisam ser menos doutorais, para que possam aprender mais e melhor. E, sobretudo, não devem expor ao ridículo os profissionais que pensam em cruzeiros, que fazem do teatro um meio de vida para si e os seus contratados[190].

Ao abordar a questão em sua coluna, o crítico do *Diário de Notícias* e autor teatral Abadie Faria Rosa deixava claro o cerne do problema – a subvenção dos amadores pelo governo:

> A classe teatral tomou uma atitude de defesa contra o surto de amadorismo subvencionado que enfrenta a sua vida, oferecendo, gratuitamente, aquilo que ela oferece mediante remuneração. Estamos diante de um problema difícil e perigoso de ser encarado e resolvido, se olharmos no momento apenas o lado educacional do teatro. Mas analisemos o assunto serenamente. Há no amadorismo realizações e revelações que merecem amparo e há no profissionalismo apresentações cênicas que devem escapar à ação do favor oficial. Isso, porém, parece-nos não destrói o ponto de vista da classe teatral, como o único preponderante no momento[191].

Para Victor Hugo Adler Pereira, os "profissionais" desejavam o fim da subvenção porque ela deformava as "leis do mercado, provocando deturpações, como a concorrência desleal e o surgimento da produção estranha aos padrões aceitos pelo público"[192]. Os Comediantes constituíam-se na "mais expressiva des-

189 Cf. Clovis Garcia, *Os Caminhos do Teatro Paulista: Um Panorama Registrado em Críticas*, São Paulo: Prêmio, 2006.

190 "Os Comediantes" que Riem e "os Comediantes" que Choram..., *A Noite*, edição final, Rio de Janeiro, 20 nov. 1944, p. 3.

191 Amadorismo em Face do Profissionalismo, *Diário de Notícias*, Rio de Janeiro, 8 jan. 1944, p. 9, 2ª Seção.

192 *A Musa Carrancuda: Teatro e Poder no Estado Novo*, Rio de Janeiro: Fundação Getúlio Vargas, 1998, p. 83.

sas deturpações" por serem um grupo amador que apresentava o que os "profissionais" caracterizavam pejorativamente como uma produção de "elite" respaldada por um "órgão oficial de promoção do teatro". Resistentes à vanguarda, poucos foram os atores veteranos que ousaram deixar o teatro popularesco, de farta bilheteria, para investir na nova poética dos jovens encenadores determinados a libertar o palco das hierarquias e convenções praticadas desde o século XIX.

Representante legítimo do teatro antigo, o ator Procópio Ferreira reagia contra o teatro moderno por considerá-lo um teatro contrário à índole, naturalmente cômica, do teatro brasileiro: "Teatro, enfim, de atitudes literárias: – vanguardismo individual contra a multidão", imposto por uma minoria que tentava "incutir no espírito do povo o desamor pela comicidade, como manifestação inferior"[193]. Para o veterano ator, a modernização empreendida pelos amadores na década de 1940 visava à destruição das "verdadeiras bases – as econômicas – e os verdadeiros fins – a diversão pela comicidade – do teatro"[194]. Procópio rechaçava a crítica teatral quando esta abalava o seu prestígio como ator cômico:

> A invariável palavra da crítica, sempre que oferecemos ao público a arte que ele reclama, é dirigida no sentido de nos afastar do seu convívio, criando uma arte para elemento reduzido, de mentalidade importada. A esses "paladinos" da nossa civilização tem respondido o Brasil, com cascatas de riso, em mais de um século de evolução teatral. Defensores inafiançados, de vez que toda ação por eles praticada não passa de mera atitude para fingir uma superioridade que não possuem. Se é crítico teatral, o próprio jornal em que milita reage contra ele, na deselegância do noticiário policial e na antiliterária página de esportes[195].

A relação entre o antigo e o novo também permeou a carreira de Jayme Costa, ator contemporâneo e rival de Procópio Ferreira, que da mesma forma centrou sua trajetória artística no teatro de convenções e na interpretação histriônica. Num primeiro momento, o ator manteve-se distante da atmosfera crescente de renovação do teatro brasileiro, mas depois tentou conciliar suas antigas técnicas aos novos procedimentos modernos. Sábato Magaldi elogiou a disposição do ator em se adequar aos novos tempos, numa crítica publicada no jornal *Diário Carioca*, em agosto de 1951, durante a temporada no Rio da peça *A Morte do Caixeiro Viajante*, de Arthur Miller:

> O simples esforço de Jayme Costa em sair da rotina de chanchadas, só por si justificaria expressões de incentivo. Mas o espetáculo convenceu. Tivemos bom teatro, teatro do melhor. Depois desse êxito, dificilmente a Companhia se permitirá ingressar de novo na comédia fácil. E isso é uma lição para os elencos entregues à rotina, distanciados há muito da verdadeira ambição. Até agora, o teatro sério era uma tentativa excepcional, confiada a grupos amadores ou a esforços isolados[196].

A batalha travada entre os profissionais e os amadores no palco também se refletia na polêmica instalada pelos prós e contras da crítica teatral. Francisco Sá publica em outubro de 1946, no jornal paulista *O Dia*, o seguinte comentário:

> Digam o que quiserem. Reclamem os "entendidos". Ataquem os empresários. Protestem os críticos. Gritem contra a "chanchada". Mas a verdade é que a "chanchada" leva público ao teatro, público que paga e é, por via disso, o juiz supremo. [...] A bilheteria fala mais alto que a douta opinião dos escrevedores, daqueles que clamam pelo teatro elevado, pelo teatro cultista, pelo teatro de tese[197].

Dulcina de Moraes, que não ia além da montagem do *vaudeville* bem-acabado, ao contrário de Procópio Ferreira e Jayme Costa, usou todo o seu prestígio artístico e popular aventurando-se pelos caminhos da renovação ao preparar, em 1944, um repertório de primeira qualidade no qual figuravam autores do porte de Bernard Shaw, Jean Giraudoux, Somerset Maugham e García Lorca. A notícia de que a companhia Dulcina-Odilon havia recebido subvenção do governo para essa temporada chegou a provocar rebuliço entre a classe teatral que disputava avidamente qualquer auxílio oficial. Renato

193 *O Ator Vasques*, 2. ed., Rio de Janeiro: SNT, 1979, p. 155-156.

194 D. de A. Prado, *Peças, Pessoas e Personagens: O Teatro Brasileiro de Procópio Ferreira a Cacilda Becker*, São Paulo: Companhia das Letras, 1993, p. 86.

195 P. Ferreira, op. cit., p. 159.

196 *Diário Carioca*, 3 ago. 1951, p. 6-7.

197 *O Dia*, São Paulo, 26 out. 1946.

Vieira de Mello, crítico de *O Jornal*, diante do esforço da atuação da Companhia Dulcina-Odilon, mobilizada em caracterizar seus espetáculos de maneira distinta, ponderou:

A Companhia Dulcina-Odilon vem atuando, desde alguns anos, num plano mais elevado. O esforço desses artistas, mesmo quando não estejamos de completo acordo com eles, merece o apoio de quantos desejam ver a cena brasileira emergir do matagal de má literatura que a sufoca. Por vezes, os espetáculos apresentados por Dulcina carecem de unidade, e não se pode dizer que estejam sempre à altura das obras escolhidas; outras vezes um certo extremismo estelar impede que algumas interpretações [...] acompanhem o verdadeiro espírito dos originais. Essas e outras questões de importância visível devem ser apontadas pela crítica em tempo, sem que se esqueçam as boas intenções e o trabalho de uma companhia orientada para as peças de conteúdo humanos e valor literário[198].

Diante desse quadro, as divergências entre os críticos mais antigos, muitos dos quais ainda acumulavam a função de divulgador de espetáculos, e os da nova geração, afinados com o projeto de modernização do teatro brasileiro, vão se aprofundar ao longo das décadas de 1940/1950, até resultar na ruptura dos últimos com a Associação Brasileira de Críticos Teatrais – ABCT.

Criada em 1937, com a finalidade de congregar os críticos teatrais, a atuação da Associação diluía-se em atividades sociais e de divulgação[199]. Discordando dos critérios de votação de prêmios e sentindo a necessidade de definir uma postura de apoio à nova mentalidade teatral, os críticos mais combativos resolvem formar o Círculo Independente de Críticos Teatrais – CICT. A gota d'água foi a reeleição, em 1958, do "eterno" candidato Lopes Gonçalves à presidência da ABCT. Em dezembro do mesmo ano, o CICT era fundado pelos críticos Barbara Heliodora (Suplemento Dominical do *Jornal do Brasil*), Maria Inez Barros de Almeida e Alfredo Souto de Almeida (Rádio Ministério de Educação e Cultura), Henrique Oscar (*Diário de Notícias*), Renato Vieira de Mello (*O Jornal*) e Brício de Abreu (*Diário da Noite*)[200]. A relação entre o teatro moderno e a nova crítica é enfatizada por Barbara Heliodora no Suplemento Dominical do *Jornal do Brasil*:

O Brasil atravessa uma fase decisiva para o teatro; muito embora lentamente uma consciência da necessidade de se apresentar espetáculos cuidados, realizados em nível profissional apurado vai se fazendo sentir; e, aos poucos vai aparecendo um público que quer ver teatro de bons textos, um público que começa a sentir o que é a verdadeira qualidade do espetáculo. Esse público é tão necessário quanto o esforço que vem sendo feito por alguns grupos para apresentar bom teatro, e foi pela necessidade de servir tanto a esse público quanto aos que trabalham no sentido da realização de um teatro de categoria que durante este ano de 1958 tornou-se inevitável uma definição da crítica teatral, que culminou com a cisão que determinou a fundação de uma nova entidade: o Círculo Independente de Críticos Teatrais do Rio de Janeiro[201].

Paulo Francis – após atuar no Teatro do Estudante do Brasil, em 1952, e fundar, em 1957, o Teatro do Leme, no qual dirigiu alguns espetáculos – ganhou notoriedade como crítico teatral na *Revista da Semana* e no jornal *Diário Carioca*. Dono de um estilo mordaz e contundente, que marcou época na imprensa, analisou e discutiu com desembaraço questões teóricas, assim como avaliou práticas sempre em consonância com o teatro contemporâneo.

O crítico, ao aderir ao CICT em 1959, sublinhou a relação entre a prática teatral moderna e a nova crítica, cuja atuação devia extrapolar as páginas dos diários para interferir concretamente na formação da plateia e dos profissionais:

Entrei para o CICT com o propósito de participar de uma ação em prol do teatro promovida pelos críticos que, para bem ou mal, renovam o sentido de sua profissão no Rio. Sempre fui descrente de grupos. Teatro, entretanto, é trabalho de grupo (às vezes no sentido popular do termo, do

198 Apud V. H. A. Pereira, op. cit., p.196.

199 Bandeira Duarte, Geysa Boscoli, Abadie Faria Rosa e Alberto de Queiroz foram alguns dos fundadores da ABCT.

200 Além destes, filiaram-se também ao CICT os seguintes críticos: Accioly Neto (*O Cruzeiro*), Cláudio Bueno da Rocha (*Tribuna da Imprensa*), Claudio de Melo e Souza, Rubem Rocha Filho, Edgar de Alencar (*A Notícia*), Gustavo Dória (*O Globo*), Luiza Barreto Leite (*Correio da Manhã*), Milton Moraes Emery (*Imprensa Popular*), Paulo Francis (*Diário Carioca*) e Fausto Wolff (*Tribuna da Imprensa*).

201 Barbara Heliodora, Os Melhores de 1958, *Jornal do Brasil*, 4 jan. 1959, p. 4.

jogo do bicho). Já temos o Teatro de Arena, o Grupo dos Sete; no Rio e em São Paulo a nova geração afirma e pratica seus princípios. Já é tempo que também nós, críticos da nova geração, funcionemos conjuntamente.

O CICT vai distribuir os indefectíveis prêmios, que tanto tenho ridicularizado aqui. Ontem nos reunimos para a votação. Mas não ficará nisso. Pretende atuar em todos os campos de esclarecimento e combate em que a crítica pode atuar, desde o problema comercial dos selos a cursos de formação de profissionais e plateias. Os prêmios, dentro de um contexto de trabalho mais amplo e profícuo, adquirem a sua verdadeira proporção nas atividades de uma entidade de críticos[202].

Mais adiante, Francis deixa clara a postura da nova crítica face aos críticos-divulgadores:

O que é inaceitável é o elogio publicitário com que certos críticos inundam diariamente suas seções, elogio que abrange desde *Tem Nheco-Nheco na Lua* a *Eles não Usam Black-tie*. [...] Essa atitude desmoraliza por completo a função da crítica, por reduzir o bom e o mau teatro a um plano de igualdade. [...] O CICT, projetando uma imagem de unidade dos críticos, pode ajudar a suprir essa deficiência, pode contrabalançar a atividade desses anticríticos[203].

Engajada e comprometida com a modernização do teatro e com a prática de uma crítica especializada, a nova crítica do CICT assumiria um tom bem mais polêmico – e, por vezes, até mesmo violento – do que a crítica paulista. Ainda segundo Francis:

Em São Paulo, Décio de Almeida Prado, Sábato Magaldi e Delmiro Gonçalves, os três do *Estado*, nos haviam precedido em estimular o estabelecimento de valores e em negar os falsos. Sábato, o mais aguerrido, criou bons e necessários casos, mas o bom tom do trio nos parecia mais didático (deliberadamente, sem dúvida) do que julgávamos adequado à "ação entre amigos" no teatro brasileiro[204].

Preocupado com a formação de plateia, o CICT promoveu cursos de história e teoria teatral, com a participação de críticos e teóricos de São Paulo, como Décio de Almeida Prado, Anatol Rosenfeld, Paulo Mendonça e Sábato Magaldi. Os membros do Círculo também orientavam o público, em suas colunas, em relação aos espetáculos que mereciam ser vistos. A indicação pela entidade de determinado espetáculo equivalia a um selo de aprovação. Além disso, o CICT conferia, aos melhores artistas do ano, o prêmio Padre Ventura – uma homenagem ao criador da Casa da Ópera, primeiro teatro a funcionar regularmente na cidade do Rio de Janeiro, em meados do século XVIII.

O CICT encerrou suas atividades em dezembro de 1965. Entre os diversos fatores que contribuíram para esse final estavam a estagnação das atividades culturais, por falta de tempo dos integrantes e a transformação da instituição, em sua última fase, num mero órgão distribuidor de prêmios. Segundo Yan Michalski, que havia iniciado sua carreira de crítico em 1964, no *Jornal do Brasil*, os críticos cariocas, ao decidirem dissolver o CICT, deram uma demonstração de que exercitavam não só a crítica, mas também a autocrítica.

Em torno do Círculo cristalizou-se, a partir de 1958, uma mentalidade crítica moderna, exigente, construtiva e isenta de compromissos e de concessões, bem como uma certa tomada de posição comum diante do fenômeno teatral brasileiro. Essa tomada de posição não impedia, evidentemente, as divergências de pontos de vista individuais na apreciação dos espetáculos, mas pressupunha uma certa identidade de concepções fundamentais em relação ao papel do teatro dentro da sociedade, e ao papel da crítica dentro do teatro[205].

O Círculo teria cumprido "durante os primeiros anos de sua existência, uma missão [...] extremamente benéfica para o teatro carioca", como observou Yan Michalski. Em entrevista a George Moura, Décio de Almeida Prado fez uma comparação a respeito do eixo teatral Rio-São Paulo à época da criação do CICT:

É interessante perceber as diferenças, naquele momento, entre o Rio e São Paulo. Aqui em São Paulo estava começando o teatro moderno, não existia um teatro antigo. No Rio havia o teatro tradicional, aquele teatro de costumes.

202 Apud George Moura, *Paulo Francis: O Soldado Fanfarrão*, Rio de Janeiro: Objetiva, 1996, p. 54-55.

203 Idem, p. 56.

204 *O Afeto que se Encerra*, Rio de Janeiro: Civilização Brasileira, 1981, p. 120.

205 O CICT Acabou, *Jornal do Brasil*, 24 dez. 1965, p. 2, Caderno B.

> Existia a Sbat [Sociedade Brasileira de Autores Teatrais], que era um centro conservador. Daí ter existido no Rio esta divisão entre críticos, que aqui em São Paulo não ocorreu. O tom no Rio era combativo, porque a crítica tinha a quem se opor[206].

Apesar das diferenças apontadas por Décio, o fato é que a moderna crítica teatral tanto em São Paulo quanto no Rio de Janeiro desempenhou um papel fundamental na formação e consolidação do teatro brasileiro moderno. Além de sua tradicional função de registro histórico, a moderna crítica se caracterizou, antes de tudo, por uma atitude engajada, marcada pela preocupação de estabelecer um diálogo efetivo não só com o público, mas também com os profissionais da cena – atores, diretores, autores, cenógrafos, iluminadores etc. –, cumprindo uma função ao mesmo tempo reflexiva e formativa.

206 Apud G. Moura, op. cit., p. 59.

III.
Novas Correntes Teatrais: Dramaturgia e Encenações (1958-1978)

1. A POLITIZAÇÃO DO TEATRO: DO ARENA AO CPC

O Teatro de Arena de São Paulo, fundado em 1953, surgiu como alternativa para o enfrentamento de pressões econômicas que pesavam sobre a esfera de produção no Teatro Brasileiro de Comédia (TBC). A iniciativa partiu de José Renato Pécora (1926-2011), jovem diretor recém-formado pela Escola de Arte Dramática (EAD), e teve como inspiração a estrutura norte-americana de teatro sem proscênio, no qual a área de encenação é circular, central e circundada pelos assentos destinados ao público.

O contato com essa concepção de espaço havia surgido através de Décio de Almeida Prado, que havia lido na revista *Theatre Arts* parte do livro *Theater-in-the-Round*, de Margo Jones[1], a grande divulgadora da encenação em arena nos Estados Unidos. Os aspectos de economia e agilidade ressaltados por ela motivaram o grupo de atores da EAD liderados por José Renato a experimentar sua viabilidade no Brasil.

1 Em *Theater-in-the-Round* (New York: Rinehart & Company, 1951), Margo Jones [Margaret Virginia Jones] expõe as características e possibilidades desse tipo de espaço cênico.

Primeiros Tempos

Inaugurado em espaço cedido pelo Museu de Arte Moderna, onde se apresentou provisoriamente, o Teatro de Arena mudou-se em 1954 para o local que seria seu domicílio definitivo: o número 94 da Rua Theodoro Baima, no bairro da Consolação, próximo ao centro de São Paulo.

A EAD funcionava, nesse período, no prédio do TBC, e a afinidade que a ligava a ele ia além da mera ocupação do espaço. O Teatro de Arena recém-articulado por José Renato compartilhava dessa afinidade, o que se evidencia no repertório que o grupo viria a encenar em seus primeiros anos. Em termos teatrais a compatibilidade entre os dois grupos traduzia-se pelo gosto por um repertório eclético, em que peças do moderno teatro europeu e norte-americano eram alternadas com peças brasileiras.

O TBC, na época em que surgiu o Arena, tinha começado a ensaiar *Lembranças de Berta*, peça em um ato de Tennessee Williams, e José Renato escolheu, para a estreia de seu grupo, um texto do mesmo autor, cuja tradução havia lido e dirigido como parte de seu programa de estudos na EAD em 1951[2]: *O Demorado Adeus*.

Embora o resultado atingido tenha mostrado que o grupo ainda estava bastante preso à concepção do espaço cênico convencional, de palco italiano, a

2 José Renato, em Amir Haddad et al., *Depoimentos VI*, Rio de Janeiro: MEC/SEC/SNT, 1982, p. 85.

montagem comprovou fartamente não só a exequibilidade e o interesse artístico da encenação em arena, mas também, e de forma decisiva, o seu baixo custo em relação aos padrões de espetáculos praticados pelo TBC. Segundo José Renato, a montagem de *O Demorado Adeus* custou apenas 10% do total exigido, na mesma época, por *Lembranças de Berta*, encenada pelo TBC[3].

Diante da boa acolhida de público e de crítica, José Renato procurou consolidar o grupo através de peças que não envolvessem riscos do ponto de vista do sucesso comercial. O desejo de encenar peças brasileiras existia desde o início, segundo o diretor, mas foi apenas no ano seguinte ao da fundação, ainda durante a fase de atuação no Museu, que o grupo encenou sua primeira montagem de autor nacional: *Judas em Sábado de Aleluia*, de Martins Pena, para cuja direção convidou-se Sérgio Britto. A estratégia de alternar peças estrangeiras e nacionais era mais um dos pontos que aproximavam o Arena, em seu período inicial, das formas de trabalho usuais no TBC.

Ao período de apresentações no Museu seguiu-se uma fase de encenações em outros locais: desfrutando de uma produtiva mobilidade, o grupo passou a apresentar-se em fábricas, clubes e escolas, e em locais situados fora do circuito dos espetáculos convencionais. Essa forma de trabalho ampliava significativamente as faixas de público atingidas, e paralelamente auxiliava na campanha por fundos para a aquisição de uma sede própria[4], na tentativa de superar o problema da constante falta de estrutura adequada nos espetáculos.

A mudança para sua própria sede veio representar, inevitavelmente, a perda da mobilidade. Apesar disso, a ideia de atingir públicos de outras classes sociais havia sido uma das necessidades sentidas desde o início[5], e não desapareceria da pauta interna de discussões do Arena, mesmo porque o grupo ainda estava longe de chegar a uma posição clara a respeito[6].

A popularidade alcançada com as encenações e a rede de contatos construída nessa primeira fase deu aos integrantes condições de realizar, ainda em 1954, uma pequena série de apresentações no Rio de Janeiro, incluindo uma récita especial no Palácio do Catete para o então presidente Café Filho, o que dá bem a medida do prestígio de que haviam passado a desfrutar no âmbito da cultura oficial da época.

A partir de 1955, com o ingresso de alguns amadores ligados ao Teatro Paulista do Estudante (TPE), o Arena começaria a passar por uma série de transformações que, algum tempo depois, viriam a imprimir a seu trabalho o caráter político que passaria a caracterizá-lo, assinalando assim uma radical modificação de seu pensamento e linha de trabalho.

O TPE foi fundado em abril de 1955, dentro da militância estudantil do Partido Comunista Brasileiro, por iniciativa de um grupo de amadores ligados à União da Juventude Comunista[7] e composto por Oduvaldo Vianna Filho, o Vianinha (1936-1974), Vera Gertel, Gianfrancesco Guarnieri (1934-2006), Diorandy Vianna, Raymundo Duprat e Pedro Paulo Uzeda Moreira. O grupo não tinha, em sua origem, um programa cultural definido, mas seus integrantes haviam elegido o teatro como instrumento de uma tarefa partidária autoassumida, sem o objetivo de profissionalização teatral[8]. A primeira metade dos anos de 1950 havia sido um período de inédita intensificação de iniciativas do PCB na área da cultura, registrando a fundação de revistas de caráter político-cultural em várias capitais[9]. O movimento estudantil paulista havia crescido consideravelmente, e entidades como a União Metropolitana de Estudantes Secundários e a União da Juventude Comunista haviam passado a estimular a participação de seus membros em atividades culturais como forma de atrair novos quadros.

A reunião de fundação do grupo amador havia sido presidida por Ruggero Jacobbi (1920-1981), diretor, cenógrafo e teórico italiano de perfil político inequivocamente de esquerda e com cuja

3 J. Renato, *Ciclo de Palestras Sobre o Teatro Brasileiro*, Rio de Janeiro: Inacen, 1987, v. 4, p. 8.

4 Mariangela Alves de Lima, História das Idéias, *Dionysos*, Rio de Janeiro, MEC/SNT, n. 24, out. 1978, p. 33-34.

5 Idem, p. 35.

6 Idem, p. 40.

7 Deocélia Vianna, *Companheiros de Viagem*, São Paulo: Brasiliense, 1984, p. 123.

8 Izaías Almada, *Teatro de Arena*, São Paulo: Boitempo, 2004, p. 63.

9 Antonio Albino Rubim, Marxismo, Cultura e Intelectuais no Brasil, em João Quartim de Moraes (org.), *História do Marxismo no Brasil*, Campinas: Editora da Unicamp, 1998, v. 3, p. 319-320.

orientação o jovem grupo desejava contar. Uma mudança de rumos, porém, ocorreria logo a seguir tanto para Jacobbi quanto para os jovens atores: o diretor acabou tendo que se transferir para o Rio Grande do Sul por compromissos de trabalho; os amadores do TPE, por sua vez, firmaram, poucos meses depois, um acordo com o Teatro de Arena, cedendo seus amadores para figurações em troca de espaço para ensaios e da possibilidade de apresentar trabalhos no chamado Teatro das Segundas-Feiras.

O acordo se mostrou decisivo para o destino de ambos os grupos: o ingresso nos espetáculos profissionais do Arena levou alguns dos principais integrantes do TPE (entre os quais Vianinha, Vera Gertel e Guarnieri) a se profissionalizarem no teatro; o Arena, por outro lado, com o ingresso de atores provindos da militância estudantil, passaria a reunir as condições determinantes para sua politização.

Apesar da preocupação política que inspirava os jovens amadores, a linha de trabalho adotada inicialmente pelo TPE não se mostrava, ainda, drasticamente diversa da até então seguida pelo Arena e pelo próprio TBC, como comprovam as três primeiras peças montadas após sua fundação: *A Rua da Igreja*, em um ato, do irlandês Lennox Robinson; *Está Lá Fora um Inspetor*, de J. B. Priestley; e *Enquanto Eles Forem Felizes*, de Vernon Sylvaine, comédia romântica que havia feito sucesso nos palcos londrinos, tendo sido adaptada para o cinema em 1955.

A consecução do objetivo político desejado para o trabalho teatral havia ficado por conta de apresentações itinerantes feitas principalmente em escolas, dadas as raízes do grupo, que o ligavam ao movimento secundarista. O TPE procurava com essas apresentações amadurecer suas próprias condições técnicas para que pudesse se tornar, como desejava, "o braço estético de uma política estudantil"[10].

No mesmo ano em que se ligaram ao Arena, os membros do TPE apresentaram, em um festival de grupos amadores, um documento-síntese de suas preocupações intitulado "O Teatro Amador em Defesa de Nossas Tradições Culturais". No texto a relação com o público era definida como a grande prioridade, e o uso da emoção era apontado como o caminho para uma tomada mais efetiva de contato com a realidade[11]. Embora de forma ainda tosca e incipiente, o documento deixava transparecer a importância atribuída a esse contato, considerado elemento norteador do trabalho desejado.

O trajeto que assim se iniciava viria a desencadear desdobramentos fundamentais no teatro e em vários outros setores da cultura, levando, em 1960, à organização do Centro Popular de Cultura, o CPC. Essas transformações não foram mecânicas ou imediatas, e sim resultantes de impasses e de questões surgidas do próprio trabalho e das discussões internas que passaram a acontecer dentro do Teatro de Arena.

Por outro lado, alguns aspectos inerentes à própria estrutura de trabalho adotada no Arena inclinavam-no, mesmo antes do ingresso dos atores do TPE, a uma organização interna horizontalizada (ainda que José Renato concentrasse a responsabilidade de cuidar da esfera administrativa e da escolha do repertório) e, portanto, mais propícia à politização. Encarar as tarefas gerais como tarefas coletivas, por exemplo, era um dado que diferenciava o grupo e que havia sido adotado empiricamente desde os seus primórdios.

A instalação da sede na rua Theodoro Baima envolveu esforços consideráveis de todos. As temporadas profissionais realizadas após o acordo com o TPE não assinalaram modificação imediata no que diz respeito ao pensamento estético do grupo: a afinidade com o trabalho do TBC continuava marcante, como indicava o caráter eclético das peças encenadas.

Isso não significava, por outro lado, que o tratamento cênico nos espetáculos não apresentasse variações. *À Margem da Vida*, escrita por Tennessee Williams em 1944 e apresentada no Teatro Municipal de São Paulo, em 1947, pelo Grupo Experimental de Teatro, com direção de Alfredo Mesquita, teve, no Arena, soluções bastante diferentes. A mais marcante delas foi o fato de os vários espaços utilizados no original terem sido condensados em um espaço único, o que evidenciou inclusive a liberdade do encenador em relação ao texto.

Também *Escola de Maridos*, de Molière, apresentada em 1955 com direção de José Renato,

10 Gianfrancesco Guarnieri, em Abílio Pereira de Almeida et al., *Depoimentos V*, Rio de Janeiro: MEC/SEC/SNT, 1981, p. 67.

11 Marcos Napolitano, A Arte Engajada e Seus Públicos (1955/1968). Disponível em: <http://www.cpdoc.fgv.br/revista/arq/312.pdf>. Acesso em: 2 out. 2004.

empregava recursos cênicos que não haviam, até então, sido adotados no TBC, como o uso de marcação apoiada no jogo de amarelinha, a manutenção de todos os atores no palco durante o espetáculo e a intercalação de comentários de ligação entre as cenas feitos pelos figurantes[12].

A questão que se colocava para o Arena, porém, não se limitava à necessidade de amadurecer novas formas de tratamento cênico: era necessário também que novos trabalhos dramatúrgicos surgissem, e para isso era preciso tratar de fomentá-los e de embasá-los. Atender a essa necessidade requeria, em alguma medida, que o Arena se colocasse não apenas como realizador de encenações isoladas, mas que se propusesse uma linha de trabalho continuado. Algum tempo ainda teria que se passar, porém, para que um trabalho dramatúrgico dessa natureza fosse posto em prática concretamente.

Augusto Boal Ingressa no Arena

Foi só após o ingresso de Augusto Boal (1931-2009), em 1956, que o Arena viria, em suas discussões, a se encaminhar para uma definição do tipo de cultura necessária em relação a esses objetivos pretendidos[13].

José Renato sentia, cada vez mais, a necessidade de dividir a pesada carga de trabalho que recaía sobre ele, responsável que era não apenas pela direção de espetáculos, mas também pelas questões administrativas, além de fazer, paralelamente, trabalhos na TV Tupi de São Paulo[14]. O nome de Augusto Boal, recém-chegado de uma temporada de estudos no Actors Studio[15], de Nova York, havia sido indicado ao Arena por Sábato Magaldi, e um convite logo lhe foi feito para um contato inicial com o grupo.

A primeira direção de Boal no Arena, uma adaptação da novela *Ratos e Homens*, do norte-americano John Steinbeck, consolidou no grupo a presença dos atores provindos do TPE. Utilizando técnicas assimiladas no Actors Studio, sua direção deu ao espetáculo uma naturalidade interpretativa que se apoiava fortemente na expressão da psicologia das personagens e no conceito de memória emotiva. A concepção cênica teve um caráter que o próprio Boal veio a designar posteriormente de "realismo seletivo"[16].

O espetáculo foi bem recebido pelo público e pela crítica, mas a procura de textos nacionais adequados ao Arena mostrava ser uma questão não resolvida dentro da linha de trabalho: o repertório de peças nacionais disponíveis parecia possibilitar poucas perspectivas além das convencionais comédias de costumes ou dos dramas de gabinete, o que levou o grupo a promover experimentalmente um concurso de adaptação de contos para o teatro. O que se esperava era, dessa forma, encontrar textos brasileiros de interesse e ao mesmo tempo acessíveis para produção.

A escolha recaiu sobre quatro contos realistas[17], mas os resultados esperados não foram atingidos, indicando claramente a necessidade de se fomentar de forma mais intensiva o exercício da dramaturgia.

Procurou-se, para isso, aproveitar a experiência assimilada por Boal em seu estágio no Actors Studio e oferecer um Curso Prático de Dramaturgia, iniciado nesse mesmo ano de 1956, no qual ele passou a examinar as técnicas do *playwriting* norte-americano, que cada vez mais ia se constituindo num ponto de referência importante para a renovação dramatúrgica desejada.

Pouco depois, em 1957, a experiência foi acrescida de outra na mesma linha: um Laboratório de Interpretação também sob a responsabilidade de Boal (usando pioneiramente o termo que, segundo ele próprio, havia sido tomado emprestado a seus estudos na área de química). Aplicando as técnicas stanislavskianas assimiladas no Actors Studio, Boal procurou desenvolver os mecanismos interpretativos de caracterização psicológica das personagens.

As carências detectadas no Curso de Dramaturgia levaram, nessa mesma época, à criação paralela de um Curso Prático de Teatro, aberto não apenas aos

12 M. A. de Lima, op. cit., p. 39.

13 Idem, p. 40.

14 Augusto Boal, *Hamlet e o Filho do Padeiro. Memórias Imaginadas*, Rio de Janeiro: Record, 2000, p. 139.

15 Fundado em Nova York em 1947 por Elia Kazan, Cheryl Crawford, e Robert Lewis, desenvolveu um método de interpretação a partir da abordagem dos preceitos de Konstantin Stanislávski anteriormente adotados pelo Group Theatre na década de 1930.

16 A. Boal, op. cit., p. 143.

17 "A Caolha", de Júlia Lopes de Almeida; "O Plebiscito", de Artur Azevedo; "Missa do Galo", de Machado de Assis; e "O Homem que Sabia Javanês", de Lima Barreto.

atores do grupo mas a todos os interessados. Décio de Almeida Prado, o mais importante crítico teatral do país, foi convidado para as aulas de Estética, e Sábato Magaldi (que também atuava como crítico em *O Estado de S. Paulo*) para as de História do Teatro[18].

Tanto a existência dos cursos como a natureza dos programas de estudo deixavam clara a necessidade de aprofundamento, e as atividades programadas (aulas, laboratório e seminários) constituíam-se em fóruns de acaloradas discussões, instituindo uma prática que seria fundamental para o grupo. Dentro desse contexto os atores provindos do TPE encontrariam um campo fértil para o debate de ideias e, portanto, para a politização dentro do trabalho do Arena.

O desenrolar de todas essas atividades se realizava, porém, num momento delicado: a necessidade de equilibrar a situação financeira começava a se mostrar cada vez mais urgente, e José Renato decidiu voltar a apostar no êxito comercial de espetáculos leves e de carpintaria teatral "bem acabada".

A boa receptividade dada à série eclética de espetáculos que se seguiu não isentou o Arena das crescentes dificuldades financeiras que vinham se apresentando. E para tornar ainda mais delicada a situação, a fraca resposta do público às peças encenadas no ano seguinte, 1957, fez crescerem as preocupações em torno dos rumos a serem seguidos, chegando a levar um crítico a observar que, para se reerguerem, os diretores do Arena não deveriam temer montar "os grandes textos" do teatro[19].

A solução encontrada diante da precária situação financeira foi apelar para textos de autores da casa: retomou-se, assim, nesse mesmo ano de 1957, a temporada de *Marido Magro, Mulher Chata*, de Boal, seguindo-se, no início do ano seguinte, a montagem de *Eles Não Usam Black-tie*, de Gianfrancesco Guarnieri, versão revisada de um texto que ele havia escrito algum tempo antes com o título original de *O Cruzeiro Lá no Alto*.

O Sucesso de Eles Não Usam Black-tie

A peça teve uma recepção calorosa de público e crítica, e manteve-se em cartaz por dez meses, período bastante longo para os padrões da época. Esse fato forneceu ao Arena uma indicação clara quanto à linha de dramaturgia a ser adotada: o texto de Guarnieri tratava de problemas de operários e passava-se numa favela, em pleno morro carioca. Trazia assim ao centro do palco o proletariado, e construía o conflito a partir da sua óptica. Além de tratar de um assunto de indiscutível importância social, a peça abordava-o à luz de acontecimentos contemporâneos à montagem: 1957 havia sido um ano marcado por greves e mobilizações trabalhistas em São Paulo, e seus desdobramentos estavam, ainda, na ordem do dia e nas manchetes dos jornais.

Ao mesmo tempo, a peça se caracterizava por um realismo de concepção e por uma estrutura coloquial de diálogos que a diferenciavam muito de grande parte dos trabalhos em cartaz no mesmo período. A encenação efetivamente havia conseguido atender tanto as expectativas políticas dos atores oriundos do TPE como as expectativas dramatúrgicas dos demais, no sentido de contar com um texto moderno e bem realizado.

Motivado pelo êxito do espetáculo, o Arena decidiu intensificar seus esforços no sentido de fomentar a criação dramatúrgica entre seus participantes. A expectativa era que, no rastro do trabalho de Guarnieri, outros integrantes do grupo pudessem, eventualmente, revelar seus talentos na arte de escrever e que o fizessem seguindo as coordenadas utilizadas nele. Assim, em abril de 1958, têm início os Seminários de Dramaturgia, proposta de leitura e discussão coletiva de peças escritas pelos membros do grupo. Todos indistintamente foram incentivados a escrever, independentemente da função que exerciam, e todos tiveram suas peças exaustiva e calorosamente discutidas.

O texto de Guarnieri havia trazido a constatação de que não se tinha, até aquele momento, uma dramaturgia que efetivamente representasse as questões sociais e políticas do país, principalmente do ponto de vista de seus trabalhadores. O assunto da peça, uma greve do setor industrial, era praticamente ausente do repertório dramatúrgico nacional até então, e o conflito da personagem central, Tião, dava margem a que se debatesse não só o aspecto político da opção feita como também importantes questões formais relativas à sua representação.

18 Cf. *Dionysos*, n. 24, op. cit., p. 11.
19 Idem, p 13.

Durante os dez meses em que *Black-tie* se manteve em cartaz, inúmeros textos recém-escritos pelos demais atores foram debatidos e cogitados para sucedê-la. A peça havia se tornado uma espécie de paradigma para o Arena, e as reflexões que desencadeou associavam sua importância à representação pioneira que fazia do proletariado industrial do país, dado que foi diretamente associado ao que se designava naquele momento de "realidade nacional". Esse conceito viria a tornar-se o fio condutor das reflexões do grupo, tanto no que dizia respeito ao estilo interpretativo procurado como às formas dramatúrgicas que desejava fomentar.

Chapetuba Futebol Clube, texto de Vianinha escolhido para suceder a peça de Guarnieri em 1959, foi objeto, segundo o próprio autor, de inúmeras diferentes versões dentro dos Seminários[20]. Embora uma primeira versão já estivesse pronta, a peça foi de fato o primeiro fruto dramatúrgico dos Seminários.

Como *Black-tie*, *Chapetuba* procurou trazer ao palco problemas sociais e coletivos envolvendo os setores majoritários da população, e para isso empenhou-se em aprofundar a pesquisa dos novos padrões de dramaturgia estabelecidos a partir da peça de Guarnieri.

Tanto esta última como a de Vianinha trouxeram à tona importantes questões relativas à forma dramatúrgica e às perspectivas de representação da classe trabalhadora. Nos debates da época e em estudos críticos posteriores essas questões suscitaram análises de grande importância para a compreensão dos meios pelos quais a dramaturgia brasileira surgida a partir do Arena tendeu a lidar com a representação de conteúdos de natureza política.

Black-tie concentra a ação no microcosmo doméstico da personagem central, e, por optar pelo realismo cênico, desloca estrategicamente para fora de cena os momentos de enfrentamento entre trabalhadores e forças policiais, assim como os debates coletivos no interior do movimento grevista. Essa opção inevitavelmente exclui do palco a representação da greve como resultado de mobilização de massas de trabalhadores, deixando implícita a ideia de que, como tal, era inviável numa encenação realista no pequeno palco do Arena. Isso vinha deixar de fora aquilo que se constituía, justamente, na questão central da peça.

Como aponta Iná Camargo Costa em seu decisivo estudo *A Hora do Teatro Épico no Brasil*[21], a peça de Guarnieri fez surgir, com essa opção do autor, uma importante e reveladora contradição entre forma e matéria representada: a construção formal era a do drama, forma surgida historicamente a partir da organização da classe burguesa e da noção de sujeito agente e imbuído de livre arbítrio. Ao tomar como assunto problemas de classe e de trabalhadores submetidos a um processo violento de exploração, o texto de Guarnieri colocou em foco conflitos não representáveis pela ativação de vontades individuais, e sim pelos grandes processos coletivos historicamente determinados.

O tratamento formal dado a *Black-tie* deixa clara a preocupação de Guarnieri em manter no texto a estrutura apoiada na progressão da ação rumo a um ápice tensional, a adoção de personagens-indivíduos e o foco da representação centrado no microcosmo doméstico da personagem central.

A peça realiza, com grande eficácia representativa, a contraposição das motivações individuais e sociais, construindo o conflito entre Tião (o operário que fura a greve) e seu pai (o militante que não abre mão da coerência na luta coletiva), tratando-os como personagens agentes antagonizados entre si. Ao fazê-lo, porém, ignora o caráter intrinsecamente épico do material, produzindo assim, involuntariamente, um interessante desafio dramatúrgico que passaria a se apresentar recorrentemente dentro da vertente de criação que então se abria com a politização do trabalho teatral realizada pelo Arena.

É importante observar a esse respeito que com *Eles Não Usam Black-tie* o Arena havia adentrado um campo pouco conhecido do ponto de vista da dramaturgia: ao contrário do romance e da poesia, que vinham enfrentando desde a década de 1930 os desafios da representação das mais candentes questões socioeconômicas e de classe, o teatro e em especial a dramaturgia encontravam-se, por inúmeros fatores de caráter histórico e cultural, defasados quanto à expressão dos impasses de seu próprio tempo.

20 Fernando Peixoto (org.), *Vianinha. Teatro. Televisão. Política*, São Paulo: Brasiliense, 1983, p. 39.

21 São Paulo: Graal, 1996.

Essa era a razão, aliás, para o interesse crescente pela dramaturgia norte-americana moderna, e por autores como Arthur Miller e Tennessee Williams, que vinham lidando com o teatro dentro de um contexto já plenamente impregnado, há muito, pelas forças do capitalismo industrial e da mentalidade corporativa, recentes ainda dentro no contexto histórico nacional. Peças como *Um Bonde Chamado Desejo*, de Tennessee Williams e *A Morte do Caixeiro Viajante*, de Arthur Miller apresentavam estratégias de construção de enredo e de caracterização inéditas no país tanto do ponto de vista de sua concepção como de sua consecução cênica.

Ao mesmo tempo e principalmente a partir do segundo pós-guerra, o chamado *american way of life* havia passado a penetrar crescentemente com a importação dos produtos norte-americanos de consumo e do cinema hollywoodiano em geral.

Com o desenvolvimentismo do governo Kubitschek e o franqueamento do país aos capitais estrangeiros, processos acelerados de industrialização e urbanização haviam passado a atrair para as metrópoles do sul um enorme contingente de trabalhadores de procedência rural. Essa camada crescente e marginalizada da população encontrava-se ausente do ponto de vista de sua representação na dramaturgia nacional praticada no eixo São Paulo-Rio.

Era exatamente o desafio de representá-la que havia feito de *Black-tie* a peça inaugural de uma nova etapa, e que havia trazido ao Arena a definição de uma linha de trabalho a ser seguida. Dava-se com isso um passo decisivo na direção dos objetivos de politização propostos pelos fundadores do TPE. Não é casual, portanto, o fato de Guarnieri e Vianinha, provindos dele, terem sido, justamente, os dois nomes de destaque na dramaturgia a partir deste momento.

Em *A Semente*, escrita entre 1959 e 1961, Guarnieri voltaria a tratar de uma greve operária em contexto industrial. Colocando no centro da trama a figura do operário Agileu, lutador incansável e militante do PCB, a peça apresentava os impasses da luta política não só diante do enfrentamento da repressão, mas também do debate interno das estratégias adotadas pelo partido.

Sob o ponto de vista estrutural, a peça diferenciava-se de *Black-tie* pelo número e pela variedade de espaços e de sequências dramáticas, que representaram um grande desafio também sob o ponto de vista cenográfico. Sua montagem estreou no TBC em abril de 1961 sob a direção de Flávio Rangel, após complicada batalha de enfrentamento da censura. Em depoimento ao jornal *O Estado de S. Paulo* na véspera da estreia, o diretor descreveu as dificuldades técnicas implicadas na representação de cenas que envolviam

> uma passeata, um voo, uma pancadaria, um amor profundo, um velório, uma praça (com igreja), uma moça grávida e outra que quer ficar, um depósito de lixo, operários trabalhando com máquinas, uma pequena canção, um coro, muita gente em cena [40 pessoas] e a fascinante personagem de Agileu, síntese da massa.

E comentou que, diante delas, sua ideia inicial, que se mostrara financeiramente inviável, havia sido a de realizar um filme[22].

Chapetuba Futebol Clube

Chapetuba Futebol Clube estreou apenas em março de 1959: o ininterrupto sucesso de público de sua antecessora a manteve em compasso de espera durante meses, o que a expôs a um período prolongado de debates e de reelaborações a partir de sugestões feitas nos Seminários.

Também *Chapetuba* viu-se às voltas com a mesma questão formal enfrentada por *Black-tie*. Como Guarnieri em sua peça, também Vianinha empregou os elementos formais do drama no que se refere à estrutura de construção: o texto dividia-se em três atos, apresentava uma exposição detalhada das motivações psicológicas das personagens e desenvolvia seu conflito na direção de um ápice cuja resolução levava ao desenlace final. O assunto abordado, o futebol, era igualmente representativo daquele momento da história do país, já que no ano anterior (1958) a seleção brasileira havia conquistado o título no Campeonato Mundial realizado na Suécia.

22 Cf. "A Semente", de Guarnieri. Disponível em: <http://bernardoschmidt.blogspot.com/2010/02/semente-de-guarnieri.html>. Acesso em: 13 dez. 2011.

Dramaturgicamente falando, o foco se concentrava no microcosmo esportivo ligado à cidadezinha fictícia, e nos dois primeiros atos a ação se desenrolava no interior da pensão onde se encontravam concentrados os jogadores.

Vianinha enfrentou, na peça, desafios formais análogos aos de *Black-tie*. Em primeiro lugar o de abordar um assunto de natureza social: a vitória do time da pequena cidade de Chapetuba no campeonato da segunda divisão iria promovê-lo ao grupo da primeira divisão, e com isso traria a esperada revitalização econômica da cidade. Em segundo, o de lidar com a representação cênica de um enfrentamento coletivo de forças dentro da partida final do campeonato, da qual dependia o destino econômico da cidade.

A solução dada pelo autor também foi a de preservar as regras do realismo cênico: todo o terceiro ato, por exemplo, passava-se no vestiário do estádio onde se realizava a partida. Um rádio ligado na transmissão do jogo fazia fundo ao diálogo das personagens de modo a materializar a sequência de lances do segundo tempo da partida. Maranhão, goleiro de Chapetuba, encontrava-se dividido entre aceitar o suborno que lhe havia sido oferecido para entregar o jogo ou manter a fidelidade devida aos companheiros.

Como *Black-tie*, *Chapetuba* se construía a partir de um dilema ético no qual o atendimento ao interesse individual de uma personagem se contrapunha à coerência pedida pela luta coletiva e entrava em contradição com ela. Em ambas as peças um olhar crítico sobre essa contradição era o elemento que acionava os aspectos políticos e politizantes.

Apesar disso e apesar de toda a cuidadosa contextualização social observada, ambos os textos concentravam seu foco na esfera da consciência individual de seus protagonistas e no enfrentamento do impasse vivido por eles. O ato de furar a greve ou de aceitar o suborno dependia única e exclusivamente da natureza ética ou da firmeza de caráter de Tião (em *Black-tie*) e do goleiro Maranhão (em *Chapetuba Futebol Clube*).

Dentro do padrão dramático no qual as duas peças se apoiavam, essa característica era um pressuposto de trabalho: na forma dramática as personagens são sujeitos de escolhas e de ação, e disso decorre o fio de acontecimentos que constitui o enredo. Esse não era, porém, o caso de *Chapetuba* ou de *Black-tie*, em primeiro lugar por se tratarem de textos criados a partir de questões de âmbito social e coletivo, e não de dilemas cuja solução se encontrasse ao alcance da consciência do indivíduo; e em segundo pelo fato de que lidavam com personagens cuja condição era a de exploradas e desprovidas de liberdade de arbitrar seus próprios destinos.

A matéria trabalhada tanto na peça de Guarnieri como na de Vianinha acabava, assim, sendo aproveitada de forma não totalmente compatível com sua própria natureza: os processos minuciosos de construção dramatúrgica e de expressão cênica produziam uma detalhada crônica do microcosmo social onde o impasse central se localizava. Dentro da estética cênica realista sobre a qual se apoiavam, porém, o detalhamento cronístico, focado sobre a sequência de ações das personagens centrais, não deixava espaço para o aprofundamento crítico dos fatores que determinavam esse impasse. A escolha formal empreendida, assim, acabava não dando conta daquilo que seria, em princípio, mais vital para os dois autores: representar e discutir com eficácia artística e política as questões da chamada realidade social do país.

Ao darem materialidade a esse impasse formal, as peças de Guarnieri e de Vianinha deram um passo importante no sentido de fazer emergir uma questão que viria a se manifestar recorrentemente na dramaturgia dos anos de 1960/1970: a da representação da classe trabalhadora e das questões sociais e históricas pela dramaturgia.

No caso de Guarnieri, soluções muito diferentes das de *Black-tie* viriam a ser desenvolvidas posteriormente, em meados da década de 1960, nos espetáculos musicais da série *Arena Conta...*, com textos seus e de Augusto Boal[23].

No caso de Vianinha, a experiência da criação de *Chapetuba* serviria para fazê-lo levantar questões que viriam a ser decisivas no sentido de conduzi-lo à procura de uma dramaturgia de caráter épico.

23 Os espetáculos da série foram: *Arena Conta Zumbi*, de 1965, texto de Augusto Boal e Gianfrancesco Guarnieri com músicas de Edu Lobo, Ruy Guerra e Vinicius de Moraes; *Arena Canta Bahia*, de 1965, texto de Augusto Boal e músicas de Caetano Veloso e Gilberto Gil; *Arena Conta Tiradentes*, de 1967, texto de Augusto Boal e Gianfrancesco Guarnieri; e *Arena Conta Bolívar*, de 1970, texto de Augusto Boal e músicas de Theo Barros, Antonio Anunciação e José Alves.

O Teatro e a Realidade Nacional

Os estudos e debates continuados dentro dos Seminários de Dramaturgia e as questões colocadas a partir de *Black-tie* desencadearam um intenso processo de reflexões sobre os problemas representados. Atravessava-se no país um momento de calorosos debates na esteira das políticas de desenvolvimento industrial e urbano do governo Kubitschek. O PCB defendia a ideia de que não era possível queimar etapas na direção do amadurecimento revolucionário, e preparava-se para emitir, em seu Congresso de 1960, documentos de análise conjuntural nos quais apoiava o projeto desenvolvimentista do presidente JK como estratégia para o fortalecimento da ala considerada progressista da burguesia nacional. O partido acreditava, assim, apoiá-la de forma decisiva em sua suposta contraposição à crescente penetração dos capitais estrangeiros. A expansão do parque industrial do país era vista como fator propício ao crescimento do proletariado e de sua força política, e esse crescimento era visto como um passo importante na direção de uma revolução futura.

Essa interpretação se apoiava fundamentalmente na ideia de que era vital a formação de uma frente de vários setores aliados à classe trabalhadora e estrategicamente empenhados na luta contra o imperialismo e a dominação econômica. Tanto no âmbito da política interna como no da externa, a análise do PCB apoiava-se no conceito de nação como força representativa. Ao assumir a tarefa de construir a expressão dramatúrgica do país e ao identificar essa expressão com a representação das classes trabalhadoras, o Teatro de Arena estava, nesse momento, estabelecendo balizas de trabalho que indicavam claramente a inegável importância do contingente de militantes formais ou informais do partido em seu interior.

De modo geral, pode-se dizer que o pensamento estético desencadeado no Arena nesse momento apoiou-se sobre três formulações principais: em primeiro lugar, no fato de que o país, entendido como o conjunto de setores da sua classe trabalhadora, não tinha representação expressiva na dramaturgia nacional até aquele período; em segundo, na ideia de que se atravessava, naquele instante, uma fase da vida nacional em que colocar em prática essa representação era uma tarefa inadiável para o teatro dentro do campo da cultura; e em terceiro, na crença de que, ao fazê-lo, o teatro estaria revelando e discutindo mecanismos da exploração da classe trabalhadora, e assim exercendo um papel importante no sentido de conscientizar seu público e de gerar formas de intervenção.

Considerando-se que grande parte dos componentes do Teatro de Arena nesse momento ligavam-se formal ou informalmente ao PCB ou identificavam-se a muitas de suas teses centrais, não é casual o fato de que os debates e os trabalhos tenham passado a expressar, juntamente com a elaboração de alguns escritos de reflexão teórica, formulações que entendem o teatro e a dramaturgia como setores de expressão do nacional e da luta política em seu interior.

Tanto Guarnieri como Boal e Vianinha escreveram, nesse período, artigos voltados ao debate sobre essas questões. Neles evidenciava-se o duplo esforço de, ao mesmo tempo, desenvolver uma forma crítica de pensamento acerca da situação sócio-histórica do país e de esboçar, a partir desse pensamento, um corpo de princípios estéticos e de parâmetros formais para a dramaturgia. Tratava-se assim, em outras palavras, da busca de uma definição do que poderia ser, em termos concretos, a nova prática nacional proposta para o teatro.

O artigo de Guarnieri intitulado "O Teatro como Expressão da Realidade Nacional", de 1958, é extremamente representativo dessa busca, por duas razões: aponta a dramaturgia como o principal elemento para a criação de um teatro capaz de expressar de forma crítica a situação contemporânea do país e coloca como prioridade a investigação dos problemas socioeconômicos do povo à luz da análise marxista[24].

A representação dramatúrgica da luta política não substituía, para Guarnieri, a participação efetiva na esfera histórica em que essa luta se desenvolvia. No entanto, do ponto de vista do trabalho artístico, seu texto não apresentava nenhuma proposta que visasse ir além do âmbito onde o Arena procurava sobreviver e desenvolver seu trabalho naquele momento: o acesso ao teatro profissional devia se apresentar, a seu ver, como reivindicação das classes

24 Gianfrancesco Guarnieri, O Teatro como Expressão da Realidade Nacional, *Arte em Revista*, São Paulo, Kairós, n. 6, 1981, p. 7.

exploradas, sendo esse teatro enxergado como força artística que deveria "impor" a chamada "cultura popular", nesse setor profissional do teatro, através de "temas populares".

O pensamento de Guarnieri evocava claramente, em suas formulações, a tese preconizada pelo PCB de que a associação de forças de diferentes classes e setores da população era a estratégia a ser adotada no estágio então atravessado da luta contra a exploração capitalista.

Questões análogas foram discutidas, sob um prisma diferente, em um texto que Augusto Boal escreveu na mesma época, com o título "Tentativa de Análise do Desenvolvimento do Teatro Brasileiro", publicado em 1959 por ocasião da temporada carioca de *Chapetuba Futebol Clube*. Texto de caráter mais analítico do que propositivo, o artigo procura estabelecer um histórico do amadurecimento do teatro dentro do setor cultural, detectando no desenvolvimento econômico de São Paulo um primeiro salto qualitativo objetivado através do TBC e da atualização cultural que ele trazia para sua plateia, considerada burguesa e alienada.

Com o surgimento dos Laboratórios de Interpretação e dos Seminários de Dramaturgia do Arena, o teatro teria passado, dentro de sua análise, a atingir um público diferente, composto pela pequena burguesia, pelo proletariado sindicalizado e pelos estudantes, possibilitando o surgimento de um "Teatro Simplesmente Brasileiro" num primeiro momento, e plantando as sementes de um "Teatro Popular" num momento posterior.

Dentre todos os textos de caráter ensaístico ou reflexivo elaborados por participantes do Arena nesse período, são os escritos por Vianinha os que mais aprofundam e avançam o debate de questões relacionadas à politização do teatro e a suas perspectivas. Os diversos ensaios que ele escreveu, muitos deles sem indicação de título ou destinação, foram compilados por Fernando Peixoto numa edição antológica publicada em 1983[25]. Como observa Fernando, vários desses textos podem ter servido de subsídio para discussões internas no Arena, ou, eventualmente, podem ter servido como subsídios de debates ou atividades relacionadas ao PCB.

25 Cf. F. Peixoto (org.), op. cit.

O que caracteriza o conjunto desses escritos é, principalmente, o fato de discutirem a relação entre as ideias políticas postuladas no Arena e a forma dramatúrgica necessária à sua expressão artística. Assim como se deu com Boal, o ponto de partida de Vianinha foi um balanço histórico-crítico do teatro brasileiro recente a fim de situar com clareza a proposta do Teatro de Arena. Tomando um prisma estético e filosófico de análise, ele procurou aprofundar o debate sobre o papel do artista dentro do mundo do capital, onde a mecanização do trabalho e a mercantilização dos bens culturais se mostravam determinantes, impregnando tanto os resultados finais quanto a relação entre realizadores e público.

Discutindo os inúmeros becos sem saída da consciência do artista dentro do capitalismo, Vianinha fez a crítica radical do conceito de genialidade, flagrando a situação de isolamento e de alienação a que se expunha o criador: diante da ideia de arte veiculada no capitalismo, não havia "lugar para vidinhas", já que mesmo o sofrimento e a solidão expressos pelo artista em seus trabalhos eram prontamente transformados em combustível propulsor dos mecanismos do sistema, e o próprio reconhecimento público tributado ao "gênio" atuava no sentido de alinhá-lo, separando-o de uma percepção mais concreta da vida[26].

Diante desse estado de coisas a perspectiva mais coerente de trabalho vislumbrada por Vianinha é detectada entre as concepções teatrais de Bertolt Brecht, nas quais ele encontra recursos de pensamento e de expressão que permitem ir além da representação das consciências aprisionadas e fragmentadas pelo capitalismo, e mergulhar na análise dos processos pelos quais o aprisionamento e a fragmentação se concretizavam.

Na periodização crítica que estabeleceu em seus escritos, o Arena, denominado de "teatro da ação", contrapunha-se ao TBC e às antigas companhias teatrais das primeiras décadas do século XX, designadas por ele como representantes de um "teatro da inação"[27]. As mudanças observadas na sociedade e o surgimento de uma nova faixa de público haviam tornado a pesquisa sobre a situação socioeconô-

26 Idem, p. 57.

27 Idem, p. 45.

mica do país uma necessidade premente para o amadurecimento artístico do trabalho.

Para Vianinha o Arena fizera, em 1958 com *Eles Não Usam Black-tie* e no ano seguinte com *Chapetuba Futebol Clube*, o que escritores como Jorge Amado (entre outros) haviam feito na ficção na década de 1930: colocara no centro do trabalho os problemas da classe trabalhadora, representativa dos segmentos majoritários e explorados da população do país.

Ficava implícita, aí, a preocupação em apontar ao Arena a necessidade de ir além da tarefa de realizar a reportagem dramatúrgica sobre as questões sociais cruciais do país: o grande desafio que se colocava para o avanço de suas conquistas era, justamente, o de encontrar uma linguagem cênica e uma forma dramatúrgica capazes de ir além do aspecto cronístico que caracterizava as duas peças. E foi justamente a procura dessa linguagem e dessa forma que iria levar, no período subsequente, à articulação do Centro Popular de Cultura, o CPC, a mais importante iniciativa de politização da cultura dentro do campo do teatro no país no século XX.

Vianinha e a Criação do CPC

O Centro Popular de Cultura surgiu da aglutinação de intelectuais, artistas, jornalistas e estudantes em torno da montagem da peça que Vianinha havia escrito na fase de seu desligamento do Teatro de Arena de São Paulo, *A Mais-valia Vai Acabar, Seu Edgar*, em 1960. O texto caracterizou-se pela incursão radical na forma épica, tanto na dramaturgia como na concepção cênica. As personagens alegorizavam as classes sociais em luta e a narrativa punha em discussão o processo de acumulação capitalista, a origem do lucro e os mecanismos de exploração do trabalho e de concentração da riqueza.

O objetivo era analisar em cena as questões que originavam a miséria, procurando discutir as relações e estruturas que a tornavam crônica. Buscando ferramentas de caráter radicalmente antidramático (projeções de slides, cartazes, canções, efeitos de desnaturalização interpretativa e cenográfica, humor e técnicas circenses e de teatro de revista), a peça procurava superar as contradições detectadas por Vianna no trabalho dramatúrgico produzido dentro do Arena e dos Seminários de Dramaturgia, colocando em foco não as situações que ilustravam a crônica da miséria, mas o exame crítico das condições e mecanismos ideológicos que a perenizavam.

A direção, a cargo de Chico de Assis, tirava grande rendimento dos recursos de teatro de revista inerentes ao texto. O esquema de ensaios abertos, realizados na Arena da Faculdade de Arquitetura da então Universidade do Brasil, no Rio de Janeiro, permitiu que a confluência de interessados de diversas áreas artísticas e acadêmicas e a discussão das questões da peça acabassem fazendo da montagem o ponto de partida para um projeto inédito de politização cultural e artística.

A Mais-valia Vai Acabar, Seu Edgar representava um passo decisivo e explícito no sentido de romper com as amarras inerentes à forma do drama, identificado aos "velhos palcos" onde os pequenos conflitos domésticos e individuais ocupavam o foco central:

> Só nos velhos palcos se choram, se brigam
> Os deslembrados que a vida é gastada na rua
> Com jornal, promissória, remédio, trator,
> Porta-avião, saudade, gravata, salsicha, canhão[28].

Fazendo farto uso de expedientes do humor radiofônico e de recursos da sátira política, que lhe eram bastante familiares, Vianinha apresentava na peça o trajeto de um "Desgraçado" (um proletário ironicamente designado como D4) que, ativamente envolvido com a investigação sobre a origem do lucro e as causas da miséria, empenhava-se num percurso analítico e reflexivo e acabava por desvendar a base da exploração capitalista.

O desvendamento se efetivava através da recriação alegórica que D4 fazia de suas observações a outro "desgraçado", o companheiro D1, produzindo a análise e a dissecação crítica das formas pelas quais a força de trabalho era mercantilizada e vendida muito abaixo do valor daquilo que produzia.

A elaboração da peça e a necessidade de abordar um conceito-chave da teoria econômica marxista

28 Oduvaldo Vianna Filho, *A Mais-valia Vai Acabar, Seu Edgar*, em O. Vianna Filho, *Teatro*, org. Yan Michalski, Rio de Janeiro: Muro, 1981, v. 1, p. 224.

levaram Vianinha a consultar o Iseb (Instituto Superior de Estudos Brasileiros), centro de estudos criado em 1955 pelo presidente Café Filho, que reunia intelectuais para a discussão dos projetos do nacional-desenvolvimentismo.

O Iseb havia tido, num primeiro período de sua existência, a tarefa de dar fundamento a uma identidade nacional através da constituição do "povo" como sujeito político[29]. Num contexto no qual o próprio PCB vinha procurando sair do isolamento através da participação na política institucional e da defesa do caráter "nacional" e "democrático" da revolução[30], torna-se menos difícil entender que Vianinha, tão ligado ao Partido, não tivesse recorrido a ele para o entendimento do conceito de mais-valia em que queria fundamentar sua peça.

A relação do PCB com o CPC não é clara nem livre de contradições: os principais artistas e intelectuais envolvidos na organização do CPC tinham, efetivamente, ligações com o Partido, o que não queria dizer que o Partido enquanto órgão político fosse o articulador das propostas que esses artistas e intelectuais vieram a formular.

O fato é que, mesmo sem dispor de uma política cultural definida, o PCB contava com quadros de extraordinária relevância para os setores culturais e artísticos, o que lhe possibilitou, em alguma medida, fazer-se presente em diversos setores e em diferentes momentos, ainda que chegando "sempre atrasado", como observa Caio Graco[31]. A cultura do Partido, orientada no sentido da figuração do nacional e do popular, extrapolou o próprio PCB e disseminou-se por boa parte da esquerda.

Sendo o CPC um projeto que conglomerava artistas e intelectuais de áreas diferentes e que não se caracterizava por uma estrutura rigidamente organizada, a intervenção do PCB em seu interior nunca chegou a se definir de forma explícita e objetiva. Apesar disso, o fato de as principais lideranças e a própria cúpula do CPC serem compostas por militantes do Partido explica o grau considerável de afinidade entre formas de análise e de pensamento praticadas por ele e as estratégias de luta preconizadas em várias frentes do trabalho cultural do CPC, principalmente no que se refere à adoção do alinhamento de classes como estratégia na etapa de preparação de um movimento revolucionário.

Há quem diga que o CPC foi um "projeto do PCB"[32], que ele "não teria existido sem o PCB"[33] e que havia uma forte integração entre os projetos nele desenvolvidos e as atividades partidárias[34].

O Partido era, de fato, representado oficialmente dentro do CPC, mas foi precisamente seu representante (Marcos Jaimovich) quem observou, em depoimento posterior, que a cúpula partidária não conhecia o trabalho do CPC, e que o Partido demorara em descobrir a importância do órgão cultural, manifestando sempre uma particular incompreensão sobre o trabalho teatral lá desenvolvido[35].

No momento da fundação do CPC o Partido estava absorvido com a campanha pelas reformas de base, o que fez com que só posteriormente viesse a se fazer presente no interior da estrutura já constituída[36].

A montagem de *A Mais-valia Vai Acabar, Seu Edgar* teve o poder de criar condições que levaram à fundação do CPC: os artistas e intelectuais que circulavam livremente no espaço aberto da arena da Faculdade de Arquitetura da Universidade do Brasil, onde foi encenada, constituíam já um germe das diversas frentes de trabalho e de criação que pouco tempo depois se organizariam em torno do eixo conceitual do "popular". Como em *Black-tie* e em *Chapetuba*, a questão em foco era a da representação dos problemas econômicos e sociais da classe trabalhadora e o adjetivo "popular" tinha, nesse caso, carga substantiva, pois associava-se à construção de uma cultura construída a partir da perspectiva política do proletariado dentro do capitalismo.

Os problemas identificados por Vianinha no realismo dramático do Arena agora se mostravam

29 Caio Navarro de Toledo, Intelectuais do Iseb, Esquerda e Marxismo, em J. Q. de Moraes (org.), op. cit., v. 3, p. 263.

30 Celso Frederico, A Política Cultural dos Comunistas, em idem, p. 276.

31 Apud Jalusa Barcelos, *CPC da UNE: Uma História de Paixão e Consciência*, Rio de Janeiro: Nova Fronteira/Ibac/MinC, 1994, p. 60.

32 Idem, p. 199. [Entrevista concedida por Fernando Peixoto].

33 Idem, p. 281. [Entrevista concedida por João Siqueira].

34 Idem, p. 261. [Entrevista concedida por João das Neves].

35 Idem, p. 335-338. [Entrevista concedida por Marcos Jaimovich].

36 Idem, p. 212 [Entrevista concedida por Ferreira Gullar] e p. 316. [Entrevista concedida por Luís Werneck Vianna].

cruciais dentro desse contexto: o padrão realista de dramaturgia limitava-se a produzir a crônica das contradições do capitalismo, em vez de discutir e examinar suas causas[37].

A necessidade de expandir o escopo da matéria representada requeria o domínio de expedientes de linguagem e de expressão cênica que transcendessem a representação do indivíduo: era necessário abrir o palco para a figuração de grandes questões coletivas e de classe, e assim transcender a representação dramatúrgica circunscrita ao âmbito doméstico e às relações interpessoais. O teatro épico de Brecht era, nessa época, largamente desconhecido, já que apenas uma montagem profissional havia sido feita em 1958 – *A Alma Boa de Setsuan*, pelo Teatro Maria Della Costa –, e que quase uma década havia decorrido após a encenação pioneira de *A Exceção e a Regra* na EAD de São Paulo em 1951, com direção de Alfredo Mesquita.

Tanto a dramaturgia como a concepção cênica de *A Mais-valia...* colocavam em circulação expedientes de linguagem e pensamento que expunham e discutiam, por meio da alegorização crítica, questões cruciais do processo econômico capitalista. Vale lembrarmos, a propósito dessa ideia de alegorização, das formulações do crítico marxista norte-americano Fredric Jameson, que define o teatro épico como "um processo alegórico pulsante" no qual a alegoria atua não como simbolização de um elemento ou força exterior ao qual remete figurativamente, mas como processo de análise e de pensamento crítico inerente ao trabalho artístico e voltado sobre experiências e situações historicamente constituídas[38].

Vianinha vinha ressaltando, desde a criação e montagem de *Chapetuba Futebol Clube*, os limites do realismo dramático que caracterizava a peça: em seu entender o mérito da peça havia sido o de trazer à tona as contradições que haviam antes se manifestado em *Black-tie*[39].

A questão crucial que leva Vianna a desligar-se do Arena na fase que precede a estreia de *A Mais-valia...* não resulta de ruptura com o grupo, e sim da necessidade de tentar fazer que seu trabalho chegasse efetivamente ao proletariado, ou seja, à classe dramaturgicamente representada.

Os textos críticos e reflexivos que escreveu ao longo de sua participação no grupo indicavam já, desde muito antes, sua preocupação com o fato de a plateia mobilizada pelos espetáculos ser constituída predominantemente por universitários e intelectuais de classe média já previamente identificados com o teor político dos trabalhos. Paralelamente, a dificuldade de levar os espetáculos às camadas da população neles representadas vinha se tornando uma preocupação crescente e um desafio de difícil superação.

Seu desligamento oficial, que se deu durante a temporada carioca de *Eles Não Usam Black-tie*, foi precedido pela saída de Chico de Assis, e seu primeiro trabalho fora do Arena veio a ser, precisamente, um papel na montagem amadora da própria peça que acabara de concluir algum tempo antes, e que Chico havia começado a ensaiar com o elenco de um grupo denominado Teatro Jovem.

A possibilidade de utilizarem o espaço da arena da Faculdade de Arquitetura da Universidade do Brasil, na Urca, para os ensaios, foi decisiva para o papel importante que a montagem viria a desempenhar. Dadas as dimensões da área de encenação, Chico de Assis optou por cenários gigantes, com vários planos de representação, e colocou em cena projeções de filmes e slides, um conjunto musical tocando ao vivo e níveis diferentes de representação.

O resultado cênico se configurou como uma espécie de revista musical: composições de Carlos Lyra ilustravam cenas que parodiavam elementos estilísticos dos musicais norte-americanos veiculados pelo cinema; uma estrutura episódica construída com esquetes entremeados de humor expunha de forma alegórica o funcionamento prático da acumulação da mais-valia.

O próprio Vianinha, após cumprir seu contrato com o Arena, viria a engajar-se no elenco, assumindo o papel de Tio Sam. O caráter aberto e público do espaço onde se davam os ensaios permitiu que, diariamente, mesmo antes da estreia, uma crescente concentração de espectadores se formasse para assistir, comentar e debater os conteúdos apresentados. Estavam assim lançadas as bases do que viria a se tornar, pouco depois, o Centro Popular de

37 F. Peixoto (org.), op. cit., p. 94.

38 *O Método Brecht*, Petrópolis: Vozes, 1999, trad. Maria Sílvia Betti.

39 O. Vianna Filho, op. cit., p. 89.

Cultura, que em 1962 viria a se filiar à UNE (União Nacional dos Estudantes) na categoria de órgão cultural da entidade estudantil.

Da articulação de intelectuais e artistas de diferentes áreas viriam a se organizar, pouco depois, as diversas frentes de trabalho do CPC, estruturadas sob a forma de departamentos voltados às diversas linguagens artísticas e campos de atuação. Pela própria natureza do trabalho desencadeador desse processo, os departamentos de teatro e de cinema viriam a ser os primeiros a se organizarem.

Peças Brasileiras, Teatro Épico e Nacionalização dos Clássicos no Arena

A preocupação em representar artisticamente os problemas da classe trabalhadora continuou paralelamente em pauta nos trabalhos subsequentes do Teatro de Arena. A necessidade de examinar e representar as questões do proletariado resultaria, no mesmo ano de 1960, na montagem de *Revolução na América do Sul*, de Augusto Boal, primeira experiência do grupo no sentido do épico como perspectiva de trabalho.

Como na peça de Vianinha, o foco era o processo de exploração do trabalho e o desvendamento dos mecanismos pelos quais ela se realiza: como D4 em *A Mais-valia...*, o operário José da Silva, em *Revolução na América do Sul*, atravessa uma sequência emblemática de situações representativas da exploração capitalista; ao contrário de D4, porém, José da Silva é espectador de um processo que só será plenamente vislumbrado e analisado pelo espectador, e que é incompreensível para ele próprio.

Do ponto de vista formal a peça caracteriza-se como uma comédia, ligada tanto às raízes aristofanescas, como observa Sábato Magaldi, como à estrutura épica de *A Alma Boa de Setsuan*, de Brecht, como lembra Iná Camargo Costa a propósito do final em aberto. Quando Boal a escreveu, os textos teóricos de Brecht começavam a circular em traduções para o espanhol e o francês, possibilitando assim um início de contato com as concepções cênicas do teatro épico brechtiano.

Tanto *Revolução na América do Sul* como *A Mais-valia Vai Acabar, Seu Edgar* caracterizam-se como textos que tiveram o papel de inaugurar experimentalmente a técnica épica de concepção dramatúrgica e cênica, e o fizeram através de uma linha de teatro político diretamente ligado ao trabalho e às concepções de Bertolt Brecht. Os escritos teóricos de Brecht circularam, durante esse período inicial, paralelamente ao contato com outra obra fundamental para o teatro político dos anos subsequentes: *Teatro Político*, de Erwin Piscator, trabalho que foi um dos parâmetros para a concepção cênica das montagens iniciais de ambas as peças. Em entrevista concedida na época da temporada do Arena no Rio de Janeiro, em 1960, Boal cita Piscator e Brecht em igual escala de importância dentro do que preconizava para as discussões do grupo. Era já clara e concreta, a essa altura, a ideia de que o teor político desejado para os trabalhos não se apresentaria apenas como expressão de um assunto dramatúrgico, fosse ele greve ou exploração do trabalho, e sim como resultado de expedientes de construção capazes de colocar em cena não a representação dos problemas tratados, mas os processos históricos que os determinavam.

Tanto *A Mais-valia* como *Revolução* possuíam nesse processo um importante cerne comum: a cena alegórica da feira, apresentada como imagem que transpõe para o palco as estratégias de exploração e de perpetuação da miséria. O foco da peça de Vianinha incide mais decisivamente sobre o desvendamento crítico desse processo, e sua personagem, D4, é ao mesmo tempo agente e agenciador de um mecanismo de raciocínio que desencadeará sua própria transformação, e com ela a possível transformação de outros milhões de "Desgraçados", agentes de uma potencial perspectiva revolucionária. Em *Revolução*, por outro lado, a possibilidade de transformação e de realização da perspectiva revolucionária fica em aberto e é delegada ao público. O fato de o próprio Boal classificar o texto como pertencente à fase de "realismo fotográfico" do Arena parece indicar que sua prioridade seria mais a da representação dramatúrgica das questões (ainda que com ferramentas não realistas) e menos, como pressupõe o épico, a da análise crítica dos processos relacionados[40].

Escrevendo sobre o espetáculo para o periódico *Novos Rumos*, João das Neves observa o fato de a

40 Sábato Magaldi; Maria Thereza Vargas, *Cem Anos de Teatro em São Paulo: 1875-1974*, São Paulo: Senac, 2000, p. 293.

montagem apresentar-se fora das condições em que faria sentido, ou seja, para plateias de classe média pagante, e não para um público constituído pelos setores da sociedade nela representados. Tratava-se, basicamente, de um dos aspectos já antes apontados por Vianinha.

Na verdade, essa crítica poderia ser aplicada também não só a outras montagens do Arena (como *Quarto de Empregada*, de Roberto Freire, encenada em 1959 no Teatro das Segundas-feiras), como a encenações de peças formal e tematicamente semelhantes encenadas por outros grupos (como *Pedro Mico*, de Antonio Callado, montada em 1957[41], e *Gimba, Presidente dos Valentes*, de Guarnieri, montada em 1959 no Teatro Maria Della Costa) e finalmente a peças encenadas pelo próprio Arena no período imediatamente posterior a *Revolução na América do Sul*, em 1961 (como *Pintado de Alegre*, de Flávio Migliaccio, *O Testamento do Cangaceiro*, de Chico de Assis, *José, do Parto à Sepultura*, nova incursão de Boal no épico montada no Teatro Oficina, e *Sucata*, de Milton Gonçalves, encenada no Teatro Experimental do Negro).

Em 1962 uma montagem de *Os Fuzis da Sra. Carrar*, de Brecht, encenada no Teatro de Arena, veio momentaneamente interromper a continuidade da linha nacionalista desenvolvida desde a estreia de *Black-tie*, mas a acolhida pouco calorosa que teve acabou estrategicamente trazendo o texto de Guarnieri de volta à cena para que o grupo ganhasse tempo e fôlego financeiro a fim de se reestruturar administrativamente, e preparar-se para a nova proposta de trabalho que se iniciaria a seguir.

A etapa de trabalho que se seguiu, no Teatro de Arena, não diferia da precedente no tocante ao desejo de representar o "popular", identificado ao conjunto das classes trabalhadoras, mas propunha-se a fazê-lo através de textos consagrados do repertório europeu e ocidental. O objetivo era o de flagrar o caráter "popular" presente na dramaturgia de diferentes épocas e contextos históricos: "Iniciaremos imediatamente uma linha de repertório que já nos facilite melhor compreender o teatro popular internacional de qualquer época"[42]. A nova fase abriu-se com *A Mandrágora*, de Maquiavel, sob a direção de Augusto Boal. Na sequência estavam previstas uma peça de Brecht que seria escolhida a seguir e *O Melhor Juiz o Rei*, de Lope de Vega, prevista para ser apresentada em comemoração ao quarto centenário do autor espanhol sob a óptica de três dramaturgos da nova geração do Arena: Boal, Guarnieri e o jovem ator Paulo José. Na prática, porém, *A Mandrágora* veio a ser sucedida pela montagem de *O Melhor Juiz o Rei* sob a direção única de Boal.

Tanto a montagem da peça de Maquiavel como a de Lope de Vega motivaram reflexões críticas de Boal posteriormente incorporadas em seu *Teatro do Oprimido e Outras Poéticas Políticas*. A ideia de base era a de procurar estabelecer correlações com o contexto sociopolítico imediato do país, e assim apresentar obras clássicas, consideradas "eruditas", sob uma óptica próxima do "povo". Tratava-se de um processo de trabalho semelhante ao desenvolvido na França por Jean Vilar, discípulo de Dullin e criador do Festival de Avignon e do Théâtre National Populaire, fundado em 1951. José Renato havia estagiado com Vilar através de uma bolsa recebida em 1961, e trazido assim ao Arena informações concretas e atualizadas sobre as concepções de trabalho ali desenvolvidas. O período de contato de José Renato com o teatro de Jean Vilar havia coincidido com o momento de forte politização do trabalho do diretor francês, quando muitas de suas montagens faziam referências diretas à questão política da Argélia e ao fascismo.

Essa nova proposta do Arena, designada de "nacionalização dos clássicos", levou Boal a interferir no texto de Lope de Vega colocando o camponês, ao invés do monarca, como o agente da justiça a ser praticada.

Nacionalizar os clássicos não era apenas dar-lhes uma tradução dramatúrgica e cênica mais enxuta e próxima do homem comum contemporâneo, mas revitalizá-los no sentido de aproveitar seu fôlego criativo para o tratamento de questões associáveis ao contexto sociopolítico imediato. Tanto do ponto de vista do público como sob o da crítica, essa linha de montagens mostrou-se eficiente no

41 *Pedro Mico* estreia no Teatro Nacional de Comédia, em um espetáculo composto por outros dois textos: *O Telescópio*, de Jorge Andrade, e *Jogo de Crianças*, de João Bethencourt. Com cenário de Oscar Niemeyer e direção de Paulo Francis, é o espetáculo de maior êxito no segundo ano de vida da companhia.

42 S. Magaldi; M. T. Vargas, op. cit., p. 294.

que se referia ao objetivo de combinar elaboração artística e capacidade de reflexão crítica.

A fase de "nacionalização dos clássicos" viria a sofrer interrupção em 1964 com a montagem de *O Filho do Cão*, peça de Guarnieri que retomava a perspectiva da dramaturgia nacional voltada a questões específicas do proletariado. O cenário, concebido por Flávio Império, utilizava um dispositivo de inspiração elizabetana que foi considerado pela crítica um dos pontos mais expressivos do espetáculo.

No mesmo ano de 1964 a montagem de *O Tartufo*, de Molière, com direção de Boal, retomou a linha da "nacionalização" numa montagem que acabaria sendo a última dessa perspectiva de trabalho. A encenação de shows musicais de protesto e de crítica política, já então realizados em caráter experimental, havia começado a alcançar crescente repercussão. Esse fato contribuiu para preparar terreno para os trabalhos da série *Arena Conta...*, desenvolvidos entre 1965 e 1971, combinando técnicas épicas de narração e de rodízio de papéis. Essas técnicas, apresentadas e discutidas por Boal numa série de artigos de introdução à montagem de *Arena Conta Tiradentes*, foram designadas como "sistema coringa", posteriormente incluídos na publicação de *Teatro do Oprimido e Outras Poéticas Políticas*, trabalho de exposição teórica de seus processos de trabalho cênico e crítico.

O Teatro Político do CPC

Se existem elos de trabalho entre as propostas desenvolvidas pelo Teatro de Arena e pelo teatro do CPC entre os anos de 1960 e 1964, um desses elos é sem dúvida a própria peça de Guarnieri, *Eles Não Usam Black-tie*, encenada e discutida incontáveis vezes em diferentes pontos dopaís e em diferentes momentos da vida do CPC. Esse fato, que não deixa de ser irônico por um lado, evidencia, por outro, a existência de uma grande lacuna de textos teatrais que, naquele momento, representassem as contradições a que estava submetido o proletário dentro do processo de trabalho capitalista.

O CPC – e dentro dele o seu departamento de teatro – estruturou-se com a meta explícita de construir um trabalho cultural orientado não para as classes que possuíam os meios de produção mas, precisamente, para as que eram exploradas e excluídas do acesso a eles e à cultura. Sem o compromisso de atrair público pagante e contando apenas com o horizonte da politização, a perspectiva de trabalho teatral no CPC trazia novos desafios. O primeiro deles era de caráter logístico, já que atuar para operários e camponeses significava atuar em espaços abertos (centrais de fábrica, praças, estações de trem, subúrbios e favelas) e destituídos de infraestrutura para um espetáculo convencional. O segundo desafio era estético, uma vez que não havia até aquele momento repertório capaz de assegurar a realização de espetáculos na medida e na proporção necessárias. O terceiro, por sua vez, era político, já que a forma visada de teatro requeria pertinência crítico-teórica na capacidade de registrar e de discutir os acontecimentos e circunstâncias históricas, sociais e econômicas relacionadas.

Em alguma medida o teatro do CPC consistiu, durante os seus breves quatro anos de existência, na tentativa de enfrentar e de responder a esses três desafios centrais e a todas as implicações e desdobramentos que se apresentavam a partir deles.

De modo geral o teatro político do CPC produziu resultados de trabalho em duas frentes paralelas: a do teatro de rua, de caráter conciso e agitativo, e a da dramaturgia de maior extensão e recursos cênicos mais diversificados.

O teatro de rua teve, desde o início, um caráter coletivo por excelência, tanto no que se refere à elaboração como à preparação cênica de esquetes a serem apresentados. A forma dramática do auto teve caráter fundamental pela sua própria estrutura formal não aristotélica e pela linguagem cênica fortemente escorada no emprego de personagens-tipo e nos expedientes de humor e de linguagem não verbal. Ao mesmo tempo, o auto permitia que fossem abordados, como matéria de representação cênica e de discussão crítica, questões diretamente saídas das manchetes dos jornais do dia ou nos noticiários do rádio. A presteza com que as questões político-econômicas do país eram canalizadas para essas representações estava longe de ter correlato ou equivalente na seara da dramaturgia mais próxima dos padrões praticados no âmbito do teatro profissional.

O ganho assim assegurado para a esfera do teatro de rua era acrescido, paralelamente, do indiscutível processo de amadurecimento artístico trazido com o compromisso de dar expressão cênica a assuntos até então não tratados na história da dramaturgia do país. Questões relacionadas ao petróleo, à crescente inflação, ao imperialismo econômico norte-americano, ao movimento estudantil e ao latifúndio, entre outras, haviam estado, até aquele momento, ausentes na maioria dos setores da criação artística, e imbuíam-se não apenas de uma importância política, mas também de um grau de desafio formal que até aquele momento não havia sido enfrentado.

Os trabalhos dessa vertente representaram uma das mais significativas frentes de trabalho desenvolvidas nos quatro anos de atividades do CPC. Grande parte desses trabalhos dispersou-se e perdeu-se durante o regime militar em decorrência da perseguição movida aos intelectuais de esquerda em geral.

A publicação de alguns dos textos remanescentes só veio a ocorrer muito depois, e se deveu à iniciativa de Fernando Peixoto, que os coligiu numa edição antológica em 1992[43]. Desde o final da década de 1970 e da transição para a chamada redemocratização do país, no início da década de 1980, os textos de revisão crítica do CPC tinham passado a ocupar espaço na imprensa e mesmo no mercado editorial; a produção artística propriamente dita dos diversos setores de criação do CPC ficou muito longe de ter recebido a mesma ênfase, por irônico que possa parecer.

Via de regra a revisão histórico-crítica da experiência política do CPC realizou-se através de debates e eventos, livros ensaísticos e coletâneas de depoimentos, e colocou em questão a consistência estética e a pertinência política de seu projeto com base em ilações extraídas, principalmente, do "Anteprojeto do Manifesto", texto de Carlos Estevam Martins originalmente destinado a servir de subsídio para uma elaboração final coletiva que não chegou a se realizar. Indevidamente tomado como súmula oficial da experiência artística e política do CPC, esse texto teve sua própria natureza de "anteprojeto" (ou seja, de esboço prévio sem caráter definitivo) sumariamente ignorada, e iluminou reflexões que contribuíram largamente para que se cristalizasse a ideia de que o teor político dos trabalhos sufocara ou reprimira a manifestação de um caráter artístico mais profundo e significativo.

A expansão do mercado editorial na fase da chamada abertura democrática do país colocou em circulação inúmeros trabalhos de caráter teórico que continham diagnósticos críticos severos sobre o teatro do CPC sem apresentarem, necessariamente, os indícios de um contato prévio com seu trabalho artístico propriamente dito.

Outro fator que sem dúvida contribuiu para que se desconsiderasse o significado artístico da experiência teatral do CPC foi o teor da autocrítica empreendida *a posteriori* por vários de seus principais ativistas, dentre os quais inclui-se o próprio Vianinha, principalmente nas avaliações que fez em suas últimas entrevistas.

Para o que cabe discutir e examinar no âmbito deste capítulo é importante observar que o grau de amadurecimento de reflexão e de experimentalismo estético proporcionado pelo teatro de rua do CPC e abortado pelo golpe militar só viria a ser retomado como objeto de atuação e de análise crítica quando um grande movimento de cultura política se organizou em escala nacional a partir da constituição da Brigada Nacional de Teatro Patativa de Assaré, dentro do Movimento dos Sem Terra, mais de quarenta anos depois.

Dentre os textos remanescentes do teatro de rua do CPC, o que mais de perto documenta a experiência política e artística de criação teatral dentro da entidade é justamente um auto que se apresenta truncado, e que chegou a ser citado apenas parcialmente na introdução da já mencionada antologia organizada por Fernando Peixoto: o *Auto do Relatório*, escrito por um coletivo de autores que transpõem para a forma cênica o seu próprio dia a dia de criação, ensaios e apresentações de esquetes agitativos.

Na verdade o *Auto do Relatório* não teve a destinação usual dos demais autos apresentados nas favelas e centrais de fábrica pelas equipes de teatro de rua, pois foi escrito com a finalidade de ilustrar, através da própria linguagem desses esquetes políticos, o momento em que o CPC foi incorpo-

43 F. Peixoto (org.), *O Melhor Teatro do CPC da UNE*, São Paulo: Global, 1992.

rado à UNE (União Nacional dos Estudantes) em 1962, tornando-se com isso seu órgão cultural. Os expedientes de comicidade e crítica nele utilizados tiram proveito de situações relacionadas ao próprio ativismo teatral praticado: as filas de sindicalistas encomendando peças para as mobilizações de suas categorias, o aparecimento de tipos deslocados e equivocados procurando algum tipo de promoção pessoal, o esnobismo dos setores ligados às vanguardas artísticas e a conivência deles com os modismos estéticos agenciados de acordo com os interesses de patrocinadores e de promotores culturais.

Os integrantes da equipe de teatro de rua do CPC são representados como um coletivo de criação submetido a um verdadeiro moto-perpétuo, escrevendo a partir da leitura e da discussão das manchetes de jornais os esquetes que, ato contínuo, vão sendo imediatamente ensaiados para apresentações.

A intermitência das solicitações de trabalhos e a diversidade de experiências proporcionadas pelas encenações em diferentes espaços e situações representaram para o teatro do CPC uma fonte de inegável experimentalismo artístico dentro do escopo de linguagens e formas praticadas. Essa experiência desenvolveu-se através de recursos tipicamente associados ao teatro agitativo: o uso deliberado de tipos, de estereótipos, de elementos alegóricos, a incorporação de elementos não verbais e gestuais próximos ao grotesco e com grande afinidade com as artes circenses, e o emprego eventual de improvisação. O trabalho continuado dentro dessa perspectiva tão diversa da associada ao teatro profissional contribuiu decisivamente para tornar mais estreitos os laços de trabalho e afinidade que dramaturgos como Vianinha, João das Neves e Paulo Pontes (1940-1976) tinham com o épico. Isso explica o desejo por eles cultivado de aprofundar e enriquecer o uso de expedientes como a "desnaturalização" de fatos e circunstâncias do cotidiano político do país, o emprego de canções como forma de ilustrar conceitos ou de introduzir narrações, e a presença de elementos alegóricos como arcabouço para a construção do olhar crítico visado.

É impossível dizer com exatidão quantos autos foram criados e encenados no CPC. Dentre os remanescentes, o *Auto dos 99% ou como a Universidade Capricha no Subdesenvolvimento* é um dos mais extensos e elaborados, além de ter sido o único publicado ainda durante a existência do CPC, tendo circulado no primeiro número da revista *Tempo Brasileiro*, em setembro de 1962. O texto havia sido criado como subsídio para a discussão da Reforma Universitária, e fora objeto de uma leitura dramática, na mesma época, dentro do II Seminário de Reforma Universitária organizado pela UNE[44]. Sua estrutura apresentava uma súmula paródica da história do Brasil desde a época da colonização, e colocava em questão o caráter excludente e conservador da educação e da cultura acadêmica do país. Ao longo de uma série de episódios paródicos com farto uso de expedientes de humor compunha-se um olhar crítico sobre a universidade a partir da perspectiva dos 99% da população que naquele momento se viam excluídos do acesso ao ensino superior. Ao mesmo tempo eram passadas em revista as diferentes etapas da história cultural do país desde a carta de Pero Vaz Caminha e a empreitada missionária jesuítica, até o descompasso detectado no presente entre a pseudoerudição e o formalismo dos catedráticos e a reflexão crítica necessária sobre a situação concreta de miséria e de exploração observada no país.

Ao longo do texto uma série de recortes estilísticos de caráter paródico construía a crítica da idealização romântica do país, cristalizada no discurso oficial do Estado e no ideário dominante. A sucessão ininterrupta de esquetes extraía seu principal e mais eficiente efeito de comicidade não necessariamente do que continha de caricato ou incongruente, mas do grau perturbador de familiaridade que seus tipos e situações mais delirantes apresentavam com circunstâncias recentes da cultura e da história do país vistas à luz do pensamento acadêmico institucional.

Tanto pelo fôlego crítico de sua estrutura episódica como pelo interesse musical das canções que o integravam, o *Auto dos 99%* chegou a ser registrado em uma versão gravada em LP, que segundo consta teria sido finalizada, ironicamente, pouco antes do golpe de 1964[45]. Essa versão abrangia o roteiro

44 F. Peixoto, CPC: O Projeto de um Teatro a Serviço da Revolução, em F. Peixoto (org.), *O Melhor Teatro do CPC da UNE*, p. 20.

45 Cf. <http://www.franklinmartins.com.br/som_na_caixa_gravacao.php?titulo=auto-dos-99-de-cpc-da-une>. Acesso em: 18 mar. 2008.

musical mais do que a sequência de esquetes propriamente dita, mas preservava o fio narrativo que compunha o espetáculo e que seria parcialmente retomado posteriormente como procedimento formal em espetáculos lítero-musicais de protesto e resistência do pós-1964 como o *Show Opinião*.

A espetacularidade musical e a característica de balanço histórico presente no *Auto dos 99%* o distinguem dos demais autos remanescentes do CPC, que em sua maioria se mostram mais focados em problemas contemporâneos específicos: a questão da moradia popular, agravada pelo acentuado êxodo rural (em *A Estória do Formiguinho ou Deus Ajuda os Bão*, de Arnaldo Jabor), a propalada escassez de dinheiro para a prospecção de petróleo, contrastando com o alto preço pago pela estocagem do excedente da produção de café (em *O Petróleo Ficou Nosso*, de Armando Costa), a manipulação norte-americana no contexto das lutas de descolonização na Argélia (*Petróleo e Guerra na Argélia*, de Carlos Estevam Martins), a situação de dependência em relação ao capital norte-americano e à situação de consumo imposta ao trabalhador brasileiro comum (*Não Tem Imperialismo no Brasil*, de Augusto Boal, título dado a partir de declaração original de Carlos Lacerda, ao jornal *Tribuna da Imprensa* em 1961, remetendo, ao mesmo tempo, ao folheto *Um Dia na Vida de Brasilino*)[46].

Tanto *Não Tem Imperialismo no Brasil* como *O Petróleo Ficou Nosso* são classificados por Fernando Peixoto como peças integrantes de "murais"[47], ou seja, de programas temáticos que alinhavam um conjunto de peças interligadas pela abordagem de um tema específico ou de diferentes facetas de um tema central. A primeira pertencia, segundo Fernando, ao mural intitulado "Miséria ao Alcance de Todos", e a segunda ao mural "Imperialismo e Petróleo".

A amostragem de autos compilados e editados por Fernando Peixoto é sem dúvida de extraordinário interesse e representatividade, mas não se pode deixar de registrar as lacunas a ela impostas pelas próprias circunstâncias históricas imediatamente posteriores: com as perseguições desencadeadas a partir do golpe de 1964 e do AI-5, em 1968, inúmeros textos e documentos perderam-se ou foram destruídos. Em decorrência disso, desapareceram por completo autos como *Cuba Si, Yanques No* e *Pátria o Muerte*, por exemplo, que tratavam da revolução cubana com absoluto ineditismo e, ao que tudo indica, com acentuada autonomia de pensamento em relação ao PCB.

Os textos não incluídos no volume editado por Fernando Peixoto indicam o quanto ainda será necessário pesquisar e refletir para que se consiga, em alguma medida, rediscutir em termos artística e culturalmente pertinentes o resultado coletivo da experiência acumulada com o teatro político do CPC da UNE.

A prática do teatro de rua ou do teatro agitativo em nenhum momento pressupôs a supressão ou a substituição do teatro baseado em uma dramaturgia nos moldes da praticada no Arena, por exemplo. Durante os quase quatro anos de existência do CPC, *Eles Não Usam Black-tie* foi encenada dezenas de vezes em diferentes ocasiões e espaços, e Augusto Boal chegou a ministrar oficinas de dramaturgia muito semelhantes às que havia ministrado nos Seminários de Dramaturgia alguns anos antes.

Isso explica o motivo do desenvolvimento paralelo do outro filão de criação dramatúrgica observado dentro do CPC, com peças como *Brasil Versão Brasileira*, *Quatro Quadras de Terra* e *Os Azeredo mais os Benevides*, de Vianinha e *A Vez da Recusa*, de Carlos Estevam Martins.

Do ponto de vista da matéria representada essa vertente teatral do CPC caracterizou-se pela procura de formas eficazes de expressar e discutir as questões políticas e sociais relacionadas ao imperialismo norte-americano e às perspectivas de luta dentro de setores diferentes da militância de esquerda (em *Brasil Versão Brasileira*), aos latifúndios e à luta pela reforma agrária (em *Quatro Quadras de Terra* e *Os Azeredo mais os Benevides*) e ao debate político no interior do movimento estudantil (em *A Vez da Recusa*). O desafio artístico dessa empreitada não decorria apenas da complexidade dos aspectos políticos envolvidos, mas da necessidade de encontrar expedientes dramatúrgicos e cênicos capazes de representá-los.

46 Cf. <http://culturabrasil.pro.br/zip/brasilino.pdf>. Acesso em: 18 mar. 2008.

47 F. Peixoto, CPC: O Projeto de um Teatro a Serviço da Revolução, em F. Peixoto (org.), *O Melhor Teatro do CPC da UNE*, p. 19.

Se é verdade que essas preocupações também haviam se manifestado no Arena na fase dos Seminários de Dramaturgia, é também verdade que foi nas duas frentes de trabalho teatral do CPC – a do teatro de rua e a da dramaturgia para espaço teatral propriamente dito – que elas viriam a se mostrar fundamentais no sentido do contato com o épico. Pode-se dizer a esse respeito que foi dentro do CPC que o épico encontrou suas condições mais amadurecidas tanto no campo político da luta coletiva como na seara artística dos expedientes épicos. Não é mera coincidência, assim, que uma peça como *Os Azeredo mais os Benevides* se coloque como um dos mais avançados trabalhos de dramaturgia épica praticados no Brasil até esse momento.

As incursões do teatro profissional no domínio do épico, até então, haviam se mostrado descontínuas e desiguais em seus resultados, e o contato com as concepções de Brecht, apesar do interesse crescente já no final da década de 1950, só se tornaria acessível em língua portuguesa a partir de meados da década seguinte, com lançamentos editoriais como *Breve Antologia*, *Poemas e Canções*, a peça teatral *O Senhor Puntila e seu Criado Matti* (1966) e *Teatro Dialético* (1967), todos lançados pela editora Civilização Brasileira.

Ressalte-se que essa editora havia tido laços estreitos de ligação com o CPC através de seu diretor, Ênio Silveira, intelectual ligado ao PCB, que possibilitara a publicação de três volumes de poesia organizados por Moacir Félix e lançados no período culminante do trabalho da entidade estudantil, em 1962 e 1963, com o título *Violão de Rua*: *Poemas para a Liberdade*.

Nos meses que se seguiram ao golpe foram precisamente os egressos do setor teatral do CPC (Vianinha, Armando Costa, Paulo Pontes e João das Neves, entre outros) os primeiros a procurarem rearticular-se para, em alguma medida, construírem uma resposta artística e política ao regime autoritário instaurado.

A brutal interrupção de todo o processo, a implantação da censura política e a perseguição aos ativistas do CPC motivaram a dispersão não apenas de seus artistas, mas também dos documentos, textos e materiais iconográficos resultantes dos quase quatro anos de atividades.

O abortamento do processo histórico e artístico do CPC como um todo e de seu setor teatral em particular privaram o país do contato com reflexões e criações que só viriam a ser rediscutidas muito mais tarde, e em condições sociais e culturais muito diversas.

Diante da conjuntura que se impôs com o regime militar, grande parte dos antigos cepecistas internalizou formas depreciativas de autocrítica das experiências de trabalho vivenciadas, incorporando e reproduzindo uma forma de discurso analítico rapidamente institucionalizada, taxando de artisticamente pobre e politicamente ineficaz o percurso de trabalho do CPC.

É possível que essa internalização por parte dos antigos ativistas tenha ocorrido por analogia com o "recuo tático organizado" preconizado pelo PCB após o golpe[48]. É possível, também, que tenha sido fruto da dificuldade dos próprios ativistas em lidarem em termos concretos com a perda existencial vivenciada. O fato inegável, porém, é que o trabalho teatral do CPC expôs e ousou figurar uma série de contradições que há séculos permeavam a relação dos intelectuais e artistas brasileiros com a dinâmica histórica da sociedade de classes e com o processo capitalista e industrial implantado no país. Ao aprofundar e radicalizar questões surgidas no interior do Teatro Paulista do Estudante e do Teatro de Arena de São Paulo, o teatro realizado no CPC colocou-se como importante ponto de referência para o processo de politização do teatro e da dramaturgia no Brasil.

2. O TEATRO DE RESISTÊNCIA

A realização de um trabalho teatral como expressão desejada de resistência a um regime autoritário está indissociavelmente ligada, no contexto brasileiro, ao show musical *Opinião*, que estreou em 11 de dezembro de 1964 no Rio de Janeiro. Entre essa data e o início do período da chamada abertura democrá-

48 I. C. Costa, op. cit., p. 110.

tica, em 1979, grande parte dos espetáculos teatrais e da produção dramatúrgica do país foi motivada pelo desejo de mobilizar os setores artísticos e a sociedade civil para uma ampla frente de oposição ao governo militar implantado com o golpe.

O *Show* foi a primeira manifestação organizada de rearticulação dos artistas e intelectuais provindos do Centro Popular de Cultura da UNE (União Nacional dos Estudantes) ao golpe militar impetrado oito meses antes, em 31 de março de 1964.

Posta na clandestinidade logo após a tomada do poder pelos militares, a entidade estudantil teve seu prédio-sede, na Praia Vermelha, esvaziado e dilapidado sob rajadas de tiros das forças policiais. A estreia da peça *Os Azeredo Mais os Benevides*, de Oduvaldo Vianna Filho (1936-1974), programada para estrear no dia 31 de março como espetáculo inaugural do Teatro da UNE, foi suspensa em caráter definitivo.

Opinião era um espetáculo musical com roteiro de Oduvaldo Vianna Filho, Armando Costa (1933-1984) e Paulo Pontes (1940-1976), direção cênica de Augusto Boal (1931-2009), direção musical de Dori Caymmi e coprodução do Teatro de Arena de São Paulo. Sua divulgação na imprensa procurou, tanto quanto possível, evitar chamar a atenção da censura para o fato de que os responsáveis pela concepção eram provindos do CPC.

O *Show* caracterizou-se pela intercalação de música brasileira de gêneros variados (sambas, marchinhas carnavalescas, canções de protesto etc.) a relatos autobiográficos dos três cantores, provenientes de diferentes classes sociais e regiões do país: um sambista dos morros da zona norte carioca (Zé Kéti[49]), um compositor maranhense (João do Vale[50]) e uma jovem cantora ligada à bossa nova e à intelectualidade de classe média do Rio de Janeiro (Nara Leão[51]). Alternando depoimentos e canções, o show enunciava, por meio de alusões de estratégico duplo sentido, a convicção, compartilhada pelo público que a ele afluiu, de inequívoco repúdio ao quadro político instaurado com a tomada do poder pelos militares.

Como na letra do samba-título de Zé Kéti[52], declarava-se que nada poderia abalar a opinião comum de protesto contra a ditadura instaurada: nem a perseguição política ou mesmo a tortura. Dessa forma o espetáculo procurava, antes de mais nada, construir nas consciências de seu público a determinação em não ceder ao desânimo e à derrota diante das circunstâncias. O uso estratégico de metáforas nas letras e nos textos do espetáculo permitia que se driblasse a censura, construindo assim o subtexto do espetáculo com imagens de vigorosa (ainda que metafórica) manifestação contestatória.

Mesmo que não se vislumbrasse até aquele momento qualquer perspectiva de derrubada do regime recém-imposto, considerou-se fundamental que todos, artistas e público, se unissem com urgência na opinião compartilhada. Logo após a estreia, essa opinião, aclamada calorosamente, passou a ser encarada como o passo inicial para uma articulação de forças contra o regime: ante a impossibilidade de ação revolucionária imediata, cantar em prol de uma convicção política assumiu o papel de um ato concreto (mesmo que simbólico) de mobilização e resistência.

Grande parte da força expressiva de *Opinião* provinha da forma como o espetáculo resolvia, no plano artístico, a tensão que se apresentava diante da situação política do país: o golpe havia sufocado de forma sumária projetos culturais de fundamental importância desenvolvidos nos anos anteriores (além do CPC, o do Movimento de Cultura Popular e o das Ligas Camponesas de Pernambuco). A inevitável constatação da derrota havia surpreendido intelectuais e artistas que se encontravam, então, no ápice de sua capacidade de criação e trabalho, como era o caso de Vianinha (Oduvaldo Vianna Filho) e de todos os que se ligaram ao processo de criação do *Show*.

O dramaturgo Dias Gomes (1922-1999), quadro de longa data do PCB, relata em seu livro de memórias que, uma semana antes do golpe, Prestes havia emitido um documento que avaliava ser impossível a realização de um golpe de direita naquele momento[53]. Diante do equívoco logo evidenciado,

49 José Flores de Jesus (1921-1999).

50 João Batista do Vale (1934-1996).

51 Nara Lofego Leão (1942-1989).

52 "Podem me prender, podem me bater, podem até deixar-me sem comer, que eu não mudo de opinião!"

53 *Apenas um Subversivo*, Rio de Janeiro: Bertrand Brasil, 1998, p. 192.

a desarticulação completa e sumária de todas as formas de trabalho político e cultural sobreveio de forma cabal e inexorável para os setores alinhados com as políticas do partido e com a perspectiva revolucionária.

Ao proclamar a viabilidade e a pertinência de um eixo comum de pensamento para artistas e intelectuais dentro desse contexto, *Opinião* acabou proporcionando simbolicamente a sensação vivencial da mobilização política e da luta. Não foi casual, assim, a acolhida entusiástica que teve na temporada carioca e na paulista: artistas e público passaram a compartilhar a ideia de que estavam, naquele momento, desempenhando um papel ativo na luta contra a ditadura militar e a supressão das liberdades civis. Dentro daquelas circunstâncias, nada parecia ser mais gratificante.

A ideia de uma ampla e estratégica frente de oposição e resistência indicava uma grande afinidade entre o pensamento político implícito no *Show* e as posições do Partido Comunista Brasileiro, ao qual se ligavam, formal ou informalmente, importantes expoentes do contexto intelectual e artístico do país naquele momento[54].

Também o CPC havia contado, desde sua criação, com a participação de um número considerável de artistas identificados ao pensamento do PCB, embora não existisse vínculo propriamente dito entre um e outro. É possível que em alguma medida grande parte dos membros do CPC tenha partilhado das expectativas otimistas geradas pela avaliação conjuntural do PCB pouco antes do golpe, e acreditado que o país estava efetivamente às vésperas da eclosão de um processo revolucionário.

Para todos os que assim pensavam, a amarga constatação do engano e a sensação de impotência diante da nova conjuntura vieram impor um angustiante desafio: todas as formas de trabalho político ou cultural realizadas anteriormente com o proletariado ou com o campesinato haviam sido abortadas, e a revolução tida como iminente fora desmentida pelo próprio andamento dos fatos.

Em vista desse quadro, *Opinião* pode ter representado, para grande parte dos egressos do CPC, a aplicação, na esfera do trabalho artístico, da estratégia do recuo tático organizado, transmitida pelo PCB aos militantes que, em 31 de março, resistiam às bombas e tiros no prédio da UNE durante o cerco policial.

Para a pesquisadora Iná Camargo Costa, a palavra de ordem do Partido teria acabado por nortear também a concepção estética que, em pouco tempo, viria a ser difundida e tacitamente aceita pelos artistas provenientes do CPC a partir de *Opinião* e de seus sucedâneos teatrais nos anos que se seguiram[55]: o recuo recomendado no âmbito estratégico teria sido aplicado também ao campo da criação, contribuindo assim para implantar a ideia de que o trabalho realizado deixado para trás no âmbito agitativo do teatro de rua era menos complexo artisticamente do que as circunstâncias demandavam. Essa teria sido, presumivelmente, a operação de pensamento que, nos anos subsequentes, levaria muitos dos próprios ex-participantes do CPC a posições de relativização ou mesmo de franco descarte da importância artística e política do trabalho que antes haviam realizado.

O papel desempenhado pelo público de classe média logo após o golpe também teve peso considerável nesse processo por ter demonstrado, desde a estreia de *Opinião*, total apoio à ideia de uma resistência simbolicamente enunciada por uma frente de esquerda e em pleno âmbito do teatro comercial. Não foi casual, portanto, o fato de o trabalho iniciado no *Show* ter recebido rapidamente o aval irrestrito de toda a geração de atores e dramaturgos oriundos do CPC, constituídos, pouco depois, como fundadores do grupo teatral Opinião.

No período que assim se iniciou, a estrutura de trabalho artístico inaugurada pelo espetáculo musical passou a ser encarada de fato como uma forma de mobilização e luta, enquanto os antigos participantes do CPC, num processo paralelo de revisão autocrítica, passariam sintomaticamente a taxar de equivocadas as perspectivas desenvolvidas na fase anterior.

54 Veja-se, a esse respeito, o ensaio "A Política Cultural dos Comunistas", de Celso Frederico: "No imediato pós-64, os artistas e intelectuais ligados ao PCB deram inicialmente o tom na produção artística. A preocupação com o caráter nacional e popular fez-se acompanhar da urgência da mobilização coletiva, da política de unidade no *front* cultural, tendo em vista a necessidade de lutar pela redemocratização do país". Em João Quartim de Moraes (org.), *História do Marxismo no Brasil, v. 3: Teses e Interpretações*, Campinas: Editora da Unicamp, 1998, p. 281.

55 Op. cit., p. 110.

Conforme indicam os estudos histórico-críticos e os depoimentos relacionados à relação PCB-CPC, o PCB tendeu sempre a acompanhar à distância as atividades do CPC, embora o contato entre um e outro tenha tido sempre um caráter descontínuo: a cúpula partidária costumava prestigiar os eventos promovidos pelo CPC, mesmo sem a existência de um diálogo contínuo entre ambos. O PCB havia passado os anos precedentes absorvido com a campanha pelas reformas de base, e apenas tardiamente indicou um representante oficial, Marcos Jaimovich (1921-2009), para atuar dentro da entidade estudantil[56].

Apesar disso, parcela considerável dos cepecistas mais ativos e representativos ligavam-se informalmente ao PCB. Se a informalidade dessa ligação constituía uma forma menos assídua do exercício da militância, ela em momento algum indicava um teor menor de adesão ao pensamento político do partido. A expressividade e a relevância do elo com o PCB demonstrou não sofrer abalos durante os três anos de atividades do CPC.

Embora não seja fácil avaliar o grau de determinação da palavra de ordem do Partido naquele conturbado contexto pós-golpe, o que parece indiscutível é que a ideia da frente democrática, cujas raízes se encontram nas teses do V Congresso do PCB, de 1960, passaria a servir de base a todo o movimento de resistência constituído no teatro brasileiro no período que vai de 1964 até a decretação do Ato Institucional número 5, em 1968[57].

Os anos que se seguiram a 1964 caracterizaram-se, para o PCB, como um período de sucessivas dissidências de quadros históricos, como Carlos Marighella[58] e Joaquim Câmara Ferreira[59]. O partido, nesse contexto, tornou-se alvo de críticas contundentes por parte de entidades que então passaram a organizar-se no sentido de preparar a ação direta e a luta armada.

Diante dessa tensa e complexa situação, a proposta política inerente à estrutura de *Opinião* encarnou simbolicamente, no plano do espetáculo, as coordenadas de pensamento do PCB: o alinhamento das classes sociais, representadas por meio dos três artistas no palco, evocava a política de frentes postulada pelo partido desde muito antes. A concepção do *Show* distinguia-se das praticadas por outros grupos de teatro ou coletivos de ação cultural nesse momento, e surgia como proposta de uma nova forma de trabalho para o teatro.

Em função de todos esses fatores acreditou-se ter-se configurado, com *Opinião*, uma forma não só viável mas estrategicamente significativa de mobilização e de resistência por parte dos setores médios da sociedade civil. No contexto urbano do Rio de Janeiro e de São Paulo após o golpe, a enorme receptividade dada ao espetáculo foi encarada por seus realizadores como forma de redirecionamento possível, ainda que parcial e em condições adversas, do próprio projeto cultural abortado do CPC.

A perspectiva de um trabalho épico e de natureza agitativa nos moldes do teatro de rua do CPC havia, realmente, se tornado inviável na nova conjuntura.

56 Cf. Entrevista Concedida por Ferreira Gullar e Entrevista Concedida por Luís Werneck Vianna, em J. Barcelos, *CPC da UNE: Uma História de Paixão e Consciência*, p. 212 e 316.

57 C. Frederico, op. cit. Veja-se também, à guisa de ilustração, este trecho da Resolução aprovada pelo V Congresso do PCB em 1960:

"A contradição antagônica entre o proletariado e a burguesia, inerente ao capitalismo, é também uma contradição fundamental da sociedade brasileira. Mas esta contradição não exige solução radical e completa na atual etapa da revolução, uma vez que, na presente situação do país, não há condições para transformações socialistas imediatas. [...]

O principal inimigo da revolução brasileira é constituído pelo imperialismo norte-americano e por seus agentes internos. A fim de manter o seu domínio em nosso país, o imperialismo ianque conta com o apoio de setores de latifundiários e capitalistas, cujos interesses são vinculados ao sistema de exploração imperialista, e que, por sua vez, se apoiam nos monopólios estrangeiros para assegurar seus privilégios. Estas forças constituem o apoio social interno do imperialismo, atuam dentro e fora dos órgãos do Estado para manter e agravar a situação de dependência do país. Embora minoria ínfima, dispõem de grande poder político e de fortes posições no aparelho estatal.

Ao inimigo principal da Nação se opõem forças muito amplas e poderosas: o proletariado, que é a classe mais firme e consequente na luta pela libertação nacional e a mais interessada em profundas transformações democráticas; os camponeses, interessados em liquidar uma estrutura agrária retrógrada que se apoia na dominação imperialista; a pequena burguesia urbana, que não pode expandir suas atividades em virtude do atraso do país; a burguesia ligada aos interesses nacionais, que é prejudicada pela ação dos monopólios imperialistas. Em certas circunstâncias, de modo temporário e instável, podem também opor-se ao imperialismo ianque alguns setores de latifundiários e grupos capitalistas ligados a monopólios estrangeiros rivais dos norte-americanos". Disponível em: <http://www.gedm.ifcs.ufrj.br/upload/documentos/1.pdf>. Acesso em: 25 jan. 2011.

58 Carlos Marighella (1911-1969) optou pela luta armada em 1966, após ser libertado da prisão por decisão judicial e escrever o livro *A Crise Brasileira*, onde teceu severas críticas ao PCB.

59 Joaquim Câmara Ferreira (1913-1970). Foi um dos signatários do Manifesto do Agrupamento Comunista de São Paulo, de 1967, documento-embrião da Ação Libertadora Nacional, organização de ação revolucionária.

O fato, porém, é que a atuação para um público de classe média considerado progressista passou cada vez mais a ser saudada como estratégia capaz de assegurar não apenas o trabalho em si, agora que se dependia de atuar no teatro comercial, mas balizas de criação e pensamento tidas como capazes de superar as praticadas anteriormente no CPC.

Os meses que se seguiram confirmaram as tendências verificadas durante a temporada de *Opinião*: além de ter inspirado o surgimento do grupo teatral que levou seu nome, o espetáculo inaugurou uma estrutura de trabalho e de expressão que se tornaria dominante no panorama cultural durante todo o período que precede a implantação do Ato Institucional número 5, em dezembro de 1968.

O quadro que assim se constituiu viria a ser examinado por Roberto Schwarz, algum tempo depois, no ensaio "Notas Sobre Cultura e Política 1964-1969"[60], de fundamental importância para a análise crítica da estética teatral de resistência. Examinando a produção cultural no período após o golpe, o crítico discutiu os mecanismos pelos quais, sob a égide de um regime político de direita, uma hegemonia cultural de esquerda havia se organizado e consolidado a partir de *Opinião*.

Essa anomalia da qual trata Schwarz foi fartamente confirmada por vários dos sucedâneos do espetáculo: num contexto como o do pós-golpe de 1964, de refluxo da atuação agitativa do CPC, havia se tornado gratificante para a classe média progressista prestigiar um trabalho que lhe proporcionava a sensação vivencial da luta e da mobilização.

Com o *Show*, letras de canções e depoimentos de vida carregados de conotação política haviam provado ter um efeito capaz de ir muito além do inicialmente visado, de mera resposta tópica ao golpe pela via metafórica. E foi por meio do conteúdo simbólico dessas canções que veio a ser posto em circulação, em um mercado cultural nascente, um repertório lítero-musical que passou a alegorizar a situação do país sob a ditadura. O disco com a gravação dos trechos mais expressivos de *Opinião*[61], lançado comercialmente, bateu recorde de vendas num curto espaço de tempo. Várias das mais contundentes canções de protesto contra a supressão das liberdades civis passaram a ser tocadas exaustivamente nas principais emissoras de rádio e de televisão por todo o país.

A efervescência gerada pela acolhida do espetáculo e pelo sucesso dos discos relacionados foi encarada, pelos artistas provenientes do CPC, como indicativa de uma disposição de luta dentro da nova conjuntura, entendendo-se que lutar, nesse contexto, passara a ser entendido como sinônimo de externar publicamente uma postura antagônica ao regime, ou seja, uma postura de resistência.

O fenômeno de mercantilização de conteúdos originalmente críticos e contestatórios ocorreu também em outros contextos além do brasileiro: nos Estados Unidos, por exemplo, algumas das mais radicais criações da estética do protesto, desde a geração *beat* até a contracultura, passaram, a certa altura, a alimentar amplos setores do mercado cultural, gerando uma variada gama de subprodutos que abrangia discos, filmes e eventos de massa de grande proporção.

Em um país como o Brasil, onde a indústria cultural era ainda incipiente, a peculiaridade desse processo residiu no fato de ter dado origem a uma seara de criação que fertilizou profundamente a seara mercadológica, assinalando com isso o surgimento do próprio conceito de música popular brasileira ou da chamada MPB.

O CPC havia priorizado sempre o chamado "elemento popular" na arte, contribuindo assim decisivamente para a divulgação de formas características da música nordestina, do samba de partido alto, do cordel e da poesia. A descoberta de compositores como Zé Kéti, João do Vale e Cartola[62], entre outros, foi fruto do trabalho desenvolvido não só no Rio de Janeiro, mas também nas UNE Volantes, excursões de ativismo cultural e político realizadas em várias capitais do Nordeste e Norte do Brasil entre 1962 e 1963.

Os frutos gerados nesse caminho de pesquisa viriam a revolucionar o setor fonográfico, fazendo-o, primeiramente, através de subgêneros musicais como a canção de protesto e o afrossamba, e algum

60 *O Pai de Família e Outros Estudos*, Rio de Janeiro: Paz e Terra, 1978.

61 Nara Leão, Zé Keti, João do Vale, LP *Show Opinião*, Philips, 1965.

62 Angenor de Oliveira (1908-1980).

tempo depois através de composições de diversas estruturas, que por meio de metáforas e alegorias passaram a expressar a angustiante crônica das consciências sufocadas e cooptadas sob o autoritarismo.

A força expressiva da música em *Opinião* chegou a suscitar, em alguns momentos, discussões sobre a natureza do próprio espetáculo. Respondendo aos que o classificavam como um musical, Augusto Boal, responsável pela direção, argumentou sempre em prol da natureza teatral da concepção de base, observando que a própria forma como os depoimentos dos artistas haviam sido trabalhados compunha uma linha de conteúdos que transcendia o caráter de show propriamente dito[63]. Em sua autobiografia, ele comenta que as soluções que aplicou na concepção final tinham raízes em *O Processo*, trabalho anterior que ele havia concebido e dirigido[64].

A estrutura do *Show Opinião* empreendia em cena uma síntese épica do país. A expressão de uma posição comum de resistência ao golpe era eficientemente alegorizada tanto pela colagem de textos, comentários, e ilustrações musicais, como pela presença cênica dos três artistas que a enunciavam de diversas formas e através de diferentes repertórios.

A frente única era, conforme já ressaltamos anteriormente, um dos elementos centrais das teses e propostas formuladas pelo PCB[65]. Dada a afinidade de pensamento entre os criadores de *Opinião* e o partido, a ideia de uma coalizão com vistas à resistência foi aplicada como perspectiva para os trabalhos realizados desse momento em diante nos trabalhos do grupo teatral que ali se formava. Foi dos desdobramentos, das descobertas e das contradições resultantes desses espetáculos e dessa concepção que se constituiria, no teatro brasileiro, o fio inicial da estética teatral de resistência.

Dramaturgia e Espetáculos

Em 1965, pouco tempo após a estreia de *Opinião* no Rio de Janeiro, os artistas e dramaturgos ligados ao Teatro de Arena de São Paulo viriam a posicionar-se por meio de uma série de espetáculos, manifestando sua opção por uma forma diversa da política de frentes preconizada pelo grupo Opinião. O objetivo, no caso do Arena, era o de angariar, entre os setores da classe média de que se constituía o público, apoio para as iniciativas de luta armada já então em processo de articulação. Com essa perspectiva estreou, ainda em 1965, *Arena Conta Zumbi*, o primeiro espetáculo de uma série intitulada *Arena Conta...*, apresentado no Teatro de Arena de São Paulo com texto de Gianfrancesco Guarnieri (1934-2006) e Augusto Boal e músicas de Edu Lobo. A figura do líder revolucionário Zumbi e da luta histórica no interior do Quilombo de Palmares foi figurada como representação simbólica da consciência de luta revolucionária, servindo ao mesmo tempo como estímulo para a sua ativação no contexto brasileiro sob a ditadura.

Com essa perspectiva de trabalho, o núcleo de artistas do Teatro de Arena tornou explícita a sua recusa em aderir à política de alianças e de frentes definida pelo Opinião, e deu início a uma série de espetáculos tão calorosamente acolhidos pelo público em São Paulo quanto o *Opinião*, pouco antes, no Rio de Janeiro. Sucederam-se, assim, trabalhos apoiados numa estrutura épica de dramaturgia e concepção cênica e no uso alegórico de canções: *Arena Conta Tiradentes* (1967), de Augusto Boal e Gianfrancesco Guarnieri, *Arena Conta Bahia* (1967), de Augusto Boal com músicas de Gilberto Gil e Caetano Veloso, e a *Primeira Feira Paulista de Opinião* (1968), iniciativa que assinalou o momento culminante de conclamação à linha revolucionária, reunindo esquetes teatrais de um grupo de jovens dramaturgos cujo trabalho tinha afinidades estéticas e políticas com a ideia de um teatro de resistência.

Como observa Celso Frederico, pesquisador da história cultural da esquerda nesse período, a apologia da luta revolucionária segue, no âmbito dos trabalhos do Teatro de Arena, um destino análogo ao da apologia da aliança de classes preconizada pelo grupo Opinião, apoiando-se fortemente na receptividade que encontra no movimento estudan-

63 Entrevista Concedida por Augusto Boal, em J. Barcelos, op. cit., p. 202 e 226.

64 Augusto Boal, *Hamlet e o Filho do Padeiro*, Rio de Janeiro: Record, 2000, p. 224.

65 Cf. J. Q. de Moraes (org.), op. cit., p. 264.

til nesse momento. Assim como a iniciativa da resistência, irradiada a partir do grupo Opinião, no Rio de Janeiro, o apoio à luta revolucionária é expresso e manifestado, nos espetáculos *Arena Conta...*, de forma igualmente simbólica e politicamente circunscrita aos setores de esquerda do próprio movimento estudantil[66]. Quando, em 1968, a ofensiva da direita se acirrou e espetáculos de orientação revolucionária tornaram-se alvos de ataques de forças militares e paramilitares, estudantes passaram a posicionar-se estrategicamente como seguranças de modo a proteger a integridade física dos atores e a assegurar a continuidade das apresentações.

No que diz respeito à perspectiva dramatúrgica e cênica, o Teatro de Arena dá um passo importante na direção do épico com a formulação do chamado "sistema coringa", criado e desenvolvido a partir das concepções de Augusto Boal. A representação da história não oficial do país sob o ângulo das ações de caráter coletivo e revolucionário teve papel importante para o debate acerca das possibilidades de realização efetiva de um teatro e de uma dramaturgia nacionais, apoiados sobre uma base épica de trabalho.

Apesar disso, ironicamente, a criação do sistema coringa acabou por distanciar Boal das concepções épicas de Brecht, como observa Anatol Rosenfeld[67]. O crítico, que foi o mais importante interlocutor do Teatro de Arena nesse momento, colocou em questão o aspecto crucial que ali se apresentava: o da representação de protagonistas heroicos (Zumbi e Tiradentes) como contradição interna para a efetividade épica e dialética desejada. Em *Arena Conta Tiradentes*, primeira aplicação prática do Coringa, o protagonista era um herói mitizado que, ao contrário das demais personagens, possuía consciência apenas de si próprio e era representado em cena por um único ator protagônico, não sendo, portanto, objeto de narração por parte do Coringa no espetáculo[68].

A mitização do herói era realizada cenicamente em estilo naturalista, em contraste com o distanciamento aplicado na representação das demais personagens. A forma empática com que esse herói se apresentava contrapunha-se à exegese crítica visada pela voz narrativa do Coringa. O resultado atingido, porém, era saudado por Boal como um recurso necessário e desejável diante da situação política atravessada pelo país: "Não somos um povo feliz. Por isso precisamos de heróis"[69].

Este mesmo aspecto viria posteriormente a ser objeto de revisão crítica no já citado trabalho de Iná Camargo Costa: a condição heroica de uma personagem como Tiradentes comprometia na base a execução de um trabalho de cunho dialético. Esse dado, somado às décadas de censura que viriam a seguir, debilitaria inevitavelmente, por longo tempo, as expectativas de um florescimento efetivo das sementes épicas antes plantadas com o teatro de rua do CPC[70].

O teatro de resistência constituído a partir do surgimento do grupo Opinião construiu a perspectiva de que resistir havia se tornado, para todo um grande setor da cultura e do teatro, não só um objetivo fundamental, mas o objetivo por excelência dentro da nova conjuntura. A resistência pressupunha a coalizão de forças e ao mesmo tempo a presença da classe média de esquerda de que se constituía o público.

Liberdade, Liberdade, o espetáculo que se seguiu a *Opinião* no Rio de Janeiro, em 1965, corroborou as coordenadas de pensamento e expressão estabelecidas por seu predecessor: por meio de uma colagem lítero-musical, os autores, Millôr Fernandes e Flávio Rangel (1934-1988) – que também atuou como diretor –, organizaram uma antologia cênica sobre a história dos diversos momentos em que as liberdades sociais e políticas haviam sido sufocadas sob o arbítrio dos opressores ao longo da história.

As fontes do espetáculo remetiam a textos de consagrados dramaturgos, poetas e pensadores gregos, latinos, europeus, norte-americanos e latino-americanos, e eram, assim, potencialmente insuspeitas, perante a censura, de qualquer possível caráter subversivo. Millôr Fernandes, o autor principal, era conhecido, desde o período anterior ao golpe, por seu declarado anticomunismo. Também Paulo Autran (1922-2007), ator que encabeçava o elenco do espetáculo ao lado de Tereza

66 C. Frederico, op. cit., p. 282.

67 *O Mito e o Herói no Moderno Teatro Brasileiro*, São Paulo: Perspectiva, 1996, p. 15.

68 Idem, p. 16 e 23.

69 Idem, p. 28.

70 Cf. *A Hora do Teatro Épico no Brasil*, p. 129-141.

Raquel, Nara Leão e Oduvaldo Vianna Filho, tinha um histórico de trabalho em nada identificado, até aquele momento, a qualquer forma de teatro político ou politizante.

O espetáculo abria-se ao som do refrão do Hino à Proclamação da República ("Liberdade, liberdade, abre as asas sobre nós...") e encerrava-se incisivamente com a última palavra de Prometeu na tragédia homônima de Ésquilo: "resisto".

Ao mesmo tempo que exortava todos à união simbólica das forças de oposição, o grupo Opinião procurava entender e discutir as razões da derrota[71], e isso requeria um fundamento teórico capaz de sustentar a análise. Pela primeira vez, nesse contexto, uma política cultural passava a se mostrar urgentemente necessária ao próprio PCB[72]: a cultura tinha ganho centralidade e se tornado o epicentro da discussão política[73]. A questão cultural vinha a ser, também, a questão de base para que o próprio grupo pudesse formular uma plataforma de trabalho capaz de avançar em relação às conquistas do *Show* que o originara. *Liberdade, Liberdade* havia sido recebido desde o início como um espetáculo inovador: um artigo do *New York Times* publicado quatro dias após a estreia mencionava, por exemplo, a nova visão dramática que nele transparecia[74]. Situando-se esteticamente na seara da cronologia das lutas históricas pelas liberdades civis, seu roteiro padecia, na verdade, dos mesmos limites em que esbarrara o espetáculo antecessor: a potencialidade épica, que se apresentava em bruto nos paralelos históricos e políticos com o momento então vivido, ficava confinada no campo da figuração simbólica da resistência civil.

O contexto pedia um amadurecimento da reflexão teórica, e o poeta Ferreira Gullar, um egresso do movimento concretista que havia aderido ao projeto do CPC, teria papel importante nesse sentido: reiterando as posições que assumira ao desligar-se do concretismo, Gullar escreve uma série ensaios em torno da ideia de uma arte nacional, procurando aproximá-la a uma assim chamada grande arte. O ponto de apoio conceitual era a categoria da particularidade, extraída das concepções estéticas de Georrg Lukács. Através dele Gullar forneceria ao grupo Opinião os elementos que serviriam para destacar a linha nacional e popular, a política de frentes, e os elementos destinados à contestação das críticas feitas por entidades que defendiam a ação armada e a luta de classes em oposição à perspectiva frentista do PCB[75].

O caráter teórica e esteticamente híbrido que resulta dessa perspectiva de pensamento é formulado a partir da experiência de criação da peça *Se Correr o Bicho Pega, se Ficar, o Bicho Come*, escrita a quatro mãos por Oduvaldo Vianna Filho e Ferreira Gullar entre 1965 e 1966. Sua estrutura combina elementos da farsa nordestina e da comédia de situações, de um lado, ao distanciamento (*V-effekt*) brechtiano e à procura de um alinhamento com obras consagradas da literatura burguesa de outro.

Um longo texto de apresentação que integrou o programa do espetáculo serve de introdução à edição do texto pela editora Civilização Brasileira em 1966, e trata de definir as razões estéticas e políticas que se materializavam no trabalho. Nele o *Bicho* referido no título é apresentado como a imagem alegórica do impasse vivido diante da situação política do país após o golpe, e os percalços enfrentados pelo protagonista Roque (personagem vivida no palco por Vianinha) são tratados como uma perspectiva de conjunto do próprio trajeto de ambiguidades e de contradições da classe média. No contexto histórico do Nordeste e dos latifúndios, o jovem Roque serve simultaneamente a dois coronéis arqui-inimigos entre si: Honorato, cuja filha Mocinha namora às escondidas, e Nei Requião, de cuja esposa, Zulmirinha, é amante. Por obras do acaso e também de um voluntarismo inconsequente ainda que bem intencionado, Roque acaba por liderar uma revolta de camponeses que culmina com um saque ao armazém da fazenda, e é preso logo a seguir. Na cadeia, transformado em mártir, ele acaba por dar pretexto para a candidatura de Jesus Glicério, opositor dos dois poderosos coronéis. A popularidade do protagonista, provinda tanto de seu carisma pessoal como dos folhetos

71 C. Frederico, op. cit., p. 279.

72 Idem, p. 282-283.

73 Idem, p. 279.

74 O *New York Times* Comenta *Liberdade, Liberdade*, em Millôr Fernandes; Flávio Rangel, *Liberdade, Liberdade*, Porto Alegre: L&PM, 2006, p. 9-11.

75 Cf. C. Frederico, op. cit.

de cordel que começara a escrever na prisão, acaba sugerindo a Honorato e a Nei Requião a necessidade de se unirem para estrategicamente derrotar o incômodo opositor. A peça encerra-se, sintomaticamente, com três diferentes finais, tal como a *Ópera dos Três Vinténs* de Brecht, e com uma literal ressurreição de Roque. Esse elemento corrobora na prática o efeito visado de encantamento, definido como o ponto em comum entre a chamada grande literatura e a literatura popular, e ao mesmo tempo apresentado como um dos recursos que Brecht teria vislumbrado para a dramaturgia épica.

A estruturação em versos e o contexto nordestino presentes em *Se Correr...* são elementos comuns a um trabalho bastante diverso em sua estrutura e pressupostos estéticos, mas que exerce papel igualmente marcante nesse período de surgimento de formas dramatúrgicas de resistência como *Morte e Vida Severina, Auto de Natal Pernambucano*, de João Cabral de Melo Neto, encenada pelo Tuca (Teatro da Universidade Católica de São Paulo), em 1965, com canções de Chico Buarque de Hollanda. O espetáculo viria a ser premiado no Festival de Teatro Amador de Nancy, na França, no ano seguinte, juntamente com o mimodrama *O & A*, de Roberto Freire, sob a direção de Silnei Siqueira.

O indiscutível sucesso de público de todos estes trabalhos (*Morte e Vida Severina*, *Se Correr o Bicho Pega, se Ficar o Bicho Come*, *Arena Conta Zumbi* e *Arena Conta Tiradentes*) levados à cena nos anos que seguem ao golpe, não havia afastado a preocupação com a necessidade premente de desenvolvimento de uma dramaturgia capaz de lidar eficazmente com as novas condições do país.

Com o intuito de encontrar formas mais combativas de lutar contra a repressão e o autoritarismo e também de fomentar um possível novo ciclo de criação dramatúrgica, o Teatro de Arena de São Paulo propôs-se a organizar um ciclo de Seminários de Dramaturgia nos moldes do realizado nos final dos anos de 1950. Afinal, a perspectiva de um trabalho dramatúrgico vigoroso e continuado constituía uma forma importante de atuação do teatro brasileiro frente ao regime de direita.

Os novos Seminários reuniram dramaturgos e diretores internos e externos ao Arena. Augusto Boal, Antunes Filho, Walter Negrão, Anatol Rosenfeld, Renata Pallottini, Carlos Murtinho e Walter Avancini estavam entre os participantes principais[76].

Em fins de 1968, uma *Primeira Feira Paulista de Opinião* foi organizada tendo como mote uma pergunta feita aos artistas envolvidos: O que pensa você do Brasil de hoje? O objetivo era apresentar as peças que, empenhadas em responder a essa questão, procurassem aprofundar a figuração crítica e o enfrentamento político do regime.

Alguns dos mais representativos dramaturgos de esquerda do período foram reunidos – Augusto Boal, Bráulio Pedroso, Gianfrancesco Guarnieri, Lauro César Muniz, Jorge Andrade e Plínio Marcos – além de compositores como Ary Toledo, Caetano Veloso, Edu Lobo, Gilberto Gil e Sérgio Ricardo.

O espetáculo foi dividido em dois atos: do primeiro faziam parte *Tema*, de Edu Lobo; *Enquanto o Seu Lobo Não Vem*, de Caetano Veloso; *O Líder*, de Lauro César Muniz; *O Sr. Doutor*, de Bráulio Pedroso; *ME.E.U.U. Brasil Brasileiro*, de Ary Toledo; e *Animália*, de Gianfrancesco Guarnieri. Do segundo constavam *Espiral*, de Sérgio Ricardo; *A Receita*, de Jorge Andrade; *Verde Que Te Quero Verde*, de Plínio Marcos; *Miserere*, de Gilberto Gil; e *A Lua Muito Pequena* e *A Caminhada Perigosa*, de Augusto Boal. Dado o número de cortes sofrido pelo texto submetido à censura (setenta e um), A *Primeira Feira Paulista de Opinião* foi apresentada na íntegra em junho de 1968, mesmo com o veto dos censores, num ato público de resistência.

Em texto intitulado "O Que Pensa Você da Arte de Esquerda?", escrito para o programa do espetáculo, Augusto Boal procurou mapear as tendências e perspectivas dominantes nos diferentes setores da esquerda naquele momento. O reconhecimento de diferenças servia de preâmbulo para um alerta acerca da necessidade da união estratégica de todos, fosse qual fosse a orientação estética ou política postulada.

A perspectiva de uma resistência, embora não explicitamente definida, ficava claramente subentendida em termos bastante compatíveis com o teor de "Um Pouco de Pessedismo Não Faz Mal a Ninguém", que Vianinha publicaria, nesse mesmo ano de 1968, num número especial da *Revista*

76 Cf. S. Magaldi; M. T. Vargas, op. cit.

Civilização Brasileira destinado à discussão das questões do teatro brasileiro nesse período.

A ideia de uma linha de trabalho voltada à expressão de uma resistência ao golpe havia se consolidado no setor teatral e passara a se evidenciar nos espetáculos dos principais núcleos do teatro de esquerda nesse momento.

Em 1967 o grupo Opinião havia encenado *Meia Volta Vou Ver*, texto de Vianinha com forte ressonância dos espetáculos *Opinião* e *Liberdade, Liberdade*, combinando o uso estratégico de poesia, música popular e esquetes cômicos. Ao aplicar expedientes do humor para fazer a crônica das mazelas políticas nacionais, *Meia Volta...* reacendeu o interesse de Vianna pela forma da revista teatral e pela criação de um novo núcleo em que espetáculos dessa linha pudessem ser priorizados.

Moço em Estado de Sítio, escrita em 1965, havia sido proibida pela censura, e o grupo Opinião havia anunciado, na sequência à temporada de *Se Correr...*, a encenação de *O Inspetor Geral*, de Gógol, indicando que o compromisso com a exclusividade de peças nacionais não estava entre as prioridades do grupo naquele momento.

Diante desse quadro, o desejo crescente de continuar a aprofundar seu trabalho dramatúrgico motivou Vianinha a desligar-se do grupo Opinião e a criar o Teatro do Autor Brasileiro, nesse mesmo ano de 1967, juntamente com Armando Costa.

O desligamento de Vianna não representou qualquer tipo de rompimento: seu interesse era experimentar estrategicamente a forma da revista, historicamente associada a importantes realizações no teatro político no contexto europeu. Ao mesmo tempo, ele identificava a necessidade de procurar, de forma contínua e sistemática, um tratamento cada vez mais eficaz da expressão teatral capaz de potencializar a representação artística de questões políticas imediatas. Foi essa, aliás, a meta anunciada no texto de apresentação de *Dura Lex sed Lex, no Cabelo só Gumex*, sátira política com estrutura de revista musical que Vianna escreveu como espetáculo inaugural do TAB (Teatro do Autor Brasileiro).

Embora a ideia de uma resistência ao golpe propriamente dita não se fizesse explícita nesse trabalho – como em *Opinião* e *Liberdade, Liberdade* –, *Dura Lex...* indicava, da parte de Vianna e dos demais realizadores envolvidos, o desejo de realizar, por meio da revista musical, o levantamento crítico e a crônica dos problemas nacionais. Sob o autoritarismo e a ditadura vigentes, esse exercício assumia uma feição de indiscutível resistência ao estado dominante de coisas, já que implicava a sobrevivência de um pensamento crítico e de um espírito de denúncia combinados a um olhar satírico e analítico sobre a situação reinante no país.

A ideia da dramaturgia como veículo fundamental de trabalho se apresentaria, na mesma época, como fruto de outra iniciativa paralela à encabeçada por Vianna: no mesmo ano de 1967 estreava *O Santo Inquérito*, de Dias Gomes. Utilizando um expediente de criação semelhante ao do norte-americano Arthur Miller em *As Bruxas de Salém* (*The Crucible*), a peça de Dias Gomes colocava em foco um episódio histórico real: o processo inquisitorial movido contra a jovem Branca Dias, acusada e julgada por heresia na Paraíba de 1750. Na corajosa disposição da protagonista, de enfrentar seus inquisidores e algozes, projetava-se simbolicamente a associação metafórica com o compromisso consciente de oposição e resistência ao arbítrio e autoritarismo.

Em *As Bruxas de Salém*, escrita em 1953, Arthur Miller também havia lançado mão de episódios reais da história colonial norte-americana: a condenação de dezenove moças acusadas da prática de bruxaria na cidade de Salém, Massachussets, no Nordeste dos Estados Unidos, em 1692. A histeria coletiva rapidamente disseminada e a onda vertiginosa de delações que se instaurara na comunidade foram tratadas pelo dramaturgo como alegoria que figurava, no plano simbólico, a condição da sociedade norte-americana sob o macartismo. De forma análoga Dias Gomes debruçou-se sobre o processo inquisitorial impetrado contra Branca Dias para representar, em circunstâncias historicamente verídicas, o empenho de uma consciência modelar na resistência necessária à violência e ao arbítrio.

A representação dramatúrgica da luta do intelectual derrotado, mas ainda assim inabalável diante de forças obscurantistas, também compunha a matéria dramatúrgica de outra peça de Dias Gomes, *Vamos Soltar os Demônios*, escrita no ano anterior (1966) e reelaborada alguns anos mais tarde com o título de *Amor em Campo Minado*.

Tal como em *Mão na Luva*, escrita por Vianinha nesse mesmo ano e só encenada uma década após sua morte, o assunto representado na peça de Dias Gomes era o do confronto político, entre um casal, travado de forma turbulenta entre as pulsões do afeto, do desejo e da consciência debilitada por diferentes formas de cooptação.

Para Anatol Rosenfeld a análise psicológica delineada por Dias Gomes em *Vamos Soltar os Demônios* turvava a visão da realidade político social latente[77]. Em *O Santo Inquérito*, por outro lado, quando uma heroína representativa irrompia em cena, o crítico detectava elogiosamente um realismo nutrido de esperança. Dentro do contexto político desses anos sombrios, essa característica – a de suscitar o entusiasmo diante da adversidade – acabava funcionando como forma de uma desejada (ainda que ilusória e simbólica) resistência.

Os "Anos de Chumbo"

Nos difíceis anos que se seguem a 1968 um dos expedientes mais recorrentes de figuração dramatúrgica associada à ideia de resistir se deu por meio de personagens ou relações emblemáticas, capazes de subsumir em si os traços essenciais do contexto político de autoritarismo e de cerceamento das liberdades de expressão. Sob a égide da censura e com a imprensa e os meios de comunicação sob o total controle do regime militar, havia uma tendência a encarar como politicamente empenhado e crítico todo e qualquer trabalho que se dedicasse a apresentar situações representativas da atmosfera de sufocamento e de falta de perspectivas reinante. Não é necessário dizer que essa forma de figuração era radicalmente oposta à do imaginário veiculado nas campanhas estatais e no farto material de cunho cívico distribuído pelos poderes estatais e divulgado abundantemente na mídia impressa e falada.

Em alguma medida textos e espetáculos voltados para a representação do beco sem saída em que se debatia a classe média tendiam a ser associados à ideia de resistência, muito embora representassem, já, perspectivas diferentes das do *Show Opinião* logo após o golpe. *Cordélia Brasil*, escrita pelo então estreante Antonio Bivar, em 1968, é um dos textos que podem ser vistos sob esse ângulo[78]. A falta de horizontes de transformação e o fechamento de perspectivas para o futuro, figurados por meio de estruturas como as praticadas por Bivar nessa peça, são retomadas pouco depois em outro trabalho seu, *Abre a Janela e Deixa Entrar o Ar Puro e o Sol da Manhã*, e passariam a ser empregadas, paralelamente, por um número cada vez maior de dramaturgos em espetáculos com diferentes perspectivas dramatúrgicas e cênicas. Essa tendência seria particularmente representativa do período compreendido entre 1968 (com o AI-5) e 1979-1980, com a entrada na chamada fase de abertura democrática, quando as primeiras levas de peças proibidas começaram a ser gradualmente liberadas, num contexto já bastante diferente daquele em que haviam sido escritas.

A estrutura do musical seria revisitada, em 1968, num espetáculo do Teatro Oficina que vinha assinalar a radicalização das propostas tropicalistas pouco antes configuradas com a encenação de *O Rei da Vela*, de Oswald de Andrade: tratava-se de *Roda Viva*, peça de Chico Buarque de Hollanda concebida como crítica corrosiva ao mecanismo alienante e massificador da indústria fonográfica e da sociedade de consumo, então em processo de expansão no país. A transformação de um simplório cidadão comum, Benedito Silva, no ídolo de massas Ben Silver é abordada por meio de uma estética cênica de caráter grotesco, que não se deixava intimidar diante de instituições como a Igreja e o mercado, e que se dispunha a demolir mitos e estereótipos do pensamento dominante.

Apesar da temporada de sucesso que cumpriu no Rio de Janeiro, *Roda Viva* teve o poder de dividir opiniões e de polarizar admiradores e detratores tanto entre o público como entre a crítica. Essa polarização explica o acirramento dos ânimos da direita reacionária, que viria a desencadear agressões contra o elenco e depredações do cenário tanto na temporada de São Paulo como na de Porto Alegre.

77 A. Rosenfeld, op. cit., p. 82-84.

78 Sobre *Cordélia Brasil* e outras peças de Bivar e de seus contemporâneos, ver infra, O Teatro da Marginalidade e da Contracultura, p. 239-257.

Ainda que numa chave diversa da anteriormente praticada, o Arena daria sequência à sua empreitada no gênero musical com *Marta Saré*, de Gianfrancesco Guarnieri. A peça, escrita por encomenda da atriz Fernanda Montenegro, colocava em cena a saga de uma jovem nordestina pobre transformada em prostituta rica e famosa no Rio de Janeiro. O espetáculo viria trazer ao compositor Edu Lobo o segundo lugar no Festival da Música Popular Brasileira da TV Record em São Paulo em 1968.

Entre esse ano e 1979, enquanto as gavetas da censura iam progressivamente se abarrotando de peças vetadas em todo o país, a dramaturgia que efetivamente conseguia ganhar os palcos mostrava fazer uso de formas cada vez mais híbridas, movida pela necessidade de figurar em chave metafórica aquilo que as circunstâncias políticas do país proibiam sumariamente. Esse continuava a ser o fulcro propulsor de trabalhos que tomavam a si, com diferentes recursos dramatúrgicos e cênicos, a continuidade da tarefa visada de resistência.

As estratégias formais que Dias Gomes tomara emprestadas a Arthur Miller e que utilizara em *O Santo Inquérito* viriam a ser empregadas por vários outros dramaturgos nesse mesmo período do teatro brasileiro: fontes bibliográfico-documentais e/ou pesquisa historiográfica de momentos de luta pela liberdade dariam base a peças como a impactante tragédia histórica *As Confrarias*, de Jorge de Andrade (1968); *Castro Alves Pede Passagem*, de Gianfrancesco Guarnieri (1971); *Calabar* (1972), de Ruy Guerra e Chico Buarque (1972); e *Frei Caneca* (1972), de Carlos Queiroz Telles, dramaturgo que fez farto uso da figuração das questões históricas em seu teatro[79]. Nesse mesmo ano de 1972 Queiroz Telles escreveria, ainda, *A Semana. Esses Intrépidos Rapazes e sua Maravilhosa Semana de Arte Moderna*, peça à qual coube a tarefa de, em pleno contexto das comemorações cívico-militares do Sesquicentenário da Independência do país, promovidas pela ditadura, contrapor um foco de atenção voltado para o cinquentenário do movimento de renovação das artes e da literatura de 1922, o que contribuiu para conferir à peça um caráter implícito de resistência.

79 Cf. Marco Antonio Guerra, *História e Dramaturgia em Cena (Década de 70)*, São Paulo: Annablume, 2004.

Também de base histórica é o *Auto da Barca de Camiri*, de Hilda Hilst, impregnado de forte cunho cristão. A peça alude em seu título à cidade boliviana próxima ao local do assassinato do líder revolucionário Ernesto Che Guevara, e joga com a ambiguidade de sentidos entre o *auto* processual e o sacramental, de origem medieval e jesuítica.

A propósito do trabalho teatral de Hilda Hilst é oportuno observar que as oito peças que compõem sua obra foram criadas entre 1967 e 1968, precisamente no momento em que o país vivenciava o período de maior repressão às liberdades expressivas e ao pensamento criador. E certamente não é casual o fato de as situações figuradas em suas peças remeterem a contextos de confinamento, colocando oprimidos e opressores em contato e em confronto em espaços como uma capela cercada por muros (*O Rato no Muro*), uma instituição psiquiátrica (*A Empresa*, também intitulada *A Possessa*), uma pequena casa em um vilarejo do interior (*O Verdugo*) e um campo de concentração (*As Aves da Noite*).

O Rato no Muro, juntamente com *Pedro Pedreiro* (1967), texto de Renata Pallottini inspirado na música homônima de Chico Buarque, foi dirigido por Thereza Aguiar, e integrou o primeiro espetáculo da Escola de Arte Dramática de São Paulo a excursionar ao exterior, tendo participado do Festival de Teatro Universitário de Manizales, na Colômbia, em 1967.

A figuração dramatúrgica de situações de enclausuramento político e de cerceamento da liberdade tornou-se recorrente, e diante das circunstâncias históricas do país, passou a ser encarada como manifestação latente de um impulso de resistência à ditadura. Um exemplo importante dessa tendência é *Prova de Fogo*: escrita por Consuelo de Castro em 1968, e sumariamente proibida pela censura, foi reelaborada com o título de *A Invasão dos Bárbaros* em 1974, quando recebeu o prêmio do Serviço Nacional de Teatro. A peça, só encenada em 1993 sob a direção de Aimar Labaki, abordava o momento de confronto entre as forças da repressão (policiais militares e Comando de Caça aos Comunistas), e estudantes de diferentes facções da esquerda concentrados no prédio sitiado da Faculdade de Filosofia, Ciências e Letras da Universidade de São Paulo, na rua Maria Antonia, na capital paulista. *A Cidade Impossível de Pedro Santana* (1975), também de Consuelo de Castro, daria sequência à figuração dos desafios e dos equívocos de uma consciência potencialmente transformadora confinada nos limites de uma iniciativa individual idealista: num contexto de operários de uma usina siderúrgica, interesses de várias ordens associam-se aos poderes locais para inviabilizar o projeto de construção de uma cidade com padrões mais dignos de moradia e de vida para os trabalhadores. Premido diante do poder dominante, o proponente, um arquiteto idealista, vê-se acuado entre as sombrias perspectivas da autodestruição ou da capitulação.

Papa Highirte (1968), de Oduvaldo Vianna Filho, texto premiado com o primeiro lugar no concurso de dramaturgia do Serviço Nacional de Teatro, reiterou uma inquietação recorrente de seu autor desde *Moço em Estado de Sítio* (1965) e *Mão na Luva* (1966): a de encontrar recursos dramatúrgicos e cênicos compatíveis com as necessidades de figuração e análise que se impunham diante da ausência cada vez mais angustiante de perspectivas de transformação e luta. Os impasses da esquerda são figurados por ele, em *Papa Highirte*, a propósito do ocaso de um caudilho (Juan Maria Guzamón Highirte, denominado Papa por seu carisma populista, tal como Papa Doc ou Papa Duvalier) em uma república fictícia na América Latina em face dos novos interesses do capitalismo norte-americano, acobertados pela bandeira da democratização. *A Longa Noite de Cristal* (escrita em 1970, mas encenada em 1973), também de Oduvaldo Vianna Filho, trataria, algum tempo depois, de um assunto até então praticamente intocado como matéria de figuração dramatúrgica no Brasil: a exposição sem meias tintas da manipulação e da censura interna das informações veiculadas nos noticiários televisivos.

Sob prisma formalmente análogo, mas com uma gama de diferentes temas, a dramaturgia desse período registra e denuncia, paralelamente, outros processos de confinamento e de luta política. No monólogo *Corpo a Corpo* (1971), por exemplo, Oduvaldo Vianna Filho coloca em foco um protagonista de classe média às vésperas do ato final de sua cooptação, após uma longa e angustiante noite ao fim da qual é derrotado por suas próprias contradições. Em *Botequim* (1972), Gianfrancesco Guarnieri lança mão do confinamento como recurso formal estratégico: ao representar um grupo de pessoas abrigadas no interior de um bar numa noite de tempestade, o autor cria o pretexto formal para a construção de um painel das consciências de classe média, acuadas diante da falta de perspectivas e da precarização de todas as suas premissas de vida.

A chave alegórica esboçada em *Botequim* seria aprofundada por Guarnieri em *Um Grito Parado no Ar* (1973), peça que evidenciava a busca intensa do autor por técnicas que lhe permitissem tratar ao mesmo tempo das questões imediatas e dos impasses vividos pelo teatro, simbolicamente representado por um diretor teatral e cinco atores. Guarnieri voltaria a lançar mão da alegoria combinada à parábola em um trabalho posterior também associado a uma estética de resistência: *Ponto de Partida* (1976), texto que remetia à situação do assassinato do jornalista Vladimir Herzog nas dependências do DOI-Codi[80] de São Paulo, em 1975, aonde havia sido levado a depor. Esse mesmo terrível episódio seria novamente tratado em *Patética* (1977), de João Ribeiro Chaves Neto, com a utilização de expedientes metateatrais e por meio da linguagem do circo, e também em *Fábrica de Chocolate* (1979), de Mário Prata.

Dentro do contexto político da primeira metade dos anos de 1970, a necessidade de dar substância artística à resistência tornou-se um impulso premente a ponto de motivar o surgimento de uma nova autora teatral: Maria Adelaide Amaral, cuja peça de estreia, escrita em 1975, viria a chamar-se justamente *A Resistência*. O texto colocava em foco a ameaça iminente de demissão coletiva que pairava sobre os funcionários de uma redação de jornal e que criava, assim, um clima sufocante e insuportável. Tratava-se de uma situação que a autora estava enfrentando precisamente naquele momento de sua carreira profissional como jornalista. Na peça uma pequena galeria de personagens, todas tipicamente associadas a perfis extraídos da agenda política e comportamental da

80 Destacamento de Operações e Informações e Centro de Operações de Defesa Interna. Órgão subordinado ao Exército e criado em 1969 com o intuito de combater as organizações da esquerda armada.

classe média de esquerda, trazia à pauta os impasses produzidos no mundo do trabalho pelo modelo econômico imposto pela ditadura. Inscrita no concurso de dramaturgia do Serviço Nacional de Teatro em 1976, a peça foi classificada em quarto lugar, mas o veto da censura retardou a sua encenação, que só viria a ocorrer em 1979.

No mesmo ano de 1975 um texto teledramatúrgico intitulado *Medeia*, escrito dois anos antes por Oduvaldo Vianna Filho, daria ensejo à criação de uma peça emblemática da dramaturgia da resistência: *Gota d'Água*, de Paulo Pontes e Chico Buarque. Baseado na tragédia homônima de Eurípedes, o texto de Vianna havia sido criado para um programa de teleteatro da Rede Globo de Televisão intitulado *Caso Especial*[81]. Tal como na *Medeia* televisiva de Vianna, o enredo trágico de *Gota d'Água* era contextualizado num conjunto habitacional da Zona Norte carioca, e colocava em foco o triângulo amoroso constituído entre um compositor de sambas (Jasão), a mulher com quem ele vivera durante anos e que lhe dera dois filhos (Joana), e a bela jovem de quem acabara de ficar noivo, Alma, filha de Creonte, o proprietário do conjunto habitacional.

Em texto de apresentação escrito sobre a peça, Paulo Pontes e Chico Buarque declaravam buscar, apoiados na concepção de Vianna, a representação do proletariado, procurando para isso um padrão estético que em alguma medida superasse o que consideravam uma crise da razão: lembre-se, a esse respeito, que esse período (primeira metade da década de 1970) assinalava no país o ápice da chamada contracultura, e que esta antagonizava e depreciava explicita e contundentemente as principais premissas da arte de esquerda. Ao alegorizar as classes figuradas nas personagens da tragédia, *Gota d'Água* dava pistas importantes sobre as transformações em curso na sociedade brasileira naquele momento. Tal como a classe média brasileira no contexto pós-golpe, o Jasão carioca traía a ligação que tinha com suas raízes proletárias, associadas a Joana, e aderia sem conflitos ao conforto imediatista da ascensão social e da cooptação.

A estrutura e a concepção de peças como *Corpo a Corpo* e *Gota d'Água* indicavam claramente que a questão mais premente quanto à matéria representada passara a ser a de detectar e de tornar visíveis os impasses e as contradições da sociedade civil diante do estado autoritário. Parecia ficar subentendido que, ao se procurar enxergar as formas pelas quais alguém sucumbia diante da opressão ou era cooptado pela ideologia dominante, estava-se já um passo adiante no sentido de intervir nelas e de superá-las. Dentro das formas de prática teatral e cultural que subsistiram após o golpe, este era, nesse momento, o horizonte máximo de representação estética e de reflexão crítica a que se chegava.

Alegorizar e denunciar situações e temas de resistência a diferentes formas de opressão foi um dos recursos mais frequentemente empregados, na dramaturgia desse período, para tratar do contexto da ditadura, das perseguições e da tortura sem atrair a atenção sempre vigilante e cerceadora da Censura Federal. *Torquemada* (1971), de Augusto Boal, e *Missa Leiga* (1972), de Chico de Assis, estão entre os textos mais representativos dessa tendência.

Torquemada foi escrita num momento crucial para Boal, seja no sentido político, seja no estético. Os assuntos mais prementes do contexto imediato – o cerceamento das liberdades civis, as prisões, as torturas, e o crescente número de desaparecidos políticos – eram sumariamente vetados pela censura. As perspectivas do épico, plenamente compatíveis com a representação dramatúrgica e cênica da matéria histórica e das questões coletivas, haviam demonstrado, em *Arena Conta Tiradentes* e *Arena Conta Bolívar*, a necessidade de se reavaliar a relação entre distanciamento crítico e empatia: afinal, uma contradição se apresentara, naquelas peças, devido à coexistência do sistema coringa com a presença do herói.

Ao centrar a peça sobre a figura de Tomás de Torquemada, um inquisidor espanhol do século XV, desaparecia o desafio de figurar em cena uma personagem dotada de uma característica modelar, heroica e inspiradora como Tiradentes. Ficavam implícitas, ao mesmo tempo, as analogias entre os procedimentos inquisitoriais na Espanha e a ação do Estado militar sob a ditadura brasileira, e entre

81 *Caso Especial* foi transmitido pela Rede Globo de Televisão entre 10 de setembro de 1971 e 5 de dezembro de 1995, com dia, horário e periodicidade de exibição variados, tendo totalizado 172 episódios com duração média de uma hora cada um. *Medeia*, de Oduvaldo Vianna Filho, foi ao ar em 14 de fevereiro de 1972. Informações disponíveis em: <http://www.teledramaturgia.com.br/tele/casoespecialep.asp>. Acesso em: 14 dez. 2011.

os insurrectos de Castela e Aragão e os militantes revolucionários de organizações de esquerda presos e torturados nos órgãos de segurança brasileiros.

Missa Leiga deveria ter sido encenada na igreja da Consolação, na cidade de São Paulo, mas o veto da censura e o repúdio dos setores conservadores da Igreja não o permitiram, levando o espetáculo a ser apresentado no Teatro Ruth Escobar, onde cumpriu temporada de enorme repercussão sob a direção de Ademar Guerra.

A estrutura da peça remetia à forma litúrgica da missa católica, expurgada porém da consagração, e reorganizada à maneira dos autos medievais. Passagens do Antigo e do Novo Testamentos foram intercaladas a narrativas da literatura cristã. A paráfrase das partes rituais constitutivas da liturgia as revestiu de um apelo social cenicamente enunciado com forte comoção. Um dos trechos mais impactantes, o Ato Penitencial, previa a descida dos atores até a plateia com pequenos gravadores em que denúncias e declarações anônimas sobre atos de tortura e crimes praticados pelo regime podiam ser livremente registrados.

A tortura, o exílio e o desaparecimento de prisioneiros políticos seriam abordados, nos anos subsequentes, em inúmeras peças: *Milagre na Cela* (1977), de Jorge de Andrade: *Murro em Ponta de Faca* (1978), de Augusto Boal: e em *Sinal de Vida* de Lauro César Muniz (1979). A matéria histórica figurada nessas peças dava expressão dramatúrgica e cênica aos horrores praticados pelo regime.

Milagre na Cela, baseada em fatos reais, foi sumariamente proibida pela censura por colocar em cena a tortura e o estupro de uma freira militante, Joana de Jesus, por um delegado de polícia. *Murro em Ponta de Faca*, que viria a ser montada e dirigida por Paulo José, tratava da vida dos exilados políticos. *Sinal de Vida*, que teve grande sucesso de público, era fortemente apoiada nos impasses profissionais de Lauro César Muniz e nos desafios que este encontrara em seu trabalho de dramaturgo diante da repressão, da censura e da perseguição política.

A figuração metafórica ou alegórica de questões históricas ou de lutas políticas tendia a ser rapidamente identificada como um impulso implícito de resistência à ditadura, mesmo que o efeito máximo visado fosse o de conseguir varar a vigilância crassa dos censores e ganhar os palcos. Abordar conteúdos suprimidos do próprio noticiário dos jornais era tratado, nesse momento, como avanço estético e político, e isso atendia à expectativa de largas faixas do público de classe média.

A luta pela expressão do que se encontrava vetado pela censura quase sempre representava uma ameaça à sobrevivência material dos dramaturgos e dos grupos teatrais no âmbito comercial. Diante da exiguidade crescente de trabalho teatral, autores como Oduvaldo Vianna Filho, Gianfrancesco Guarnieri e Armando Costa, e atores como Paulo José, Flávio Migliaccio, Milton Gonçalves e Dina Sfat, entre outros, foram sendo progressivamente atraídos pela televisão, aumentando assim consideravelmente o esvaziamento do teatro como forma de expressão crítica.

Dentro desse contexto tornou-se corrente a ideia de que as peças artística e politicamente mais significativas encontravam-se, presumivelmente, nas gavetas da censura, já que a lista de proibições crescia em proporção idêntica à da proliferação de montagens de apelo estritamente comercial.

Diante desse quadro não foi casual que o trabalho estética e politicamente mais significativo tenha sido precisamente aquele ao qual caberia a mais árdua e longa batalha diante do veto da censura: *Rasga Coração*, de Oduvaldo Vianna Filho, peça concluída em 1974 às vésperas da prematura morte do autor e que só estrearia em 1979, já em pleno contexto da chamada pré-abertura.

A trajetória de *Rasga Coração* ligava-se a duas árduas e longas lutas travadas sucessivamente: a primeira delas foi a do próprio Vianna, que durante o processo de criação se viu obrigado a lidar com a premência do tempo diante do estágio terminal da doença que viria a vitimá-lo. A segunda foi a de José Renato (1926-2011), diretor e antigo companheiro do Teatro de Arena a quem Vianna confiara a direção do espetáculo e as tentativas de obter a sua liberação.

Apoiado por setores de frente do movimento teatral do Rio de Janeiro, de São Paulo e de outras capitais, José Renato apelou sucessivas vezes à Censura Federal, mas a morte de Vianna acabou por ocorrer antes que qualquer sinal, por remoto que fosse, indicasse a possibilidade concreta da liberação. Ironicamente a peça havia sido inscrita no recém-reaberto Concurso Nacional de Dramaturgia do Serviço Nacional de Teatro logo que concluída, e veio a ser unanimemente classificada pelo júri em primeiro lugar. Isso a colocou na paradoxal situação de receber ao mesmo tempo a premiação máxima da dramaturgia nacional e o veto sumário e irrevogável que proibiu terminantemente tanto a sua circulação impressa como sua leitura pública e encenação em todo o território.

A comoção generalizada diante desse fato assinalou o início de uma série de mobilizações por parte de segmentos significativos do meio teatral e da sociedade civil. Como forma de resistência ativa diante da proibição, leituras dramáticas passaram a ser promovidas a portas fechadas em diversos teatros das principais capitais, e exemplares mimeografados do texto começaram a ser impressos e distribuídos artesanalmente por todo o país.

Esse movimento latente e continuado de desobediência civil e de resistência democrática estendeu-se até 1979, quando *Rasga Coração*, finalmente liberada, estreou sob a direção de José Renato no Teatro Guaíra, em Curitiba. Pouco tempo depois o SNT (Serviço Nacional de Teatro) lançaria o volume com o texto da peça acompanhado pela íntegra do extenso dossiê de pesquisa histórica e linguística que servira de base a Vianna para a sua criação.

De 1974 a 1979, *Rasga Coração* foi, sem sombra de dúvida, a peça teatral mais lida e discutida nos setores ligados à cultura e ao pensamento crítico no país. A expectativa em torno de sua liberação norteou grande parte das discussões sobre o teatro e as perspectivas culturais.

Entre os motivos que haviam contribuído para essa ansiedade crescente em torno de sua encenação estava o fato de o texto empreender a síntese épica de cinquenta anos da história política do país, registrando-a sob a óptica dos militantes do PCB e das lutas travadas em seu cotidiano. Três sucessivas gerações eram ali figuradas sob o prisma das esquerdas em plena égide da ditadura e do autoritarismo. *Rasga Coração* representou, com isso, o mais significativo avanço do teatro nacional até aquela data, no sentido do amadurecimento de uma forma dramatúrgica visceralmente épica.

O Teatro de Resistência em Outros Contextos

As diversas perspectivas de mobilização pública para que *Rasga Coração* fosse liberada ocorreram dentro de um contexto de resistência iniciado anos antes por meio da progressiva organização de pequenos grupos amadores e independentes nas periferias dos principais centros urbanos. A orientação desses grupos convergia para a busca continuada de uma expressão dramatúrgica popular e crítica em relação ao mercado e à ideologia veiculada na mídia.

Com o surgimento desses pequenos coletivos, estruturas de produção independente passam a se disseminar por todo o país. Em São Paulo, a fusão de dois grupos pré-existentes (o Teatro do Onze, ligado originalmente à Faculdade de Direito do Largo de São Francisco, e o Teatro Casarão, integrado por bancários, porteiros, engraxates e outras categorias profissionais) daria origem, em 1966, ao Teatro União e Olho Vivo, um dos mais atuantes e significativos núcleos de prática teatral associada ao teatro político e de resistência. Por resistência entenda-se, nesse caso específico, o resultado de trabalhos de criação e encenação de uma dramaturgia que, por se caracterizar como popular e apoiada numa perspectiva crítica e dialética, resistia contra o estado vigente de coisas no âmbito do teatro comercial e da cultura institucionalizada.

O União e Olho Vivo, fundado por César Vieira (nome artístico de Idibal Pivetta) revigorou consideravelmente a ideia da resistência ao estabelecer que a função do teatro era representar e discutir tanto a exploração econômica e a distribuição desigual da riqueza como a dominação cultural promovida pelos meios de comunicação. *O Evangelho Segundo Zebedeu* (1970), adaptação de *Os Sertões*, de Euclides da Cunha, foi o espetáculo inicial do grupo, com utilização de elementos da estética circense. Com forte presença da cultura do Nordeste em sua dramaturgia, o Teatro União e Olho Vivo passou a contar, em seus quadros, com setenta por cento de atores provindos do proletariado, o que se caracterizava como inequívoca resistência às formas institucionalizadas de trabalho cultural.

Também em São Paulo, no final da década de 1960 – mais precisamente no decorrer de 1969 –

um grupo de cerca de vinte jovens entre dezessete e vinte e um anos inscreveu-se em um curso de interpretação oferecido pelo Teatro de Arena, vindo a desenvolver pouco tempo depois um trabalho de grande importância no âmbito do teatro político e de resistência. Entre esses jovens estavam Celso Frateschi, Denise Falótico (depois Denise Del Vecchio), Dulce Muniz, Edson Santana, Elísio Brandão e Hélio Muniz, todos ligados, como o próprio Boal na época, a organizações de militância clandestina de esquerda. Do trabalho que desenvolveram resultou a criação do Teatro-Jornal, que abriria uma florescente linha de esquetes agitativos apresentados nos bairros periféricos em escolas, sindicatos, salões paroquiais, galpões, clubes e entidades culturais na cidade de São Paulo e seu entorno.

O curso que os atraíra ao Arena era ministrado por professores encarregados do ensino técnico de canto, de voz, de danças brasileiras, de história e de interpretação. A formação interpretativa era ministrada em parte por Rodrigo Santiago[82], mas principalmente por Heleny Guariba[83].

Heleny tinha um histórico expressivo de trabalho ligado à militância política e ao Grupo de Teatro da Cidade de Santo André, (o GTC), fundado em 1968. Esse grupo, juntamente com vários outros organizados nesse mesmo período, como o Núcleo Expressão de Osasco, o Teatro-Circo Alegria dos Pobres, o Núcleo Independente, o Teatro União e Olho Vivo, o Grupo Ferramenta de Teatro e o Grupo de Teatro Forja, constituíram o chamado "teatro da militância"[84], ao qual coube a tarefa de, no período de maior fechamento e repressão política, construir na prática a estética teatral da resistência política. A ligação do trabalho artístico e formativo de Heleny com a militância de esquerda revolucionária representou um importante fator de motivação para os ingressantes inscritos no curso.

O clima político do país apontava cada vez mais na direção da luta revolucionária, e Boal desejava não apenas atrair novos quadros para o Arena, mas fomentar a procura por formas de teatro diretamente ligadas aos setores da sociedade potencialmente capazes de avançar na transformação do regime.

O elenco de *Arena Conta Bolívar*, sob a direção de Boal, havia recebido um convite para apresentar-se em Nova York, no La Mama Experim ental Theater Club, núcleo artisticamente importante de encenação do Off-Off-Broadway, circuito independente nova-iorquino. A notícia da prisão de Heleny Guariba sobreveio durante a fase de ensaios de *O Casamento de Fígaro*, de Beaumarchais, cuja direção, apoiada em concepção marxista, ela assumira apoiada na experiência da montagem de *George Dandin*, que havia dirigido em 1968 com o GTC em Santo André.

O Arena não dispunha de condições financeiras para que o elenco de *Arena Conta Bolívar* pudesse viajar aos Estados Unidos, e não podia pleitear verba para fazê-lo. Por isso, uma das expectativas em relação à montagem da peça de Beaumarchais era a de captação da verba que viabilizaria a viagem.

Com a prisão de Heleny, Boal assumiu a direção da peça contando com a participação dos jovens ingressantes em papéis secundários e figurações. O contato com esse grupo inquieto e desejoso de exercer um papel ativo na luta política levou-o a expor uma ideia germinal que há tempos vinha acalentando: a da realização de um teatro-jornal, ou seja, de um trabalho agitativo baseado na encenação crítica e distanciada de notícias previamente selecionadas dos jornais em circulação[85].

Como nessa época a imprensa encontrava-se sob censura prévia, os textos de boa parte das matérias eram truncados e desprovidos de sentido, o que poderia dar margem potencialmente a um trabalho importante de denúncia e formação política.

Com a viagem de Boal e do elenco principal aos Estados Unidos pouco tempo depois, os jovens atores receberam carta branca no sentido de desenvolver, adaptar e aplicar essa sugestão inicial de trabalho: uma seleção de notícias era feita pela

82 Rodrigo Santiago (1943-1999), ator e professor da Escola de Arte Dramática de São Paulo.

83 Heleny Ferreira Telles Guariba (nascida em 1941 e desaparecida em 1971) foi professora e diretora do Grupo de Teatro da Cidade de Santo André, tendo militado na VPR (Vanguarda Popular Revolucionária).

84 Ver infra, O Teatro da Militância, p. 271.

85 Sobre o Teatro-Jornal praticado pelo Teatro de Arena de São Paulo: entrevistas concedidas por Dulce Muniz na sede do Teatro Studio 184, em São Paulo, em 23 de setembro de 2010, e por Celso Frateschi, no Centro Maria Antonia da Universidade de São Paulo, também na capital paulista, em 7 de fevereiro de 2011, à autora e ao pesquisador e jornalista Eduardo Campos Lima.

manhã, adaptada e ensaiada à tarde e apresentada à noite num processo inequivocamente imbuído do espírito do teatro de *agitprop*. Tratava-se de uma forma de prática teatral que só o exercício do trabalho político conseguiria motivar.

Sempre que oportuno o subtexto das notícias selecionadas era expandido e explicitado em cena por meio de inserções gestuais, textuais ou de alegorizações. Temas vetados na imprensa escrita e na mídia passaram, assim, a ganhar expressão cênica nos palcos improvisados da periferia de São Paulo e do ABC: a tortura nas prisões, delegacias e órgãos de segurança, a exploração e a precarização do trabalho, a miséria generalizada, o trabalho infantil, a ausência de condições básicas de proteção à integridade humana no trabalho etc.

Quando Boal retornou e tomou contato com a realização dessas apresentações, mostrou-se entusiasmado pelos resultados e procurou prontamente sistematizar os procedimentos de execução, criando inclusive um pequeno compêndio interno ou cartilha (como veio a ser chamado pelos integrantes) de sistematizações conceituais intitulado *Categorias do Teatro Popular* (*Incluindo Teatro-Jornal: A Nova Categoria do Teatro Popular*).

Os registros deixados por essa forma de trabalho são particularmente precários, seja pela forte repressão política e ação censória que teve que enfrentar, seja pela estrutura itinerante e informal que o caracterizou. Dulce Muniz, por exemplo, relata a realização de uma média de cinco espetáculos diários de teatro-jornal em diferentes bairros e regiões da cidade, e a criação de cerca de vinte núcleos teatrais dedicados a essa modalidade em diversas unidades do *campus* da Universidade de São Paulo[86].

Embora as reflexões de Boal sobre o teatro popular tenham tido início muito antes dessa fase e já se encontrassem, nessa época, em processo de formalização teórica, pode-se constatar que os germes de várias das técnicas de Teatro do Oprimido têm no Teatro-Jornal as suas raízes. Ligam-se, assim, estreitamente às práticas gestadas e aplicadas nesse período pelos jovens ingressantes do Arena, como formas de luta de resistência no âmbito do teatro.

A década de 1970 viria a revelar-se particularmente prolífica quanto às práticas teatrais ligadas à militância teatral de resistência. O crescimento e o fortalecimento do movimento sindical produziu o estímulo decisivo, na região do ABC paulista, ao surgimento de grupos de teatro operários como o Forja e o Ferramenta.

O grupo Ferramenta nasceu da organização de trabalhadores vinculados ao Centro Educacional Tiradentes, do sindicato, em 1975, e propunha-se a realizar um trabalho cultural ligado à divulgação do teatro popular nos meios fabris.

Entre 1975 e 1978, o Ferramenta apresentou peças de Martins Pena, Augusto Boal, Osvaldo Dragún, Ariano Suassuna e Chico de Assis, entre outros, realizando debates após as apresentações, e discutindo as ligações entre as peças e o contexto político do país sob a perspectiva dos trabalhadores. Suas atividades se encerraram com o fechamento do Centro Educacional Tiradentes decorrente tanto da orientação que passara a ser dada ao movimento sindical (estímulo às comissões de fábrica e à expansão dos meios de comunicação do sindicato) como de disputas entre a diretoria e o corpo docente encarregado das atividades culturais de formação[87].

O Forja foi fundado em 1979 sob a direção de Tin Urbinatti, e era integrado por operários ligados ao Sindicato dos Metalúrgicos de São Bernardo do Campo. Tin Urbinatti provinha do trabalho teatral do Grupo de Teatro de Ciências Sociais da USP, que em 1973, em pleno ápice dos chamados "anos de chumbo" da ditadura, desafiara o veto da censura encenando, em pleno *campus* da universidade, a proibidíssima *Papa Highirte*, de Oduvaldo Vianna Filho. A importância política e artística de seu percurso levara o sindicato a convidá-lo a participar da fundação do novo núcleo teatral operário.

Uma série de atividades culturais vinha sendo estimulada pela política cultural implantada no Sindicato. Tratava-se de uma iniciativa que abrangia múltiplas frentes de trabalho, entendidas como formas de organização e mobilização da categoria no âmbito sindical, nas fábricas e nos bairros operários.

86 Entrevista concedida por Dulce Muniz.

87 Kátia Paranhos, Teatro e Trabalhadores: Textos, Cenas e Formas de Agitação no ABC Paulista, *Revista Espaço Acadêmico*, n. 62, jul. 2006. Disponível em: <http://www.espacoacademico.com.br/062/62paranhos.htm>. Acesso em: 7 maio 2012.

Fundado e composto por operários, o Forja optou por peças que tratavam dos acontecimentos sociais e políticos em sentido conjuntural, abordando temas como a repressão política, a alienação social e a exploração do trabalho.

O primeiro trabalho apresentado pelo grupo, *O Contrato*, foi escrito por Tin Urbinatti em menos de um mês com base em entrevistas e pesquisas sobre a campanha salarial. Na sequência o Forja optou pelo processo de criação coletiva e por uma abrangência maior quanto à temática tratada: *Pensão Liberdade*, de 1981, foi a peça resultante, formalmente apoiada na construção de uma galeria de tipos sociais, políticos e comportamentais diversos reunidos no espaço de uma pequena pensão de trabalhadores e contextualizado diante da ascensão da TV como o grande veículo difusor da ideologia do sistema. *Pesadelo*, de 1982, estruturou-se cenicamente em três planos e colocou em pauta a questão do desemprego. A peça foi premiada em várias categorias dentro do II Festival de Teatro Amador do ABC, e permaneceu em cartaz durante parte de 1982 e no início de 1983.

As montagens subsequentes do Forja confirmariam o vigor dessa frente de trabalho: seguiram-se, *Brasil S.A.* (1983), sátira política sobre os acordos espúrios entre o ministro Delfim Neto e o Fundo Monetário Internacional, e *Operário em Construção* e *Diretas Volver* (ambas em 1984). Em 1985, na sequência de *Dois Perdidos Numa Noite Suja*, de Plínio Marcos, o Forja apresentou *Boi Constituinte*, utilizando as formas de duas danças populares brasileiras, o boi-bumbá e a congada.

Por um período de dois anos as apresentações em vários sindicatos e espaços teatrais absorveram a pauta do grupo. Em 1987, após a montagem de *A Revolução dos Beatos*, de Dias Gomes, ocorreu a sua dissolução, decorrente de divergências entre os participantes e os dirigentes sindicais.

Em 1991 uma breve rearticulação do Forja resultou na apresentação de *Águia do Futuro*, peça que colocava em questão o futuro da humanidade abordado sob o prisma de uma família de trabalhadores e de seu cotidiano.

Com perspectivas de trabalho bastante afins às do Forja e cronologicamente paralelas a ele, vários outros grupos, como o União e Olho Vivo, o Núcleo Expressão de Osasco, o Núcleo Independente, o Circo-Teatro Alegria dos Pobres, o Cordão-Truques Traquejos e Teatro, e o Tá na Rua, entre outros, procuraram, ao longo desse período, estreitar seus vínculos com os movimentos sociais de bairros, com os sindicatos e as comunidades eclesiais de base, articulando assim um antagonismo culturalmente vivo a todo o autoritarismo vigente e articulando formas culturais de luta pela reorganização da sociedade civil.

É quase inexequível a tarefa de mapear-se com a devida abrangência e o necessário cuidado documental a diversidade das formas, linguagens e espaços mobilizados com o intuito da resistência política nas diferentes regiões do Brasil. Uma história minuciosamente circunstanciada de todas as manifestações e trabalhos relacionados está ainda muito longe de ter sido levantada, e constitui-se numa empreitada fundamental. Num país de dimensões continentais como o Brasil e com a sua precária preservação de fontes e acervos de memória, a dificuldade da tarefa consegue ser tão grande quanto a importância que tem para o estudo e a prática do teatro no país.

Núcleos de trabalho teatral de resistência constituíram-se em diferentes partes do Brasil e com históricos de trabalho que remetem a diferentes percursos e filiações estéticas e políticas. Em Porto Alegre, por exemplo, onde o Teatro de Equipe (1958-1962) já havia anteriormente inaugurado a ideia de um teatro atento às questões sociais e políticas, criou-se, em 1967, o Teatro de Arena de Porto Alegre, fruto da iniciativa de um núcleo de atores do Grupo de Teatro Independente liderados por Jairo de Andrade. O Teatro de Arena de Porto Alegre viria a ser responsável, nos anos seguintes, pela encenação de espetáculos como *O Santo Inquérito*, de Dias Gomes (1967); *Entre Quatro Paredes*, de Jean-Paul Sartre (1968); *Cordélia Brasil*, de Antonio Bivar (1968-69); *Jornada de um Imbecil Até o Entendimento*, de Plínio Marcos (1970); *Teatro Jornal* e *Prometeu Acorrentado* (1971); *À Flor da Pele* (1973),de Consuelo de Castro; *Corpo a Corpo*, de Vianinha (1974), entre outros, representando assim uma importante frente de uma linha de encenações estreitamente identificadas ao ideário da resistência.

No Rio de Janeiro, em 1974, articularam-se os grupos Tá na Rua, dirigido por Amir Haddad, e Ventoforte, dirigido por Ilo Kugli, que se transferiu para São Paulo em 1981. Ambos os grupos realizaram, desde o seu surgimento, trabalhos representativos voltados à construção de formas teatrais localizadas na contramão do sistema ideológico e cultural dominante.

No contexto do teatro de resistência no Paraná merece menção e destaque um pequeno núcleo de trabalho teatral ainda plenamente atuante: trata-se do Teatro de Bonecos de Euclides Coelho de Souza e Adair Chevonika, conhecido como Teatro de Bonecos Dadá, fundado em 1977, mas com raízes que remontam ao trabalho do CPC e das UNE Volantes (as viagens de ativismo cultural realizadas pelo CPC por várias capitais do país)[88].

Na verdade o ano de 1977 assinalou a retomada do trabalho dos dois artistas no Brasil após um período de itinerância por vários países da América Latina durante os anos de chumbo da ditadura. As atividades foram rearticuladas, inicialmente, num minúsculo teatro improvisado numa das ruas centrais de Curitiba. O repertório, composto por textos de Cecília Meireles (*O Auto do Menino Atrasado*), Ariano Suassuna (*Boca Fechada Não Entra Mosquito* ou *Torturas de um Coração*), e Ilo Krugli (*O Aniversário do Rei*), empregava técnicas de criação de bonecos e de expressão cênica diretamente enraizadas no trabalho do CPC e na perspectiva de um teatro de politização formadora. Posteriormente os dois titeriteiros viriam a organizar um pequeno espaço teatral em sua própria residência, nas adjacências de Curitiba, e a engajar-se em agendas culturais oficiais, mas sempre dentro de um prisma crítico, popular e caracteristicamente impregnado do espírito da resistência às formas hegemônicas.

Euclides Coelho de Souza, ativista político paranaense, havia travado contato com o CPC justamente através de um auto de rua publicado pelo jornal *O Semanário* em torno de 1960/61: o auto era *Pátria o Muerte*, de um coletivo de autores em que se destacava o nome de Vianinha. O conteúdo do texto e o entusiasmo diante da ideia de encená-lo para plateias populares em ruas e praças constituiu-se no marco decisivo que ligaria o trajeto de Euclides ao trabalho político no teatro.

Foi por meio de sua participação nas UNE Volantes que Euclides travou contato com linguagens que lhe eram até então desconhecidas: o mamulengo, as danças dramáticas populares do Nordeste e Norte, como o boi-bumbá, e o trabalho do titeriteiro argentino Ilo Krugli, que se encontrava no Brasil desde 1961. Do trabalho de Krugli, Euclides Coelho de Souza e sua mulher Adair Chevonika (professora por formação) extraíram elementos importantes que vieram a adaptar e a aplicar no âmbito da pedagogia do oprimido e da titeritagem política, que se constitui, sem dúvida, numa forma importante e expressiva de resistência.

A associação do teatro de bonecos com o teatro de resistência e politização também se apresenta no contexto cultural e teatral do Rio Grande do Norte, principalmente através do trabalho do mamulengueiro Chico Daniel. A prática do mamulengo dentro de uma era marcada pela tecnicização da cena contemporânea e pela crescente fragmentação das perspectivas de figuração dramatúrgica e cênica, reveste-se de um caráter fortemente associado à ideia de resistência. Trata-se, nesse caso, de uma resistência contra a supressão ou o apagamento de formas de expressão de domínio público e de raízes populares, que atestam o vigor criativo e crítico de figuras como o João Redondo potiguar.

Também no contexto teatral do Acre, na cidade de Rio Branco, o teatro de resistência política teve, entre os anos de 1975 e 1985, um florescimento que não pode deixar de ser ressaltado: nesse período, de forma marcante, o teatro popular tornou-se a manifestação artística mais orgânica dentro do contexto acreano, dando expressão dramatúrgica e cênica a seringueiros e ex-seringueiros por meio de formas ligadas à militância política e a um imaginário muito próximo ao do material lendário amazônico.

Diferentes gêneros e métodos constituíram o repertório desse teatro: moralidades, teatro-fórum, teatro-relâmpago, dança do boi, recursos épicos de

88 Para uma abordagem detalhada da constituição do CPC no Paraná e de suas relações com as UNE volantes e o Método Paulo Freire, veja-se a dissertação de mestrado de Ana Carolina Caldas, *Centro Popular de Cultura no Paraná* (1959-1964). *Encontros e Desencontros entre Arte, Educação e Política*. Disponível em: <http://ebookbrowse.com/gdoc.php?id=30743122&url=fbe6bb92663ba2dd57358748f25199c0>. Acesso em: 14 dez. 2011.

distanciamento crítico. Esse repertório foi posto em prática por grupos como o Testa, Sacy, Gextu, Gruta, Fragmento, Cirkistilo, Apuí e Poronga, e de peças como *Sentindo na Pele* (moralidade atualizada de José Marques de Souza, o Matias), *Vila Beira do Barranco* (teatro-fórum de Antonio Manuel), *Viva o Rio Branco Total Radiante* (de Henrique Silvestre), *Baixa da Égua* (criação coletiva do Grupo Testa), e *Tributo a Chico Mendes* (de João das Neves), entre outras.

Durante vários anos, entre o fim da década de 1980 e meados dos anos de 1990, João das Neves, o dramaturgo provindo do CPC da UNE e do grupo Opinião, residiu e desenvolveu trabalhos teatrais na cidade de Rio Branco, tendo tido um importante papel formativo no âmbito do teatro épico com atores amadores vindos da periferia da cidade e integrantes do Grupo Poronga. Esses trabalhos consistiram principalmente em oficinas de teatro épico e de estudo do trabalho de Bertolt Brecht. No campo da dramaturgia especificamente, o período acreano de João das Neves está representado em sua Trilogia Acreana, composta por um *Caderno de Acontecimentos* (peça em estilo piscatoriano da qual consta um depoimento do líder sindicalista seringueiro Chico Mendes), a já citada *Tributo a Chico Mendes* (peça teatral e também radiofônica sobre os conflitos entre os seringueiros e os latifundiários na Amazônia e sobre o contexto político da morte de Chico Mendes), e *Yuraiá, o Rio do Nosso Corpo* (fruto de vários meses de vivência do autor em uma aldeia Kaxinawá, a peça enfoca a história, a colonização e a mudança da estrutura econômica do Estado e sua inserção nas pequenas narrativas míticas da comunidade indígena, procurando ao mesmo tempo recuperar vivências e costumes da cultura da região).

As práticas teatrais acreanas desse período situam-se na passagem da ditadura militar para o período de chamada abertura democrática, e constituem-se em formas vigorosas de denúncia de questões socioeconômicas cruciais como a imposição do modelo agropecuário de desenvolvimento na Amazônia, o progressivo sufocamento dos seringais, o êxodo rural acarretado por esse modelo econômico e todo o terrível quadro de exclusão e aculturação das populações nativas e de baixa renda. Trata-se de um conjunto de formas vigorosamente apoiadas na proposta de uma intervenção urgente nas condições sociais e de uma resistência sistemática diante da opressão econômica e da alienação cultural.

De modo geral, pode-se dizer que esse teatro faz uso expressivo da teatralidade presente nos rituais indígenas e na gestualidade do contador de casos, e que lança mão de procedimentos tomados ao *Teatro do Oprimido* de Augusto Boal, aos chamados "autos de rua" do CPC da UNE e ao *Teatro Político* de Erwin Piscator, combinados à cultura popular medieval e ao folclore local. Seu repertório emprega com frequência a autoria coletiva, a interatividade com o público, a representação de personagens associadas a classes (e não a individualidades), a presença de um narrador-contador de casos e a valorização das experimentações formais.

Em anos posteriores, o grande crescimento do movimento das comunidades eclesiais de base fixou a ideia de resistência como forma ativa de mobilização, recolocando em termos dramatúrgicos e cênicos a denúncia à tortura e ao desaparecimento de prisioneiros políticos. A peça *Paulo Wright, Desaparecido*, escrita e dirigida por Cleide Marinho em 2003, trata da prisão, tortura e morte do líder evangélico e político em 1973[89].

No campo da dramaturgia não se pode deixar de mencionar, em filiação direta com o teatro de resistência dos anos de 1970, a trilogia dramatúrgica intitulada *A Mulher na Resistência*, escrita por Dulce Muniz e encenada pelo Núcleo do 184, grupo que ela fundou juntamente com Roberto Ascar e Dema de Francisco em 1997 e que se caracteriza como um polo permanente de debate e de apresentações da dramaturgia, da poesia e da filmografia da resistência.

A trilogia mencionada é composta por peças dedicadas à representação da luta e do pensamento de mulheres militantes do socialismo revolucionário: *Iara, Camarada e Amante*, sobre Iara Iavelberg (militante do Movimento Revolucionário 08 de Outubro e companheira do capitão Carlos Lamarca, da Aliança Libertadora Nacional), *Heleny, Heleny, Doce Colibri*, sobre a professora e diretora

89 Paulo Stuart Wright, nascido em 1933 e desaparecido em 1973.

teatral Heleny Guariba, e *Rosa Vermelha. Concerto Mínimo para a Vida, Obra e Morte de Rosa Luxemburgo*, sobre a trajetória da militante do socialismo internacional e fundadora do Partido Comunista da Alemanha, Rosalia Luksenburg.

Nessa mesma linha dramatúrgica, que poderíamos considerar representativa de uma memória histórica da resistência, podemos mencionar a peça *Lembrar É Resistir*, de Analy Alvarez e Izaías Almada, encenada em São Paulo em 1998 nas antigas dependências do Departamento de Ordem Política e Social assinalando, precisamente, a sua reabertura pública após reforma e transformação em Memorial da Resistência. A encenação foi realizada dentro dos locais originais das celas, corredores e salas de interrogatório, e os espectadores, logo ao adentrarem o local, eram simbolicamente fichados tão logo as grades da entrada se fechavam para o início do espetáculo. A montagem carioca se deu no ano seguinte, também no prédio que abrigara, no passado, as dependências do Deops, na rua da Relação. O diretor do espetáculo carioca, Nelson Xavier, ressaltou, na época, a natureza formativa e paradidática do trabalho e sua importante tarefa diante das gerações mais jovens, às quais a formação escolar padrão não dava conhecimento do sentido político das lutas de resistência contra a ditadura.

Essas duas montagens revelam de forma bastante clara uma das tendências marcantes relacionadas ao teatro de resistência: a revitalização de espaços urbanos ou de casas de espetáculos como espaços destinados a fomentar frentes de resistência diante da ideologia alienante da sociedade do consumo, da impregnação mercadológica das formas de criação e de pensamento e das diversas formas de opressão do trabalho na sociedade contemporânea.

Muitas vezes essa refuncionalização dos espaços teatrais resulta de iniciativas oficiais ou corporativas, como ocorreu no Acre, com o Teatro Barracão, símbolo de resistência e de manifestações culturais e políticas acerca das questões acreanas nos anos de 1980.

Em outros casos, o histórico de manifestações coletivas de resistência sediadas em casas de espetáculos ou locais públicos precisa ser resgatado para que se possa enxergar, nos espaços urbanos diversos, os marcos sobreviventes da história da resistência no setor teatral: o Tuca (Teatro da Universidade Católica de São Paulo) foi palco de manifestações de grande porte contra a censura e o regime militar; o Teatro Gil Vicente, no Rio Grande do Sul, e o Teatro Opinião, no Rio de Janeiro, sofreram atentados a bomba; o Theatro S. Pedro, também na capital paulista, sediou espetáculos política e artisticamente fundamentais como expressão de resistência contra o autoritarismo na década de 1970, assim como o Teatro Ruth Escobar, em São Paulo, alvo de invasão pelo Comando de Caça aos Comunistas e de ataque aos atores da montagem de *Roda Viva*, de Chico Buarque, na noite de 18 de julho de 1968.

A ideia do teatro como prática de resistência à cultura hegemônica, ligada ao consumo e ao assim chamado mercado, está presente, na fase atual, na agenda de trabalho e de pensamento de praticamente todos os grupos que articularam, na cidade de São Paulo, em 1998, o Movimento Arte contra a Barbárie.

Com a implantação da pauta neoliberal, nos anos de 1990, muitos e importantes setores do teatro mais uma vez se impregnaram de um forte sentido de resistência, desta feita direcionado contra o atrelamento da cultura ao mercado e a suas leis de pensamento e funcionamento.

3. A QUESTÃO EXPERIMENTAL: A CENA NOS ANOS DE 1950-1970

> Os fios soltos do experimental *são energias que brotam para um número aberto de possibilidades.*
>
> Hélio Oiticica

Este capítulo aborda, a partir da noção de arte experimental, as implicações e ocorrências que a ela se podem relacionar no âmbito da cena brasileira das décadas de 1950/1970. Fase complexa de nosso passado cênico, conta já com alguns importantes estudos, de modo que seus pormenores são facilmente rastreáveis[90].

No campo teatral, especificamente, a questão experimental pode ser apreendida de modo mais palpável entre nós desde meados dos anos de 1950 quando, impulsionada por estímulos provenientes de outras manifestações artísticas, tende a disseminar-se na cena brasileira. Mas para que tal irrupção seja contextualizada torna-se necessário, ainda que sumariamente, fixar alguns dos sentidos que a recobrem.

A noção de experiência costuma ser empregada em dois contextos: ao referir-se à participação pessoal em situações que se repetem ou quando um conhecimento antes adquirido é mobilizado diante de um novo evento, a título de orientar a ação, nos dois casos indicando um conhecimento internalizado e passível de guiar os novos passos a serem empreendidos. Resultado de acúmulo, fruto de exame e, grande parte das vezes, uma reorientação de trajetória, tais são as acepções que o vocábulo adquire no ambiente do empirismo, entre Galileu, Hume e Kant, ratificado na expressão "experiência sensata".

No campo literário tais cogitações ajudaram a subsidiar, nos séculos XVIII e XIX, o percurso de afirmação do realismo, cristalizando-se quando da eclosão do naturalismo. Ao final do século XIX, sob o influxo de Émile Zola e André Antoine, ele galvanizará tal ideário. "A encenação deveria não somente fornecer à ação sua justa moldura, mas também determinar o seu caráter verdadeiro e constituir sua atmosfera", adverte André Antoine nas *Conversas Sobre a Encenação*[91] – tomadas como a primeira intervenção moderna do encenador no âmbito da cena –, ao salientar os três significativos procedimentos a que deu curso: a disciplina dos atores, a adequação dos cenários e o emprego da luz elétrica (o que significa: o controle e a orientação da criatividade no plano da interpretação dos atores; a organização do espaço cênico, de sua dinâmica e relações significantes no âmbito ficcional; e a criação dos focos de destaque da narrativa e/ou seu "ambiente" espaço-temporal). Tomando por base a dramaturgia de tese e aquela calcada sobre o *pedaço de natureza*, Antoine inaugura e explicita o conjunto das ambições naturalistas, ao lançar uma perspectiva analítica sobre o real e o mundo. Parece completar-se assim um primeiro núcleo de sentido sobre o que seja um teatro experimental – uma cena e uma situação investigando em profundidade as personalidades em seus contextos psicológicos e socioculturais –, guiado pelo olhar organizado do encenador que, surpreendendo suas causas, consequências e situação, articula um dado viés de representação da realidade. Mais que verossímil, seu padrão de representação almejado é o *verismo* – instância comprometida com pressupostos ideológicos que, em seu desenvolvimento ao longo do século XX, tomará a sociologia e a psicologia como bases operacionais.

Paralelamente ao naturalismo, também o simbolismo começa a dar seus primeiros passos. A condição de bússola desempenhada pela *Revue Wagnerienne*, editada em Paris, não deve ser subestimada entre 1885 e 1895, período no qual fervilham as novas ideias. A reforma da arte pretendida pelos simbolistas era bastante ampla e, especificamente no terreno teatral vislumbra na obra de Maeterlinck, Appia e Craig, os necessários aportes que podiam demolir os padrões expressivos do *vaudeville*, da *pièce bien faite* de Scribe e Sardou, da peça de tese naturalista, em busca de uma nova fundação para a arte cênica. Na crítica de Appia à obra de arte total wagneriana surge, pela vez primeira, a noção dos *elementos* que a compunham,

90 Entre outros estudos, podem ser compulsados: Edélcio Mostaço, *Teatro e Política: Arena, Oficina e Opinião*, São Paulo: Proposta, 1982; Décio de Almeida Prado, *O Teatro Brasileiro Moderno*, São Paulo: Perspectiva, 1988; Heloísa Buarque de Hollanda, *Cultura e Participação nos Anos 60*, São Paulo: Brasiliense, 1987, e também *Impressões de Viagem*, São Paulo: Brasiliense, 1980; Sábato Magaldi, *Panorama do Teatro Brasileiro*, São Paulo: Difel, 1962, e *Teatro de Arena, Um Palco Brasileiro*, São Paulo: Brasiliense, 1984; e com Maria Thereza Vargas, *Cem Anos de Teatro em São Paulo*, São Paulo: Senac, 2000; Yan Michalski, *O Teatro Sob Pressão*, Rio de Janeiro: Jorge Zahar, 1985; Maria Helena Kühner; Helena Rocha, *Opinião*, Rio de Janeiro: Relume Dumará, 2001; Armando Sérgio da Silva, *Oficina: Do Teatro ao Te-ato*, São Paulo: Perspectiva, 1981; Renan Tavares, *Teatro Oficina: Seus Dez Primeiros Anos*, São Caetano do Sul: Yendis, 2006; Ericson Pires, *Zé Celso e a Oficina-Uzyna de Corpos*, São Paulo: Annablume, 2005; José Arrabal; Mariangela Alves de Lima, *Teatro: O Nacional e o Popular na Cultura Brasileira*, São Paulo: Brasiliense, 1983; Roberto Schwarz, Cultura e Política, 1964-1969, *O Pai de Família e Outros Estudos*, Rio de Janeiro: Paz e Terra, 1978, p. 61-92. Além de dois números monográficos da revista *Dionysos*: *Teatro de Arena*, MEC/DAC/Funarte/SNT, n. 24, out. 1978; e *Teatro Oficina*, MEC/SEC/SNT, n. 26, jan. 1982.

91 Rio de Janeiro: 7Letras, 2001, p. 24-25. Trad. Walter Lima Torres.

abrindo o caminho para que fossem eles tomados em separado e, consequentemente, pudesse ser a cena decomposta e segmentada em suas instâncias de construção. Os meios expressivos tornavam-se, assim, expedientes técnicos, mobilizáveis em função das necessidades de significação para o artista; o que possibilitou a Craig propor a supermarionete enquanto quintessência para o trabalho do ator e a Maeterlinck desenvolver o drama estático, contrariando a milenar noção aristotélico-hegeliana de linearidade da ação. Serão esses os pressupostos centrais que permitirão, às gerações futuras, arremeter continuadamente contra o verismo, a linearidade e o ilusionismo propostos pelo palco tradicional, tendo em mira a constante experimentação de variáveis quanto aos meios expressivos[92].

No amplo segmento da arte em geral, mas também no contexto mais específico do teatro, estruturam-se então os campos, esferas ou sistemas – as denominações variam entre autores, assim como o arco de fenômenos englobados – possíveis de ensejar a controversa questão da autonomia da arte. A modernidade possibilitara distinguir três modalidades de autonomia – a estética (quanto à recepção), a formal (quanto ao uso das linguagens) e a de produção (desvinculada da política, da moral e da religião) –, cujo emaranhado de contradições e contrapontos manifestos vai se tornar o fulcro mesmo de seu projeto ao longo do século XX. No caso do Brasil, país periférico onde o processo de modernização foi tardio, lento e acidentado, tais discussões dominam ainda hoje muitas especulações, sem que se possa divisar um consenso. Os estudos teatrais, contudo, vêm conhecendo novas interpretações nas últimas décadas, tentativas de balizar períodos, artistas e movimentos, em relação não apenas aos papéis que desempenharam como também, com ênfase, aos vínculos que representaram entre a criação autônoma e a aderência social quanto às suas trajetórias[93].

No plano internacional, com o desenvolvimento das vanguardas históricas, um notável incremento dessas implicações foi agregado à noção de experiência cênica, tornando-se ela o epicentro das proposições que inseminaram ideologicamente aqueles agitados coletivos de artistas entre o final do século XIX e os inícios do XX. Ao arremeterem contra os cânones, pleitearam novos horizontes artísticos, furiosos no ataque contra o filisteu moralismo burguês, provocando atitudes desestabilizadoras, destinadas a soterrar os antigos padrões e convenções, tornando a alta modernidade notavelmente marcada pela noção de intervenção artística frente ao real, seja pela preponderância da vida face à arte, seja da arte face à vida, ou, como muitos almejaram, tomando a vida como uma obra de arte.

É o que se verifica, no plano do espetáculo, quanto às atuações de Adolphe Appia e Edward G. Craig; e, quanto aos demais enlaces entre vida e teatro, nas atitudes encetadas por Evreinov, Fuchs, Reinhardt, Meierhold, Artaud e Brecht – para ficarmos apenas em poucos exemplos notáveis. Algumas das mais ousadas experiências foram logradas pelas vanguardas, instituindo a necessidade de uma permanente revolução nos palcos. Do ponto de vista do conhecimento, Husserl forneceu uma boa ajuda ao deslindar as complexas operações inerentes quer ao ato de criar a arte, quer ao ato de apreciá-la. Com a publicação de diversos escritos desde a década de 1910, voltou-se contra o psicologismo superficial, postulando novos aportes no entrelaçamento entre as apreensões, as percepções e as sínteses mentais daí decorrentes, processo a que

92 Sobre a cena simbolista ver Gisele Marie, *Le Théâtre symboliste*, Paris: Nizet, 1973; e para uma apreciação ampla Anna Balakian, *O Simbolismo*, São Paulo: Perspectiva, 2000.

93 A discussão ligada à autonomia da arte pode ser proveitosamente conferida em Charles Harrison et al., *Primitivismo, Cubismo, Abstração*, São Paulo: Cosac & Naify, 1998. A questão atravessa diversas obras de Pierre Bourdieu: *As Regras da Arte*, São Paulo: Companhia das Letras, 1996; *A Economia das Trocas Simbólicas*, São Paulo: Perspectiva, 1999. Para uma contextualização brasileira e latino-americana ver: Renato Ortiz, *Moderna Tradição Brasileira*, São Paulo: Brasiliense, 1991; José Carlos Durand, *Arte, Privilégio, Distinção*, São Paulo: Perspectiva, 1989; Nestor G. Canclini, *A Socialização da Arte: Teoria e Prática na América Latina*, São Paulo: Cultrix, 1980 e *Culturas Híbridas*, São Paulo: Edusp, 1997. Quanto ao teatro brasileiro moderno, o entrecruzamento de posturas é notório, cada analista tendendo a vislumbrar algum dos ângulos que a tríade da autonomia conforma. A título ilustrativo ver: Victor Hugo Adler Pereira, *A Musa Carrancuda*, Rio de Janeiro: FGV, 1998; R. Patriota; M. C. T. Machado (orgs.), *Política, Cultura e Movimentos Sociais: Contemporaneidades Historiográficas*, Uberlândia: Udufo, 2000; Iná Camargo Costa, *Sinta o Drama*, Rio de Janeiro: Vozes, 1998; Cláudia Braga, *Em Busca da Brasilidade*, São Paulo: Perspectiva, 2006; Tania Brandão, *A Máquina de Repetir e a Fábrica de Estrelas: Teatro dos Sete*, Rio de Janeiro: 7Letras, 2002. Proveitosa será a consulta aos diversos verbetes historiográficos de *Dicionário do Teatro Brasileiro*, Jacó Guinsburg; João Roberto Faria; Mariangela Alves de Lima (orgs.), São Paulo: Perspectiva, 2006.

denominou *noesis*, o modo como a consciência atua quando guiada pela intencionalidade na apreensão dos *noemas*. Tais raciocínios ajudaram a embasar tanto a Gestalt quanto a fenomenologia[94].

Sufocadas desde a eclosão da Segunda Guerra, as vanguardas tendem a esgotar seu potencial desafiador frente às instituições. Após o conflito armado, contudo, ressurgem as discussões sobre a matéria artística, agora contextualizada no entremeio das fundas transformações produzidas: a ampla dominância do capitalismo internacional, a Guerra Fria, a explosão do Terceiro Mundo, os conflitos remanescentes, aqui e ali, pontuando um cotidiano que a ONU não se mostrou capaz de administrar. Atitudes de rebelião entre os mais jovens, a crescente presença da cultura de massa, o desenvolvimento do conceito de "Estado de bem-estar social" são apenas algumas das motivações que, em meio ao crescimento industrial, tornaram os países ocidentais um caleidoscópio de novas proposições que, no território artístico, vão intentar recuperar aqueles estímulos advindos do início do século.

Avaliando esse panorama e fixando algumas de suas singularidades, escreve Umberto Eco:

> O artista contemporâneo põe em dúvida todas as noções que lhe foram ministradas acerca da maneira de fazer arte, planejando sua forma de atuação como se o mundo começasse com ele ou, pelo menos, como se todos os que o precederam fossem mistificadores que é preciso denunciar e pôr em causa. [...] Comporta-se como o revolucionário; destrói por completo a ordem que lhe foi designada e propõe outra; [...] dispõe-se a começar no vazio sempre que pega num pincel ou se prepara para compor seja de que maneira for. [Este embate dá-se entre um velho modo de pensar e produzir e um novo fazer e sentir]: a visão de mundo muda no âmbito de uma cultura, e o artista sente que não pode dominar um mundo de tipo novo através de um sistema de relações formais que exprimia um mundo de outro tipo e que se, por conseguinte, continuasse a falar usando os velhos termos, produziria um discurso ambíguo e desonesto[95].

94 Edmund Husserl, *Meditações Cartesianas*, São Paulo: Mudras, 2001. As relações entre fenomenologia e estética podem ser detectadas, entre outros autores, em Mikel Dufrenne, *Estética e Filosofia*, São Paulo: Perspectiva, 1972; e *O Poético*, Porto Alegre: Globo, 1969.

95 Experimentalismo e Vanguarda, *A Definição da Arte*, Lisboa: Edições 70, 1981, p. 187.

De sorte que, ao longo do século XX, a questão experimental retorna, em momentos distintos, marcando-se enquanto diferença, sempre que novos movimentos ou novos impulsos criativos emergem – majoritariamente sob o alarde de rupturas – nos diversos territórios artísticos, atrelados àqueles paradigmas vanguardistas fundadores que, entre os anos de 1900 e 1930, atingiram o perigeu enquanto desestabilização da representação comprometida com a repetição. Isso através de pesquisas, laboratórios, ateliês, estúdios e discussões de grupo orientadas, conformando uma prática comprometida com um programa ou plataforma, seja de ideias seja de ações, tornando o ato criativo um processo que avalia o contexto de sua inserção e elabora novos epistemas como orientação, não fortuitamente embebidos ou banhados em águas utópicas. Essa será a segunda acepção de experimentalismo no teatro: uma ação conscientemente voltada a desfazer as convenções, sob os auspícios de um ideário fortemente marcado pela reinvenção poética da linguagem cênica.

Primeiros Sintomas de Mudanças

O surgimento do Teatro de Arena de São Paulo, em 1953, é um exemplo palpável desse tipo de ruptura formal entre nós. A renovação de nosso palco ocorrera por intermédio de diversas escaramuças que, paulatinamente, fixaram novos patamares para a encenação e a dramaturgia, com destaque para os grupos amadores que, ao longo dos anos de 1940, impuseram a modernidade no contexto nacional. No começo da década de 1950 tais padrões encontravam-se cristalizados em torno do Teatro Brasileiro de Comédia (TBC), atuando em São Paulo e no Rio de Janeiro – cujo repertório era buscado em *standards* da produção internacional, através de encenações realistas minuciosamente ensaiadas e buriladas, quer do ponto de vista artesanal quer artístico. Embora impulsionado por um sopro inovador, a questão experimental não foi colocada pelo TBC – ao menos como um programa consciente e perseguido.

Será o novo espaço *em arena* que efetivará uma revolução copernicana nos hábitos da fruição teatral de um público que, acostumado à ensimesmada e ensombrada relação frontal à italiana e à leitura da cena da esquerda para a direita, encontrava-se, agora, diante de um espaço circular vazado pelo olhar, quase todo iluminado, permitindo tanto a apreensão da cena quanto dos espectadores sentados no lado oposto. Como consequência, a interpretação dos atores teve de adaptar-se, obrigando-os a se deslocar em eixo sobre si mesmos, tornando-os passíveis de serem apreendidos pelos olhares do conjunto da sala, uma vez rompida a convenção da frontalidade; do mesmo modo a cenografia, integralmente remodelada, obrigou-se a recortes e soluções ideogramáticas de espaços, abolindo portas, janelas e paredes em benefício de sínteses volumétricas em que linhas e cores adquirem proeminência. Tais conquistas, paulatinamente, foram se estruturando e se impondo por intermédio dos experimentos iniciais mais bem-sucedidos: *Demorado Adeus*, 1953; *Uma Mulher e Três Palhaços*, 1954; *Não se Sabe Como* e *À Margem da Vida*, 1955.

São significativas as raízes construtivistas dessa nova teatralidade, cujos parâmetros devem ser buscados no cubismo, no expressionismo e no futurismo; movimentos da vanguarda que geraram o reaproveitamento da cena central como possibilidade de investigar, mais de perto, a Gestalt da psicologia humana[96]. No Brasil, essa nova cena compartilhou, ao lado de outros movimentos artísticos, um ressurgimento do interesse pela pesquisa, detectável, nas artes plásticas, na Exposição Nacional de Arte Concreta, no MAM paulista, em 1956; na música erudita, com a divulgação das sonoridades atonais, logo organizadas em torno da "música nova", apresentada em São Paulo, em 1957, por Diogo Pacheco numa récita que se deu no Teatro de Arena; na arquitetura, com Oscar Niemeyer e Lúcio Costa exercitando fazer linhas ondulantes adquirirem a materialidade do aço e do concreto, inicialmente na Pampulha e depois em Brasília; na poesia, após o grupo Noigandres lançar o "Plano-piloto para Poesia Concreta", em 1958, privilegiando as palavras em si, os espaços vazios da folha de papel, a abolição da sintaxe, das rimas e do lirismo convencionalmente associado ao poema; além da eclosão do cinema novo e da bossa nova, marcando esse final de década.

O Teatro de Arena, absorvidas suas conquistas iniciais e consolidado enquanto grupo estável, depois que a ele se agregam jovens artistas do Teatro Paulista do Estudante e Augusto Boal, tenta extrair o maior rendimento possível das soluções cênicas então concretizadas, através de vetores resultantes da presença próxima do ator que a arena induzia, bem como das soluções cenográficas e de iluminação de síntese que abrigava, num pequeno exercício de closes e focos de atenção solicitando o olhar do espectador. Após o sucesso de *Eles Não Usam Black-tie* (1958), o grupo institui dois poderosos instrumentos para aprofundar seus experimentos: o Laboratório de Interpretação e o Seminário de Dramaturgia.

As duas iniciativas foram comandadas por Augusto Boal, o primeiro como uma experiência de adaptação do sistema de Stanislávski à realidade brasileira ou, melhor dizendo, como uma busca expressiva do *realismo típico* para personagens cujos traços socioculturais definidores foram buscados junto às figuras populares e regionais. Também à frente do Seminário, um laboratório voltado à criação de textos dramáticos, os olhares foram dirigidos para personagens e situações especificamente brasileiras, razão pela qual a perspectiva de classe tornou-se um paradigma para o grupo naquele momento. Não foram desprezados nem o viés trazido pelo folclore nem pelo artesanato, uma vez que a linha de horizonte descortinava um panorama organizado em torno das aspirações e especificidades populares do homem brasílico. As teorias sobre a arte de Plekhánov, Lukács e Górki foram amplamente assimiladas, razão pela qual esse momento nacionalista é também referido como subsumido às teses do realismo socialista[97].

Será o Arena o conjunto mais influente sobre o restante do país nessa fase de intensas discussões so-

96 O Teatro de Arena inspirou-se diretamente na *play-box* norte-americana, solução encontrada por Margo Jones para disseminar casas de espetáculos baratas nos EUA, empreendimento detalhado em seu livro *Theatre-in-the-Round*, New York/Toronto: Reinehardt and Company, Inc., 1951. A concepção da *play-box* deriva diretamente dos experimentos de Oklapov na Rússia, encenador fortemente vinculado ao construtivismo.

97 Embora sub-reptícias naquele momento, tais características foram admitidas por vários ex-integrantes do Seminário quando de uma sua reavaliação. Cf. Carmelinda Guimarães, Seminário de Dramaturgia: Uma Avaliação 17 Anos Depois, em *Dionysos*, Rio de Janeiro, MEC/DAC/Funarte/SNT, n. 24, out. 1978, p. 64-82.

bre os rumos do teatro brasileiro. Com o Seminário e o Laboratório, dois passos decisivos foram dados: um, no sentido de fomentar a dramaturgia brasileira que, pouco a pouco, influi sobre o conjunto da produção teatral da época; outro, arremetendo em favor de um modo de representar mais identificado com nossa espontaneidade, distante do refinamento *à italiana* do TBC. Enfileira-se no teatrinho da rua Theodoro Baima uma sequência de montagens: *Chapetuba Futebol Clube* e *A Farsa da Esposa Perfeita* (1959), *Fogo Frio* (1960), *Pintado de Alegre* e *O Testamento do Cangaceiro* (1961), explorando vivamente os frutos dessa colheita conhecida como tendência nacionalista. A peça-síntese desse momento é *Revolução na América do Sul*, texto de Boal estreado em 1960, uma abordagem perspectivada pela apreensão de classe social e que, usando expedientes épicos de distanciamento, expôs ao debate um agudo tema então em voga: a massiva participação política comandada pelos sindicatos de trabalhadores urbanos.

Um influxo nacionalista vinha marcando há tempos, em todos os quadrantes, os rumos do governo Juscelino Kubitschek, iniciado em 1955. Fortes injeções de capital internacional haviam propiciado rápida expansão do parque industrial, tornando São Paulo o principal polo desse desenvolvimentismo. Após uma década de altos e baixos, uma crise no TBC faz com que Franco Zampari reoriente os rumos de seu empreendimento, cedendo aos ventos da nova realidade econômica e a essa aragem nacionalista, entregando a direção artística a Flávio Rangel, o primeiro brasileiro a assumir tal função na casa. O repertório rapidamente dá uma guinada, com *O Pagador de Promessas*, de Dias Gomes, e *A Semente*, de Gianfrancesco Guarnieri. Flávio já havia dirigido *Gimba*, de Guarnieri, em 1959, para a Cia. Maria Della Costa, culminando seu sucesso numa turnê internacional que incluiu o Teatro das Nações, em Paris. Agora, à frente de um coletivo de artistas, Flávio encontrava-se às voltas com um teatro prestigiado, ainda que falido, tendo em mãos *A Semente*, texto vigoroso que abordava, sem rodeios, a vida no interior do Partido Comunista. Interditada pela censura e ensejando uma ativa mobilização de artistas que tomaram a sala de espetáculos, finalmente a estreia consagra a empreitada.

Tais impulsos renovadores emanados de São Paulo rapidamente repercutem em outras praças, contaminando os demais centros de produção no país que já contavam com atividade amadora ou semiprofissional, tais como Porto Alegre, Recife, Salvador e Belo Horizonte. Recife conhecera, entre 1946 e 1952, a iniciativa do Teatro do Estudante de Pernambuco, sob o comando de Hermilo Borba Filho, responsável pela atualização da cena naquela cidade. A partir de 1958 ele retorna à cidade e funda, juntamente com Ariano Suassuna, o Teatro Popular do Nordeste[98]. Na capital gaúcha, o Teatro Universitário, criado em 1955, faz experiências em torno de poemas e textos mais densos, despertando o público para novas possibilidades expressivas sobre os palcos. Estas são intensificadas após o surgimento do Clube de Teatro, em funcionamento desde 1954, outra agremiação estudantil orientada para uma cena mais inquieta e desafiadora dos padrões, em oposição à praxe de outros grupos locais. Mas será após 1958, com a abertura do Curso de Arte Dramática da UFRGS, que o movimento gaúcho vai conhecer um verdadeiro salto de qualidade[99]. Surge nesse mesmo ano o Teatro de Equipe, uma consistente iniciativa de profissionalização para os gaúchos.

Na Bahia, o reitor Edgar Santos instaurou um pequeno terremoto cultural ao abrir escolas de teatro, de dança e de música em nível universitário, em 1956, sacudindo o provincianismo reinante acima do eixo Rio-São Paulo. Sob a direção de Martim Gonçalves, a escola começa a mostrar a que veio, com as encenações de *Auto da Cananeia*, *A Via Sacra* e *O Tesouro de Chica da Silva*, entre 1957 e 1958, em ambientes abertos, aproveitando a arquitetura da cidade. Profissionais gabaritados recrutados no Sudeste ministravam as aulas, além de atores convidados a reforçar elencos, como Maria Fernanda (*Um Bonde Chamado Desejo*, em

98 Para a historiografia do teatro pernambucano ver Joel Pontes, *O Teatro Moderno em Pernambuco*, São Paulo: Desa, 1966; Luiz Maurício Cavalheira, *Por um Teatro do Povo e da Terra*, Recife: Fundarpe, 1986; e Lúcia Machado, *A Modernidade no Teatro*, Recife: Ed. do Autor, 2009.

99 Para a historiografia do teatro gaúcho ver Lothar Hessel, *O Teatro no Rio Grande do Sul*, Porto Alegre: Editora da UFRGS, 1999. Sobre o período em questão ver Mário de Almeida; Rafael Guimaraens, *Tempo de Volta: Teatro de Equipe*, Porto Alegre: Libretos, 2003.

1958) e Eugênio Kusnet (*A Ópera dos Três Tostões*, em 1960 – encenação para a qual Lina Bo Bardi aproveitou o palco incendiado do Teatro Castro Alves para erigir uma cenografia arquitetural ousada, em consonância com a ossatura épica da obra)[100]. Em 1959, um grupo de alunos da Escola de Teatro, liderado pelo professor João Augusto Azevedo, abandona a instituição e cria o Teatro dos Novos, estreando *O Conhecimento do Natal*, e, logo a seguir, *Eles Não Usam Black-tie*, dando início ao movimento contestador baiano.

Em Belo Horizonte é criado o Teatro Universitário, em 1958, celeiro para toda uma geração sintonizada no novo panorama artístico. Hermilo Borba Filho funda em Recife, em 1960, o Teatro de Arena, amplificador do nacionalismo teatral e uma base material para os profissionais pernambucanos[101].

No eixo Rio-São Paulo, é preciso lembrar a criação do Centro Popular de Cultura, em 1960, por iniciativa da UNE e do Iseb. Carlos Estevam Martins, primeiro presidente da entidade, lança o *Anteprojeto do CPC*, onde aponta três vertentes de arte popular: a *arte popular*, a *arte do povo* e a *arte popular revolucionária*. Oduvaldo Vianna Filho, que se desliga do Arena nessa ocasião, ocupa importante papel junto à entidade, pugnando por um teatro que incorpore as técnicas do *agitprop*.

Em diversos estados brasileiros são organizados, a partir de 1960, os MEB-Movimento de Educação de Base, visando alfabetizar adultos a partir do método Paulo Freire. Em Pernambuco esse movimento irá juntar-se ao MCP-Movimento de Cultura Popular. No Nordeste ou no Sudeste, as três entidades promoveram inúmeras experiências ligadas à deflagração de um teatro popular, seja experimentando procedimentos desusados enquanto criação artística seja atuando pedagogicamente com formação teatral junto às comunidades, tendo em mira o advento de outro estado de consciência. Temos, assim, uma primeira vertente de atuação experimental verificável na cena brasileira, imantada por fortes convicções políticas e vislumbrando um futuro imediato sob o selo da revolução socialista[102].

Arena e Oficina

Uma segunda vertente criativa, não exatamente oposta ao CPC, mas dele se afastando, sobretudo quanto aos métodos de ação e quanto aos procedimentos artísticos, vai priorizar os elementos internos da linguagem teatral e, ainda que num ou noutro caso tenha buscado um assunto brasileiro, o fez como um desígnio de época. Colocam-se nela, em São Paulo, tanto o Arena quanto o grupo Oficina, uma nova equipe originada no meio acadêmico, sob a liderança de José Celso Martinez Corrêa, que opta pela profissionalização em 1960. O primeiro volta-se para os autores clássicos ou pré-burgueses, tentando ali detectar opções para uma dramática menos superficial e politicamente menos esquemática que os esquetes de propaganda do CPC, respaldado no pensamento estético de Lukács e Brecht, buscando maior fôlego e complexidade entre a teoria e a prática. O Oficina opta por autores norte-americanos e russos, tentando não deslindar os vínculos existenciais que interligavam seus integrantes ao produto artístico oferecido, num movimento que possui tanto de experiência de vida quanto de sensibilidade artística alocada nas escolhas. Ao optar pela profissionalização, em 1960, o novo grupo reformou uma antiga sala de espetáculos, transformando-a em arena de dupla face, seguindo as pegadas do Arena. Na mesma esteira, a participação de Eugênio Kusnet

100 O teatro baiano do período pode ser rastreado em Antonio Risério, *Avant-garde na Bahia*, São Paulo: Instituto Lina Bo e P. M. Bardi, 1995; e Raimundo Matos de Leão, *Abertura para Outra Cena: O Moderno Teatro na Bahia*, Salvador: Fundação Gregório de Mattos/Edufba, 2006.

101 Sobre o trabalho de Hermilo Borba Filho, consultar Luiz Augusto da Veiga Pessoa Reis, *Fora de Cena, no Palco da Modernidade: Um Estudo do Pensamento Teatral de Hermilo Borba Filho*, tese de doutorado, Universidade Federal de Pernambuco, Recife, 2008.

102 Sobre a criação e desenvolvimento do CPC ver Carlos Estevan Martins, *A Questão da Cultura Popular*, Rio de Janeiro: Tempo Brasileiro, 1963; Oduvaldo Vianna Filho, Do Arena ao CPC, *Vianinha: Teatro, Televisão, Política*, São Paulo: Brasiliense, 1983; Carlos Estevam Martins, Ante-Projeto do CPC, *Cultura Posta em Questão*, Rio de Janeiro: Tempo Brasileiro, 1963. Uma reavaliação da atuação do CPC, através de depoimentos de vários de seus integrantes, será encontrada em *Ensaio*, Rio de Janeiro, Ed. Muro, n. 3, 1980. Uma percuciente análise de fundo da eclosão desta cultura popular encontra-se em Gilberto e M. H. Kühner, Os Centros Populares de Cultura: Momento ou Modelo?, em *Monografias 1980*, Rio de Janeiro: Inacen, 1983. Sobre a criação, desenvolvimento e implicações do MEB e do MCP ver Osmar Fávero (org.), *Cultura Popular e Educação Popular, Memória dos Anos 60*, Rio de Janeiro: Graal, 1983.

ministrando aulas apoiadas no sistema de Stanislávski havia ajudado a equipe a refinar seus meios expressivos, alcançando elevados níveis artísticos. *Todo Anjo é Terrível* (1962) e *Pequenos Burgueses* (1963), bem como *Andorra* (1964) e *Os Inimigos* (1966), estas já incorporando fórmulas brechtianas de distanciamento, configuram os mais bem logrados produtos da companhia até então. Simultaneamente o Arena exibe, entre outros êxitos dessa fase, *A Mandrágora* (1962), *O Melhor Juiz, o Rei* (1963) e *O Tartufo* (1964).

O golpe militar de 1964, ao fechar politicamente o regime e fortalecer a censura, impôs drásticas mudanças de rumo ao país, obrigando à busca de novos percursos. Os movimentos populares são desmantelados em todas as regiões, restando aos cepecistas cariocas organizarem-se profissionalmente para lançar o show *Opinião*, a primeira reação teatral ao golpe. No ano seguinte uma colagem de textos, intitulada *Liberdade, Liberdade*, sob a direção de Flávio Rangel, percorre o país difundindo o movimento de protesto, dando ensejo ao surgimento do grupo Opinião, no Rio de Janeiro. O teatro parece ser, em toda parte, um veículo adequado para exprimir a repulsa diante da quartelada militar, fazendo pipocar peças de protesto ou que enfocassem os desmandos provocados pelo novo governo. Em 1965 surge o Tuca-Teatro da Universidade Católica de São Paulo, cuja encenação de *Morte e Vida Severina* obtém ressonância internacional, abrindo a série de outros conjuntos universitários nascidos em diferentes estados, prioritariamente voltados para a mobilização política estudantil.

As duas vertentes artísticas acima referidas mobilizaram procedimentos experimentais, embora não coincidentes ou emanados dos mesmos impulsos criativos. Enquanto o movimento engajado pautou-se pelo princípio da peça de denúncia, agitação e propaganda, visando a mobilização popular – sindical, agrária ou estudantil –, o movimento mais intelectualizado investiu a fundo na discussão da própria arte, procurando operar a partir de iniciativas estéticas e atingir o público das universidades, galerias, editoras, salas de música e cinema. Após o golpe militar de 1964, contudo, com as crescentes restrições à mobilização dos cidadãos, o contexto sociopolítico vai ensejar, de modo mais perceptível, outras e mais fundas contradições culturais presentes na sociedade brasileira[103].

Desde princípios dos anos de 1960 há um notável incremento da indústria cultural: aumento das salas de cinema, da produção fonográfica, das redes de televisão, rádios, jornais e revistas de circulação nacional, cujos desígnios consumistas mostravam-se díspares em relação àquele ideário abraçado pela intelectualidade de esquerda. Ele ajudou a desenhar um novo perfil para as classes médias, segmento da população que conheceu rápida expansão com a industrialização das décadas anteriores, aumentando o mercado de consumo – inclusive para a cultura e motivando novos fenômenos nessa esfera, a que retornaremos.

Voltemos aos palcos. No teatro da rua Theodoro Baima, a equipe de criação de *Arena Conta Zumbi* encontra um viés produtivo e emocionante, evocando o episódio histórico de Palmares, apelando para a música e técnicas narrativas livremente inspiradas em Brecht. Denominado "sistema coringa", esse novo experimento artístico alcança vigoroso sucesso e muitas de suas canções são gravadas por cantores conhecidos, amplificando a realização, estreada em 1965. *Arena Conta Tiradentes*, dois anos após, natural desdobramento do modelo bem logrado, estruturou-se a partir de um enredo dividido em dois grandes blocos, os favoráveis e os contrários ao protagonista, cada bloco podendo, à vontade, intercambiar seus papéis, segundo as necessidades da trama. O protagonista e o coringa são interpretados por dois atores exclusivos, o primeiro de modo inteiramente empático e o segundo, distanciado, o que lhe permite atuar como um *raisonneur* que veicula a mensagem. E esta, em consonância com o tom de protesto que marca o período, buscava a exortação: "de pé, povo levanta na hora da decisão".

O sistema coringa foi imaginado por Boal como uma "saída" para um teatro em crise econômica, como uma "solução" estética – a um só tempo dramatúrgica e de espetáculo –, destinada a viabilizar a cena possível naquele momento. O coringa

103 A formação e as características socioculturais das classes médias ao longo dos anos de 1960 foram flagradas em dois importantes ensaios: "Cultura e Política: 1964-1969", de R. Schwarz, em *O Pai de Família e Outros Estudos*, Rio de Janeiro: Paz e Terra, 1978, p. 61-92; e *A Geração AI-5*, de Luciano Martins, Rio de Janeiro: Argumento, 2004.

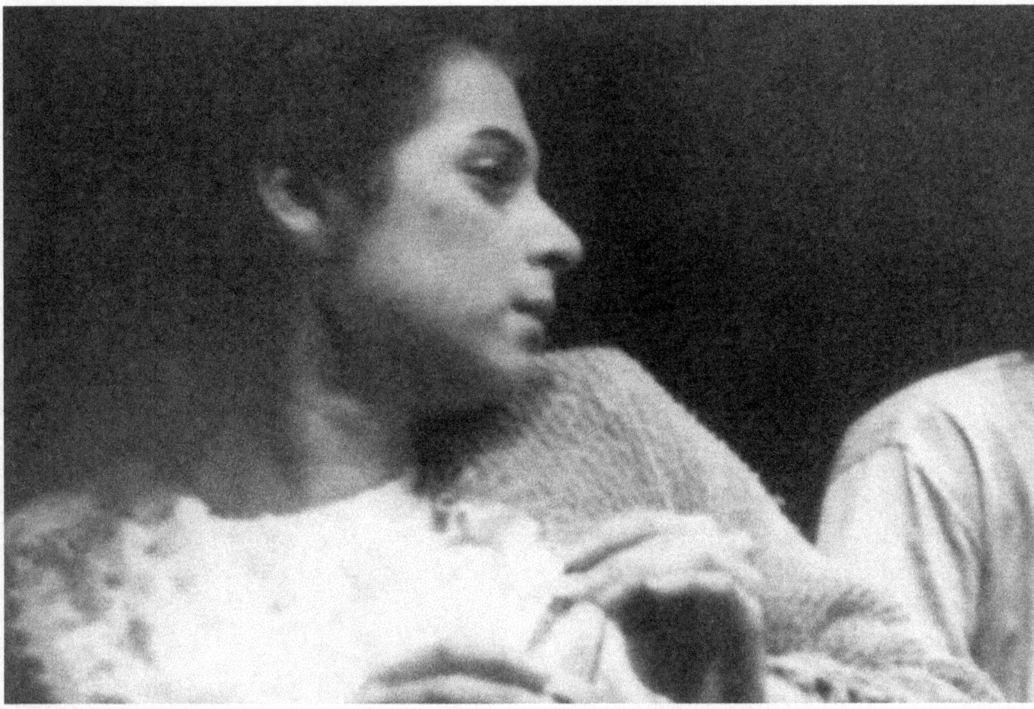

Teatro Oficina. *Pequenos Burgueses*, com Celia Helena, 1963.

revela-se como que o afunilamento de experimentos pregressos, cujas origens estão nos esquetes do CPC e na peça didática de Brecht. E estes nasceram de um coletivo de autores, abertos aos improvisos dos intérpretes, mudando em função de cada apresentação. Liberdade formal que, simples e singela enquanto proposta, mostrou-se rica enquanto comunicabilidade com as plateias. A fórmula de *Opinião*, um musical alicerçado em torno de algumas ideias-chaves vinculadas aos seus intérpretes, é a segunda fonte a concorrer para viabilizar o sistema coringa. A terceira vem da inspiração brechtiana: desvinculando ator e personagem, abre-se terreno para a narratividade, o tom fabulista, o comentário do ator sobre os atos da personagem. E, finalmente, o indispensável apelo à música, "preparando ludicamente a plateia para as razões contadas"[104].

Tiradentes seguiu rigorosamente esse esquema. Ainda que típico fruto de uma conjuntura adversa, funcionou, naquele contexto de luta contra a ditadura, como poderoso elixir para outras realizações, notadamente fora do eixo Rio-São Paulo, que largamente se beneficiaram de suas fórmulas e ingredientes. Apresentado em muitas cidades, *Zumbi* inaugura em Vitória, em 1967, o Teatro de Arena local, sede do grupo Geração. Também em Porto Alegre é criado um Teatro de Arena, na mesma data e sob a coordenação de Jairo de Andrade, com o espetáculo *O Santo Inquérito*.

No Opinião, após uma série de *shows* musicais, o esquema cepecista de criação coletiva volta a ser acionado para um dos mais bem logrados sucessos do grupo: *Se Correr o Bicho Pega, Se Ficar o Bicho Come*, em 1966. Ambientada no Nordeste dos coronéis e matadores de aluguel, a peça assinada por Oduvaldo Vianna Filho e Ferreira Gullar foi livremente inspirada no filme *Tom Jones*, fazendo da falência ética das elites o mote para se referir à desastrosa situação política a que o movimento de massas havia sido relegado. Apostando firmemente nesse percurso estético de unir temas políticos com expressividades artísticas tradicionais, o grupo seguirá, ao longo dos anos de 1960, constituindo-se em referência no âmbito do teatro carioca.

104 Augusto Boal, Etapas Evolutivas do Teatro de Arena, *Teatro do Oprimido e Outras Poéticas Políticas*, 2. ed., Rio de Janeiro: Civilização Brasileira, 1977, p. 173-185. Para uma análise do sistema, ver Anatol Rosenfeld, *O Mito e o Herói no Moderno Teatro Brasileiro*, São Paulo: Perspectiva, 1999.

Uma acepção diversa de experimento cênico encontra, em 1967, seu ponto culminante com *O Rei da Vela*, encenação de José Celso Martinez Corrêa para o grupo Oficina, sobre o texto de Oswald de Andrade redigido em 1933. A realização começa a tomar corpo durante a excursão do grupo ao Rio de Janeiro no ano anterior, na qual apresentou seus grandes sucessos numa campanha de arrecadação de fundos para a reconstrução de sua sala de espetáculos, incendiada meses antes. Luiz Carlos Maciel coordena um laboratório de interpretação com o elenco, destinado a fazer emergir as características de cada personagem à luz de suas atividades profissionais, exprimindo no corpo e nas atitudes tais vínculos. Encontra-se aqui o germe de um novo estilo de interpretação, posteriormente aprofundado e redimensionado por José Celso junto ao elenco. Foi também Maciel quem sugeriu ao grupo encenar a peça modernista.

A partir das provocativas imagens trazidas por *Terra em Transe*, filme de Glauber Rocha estreado no início daquele ano, José Celso lança-se à criação do espetáculo multiplicando, até onde possível, as peculiaridades de sua nova poética: o deboche, a irreverência, as citações, o mau gosto, as alegorias, destacando o claro pacto de classes sociais em conivência para garantir a exploração do proletariado. Tornado um manifesto do grupo, *O Rei da Vela* inaugura um novo movimento artístico – o tropicalismo. Essa aguda ruptura estética aglutina e dá forma de espetáculo a procedimentos avizinhados que vinham se desenvolvendo em outros campos artísticos, especialmente na música, nas artes plásticas e no cinema, redimensionando-os agora em formato cênico. Nesse mesmo ano eclode a luta armada contra a ditadura, aglutinando setores radicais que rompem a frente de resistência de esquerda organizada desde 1964, tornando as dissensões políticas irreconciliáveis.

Os influxos dessa insurreição devem ser buscados, todavia, alguns anos antes. Desde seu lançamento, em 1959, o movimento neoconcreto vinha orquestrando uma revolução nas artes plásticas, percebida especialmente nos trabalhos de Lygia Clark, Lygia Pape e Hélio Oiticica. Recusando o quadro, as esculturas convencionais, e mesmo o cálculo da poesia concreta, tais criadores desenvolveram os objetos, parangolés, móbiles, caixas, bichos, ajuntamentos heterodoxos de elementos que visavam alçar a experiência fenomenológica do receptor ao primeiro plano, fazendo aflorar níveis de consciência não imediatamente configurados: "uma espacialização da obra [...] que está sempre se fazendo presente, está sempre recomeçando o impulso que a criou e de que *ela era já a origem* [...] a arte neo-concreta não pretende nada menos do que reacender esta experiência"[105]. Hélio Oiticica, o mais radical integrante da tendência, cria *Tropicália* em 1966, uma instalação montada no Museu de Arte Moderna da Guanabara que, em grande medida, resumia e projetava o neoconcretismo enquanto "nova objetividade", plano efetivamente crítico em relação aos signos da cultura brasileira, uma pioneira experiência de *environmental art*. Ao lado de nomes como Vergara, Rubens Gerchman, Flávio Império, Wesley Duke Lee, Pedro Escoste-

José Celso Martinez Corrêa.

105 Excertos do "Manifesto Neo-Concreto", em Gilberto Mendonça Telles, *Vanguarda Europeia e Modernismo Brasileiro*, 7. ed., Petrópolis: Vozes, 1983, p. 406-411. Grifos no original.

guy, integrantes, entre outros, da polêmica exposição *Opinião 65*, fomentaram o novo figurativismo, o novo realismo, o *pop*, investindo decisivamente sobre os mitos preconizados pela sociedade de consumo, assim como seus sustentáculos econômicos e políticos. Obras e ações informadas pelo novo conceito de "antiarte" (no caso de Oiticica, definida como "nova objetividade" e "crelazer"), colocando em cheque as certezas dominantes e revisando não apenas noções assentadas como, notadamente, as atitudes ali presentes, exigindo de artistas e intelectuais um reposicionamento diante do momento sociopolítico-cultural.

É nesse influxo que tanto *Terra em Transe* quanto *O Rei da Vela* parecem fazer coroar, como murais urdidos com concisão dramática e visada panorâmica, o salto de qualidade interpretativo que negava o Brasil formal, aquele da cordialidade, do jeitinho e das reverências, para revelar um Brasil real, prenhe de contradições, que a ideologia e a política nacionalista vinham escamoteando e mistificando nas últimas décadas[106]. Ponderou José Celso:

> Sem o golpe militar, sem o desgaste da festividade pós-golpe, sem talvez o incêndio do Teatro Oficina, que nos obrigou a rever nosso trabalho anterior em nossas remontagens, sem as reflexões em todos os sentidos, desde o político até o estético mais imediato, e principalmente sem o enfado absoluto de tudo o que fizemos até então, como forma e conteúdo, *O Rei da Vela* talvez não tivesse existido[107].

Para intertextualizar sua nova criação, na qual se apropriou das lições antropofágicas de Oswald de Andrade e adaptou-as ao presente, lançou mão da peça que a seu ver rompia com a dramaturgia tradicional,

> no sentido de chutar a ideia de uma "pré-ideia" do que seja uma peça. [...] Oswald esquece e ignora tudo. Parte para um teatro não linear [...] na base da colagem. Passa a devorar todas as formas de dramaturgia possíveis e imagináveis. [...] Usa todas as formas teatrais e não teatrais. Circenses, literárias, subliterárias [...] sua peça é a mais modernamente aberta possível, no sentido de Umberto Eco.

A seguir, o diretor sublinha o vínculo ideológico de *O Rei da Vela* com o neoconcretismo:

> Sua obra [de Oswald] está plena de ressonâncias plásticas, rítmicas, cinematográficas, literárias, de história em quadrinhos, subliteratura etc. [...] Nele está toda sua vivência total de ser humano, violenta e generosamente presente. E o uso e abuso de toda a simbologia fálica na sua peça é fonte inesgotável de interpretações. É uma obra de autor, em que o homem entra com tudo: seu *falus*, sua inteligência, sua revolta[...]. A arte colocando toda a experiência de significar o mundo e as coisas – como experiência estética. Nesse sentido ele descobre uma forma de expressão totalmente brasileira, um "pop" brasileiro, quando ainda não se falava em "pop"[108].

Lançando mão do palco giratório da nova sala de espetáculos, o cenógrafo Hélio Eichbauer concebe um aparato cenográfico visualmente exuberante, a partir de signos oriundos do passado nacional e elevados à categoria de *kitsch*, em bem-humorada releitura da antropofagia modernista. Um enorme boneco ostentando um falo metralhava, em momentos-chave da realização, aqueles atingidos pelo poder de Abelardo I. Máscaras de maquiagem excessiva imprimiam às caracterizações dos intérpretes um tom circense, anedótico e farsesco; assim como os figurinos, ostentando saqueiras, denunciavam o recalque das pulsões sexuais típicas de cada personagem. Ópera, circo, teatro de revista, comédia de costumes, todos os gêneros cênicos consagrados foram convocados para urdir cenas grotescas, furibundas, criticamente reavaliadas, visando provocar no espectador um impacto nada usual. Um confronto, tramado através da paródia, da alegoria, da derrisão, uma experiência-limite quer para os artistas quer para o público. "Um teatro de insurreição" – frisou o crítico Bernard Dort – produzido como "uma es-

106 As expressões recuperam um raciocínio de Paulo Emílio Salles Gomes: "por maior que sejam as realizações que possam estar reservadas à minha geração [...] chamada a participar do desaparecimento de um Brasil formal e do nascimento de uma nação", exposto em *Plataforma de Uma Geração*, Porto Alegre: Globo, 1945, p. 288. A maior parte dos depoentes dessa obra integrou a geração que preparou intelectualmente os jovens artistas que agora se encontram no centro dos acontecimentos aqui referidos. A frente nacionalista, que somava setores de centro-esquerda e da burguesia nacional, foi ampliada com a adesão do Partido Comunista, em 1958, e enfrenta agora dissensões e rompimentos.

107 José Celso Martinez Corrêa, A Guinada de José Celso, entrevista a Tite de Lemos, em *Revista Civilização Brasileira: Caderno Especial Teatro*, Rio de Janeiro, 1968, p. 115-129.

108 Idem, p. 122-123.

pécie de 'escalada' no deboche teatral e é através de um jogo de espelhos cada vez mais deformante que o espectador é chamado a reconhecer a realidade atual do Brasil: a realidade de uma comédia histórica monstruosa"[109].

Essa brutal realidade cênica proposta em *O Rei da Vela* será ampliada com a encenação de *Roda Viva*, em 1968, espetáculo que José Celso monta fora do Oficina, no Rio de Janeiro. A partir de um texto ralo do compositor Chico Buarque de Hollanda, ele abusa de metáforas grotescas para inflar a cena com signos poderosos, lançando mão de agressões contra a plateia (palavrões, cenas de perseguição em meio ao público, chacoalhadas, uma longa sequência em que os atores olhavam demoradamente um espectador escolhido como vítima etc.), exacerbando atitudes para atingir uma pletora provocativa que pudesse levar a uma tomada de posição. A cenografia e os figurinos de Flávio Império foram concebidos sob inspiração *pop*, reproduzindo um estúdio de televisão com fundo infinito onde se desenrolava uma missa-negra, uma paródia debochada de rituais católicos, espécie de altar escolhido para alojar a vida, paixão e morte de um ídolo da canção popular, temática que os festivais de música vinham disseminando desde 1964 e que o tropicalismo elegera como mídia preferencial[110].

Augusto Boal, simultaneamente, concebe e dirige com o Arena a *Feira Paulista de Opinião*, um grande evento para o qual dramaturgos e demais artistas são convidados a exprimir seus pontos de vista sobre o momento brasileiro. Ladeadas por dezenas de obras visuais, as cinco pequenas peças enfeixadas tomavam por tema assuntos do momento, assim como as músicas e poemas especialmente compostos e apresentados. À sua maneira, a Feira constituiu-se num último apelo da arte engajada quanto à mobilização do público.

Acirra-se, contudo, a convivência no meio teatral. Boal lança um agressivo manifesto onde reconhece três espécies de teatro de esquerda: a primeira congrega peças e espetáculos cujo principal objetivo é mostrar a realidade como ela é; tem no momento em Plínio Marcos seu principal cultor, cujas consequências "correm o risco de realizarem a mesma tarefa da caridade em geral e da esmola em particular: a esmola é o preço da culpa". A segunda linha é caracterizada "pelo recente repertório do Arena e, em especial, pelo gênero *Zumbi*. É a tendência exortativa [...] [onde] as simplificações analíticas gigantescas foram também constantes nos espetáculos dos CPCs. Esta é a linguagem do teatro popular". A última tendência é formada pelo "tropicalismo chacriniano-dercinesco-neo-romântico" que, reprovado por Boal – como retrógrado e antipovo – apresenta cinco características perniciosas:

> É neorromântico (ataca as aparências, o predicado e não o sujeito); é homeopático (pretende destruir a cafonice endossando-a, frequenta os programas de tv que pretende combater); é inarticulado (não se coordena em nenhum sistema, alega apenas vagos desejos de espinafrar); é tímido e gentil (pretende *épater*, mas consegue apenas *enchanter le bourgeois*); é importado (repete aqui modismos de fora), faltando-lhe, sobretudo, lucidez[111].

Estão aqui flagrados os contraditórios percursos de uns e outros, o que resultou em rupturas irreversíveis[112]. Se a *Feira* constituía-se num painel

109 "Uma Comédia em Transe", artigo publicado no programa da peça quando apresentada no Théâtre de la Commune d'Aubervilliers, próximo a Paris, em 1968. Sob diversos aspectos, *O Rei da Vela* antecipa procedimentos estéticos que apenas a pós-modernidade irá adequadamente nomear. Para uma análise mais detalhada ver Edélcio Mostaço, O Teatro Pós-Moderno, em J. Guinsburg; A. M. Barbosa (orgs.), *O Pós-Modernismo*, São Paulo: Perspectiva, 2005, p. 559-576.

110 No artigo "O Teatro Agressivo", análise de algumas realizações desse período que exacerbaram os confrontos com o público, observa Anatol Rosenfeld: "o impulso criativo e o potencial de forças devem ser investidos 'no sentido de deixar vir nossa ira recalcada à tona'. Não se pode deixar de notar o senso de justiça e o *pathos* da sinceridade que se manifestam muitas vezes através da irrupção dessa ira vomitando visões obscenas, blasfemas e asquerosas. Em alguns casos parece revelar-se um desejo quase religioso de catarse, de uma grande purgação coletiva; desejo que não hesita em transformar o palco, eventualmente, em verdadeiro purgante, um lugar escatológico, tanto no sentido fecal como religioso" (*Texto/Contexto I*, São Paulo: Perspectiva, 1969, p. 51).

111 Augusto Boal, Que Pensa Você do Teatro Brasileiro?, artigo do programa da *Feira Paulista de Opinião*. Republicado em *Arte em Revista*, São Paulo: Ceac/Kairós, n. 2, 1979, p. 40-44.

112 Por dentre essas proposições extremadas, emergem as considerações de Luiz Carlos Maciel, uma análise das personalidades que então subiam aos palcos. Extrapolando as cogitações apenas econômicas ou político-ideológicas, Maciel dimensiona o projeto pessoal de cada grupo de indivíduos (as projeções e inter-relações entre a profissão e a vida, interligando modos de existência com aqueles de inserção social), abrindo uma tipologia de caracteres. A chamada *classe teatral* surge dividida em três grupos, ligados à dipsomania, ao alcoolismo e à toxicomania. Cada um apresenta distintos e divergentes modos de

cênico sem grandes refinamentos estéticos, mas decisivamente vinculada ao protesto, *Roda Viva*, no polo oposto, investia na busca de uma teatralidade bem construída, ainda que grotesca, debochada, privilegiando a presença do coro, através de um resultado agressivo e perturbador. Numa sessão em São Paulo o espetáculo é atacado por um grupo paramilitar que espanca o elenco e destrói parte da cenografia, explicitando o estado de confronto a que o teatro havia chegado. Outras montagens igualmente recebem ameaças, dando conta de que as tensões sociais bordejavam os limites[113].

Limites que vão se transferir para a cena, com a encenação de *Galileu Galilei*, novamente no Oficina. Ainda que o texto de Brecht seja apontado como um paradigma de construção racional, centrado sobre um dos responsáveis pelo desenvolvimento do método experimental, a montagem de José Celso evidenciava uma clara dicotomia intestina: opunha o velho elenco da casa aos novos integrantes, advindos do coro de *Roda Viva*. A cena do carnaval do povo, interpretada pelos jovens, era crivada de elementos tropicalistas, em direta oposição ao distanciado e calculado estilo das figuras centrais. "Foi preciso domar o touro", declarou o diretor, a propósito dessas oposições internas, cujos desdobramentos serão decisivos para o futuro da companhia. Apelando para a *via de conhecimento*, efetivada em cena através da experiência concreta ao contrário daquela puramente intelectual, tornando a ação algo pessoal e palpável, o Oficina envereda por um percurso investigativo que, pouco a pouco, o levará ao *happening*. *Galileu* evidenciava mais uma vez o prestígio da equipe, tida como a mais ousada e esteticamente inquieta dentre os elencos nacionais.

Com *Na Selva das Cidades*, em 1969, a companhia atinge seu ápice nos métodos de investigação e experimentação, ao moldar um espetáculo recheado de paráfrases, metáforas e sugestões, na linha de desdobramento do neoconcretismo. A cenografia/arquitetura de Lina Bo Bardi edificou um ringue de boxe para alojar a ação, materializando metaforicamente a luta empreendida em torno da venda de uma opinião que impulsiona o enredo, cujos polos opõem um jovem pobre e idealista a um poderoso gângster de Chicago. Diuturnamente destruída pelo elenco, essa cenografia foi edificada em meio ao lixo, com restos da construção do metrô, num teatro com suas paredes cobertas de pichações. As personagens terminam caçadas pela polícia, nos mangues da cidade, chafurdando no lodaçal, em memorável cena perpassada de "insólita e selvagem beleza", na afirmação de Yan Michalski:

> Assistir à *Selva* não é divertir-se: é trabalhar, é suar a camisa [...], tentar conquistar com o esforço ativo do intelecto e da sensibilidade o direito de penetrar na convenção daquele crispado e histérico universo de imagens, [...] em ocionar-se diante de uma beleza e poesia diferentes daquelas a que estamos acostumados: uma beleza e poesia cujos elementos componentes abrangem a sujeira, o lixo, as ruínas, o suor e o mau cheiro[114].

Outros Espetáculos Marcantes

Simultaneamente, no Rio de Janeiro, outra realização desafiadora é encetada pelo grupo A Comunidade, sob o comando de Amir Haddad: *A Construção*. Encenada no MAM, tomava por tema a cidade de Juazeiro e a peregrinação em torno de Padre Cícero, com isso fundindo o tropicalismo às componentes místicas e rituais. O encenador motivou o elenco aos improvisos, sem enfatizar as características regionalistas, conseguindo assim o espraiamento de suas proposições. A crítica Philomena Gebran descreveu a encenação:

> Cartazes imensos, rádio tocando, passarelas chicoteadas, vozes em pregões, vozes em orações, vozes que cantam, gritam, levantam-se na sala, misturando-se. [...] Um mundo caótico, onde se afogam beatos, políticos, Deus, pátria, família, santos, sexo, homens, mulheres, crianças, máquinas, tudo engolido pelo terrível poder do mundo moderno: a propaganda. [...] Há uma fúria incontrolável no olhar de todos aqueles personagens que passeiam em nossa frente em permanente sussurro, ou na força daqueles corpos que

relação com a razão, a emoção e o instinto, nesse curiosíssimo painel de fundo psicanalítico. Luiz Carlos Maciel, Quem é Quem no Teatro Brasileiro, em *Revista Civilização Brasileira*, Rio de Janeiro, 1968, p. 49-68, Caderno Especial 2-Teatro.

113 *Roda Viva* teve sua carreira suspensa em Porto Alegre, quando o Teatro Leopoldina foi invadido e o elenco novamente espancado.

114 Crítica do espetáculo, parcialmente reproduzida em seu livro *O Teatro Sob Pressão*, Rio de Janeiro: Jorge Zahar, 1985, p. 40.

arrastam pelo chão nervos e membros, perdidos em pânico, desintegrando insatisfação, ou que gritam desvairados, do alto dos estrados. [...] Há uma dinâmica de tal grandeza no elenco que ele se multiplica diante do nosso olhar, dando-nos a impressão não de vinte personagens mas de toda uma multidão de romeiros que se contorcem no pátio dos milagres[115].

Esse auge de experimentação na cena brasileira afinava-se, desde alguns anos, com um surto vanguardista tomando nossos palcos, através de espetáculos que, um a um, surpreendiam as plateias, acrescentando informações estéticas e ampliando decisivamente o repertório de nossa atualização face ao inquieto movimento cênico internacional. *Oh! Que Delícia de Guerra*, em 1966, e *Marat/Sade*, em 1967, foram espetáculos conduzidos por Ademar Guerra com proficientes resultados quanto ao desafio das convenções. Em 1968 o Tuca-SP leva à cena *O&A*, um mimodrama musicado centrado sobre a oposição entre a velha e a nova mentalidade; o Tusp monta, com direção de Flávio Império, *Os Fuzis*, texto de Brecht organizado como exortação à luta armada, perpassado de grotescos elementos tropicalistas. No Rio, o Teatro do Clube de Cultura de Porto Alegre apresenta *Eu Sou Vida, Eu Não Sou Morte* e *Mateus e Mateusa*, dois textos de Qorpo Santo encenados por Antônio Carlos de Sena, surpreendendo a todos pela ousadia e irreverência presentes nesse autor gaúcho do século XIX que, até aquele instante, permanecera inédito[116]. Antunes Filho, numa produção independente, dá a conhecer em São Paulo *A Cozinha*, de Wesker, em meticulosa regência cênica.

A atriz-empresária Ruth Escobar vinha desenvolvendo na capital paulista, desde 1964, uma série de produções voltadas ao experimentalismo, cujo topo é alcançado com *Cemitério de Automóveis*, em 1968, e *O Balcão*, em 1969, sob a batuta de Victor Garcia. A primeira, tomando textos de Arrabal, galvanizou em cena os princípios arrolados por Artaud nos manifestos do teatro da crueldade, em impressionante incursão pelo universo do pânico sonhado pelo autor espanhol. Para a segunda, sobre texto de Genet, a sala Gil Vicente foi posta abaixo e ali erigido um cilindro metálico de vinte metros de altura onde rampas, praticáveis, balancins e passarelas funcionavam como estrados para a ação, com o público alojado em arquibancadas laterais a este cilindro que, no clímax da ação, abria-se, conduzindo a plateia a um passeio aéreo[117]. A ousadia da realização obteve ressonância internacional. Nesse mesmo ano, Ruth ainda produz *Os Monstros*, outra ousada criação conduzida por Jerôme Savary. No Rio, o Teatro Ipanema, liderado por Rubens Corrêa e Ivan de Albuquerque, leva à cena *A Noite dos Assassinos*, do cubano José Triana, provocativo exercício de linguagem empregando o absurdo e o grotesco, iniciando uma fase muito produtiva para uma equipe que irá desfrutar, nos anos subsequentes, de larga ascendência sobre o teatro carioca.

Já avaliado em suas ambições mais amplas, o tropicalismo requer ser apreciado enquanto fenômeno cênico. Embora encontrando junto à música sua expressão mais propalada, é indispensável ponderar seus aspectos de performance e teatralidade (visuais, cenográficos, de indumentária e interpretação, associados às execuções das canções ao vivo), em festivais, programas de auditório e, especialmente, no programa *Divino Maravilhoso*, comandado por Gilberto Gil e Caetano Veloso na TV Tupi de São Paulo, não se desvinculando esse aparato pensado como cena do fenômeno musical em si. A importância da instalação *Tropicália*, do filme *Terra em Transe* e do espetáculo *O Rei da Vela* foi crucial para incrementar o movimento e outorgar-lhe os emblemas e atitudes mais exuberantes, a mais profunda retomada do elã criativo derivado da antropofagia modernista. Os filmes *A Margem*, de Ozualdo Candeias, e *O Bandido da Luz Vermelha*, de Rogério Sganzerla, lançados em 1968 e tidos como fundadores do "udigrudi", eram estruturalmente tropicalistas. Nesse mesmo ano assiste-se ao lançamento de *Brasil, Ano 2000*, de Walter Lima Jr, e Caetano Veloso profere um violento discurso

115 A Construção: Retrato da Histeria Religiosa, *Tribuna da Imprensa*, Rio de Janeiro, 9 jul. 1969, reproduzido em *A Construção*, Rio de Janeiro: Cedoc/Funarte, Dossiê Espetáculos Teatro Adulto.

116 O espetáculo apresentado no Rio de Janeiro havia estreado em Porto Alegre em agosto de 1966 no palco do Clube de Cultura de Porto Alegre e incluía também a peça *As Relações Naturais*. A montagem foi feita pelos alunos do Centro de Arte Dramática da Universidade Federal do Rio Grande do Sul. Cf. Flávio Aguiar, *Os Homens Precários*, Porto Alegre: A Nação/IEL, 1975, p. 247.

117 Sobre Victor Garcia ver Newton de Souza, *A Roda, a Engrenagem e a Moeda*, São Paulo: Unesp, 2003.

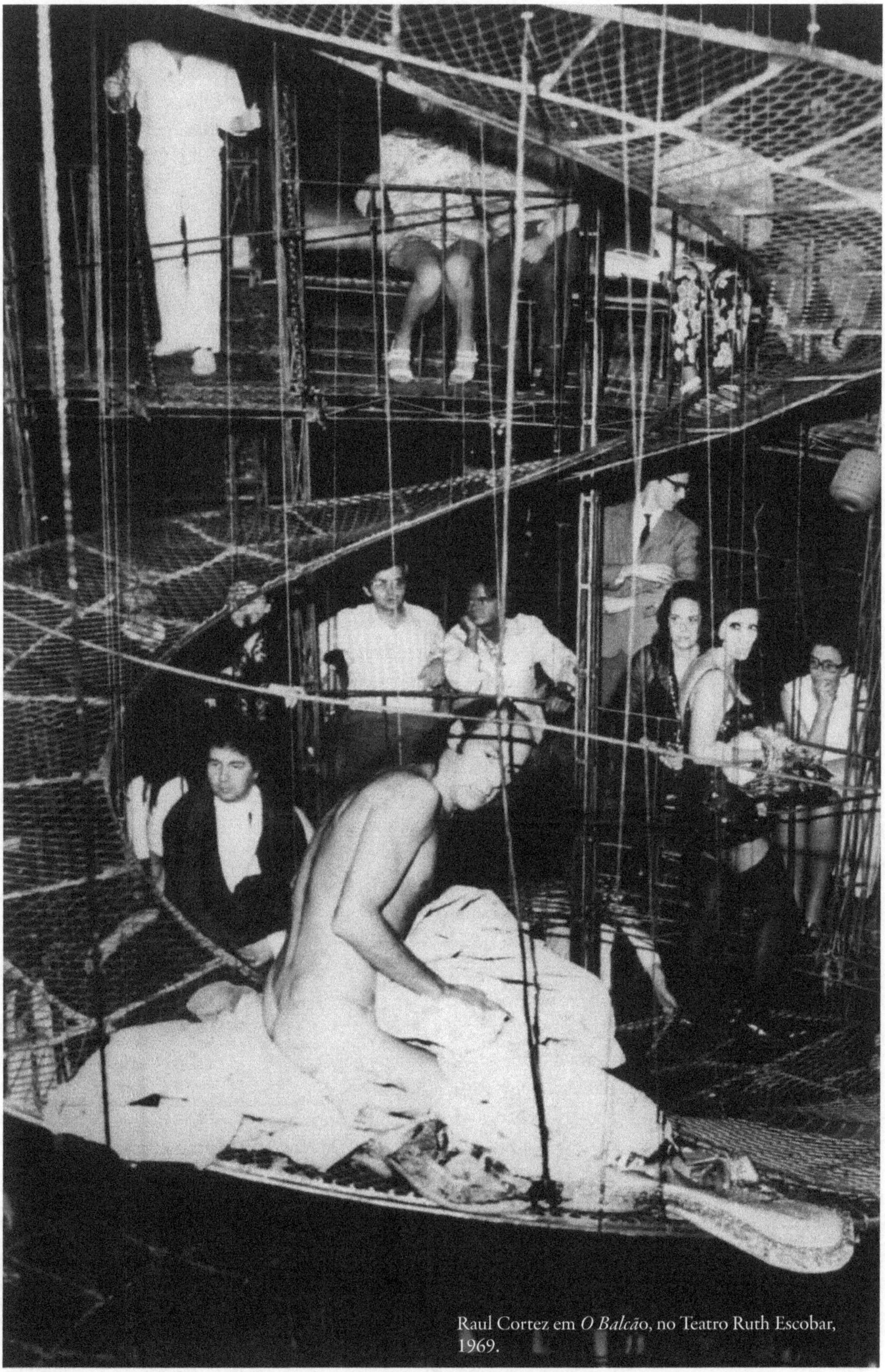

Raul Cortez em *O Balcão*, no Teatro Ruth Escobar, 1969.

contra a plateia que vaiou sua apresentação de *É Proibido Proibir* num festival da canção, verdadeiro *happening* desdobrado, meses após, num show na boate Sucata, no Rio de Janeiro. Sintonizado com o trabalho de Hélio Oiticica e Rogério Duarte, o tropicalismo fez da música um trampolim para a performance, tomada enquanto "articulação entre o corpo e o eu",

> não sendo surpresa que ela tenha se tornado altamente visível, e podemos até mesmo afirmar a arte emblemática do mundo contemporâneo – um mundo que é fortemente autoconsciente, reflexivo, obsedado pelas simulações e teatralizações em todos os aspectos de suas configurações sociais

como assevera o teórico Marvin Carlson[118]. A teatralidade desses eventos desdobrou-se, sob o formato de intervenções que tomaram de assaltos os palcos do período, através de eventos insólitos como *Planeta dos Mutantes*, em 1967, e *Tarzan, o Mustang Hibernado*, no ano seguinte, conduzidas por José Agrippino de Paula, ele que atingirá um máximo de experimentalismo em *Rito do Amor Selvagem*, em 1969, sem dúvida um dos proféticos espetáculos desse final de década a reverberar nos anos seguintes, já naquela data definido como *happening*, como mixagem de meios e recursos expressivos, assumindo o estatuto de performance.

Também em filmes como *Os Herdeiros*, de Cacá Diegues; *Macunaíma*, de Joaquim Pedro de Andrade; e *O Dragão da Maldade Contra o Santo Guerreiro*, de Glauber Rocha, todos lançados em 1969, as metáforas tropicalistas surgiam urdidas em chave que tomava o corpo como seu grande suporte[119]. A grandiloquência operística tomada sob olhar derrisório, o carnaval, o tom circense, a paródia, o baixo corporal, a sátira e o deboche, assim como a citação e a analogia, são alguns procedimentos que podem ser rastreados até suas raízes junto ao surrealismo e ao expressionismo, fontes que o tropicalismo invocou em seu léxico de sentidos e atitudes. Todos eles remetendo, invariavelmente, ao crivo do olhar crítico e *pop*, quando coado após o banho de consumo a que foi submetida uma sociedade periférica. Ou, como configura Celso Favaretto:

> O tropicalismo tentou reapropriar-se do realismo grotesco das festas carnavalescas populares, ainda persistentes no folclore, no circo, na piada, na gíria, nos chavões e nos provérbios, ainda que de forma edulcorada e estilizada. O interesse que os tropicalistas manifestaram pelo programa do Chacrinha não foi casual, pois a sua estrutura básica remetia ao circo, ao parque de diversões e ao carnaval de rua. Nele ocorria o cruzamento de tempos e acontecimentos na cena tragicômica do picadeiro, onde se expunham todas as insinuações e aspectos "baixos" da vivência popular[120].

A prisão de Gil e Caetano, em dezembro de 1968, simbolizou o fim do tropicalismo; e o que veio depois, por eles produzido ou fruto da criatividade dos demais integrantes do movimento, costuma ser referido como pós-tropicalismo. "O caos acabou, foi o melhor tempo", bradava uma personagem de *Na Selva das Cidades*, emblematicamente resumindo aquilo que, ao longo dos anos de 1960, afigurou-se como a pulsação experimental mais decisiva na vida cultural brasileira.[121]

118 *Performance: A Critical Introduction*, New York: Routledge, 1996, p. 5. Os aspectos atinentes à oralidade do tropicalismo – autores-intérpretes assumindo a festa que cada apresentação pública significava – tornaram-se tangíveis para seu enquadramento enquanto teatralidade e performance no decorrer da década de 1980, com a difusão dos trabalhos de Paul Zumthor, Walter Ong e Richard Schechner.

119 A mais abrangente análise da produção cinematográfica tropicalista encontra-se em Ismail Xavier, *Alegorias do Subdesenvolvimento*, São Paulo: Brasiliense, 1993.

120 *Tropicália Alegoria Alegria*, 3. ed., Cotia: Ateliê, 2000, p. 135. Depoimentos de integrantes e contemporâneos do movimento poderão ser compulsados em Sylvia Helena Cynira, *A Forma da Festa: Tropicalismo e Seus Estilhaços*, Brasília: UnB, 2000. Uma análise centrada nos aspectos musicais encontra-se em Carlos Calado, *Tropicália, a História de uma Revolução Cultural*, São Paulo: Editora 34, 1997. Indispensável, também, Caetano Veloso, *Verdade Tropical*, São Paulo: Companhia das Letras, 1997. Grande parte da documentação vinculada ao movimento está em Carlos Basualdo (org.), *Tropicália, uma Revolução na Cultura Brasileira*, São Paulo: Cosac Naify, 2007.

121 Poucos anos depois Hélio Oiticica assim se referiu a esse período: "Não existe 'arte experimental', mas o *experimental*, que não só assume a ideia de modernidade e vanguarda, mas também a transformação radical no campo dos conceitos-valores vigentes: é algo que propõe transformações no comportamento-contexto, que deglute e dissolve a *convi-conivência*. No Brasil, portanto, uma posição crítica *universal permanente* e o *experimental* são elementos construtivos. Tudo o mais é diluição na diarreia", no texto "Brasil Diarréia", de 1972 (republicado em *Arte em Revista*, São Paulo, Kairós, 1981).

Experimentalismo nos Anos de 1970

A 13 de dezembro de 1968 o governo militar promulga o AI-5, fechando inapelavelmente o regime e impondo o terror repressivo como método contra a luta armada ou qualquer outro tipo de contestação. A fortíssima censura instaurada foi respaldada pela Lei de Segurança Nacional, sendo o crime de opinião considerado grave delito. Essa conjuntura desestimula as atividades artísticas e o Arena, o Oficina e o Opinião, que naquela década haviam se tornado símbolos da cena mais instigante praticada no país, fecham suas portas nos anos seguintes, ao mesmo tempo em que se assiste a um forte retraimento nas demais companhias.

Em decorrência do novo quadro sociopolítico daí resultante podem-se surpreender, até meados dos anos de 1970, três movimentos simultâneos e paralelos agindo no campo cênico e cultural, às vezes em oposição, às vezes em interação entre si: a. o movimento associado com o protesto e a luta cepecista tende a desaparecer, mas seus remanescentes vão engendrando, pouco a pouco, o que se tornou conhecido como *teatro de resistência*, agregando as vozes antes sintonizadas na agitação e no protesto; b. a emergência de um *front* contracultural, identificado ora como *desbunde*, *udigrudi* ou *alternativo*, albergando tanto o pós-tropicalismo quanto novas experiências artísticas e culturais, através de ações que visavam atingir o sistema como um todo, aí inclusos o corpo, a família e os valores burgueses; c. os proventos culturais do "milagre econômico" preparado pelos militares, fazendo com que o país conhecesse um mais intenso desenvolvimento das comunicações e da cultura de massa, através de subsídios ou implementos de infraestrutura: o financiamento de filmes históricos, através da Embrafilme (simultâneo ao incentivo da pornochanchada), a produção de telenovelas (filão que a Rede Globo vai explorar com empenho) e o revigoramento do SNT-Serviço Nacional de Teatro (acatando um rol de sugestões dos empresários cariocas que viabilizaram, em 1974, a condução de Orlando Miranda à presidência do órgão)[122]. Tais medidas objetivavam desencorajar o protesto, por intermédio de cooptação de profissionais gabaritados para incrementar as mídias eletrônicas, bem como erradicar as manifestações contraculturais, através de uma nova racionalidade gerencial para as atividades cênicas.

A contracultura foi disseminada a partir dos EUA, detectável desde meados dos anos de 1950 e com amplos prolongamentos na década seguinte, quando os *beatniks* começam a se posicionar à margem do sistema. Tecendo ácidas críticas ao *american way of life*, a contracultura fazia apologia de uma vida liberta, orientada por princípios ideológicos que mesclavam, de modo pouquíssimo ortodoxo, lições zen-budistas e a revisão moral de Nietzsche, as propostas libertárias de Freud e Reich acopladas ao engajamento sugerido por Sartre, sendo a droga, o *blues* e os *happenings* alguns dos expedientes a funcionar como passaportes para essa nova junção entre vida e arte, tangenciáveis dentro da corrente do anarquismo individual, do qual Nelson Goodman foi um divulgador. Nos anos de 1960 serão os hippies os disseminadores desse amplo movimento de contestação, apoiados em Thimoty Leary e Herbert Marcuse, integrando a grande frente de luta dos negros pelos direitos civis, contra a guerra do Vietnã e os testes nucleares, cujas manifestações mais peremptórias assumirão um perfil de *radical will*[123].

122 O primeiro e o terceiro movimentos não serão aqui enfocados, mas foram por mim abordados em *Teatro e Política: Arena, Oficina e Opinião*, São Paulo: Proposta, 1982 e no ensaio "O Teatro e a Política Cultural do Governo", incluso em *O Espetáculo Autoritário*, São Paulo: Proposta, 1983. A estratégia da ditadura para cooptar a intelectualidade foi documentada em algumas publicações da época: F. Herrera; J. R. Diegues; B. Silva, *Novas Frentes de Promoção da Cultura*, Rio de Janeiro: Editora da FGV, 1977; M. H. Kühner, Teatro: Um Plano para Milhões, em *Revista Argumento*, Rio de Janeiro: Paz e Terra, 1974, ano 1, n. 4; Tânia Pacheco, Teatro e Poder, em José Arrabal; Mariangela Alves de Lima;Tânia Pacheco, *Anos 70: Teatro*, Rio de Janeiro: Europa, 1979-1980, p. 75-109.

123 A cultura instituída é vista como dominada pela tecnocracia, incapaz de satisfazer a vida humana e saciar seus incomensuráveis desejos. Razão pela qual surge a necessidade de uma "contracultura" que possa, alternativamente, propiciar o pleno desenvolvimento humano. Fenômeno jovem, substancialmente, foi referida como "uma emergência histórica de proporções absolutamente sem precedentes, um estranho animal cultural cujo impulso biológico para a sobrevivência se expressa através das gerações. São os jovens, que chegam com os olhos capazes de enxergar o óbvio, que devem refazer a cultura letal de seus antecedentes, e que devem refazê-la numa pressa desesperada", nas palavras de Theodore Roszak, *A Contracultura*, Petrópolis: Vozes, 1972, p. 59. Alguns artigos sobre a nova sensibilidade estética, evocando esse clima tenso dos anos de 1960, serão encontrados em Susan Sontag, *Styles of Radical Will*, New York: Farrar, Straus and Giroux, 1969.

A música emerge como a grande linguagem internacional, com os Beatles e os Rolling Stones ocupando o lugar central, ao lado de ídolos como Jimmy Hendrix, Janis Joplin e Joan Baez. No Brasil o tropicalismo irá galvanizar esses influxos, alçando as propostas contraculturais num plano imbricado e aderido à realidade nacional; ainda que também conheçamos, mormente nos centros urbanos maiores, verdadeiras manifestações *hippies* e *junkies*. Grandes festivais de rock reuniam milhares de jovens que faziam da deambulação um estado de espírito. O filme *Easy Rider* retratou com argúcia esse novo tônus de experiências vitais. Os acontecimentos de Maio de 68, em Paris, vieram coroar essa explosão do poder jovem em todo o mundo, mesclando o protesto, a revolta e a necessidade de mudanças estruturais nas várias sociedades ocidentais.

Na análise que Heloísa Buarque de Hollanda realizou sobre a produção pós-tropicalista surge anotado:

> A valorização da percepção teórica evidencia um traço básico da atitude pós-tropicalista, cuja riqueza vem de uma ambiguidade básica: a valorização da marginalidade urbana, a liberação erótica, a experiência das drogas, a festa, casam-se, de maneira pouco pacífica, com uma constante atenção em relação a certos referenciais do sistema e da cultura, como o rigor técnico, o domínio das técnicas, a preocupação com a competência na realização das obras. A marginalidade é tomada não como saída alternativa, mas no sentido de ameaça ao sistema; ela é valorizada exatamente como opção de violência, em suas possibilidades de agressão e transgressão. A bissexualidade, o comportamento descolonizado são vividos e sentidos como gestos perigosos, ilegais e, portanto, assumidos como contestação de caráter político. A integração do *rock*, agora mais que um gênero musical, é adotada como ritmo de vida, como uma maneira nova de pensar as coisas, a sociedade, o comportamento. É identificada à libertação do corpo e à percepção moderna[124].

No ano de 1969 irrompem novos dramaturgos no eixo Rio-São Paulo apresentando algumas características em comum: são muito jovens, oriundos da classe média, não se identificam com posições políticas reconhecíveis nem possuem formação dramatúrgica alicerçada. Estreiam nesse ano José Vicente (*O Assalto*), Isabel Câmara (*As Moças*), Leilah Assumpção (*Fala Baixo Senão Eu Grito*), Consuelo de Castro (*À Flor da Pele*); Antonio Bivar, que havia conhecido a experiência de palco anteriormente (*Cordélia Brasil*, em 1968), apresenta *Abre a Janela e Deixa Entrar o Ar Puro e o Sol da Manhã*. A eles deve-se somar a luminosa presença de Plínio Marcos, revelado a partir de 1967, com quatro contundentes criações: *Dois Perdidos Numa Noite Suja*, *Navalha na Carne*, *Homens de Papel* e *Quando as Máquinas Param*. Os protagonistas desses textos são oriundos das classes médias ou do lumpemproletariado, ideológica e caracterialmente distantes daqueles dados a conhecer na esteira do Seminário de Dramaturgia do Arena, última florada em conjunto da geração anterior. Aqui temos contra-heróis marginais ou marginalizados, vivendo fiapos de vidas à beira de crises existenciais pronunciadas. Há um novo olhar sobre a sociedade brasileira, surpreendido em seus avatares, percebido quer na contracultura quer nas possibilidades da arte enquanto redenção vital. Antonio Bivar, José Vicente e Roberto Athayde, cuja estreia ocorre em 1973 com *Apareceu a Margarida*, podem ser tomados, pelas características experimentais que imprimiram às suas criações, como os introdutores de novos conceitos; seja arremetendo contra temas tabus, pondo em cheque a moralidade das plateias, seja enveredando por novos procedimentos textuais, onde sonho e realidade se entrecruzam, pelo uso dos monólogos confessionais ou a criação de personagens emblemáticas, verdadeiramente alegóricas, como Alzira P. L., Cordélia Brasil e D. Margarida[125].

Em 1970 o Teatro Ipanema estreia, no Rio, *O Arquiteto e o Imperador da Assíria*, deslumbrante encenação de Ivan de Albuquerque e desempenho de Rubens Corrêa e José Wilker. Em hábil exercício de despojamento visual, foram ali explorados

124 *Impressões de Viagem: CPC, Vanguarda e Desbunde: 1960/1970*, 2. ed., São Paulo: Brasiliense, 1981, p. 68.

125 Ver infra, O Teatro da Marginalidade e da Contracultura, p. 239-257, de Welington Andrade, e sua tese de doutorado *Contestação e Desvario: Tentativas de Experimentação do Drama Brasileiro Pós-68*, FFLCH-USP, São Paulo, 2006. Outra análise dessa dramaturgia encontra-se em Ana Lúcia Vieira de Andrade, *Nova Dramaturgia: Anos 60 Anos 2000*, Rio de Janeiro/Brasília: Quartet/Unirio/Capes, 2005.

significados nascidos de intenso trabalho corporal desenvolvido por Klauss Vianna, induzindo uma arguta leitura de seus sentidos metafóricos e poéticos. Para Yan Michalski, foi a mais importante montagem do ano:

> Nesta anárquica metáfora sobre a solidão do homem e a simultânea necessidade e impossibilidade do amor, o Ipanema cristalizava um estilo próprio de encenação [...]. Tratava-se aqui de celebrar rituais dramáticos aparentemente selvagens, mas na verdade altamente sofisticados na elaboração de uma linguagem visual de irresistível poesia[126].

Fauzi Arap coloca em cena *Perto do Coração Selvagem*, levando Glauce Rocha a escandir o texto de Clarice Lispector num diapasão trágico, inovador. Dirigindo a cantora Maria Bethânia, obtém momentos de grande empatia e concentrada dramaticidade: *Comigo me Desavim* (1969), *Rosa dos Ventos* (1972) e *A Cena Muda* (1974). Ainda em 1970, Tite de Lemos, Luiz Carlos Maciel e Marcos Flaksman estão à frente de *Alice no País Divino Maravilhoso*, curioso e ousado experimento calcado sobre a adaptação do universo de Lewis Carrol ao contexto brasileiro, cuja proposta abria-se à participação do público, convidado a experimentar, juntamente com os atores, objetos, ambientes cenográficos, coreográficos e sensações.

Mas é no Oficina que as coisas estão acontecendo: a chegada do Living Theatre e do grupo argentino Los Lobos para a realização de um trabalho conjunto agita a rua Jaceguai. O Living havia ocupado, nos EUA e Europa, o espaço da mais inventiva vanguarda cênica através de montagens como *Frankenstein*, *Antígone* e *Paradise Now*. Em 1968 o coletivo se dividira, uma parte permanecendo na Europa e outra se deslocando para regiões subdesenvolvidas, em busca de novos alentos criativos. A convivência com o Oficina não é das mais felizes e obstáculos diversos concorrem para o malogro do projeto conjunto. Um *happening* no Embu e uma apresentação em Ouro Preto, denominada *O Legado de Caim*, resumem a estada de quase seis meses da companhia norte-americana entre nós, terminada nos porões da polícia política e posterior expatriação de seus integrantes[127]. É desse contato, contudo, que fermenta a ideia de uma criação coletiva entre os integrantes do Oficina e surge o *Saldo Para o Salto*, uma longa excursão pelo Brasil enfeixando antigos sucessos da companhia.

Essa viagem irá provocar desdobramentos diversos, pois os grupos teatrais jovens das cidades visitadas são atraídos pelo poderoso ímã que o Oficina simboliza. Através de oficinas de trabalho conjunto, quer novas metodologias quer novas concepções de arte são experimentadas e postas à prova. Os *happenings* realizados em Mandassaia, interior nordestino, e na Universidade de Brasília, mostraram-se decisivos para a trajetória posterior do elenco. Em Manaus, o Grupo Experimental do Sesc, sob a direção de Nielson Menão cria *O Funeral do Grande Morto*, francamente inspirado pelo contato com os artistas paulistas. O Oficina esteve em Florianópolis, em 1970, para as filmagens de *Prata Palomares* e alguns artistas locais inspiraram-se em seus procedimentos O diretor Sérgio Lino monta no Teatro Álvaro de Carvalho uma pouco convencional *Greve do Sexo*, de Aristófanes, escandalizando a sisuda plateia local. Em seguida, em 1972, à frente do grupo Teca, ele empreende a construção de um teatro de arena no Trapiche Miramar, cujas encenações tornar-se-ão referências no Sul do país para os demais grupos de pesquisa. Em Curitiba, em 1971, igualmente um teatro de arena é erigido, com o nome de Teatro Paiol, aproveitando um velho depósito de armas, palco de inovadoras encenações. Ao final desse mesmo ano é lançada a tradução brasileira de *Em Busca de Um Teatro Pobre*, livro de Grotowski devorado como uma bíblia pelas novíssimas gerações seduzidas pelo teatro.

Essa inovadora pulsação pode ser detectada na equipe remanescente do Tuca-SP: em 1970 é criado *O Terceiro Demônio*, que conhece três versões, extraídas de laboratórios cada vez mais intensos entre os membros do pequeno elenco aglutinado em torno de Mário Piacentini. A última versão, apresentada no Colégio Equipe, já não leva a chancela da universidade e marca o nascimento da comunidade

126 *O Teatro Sob Pressão*, p. 44.

127 Ver Julian Beck, *Living Theatre*, Madrid: Fundamentos, 1974. A saga internacional da renovação cênica será encontrada em Marco de Marinis, *El Nuevo Teatro 1947-1970*, Barcelona: Paidós, 1988.

então formada. O Teatro Macário põe em cena *Os Construtores do Império*, direção de Celso Nunes numa improvisada sala da Bienal, em 1971, para seguir seu percurso no ano seguinte com *As Religiosas*, montagem hermética francamente inspirada em Grotowski.

Também de 1971 é o último trabalho de Boal junto ao Arena, antes de sua prisão e exílio: *Teatro Jornal-1ª Edição*, conjunto de técnicas destinadas à leitura de jornais, parcialmente calcado na experiência norte-americana do Living Newspaper dos anos de 1930 e técnicas de *agitprop*, em realização de forte impacto que, desdobrada e ampliada ao longo da trajetória de Boal, dará ensejo ao *teatro do oprimido*. Sem o encenador, o grupo desenvolve no ano seguinte uma criação coletiva voltada para os temas continentais – *Doce América, Latino América*.

Foi esse um ano dificílimo para o teatro, em função das arbitrariedades da censura, mas o Rio assiste à estreia de *Hoje é Dia de Rock*, no Teatro Ipanema, conduzido por Ivan de Albuquerque em envolvente espaço cênico formulado por Luís Carlos Ripper. Recebido com pão e flores, o público encanta-se com o texto de José Vicente sobre a saga de uma família mineira redimida pela música. No polo oposto dessa louvação à paz e ao amor, *A Mãe*, de Witkiewicz, enveredava pelos tortuosos caminhos das relações familiares mal resolvidas, numa encenação de raro rigor formal empresada por Tereza Raquel e conduzida pelo francês Claude Régy.

Coube a Hélio Oiticica a mais polêmica e instigante concepção de teatralidade nesse início de década. Vivendo autoexilado em Nova York, deu ele formato teórico e colocou em circulação um conceito de performance, denominado "auto-teatro", um projeto radical de viver experimentalmente todas as horas do dia. Tais textos não vieram a público na ocasião, mas suas ideias centrais circularam através de cartas endereçadas a amigos e relatos de viajantes. Num trecho inédito, anotado nos cadernos de Hélio, pode-se ler:

> *Performer, performance* – codificação tomada da consciência → propor um tipo de atividade que não esteja irremediavelmente reduzida à contemplação do acabado – auto-teatro – mick jaegger ídolo-acabado travestido – *performance* limite: *o exercício experimental da liberdade* evocado por Mário Pedrosa não consiste na "criação de obras", mas na iniciativa de *assumir o experimental*. [após longa transcrição do verbete *performance* do *Webster Dictionary*, o texto prossegue em inglês] the reason for bringing up the concept of *performance* – limit-problem of the spectator face to face with the spectacle-world: dilema → to transform himself or be consumed by contemplation: to be a free willing performer or be compelled to it: to build the circus or remain as spectator-object [longa citação de Marshall McLuhan] to perform has always been to pre--form → but to question to the concept of *performance* not anymore as "the completion of something to which something else is added", but as *simultaneous action*, not "pre-formed" but "being formed", brings such a concept to another level: that of a problem, linked to that of the contemplated object-spectator, the finished-open work, etc: it up to the level of *process*[128].

Tais proposições eram muito novas para serem adequadamente absorvidas no Brasil de 1971, tal como Hélio concretizou seu "auto-teatro" nas ruas de Nova York, mas seus eflúvios certamente inspiraram alguns dos mais radicais criadores do teatro brasileiro, que fizeram dessa proposição – resultante das anteriores noções mutáveis de *environment*, instalação, arte-vida, parangolés, ninhos, performance – circular e encontrar formatos e desdobramentos plausíveis ao tempo e espaço possíveis naquele momento de grande fechamento do regime e forte cerceamento da liberdade de expressão[129].

No início de 1972, Rio e São Paulo conhecem o fruto do labor pacientemente elaborado pelo Oficina em sua longa excursão pelo país, com o lançamento de *Gracias, Señor*, realização radical apresentada em dois dias consecutivos, onde princípios do *happening* e da performance ajudaram a estruturar muitas de suas cenas. Iniciando-se com a

128 Os manuscritos integram cadernos de anotações datados de abril de 1971, NY, reunidos pelos curadores em torno do tema *Experimentar o Experimental*. A grafia, os sublinhados e signos foram conservados como nos originais. Arquivo Projeto HO, tombo 0380/72.

129 A maior parte da obra artística e textos teóricos por ele elaborados foram reunidos no Rio de Janeiro, em 1996, no Centro de Arte Hélio Oiticica (CAHO). O Projeto HO disponibilizou na web uma grande parte desse acervo documental, hoje acessível a partir do site do Instituto Itaú Cultural. Uma pequena parte da correspondência foi publicada, com ênfase para *Cartas, 1964-1974 / Lygia Clark, Hélio Oiticica*, organização de Luciano Figueiredo, Rio de Janeiro: Editora UFRJ, 1996. Um incêndio no CAHO, em outubro de 2009, destruiu a quase totalidade desse material.

negação das identidades pelo elenco, evoluía para a aula de lobotomia, acarretando a morte do desejo e a negação das pulsões vitais. No dia seguinte uma mítica viagem era empreendida, em busca da *revolição*, o tornar a querer, desembocando num *happening* em torno de um bastão transferido à plateia que deveria manipulá-lo segundo o princípio de que "existem muitos objetos num só objeto". Temos, assim, a via de conhecimento de *Galileu*, antes adstrita ao elenco, tornada agora moeda corrente para a plateia.

No mesmo ano Ruth Escobar está à frente de outro megaempreendimento: a montagem de *A Viagem*, baseada em Camões, com texto de Carlos Queiroz Telles e direção de Celso Nunes, aproveitando o amplo espaço de sua sala de espetáculos demolida para alojar *O Balcão*. Se o texto mostrava-se árduo em suas redondilhas clássicas, a montagem contornou o empecilho radicalizando seus significados a partir de uma linguagem corporal altamente explorada e de signos de época: os massacres contra os povos conquistados eram aterradores (evocando o horror da luta armada), e a chegada à Índia, ocasião para desvelar uma civilização nirvânica, vivendo a liberação de corpos e espíritos (como entrevistos pela contracultura). *Missa Leiga*, de Chico de Assis, é outro empreendimento da mesma empresária, confiado a Ademar Guerra, que faz anticonvencional utilização de um galpão para sediar esse rito catecúmeno sobre valores cristãos primitivos.

Mas o viés experimental já fora mais fundamente percorrido pelo mesmo Celso Nunes numa ousada e obscura produção junto ao grupo Casarão, ainda em 1969, com a montagem de *O Albergue*, na qual dera corpo a situações e personagens diretamente calcadas sobre a vida dos habitantes de um local situado nos baixos do Viaduto Maria Paula. Pode essa ser tomada como a inauguração da vertente vivencial para a cena brasileira, manifestação que privilegia as singularidades expressivas dos intérpretes, e que germinará e encontrará ecos a seguir. Como, por exemplo, as antológicas criações de *Gente Computada Igual a Você*, espetáculo dos Dzi Croquettes em 1973, um elenco de homossexuais dotado de agudo senso artístico na tematização de aspectos de suas vidas, assim como *Luxo, Som, Lixo ou Transanossa*, criação única de Neide Arruda e Antônio Carlos de Andrade em 1972, que se valeu da dinâmica de grupo para extrair da equipe o material criativo e encontrar funda adesão junto ao público. No mesmo viés, como iniciativa de homossexuais e travestis, surge no Recife, em 1974, o grupo Vivencial Diversiones, destinado à afirmação de gênero e local para criações cênicas que, nos anos subsequentes, tornar-se-ão referências em todo o Nordeste[130].

O teatro baiano nesse início de década conhecerá algumas realizações instigantes. A primeira delas, em 1970, é a de *Macbeth Segundo Ariman*, um ritual esotérico sobre Shakespeare urdido ao modo de missa negra, no qual o público era recebido com vinho e transitava entre urubus, convidado a presenciar o sacrifício de um bode, culminando a litania vocalizada por um numeroso elenco que parecia atuar em estado de transe. José Possi Netto monta, a partir da Escola de Teatro, uma polêmica e erótica versão para *A Casa de Bernarda Alba* e, em seguida, um *Tito Andrônico* onde os signos corporais são exacerbados e a cena ostenta uma pletora de situações rituais, em 1973. Ao mesmo tempo em que Luiz Marfuz conduz *Língua de Fogo* e *Decamerão*, espetáculos que incomodaram o público, nasce o grupo Avelãs e Avestruz, empreendimento de Márcio Meirelles integrado a seguir como grupo experimental do Teatro Vila Velha. Será essa sala a plataforma de lançamento de algumas inovadoras produções baianas, como *A Rainha*, peça de Aninha Franco, em 1977[131].

Em Manaus o Teatro Experimental do Sesc, tendo agora à frente Márcio Souza, leva à cena *A Paixão de Ajuricaba*, em 1974, iniciando uma nova e produtiva fase voltada aos temas indígenas e amazonenses: *Dessana, Dessana* e *A Maravilhosa História do Sapo Tarô Bequê* (1975) e *As Folias do Látex* (1976).

O termo "expressão corporal", impróprio para designar os recursos de linguagem sustentando muitas dessas encenações, evidencia o limitado vocabulário crítico da época para flagrar o novo léxico posto em cena e a nova poética para o fato

130 Para um panorama do teatro pernambucano nos anos de 1960 e 1970 ver Dourado Ferraz e Wellington Júnior, *Memórias da Cena Pernambucana*, Recife: Edição dos Autores, 2005.

131 Sobre o teatro baiano ver *Revista da Bahia*, Salvador, Fundação Cultural do Estado da Bahia, v. 32, n. 37, 2003.

teatral que, nos anos seguintes, serão mais bem caracterizados como derivações do *happening*, da performance, da subjetivação interpretativa. Um clima de introspecção e tartamudez é verificável em alguns espetáculos do período, consequência da forte censura vigente, que mutilava textos e montagens, fomentando que se lançasse mão de recursos expressivos ritualísticos, místicos e anti--intelectuais em algumas criações. A contracultura nem sempre foi a responsável por esse modismo, embora tenha colaborado por conferir o colorido do tempo, assim como ensejou temas e sugestões para muitas montagens. O que motivou restrições de analistas, algumas muito contundentes, como esta de Anatol Rosenfeld:

> Depois de uma onda de misticismo hindu, que se espalhou por aí, com atores esperando a palavra profética dos seus respectivos gurus espirituais para aceitar um papel, outros passam atualmente seus dias praticando dinâmicas de grupo, procurando "autodescobrir-se" ou "autoexprimir--se", entregando-se a exercícios de "aquecimento sensorial" ou a experiências psicodramáticas, psicocoreográficas, psicomímicas, psicomusicais, psicogrotowiskianas, psicopromíscuas, psicotáteis e psicolfáticas, psicodélicas, psicotrópicas, psicomaníacas e psicopatológicas, preocupados muito mais em se relacionarem consigo mesmo e entre eles do que em buscarem, como se suporia de atores profissionais, a comunicação com o público. A coisa seria altamente psicocômica (com perdão da palavra) se não se tratasse de um triste sinal de alienação, aliás de psicoalienação[132].

Esse intenso apelo ao corpo, todavia, menos que propor signos ou articular linguagem intentou concretizar estados, infundir novos sentidos e fazer desabrochar apercepções, apostando em outras possibilidades de fruição a partir da cena; não apenas distantes dos recursos tradicionais como, enfaticamente, voltados para a descoberta, a inventividade, a instauração de outros níveis de consciência.

Grupos Teatrais, Criações Coletivas e Outras Realizações

Desde 1972 Naum Alves de Souza vinha reunindo em São Paulo adolescentes no Pod Minoga Studio, cujos experimentos voltam-se para a aquisição de uma linguagem teatral explorando formas cênicas estereotipadas: a comédia pastelão, os musicais, programas de TV, filmes da sessão da tarde, o circo e as representações escolares. *Miscelânea* (1972), *São Clemente* (1973), *A Fabulosa Saga de Violeta Allegro* (1974) e *Cenas da Última Noite* (1975) constituem um aprendizado crescente não apenas das técnicas de interpretação como também da confecção de adereços, cenários, músicas, recortes e colagens que, costurados sob o formato de criações coletivas, mobilizaram um público entusiasta daquelas experiências não convencionais. No Rio, em 1974, outro conjunto de adolescentes põe em cena *O Inspetor Geral*, cujo diferencial mais notório é a irreverente liberdade assumida na adaptação, transformando a obra de Gógol em roteiro para a exploração das idiossincrasias da equipe. No ano seguinte eles criam *Ubu Rei*, tornando o Asdrúbal Trouxe o Trombone nacionalmente conhecido.

Com *Trate-me Leão*, em 1977, arredonda-se o projeto da equipe: explorar as peculiaridades de seus integrantes, num tipo de atuação que mantém indissociáveis a máscara e a personagem, recorrendo fartamente ao jogo livre e ao humor. A criação coletiva, empreendida desde os primórdios, atinge agora também o texto, um enfileiramento de situações vivenciadas pela juventude da zona sul carioca, supervisionado pelo diretor Hamilton Vaz Pereira[133]. Tanto o grupo paulista quanto o carioca

132 Anatol Rosenfeld, Living Theater e Grupo Lobos, *Prismas do Teatro*, São Paulo: Perspectiva, 2000, p. 220. No plano internacional, alguns anos antes, igualmente Roland Barthes fizera restrições ao novo teatro, no ensaio "Dois Mitos do Jovem Teatro": "numa peça nova (que foi premiada) os dois atores principais masculinos desfizeram-se em todos os tipos de líquidos: choro, suor e saliva. Tinha-se a impressão de estar assistindo a um tremendo trabalho fisiológico [...]. Naturalmente a combustão do ator reveste-se de justificativas espiritualistas: o ator entrega-se ao demônio do teatro, sacrifica-se, é devorado em seu interior, pelo seu personagem [...] aplaudimo-lo como um recordista do jejum ou dos halteres" (*Mitologias*, São Paulo: Difel, 1972, p. 70).

133 "O homem escreve peças de teatro há mais de dois mil anos e nenhuma serve pro ASDRÚBAL! Daí que animo a mais feroz e cheia de si turma teatral da época a abraçar o seu próximo espetáculo como um bebê que se coloca no colo. E não eleger um texto conhecido, já testado em cena, apenas para ter o que encenar. Para minha alegria, distante de grupos e produções que acreditam ser 'porta vozes do povo' ou que devem dar 'o que o povo deseja', a nossa trupe decide participar do mundo falando do próprio umbigo, dos seus medos e alegrias, anseios e ambições,

recusam as convenções do teatro formal, apostando na invenção de uma linguagem diretamente nascida de suas pesquisas, o que vai estimular, em outros estados e cidades, o aparecimento de equipes voltadas aos mesmos propósitos. Em Porto Alegre, Julio Conte cria *Bailei na Curva*, seguindo rente esta trilha.

Ilo Krugli, argentino radicado no Brasil, funda o Ventoforte em 1974, no Rio de Janeiro, apresentando criações como *Histórias de Lenços e Ventos*, *Da Metade do Caminho ao País do Último Círculo* (1975) e *Pequenas Histórias de Lorca* (1977), e dá forma a uma proposta que explora instâncias ecológicas, míticas e ritualísticas. A não diferenciação entre os universos infantil e adulto é proposital, por acreditar que a linguagem artística é própria a todas as idades, rompendo assim fossos e intervalos. Radicado posteriormente em São Paulo, cria uma sala de espetáculos e uma escola, destinada a formar jovens no mesmo fraterno espírito contracultural. Também de 1974 é *O Que Você Vai Ser Quando Crescer*, criação coletiva que lança a paulistana Royal Bexiga's Company, debruçada sobre as descobertas de seu período adolescente face ao mundo. *Victor ou As Crianças no Poder*, de Vitrac, foi o ponto de partida para o Pessoal do Victor, no mesmo ano.

Esse olhar adolescente, bem como suas idiossincrasias, está no ar. A emblemática criação do Asdrúbal insiste no uso do jogo, na colagem de elementos visuais, nos instantâneos de vida detectados a partir de uma juventude desinteressada do passado político do país. Assim como *Victor* flagra o mundo através do olhar infantil, *Trate-me Leão* o faz a partir dos jovens, não sendo fortuito que em seu processo de elaboração longos laboratórios tenham sido desenvolvidos com amigos do elenco, alguns integrantes do grupo de poesia Nuvem Cigana, expoentes cariocas da chamada "geração mimeógrafo". Existem afinidades poéticas e de visão de mundo entre eles, que incluem a recusa dos usuais suportes técnicos de linguagem até o desprezo por quem tem "mais de trinta anos", como uma canção da época alardeava. *Jovem* passa a ser não apenas um estado de espírito transitório, mas a condição de eterna experimentação do mundo, longe de qualquer intelectualismo intermediando esse ato *naïf* de conhecimento. Vitalista em sua ideologia pan-erótica, a cena desses grupos jovens é exuberante, alegre, contínuos louvores à irrestrita criação coletiva, marcando um desdobramento contracultural vincado por atitudes marginais. Negam autoritarismos, buscam variantes em relação ao sistema da produção empresarial, lançando-se em salas e horários alternativos, firmando novos circuitos para as plateias. Eles absorveram fundo, certamente, as propostas neoconcretas surgidas desde a década anterior, redimensionando-as ao seu talhe, formato e circunstâncias.

No Rio de Janeiro, em 1974, surge *SOMMA ou Os Melhores Anos de Nossas Vidas*, pelo Grupo de Niterói e direção de Amir Haddad, efetuando um rompimento com a assentada situação palco-plateia. Público e *performers* juntavam-se no palco, sem distinção entre camarins e espaço de representação. Não há marcação de cena nem texto linear, sendo o espetáculo uma colagem de criações anteriores da equipe, em forte apelo ao *happening*.

Outra realização experimental de fôlego nasce em 1975 no Maranhão, pelas mãos de Aldo Leite: *Tempo de Espera*. O Sudeste somente irá conhecê-la dois anos após, quando todo o Nordeste já havia destacado suas qualidades. Numa cena sem palavras focada sobre uma família de beira de estrada, perdida no interior do país, a performance destacava exatamente isso – uma longa e interminável espera, sem se saber do quê ou para quê. A minuciosa mimese hiper-realista das figuras populares, poderosamente reconstituída pelos anônimos mas excelentes intérpretes do grupo Mutirão, incumbiu-se de consagrar o espetáculo.

O proletariado urbano que utiliza trens de subúrbio foi o tema de *O Último Carro*, notável espetáculo criado por João das Neves em 1976. Numa cenografia de Germano Blum e com música de Rufo Herrera, quatro vagões reconstituídos e colocados nas laterais do teatro permitiam

delícias e angústias, problemas e soluções. Quero construir um espetáculo inspirado no dia a dia de cariocas semelhantes aos intérpretes que vivem na cidade de São Sebastião do Rio de Janeiro", afirma Hamilton Vaz Pereira em *Trate-me Leão* (Rio de Janeiro: Objetiva, 2004, p. 7-8). *Aquela Coisa Toda* (1980) e *A Farra da Terra* (1983) foram as criações seguintes da equipe, nas quais não apenas a performance como também a aguda intertextualidade incumbiu-se de gerar espetáculos já enquadráveis como pós-modernos. Sobre a atuação dos grupos mais representativos do eixo Rio-São Paulo consultar Sílvia Fernandes, *Grupos Teatrais: Anos 70*, Campinas: Editora da Unicamp, 2000.

ao público, alojado no centro, acompanhar esse hiper-realista entrecruzamento de vidas anônimas e sem rumo – uma vez que o maquinista da composição desapareceu –, em que cenas simultâneas ocorriam em todos os vagões. Também centrado sobre o lumpemproletariado das grandes cidades, explorando flagrantes do cotidiano e usando a rua como *locus* performático, João Siqueira, à frente do grupo carioca Dia a Dia, a partir de 1976 lança diversas realizações que tomam o hiper-realismo como meta: *Maria e Seus Cinco Filhos* (1977), *Quanto Mais Gente Souber Melhor* (1979) e *Pelo Buraco da Fechadura* (1981). Em Pernambuco abre suas portas, em 1976, o TEO-Teatro Experimental de Olinda, sob o comando de Carlos Bartolomeu, iniciando uma série de montagens inovadoras em contraponto ao cartel regional que sempre dominou a produção daquelas paragens. Porto Alegre conhece, a partir de 1977, a atuação do grupo Ói Nóis Aqui Traveiz, um coletivo voltado para o experimentalismo que articula quer uma vertente de teatro de rua quer de vivência, ganhando notoriedade na década seguinte.

É de 1976 a criação de *A Vida do Grande D. Quixote de la Mancha e do Gordo Sancho Pança*, criação de Carlos Alberto Soffredini para o Grupo Mambembe, de São Paulo, conjunto que levará a exploração das técnicas do circo-teatro a alto grau de atualização e sofisticação. Em realizações posteriores – *Foi Bom, Meu Bem?* (1980) e *Cala Boca Já Morreu* (1982) –, o Mambembe contará com um dramaturgo residente, Luís Alberto de Abreu, importante iniciativa para dirimir certas incoerências presentes em muitas das criações coletivas nascidas naquele começo da década e, especialmente, fomentar um novo tipo de dramaturgia, nascida no e para o grupo: um primeiro uso daquilo que, na década de 1990, tornar-se-á conhecido como processo colaborativo.

Caminhos bem distintos serão percebidos nos grupos Ornitorrinco, nascido em São Paulo em 1977, sob a liderança de Cacá Rosset, Maria Alice Vergueiro e Luiz Roberto Galízia, com *Os Mais Fortes*, a partir de Strindberg, e no carioca O Pessoal do Despertar, organizado com a produção de *O Despertar da Primavera*, em 1979, sob a direção de Paulo Reis. O anarquismo do jovem Brecht é privilegiado pelo primeiro conjunto, cujos integrantes se conheceram nas várias versões de *O Casamento do Pequeno Burguês* levada a efeito por Luiz Antônio Martinez Corrêa, irmão caçula do diretor do Oficina, que as encenou no porão do teatro a partir de 1971. Após algumas edições de um cabaré enfeixando canções da dupla Brecht-Weill, entre 1977 e 1983, Cacá Rosset põe em cena um *work in progress* sequencial que abarca três variações de *Mahagonny Songspiel*, a primeira delas ganhando os palcos em 1982. Torna-se, desse modo, o mentor de uma exuberante saga neoexpressionista abrasileirada, imprimindo um acento derrisório sobre a obra do mestre alemão, fomentando seu sotaque tropical. Em 1985 ele está à frente de uma magnífica versão para *Ubu Rei*, de Jarry, recorrendo ao circo, ao teatro de variedades, à montagem de atrações preconizadas pela vanguarda russa, obtendo ressonância internacional.

* * *

Como balanço dessa jornada pelos anos de 1950/1970 pode-se observar, de um lado, a defesa de uma criação livre, explorando ao máximo a área propedêutica ao teatro, estribada numa mentalidade artística que o associava à *caretice* de um meio esgotado e condenado ao desaparecimento. De outro, um voltar-se às fontes da vanguarda histórica, nela perquirindo estímulos criativos vislumbrados como perdidos pelo teatro formal. Nos dois casos, contudo, os espetáculos desafiaram cânones, revelaram talentos e operaram, por intermédio de uma terceira via, o solapamento das convenções estéticas e sociais em curso no restante do teatro brasileiro dos anos de 1970 – por eles sintomaticamente alijado como *teatrão*. Afinal, para muitos artistas, aquela velha teatralidade propiciada pelo verismo não apenas sustentava formatos e valores ultrapassados como, ideologicamente, dava apoio a um sistema de poder. O teatro das décadas seguintes guardará uma inestimável dívida para com esses pioneiros que, em meio às adversidades e aproveitando brechas no autoritário regime militar, mobilizaram sua ousadia e coragem para dobrar dogmas e empreender demolições, inaugurando procedimentos hoje discerníveis como pós-dramáticos e pós-modernos.

As mais radicais realizações dos anos de 1960/1970 ostentaram o germe daquilo que, futuramente, será tomado como performance, intertextualidade, *work in process*. O corpo foi assumido como *locus* preferencial do desejo expressivo, como frisa Renato Cohen, ao analisar as características da cena no final do século XX:

> As textualidades contemporâneas são assentadas na polifonia, na hibridização, na deformação: nas intertextualidades entre as palavras e as imagens, nas poéticas desejantes que dão vazão às corporalidades, às expressões do sujeito na paisagem do inconsciente e em suas mitologias primordiais. É uma cena que é tributária da perspectiva cubista, das vanguardas, das experimentações da arte-performance em todas as suas derivações, e dos desdobramentos e vivências de cada uma destas "tradições". É o momento conjuntivo de Deleuze, disso e daquilo, duma cena que dá conta da multiplicidade em seu conjunto de manifestações, espetáculos e acontecimentos[134].

A estreia de *Macunaíma* em 1978, conduzida por Antunes Filho para o grupo Pau Brasil, vai marcar uma virada, ao assumir as mais decisivas criações dos grupos experimentais antes referidos e integrá-las num universo técnico-expressivo mais estável e sem desprezo pelas soluções miméticas previstas pelas convenções. Iniciativa que, generosa enquanto projeto e decisiva enquanto invenção artística, inaugurou nossa pós-modernidade cênica. Nela já não subsiste o choque advindo do modernismo, mas sua assimilação como bem comum integrado e partilhado. Recolhendo os melhores ensinamentos propiciados pelas criações coletivas, reintegrando o passado cultural através de um novo olhar, lançando um vocabulário espacial-visual embebido pelo diálogo globalizado com as mais agudas pesquisas internacionais, Antunes dá forma a uma nova cena brasileira. O uso da intertextualidade, a exploração dos discursos plurais, divergentes e simultâneos, a colagem, a reflexão sobre si mesmo, a autoironia, estão entre os fatores que projetaram *Macunaíma* para um outro território. O experimentalismo já não é mais trampolim, mas emerge integrado e em operação contínua, mais um dado dentro do conjunto de procedimentos cujas antenas sintonizam-se na autorreflexão e na autossuperação. Esse novo entendimento da questão experimental novamente a projetará e a tensionará, mas agora em sintonia com a atitude pós-moderna ideologicamente vinculada à "tradição do novo"[135].

4. O TEATRO DA MARGINALIDADE E DA CONTRACULTURA

Se o teatro brasileiro trilhou no final da década de 1950 e início da de 1960 um notável caminho de interlocução política com o país, desejando veicular ideias que julgava fundamentais para a transformação da sociedade, o ano de 1966 testemunhou o surgimento de uma geração de criadores disposta a expressar uma nova mentalidade e alargar as fronteiras da dramaturgia nacional.

As principais tendências formais e temáticas que conviviam nos palcos brasileiros de então eram veiculadas pelas "peças desagradáveis" de Nelson Rodrigues, a comicidade popular de Ariano Suassuna, o misticismo e o fanatismo religioso explorados por Dias Gomes, a saga rural de Jorge Andrade e o teatro político de clara vocação para a forma épica de Bertolt Brecht, identificado na dramaturgia de Augusto Boal, Gianfrancesco Guarnieri e Oduvaldo Vianna Filho. Em outra frente de trabalho, certa continuidade da estrutura formal e do espírito do teatro de revista e do cabaré literário europeu era identificada nos shows musicais, na linha de *Opinião* e *Liberdade, Liberdade*, com forte engajamento político.

Primeiro dentre os novos autores a surgir, Plínio Marcos é saudado pela crítica como um acontecimento original, ao lançar mão de uma atmosfera de expressionismo confessional e investir em um naturalismo perturbador. Pouco tempo depois,

134 Cartografia da Cena Contemporânea: Matrizes Teóricas e Interculturalidade, em *Sala Preta*, São Paulo, ECA-USP, ano 1, n. 1, 2001, p.106.

135 A percepção de que as vanguardas históricas tornaram-se "tradicionais" é o eixo da discussão de Harold Rosenberg em *A Tradição do Novo*, São Paulo: Perspectiva, 1974.

profundamente influenciada por essa nova moldura dramatúrgica, surgiria a chamada "geração de 69" – formada por Antonio Bivar, José Vicente, Consuelo de Castro, Leilah Assunção e Isabel Câmara –, que, por sua vez, no início dos anos de 1970, iria marcar o trabalho de Roberto Athayde.

Sábato Magaldi, observador de olhar acurado, assim registrou a aparição de Plínio Marcos, "o mais vigoroso talento surgido na década de sessenta":

> Em 1966, *Dois Perdidos Numa Noite Suja* estreava, em espaço alternativo (o desaparecido Ponto de Encontro, na avenida São Luís), e logo a crítica registrou que surgia uma contribuição nova ao teatro brasileiro. [...] *Navalha na Carne*, *Abajur Lilás* e *Barrela* (escrita ainda na década de 50 e interditada pela censura, em mais um de seus atos estúpidos) só vieram confirmar que o público se encontrava em face de uma dramaturgia autêntica, vigorosa e radical, nascida para pôr em xeque as convicções dos bem-pensantes[136].

No final da década, ao autor de *Dois Perdidos Numa Noite Suja* vem fazer companhia um grupo de jovens dramaturgos muito hábeis em explorar um vigor e uma linguagem totalmente novos. Em artigo publicado na revista *Comentário*, no final de 1969, o crítico e ensaísta Anatol Rosenfeld descreve as principais conquistas teatrais brasileiras do período, abordando entre elas o que chamou de "a safra dos novíssimos":

> O ano de 1969 provavelmente será destacado, no futuro, como notabilíssimo na história do teatro brasileiro, graças ao "estouro" de um número surpreendente de novos talentos, entre eles três jovens dramaturgas – Leilah Assunção, com a peça *Fala Baixo Senão Eu Grito*, Isabel Câmara, com *As Moças*, e Consuelo de Castro, com *À Flor da Pele*, esta última, aliás, já antes notada pela peça *À Prova de Fogo*, proibida pela censura, mas superior à apresentada. Às três autoras acrescenta-se o jovem José Vicente, com *O Assalto*, cuja primeira peça, *Santidade*, igualmente proibida pela censura, já revelou seu talento excepcional. *O Cão Siamês*, de Antonio Bivar, enriqueceu a excelente temporada paulistana de 1969. Esse autor já se tornara conhecido por duas peças, *Cordélia Brasil*, cujo êxito em parte se deve ao magnífico desempenho de Norma Benguell, atriz de força extraordinária, e *Abre a Janela*, obra em que se acentua, como traço característico de Bivar, a ruptura com o realismo mais estreito em busca de dimensões imaginárias que invadem o absurdo. Aliás, nenhum dos autores mencionados se atém ao realismo tradicional[137].

Sob o Signo de Strindberg, Sartre e Albee

As origens da perspectiva que privilegia a análise interior e a concentração de conflitos, conduzida tanto por Plínio Marcos como pelos dramaturgos de 1969, podem ser localizadas nas obras de Strindberg, Sartre e Albee, três dos principais representantes do teatro moderno, conhecidos, de modo geral, por essa nova geração.

August Strindberg explorou na fase naturalista de seu teatro as chamadas "batalhas cerebrais", nas quais suas personagens feriam-se mutuamente por meio de diálogos marcados pela exposição de dores e crueldades. Peças como *O Pai* e *A Dança da Morte* são bons exemplos desse enfoque. Jean-Paul Sartre interessou-se, no teatro europeu do pós-guerra, pela densidade dos dramas curtos e violentos, centrados inteiramente em um único evento e escritos em estilo tenso e lacônico – tendência da qual *Entre Quatro Paredes* é uma autêntica representante.

Já a "simplicidade anti-intelectualizada" que Edward Albee alcança em *A História do Zoológico*, de acordo com a expressão do jornalista e diretor Luiz Carlos Maciel[138], parece ter exercido maior influência sobre os novos autores. Todos exploraram em suas primeiras peças o encontro de duas personagens solitárias atingidas por sentimentos de depressão e desespero dos quais brotam fortes impulsos sadomasoquistas e violentas atitudes transgressoras. Tal como ocorre na relação entre Peter e Jerry, em *A História do Zoológico*, o par de antagonistas concebido pelos novos autores, se divide entre o indivíduo conformado, pretensamente seguro por estar adaptado ao mundo burguês, e o sujeito que tem consciência de sua própria margi-

136 Sábato Magaldi, *Moderna Dramaturgia Brasileira*, São Paulo: Perspectiva, 1998, p. 215.

137 Anatol Rosenfeld, *Prismas do Teatro*, São Paulo: Perspectiva, 2000, p. 165-166.

138 Apud Ana Lúcia Vieira de Andrade, *Nova Dramaturgia: Anos 60, Anos 2000*, Rio de Janeiro/Brasília: Quartet/Unirio/Prodoc/Capes, 2005.

nalidade, cujo propósito é abalar as convicções do outro para arrancá-lo do estado de inércia.

Assim, de Albee (como também de Plínio Marcos, como se verá a seguir) surge o modelo da "peça de dois personagens". Alguns críticos viram na tendência uma necessidade de adaptação às dificuldades econômicas do teatro, além da tentativa dos autores estreantes de driblarem sua insegurança técnica, receosos de enfrentar tramas mais complexas. Entretanto, ainda que o formato tenha constituído um modismo, proporcionou igualmente aos jovens dramaturgos a exploração de uma constante estilística de muita expressividade, plenamente sintonizada com o espírito da época.

Peças em que duas (ou mesmo três) personagens que dividem a cena permitem uma bem-vinda intimidade entre atores e espectadores, que se transformam, então, em cúmplices do que está ocorrendo no palco. E a procura por tal proximidade proporciona também o alcance de um objetivo maior: o "assalto" à sensibilidade da plateia, cujas convicções a experiência do teatro confessional teria condições de transformar.

Plínio Marcos.

O Pioneirismo de Plínio Marcos

A obra que viria plasmar as primeiras criações da geração de 1969 foi *Dois Perdidos Numa Noite Suja* – de Plínio Marcos (1935-1999) –, cuja atmosfera de verdade e violência embaralhou as fronteiras das experiências realistas realizadas no Brasil até então. A peça, escrita em 1966, causou um profundo impacto ao desnudar o comportamento de dois indivíduos excluídos que se confrontam até a destruição, levando a crítica a registrar que surgia uma contribuição nova à dramaturgia nacional. O autor inscrevia os marginais no grupo das personagens teatrais brasileiras, explorando uma contundência nos diálogos, desconhecida até então.

Tendo por inspiração um conto de Alberto Moravia ("O Terror de Roma"), *Dois Perdidos Numa Noite Suja* trata da vida de dois sujeitos sem eira nem beira que dividem um "quarto de hospedagem de última categoria". A fim de que a vida faça algum sentido, cada um deles elege um objeto de adoração: para Tonho, a vida digna depende de um par de sapatos novos com os quais ele pretende arranjar um emprego; já Paco, de posse de uma flauta, poderia ganhar algum dinheiro. O texto impressiona pelo jorro de autenticidade nascido de duas figuras que se estraçalham mutuamente em uma luta sem tréguas. Paco e Tonho são dois indivíduos surpreendidos em uma situação-limite que os obriga a ir às últimas consequências, rumo à aniquilação total.

Se, no âmbito brasileiro, as conquistas estilísticas e formais do texto são as matrizes estéticas da nova safra de autores, a própria peça apresenta traços que nos permitem aproximá-la de autores importantes para os anos de 1960. O embate entre Paco e Tonho se dá como uma strindberguiana "batalha cerebral"; ambas as personagens mantêm um quê da atmosfera de tragicidade patética vivida pela dupla de vagabundos Vladimir e Estragon, em *Esperando Godot*, de Samuel Beckett; por fim, Plínio usou recursos semelhantes àqueles de que Edward Albee lançou mão em *A História do Zoológico*. Transitando por um único cenário, duas personagens se enfrentam, vivendo uma atmosfera igualmente sufocante e amargurada. Em meio a um mundo sem horizontes, elas se movem às cegas, abandonadas, partilhando a única certeza de que a vida não tem solução.

Paralelamente a isso, deve-se destacar também a ascendência da obra de Nelson Rodrigues – que introduziu na cena brasileira a linguagem de rua, a expressividade do falar cotidiano, da gíria – sobre Plínio Marcos. Convém ressaltar que as falas extraordinariamente coloquiais do autor de *Vestido de Noiva* (1943) prepararam o caminho para a transformação sofrida pelo teatro brasileiro na década posterior, instaurando no palco a temática e o modo de falar brasileiros, que causaram importante mudança nos diálogos das peças escritas nos anos de 1960 e no estilo de interpretação dos atores, de acordo com a feliz observação de Ilka Marinho Zanotto[139].

Em *Navalha na Carne*, de 1967, Plínio Marcos retoma basicamente os mesmos procedimentos usados no texto anterior. A peça reúne apenas três personagens: a prostituta Neusa Sueli, o cafetão Vado e o homossexual Veludo, que, irmanados pela violência e pela melancolia, descem aos infernos em uma noite vivida num "sórdido quarto de hotel de quinta classe", cuja atmosfera claustrofóbica muito se assemelha à de *Entre Quatro Paredes*, de Sartre, como observou Décio de Almeida Prado[140].

A grande expressividade da peça reside em sua economia de recursos. As ações concentradas e a síntese verbal (as personagens hesitam diante das palavras e vomitam o mínimo delas) intensificam a relação dramática, num ritmo bem equilibrado entre tensão e relaxamento. Marginalizados no submundo em que vivem, esses três indivíduos se dilaceram, ora por um cigarro de maconha, ora por um punhado de notas amassadas, dentro de um espaço fechado onde estão jogadas literalmente ao chão, no mesmo plano rastejante em que exercitam seus sentimentos.

Idêntico clima de violência e uso de linguajar chocante estão presentes em outros textos do autor (vale notar, um dos artistas brasileiros mais censurados nas décadas de 1960/1970): *Barrela* (escrito em 1958 e liberado somente duas décadas depois), *Quando as Máquinas Param* (1967), *Homens de Papel* (1968), *O Abajur Lilás* (1969), *Oração Para um Pé-de-chinelo* (1969), *Querô, uma Reportagem Maldita* (1979) e *A Mancha Roxa* (1988).

139 Descida aos Infernos, em Plínio Marcos, *Melhor Teatro*, São Paulo: Global, 2003, p. 9.

140 *Exercício Findo*, São Paulo: Perspectiva, 1987, p. 217.

Diversificando as escolhas temáticas do dramaturgo, surgem mais tardiamente *Jesus Homem* (1978) e *Madame Blavatsky* (1985) – ambas voltadas para as soluções místicas – e *Balada de um Palhaço* (1986), um lírico exercício de metateatro.

A dramaturgia de Plínio Marcos trouxe para os palcos brasileiros um ineditismo de personagens (cafetões, assassinos, loucos, policiais, prostitutas, homossexuais, prisioneiros, meninos de rua) e de temas (a solidão e a decadência humana), também presente no ponto de vista adotado, no caso, o de alguém que conhece internamente os guetos sobre os quais está falando.

Se, sob uma perspectiva exclusivamente formal, *Dois Perdidos Numa Noite Suja* proporcionou o surgimento de numerosas obras de duas personagens nos últimos anos da década de 1960, sob o aspecto ideológico a peça privilegiava o protesto e a contestação por meio "da explosão individual em lugar da análise esquemática dos jogos de força políticos", segundo Sábato Magaldi[141]. Plínio Marcos não militou em nenhum partido ou facção política, embora sua obra, para muitos críticos, talvez seja a mais revolucionária dos anos de 1960 justamente por operar a transferência do problema social para o existencial (as situações-limite exploradas pelo autor são a metáfora de um quadro social assustador) – o que fez a questão política assumir uma nova dimensão.

Uma Nova Atuação Política

A dramaturgia de 1969 acabou por ganhar de certos setores intelectuais a pecha de "teatro alienado" por não comungar com as formas do teatro político mais conhecidas em nossos palcos, representadas, sobretudo, pelos grupos Arena, Oficina e Opinião.

Parece residir nessa questão um problema complexo a ser investigado. A dimensão política do teatro brasileiro voltada especialmente ao protesto direto contra a ditadura militar instalada no Brasil em 1964 constantemente ofusca outras formas de expressão teatrais que floresceram no período. Por

141 Op. cit., p. 221.

não atuarem segundo os modelos de resistência conhecidos, estas costumam ser ignoradas pela historiografia ou pouco compreendidas por ela.

De outro modo, a simples atribuição do rótulo "teatro político" a muitas das iniciativas dos anos de 1960 é em si uma classificação redutora que em nada ajuda a esclarecer o emaranhado cenário no qual diversas forças artísticas e históricas entraram em jogo naqueles anos efervescentes.

A geração de 1969 constitui um núcleo de criadores que, coletivamente, produziu algo reconfortante não só do ponto de vista estético como também sob um viés político. Essa geração começou a produzir seus textos justamente por volta de 1968, sentindo "na pele" os efeitos arrasadores do AI-5. Se por um lado ela foi silenciada, amordaçada e impedida de ocupar plenamente o espaço público por força do arbítrio, por outro rapidamente aprendeu a responder a este de forma mais sinuosa e menos unívoca. Os autores de 1969 sofreram ainda direta ou indiretamente as consequências do Maio de 68 francês, marco de uma nova atuação política no âmbito internacional. E integraram também uma juventude disposta a renunciar às formas de combate do passado sem, no entanto, esmorecer na luta contra os potenciais inimigos que surgiam: a ampliação da dominação tecnocrática e a repressão sexual, entre eles. Por fim, eles abriram um novo campo de atuação nas artes brasileiras, passando a ser os porta-vozes de inúmeras discussões culturais, comportamentais e filosóficas que ainda hoje ecoam entre nós.

1968 é o ano da recusa das certezas – o que obriga, no campo teatral, todo e qualquer gênero a passar por uma revisão crítica. Desse modo, a geração de 1969 acaba por fazer no palco as mais variadas experiências dramatúrgicas, tendo à sua disposição o amplo leque das formas conhecidas, que tiveram seus limites testados, esgarçados ou redefinidos. A moldura do drama (de onde brota também, às vezes, uma atmosfera mais propriamente vinculada à tragédia ou ao teatro do absurdo), os efeitos da comédia (e sua identificação com o espírito da revista) e a prontidão metalinguística do teatro épico foram os ingredientes básicos dos novos dramaturgos da virada dos anos de 1960 para a década de 1970.

O agitado panorama de debates, postulações e confrontos faz com que a nova geração exalte a liberdade individual diante de toda e qualquer engrenagem política, ideológica ou partidária, procurando se desviar das posições muito definidas – o que a leva a distanciar-se claramente do ideário defendido por Oduvaldo Vianna Filho e Augusto Boal, e mesmo por José Celso Martinez Corrêa, ainda que as últimas realizações do Teatro Oficina, pela via de seus contornos contraculturais e tropicalistas, estivessem mais próximas da sensibilidade dos novos criadores.

É uma geração de dramaturgos que propõe uma nova forma de abordar a questão política, unindo-a ao problema da subjetividade, às voltas com a iluminação do mundo interior.

Presença das Vanguardas

Errática diante das posturas muito definidas, a nova dramaturgia deixou-se influenciar por algumas manifestações ocorridas nos grandes centros de irradiação cultural da Europa e dos Estados Unidos, e mesmo do país, que pareciam querer estender o campo de atuação da arte para territórios ainda pouco experimentados. O teatro do absurdo, o tropicalismo e o advento da contracultura são as principais referências dos jovens dramaturgos da geração de 1969, e seus vestígios aparecem diluídos em maior ou menor escala na obra de todos que compõem o grupo.

1966 foi o ano em que, no Brasil, "o teatro do absurdo surge pesadamente nas fachadas dos teatros"[142]. Harold Pinter, Edward Albee, Jean Genet e Fernando Arrabal, ao lado dos já quase veteranos Samuel Beckett e Eugène Ionesco, são alguns dos nomes da nova tendência da cena mundial que aparecem entre nós. A visão desses autores de que a arte não tem obrigação de se engajar em ações políticas diretas fazia provocações à linha progressista adotada pelo teatro dialético de Brecht, disposto a transformar a relação entre palco e plateia em um ritual genuinamente cívico, conforme apontava Roland Barthes[143].

142 Elio Gaspari, Heloísa Buarque de Hollanda e Zuenir Ventura, *Cultura em Trânsito: Da Repressão à Abertura*, Rio de Janeiro: Aeroplano, 2000, p. 95.

143 Marvin Carlson, *Teorias do Teatro: Estudo Histórico-crítico, dos Gregos à Atualidade*, São Paulo: Editora da Unesp, 1997, p. 401.

O teatro do absurdo não chegou a constituir, no Brasil, um movimento propriamente. Entretanto, merecem registro as experiências isoladas de Ari Chen – *O Excluso* (1965) – e Edgard da Rocha Miranda – *O Estranho* (1970) – e a produção de outros dois dramaturgos: Bráulio Pedroso e Ivo Bender. Vista em seu conjunto, a obra de Bráulio Pedroso se propõe a pintar quadros surrealistas da realidade carioca, sob a moldura do absurdo, como no caso de *O Fardão* (1966), *O Negócio* (1968), *A Vida Escrachada de Joana Martini e Baby Stompanato* (1970), *As Hienas* (1971), *Encontro no Bar* (1973), *O Deus Nos Acuda* (1975), *A Fula do Bucalão* (1976) e *As Gralhas* (1982). No Rio Grande do Sul, há ainda o caso do gaúcho Ivo Bender, que começou a escrever no início da década de 1960, influenciado pelo teatro do absurdo, concebendo peças como *Queridíssimo Canalha* (1969), *Quem Roubou Meu Anabela* (1972) e *Sexta-Feira das Paixões* (1975), cuja principal característica é o recurso ao fantástico e ao insólito[144].

No entanto, a recepção do teatro do absurdo pelos novos dramaturgos brasileiros se revestiu de certas peculiaridades. Assim, abrindo mão do ataque sistemático à estrutura da linguagem verbal, os autores nacionais exploraram o forte elemento alegórico contido em algumas situações "absurdas", investiram na apresentação da situação básica de um indivíduo e procuraram combinar o riso com o terror, além de experimentar a conjunção de ações sem motivação aparente com outras racionalmente motivadas.

De todo modo, o diálogo da geração de 1969 com o teatro do absurdo não é pleno e absoluto, e, muitas vezes, os autores parecem confundir os procedimentos do absurdo com outros vinculados mais propriamente à estética surrealista. Assim, o uso sistemático do *nonsense* e a produção de um estado de angústia metafísica são substituídos pela expressão do inconsciente, pelo apelo ao fantástico e pelo casamento entre o insólito e o banal. Tudo isso temperado pela exploração dos recursos de um humor tipicamente brasileiro.

O ideário tropicalista também está presente nas peças dos novos dramaturgos. Os jovens da geração de 1969 estavam expostos tanto ao choque dos sentidos contra a cultura burguesa, proposto pelo Oficina, quanto à mistura de cafonice, bom humor e cultura *pop*, oferecida por Caetano Veloso e seus pares.

É por volta dessa época também que os ventos da contracultura começam a chegar ao país, trazendo ao público jovem informações sobre o uso de drogas, as terapias corporais, o misticismo oriental e o folclore ameríndio; revalorizando as teorias sociais anarquistas, a estética dadá e a psicanálise; e instituindo novos ritos como as experiências comunitárias, os shows de rock, os circuitos alternativos e os jornais *underground*. A partir do final dos anos de 1960, o mundo das artes e os meios de comunicação nos grandes centros urbanos do país passaram a conhecer algumas experiências que constituíram as manifestações mais autênticas da contracultura brasileira, também chamada de *underground* (com sua impagável variante "udigrudi") e desbunde. Na área teatral, os espetáculos *O Rei da Vela*, *Na Selva das Cidades*, *Galileu Galilei*, *As Três Irmãs* e *Gracias, Señor* – todos do grupo Oficina – e, no segmento editorial, os periódicos *Pasquim*, *Flor do Mal*, *Presença*, *Verbo Encantado*, *Bondinho*, *Rolling Stone* e *Kaos* foram, de acordo com a análise que fez do período Luiz Carlos Maciel, alternativas de fruição para "aqueles jovens que não se exilaram nem tinham a coragem ou a insensatez de pegar em armas"[145].

Quem quer que se detenha sobre o teatro brasileiro do período, inevitavelmente se deparará com um conjunto de palavras e expressões associadas diretamente a ele:

1. *A crise da palavra*. Nos anos de 1960, a crença no poder e na onipotência da palavra acaba por revelar-se impotência, marcando uma geração que vinha de admirar a "incoerência tartamudeante de James Dean" e que se mostrava disposta a crer que a mensagem estava no meio, de acordo com a

144 Registre-se que a geração de Ivo Bender destacou-se no Rio Grande do Sul com autores como Ronald Radde (*João e Maria nas Trevas*, 1968; *A Fossa*, 1969; *Transe*, 1972; *Apaga a Luz e Faz de Conta que Estamos Bêbados*, 1974), Ana Maria Taborda (*Pancho Villa*, 1973; *O Fabulário de Kenmydera*, 1975; *O Matadouro*, 1976), Delmar Mancuso (*Por Isso Gritamos à Noite*, 1969; *Dom Pedro Abriu Passagem*, 1972; *E Vieram de Além Mar*, 1974; *Negrinho do Pastoreio*, 1974) e Carlos Carvalho (*Boneca Teresa ou A Canção de Amor e Morte de Gelsi e Valdinete*, 1974; *PT Saudações*, 1975; *Reprise*, 1975; *Entrenós*, em parceria com Ivo Bender, 1976). Cf. Antonio Hohlfeldt; Luiz Paulo Vasconcellos, *Cadernos de Cultura Gaúcha: Teatro Gaúcho Contemporâneo*, Porto Alegre: Tipografia e Papelaria Mascote, 1976.

145 *Geração em Transe: Memórias do Tempo do Tropicalismo*, Rio de Janeiro: Nova Fronteira, 1996, p. 121.

perspicaz interpretação do historiador Theodore Roszak[146].

2. *Os valores da família burguesa*. O mundo burguês da família e do trabalho é contestado. As gerações mais jovens não querem seguir o modelo de vida pessoal e profissional de seus pais e tentam lutar, de modo mais amplo, contra a nova forma de organização do poder econômico. Em âmbito mais restrito, qualquer escolha profissional que ofereça conforto e segurança financeira em troca da castração da criatividade e da autonomia plena do indivíduo deve ser combatida.

3. *A revolução sexual*. Na junção que se dá entre as dimensões erótica e política, o amor, o sexo, o trabalho e a participação na vida social passam a constituir atividades interdependentes, que lutam de modo integrado contra toda forma de repressão. Herbert Marcuse nomeia de "sexualidade polimórfica"[147] o conjunto de necessidades biológicas que devem ser ativadas a fim de fazerem do corpo humano um instrumento de prazer e não de labuta, alertando para o fato de os jovens serem combativos por necessidade biológica. "Por natureza, a juventude está na primeira linha dos que vivem e lutam por Eros contra a Morte", afirma o filósofo.

4. *A crítica ao mundo do saber*. A educação a que os jovens aspiravam recusava as sofisticadas estruturas de pensamento, postulava que a experiência deveria sempre anteceder a teoria e redimensionava o saber por meio da percepção fragmentária do real.

5. *A loucura e as drogas*. A valorização das possibilidades de percepção que as experiências alucinógenas e os estados delirantes poderiam suscitar foi chamada de "nova sensibilidade" e constituiu um elemento essencial para as novas opções estéticas e existenciais. Tal sensibilidade tinha como marca a recusa das formas acadêmicas e institucionais da racionalidade, produzindo uma atitude crítica baseada em visões e não em juízos. Inicialmente, a loucura assume o papel de transgressora da ordem institucional e social. Em seguida, por meio de discurso fragmentário e descontínuo que produz, ela procura reavaliar e criticar o modelo racionalista do pensamento ocidental.

Enfim, os temas mais caros aos anos de 1960/1970 esforçaram-se para dar sustentação a uma base cultural apoiada na descoberta de novos padrões comunitários, novos modelos familiares, uma nova moral sexual, novos meios de ganhar a vida, novas formas estéticas e novas identidades pessoais – opostos à política do poder, do lar burguês e da sociedade de consumo.

Como a Nova Dramaturgia Captou Esse Solo Histórico

A nova dramaturgia brasileira dá continuidade à cena "rebaixada e sem literatice" do teatro voltado ao público estudantil e o faz em plena sintonia com a recusa à exigência intelectual que irá marcar a cultura *pop*, elegendo como assuntos principais a liberdade, a indignação, o conflito de gerações, a sexualidade, a nova posição da mulher e a obsolescência do mundo da família e do trabalho. Da dimensão psíquica das personagens é que nascem os problemas políticos, e, embora vivam no aqui e agora, elas ousam experimentar, em maior ou menor grau, os limites de uma atmosfera alucinatória e surreal, que indica um delicado equilíbrio entre o cômico e o grotesco.

Em seu próprio modo de ser, a dramaturgia da contracultura não abandona o espírito crítico, questionando o modelo sobre o qual se ergueu a civilização ocidental: a crença na tradição da cultura, no poder transformador da História e na eficiência da política. Sua mola propulsora é o inconformismo, que muitas vezes resulta em individualismo, e ela se pretende revolucionária pelo viés da amoralidade e da transgressão dos valores comportamentais.

O novo drama brasileiro absorveu as ideias e os conflitos da geração de 68 e os processou de modo muito particular. Ao colocar a lógica de lado, ele passou pelo absurdo, pelo irracional, pelo surreal e pelo grotesco, incorporando-os dialeticamente a fim de apresentar as contradições do seu tempo. A moldura do absurdo pode veicular críticas realistas; a dimensão irracional presente na discussão da

146 *Para uma Contracultura*, Lisboa: Publicações Dom Quixote, [s.d.].

147 *Eros e Civilização: Uma Interpretação Filosófica do Pensamento de Freud*, Rio de Janeiro: Livros Técnicos e Científicos, 1999.

sexualidade procura articular uma análise impiedosa do racionalismo burguês; a experimentação surrealista deseja abranger de modo muito típico alguns temas da religião, da filosofia, da política, do sexo e das responsabilidades individuais e coletivas; o exercício do grotesco quer ajustar as contas com o passado recente, exorcizando temas e formas polêmicos. Todo esse espesso coquetel está presente, em maior ou menor medida, nos primeiros testemunhos dramatúrgicos dos autores apresentados a seguir.

Antonio Bivar: Uma Dramaturgia Pop-anarquista

Antonio Bivar estreou como dramaturgo em 1967, com *Cordélia Brasil*. No mesmo ano, o texto obteve o terceiro lugar no 1º Seminário de Dramaturgia da Guanabara, mas, já em fase de montagem, em 1968, foi proibido. Somente depois que uma comissão de artistas e intelectuais saiu em defesa da obra é que ela acabou liberada com pequenos cortes. *Cordélia Brasil* estreou em abril de 1968, no Rio de Janeiro, dirigida por Emílio Di Biasi, tendo Norma Bengell à frente do elenco. Vale lembrar que, durante a temporada paulista da peça, um grave incidente ocorre com Norma: a atriz é raptada e levada para o Rio de Janeiro por um grupo paramilitar de extrema-direita que pretende adverti-la por sua "conduta moral e política". Na antevéspera do rapto, Norma recebera um telefonema ameaçador: "Você é uma comunista suja. Vamos ver se tem coragem de dizer aquelas indecências que diz no teatro quando a gente for quebrar a sua cara"[148].

Dois dias depois do sequestro, a atriz é solta, e a peça pode continuar sua temporada de sucesso. Ainda em 1968, surge o segundo texto teatral de Antonio Bivar: *Abre a Janela e Deixa Entrar o Ar Puro e o Sol da Manhã*. Com direção de Fauzi Arap, a peça estreou em julho daquele ano, em São Paulo, conferindo a Bivar o prêmio Molière de melhor autor do ano. Liderando o elenco, Maria Della Costa.

A peça seguinte de Bivar é *O Cão Siamês*, cuja estreia se deu em São Paulo, em agosto de 1969. Em janeiro de 1971, o texto, com algumas cenas adicionais e rebatizado de *Alzira Power*, inicia temporada no Rio de Janeiro, com direção de Antônio Abujamra e as interpretações de Yolanda Cardoso e Marcelo Picchi.

Em 1970, por conta do prêmio Molière recebido por *Abre a Janela...*, Antonio Bivar viaja para Londres, Dublin e Nova York, onde entra em contato direto com os movimentos de contracultura, as comunidades *hippies* e a música *pop*. O registro dessa vivência é apresentado em *Longe Daqui, Aqui Mesmo*, que estreia no Rio de Janeiro em 1971, com direção de Antônio Abujamra, tendo à frente do elenco a ex-vedete Nélia Paula. Em 1976, ele lança a comédia *Gente Fina É Outra Coisa*, escrita em parceria com Alcyr Costa. Nesse mesmo ano, escreve *Quarteto*, que comemora a despedida do diretor e ator Ziembinski dos palcos.

Em 1984, é montada em São Paulo a quarta peça de Bivar, *A Passagem da Rainha*, escrita em 1969 e proibida pela censura. Em 1987 é a vez de *Alice, que Delícia*, novamente protagonizada por Maria Della Costa. Nos anos de 1990, Antonio Bivar dedica-se, em parceria com Celso Luiz Paulini, a criar um grande painel dramatúrgico sobre a história do Brasil, desde antes da chegada dos portugueses até o fim da Era Vargas, mas a empreitada é interrompida com a morte de Paulini. A única obra desse ciclo que vem a público é *As Raposas do Café*, vencedora do Concurso de Dramaturgia do Teatro Carlos Gomes (RJ) e montada pelo grupo Tapa, em 1990, quando ganha o prêmio Molière de melhor texto. Em 1998, o autor apresenta, na cidade de Santo André (SP), a ópera-punk *Existe Alguém Mais Punk do que Eu?*

A primeira peça de Antonio Bivar, *Cordélia Brasil*, é uma comédia dramática, composta por dois atos, que trata do insólito triângulo amoroso que se estabelece entre Cordélia, a protagonista, uma mulher incansável e determinada de 28 anos, a personagem Leônidas, da mesma idade que ela, brincalhão e *bon vivant*, e Rico, um jovem de dezesseis anos que está descobrindo a vida.

A agenda central da contracultura, filtrada pela cor local do tropicalismo, está representada no texto: as aspirações da nova geração, a recusa dos velhos valores e a liberação sexual. Inicialmente,

148 Zuenir Ventura, *1968: O Ano que Não Terminou*, Rio de Janeiro: Nova Fronteira, 1988, p. 236.

pode-se dizer que o texto trata da juventude. Ou da consciência atormentada pela perda dela.

A tentativa de definir e defender dramaticamente os valores dessa juventude está em plena sintonia com o contexto cultural surgido entre as décadas de 1950 e 1960, quando os jovens passaram a criticar o ideário tradicional sobre o qual se organizavam as sociedades e a desconfiar da herança deixada pelas gerações mais velhas. Outra questão que a peça põe em cena é a contestação do mundo do trabalho capitalista, focalizada por um viés comportamental. Cordélia e Leônidas formam um estranho casal, muito moderno para os padrões convencionais. Ela encarna a exacerbação do feminino: além de trabalhar incansavelmente durante o dia, vende seu corpo toda noite, a fim de conseguir um dinheiro extra. Já ele – em sua inércia e autoidolatria – representa a sublimação do masculino, sendo acusado pela própria mulher de "efeminado", embora não se incomode de corresponder ao estereótipo. Não é pelo vigor sexual, aliás, que Leônidas irá conquistar a atenção das duas personagens a quem se liga afetivamente.

A peça tem um viés político muito particular e original por tratar de um universo marginal praticamente invisível na época, distante do mundo de Plínio Marcos e seu naturalismo denunciador. A esse respeito é esclarecedora a crítica do jornalista e poeta Tite Lemos:

> Em *Cordélia*, Bivar trata, sim, de um mundo marginalizado, mas não faz estardalhaço do fato, e, o que é mais importante, não extrapola interpretações definitivas da precária organização social que gerou aquele fragmento de inferno que mata pacientemente os que o habitam: em mundos menos absurdos, pode-se morrer por causas nobres e justificáveis, com o acompanhamento de um grande gesto; no mundo de Bivar, onde o trágico passa por banal, morre-se por um cigarro que alguém roubou[149].

A segunda peça de Antonio Bivar também é uma comédia dramática em dois atos, dessa vez com quatro personagens. Heloneida, uma "mulher fina", de aproximadamente 36 anos, e Geni, uma ex-lutadora de circo, de 34 anos, são as únicas prisioneiras de uma estranha penitenciária localizada em uma ilha, tendo ambas perdido a noção de há quanto tempo estão lá detidas. Suas únicas companhias são um casal de carcereiros. O cenário é uma cela de prisão "disfarçada em confortável compartimento" e decorada por várias flores de papel crepom que elas fazem para vender.

Heloneida e Geni assemelham-se a duas crianças que cometeram delitos por desconhecerem a verdadeira natureza do mal, o que lembra uma das primeiras peças de Fernando Arrabal, *Oração*, de 1958, na qual o comportamento de um casal que acaba de assassinar o próprio filho é apresentado como o de dois infantes ainda não completamente civilizados.

Abre a Janela e Deixa Entrar o Ar Puro e o Sol da Manhã é uma experiência radical que mistura vários níveis de realização dramatúrgica, aliando certos elementos melodramáticos a um indisfarçável diálogo com Jean-Paul Sartre, Samuel Beckett e Luigi Pirandello.

A terceira peça de Antonio Bivar, *Alzira Power*, é uma comédia que, ao contrário das outras, carrega menos nas tintas dramáticas e melodramáticas, preferindo explorar à exaustão os efeitos de comicidade advindos de uma situação insólita. Toda a ação se passa em um apartamento modesto onde vive Alzira, uma funcionária aposentada dos Correios e Telégrafos, de aproximadamente 41 anos, definida como "agressiva e nervosa, impaciente e insubmissa". Quando a ação se inicia, a porta da rua está aberta, e Alzira chora desconsolada por ter perdido seu cachorro de estimação. Ernesto, um jovem corretor de automóveis de 23 anos que chegou ali disposto a fechar mais um negócio, surge à entrada do apartamento e tenta prestar auxílio à pobre mulher. Rapidamente uma áspera relação se estabelece entre eles. Alzira se irrita com a curiosidade do vendedor em querer saber o que está acontecendo com ela e resolve impedi-lo de sair. Num gesto tresloucado, ela tranca a porta e arremessa a chave pela janela. Está armada a situação básica que será explorada pelos dois atos que compõem a peça.

Do ponto de vista político, o texto trata de uma situação claustrofóbica, alertando cinicamente para o fato de que em tempos difíceis ninguém deve

149 Em Antonio Bivar, *As Três Primeiras Peças: Cordélia Brasil, Abre a Janela e Deixa Entrar o Ar Puro e o Sol da Manhã e O Cão Siamês ou Alzira Power*, Londrina: Azougue, 2002, p. 15.

entrar inadvertidamente em espaços alheios. A exasperada funcionária aposentada usa toda sorte de artifício para subjugar sua vítima, mordendo-a ou fazendo ameaças com objetos insuspeitos do cotidiano: uma chave de fenda ou uma vara de pescar, por exemplo. As marcas discursivas da personagem apontam para um egocentrismo perturbador. "Eu sei muito bem...", "Eu detesto...", "Eu conheço...", "Bem que eu desconfiava" são algumas das inúmeras estratégias de intimidação usadas por uma figura que não admite interlocução.

A ação da peça está preocupada o tempo todo em confrontar duas consciências, dois estilos de vida muito diferentes, com uma surpreendente inversão de perspectiva: à personagem mais velha compete a defesa da juventude, dos novos valores e da necessidade de transgressão, enquanto a mais jovem está presa a um mundo conservador, hipócrita e reacionário.

Como os demais autores da chamada "geração de 69", Antonio Bivar imprime à sua dramaturgia o signo da economia: poucas personagens, cenários parcimoniosos e peças curtas. A rigor, é dos cenários projetados pelo autor que os textos extraem o máximo de força expressiva. Recintos apertados e desconfortáveis obrigam o contato íntimo, áspero, opressivo. Para um admirador confesso de Sartre, a atmosfera à *Huis Clos* (*Entre Quatro Paredes*) que exala dessas histórias não poderia ser mais apropriada.

Entretanto, em tais "jaulas" não imperam somente ódio e amargor. As personagens de Bivar, mesmo acuadas, buscam sempre uma saída pela via do grotesco, do paródico ou do tragicômico. Esse parece ser o projeto maior do autor: não ceder à sisudez, ao desespero ou a juízos muito definitivos.

A postura que o dramaturgo adotou em sua obra foi uma espécie de anarquia *pop*, por meio da qual se mostrou inconformado com o estado de coisas que assombrava o país – o que acabou por levá-lo ao exílio.

José Vicente: A Impossibilidade da Purificação

José Vicente (1945-2007) estreou como dramaturgo em 1968, com a peça *Santidade*. Entretanto, a obra acabou sendo proibida. Na ocasião, "o Presidente Costa e Silva comenta na televisão a imoralidade de *Santidade* e distribui pessoalmente exemplares da peça aos donos dos principais jornais do país, pedindo que se manifestassem a respeito"[150].

No ano seguinte, surge sua segunda peça, *O Assalto*, que logo se tornou um grande sucesso de crítica e de público. A obra estreou em 10 de abril de 1969, no Rio de Janeiro, tendo no elenco Ivan de Albuquerque e Rubens Corrêa, dirigidos por Fauzi Arap. Ainda em 1969, José Vicente escreve seu terceiro texto, *Os Convalescentes*, cujo título original – *Che: Paixão e Morte de um Apóstolo da Desordem* – foi modificado para evitar problemas com a censura. Segundo o próprio autor, tratava-se de uma tentativa de falar sobre o terrorismo e a militância de esquerda à luz das ideias defendidas por Jean-Paul Sartre.

Por *O Assalto*, José Vicente foi agraciado com o prêmio Molière de melhor autor de 1969, viajando para a Europa no ano seguinte, onde travou contato direto com as mais variadas manifestações da contracultura do período. De volta ao Brasil, ele escreve para o Teatro Ipanema do Rio de Janeiro o que talvez seja a maior experiência teatral da contracultura brasileira: o roteiro do espetáculo *Hoje é Dia de Rock* (1971), dirigido por Antônio Abujamra, com Rubens Corrêa à frente de um numeroso elenco.

Entretanto, tal como ocorreu com o trabalho de Bivar, a dramaturgia de José Vicente começou a perder força na década de 1970. Suas peças posteriores a *Hoje é Dia de Rock* permanecem ainda inéditas ou ganharam montagens de pouca repercussão. São elas: *A Última Peça*, *Ensaio Selvagem*, *História Geral das Índias* (ou *A Chave das Minas*), *A Loja do Ourives* (escrita em parceria com Antonio Bivar), *Diário Íntimo*, *O Povo de Deus*, *Satã*, *A Idade do Ouro*, *Fim de Século*, *Rock and Roll* e *Virtuose*.

O dramaturgo escreveu também um teledrama para a TV Cultura de São Paulo, *Nosferatu*, e dois casos especiais para a TV Globo: *Gângster* e *O Zelador*. Este último – uma homenagem ao Harold Pinter de *The Caretaker* – foi rebatizado pela emissora como *A Feiticeira*.

150 Yan Michalski, *O Palco Amordaçado: 15 Anos de Censura Teatral no Brasil*, Rio de Janeiro: Avenir, 1979, p. 67.

A primeira peça de José Vicente é um drama escrito em dois atos para três personagens masculinas: Ivo, Arthur e Nicolau. A ação se passa no centro de São Paulo, mais especificamente em um quarto de apartamento onde vivem Ivo e Arthur, que formam um casal homossexual. Ivo, o mais velho e mais estável financeiramente, é dono de uma butique no centro da capital paulistana; já Arthur, um ex-seminarista, encarna um tipo folgazão que não tem ocupação definida e faz programas com homens para sobreviver. Inesperadamente, ambos recebem em um sábado à hora do almoço a visita de Nicolau, o irmão de Arthur que está prestes a se ordenar padre.

Os ásperos diálogos que surgem a partir daí expressam a angústia existencial das personagens, vivida pela óptica da homossexualidade, que se transforma em recusa aos padrões da vida burguesa. Arthur e Ivo são dois sujeitos marginalizados que confrontam o *status quo* representado por Nicolau.

A peça está sintonizada com algumas experiências internacionais inovadoras, sobretudo aquelas exploradas pelos autores ingleses conhecidos como *angry young men*, Harold Pinter e Joe Osborne, a quem José Vicente credita certas influências. A linguagem naturalista, coloquial, bruta, repleta de palavrões e marcas de oralidade é usada como veículo para devassar os sentimentos mais recônditos e difusos, que tentam ao mesmo tempo revelar o mistério da alma humana em busca do sublime.

A segunda peça de José Vicente é também um drama em dois atos – escrito, desta vez, para duas personagens: Vítor e Hugo. Em *O Assalto*, ambos trabalham em uma agência bancária, mas há entre eles uma profunda diferença social. O primeiro é um funcionário da contabilidade, enquanto o segundo trabalha no setor de limpeza.

Embora seja uma grande conversação entre Vítor e Hugo (que, por vezes, se reduz a uma dimensão monológica por parte do primeiro), a peça não cede à tentação do discurso verborrágico e doutrinário a respeito de certas tomadas de posição. A trama é muito bem urdida, fazendo o texto oscilar entre duas esferas básicas de investigação. De um lado, as personagens assumem a vocação de estar representando "funções" sociais, o bancário e o faxineiro. De outro, entretanto, Vítor e Hugo são tratados como indivíduos particularizados, de cuja relação estreita se extrai a grande carga dramática da peça.

Santidade e *O Assalto* fazem parte de um tipo de proposta teatral disposta a veicular assuntos "perigosos" e "reveladores", com certa propensão ao exagero, ao grotesco e ao selvagem. Em ambos os textos, José Vicente procura uma nova atitude em relação à plateia que não passa nem pelo entendimento racional do teatro épico, nem pelo choque dos sentidos de Artaud ou da "crueldade à brasileira" do Teatro Oficina, por exemplo. Por meio de uma situação basicamente dialógica, que aos poucos abandona o tom de concílio e entendimento e se transforma em um embate violento, a dramaturgia de José Vicente busca o envolvimento emocional e psíquico do espectador na experiência real que se descortina diante de seus olhos e que ganha, ambiguamente, uma dimensão fantasiosa, mística, visionária.

Ambas as peças fazem um profundo ataque ao mundo convencional da família, do trabalho e da sexualidade, visto como mantenedor de uma sociedade opressora e hipócrita. Os diálogos preservam o tom vertiginoso de uma metralhadora giratória que dispara questionamentos contra os diversos valores morais, espirituais e materiais daqueles que se reprimem ou se conformam muito facilmente. Mantendo a postura transgressora, sem perder de vista certa compaixão pela incoerência que marca o convívio humano, *Santidade* e *O Assalto* valorizam o aspecto ritualístico de situações que só tendem a crescer de intensidade quando encenadas.

Em ambas as peças, a homossexualidade, mais do que um simples elemento de contestação dos padrões burgueses, constitui um espaço de alta carga lírica e dramática ao revelar uma comovente solidão que conduz ao questionamento do mundo. Vale notar que, na década seguinte, as personagens homossexuais começam a frequentar com mais naturalidade o espaço da literatura, das artes e dos meios de comunicação. No teatro, especificamente, Fernando Melo concebeu, em 1973, *Greta Garbo, Quem Diria, Acabou no Irajá*, na qual radiografa pelo viés irreverente da comédia o ingresso da figura do homossexual no cotidiano das grandes cidades brasileiras. Alguns anos mais tarde, Fauzi Arap – que já havia escrito um contundente exercício de metateatro, *Pano de Boca* (1975) – também irá se dedicar ao tema do homossexualismo em *O Amor do Não* (1977).

Embora não abram mão do registro realista, *Santidade* e *O Assalto* articulam uma série de símbolos cristãos que procuram comunicar à plateia uma experiência que mobilize o indivíduo interiormente. José Vicente, como os demais autores aqui tratados, dá uma outra dimensão política a seus textos, voltada às questões do corpo, da sexualidade e de uma angústia existencial que nasce da não conciliação com o outro.

Abrindo mão dos elementos racionais, a obra de José Vicente investe no mal-estar e na disposição em arrombar compartimentos solidamente fechados de onde saem abjeções e podridões comuns a todos os homens, disfarçadas, porém, de arroubos confessionais.

Consuelo de Castro: História e Histórias do Feminino

Consuelo de Castro estreia como dramaturga em 1968 com *À Prova de Fogo* ou *Invasão dos Bárbaros*. Entretanto, proibida pela censura, a peça tornou-se conhecida somente por meio de versões clandestinas e de leituras dramáticas, vindo a ganhar sua primeira montagem profissional apenas em 1993.

Em 1969 surge *À Flor da Pele* – dirigida por Flávio Rangel, tendo Miriam Mehler e Perry Salles no elenco –, que confere a Consuelo o prêmio de revelação de autor da Associação Paulista de Críticos Teatrais. Seguem-se *O Porco Ensanguentado* (1972), *Caminho de Volta* (1974) – que conquista os prêmios Molière, da Associação Paulista dos Críticos de Arte (APCA) e Governador do Estado –, *A Cidade Impossível de Pedro Santana* (1975), vencedora do prêmio de Leitura do Serviço Nacional de Teatro (SNT) daquele ano, *Ao Sol do Novo Mundo* (1976), *O Grande Amor de Nossas Vidas* (1978), *Louco Circo do Desejo* (1983) e *Script-tease* (1984).

Em 1987, a autora traduz e adapta o musical *Hair* para a montagem de Antônio Abujamra. Nos anos de 1990, escreve especiais para a TV e ministra cursos de dramaturgia no Brasil e em Cuba. Seus textos *Medeia: Memórias do Mar Aberto* (1997) e *Making Off* (1999) são lidos no auditório do jornal *Folha de S. Paulo*, enquanto *Only You* é montado em 2000, sob a direção de José Renato.

À Prova de Fogo nasceu da experiência da autora como estudante de Ciências Sociais da USP, à época do confronto dos alunos do prédio localizado na rua Maria Antônia com os da Universidade Mackenzie. A trama apresenta os instantes finais da ocupação de uma instituição de ensino superior pelos estudantes, que aguardam a chegada da polícia, a qualquer momento, para expulsá-los. Do lado de fora, intensificam-se os avisos para que o prédio seja abandonado e as ameaças do uso de força. Dentro do edifício, multiplicam-se as assembleias para tomadas de decisão. Sob um clima de grande tensão, um grupo de jovens se divide quanto às formas de resistência, vivendo simultaneamente suas próprias questões amorosas como os ciúmes e as separações. A grande força expressiva do texto nasce da exploração do entrelaçamento desses dois planos.

Para Elza Cunha de Vincenzo, além de procurar retratar a juventude universitária da época em seus impulsos revolucionários e suas contradições, a peça constitui também um precioso registro do momento em que as mulheres tentam desligar-se da zona de influência da família e começam, de modo concreto, a participar das lutas políticas, ao lado dos homens[151]. Documentando alguns aspectos da luta feminina que está sendo travada, *À Prova de Fogo* mostra o difícil caminho das mulheres daquela geração na conquista de uma nova condição: a de seres políticos atuantes.

Diferentemente das demais obras da safra dos novos autores, a peça opta por um realismo comprometido com o tom de relato jornalístico, que alguns dos textos do período pós-68 acabaram por adotar a fim de compensar a ausência de liberdade de expressão vivida nos meios de comunicação.

Vale lembrar que o caminho de uma dramaturgia feminina inquieta e participante já havia sido aberto pelos trabalhos de Renata Pallottini e Hilda Hilst. A obra da primeira pode ser dividida em dois momentos distintos: uma fase inicial (1958-1971), de acentuada variedade formal e temática, na qual se destacam *A Lâmpada* (1960), *O Crime da Cabra*

151 *Um Teatro da Mulher: Dramaturgia Brasileira Feminina no Palco Contemporâneo*, São Paulo: Perspectiva/Edusp, 1992, p. 113.

(1965), *Pedro Pedreiro* (1968) e *A História do Juiz* (1971); e uma fase madura, de clara vocação política, que vai de *Enquanto se Vai Morrer...* (1972) a *Tarantella* (1986). Já Hilda Hilst – "uma espécie de unicórnio dentro da dramaturgia brasileira", segundo Anatol Rosenfeld – concebe um grupo de oito peças nas quais o insólito (de filiação beckettiana) se mistura a altas doses de lirismo e expressionismo, que solicitam da encenação grande imaginação cênica, como ocorre em *O Visitante* (1967), *As Aves da Noite* (1968) e *O Verdugo* (1969).

O segundo texto de Consuelo de Castro, *À Flor da Pele*, retrata o intenso embate ideológico travado entre dois amantes. Marcelo, 38 anos, é um professor de dramaturgia, casado, com uma filha adolescente, que ganha a vida como autor de uma telenovela popular. Verônica, 22 anos, de família abastada, é sua aluna e deseja afirmar-se como atriz e dramaturga. Os encontros dos dois, ao longo dos três atos que compõem a peça, se dão no apartamento da jovem, que é o cenário único do espetáculo, onde uma bandeira contém os dizeres "Seja realista: peça o impossível".

Marcelo e Verônica podem ser vistos como representantes de duas gerações distintas: ele, intelectual acomodado, de posições conservadoras, encarna a geração anterior à de 1969; já ela, a nova geração, desnorteada por conta da interrupção do processo de mudanças que estava em curso, vive sob a óptica do protesto e assume posições francamente irracionalistas.

A autora os põe em confronto, de modo a explorar exemplarmente as diferenças que os definem. Transitando por um único ambiente onde estão, quase todo o tempo, um diante do outro, as personagens se confrontam com violência a ponto de se desnudarem mutuamente. Marcelo e Verônica encarnam dois modos de ver o mundo e de querer transformá-lo, duas formas excludentes de sentir e de refletir.

Assim como a peça anterior, *À Flor da Pele* também explora um duplo registro: o da atmosfera conturbada de um período tão emblemático na vida do país e o do percurso de uma mulher que vive um dos momentos fundamentais da luta feminina e da passagem para um novo estágio de emancipação.

Como bem observou a autora de *Um Teatro da Mulher*, a dramaturgia de Consuelo de Castro privilegia o exame da condição existencial do indivíduo – com destaque especial para o universo feminino – dentro do regime autoritário que imperou entre 1964 e 1985. Por meio da abordagem da história e de histórias dese mundo feminino, Consuelo procurou ilustrar a complexa afirmação da autoconsciência da mulher, que estava se processando naqueles anos efervescentes.

Leilah Assunção: Do Grito ao Riso

Embora tenha criado duas peças anteriores (*Vejo um Vulto na Janela, Me Acudam que Sou Donzela*, escrita em 1964, mas montada somente em 1979) e *Use Pó de Arroz Bijou* (1968), Leilah Assunção surge na cena teatral brasileira em 1969 com *Fala Baixo Senão Eu Grito*, dirigida por Clóvis Bueno e interpretada por Marília Pêra e Paulo Villaça. O texto confere à autora os prêmios Molière e da Associação Paulista de Críticos Teatrais (APCT). Sua segunda criação é *Jorginho, o Machão* (1970), também dirigida por Clóvis Bueno. Em 1973, surge *Amanhã, Amélia, de Manhã*, reestruturada e rebatizada de *Roda Cor de Roda*, em 1975.

Seguem-se *Kuka de Kamaiorá* (escrita em 1975 e encenada sob a forma de musical – *O Segredo da Alma de Ouro* – em 1983), *Sobrevividos* (1978), destinada a integrar a Feira Brasileira de Opinião, *Seda Pura e Alfinetadas* (1981), *Boca Molhada de Paixão Calada* (1984), *Lua Nua* (1986), *Adorável Desgraçada* (1994), *O Momento de Mariana Martins* (1999) e *Intimidade Indecente* (2001).

Durante alguns anos, a autora dedica-se à teledramaturgia, escrevendo as novelas *Venha Ver o Sol na Estrada* (1974) e *Um Sonho a Mais* (1984) e a minissérie *Avenida Paulista* (1985).

Fala Baixo Senão Eu Grito, a primeira peça da dramaturgia feminina a estrear em 1969, é a história da solteirona Mariazinha, que tem seu quarto invadido por um personagem indefinido – "um ladrão em dia de folga". Ela tem um nome, um passado, uma classe e uma família, mas ele é somente um homem, ou melhor, o outro.

Apresentada como um ser autoiludido, ao mesmo tempo cômico e patético, Mariazinha representa um passo fundamental na caminhada do autoconhecimento e da livre expressão que a mulher brasileira começava, então, a trilhar, tentando desligar-se dos valores da família burguesa – a rigor, o terceiro personagem da peça.

No texto, a metáfora do "assalto", e seu decorrente exercício de agressividade e prontidão para o desnudamento psicológico mútuo, está associada à imagem do despertar, em especial ao despertar para a sexualidade feminina.

A concentração presente no tempo da ação (tudo ocorre em uma única noite) e também no conflito entre as duas únicas personagens, confinadas em um mesmo ambiente, permite a Leilah Assunção imprimir aos diálogos do único ato da peça um ritmo vertiginoso, que na dramaturgia das autoras da geração de 1969 repercute como algo surpreendente, uma vez que está calcado no uso de palavras femininas agressivas que não escamoteiam a relação do amor com o sexo, o erotismo e a pornografia.

Enquanto em *Jorginho, o Machão*, a autora propõe uma contundente sátira à família pequeno-burguesa, por meio do exame do que ela tem de mais anacrônico e repressivo em relação à necessidade de libertação das gerações mais novas, em *Roda Cor de Roda* ela analisa o papel da mulher dentro da família, como esposa e mãe, abordando a rebelião feminina frente à tradicional dupla moral masculina.

Alguns elementos constituintes do melhor da produção dramatúrgica de Leilah Assunção estão presentes na cuidadosa representação dos objetos que compõem materialmente o universo das personagens; na intensa vivacidade dos diálogos, francamente coloquiais; no emprego de uma comicidade aberta, espontânea e irreverente; e na eleição constante do enfoque na realidade da mulher em seus primeiros movimentos de conscientização política e de libertação sexual, frente às estruturas sociais.

A autora soube acrescentar às características da nova dramaturgia uma inconfundível sensibilidade feminina. De acordo com Sábato Magaldi, "trata-se da mais pungente pintura da condição feminina feita na dramaturgia brasileira, num retrato fiel que supera os limites da classe média, para ser o espelho de quase toda mulher"[152].

152 Apud E. C. de Vincenzo, op. cit., p. 87.

Isabel Câmara: O Drama da Solidão Feminina

Isabel Câmara é um curioso caso de autora em torno de quem se criaram muitas expectativas, não cumpridas a rigor, dada a escassez de sua produção. Isabel estreou em 1968 com *Os Viajantes*, peça experimental montada por Roberto de Cleto no Conservatório Nacional de Teatro. Sua criação seguinte *As Moças* (1969), um grande sucesso daquele ano, confere a ela o prêmio Molière de melhor autor e é encenada, em São Paulo, com direção de Maurice Vaneau, tendo no elenco Célia Helena e Selma Caronezzi; e, no Rio de Janeiro, com direção de Ivan de Albuquerque e interpretações de Leila Ribeiro e Tetê Medina.

Entretanto, a autora afastou-se do teatro, já no início dos anos de 1970, deixando inconclusos pelo menos dois textos: *Solo para Atriz e Palco* e *Viva Sapatas*.

As Moças se organiza em torno do relacionamento conflituoso que se estabelece entre duas mulheres, passado a limpo por meio do longo diálogo fragmentário e vacilante que elas mantêm, no qual se alternam dois registros: o da agressão impiedosa e o da quase declaração de amor.

Tereza, trinta anos, sustenta-se com traduções e quer ser escritora. Ana, 22, é modelo profissional e aspirante a atriz. Ambas já tentaram o suicídio e estão sozinhas na cidade grande. De temperamentos muito diferentes, as duas se irmanam na mesma angústia: a falta de perspectivas, que cada uma tenta combater, com resultados frustrantes.

Amparado por um discurso fortemente existencial, o texto explora um mundo sofrido, de melancolia e solidão, que se precipita de tempos em tempos no emprego de palavras ásperas, destinadas a implodir mutuamente defesas, convicções, certezas.

Moldadas por uma concepção segundo a qual o teatro é um espaço privilegiado para a sondagem do elemento humano – cuja consequência imediata é a irrupção violenta da subjetividade –, Teresa e Ana procuram romper a solidão da mulher por meio da tentativa de um contato total, mas o que surge cada vez mais entre elas é somente o inevitável abismo da incomunicabilidade.

Os mesmos sentimentos de incomunicabilidade e solidão viriam também a ser explorados por Timochenco Wehbi, que em *A Vinda do Messias* (1970),

Palhaços (1971), *A Dama de Copas e o Rei de Cuba* (1973) e *A Perseguição ou O Longo Caminho que Vai de Zero a Ene* (1974) dá voz a personagens densas, flagradas em seu abandono, cujas memórias e lembranças embaralham as fronteiras entre o real e o imaginário.

Para Yan Michalski,

> *As Moças* ocupa um lugar importante na dramaturgia do seu tempo, e revela uma singular sensibilidade, espontaneidade do diálogo, capacidade de envolver uma aguda observação psicológica numa aura de emocionada poesia, e um talento que poderia em outras circunstâncias ter aberto diante da autora o caminho para uma carreira mais duradoura[153].

Roberto Athayde: A Importância de Ser Ridículo

Em 1973, Roberto Athayde surgiu no panorama teatral brasileiro com o monólogo *Apareceu a Margarida*, dirigido por Aderbal Freire-Filho e interpretado por Marília Pêra. O texto – que já foi encenado em mais de vinte países, com cerca de quarenta produções só em língua alemã e quase trinta em língua francesa – integra as chamadas "peças precoces" do autor. Trata-se de um conjunto de cinco obras curtas que foram escritas, entre abril e novembro de 1971, sob forte influência de dramaturgos como Eugène Ionesco, Samuel Beckett e Bernard Shaw, como ele mesmo reconhece. Fazem parte ainda da pentalogia *O Reacionário*, *Um Visitante do Alto*, *Manual de Sobrevivência na Selva* e *No Fundo do Sítio*.

Após a bem-sucedida carreira de *Apareceu a Margarida*, o diretor Aderbal Freire-Filho montou, em 1974, *Um Visitante do Alto* e *Manual de Sobrevivência na Selva*. Em 1976, *No Fundo do Sítio* foi montada por uma companhia inglesa em Londres. À mesma época, *Manual de Sobrevivência na Selva* é encenada em língua francesa. A única das chamadas "peças precoces" que permanece inédita é *O Reacionário*.

Depois de um hiato de doze anos, o dramaturgo voltou a produzir regularmente para teatro, escrevendo *Os Desinibidos* (1983), *Crime e Impunidade* (1984), *A Viagem ao Oriente* (1984), *A Arquiteta e o Rei do Ladrilho* (1988), *Portrait of the Artist As a Young Ghost* (1989), *The Shaman of the Amazonia* (1990), *The Smoke and the Fire* (1991), *Os Quatro Pilares da Decência* (1991), *Carlota Rainha* (1994), *Dom Miguel, Rei de Portugal* (1998), *O Homem Cordial* (1999) e *A Grande Visita* (2000). Com exceção das duas primeiras peças, montadas, respectivamente, em 1983 e 1984, no Rio de Janeiro, todas as demais dessa fase permanecem inéditas.

As cinco *peças precoces* de Roberto Athayde, díspares em seus gêneros e em seus assuntos, assemelham-se, no entanto, pelo mesmo tratamento estético que lhes dá o autor. Todas apresentam linguagem coloquial, próximas à cultura *pop*, e fazem referências, em maior ou menor grau, a temas da experiência cotidiana e banal vivida pelos habitantes das grandes cidades brasileiras. O trato das questões políticas e ideológicas, em âmbito local (o regime opressor da ditadura militar) e internacional (o capitalismo selvagem propagado pela cultura norte-americana) quase sempre é direto, ou então é apresentado por meio do apelo a uma fantasia que não se descola em momento algum da realidade.

Talvez por uma dificuldade em assumir de vez a vocação antirrealista ou por uma estudada implosão dos contornos desse realismo, as peças vão saindo, aos poucos, dos domínios do real para mergulhar nas águas do surrealismo, do expressionismo e do absurdo.

O humor irreverente do teatro de revista comparece em algumas delas; o vacilante trânsito entre erotismo e pornografia também está presente; a apresentação de situação, parcial ou integral, que remete ao puro *nonsense*, é condição de todas, seja a discreta presença do professor de 124 anos, em *O Reacionário*, seja o fato de o protagonista de *No Fundo do Sítio* viver confortavelmente em uma casinha de bonecas. Soma-se a isso o fato de todas proporem questionamentos existenciais de fôlego: ora disfarçados, muitas vezes, pela epiderme espalhafatosa do grotesco; ora apresentados cruamente, sem atenuação; ora, ainda, oscilando entre os dois registros.

Por adentrarem os domínios do realismo psíquico, social e político que marcou a dramaturgia brasileira, sobretudo na década de 1960, mas

153 Y. Michalski, *Pequena Enciclopédia do Teatro Brasileiro*, Rio de Janeiro: 1989. Material inédito, elaborado em projeto para o CNPq.

trilhando-os pelas bordas, como se precisassem se distanciar deles para propor algo novo, as *peças precoces* de Roberto Athayde releem alguns elementos da vanguarda internacional, aclimatando-os ao gosto e à necessidade brasileiros.

Muitas vezes, essas obras procuram conjugar grande número de efeitos, assemelhando-se à proposta do "théâtre panique" que Fernando Arrabal elaborou em meados da década de 1960 e de cujo ideário consta o abarcamento da maior variedade possível de elementos: "tragédia e *guignol*, poesia e vulgaridade, comédia e melodrama, amor e erotismo, *happenings* e conjuntos, mau gosto e refinamento estético, sagrado e profano, execuções e celebrações da vida, sórdido e sublime"[154].

Em outros momentos, Roberto Athayde aproxima-se também do American Theatre of the Ridiculous, que defende o "ridículo" como a única vanguarda "não acadêmica". O movimento – do qual fez parte, entre outros, o ator e dramaturgo Charles Ludlam (autor de *O Mistério de Irma Vap*, que Athayde iria traduzir e adaptar nos anos de 1980) – surgiu em 1966, procurando homenagear os produtos antiestéticos de massa, a cultura popular, o *pop*, o *camp* e a arte psicodélica.

O grande destaque das peças precoces é o "monólogo tragicômico para uma mulher impetuosa" *Apareceu a Margarida*, constituído de duas aulas, separadas por um intervalo. Dona Margarida é a professora que irá lecionar para uma classe de alunos (a própria plateia do espetáculo), tendo à sua disposição uma mesa e uma cadeira de professor, colocadas à frente de uma lousa verde. Durante as aulas, os alunos ficarão expostos de modo vertiginoso tanto às técnicas pedagógicas polêmicas e surpreendentes utilizadas pela mestra para abordar os mais variados assuntos quanto às sucessivas explosões de seu temperamento imprevisível. Ora ela é afetuosa – declarando querer se familiarizar com a turma, como se cada um fosse seu próprio filho, e ensejando uma "atmosfera de compreensão, de estima e de amor" –, ora ela é truculenta, gritando com todos e dirigindo-lhes palavras de baixo calão.

O texto oscila entre as esferas do absurdo, do expressionismo e mesmo do realismo, elegendo alguns temas recorrentes dos quais irá extrair muito de seu efeito de estranhamento. Usando uma gama variada de recursos para tratar seus alunos – que vão da sedução e da chantagem à repressão aberta, passando pela demagogia –, a professora executa uma performance que envolve muitos assuntos espinhosos sobre os quais estão assentados os pilares da cultura ocidental, como os valores do cristianismo e da família burguesa, o embate entre a pulsão sexual e o instinto de morte, a natureza da liberdade, a crise da palavra, os sistemas totalitários e a exacerbação do ego.

Se nas outras obras é possível identificar, por exemplo, certas relações com a dramaturgia de Bernard Shaw e de Samuel Beckett, em *Apareceu a Margarida* a comparação com *A Lição* de Ionesco é inevitável.

Apareceu a Margarida também é um estudo sobre os valores materiais e espirituais que a ditadura tentou incutir na cabeça de certos setores burgueses da sociedade brasileira que, de modo passivo e conformista, apoiaram o golpe militar de 1964.

Partindo de um estímulo advindo do teatro do absurdo e deixando-se contaminar, ao mesmo tempo, pela estética expressionista e pelos desvãos do realismo alegórico, *Apareceu a Margarida* constitui uma das mais bem-sucedidas experiências de vanguarda da dramaturgia brasileira, o que a levou a ser classificada pelo jornal norte-americano *New York Daily News* como uma peça que mistura os registros de "um libelo, uma alegoria política e um *vaudeville* expressionista".

Perdas e Ganhos

Vistas assim em conjunto, as peças da geração de 1969 fornecem um expressivo painel de uma época recente do teatro brasileiro, marcada por não poucas turbulências.

A latência dos temas abordados em relação ao contexto sociocultural vivido por aqueles dramaturgos e a qualidade de muitas das elaborações empreendidas (em maior ou menor grau, seja no tocante ao conteúdo, seja em relação à forma) apontam para a realização de uma empreitada rara ou mesmo inédita entre nós: trata-se de um grupo

154 Apud M. Carlson, *Teorias do Teatro: Estudo Histórico-crítico...*, p. 445.

de autores nacionais, submetidos a experiências culturais muito próximas entre si, dispostos a renovar e, consequentemente, ampliar o modo de interação do teatro com a sociedade.

Os autores em questão procuraram implodir algumas das estruturas que dominavam os palcos brasileiros até 1968, na esteira do que tentara fazer Plínio Marcos, dois anos antes, com *Dois Perdidos Numa Noite Suja*, um espécime sem precedentes na dramaturgia nacional. Depois deles, o teatro político perderia para sempre a ilusão em um projeto racionalista.

Vale notar que algumas peças posteriores se aproveitaram dos principais temas abordados pela geração de 1969, embora não se possa dizer que estejam ligadas diretamente a ela. Em *O Cordão Umbilical* (1970), Mário Prata retrata o difícil enfrentamento do mundo por parte dos jovens que aderiram à contracultura, enquanto que em *Se a Gente Ganhar a Guerra* (1971) faz uso da sátira para denunciar o absurdo universo da política. *Delito Carnal* (1974) – de Eid Ribeiro – ataca o bom gosto burguês e a aparente ordem política, social e espiritual que o golpe de 1964 "pretendeu restabelecer" no país. As imagens grotescas fazem a peça enveredar por caminhos expressionistas perturbadores, que investem contra a moral, a sexualidade, a postura política e a religiosidade da classe média brasileira. Flávio Márcio (1945-1979) concebe a trilogia *À Moda da Casa* (1972/1973), *Réveillon* (1975) e *Tiro ao Alvo* (1978) para representar o lar burguês das grandes cidades brasileiras, visto não apenas como permanente foco de conflitos e frustrações pessoais, mas também como origem de infelicidades coletivas. *Maria Manchete, Navalhada e Ketchup* (1975) e *Instituto Naque de Quedas e Rolamentos* (1978), de Ísis Baião, constituem violentas críticas aos valores e aos mitos da civilização ocidental. Domingos de Oliveira, em *Do Fundo do Lago Escuro ou Assunto de Família* (1980), também visita a classe média, explorando, por sua vez, o processo tragicômico da vida burguesa organizada em torno do núcleo familiar.

Seria certamente um exagero tratar o conjunto das peças da geração de 1969 em termos de movimento. A nova dramaturgia brasileira corresponde a um momento muito especial na vida cultural do país, e não a um movimento – o que acaba por eleger a expressão "espírito do tempo" como um de seus atributos inequívocos:

> Os três anos, 67, 68 e 69, foram anos de grande vivacidade e produtividade do teatro, apesar do Espírito da Época – se é que isso existe – ou talvez por causa disso mesmo. Ligada aos acontecimentos, a dramaturgia comparecia com novos autores: Plínio Marcos, eu, José Vicente, Leilah Assunção, Isabel Câmara, Consuelo de Castro, e outros, abrindo caminhos e espertando ideias em dezenas de outros autores. Bancários, bibliotecários, manequins, universitários, jornalistas, todos tinham algo a dizer e diziam em peças teatrais, e produtores, diretores, atores, preferiam textos nacionais. Alguém pode afirmar que exagero, mas a impressão que se tinha era essa[155].

Entretanto, se por um lado esses dramaturgos foram convocados para, de modo muito peculiar, expressar sua época, de outro, rapidamente, eles se calaram. Apesar de os autores aqui tratados serem donos de uma dramaturgia algo extensa, todos estão fadados a serem reconhecidos por seus trabalhos precoces. Sendo assim, não constitui exagero afirmar que o passar do tempo roubou dessa dramaturgia a principal vocação que ela tão pertinentemente externou há quatro décadas: o apego a uma indiscutível aura de marginalidade.

No caso particular de Plínio Marcos, sua poética realista de efeito perturbador parece ter sido suplantada pelo brutalismo explorado pela ficção posterior, disposta a competir com as formas transparentes do cinema-documentário e do jornal-televisivo. A violência orgânica, original, trágica, que transborda das peças de Plínio, acabou substituída pelo imediatismo do imaginário estereotipado presente na crônica policial, na reportagem criminal, no "inferno à brasileira", enfim, veiculados pelos filmes, programas de TV, peças de teatro e livros contemporâneos, reduzidos ao escopo de entretenimento passageiro, de literatura de superfície, conforme aponta o crítico Alfredo Bosi[156].

A arte marginal tomou espaço na cultura brasileira justamente entre o fim dos anos de 1960 e

155 A. Bivar, A Legenda de Cordélia Brasil, Conciso *Flashback* de uma Época, *Revista de Teatro*, Rio de Janeiro, Sbat, n. 413, set./out. 1976.

156 *Literatura e Resistência*, São Paulo: Companhia das Letras, 2002, p. 250.

o começo da década de 1970, quando as maiores revoluções comportamentais no plano internacional aqui chegaram, dissipando as certezas anteriormente acumuladas e convocando ao não alinhamento – o que inevitavelmente apontou para a criação de uma cultura alternativa, ou uma "contracultura", por definição.

No âmbito das encenações teatrais e da própria vivência da classe artística, as experiências de expansão da consciência (por via, sobretudo, das drogas), o orientalismo, o culto ao corpo, a substituição do "popular" pelo *pop* e a predominância das escolhas individuais sobre a ação política coletiva – tudo devidamente temperado por generosas doses de um surrealismo redivivo – marcaram grande parte da criação do período. Em termos estritos de dramaturgia, a atitude "marginal" nos legou textos introvertidos e de forte apelo existencial, beirando o depoimento autobiográfico, que, entretanto, refaziam o percurso de toda uma geração. Por conta das inúmeras interdições de que foi alvo – das quais a instituição do AI–5 é, sem sombra de dúvida, a mais trágica –, a geração de novos autores não veiculou sua resistência nos moldes canônicos da esquerda. Antes, ela preferiu deslocar o foco de sua criação para uma postura subterrânea, marginal. Assim, é que, a despeito de muitos problemas detectados logo na superfície, as peças dos novos dramaturgos estão apoiadas em substratos de incontestável criatividade "alternativa".

Marginais também foram as escolhas temáticas de alguns desses autores, conforme podemos depreender do depoimento de Edélcio Mostaço:

> A chamada nova dramaturgia cresceu e se instalou, trazendo uma óptica inovadora que mediatizava o mundo através do herói marginal, onde o bancário de Zé Vicente e Alzira P. L. de Bivar surgem como as figuras mais acabadas, ao lado de outras criações de Leilah Assunção e Isabel Câmara, o quarteto mais assíduo dos palcos neste período. Apesar das diferenças individuais, a produção deste grupo de escritores manteve coordenações semânticas pronunciadas, especialmente através de espetáculos formulados por diretores e elencos afinados com as mesmas inquietações[157].

As peças tendem ainda a explorar uma sensibilidade cosmopolita, uma maneira urbana de sentir, reagir e se comportar, em consonância com uma óptica teatral moderna. Abre-se mão de certos ranços e convenções literárias e mesmo do teatro de prestígio; excluem-se os regionalismos e o folclore. É como se os autores concebessem suas tramas e enredos, partindo apenas de suas próprias vivências e visões. As experiências formais realizadas em outros países não parecem, a rigor, importadas. Tudo é diluído e abrasileirado. Encontramos ecos distantes de Sartre em Bivar, de Genet em José Vicente, de Ionesco em Athayde, por exemplo, mas a fórmula das peças está ligada à corrente espontânea do próprio movimento interior desses dramaturgos.

É como se esses autores rebaixassem a arte teatral, fazendo com que as dimensões do palco coincidissem com a vida banal de jovens que escrevem a partir de uma experiência biográfica inculta e marginal. Eles não querem parecer inteligentes e sofisticados; antes, buscam a força de certas soluções de improviso, porém muito vivas. As falas, em maior ou menor medida, confundem-se com a vida, produzindo imagens particulares, independentes. A linguagem corrente afeta o senso preciso daquilo que pode ser trágico ou patético, mesmo na mais prosaica das existências.

Entretanto é preciso admitir alguns problemas vividos por uma dramaturgia que pretendeu, acima de tudo, contestar alguns ícones do mundo burguês a fim de escancarar os estereótipos que governam nossas vidas. O humor carnavalesco de algumas das peças e certas formas de protesto contra a cultura dominante praticadas por elas às vezes são ineficazes diante do desvio pretendido. A fragilidade de algumas soluções e a timidez em radicalizar criam uma espécie de pudor no confronto, que se desregula rapidamente e se transforma em ingenuidade. Talvez pelo fato de muitas delas terem obtido um grande sucesso de público, de seus protagonistas exigirem a experiência e a verve de intérpretes consagrados e ainda por conta de seus autores trabalharem sozinhos, não se ligando a grupos de experimentação, estas criações, muitas vezes, foram classificadas como obras de puro entretenimento, comprometidas com o teatro comercial, pouco afeito à crítica e à reflexão. Tal visão pode ser depreendida

157 Sumário de um Teatro Marginalizado, *Arte em Revista: Contracultura*, São Paulo, Kairós, n. 5, maio de 1981.

no depoimento de José Celso Martinez Corrêa, datado de 1972:

> Eu me identifico com esses autores, mas não com o trabalho deles. Eles estão alimentando uma faixa do consumo. Colocam suas experiências vitais nos limites de uma peça tradicional. Talvez isso aconteça por eles ainda estarem compartimentados. A vida deles é muito rica, mas extremamente solitária e seus trabalhos quando encenados, eu acho, são traídos[158].

A mesma ingenuidade que leva essas peças aos domínios do teatro comercial também acaba por reputá-las – paradoxalmente – como obras datadas, já que a aludida aura de marginalidade que recai sobre elas, e cujas condições históricas já foram devidamente superadas, acabou fazendo com que muitas dessas criações, aos olhos de hoje, constituam depoimentos de certo modo arqueológicos. Quarenta anos depois de ganharem o palco pela primeira vez, algumas exalam uma aura de "clássicas", ou melhor, de peças "de época".

Os anos seguintes tornar-se-iam muito injustos com autores como Plínio Marcos, Antonio Bivar, José Vicente, Consuelo de Castro, Leilah Assunção, Isabel Câmara e Roberto Athayde – inconformados e inquietos criadores de uma dramaturgia que procurou, de modo *sui generis*, resistir, baseada, sobretudo, no uso expressivo da palavra.

5. TEATRO E METALINGUAGEM

A década de setenta do século XX revela-se de grande importância, tanto no desenvolvimento da dramaturgia, quanto no do espetáculo, como se viu em capítulos anteriores. A realidade recebeu, teatralmente, formas de representação díspares, que merecem estudo pormenorizado: vários grupos tentaram a experiência da dramaturgia coletiva, como é o caso da Royal Bexiga's Company; ao mesmo tempo, surgiu uma nova oportunidade para os dramaturgos inéditos, com o movimento Zero-Hora, constituído por espetáculos de produção singela, apresentados às sextas-feiras, à meia-noite, aproveitando cenários das produções maiores, em carreira normal; do mesmo modo, o chamado "Teatro Marginal" encontrou no Teatro Experimental Eugênio Kusnet (ex-Teatro de Arena) um local adequado às suas experimentações.

Mas não foi apenas na inovação que o teatro paulista da década de 1970 encontrou seu elemento caracterizador, pois a temática do cotidiano da classe média, abordada politicamente no decênio anterior, continuou a ser desenvolvida por grupos ou dramaturgos identificados com o Teatro de Arena e o Teatro Oficina, em São Paulo, e com o Opinião, no Rio de Janeiro. Assim, a classe média e seus impasses não deixaram de figurar em cena, ao lado da adaptação de temas históricos, com o passado visto como metáfora do presente.

Curiosamente, surge uma terceira opção, quando o teatro resolve questionar-se a si mesmo, às vezes com empostação trágica, outras com índole satírica. O aproveitamento da metalinguagem pelo teatro (recurso que não é novo, mas que foi retomado insistentemente tanto pela dramaturgia quanto pelo espetáculo nos anos de 1970) pode ser considerado como o índice de uma época de revisão: o teatro, às voltas com crises tanto estéticas quanto sociais, volta-se sobre si mesmo, para verificar seu próprio código. Assim, ao questionamento do código teatral corresponderia o questionamento da sociedade que aquele mesmo código vinha representando cenicamente até o momento.

A observação dos espetáculos produzidos mostra um número significativo de manifestações em torno do fenômeno da metalinguagem teatral; se tomarmos os mais significativos, em termos de qualidade e de maior repercussão junto ao público, veremos os seguintes títulos: *O Evangelho Segundo Zebedeu* (1970), de César Vieira; *Castro Alves Pede Passagem* (1971) e *Um Grito Parado no Ar* (1973), de Gianfrancesco Guarnieri; *O que Você Vai Ser Quando Crescer?* (1974) e *Ai de Ti, Mata*

158 *Primeiro Ato: Cadernos, Depoimentos, Entrevistas* (1958-1974), São Paulo: Editora 34, 1998, p. 214.

Hari (1976), criações coletivas da Royal Bexiga's Company; *Pano de Boca* (1976) e *Mocinhos Bandidos*, de Fauzi Arap; *Um Sopro de Vida*, de Clarice Lispector, na adaptação de Marilena Ansaldi e José Possi Neto; *Vem Buscar-me que Ainda Sou Teu*, de Carlos Alberto Soffredini (1939-2001) e *Bumba, Meu Queixada*, trabalho coletivo do Teatro União e Olho Vivo, com texto final de César Vieira.

A opção, predominantemente estética, pelo recurso da metalinguagem teatral, representa uma das modalidades encontradas pelos criadores do teatro na década de 1970, com vista à crítica da dura realidade circundante. A importância dos espetáculos apontados, seja pelas questões de forma e conteúdo que apresentaram em cena, seja pela repercussão que obtiveram ao calar fundo na sensibilidade dos espectadores, justifica um olhar mais detido sobre eles.

Intermezzo *Histórico*

A perceptibilidade dos procedimentos utilizados na criação artística tem dividido opiniões através dos tempos, formando duas facções fundamentais: uma delas tenta dissimular; outra, ao contrário, procura evidenciar o procedimento empregado. À primeira corresponde um conceito de criação que procura esconder-se em mistério; à segunda, uma visão totalmente desmistificadora, que chega ao ponto de aceitar a própria criação como referente do objeto criado e atinge, assim, a metalinguagem.

No século XX, houve inúmeras manifestações, cada uma delas com características próprias, com vista à revelação dos procedimentos teatrais, principalmente por meio do metateatro. Dentre elas, destacam-se as do dramaturgo italiano Luigi Pirandello e do dramaturgo-encenador alemão Bertolt Brecht.

Anteriormente, o encenador russo Vakhtângov já encarava o teatro como festa, musicalidade, magia, ludismo e teatralidade absoluta, com total recusa do ilusionismo realista. Vakhtângov pretendia mostrar ao público não só a cenografia especialmente preparada para a peça, como também a feitura do próprio espetáculo. Postulava a sucessão instantânea de quadros, sempre à vista dos espectadores; não evitava os recursos do metateatro e pretendia revelar os procedimentos teatrais, inclusive o momento da metamorfose do ator em personagem, que acontece nos bastidores. Vakhtângov tinha consciência de que esses elementos não eram novidade, pois tinham sido utilizados, por exemplo, pela *Commedia dell'Arte*. Porém, de certa maneira já intuía o *distanciamento*, mais tarde desenvolvido teórica e praticamente por Brecht, com o qual tem ainda mais paralelos: a inspiração oriental e o *pastiche* do melodrama operístico. Ao revelar continuamente os procedimentos e ao reteatralizar a ação, convencionalizando-a ao extremo, Vakhtângov precedeu a muitos que, até o presente momento, tentam continuar a linha de pesquisa das possibilidades de uma linguagem teatral anti-ilusionista e sempre à procura de sua própria especificidade[159].

Em suas investigações sobre o teatro moderno, Francis Fergusson observa que a "a maioria dos bons autores teatrais contemporâneos aceita o palco 'como palco' e com isso procura escapar de vez às limitações realísticas"[160]. Esta observação, de certa maneira, resume um grande conjunto de tendências da moderna dramaturgia, na qual Pirandello ocupa um lugar de destaque por ter estabelecido, com precisão e quase definitivamente, a ruptura entre uma estética ilusionista, de que o naturalismo foi o ponto máximo, e uma outra, em que se aceita a teatralidade como um aspecto natural, tanto da dramaturgia quanto da encenação.

O naturalismo opõe-se ao teatralismo porque visa banir o caráter de artificialidade da representação teatral, fazendo do teatro um espelho da vida. Ao contrário, o teatralismo está baseado no postulado de que a especificidade do teatro está em ser exatamente teatro, e não vida.

Pirandello foi quase totalmente estigmatizado pela utilização que fez do palco, revelando-o como tal. Anti-ilusionista à sua maneira (porque, paradoxalmente, troca uma ilusão por outra ou fala perenemente dos tênues limites entre realidade e fantasia, quando não as confunde), Pirandello renovou, juntamente com Brecht, a dramaturgia europeia: utiliza o metateatro; faz referências ex-

159 A esse respeito, ver Nicolai Gorchakov, *Lecciones de "Régisseur" por Vajtangov*, Buenos Aires: Quetzal, 1962.

160 *Evolução e Sentido do Teatro*, Rio de Janeiro: Zahar, 1964, p. 174.

plícitas ao próprio texto; muitas de suas peças têm estrutura "em abismo"; fala da ruptura da "quarta-parede" convencional; revela claramente os procedimentos teatrais e, assim, a realidade do teatro passa a ser referente do próprio discurso teatral.

Pirandello mudou muitas vezes o local tradicional da ação – o palco –, previu cenas para outros locais do teatro (plateia, camarotes, bar, saguão do teatro) e chegou a escrever algumas cenas para serem representadas nos intervalos. Quando seus atores-personagens fazem menção à sua atividade profissional, no momento em que a estão exercendo, dá-se a referência da ruptura da identificação total entre ator e personagem. Consequentemente, rarefaz-se a fábula, o nível teatral aumenta, o caráter filosófico passa a predominar e constrói-se uma nova linguagem teatral, anti-ilusionista. Ao eleger a temática da crise da ilusão e suas ilações como a pedra-de-toque de sua dramaturgia, Pirandello substituiu a velha ilusão teatral por seu próprio questionamento e, por também revelar os procedimentos, juntou-se aos renovadores dos padrões teatrais no século XX.

Curiosamente, toda essa aparente modernidade não passa de mera reformulação de conquistas bem anteriores, dentre elas as de Aristófanes, que fazia largo uso dos recursos do metateatro, e as do teatro barroco, como nota Anatol Rosenfeld:

> o teatro no teatro torna-se essencial ao teatro barroco. A ilusão se potencializa para no fim desmascarar-se; a cortina sobe cedo demais enquanto no palco ainda se montam cenários e se provam as máquinas; a peça começa antes da peça, desenrola-se no seu próprio ensaio; os atores começam a brigar (ainda Pirandello e Wilder se inspiram no barroco), enquanto da plateia se ouvem protestos. A figura cômica sai do papel, torce pelo público contra os colegas. É um teatro desenfreado que, no seu excesso, se desmascara como teatro e ficção. O teatro põe-se a si mesmo em questão[161].

Na chamada "encenação em abismo", há claras referências à estrutura teatral e chega-se muitas vezes à encenação dentro da encenação e à transformação de todo o teatro em local do espetáculo. Os elementos ilusionistas são praticamente revelados, num paralelo entre a dessacralização dos efeitos teatrais, mostrados em seus cordelinhos, e a dessacralização das personagens.

O teatro dentro do teatro tem usualmente recebido algumas justificações cênicas, tais como a chamada "indução", usada por Shakespeare no prólogo de *A Megera Domada*; aparece também na cena dos artesãos, em *Sonho de uma Noite de Verão* , ou na passagem da visita da trupe de atores ambulantes ao castelo, em *Hamlet*. A "peça na peça" – recurso mais frequente que o metateatro tem encontrado para plasmar-se – foi muito utilizada no teatro do Século de Ouro espanhol; na atualidade, já se tornou clássico o exemplo da "peça enquadrada" em *O Círculo de Giz Caucasiano*, de Brecht.

Mesmo quando o metateatro não se efetua com tal evidência, a ponto de atingir a estrutura da "peça na peça", há outras possibilidades de se conseguirem, praticamente, os mesmos resultados, em especial o distanciamento; faz-se, já no nível da encenação, mais próprio aos objetivos pretendidos, o público lembrar quase todo o tempo que tudo não passa de um espetáculo, de uma representação, chamando-se sua atenção para elementos que destruam as possibilidades ilusionistas inerentes ao teatro. Concorrem, para tanto, por exemplo, a excessiva e convencional exacerbação no estilo de atuação dos atores e o caráter pretérito decorrente da sempre procurada narratividade, própria do teatro épico:

> O chamado efeito de distanciação [...] depende de uma técnica especial, pela qual se confere aos acontecimentos apresentados (acontecimentos que se desenrolam entre os homens nas suas relações recíprocas) um cunho de sensacionalidade; os acontecimentos passam a exigir uma explicação, deixam de ser evidentes, naturais. O objetivo do efeito de distanciação é possibilitar ao espectador uma crítica fecunda, adentro de uma perspectiva social[162].

Superior à mera especulação estética, o metateatro tem servido tanto à investigação filosófica da essência que caracteriza, unindo ou separando, a realidade, a fantasia e o teatro – como em Pirandello –, quanto ao estabelecimento de uma linguagem propiciadora de reflexão sobre as relações

161 *O Teatro Épico*, 6. ed., São Paulo: Perspectiva, 2008, p. 60.

162 Bertolt Brecht, *Estudos Sobre Teatro*, Lisboa: Portugália, [s.d.], p. 120-121.

sociais, tal como o fez Brecht, que tentava criar uma atmosfera imparcial e científica, caracterizada por desencorajamento da identificação emocional, recusa da empatia, convencionalização da representação, recursos visuais apropriados (projeções, refletores e aparato técnico visíveis). Seu objetivo era fazer que tais componentes denotassem, no conjunto, a recusa do teatro como hipnose e a eleição de um novo conceito, a identificá-lo mais com a reflexão e, até, com a instrução, como o comprova a fase didática de sua obra dramatúrgica.

Contribuem ainda para o efeito de distanciamento duas técnicas: a utilização do palco como um tribunal e a revelação dos procedimentos teatrais, principalmente a ruptura da convenção da "quarta-parede":

> A convenção da "quarta-parede" ou da "cena fechada" equivale a um estilo de representação teatral em que os atores fingem não estarem sendo observados pelos espectadores. Produto típico do teatro naturalista, tal convenção no entanto já era desrespeitada desde as comédias de Aristófanes, que em suas parábases fazia os atores interpelarem diretamente o público[163].

A utilização do palco como um tribunal oscila entre o aparecimento de uma cena de tribunal propriamente dita e a mera sugestão, o convite ao julgamento crítico, decorrência normal de uma peça em que praticamente todos os elementos levam ao raciocínio e à reflexão avaliatória, a caracterizar o julgamento e, consequentemente, a imagem do tribunal. Porém, a isenção do autor torna-se quase impossível, mesmo se, ao colocar em cena um julgamento, tivesse como objetivo dar ao público maior possibilidade de participação e de avaliação crítica. Tal fato decorre da própria estrutura do fenômeno teatral, enquanto encarado como obra pronta, ensaiada do começo ao fim para ser apresentada a um público mais ou menos passivo e ao qual foi reservada unicamente a possibilidade de apreciação mental, pois "o autor funciona como júri, juiz e promotor público. Apesar de todas as suas pretensões de objetividade, a nota subjetiva ainda se faz ouvir"[164].

A aceitação do palco como palco, óbvia e tautológica, decorre da recusa do conceito de teatro como mera representação realista. Princípio da chamada "reteatralização", a consciência do teatro como teatro tem sido quase a pedra-de-toque da dramaturgia e do espetáculo no século XX. Complementarmente, a revelação dos procedimentos tem acompanhado, através do tempo, a evolução da sátira, que tem necessidade da ruptura da ilusão da representação; caso contrário, ficariam deslocadas tanto a fantasia quanto a alegoria.

A revelação dos procedimentos traz em seu bojo uma nova postura perante o espetáculo teatral: o espaço é encarado literalmente como espaço; abandonam-se os efeitos ilusionistas e a linguagem chama a atenção sobre si mesma, deixa de ser uma função, passa de instrumento a enunciado artístico perceptível, quase materializado, tal a sua consistência. A utilização desse conjunto de procedimentos tem como resultado a dessacralização da ilusão, por intermédio da referência da própria ilusão.

A convenção da "quarta-parede" rompe-se com certas partes do texto sendo dirigidas diretamente ao público ou, ainda, com a ampliação do espaço cênico, que ultrapassa o palco e atinge os espectadores. Tais procedimentos não são novos; na atualidade, estão sendo retomados com ênfase visível e irrefutável, além de serem exemplo da crise entre dois conceitos de teatro: encantamento ou didatismo.

Além de colocar novamente em pauta essa questão, que tem dividido os teóricos da arte em geral através dos tempos, a revelação dos procedimentos insinua também um paralelo mais importante: a crise da ilusão – efetuada principalmente por meio da revelação dos procedimentos e do metateatro – refletiria a crise da sociedade na qual ela se insere, pois se a um teatro ilusionista corresponde uma sociedade específica, na qual ele floresceu, a solapada proporcionada pelo teatro anti-ilusionista significaria também outro questionamento, já em termos especificamente sociais[165].

163 Idem, p. 130.
164 Robert Brustein, *O Teatro de Protesto*, Rio de Janeiro: Zahar, 1967, p. 284.

165 A esse respeito, ver Jacques Nichet, "Aristophane, Molière, Brecht: La Critique du théâtre au théâtre" , *Littérature*, Paris: Larousse, n. 9, 1973.

Um Precursor da Década de 1970: O Rei da Vela

Pela importância de que se revestiu no final dos anos de 1960, *O Rei da Vela*, de Oswald de Andrade, na encenação de José Celso Martinez Corrêa, pode ser considerado o precursor de várias modalidades de teatro articuladas e realizadas pelo teatro paulista no decênio seguinte. Dentre elas, é possível detectar o germe do metateatro já no instigante texto oswaldiano, germe esse que seria levado a extremos pela brilhante encenação.

Em *O Rei da Vela* (escrita em 1933), predomina um diálogo entre os códigos do teatro e do circo, estruturas pensadas como homólogas, reiterando-se os vários pontos comuns estabelecidos entre as duas artes através do tempo.

A superposição de códigos, típica da metalinguagem, resulta em ênfase à teatralidade. Cria-se, assim, um código interno não naturalista, de tendência nitidamente teatralizante. As contínuas referências ao *teatro à antiga* (paralelo ao melodrama circense) e à ópera, com deturpações sempre risíveis, resultam num processo duplo, pois a peça chama a atenção sobre si mesma enquanto código e, ao mesmo tempo, estabelece um processo crítico do teatro político do século XX ao teatro burguês do século XIX.

Como se tal não bastasse, os recursos da metalinguagem ultrapassam as referências ao teatro propriamente dito, para se estenderem à literatura em geral. A peça faz um retrato irônico da situação da arte no Brasil, na época da sua criação (1933). Assim, ultrapassa-se a condição de texto teatral para se atingir a de reflexão sobre a situação de uma parcela da literatura e da arte em geral, num momento específico da evolução cultural de um país. A metalinguagem, nesse caso, evolui de recurso técnico para instrumental de análise de uma situação global e com objetivos declaradamente críticos.

O Rei da Vela vale-se de personagens alegóricas, com os conflitos de ideias antecedendo os conflitos emocionais entre as personagens. A sátira virulenta e a dessacralização de valores, constantes em toda a peça, nascem do universo teatral e retornam a ele, num jogo quase totalmente fechado. Do mesmo modo, o metateatro constitui-se num universo teatral construído sobre contínuas referências a outros universos teatrais específicos.

Como a realidade referenciada é continuamente interpretada a partir de dados estritamente literários, a compreensão dos valores profundos da peça depende muitas vezes da cultura geral do leitor, sem o que o nível irônico do texto – valiosíssimo – perder-se-ia por inteiro.

O teatro é usado como parâmetro, tanto no que diz respeito à dessacralização de valores estabelecidos, quanto à construção das personagens; o *pastiche* do melodrama circense vem renovado pelas *blagues*, frequentemente inseridas por Oswald de Andrade no texto.

Há, assim, um duplo procedimento, pois o autor tanto retoma recursos do melodrama circense, quanto satiriza-os. Os resultados, inevitavelmente, serão múltiplos: há um acúmulo e superposição de recursos, pois são incorporados elementos díspares, de origens extremamente diversificadas; o hibridismo do texto torna-se flagrante, pois o autor articula e coloca em funcionamento vários níveis significacionais, muitas vezes conflitantes, ou até reciprocamente excludentes; em síntese, torna-se difícil classificar esse texto nessa ou naquela categoria, visto estarem nele desenvolvidos elementos díspares, que exigem, igualmente, uma análise multifacetada. De qualquer maneira, por sua importância e pela frequência com que é utilizado, o metateatro pode ser considerado como um importante denominador comum e, portanto, um guia seguro para que se possa percorrer o brilhante emaranhado em que se constitui *O Rei da Vela*.

O Evangelho Segundo Zebedeu

Em *O Evangelho Segundo Zebedeu*, de César Vieira, o recurso do metateatro domina a construção dramatúrgica. O fato histórico de Canudos é duplamente "enquadrado", pois, além de se constituir numa "representação dentro da representação", a narrativa teria sido proveniente de uma personagem específica (Zebedeu Martins). Dentre as funções exercidas pelo metateatro, estaria, portanto, a de estilização teatral, visto o fato histórico não vir mais apresentado jornalisticamente, mas sim a partir da perspectiva de uma personagem ficcional.

O autor recusa o naturalismo, revelando continuamente a natureza teatral, com os cenários sendo trocados à vista do público. Além disso, também as canções contribuem para rarefazer o naturalismo e, consequentemente, fazem predominar o teatralismo.

O nível de estilização não para, no entanto, no metateatro. O autor estabelece homologias entre Canudos e a *Bíblia*, tirando daí ilações que enriquecem o conjunto de ideias desenvolvido pela peça. Além dos paralelos com o parâmetro bíblico, são também desenvolvidos outros, desta feita com a civilização romana e com a história de Portugal (mito sebastianista), todos acompanhados por uma visão da história do Brasil extremamente complexa, metade histórica, metade mítica.

Há um elogiável equilíbrio entre os recursos que visam à empatia e aqueles que visam ao distanciamento brechtiano. Dentre estes últimos, aparece a extrema convencionalização dos signos, que, recurso paralelo ao metateatro, tem o resultado idêntico de decréscimo do nível referencial do texto e aumento da teatralidade e do afastamento crítico, pregados por Brecht.

O nível do discurso (que engloba o metateatro) e o nível do relato (aspecto histórico da epopeia de Canudos propriamente dita) são articulados pelo autor de maneira a gerar significados novos, ou a reiterar outros, já estabelecidos pelas cenas anteriores.

Castro Alves Pede Passagem

A metalinguagem é também o recurso básico escolhido por Gianfrancesco Guarnieri (1934-2006) para contar a biografia do famoso poeta brasileiro romântico em *Castro Alves Pede Passagem*.

Adepto do conceito de *distanciamento* (criado pelos formalistas russos e posteriormente desenvolvido por outros teóricos do teatro, culminando com Bertolt Brecht), o autor "enquadra" a narrativa biográfica num hipotético programa de televisão, cujo modelo já esteve em voga no Brasil (*Esta É Sua Vida*, realizado com grande sucesso pelo animador de televisão Flávio Cavalcanti).

Guarnieri, ao utilizar os mecanismos básicos de um conhecido programa de televisão, consegue resultados variados, enriquecedores de seu texto teatral: 1. cria um esquema favorável à narratividade, recurso básico para que se possa expor e desenvolver satisfatoriamente um extenso material biográfico; 2. estabelece um princípio propiciador do almejado *distanciamento* brechtiano, realizado pelas intervenções do entrevistador, das vedetes, dos convidados e da orquestra, que interrompem constantemente o fio narrativo, causando o *efeito de estranhamento* desejado por Brecht; 3. satiriza os mecanismos de envolvimento emocional do público, praticados por um meio de comunicação de massas poderosíssimo, a televisão; 4. faz aproximações temporais e, consequentemente, estabelece paralelos e faz ilações entre a figura revolucionária do poeta baiano e a realidade nacional do momento da escrita da peça (década de 1970); 5. finalmente, retira de uma outra linguagem, já estabelecida – a televisão e seus famigerados programas de auditório – os mecanismos, ao mesmo tempo populares e críticos, para a construção de um estilo novo, de uma maneira de teatralizar narrativas biográficas.

Se a metalinguagem aqui não foi estabelecida em seu princípio mais puro, ou seja, de teatro a referir o próprio teatro, de qualquer maneira, pelo fato de valer-se, com ironia, dos recursos de um outro meio de comunicação (a televisão) e, mais especificamente, de um programa muito popular que inclui entre seus procedimentos pequenas representações teatrais, essa peça pode ser considerada um bom exemplo de como o surto de metateatro pôde ser aproveitado não só como recurso estilístico, mas também como instrumental com objetivos de estabelecimento de análises críticas do contexto social.

Um Grito Parado no Ar

Um Grito Parado no Ar, também de Gianfrancesco Guarnieri, tem uma estrutura basicamente metalinguística: o palco do teatro onde será representada a peça coincide com o local da ação fictícia, também um palco de teatro. Curiosamente, o recurso do metateatro, no geral estilizante, aqui volta ao nível do realismo e da tautologia: um palco é um palco, não há outra metafísica além da realidade propriamente dita. Consequentemente, já que o autor optou pelo realismo mais estrito, há total correspondência entre o tempo da fábula e o tempo do discurso. Porém – mérito do autor –, o realismo não o impede de fazer uma peça de reflexão, no caso, sobre o próprio teatro. Em *Um Grito Parado no Ar*, é dada ao leitor/espectador a oportunidade de manejar certos dados que outras peças trariam apenas implícitos, tais como a natureza e a criação de uma personagem de ficção.

São frequentes em *Um Grito Parado no Ar* as discussões teóricas sobre a natureza e a função da arte e a respeito das peculiaridades do processo de criação do espetáculo teatral. Assim, percebe-se que o metateatro proporcionou ao autor a oportunidade de criar a situação propícia ao desenvolvimento, em cena, de suas especulações teóricas. Seria esta peça a "profissão de fé", a poética de Gianfrancesco Guarnieri?

Aparentemente um texto simples, linear, realista, na verdade *Um Grito Parado no Ar* é o produto final da superposição e do imbricamento de vários níveis, articulados pelo autor com tamanho domínio da técnica teatral, que podem passar despercebidos numa leitura mais rasteira.

O que Você Vai Ser Quando Crescer?

A criação coletiva da Royal Bexiga's Company *O que Você Vai Ser Quando Crescer?* tem também o metateatro como sua mola propulsora. Produto da reflexão de um grupo de atores sobre a profissão escolhida, o roteiro do espetáculo é constituído por pequenas unidades, entre as quais figuram sátiras às idiossincrasias de uma escola de arte dramática (indisfarçavelmente a EAD, da Escola de Comunicações e Artes da USP), lembranças teatralizadas liricamente, depoimentos pessoais, referências aos preconceitos da crítica teatral especializada, além de um saboroso *pastiche* do melodrama cinematográfico, típico de décadas passadas.

Curiosamente, ao invés de se tornar uma aula expositiva sobre as peculiaridades da profissão de ator, o roteiro de *O que Você Vai Ser Quando Crescer?* possibilitou ao grupo a criação de um espetáculo extremamente imaginoso, em que conviviam de forma harmônica tanto o deboche mais agressivo quanto o depoimento pessoal mais empenhado emocionalmente (como nas cenas da primeira comunhão e do casamento).

O resultado final era muito diversificado, num paralelo de extrema correção da peça com a multiplicidade de aspectos apresentada pelo material enfocado, ou seja, a atividade teatral.

Para o público, essa criação coletiva da Royal Bexiga's Company funcionava como uma reflexão criativa de um grupo de atores sobre sua própria profissão, aliada a depoimentos pessoais e ao posicionamento estético perante o fenômeno teatral, uma vez que o grupo optava, na prática, pelo metateatro com vista ao deboche e ao *pastiche* de fórmulas teatrais ultrapassadas.

Ai de Ti, Mata Hari

Apesar de ser nitidamente um roteiro, o texto de *Ai de Ti, Mata Hari*, também uma criação coletiva da Royal Bexiga's Company, reúne condições mínimas para poder ser analisado como um texto teatral. Nele, predomina a metalinguagem como mola propulsora para a construção das diversas cenas em que se articula. A paródia e o *pastiche* da comédia à antiga são constantes em todo o texto, inserindo-o numa das modalidades típicas da metalinguagem teatral, na qual o texto, para ser devidamente compreendido, necessita de uma pré-suposição: a de que o leitor/espectador tenha uma cultura anterior a respeito de teatro, para que possa saborear todas as insinuações irônicas, constantes e basilares na construção da peça.

A ironia do texto não encontra barreiras, valendo-se ora de modelos bíblicos, ora de modelos teatrais consagrados, como as típicas cenas brechtianas de julgamento. Os recursos cômicos, sempre utilizados com a intenção de dessacralizar valores estabelecidos, resultam quase sempre numa teatralidade exacerbada.

O elemento básico é o *pastiche*, uma das variantes mais típicas da metalinguagem, visto incorporar, no discurso atualizado, elementos de um outro discurso, que lhe é anterior (a comédia à antiga, o teatro brechtiano, o melodrama circense, o cinema romântico de entre-guerras e a própria *Bíblia*), que se pressupõe serem de domínio do público mais atual, testemunha do discurso último.

A ruptura da convenção da "quarta-parede", com os atores dirigindo frequentes elocuções ao público e tomando-o como seu interlocutor, colabora para o estabelecimento do clima propício à ironia. Paralelamente a essas elocuções, surge a autoapresentação das personagens, quando a ação teatral ficcional soma-se à revelação dos procedimentos teatrais e à sátira ao teatro à antiga. Em síntese, o metateatro resulta em galhofa e esta em instrumento de análise de uma realidade controvertida, insinuada metaforicamente pelo texto.

Pano de Boca

Em *Pano de Boca*, de Fauzi Arap, é nítida a filiação ao Pirandello de *Seis Personagens à Procura de um Autor*. A preocupação metalinguística do autor domina praticamente toda a obra, pois o teatro é aqui utilizado como reflexão sobre a própria atividade teatral. Assim, esta peça caracteriza-se dentro de um dos tipos de metalinguagem teatral, ou seja, dentro da referência, através do discurso cênico, de problemas relativos a este tipo de atividade profissional, da criação à atuação. Além disso, domina a peça o tema da invenção de uma personagem teatral, havendo a aparição da enunciação no enunciado (autor, máquina de datilografia, sombras de mãos escrevendo, conflitos do autor com as personagens).

Pelo fato de *Pano de Boca* ser um discurso dramatúrgico que referencia a criação do discurso dramatúrgico e, portanto, a sua própria criação, esta peça é um exemplo do conceito de teatro enquanto exercício metafísico, ao contrário de outras (por exemplo, *Um Grito Parado no Ar*, de Gianfrancesco Guarnieri), que realizam outro conceito, o de teatro enquanto manifestação predominantemente social. *Pano de Boca* torna-se, portanto, um depoimento sobre o processo de criação específico de *um* autor, no caso Fauzi Arap.

Por outro lado, a peça pode ser considerada um documento específico, "interno", sobre a reviravolta havida no teatro paulista, (talvez) após a visita do Living Theatre ao Brasil e, mais especificamente, ao Teatro Oficina de São Paulo. Assim, essa peça pode ser entendida como um depoimento (e, como todos os depoimentos, um documento parcial e relativo) sobre um momento específico do teatro brasileiro e, muito mais específico ainda, sobre a trajetória do Teatro Oficina após a influência do Living Theatre, predominantemente ritualística e de tendência irracional (pelo menos na época).

Pano de Boca coloca em oposição dois conceitos de teatro, quando são contrapostos o teatro "antigo" e o teatro "mágico". Este último toma um aspecto quase metafísico, principalmente através dos monólogos da personagem Magra, nos quais Fauzi Arap questiona o significado da profissão de ator.

A sátira à classe teatral – veio com um potencial riquíssimo – é pouco desenvolvida pelo Autor, que apresenta apenas levemente para o público, num nível crítico, todo um lado mais ou menos fabulário, mantido por esse mesmo público em relação aos artistas de teatro.

Em síntese, *Pano de Boca* é um texto teatral/espetáculo que pode ser considerado sob vários prismas: 1. é uma análise do fenômeno teatral, num momento específico, tanto da dramaturgia quanto do espetáculo brasileiros; 2. é um exorcismo de demônios interiores, relativos a um fato de âmbito maior: o teatro paulista e o Teatro Oficina pós Living Theatre; 3. é um exercício formal nitidamente influenciado pelo Pirandello de *Seis Personagens à Procura de um Autor*; 4. é uma tentativa de revelar o aspecto ocultista e, portanto, religioso, do fenômeno teatral, da criação dramatúrgica à encenação.

Pano de Boca é um depoimento a respeito da criação teatral em si e uma reflexão sobre o mistério da atração exercida pelo teatro sobre todos aqueles que se aproximam, enquanto criadores, dessa forma de comunicação. Se a peça se afasta muitas vezes da realidade, não deixa de ser uma pergunta instigante sobre as relações entre o real e a sua transfiguração cênica.

Mocinhos Bandidos

Misturando novamente realidade e fantasia, como já o fizera no texto mencionado acima, em *Moci-*

nhos Bandidos Fauzi Arap retorna ao recurso do metateatro, para poder discutir os problemas da classe teatral e da criação artística propriamente dita, aliados à revisão crítica da década de 1970.

O texto aborda uma temática ampla e variada, fazendo um rol dos problemas da realidade brasileira no final da década: idiossincrasias da classe média; situação dos presos políticos; crises de consciência de policiais torturadores; recusa dos padrões burgueses pelos jovens; militância política estudantil; divisões internas da classe teatral; conflitos da psiquiatria e, esparsamente, vida pessoal dos atores da peça, exílio político e universo infantil.

Fauzi Arap tenta fugir a maniqueísmos simplificadores, no que se revela ainda influenciado por Pirandello, principalmente quando suspende julgamentos definitivos.

Para realizar sua tentativa de síntese de uma década que se encerrava, volta ao recurso do metateatro, novamente com função anti-ilusionista, o que permite o debate, em cena, de uma quantidade maior de problemas, teatrais ou não.

Utilizando deliberadamente a convenção teatral, Fauzi Arap tanto varia a função cenográfica de um mesmo objeto quanto faz a enunciação (peculiaridade do processo de criação teatral) transformar-se em enunciado (espetáculo teatral propriamente dito).

Em sua fuga ao realismo, o autor faz um paralelo entre a suspensão de julgamentos maniqueístas e a recusa da mimese. No entanto, por serem excessivos, os monólogos derivam para a inverossimilhança, fazendo a peça oscilar em qualidade.

Mocinhos Bandidos é um resumo de toda uma fase extremamente dolorida da vida nacional, abordada (do ponto de vista da temática e da escolha de personagens) de uma maneira correta e com inegável pertinência. Permanece discutível, portanto, sua construção dramatúrgica. Curiosamente, e mesmo não o querendo, o autor faz um discurso avaliatório sobre um objeto específico, ou seja, o decênio de 1970.

Emerge do texto/espetáculo um claro conceito de teatro como um lugar mais nobre, ainda dotado de uma certa aura, onde atores oferecem ao público a possibilidade de testemunhar suas crises de consciência, advindas da indecisão entre a recusa do sistema capitalista com suas implicações e a aceitação de um modo de vida mais adaptado às circunstâncias.

Um Sopro de Vida

Espetáculo singular dentro da temporada paulista do final dos anos de 1970, *Um Sopro de Vida* (original de Clarice Lispector, na adaptação de Marilena Ansaldi e José Possi Neto) tem um caráter híbrido, pois nasce de uma obra literária e deriva para o teatro, incorporando dança, depoimento e pesquisa plástica. Em todos os níveis, funciona como elemento comum à ruptura quase total com o realismo.

O texto é estruturado a partir de conflitos básicos, inter-relacionados: cor e escuridão, movimento e estaticidade, nudez e austeridade, fantasia e realidade, vida e morte.

O espetáculo poderia ser resumido na plasmação emotiva, sonora e visual da tensão existente entre o desejo de plenitude e a limitação humana.

A música, elemento fundamental dentro do espetáculo, é o grande denominador comum que o atravessa, dando-lhe envolvimento emocional, sublinhando intenções, expressando o universo interior da personagem, "finalizando" a cenografia. Espaço e envolvimento sonoro criados, aliados aos movimentos coreográficos, correspondem – poeticamente – ao universo mental que o texto faz predominar.

No original de Clarice Lispector, um escritor-personagem cria uma outra personagem (Ângela Pralini) e se coloca todos os problemas inerentes ao perigo e ao fascínio da criação literária. Em cena, Marilena Ansaldi faz idêntica aventura e vive teatralmente a angústia dessa mesma criação. A metalinguagem, portanto, tem como função ser mola propulsora para a investigação existencial.

Um Sopro de Vida é um espetáculo que não procura esconder seu caráter de representação teatral. Pelo contrário, estabelece-se claramente a estrutura do "teatro enquanto teatro" como a base de sua criação. A elaboração, em cena, da personagem Ângela Pralini dá oportunidade a uma profunda reflexão, tanto no nível do texto quanto no do espetáculo, sobre a criação artística, aventura ao mesmo tempo existencial e estética.

Vem Buscar-me que Ainda Sou Teu

Vem Buscar-me que Ainda Sou Teu, de Carlos Alberto Soffredini, é uma peça que está dividida em três planos: 1. plano da realidade (a vida cotidiana de uma *troupe* de circo mambembe); 2. plano do metateatro (citações de trechos de espetáculos típicos de circos mambembes; quadros alegóricos, dramatizações de músicas, como *Coração Materno*, grande sucesso de Vicente Celestino); 3. cruzamento do plano da realidade com o plano do metateatro (assassinato da Mãe pelo Campônio, induzido pela Amada).

O resultado final, soma dos três planos, tem linguagem própria, de burleta. O principal mérito do diretor Iacov Hillel é o de ter encontrado um denominador comum para todo o espetáculo, uma vez que o texto, por suas características muito específicas, é multifacetado, composto de vários planos intercomunicantes, mas muitas vezes com vida própria e independente, o que torna a unidade difícil de ser encontrada.

Ao optar pelo burlesco, o diretor conseguiu estabelecer a base estilística na qual couberam todas as variantes do texto e do espetáculo, que vão do satírico ao melodramático com extrema rapidez, típica da economia dramática.

Ao mesmo tempo revisão crítica satirizadora do drama circense e retomada de seus recursos de extrema teatralidade, *Vem Buscar-me que Ainda Sou Teu* é, no fundo, uma declaração de amor ao teatro à brasileira: vibrante, colorido, emocionado, crítico, exuberante, barulhento mas também musical, malicioso, numa demonstração de que o nosso teatro popular pode ser considerado um legítimo herdeiro das tradições deixadas pela *Commedia dell'Arte*.

Ao mesmo tempo em que faz uma citação crítica do melodrama circense, risível porque pouco verossímil, o autor estabelece uma estrutura de conflito paralela à do triângulo centralizador da música de Vicente Celestino, e que tem a mesma solução, provando assim que, arejados alguns mecanismos de superfície, o melodrama permanece, podendo inclusive convencer, desde que aliviada a sua carga de inverossimilhança. O nível de realidade cede lugar ao melodrama mórbido do filho que assassina a própria mãe, induzido pela mulher desejada.

Essa peça relata a vida de uma *troupe* circense, cujo cotidiano está sempre preenchido por assuntos artísticos. Apesar de nos mostrar o avesso de uma situação, o texto não deixa de ser uma lúcida reflexão sobre o deprimente estágio atual das tradicionais companhias de circo-teatro, além de um documento sobre a vida do artista enquanto pessoa comum, com problemas amorosos, financeiros, familiares.

O aspecto do metateatro propriamente dito funciona muito mais como documento de um estilo de circo-teatro que já esteve em voga, mas que atualmente está em vias de extinção. Nele aparecem todos os aspectos de um teatro extremamente ingênuo, à antiga, e que ainda obteve sucesso há não muito tempo: campônios apaixonados, amadas impiedosas, mães amantíssimas, galãs românticos, vilões indignos, ingênuas encantadoras, palhaços maliciosos e velhas caricatas.

Já no terceiro plano, produto da intersecção dos dois primeiros e aspecto principal da peça, demonstra-se a tese de que muitas vezes a vida imita a arte, pois crimes hediondos (filho que mata a própria mãe, por exemplo) são possíveis, desde que provocados por determinadas circunstâncias (chantagem erótica sobre um maníaco sexual limítrofe). Em síntese, o melodrama que, para públicos atuais, já se tornara risível, torna-se novamente plausível, uma vez renovado em seus aspectos de inverossimilhança.

Assim, satisfaz-se a plateia duplamente: primeiro, porque a peça dá-lhe a oportunidade de rir do teatro à antiga, com seus melodramas exagerados e suas ingenuidades faceiras; e segundo, porque recupera-lhe o prazer do mesmo melodrama sangrento, tornando-o plausível.

Bumba, Meu Queixada

Bumba, Meu Queixada, trabalho coletivo do Teatro União e Olho Vivo, com texto final de César Vieira, tem sua estrutura dramatúrgica baseada numa divisão em quatro planos: bumba, parque de diversões, lenda dos Queixadas e representação da greve pelo bumba (metateatro). A unidade é garantida pelos significados comuns que unem os quatro planos: recusa da repressão política e apologia da classe operária. Os paralelos estabelecidos

Bumba, Meu Queixada, 1980, com o Grupo União e Olho Vivo.

entre os quatro planos determinam a superposição de estruturas.

A lenda dos Queixadas, à primeira vista o aspecto mais independente, é um episódio ao mesmo tempo simbólico e explicativo, contado em tom de fábula. Além disso, a referida lenda dá variedade estilística ao texto (narrativa dentro do teatro) e torna ainda mais claros os significados.

Proposta de teatro popular (bumba, literatura de cordel) somada à de um teatro politicamente atuante (tema da greve), *Bumba, Meu Queixada* elabora oposições mais ou menos simplistas, ao nível dos significados: bons e maus, explorados e exploradores. A sátira feroz inclui também destacadas figuras da política nacional.

Ao mesmo tempo em que usa recursos de estilização (metateatro, variantes líricas e simbólicas, que derivam para a alegoria), a peça procura pautar-se pela adesão à realidade imediata, sem receio de uma leitura "nomeadora" – mais explícita – pela plateia; ao contrário, provoca-a como seu objetivo mais definido.

A peça nasce de uma temática de interesse popular (greve trabalhista), vazada numa linguagem também popular (bumba, literatura de cordel). Passa pelo plano da comparação mais ou menos metafórica (relações entre exploradores e explorados num parque de diversões) e pelo plano da fábula exemplar (lenda dos Queixadas), até chegar ao metateatro (representação, pelo bumba, da cena da greve). No final, o texto volta parcialmente ao nível da realidade, quando são justapostas duas discussões: a ficcional (sobre quais decisões que os empregados do parque de diversões poderiam tomar) e a real (sobre a realidade imediata do público, através do debate).

Tipologia

À vista das breves análises anteriormente realizadas, é possível levantar uma hipótese a respeito de uma possível tipologia, na qual se enquadrariam as principais tendências da metalinguagem no teatro paulista dos anos de 1970.

É claro que muitos textos participam de mais de uma categoria: *O Evangelho Segundo Zebedeu* é constituído de uma "representação dentro da representação", o que não o impede de participar de uma outra classificação, que evidencia as relações entre o teatro e a problemática social.

Do mesmo modo, *Castro Alves Pede Passagem* e *Um Grito Parado no Ar* contêm "representações dentro da representação", e assim por diante. Para que a classificação pudesse ser realizada, apontamos para o aspecto preponderante em cada texto, deixando as variantes e as exceções para a análise propriamente dita.

Assim, salvaguardadas as devidas exceções, sempre enriquecedoras porque problematizantes, as peças comentadas poderiam ser assim classificadas:

Reflexão do teatro sobre o teatro enquanto problema estético-existencial: *Pano de Boca* e *Mocinhos Bandidos*, de Fauzi Arap; *Um Sopro de Vida*, de Clarice Lispector, na adaptação de Marilena Ansaldi e José Possi Neto.

Reflexão do teatro sobre o teatro enquanto problema social: *Um Grito Parado no Ar* e *Castro Alves Pede Passagem*, de Gianfrancesco Guarnieri.

Pastiche do teatro à antiga: *O que Você Vai Ser Quando Crescer?* e *Ai de Ti, Mata Hari*, criações coletivas da Royal Bexiga's Company;

Elogio do teatro popular: *Vem Buscar-me que Ainda Sou Teu*, de Carlos Alberto Soffredini.

Representação dentro da representação: *O Evangelho Segundo Zebedeu* e *Bumba, meu Queixada*, de César Vieira.

Revelação dos procedimentos teatrais: praticamente todas.

Híbrido dos antecedentes: *O Rei da Vela*, de Oswald de Andrade (espetáculo do final da década de 1960 e que teria influenciado a década seguinte).

Interpretação

1. O Metateatro e a Crise da Representação

A frequente utilização do recurso do metateatro corresponderia, na dramaturgia, à crise da representação, típica da arte em geral no século XX, a qual, por exemplo, na área do romance, instaurou a "era da dúvida", que determinou o surgimento do fenômeno conhecido como *nouveau roman*.

2. O Metateatro e a Censura

O auge do metateatro aconteceu, no teatro paulista, durante uma década de censura muito rígida. Nesse caso, poder-se-ia avançar a hipótese de que, quando o teatro não pode referenciar livre e criticamente a realidade, por razões diversas, mas dentre as quais predomina a censura política, ele volta-se para si mesmo, para se perguntar quem é e qual sua função. Ao fazê-lo, o teatro tem então a oportunidade de instaurar um universo crítico, no qual o debate de ideias ocupa um lugar tão proeminente quanto os conflitos emocionais entre as personagens.

Assim, o teatro parece querer compensar aquilo que, à sua revelia, lhe foi negado, retirado ou proibido. O metateatro seria, portanto, nas circunstâncias descritas, um recurso ao mesmo tempo estético e político, pois é procedimento que interfere não só na construção da mensagem artística, dando-lhe características muito específicas, como pode ser também considerado como um termômetro extremamente sensível e eficaz, indicador das relações entre o teatro e a sociedade que o envolve, seja prestigiando-o, seja proibindo-o.

3. O Metateatro e a Representação da Realidade

Uma das correntes do metateatro coloca em evidência os conflitos entre aparência e realidade. Como o teatro, enquanto discurso referenciador, pode focar a realidade e tentar representá-la, ao fazê-lo costuma muitas vezes questionar essa mesma realidade, perguntando-se inclusive se é possível referenciá-la sem deturpações ou sem falhar na empreitada, visto o real ser tão multifacetado a ponto de impedir qualquer discurso, teatral ou não, de interpretá-lo devidamente.

4. O Metateatro e o Momento da Criação Artística

Quando a obra teatral se propõe a referenciar a criação da obra de arte e, mais especificamente, da própria obra teatral que se está a ler/ver (caso de *Pano de Boca*, de Fauzi Arap), tem-se à frente uma das possibilidades mais instigantes da arte, que passa a oscilar entre a documentação predominantemente racional de um fato naturalmente complexo (uma vez que a criação artística varia de criador para criador) e a codificação paralela ao fato (sobre uma realidade múltipla, constrói-se então uma peça ambígua). Nesse último caso, a criação artística, em geral, e a criação teatral, em particular, ao invés de saírem explicadas, recebem um tratamento que oscila entre o racional e o lúdico e, ao invés de um depoimento ou de um documento, tem-se mais um objeto artisticamente enigmático.

5. *O Metateatro Como Documento de Uma Década.*

Pelo fato de o metateatro ser um recurso que traz à baila, muitas vezes com clareza, certos dados específicos e caracterizadores de um determinado estágio do desenvolvimento das atividades teatrais de uma comunidade, ele pode ser considerado como um documento eficaz deste mesmo estágio. Nesse sentido, e posto que completamente diferentes em suas características e resultados, tanto *Um Grito Parado no Ar*, de Gianfrancesco Guarnieri, quanto *Pano de Boca*, de Fauzi Arap, podem ser considerados como documentos – certamente parciais e nunca isentos de certos comprometimentos emocionais de seus autores – referenciadores da situação do teatro paulista na década de 1970 e, extrapolando, de um significativo estágio do teatro brasileiro, visto São Paulo ser, evidentemente, um importante polo centralizador das atividades teatrais do país. Assim, são trazidos à tona, ainda que de maneira dispersa, dados referentes às relações entre o encenador e os atores e à concepção mesma do teatro. O metateatro proporcionaria, portanto, àqueles que o praticam, a oportunidade de revisões e autocríticas, além de uma definição de posicionamentos a respeito das relações entre a arte e a realidade.

6. *Funções Metafóricas do Metateatro*

O recurso da "peça enquadrada", utilizado mais nitidamente em pelo menos três dos textos analisados (*O Evangelho Segundo Zebedeu*, *Castro Alves Pede Passagem* e *Um Grito Parado no Ar*) cumpre dupla função: além de ser a "peça a ser representada" pelos atores-personagens, é com frequência uma estrutura metafórica, ora denúncia da repressão à contestação do sistema político então vigente (ditadura militar), ora apologia da resistência à mesma repressão.

7. *O Metateatro e a Verossimilhança*

A presença do recurso do metateatro coloca em evidência, e com grande nitidez, as relações entre teatro e verossimilhança. Como a representação teatral de fatos, exatamente por ser uma *representação*, muitas vezes não é crível, o metateatro tira do teatro a obrigação de ser *verdadeiro*, lembrando claramente que tudo não passa de pura e simples construção sígnica, de preferência bela e eficaz.

Curiosa e paradoxalmente, o teatro passa a ser *crível* – enquanto discurso – a partir do momento em que se lembra mais uma vez que ele é discurso (elemento sempre óbvio, mas nunca lembrado o suficiente) e, portanto, não tem a obrigação de *ser* a realidade, mas sim de *representá-la*.

8. *Metateatro e Política*

Como o metateatro relativiza a afirmação que decorre da representação teatral ("tudo é representação", é o que parece que se quer dizer), ele instaura a dúvida como elemento componente da mesma representação. Num plano mais genérico, esta dúvida encontra um equivalente na coincidência existente entre o surto do metateatro e a censura rígida imposta às artes em geral na década de 1970. Assim, à necessidade de revisão dos valores artísticos, representada pela dúvida inerente ao metateatro, corresponderia a necessidade de revisão dos valores dominantes numa determinada sociedade. O metateatro seria, assim, o resultado de um processo de afirmação pela negação, uma dúvida a minar o universo das coisas estabelecidas como definitivas, ou impostas compulsoriamente. Nesse sentido, o metateatro teria a função política de contestação de posturas autoritárias.

9. *Metateatro: Documento ou Nova Mágica?*

Se encararmos os textos mais representativos do surto de metateatro da dramaturgia paulista da década aqui estudada como documentos da situação do teatro na época, estaremos imediatamente abrindo uma questão: os textos, enquanto referenciam, direta ou indiretamente, a situação teatral do período, podem realmente ser considerados como documentos da mesma; mas, por outro lado, qual seria a credibilidade destes mesmos documentos, visto serem eles primordialmente textos criativos? No caso, enquanto textos criativos, todos eles têm o direito (e fizeram uso dele, em intensidades variadas) de se constituírem em visões que tanto podem tender para a simpatia mágica quanto para o distanciamento irônico frente ao problema focado. Tanto no primeiro caso quanto no segundo, a credibilidade dos referidos textos, enquanto documentos de uma situação que os extrapola, fica comprometida, relativizando-se assim a questão.

O Final da Década de 1970

No final da década de 1970, estrearam vários espetáculos importantes, muitos deles incorporando o metateatro, num surpreendente recrudescimento do surto detectado no início da mesma década.

Mocinhos Bandidos, de Fauzi Arap, tem, por exemplo, várias das implicações anteriormente levantadas na Tipologia: o metateatro é utilizado para discutir a impossibilidade de representação da realidade, quando se parte de pontos de vista maniqueístas; ao mesmo tempo, o autor coloca claramente como tema o momento da criação artística, o que não o impede de tentar um panorama, tanto da década quanto das idiossincrasias da classe teatral, o que dá à peça o caráter de documento, ainda que relativo.

Um Sopro de Vida, de Clarice Lispector, na adaptação de Marilena Ansaldi e José Possi Neto, absorve o recurso do metateatro, quando são discutidos cenicamente os significados do mistério da criação artística.

Bumba, Meu Queixada, criação coletiva do Teatro União e Olho Vivo, com texto final de César Vieira, utiliza o metateatro como mola propulsora para a apologia da resistência da classe operária à repressão política, o que evidencia a problemática da função social da metalinguagem teatral.

Vem Buscar-me que Ainda Sou Teu, de Carlos Alberto Soffredini, inaugura, surpreendentemente, uma nova faceta dentro das possibilidades de interpretação do fenômeno do metateatro na dramaturgia e no espetáculo paulistas da década de 1970, uma vez que, por ser uma elegia à teatralidade circense, insinua-a como a verdadeira natureza do teatro brasileiro, em oposição, portanto, às duas criações coletivas da Royal Bexiga's Company, que utilizavam o metateatro com o objetivo específico de estabelecer predominantemente um *pastiche* mais irônico do teatro à antiga.

No final da década, já podiam ser sentidas certas variações nas tendências da dramaturgia, ora marcada por uma clara incidência de problemas especificamente político-sociais, ora orientada em direção à apologia das tradições culturais mais populares.

Assim, Fauzi Arap, em *Mocinhos Bandidos*, começa a evoluir da temática existencial para a social; *Vem Buscar-me que Ainda Sou Teu* marca a tendência do teatro da época para a retomada de suas origens populares (daí o metateatro como meio mais eficaz para falar de uma realidade especificamente teatral); finalmente, em *Bumba, Meu Queixada* vê-se também essa tendência do teatro da época para a retomada de suas origens populares (bumba-meu-boi e literatura de cordel), mas com a finalidade de atuação política (conscientização do público e apologia das lutas operárias).

Já ao nível da linguagem de espetáculo propriamente dita, o metateatro trouxe para o conjunto de peças analisadas algumas características mais ou menos comuns.

Em todas elas predomina a exuberância, que coincide com a opção pelo teatralismo, em detrimento do realismo. Essa exuberância decorre, em geral, da incorporação de recursos de uma outra linguagem (circo, revista, ópera, televisão, cinema), ou mesmo daquela especificamente teatral (*pastiche* do melodrama circense ou até do teatro épico de Brecht).

A superposição de linguagens dá aos espetáculos teatrais uma tal densidade de signos, que se torna difícil inclusive decompô-los para análise. Assim, um teatro exacerbadamente teatral vem à tona, determinando estilos e influenciando outros criadores, em maior ou menor grau.

Tal incorporação de recursos de outras linguagens atinge inclusive os folguedos populares (bumba-meu-boi, somado à linguagem da literatura de cordel), mas, no geral, predomina a recuperação de elementos do teatro brasileiro à antiga (melodrama circense), oscilando entre duas formas: uma, o *pastiche* apenas caçoísta, e outra, apologética e declaradamente amorosa.

Essa mesma riqueza de linguagens, por outro lado, fragmenta os espetáculos em diversas partes constitutivas. Tal fragmentação sofre diversas soluções, sendo ora unificada ao nível da dramaturgia, ora ao nível de uma encenação poderosa em termos de estilo, quando não é mantida deliberadamente enquanto tal, como opção estética.

A solução mais frequentemente utilizada é o imbricamento de linguagens e de estilos: a extrema variedade de níveis de significação (realidade, fantasia, universo poético-alegórico, citação teatral) é resolvida em termos de superposição de linguagens (teatro, dança, música, folguedos populares, circo, revista, ópera, cinema, televisão) e de estilos (realista, teatral, circense, operístico).

O resultado, comum a todos os espetáculos, poderia ser resumido a uma fórmula tipicamente brasileira: riqueza de soluções sobre uma extrema precariedade de recursos, soluções essas geralmente caracterizadas por uma volta a linguagens mais tradicionais, que saem da empreitada parcialmente recuperadas pelo crivo crítico dos encenadores, ou definitivamente destruídas.

A revelação dos procedimentos teatrais (elemento constante), além de ser um recurso inerente ao metateatro, chegando mesmo a confundir-se com ele muitas vezes, significa a necessidade de instaurar a dúvida dentro do processo de significação, o que coincide com a perplexidade que dominou a produção teatral de uma década extremamente controvertida, em que não houve lugar para afirmações precisas, nem crédito para dogmas.

Em síntese, o metateatro pode ser um instrumental bastante adequado para a compreensão de boa parcela da produção teatral da década de 1970: um teatro pobre, exuberante e desconfiado.

6. O TEATRO DA MILITÂNCIA[166]

O período que cobre o final dos anos de 1960 até meados da década seguinte caracterizou-se por uma condição de singular ambiguidade, resultado do jogo entre o fechamento político promovido pela ditadura militar e a persistente resistência levada a cabo pelos meios cultural e artístico. Por um lado recrudesceu a repressão, alcançando o teatro não apenas pela ação da censura como pela intervenção direta da polícia e de grupos paramilitares de direita[167]. Por outro lado, a produção teatral, apesar de ter ritmo reduzido, representou um dos mais exuberantes momentos de criação, com a presença marcante dos grupos Arena e Oficina, as realizações do Festival Internacional de Teatro[168], e as produções de sucesso do Teatro Ipanema. A dramaturgia também ganhou no período um substancial acréscimo de autores, que trouxeram novo fôlego ao repertório do período: José Vicente, Antonio Bivar, Roberto Athayde, Mário Prata, Leilah Assumpção e Isabel Câmara estiveram entre os nomes encenados com sucesso naqueles anos.

Logo, porém, a situação tornou-se insustentável. Sucederam-se os impedimentos de estreias por "ordens superiores" quase nunca explícitas, causando prejuízos e fazendo retrair ainda mais os já esquálidos investimentos na área. Na primeira metade da década de 1970, a prisão e posterior exí-

166 O tema, aqui tratado de forma sintética, encontra-se desenvolvido em Silvana Garcia, *Teatro da Militância*, 2. ed., São Paulo: Perspectiva, 2004.

167 Entre outras ações violentas, registra-se o ataque do Comando de Caça aos Comunistas ao elenco de *Roda Viva*, após o espetáculo, no Teatro Ruth Escobar, em 18 de julho de 1968. O balanço da ação da censura, por sua vez, indicou a interdição, em dez anos, de mais de quatrocentas peças.

168 Ruth Escobar conseguiu realizar duas versões do Festival Internacional, em 1974 e 1976, trazendo pela primeira vez ao Brasil convidados estrangeiros em destaque como Grotowski e Andrei Serban, importantes espetáculos do circuito internacional, como *The Life and Time of Joseph Stalin*, aqui traduzido, por causa da censura, como *Vida e Época de Dave Clark*, de Bob Wilson, assim como coletivos no geral desconhecidos pelo público brasileiro, como A Comuna (Portugal) e El Joglars (Espanha) e outros ainda mais inusitados oriundos da Índia, Irã e Islândia. Anteriormente, Ruth Escobar fora responsável por alguns dos mais significativos momentos do teatro brasileiro com a produção de *Roda Viva* (Chico Buarque, 1968), dirigido por Zé Celso Martinez Corrêa, *Cemitério de Automóveis* (Fernando Arrabal, 1968) e *O Balcão* (Jean Genet, 1969), ambos sob direção de Victor Garcia.

lio de dois dos mais importantes animadores do teatro paulista – Augusto Boal (1971) e José Celso Martinez Corrêa (1974) –, dão fecho à existência dos grupos Arena e Oficina. Embora resistindo bravamente, o teatro sentiu a força desse freio e perdeu grande parte de seu ímpeto contestador. O teatro de engajamento político e social passou a ser uma atividade de alto risco.

Foi nesse momento que surgiu um movimento de teatro independente[169] que, procurando fugir às condições de censura e repressão e, ao mesmo tempo, opondo-se à inércia do teatro comercial, voltou-se para as populações periféricas da grande São Paulo.

Em geral, movia-os mais o desejo de oferecer uma resposta de resistência cultural ao regime vigente do que propriamente um projeto artístico estruturado. O momento de maior concentração de grupos deu-se na metade da década, embora a tendência tenha persistido durante todo período, com diferenças às vezes marcantes entre os primeiros e os que surgiram já com os ares da abertura política.

A grande maioria teve vida efêmera, não resistindo a mais de uma montagem; muitos grupos não chegaram a concretizar qualquer projeto, capitulando antes mesmo de se estabelecerem; outros, no entanto, embora cumprindo uma trajetória curta, tiveram atuação marcante[170]. Uns poucos ainda chegaram a entrar na década seguinte. De todos, apenas o Teatro União e Olho Vivo permanece, em sua sede própria no bairro do Bom Retiro, e ainda fiel aos princípios que lhe deram origem.

Apesar da fragilidade estética dos grupos e do alcance limitado de sua atividade militante, esse pequeno momento do teatro paulista e brasileiro representou um foco de resistência e um laboratório para o exercício do teatro de grupo que ainda hoje tem vínculos com a produção mais significativa da cidade.

* * *

No que concerne à suas origens, os grupos formaram-se a partir de circunstâncias diversas: alguns nasceram de experiências de teatro em sala de aula, como o Teatro-Circo Alegria dos Pobres; outros como extensão da atividade amadora, como o Teatro Núcleo Expressão de Osasco; outros do teatro universitário, como o Galo de Briga; alguns, ainda, já mais para o final da década, nasceram associados ao movimento operário em expansão, como o grupo Forja, criado em 1978.

Os grupos que mais resistiram ao tempo foram aqueles cujos integrantes traziam na bagagem alguma experiência anterior de teatro – oriundos ou dos palcos profissionais ou de uma prática amadora a meio caminho do profissionalismo. Esse foi o caso, por exemplo, dos grupos formados por integrantes do Núcleo Dois, do Arena, após sua dissolução: o Cordão (depois TTT – Truques, Traquejos e Teatro), criado por Dulce e Hélio Muniz, e o Núcleo Independente, por Celso Frateschi e Denise Del Vecchio. O Teatro União e Olho Vivo, por sua vez, originou-se vinculado à Faculdade de Direito no Largo São Francisco.

Em sua formação inicial, predominaram os integrantes da classe média, com algumas exceções no caso dos raros grupos nascidos na própria periferia. Compostos a partir de um núcleo central, foi somente no contato com as populações dos bairros que foram agregando simpatizantes, como novos membros do grupo ou como colaboradores periféricos. Nesse processo deu-se a integração paulatina de indivíduos de diferentes extrações sociais.

Entre os elementos comuns, os que dão melhor contorno a essa corrente do teatro independente, estariam: 1. a disposição de atuar fora do âmbito do teatro comercial/profissional, optando preferencialmente por espaços não-convencionais nos bairros periféricos; 2. empenho em estabelecer um vínculo de solidariedade com o espectador e sua realidade; 3. adoção de formas populares de espetáculo; 4. investimento em modos de criação e produção coletivos; 5. opção por uma carreira itinerante, empenhando-se, num segundo momento, na manutenção de um local-sede no bairro; 6. intenção de atuar como núcleo gerador, favorecendo a criação de novos grupos; 7. recusa em filiar-se, enquanto coletivo, a qualquer partido ou organização política; 8. intenção de

169 O termo "movimento" deve ser usado aqui com ressalvas pois, apesar de um desenvolvimento similar ou pelo menos paralelo, os grupos não constituem um mesmo pensamento, um mesmo procedimento. Na verdade, formam um conjunto bastante heterogêneo de experiências. Movimento, portanto, é aqui usado em dois sentidos principais: como deslocamento e como tendência.

170 Mesmo com as condições de censura e repressão, que condicionavam as criações, muitos deles chegaram a obter espaço na crítica e conquistar prêmios.

garantir a sobrevivência do grupo sem o auxílio de verbas estatais, como chancela de independência.

A decisão de ir até o público periférico, em seu *habitat*, foi insuflada, em primeiro lugar, pela necessidade de configurar o mais claramente possível um vínculo de proximidade, tanto física quanto, esperava-se, ideológica, com os segmentos mais segregados da população. Correspondia, também, à necessidade de abandonar os centros de produção profissional, rompendo deliberadamente o vínculo com o teatro comercial e burguês – o entendimento sobre a abrangência desse teatro variava de acordo com as convicções políticas de cada grupo – e, ao mesmo, tempo subtrair-se aos holofotes da censura[171].

Essa opção trazia embutida a necessidade de encontrar um elemento diferencial também no que concernisse à linguagem dos espetáculos. Os grupos procuravam investir na produção de espetáculos capazes de atrair o novo público e garantir um elo de solidariedade entre os artistas e as comunidades periféricas (compostas, de um modo geral, por operários, pequenos comerciantes, empregados do setor do comércio e do setor bancário, funcionários sem qualificação e empregadas domésticas, muitos dos quais moradores de favelas). Esse teatro, portanto, deveria ser acessível, em linguagem e conteúdos, "falando de perto" ao homem da periferia.

Alguns grupos dedicaram-se francamente aos motivos populares, como o União e Olho Vivo, que sempre associou seus temas políticos à linguagem dos folguedos e das festas populares. O Teatro-Circo Alegria dos Pobres também aderiu à tradição popular brasileira, pesquisando literatura de cordel, folguedos como pastoril e mamulengo, e encenando peças de Ariano Suassuna e Luiz Marinho. O Cordão-TTT, por sua vez, buscou na tradição da farsa medieval a inspiração para sua primeira montagem.

Nos grupos que produziram seus próprios textos, os motivos eleitos apontavam para um universo supostamente próximo à realidade das populações periféricas. Quando começou a produzir sua dramaturgia, inspirada em pesquisas sobre temas sociais, o Núcleo Independente transformou em peça a epidemia de gripe espanhola que assolou o país no começo do século XX. Dessa peça, extraiu um episódio e fez carreira com um segundo espetáculo denominado *O Acidente de Trabalho*. O texto seguinte teve por título e tema *Os Imigrantes*. O grupo Forja, por sua vez, vinculado ao Sindicato dos Metalúrgicos de São Bernardo do Campo, recriou em *Pensão Liberdade* o ambiente das pensões-cortiços, familiar aos trabalhadores das indústrias do ABC paulista; em *Pesadelo*, continuação da anterior, a peça se passava em boa parte nas linhas de montagem e discutia o tema do desemprego.

Com uma dramaturgia aparentemente mais realista, as peças criadas pelos grupos não evitavam a presença de elementos fantástico. Embora não os contivessem no mesmo patamar que a tradição farsesca e o fabulário popular, mesmo assim, o universo do trabalhador recriado no palco, em várias dessas peças, ampliava-se pela imaginação fantasista, adquirindo sentido de metáfora. Assim, o aparelho de televisão transformava-se em "portal" para a entrada ao vivo, na sala da *Pensão Liberdade*, de seus locutores e entrevistados; em *O Acidente*, o episódio que dá título à peça era feito em linguagem pantomímica e os operários travestiam-se de palhaços, e a família dos queixadas, em *Bumba, Meu Queixada*, do União e Olho Vivo, lembrava o universo moral dos bichos falantes de Esopo.

Todos esses textos estão assinados por um integrante do grupo – em geral, também diretor dos espetáculos[172] –, porém, são frutos de processos coletivos de trabalho. As condições de existência dos grupos, os pressupostos ideológicos e a recusa dos padrões do teatro profissional fizeram com que naturalmente houvesse uma busca por novos modos de produção. As relações internas do grupo deixaram de se pautar pela hierarquia e pela divisão do trabalho por especialização e passaram a ter como base a produção coletiva e a realização das tarefas específicas por meio de subgrupos integrados.

Os procedimentos de montagem de espetáculo, como os processos de criação de textos, variavam de grupo para grupo, sempre tendo por base o esforço comum. No geral, os participantes formavam um coletivo muito heterogêneo, com alto

171 De certa forma, podemos entender nessa opção uma resposta, não articulada, não intencionada, às críticas feitas ao Teatro de Arena por haver se instalado no seio da classe média urbana e por ter se afastado do seu projeto de teatro popular.

172 Nos casos citados: pelo Forja, Tim Urbinatti; pelo Núcleo, Celso Frateschi; pelo União e Olho Vivo, César Vieira.

índice de inexperiência em matéria de produção artística. Essa insuficiência era combatida com um empenho de estudo e leitura de textos *de* e *sobre* teatro, embora o repertório de autores circulando pelos grupos fosse bastante restrito, indicativo da indigência que sempre acometeu esse segmento editorial. Como tendência, havia concentração do interesse em pensadores engajados politicamente, como Brecht, Boal e, mais tarde, Enrique Buenaventura, coordenador do Teatro Experimental de Cali, correspondente colombiano dos grupos independentes, e forte influência sobre os brasileiros, principalmente no que concerne às técnicas coletivas de criação[173].

Porém, mesmo com dedicação e estudo, o tempo escasso dedicado ao trabalho artístico não permitia, na maioria das vezes, que esse esforço resultasse em uma melhora visível na qualidade da produção. Acabava prevalecendo o aprendizado com base no método de tentativa e erro, especialmente no que concerne aos aspectos técnicos de montagem.

Como já foi mencionado, a direção e a dramaturgia foram as esferas nas quais a especialização mereceu um certo respeito: em geral ficavam a cargo daqueles integrantes do grupo com maior experiência (em alguns casos, pesava também o critério de antiguidade). Mantinha-se, porém, a preocupação de que houvesse sempre a presença do braço coletivo por trás dos artistas individuais, fosse pela constante submissão das etapas de criação ao crivo grupal, fosse pelo fato de que tanto a dramaturgia quanto a feição do espetáculo eram desenhados, em primeira instância, com a colaboração de todos os elementos do grupo.

Alguns grupos chegaram a sistematizar procedimentos de criação e produção coletivos que constituíram complexas metodologias de trabalho, fixadas como marca do grupo. Este é o caso, por exemplo, do União e Olho Vivo. O tema da peça sempre deveria atender a um assunto de interesse das classes trabalhadoras – "greve", por exemplo – e seria encenado segundo a dinâmica de um folguedo popular – neste caso, o "bumba-meu-boi". O diretor-dramaturgo César Vieira, então, preparava um primeiro esboço do texto que era discutido e experimentado pelo coletivo, procedendo-se, em seguida, a sucessivas modificações, até que o texto mais ou menos definitivo fosse levado à cena.

Na verdade, para este e para a maioria quase absoluta dos grupos, a finalização dos espetáculos se dava necessariamente no contato com a comunidade. Ainda durante o processo de criação, membros da comunidade mais próximos ao grupo eram convidados para acompanhar ensaios. O verdadeiro teste, porém, dava-se com o público durante a temporada: as reações da plateia durante a peça, enquetes e entrevistas realizadas com os espectadores, e, principalmente, os debates que sucediam as apresentações, eram fundamentais para que o espetáculo fosse sendo apurado, transformado, afinado.

O debate, de certa forma, complementava o trabalho cênico, esclarecendo dúvidas e sedimentando a compreensão do espectador. As conversas e discussões concerniam, em geral, aos temas da peça – um debate portanto de conteúdo, que quase não levava em conta os procedimentos artísticos.

Como decorrência desse contato mais próximo, o grupo aprendia a conhecer seu público e inteirar-se dos problemas mais graves relacionados àquela comunidade. Às vezes, eram esses os assuntos que vinham à baila durantes os debates, estimulados pelos integrantes do elenco ou pelas lideranças locais. Para muitos grupos, em especial aqueles com maior definição política, o debate era o momento-chave para se realizar uma reflexão coletiva sobre a atualidade político-econômica. De acordo com a realidade de cada grupo, esse contato podia avançar mais ou menos na direção de um trabalho de colaboração com os movimentos organizados na comunidade e suas lideranças. Porém, a condição de itinerância a que os grupos estavam sujeitos não favorecia um aprofundamento dessas relações.

A itinerância foi um elemento comum a quase todos os grupos, principalmente durante os primeiros tempos de existência. Cada coletivo tinha seu esquema, em geral por permuta, de espaços para ensaios e reuniões. Depois, com o espetáculo em andamento, a visita aos bairros – mesmo que restritos a uma certa região –, o atendimento à demanda

173 Buenaventura e o Teatro Experimental de Cali desenvolveram metodologias específicas de abordagem da dramaturgia e de desenvolvimento da cena pela via da improvisação, táticas ainda pouco exploradas pelos nossos grupos naquele momento. Tanto o Núcleo Independente quando o TTT valeram-se dessa experiência para desenvolver métodos próprios.

das instituições locais, a procura de novos locais de exibição, eram a rotina de todos. Havia uma convicção mais ou menos firme de que essa era uma importante via para dilatar a abrangência de suas ações e ampliar o público, que, esperava-se, aumentaria por sucessivos acréscimos, até tornar-se um contingente respeitável e, obviamente, simpático ao teatro.

No entanto, assim como era uma importante maneira de fazer-se conhecer e conquistar novos espectadores, mergulhar na vida das comunidades e oferecer o teatro como fórum para o intercâmbio de ideias e contaminação ideológica, a itinerância também trazia transtornos quase incontornáveis. Nem sempre o local programado para as apresentações exibia as condições mínimas requeridas e necessárias; as condições de transporte tampouco eram adequadas, valendo-se em geral dos veículos particulares de membros do grupo ou emprestados de amigos, nos quais nunca cabiam com folga os cenários e objetos cênicos – sem contar os gastos com gasolina que raras vezes chegavam a ser ressarcidos com o que podiam render as apresentações.

Mas, à parte esses inconvenientes, impunha-se o desejo de aprofundar os vínculos com a comunidade, promover outras ações culturais que não se restringissem ao teatro e dedicar-se com mais cuidado à formação de novos coletivos na região[174].

Nessa etapa, a maioria dos grupos já havia alterado a agenda de suas atividades, ampliando o trabalho de palco com outras modalidades de atuação, como teatro de rua ou produção de shows musicais, apresentados em eventos de solidariedade ou como produto intermediário entre uma e outra montagem.

Para o União e Olho Vivo, a forte presença da música na produção teatral do grupo naturalmente conduziu-o para a criação de espetáculos musicais, considerados "espetáculos de transição", que visavam não apenas manter o elenco em atividade, após a carreira de uma peça, como se prestavam a marcar presença e dar apoio a atos políticos, vigílias cívicas, greves e outras ações de igual natureza.

A atividade musical também esteve desde o princípio no horizonte artístico do Galo de Briga, que estreou justamente com um show com repertório de Adoniran Barbosa. Voltou-se depois para temas vinculados à realidade latino-americana, promovendo ações de solidariedade, em especial para com os povos da América Central. Ficaram de tal modo identificados com esses assuntos que passaram a ser considerados uma espécie de porta-voz das lutas políticas daqueles países.

Já o teatro de rua, para o Forja, complementar ao teatro de palco, constituiu um modo mais eficiente de comunicação com a massa de trabalhadores, pela linguagem concisa e simbolismo fácil que a rua exige. Peças com títulos tais como *O Robô que Virou Peão* e *Boi Constituinte*, este estruturado como bumba-meu-boi, ao ritmo de congada, são exemplos de manifestações já instrumentalizadas como atividades de agitação e propaganda, possibilitadas e inspiradas pelo movimento de distensão política que ganhava paulatinamente vulto.

O abandono da itinerância em favor da adoção de um espaço fixo marcou a trajetória da maioria dos grupos. Alguns conseguiram realizar a proeza, outros ficaram apenas na ideia. No caso dos primeiros, a sede era pensada como sendo mais do que um simples local de ensaios e de apresentações, ou ponto de encontro dos participantes: a fixação em um local permanente esteve quase sempre associada à proposta de criação de uma verdadeira "casa de cultura", que o grupo pretendia colocar à disposição da comunidade. Havia a pretensão de suprimir a carência de espaços culturais e de lazer do bairro, dando oportunidade à produção dos artistas locais, bem como a outros artistas simpatizantes do projeto. Desse modo, os grupos passariam a ser gerenciadores de um projeto de promoção e agitação cultural.

Alguns raros grupos, como o Núcleo Independente[175], conseguiram gerir por algum tempo espaços como esses, mas a tarefa de administrar, manter e fomentar um projeto de casa de cultura resultou mais difícil do que se imaginava. Um dos problemas mais frequentes era a dificuldade em preencher a programação da casa de modo sistemático. Outra, atrair público para os eventos os quais, por sua vez, sofriam muitas vezes a concorrência desleal – porque

174 Eventualmente, ainda na fase de itinerância, os grupos promoviam a formação de outros coletivos, espalhados pela periferia. Esses grupos, quando vingavam, reproduziam a mesma dinâmica e obedeciam mais ou menos às mesmas diretrizes, embora apresentando uma produção bem mais precária.

175 O grupo chegou a produzir um jornal, *O Espalhafato*, como parte da estratégia de difusão das atividades da sede e de congregação da comunidade.

imbatível – de outros divertimentos de maior apelo de massa, como as festas de forró ou simplesmente a novela das oito. Fatores como esses, de falta de experiência e dificuldade em arregimentar adeptos locais à proposta, foram definitivos para a condenação ao fracasso de tais projetos.

Havia ainda a considerar, sem dúvida, os aspectos financeiros. Como os grupos recusavam a possibilidade de obter auxílio de órgãos públicos – a bem da verdade, isso teria sido quase impossível naquele momento –, os recursos eram sempre muito parcos e não havia margem para perda ou desperdício. O comprometimento ideológico com objetivos comuns era o principal motor a estimular os grupos e a adoção de modos particulares de sobrevivência – cada membro mantendo um emprego qualquer – e a dedicação ao teatro restrita aos períodos noturnos e fins de semana permitiam a preservação desse ideal.

O mesmo sentido de independência tinha vigência no que concernia aos partidos políticos e organizações políticas clandestinas. Embora muitos membros mantivessem contato com os movimentos de resistência, isso ocorria em plano estritamente pessoal, não era transferido para o grupo. Ao contrário, a ideia de não se submeter a quaisquer diretrizes partidárias era uma garantia de preservação do grupo, não apenas da perspectiva da militância cultural, mas também da confiabilidade de seu projeto perante a comunidade.

Essa relação distanciada com as organizações políticas sofreu uma mudança de rumo quando começou o período de abertura, durante o governo Geisel.

Na curva de ascensão e queda do movimento, o início da década de 1980 marca claramente seu esvaziamento, com a permanência de apenas uns poucos grupos sobreviventes.

Foi justamente a possibilidade de uma militância consentida, fosse no âmbito dos movimentos populares organizados e sindicatos, em franco processo de expansão e fortalecimento, fosse na integração aos emergentes partidos de oposição – a fundação do PT deu-se em 1979 –, que fez com que muitos dos militantes comprometidos com o teatro desistissem da empreitada e optassem por um engajamento mais francamente político-partidário. Muitos não conseguiram encontrar seu espaço no novo contexto e desistiram diante da dificuldade de adaptação; outros, no sentido inverso dos primeiros, reintegraram-se ao teatro profissional e seguiram suas carreiras de atores ou diretores.

À parte o contexto político, os outros motivos que determinaram o fim dessa experiência não diferem muito entre si, considerando os diferentes grupos. Primeiro, a questão financeira pesou em praticamente todos os casos, sendo a principal responsável pela falência dos projetos de casa de cultura. Por outro lado, as situações de impasse, os conflitos, os obstáculos foram similares, variando o momento do processo em que ocorreram e a qualidade da resposta dada. Na evolução dos grupos, os saltos qualitativos quase sempre ocorreram em momentos críticos, em geral cisões provocadas por dissidências internas, cujos motivos variavam de discordâncias pessoais a conflitos de ordem político-ideológica. Essas constantes cisões foram em parte responsáveis pelo alto índice de rotatividade no interior dos grupos e, em alguns casos, contribuíram de modo decisivo para a dissolução final do coletivo.

Em suma, as deficiências e debilidades foram basicamente as mesmas e o reconhecimento delas surgiu ou foi consequência de situações de conflito entre a intenção – militância artística, obras populares – e a prática.

Por outro lado, a proposta da sede, em lugar da itinerância, acabou por consistir na troca de um ônus por um fardo. Se, nos primeiros tempos, a itinerância correspondera plenamente a um impulso de militância, agora, próximos da abertura política, a fase de estabilização em um local-sede configuraria um último esforço de sobrevivência do grupo. No entanto, livrando-se de alguns dos custos da itinerância, a sede representou, para a maioria, compromisso de maior responsabilidade e obrigações incontornáveis.

Com exceção do grupo União e Olho Vivo, que adquiriu uma sede própria e continua se apresentando, principalmente em eventos de natureza solidária (campanhas contra a fome e contra a pena de morte, por exemplo), já não existem praticamente grupos com essas características e os que sobrevivem a duras penas na periferia mantêm caráter de teatro amador.

Por outro lado, vemos atualmente ressurgir o movimento de teatro universitário e uma modalidade que poderíamos chamar de "teatro comunitário": um trabalho realizado no seio de uma comunidade (bairro, quadra, casa de cultura municipal), envolvendo-a como um todo, com orientação mais próxima de proposta pedagógica, de arte-na-educação, do que intuito político-militante.

No que concerne ao teatro de criação coletiva, do qual os grupos independentes foram subsidiários – mas não apenas eles: não podemos nos esquecer do teatro universitário e dos grupos profissionais seus contemporâneos –, foi renomeado como "teatro colaborativo" e introduziu algumas diferenças no que concerne a essa primeira formatação dos anos de 1970. Não é possível, porém, apagar o fato de que a experiência de todos esses coletivos foram o primeiro momento de invenção e fortalecimento de uma prática que tem resultado em um campo forte do teatro brasileiro – o teatro de grupo – responsável, sem sombra de dúvida, pelo segmento mais instigante e fértil do nosso teatro, e não apenas em São Paulo.

7. O PENSAMENTO CRÍTICO E ESTÉTICO

> *É muito difícil separamos aquilo que é um valor circunstancial daquilo que é um valor permanente, que nem existe muito. Nós temos que convir, quando examinamos o teatro grego, que o câmbio dos trágicos gregos variou muito com a época. [...] Essa mudança de valores é inerente às necessidades de cada geração, e nós temos que entender que, assim como os valores são passíveis de discussão a cada geração, os valores críticos se modificam. Uma obra não existe isolada. Uma peça de Shakespeare é ela mesma e mais tudo o que se escreveu sobre ela. Hoje, quando se fala em* O Rei da Vela, *algumas pessoas têm a imagem do espetáculo, que é ele mesmo mais tudo o que se escreveu sobre ele. Uma obra de arte acaba incorporando todos os reflexos que ela produziu através do tempo, e é esta uma das razões que justificam a crítica. Quando a crítica é aguda, atilada, honesta e sincera, ela está refletindo não apenas os valores do crítico, mas, na medida do possível, todos os componentes de uma sociedade pensante que, naquele momento, reflete sobre a arte e sobre o teatro em particular.*
>
> Sábato Magaldi, Os Princípios da Crítica

Refletir sobre a produção crítica é uma tarefa extremamente delicada e complexa porque embora, em inúmeros casos, exista a expectativa de que ela contenha interpretações definitivas, o seu conteúdo resulta da conjunção entre a apreensão dos elementos inerentes ao processo criativo e as apreciações que o objeto artístico recebeu em momentos históricos distintos.

Dito de outra maneira: a crítica não formula verdades e sim validades de consenso sócio-histórico e estético que precisam ser circunstanciadas a fim de que se possa verificar a complexidade das temáticas e das circunstâncias que as propiciaram. Se nos voltarmos para a produção crítica sobre o teatro brasileiro, constataremos que as ideias que sustentaram os debates em torno desse fazer artístico, no decorrer dos séculos XIX e XX, incorporaram-se à escrita de sua história e tornaram-se *leitmotive* de tais narrativas.

Sob esse prisma, uma reflexão mais detalhada sobre o pensamento estético e crítico suscitaria um aprofundamento em torno de autores, de concepções de mundo e de história que demandaria um diálogo extremamente articulado entre diferentes formas e distintos momentos do teatro no Brasil.

Assim, a partir do recorte cronológico estabelecido, nosso objetivo aqui é interpretar especialmente os anos de 1940 a 1970, através de ideias que impulsionaram a dramaturgia, a cena e a interpretação no país, a saber: *modernização, modernidade, nacionalismo crítico, liberdade, identidade nacional, diversidade artística e cultural.*

Essas perspectivas abrangentes forneceram subsídios para que o teatro percorresse caminhos próprios. Em decorrência disso, o que no século XIX fora um ideal de civilização tornou-se, no período seguinte, a mola propulsora para que a cena brasileira buscasse sua teatralidade, isto é, o teatro, por meio de postura dialógica entre teoria e prática, forjou sua própria teatralização.

A interpretação do ator adquiriu outras dimensões pela psicologização das personagens e pela exploração das capacidades dramáticas e narrativas do corpo, possibilitando ao teatro assumir a corporeidade em decorrência, por exemplo, da biodinâmica.

Como desdobramento desse percurso investigativo, no decorrer da década de 1960, dramaturgos, atores e diretores passaram a perseguir uma forma brasileira de escrever, dirigir e interpretar, em função da vontade de constituir uma cena nacional. Aliás, tal ideia alimentou significativamente a produção teatral até o final dos anos de 1970.

A tudo isso devem ser acrescentadas as inestimáveis conquistas que o palco brasileiro obteve com a chegada de diretores estrangeiros que aqui se fixaram a partir do início da década de 1940. Esse momento pode ser identificado como sendo aquele em que efetivamente o teatro teatralizou-se, o espaço cênico ganhou dinamicidade e passou a acolher diversas instâncias narrativas – fruto das contribuições trazidas pela iluminação e pela cenografia.

Essas ramificações estéticas e conceituais foram aqui compreendidas à luz da produção artística e do exercício crítico, com vistas a destacar que a fixação de marcos históricos e as análises decorrentes dos mesmos não podem ser apreendidas se não se considerarem as motivações e os embates que propiciaram o surgimento das mesmas.

Século XX – Sobre o Moderno e a Modernização do Teatro Brasileiro

O teatro brasileiro chegou ao século XX em descompasso com o ideal de civilização almejado por críticos/literatos e distante da renovação cênica empreendida por diretores como Constantin Stanislávski, Gordon Craig, Jacques Copeau, entre outros. Porém, esse período não trouxe apenas dissabores. Houve o renascimento da comédia de costumes – *Onde Canta o Sabiá*, *Nossa Gente*, *Manhãs de Sol* etc. – e companhias ocuparam as casas de espetáculos não só com revistas e burletas, mas com dramas e comédias. Artistas/empresários/dramaturgos como Leopoldo Fróes, Viriato Corrêa, Oduvaldo Vianna, Renato Vianna, Joracy Camargo e Gastão Tojeiro, marcaram significativamente esse momento da arte teatral[176].

Companhias teatrais, formadas com bastante sucesso, excursionaram pelo país com seus artistas populares e com um repertório que apostava em talentos individuais e na capacidade de gerar empatia com o público. Artistas estrangeiros continuaram a aportar em terras brasileiras, particularmente com apresentações nas cidades do Rio de Janeiro e de São Paulo.

Contudo, o teatro tão acalentado pela crítica não se realizava e isso, à primeira vista, anunciava o fracasso de todos os esforços em direção a uma cena estética e historicamente consequente, pois já não bastava congregar ideários nacionalistas aos princípios civilizatórios. Era preciso no alvorecer do novo século dar continuidade ao processo de civilização – entendido como disseminação de valores culturais, formas de comportamento e expectativas de convívio social – e estabelecer laços efetivos com a modernização.

As metrópoles eram realidades no continente europeu e já se efetivavam em território americano. O mundo caminhava a passos largos rumo à sociedade industrializada e em compasso com as descobertas tecnológicas. O cinema surgira como a grande maravilha do mundo moderno e, nesse novo ambiente, qual lugar deveria ser destinado ao teatro no Brasil?

A modernização sempre fora uma ideia subjacente às discussões relativas à presença do nacional na cena brasileira do século XIX porque, se é correto afirmar que nesse período houve esforços e clamores, por parte de críticos e autores, em favor de uma produção com ênfase no fortalecimento da identidade e da unidade do país, também é possível dizer que a mesma deveria estabelecer interlocução com o repertório artístico e cultural do Ocidente. Dessa feita, caberia a construção de um caminho que, por um lado, vinculasse o teatro às formas clássicas e, por outro, estivesse atento e em compasso com o que estava ocorrendo nos palcos europeus.

176 Para maior detalhamento dessa interpretação, consultar: João Roberto Faria, *Ideias Teatrais: O Século XIX no Brasil*, São Paulo: Perspectiva, 2001; idem (org.), *Machado de Assis: Do Teatro – Textos Críticos e Escritos Diversos*, São Paulo: Perspectiva, 2008; Décio de Almeida Prado, *O Drama Romântico Brasileiro*, São Paulo: Perspectiva, 1996; e idem, *O Teatro Brasileiro Moderno*, 2. ed., São Paulo: Perspectiva, 1996. (3. ed., 2009).

À luz da bibliografia disponível, depreende-se que em nível temático as comédias de costumes, especialmente as de Martins Pena, os dramas e as tragédias de certa maneira cumpriram, naquelas circunstâncias, a tarefa que lhes fora designada. Porém, no campo formal, os recursos técnicos e interpretativos para o desenvolvimento da narrativa cênica continuaram aquém das expectativas, pois o predomínio das comédias e das revistas de ano fez com que a ideia de modernização dominasse os debates acerca do teatro brasileiro na primeira metade do século XX.

Tal ênfase justificava-se porque, de acordo com inúmeros contemporâneos, assim como para críticos e historiadores, o teatro brasileiro ainda estava sob a égide das comédias de costumes de Gastão Tojeiro e Armando Gonzaga que, por sua vez, não eram capazes de traduzir o espírito das mudanças sofridas por um mundo marcado pelo desenvolvimento tecnológico e por dois grandes acontecimentos históricos, que transformaram em definitivo a maneira de compreender e de estar no mundo: a 1ª Guerra Mundial (1914-1918) e a Revolução Russa (outubro de 1917).

Diante de tais circunstâncias, as narrativas históricas e as interpretações historiográficas, no intuito de estabelecerem uma linha evolutiva para a história do teatro brasileiro, fundamentadas em anseios e expectativas de segmentos artísticos e culturais dos anos de 1910 e 1920, definiram a etapa da modernização como uma necessidade inconteste para a vitalidade teatral.

Um exemplo desse procedimento está presente no livro *Moderno Teatro Brasileiro*, de autoria de Gustavo Dória:

> Não há como negar importância ao movimento iniciado em 1927, pelo Teatro de Brinquedo, retomado, dez anos depois, pelo Teatro do Estudante e confirmado pelo aparecimento de *Os Comediantes*. Visavam as três iniciativas colocar o nosso teatro, no que se refere à importância de seus espetáculos, em pé de igualdade com o que se fazia nas grandes capitais, situando-o, para isso, como um dos importantes veículos de cultura de um povo.
>
> Porque o que existia, até então, entre nós, salvo esporádicas manifestações em contrário, era um teatro de cunho nitidamente popular, sem maiores pretensões e onde a finalidade era distrair uma plateia não muito exigente, através de realizações para as quais não havia necessidade de muito apuro.
>
> Havia, por isso, dois pontos a considerar: primeiro, a conquista da plateia pequeno-burguesa que não frequentava habitualmente o teatro porque o que lhe era oferecido não correspondia aos seus apelos, o que acontecia somente com os elencos franceses, italianos ou portugueses que por aqui passavam. Segundo, e como decorrência desse primeiro, tornava-se imperioso oferecer textos de melhor qualidade do que os que eram trabalhados, também, de maneira mais cuidadosa, na interpretação de atores disciplinados, dentro de uma *mise-en-scène* apurada[177].

Os argumentos de Gustavo Dória são muito elucidativos na compreensão dos embates e das ideias que impulsionaram a defesa e a necessidade da modernização teatral no Brasil. Para tanto, a sua narrativa visa congregar os olhares do crítico e do historiador conjugados ao do sujeito histórico.

Para ele, o teatro brasileiro, de maneira contínua, teve de ser refundado. Primeiramente, no século XIX, como constituinte de um jovem país que, para se efetivar como nação, precisava forjar as bases da civilização que deveria florescer e criar simbolicamente suas bases identitárias.

Com esse intuito, foram eleitos os temas e as formas norteadoras do universo das representações e, sob essa égide, peças foram escritas, espetáculos realizados e análises críticas elaboradas. Entretanto, apesar dos esforços mobilizados, a dinâmica sociocultural e seu alto grau de complexidade propiciaram a emergência de outras maneiras de realização desse universo simbólico marcadas especialmente pelo riso e por temáticas que, em vários níveis, estabeleceram empatia com o seu público.

Em decorrência disso, o teatro no Brasil foi sistematicamente apresentado sob dois aspectos. O primeiro, como o que ele deveria ser: fundado nas tradições francesas, divulgador de temas que enobrecessem os homens e uma das pilastras de veiculação de valores morais, sociais e culturais. Já o segundo, como ele efetivamente se apresentava aos espectadores: pela comicidade das situações cotidianas, presença de personagens-tipo que se

177 Rio de Janeiro: SNT, 1975, p. 5-6.

aproximavam do homem comum, a partir dos quais se constituía o universo da crítica social. Era essencialmente um teatro de diversão com forte destaque para o teatro de revista.

Apesar de a vocação almejada para o teatro brasileiro não se materializar, isso não significou, em absoluto, que a empreitada deveria ser abandonada. Ela continuou presente não somente como ideia, mas por meio de proposições que deveriam marcar a *refundação* do teatro brasileiro nas bases estabelecidas pelo século XX: o viés da modernização.

Esses princípios nortearam também a avaliação de Paschoal Carlos Magno acerca do teatro brasileiro quando de seu retorno ao país, após servir como diplomata na Europa:

> O Teatro do Estudante nasceu de minha mais total loucura. Eu tinha chegado da Europa e via aqui a situação melancólica do teatro brasileiro, um teatro sem muita orientação técnica, representado por atores e atrizes sem a menor preparação. Digo melancólico, porque havia uma crescente ausência de público e um número cada vez maior de companhias que multiplicavam seus frágeis esforços, suas energias, sem encontrar eco por parte da plateia e da imprensa. Naturalmente, é preciso não esquecer que antes de nosso retorno ao Brasil, algumas pessoas isoladas haviam realizado obras gigantescas e que, neste país onde a memória nacional não existe, esses homens de teatro foram duramente esquecidos, sendo a sua lembrança mutilada. Eu me refiro, por exemplo, a esses homens que eu considero extraordinários na história do teatro brasileiro que foram Álvaro Moreyra e Renato Vianna[178].

As apreciações de Gustavo Dória e Paschoal Carlos Magno traduzem ao mesmo tempo uma avaliação negativa do circuito profissional e a eleição de um modelo teatral a ser instaurado no Brasil. No entanto, nesse momento, cabe enfatizar que, mesmo sendo veemente, a modernização não era a única ideia presente no debate teatral. Porém, ela se tornou a concepção vitoriosa e constituiu-se em marco da história do teatro no Brasil, dado o impacto da encenação de *Vestido de Noiva*, em 1943 (direção de Ziembinski, cenários de Santa Rosa e realização de Os Comediantes).

A partir de tal acontecimento, lançou-se um olhar retrospectivo para as experiências artísticas anteriores com o intuito de traçar uma linha evolutiva pela qual foram identificados os índices de modernidade e de modernização. Como desdobramento dessa construção histórica, outras experiências estéticas que mobilizaram outros repertórios foram qualificadas como superadas.

Esses argumentos foram os motivadores da interpretação elaborada por Décio de Almeida Prado em seu livro *O Teatro Brasileiro Moderno*. Nele, apresentou-se uma síntese sobre o que poderia ser definido como atividade teatral nas primeiras duas décadas do século XX. Para além das comédias de costumes, o crítico destacou a formação das companhias artísticas com atores adequados a vivenciarem nos palcos as personagens-tipo, imprescindíveis ao gênero. No que diz respeito às concepções cênicas, recordou que os cenários de uma peça, geralmente, eram resquícios do que fora utilizado em trabalhos anteriores, assim como os figurinos não obtinham cuidados especiais. Ao lado disso, ressaltou a existência do *ensaiador*, geralmente um profissional experiente com capacidade para marcar, com eficiência e rapidez, o palco em função dos espetáculos apresentados.

Tal descrição, ao mesmo tempo em que apresenta, em linhas gerais, o estado da arte teatral no início do século XX, fornece elementos para que se constate a dissonância existente entre a cena brasileira e a internacional, especialmente em relação aos trabalhos de Antoine, Stanislávski, Gordon Craig, Appia, dentre tantos outros, porque, apesar da limitação estética, existia um perfil de encenador que, por sua especificidade de formação e de trabalho, não se apropriou das possibilidades narrativas que a cena teatral do século XX passou a comportar.

Essa linha argumentativa voltou-se também para a dramaturgia produzida no período ao evidenciar o descompasso dos textos brasileiros em relação aos europeus e norte-americanos, além de enfatizar a pouca familiaridade de nossos palcos com a dramaturgia clássica. Para além desse exercício comparativo e de restrições, a essa altura já habituais, em face das comédias de costumes e das revistas de ano, inte-

178 Paschoal Carlos Magno, O Teatro do Estudante, em *Dionysos*, Rio de Janeiro, MEC/DAC/Funarte/SNT, n. 23, set.1978, Especial: Teatro do Estudante do Brasil, Teatro Universitário, Teatro Duse, p. 3.

ressou a Prado evidenciar iniciativas que buscaram atualizar a escrita teatral no Brasil, especialmente as que ocorreram após a Semana de Arte Moderna (1922) e à Revolução de 1930.

Os indícios de modernidade apresentaram-se por meio das peças de Joracy Camargo, Renato Vianna e Oduvaldo Vianna, sendo que em relação aos dois primeiros acentuou-se o caráter temático e ao último se enfatizaram as conquistas formais empreendidas pelo texto *Amor*[179]. Já a dramaturgia de Oswald de Andrade – *O Rei da Vela* (1933), *O Homem e o Cavalo* (1934) e *A Morta* (1937) –, mesmo compartilhando temática e dramaticamente da atmosfera modernizante da década de 1930, não angariou a simpatia artística de Décio de Almeida Prado por dois aspectos. O primeiro deveu-se à maneira pela qual o autor circunscreveu as temáticas abordadas a um *teatro de tese* via pensamento marxista, enquanto o segundo deve ser creditado ao fato de que suas peças não foram encenadas no período que as originou. Para muitos, isso foi a demonstração de que as mesmas eram inadequadas aos palcos[180].

Esse acentuado caráter interpretativo disseminou-se em diferentes textos históricos e, provavelmente, dele derivou a não percepção da força cênica da dramaturgia oswaldiana, como também decorreu o estabelecimento de juízos de valor na primeira metade da década de 1930, quando a modernização tornou-se bandeira para aqueles que empreenderam a construção de um *telos* para a história do teatro brasileiro. Isso pode ser observado nas palavras do escritor Abadie Faria Rosa, em entrevista concedida ao jornal *A Noite*, em 24 de dezembro de 1927:

> Devo repetir coisas já ditas e reditas. No Brasil nunca houve teatro. É um gênero de literatura só compatível com os países que já atingiram maturidade mental. Houve, apenas, entre nós, arte de representar. Representaram-se, com honestidade, peças estrangeiras, dramas românticos e operetas brejeiras... Quanto à produção nacional, mero diletantismo. Todos os nossos homens de letras escreveram pelo menos uma peça. Mas dos escritores que deixaram trabalhos até hoje representáveis só vejo Martins Pena, França Júnior, Artur Azevedo e, mais recentemente, Paulo Barreto. Convenhamos: é muito pouco para um século de vida independente... Para justificar o meu ponto de vista devo ainda uma vez relembrar coisas comezinhas. O teatro nasce com a cultura de um povo e grau de adiantamento. Ele é o reflexo da sua civilização, a marca indelével de seu progresso intelectual. Só têm teatro os países que se firmaram como nacionalidades de tradições civilizadoras. Toda a América, em formação social, não tem teatro na verdadeira acepção da palavra[181].

Mais uma vez, nos dizeres dos contemporâneos encontram-se os argumentos que construíram uma hierarquia entre os espetáculos que ocupavam os palcos da cidade do Rio de Janeiro e a expectativa depositada no que deveria ser a atividade teatral. Neles continuaram presentes as ideias de civilização e de nação, porém Abadie vai além e sentencia que a realização do teatro como arte só se efetivaria em uma sociedade dotada de *cultura*.

179 "*Deus lhe Pague...*, de Joracy Camargo (1898-1973), abriu o caminho nos últimos dias de 1932, trazendo para o palco, juntamente com a questão social, agravada pela crise de 1929, o nome de Karl Marx, que começava a despontar nos meios literários brasileiros como o grande profeta dos tempos modernos. [...] Não se pode dizer que *Sexo*, de Renato Vianna (1894-1953), haja causado, em 1934, o mesmo impacto que *Deus lhe Pague...* dois anos antes. [...] *Amor...*, de Oduvaldo Vianna (1892-1972), tentou, em 1933, uma outra espécie de abertura. O seu intuito mais sério era defender o divórcio, libertando o amor. [...] O cenário dividia-se no sentido vertical e horizontal, dando origem a cinco áreas de representação e permitindo ao espectador, por exemplo, acompanhar uma ligação em suas diversas fases. [...] Os três atos habituais fragmentavam-se em 38 quadros, usando-se a iluminação, o corte da luz por alguns segundos, como um pano de boca que funcionasse instantaneamente deixando correr sem outras interrupções o espetáculo. Era a maneira nacional, menos sofisticada do que os palcos giratórios europeus, de competir com o cinema roubando-lhe um pouco de sua fluidez narrativa, do seu ritmo vivo e dinâmico, aspiração de não poucos homens de teatro escritores e encenadores, durante a década de trinta". D. de A. Prado, *O Teatro Brasileiro Moderno*, p. 22-26.

180 "*O Rei da Vela*, de 1933, participa a seu modo da atmosfera otimista, de expectativa de profundas reformas estruturais, que originou *Deus lhe Pague...* e *Sexo*. Não erraríamos se a puséssemos sob a dupla égide de Marx e Freud, nessa ordem de precedência. O descobridor da psicanálise não passaria para Oswald, falando como sempre através de suas personagens, do 'último grande romancista da burguesia', 'subversivo', sim, mas só 'um bocadinho'. [...] Submetia-se assim a moral sexual à moral econômica dentro da mais pura ortodoxia marxista, e é este entrelaçamento entre duas decadências, a familiar e a social, que configura no enredo a morte da burguesia enquanto classe, e a do capitalismo, enquanto sistema. [...] Em *O Homem e o Cavalo*, escrita um ano depois, deu-se o inevitável salto para frente. A revolução venceu, ou até está prestes a vencer, em escala cósmica. O preço não foi pequeno – 'o sacrifício de milhões de vida' – mas valeu. O mundo novo idealizado por Oswald livrara-se de todos os vícios acumulados por séculos de injustiça e opressão. [...] *A Morta* encerrara-lhe, em 1937, o ciclo teatral. Se a intenção revolucionária persistia incólume, havia-se desvanecido as ilusões quanto a uma próxima revolução social". Idem, *O Teatro Brasileiro Moderno*, p. 29-30 e 33.

181 G. Dória, op. cit., p. 19.

Ao estabelecer uma equivalência entre cultura e civilização[182], esta última definida primordialmente em sintonia com padrões franceses, Abadie propôs a seguinte indagação: como poderia o teatro contribuir com uma tarefa que transcendia seus próprios limites, pois o caminho a ser por ele abraçado carregaria em seu interior as opções da própria nação?

Nesse sentido, o debate teatral do século XIX continuou presente e, no decorrer do século XX, transmutou-se em sonho de modernidade e de modernização que cenicamente deveria incorporar a complexidade de uma época na qual a aceleração do tempo tornara-se uma materialidade.

Assim, aqueles que militaram em favor de um teatro capaz de promover a entrada do Brasil no rol das nações civilizadas atuaram, de maneira sistemática, na divulgação de seus princípios em jornais, por meio da crítica teatral, em debates, em livros e principalmente na criação de grupos de teatro amador, com a finalidade de estabelecer a sintonia entre a produção teatral e a modernização.

O desejo dos segmentos formadores de opinião e de alguns produtores culturais, que buscaram tornar demandas específicas em vontades coletivas, desenvolveu-se em oposição ao teatro profissional, bem estabelecido em termos de mercado, com atores e escolas consagradas, e em sintonia com iniciativas amadoras, que buscaram inovar o repertório e a própria cena[183].

É evidente que o teatro brasileiro do início do século XX não possuía somente uma única direção. Pelo contrário, coerente com a própria dinâmica do processo histórico, ele se apresenta aos olhos de qualquer interessado como múltiplo, diversificado e conflituoso, a ponto de conter as experiências marcadas pelo desejo da modernidade concomitante a um teatro de repertório classificado como destituído de cultura, de temáticas apropriadas e de linguagem artística adequada.

Embora os dados da renovação estética já estivessem disseminados na cena brasileira – Oduvaldo Vianna alcançara conquistas formais significativas, Santa Rosa possuía grande reconhecimento como cenógrafo e o grupo Os Comediantes havia levado aos palcos importantes peças –, faltava ainda um elemento capaz de estabelecer interlocuções efetivas entre essas componentes.

Um determinado acontecimento foi capaz de, por um lado, unificar os anseios modernizantes e, de outro, construir um marco que cindiu o tempo entre *antes* e *depois* ou, dito de outra maneira, ele localizou no tempo o instante no qual o teatro brasileiro tornou-se moderno. Estamos falando da histórica montagem da peça *Vestido de Noiva*, ocorrida em 28 de dezembro de 1943, fruto do encontro entre um grupo de teatro amador, Os Comediantes, um dramaturgo, Nelson Rodrigues, um cenógrafo, Santa Rosa, e um diretor, Z. Ziembinski.

Contudo, nesse processo de modernização não se pode ignorar que as contribuições não vieram exclusivamente de Ziembinski. Apesar de haver se notabilizado devido à grande repercussão da montagem de *Vestido de Noiva*, historicamente o primeiro momento da renovação cênica no Brasil deve ser creditado ao trabalho de quatro refugiados – Ziembinski, Zygmunt Turkow, Irena Stypinska e Boguslaw Samborski –, que ficaram conhecidos como a turma da Polônia[184], e também a Hoffmann

182 No que se refere às discussões relativas à história do teatro brasileiro, o termo cultura é utilizado em alusão a um repertório intelectual e artístico em sintonia com as obras identificadas com o cânon ocidental. Já a ideia de civilização remete à maneira pela qual uma sociedade se organiza não só no nível das estruturas, mas na forma em que se define em termos de comportamentos, valores e sociabilidade. Nesse sentido, essa breve e panorâmica distinção entre cultura e civilização foi estabelecida a partir da maneira como esses dois termos foram encarados pelos estudiosos do teatro no Brasil, pois, mais que a precisão conceitual, o intuito dos mesmos era o de advogar em favor de determinadas formas do fazer teatral.

Evidentemente, o caráter sucinto desta caracterização, em absoluto faz com que desconsideremos o grau de complexidade inerente ao conceito de cultura, pois, é claro que, sobretudo, a partir do romantismo o conceito adquiriu um caráter socioantropológico intrínseco às etnias e aos povos pelo qual a posse de uma cultura não implica necessariamente a de uma civilização. E como disse o crítico inglês Terry Eagleton: "seu significado antropológico abrange tudo, desde estilos de penteado e hábitos de bebida até como dirigir a palavra ao primo em segundo grau de seu marido, ao passo que o sentido estético da palavra inclui Igor Stravínski, mas não a ficção científica. A ficção científica pertence à cultura popular ou 'de massa', uma categoria que paira ambiguamente entre o antropológico e o estético". *A Ideia de Cultura*, São Paulo: Unesp, 2005, p. 51.

183 Para maiores informações, consultar: D. de A. Prado, *O Teatro Brasileiro Moderno*, p. 38-39.

184 Sobre esse tema, consultar: Jacó Guinsburg e Fausto Fuser, A "Turma da Polônia" na Renovação Teatral Brasileira, em Armando Sérgio Silva (org.), *Jacó Guinsburg: Diálogos sobre Teatro*, São Paulo: Edusp, 1992, p. 57-92; J. Guinsburg, O Rememorar de um Ofício: Um Professor em Devir, em J. Guinsburg e Rosangela Patriota (orgs.), *J. Guinsburg, A Cena em Aula: Itinerários de um*

Harnisch, que assinou a direção da montagem de *Hamlet* para o Teatro do Estudante do Brasil[185].

O teatro no Brasil debatia-se com a ausência de um diretor, na concepção moderna do termo, capaz de construir cenicamente uma dinâmica entre distintos espaços cênicos e instâncias narrativas. Sob esse prisma, ao adotar uma marcação de palco coerente com as exigências do texto (e não definidas previamente) e ao atribuir à iluminação uma perspectiva dramática, Ziembinski contribuiu para redimensionar o palco brasileiro.

Nesse aspecto, o diálogo com o expressionismo consolidou-se através de um jogo cênico entre luz e sombra enquanto a peça de Nelson Rodrigues permitiu exacerbar uma narrativa surrealista na medida em que a instância que deflagra as demais narrativas, para além daquela conduzida pelo repórter, é a memória e o desejo interditado de Alaíde.

Efetivamente, o teatro brasileiro encontrara seu lugar na modernidade e em sua diversidade elaborou uma referência que tanto legitimou a cronologia como estabeleceu pontos de contato com o debate internacional[186]. Embora a comédia de costumes e outras formas do fazer teatral continuassem a ter lugar nos palcos, a força da ideia de modernização mobilizou artistas e realizadores para a tarefa que se apresentava, pois somente um espetáculo não seria suficiente para estabelecer um novo momento para a cena teatral no Brasil[187].

Sob esse prisma, a tarefa civilizatória assumiu nova feição e os dados da modernização começaram a se apresentar através de um repertório eclético e internacional (textos da dramaturgia clássica articulados a peças contemporâneas), pela presença de profissionais especializados (cenografia, iluminação, direção, figurinos, trilha sonora). Esses passaram a atuar em sintonia com atores que adquiriram uma dimensão de palco capaz de transcender suas próprias presenças. Dessa feita, cidades como São Paulo e Rio de Janeiro deram mostras evidentes de que seus palcos estavam acompanhando a efervescência da contemporaneidade.

Ocorreram diversas iniciativas que foram responsáveis por transformações qualitativas especialmente em relação aos profissionais e aos espetáculos apresentados. Porém, tal constatação não significa constituir um juízo de valor. Pelo contrário, o seu intuito é destacar os diversos esforços empreendidos para articular o caráter formativo (preparo técnico, conhecimento teórico e histórico) à atividade profissional.

Em vista disso, o eixo Rio de Janeiro-São Paulo acolheu e deu visibilidade a dramaturgos como Abílio Pereira de Almeida, Jorge Andrade, Dias Gomes, além do próprio Nelson Rodrigues, que no decorrer das décadas de 1940 e 1950 estava em plena atividade dramatúrgica, e Ariano Suassuna, entre outros. Este último, mesmo gozando de grande respeitabilidade no Nordeste, em 1957 tornou-se

Professor em Devir, São Paulo: Edusp, 2009; e J. Guinsburg, *Stanislávski, Meierhold & Cia*, São Paulo: Perspectiva, 2001.

185 Paschoal Carlos Magno, em seu artigo "Obrigado Hoffmann Harnish", após narrar o seu primeiro encontro com Harnish fez sobre ele o seguinte comentário: "Sabia que como principiante, na mocidade longínqua, H. H. tornara-se conhecido interpretando Laertes e mais tarde, durante dois anos, celebrizara-se com o Hamlet, nos mais importantes palcos de Europa, para mais tarde aparecer como o Rei, papel esse que muitas vezes representou em espetáculos por ele mesmo dirigidos em teatros de Zurique, Stutgard, Hamburgo, Riga, Munique, Berlim, Budapeste, Viena etc." (Paschoal Carlos Magno, Obrigado Hoffmann Harnish, em *Dyonisos*, Rio de Janeiro, MEC/DAC/Funarte/SNT, n. 23, set. 1978, Especial: Teatro do Estudante do Brasil, Teatro Universitário, Teatro Duse, p. 149.

186 Cf. Álvaro Lins, Algumas Notas Sobre "Os Comediantes", em *Dionysos*, Rio de Janeiro, SNT, ano 24, n. 22, dez. 1975.

187 No decorrer da década de 1940, mais precisamente em 1948 foram fundados em São Paulo, por Franco Zampari, o Teatro Brasileiro de Comédia (TBC) e, por Alfredo Mesquita, a Escola de Arte Dramática (EAD). No Rio de Janeiro, nesse mesmo ano, Maria Della Costa e Sandro Polônio criaram o Teatro Popular de Arte e, sob a direção de Ziembinski, encenaram *Anjo Negro* (Nelson Rodrigues) e *A Lua de Sangue* (título original *Woyzeck* de Georg Büchner). Após rápida passagem pelo TBC, o casal fundou, em 1954, em São Paulo, o Teatro Maria Della Costa. Nesse período, o diálogo internacional intensificou-se com a chegada, para participar do TBC e do Teatro Maria Della Costa, de diretores italianos como Adolfo Celi, Gianni Ratto, Flamínio Bollini, Ruggero Jacobbi, e de outras nacionalidades como Maurice Vaneau.

Acerca desse período e suas respectivas temáticas, consultar: Alberto Guzik, *TBC: Crônica de um Sonho*, São Paulo: Perspectiva, 1986; Nanci Fernandes; Maria Thereza Vargas (orgs.), *Uma Atriz: Cacilda Becker*, 2. ed., São Paulo: Perspectiva, 1995; Alberto Guzik; Maria Lúcia Pereira (orgs.), *Dionysos*,. Rio de Janeiro, Ministério da Educação e Cultura/Seac/Funarte/Serviço Nacional de Teatro, n. 25, set. 1980, Especial Teatro Brasileiro de Comédia; Armando Sérgio Silva, *Uma Oficina de Atores: A Escola de Arte Dramática de Alfredo Mesquita*, São Paulo: Edusp, 1989; Ilka Marinho Zanotto; Mariangela Alves de Lima et al.(orgs.), *Dionysos*, Rio de Janeiro, MinC/Fundacen, n. 29, 1989, Escola de Arte Dramática; Tania Brandão, *Uma Empresa e Seus Segredos: Companhia Maria Della Costa*, São Paulo/Rio de Janeiro: Perspectiva/Petrobrás, 2009; Gianni Ratto, *A Mochila do Mascate*, São Paulo: Hucitec, 1996; Berenice Raulino, *Ruggero Jacobbi: Presença Italiana no Teatro Brasileiro*, São Paulo: Perspectiva, 2002; Alessandra Vannucci (org.), *Crítica da Razão Teatral: O Teatro no Brasil Visto por Ruggero Jacobbi*, São Paulo: Perspectiva, 2005.

nacionalmente conhecido devido à encenação de suas peças no circuito carioca e paulistano.

Contudo, não se devem ignorar as atividades ocorridas em outras regiões do país, cuja viabilização deveu-se à atuação de companhias e/ou grupos, especialmente aqueles de natureza estudantil, bem como pela presença de companhias sediadas na região Sudeste, que viajaram em temporada por várias cidades do Brasil.

Ao lado disso, há que se recordar: o processo de modernização e a própria modernidade não se configuraram com ideias especificamente teatrais. Elas surgiram como fruto de uma etapa, em termos de aprendizagem e de conquista de recursos, que deveria estar em consonância com o desenvolvimento histórico das sociedades. Por tais motivos, a modernidade e a modernização consolidaram seu lugar na cultura, na vida política, econômica e social do país na medida em que estiveram em sintonia com o processo histórico que desde o século XVII foi identificado com a noção de progresso e de desenvolvimento técnico e tecnológico[188].

Sob esse manto, o teatro brasileiro construiu diálogos estéticos com diversas correntes artísticas, que foram desde as efetivas contribuições para a escrita cênica até a teatralização do palco. Nessas circunstâncias, os atores, mais que dizer os diálogos e/ou apresentar performances, passaram a compor suas personagens por meio de gestos, de posturas e de entonação de voz.

O teatro no Brasil cumprira a vocação histórica anunciada desde o século XIX ao assumir a tarefa de participar do processo civilizatório pelo estabelecimento de valores culturais, artísticos, morais e sociais.

Entretanto, nesse momento, a questão do nacional, que fora fundamental para que críticos e historiadores estabelecessem as origens do teatro brasileiro, cedera seu lugar para o debate e para as ações em favor do aprimoramento dos recursos técnicos, dos artistas e de uma dramaturgia capaz de traduzir em complexidade cênica as inúmeras possibilidades do mundo contemporâneo.

188 Para maior aprofundamento desse debate, consultar: Reinhart Koselleck, *Futuro Passado: Contribuição à Semântica dos Tempos Históricos*, trad. Wilma Patrícia; Carlos Almeida Pereira, Rio de Janeiro: Contraponto/Editora da PUC-Rio, 2006.

Modernização – Nacionalismo Crítico – Liberdade – Identidade Nacional

A incorporação de tais ideias não ocorreu apenas no campo artístico (teatro, cinema, literatura, artes plásticas, música etc.). Elas ressoaram em outras esferas da vida pública. O sentimento de modernização trazido pelos ventos da construção de Brasília no Centro-Oeste do país, a chegada da indústria automobilística, a criação do Instituto Superior de Estudos Brasileiros (Iseb), com vistas a fomentar estudos e alternativas democráticas para o Brasil, sob a égide da nação e do nacionalismo, fizeram com que o moderno se tornasse a mola propulsora a partir da qual a segunda metade do século XX deveria ser pensada.

Em meio a isso tudo, a Escola de Arte Dramática começou a formar seus primeiros profissionais que, evidentemente, por ambicionarem integrar o circuito profissional (José Renato, Monah Delacy, entre outros) começaram a buscar alternativas estéticas e de produção, pois não dispunham de recursos para criar uma companhia nos moldes do TBC. Foi nesse contexto que se deu o já lendário encontro de José Renato Pécora com o seu então professor Décio de Almeida Prado que lhe sugeriu a leitura do livro de Margo Jones, *Theatre in the Round*. Dessa orientação, nasceu o Teatro de Arena de São Paulo.

Ainda em São Paulo, para outro segmento da juventude, a modernidade teatral significara a necessária superação de uma etapa. Mas, por si só, isso não seria suficiente para que o teatro estivesse em consonância com a sociedade brasileira. Esses jovens que haviam acumulado experiências de militância junto ao Movimento Estudantil e ao Partido Comunista Brasileiro, entre eles, Gianfrancesco Guarnieri e Oduvaldo Vianna Filho, em profícua aproximação com Ruggero Jacobbi e Carla Civelli, foram responsáveis pela criação do Teatro Paulista do Estudante (TPE). Nas palavras de Gianfrancesco Guarnieri:

> Era quase um exercício de viver brigando por ideais, mas tudo muito fechado, muito entre nós. Depois de uns três anos de movimento estudantil firme, percebemos que realmente estávamos errando. Depois de uns três anos é que chegamos à conclusão de que precisávamos

ampliar aquilo, de que o movimento estudantil não era só nosso, não era só de uma cúpula e sim de grupos que se formavam em várias capitais, grupos pequenos, mas que praticamente se identificavam. E que era necessário então fazer um trabalho sério entre todos os estudantes. Chegamos à conclusão de que o movimento cultural e principalmente o movimento artístico seriam um meio eficaz de organização, onde se poderia discutir, reforçar os grêmios, estruturar diretórios e procurar criar um debate cultural no meio estudantil[189].

Esse fragmento expõe um dos caminhos adotados, no Brasil, para a conexão explícita entre arte e política, no qual se instrumentalizou uma prática cultural em favor de certa perspectiva política a partir de atividades artísticas em sintonia com o materialismo histórico. Aliás, no que diz respeito a essa perspectiva de atuação, deve-se também recordar o Teatro Universitário da União Estadual dos Estudantes (RS), criado em 1955, que teve a participação de Antônio Abujamra, Fernando Peixoto, entre outros[190].

Começou-se, então, a se vislumbrar o teatro como uma das possibilidades de estimular o desabrochar de uma consciência histórica e, sob esse aspecto, o teatro reafirmaria suas responsabilidades para com a sociedade, porém não com os princípios gerais de cultura e civilização e sim com o intuito de colaborar com a organização das camadas subalternas com vistas a atingir a igualdade social. Para isso, os membros do TPE estreitaram seus laços com as universidades e aproximaram-se de críticos, professores e artistas, dentre os quais estava José Renato, com quem se entenderam e passaram a fazer parte do elenco do Teatro de Arena. Somavam-se assim uma proposta artística e profissional estabelecida pela modernização e a iniciativa e a vontade de jovens artistas em articular a dimensão artística do teatro às tensões políticas.

No entanto, mesmo com o ingresso de Augusto Boal e com o oferecimento do Curso Prático de Dramaturgia, o Teatro de Arena continuou a encenar um repertório que de forma ampla e genérica abordava temas considerados pertinentes à crítica social[191], mas sem expressar a particularidade e o compromisso daqueles artistas com a sociedade em que viviam.

Essa situação mudou significativamente em decorrência da grave crise financeira que impediu o Arena de saldar seus compromissos. Em decorrência disso, seus administradores decidiram pelo seu fechamento, porém, com um *gran finale*: a encenação da peça *Eles Não Usam Black-tie*[192] (Gianfrancesco Guarnieri) sob a direção de José Renato.

Tal espetáculo, de fato, encerrou um momento específico do Teatro de Arena e, ao mesmo tempo, o transformou no parâmetro a ser atingido por todos que almejavam construir efetiva interlocução entre teatro e política:

Eles Não Usam Black-tie, estreada em 1958, no Teatro de Arena de São Paulo, trouxe para o nosso palco os problemas sociais provocados pela industrialização com o conhecimento das lutas reivindicatórias de melhores salários. O título, de claro propósito panfletário, pareceria ingênuo ou de mau gosto, não fosse também o nome da letra de samba que serve de fundo aos três atos. Embora o ambiente seja a favela carioca, o cenário existe apenas como romantização de possível vida comunitária, já que a cidade simboliza o bracejar do indivíduo só[193].

189 Gianfrancesco Guarnieri, em Simon Khoury (org.), *Atrás da Máscara 1*, Rio de Janeiro: Civilização Brasileira, 1983, p. 16.

190 O Teatro Universitário da União Estadual dos Estudantes estreou no Instituto de Belas Artes e ainda no ano de 1955 promoveu três palestras com o diretor Ruggero Jacobbi (*Situação do Teatro no Brasil*, *A Expressão Dramática* e *A Função dos Amadores e Pequenos Teatros*). Maiores informações, consultar: R. Patriota. Universitário (Teatro), em J. Guinsburg; J. R. Faria; M. A. de Lima (orgs.), *Dicionário do Teatro Brasileiro: Temas, Formas e Conceitos*, 2. ed., São Paulo: Perspectiva/Sesc-SP, 2009, p. 335-343.

191 Dentre as peças encenadas entre 1956 e 1958 estão *Escola de Mulheres* (Molière), *Julgue Você* (Pierre Conty), *Dias Felizes* (Claude André Pugget), *Essas Mulheres* (Max Regnier e André Gillois), *Ratos e Homens* (John Steinbeck), *Marido Magro, Mulher Chata* (Augusto Boal), *Enquanto Eles Foram Felizes* (Vernon Sylvain), *Juno e o Pavão* (Sean O' Cassey), *Só o Faraó Tem Alma* (Silveira Sampaio), *A Falecida Senhora Sua Mãe* (Georges Feydeau), *Casal de Velhos* (Octave Mirbeau) e *A Mulher do Outro* (Sidney Howard).

192 Apesar de ter sido escrita a partir de experiências de infância de Guarnieri, quando visitava a favela em que vivia a família de sua babá, Margarida, *Black-tie*, por intermédio de sua recepção crítica, passou a ter outros componentes históricos e ideológicos que, por sua vez, alimentaram o debate em torno do fazer teatral, a saber: a valorização da vida e dos costumes das camadas subalternas da população (identificadas como as legítimas representantes do povo brasileiro) a partir de sua prosódia, suas temáticas, suas lutas e vivências.

193 Sábato Magaldi, *Panorama do Teatro Brasileiro*, 3. ed., São Paulo: Global, 1997, p. 245.

A interpretação de Sábato Magaldi para a peça de Guarnieri, ao mesmo tempo em que apresenta resumo de enredo, estabelece as ideias fundamentais que concederam a ela um lugar na história do teatro, isto é, apesar de romantizado, o espaço cênico estava identificado com os trabalhadores e com as estratégias de luta por sua emancipação. Foi um momento de consolidação de ideias, estilos e temáticas que deveriam ser relidos à luz do materialismo histórico a fim de que o teatro assumisse uma definição de classe.

Através de uma peça (e posteriormente de uma dramaturgia), cujo protagonista era um operário, viu-se o nacional retornar ao centro das preocupações, porém destituído dos conteúdos a ele atribuídos em debates anteriores. Em verdade, manteve-se a ideia, porém os significados foram historicamente redimensionados e a sua compreensão estabeleceu-se a partir do nacional-desenvolvimentismo, que tanto marcou o Brasil na década de 1950, traduzido social e economicamente como a luta incessante pela primazia do genuinamente brasileiro sobre produtos e interesses estrangeiros. Nesses termos, o nacional transmutou-se em *nacionalismo crítico*, ideia norteadora de reflexões críticas das condições de vida e de luta da população, em diálogo direto com o marxismo e, sobretudo, com o materialismo histórico em sua vertente soviética.

Outros tempos e novas discussões ganharam os palcos. Surgiram o texto politizado e o anseio por um teatro comprometido com a realidade, que teve sua forma mais radical nos espetáculos do CPC da UNE, no início dos anos de 1960. Dessa iniciativa participou o jornalista e crítico teatral Paulo Francis[194] que, nas páginas do *Diário Carioca* e da *Revista Civilização Brasileira*, procurou desenvolver reflexões que viam os espetáculos como atos culturais.

Em tais circunstâncias, fortaleceu-se o vínculo entre arte e política e explicitou-se a intenção de engajamento em favor das causas populares visando à *superação histórica*. Essas tiveram papel decisivo na intensificação das críticas a uma concepção burguesa do *fazer teatral* e na defesa de uma cena que repercutisse para além das salas de espetáculos.

Mais uma vez, o teatro agregou à sua atividade específica atribuições históricas e sociais. Nesse processo, novamente o texto tornou-se a base do *nacionalismo crítico* em uma conjuntura interpretada por vários artistas como revolucionária. Em vista disso:

> O Arena se distanciava das concepções europeias de "teatro popular", surgidas, ou melhor, ressurgidas, após a Segunda Grande Guerra. Companhias como o Piccolo de Milão, na Itália, e o Teatro Nacional Popular, na França, preocupavam-se principalmente com duas metas: de um lado, aumentar o público, até atingir todas as classes sociais; de outro, montar as peças mais significativas do repertório clássico, livrando-se da estreiteza estética e humana do realismo burguês[195].

As ponderações acima auxiliam na compreensão do que se definiu como *nacionalismo crítico*. Esse, ao contrário da identificação ampla propiciada pelo conceito de nação e de nacionalismo, optou pela clivagem social e transpôs para o universo teatral as divisões estabelecidas entre as classes sociais pelo sistema produtivo e, com isso, as peças assumiram visões de mundo específicas[196].

Vivia-se um momento no qual a interpretação histórica apontava para a concretização de uma revolução democrático-burguesa capaz de propiciar as condições para o florescimento de um país justo e igualitário. Porém, o que pareceu a muitos um *raio em céu azul*, o presidente João Goulart foi deposto e uma junta militar assumiu o poder em abril de 1964.

Um novo capítulo se abriu na história política do país e a cena teatral até então voltada para a agitação sofreu um revés que redimensionou as expectativas que o teatro deveria alcançar. Nesse processo, embora o texto continuasse a ser o *locus* privilegiado das interpretações, uma perspectiva

194 Paulo Francis atuou como amador no TEB de Paschoal Carlos Magno. Na Universidade de Columbia, em meados dos anos de 1950, foi aluno de Eric Bentley e se dispôs a fazer pós-graduação. Apesar de não haver concluído os estudos, estes se constituíram nas bases intelectuais de sua carreira jornalística.

195 D. de A. Prado, *O Teatro Brasileiro Moderno*, p. 66-67.

196 Assim, além de *Eles Não Usam Black-tie*, peças como *Chapetuba Futebol Clube*, *Quatro Quadras de Terra*, *Os Azeredos Mais os Benevides*, *A Mais-Valia Vai Acabar*, *Seu Edgar*, (todas de autoria de Oduvaldo Vianna Filho), *Gimba*, *A Semente* (ambas de Gianfrancesco Guarnieri), *Revolução na América do Sul* (Augusto Boal), dentre outras, foram escritas fundadas no *nacionalismo crítico*, a partir do qual as desigualdades e as exclusões sociais seriam evidenciadas, a unidade forjada seria desconstruída e os anseios da maioria da população (e não sua totalidade) viriam a público.

dissonante há muito vinha sendo desenvolvida por Anatol Rosenfeld, filósofo judeu alemão radicado no Brasil, com o intuito de evidenciar a especificidade do fenômeno teatral:

> Há quem ainda hoje considere o teatro essencialmente como um veículo da literatura dramática, espécie de instrumento de divulgação a serviço do texto literário, como o livro é veículo de romances e o jornal, de notícias. Essa concepção exclusivamente literária do teatro despreza por completo a peculiaridade do espetáculo teatral, da peça montada e representada. Vale citar, neste contexto, o que Mário de Andrade disse certa vez ao apreciar de modo positivo uma encenação de Alfredo Mesquita por ter este evitado "aquela poderosa, mas perigosíssima atração da palavra com que em nossa civilização a literatura dominou o teatro e desequilibrou-o, esquecendo-se de que ele era antes de mais nada um espetáculo"[197].

De maneira inequívoca, para além das discussões teóricas e filosóficas presentes em sua reflexão, Rosenfeld remete-se à figura paradigmática da literatura brasileira, Mário de Andrade, a fim de enfatizar o fenômeno teatral como lugar da reflexão, pois o teatro não se restringe apenas ao texto. Ao contrário, sua materialização advém da existência de um espaço cênico, no qual atores dão vida a personagens e a narrativas. Em decorrência disso, constitui-se a interlocução entre palco e plateia, condição *sine qua non* para a efetivação do fenômeno teatral.

> O teatro quando recorre à literatura dramática com seu substrato fundamental, não pode ser *reduzido* à literatura, visto ser uma arte de expressão peculiar. No espetáculo já não é a palavra que constitui e medeia o mundo imaginário. É agora, em essência, o ator que, como condição real da personagem fictícia, constitui através dela o mundo imaginário e, como parte deste mundo, a palavra. Contudo, não se trata apenas de uma inversão ontológica. Concomitantemente, o espetáculo, como obra específica, por mais que se ressalte a importância da literatura no teatro literário, passa a ter valor cênico-estético somente quando a palavra funciona no espaço visualmente, através do jogo dos atores. É característico, tanto no sentido ontológico como estético que os gestos geralmente precedem às palavras correspondentes (ainda que se trate apenas de uma fração de segundos). E a presença sensível daquele que ouve o outro, sem falar, é de grande importância, já que a reação do interlocutor mudo, no palco, se transmite de certo modo à plateia[198].

Anatol Rosenfeld.

As ideias evocadas por Rosenfeld nesses pequenos fragmentos, embora já estivessem disseminadas entre intelectuais e artistas, começaram a adquirir maior abrangência especialmente nos estudos críticos quando do impacto causado pela encenação do Teatro Oficina (SP), sob a direção de José Celso Martinez Corrêa, da peça de Oswald de Andrade, *O Rei da Vela*, em 1967:

> A crítica, a pouca historiografia, o consenso geral consideram *Vestido de Noiva*, de Nelson Rodrigues, o primeiro marco da literatura dramática moderna no Brasil, haurido no espírito da Semana de 1922. Esse ponto de vista passou em julgado, porque ao grande valor da peça se acresceu a

197 O Fenômeno Teatral, *Texto/Contexto I*, 4. ed., São Paulo: Perspectiva, 1985, p. 21-22. (1. ed., 1969).

198 Idem, p. 28.

Sábato Magaldi.

admirável montagem de Ziembinski para Os Comediantes, estreada no Teatro Municipal do Rio de Janeiro em dezembro de 1943. Quanto a espetáculo – verdadeira realização do teatro –, esse juízo não pode ser discutido. Sob o prisma da dramaturgia, porém, cabe reivindicar a precedência da obra de Oswald de Andrade. [...] Muitas das inovações dos textos de Nelson Rodrigues já se encontram nos de Oswald de Andrade[199].

As palavras de Sábato Magaldi demonstram, mais que exposição de motivos, a existência de várias escritas da história do teatro brasileiro, que foram construídas sem que se avaliasse o alcance cênico das palavras, embora, nesse aspecto, deva se fazer exceção a Nelson Rodrigues e à peça *Vestido de Noiva*. Todavia, quando as atenções se voltam para a dramaturgia de Oswald de Andrade é necessário que se estabeleçam mediações:

Por que esse desejo tardio de restabelecer a justiça histórica? Que importância terá esse reconhecimento, sobretudo se se admitir que teatro é espetáculo, e a peça *O Rei da Vela* só foi encenada em 1967? Em primeiro lugar, uma das funções do historiador é a de pesquisar as fontes, distinguir as linhas evolutivas da arte e esclarecer as coordenadas de um sistema, visando à iluminação de um processo. [...] Seu teatro inaugura uma arquitetura cênica inédita no Brasil. Se a imposição do Estado Novo, em 10 de novembro de 1937, não permitiu que a dramaturgia de Oswald se completasse no palco, e se não se pode mencionar uma influência direta em quem quer que seja, ao menos *O Rei da Vela* criou um clima em que, por coincidência, se verão elementos de *Vestido de Noiva* e de vários textos de Nelson Rodrigues. Como teatro é obra de equipe, intérprete, cenógrafo, figurinista e empresário, Oswald pagou o tributo de estar muito à frente de seu tempo. [...] O tempo passou. A peça foi para as estantes esperar o seu dia. [...] Não encontrava eco, em meio à rotina do nosso palco, além das restrições da Censura, a revolução proposta por Oswald. Foi preciso esperar 30 anos, desde a publicação, para que *O Rei da Vela* irrompesse na montagem do Teatro Oficina, dirigida por José Celso Martinez Corrêa, como espantosa obra de vanguarda[200].

Com habilidade e refinamento crítico, Sábato Magaldi trouxe inestimável contribuição ao diálogo entre a produção histórica e a crítica teatral no Brasil porque, mesmo lançando mão de ideias abrangentes e de eixos interpretativos, desvela a historicidade do próprio conhecimento ao não ignorar suas marcas de origem: o tempo e as circunstâncias que o engendraram.

Sob esse prisma, Décio de Almeida Prado, ao comentar o espetáculo de 1967, também chamou a atenção para as leituras diferenciadas decorrentes das condições em que foram realizadas.

O Rei da Vela é uma bomba de retardamento deixada por Oswald de Andrade para explodir quando todos estivessem comemorando o seu passamento definitivo. [...] Nunca julgaríamos, por exemplo, que a carga de sexualidade de *O Rei da Vela* fosse considerada algum dia insuficiente necessitando explicitação e reforço. [...] A direção de José Celso,

199 S. Magaldi, *Teatro de Ruptura: Oswald de Andrade*, São Paulo: Global, 2004, p. 7.

200 Idem, p. 7-8.

barroca, carregada, antes analítica do que sintética, talvez com o sacrifício do ritmo, do *raccourci* típico da caricatura e da escrita oswaldiana, é singularmente penetrante, inventiva, imaginosa, picaresca, quanto aos detalhes, auxiliada poderosamente, nessa mesma direção, pelos cenários e figurinos de Hélio Eichbauer. [...] A alusão à Ópera parece ter sido criada apenas por simetria (1º ato: circo; 2º ato: revista; 3º ato: ópera), introduzindo uma nota de paródia que nos parece alheia ao texto. A influência já não é de Oswald de Andrade, mas de Glauber Rocha – o anti-Oswald por definição. [...] *O Rei da Vela* é cheia de altos e baixos: o público ora fica preso ao espetáculo, ora parece perder por completo o contato com a cena. Esta oscilação, fatal certamente em outros tipos de dramaturgia, não chega a ter no caso maior importância porque o talento de Oswald não é de equilíbrio e homogeneidade: é feito de fulgurações, de intuições descontínuas[201]

O texto acima propicia ao leitor confrontar distintas apropriações da dramaturgia de Oswald de Andrade, seja por meio do texto, seja por meio do espetáculo de 1967. Dessa feita, em que pese a manutenção, em termos de conteúdo, da ênfase na perspectiva de classe, a leitura crítica do espetáculo lançou luzes sobre aspectos do texto que somente o palco foi capaz de explicitar.

Por meio dos dados apresentados, constata-se que o debate crítico acerca do teatro brasileiro do século XX ganhou dinamicidade por meio do diálogo entre arte e sociedade, em particular, pela ideia de fortalecimento de um processo civilizatório que, ao longo do tempo, se desdobrou em modernização, modernidade, nacionalismo crítico e resistência democrática.

A passagem do nacionalismo crítico à resistência democrática, uma decorrência imediata do Golpe de 1964, não foi um consenso no meio teatral brasileiro, uma vez que inúmeros relatos atestam a insatisfação e o sentimento de impotência que culminaram em críticas contundentes à orientação do PCB. Por outro lado, houve também o florescimento de criações culturais em sintonia com a tese de acúmulo de forças em favor da luta pela restauração das instâncias democráticas no país. Nesses termos, a produção artística e cultural tornava-se cada vez mais crítica em relação ao *status quo*[202].

O diálogo entre teatro e política intensificou-se. No que se refere aos trabalhos voltados para a constituição da frente de resistência democrática, novas formas artísticas foram agregadas às que já estavam incorporadas à cena teatral, dentre elas, os musicais (*Opinião*; *Arena Conta Zumbi*; *Arena Conta Tiradentes*; *Liberdade, Liberdade* etc.), a revista (*Dura Lex Sed Lex no Cabelo Só Gumex*), a literatura de cordel (*Se Correr o Bicho Pega, Se Ficar o Bicho Come*), além do teatro-jornal.

Já aqueles que politicamente advogavam posturas mais contundentes, até então não haviam encontrado suas correspondências em termos estéticos. Isso só veio a ocorrer em meados da década de 1960, no cinema, com o filme *Terra em Transe*, de Glauber Rocha, e no teatro com a encenação de *O Rei da Vela*.

Sob esse prisma, a efervescência registrada por Roberto Schwarz não significou a presença de uma unidade constituída em torno de um modelo interpretativo. O PCB, ao fazer sua autocrítica, conclamou a união daqueles que se opunham ao novo regime, enquanto setores, que já possuíam divergências políticas e interpretativas com a condução do processo, romperam com o Partido, criticaram duramente a tese da resistência democrática. Em alguns casos, alinharam-se à luta armada a fim de derrubar a ditadura instaurada e desencadear o processo de transformação econômica, social e política no Brasil. Foram tempos de embates entre reformistas e revolucionários.

No caminho da radicalização, no Teatro Oficina, depois de *O Rei da Vela*, vieram *Roda Viva*[203]

201 O Rei da Vela, *Exercício Findo: Crítica Teatral (1964-1968)*, São Paulo: Perspectiva, 1987, p. 220-226.

202 Para surpresa de todos, a presença cultural da esquerda não foi liquidada naquela data, e mais, de lá para cá não parou de crescer. A sua produção é de qualidade notável nalguns campos e é dominante. Apesar da ditadura da direita, há relativa hegemonia cultural da esquerda no país. Pode ser vista nas livrarias de São Paulo e Rio, cheias de marxismo, nas estreias teatrais, incrivelmente festivas e febris, às vezes ameaçadas de invasão policial, na movimentação estudantil ou nas proclamações do clero avançado. Em suma, nos santuários da cultura burguesa a esquerda dá o tom. Esta anomalia – que agora periclita, quando a ditadura decretou penas pesadíssimas para a propaganda do socialismo – é o traço mais visível do panorama cultural brasileiro entre 64 e 69. Assinala, além da luta, um compromisso". Roberto Schwarz, Cultura e Política: 1964-69, *O Pai de Família e Outros Estudos*, 2. ed., Rio de Janeiro: Paz e Terra, 1992, p. 62.

203 *Roda Viva* foi encenada sob a direção de José Celso Martinez Corrêa fora do Teatro Oficina.

(Chico Buarque), *Galileu Galilei* (B. Brecht), em 1968, e *Na Selva das Cidades* (B. Brecht), em 1969. Entretanto, os limites do edifício teatral deixaram de ser suficientes. O grupo ganhou as ruas da cidade de São Paulo e, posteriormente, as de várias regiões do Norte e Nordeste do país. Desenvolveu trabalhos com os habitantes de diversos municípios, com vistas a abolir a dicotomia entre palco e plateia e instituir um jogo interpessoal e criativo. Findo esse processo, o elenco retornou a São Paulo e às salas de teatro e, no Teatro Ruth Escobar, apresentou um dos espetáculos mais instigantes de sua trajetória: *Gracias, Señor*.

Nesses termos, o Teatro de Arena e o Teatro Oficina, em seu conjunto, estabeleceram um profícuo diálogo com segmentos intelectualizados da população e a repercussão dessas análises legou, para estudos posteriores, a concepção do que deveria ser "teatro político" no Brasil: espetáculos que pudessem contribuir com a oposição à ditadura militar.

Essas companhias, entretanto, por força de questões internas e das circunstâncias históricas, encerraram suas atividades. O Arena, em 1971, após a intensificação de seu trabalho na periferia de São Paulo, com o teatro-jornal, e com a criação do Núcleo 2, desarticulou-se com a prisão e o posterior exílio do dramaturgo e diretor Augusto Boal. O Oficina suspendeu suas atividades em 1974, depois de uma invasão policial, que redundou na prisão de alguns de seus integrantes e na ida do diretor José Celso Martinez Corrêa para a Europa.

Contudo, deve-se recordar que as trajetórias do Arena e do Oficina ocorreram em um momento de grande efervescência política e intelectual. As perspectivas de transformação, em consonância com a luta contra a ditadura militar, motivaram tanto as criações artísticas, quanto os debates por elas suscitados. A urgência em forjar as condições para o processo de mudança radical foi acompanhada por uma cena que, ao refletir sobre o Brasil daquele momento, foi identificada como revolucionária por seus realizadores e assim reconhecida por seus estudiosos.

Mesmo enfrentando lutas tão particulares, o país vivenciou o impacto das discussões denominadas "década de 1960". O final da mencionada década congregou o acirramento do embate político, com a intensificação da guerrilha e com o recrudescimento das ações paramilitares financiadas pelo Estado. Nesse sentido, à medida que militantes, artistas e intelectuais foram presos, exilados ou preferiam se ausentar do país, novos olhares começaram a ganhar mais intensidade.

Já no decorrer dos anos de 1970, no eixo Rio de Janeiro – São Paulo, a cena teatral continuou diversificada. As companhias teatrais mantiveram suas temporadas. Atores como Fernanda Montenegro, Maria Della Costa, Paulo Autran, Tônia Carrero, Fernando Torres, Dina Sfat, Paulo José, Othon Bastos, Martha Overbeck, Antonio Fagundes, entre outros, estavam em plena atividade. Autores como Plínio Marcos, Oduvaldo Vianna Filho, Gianfrancesco Guarnieri, Carlos Queiroz Telles produziam textos que tinham como proposta dialogar com aquele momento. Diretores como Fernando Peixoto, Gianni Ratto, Flávio Rangel, Antunes Filho, Celso Nunes, Naum Alves de Sousa eram presenças constantes nos palcos.

Um dado de grande relevância que, muitas vezes, deixou de ser considerado refere-se às condições históricas que permitiram surgir um tipo de profissional, nas décadas de 1950/1960, com formação e participação política em movimentos sociais, sindicatos e/ou partidos políticos.

Os atores desse período, em linhas gerais, viveram as seguintes situações: 1. interpretação da conjuntura sociopolítica como revolucionária; 2. assistiram, com perplexidade, à derrubada do governo Goulart e à tomada do poder pelos militares; 3. estabelecimento gradativo da censura e de restrições a liberdades individuais; 4. disputa entre resistência democrática x luta armada; 5. aumento progressivo de ações guerrilheiras tanto na cidade, quanto no campo; 6. intensificação do aparato repressivo, prisões, torturas, assassinatos e exílio de lideranças políticas e culturais; 7. busca de novas alternativas políticas e culturais.

Diante disso, pouco a pouco muitos vivenciaram uma descrença em relação ao processo. Diversos artistas deixaram de compreender aquele momento histórico como revolucionário, isto é, o país não vivia mais uma conjuntura propicia à transformação e, sob esse aspecto, seria importante construir manifestações culturais capazes de suscitar o debate em favor das liberdades democráticas. Nessas circunstâncias, o tema da revolução tornou-se uma possibilidade e não mais um dado eminente.

Essa sensação materializou-se com o exílio de artistas que questionaram padrões de comportamento (Caetano Veloso e Gilberto Gil), que participaram da instrumentalização da arte em favor da luta política (Augusto Boal) ou buscaram transformar as relações estabelecidas entre arte e sociedade (Zé Celso M. Corrêa), pois como bem observou a atriz Walderez de Barros:

> 1968, no Brasil, foi um crime. Era um momento no qual culturalmente estávamos em ebulição. Se nos concentrarmos no teatro, a área que conheço melhor, foi um dos momentos mais férteis em todos os aspectos. Tínhamos uma dramaturgia contundente. Grandes autores surgiram. Era um processo que vinha se construindo antes da ditadura, mas foi abortado em 68, truncando o processo histórico que estava em andamento[204].

Nessa época, acirraram-se, no campo simbólico, as disputas em torno de temas como *liberdade* e *identidade nacional*, entre os partidários da ditadura militar e os diferentes setores da oposição ao regime. Apesar de a década de 1960 haver acolhido intensas disputas no âmbito das representações, a de 1970, especialmente após a derrota da luta armada, viveu um dos embates mais significativos em torno das representações da memória nacional.

No que se refere aos governos militares, houve várias iniciativas vitoriosas, nas quais aspectos circunstanciais somaram-se a intenções deliberadamente estabelecidas pelos administradores do país. Em 1970, com uma seleção que, até hoje, alimenta o imaginário dos brasileiros, o Brasil sagrou-se tricampeão mundial de futebol, embalado pelo "hino" *Prá Frente Brasil*[205].

Tal acontecimento, além da comoção inerente ao feito, desencadeou uma onda de nacionalismo que permeou a sociedade brasileira. A esse momento, foram acrescidas músicas de conteúdo patriótico como *Eu Te Amo Meu Brasil*, interpretada por um conjunto da Jovem Guarda chamado Os Incríveis, além da música hino do Mobral, "Você Também É Responsável", da dupla Don & Ravel.

Por ocasião das comemorações do Sesquicentenário da Independência do Brasil, em 1972, o governo, à época sob a presidência do general Emílio Garrastazu Médici, organizou uma série de eventos com o intuito de afirmar os ideais de nação e pátria defendidos pelo Exército e pelo Estado. Dentre eles, o traslado dos restos mortais de D. Pedro I, de Portugal para o Brasil, e o estímulo à divulgação do filme *Independência ou Morte*, protagonizado pelo casal símbolo das telenovelas brasileiras, Glória Menezes e Tarcísio Meira, sob a direção de Carlos Coimbra.

Por sua vez, as forças de oposição também lançaram mão de tais procedimentos. No cinema, merece destaque a apropriação que o cineasta Joaquim Pedro de Andrade fez do tema da Inconfidência Mineira para a realização do filme *Os Inconfidentes*[206].

Já no teatro, tal disputa materializou-se na peça *Frei Caneca*, de Carlos Queiroz Telles, encenada em 1972, no Theatro S. Pedro (SP), com direção de Fernando Peixoto. Esse trabalho propiciou um contraponto em relação ao tom oficial das efemérides, pois se para D. Pedro I a Independência deveria ser sinônimo de consolidar a nação e de preservar o território, para Frei Caneca a Independência deveria significar também a luta contra a exploração e a desigualdade social. Tal expediente permitiu, por meio da aproximação passado/presente, o diálogo com as Comunidades Eclesiais de Base (Cebs) e com a Teologia da Libertação.

O diálogo história-estética, à luz da Resistência Democrática da década de 1970, revela uma determinada concepção de fazer teatral que carrega consigo olhares específicos para o saber histórico, pois suas cenas foram confeccionadas em sintonia com os debates propostos pela conjuntura do país: momentos de reafirmação da nação, tanto no que se refere à emergência de um Estado-Nação quanto no que diz respeito à ideia de brasilidade na cultura.

204 Alcides Freire Ramos; R. Patriota; Fernando Nasser, Personagens do Teatro Brasileiro: Fernando Peixoto e Walderez de Barros, em *Cultura Vozes*, Petrópolis: Vozes, ano 94, n. 3, v. 94, 2000, p. 183.

205 Uma das mais importantes reapropriações no campo simbólico está no filme de Roberto Farias, sobre os porões da ditadura militar, ambientado durante os jogos da Copa de 1970, em 1984, que recebeu o título de *Prá Frente Brasil*.

206 Acerca das relações entre História/Cinema/Política, mais especificamente sobre o filme de Joaquim Pedro de Andrade, consultar: A. F. Ramos, *O Canibalismo dos Fracos: Cinema e História do Brasil*, Bauru: Edusc, 2002.

Outro trabalho símbolo desse período foi a peça *Calabar, o Elogio da Traição*, de Chico Buarque e Ruy Guerra, escrita em 1973, em que o tema da traição é a base da estrutura dramática. Naquele momento, a escolha era mais que oportuna para um país que adotava como propaganda oficial "Brasil, ame-o ou deixe-o", e, desse ponto de vista, estar contra o governo era estar na condição de traidor. Porém, escudados, mais uma vez, em acontecimentos históricos, os dramaturgos indagavam: o que é a traição? Em que condições alguém pode ser considerado traidor? Quem é que trai e quais as circunstâncias deste ato?

Compreender historicamente o mulato Calabar significava relativizar uma ideia que, sob a óptica dos militares, estava bem definida: traidor é quem se opõe ao regime. Mas todos aqueles que se opuseram ao governo, estando mortos ou vivos, seriam traidores do país?

Novamente observa-se que, a despeito do período denominado modernização, as discussões e as iniciativas na esfera teatral buscaram sintonia com a ideia de nacionalidade. O estabelecimento de tal prioridade fez com que diálogos eminentemente estéticos fossem quase sempre relegados a um nível secundário. Embora isso não signifique dizer que os palcos brasileiros estivessem ensimesmados, porque a interface com as formas artísticas e com o repertório dramático internacional sempre foi algo desejado por diferentes gerações de artistas e críticos.

Para tanto, basta recordar: em inúmeros estudos disponíveis sobre o Teatro de Arena encontram-se informações acerca dos Laboratórios de Interpretação e do método Stanislávski (trazido por Augusto Boal que, nos Estados Unidos, estudara com John Gassner), assim como o Teatro Oficina ofereceu vários cursos de interpretação sob a responsabilidade do ator russo Eugênio Kusnet que teve sua formação artística na cidade de Moscou em um dos estúdios ligados a Stanislávski[207].

Ao lado disso, artistas identificados com um teatro comprometido politicamente debruçaram-se, alguns de forma sistemática, sobre os escritos teóricos e a dramaturgia de Bertolt Brecht, bem como sobre as conquistas formais do diretor alemão Erwin Piscator e do encenador russo Meierhold. Contudo, esse repertório artístico, na maioria das vezes, foi colocado a serviço de um teatro que ora deveria servir à causa revolucionária ora deveria ser um dos baluartes da resistência à ditadura no Brasil.

Em decorrência disso, as conquistas estéticas advindas dessas interlocuções colocaram-se a serviço das temáticas trabalhadas dramaturgicamente, pois essas deveriam ganhar relevância sobre a questão formal em nome de um objetivo que transcendia os limites do próprio teatro.

Fim dos Grandes Temas e da Ideia de Abrangência: A Diversidade Como Temática e Como Fazer Teatral[208]

Em meio a esses embates estéticos e políticos, no decorrer da década de 1970, significativas mudanças no campo das ideias se apresentavam de maneira efetiva no país: "A Filosofia interrogando as formas totalizantes do pensamento. A História descobrindo o cotidiano como fonte inovadora de trabalho. A Literatura enredada com a pergunta lançada por Foucault – 'O que é um autor?'. Os ativistas de 1968 insistindo no *slogan* 'O pessoal é político'"[209].

Nesse aspecto, nunca é demais recordar o impacto ocorrido, em 1956, entre as organizações de esquerda, em diversas partes do mundo, pela revelação dos crimes de Stálin e pela invasão da Hungria pelos soviéticos. Tais acontecimentos redundaram na saída de inúmeros militantes dos partidos comu-

207 No auge de sua carreira, Eugênio Kusnet retornou à União Soviética para frequentar cursos de formação de atores, na Escola Estúdio do Teatro de Arte e na Escola Teatral de Stuchkin, anexa ao Teatro Vakhtângov. Lá aperfeiçoou seu método de criação do papel e adquiriu novos conhecimentos relativos ao de Stanislávski. Após sua volta ao Brasil, em 1967, atuou em seu último trabalho como ator, sob a direção de Ademar Guerra, em *Marat Sade*, de Peter Weiss, e deu contribuições fundamentais, como professor, na formação de atores e diretores, a partir da especialização adquirida. Faleceu em 1975

208 Várias questões e argumentos mobilizados neste item são decorrentes de reflexões desenvolvidas em alguns trabalhos anteriores, dentre os quais estão os seguintes:

R. Patriota, Representações de Liberdade na Cena Teatral Brasileira Sob a Ditadura Militar, em Antonio Herculano Lopes; Monica Pimenta Velloso; Sandra Jatahy Pesavento (orgs.), *História e Linguagens: Texto, Imagem, Oralidade e Representações*, 1. ed., Rio de Janeiro: 7Letras, 2006, v. 1, p. 321-335.

R. Patriota, Vianinha – Nosso Contemporâneo?, *A Crítica de um Teatro Crítico*, São Paulo: Perspectiva, 2007, p. 205-224.

209 Heloisa Buarque de Hollanda, *Asdrúbal Trouxe o Trombone: Memórias de uma Trupe Solitária de Comediantes que Abalou os Anos 70*, Rio de Janeiro: Aeroplano, 2004, p. 10.

nistas[210] e na intensificação das críticas à ortodoxia do marxismo-leninismo.

Dessa feita, se a capacidade crítica tornou-se mais arguta, de outro lado, em tempos de pós-guerra, em países como França, Alemanha, Itália, o estabelecimento da social-democracia e do *welfare state*, com a inserção dos partidos comunistas no jogo parlamentar, contribuiu, de maneira significativa, para o abandono de propostas revolucionárias.

Essa situação começou, pouco a pouco, a ser confrontada e trouxe à baila um novo olhar para assuntos como sexualidade, repressão, instituições, poder etc., que na França culminaram com os acontecimentos de Maio de 1968. Ocorreu também o fortalecimento da IV Internacional, o advento da Revolução Cultural Chinesa, a redescoberta dos escritos de Rosa Luxemburgo, dos jovens Hegel e Marx, a tradução para a língua inglesa dos textos de Alexandra Kollontai, embora eles já circulassem no Brasil desde a década de 1930[211], e a recuperação dos embates da I Internacional entre Marx e Bakunin. Tudo isso embalado pelo frescor das promessas anunciadas pelo êxito da Revolução Cubana.

Nesse processo, o mundo intelectual, pelo menos na esfera das ciências humanas, em um caminho investigativo próprio, começou a questionar os grandes esquemas explicativos e a reconhecer o caráter específico do conhecimento. O conceito de classe social cedeu lugar às classes trabalhadoras. Abriu-se uma perspectiva plural, que, em consonância com os acontecimentos sociais, deu origem aos estudos de gênero, ao lado da diversidade cultural a partir do conceito de alteridade.

Junte-se a tudo isso a repercussão de livros como *A Arqueologia do Saber* (Michel Foucault) e *A Escrita da História* (Michel de Certeau) juntamente com os escritos de Walter Benjamin, de Hannah Arendt, de Herbert Marcuse e demais representantes da Escola de Frankfurt (J. Habermas, T. Adorno e M. Horkheimer), bem como a produção intelectual dos integrantes da quarta geração da Escola dos Annales.

No que diz respeito ao mundo socialista, da Tchecoslováquia (com a Primavera de Praga) e da Polônia (que acolheu uma produção artística de grande ousadia estética e política) emergiram claramente insatisfações com a burocracia e com o autoritarismo das organizações político-sociais, ao lado de anseios com experiências socialistas pautadas em propostas democráticas e pluralistas.

Os acontecimentos que tiveram lugar nos Estados Unidos da América também podem ser considerados lapidares, pois foram provenientes das reivindicações e críticas da Nova Esquerda, do movimento dos Direitos Civis, da luta contra a Guerra do Vietnã, da descoberta da cultura oriental e das propostas embrionárias das Universidades Livres, além da politização do rock.

Já no Brasil existe uma série de implicações relativas ao termo *anos* de 1960. De imediato, sob o enfoque da esquerda, enfrentou-se uma grande discussão em torno do tema *revolução*, assim como as manifestações estéticas e culturais organizaram-se em torno do *realismo crítico* e das inquietações provenientes do que se denominou *tropicalismo*, nas quais estiveram presentes ideias e comportamentos identificados com a *contracultura* norte-americana.

Essa diversidade, no entanto, não foi devidamente aprofundada no processo porque o combate ao Estado autoritário tornou-se a principal bandeira de luta. Tal ênfase possibilitou que manifestações afinadas com a *contracultura* ou críticas à ortodoxia da esquerda fossem compreendidas como *despolitizadas*.

Exatamente por reconhecer esse caráter múltiplo, em termos dramatúrgicos, não se pode reduzir o teatro brasileiro exclusivamente às temáticas de abrangência histórica e/ou nacional. Para tanto, basta recordar o surgimento de jovens escritores como Consuelo de Castro (*À Flor da Pele*, *O Grande Amor de Nossas Vidas* etc.), Leilah Assumpção (*Fala Baixo Senão Eu Grito*, *Roda Cor de Roda*, *Vejo um Vulto na Janela*, *Me Acudam que Sou Donzela*, entre outras), Antonio Bivar (*Cordélia Brasil*, *Alzira Power* etc.), Isabel Câmara (*As Moças*), José Vicente (*Hoje é Dia de Rock*, *Santidade*, *O Assalto* etc.), dentre outros.

210 Dentre os inúmeros intelectuais que romperam seus vínculos político-partidários com o Partido Comunista, em 1956, cumpre recordar, na Inglaterra, o nome Edward Palmer Thompson. Já na França, destacam-se os nomes de Jean-Paul Sartre e Simone de Beauvoir que haviam se filiado ao PCF no ano de 1952.

211 No que se refere às repercussões das ideias soviéticas no Brasil na primeira metade do século XX cabe recordar, a título de ilustração, o ensaio *Teatro Soviético*, de Joracy Camargo, de 1937, que foi editado em1945.

Nessas circunstâncias, apesar de o realismo (e não o realismo socialista) haver se tornado a chave estética a partir da qual se engendrou a *arte de resistência*, ele foi visto como insatisfatório e limitado artisticamente para jovens artistas que ingressaram no teatro a partir da primeira metade da década de 1970, como recordou a atriz Walderez de Barros no seguinte depoimento:

> A geração que começou a fazer teatro em 1970, por exemplo, não tinha a menor informação do que tinha acontecido nos cinco anos anteriores. A não ser que tivessem contato pessoal com alguém que desse material para ler, ou o informasse, ou falasse. A cabeça dessa geração era completamente diferente da nossa. Nós começamos num período de turbulência política. Já quem começou no período de ditadura, muitas vezes, era cobrado por uma coisa que nem sabia o que era. Uma geração diferente da nossa, o que tornava, em determinados casos, a convivência difícil[212].

Essa avaliação é extremamente luminosa, pois evidencia as diferentes premissas que orientaram os artistas em atividade e aqueles que ingressaram no meio profissional em 1970. Os que sobreviveram ao golpe de 1964 e ao AI-5 vivenciaram mudanças significativas na sociedade, desde a redefinição do próprio mercado de trabalho até o redimensionamento dos meios de comunicação, incluindo aí o projeto de integração nacional, via Embratel, que tornou a televisão o veículo mais eficaz para transmitir ideias, informações e construir uma concepção de arte e de cultura[213].

Já os jovens profissionais iniciaram suas trajetórias, muitas vezes, motivados pelas escolas de teatro, pelas perspectivas profissionais e culturais de atuação ou pela busca de espaços de sociabilidade, isto é, o teatro como lugar de integração social. Por esse prisma e pela força de inúmeras circunstâncias, no decorrer da década de 1970 a interlocução do teatro brasileiro com experiências internacionais ganhou maior visibilidade, especialmente a partir de propostas teatrais como a do Teatro Ipanema (Rio de Janeiro), que teve à frente os atores Rubens Corrêa e Ivan Albuquerque realizando espetáculos como *O Arquiteto e o Imperador da Assíria* (Fernando Arrabal) e *Hoje é Dia de Rock* (José Vicente). Essas realizações, aliadas aos ensinamentos de Antonin Artaud[214], buscaram romper com os limites entre palco e plateia, com o intuito de, através da arte, recompor a vida e a própria ideia de cotidiano, como afirmou Mariangela Alves de Lima:

> Na forma de encenação estavam contidas embrionariamente todas as proposições típicas de um grupo de teatro: os atores e demais trabalhadores do espetáculo participavam como coautores do trabalho, ideologicamente identificados com o resultado apresentado no palco[215].

Tais considerações fornecem indícios que permitem entrever expectativas e possíveis intenções que perpassaram algumas propostas artísticas, parte do público e da crítica teatral. Dessa maneira, observa-se nitidamente o surgimento de perspectivas estéticas e culturais dissociadas do efetivamente político. Em outros termos, significa dizer que as discussões acerca da liberdade e da participação social não deveriam se restringir a partidos e/ou instituições. Pelo contrário, redescobrir o cotidiano e as possibilidades presentes no *continuum* seria o gesto transformador que se apresentava após a derrota de posturas mais radicais.

O Brasil, além das experiências estéticas e existenciais mencionadas, viveu o impacto dos trabalhos do diretor norte-americano Bob Wilson[216], além dos ensinamentos e do método do diretor polonês Jerzy

212 A. F. Ramos; R. Patriota; F. Nasser, op. cit., p. 184.

213 Tais mudanças não passaram despercebidas pela cena teatral, tanto que forneceram temas para peças de dramaturgos como Oduvaldo Vianna Filho (*A Longa Noite de Cristal*, *Corpo a Corpo* e *Alegro Desbum*) e Carlos Queiroz Telles (*Arte Final*) quanto para jovens autores como Consuelo de Castro (*Caminho de Volta*).

214 É inegável que o artista francês já se constituíra em referência para os artistas no Brasil por diferentes formas de apropriação desde a década de 1960. Para maiores informações acerca da presença dos textos e das ideias de Antonin Artaud no Brasil, consultar: J. Guinsburg, O Rememorar de um Ofício: Um Professor em Devir, em J. Guinsburg; R. Patriota (orgs.), *J. Guinsburg, A Cena em Aula: Itinerários de um Professor em Devir*.

215 Quem Faz o Teatro, em Adauto Novaes (org.), *Anos 70: Ainda Sob a Tempestade*, Rio de Janeiro: Aeroplano, 2005, p. 240.

216 A repercussão do trabalho de Bob Wilson, em termos acadêmicos, materializou-se na seguinte pesquisa: Luiz Roberto Galizia, *Os Processos Criativos de Robert Wilson: Trabalhos de Arte Total para o Teatro Americano Contemporâneo*, São Paulo: Perspectiva, 2005. Em relação aos trabalhos que registram o impacto das conquistas formais e dos espetáculos de Bob Wilson no Brasil destacam-se: Silvia Fernandes; J. Guinsburg (orgs.), *Gerald Thomas: Um Encenador de Si Mesmo*, São Paulo: Perspectiva, 1996; S. Fernandes, *Memória e Invenção: Gerald Thomas em Cena*, São Paulo: Perspectiva/Fapesp, 1996.

Grotowski[217] que, mais que a defesa de um teatro psicofísico, destituído de vestimentas e acessórios cênicos, evocava o teatro santo ou o teatro ritual[218].

Ao lado desses diretores e pensadores, o teatro brasileiro viu-se às voltas também com as contribuições decorrentes da dramaturgia internacional que, temática e narrativamente, rompera com as premissas do realismo. Dentre os textos encenados no país destacam-se os de autoria de Fernando Arrabal e Jean Genet[219].

Em termos acadêmicos, a diversidade e a fragmentação manifestas no campo artístico e cultural começaram a se sobrepor à abrangência histórica por vários motivos. O primeiro diz respeito ao fato de que as perspectivas atinentes ao teatro brasileiro não se apresentavam mais recobertas por uma ideia ou uma perspectiva homogênea capazes de elidir a especificidade da manifestação e/ou proposta estética e conceitual. Já o segundo, por sua vez, se refere às pesquisas desenvolvidas em nível de pós-graduação nas áreas de letras, filosofia e artes cênicas. Estas se notabilizaram preferencialmente por trabalhos monográficos sobre companhias, atores, dramaturgos e diretores, que, além de ampliarem a bibliografia e o conhecimento, propiciaram o surgimento de um teatro notadamente marcado e estimulado por tais investigações[220].

Em meio a isso tudo, não se deve ignorar que a maioria desses textos foi concebida à luz de um debate intelectual que colocou *em suspensão* modelos teóricos que se propuseram a interpretar, em nível globalizante, a dinâmica histórica. Assim, se, por um lado, as manifestações artísticas e processos criativos estudados ampliaram-se, de outro, a possibilidade de reconhecer uma ideia norteadora capaz de construir uma síntese interpretativa tornou-se inviável em decorrência do grau de fragmentação.

Contudo, em termos de balanço historiográfico, é possível mencionar algumas propostas que, se não buscaram a abrangência das manifestações, visaram construir análises parciais como contraponto ou, até mesmo, em oposição àquelas já existentes. Elas podem ser identificadas como interpretações da cultura de esquerda e, sob esse prisma, duas menções devem ser feitas.

A primeira refere-se ao livro de Iná Camargo Costa, *A Hora do Teatro Épico no Brasil*[221]. Nele, a autora busca compreender avanços e limites políticos e estéticos do teatro brasileiro, a partir de textos e encenações das décadas de 1950 e 1960, à luz da recepção da dramaturgia e dos fundamentos teóricos de Bertolt Brecht. Sob essa premissa, alguns momentos da história teatral recente foram avaliados pelos níveis de interlocução que os mesmos tiveram em relação à obra do artista alemão.

Já a segunda referência remete ao trabalho de Edélcio Mostaço, *Teatro e Política: Arena, Oficina e Opinião – Uma Interpretação da Cultura de Esquerda*, que foi assim apresentado:

> A história do teatro deste período não é tarefa para uma só pessoa, nem por direito nem por vocação. Tarefa onerosa, a mim pode caber articular uma perspectiva – não a única, evidentemente. O encontro com as colocações de Heloísa Buarque de Hollanda e de Marilena Chauí, especialmente, me predispôs a abandonar definitivamente qualquer ten-

217 Um momento significativo da recepção de Grotowski no Brasil pode ser aquilatado pela montagem da peça *A Longa Noite de Cristal* (Oduvaldo Vianna Filho), em São Paulo, pelo Theatro S. Pedro, sob a direção de Celso Nunes, que havia retornado da Europa profundamente influenciado pelo artista polonês. Apesar de ter sido bem recebido pela crítica, o trabalho não agradou o autor da peça que declarou em inúmeros veículos de comunicação que havia escrito um drama social que fora transformado em algo puramente existencial pelo fato de a concepção cênica não estar em sintonia com as expectativas de um dramaturgo do Terceiro Mundo. A insatisfação de Vianna Filho foi tão grande que, não satisfeito em expor publicamente seu desacordo com o espetáculo, escreveu como resposta o monólogo *Corpo a Corpo*, que chegou aos palcos em 1972, interpretado por Juca de Oliveira sob a direção de Antunes Filho. Este escreveu um texto para o Programa do Espetáculo no qual manifestava plena concordância com as ideias e a postura de Vianinha. Para maiores detalhes sobre este episódio da cena teatral paulistana da década de 1970, consultar: R. Patriota, *Vianinha: Um Dramaturgo no Coração de Seu Tempo*, São Paulo: Hucitec, 1999.

218 No que se refere à bibliografia disponível em português sobre Grotowski, cabe ainda consultar: Jerzy Grotowski, *Em Busca de um Teatro Pobre*, pref. de Peter Brook, Rio de Janeiro: Civilização Brasileira, 1971; Ludwik Flaszen; Carla Polastrelli (orgs.), *O Teatro Laboratório de Jerzy Grotowski 1959-1969*, São Paulo: Perspectiva/Edições SESC-SP, 2007.

219 Além da presença já mencionada no Teatro Ipanema, Fernando Arrabal teve sua peça *Cemitério dos Automóveis* encenada no Teatro Treze de Maio (SP), em 1968, sob direção de Victor Garcia e produção de Ruth Escobar. A parceria entre Escobar e Garcia renovou-se em 1969, em um dos espetáculos mais marcantes dos palcos no país: *O Balcão*, de Jean Genet. Para informações mais detalhadas, consultar: Rofran Fernandes, *Teatro Ruth Escobar: 20 anos de Resistência*, São Paulo: Global, 1985.

220 É evidente que, ao lado das motivações acadêmicas, as escolhas temáticas e a verticalização interpretativa são decorrentes das escolhas e dos interesses dos pesquisadores no momento de desenvolvimento da pesquisa e da posterior elaboração do trabalho.

221 São Paulo: Graal, 1996.

tativa generalizadora e/ou multifacetada de *competência* para a tarefa[222].

No que se refere ao estudo de Edélcio Mostaço, interessa, mais que as conclusões que ele apresenta, destacar a maneira pela qual os escritos de meados da década de 1970 de Marilena Chauí[223] e de Heloisa Buarque de Hollanda[224] fundamentaram a narrativa urdida pelo autor.

Em relação a Chauí, observa-se no percurso de Edélcio a presença da crítica que a filósofa fez à obra de Louis Althusser com o intuito de evidenciar a impossibilidade de se apreender cognitivamente o real em sua totalidade, além de acentuar o caráter politicamente comprometido presente na ideia de que, com o preenchimento das lacunas do discurso ideológico, seria possível vislumbrar a verdade objetivamente constituída, uma vez que tal procedimento implodiria o discurso enquanto tal. Por intermédio dessas reflexões, Mostaço estabeleceu as bases a partir das quais a perspectiva abrangente não se coadunava com uma interpretação crítica do processo histórico.

Ao lado desse caráter epistemológico, o autor agregou as discussões de Heloísa Buarque de Hollanda atinentes à poesia marginal dos anos de 1970 e os desdobramentos desse tema sob o viés das patrulhas ideológicas. Buarque, ao criticar a dimensão totalizante das interpretações elaboradas sob a égide do marxismo-leninismo, propôs recuperar o que se produziu no âmbito dos grandes quadros explicativos. Por meio dessa lógica, constatou que o não reconhecimento da dimensão plural do processo histórico, geralmente subjugado em nome de um sentido para a história, implicou na eliminação de um campo de possibilidades que no curso dos acontecimentos apresentaram-se como alternativas possíveis.

Em vista disso, Mostaço elaborou seu texto a partir de acontecimentos específicos a fim de resgatar os níveis de tensões e os embates envolvendo expectativas políticas e radicalidades artísticas.

Aliás, esse repertório, ao lado de inúmeras outras referências, encontra-se também no texto de Iná Camargo Costa. Entretanto, o que interessou efetivamente à autora foi avaliar os caminhos estéticos e políticos do teatro brasileiro da segunda metade do século XX à luz da recepção da obra de Bertolt Brecht. Mais que isso, a sua motivação foi compreender a não popularização do legado de Brecht nos palcos do país. Para tanto, momentos da história e da histografia foram revistos sob o ideário do dramaturgo alemão e, em decorrência de tal feito, experiências artísticas foram avaliadas positiva ou negativamente.

De acordo com os registros existentes, conviveram trabalhos que estavam em sintonia com as teses da resistência democrática e aqueles que, ao criticarem concepções de engajamento e o tratamento dado a conceitos como povo, nação, pátria, nacionalismo, revolução democrático-burguesa, buscaram formas diferenciadas de refletir sobre a experiência histórica.

Ainda no campo das artes, por iniciativa do jornalista e professor Adauto Novaes, no período que esteve à frente do Centro de Estudos e Pesquisas da Fundação Nacional de Arte do Ministério da Cultura, surgiram dois grupos de estudos. O primeiro, denominado *Anos 70*, produziu estudos que vieram a público, em 1980, pela editora Europa (Rio de Janeiro)[225]. Já o segundo, intitulado *O Nacional e o Popular na Cultura Brasileira*, teve seus resultados divulgados pela editora Brasiliense[226].

No que se refere à questão teatral, esses estudos apresentam questões e análises específicas das décadas de 1960 e 1970, que foram projetadas para além do seu próprio tempo, como advertiu José Arrabal:

> Ver os anos 70 não será possível se nos desligarmos de toda uma série de polêmicas e propostas culturais que emergiram no bojo das lutas populares da década anterior, meses antes da instauração do Ato-5. E no teatro esse fator de análise é determinante e fundamental para toda uma compreensão mais real

222 São Paulo: Proposta Editorial/SEC-SP, 1982, p. 9-11.

223 *Cultura e Democracia: O Discurso Competente e Outras Falas*, São Paulo: Moderna, 1981; e *O Que É Ideologia*, São Paulo: Brasiliense, 1980.

224 *Impressões de Viagem*, São Paulo: Brasiliense, 1980; H. B. de Hollanda; Carlos Alberto Pereira, *Patrulhas Ideológicas*, São Paulo: Brasiliense, 1980; H. B. de Hollanda; Marcos Antonio Gonçalves, *Cultura e Participação nos Anos 60*, São Paulo: Brasiliense, 1982.

225 Esses livros que versaram sobre teatro, televisão, música, literatura e cinema foram reeditados em um único volume sob o seguinte título: A. Novaes (org.), *Anos 70: Ainda Sob a Tempestade*.

226 Os volumes publicados pela editora Brasiliense foram organizados da seguinte maneira: *Seminários*, *Artes Plásticas e Literatura*, *Música*, *Cinema*, *Televisão e Teatro*.

do processo. É por esses conturbados dias dos 60 que começam a se demarcar as diversas propostas que irão refletir-se no palco nos anos seguintes, em meio a controvertidos caminhos, avanços e recuos, quase como num jogo de cabra-cegas[227].

Por intermédio de tais palavras, verifica-se inicialmente a existência de uma premissa que estabelece dependência interpretativa da década de 1970 em relação à anterior, uma vez que ela não foi capaz de produzir propostas políticas e culturais originais. Pelo contrário, as suas realizações, assim como os projetos que se confrontaram no decorrer do processo, têm de ser apreendidas pelas demandas dos anos de 1960.

Por esse motivo, o teatro não pode ser compreendido sem se considerar as ideias e as atuações de Oduvaldo Vianna Filho, Augusto Boal e José Celso Martinez Corrêa, pois elas são essenciais para discutir práticas artísticas que almejaram denunciar e/ou romper os mecanismos da desigualdade social[228].

Com esse intuito, Vianinha surge no debate pelo texto "Um Pouco de Pessedismo Não Faz Mal a Ninguém"[229]. Augusto Boal foi trazido à discussão por "Elogio Fúnebre do Teatro Brasileiro"[230] e pela defesa intransigente de um teatro popular e pelo impacto estético e político do método coringa. Já José Celso Martinez Corrêa emerge por momentos da trajetória do Teatro Oficina, com vistas a destacar o processo de radicalidade vivenciado pelo grupo.

Tal seleção teve como preocupação central apresentar as *matrizes* de práticas teatrais que vigoraram no período seguinte, a saber: a. espetáculos inseridos no circuito comercial; b. teatros independentes, apresentados nas periferias das cidades, com intenção eminentemente política de organização popular; c. montagens *underground*, nas quais a concepção cênica, a temática e a interpretação colocavam em xeque a própria ideia de civilização ocidental.

Coube ao texto de Oduvaldo Vianna Filho representar a vertente que, na avaliação de Arrabal, por ter sido profundamente descaracterizada em suas pretensões originais, fundamentou o projeto oficial para o teatro na década de 1970. Sob esse aspecto, a proposta de Vianinha para fortalecer a unidade da classe artística foi interpretada como conservadora frente aos setores progressistas. Por sua vez, as iniciativas de Boal materializaram a vertente militante que intensificou sua ação, em espaços da periferia da cidade de São Paulo, com *teatro-jornais* e *agitprop* (agitação e propaganda) que, na década de 1970 motivaram a constituição dos *teatros independentes* que passaram a atuar junto aos movimentos sociais.

Já com José Celso Martinez Corrêa observou-se que, apesar da radicalização de seu trabalho em direção à crítica de costumes e da própria sociedade, em geral houve um percurso em direção contrária ao engajamento teatral de esquerda[231].

Tal movimento histórico evidenciou que as disputas e os projetos surgiram na década de 1960. Todavia, as efetivações dos mesmos só ocorreram no período seguinte, com o campo de luta bem definido. Assim, enquanto as reflexões sobre a unidade advogada por Vianinha foram vistas como alinhadas à ordem vigente, as premissas de Boal e Zé Celso tornaram-se parâmetros de uma arte a caminho da transformação.

Sob essa óptica, os anos de 1970 materializaram a derrota cultural. As promessas de ruptura anunciadas no período anterior cederam lugar a encenações definidas como circunscritas aos limites da ação pública. Porém, as expectativas almejadas em um passado recente, ao não se realizarem, tornaram-se naquele presente o ideal a ser conquistado.

227 Anos 70: Momentos Decisivos da Arrancada, em A. Novaes (org.), op. cit., p. 207.

228 "São três propostas que emergem por volta de 67/68, se debatendo nas suas transitoriedades e com suas variantes, até nossos dias. Um teatro que pretenda romper com a dominação de classe, criando no seu interior um polo de consciência revolucionária há que considerar essas propostas como experiências fundamentais de sua história (ou pré-história) e de suas lutas, para delas aproveitar seus acertos e recusar suas fragilidades frente à violência das ideologias de dominação" (Idem, p. 208).

229 Originalmente publicado em *Revista Civilização Brasileira*, Rio de Janeiro, jul. 1968, Caderno Especial n. 2 – Teatro e Realidade Brasileira. Posteriormente foi editado em: Fernando Peixoto (org.), *Vianinha: Teatro – Televisão – Política*, São Paulo: Brasiliense, 1983.

230 Publicado em *Revista Civilização Brasileira*, Rio de Janeiro, jul. 1968, Caderno Especial n. 2 – Teatro e Realidade Brasileira.

231 Essa discussão encontra-se mais bem desenvolvida nos seguintes trabalhos: R. Patriota, A Cena Tropicalista no Teatro Oficina de São Paulo, em *História*, São Paulo: Unesp, v. 22, n. 1, 2003, p. 135-163; R. Patriota, História, Estética e Recepção: O Brasil Contemporâneo pelas Encenações de *Eles Não Usam Black-tie* (G. Guarnieri) e *O Rei da Vela* (O. de Andrade), em R. Patriota; A. F. Ramos (orgs.), *História e Cultura: Espaços Plurais*, Uberlândia: Asppectus/Nehac, 2002, p. 113-131.

Um exemplo significativo desse entendimento pode ser encontrado nas reflexões de Mariangela Alves de Lima sobre as distinções entre grupos e empresas teatrais. Os primeiros foram aproximados de companhias como os Teatros de Arena (São Paulo/Porto Alegre) e o Teatro Oficina porque, apesar de terem preservado a divisão social do trabalho, a existência de perspectivas ideológicas, aliadas a um ideário artístico, permitiu construir uma identidade para os grupos teatrais da década de 1970. Assim como seus antecessores, eles se definiram por serem contra as situações estabelecidas:

> O grupo significa uma tentativa de eliminar do interior da criação teatral a divisão social do trabalho. É uma entidade ideal, célula anômala no tecido político e econômico do país, que representa para o artista de teatro uma estratégia foquista. Mil grupos de teatro podem irradiar para áreas circundantes à produção artística a ideia de que é possível arregimentar, unir, socializar. O grupo em vez de empresa, a coletivização do produto em vez do lucro retornando ao dono do capital. [...] E o que é que o grupo tem que a empresa não tem? Em primeiro lugar, é contra. Sendo contra tem algumas raízes fincadas na década anterior. Seu ascendente direto é a companhia, as famosas companhias ensaiadas e executadas por elencos insatisfeitos com a linha de montagem na produção artística: *Os Comediantes*, o *Teatro Brasileiro de Comédia*, o *Arena*, o *Oficina*. [...] São companhias que têm um ideário artístico, que pretendem uma unidade entre diferentes encenações que seja apenas uma satisfação imediata às exigências do consumidor, mas também uma manifestação da vontade dos artistas empenhados na confecção de uma obra. Além do lucro pretendem imprimir na memória do espectador uma imagem residual, que sobrevive à duração do espetáculo[232].

Esse raciocínio revela o estabelecimento de uma hierarquia, uma vez que somente nas companhias teatrais e nos grupos, que se notabilizaram, inclusive, pelas intenções políticas, poderia residir um ideário artístico. Ao lado disso, não se deveria ignorar que os grupos mantiveram-se em descompasso com a sociedade civil por funcionarem como espaço de proteção propício a uma relação de liberdade entre palco e plateia[233].

Nessa linha de argumentação, destacou-se também o surgimento da *empresa* voltada para a produção de espetáculos com fins lucrativos. Definida como antagônica ao *grupo*, ela se tornou *a face nítida do capitalismo na arte*, porque, além de preservar a *divisão do trabalho*, não contribuiu com o desenvolvimento de espetáculos capazes de ecoarem socialmente. Aliado a isso, ao produtor coube a tarefa de garantir a liberação do texto pela censura e o espaço no circuito comercial, sem se preocupar com a unidade artística ou com a politização da cena. Ao contrário, desenvolveram modelos de apresentação para os grandes espetáculos, que, na opinião de Alves de Lima, conseguiram, por exemplo, diminuir o impacto cênico de um texto tão importante como *Gota d'Água*:

> Para se ter uma ideia da importância do processo de produção basta lembrar que um texto tão importante como *Gota d'Água* tem o mesmo impacto, quando encenado, de uma comédia de costumes do Sr. João da Silva. Ou seja, não tem impacto nenhum. O espetáculo fica muito tempo em cartaz, é sucesso de bilheteria, mas sai de cena sem deixar atrás de si um único herdeiro que possa aproveitar alguma ideia em outros trabalhos[234].

No entanto, é oportuno recordar: espetáculos, como o que foi mencionado, tiveram longas temporadas em palcos brasileiros e em diferentes cidades. Será que esses dados não deveriam ser considerados no que se refere ao impacto político e cultural?

Pelo exposto, depreende-se que as análises de Mariangela Alves de Lima e de José Arrabal são polêmicas, na medida em que afirmações, presentes em ambos os textos, exigem um estudo mais aprofundado, especialmente no que diz respeito à estética da recepção.

Contudo, interessa aqui ressaltar o fato de que suas ideias tornaram-se referências para os estudos sobre o teatro da década de 1970 e contribuíram para o estabelecimento de uma hierarquia, a partir da qual as propostas alternativas e/ou os grupos

232 M. A. de Lima, op. cit., p. 237-238.

233 Acerca dessa discussão, verificar no texto indicado na nota anterior, as reflexões de Mariangela Alves de Lima sobre o espetáculo *Hoje é Dia de Rock*, direção de Ivan Albuquerque e protagonizada por Rubens Corrêa no Teatro Ipanema, no Rio de Janeiro.

234 M. A. de Lima, op. cit., p. 246.

independentes foram as respostas políticas àquela conjuntura de exceção.

Por esse motivo, as condições de produção dos grupos e do teatro empresarial, bem como a localização das salas de espetáculos, vieram para o centro do debate. Através dessas análises, nasceu uma oposição, definida pelo processo criativo, que até hoje está presente em inúmeros escritos sobre teatro brasileiro: teatro comercial x teatro de vanguarda e/ou teatro de ideias.

Tal polarização não considerou que as atividades teatrais, no Brasil e em outros países do mundo, não são desenvolvidas de maneira uniforme, isto é, no mercado de bens culturais convivem distintas maneiras de fazer teatro: a. o teatro comercial; b. espetáculos de companhias financiadas pelo Estado ou por fundações; c. trabalhos experimentais, desenvolvidos por grupos geralmente vinculados a instituições de ensino e de pesquisa; d. companhias e/ou grupos engajados, seja de forma independente, seja vinculados a partidos políticos, sindicatos, associações de bairro etc.; e. teatro amador.

O fato de não se atentar para tais possibilidades permitiu a redução das análises comparativas entre as décadas de 1960 e 1970 a dois polos antagônicos, nos quais a primeira surge como revolucionária e a segunda como conservadora.

Sob esse ponto de vista, é fundamental compreender tanto o movimento teatral dos anos de 1970 quanto as ideias[235] que alimentaram o debate crítico, pois esses argumentos estiveram presentes na maioria dos trabalhos que se reportaram à aludida década, seja no intuito de valorizar experiências artísticas de grupos, seja para enfatizar as limitações dos espetáculos que foram identificados com o mercado.

Entretanto, em fins dos anos de 1970, o quadro político-social sofreu mudanças significativas. Manifestações públicas dos setores da oposição, organização dos movimentos sociais, interesses econômicos, fizeram o então presidente da república, general João Batista Figueiredo, proferir a célebre frase: "eu prendo e arrebento, mas faço desse país uma democracia".

O ano de 1979 marcou o fim da censura e o retorno paulatino das liberdades democráticas. As gavetas foram abertas e as peças proibidas, encenadas. Contudo, passado o período da euforia, uma nova conjuntura começou a se desenhar e a cena teatral que até então estivera, de forma predominante, marcada pelas bandeiras da resistência democrática começou a ganhar novos contornos.

235 Os argumentos apresentados por José Arrabal e Mariangela Alves de Lima nos ensaios aqui discutidos são também o *leitmotiv* dos textos publicados na série *O Nacional e o Popular na Cultura Brasileira*, na medida em que eles estão em consonância com as questões levantadas por Marilena Chauí nas três palestras que vieram a público sob o título *Seminários* (São Paulo: Brasiliense, 1983). Para aprofundamento do debates, consultar: J. Arrabal e M. A. de Lima, *Teatro*, São Paulo: Brasiliense, 1983.

IV. O Teatro Contemporâneo (1978...)

1. A DRAMATURGIA DOS ANOS DE 1980/1990[1]

Delineamento

Como se reconhece em qualquer tradição, muitos dos alicerces do que constituiu as principais tendências da produção dramatúrgica dos anos de 1980/1990 foram dispostos nas décadas anteriores.

Resumidamente, os anos de 1970 foram um período conturbado, porém fértil em produções para o teatro. Os coletivos que no período anterior estabeleceram a tradição do teatro de grupo, em especial o Arena e o Oficina, tiveram suas trajetórias interditadas, mas logo sucedeu-se uma nova geração, da qual fariam parte, entre outros agrupamentos importantes, Pod Minoga (1972)[2], Asdrúbal Trouxe o Trombone (1974), Pessoal do Victor (1975), Mambembe (1976), Ornitorrinco (1978) e Pessoal do Despertar (1979). Estes não apenas se sustentaram durante o período mais perverso da ditadura, como inovaram nos procedimentos e nos modos de produção. À parte eles, muitos outros grupos, imbuídos de energia militante e ânsia de comunicação com as populações marginalizadas, deslocaram-se para as periferias e cumpriram trajetórias menos visíveis, porém igualmente ricas em experiência artística e aprendizado cultural[3]. Na dramaturgia, acrescentando-se à companhia de "veteranos" como Vianinha, Guarnieri, Lauro César Muniz, Paulo Pontes, João das Neves e Plínio Marcos, uma boa safra de novos autores abriu caminho no ambiente hostil da censura e da repressão e constituiu o agrupamento que Sábato Magaldi chamou de "nova dramaturgia", parte do "teatro novo" brasileiro[4]. Com Leilah Assumpção, Isabel Câmara, Consuelo de Castro, José Vicente e Antonio Bivar – comissão de frente dessa geração –, viriam ainda, no correr na década: Carlos Alberto Soffredini, Roberto Athayde, Fauzi Arap, Flávio Márcio, Maria Adelaide Amaral, Carlos Queiroz Telles, Naum Alves de Souza, Mário Prata, Alcione Araújo e Alcides Nogueira. A maioria desses autores atravessaria os dois decênios seguintes, constituindo o tronco principal da dramaturgia

1 Este texto tem caráter de inventário, elaborado com a intenção de ser tão somente um guia que facilite a compreensão da vasta e complexa produção dramatúrgica das duas décadas previstas no título. Sem desmerecer o trabalho do autor concentrado em sua criação, privilegiamos a peça que chegou ao palco, entendendo que a dramaturgia realiza-se no ato cênico (o que significa que as datas associadas às peças serão sempre as da encenação e não de sua escritura).

2 As datas entre parênteses concernem ao ano de fundação do grupo.

3 Ver Silvana Garcia, *Teatro da Militância*, 2. ed., São Paulo: Perspectiva, 2005; ver também supra, O Teatro da Militância, p. 271.

4 "Teatro novo" por analogia com "cinema novo", embora Magaldi não veja propriamente semelhanças entre os dois. Sábato Magaldi, *Moderna Dramaturgia Brasileira*, São Paulo: Perspectiva, 1998, p. 231 e 237. Ver também Elza Cunha de Vincenzo, *Um Teatro da Mulher: Dramaturgia Feminina no Palco Brasileiro Contemporâneo*, São Paulo: Perspectiva/Edusp, 1992.

brasileira engrossado, a cada tanto pela emergência de novos nomes.

Embora os anos de 1980 tenham sido genericamente identificados como um período de dominância da encenação sobre o texto e, portanto, de raleamento da produção dramatúrgica, essa paisagem ganha nova perspectiva se considerarmos que os encenadores foram, muitos deles, autores de seus textos-espetáculos[5] e que essa produção marcou um novo modo de avaliar e dar abrangência ao campo da dramaturgia. Além do mais, a produção autoral não estancou ou encolheu. Continuaram surgindo novos e importantes nomes como Luís Alberto de Abreu, Marcos Caruso, Jandira Martini, Miguel Falabella, Vicente Pereira e José Antonio de Souza.

Podemos considerar esses anos como momento de transição que se abre, na década seguinte, a um revigoramento do teatro de texto, com um interesse renovado pelos assuntos nacionais e, subsidiariamente, pela dramaturgia brasileira. Avaliando-se o panorama da produção, verifica-se uma revalorização dos grandes nomes da dramaturgia nacional, em especial Nelson Rodrigues. Multiplicam-se, em contrapartida, os grupos de teatro que produzem sua própria dramaturgia como parte do processo de criação. Essa necessidade de autoexpressão é confirmada também no desempenho de atores e atrizes que se lançam em espetáculos-solo, muitos dos quais sustentados em textos próprios.

O balanço dessa década revela ainda duas ocorrências que merecem destaque: por um lado, a efetiva entrada no meio produtivo de uma nova geração de autores – que poderíamos chamar, para fins de agrupamento, de "geração dos 90" –, grupo bastante numeroso e diversificado que renova, em seus modos e procedimentos, muitos dos parâmetros dramatúrgicos vigentes nos anos anteriores.

O segundo aspecto a ser mencionado é o fortalecimento do segmento teatro de grupo com o aparecimento de muitos novos coletivos, bem como de procedimentos afinados com os princípios do coletivismo, revistos sob a óptica de uma tradição já constituída. Entre esses procedimentos, destaca-se o modo colaborativo de construção do espetáculo. Para esse tipo de parceria, forjou-se o termo "processo colaborativo", que representaria um passo adiante no modo de criação coletivo praticado nos anos de 1970/1980. Essa modalidade de criação pressupõe o empenho de todos em igualdade de condições na construção do espetáculo, mas com a responsabilidade final assumida por cada um em sua especificidade. Na definição sucinta de Antonio Araújo, do Teatro da Vertigem, constitui-se "numa metodologia de criação em que todos os integrantes, a partir de suas funções artísticas específicas e sob um regime de hierarquias móveis ou flutuantes, têm igual espaço propositivo, produzindo uma obra cuja autoria é compartilhada por todos"[6]. Ou seja, pressupõe a conservação da especialidade – a dramaturgia requer um dramaturgo como a iluminação pede um especialista e assim ocorre em cada campo. Desse modo, não há esforços desperdiçados no desenvolvimento de habilidades que não correspondam ao que de melhor cada um possa dar.

Abertura

O crítico e pensador de teatro Yan Michalski iniciava um balanço sobre a temporada de 1979 celebrando o fato de que teria sido esse o primeiro ano de atividades teatrais livres da censura, consequência da extinção do Ato Institucional n. 5. E ressaltava a presença em cartaz de quatro espetáculos excepcionais, "os grandes marcos teatrais do ano", todos distinguidos com a recomendação especial da Associação de Críticos Teatrais do Rio de Janeiro: *Macunaíma*, adaptado de Mário de Andrade por Jacques Thiériot e Grupo de Arte Pau Brasil (direção de Antunes Filho); *A Resistência*, de Maria Adelaide Amaral (direção de Cecil Thiré); *Papa Highirte*, (direção de Nelson Xavier) e *Rasga Coração* (direção de José Renato), ambos de Oduvaldo Vianna Filho[7]. Tirante *Macunaíma* – que

5 Embora em alguns casos haja construção de texto pela via de procedimentos improvisacionais coletivos, ainda assim há um constituinte fortemente autoral que se verifica no resultado cênico. A respeito, ver Sílvia Fernandes, *Grupos Teatrais: Anos 70*, Campinas: Editora da Unicamp, 2000. Ver, também, infra, A Encenação, p. 332.

6 *A Gênese da Vertigem*: *O Processo de Criação de* O Paraíso Perdido, São Paulo: Perspectiva/Fapesp, 2011, p. 131.

7 Acabou a "Temporada de Abertura". E Agora?, em Fernando Peixoto (org.), *Reflexões Sobre o Teatro Brasileiro no Século XX*, Rio de Janeiro: Funarte, 2004, p. 331-332.

visitava os palcos cariocas após a temporada em São Paulo, onde estreara em 1978 –, as outras peças tinham em comum o fato de que suas disposições em cena haviam sido viabilizadas pelos ventos politicamente mais amenos que começavam a soprar, já que todas as três tinham sido ou diretamente proibidas ou postas em estado de espera (caso de *A Resistência*) à época em que foram escritas. Somadas a duas outras peças que estreariam logo em seguida em São Paulo – *Patética*, de João Ribeiro Chaves Netto (direção de Celso Nunes, 1980) e *Calabar*, de Chico Buarque e Rui Guerra (direção de Fernando Peixoto, 1980) –, reuniu-se aqui, sem sombra de dúvida, o conjunto de peças mais execrado pela censura do período militar.

Com a estreia, ainda em 1979, em São Paulo, de *Sinal de Vida*, de Lauro César Muniz (direção de Oswaldo Mendes), de *Fábrica de Chocolate*, de Mário Prata (direção de Ruy Guerra) e, no Rio, de *Os Órfãos de Jânio*, de Millôr Fernandes (direção de Antônio Abujamra, 1980), completamos o quadro de peças que, no período, encabeça a vertente do *teatro de resistência*, fazendo-se transição para o que Yan Michalski denominou *teatro de abertura*. Cada uma a seu modo, são peças que revelam a preocupação com a história e refletem a necessidade de, por meio do teatro, discutir fatos políticos ainda vivos nos corações e mentes de muitos brasileiros.

Essa vertente política não se esgotaria aqui: muitas peças e autores ainda viriam ao palco com seus textos-testemunhos da história e outras peças seriam escritas com o compromisso de manter estreito o vínculo entre ficção e realidade. No acervo da dramaturgia nacional foram muitos os textos que mantiveram essa tradição. Na medida em que o duro período da ditadura militar foi ficando à distância e passou a ser destrinchado e julgado pelos meios intelectuais e artísticos engajados, os temas e motivos trazidos ao palco ganharam novas tinturas, novos enfoques, confirmando a presença de um teatro de análise social e política na tradição do teatro brasileiro. Essa continuidade fez-se não apenas por meio de autores engajados, que se dedicaram a atualizar esse repertório com novas peças – como é o caso de Chico de Assis, Izaías Almada e Gianfrancesco Guarnieri –, como também ganhou condição de projeto artístico-ideológico pela adesão de coletivos inteiros, como é o caso da Companhia do Latão.

Fundada em 1996, a Companhia desenvolveu um repertório de peças sustentadas na pesquisa coletiva, finalizadas na cena por seus dois dramaturgos-diretores, Sérgio de Carvalho e Márcio Marciano. Os fundamentos que animaram sua criação remetiam a Brecht e à noção de teatro épico, e o processo de construção dos textos, como é do princípio coletivista deste e de muitos outros grupos, produzia-se em interação com o trabalho improvisacional dos atores. Nos primeiros espetáculos do grupo, esse trabalho coletivo estabeleceu-se em diálogo com autores pesquisados naquele momento: com Brecht, em *Ensaio Sobre o Latão* (1997) e *Santa Joana dos Matadouros* (1998), e Büchner, em *Ensaio para Danton* (1996; segunda versão, 1999). Seguiram-se os espetáculos de dramaturgia própria do grupo: *O Nome do Sujeito* (1998) e *A Comédia do Trabalho* (2000). Essa combinação de autoria original e criação sobre textos consagrados continuará sendo característica do grupo.

Os ares de abertura que começariam a soprar a partir do começo da década de 1980 teriam sido, senão o principal motivo, certamente um fator determinante para que muitos dos grupos empenhados na militância cultural e artística quase clandestina da década anterior concluíssem suas trajetórias, voltando-se para o teatro profissional ou simplesmente engajando-se no processo de renovação político-partidária que se iniciava. No entanto, muitos dos procedimentos que foram experimentados e adotados por esses grupos encontrariam eco na produção sequente, dominante, do teatro de grupo.

Entre os grupos que permaneceram fiéis à militância encontra-se o Teatro União e Olho Vivo, certamente o representante mais estável do teatro antes chamado "de periferia". Veterano consagrado desse tipo de coletivo – e, considerando sua presença até hoje no ambiente cultural paulista, seu representante mais longevo –, o União e Olho Vivo, conduzido pelo dramaturgo e diretor César Vieira e sustentado pelo trabalho dedicado de seus integrantes – alguns presentes desde a primeira hora de formação do grupo, outros assimilados na rotina das apresentações nos bairros e periferias da cidade –, atravessou quatro décadas combinando a inspiração em folguedos e festas populares com temas retirados do universo do trabalho e da luta contra a opressão econômica, como a greve em *Bumba, Meu Queixada* (1979), ou com temas diretamente vinculados a episódios históricos, como em *João Cândido do Brasil – A Revolta da Chibata* (2001).

Inspirados por uma compreensão do teatro como função político-social, diversos outros grupos têm construído sua dramaturgia, original ou inspirada em outros autores, visando cumprir cada qual à sua maneira esse objetivo. Entre esses grupos, poderiam ser citados ainda o Folias d'Arte, de São Paulo, o Ói Nóis Aqui Traveiz, de Porto Alegre, o Bando de Teatro Olodum, de Salvador, e a Companhia Ensaio Aberto, do Rio de Janeiro.

Margens

Depois de censurada por muitos anos (foi escrita em 1969), e ter sido usada pela classe teatral como emblema de resistência[8], a peça de Plínio Marcos *Abajur Lilás* veio a público encenada por Fauzi Arap em 1980. No ano anterior, Plínio havia escrito a versão para o palco de *Querô, Uma Reportagem Maldita* (que seria encenada pelo grupo Tapa apenas em 1992). Também em 1979, no porão do TBC, uma montagem de caráter clandestino – os atores vendiam os ingressos diretamente a populares no centro da cidade – fazia reviver *Barrela*, com elenco agrupado sob a denominação de O Bando e sob a direção do próprio Plínio, em parceria com Renato Consorte. Depois de vinte e um anos de interdição, a peça forçava sua liberação pela polícia e reconduzia Plínio Marcos ao palco, de onde havia sido indevidamente retirado. A montagem de *Barrela* marca o esgotamento de uma fase da dramaturgia de Plínio, que começou justamente com a criação dessa peça, em 1958.

Com a entrada da nova década, o autor passaria alguns anos sem escrever, até retornar aos palcos com *Madame Blavatsky* (direção de Jorge Takla, 1985), texto que investiga a personagem histórica do título e envereda pelos aspectos religiosos e esotéricos da história daquela que foi fundadora da doutrina teosófica.

Na produção sequente do dramaturgo, o retorno aos temas do submundo e as investidas em novos universos temáticos, facetas diversas da existência multíplice do autor, combinaram-se sem contradições.

O tema da violência exalada "do beco sem saída da miséria" e da "absoluta falta de sentido nas vidas degradadas", para usar as expressões precisas de Ilka Zanotto[9], não teve descrições mais consistentes do que as grafadas por Plínio Marcos. Ele tampouco fez "herdeiros" de sua linguagem, pelo menos não em linhagem direta. Seu teatro, porém, abriu e manteve aberta a porta para o retrato social traçado com tintas cruas, permitindo que as gerações seguintes de autores que quisessem tanger o tema pudessem prescindir de volteios estilísticos. Mesmo sem remissões explícitas, ou intenção de vassalagem, a contundência do realismo de Plínio Marcos paira como referência sempre que a ordem da violência domine o fabulário da cena. Não se trata de estabelecer comparações ou confrontos, mas entender a licença lá atrás duramente conquistada.

Sob essa perspectiva, muitos dos novos autores, em algumas de suas obras, dialogam com essa tradição. Dois exemplos entre vários possíveis: *Vermouth* (1998), segunda peça encenada do dramaturgo e diretor Aimar Labaki, é uma trama confinada "entre quatro paredes", uma sala de aula da periferia onde se enfrentam duas professoras e um par de marginais. Diferentemente de Plínio Marcos, no entanto, Labaki, mesmo sem julgar suas personagens, constrói a peça com evidente intenção de constituir para o espectador um dilema moral.

Também Mário Bortolotto põe em cena personagens que transitam por ruelas e becos das margens da sociedade bem instalada e, de certo modo, também expostos no sem sentido de suas existências. Mas, se frequentam o mesmo cenário, diferem dos marginais e meliantes de Plínio na medida em que, em Bortolotto, estão mais próximos das figuras sombrias dos *comics* e da ambiência decadente das narrativas bukowskianas.

8 Ver Ilka Marinho Zanotto, Prefácio, em I. M. Zanotto (org.), *Plínio Marcos*, São Paulo: Global, 2003, p. 17. (Melhor Teatro)

9 Idem, p. 8.

Homoerotismo

A abertura política que rege os anos de 1980 também contribuiu para a emergência, ainda que tímida, de um teatro em cujo centro encontram-se expostos, de diversos e às vezes contraditórios modos, as diferenças de orientação sexual e os temas correlatos. O teatro de temática homoerótica revela-se com maior visibilidade a partir dessa década, embora tenha antecedentes, entre outros, na dramaturgia de José Vicente, de Fernando Melo, de Walmir Ayala, nas apresentações do Vivencial Diversiones, em Recife, e em espetáculos como o dos Dzi Croquetes[10], na década de 1970. A difusão da Aids e, na esteira desta, a luta contra a doença na qual passa a se engajar paulatinamente a comunidade gay, serão fatores importantes a definirem um caminho mais aparente para o homoerotismo na cena. Ao longo das décadas, haverá também o estímulo dos textos que vêm de fora e que serão encenados aqui com maior ou menor destaque[11].

Embora haja artistas e estudiosos que rejeitem a denominação e o enquadramento do teatro homoerótico, parece inegável a presença de uma dramaturgia que privilegia os assuntos vinculados ao universo do erotismo gay, e não apenas pela eventual presença de personagens homossexuais – este talvez o filão mais populoso e no qual os preconceitos e estereótipos encontram-se mais evidentes – mas, como diz Newton Moreno, por serem "textos e encenações que tenham se valido de discussões ou elementos da cultura GLS"[12]. Mesmo que não se restrinjam ao tema do homoerotismo, ainda assim a presença de questões relevantes para a cultura gay – seja pelo tipo de debate que suscita, pela transgressão de limites socialmente impostos, por desvendar preconceitos ou pôr em evidência as diferenças sexuais que nos constituem – é suficiente para que, com uma visada que não impede outras, possamos agrupar nesse modo temático um certo segmento da produção.

Logo no início da década, e servindo como marco para o repertório do teatro homoerótico, está *Blue Jeans* (1981), peça que trata da prostituição masculina juvenil, escrita pelo dramaturgo e diretor Zeno Wilde (1947-1998) em parceria com Wanderley Bragança. Próximo da dramaturgia de Plínio Marcos pelo ambiente marginal e pela violência das relações retratadas, Zeno Wilde em pouco mais de duas décadas realizaria uma dramaturgia que ainda hoje é referência para o estudo dessa produção. Entre o principal de sua obra, como autor e também como diretor, encontram-se: *O Meu Guri* (1984), *Anjos de Guarda* (1987), *Olhos Cor de Mel de James Dean* (1992) e *Pasolini, a Segunda Morte de Pedro e Paulo* (1996).

Ainda referida à década de 1980, merece destaque a emergência em São Paulo de espaços alternativos e clubes noturnos que abrigaram apresentações de esquetes e entreatos protagonizados por atores e transformistas. Um marco importante dessa tendência foi o Off, administrado por Celso Curi. Aberto em 1979, funcionou até o começo da década de 1990 e foi importante ponto de referência para o teatro experimental e performático. Em sua primeira fase, até 1986, quando passou a se chamar Espaço Off, Celso Curi e Fábio Namatame eram os principais responsáveis por um repertório renovado de performances, cujos temas eram retirados do noticiário social e político do país. As apresentações, a cargo de Namatame, incluíam travestimento e situações de homoerotismo, sempre no registro de um cômico corrosivo e grotesco.

Com a consolidação do espaço, o rol de artistas convidados ampliou-se e o Off acolheu *performers* como Patrício Bisso e Denise Stoklos, e promoveu importantes estreias, como *Dama da Noite*[13], com

10 No que concerne ao teatro brasileiro, apenas recentemente o tema do homoerotismo ganhou seus primeiros estudos e sua história começou a ser esboçada. Para mais dados sobre o tema: Severino J. Albuquerque, *Tentative Transgressions. Homosexuality, Aids, and the Theater in Brazil*, Madison: The University of Wisconsin Press, 2004; e Newton Moreno, *A Máscara Alegre: Contribuições da Cena Gay para o Teatro Paulista*, dissertação de mestrado, São Paulo, Escola de Comunicações e Artes-USP, 2003.

11 Entre eles, *Bent* (1981), de Martin Sherman, sob direção de Roberto Vignati; *O Beijo da Mulher Aranha* (1982), de Manuel Puig, dirigido por Ivan de Albuquerque, com Rubens Corrêa; *As Is*, de William Hoffman, traduzido para *Por que Eu?* (1987), também sob direção de Roberto Vignati; *Angels in America*, de Tony Kushner, encenado no Brasil com o título *O Milênio se Aproxima* (1995), sob direção de Iacov Hillel. Ver S. J. Albuquerque, op. cit., p. 124 e 188.

12 N. Moreno, op. cit., p. 31. A sigla GLS, ou seja, "Gays, Lésbicas e Simpatizantes", tem sido progressivamente adotada como solução politicamente correta para enquadrar de forma ampla os limites e interesses da comunidade gay, em especial no âmbito da sociedade de consumo. Newton Moreno trata do termo em sua dissertação à p. 10.

13 Apresentado num pequeno espaço *dentro* do Espaço Off, que recebeu o nome de Teatro Fábio Namatame.

texto de Caio Fernando Abreu, dirigido e atuado por Gilberto Gawronski, e *Ópera Joyce* (1989), de Alcides Nogueira, sob direção de Márcio Aurélio.

Nos anos de 1990, o repertório de peças de temática homoerótica aumentou significativamente em relação à década anterior. Apenas para pontuar tendências, pode-se tomar como novo marco *A Mancha Roxa* (direção de Léo Lama, 1989), de Plínio Marcos, primeira peça sobre Aids tratada ficcionalmente. Fugindo do modelo das peças didáticas dedicadas à doença, mas com a crueza realista que marca sua dramaturgia, Plínio Marcos ambienta seu drama em uma cela de cadeia onde prisioneiras encontram-se expostas à contaminação.

O tema da Aids, submetido a tratamento metafórico, mas suficientemente sugerido para provocar reflexão e desconforto, estaria presente ainda em vários outros textos: *O Livro de Jó* (1992), de Luís Alberto de Abreu, produção do Teatro da Vertigem, sob a direção de Antonio Araújo; *O Homem e a Mancha* (1997), de Caio Fernando Abreu, sob a direção de Luiz Arthur Nunes e interpretação de Marcos Breda, e *Um Deus Cruel* (1997), primeira peça de Alberto Guzik, adaptada do seu livro *Um Risco de Vida*, dirigida por Alexandre Stockler.

Alcides Nogueira também contribuiria com uma porção significativa do repertório de peças com motivos homoeróticos: *Gertrude Stein, Alice Toklas & Pablo Picasso* (direção de Márcio Aurélio em codireção com Antônio Abujamra, 1996), peça que, com as premiadas *Ópera Joyce* e *Pólvora e Poesia* (direção de Márcio Aurélio, 2001), constituiria uma trilogia sobre personalidades vinculadas à modernidade. Escreveu ainda *Ventania* (1997), em cuja personagem central, embora cindida nas figuras de dois irmãos, reconhece-se o dramaturgo Zé Vicente, a quem Nogueira prestou reverência e prova de admiração, com a direção cúmplice de Gabriel Villela.

Coincidentemente, nesse mesmo 1997, depois de trinta anos engavetado pela censura, o primeiro texto de José Vicente, *Santidade*, ganhou realização cênica pelas mãos de Fauzi Arap. No teatrinho do Crown Plaza, em São Paulo, o diretor fez do palco um alto-relevo que expunha, quadro a quadro, a provação de um jovem em conflito com a vocação religiosa, com sua sexualidade, e em confronto com a vida de prostituição do irmão mais velho.

Merecem menção ainda as montagens de *As Tias* (1981), de Doc Comparato e Aguinaldo Silva; *Pela Noite*, texto de Caio Fernando Abreu (1996), adaptado e dirigido por Renato Farias; *Para Sempre* (1997), de Maria Adelaide Amaral, dirigido por Vivien Buckup e protagonizado por Paulo Autran e Celso Frateschi, e no terreno das relações lésbias *Violeta Vita* (1994), de Luiz Cabral, peça sobre a correspondência entre Vita Sackville e Violet Keppel Trefusis, dirigida por Beth Lopes e protagonizada por Cláudia Schapira e Lu Grimaldi.

Encerrando este painel da produção, deve-se mencionar o dramaturgo, ator e diretor pernambucano Newton Moreno, que marcou presença em São Paulo como um dos mais legítimos autores do teatro homoerótico, na companhia dos colegas da companhia Os Fofos Encenam. Formado no ambiente teatral da Universidade Estadual de Campinas, no começo dos anos de 1990, a companhia consolidou-se profissionalmente apenas em 2000, após um longo jejum produtivo, com a montagem de *Deus Sabia de Tudo e Não Fez Nada*, conjunto de esquetes que aborda as relações homossexuais com ironia fina e humor ousado[14].

Mulheres

Em 1992, a pesquisadora Elza Cunha de Vincenzo publicou seu livro *Um Teatro da Mulher*, estudo dedicado à produção de um pequeno grupo de dramaturgas, situadas a partir do final da década de 1960. Se não eram as primeiras mulheres a escrever teatro no Brasil, certamente constituíam presença surpreendente pela concomitância e convergência, em diversos sentidos. Elza de Vincenzo, mesmo sem a adesão das próprias autoras, reticentes quanto ao rótulo, empenhou-se em comprovar o caráter distintivo de um certo feminismo que demarcaria essa produção. Além de tomá-las como representantes da "manifestação da expressão artística da mulher num campo até então de raro e esporádico acesso", a autora

14 A primeira leitura de *Deus Sabia de Tudo* foi feita durante a 1ª Mostra OFF Mix de Teatro, instituída por iniciativa de Celso Curi, no Teatro N.EX.T, como parte da programação do 7º Mix Brasil Festival de Manifestações das Sexualidades, em 1999, este também um evento que tem seu lugar garantido na história do movimento GLS no Brasil.

percebeu nesse conjunto de dramaturgas, em que pesem suas diferenças estilísticas, "reflexos de certos movimentos que chamaremos aqui de feministas"[15].

O cuidado da pesquisadora com o uso do termo "feminista" e o emprego conciliador dos termos "teatro da mulher" e "dramaturgia feminina" são opções que ainda hoje fazem sentido, uma vez que são raras as autoras que vemos abraçar mais francamente uma disposição militante.

Das autoras estudadas por Elza de Vincenzo, Renata Pallottini teve encenada uma de suas "peças italianas" – *Colônia Cecília* (*Um Pouco de Ideal e de Polenta*) – pelas mãos do diretor Flávio Rangel, em Curitiba, por ocasião da comemoração do centenário do Teatro Guaira (1984), e Hilda Hilst não produziu mais peças, mas continuou vendo sua obra poética competir com a de Clarice Lispector na preferência de atrizes e diretoras para adaptações cênicas. Das novas dramaturgas, com exceção de Isabel Câmara, que restringiu sua produção a uma única peça, todas as demais atravessaram as últimas décadas mantendo uma produção regular, conquistando prêmios e destaque, e permanecendo como um núcleo forte e ativo de mulheres dramaturgas.

Desde sua estreia, em 1969, Leilah Assumpção sustentou-se como presença constante nos palcos, acumulando bons destaques com *Boca Molhada de Paixão Calada* (direção de Miriam Muniz, 1984), *Lua Nua* (direção de Odavlas Petti, 1986) *Adorável Desgraçada* (direção de Fauzi Arap, 1994) e *O Momento de Mariana Martins* (direção de Luiz Arthur Nunes, 1999). Fugindo ao tema mais constante de seu repertório – as relações amorosas e matrimoniais – a autora concedeu-se um retorno aos tempos de manequim em *Seda Pura e Alfinetadas* (direção de Odavlas Petti, 1981), escrita a pedido do costureiro (depois deputado) Clodovil. Em 2001 estreou mais um sucesso, que permaneceu longo tempo em cartaz: *Intimidade Indecente*, direção de Regina Galdino, com atuação de Marcos Caruso e Irene Ravache.

Consuelo de Castro começou a década de 1980 com uma parceria com Lauro César Muniz e Jorge Andrade em *A Corrente* (direção de Luís de Lima, 1981); depois de um breve intervalo, engrenou três peças em sequência – *Louco Circo do Desejo* (direção de Vladimir Capella, 1985), *Ao Sol do Novo Mundo* (direção de Jandira Martini, 1986) e *Aviso Prévio* (direção de Francisco Medeiros, 1987) – e cruzou a década com uma série espaçada de montagens, com destaque para a primeira temporada profissional de sua peça de estreia, *Prova de Fogo* (1993), encenada pelo diretor Aimar Labaki nas mesmas salas e corredores do prédio da antiga Faculdade de Filosofia da Universidade de São Paulo, na rua Maria Antonia, onde havia sido escrita no calor da luta política, em 1968. De sua produção mais recente, destaca-se *Only You* (2000), dirigida por José Renato (na versão carioca, por Bibi Ferreira), peça que dialoga com sua primeira peça encenada, *À Flor da Pele*.

Iniciando-se no teatro em meados da década de 1970, Maria Adelaide Amaral desenvolveu sua carreira de dramaturga conjugada às atividades de autora de novelas e minisséries para a televisão. O tema do desencontro, da impossibilidade de amar e conviver, sustenta o principal filão de sua dramaturgia, como em *De Braços Abertos* (direção de José Possi Neto, 1984), *Para Tão Longo Amor* (direção de Roberto Lage, 1993); *Querida Mamãe* (direção de José Wilker, 1994); *Intensa Magia* (direção de Paulo César Sarraceni, 1995); *Para Sempre* (direção de Vivien Bockup, 1997), e *Inseparáveis* (direção de José Possi Neto, 1997). Constituindo um outro caminho – até por efeito de mútua contaminação com o trabalho na televisão –, a autora também abriria um novo filão de dramaturgia com base na pesquisa histórica com *Chiquinha Gonzaga, Ó Abre Alas* (sobre argumento e pesquisa de Edinha Diniz, direção de Osmar Rodrigues Cruz, 1982).

Já integrada na geração seguinte, encontra-se Jandira Martini, que iniciou a década associando o exercício da dramaturgia à carreira bem-sucedida de atriz. Em parceria com Eliana Rocha escreveu *Em Defesa do Companheiro Gigi Damiani* (1981). Nessa peça, além de atuar, como faz em todas as peças de sua autoria, foi também diretora. Logo em seguida à sua estreia, associou-se ao também ator e diretor Marcos Caruso para a produção de *Sua Excelência, o Candidato* (1986), fixando essa parceria como uma das mais produtivas no âmbito da comédia brasileira.

No círculo das contemporâneas, destaca-se ainda Marta Góes, que estreou no Espaço Off, em 1986,

15 E. C. de Vincenzo, op. cit., p. 14

com *Prepare Seus Pés para o Verão* (direção de Gecila Sampaio, com Marisa Orth, Grace Giannoukas e Patrícia Gaspar); seguiu-se a esta *A Moça que Falou Assim* (1998), na direção de Maria Lúcia Pereira. É dela também o delicado *Um Porto para Elizabeth Bishop* (2001), dirigido por José Possi e protagonizado por Regina Braga.

Noemi Marinho, atriz e diretora, também se revela como dramaturga na segunda metade da década, estreando com *Fulaninha & Dona Coisa* (direção de Eric Nowinski, 1988). Escreveria ainda *Homeless* (direção de Francisco Medeiros, 1991) e *Almanaque Brasil* (direção da autora, 1993).

Abrindo o capítulo da geração mais recente, Marici Salomão começou sua carreira como dramaturga participando de uma oficina de texto sob orientação de Luís Alberto de Abreu; logo apresentou em circuito experimental a peça *Retiro dos Sonhos* (direção de Renato Borghi, 1994). Em 1997, estreou profissionalmente com *Maria Quitéria* (direção de Fernando Peixoto); em 1999, ingressou no CPT (Centro de Pesquisa Teatral, Sesc, São Paulo), onde passou a coordenar o Círculo de Dramaturgia, sob a supervisão de Antunes Filho (posto que ocupou até 2004).

Como representante da geração de diretoras que têm manifestado talento também como autoras, Regina Galdino acumula, até o final da década, quatro experiências em dramaturgia associada à direção: sua primeira produção, em parceria com Andréa Bassitt e Luciana Carnielli, foi *As Favoritas do Rádio* (1994), sobre as cantoras Emilinha Borba e Marlene, interpretadas com requinte pelas coautoras. Com Bassit, Galdino escreveria ainda *Filhos do Brasil* (2000). No terreno das adaptações, faria *Memórias Póstumas de Brás Cubas* (1998), para a atuação de Cássio Scapin, e *Itinerário de Pasárgada* (1999), para a Companhias As Graças.

Como diretora, Regina Galdino foi responsável também por *As Sereias da Rive Gauche* (2000), primeira peça de Vange Leonel, que pode figurar como representante do segmento da produção ainda bastante acanhado – à parte performances e representações confinadas a círculos mais restritos – de definição homoerótica.

No que concerne ao desempenho de *performers* na execução de partituras dramatúrgicas próprias, a presença das mulheres tem sido ampliada nas duas últimas décadas. Esse caminho está aberto há algum tempo: basta lembrar *Isso ou Aquilo*, de Marilena Ansaldi (dirigido por Iacov Hillel, 1975), ou ainda evocar a carreira de Denise Stoklos.

Dividindo-se entre o Brasil e o exterior, em especial a partir dos anos de 1980, Stoklos constituiu um dos repertórios mais consistentes e regulares de criações próprias. Os anos de 1990 concentraram o principal conjunto dessas criações com destaque para, entre outras, *Casa* (1990), *500 Anos: Um Fax para Cristóvão Colombo* (1992), *Amanhã Será Tarde* (1994), *Dês-Medeia* (1995) e *Vozes Dissonantes* (1999). Marilena Ansaldi, por sua vez, retornou, em 1982, com um produto de sua autoria, *Picasso e Eu* (direção de José Possi Neto); dois anos depois, produziu e atuou em mais um roteiro de sua autoria, *Se* (direção de Luiz Roberto Galizia, 1984). À parte esses roteiros originais, Ansaldi também conceberia espetáculos apoiada em outros autores, como Chico Buarque (*Geni*, roteiro compartilhado com o diretor do espetáculo, José Possi Neto, 1980) e Clarice Lispector (*A Paixão Segundo GH*, direção Cibele Forjaz, 1989).

Em desempenho assemelhado de teatro-dança, a bailarina e coreógrafa Renata Melo acrescentou à sua participação como intérprete as tarefas de roteiro, autoria e direção de alguns destaques no circuito dos espetáculos fronteiriços: *Bonita Lampião* (1994), *Domésticas* (1998), *Slices* (2000), espetáculo-solo, e *Passatempo* (2001).

Em faixa de sintonia com o teatro-dança há que se mencionar também Clarisse Abujamra que eventualmente escreve roteiros e textos para seus espetáculos-solo, como em *Provocações* (direção de Val Folly, 1989) e *Orquídea – Fragmentos do Universo Feminino* (direção Ivan Feijó, 1995), construído sobre texto da escritora russa Anna Akmatova.

A lista de autoras-intérpretes pode ser desdobrada em muitos nomes, se forem consideradas as experiências isoladas de inúmeras artistas que atuam em espetáculos-solo ou trafegam nas zonas limítrofes entre teatro, dança e performance. Constam necessariamente dessa relação: Angela Dip, Grace Giannoukas, Patrícia Gaspar, Alexandra Golik e Maura Baiochi.

A associação eventual entre atrizes, diretoras e dramaturgas produziu ainda um certo número de obras de originalidade e ocorrência únicas. De peças assim constituídas destaca-se o solo de Magali Biff em *Ordinário*, espetáculo de reconhecida densidade teatral, roteirizado e dirigido por Vera de Sá, que foi apresentado na temporada de reabertura do Espaço Off, em 1990. Também vale lembrar a adaptação de Daniela Thomas em *Pentesileias* (1994), preparado especialmente para as atrizes Giulia Gam e Bete Coelho. Alguns anos mais à frente, Bete Coelho atuaria ainda em *Pai*, de Cristina Mutarelli (direção de Paulo Autran, 1999), com cenografia assinada por Daniela Thomas.

Também o diálogo com a poesia tem rendido muitos bons espetáculos, com atrizes e diretoras responsabilizando-se por roteiros que combinam matéria poética de uma mesma autora, ou da colagem de diversas delas, com destaque para as já mencionadas Hilda Hilst e Clarice Lispector, e às quais se acrescentam Adélia Prado, Florbela Espanca, Anaïs Nin e Elisa Lucinda, para citar as mais constantes. Assim são os trabalhos roteirizados e dirigidos por Ana Kfouri, no Rio de Janeiro, que incluem *A Lua Que Me Instrua* (1992), *Dizem de Mim o Diabo* (1994) e *Aldeia* (1994). Elisa Lucinda dá a espinha dorsal de *A Lua Que Me Instrua* (que inclui ainda textos de Clarice Lispector e Adélia Prado) e é também a poeta-dramaturga de *60 e Over* (coautoria de Maurício Abud e Wolney Costa, 1991).

Se a presença da dramaturgia das mulheres na cena brasileira ainda é minoritária, há que se reconhecer que ela vem crescendo notavelmente nas duas últimas décadas. Da relação de autoras surgidas nesse período devem constar ainda Ana Ferreira, Mara Carvalho, Patrícia Melo, Beatriz Azevedo e Walderez Cardoso Gomes[16].

Humor

Em 1980, o crítico Macksen Luís criou e empregou pela primeira vez o termo "besteirol" para referir-se ao espetáculo *As Mil e Uma Encarnações de Pompeu Loredo*, de Mauro Rasi (1949-2003) e Vicente Pereira (1949-1993), na direção de Jorge Fernando[17]. Apesar de ser um rótulo recusado por muitos autores, mesmo por aqueles considerados seus maiores expoentes, o termo besteirol sedimentou-se e o gênero ganhou grande importância na produção teatral carioca durante a década. Não apenas pela produção específica, mas também por ter sido berço no qual amadureceram muitos autores, diretores e atores.

Na verdade, o besteirol nasceu paulista, com a montagem, em 1979, de *Quem Tem Medo de Itália Fausta*, de Miguel Magno (1951-2005) e Ricardo Almeida (1954-1988), produção do Teatro Orgânico Aldebarã, mas logo aclimatou-se ao Rio de Janeiro, onde encontrou grandes autores e intérpretes. Em sua forma original, o besteirol sustenta-se na histrionice de atores e atrizes, geralmente em duplas, de grande talento para a improvisação e comunicação fácil com a plateia. Seus recursos são principalmente os da paródia (do cinema, da televisão) e da crônica maliciosa e bem humorada, sempre no limite do *nonsense*, dos costumes da sociedade. A dramaturgia do besteirol, constituída por esquetes com eventuais inserções de quadros musicais, frequentemente é assinada por um coletivo de autores que compartilham a escritura do texto ou combinam os esquetes e quadros cômicos de suas respectivas autorias. Também é recorrente no besteirol atores e atrizes, especialmente nas duplas e nos espetáculos solos, serem responsáveis em grande parte pela criação do texto. Miguel Falabella talvez seja o melhor exemplo de quem já começaria na carreira estreando na dupla função de dramaturgo e ator (em 1983, com *Apenas Bons Amigos*, escrita em parceria com Geraldo Carneiro e levada à cena por Antônio Pedro).

O período mais fértil do besteirol concentrou-se na década de 1980, em especial a primeira metade, quando surgiram seus principais autores e as mais produtivas parcerias. Vicente Pereira foi um dos autores mais profícuos dessa geração. Sua projeção como dramaturgo deu-se em parceria com Mauro Rasi, estreando com *À Direita do Presidente*

16 Além do mais, é preciso registrar a presença em outras regiões do país de dramaturgas que merecem atenção, como a gaúcha Vera Karam (precocemente falecida em 2003), a baiana Cleise Mendes, as pernambucanas Vanda Phaelante e Maria Matoso, para citar apenas as primeiras linhas de uma longa lista a ser explorada.

17 As principais informações contidas neste segmento foram retiradas ou confrontadas com a pesquisa de Flávio Marinho, *Besteirol – Quem Tem Medo do Besteirol?*, Rio de Janeiro: Relume Dumará, 2004.

(direção de Álvaro Guimarães, 1980) – peça que mais tarde seria recriada por Rasi como *A Dama do Cerrado* –, seguida quase imediatamente pela já referida *As Mil e Uma Encarnações de Pompeu Loredo*. Na verdade, a parceria começara um pouco antes quando trataram de dividir a direção (assumida logo depois por Amir Haddad) de *Ladies na Madrugada* (1974), escrita por Rasi.

Em autoria combinada com outros dramaturgos do gênero, Rasi e Pereira escreveriam ainda *Doce Deleite* (1981), com Alcione Araújo, também responsável pela direção da peça, sucesso estrondoso da temporada protagonizado por Marília Pêra e Marco Nanini; *In Certos Casos* (direção de Isabella Secchin, 1981), com Luis Fernando Veríssimo, Luiz Carlos Góes, Wilson Sayão e João Brandão; *Falabella & Guilherme Karam Finalmente Juntos e Finalmente ao Vivo* (direção de Antônio Pedro, 1984) e *Pedra, a Tragédia* (direção de Ary Coslov, 1986), ambas com Miguel Falabella, além de *5 x Comédia* (1994), com Miguel Magno, Ricardo de Almeida e Hamilton Vaz Pereira, espetáculo que testemunha um retorno temporário de Rasi ao besteirol, depois de ter sido consagrado em carreira solo como autor de comédias de cunho memorialista.

Em dupla com Miguel Falabella, Vicente Pereira fez *Classificados, Desclassificados* (1984), de cuja escritura participaram também Luiz Carlos Góes e Maria Lúcia Dahl, e faria ainda *As Sereias da Zona Sul* (1988), protagonizada por Falabella e Guilherme Karan (este também responsável pela cenografia do espetáculo), ambas dirigidas por Jacqueline Laurence.

Na fase nobre do besteirol, marcaram ainda presença e definiram estilo próprio os autores-*performers* Pedro Cardoso e Felipe Pinheiro. O primeiro trabalho em conjunto, somando autoria e direção, foi *Bar Doce Bar* (1982). Seguiram-se vários outros, entre eles, *C de Canastra* (1985), *A Porta* (1993) e *A Macaca* (1991). Depois da morte de Felipe Pinheiro, em 1993, Pedro Cardoso continuaria seu trabalho de artista-solo emplacando dois sucessos sequentes: *O Autofalante* (1994), sob direção de Amir Haddad, e *Os Ignorantes* (1998).

Outra figura importante para a criação do gênero foi Tim Rescala, responsável pela direção musical de muitos espetáculos do besteirol, mas também roteirista e diretor (como em *Bel Prazer*, de 1985, em parceria com Stella Miranda) e *performer* (em *Bar Doce Bar* e *A Porta*, entre outros). A parceria com Stella Miranda seria atualizada em *Os Edrioftalmos* (1995). Por sua vez, Stella Miranda atuaria como atriz e roteirista também em parceria com Miguel Falabella, em *Uma Noite com Stella Miranda & Miguel Falabella* (1987), sob direção de Flávio Marinho.

Uma das características do besteirol carioca é o rodízio frequente de parceiros, um mesmo agrupamento estelar que se organiza naturalmente em novas constelações, muitas vezes com deslocamentos de função, para produzir novos espetáculos em ritmo acelerado. Por exemplo, de textos escritos exclusivamente por Mauro Rasi: Miguel Falabella dirige *Tupã, a Vingança* (1985) e atua em *Batalha de Arroz num Ringue para Dois* (1986); Vicente Pereira atua em *A Receita do Sucesso* (1981) e Pedro Cardoso em *A Família Titanic* (1983).

Em São Paulo, o Teatro Orgânico Aldebarã produziria ainda duas peças da dupla Miguel Magno e Ricardo de Almeida: *Os Filhos de Dulcina* (1980) e *Pirlim* (1981), ambas sob a direção de Antonio Negrini.

Ao longo da década, o formato original do besteirol sofreu ampliações, acatando elencos maiores – ou, ao contrário, restringindo-se a apresentações-solo –, desenvolvendo enredos de maior fôlego e eixo fabular, mas sempre sustentado no talento dos atores e na autoria quase sempre plural. Nesses novos modos, o besteirol encontra-se próximo de diluir-se em meio às variações já consagradas da tradição cômica ou de ser resumido a um modo genérico, passível de ser enquadrado pelo termo *divertissement*.

A influência do besteirol é fato admitido na produção do maior sucesso de bilheteria de todos os tempos na cidade de Recife – *Cinderela, a História que Sua Mãe Não Contou* – espetáculo da Trupe do Barulho que ficou em cartaz durante toda a década de 1990 e se tornou "uma espécie de atração turística" da cidade[18].

Cinderela nasceu do cruzamento de duas histórias. Boa parte de seu elenco havia participado da

18 Luís Augusto Reis, *Cinderela: História de um Sucesso Teatral dos Anos 90*, Recife: Comunigraf, 2002, p. 20. Sobre a relação com o besteirol ver especialmente p. 43 e 80-81.

criação do espetáculo alternativo *Salve-se Quem Puder*[19], um misto de teatro de revista, cabaré, *vaudeville* e até mesmo performance de *strip-tease*, tudo armado sobre improvisação e protagonizado principalmente por atores travestidos[20]. Na outra ponta, estava o ator-autor Henrique Celibi, que apresentava uma versão paródica do referido conto infantil na boate Misty, sempre às sextas-feiras à meia-noite. *Cinderela, a Bicha Borralheira* era o esquete mais bem-sucedido de um conjunto de cenas apresentadas, e respondia à intenção de arejar o repertório de transformismo e dublagem dominante nesse ambiente noturno. Pelas mãos do ator-diretor Jeison Wallace (também criador da personagem Cinderela), o esquete de Celibi tornar-se-ia o roteiro básico sobre o qual seria construído *Cinderela, A História Que Sua Mãe Não Contou*. Espetáculo sustentado essencialmente na paródia, no travestismo e no trabalho improvisacional dos atores[21], *Cinderela* estreou em 1991 e atravessou toda a década em cartaz na cidade de Recife, além de ter percorrido outras cidades e capitais fora de Pernambuco, sempre com sucesso digno de registro.

Fenômeno de natureza e sucesso semelhantes, o espetáculo *A Bofetada*, produzido pela Companhia Baiana de Patifaria, sob a direção de Fernando Guerreiro, também constitui um exemplo do alcance desse tipo de composição cênica popular. Com o mesmo fôlego para as excursões, *A Bofetada*, cuja estreia se deu em 1988, atravessou mais de uma década cumprindo temporadas em teatros espalhados pelo Brasil.

Embora sejam filiadas ao teatro besteirol por críticos e estudiosos, esses mesmos pesquisadores tratam de destacar aspectos culturais e influências regionais na tentativa de enquadrar melhor esses fenômenos cênicos de base híbrida e grande apelo popular. Luis Reis, além de mencionar a tradição cômico-farsesca da história do teatro de todos os tempos, aproxima Cinderela da "maravilhosa verve dos espetáculos populares nordestinos, quase sempre representados na rua". Essa tradição específica aparece com os ingredientes de "a malícia do pastoril profano, a crueza do mamulengo e a interatividade do bumba-meu-boi"[22]. Ao falar de *A Bofetada*, Flávio Marinho remete-a ao fenômeno da carnavalização, em seu duplo sentido: a Companhia Baiana de Patifaria, diz ele, "consegue ser as duas coisas: carnavalesca e carnavalizada. E o público não cansa de (re)vê-los"[23].

Essas observações convertem-se em defesas das quais o besteirol nunca pôde abrir mão, sempre olhado com desconfiança por certos segmentos da crítica, ignorado na maior parte das vezes pelos estudos acadêmicos e até mesmo repudiado por autores, como Mauro Rasi, que se afastou do gênero com sinais de compunção. No entanto, não se pode negar o lugar do gênero no contexto da produção teatral, em especial carioca e, como se viu, de alguns focos nordestinos, pelo grande apelo popular que ostenta e pela dimensão paródica-satírica com potencial crítico que marcou principalmente a primeira geração de textos-espetáculos.

Mesmo sem filiação direta ao gênero, é inegável que o besteirol, em sua combinação forte de elementos paródicos, travestimentos e deboche, deixou marcas em muitas das criações cômicas que o sucederam. Como afirma o pesquisador Flávio Marinho, há traços do besteirol, ainda que leves, mimetizados na produção sequente de peças de Mauro Rasi[24]. Essa presença é inegável na dramaturgia de Miguel Falabella, presente em peças como *A Partilha* (1990) ou *Como Encher um Biquíni Selvagem* (1992), dirigidas pelo autor, e também na produção mais recente, em parceria com Maria Carmem Barbosa, como *Louro Alto, Solteiro Procura*, espetáculo protagonizado pelo autor e grande sucesso de 1994, sob a direção de Jacqueline Laurence, e ainda *South American Way* (2001), direção do mesmo Falabella.

Algo similar pode ser dito de Vicente Pereira sobre as peças que escreveu na fase posterior ao bes-

19 A peça ficou em cartaz entre 1988 e 1991 e teve versões sucessivas – até *Salve-se Quem Puder IV* – sempre com muito sucesso.

20 Entre eles Roberto Costa, Edílson Rygaard, Jô Ribeiro e Jeison Wallace, que futuramente irão compor o elenco de *Cinderela*.

21 *Cinderela* estreou originalmente com vinte e cinco minutos de duração e ficou em cartaz durante três meses em uma boate do bairro de Boa Viagem. Quando foi para o teatro, a peça já contava com cinquenta minutos e foi sofrendo acréscimos, resultantes da contribuição dos atores, até alcançar em média uma hora e meia, duração que se manteve durante a temporada. L. A. Reis, op. cit., p. 19.

22 Idem, p. 215.

23 F. Marinho, op. cit., p. 177.

24 Idem, p. 116.

teirol, nas quais preserva elementos de seu típico humor eivado de "amargura e melancolia", como aponta Flávio Marinho[25]. Apesar da concentração da história em enredos únicos, ele ainda se vale da utilização da estrutura de quadros sucessivos, como em *Artigo de Luxo* (direção de Ítalo Rossi, 1991), sua penúltima peça encenada, ou do emprego direto da estrutura por excelência do besteirol, a combinação de esquetes, como em *Solidão, a Comédia* (direção de Marcus Alvisi, 1990), seu grande sucesso do período.

Após abandonar o filão do besteirol, Mauro Rasi produziu um conjunto de obras de grande sucesso, quase todas inspiradas em sua história familiar e em memórias da infância e adolescência passadas na cidade de Bauru, no interior do Estado de São Paulo. Entre *A Cerimônia do Adeus* (1987), primeira das peças desse ciclo, e *Alta Sociedade* (2001), sua última peça, Mauro conquistaria público fiel com as encenações de *A Estrela do Lar* (1989), *Baile de Máscaras* (1992), *Viagem a Forli* (1993), *Pérola* (1995), *As Tias* (1996) e *O Crime do Dr. Alvarenga* (1999), todas dirigidas por ele.

Por estar na área de influência do besteirol ou simplesmente por corresponder a um filão forte da tradição cultural brasileira, o do humor escancarado – considere-se não apenas o teatro, com a revista, mas também o cinema, com a chanchada –, o repertório da comédia ganhou impulso nas duas décadas de que nos ocupamos, em especial a última delas. Poderíamos tomar como marco a estreia, em 1986, de *Trair e Coçar... É Só Começar*, de Marcos Caruso (direção de Attilio Riccó), certamente o sucesso mais longevo do teatro brasileiro, cumprindo até há pouco duas décadas ininterruptas de apresentações (e constando inúmeras vezes do *Guiness Book* pelo recorde).

Como já foi apontado, em 1986 Marcos Caruso dá início a uma produtiva parceria com a também atriz e diretora Jandira Martini, e a dupla, a partir de então, firma-se como referência para a história da comédia urbana de costumes e da sátira política no país. Seu primeiro trabalho conjunto em dramaturgia (também em atuação) foi *Sua Excelência, o Candidato* (direção Silnei Siqueira, 1986), e teve sequência com *Porca Miséria* (1993), na direção de Gianni Ratto, montagem que repetiu o sucesso de *Trair e Coçar...*, mantendo-se em cartaz por seis anos. Alguns anos depois, a dupla ainda levaria à cena, pela mão de Noemi Marinho, *Os Reis do Improviso* (1996).

Swing, a Troca de Casais, de Luiz Carlos Cardoso, que estreou em 1980, também cumpriu uma surpreendente temporada de dois anos e algumas reedições ao longos da década. Peça de humor negro, com ingredientes de crime e sexo, *Swing* registra em seu programa a presença em cena de Juca de Oliveira, também produtor do espetáculo, de Luiz Gustavo, Kate Hansen e Cléo Ventura (o grupo de atores assina a direção do espetáculo).

Juca de Oliveira também deve ser lembrado como autor de comédias de sucesso, com trânsito entre a sátira política e de costumes. De seu repertório destacam-se *Baixa Sociedade* (1979), sua peça de estreia como autor, *Meno Male* (1987) e *Qualquer Vira-Lata Tem uma Vida Sexual Mais Sadia que a Nossa* (1990), ambas sob direção de Bibi Ferreira, e *Caixa 2* (1997), direção de Fauzi Arap.

O repertório de textos cômicos levados à cena com algum destaque nas décadas que nos concernem exibe ainda os nomes de Ronaldo Ciambroni, Walcir Carrasco, Marcelo Saback e Flávio Marinho, com destaque especial para João Bethencourt, certamente o mais montado dos autores de comédia no Brasil, tendo cumprido meio século de produção com algumas dezenas de peças, entre elas a mais conhecida *O Dia em que Raptaram o Papa*.

Coletivo

Nos anos de 1980, a dominância de encenadores de forte presença no cenário da produção teatral contribuiu para a compreensão da dramaturgia não como um produto exclusivamente literário, mas como uma construção textual que se estendia e abarcava a finalização cênica. Na prática dos encenadores, os espetáculos são desenvolvidos de ideias originais ou de adaptações de outros materiais literários; porém, mesmo quando a autoria do material primário pertence ao repertório da dramaturgia consagrada, são nítidas as marcas autorais do di-

25 Idem, p. 158.

retor no texto espetacular. O dramaturgo original passa, assim, a ser apenas uma das duas assinaturas do texto cênico.

O inventário das produções do período aponta para as presenças recorrentes de Gerald Thomas, Ulysses Cruz, Márcio Aurélio, Antunes Filho, Aderbal Freire-Filho, e, mais para o fim da década, Gabriel Villela e Bia Lessa, entre outros. Deve merecer destaque, ainda, no contexto dessa produção, cumprindo uma trajetória peculiar, as teorizações e experimentos cênicos de Renato Cohen, iniciados em 1987 com *Magritte: Espelho Vivo*[26].

Nos anos de 1990, essa linhagem autoral, sem deixar propriamente de existir, ganha outros contornos com uma nova leva de diretores-dramaturgos, mais visceralmente comprometidos com os processos coletivos de criação. Historicamente, os antecedentes desse tipo de presença podem ser encontrados em diretores que começaram nos idos de 1970, como Hamilton Vaz Pereira, do Asdrúbal Trouxe o Trombone, Naum Alves de Souza, do Pod Minoga e Ilo Krugli, do Ventoforte.

O que se verifica nesse novo momento é a revitalização dos procedimentos coletivos de construção de espetáculo, desde a recuperação de moldes já conhecidos, como aqueles praticados nos anos de 1970 – assentado sobre esquemas participativos mais elásticos –, até formulações mais complexas, pressupondo princípios estruturantes, como é o caso dos "processos colaborativos".

Considerando o fenômeno em sua totalidade, constata-se a emergência, em curva ascendente, de muitos grupos que buscam impor-se por seus projetos artísticos e modos próprios de criação compartilhada. Grande parte deles reúne-se em torno da figura aglutinadora de um diretor-dramaturgo, geralmente responsável pelo texto-espetáculo. Entre eles estão Enrique Diaz, da Companhia dos Atores (1987), Rodolfo García Vázquez e Ivam Cabral, de Os Satyros (1989); Hugo Possolo, dos Parlapatões, Patifes e Paspalhões (1991); Daniel Herz, da Companhia Atores de Laura (1993); Felipe Hirsch, da Sutil Companhia de Teatro (1993); Mário Bortolotto, do Cemitério de Automóveis (criado em 1982, no Paraná, e desde 1997 sediado em São Paulo); Pedro Pires e Zernesto Pessoa, da Companhia do Feijão (1998); Paulo de Moraes, de Armazém Companhia de Teatro (criada em 1987, em Londrina, no Paraná, e desde 1999 sediada no Rio de Janeiro); Luiz Fernando Lobo e João Batista, da Companhia Ensaio Aberto (1993) e, da safra mais recente, Claudia Schapira, do Núcleo Bartolomeu de Depoimentos (1999), e Moacir Chaves, da Péssima Companhia (1999).

O processo de construção da dramaturgia em cada caso segue um padrão próprio definido que é expressão da personalidade do grupo. Mário Bortolotto talvez seja o mais autoral de todos os cabeças-de-grupo mencionados, mas os integrantes do Cemitério de Automóveis – cujo número pode variar imensamente, a depender do ritmo da produção do grupo – aderem sem reservas aos pressupostos dessa dramaturgia de raiz *beat*, tocada em ritmo de *blues* e posta em cena quase à maneira de *jam session*. A companhia tem uma capacidade de produção extraordinária, reflexo em primeira instância da fertilidade produtiva do autor, representada por dezenas de textos escritos em pouco mais de duas décadas, mas também devido aos procedimentos descontraídos que conduzem o texto à cena e a naturalidade espontânea exigida como princípio interpretativo. Essas características permitiram, por exemplo, que em 2000 Bortolotto e o Cemitério de Automóveis levassem nos espaços cênicos do subsolo do Centro Cultural São Paulo, em rodízio, quatorze de suas peças[27]. O aspecto quantioso da produção do autor, tanto em termos de escrita quanto de realização cênica, resulta da própria forma de trabalho de Bortolotto, de criação inspirada em um dado repertório de situações, vincadas no vazio social e existencial, protagonizadas por jovens que transitam nos limites do sistema, condensadas pelo olhar cínico e cético do criador. Todas as peças de Bortolotto são mais ou menos a mesma, nem por isso são iguais; sua dramaturgia exige uma mirada que, visando à obra particular, obriga-se na sequência a uma panorâmica que contenha o conjunto da produção. Embora seja

26 Ver supra, A Encenação, p. 332, para mais detalhes sobre a produção desses encenadores.

27 Em 2002, comemorando vinte anos de existência, o grupo repetiria a dose, com maior ousadia: seriam vinte e seis textos do autor, em temporada de três meses, com dois espetáculos por noite, envolvendo um elenco total de cerca de oitenta atores e atrizes.

difícil dizer quais de suas peças mereçam destaque, é indispensável citar, no período que aqui nos concerne: *Medusa de Ray-Ban* (1996), *Diário das Crianças do Velho Quarteirão* (1998), *Postcards de Atacama* (1998), *Nossa Vida Não Vale um Chevrolet* (1990) e *Gravidade Zero* (2001).

Além de Bortolotto, o Cemitério de Automóveis assimilou às suas temporadas a dramaturgia e a literatura de escritores francamente assemelhados ao universo temático e ao ambiente cultural cultivados pelo grupo. Foram adaptados por Bortolotto para o palco e são presenças constantes em seu círculo os escritores Reinaldo Moraes (*Tanto Faz*), Marcelo Mirisola (*O Herói Devolvido*), Daniel Galera (*Dentes Guardados*), Daniel Pelizzari (*Ovelhas que Voam se Perdem no Céu*), e Marçal Aquino (*Faroestes*). Além destes, nasceu no interior do próprio grupo, combinando a atuação no palco com as tarefas da escrita, Joeli Pimentel, autor de *Comprei um Tresoitão e Fui Brincar com Deus*.

O Parlapatões, Patifes e Paspalhões nasceu ligado ao circo e à rua, e se desenvolveu acrescentando a essa raiz a tradição popular em seus múltiplos vieses, das farsas aos *fabliaux*, das *clowneries* e bufonarias à literatura rabelaisiana. O núcleo que constituiu o grupo em sua primeira década foi formado por Alexandre Roit, Raul Barreto e Hugo Possolo, mas os elencos variam muitíssimo com participações que se repetem com frequência nas fichas técnicas dos espetáculos. A maior parte da dramaturgia do grupo é assinada por Possolo, constando entre seus principais títulos *Parlapatões, Patifes e Paspalhões* (1992), espetáculo que deu nome ao grupo; *Sardanapalo* (em duas versões, em 1993 e 2001); *Zèrói* (1995), *U Fabuliô* (1996); e *Não Escrevi Isto* (1998). Alexandre Roit responde pela autoria do roteiro de *Bem Debaixo do Seu Nariz* (1992), em parceria com Possolo, e por *De Cá pra Lá, de Lá pra Cá* (1998).

Na dinâmica do grupo, não há um modo único de construção do texto, mas o ponto de partida deve ser sempre um roteiro, estabelecido após a escolha do tema ou assunto a ser desenvolvido. O roteiro é então trabalhado nos ensaios, contando com a contribuição dos atores. Às vezes, um texto básico, após sua estreia, desdobra-se em inúmeras novas versões. *Sardanapalo*, por exemplo, chegou a ser reeditado em mais de uma dezena de versões ao longo dos anos, moldagens essas determinadas na relação com o público e na reavaliação permanente do grupo[28].

No caso do Parlapatões, o jogo concatenado entre os atores, que é próprio da natureza *clownesca* do grupo, constitui um espaço privilegiado de participação na construção da dramaturgia. O ator, no que concerne às contribuições que oferece ao dramaturgo, principalmente nas improvisações sobre o roteiro, deve ainda ter domínio de toda a construção cênico-textual. No depoimento de Raul Barreto:

> O mais importante é isso mesmo: você ter o domínio do que faz, para que fique à vontade em cena. Essa é quase uma exigência interna do grupo, mesmo. O ator que está em cena tem que ter um domínio absoluto, não apenas do texto, como também da situação inteira. Até para que ele possa estar disponível ao improviso, aos imprevistos que sempre acabam acontecendo, seja na rua, seja na sala de espetáculos fechada. Então, essa coisa do ator-criador é fundamental [...], é uma via de mão dupla. Facilita o trabalho do ator, assim como o ator – com as qualidades que ele já está trazendo para o trabalho – acaba também orientando até a própria criação do autor[29].

Ou seja, escrever para um elenco já conhecido permite que os textos venham com "a cara do ator", segundo Barreto: "é uma coisa que já está explícita no texto"[30].

Do repertório de peças encenadas pelos Parlapatões constam ainda aquelas escritas por outros colaboradores. O mais assíduo deles foi Mário Viana, autor de *Mistérios Gulosos* (1999), *Um Chopes, Dois Pastel e Uma Porção de Bobagem* (2000) e *Pantagruel* (2001), esta em parceria com Possolo. Juntamente com *Água Fora da Bacia*, de Avelino Alves, e *Poemas Fesceninos* e *Os Mané*, de Hugo Possolo, as duas primeiras peças de Viana foram parte do programa desenvolvido pelos Parlapatões durante o ano de 1999, quando assumiram a Sala Repertório do Teatro Bra-

28 Cf. Hugo Possolo, depoimento colhido por Valmir Santos, transcrição de áudio, Arquivo Multimeios/Divisão de Pesquisas/Centro Cultural São Paulo, Secretaria Municipal de Cultura-Prefeitura do Município de São Paulo, 2003.

29 Raul Barreto, depoimento colhido por Valmir Santos, transcrição de áudio, Arquivo Multimeios/Divisão de Pesquisas/Centro Cultural São Paulo, Secretaria Municipal de Cultura-Prefeitura do Município de São Paulo, 2003.

30 Idem, ibidem.

sileiro de Comédia e aprofundaram a pesquisa sobre a tradição cômica, aí incluída a obra de Rabelais, que inspiraria a montagem sequente do grupo[31].

Rodolfo García Vázquez e Ivam Cabral escrevem, ora a quatro mãos, ora alternando-se, a maior parte dos textos produzidos por Os Satyros. No universo temático de suas peças, nessa primeira fase, tem espaço privilegiado o homoerotismo, contando às vezes com a inspiração de autores como Oscar Wilde e Sade. Desde sua criação, em 1989, até a instalação em sua nova sede paulista, na Praça Roosevelt, no final de 2000, Os Satyros dividiram a produção de seus espetáculos entre São Paulo, Curitiba e Lisboa. Importantes realizações dramatúrgicas do grupo são desse período, várias delas reeditadas recentemente em São Paulo: *Saló, Salomé* (São Paulo, 1991), *A Filosofia na Alcova* (que estreou como *Sades, ou Noites com Professores Imorais*, Curitiba, 1990; Lisboa, 1993; São Paulo, 2003); *De Profundis* (Lisboa, 1993; São Paulo, 2002), *Sappho de Lesbos* (Lisboa, 1995; São Paulo, 2001), esta última escrita com a colaboração de Patrícia Aguille.

A dramaturgia de Pedro Pires, compartilhada com Zernesto Pessoa em produções mais recentes, constrói-se estreitamente vinculada às pesquisas realizadas pela Companhia do Feijão. O processo de construção da dramaturgia do grupo, já esboçada desde que Pedro Pires formou a companhia em 1998 com Camila Bolaffi, sustenta-se sobre um tripé constituído por um tema inicial, pelo vínculo com a realidade brasileira e, terceiro aspecto, pelo fato de o ponto de partida ser uma narrativa, em geral literária. A pré-existência de um material literário faz com que Pedro Pires não se considere propriamente um autor, mas um adaptador, sem vida autônoma como escritor.

A esses elementos iniciais, acrescentam-se os atores como parceiros, na etapa de trabalho sequente que pressupõe uma pesquisa, um trabalho de campo:

> Todas as criações da Companhia do Feijão foram feitas a partir desses dois pólos: a questão de um texto de alguém que refletiu sobre uma questão semelhante à nossa, e de um trabalho [...] de observação da realidade hoje, aqui e agora. De conhecer um lugar, de conhecer as pessoas que estão nesse lugar. E tentar encontrar paralelos entre o que o escritor deixou escrito, que vem das experiências dele, e o que os atores vão escrever, ou seja, a cena, e que vem do trabalho da experiência do ator: de ver, de conversar, e da experiência de vida, da bagagem que ele traz com ele[32].

Os procedimentos de construção do texto revelam-se claramente no repertório do grupo. Da manipulação de materiais e investigação da linguagem das histórias em quadrinhos, que constituíram o primeiro espetáculo de dramaturgia própria, *Movido a Feijão* (1989), peça sobre a realidade das populações de rua, o grupo avançou, então, para fixar-se na pesquisa de temas brasileiros, valendo-se de obras literárias e documentos históricos, sempre que possível associados ao trabalho de campo. Assim, *O Ó da Viagem* (1999) inspirou-se em *O Turista Aprendiz*, de Mário de Andrade, confrontado com materiais que o grupo colheu em viagem por Pernambuco e Paraíba. Mário de Andrade reaparece como pilar para a pesquisa de *Antigo 1850*, no qual o grupo, tomando o conto *Piá Não Sofre? Sofre*, trata do processo de desenvolvimento do Brasil, tendo como fio condutor a história de um menino da periferia da cidade, nos anos de 1920. Esse modo de pesquisa e criação vai permanecer nas produções seguintes do grupo[33].

A inspiração em textos, sejam de teatro ou da literatura, a exemplo do proposto pela Companhia do Feijão, é uma tônica na produção de muitos grupos, autorizados pela ideia de que, sobre o texto de base, entretecem-se outros textos, sobrepõem-se e imiscuem-se outras vozes. Ou seja, o texto passa a *intertexto*.

No Armazém Companhia de Teatro, pela mão de seu dramaturgo-diretor Paulo de Moraes, o exercício de construção de uma dramaturgia inspirada

31 Para mais detalhes sobre a produção do grupo, ver Valmir Santos, *Riso em Cena: Dez Anos de Estrada dos Parlapatões*, São Paulo: Estampa Editora, 2002.

32 Pedro Pires, depoimento para o Seminário Teatro de Grupo 30 Anos – Aspectos da Produção do Teatro Contemporâneo em São Paulo, mesa "A Construção do Texto no Processo Coletivo", projeto com curadoria de Silvana Garcia e Marcos Moraes, mesa com mediação de Aimar Labaki; transcrição de áudio, Arquivo Multimeios/Divisão de Pesquisas/Centro Cultural São Paulo, Secretaria Municipal de Cultura-Prefeitura do Município de São Paulo, 2003.

33 Com destaque para *Mire e Veja*, de 2003, com textos adaptados de Luiz Ruffato e Machado de Assis e que fecha, com as duas peças anteriores, uma trilogia.

em autores diversos corresponde a um desejo de valorização da palavra:

Existe, no trabalho da companhia, uma crença e uma convicção muito grandes na força da palavra. As escolhas de nosso repertório demonstram isso: Samuel Beckett, Lewis Carroll, Sófocles, fragmentos do *Mahabharata* etc. Não vejo em meu trabalho o corpo em detrimento da palavra. Vejo, sim, um enorme empenho para que a palavra seja *ação*, estudando seu ritmo, sua musicalidade, sua potencialidade. Para que a *palavra esteja no corpo*[34].

Com esse pressuposto, a dramaturgia produzida por Paulo de Moraes tem a parceria de Oswald de Andrade em *Périplo: O Ideograma da Obsessão* (1988), povoa-se de assassinos shakespearianos em *A Construção do Olhar* (1990), e dialoga com Guimarães Rosa e com o clássico indiano *Mahabharata* em *Sob o Sol em Meu Leito Após a Água* (1990), construída em parceria com Maurício Arruda Mendonça. Também da colaboração com esse autor nasce *Da Arte de Subir em Telhados* (2001), peça que marca o deslocamento da companhia de Londrina para o Rio de Janeiro. Trata-se do trabalho mais autoral da dupla, desenvolvida a partir do tema da memória. Maurício Arruda Mendonça assina ainda, para a Companhia, *Alice Através do Espelho* (1999), inspirada em Lewis Carroll.

Quando se trata de uma peça de construção original, o processo de trabalho é bastante simples, começando com um tema, forjado na conversa ou no jogo dos atores, e, depois, tendo continuidade no bate-e-volta entre os atores e os dramaturgos:

Eu e Maurício primeiro fazemos sugestões de personagens, depois desenvolvemos um roteiro de ações. Este roteiro é trabalhado com os atores a partir de diversos exercícios. Enquanto isso, o texto vai sendo construído. No caso de surgir, nos exercícios, ações, conflitos, palavras que possam contribuir com a história, esse material vai sendo retrabalhado[35].

É também em diálogo com outros autores que Felipe Hirsch constrói boa parte da dramaturgia da primeira década de existência da Sutil Companhia de Teatro: ao ler uma obra, ele procura encontrar a ideia, o núcleo que irá desencadear todo o universo criativo do texto. O texto original torna-se apenas um suporte criativo para a nova montagem: este processo transparece de uma maneira muito clara em grande parte de seu trabalho, comenta a pesquisadora Célia Arns de Miranda[36]. Ela refere-se especificamente a *Juventude* (1998), texto final de Hirsch construído sobre a obra de Eugene O'Neill; porém, suas observações servem também para *Estou te Escrevendo de um País Distante*, centrado na figura de Hamlet; *Cartas Para Não Mandar*, que dialoga com diversos autores, entre eles John Fante; e *Por um Novo Incêndio Romântico* (1999), sobre a obra de Terrence MacNally. Inclui-se ainda aqui *Um Fausto Mais Ato v do Fausto Dois* (1994), cujo texto final tem a assinatura de Hirsh e de Guilherme Weber. *Nostalgia*, por sua vez, única obra do período assumida como dramaturgia original por Hirsch, constrói-se por meio do enlaçamento de elementos referidos à memória – tema que poderia ser considerado central nas peças do grupo –, recuperado de suas peças anteriores. Um diálogo, portanto, no interior da própria obra do autor-diretor.

A Companhia Ensaio Aberto também conta com o apoio de outros escritos para a dramaturgia do grupo e do seu diretor Luiz Fernando Lobo, cuja assinatura encontra-se em *Companheiros* (1999) e em *Filhos do Silêncio* (2001), ambos espetáculos construídos por meio da colagem de diferentes textos. O engajamento do grupo transparece no repertório de fragmentos assimilados ao texto do dramaturgo. Em *Companheiros*, por exemplo, ouvem-se as vozes de Che Guevara, Pablo Neruda, Frei Betto, Ferreira Gullar, García Lorca, entre muitos outros, além do depoimento dos próprios atores.

Do Ensaio Aberto, deve-se mencionar ainda a colaboração do dramaturgo João Batista, responsável pelo texto de *Cemitérios dos Vivos* (1993), primeiro espetáculo da companhia, construído com a literatura de Lima Barreto. Sua segunda peça para o grupo, *João e Rosa* (2000), inspirou-se na obra de João do Rio.

34 Apud V. Santos, O Lugar da Reinvenção, em Armazém Companhia de Teatro, *Para Ver com Olhos Livres*, Rio de Janeiro: Armazém Companhia de Teatro, 2003. Projeto Memória – Trajetória e Imagens.

35 Informação prestada diretamente à autora.

36 Nostalgia, *Dez Primeiros Anos*, Sutil Companhia de Teatro, 2002, p. 18.

Complementando o esboço sobre o repertório dos grupos, é preciso registrar ainda a produção de mais alguns grupos como o Teatro do Pequeno Gesto que, embora mais dedicado à encenação de clássicos, merece destaque pelo trabalho de dramaturgismo *forte* de Fátima Saadi, operando na tradução e na adaptação de textos – como em *Henrique IV* (2001) –, e também pela autoria original de *Penélope* (1995), assinada por ela e Antonio Guedes.

Há ainda a produção de Daniel Herz e a Companhia de Teatro Atores de Laura, que tem presença também na faixa de teatro jovem, com suas produções *Romeu e Isolda*, (criação coletiva, 1995), e *Decote* (criação coletiva com argumento e dramaturgia de Daniel Herz, direção do autor e de Susanna Kruger, 1996).

No âmbito de grupos com fortes vínculos com a comunidade de origem, deve-se mencionar o Nós do Morro (1986), cuja dramaturgia, a cargo de Luiz Paulo Correa e Castro, constrói-se sobre a improvisação dos integrantes do grupo e concerne aos assuntos do cotidiano do Morro do Vidigal, na zona Sul do Rio de Janeiro, onde residem. São dessa natureza os espetáculos *Encontros* (dramaturgia compartilhada com Tino Costa, 1987), *Biroska* (1989), *Abalou: Um Musical Funk* (1998) e *É Proibido Brincar* (2001).

Colaborativo

O modo colaborativo de construção do espetáculo, prática que começou a ganhar contornos teóricos e exemplos práticos a partir de meados dos anos de 1990[37], constitui-se pelo princípio de que o processo de criação – do projeto artístico ao produto final – é partilhado por todos, mas sem que haja troca de papéis ou anulação das especialidades. A preparação do roteiro ou texto da peça pelo dramaturgo implica um vínculo estreito com o processo improvisacional dos atores e pressupõe adesão à ideia da dramaturgia como uma construção coletiva que, ainda assim, ostenta uma autoria.

Antonio Araújo, diretor do Teatro da Vertigem, esclarece essa disposição:

> buscamos um dramaturgo presente no corpo a corpo da sala de ensaio, discutindo não apenas o arcabouço textual ou a escolha das palavras, mas também a estruturação cênica daquele material. Nesse sentido, pensamos a dramaturgia como uma *escrita da cena* e não como escrita literária, aproximando-a da precariedade e efemeridade da linguagem teatral. O que significa romper com o seu recorrente desejo de eternidade, para que evapore, assim, no suor da cena e no *hic et nunc* do fenômeno teatral. Ao invés do escritor de gabinete, exilado da ação e do corpo do ator, buscamos um dramaturgo da sala de ensaio, parceiro vivo e presente dos intérpretes e do diretor[38].

Essas condições de produção determinam necessariamente uma revisão de papéis de todos os envolvidos. Para começar, os integrantes do processo devem poder ultrapassar os limites da sua competência, como diz Miriam Rinaldi, pesquisadora e atriz do grupo: "é necessário um corpo coletivo com potencialidades além daquelas específicas de sua área de atuação, além de desejo propositivo"[39], o que indica que a qualificação do ator-criador não é questão apenas de título.

Por outro lado, o sistema de cooperação entre dramaturgo, atores e diretor (deixando de lado por ora os outros colaboradores, mas entendendo que eles também participam do processo em igualdade de condições), requer a consecução de um equilíbrio, árduo de ser alcançado, entre contribuição coletiva e autoria. Miriam Rinaldi reitera que o exercício do despojamento "é uma postura inerente a todos os artistas em processo colaborativo, seja no corte da cena bem escrita, da palavra bem colocada ou da personagem não realizada. A generosidade se faz imprescindível no coletivo de criação". Como desdobramento dessa condição de produção, a pluralidade de vozes amalgamadas na prática de escrita

37 Luís Alberto de Abreu atribui ao Teatro da Vertigem e à Escola Livre de Teatro de Santo André a primazia na adoção do processo colaborativo, em Processo Colaborativo: Relato e Reflexões Sobre uma Experiência de Criação, *Cadernos da Escola Livre de Teatro*, Santo André, Prefeitura de Santo André, ano 1, n. 0, mar. 2003, p. 35-36. Antonio Araújo, por sua vez, não tem certeza acerca da proveniência do termo, embora refira-se ao *colaborative work*, empregado por grupos norte-americanos com os quais conviveu durante estágio de direção em Nova York, em 1996.

38 Op. cit., p. 134.

39 *O Ator do Teatro da Vertigem: O Processo de Criação de Apocalipse 1,11*, dissertação de mestrado, Escola de Comunicações e Artes-USP, São Paulo, 2005, p. 20.

do espetáculo acaba também por introduzir novas noções de autoria criadora:

E se por um lado é exigido desapego, por outro deve haver disponibilidade de fazer da ideia do outro a sua própria. Há, portanto, ainda outra operação autoral que é de *apropriação* (grifo nosso). Os materiais se transformam no livre trânsito entre os criadores[40].

Não se trata de uma condição de trabalho que garanta naturalmente a harmonia; ao contrário, são necessários muitos ajustes para que haja um resultado coeso e para que o empenho não se perca durante o processo. Além do mais, um tal processo exige naturalmente a existência de um projeto artístico e um tempo mais elástico para que a dinâmica de trabalho se instale produtivamente. Embora haja muito de tentativa-e-erro na constituição do processo, o procedimento da experimentação não deve ser confundido com a falta de clareza ou ausência de rumo artístico. A definição *a priori* de objetivos é o que determina a consistência das escolhas artísticas. E a duração dilatada do processo, no dizer de Miriam Rinaldi, "age como um elemento importante no refinamento das ideias formadoras do discurso cênico, uma vez que o espetáculo é a síntese das experiências e escolhas compartilhadas em sala de ensaio". A duração estendida do processo é da própria natureza da metodologia. "Tal compartilhamento demanda tempo", complementa Miriam, "pois é necessário ouvir a todos. A obra é um depoimento coletivo que se faz da fusão de muitos depoimentos pessoais"[41].

O Teatro da Vertigem, pela contribuição intelectual de seus integrantes no assentamento do conceito e pela experiência concreta do grupo, exibe um dos modelos mais consequentes de processo colaborativo. Sem ainda ser reconhecido como tal, os primeiros delineamentos do processo colaborativo aparecem já na primeira produção cênica do grupo, *O Paraíso Perdido* (1992), peça que inaugura a chamada trilogia bíblica. Encenada em um templo católico, a igreja de Santa Efigênia, no centro de São Paulo, teve como dramaturgo Sérgio de Carvalho e foi inspirada na obra homônima de John Milton. A segunda peça da trilogia foi *O Livro de Jó*, escrita por Luís Alberto de Abreu. O tema retirado do episódio bíblico traz de forma crua a dolorosa via-crúcis da personagem-título, um homem submetido por Deus a terríveis experiências como condição probatória de fé. Foi apresentada em um hospital inativo em um bairro central de São Paulo, ocupado também em sua dimensão vertical, levando ao constante deslocamento dos espectadores. A terceira peça, estreada em 2000, *Apocalipse 1,11*, usou como palco as dependências de um antigo presídio, abrindo o espetáculo para duras remissões à realidade brasileira, a começar pelo título, que indica o massacre pela polícia de cento e onze detentos do Presídio do Carandiru, em 1993, na sequência de uma rebelião. A dramaturgia final de *Apocalipse* 1,11 ficou a cargo de Fernando Bonassi.

A construção de cada um desses espetáculos cumpriu um roteiro de procedimentos que, embora sempre aperfeiçoado em relação ao espetáculo anterior, manteve algumas continuidades. A participação dos dramaturgos variou consideravelmente de espetáculo para espetáculo, tanto no que concerne à constância em sala de ensaio, aos métodos de trabalho, quanto à interação com o elenco. Também o modo como os atores participaram da construção do espetáculo, por meio dos *workshops*, teve variações de um para outro processo por exigência das próprias condições de criação e produção. No entanto, se analisadas em processo – o que já pode ser feito pela relativamente farta documentação *de* e *sobre* o grupo[42] – essas diferenças indicam, claramente, uma progressão e um amadurecimento ímpares do modo colaborativo e dos princípios coletivos de criação artística.

Outro exemplo bem sucedido de processo colaborativo foi a produção de *Melodrama* (1995), pela Companhia dos Atores, sob direção de Enrique Diaz. A peça foi a primeira colaboração de Filipe Miguez com o grupo; viriam, na sequência, a adaptação de *Tristão e Isolda* (1996) e o texto de *As Cobaias de Satã* (1998). A criação do texto

40 Idem, p. 29.

41 Idem, p. 20.

42 Além dos títulos já citados, está o volume organizado por Arthur Nestrovski por ocasião do décimo aniversário da companhia: *Teatro da Vertigem. Trilogia Bíblica*, São Paulo: Publifolha, 2002.

deu-se paralelamente às improvisações dos atores e ao estudo do melodrama, tema escolhido para ser régua e compasso do espetáculo. Como descreve Miguez, a ideia, sugerida por Enrique Diaz, era "digerir *antropofagicamente* o melodrama como referência fundamental da cultura popular e como elemento unificador de uma identidade latina"[43].

Durante o processo de construção do espetáculo, o texto foi sendo estabelecido em situação de troca intensa e ininterrupta entre atores e dramaturgos: "havia um diálogo permanentemente aberto com os atores. Muita coisa que não estava clara foi reescrita [...]. Às vezes eu dava o contexto, eles faziam as pazes com a fala. Às vezes, eles me convenciam e eu retrabalhava aquele ponto. Era um aprendizado mútuo"[44].

No que concerne ao produto final, embora Miguez seja responsável pela criação de todos os enredos e assine a dramaturgia, ele faz questão de destacar que a organização dos fragmentos e o entrelaçamento das diversas tramas que constituíam o corpo do texto foram trabalhados por ele, mas com as contribuições de uma verdadeira "equipe de criação"[45].

Para Luís Alberto de Abreu – segundo ele, advertência necessária –, o processo colaborativo não é em si mesmo garantia de um bom espetáculo. "Para isso não existem fórmulas nem métodos e na criação só sabemos como entramos nela e não como dela vamos sair", diz ele. O diferencial estaria, no seu entendimento, "no fim vislumbrado que nos leva a planejar os meios de alcançá-lo". Nesse aspecto,

> o processo colaborativo tem se revelado altamente eficiente na busca de um espetáculo que represente as vozes, ideias e desejos de todos que o constroem. Sem hierarquias desnecessárias, preservando a individualidade artística dos participantes, aprofundando a experiência de cada um, o processo colaborativo tem sido uma resposta consistente para as questões propostas pela criação coletiva dos anos de 1970: uma obra que reflita o pensamento do coletivo criador[46].

Luís Alberto de Abreu adotou em sua prática artística e pedagógica o princípio do processo colaborativo. Foi assim quando, por exemplo, aceitou o convite do Grupo Galpão para ministrar oficinas de dramaturgia no Galpão Cine Horto, espaço do grupo dedicado à formação e pesquisa. Desse contato, resultaria *Um Trem Chamado Desejo* (2001), outro bom exemplo da prática colaborativa defendida por Abreu.

A ideia do processo colaborativo tem sido mais disseminada do que propriamente compreendida. Com a proliferação do teatro de grupo, também se ampliaram as experiências com diferentes metodologias de construção da dramaturgia e do texto espetacular. Muitas vezes, ao emprego do termo "processo colaborativo" seguem-se as mais diversas práticas de criação coletiva, sem a necessária clareza de princípios ou preparo artístico. No entanto, indubitavelmente, os anos de 1990 têm a marca dos processos coletivos de criação e essa dominante, que continua em processo de expansão, interferiu e alterou outros modos de trabalho, não necessariamente coletivos, mas, poder-se-ia dizer, *associativos*.

Parcerias

A associação preferencial entre autores e diretores, ou autores e coletivos, embora não configure um ajuste tão preciso como aquele obtido pelo autor no interior do próprio grupo, e tampouco usufrua das vantagens dos princípios estabelecidos pela parceria colaborativa, permite ainda assim o estabelecimento de uma intimidade artística que valoriza o texto e favorece a encenação. O mapeamento dessas parcerias oferece hipóteses de como a dramaturgia da década encontra seus caminhos para o palco.

Um nome a ser lembrado quando se trata da associação de autor e grupo é o de Carlos Alberto Soffredini. A partir de 1976, passou a integrar o Projeto Mambembe, promovido pelo Sesc. Na origem do projeto, a ideia de promover o teatro

43 Filipe Miguez, A Dramaturgia Como Parte do Espetáculo, em Enrique Diaz; Marcelo Olinto; Fábio Cordeiro (orgs.), *Na Companhia dos Atores. Ensaios Sobre os 18 Anos da Cia. dos Atores*, Rio de Janeiro: Aeroplano/Senac Rio, 2006, p. 140-141.

44 Idem, p. 147.

45 Refere-se à colaboração do próprio Enrique Diaz, de Isabel Muniz Lira, assistente do diretor, e da *dramaturg* Helena Lara Resende, responsável pelo embasamento teórico da montagem. Filipe Miguez, depoimento para o Seminário Teatro de Grupo 30 Anos: Aspectos da Produção do Teatro Contemporâneo em São Paulo, mesa "A Construção do Texto no Processo Coletivo".

46 Op. cit., p. 41.

itinerante e o teatro de rua, modalidades aparentadas àquele que havia sido seu objeto de investigação durante toda a década de 1970, o circo-teatro. No Mambembe, ele escreveu *Vem Buscar-me que Ainda Sou Teu* (1979), dirigido por Iacov Hillel, e *Minha Nossa* (direção do grupo, 1984). Emparelhando no mesmo ano e com sucesso semelhante a *Vem Buscar-me...*, Soffredini produz, associado ao Pessoal do Victor, *Na Carrera do Divino*, sob direção de Paulo Betti (1979) – uma sensível incursão pelo universo caipira do interior do Estado de São Paulo. Quase uma década depois, o autor iria reunir-se a Márcio Aurélio e ao Grupo Ponkã, celebrando a volta ao grupo de seu fundador, Paulinho Yutaka, na produção do belíssimo *Pássaro do Poente* (1987).

Luís Alberto de Abreu também faria sua entrada profissional no Mambembe, com *Foi Bom, Meu Bem?* (direção de Ewerton de Castro, 1980). No ano seguinte, mais uma produção do grupo com o autor em *Cala a Boca Já Morreu*. Esta peça marcaria uma das parcerias mais duradouras do teatro paulista: a de Abreu com o diretor Ednaldo Freire. Juntos viriam a responder pelo projeto Comédia Popular Brasileira, realizado com a Fraternal Companhia de Arte e Malas-Artes. Do investimento no estudo da tradição cômica popular, em especial a *Commedia dell'Arte*, e no exercício de diálogo com autores consagrados, de Martins Pena a Ariano Suassuna, resultariam *O Parturião* (1994), *O Anel de Magalão* (1995), *Burundanga* (1996) e *Sacra Folia* (1996). A ampliação da pesquisa para o âmbito da cultura universal levaria a peças inspiradas em heróis de fora: *Iepe* (1998) e *Till Eulenspiegel* (1999).

Abreu, em sua extensa carreira de dramaturgo e pedagogo, escreveria ainda duas peças para o Grupo Macunaíma, de Antunes Filho: *Rosa de Cabriúna* (1986) e *Xica da Silva* (1988), coincidindo com o convite que o encenador do Sesc fez ao dramaturgo para criar o Círculo de Dramaturgia do CPT.

Reinaldo Maia foi um dos fundadores do Folias d'Arte e, além de eventualmente atuar e dirigir espetáculos do grupo, teve lugar destacado nas tarefas da dramaturgia: tradução, preparação de roteiros – como em *Surabaya, Johnny* (2000) – e dramaturgismo. Também autor de livros, Maia escreveu para o Folias, e para a direção de Marco Antonio Rodrigues, o primeiro espetáculo daquele que seria o núcleo original do grupo, *Verás que Tudo É Mentira* (1995), inspirado em Théophile Gauthier. A este seguiram-se *Folias Fellinianas* (1998) e *Babilônia* (2001), espetáculos que deram corpo cênico ao pensamento do grupo, já então instalado na sua sede, um galpão no bairro de Santa Cecília, pensado para ser "um celeiro de ideias, de espetáculos, de experiências, como a demonstrar que o homem nasceu condenado a ser livre e criativo"[47].

Da geração mais jovem, da qual poderíamos dizer que já se formou no exercício de parcerias colaborativas ou de modelos assemelhados, poderíamos citar Antonio Rogério Toscano. Começou como autor ainda quando cursava a universidade, pesquisando a *Commedia dell'Arte* em parceria com Tiche Viana. No circuito universitário, Toscano permaneceu de 1997 a 2002 como dramaturgo residente do Tusp – Teatro da Universidade de São Paulo. Embora este fosse, na origem e na filiação, teatro universitário, as montagens de Abílio Tavares, diretor do Tusp, sempre pleitearam *status* de teatro profissional, disputando espaço na agenda de espetáculos da cidade. Toscano estreou, nesse período, *Juízo Final* (1998), *Miss Brasil 2000* (1999), *Horizonte* (2000) e *A Arrombada* (escrita originalmente em 1997; nova versão 2001). Paralelamente à parceria com Abílio Tavares, o dramaturgo colaborou em duas produções do Grupo Balagan, sob direção de Maria Thaís Santos: *As Cadelas* (1997) e *Sacromaquia* (2000). A partir de 2000, quando deixa o Tusp, Toscano passou a integrar o corpo docente da Escola Livre de Teatro, de Santo André, e lá, à parte os produtos como autor independente, investiu, juntamente com outros dramaturgos como Luís Alberto de Abreu, no desenvolvimento de projetos de criação coletivos.

A parceria que une Alcides Nogueira a Márcio Aurélio alimenta-se de uma afinidade estética conquistada ainda nos tempos de juventude. Foi sob direção de Márcio Aurélio que Nogueira estreou em 1977 com *A Farsa da Noiva Bombardeada*, uma despretensiosa continuação de *O Casamento do Pequeno Burguês*, de Brecht, que acabou sendo proibida pela censura. A parceria ganharia conti-

47 Folias d'Arte, um Longo Caminho, *Caderno do Folias*, São Paulo, Folias D'Arte, n. 1, [s/d], p. 5.

Grupo Macunaíma. Dirce Thomaz em *Xica da Silva*, adaptação de Luís Alberto de Abreu.

nuidade nos anos seguintes com as montagens de *Tide Moreyra e Sua Banda de Najas* (1978), *Tietê! Tietê!* (1979), *Os Filhos do Carcará* (1980), *Lua de Cetim* (1981), peça que consagra a carreira profissional de Nogueira, e *As Traças da Paixão* (1995), além da já mencionada trilogia modernista.

Alcides Nogueira é um dos autores que produz e tem suas peças encenadas com incomum regularidade no meio teatral e, por isso, manteve ainda parcerias com diversos outros diretores, além daqueles que já foram citados anteriormente. Estão entre eles Antônio Abujamra, com *Madame Pommery* (1982), Paulo Betti, responsável por um dos grandes sucessos do autor, *Feliz Ano Velho* (1983; remontagem em 2000); Cibele Forjaz, em uma de suas primeiras experiências como diretora, com *Florbela*, e Jorge Takla, com *Lembranças da China* (1986)[48].

Outra parceria que produziu bons espetáculos foi a de Luís Cabral com a diretora Beth Lopes. Começaram juntos com a adaptação do conto de Rubem Fonseca, *O Cobrador* (1990), e prosseguiram em *Os Brutos Também Amam* (1992), *Violeta Vita* e *O Jantar* (1999). Cabral escreveu ainda em parceria com Ricardo Soares *No Olho da Rua*, que Beth Lopes levaria à cena em 1995.

No terreno da interação teatro e multimídias, Ricardo Karman e Otávio Donasci formam uma parceria única. O primeiro trabalho em colaboração da dupla aconteceu durante a peça *525 Linhas*, texto de Marcelo Rubens Paiva, dirigido por Karman, à qual se agregou a linguagem do vídeo, a cargo de Donasci. Juntaram-se novamente em 1992 para empreender uma *Viagem ao Centro da Terra*, espetáculo que acontecia no interior de um túnel abandonado sob o rio Pinheiros, um trajeto de quase um quilômetro durante o qual os espectadores defrontavam-se com instalações povoadas por figuras mitológicas e seres feéricos e com os quais se construíam metáforas sobre o conhecimento do homem e a sociedade de consumo. A *Viagem ao Centro da Terra* foi reencenada em 2001, no Rio de Janeiro.

O segundo espetáculo da dupla foi um roteiro de aventura, literalmente armado para acompanhar a fábula de Merlim, o Mago. O espetáculo, *A Grande Viagem de Merlim* (1995), em parceria com Luís Alberto de Abreu, autor do texto, pressupunha uma viagem do espectador à cidade de Jundiaí, no interior do Estado de São Paulo, e lá se espalhava por diversos lugares, como um depósito de lixo e um lago, no qual os participantes passeavam de pedalinho. No cerne da proposta, a ideia de viagem e de rito de passagem. Em setembro de 2001, Ricardo Karman inaugurou o Teatro do Centro da Terra, onde prossegue com suas experiências cênicas e, como em outros espaços alternativos na cidade, dá acolhida a produções de autores nacionais.

Atores

Um outro campo que cresceu, fertilizado por processos mais participativos de criação do texto cênico, foi aquele que poderia ser chamado de "dramaturgia do ator". Esse termo pode abarcar muitas acepções; no limite, concerne ao tanto que o ator pode funcionar como criador e/ou ordenador de enunciados textuais. Na dimensão que aqui nos concerne, referimo-nos aos textos-espetáculos nos quais as figuras do autor e do ator se confundem.

Neste terreno, merece destaque, sem dúvida, o trabalho de criação realizado pelos atores e atrizes do grupo Lume – Núcleo Interdisciplinar de Pesquisas Teatrais, de Campinas. O grupo foi formado em 1985 por Luís Otávio Burnier (1956-1995), por sua mulher, a musicista Denise Garcia, e pelo ator Carlos Roberto Simioni. A mímica, a investigação da linguagem do *clown* e a afinidade com o teatro antropológico de Eugenio Barba constituem o tripé sobre o qual Burnier construiu os princípios do seu trabalho, e com o qual o grupo prosseguiu a pesquisa após a morte precoce do diretor, em 1995. O primeiro espetáculo produzido pelo Lume foi *Kelbilin, o Cão da Divindade*, direção de Burnier para atuação de Simioni. Aos textos de Hilda Hilst e Santo Agostinho que constituem a base desse espetáculo, Simioni acrescentou o texto *escrito* por seu corpo e sua voz, segundo as partituras corporal e vocal com as quais descreve o dilaceramento de um homem – o próprio Santo Agostinho – dividido entre os prazeres da carne e a entrega aos valores espirituais.

48 Alcides Nogueira comenta sobre os diretores com os quais trabalhou em Tuna Dwek, *Alcides Nogueira: Alma de Cetim*, São Paulo: Imprensa Oficial, 2004. (Coleção Aplauso); em especial capítulo X, "Parcerias Emblemáticas", p. 105-118.

A *Kelbilin* sucederam-se diversos espetáculos, compartilhados, pesquisa e realização, por Burnier, Simioni e Ricardo Puccetti, este último integrado ao grupo em 1988. A pesquisa sobre o *clown* (O Sentido Cômico do Corpo), introduzida por Puccetti, e, mais recentemente, sobre a Mimesis Corpórea[49] acrescentaram repertório às criações do grupo. Da primeira linha de pesquisa destacam-se os espetáculos *Valef Ormos* (criação de Puccetti, Burnier e Simioni, 1992); *Mixórdia em Marcha Ré Menor* (direção de Ricardo Puccetti, 1995), *Cravo Lírio e Rosa* (criação de Puccetti e Simioni, 1996), *La Scarpetta* (criação de Puccetti e Nani Colambaioni, 1997).

Já com a geração mais recente de lumianos, formados pela Unicamp, o Lume apresentou, em 1999, *Café com Queijo*, construído segundo a pesquisa da Mimesis Corpórea. Concebida, criada e apresentada por Ana Cristina Colla, Jesser Sebastião de Souza, Renato Ferracini e Raquel Scotti Hirson, a peça traz, na personificação de figuras sertanejas que contam suas histórias, nas cantorias e nos versos, as marcas das viagens de exploração realizadas pelo grupo pelos sertões do Brasil[50].

Em diálogo com o trabalho do Lume, pela dominância do jogo do ator, pelo processo de construção fundado na exploração das possibilidades expressivas do corpo, pela dramaturgia que resulta do próprio processo de investigação, há outros núcleos que devem ser aqui mencionados, entre eles o Circo Mínimo (1988) e o Pia Fraus (1984). Associados ambos ao que se determinou nomear Teatro Físico, os trabalhos desenvolvidos por Rodrigo Matheus e pelos piafrausianos Beto Andretta, Domingos Montagner e Beto Lima (na formação original) retiveram a marca do circo, na aeroespacialidade e nas técnicas acrobáticas. A estes elementos, o Pia Fraus acrescentou ainda a criação e manipulação de bonecos.

Nas décadas que nos concernem, do repertório de criação e atuação de Rodrigo Matheus destacam-se *Orgulho* (direção de Carla Candiotto, 1998); dividindo a cena com Eugênio La Salvia, *Moby*

Grupo Lume, *Afastem-se Vacas que a Vida é Curta*.

49 Técnica que se sustenta na observação e na assimilação da gestualidade humana, convertida em repertório gestual codificado pelo ator-pesquisador. Ver a respeito Carlota Cafiero, A Arte de Luís Otávio Burnier, *Revista do Lume*, Campinas, Unicamp, n. 5, 2003, Edição Especial, p. 54.

50 Idem, p. 77-79.

Dick (direção de Cristiane Paoli-Quito, 1999) e *Prometeu* (direção de Cristiane Paoli-Quito, 1993), baseado em Ésquilo.

De Pia Fraus, destacam-se, na concepção e roteiro do grupo, *Olho da Rua* (1993), *Flor de Obsessão* (direção de Chiquinho Medeiros, 1996), *Gigantes de Ar* (direção de Carla Candiotto, 1997), *Navegadores* (1999) e *Frankenstein* (2000), estes dois últimos com direção assinada pelo grupo.

Em linguagem próxima, por semelhante raiz circense, uso expressivo do corpo e combinação de múltiplas linguagens devem ser mencionados, ainda, o XPTO (1984), coordenado por Osvaldo Gabrieli; La Mínima (1997), formado por Domingos Montagner e Fernando Sampaio, além do Teatro de Anônimo (1986) e a Intrépida Trupe (1986).

No âmbito do teatro de animação que inclui público adulto, aparentado ao Pia Fraus, há exemplos de várias gerações, entre eles os grupos Giramundo (1970), Sobrevento (1986), Caixa do Elefante (1991), Caixa de Imagens (1994) e PeQuod (1999), com destaque para o trabalho pioneiro de Ana Maria Amaral.

Autores

Embora o trabalho dos coletivos tenha dominância no panorama da criação, principalmente paulista, muitos autores continuaram mantendo uma produção individual, inspirados em motivos próprios, ou mesmo seguindo a sugestão de atores e diretores interessados em sua dramaturgia.

Naum Alves de Souza, embora um veterano por haver atravessado os anos de 1970 criando os espetáculos do Pod Minoga, só consolidou sua carreira como dramaturgo e diretor de suas próprias peças na década seguinte, produzindo uma das mais férteis e regulares obras dramatúrgicas do período, com suas personagens comuns, familiares, mas a cujas vidas ordinárias Naum empresta um sabor amargo e delas retira grande expressividade dramática. Sua produção mais significativa começa com uma trilogia – pelo menos, já aceita pelo autor como tal[51]: *No Natal a Gente Vem Te Buscar* (1979), *A Aurora da Minha Vida* (1981) e *Um Beijo, Um Abraço, Um Aperto de Mão* – que estreia como "versão masculina" em 1984, tendo o bailarino e ator J. C. Viola como protagonista, e como "versão feminina", em 1985, tendo como protagonista Marieta Severo. A estas se seguem *Nijinski* (1987), também encenada com J. C. Viola no papel do bailarino russo, e *Suburbano Coração* (1989). Na década de 1990, Naum diversifica sua produção com o monólogo *Água com Açúcar* (1995), estrelado por Isa Kopelman; produz espetáculos sustentados em recriações e colagens de fragmentos de seus textos consagrados nos cursos de teatro onde atua como diretor convidado. Com alguns desses alunos produz, em modo coletivo e cooperativado, *Strippers* e *O Pivô*, ambos em 1997.

À parte a produção dramatúrgica (aqui apenas parcialmente indicada), Naum desempenha com igual competência suas outras habilidades como cenógrafo, figurinista, diretor de shows musicais, roteirista de cinema e televisão, além de contista e cronista, em perfeita afinação com o espírito da época.

A polivalência artística não é novidade da década de 1990; há, porém, ressaltada nesse período, uma mobilidade maior no trabalho, principalmente da nova geração de autores, e muitos deles são praticantes de outras modalidades de escrita, de caráter literário, jornalístico, cinematográfico ou televisivo. Por essas vias, em especial a dos meios audiovisuais de expressão, os dramaturgos têm assimilado um ritmo mais ágil de produção e, ainda, encontram-se mais disponíveis para a experimentação e o intercâmbio entre as linguagens, favorecendo o hibridismo que marca a dramaturgia contemporânea. Isso pode refletir variedade de interesses por parte do autor, mas também ser resultado do exercício de parcerias que se estabelecem entre muitos autores e diretores ou entre os autores e os grupos aos quais se associam circunstancialmente. Esse compartilhamento com diretores e grupo acrescenta a essa dramaturgia uma disposição para *estar em processo*, uma dimensão menos complexa do *work in progress*, mas que guarda dele a possibilidade de ir-se alterando no contato com os outros criadores envolvidos no processo. Nesse

51 Sobre a nomeação da trilogia e as dúvidas bem humoradas do autor a respeito, ver Naum Alves de Souza, Um Autor Tem que Nascer em Algum Lugar, *Teatro*, Lisboa: Cena Lusófona, 2005, p. 35-36.

sentido, define uma característica que é comum a quase toda a dramaturgia produzida na década.

Outro aspecto importante a ser destacado é a preponderância de textos curtos, em detrimento das longas narrativas, estas mais frequentes nas produções dos grupos, frutos de processos de pesquisa e criação estendidos no tempo. O texto curto, por outro lado, ajusta-se melhor aos modos de produção do momento, mas, principalmente, corresponde a uma sensibilidade contemporânea que se alimenta do flagrante, do instantâneo, do recorte.

Tematicamente, é vasto o panorama que se constituiu com as obras da nova geração. Não difere muito do que sempre serviu à dramaturgia como principais motivos: violência urbana, falência de valores e perspectivas da sociedade, choque de gerações, incomunicabilidade e impotência do indivíduo acuado social e psicologicamente etc. Essa revisão de temas já explorados pelas gerações anteriores, porém sob novos tratamentos, tanto no que concerne à linguagem quanto pelos novos enfoques introduzidos, pode ser tomada como uma das características fortes de boa parte da dramaturgia produzida nos anos de 1980/1990.

No geral, há uma acentuada recusa de padrões mais francamente realistas, ou realistas-psicológicos, em favor de realismos contaminados pelo grotesco, pelo fantástico, pelo *nonsense*. Muitos autores incorporam elementos da desconstrução narrativa que caracteriza a contemporaneidade, e mesmo as peças curtas apresentam procedimentos de montagem e colagem como princípio de construção, bem como podem ser reconhecidas pelas referências a outras obras e autores, dando voz à polifonia intertextual. Os procedimentos metalinguísticos, que também definem a produção contemporânea, com frequência sobrepõem-se aos constituintes rigorosamente dramáticos que aí sobrevivem.

Típico autor dessa geração, Aimar Labaki estreou como autor, diretor e produtor em *Tudo de Novo no Front* (1992) uma peça criada e apresentada na discoteca Up and Down, em São Paulo. Exerceu o ofício de crítico por alguns anos antes de dedicar-se exclusivamente a escrever; hoje divide-se entre o teatro e as telenovelas. Sua terceira peça, *A Boa* (1999), já não teve o perfil realista (embora de contornos exacerbados) de sua segunda peça *Vermouth* (citada no início do capítulo), tratando-se de uma construção de dominante simbólica. Labaki é um dos autores que também têm parte de seu repertório constituído por peças escritas a pedido de atores ou diretores, incluindo nesse lote algumas obras destinadas ao público juvenil e que tiveram grande destaque sob a direção de Débora Dubois: *Piratas na Linha* (2000) e *Motor Boy* (2001).

Fernando Bonassi, por sua vez, veio para o teatro depois de projetar-se como escritor e roteirista. Suas peças trazem evidentes resíduos tanto do cinema quanto da literatura, e esse é um dos elementos desafiadores na operação de pôr em cena suas tramas e personagens. Sua primeira peça montada – *Preso Entre Ferragens* (direção de Eliana Fonseca, 2000) –, tratada formalmente como monólogo, revelava o fluxo de pensamento de um sujeito agonizando dentro de um veículo acidentado. Já neste primeiro trabalho, entrevia-se na dramaturgia de Bonassi sua disposição de cronista da realidade urbana, com recusa de procedimentos fotográficos de registro em favor de recortes cínicos, criticamente ácidos, politicamente agressivos, das relações humanas e sociais, disposição essa que ganharia ainda maior definição em suas peças futuras.

Bosco Brasil, por sua vez, pertence à geração formada pela universidade, com estudos específicos em Artes Cênicas. Definiu uma carreira premiada com a encenação de *Budro* (direção de Emílio de Biasi, 1994), e *Atos & Omissões* (direção do autor, 1995), peças de um único ambiente que traziam ao palco conflitos e desilusões de uma geração de jovens de classe média urbana. Com o intervalo de uma comédia, *Os Coveiros* (direção de Hugo Possolo, 1998), Bosco retomou o confinamento de personagens em *O Acidente* (direção de Ariela Goldman, 2000), dessa vez retratando o desencontro de um homem e uma mulher em situação de espera por uma celebração que, afinal, não acontecia. Nessa peça, firmou-se na dramaturgia de Bosco Brasil a tendência a um tracejamento grotesco das personagens, devido em parte pela tendência ao isolamento e condição de incomunicabilidade em que estavam expostos.

Também parte da geração formada pela universidade, Pedro Vicente combinou suas atividades de dramaturgo com eventuais incursões pelo palco como ator e com a carreira de redator de publicidade e cronista. Sua primeira montagem profissional aconteceu ainda no *campus*, com a peça *Banheiro*, dirigida por Johana Albuquerque, com alunos da Escola de Arte Dramática. Na sequência, teve encenadas *PromisQuidade* (direção de Márcia Abujamra, 1998), *Triálogo* (1998) e *Disk Ofensa Linha Vermelha* (1999), ambas dirigidas por Nilton Bicudo. Vicente também tomou por objeto uma certa geração de classe média urbana sem grandes perspectivas, mas, em suas peças, esse universo foi tratado com humor de pinceladas grossas, próximo da farsa.

Familiarizado com a escrita desde muito jovem, Samir Yazbek passou pela escola do encenador Antunes Filho antes de se profissionalizar como dramaturgo. Estava completando trinta anos quando escreveu, produziu e dirigiu *O Fingidor* (1999), que lhe valeu um prêmio de dramaturgia. Inspirada no poema "Autopsicografia", de Fernando Pessoa, a peça constrói uma ficção cujos elementos biográficos estão de algum modo presentes, mas não são os mais importantes. Com lógica ficcional, o Fernando Pessoa de Yazbek presta-se a um enredo que tem como fundo a busca poética do homem por si mesmo.

Quando ganhou destaque com *O Fingidor*, Yazbek já acumulava dez anos desde sua estreia profissional, embora ainda não tivesse merecido reconhecimento de imprensa ou de público. Sua primeira peça foi encenada em 1988: *Uma Família à Procura de um Ator*, monólogo atuado pelo próprio Yazbek e dirigido por Edson Santana. Depois vieram *Arquipélago* (direção de Augusto de Resende, 1994), e *Antes do Fim* (direção do autor, 1998).

Com *A Terra Prometida* (direção de Luiz Arthur Nunes, 2001), ato único para dois atores, Yazbek fortaleceu um modelo que iria repetir-se, de um modo ou outro, em sua produção sequente. Assentada no terreno bíblico, tendo Moisés e seu sobrinho Itamar por protagonistas, a peça assemelha-se a um debate filosófico, tendo por tema manifesto o embate entre o patriarca e o jovem, a caminho da Terra Prometida. No entanto, como em *O Fingidor*, importam menos os aspectos factuais da fábula e mais aquilo que emerge sob esse pretexto. Em *A Terra Prometida* é possível averiguar o confronto entre a fé, a tradição, a manutenção de princípios e a necessidade de novos caminhos, o livre-arbítrio e o hedonismo contemporâneo. Sob essa perspectiva, a suposta dimensão épica do texto, por estar assentada em terreno mítico, perde-se ou fica adormecida em segundo plano.

Considerado por muitos como um *enfant terrible* do teatro, Dionísio Neto estreou provocando impacto, em 1996, com *Opus Profundum* e *Perpétua*. No ano seguinte, concluiria um ciclo – a *Trilogia do Rebento* – com *Desembestai!* (direção de Leonardo Medeiros). Formado entre a prática de José Celso Martinez Corrêa e o CPT de Antunes Filho, Dionísio Neto pretendeu para sua dramaturgia o lugar da inovação, ousando no argumento e na estrutura, nas combinações extravagantes de elementos, misturando vídeo, música – *rap* e *street dance*[52], procedimentos dramáticos e narrativos, aproximando-se do modelo dos diretores-dramaturgos da década, como Gerald Thomas. Sem perder o rumo inicialmente traçado, principalmente sua ousadia formal, mas domando um pouco a virulência, Dionísio produziria e dirigiria ainda *Corações Partidos* e *Contemplação de Horizontes* (2000) e *Antiga* (2001).

João Falcão, pernambucano, começou sua carreira no Recife no início dos anos de 1980, já como duplo de autor e diretor. Sua estreia no Rio de Janeiro deu-se com *A Ver Estrelas* (1995). Fixando aí sua residência, firmou seu nome no ambiente teatral carioca com *A Dona da História* (1998), com Marieta Severo e Andreia Beltrão, e *Uma Noite na Lua* (1999), monólogo, com Marco Nanini. Voltou ao Recife, em 2000, para a estreia de *A Máquina*, que adaptou de história de Adriana Falcão. Também em parceria com a mulher escreveu *Cambaio* (2001), que contou com músicas de Chico Buarque de Holanda[53].

Léo Lama, além de dramaturgo, é ator, diretor, músico compositor, escritor e diretor de televisão.

52 Ver Nelson de Sá, Opus Profundum e Perpetua, *Diversidade: Um Guia para o Teatro dos Anos 90*, São Paulo: Hucitec, 1997, p. 425.

53 Embora a dramaturgia pernambucana dos anos de 1980/1990 não tenha sido tão fértil quanto a das décadas de 1950/1960, deve-se lembrar que, ao lado de João Falcão, obtiveram boa repercussão no Recife as peças de Cláudio Aguiar, Marcelino Freyre e Fernando Limoeiro, entre outros. Cf. Milton Baccarelli, *O Teatro em Pernambuco: Trocando a Máscara*, Recife: Fundarpe, 1994, p. 148-149.

Seu ingresso no teatro deu-se muito cedo, acompanhando com canto e violão as apresentações do pai, Plínio Marcos, e assistindo às atuações da mãe, Walderez de Barros. Sua estreia como autor, ainda bem jovem, deu-se com o estrondoso sucesso de *Dores de Amores* (direção de Roberto Lage, com Malu Mader e Taumaturgo Ferreira, 1989). Depois disso, suas estreias espaçaram, retornando com *Perdidos na Praia* (direção por Fauzi Arap, 1994) e *Bang-Bang, Quando os Revólveres Não Matam* (direção de Oswaldo Mendes, com Walderez de Barros, 1995). Como diretor dos próprios textos montou *Videoclip Blues* (com Débora Secco e Marcelo Faustini, 1997); *O Amor de Madalena por Jesus* (1999); *Baudelaire, o Pai do Rock* (1999); e *Vampira* (monólogo, com Paula Micchi, 2001). Constam ainda de seu repertório *Putas* (direção de Roberto Lage, 1999) e *Pedra no Rim* (direção de Mário Piacentini, com Marcello Airoldi e Lilian de Lima, 2001).

Nos anos de 1990, Otávio Frias acrescentou à sua intensa atividade como jornalista o papel de dramaturgo, estreando com *Típico Romântico* (direção de Maurício Paroni de Castro, 1992). Sua segunda peça, *Rancor* (direção de Jayme Compri, 1993), sobre a angústia da influência, teve melhor repercussão de crítica e público. Frias escreveria ainda *Don Juan*, levado à cena por Gerald Thomas, em 1995, com elenco encabeçado por Ney Latorraca e Fernanda Torres, entre outros.

Marcelo Rubens Paiva começou no teatro como personagem de si mesmo, antes de se tornar dramaturgo. Seu sucesso literário, o romance autobiográfico *Feliz Ano Velho*, repetiu-se no palco na recriação de Alcides Nogueira (direção de Paulo Betti, 1983). Só em 1989 Paiva faria sua estreia na dramaturgia com *525 Linhas*. A peça foi consequência de sua passagem pelo Círculo de Dramaturgia do CPT, na época em que lá ensinava Luís Alberto de Abreu. Reunido a seu amigo Ricardo Karman, aventurou-se a montar a peça com requintes eletrônicos na boate Aeroanta, escolha que dificultou a carreira do espetáculo, encerrada logo depois. Passado um longo período de ausência, Paiva voltaria à cena em 1997, em parceria com a Casa da Gávea, um dos mais importantes focos de difusão da dramaturgia carioca. Ali, faria sucesso com as duas primeiras peças de uma trilogia sobre as relações amorosas: *Da Boca pra Fora: E Aí, Comeu?* (1999) e *Mais que Imperfeito* (2000), ambas sob direção Rafael Ponzi[54].

As primeiras peças escritas por Celso Cruz foram ao palco ainda no tempo em que ele cursava a Escola de Comunicações e Artes. Excursionando pelo circuito de festivais, em diversos pontos do Brasil, destacou-se com a peça *A Cruzada das Crianças* (direção do autor, 1994). Continuou atuando em círculos mais alternativos, escreveu e dirigiu ainda *Três Marias* (1996), *Enxaquecadasabina* (1996), *Zorro* (direção de Eduardo Coutinho, 1996), *33* (1997), *Periódica* (1997) e *Werther na Veia*, que fez temporada no Centro Cultural São Paulo, em 2000. Entrada a nova década, Celso Cruz teve algumas de suas peças encenadas no Espaço X, foco de produções fora do circuito comercial (funcionando por alguns anos ao lado do Teatro dos Satyros, na Praça Roosevelt).

No final dos anos de 1990, o grupo dos novos dramaturgos, visualizado na ampla extensão de suas diferenças, já formava um conjunto considerável, pressupondo uma geração que iria crescer e firmar-se ao longo da década seguinte. A estes somaram-se muitos veteranos que seguiram escrevendo e encenando peças. No encontro dessas águas, fechou-se uma década das mais férteis para a nossa dramaturgia.

Para que este inventário fique (apenas) um pouco mais próximo da completude, mereceram ainda destaque, nas décadas: de Luís Alberto de Abreu, *Bella Ciao* (direção de Roberto Vignatti, 1982); de Mário Prata, *Besame Mucho* (direção de Roberto Lage, 1982); de Hamilton Vaz Pereira (concepção, roteiro e direção), *A Farra da Terra* (1983); de Alcione Araújo, também na direção, *Muitos Anos de Vida* (1984); de Paulo César Coutinho, *A Lira dos Vinte Anos* (direção de Silnei Siqueira, 1985); na adaptação de Rubens Corrêa e Ivan de Albuquerque, direção deste, *Artaud* (1986); de Celso Frateschi, *Diana* (direção de Roberto Lage, 1987); de Renato Borghi, *Lobo de Ray-Ban* (direção de José

54 Fundada em 1992, a Casa da Gávea tem à frente Paulo Betti, Cristina Pereira, Rafael Ponzi e Vera Fajardo. No que concerne à trilogia de Paiva, a terceira peça, *Closet Show*, seria encenada por Rafael Ponzi, um par de anos depois da segunda.

Possi, 1987); de Flávio de Souza, *Fica Comigo Esta Noite* (direção do autor, 1988); de Flávio Márcio, *O Homem que Viu o Disco Voador* (direção de Aderbal Freire-Filho, 2001); de Fauzi Arap, *Às Margens da Ipiranga* (direção do autor, 1988); de Anamaria Nunes, *Geração Trianon* (direção de Eduardo Wotzik, 1988); de Edla van Steen, *O Último Encontro* (direção Silnei Siqueira, 1989); de Wilson Sayão, *Uma Casa Brasileira* (direção de Amir Haddad, 1990) e *Anônima* (direção de Aderbal Freire-Filho, 1997); de Oswaldo Mendes, *Voltaire: Deus Me Livre e Guarde* (direção de Márika Gidali, 1998) e *A que Ponto Chegamos* (direção do autor, 2000); de Enrique Diaz (concepção e direção), *A Bao A Qu* (1990); de autoria e produção da Troupe de Atmosfera Nômade, sob direção de Tiche Viana e Cristiane Paoli-Quito, *Uma Rapsódia de Personagens Extravagantes* (1991); de Antônio Nóbrega, *Brincante* (direção de Romero de Andrade Lima, 1992); de Lauro César Muniz, *Luar em Preto e Branco* (direção de Sérgio Mamberti, 1992); com roteiro e direção de Márcia Abujamra, *Van Gogh* (1993); com roteiro e direção de Márcio Vianna, *O Futuro Dura Muito Tempo* (1993); de Rubens Rewald, *O Rei de Copas* (direção de Cristiane Paoli-Quito, 1994); de Arnaldo Jabor, *Eu Sei que Vou Te Amar* (direção de William Pereira, 1994); de Domingos Oliveira e Priscilla Rosenbaum *Amores* (1996) e *Separações* (2000), ambas sob direção do autor; com roteiro de Elias Andreato, *Oscar Wilde* (direção de Vivien Buckup, 1997); de José Antonio de Souza, *Crimes Delicados* (direção do autor, 1983) e *Cantos Peregrinos* (direção de Marco Antonio Rodrigues, 1997), e de José Celso Martinez Corrêa, *Cacilda* (direção do autor, 1998).

Núcleos

No panorama da dramaturgia das últimas décadas devem ser necessariamente citados aqueles teatros ou espaços culturais que tiveram como projeto a valorização da dramaturgia nacional e a apresentação de espetáculos alternativos de jovens artistas, entre eles novos dramaturgos. Há já uma tradição de espaços fomentadores como esses e muitos nomes apareceram e se firmaram por essa via. Na década de 1970, o Teatro Ipanema, no Rio de Janeiro, revelaria as peças de José Vicente e José Wilker; em São Paulo, como parte de um projeto de resistência cultural dos mais sérios e consequentes à época, o Teatro S. Pedro, sob a condução de Maurício e Beatriz Segall, abriria espaço para autores como Guarnieri, Vianinha, José Agrippino, Bráulio Pedroso, Plínio Marcos, Néri Gomide, Consuelo de Castro, Sérgio Viotti e Luiz Carlos Cardoso, além de Carlos Queiroz Telles, cuja carreira de dramaturgo estaria fortemente associada àqueles artistas-produtores.

Já para o final da década, quando surgiu em São Paulo o Off, firmou-se uma tradição de pequenos espaços de perfil delineado pelo experimentalismo e pela abertura a profissionais iniciantes nos ofícios do teatro.

Essa tendência ampliou-se nos anos de 1990, com a proliferação de novos autores, novos grupos, e a facilidade cada vez maior de produzir espetáculos em sistema caseiro, com poucos atores, cenário mínimo e muita dedicação dos artistas – produções que dificilmente sobreviveriam se fossem obrigadas a entrar no esquema do teatro comercial.

Criado com o objetivo explícito de "apoiar a nova dramaturgia", surgiu, em meados de 1999, o N.EX.T – Núcleo Experimental de Teatro. Seu coordenador, Antonio Rocco, como muitos de sua geração, é duplo de autor e diretor e formou-se em teatro pela universidade. Desde que abriu suas portas com *O Caderno Rosa de Lori Lamby*, adaptação do livro de Hilda Hilst, com a atriz Iara Jamra e direção de Bete Coelho, o N.EX.T tem sido um espaço de grande circulação de novos artistas e novos empreendimentos. Apenas nos três primeiros anos de existência foram ali representados Pedro Vicente, Aimar Labaki, Ângela Dip, Paulo Rogério, Gisela Arantes, Bianca Ramoneda, Alexandre Stockler, Elias Andreato, Eduardo Figueiredo, Patrícia Gaspar, Grace Giannoukas, Lena Roque e Silvia Geraldi, além de trabalhos do próprio coordenador do espaço. Como dramaturgo, até a abertura do N.EX.T, Rocco teria apenas uma peça representada, *Os Dez Mandamentos do Jogo dos Sete Erros*, em 1994, na direção do autor. No N.EX.T, sua estreia deu-se com *Alegria do Palhaço*, em 2000.

Um dos projetos mais bem-sucedidos no N.EX.T foi o "Terça Insana", uma espécie de cabaré com números variados comandado por Grace Giannoukas,

Cacilda, do Oficina, dirigido por José Celso Martinez Corrêa.

que começou a funcionar em horários alternativos a partir de 2001. É a dramaturgia do improviso, do humor ligeiro, farsesco, temperado por *nonsense* e aquecido no contato com o público.

Outro lugar de forte vocação aglutinadora é o Espaço dos Satyros, atualmente com duas salas, ambas na mesma quadra da Praça Roosevelt, no centro de São Paulo. Além dos autores da casa, Os Satyros tem mantido uma política de apoio ao teatro experimental, com espaço para novos autores e produções de pequeno porte. Muitos autores, assim, têm sido acolhidos e revelados ali.

À parte os espetáculos apresentados em sua pequena sala instalada no coração do bairro do Bexiga, em São Paulo, o Ágora – Centro para o Desenvolvimento Teatral, formado na origem por Celso Frateschi e Roberto Lage –, investiu bastante na promoção de ciclos de debates e leituras dramáticas, como parte do seu amplo projeto inaugural de investimento na formação e desenvolvimento do teatro. Na vertente dramaturgia, além das mesas de discussão que integravam habitualmente os ciclos[55], o Ágora promoveu em 2001 o Ágora Livre – Dramaturgias, ciclo de leituras e debates com doze autores convidados, que escreveram peças especialmente para o evento: Fernando Bonassi, Izaías Almada, Marta Góes, Hugo Possolo, Alcides Nogueira, Naum Alves de Souza, Mário Bortolotto, Noemi Marinho, Fauzi Arap, Bosco Brasil, Luís Alberto de Abreu, Jandira Martini e Marcos Caruso. Muitas dessas peças seriam posteriormente encenadas, algumas delas com destaque como *Novas Diretrizes para Tempos de Paz*, de Bosco Brasil, e *Cabeça*, de Alcides Nogueira.

No que concerne ao fomento à dramaturgia, não se pode deixar sem menção o CPT – Centro de Pesquisas Teatrais, do Sesc, coordenado por Antunes Filho, que criou, em 1999, o Círculo de Dramaturgia, um projeto de estudos e produção de dramaturgia. Estiveram vinculados ao Círculo, em seu primeiro momento, Daniela Smith, Rosely Galetti, Luiz Paetöw, George Barcat, João Moura, Evaldo Mocarzel, Leonel Delalana e Marici Salomão. A partir de 1998, o CPT acrescentou à prática da dramaturgia o produto do trabalho de criação dos atores na série *Prêt-à-porter*, seleção de textos curtos, resultados dos exercícios de interpretação, apresentados ao público com intuito também didático, incluindo debates ao final.

É preciso reiterar ainda o fato de que as escolas técnicas de formação e as universidades, com seus departamentos de teatro, têm atuado como um campo de experimentação prática, no qual se exercitam muitos dos representantes das novas gerações de dramaturgos. Nos teatros e laboratórios escolares também são acolhidos frequentemente textos inéditos, em montagens que integram as tarefas didáticas de alunos e professores. Além do mais, considerados como parte desse mesmo circuito, os grupos de teatro vinculados às universidades – e que, em determinados contextos, fazem a ponte com o movimento de teatro amador – mantêm ainda um certo repertório, aquecido entre montagens e remontagens, de autores preferenciais, frequentemente próximos desse ambiente. Neste segmento, encontra-se, entre outros, José Eduardo Vendramini, pesquisador e professor na Universidade de São Paulo. Dele foram encenados, sob sua direção, os textos *Arlequinadas ou A Nova-velha História de Arlequim, Pierrô, Colombina e Seus Patrões* (1981), *Cida Cinderela*, ou *Cinderela, Cinderela*, na montagem de estreia (1982), e *Bibelôs* (1996). A peça *Os Divertimentos do Rei* teve sua mais recente montagem na direção de Nelson Baskerville, com produção do Teatro-Escola Célia Helena, em 1994.

Anos 2000

Da virada do milênio para cá, muitos componentes da produção da década anterior mantiveram-se vigentes. A realização de leituras dramáticas talvez tenha sido a modalidade de evento que teve maior expansão. Não apenas espaços institucionais como o Sesc, o Sesi, o Centro Cultural Banco do Brasil e o Centro Cultural São Paulo, entre outros, sistematizaram a prática de promover ciclos de leituras dramáticas como, em alguns casos, fomentaram a montagem de parte dessa produção. Para um país

55 No primeiro desses eventos promovidos pelo Centro, o Odisseia do Teatro Brasileiro, houve uma mesa específica sobre dramaturgia, além dos depoimentos de vários dramaturgos, entre eles Gianfrancesco Guarnieri e Augusto Boal. O Odisseia do Teatro Brasileiro foi transformado em livro, sob organização de Silvana Garcia, pela editora Senac (São Paulo, 2002).

no qual as condições de produção não favorecem os iniciantes, a prática da leitura dramática ganha fim em si mesma e tem sido um modo bastante ágil de dar a conhecer novos nomes.

Os espaços de difusão abertos na década anterior ampliaram-se e a eles acrescentaram-se novos núcleos, indicando uma permanência que pode ser explicada pela necessidade de caminhos alternativos que facilitem a rota de fuga para quem pretende escapar aos modos mais tradicionais de produção.

Veteranos e novos autores cruzaram-se ao transitar por esse circuito e a nova década começou prezando a dramaturgia de mais uma geração, engordada a cada ciclo de leitura e a cada oportunidade de se dar a conhecer. Entre esses novos nomes estão Sérgio Roveri, Cláudia Vasconcelos, Leonardo Alkmin, Maucir Campanholi, Dib Carneiro, Jarbas Capusso Filho, Gero Camilo, Bia Gonçalves, Paulo Santoro, Otávio Martins, Ruy Filho, Eduardo Ruiz, Grace Passô, Daniela Pereira de Carvalho, Christiane Jatahy, Pedro Brício, Caio de Andrade, Rodrigo de Roure, Camilo Pellegrini, Marcelo Pedreira, Marcos Barbosa, Cláudia Barral, Cacilda Povoas, Elísio Lopes Jr., Gil Vicente, Luiz Felipe Botelho, Emmanuel Nogueira... e muitos outros a serem anotados, ainda, Brasil afora.

Ao empenho dos espaços de criação e difusão somou-se a iniciativa de muitos artistas e estudiosos visando ampliar o alcance desses empreendimentos, gerando projetos e fomentando a produção. Para citar alguns exemplos pioneiros: em São Paulo, a companhia de Teatro Promíscuo, formada por Renato Borghi, Débora Duboc, Luah Guimarães e Élcio Nogueira, juntou-se ao Sesi para promover uma Mostra de Dramaturgia Contemporânea que reuniu uma boa porção de autores em atividades naquele momento: foram quinze dramaturgos apresentando peças inéditas. Papel similar foi cumprido pelo projeto Nova Dramaturgia Brasileira, realizado no Teatro Carlos Gomes, do Rio de Janeiro, coordenado pelo dramaturgo e diretor Roberto Alvim.

Merecem registros, ainda, os estímulos externos que vieram reforçar a produção de novos textos, entre eles as oficinas de dramaturgia promovidas pelo Royal Court Theatre, de Londres. Em duas versões, envolvendo São Paulo, Rio e Bahia, congregou um expressivo número de iniciantes. Do segundo *workshop* promovido em São Paulo resultou uma simpática Companhia dos Dramaturgos, constituída por oito jovens autores participantes do projeto – na composição original: Ana Roxo, Cássio Pires, Cláudia Pucci, Fábio Torres, Lina Agifu, Marcos Gomes, Paula Chagas e Walmir Pavan. A estes acrescentaram-se depois Lucienne Guedes, Carlos Canhameiro e Jonas Golfeto. Embora a companhia tenha se desfeito posteriormente, seus integrantes continuam escrevendo e montando suas peças.

Todos os exemplos aqui citados refletem apenas parcialmente as pulsações criativas que puseram em movimento a produção da dramaturgia nas três últimas décadas. Por este balanço certamente incompleto, ainda assim é possível verificar facilmente que a dramaturgia e todas as modalidades de escrita que o termo abarca tiveram considerável impulso no período estudado. A prática do ofício de dramaturgo sofreu significativas alterações as quais, embora não excluam disposições anteriores consagradas, como a do "autor de gabinete", valorizam uma condição coletiva e firmam a compreensão da dramaturgia como texto *em processo* e *em cena*. Mais do que a produção, é digno de nota os modos pelos quais essa produção encontra seu caminho até o público e como esses caminhos pressupõem e estimulam uma cadeia de cumplicidades – dos espaços, dos diretores, das companhias, dos espectadores.

Cabe, agora, debruçar-se criticamente sobre essa produção, estabelecer novos nexos e ampliar o panorama com o detalhamento dos caminhos abertos, confirmando-os ou oferecendo alternativas que permitam a continuidade desta história.

2. A ENCENAÇÃO

O intuito deste capítulo é apontar as principais vertentes da encenação brasileira entre 1978 e 2006, trabalhando com exemplaridades e elegendo criações que, a partir de um ponto de vista determinado, sintetizam as linhas de força do teatro do período[56].

O marco inicial é a estreia do espetáculo *Macunaíma* (1978), com direção de Antunes Filho, que a maioria dos estudiosos considera a matriz inaugural do contemporâneo nos palcos brasileiros[57]. A construção da cena a partir da corporeidade do ator, o privilégio do espaço vazio e a simplificação dos elementos, sugeridos a partir de materiais simples, a opção narrativa pelo romance de Mário de Andrade, em detrimento de um texto dramático, o uso da intertextualidade e a exploração de canais de enunciação plurais, além do recurso à montagem como procedimento construtivo, são traços da encenação que projetam um território teatral até então pouco explorado nos palcos do país.

As experiências do diretor são o prenúncio de uma tendência de hegemonia de encenadores nos palcos nacionais, que dialoga com criações europeias e norte-americanas no que se refere à autonomia da escritura cênica em relação ao texto dramático, e em geral se associa às correntes ligadas ao pós-modernismo teatral.

A mudança de eixo criativo do encenador para o grupo acontece de forma evidente a partir da década de 1990 e, nesse sentido, é significativa a prática do diretor, dramaturgo, ator e ativista cultural José Celso Martinez Corrêa com o Oficina Uzyna Uzona, que prenuncia os modos alternativos de criação colaborativa e performativa do teatro de grupo.

56 A pesquisa para este texto foi realizada até 2006, seguindo a proposta editorial. Em virtude da síntese necessária, não foram mencionados alguns diretores, atores e grupos tratados no capítulo anterior. Remeto o leitor aos sites dos grupos e companhias, caso queira detalhes das fichas técnicas dos espetáculos e histórico circunstanciado das produções. Para formas específicas como teatro de rua, teatro de bonecos, teatro infantil e circo-teatro, ver os capítulos respectivos neste volume.

57 Cf. Yan Michalski, Macunaíma: Um Espetáculo Revolucionário, *Jornal do Brasil*, Rio de Janeiro, 9 out. 1979, p. 10; Décio de Almeida Prado, *Peças, Pessoas, Personagens: O Teatro Brasileiro de Procópio Ferreira a Cacilda Becker*, São Paulo: Companhia das Letras, 1993, p. 104.

O Encenador e o Ator

A estreia de *Macunaíma* em 1978 é um marco do teatro brasileiro não apenas pela renovação da linguagem cênica, mas por definir a guinada experimental de um dos maiores encenadores brasileiros. Antunes Filho abandona uma carreira consagrada de direções no teatro empresarial para aventurar-se corajosamente na pesquisa, na organização de um coletivo – o Grupo Pau Brasil, depois Grupo Macunaíma – e na prospecção de um método de criação para o ator brasileiro. De fato, são os atores a fonte essencial da teatralidade de *Macunaíma*. A limpeza corporal dos maneirismos interpretativos, o poder de sugerir espaços e tempos com o potencial de gesto e movimento, a capacidade de projetar lugares e situações na contracena com elementos concretos são procedimentos de atuação que resultam na mais depurada teatralidade[58].

A essencialização do teatro a partir do ator acontece não apenas na nudez dos corpos usados como matéria de projeção de tempos e espaços, mas na atuação coral do elenco revezando-se em várias personagens e na criação de coreografias semelhantes a blocos de escolas de samba. Solução plástica fundamental na peça, os coros estáticos ou em movimento compunham situações cênicas inesquecíveis, como as estátuas humanas do palácio de Venceslau Pietro Pietra, feitas por atrizes nuas cobertas de talco, deslizando na boca de cena. A lentidão minimalista das figuras levou o crítico Sábato Magaldi a remeter a cena de Antunes "à extraordinária plasticidade de um Bob Wilson", ressalvando, entretanto, que o criador de *The Life and Time of Joseph Stalin* tendia a um "formalismo estetizante", enquanto o diretor brasileiro punha-se a serviço de uma "indiscutível racionalidade"[59].

A partir de *Macunaíma*, Antunes cria uma sequência de espetáculos antológicos. Mais que singularidades episódicas de uma trajetória, definem a concepção do que o encenador chamaria de

58 Cf. David George, *Teatro e Antropofagia*, São Paulo: Global, 1985, p. 71-72; Y. Michalski, Um Teatro com Muito Caráter: Macunaíma, *Jornal do Brasil*, Rio de Janeiro, 17 out. 1978, Caderno B, p. 5.

59 Sábato Magaldi, Como se Fosse um Bom Sonho, os Personagens do Livro Viram Gente. E Dão uma Festa Incrível no Palco, *Jornal da Tarde*, São Paulo, 29 set. 1978, p. 21.

"teatro metafísico". A obra de Nelson Rodrigues funciona como etapa inicial dessa caminhada rumo às origens na via dos arquétipos coletivos, explorados a partir das teorias de G. G. Jung e Mircea Eliade. Estreado em 1981, *Nelson Rodrigues, o Eterno Retorno* reunia *A Falecida*, *Os Sete Gatinhos*, *Toda Nudez Será Castigada* e *Álbum de Família*. A seleção de textos priorizava as relações humanas no interior da família nuclear, deixando pouco espaço ao cotidiano característico de determinados estratos sociais[60]. O depuramento e o movimento introspectivo presidiam a leitura cênica das peças, com ênfase nos pesadelos do subconsciente, no irracionalismo e na obsessão pela morte, sem dúvida responsáveis pela tonalidade expressionista do espetáculo, próxima da visão arquetípica que tanto interessava ao diretor.

A guinada nas interpretações correntes da obra de Nelson Rodrigues se completaria em *Paraíso Zona Norte* (1989). Não por acaso, a elaboração teórica que cercou a encenação era nitidamente a-histórica, baseada em suportes da antropologia e da teoria de Jung.

No trabalho seguinte, *Nova Velha História* (1991), baseado na fábula de Chapeuzinho Vermelho, os caminhos da personagem também são determinados por plano mítico que o diretor associa ao inconsciente coletivo e interpreta como caminho de iniciação da protagonista. Nesse caso, a trajetória iniciática ganha correspondente nas travessias do elenco pelo palco, que principiam nos rompimentos laterais e se desenrolam em cruzamentos diagonais e transversais, ou nos recidivos movimentos circulares de curvas abertas, que já aconteciam em *Macunaíma* e agora se repetem, em clara alusão à busca de transcendência que anima as personagens e seus criadores.

A mesma busca já aparecia em espetáculo anterior, *A Hora e a Vez de Augusto Matraga* (1986), criado a partir de um dos contos de *Sagarana*, de Guimarães Rosa. Antunes centrava a leitura da obra no jogo de palavras sertão/Ser Tao, na associação do universo regionalista do autor às leituras taoístas do mundo. Os campos das gerais sugeridos no palco compunham um painel amplo o suficiente para indicar um movimento além da circunscrição geográfica. Para Antunes, as paisagens deveriam refletir a batalha íntima de Matraga em busca da consciência de si mesmo, e a luta entre a personagem (desempenhada por Raul Cortez) e o cangaceiro Joãozinho Bem-Bem (interpretado por Luís Melo, que estreava no grupo), baseada na ação dos contrários[61]. Daí a minimização das circunstâncias contextuais do conto e o notável parentesco das atuações com o teatro oriental, especialmente com o butô de Kazuo Ono e as encenações de Tadashi Suzuki, que Antunes assume como referências estéticas e filosóficas.

Referências semelhantes são visíveis em *Trono de Sangue/Macbeth* (1992), que aproxima Shakespeare do universo artístico de Akira Kurosawa. Tanto nesse espetáculo quanto em *Romeu e Julieta* (1984), a tragicidade e o lirismo são privilegiados em detrimento de qualquer desejo de reconstituição de época ou fidelidade histórica. A síntese de motivos sobressai nas duas encenações, mas a priorização dos canais simbólicos é mais evidente em *Macbeth*, com marcações coreográficas próximas do butô e composições de lentidão minimalista.

Ao encenar *Vereda da Salvação* (1993), Antunes substitui a essencialização arquetípica pelo texto realista do dramaturgo Jorge Andrade, que retrata uma comunidade rural dizimada em rebelião mística. A mesma ênfase na realidade social do país já aparecera em montagem anterior, *Xica da Silva* (1988), texto de Luís Alberto de Abreu que retomava um dos motivos de *Macunaíma* para discutir a relação entre colonizador e colonizado, dessa vez tematizando a espoliação dos escravos brasileiros. É nesse espetáculo que o cenógrafo J. C. Serroni inicia sua parceria com Antunes e o CPT (Centro de Pesquisa Teatral do Sesc), participando ao mesmo tempo da orientação do núcleo de cenografia e da concepção espacial dos trabalhos.

60 Magaldi comenta: "a proposta artística de *O Eterno Retorno* não escondia a intenção polêmica de depurar Nelson do que Antunes chama de 'carioquês'", *Nelson Rodrigues: Dramaturgia e Encenações*, São Paulo: Perspectiva, 1987, p. 166.

61 Sebastião Milaré, *Hierofania: O Teatro Segundo Antunes Filho*, São Paulo: Sesc, 2010, p. 118. Sobre Antunes Filho, cf. D. George, *Grupo Macunaíma: Carnavalização e Mito*, São Paulo: Perspectiva, 1990; idem, *The Modern Brazilian Stage*, Austin: University of Texas Press, 1992; Carmelinda Guimarães, *Antunes Filho, um Renovador do Teatro Brasileiro*, Campinas: Editora da Unicamp, 1998.

Em 1995, o diretor retoma a investigação de temas míticos com a encenação da epopeia *Gilgamesh*. O mergulho na condição humana e a reflexão sobre a morte a partir das narrativas ancestrais voltam a se apresentar nos cinco episódios da trajetória do herói sumério que confronta os limites da condição humana. O próprio Antunes encarrega-se da adaptação dos doze cantos, para melhor projetar no palco o percurso do herói mesopotâmico, transformando passagens do original em rubricas precisas de ação, que resultam em narrativa espetacular rigorosa como uma partitura. Os episódios da epopeia entram em cena em praticáveis deslizantes, espécies de caixas de vidro em que os atores inscrevem, com seus corpos, a iconografia do mito[62].

Drácula e Outros Vampiros (1996) é o espetáculo seguinte, mal recebido por público e crítica. Sobrevém ao espetáculo um momento de crise, desencadeado pela saída de dois colaboradores, J. C. Serroni e Luís Melo. É nessa circunstância que Antunes decide iniciar o projeto mais radical do centro de pesquisa que dirige, com a investigação do que chama de "falso naturalismo", centrada exclusivamente no ator, que deve se encarregar da dramaturgia, da atuação e da direção de cenas breves, quase ensaios de teatralidade batizados de "*prêt-à-porter*"[63]. A primeira edição acontece em 1998, à qual seguem-se várias outras nos anos seguintes. Trata-se de um princípio de criação teatral em que o ator funciona como cabeça do projeto estético, responsabilizando-se não apenas pela atuação, mas pela concepção geral do trabalho, viabilizado por meio de *workshops* e pesquisas de campo, em que Antunes atua como coordenador[64].

Os ensaios *pret-à-porter* são contemporâneos das três tragédias gregas que Antunes Filho encena a partir de 1999, quando estreia *Fragmentos Troianos*, adaptação de *As Troianas* de Eurípides. A retomada do fio temático da "sinergia do mal" inclui elementos cênicos que sugerem campos de concentração nazistas, associados à destruição de Troia focalizada na tragédia[65]. Para Antunes, o resultado do trabalho ainda não é o pretendido, o que só acontece em *Medeia*, também de Eurípedes, apresentada em duas versões, de 2001 e 2002. Na leitura do encenador, a história de paixão é associada ao arquétipo feminino dos ciclos de fertilização, geração e morte, e se transforma em furiosa insurreição de Gaia que instaura o caos ao sacrificar os próprios filhos. Símbolos de meridiana clareza, como os quatro elementos dispostos no palco pelo cenógrafo Hideki Matsuka, são testemunho da destruição[66].

Antunes Filho.

Em oposição à simplicidade depurada de *Prêt-à-Porter*, a encenação das tragédias têm atuações impostadas, pautadas em plano melódico que acompanha as falas e resulta da técnica de ressonância pesquisada no CPT. Na segunda versão do espetáculo, a redução do elenco e a contenção da expressão simplificam o estilo, mas persistem soluções anteriores, como a gestualidade expressionista,

62 Cf. Antunes Filho, *Gilgamesh*, São Paulo: Veredas, 1999.

63 J. C. Serroni deixa a equipe para abrir seu Espaço Cenográfico logo depois da montagem de *Drácula*. Luís Melo, principal ator do grupo, desliga-se para trabalhar na televisão e em projetos próprios, como o Ateliê de Criação Teatral, que funda em Curitiba e no qual desenvolve um trabalho de pesquisa e formação de atores semelhante, em vários pontos, ao CPT de Antunes.

64 Cf. Ricardo Muniz Fernandes (org.), *Prêt-à-porter 12345*, São Paulo: Sesc, 2004.

65 O crítico Sebastião Milaré localiza o início da proposta temática no espetáculo *Drácula e Outros Vampiros*. Cf. op. cit., p. 355.

66 Cf. Daniel Martins Alves Pereira, *Medéia nas Malhas do Tempo*, Londrina: Eduel, 2006.

a rigorosa marcação do coro e o recurso a manequins semelhantes aos do teatro de Tadeusz Kantor.

A encenação de *Antígona* de Sófocles (2005), adaptada pelo próprio Antunes, completa o ciclo trágico e retoma os recursos anteriores. Um ano depois estreia no Sesc-Anchieta *A Pedra do Reino*, espetáculo bastante próximo de *Macunaíma* em linguagem e estrutura. O encenador vê na personagem visionária concebida por Ariano Suassuna a possibilidade de resgate da utopia e da epopeia da brasilidade, ausentes do ciclo anterior[67].

O traçado memorialista prevalece no depoimento de Quaderna, réu de um processo político do qual se defende com argumentos lançados como um desafio repentista. O humor, a esperteza, as reviravoltas da fabulação descomedida na prestação de contas sobrepõem-se aos episódios que testemunha no decorrer do próprio inquérito. A centralização no protagonista é favorecida pela atuação primorosa de Lee Thalor, que alcança a grandeza de antecessores como Cacá Carvalho em *Macunaíma* e Luís Melo no Joaquim de *Vereda da Salvação*.

A Autonomia da Encenação

Na virada da década de 1970 para a de 1980, o Brasil passa por uma paulatina liberalização política conhecida como "período de abertura". As novas condições são favoráveis ao retorno de figuras de projeção no teatro brasileiro da década de 1960, exiladas do seu trabalho teatral e de seu país. Augusto Boal (1931-2009), do Teatro de Arena, realiza seminários em São Paulo e no Rio de Janeiro, onde coordena uma Fábrica de Teatro Popular, com o objetivo de atingir um público que desconhece o teatro. Chega a dirigir algumas montagens profissionais no período, como *O Corsário do Rei* (1985), de sua autoria; *La Malasangre* (1987), da dramaturga argentina Griselda Gambaro; e *Fedra* (1986), de Racine, protagonizada por Fernanda Montenegro.

O contexto de liberalização política desfaz, aos poucos, o teatro de resistência que se criara na oposição ferrenha à ditadura militar e se fundava em alusões veladas à situação de opressão, bastante claras ao público cúmplice de classe média que frequentava os teatros no final da década de 1970. Nessa altura, as encenações de textos como *Murro em Ponta de Faca* (1978), de Boal; *Calabar* (1980) de Chico Buarque e Ruy Guerra; e *Abajur Lilás* (1980) de Plínio Marcos (1935-1999), em geral reproduzem a matriz profissional de feição mais tradicional, de reunião de elenco e levantamento da montagem em poucos meses de trabalho, com acabamento técnico de cenários e figurinos diretamente ligado ao orçamento disponível de produção. É um tipo de teatro encenado por profissionais experientes, com raízes nos anos de 1960, como Fauzi Arap, Fernando Peixoto e José Renato (1926-2011), por exemplo. E interpretado por atores da mesma extração, como Martha Overbeck e Othon Bastos, que se mantêm na moldura de representação requerida pelo texto, e têm a colaboração de equipe técnica formada por profissionais de larga experiência, caso dos cenógrafos Helio Eichabauer e Marcos Flaksman. Como observa Mariangela Alves de Lima em texto sobre o período, são artistas que não se interessam em desafiar as convenções da cena. "Seu empenho maior é o de exercer um conhecimento e realizar um projeto artístico recalcado pela ação da censura"[68].

É também a partir dos anos de 1980 que se dá a implantação, nas duas principais capitais do país, do que talvez se possa chamar de mercado teatral. Especialmente no Rio de Janeiro, predominam carreiras individuais associadas à fama produzida pela Rede Globo de Televisão, que cria e destrói celebridades no ritmo de estreia de suas telenovelas. O ator volta a ser o motor de um tipo de espetáculo que se aproxima do "estrelismo pré-moderno", como observa a crítica Tania Brandão, que vê semelhanças entre o novo estrelato promovido pela rede televisiva e o primeiro ator das companhias da primeira metade do século XX, capitaneadas por artistas como Procópio Ferreira e Jayme Costa[69].

À medida que a década avança, surgem os primeiros sinais de que alguns artistas já não se satis-

67 Cf. Dossiê Pedra do Reino, *Sala Preta*, n. 6, 2006, p. 97-126.

68 Tendências Atuais do Teatro, *Revista USP*, n. 14, jun./jul./ago. 1992, p. 17.

69 Visionários e Alienados, *Revista USP*, n. 14, jun./jul./ago. 1992, p. 33.

Cacá Rosset e Rosi Campos em *Ubu, Folias Physicas, Pataphysicas e Musicaes*, 1985.

fazem com o estrelato do riso apoiado na fama da mídia, nem com o acerto de contas com o passado. *O Beijo da Mulher Aranha* estreia no Rio de Janeiro em 1981 e tem extraordinário impacto de público e crítica. É a versão cênica de um romance de Manuel Puig, interpretada por Rubens Corrêa (1931-1996) e dirigida pelo encenador Ivan Albuquerque (1932-2001) para o Teatro Ipanema. O espetáculo discute arte e política a partir de outro ponto de vista, sugerindo que a estetização da vida é mais transformadora que a prática revolucionária.

Talvez o espetáculo fosse um dos primeiros sinais da alteração que chega com força em meados dos anos de 1980, quando principia um período definido pela experimentação da linguagem do teatro. Uma parcela da cena brasileira viveria a década sob a égide do estético, da fragmentação das narrativas e do uso de procedimentos associados à pós-modernidade teatral. O traço mais característico é a experimentação formal, conduzida por encenadores que continuam a trabalhar em equipe, mas passam a funcionar como núcleos de concepção do projeto estético. Daí o período ficar conhecido como a "década do diretor". Em lugar das criações coletivas, que se organizavam a partir de lideranças móveis e setoriais, é evidente o refluxo do trabalho conjunto e a orientação preferencialmente individual na concepção dos espetáculos.

É o que acontece com a crescente centralização do Teatro do Ornitorrinco em torno do diretor Cacá Rosset, que assina a montagem de *Ubu, Folias Físicas, Pataphisicas e Musicais* (1984); *Teledeum* (1987), de Alberto Boadella; *O Doente Imaginário* (1990), de Molière; e *Sonho de uma Noite de Verão* (1991), de Shakespeare. Sem a parceria de Luiz Roberto Galízia (1954-1985) e Maria Alice Vergueiro, também criadores do grupo, Rosset dirige espetáculos que se apoiam na tradição brasileira do humor desbragado e no comediante capaz de desempenhar diversas funções performativas, como acrobacias, canto, solos improvisados e, especialmente, números de plateia que permitem o jogo livre com os espectadores[70].

Também Naum Alves de Souza, um dos fundadores Pod Minoga, deixa o grupo para dedicar-se à carreira solo de diretor e cenógrafo de seus próprios textos, *No Natal a Gente Vem Te Buscar* (1979), *A Aurora da Minha Vida* (1981) e *Um Beijo, um Abraço, um Aperto de Mão* (1984), na construção de um ciclo memorialista da classe média brasileira[71]. Discípulo de Naum, e como ele egresso do Pod Minoga, Flávio de Souza também atua de modo independente, combinando dramaturgia e direção de peças que reincidem na tematização de conflitos familiares de classe média (*Parentes Entre Parênteses*, 2004) e amorosos (*Fica Comigo Esta Noite*, 1988), ensaiando voos diferenciais no tratamento poético e em divagações pseudofilosóficas sobre a mortalidade, como em *Sexo dos Anjos* (1990), em que as temáticas do Pod Minoga são exploradas em chave estilística invertida.

O fim do Asdrúbal Trouxe o Trombone em 1983 é outro índice da centralização que se opera nas criações teatrais. As propostas mais radicais do grupo são desenvolvidas solitariamente por Hamilton Vaz Pereira em *Estúdio Nagazaki* (1987), *Ataliba, a Gata Safira* (1988), *Nardja Zulpério* (1989) e *O Máximo* (1990).

A despeito do surgimento de novas equipes no período, conforme a década avança fica mais clara a centralização do trabalho teatral em torno de encenadores, que passam a funcionar como eixos irradiadores das propostas cênicas, concentrando em torno de si colaboradores que auxiliam sua execução. Antunes Filho, Gerald Thomas, Márcio Aurélio, Ulysses Cruz, Luiz Roberto Galízia, Gabriel Villela, William Pereira, Bia Lessa, Renato Cohen (1956-2006), Moacyr Góes, Moacir Chaves e Beth Lopes são alguns dos nomes que passam a frequentar com assiduidade as temporadas teatrais. Seus espetáculos são exemplos de trabalhos autorais cuja marca comum é a responsabilidade do encenador pela criação de um texto cênico que duplica ou mesmo suplanta o texto dramático, constituindo uma prova da transformação do espetáculo em arte autônoma ou em *escritura cênica*, termo que se dissemina nos estudos teatrais do período, e se refere à maneira pela qual o diretor organiza a representação no espaço e no tempo, fazendo uso de uma série de enunciadores, que incluem atores, cenários, objetos, textos e outros elementos de estruturação desse discurso.

A chave de autonomia das escrituras cênicas altamente elaboradas que estreiam nos palcos brasileiros é a noção de dramaturgia, que se impõe como centro do trabalho teatral. O termo não é mais entendido como regra de construção de um texto dramático, mas como leitura e transformação do material textual com vistas à encenação. Ou mais ainda, como o conjunto de escolhas estéticas e ideológicas que o encenador é levado a fazer para chegar a uma leitura específica do texto de base, que recria e transforma a partir de um ponto de vista específico. Não haverá, portanto, apenas a encenação de um texto de Shakespeare, mas o *Ham-let* de José Celso Martinez Corrêa, o *Hamlet* de Márcio Aurélio, o *Elsinore* de William Pereira ou *M.O.R.T.E.* de Gerald Thomas, para citar apenas casos exemplares.

Outra referência comum no período diz respeito à "deriva espetacular" que transforma o espaço em dado essencial de resolução teatral. As referências para construí-lo podem ser plásticas ou arquiteturais, mas o fato é que a cenografia é responsável pela organização de uma cena amplificada, que narra e participa da significação. Bons exemplos são *Mattogrosso*, de Gerald e Daniela Thomas, e *Exercício N. 1*, de Bia Lessa, em que a dramaturgia do espaço é a própria encenação. Nesse caso, a constituição material e plástica dos dispositivos cênicos é responsável por instaurar uma semantização múltipla, resultante do jogo entre o espaço e os outros elementos da encenação. Pode-se afirmar que a matéria concreta do lugar teatral define a trama do teatro, e sua leitura nunca é imediata nem clara.

O perigo e o impasse dos signos opacos que esse tipo de encenação constrói é que o teatro corre o risco de fechar-se sobre si mesmo, perdendo a relação com o contexto e a história. No movimento de discussão da própria linguagem e na tentativa de ultrapassá-la pela contaminação entre as artes, em geral a encenação aprofunda o próprio jogo de

70 Sobre o Ornitorrinco, ver Christiane Tricerri (org.), *O Teatro do Ornitorrinco*, São Paulo: Imprensa Oficial, 2009.

71 Cf. Y. Michalski, *O Teatro Sob Pressão: Uma Frente de Resistência*, Rio de Janeiro: Zahar, 1985.

cena e a questão da linguagem, excedendo-se no virtuosismo e na perfeição técnica de execução[72].

A difração é um dos procedimentos mais característicos das encenações do período, especialmente as de Gerald Thomas, que pode ser considerado o maior representante da tendência no Brasil. Sua primeira encenação no país estreia em julho de 1985 no Teatro dos Quatro, no Rio de Janeiro. Participam de *Quatro Vezes Beckett* três atores que representam grupos ou tendências fundamentais para o teatro no país: Rubens Corrêa, Sérgio Britto e Ítalo Rossi. O depoimento do diretor sobre o trabalho esclarece a guinada que sua opção estética representava na cena brasileira, ao mencionar o "teatro antipsicológico, de pura forma, de códigos quase kabukianos", que o crítico Sábato Magaldi destaca quando menciona o "quadro de beleza plástica impecável"[73]. O traço seria confirmado nos futuros espetáculos, e se tornaria uma das marcas características do encenador.

O diretor Antônio Abujamra é o responsável pela vinda de Thomas no ano seguinte a São Paulo, para dirigir *Carmem com Filtro*, texto que escrevera em Nova York a partir de um encontro com o dramaturgo alemão Heiner Müller. Clarice Abujamra e Antonio Fagundes produzem o espetáculo por meio da bem-sucedida Companhia Estável de Repertório. Ainda que se baseasse na temática da ópera de Bizet e no romance de Mérimée, Thomas concebia o texto de forma totalmente livre, auxiliado por iluminação plástica, marcações coreográficas, concepção espacial inusitada, feita em parceria com a cenógrafa Daniela Thomas, além de levar a interpretação dos atores para um caminho totalmente oposto ao realismo.

Opiniões positivas de analistas como Sábato Magaldi e Edélcio Mostaço precedem a série de críticas com que são recebidos os espetáculos do diretor nas temporadas carioca e paulista[74]. Hermetismo, autorreferência, simulacro são modos de recusa a uma narrativa cênica dependente de ampla variação de imagens, que o encenador destrói e reconstrói na projeção de situações não dramáticas e de uma teatralidade basicamente pictural. É o que se repete na montagem seguinte, *Quartett* (1986), de Heiner Müller, com Tônia Carrero e Sérgio Britto interpretando as figuras de Valmont e Merteuil, um projeto de encenação completamente antirrealista.

O próximo espetáculo, *Eletra com Creta* (1986), estreia no Museu de Arte Moderna do Rio de Janeiro e funciona como uma espécie de partitura cênica composta por quatro telas transparentes, que dividem o palco em corredores paralelos onde o diretor inscreve sua escritura espetacular. Não há texto dramático, personagens definidas, conflito teatral, nem cenário, no sentido de um lugar onde o espetáculo se localiza. O espaço cênico é o próprio teatro e a progressão da narrativa acontece por meio da mudança de temas espaciais, que se repetem no decorrer das cenas.

Thomas chamou de ópera-seca esse teatro feito de fragmentos sem unidade aparente, com abuso de procedimentos intertextuais que reuniam citações emprestadas de filósofos, artistas plásticos, escritores, cineastas e músicos, desconstruídas por mecanismos de deslocamento e estranhamento de sentido para compor uma cena híbrida. Bons exemplos da poética do encenador são os espetáculos *Carmen com Filtro 2* (1988), *M.O.R.T.E.* (*Movimentos Obsessivos e Redundantes para Tanta Estética*, 1990), *Império das Meias Verdades* (1993) e a ópera *Mattogrosso* (1988).

Talvez *work in progress* seja a expressão que melhor defina o trabalho de Gerald Thomas. Tanto os espetáculos quanto os textos do diretor são amostragens de um movimento em direção a alguma coisa que nunca chega a constituir uma obra acabada. "O desespero de intuir a arte, em lugar de afirmá-la" é a justificativa do encenador para a mudança constante dos espetáculos, que ganhavam várias versões antes de encerrar carreira. Outro traço recorrente em suas encenações, que de certa forma funciona como contraface do teatro de imagens, é a presença constante da voz gravada de um narrador que interfere em todas elas. O sujeito da narrativa é sublinhado e revelado pela identidade da voz gravada, que é sempre a de Gerald Thomas. A associação entre encenador e narrador projetava no palco uma espécie de monó-

72 Cf. T. Brandão, op. cit., p. 33.

73 Gerald Thomas, A Respeito da Ópera Seca, *Carmem com Filtro*, 1986, programa da peça; S. Magaldi, Beckett, Quatro Vezes Fascinante, *Jornal da Tarde*, São Paulo, 16 ago. 1985.

74 Edélcio Mostaço considera *Carmem com Filtro* a mais arrojada criação dos palcos paulistas desde as encenações revolucionárias de José Celso Martinez Corrêa para o Oficina, materializando para o público brasileiro quinze anos de pesquisas do teatro internacional. Edélcio Mostaço, Carmem, a Ousadia no Palco Após 15 Anos, *Folha de S. Paulo*, 19 jul. 1986.

logo interior atuado por imagens e personagens sem autonomia ficcional, que funcionavam como fontes de enunciação da mesma subjetividade[75].

O mesmo procedimento é recorrente no teatro de Bia Lessa, especialmente em *A Cena da Origem* (1989), espetáculo idealizado a partir da tradução do *Eclesiastes* de Haroldo de Campos, estruturado com base em poderosa dramaturgia sonora, que se tornaria um dos mecanismos de encenação preferenciais da artista. A visualidade inusitada acompanhava as inserções narrativas da atriz Giulia Gam, literalmente desdobrada nos varais que seccionavam o palco[76].

Mas o primeiro trabalho de impacto da encenadora foi *Exercício N.* 1 (1987), em que a dramaturgia era tramada pela própria matéria cênica. O espaço aéreo do palco abrigava uma chuva incessante de papéis picados e caixas de diversas proporções, que despencavam dos urdimentos e na sequência eram carregadas por atores em duplas ou coros sintéticos, que se formavam e se desfaziam. Para o crítico Yan Michalski, a formalização rigorosa estimulava o espectador a decodificar cada imagem, que passava pela emoção e pelo inconsciente, mais do que por uma associação lógica de ideias, e exigia "uma sensibilidade familiarizada com mergulhos no abstrato"[77]. Em crítica do espetáculo, Michalski define as matrizes nucleares do trabalho de Lessa. O intuito de sensibilização por imagens, a narrativa fragmentária, as associações próximas de mecanismos de construção onírica e, especialmente, a abertura do sentido, que o espectador deve completar.

A chuva de papel picado de *Exercício n. 1* retornava como areia, folhas e água em *Orlando* (1989), roteirização do romance de Virginia Woolf de autoria de Sérgio Sant'Anna. No espetáculo, lâmpadas sinalizavam as diversas estações da jornada do protagonista, interpretado por Fernanda Torres no jogo difícil com a multiplicidade temporal do romance, que exigia um esforço de materialização do tempo no palco. Em *Cartas Portuguesas* (1991), elementos utilizados em *Orlando* reaparecem para criar um franco antagonismo entre a matéria da natureza, de lama, água e árvores, e a extrema artificialidade do que se encena. A correspondência epistolar de Sóror Mariana Alcoforado é dividida entre as atri-

Eletra com Creta, de Gerald Thomas.

75 Sobre Gerald Thomas, consultar D. George, *Flash and Crash Days: Brazilian Theatre in the Postdictatorship Period*, Nova York/Londres: Garland Publishing, 2000; Sílvia Fernandes; J. Guinsburg (orgs.), *Gerald Thomas: Um Encenador de Si Mesmo*, São Paulo: Perspectiva, 1996; S. Fernandes, *Memória e Invenção: Gerald Thomas em Cena*, São Paulo: Perspectiva, 1996.

76 Cf. Flora Süssekind, A Imaginação Monológica, *Revista USP*, n. 14, jun./jul./ago. 1994, p. 44; F. Süssekind, Desconforto e Deslocamento: Nota Sobre o Pensamento Teatral de Bia Lessa, em Ana Lúcia Vieira de Andrade; Ana Maria Bulhões de B. Carvalho Edelweiss (orgs.), *A Mulher e o Teatro Brasileiro do Século XX*, São Paulo: Hucitec, 2008, p. 345-364.

77 Dança de Belos Signos, *Jornal do Brasil*, Rio de Janeiro, 21 jun. 1987.

zes Luciana Braga e Carla Camurati, mais uma vez acompanhadas pela voz gravada de um narrador.

Moacyr Góes foi outro encenador do período a criar sua versão de *Cartas Portuguesas*. Da mesma forma que Lessa, manteve a temporalidade estática da correspondência dirigida ao amante ausente, em recusa explícita da ação dramática que radicalizou com a escolha de três atrizes para atuar a voz central. As *performers* comportavam-se como porta-vozes da autora e não como intérpretes da personagem epistolar, usando tom recitativo que esgarçava a tensão do conflito amoroso. O movimento de disjunção entre texto e cena era acentuado por imagens e gestos não ilustrativos, que se justapunham às falas de modo a criar canais paralelos de enunciação, muito semelhantes aos utilizados por Thomas e Lessa.

O procedimento, característico das encenações do período, alia-se, no caso de Góes, à opção por grandes textos da dramaturgia mundial. *Woyzeck*, de Georg Büchner (1987); *A Trágica História do Dr. Fausto* (1989), de Christopher Marlowe; *Os Cegos* (1989) e *A Escola de Bufões* (1990), de Michel de Ghelderode; *Os Gigantes da Montanha*, (1991), de Pirandello; *Antígona* (1992), de Sófocles são encenações que têm em comum o privilégio da palavra poética e o apoio na fisicalidade dos atores.

A partir de 1988, os trabalhos de Moacyr Góes são criados em parceria com a Companhia de Encenação Teatral, que lhe garante a experimentação coletiva para a encenação de *Baal* (1988), de Bertolt Brecht, feito com base em linguagem física e plástica rigorosas. O trabalho corporal exímio da companhia atinge seu ápice na encenação de *A Escola de Bufões*, de Michel de Ghelderode. A opção pelo universo decadente dos bufões medievais, excluídos sociais do Renascimento, indica a predileção do encenador pelo avesso da vida e pelo ofício do ator. A partir do fio narrativo do ódio do discípulo Galgüt pelo mestre Folial, Góes discute o próprio ato teatral, amparando-se no jogo da bufonaria para deslocar o sentido da peça e apresentar a um só tempo a fábula e o exercício criativo[78].

À semelhança de Moacyr Góes, Márcio Aurélio também recorreu a textos clássicos, encenando releituras de *Ricardo II* (1992), de Shakespeare; *A Bilha Quebrada* (1993), de Kleist; e *Senhorita Else* (1997), de Arthur Schinitzer. As montagens foram feitas com a Companhia Razões Inversas, formada por ex-alunos do Departamento de Artes Cênicas da Universidade de Campinas, em que é professor.

Mas é com dramaturgia de autor brasileiro, Carlos Alberto Soffredini, que o diretor concebe a linguagem cênica que o definiria em grande parte da carreira. *Pássaro do Poente* (1986) é encenado com o grupo Ponkã e conta a lenda japonesa da garça aprisionada para sugerir a ambição desmedida, que leva à aniquilação. A fábula é recriada com procedimentos emprestados do kyôgen e do nô, entremeados a elementos do kabuki, em composição plástica e formal de intensa beleza minimalista.

Outra vertente decisiva do trabalho de Márcio Aurélio liga-se à teoria brechtiana do espetáculo. A influência aparece com clareza nas montagens de *A Canção do Esforço Humano* (1978); *Baal* (1982); e na pesquisa e experimentação da obra de Heiner Müller, que gera criações radicais como *Hamletmachine* (1987), com atuação primorosa de Marilena Ansaldi; *Eras* (1988), reunião de textos breves do dramaturgo alemão; e *Maligno Baal, o Associal* (1998), em que o encenador associa a peça de Brecht a fragmentos de Müller[79].

O virtuosismo técnico de Márcio Aurélio está presente nas encenações de Ulysses Cruz, outro diretor a fortalecer as matrizes da encenação dos anos de 1980, especialmente no início da carreira. Assistente de Antunes Filho nos espetáculos *Nelson 2 Rodrigues* e *Romeu e Julieta*, assimila influências do mestre especialmente na preferência pela adaptação de romances para o palco, como faz em *Velhos Marinheiros* (1985), criado com o Boi Voador ainda no CPT do Sesc. O espetáculo recria o romance de Jorge Amado a partir de recursos inéditos, como a plataforma móvel que se movimenta no espaço e

78 Cf. Macksen Luiz, Os Bufões da Arte, *Jornal do Brasil*, Rio de Janeiro, 14 jul. 1990, Caderno B, p. 4; Nelson de Sá, *Diversidade: Um Guia para o Teatro dos Anos* 90, São Paulo: Hucitec, 1997, p. 53-54.

79 Márcio Aurélio encenaria ainda, de Heiner Müller, *A Missão* (1990), *Mauser* (1991) e *Peça Coração* (1993). O encenador reencontra Alcides Nogueira, parceiro dos primeiros trabalhos, em espetáculo marcante da década, *Ópera Joyce* (1988), elaborado tratamento das cartas de James Joyce, com atuação de Vera Holtz. Ainda na encenação da dramaturgia brasileira, merece destaque *Vestido de Noiva* (1987), de Nelson Rodrigues, versão radical que abole os três planos da obra.

abriga os marujos como um barco cênico. Logo em seguida, em 1986, encenador e grupo desligam-se do CPT e estreiam seu primeiro espetáculo independente, *O Despertar da Primavera*, leitura ousada da peça de Frank Wedekind que privilegia, mais uma vez, as soluções visuais. Dois anos mais tarde, encena *Corpo de Baile* quase em forma de dança-teatro, apropriando-se das figuras de Guimarães Rosa de modo coreográfico, auxiliado por Deborah Colker na direção de movimento e Jayme Compri na composição das sete situações do roteiro[80].

A seguir, Ulysses Cruz dirige nova adaptação de romance, dessa vez *Pantaleão e as Visitadoras* (1990), de Mario Vargas Llosa, cujo realismo mágico revela-se extremamente adequado à linguagem cênica do Boi Voador. Paralelamente às criações experimentais com esse grupo, Ulysses Cruz desenvolve uma carreira profissional de encenações ambiciosas e bem-sucedidas, que reúnem grandes atores, como Antonio Fagundes, protagonista e produtor do espetáculo *Fragmentos de um Discurso Amoroso* (1988), baseado no livro homônimo de Roland Barthes, e profissionais de renome como Hélio Eichbauer, responsável pela cenografia exuberante de *Péricles, Príncipe de Tiro* (1995), de Shakespeare, apresentado no Teatro Popular do Sesi.

Gabriel Villela é um dos maiores expoentes da geração de encenadores que inicia seu trabalho nos últimos anos da década de 1980. Na longa carreira, encenando textos brasileiros ou clássicos da dramaturgia ocidental, foi no terreno do espetacular que definiu sua linguagem, especialmente na explosão barroca de elementos que recorta os textos de base em releitura feita a partir de códigos da cultura popular. Em certo sentido, o traço que o diferencia dos diretores do período é o alimento nas fontes da infância, no interior de Minas Gerais, especialmente o circo, as procissões, o imaginário religioso das igrejas barrocas e das quermesses, o artesanato das bordadeiras, que permeiam, sem comedimento, as encenações que cria. A definição da cena como artesanato é uma constante nos trabalhos do artista que, além de dirigir, responsabiliza-se por cenários e figurinos dos espetáculos, para melhor garantir a concepção visual das montagens, que exibem a marca inconfundível do excesso.

Villela estreia em 1989 com *Você Vai Ver o que Você Vai Ver*, de Raymond Queneau, que ambienta numa carroceria de ônibus instalada no Centro Cultural São Paulo. Prenunciando a linguagem que marcaria sua trajetória, assume o tom hilário de paródia de gêneros e estilos, cujo ponto de partida são as noventa e nove versões do cotidiano banal de um homem envolvido numa briga de ônibus em Paris, que Queneau apresenta. Villela apoia-se nos improvisos e na comicidade dos atores do Circo Grafitti, com quem cria a peça, especialmente Rosi Campos e Gerson de Abreu, que se desdobram em exercícios de estilo para exibir os vários ângulos da mesma história com recursos de dança, canto, mímica e técnicas de *clown*.

A segunda encenação de Villela, *Concílio do Amor* (1989) é feita em parceria com outro grupo, o Boi Voador, e desta vez usa os porões do Centro Cultural São Paulo como espaço. O ataque virulento de Oscar Panizza às posições reacionárias da igreja católica é tramado em chave paródica por protagonistas que planejam vingança contra a luxúria da corte do papa Alexandre VI. Na leitura do encenador, o tema é relacionado à Aids e aos preconceitos que desencadeia, sem perder o tom de comédia e retomando o envolvimento em linguagem barroca de mescla de referências cultas e populares, pontuada de remissões à iconografia católica.

Em *Vem Buscar-me que Ainda Sou Teu* (1990), dramatização da célebre canção "O Ébrio", de Vicente Celestino, o encenador retorna ao circo--teatro em releitura nostálgica do gênero. O texto de Carlos Alberto Soffredini gira em torno do assassinato da proprietária de um circo pela atriz novata que sonha em substituí-la. A defesa do circo como representante da pureza profissional do ator é envolta em tom melancólico de reminiscência, em cenário formado por caixas de madeira que remetem à vida precária das companhias mambembes, e aos camarins pobres dos atores de circo.

Criado em parceria com o grupo mineiro Galpão, *Romeu e Julieta* (1992) promove o retorno de Villela à terra natal e ao teatro de rua, para criar uma versão popular e poética do texto de Shakespeare, que ambienta em uma perua veraneio. Colaboram

80 Cf. E. Mostaço, O Teatro Pós-Moderno, em J. Guinsburg; Ana Mae Barbosa (orgs.), *O Pós-Modernismo*, São Paulo: Perspectiva, 2005, p. 572.

Galpão. *Romeu e Julieta*.

para a identificação do encenador com o grupo a origem comum e o gosto pelas formas populares de representação, que os atores aperfeiçoaram na longa experiência com teatro de rua. O uso de recursos circenses, como a atuação em pernas-de-pau, a cenografia, os adereços e a trilha musical são outros elementos de reforço à evocação do ambiente popular.

A proposta amplifica-se em *A Rua da Amargura – 14 Passos Lacrimosos Sobre a Vida de Jesus* (1994), baseada na dramatização de *O Mártir do Calvário, de* Eduardo Garrido, que Villela encena com o mesmo Galpão, a partir da mescla da cultura regional de Minas com a religiosidade e o jogo circense. Os recursos estilísticos do circo-teatro são o filtro da releitura do drama de Garrido, que o encenador transforma em espécie de ritual católico de celebração cênica, cujo prólogo tem início na rua, garantindo a continuidade da pesquisa anterior[81]. A esse espetáculo seguem-se vários outros, que reafirmam a poética do encenador, como *A Falecida* (1994), de Nelson Rodrigues; *O Mambembe* (1996), de Artur Azevedo; *Morte e Vida Severina* (1997), de João Cabral; *A Ópera do Malandro* (2000), de Chico Buarque; *Gota d'Água* (2001), de Chico Buarque e Paulo Pontes; *Esperando Godot* (2006), de Beckett.

Márcio Vianna (1949-1996) é considerado o encenador mais fiel ao experimentalismo no Rio de Janeiro do final da década de 1980. O nome da companhia de que faz parte, Exercícios de Utopias, é indício das inquietações que acompanham sua breve trajetória teatral, encerrada com a morte prematura aos 45 anos. Na montagem de *Marat, Marat* (1989), já é perceptível a intenção de criar uma relação inusitada com o espectador. A ficção sobre o assassinato do revolucionário francês é ambientada em palco reduzido, com não mais de dois metros de profundidade, em que o diretor dispõe módulos giratórios para o desempenho de seis atores.

Em 1990, Vianna é roteirista e encenador de *Vincent*, que tematiza vida e obra de Van Gogh, repetindo a pesquisa de espaço no uso de um tablado instável que se apoia sobre as molas de um carro. *Confessional* é novo experimento sobre a obra do pintor holandês que estreia no mesmo ano e reduz a treze o número de espectadores, para que vivam a experiência cênica com intensidade semelhante à dos atores, que narram seus textos em confessionários. A escolha é justificada pela intenção de criar experiências teatrais de resgate da relação emocional entre criação e recepção, que o diretor esclarece: "eu não faço teatro, faço experiências de teatro e escolhi o teatro por ser, a meu ver, a manifestação artística que mais pode afetar, dialogar com o espectador, por ser, diferentemente do cinema e da fotografia, uma arte viva"[82].

Em 1991, Vianna realiza uma série de experiências a que dá o nome de *A Farra dos Atores*, fluxo ininterrupto de ações que se estende por mais de dez horas e leva os *performers* aos limites da resistência corporal. Em *O Circo da Solidão* (1992) o exercício físico extenuante reaparece, aliado a uma interpretação neutra, sem ênfases emocionais, que define figuras cênicas sem profundidade psicológica nem semelhança com personagens convencionais, sustentadas exclusivamente em ações físicas.

As sínteses temáticas que Márcio Vianna roteiriza e encena são prospectadas em fontes diversas, seja em narrativas de *Mil e uma Noites*, na dramaturgia de Goethe ou em referências literárias esparsas, que mobiliza na autoria integral dos trabalhos, como em *Imaginária* (1992) e *O Livro dos Cegos* (1992), tentativa radical de borrar os limites entre palco e plateia, que mantém atores e espectadores no mesmo espaço, sem iluminação. Em seu último espetáculo, *O Futuro Dura Muito Tempo* (1993), a recriação cênica do texto autobiográfico de Louis Althusser, escrito nos últimos anos de vida em manicômio, é feita em parceria com o ator Rubens Corrêa e resulta em um dos espetáculos memoráveis da década, lembrando um ritual de acerto de contas com o passado. O encenador coloca o público na posição de juiz, acima do protagonista, que assume e justifica o crime em monólogo sobre a vida traumática.

Moacir Chaves é outro encenador a usar textos não dramáticos como ponto de partida para a criação. *Sermão da Quarta-Feira de Cinzas* (1994), trabalho ambicioso de adaptação das preleções do

81 Sobre o Galpão, ver Carlos Antônio Leite Brandão, *Grupo Galpão: Uma História de Risco e Rito*, Belo Horizonte: O Grupo, 2002; Junia Alves; Marcia Noe, *O Palco e a Rua: A Trajetória do Teatro do Grupo Galpão*, Belo Horizonte: Editora da PUC-Minas, 2006.

82 Cf. Cláudia Braga, O Teatro Carioca Atual: A Liberdade da Encenação, *Revista USP*, n. 14, jun./jul./ago. 1992, p. 37.

Padre Antonio Vieira, com atuação de Pedro Paulo Rangel, é um bom exemplo do trato da encenação com fontes literárias. A técnica refinada de fala e respiração do ator e a capacidade de corporificar as palavras foi essencial para o desenvolvimento da narrativa, recriada em chave abstrata e depurada.

O caminho de construção da dramaturgia a partir de adaptações literárias foi pavimentado pela experiência de Moacir Chaves com a textualidade não dramática de Samuel Beckett, de que encenou *Esperando Godot* (1991), habilitando-se a voos maiores na recriação da primeira parte do *Fausto*, de Goethe. Em 1995, encena *A Revolta da Cachaça*, peça do escritor Antonio Callado, em que recorre à metalinguagem para discutir a rebelião popular no Rio de Janeiro seiscentista contra decreto de extinção da bebida nacional. Na encenação de um clássico de Molière, *Don Juan* (1997), é auxiliado por cenografia arquitetural de Daniela Thomas, que contrapõe a aspereza de aramados de ferro a folhas secas que pavimentam o palco.

A radicalização do artista acontece em *Bugiaria* (1999), transposição cênica de textos retirados de um processo movido pela inquisição contra o luterano João Cointa. Condenado a tortura e morte no contexto quinhentista de fundação da França Antártida no Brasil, Cointa era um espírito libertário capaz de se insurgir contra católicos e calvinistas, ler apaixonadamente a literatura proscrita pela Igreja e envolver-se em duelos verbais com o padre Manoel da Nóbrega. A partir do espírito blasfemo da personagem, Chaves discute o processo de colonização e a presença da Inquisição no país, desconstruindo a própria linguagem do teatro com a Péssima Companhia, que reúne para criar o trabalho.

Em certo sentido, muitos dos princípios de Moacir Chaves, e de outros encenadores da década de 1980, repercutem nos trabalhos de Felipe Hirsch, que encena seu primeiro espetáculo profissional, *Baal Babilônia*, de Fernando Arrabal, em 1993. Vem dessa época a parceria com o ator Guilherme Weber, cultivada em longos processos de estudo e pesquisa na Sutil Companhia de Teatro. A parceria com a cenógrafa Daniela Thomas e a incorporação de atores da Cia. de Ópera Seca ao elenco do grupo contribuem para a impressão de continuidade de um projeto que, a partir de outros pressupostos, atualiza as propostas visuais e o rigoroso formalismo das soluções cênicas de alguns desses diretores, especialmente Gerald Thomas.

As primeiras produções funcionam como ensaios de investigação da memória, que Hirsch explora em experiências de fragmentação de tempo, com recurso a técnicas cinematográficas e de estranhamento na dramaturgia e na atuação, além do emprego quase abusivo da intertextualidade. É o caso de *Juventude* (1998), adaptação de *Ah, Wilderness!*, de Eugene O'Neill, *A Memória da Água* (2001) e *Nostalgia* (2001), de autoria do próprio diretor. A dialética incessante de incorporação de referências alcança seu ápice em *Estou Te Escrevendo de um País Distante* (1997), releitura do *Hamlet* de Shakespeare e de *Um Certo Hamlet*, de Antônio Abujamra. O espetáculo associa Hirsch aos artistas do teatro brasileiro que usaram a mesma matriz para falar de si e de seu próprio tempo, relendo e transformando Shakespeare a partir da óptica contemporânea.

A Vida é Cheia de Som e Fúria (2000), adaptação do romance *Alta Fidelidade*, de Nick Hornby, consolida o nome da Sutil Companhia de Teatro no país. Em *Os Solitários* (2002), a costumeira intertextualidade de Hirsch retorna nas inúmeras citações da trama improvável do dramaturgo americano Nicky Silver, ligado ao off-Broadway nova-iorquino. Ao completar uma década de trabalho, em 2003, Hirsch e a Sutil Companhia de Teatro encenam *Alice*, adaptação de texto do dramaturgo escocês David Greig, que tematiza a perda de contato no mundo em que as redes de comunicação se globalizam[83].

Em *Avenida Dropsie* (2005), criado a partir da obra gráfica do artista Will Eisner, o diretor chega ao ápice da trajetória de combinação de adaptações literárias à experimentação visual. Associando duas vertentes de pesquisa da companhia, o espaço e a memória, ele organiza a dramaturgia a partir de lugares de ação, concebendo um jogo de alta potência cênica, que a cenógrafa projeta como um imenso prédio de apartamentos, em que as janelas

83 Na sequência, Hirsch realiza uma série de projetos com dramaturgos norte-americanos, como Will Eno, encenando *Temporada de Gripe* (2003) e *Thom Pain-Lady Grey* (2006). Na encenação de *A Morte de um Caixeiro Viajante* (2003), de Arthur Miller, trabalha com Marco Nanini e Juliana Carneiro da Cunha, atriz brasileira integrante do Théâtre du Soleil de Ariane Mnouchkine. Cf. Celia Arns de Miranda (org.), *Revista Sutil Dez Anos*, Curitiba: Sutil Companhia de Teatro, 2002.

Avenida Dropsie, 2005.

funcionam como espaços de ação, da mesma forma que a cabine telefônica, as escadas e a passarela fronteiriça. As cenas são editadas pela iluminação e filtradas por tela de filó que distancia o tempo, e permite a projeção de desenhos de Eisner, em narrativa cinematográfica. A cortina de água que filtra o palco por dez minutos é outro recurso da "máquina orgânica" concebida pelos criadores e movimentada pelos atores, em partituras corporais perfeitas como figuras de quadrinhos. O jogo cinético de perseguições, cruzamentos e enquadramentos nas janelas, o ritmo velocíssimo das falas e das mudanças de personagem, a narrativa em *off* de Gianfrancesco Guarnieri, criam uma poesia cênica que funciona como síntese eficaz de uma série de criações do teatro brasileiro do período.

A Encenação Performativa

A encenação performativa define um amplo espectro de procedimentos da cena contemporânea, ligando-se especialmente à influência da performance no teatro, ao traçado processual dos trabalhos cênicos e à concepção da obra como um contínuo *work in progress*[84]. Esse é o princípio nuclear das criações de Enrique Diaz com a Companhia dos Atores.

Comparado às últimas tendências do teatro brasileiro, o trabalho do encenador parece, à primeira vista, situar-se na confluência de duas vertentes. Por um lado, no centro do processo criativo está o *performer*, que funciona como fusão de diversas propostas contemporâneas de atuação. Um dos eixos da performance, e também do trabalho da Companhia, é a ostensão da presença do atuante e de sua habilidade na metamorfose e na exposição de aparatos interpretativos que, mesmo incorporando *personas*, revelam seu artificialismo. Por outro lado, além da forte presença do *performer*, é impossível não notar em alguns espetáculos da companhia a concepção de um encenador. De certa forma, pode-se associar o trabalho de Diaz a alguns espetáculos de Gerald Thomas e Bia Lessa, por exemplo. A marca comum de criações cênicas tão diversas é a escritura teatral

84 Antonio Araújo usa o termo "encenação performativa" em sua tese de doutorado *A Encenação no Coletivo: Desterritorializações da Função do Diretor no Processo Colaborativo*, ECA-USP, São Paulo, 2008, p. 185.

autônoma, em que o artista responsabiliza-se pela concepção, direção e roteiro do espetáculo, como acontece em *A Bao a Qu* (1990).

Mas o encenador cria o espetáculo com a Companhia dos Atores, o que alia as duas vertentes e opera um reequilíbrio de forças. Já não se trata da criação coletiva dos grupos, nem tampouco da escritura autoral dos encenadores. Se é evidente que o artista faz parte de uma companhia em que é ator, também é inegável a interferência decisiva do seu olhar na seleção dos elementos trabalhados em conjunto e no desenho final da escritura cênica.

Ainda que as criações de Diaz tenham semelhança com o processo colaborativo dos teatros de grupo, que se multiplicam na década de 1990, o que se percebe na companhia é o convívio das escrituras de um encenador-ator e de atores-criadores que, numa longa trajetória de colaboração artística, acabam compondo uma linguagem reconhecível por sua qualidade performativa, híbrida, prismática. Daí a realização de espetáculos que combinam visualidade elaborada, edições de luz, inserções musicais, multimídia e, especialmente, a fisicalidade dos atores, numa tessitura conjunta de corpos, sons e imagens em que cada enunciador do discurso cênico tem um peso de "carne teatral concreta" no espaço de representação[85].

A concretude é responsável pela qualidade física e plástica do teatro de Diaz, em que se revela um modo material e rigoroso de compor o discurso cênico, distante, no entanto, da abstração dos espetáculos visuais dos anos de 1980, que se distinguiam por graus diversos de desrealização cênica. Talvez *A Bao a Qu* seja o exemplo mais feliz dessa cena concreta, que se apresenta como um "canteiro de obras teatral", onde os atores desempenham partituras de ação, empilhando no palco a desordem de suas múltiplas referências culturais[86]. Inspirado especialmente no conto homônimo de Borges, que faz parte do *Livro dos Seres Imaginários*, e no revolucionário poema de Mallarmé, "Um Lance de Dados", o encenador traduz a metáfora da criação em um poema cênico em que a carne da palavra, a fisicalidade do ator, a materialidade do objeto e a difração do espaço são decisivos na composição de uma linguagem que postula a "suspensão de um ato inacabado".

As mesmas características reaparecem em *A Morta* (1992), de Oswald de Andrade, em que os diálogos são tratados como matéria concreta de linguagem, em sua dinâmica plástica, rítmica e de musicalidade. Depois, com *Melodrama* (1995), a companhia expõe os princípios do gênero pelo avesso, como se grupo e diretor invertessem as perspectivas e estranhassem o estilo e as tramas, ressaltando mais o ponto de vista que a coisa narrada, em mecanismo elaborado de distanciamento que se coloca a serviço da reflexão sobre a linguagem.

Em fevereiro de 2000, a Companhia dos Atores radicaliza a releitura do teatro ao encenar *O Rei da Vela*, de Oswald de Andrade, trazendo para o palco, de forma direta e indireta, dois marcos históricos da cena brasileira: a peça de Oswald, de 1933, e a encenação de José Celso Martinez Corrêa com o Teatro Oficina, de 1967. Ainda que o grupo descarte qualquer referência à montagem do Oficina, é quase impossível para o espectador desvencilhar-se das camadas de significado que se agregam ao texto de Oswald a partir dessa encenação, que faz parte do imaginário teatral brasileiro.

O retorno a *O Rei da Vela* é feito pela via da hiper-teatralidade, ou de uma arte teatral de síntese de todas as artes e mídias, cujo objetivo é, paradoxalmente, chegar à situação oposta: "a autópsia de um organismo social que precisa se refletir e se reconhecer sem maquiagem"[87].

Também nos trabalhos de Enrique Diaz sem a Companhia dos Atores a performatividade configura-se de modo exemplar. É o caso de *A Paixão Segundo GH* (2003), adaptação de Clarice Lispector interpretada por Mariana Lima, e *Gaivota: Tema para um Conto Curto* (2004), em que o encenador, abandonando a preocupação de desenvolver o texto de forma literal, opta pela instabilidade constante da cena que se constrói como esboço permanente[88].

85 Béatrice Picon-Vallin, La Mise en scène: Vision et images, em B. Picon-Vallin (org.), *La Scène et les images*, Paris: CNRS, 2001, p. 24.

86 Idem, p. 31.

87 Enrique Diaz, Abelardoswald. O Rei do Parangolé Incendiário, *O Rei da Vela*, Rio de Janeiro, 2000, programa da peça. Sobre o grupo, consultar Enrique Diaz et al., *Na Companhia dos Atores*, Rio de Janeiro: Aeroplano, 2006.

88 Cf. Dossiê G. H., *Sala Preta*, n. 3, 2003, p. 59-116.

Beth Lopes é uma encenadora que se aproxima do trabalho de Enrique Diaz nos princípios da performance, da fisicalidade e da visualidade. Mesmo usando textos como ponto de partida das criações, ela os explora como um elemento a mais de construção da teatralidade, já que prioriza a materialidade vocal e corporal do ator e os meios especificamente cênicos de composição. Seus primeiros experimentos datam do final dos anos de 1980, quando encena *Observatório* (1989) com o Grupo Boi Voador, adaptação da novela de Julio Cortázar feita por Jayme Compri. A exploração da linguagem cênica afirma-se no ano seguinte, quando estreia *O Cobrador*, conto de Rubem Fonseca que o dramaturgo Luís Cabral adapta com base nos recursos da narrativa visual de histórias em quadrinhos e seriados televisivos. As influências da formação com Etienne Decroux, Monica Pagneaux e Philippe Gaulier são visíveis no apoio em técnicas de mímica e *clown*, e na criação por meio de improvisos dos atores, que resultam em trabalho impactante, fragmentado em quadros por concepção de luz que secciona o fluxo narrativo em tomadas instantâneas, como flagrantes de HQs.

Em 1992 a diretora cria *Os Brutos Também Amam*, adaptação de Luís Cabral baseada em filme de George Stevens, em que compõe um conjunto de sequências corporais a partir da influência de procedimentos de montagem. Em seguida, desenha em traços cubistas a encenação de *O Imperador da China* (1994), de Georges Ribemont-Dessaignes, que estreia na mesma temporada de *Violeta Vita*, de Luís Cabral, tematização da convivência amorosa de duas escritoras da aristocracia inglesa do começo do século XX.

Em 2000, estreia o primeiro espetáculo do grupo Performa – *Silêncio*, de Peter Handke, que reúne a encenadora e os atores Matteo Bonfitto e Yedda Chaves. O texto de Handke atrai os criadores pela ausência de personagens definidas, ação dramática ou contexto que localize as falas fragmentárias. É a estrutura ideal para iniciar o processo de acumulação de "material orgânico e vivo" que fica à disposição para composição futura.

Ampliando o conhecimento dos traços de performatividade que marcam a cena e o ator com quem trabalha, a encenadora prioriza questões ligadas ao hibridismo artístico em suas realizações seguintes, que incluem *Descartes* (2001), *São Paulo é Uma Festa* (2001), de Fernando Bonassi, *Plano B* (2001) e *A Vida Amorosa de Ofélia* (2004)[89].

Beth Lopes usa o termo "performance" para referir-se a atores que transitam por diferentes campos do conhecimento, sem respeito a fronteiras de linguagem, na intenção de ampliar noções de espaço e tempo e ativar relações entre real e ficcional, incorporando estados emocionais, subjetividades e memórias à poética de atuação. Sem dúvida, foi influenciada pelo pioneiro na definição teórica da performance no Brasil, Renato Cohen[90]. Como encenador, ele transitou por várias experiências de fronteira, usando multimídia, instalações, teatro, dança e artes plásticas como operadores de uma prospecção feita em direção a criações de fronteira, que concebeu e praticou no intrigante *Magritte: Espelho Vivo* (1986). Criado com o grupo Orlando Furioso, o espetáculo tinha semelhança com uma instalação construída a partir da obra plástica de René Magritte, sem dúvida sob influência da cena silenciosa e visual de Robert Wilson, com uso de imagens em câmara lenta, slides, holografia e som eletroacústico. Em 1995, encena *Vitória Sob o Sol*, recuperando, via texto de Khlébnikov, as referências do futurismo russo, filtradas por procedimentos da performance, que vinha pesquisando na teoria e na prática. No espetáculo somavam-se ao texto do poeta referências a outras criações futuristas, da pintura e da literatura, apresentadas em projeções e intercaladas a coreografias mecanizadas dos atores, em experimentalismo dos mais radicais. Em espetáculos posteriores como *Ka* (1998) e *Máquina Futurista* (1999), Cohen usa hipertextos e cenários virtuais, atualizando as pesquisas tecnológicas do futurismo e da Bauhaus.

Ainda que considere seus trabalhos estritamente na área da performance, ao mapear a linguagem *work in progress* e reconhecer a indeterminação das narrativas cênicas, Renato Cohen consegue discernir com agudez não apenas os princípios do seu trabalho, mas as construções polissêmicas de vários criadores contemporâneos. Os trabalhos de Ricardo

89 Cf. Matteo Bonfitto, *A Cinética do Invisível*, São Paulo: Perspectiva, 2009, especialmente p. 228-236.

90 Cf. *Performance Como Linguagem* e *Work in Progress na Cena Contemporânea*, ambos publicados pela editora Perspectiva.

Karman e Otávio Donasci acompanham, de certa forma, suas experimentações. *Viagem ao Centro da Terra* (1992), concebido por ambos, é a travessia de um túnel escavado sob o rio Pinheiros, em São Paulo, em que os espectadores realizam uma peregrinação simbólica. Na escuridão, percorrem um longo trajeto entremeado de cenas fragmentárias que definem diferentes narrativas, numa sucessão de trechos de *Gilgamesh*, da *Divina Comédia* e de *Os Lusíadas*. Na saída do túnel acontece o encontro com a videocriatura de Donasci, cuja cabeça é um televisor que exibe cenas gravadas em vídeo.

Em 1996, Karman realiza outro trabalho processional, também em parceria com Otávio Donasci. Em *A Grande Viagem de Merlin*, o dramaturgo Luís Alberto de Abreu finaliza o roteiro formado de fragmentos de diversos autores, unidos a partir da lenda do mago e da relação entre masculino e feminino. Os artistas convidam os espectadores a partirem de São Paulo em ônibus com janelas vedadas em direção a uma cidade do interior do estado. À passagem noturna por um aterro sanitário, iluminado por emanações de gás metano, segue-se a ocupação de um edifício abandonado, onde acontece a cena em que Merlin encontra e perde o amor, precedida por baile à luz de tochas. Ambientada em uma lagoa e acompanhada por execução musical de um violinista, a performance é convite à interação com situações de violência sensorial e incitamento "a uma relação transformadora com o espaço da cidade"[91].

Outros criadores exploram em sua pesquisa procedimentos marcadamente performativos, como Denise Stoklos, que amplia características particulares em experimentação psicofísica, na busca de uma dramaturgia pessoal e na valorização de temáticas políticas. O sólido treinamento de mímica, baseado nos princípios de Jacques Lecoq e Étienne Decroux, aliado à performance autobiográfica, permitiu à artista criar trabalhos decisivos como *Elis Regina* (1982) e *Um Orgasmo Adulto Escapa do Zoológico* (1983). No primeiro, além da intenção de focalizar a vida e o trabalho da grande cantora brasileira, morta no ano da estreia, Stoklos explora alguns aspectos do treinamento realizado com Leonard Pitt no final do ano anterior, centrado especialmente na articulação entre improvisação, espontaneidade e variação rítmica. Em *Um Orgasmo Adulto...*, pela primeira vez a *performer* usa um texto teatral como ponto de partida. A escolha da peça de Franca Rame e Dario Fo liga-se ao interesse crescente em discutir as condições sociais da mulher no mundo contemporâneo.

O ponto de mudança da carreira acontece a partir de pesquisa iniciada no American Mime Institute, que abandona por incompatibilidade com as propostas exclusivamente técnicas de aproximação com a mímica, centradas no virtuosismo. A artista pretende que seu trabalho tenha repercussão mais forte no espectador, especialmente na associação da mímica com a ética e a política, transformada em meta fundamental das futuras criações. A matéria autobiográfica acrescenta-se a esse tripé a partir da exploração da memória pessoal e coletiva, que leva à concepção de "teatro essencial", que dissolve as fronteiras entre vida e arte, público e privado, psicológico e político[92].

Entre as criações associadas à proposta está *Mary Stuart* (1987), adaptação de Schiller estreada no Café La MaMa, em Nova York, *Hamlet em Irati* (1988), *Um Fax para Cristóvão Colombo* (1992), *Amanhã Será Tarde e Depois de Amanhã Nem Existe* (1994), *Desobediência Civil* (1998) e *Vozes Dissonantes* (1999).

O veio dos estudos culturais de gênero está mais presente nas performances recentes, que tematizam mulheres artistas, como a escultora Louise Bourgeois (*Louise Bourgeois: Eu Faço, Eu Desfaço, Eu Refaço*, 2000), a escritora Gertrude Stein (*Calendário de Pedra*, 2001), criado a partir de poema da autora, e *Olhos Recém-nascidos* (2004).

A mímica de Marcel Marceau e Étienne Decroux embasa em parte o trabalho do ator, cantor, dançarino e músico pernambucano radicado em São Paulo, Antônio Nóbrega. Mas é na cultura popular que esse herdeiro de Ariano Suassuna busca inspiração para suas criações, notadamente quando encarna a personagem Tonheta, um pícaro que é um misto do Arlequim da *Commedia dell'Arte* e do palhaço de circo. Tiveram grande repercussão

91 M. A. de Lima, O Teatro Paulista, *Sete Palcos: Cena Lusófona*, n. 3, set. 1998, p. 33.

92 Cf. Denise Stoklos, *The Essential Theatre*, São Paulo: Autora, 1992.

os espetáculos que apresentou nos anos de 1990, sozinho ou em parcerias com Bráulio Tavares, Romero de Andrade Lima e Rosane Almeida: *Figural, Brincante, Segundas Histórias, Na Pancada do Ganzá* e *Madeira que Cupim Não Rói*.

Em outra linha, a tendência performativa de fricção interdisciplinar e aguda materialidade do corpo está presente nos trabalhos de Renata Mello, em geral analisados a partir do teatro-dança, especialmente *Bonita Lampião* (1994). Roteirizado, dirigido e coreografado pela artista, resulta de pesquisa de campo sobre os maiores fautores do cangaço nordestino. No sertão de Pernambuco, a *performer* atravessa a caatinga para chegar a Serra Talhada, local de nascimento de Lampião, e ao acampamento em que o cangaceiro, Maria Bonita e seu bando foram mortos pela polícia. O espetáculo, com cenário e figurinos de Daniela Thomas, transforma em coreografia a corporeidade agreste dos sertanejos, em síntese de violência e singeleza.

A ausência de conteúdo determinado e a ênfase na interatividade das experiências, traços performativos por excelência, são característicos das propostas de Christiane Jatahy, fundadora da Companhia Vértice de Teatro, que centra sua pesquisa nas relações entre ator e público. No espetáculo *A Falta que Nos Move ou Todas as Histórias São Ficção* (2005), chamado de peça-performance, investiga realidade e ficção a partir de fragmentos produzidos pelos atores no processo de ensaio, alinhavados no tênue fio temático de recordação de um passado comum durante a preparação de um jantar. A comida e a bebida reais, o convite aos espectadores para que registrem suas memórias em guardanapos, mais tarde expostos no teatro, o controle da operação de som e luz pelos próprios atores são alguns indícios da relação com a cena que os criadores pretendem enfrentar.

O acréscimo de presença cênica e o incentivo à participação do espectador também são marcantes nas performances de Michel Melamed. No caso do espetáculo-solo *Regurgitofagia*, estreado em 2004, realmente acontece o curto-circuito físico de comunicação que muitos artistas contemporâneos procuram[93]. O *performer* está ligado às mínimas reações do espectador por fios elétricos que unem seus pulsos a uma máquina que transforma a energia dos aplausos, risos e movimentos em choques elétricos no seu corpo. A situação paradoxal em que o ator coloca o espectador, de agredi-lo quando gosta e poupá-lo quando fica indiferente, é apenas uma entre as muitas reversões que o espetáculo promove.

O Coro e a Cidade

Há mais de cinquenta anos José Celso Martinez Corrêa sustenta a experimentação radical do Teatro Oficina. Desde a Cia de Teatro Oficina, de 1958 a 1973 (em fase amadora de 1958 a 1961), ao Oficina Samba, de 1973 a 1979, passando pelo 5º Tempo, de 1979 a 1983, para chegar ao Teatro Oficina Uzyna Uzona, de 1984 até hoje, atuou como encenador, dramaturgo, ator, compositor e agente cultural nas diversas fases de criação. As nomeações se alteraram para melhor dar conta das propostas específicas que responderam ao contexto em que se inseria o trabalho coletivo.

É a partir de determinada etapa de criação, em geral situada em 1968, ano da encenação de *A Vida de Galileu*, de Bertolt Brecht, e da promulgação do Ato Institucional n. 5, que o coro torna-se o núcleo central da atuação da companhia, especialmente na cena do Carnaval de Florença, que assumia uma dimensão inesperada no espetáculo. Enquanto no texto Brecht mostra o povo na rua defendendo e popularizando as ideias de Galileu, no palco Zé Celso abria espaço para o coro formado por jovens atores, muitos remanescentes da montagem de *Roda Viva* (1968), que criavam uma cena anárquica, violenta e sensual, avançando para a plateia e a incitando a aderir aos improvisos. Era a encenação do confronto entre duas estéticas, que opunha os atores "representativos", profissionais de teatro de sólida formação como Fernando Peixoto e Renato Borghi, ao coro da contracultura que ameaçava o protagonista, sugerindo sua "insuficiência artística"[94].

93 Michel Melamed, *Regurgitofagia*, Rio de Janeiro: Adegraph, 2004.

94 M. A. de Lima; José Arrabal, *O Nacional e o Popular na Cultura Brasileira: Teatro*, São Paulo: Brasiliense, 1983, p. 168. A ideia do coro vem da encenação de *Roda Viva* (1968), em que jovens formandos do Conservatório Nacional de Teatro, sem nenhuma experiência profissional, atuam em sintonia com as tendências da contracultura. Mas é em *Galileu* que a tensão explode, com o

Não é casual que justamente *Galileu* inicie o movimento em direção a um conhecimento ampliado das potências do teatro. O que era, até então, uma excelente pesquisa de linguagem, voltada para o estilo, a técnica e a teoria, cede lugar a um estar à margem do universo de especialização, expandindo os limites do que se entende por espetáculo teatral. O coro é o modo de teatralização dessa experiência, e não apenas forma de organização cênica ou solução que dê conta de determinada situação espetacular. No caso do Oficina, recupera a função precípua de representar a cidade, pois é o teatro do cidadão que o grupo mobiliza, em cena e fora dela. Na guinada coral, a visão crítica sobre a realidade brasileira, de tendência brechtiana, faz aliança com a liberação sensorial e corporal ligada à vivência da contracultura.

Assim que retorna ao país em 1978, após o exílio de quatro anos que sucede a prisão e a tortura, Zé Celso principia o trabalho incansável de reatamento da trajetória do Oficina, ocupando o espaço da sede para iniciar ações que se estendem por mais de uma década e preparam os trabalhos futuros. Um ano após o retorno, em 21 de abril de 1979, o Teatro Oficina da rua Jaceguai é reaberto com a exibição do filme *Vinte e Cinco*, dirigido por José Celso e Celso Lucas, e a apresentação do *Ensaio Geral para o Carnaval do Povo*. O trabalho recupera a emblemática cena do Carnaval de Veneza, fazendo a ligação simbólica entre o coro de Galileu e o coro recuperado para exercer papel fundamental nas criações que se farão dali em diante. O ideário e a prática ligam-se ao ritual dionisíaco de uma "utropia" em que o lugar do teatro como linguagem estrita é desestabilizado e desconstruído não apenas pela ação radical de esvaziamento dos códigos, mas pela valorização dos impulsos e da energia vital da atuação ritual.

A prática coletiva de atos públicos que se abriam a questões políticas locais e nacionais foi o núcleo de atuação do Oficina nesse período. Mesmo sem encenar espetáculos, o grupo elaborava projetos, estudava, preparava estratégias de abordagem do poder público, de quem exigia apoio para a manutenção do espaço, prenunciando a capacidade de captar e filtrar a conjuntura social e política, que seria uma das marcas dos espetáculos futuros. O psicanalista Mauro Pergaminick Meiches detecta nos eventos pontuais do período um "ciclo de destruição-reconstrução concreto e simbólico" em que José Celso Martinez Corrêa expande a prática do teatro para fora dos limites tradicionais.

As muitas estratégias de desvio do que seria considerado o "verdadeiro teatro" em direção a toda sorte de manifestações de teatralidade, como as interferências esporádicas na rua, a animação de conferências e debates, a provocação às autoridades para manter o tombamento do Oficina e garantir a reforma do teatro, projetada pela arquiteta Lina Bo Bardi, além de vários expedientes usados para sustentar o grupo, funcionam, segundo o psicanalista, como testemunhos da pulsação incessante de uma ideia artística que se mantém em processo, em lugar de concretizar-se em espetáculo[95].

É apenas em 1991 que ele retoma a apresentação de espetáculos, encenando *As Boas*, adaptação de *As Criadas*, de Jean Genet, que tem o conceituado Raul Cortez como intérprete da personagem Madame. De longa tradição no teatro brasileiro, graças a atuações memoráveis, o ator é escolhido a dedo para encenar as contradições entre o profissional consagrado e os artistas marginais representados pelo próprio Zé Celso e Marcelo Drummond no papel das criadas Solange e Clara. Em certo sentido, a montagem atualiza o histórico embate entre os representativos e o coro. A tensão cênica explicita-se nas duas escolas de interpretação que contracenam, com os atores do Oficina atuando de forma ritual e estilizada, enquanto Cortez interpreta sua personagem com verdade interior e domínio absoluto da técnica realista. Encerrado com desentendimento real entre os protagonistas, o espetáculo funciona

coro defendendo posições que incluíam a vida em comunidade, o uso de drogas e a atuação visceral, sem base técnica, que precipitaria o "trabalho novo" de *Gracias Señor*, que Zé Celso define como "te-ato". Cf. Luiz Fernando Ramos, Teatro Oficina: Dez Anos de Usyna Uzona e Trinta do Exílio Português, em Izabel Margato; Renato Cordeiro Gomes (orgs.), *Literatura/Política/Cultura (1994-2004)*, Belo Horizonte: Editora da UFMG, 2005, p. 269-279; Aimar Labaki, *José Celso Martinez Corrêa*, São Paulo: Publifolha, 2002; Karina Lopes; Sérgio Cohn (orgs.), *Zé Celso Martinez Corrêa*, Rio de Janeiro: Azougue, 2008.

95 Cf. Mauro Pergaminik Meiches, *Uma Pulsão Espetacular*, São Paulo: Escuta, 1997.

como súmula das tensões entre ficcional e real, representação e política, classe dirigente e povo, indústria cultural e teatro de grupo que Zé Celso alimenta há várias décadas.

O trabalho seguinte é *Ham-let* (1993). Como o próprio título indica, é uma desconstrução da obra de Shakespeare em que o encenador inverte o sentido do texto ao colocar como protagonista Marcelo Drummond, em todos os aspectos antípoda do que se convencionou considerar o perfil do príncipe da Dinamarca. A opção pela interpretação histriônica, distante das reflexões intelectuais que ocuparam centenas de estudiosos, encontra em Drummond um *performer* à altura. O Hamlet debochado e irônico do ator, atuado com ímpeto mais físico que intelectual ou reflexivo, como frisaram alguns críticos, transforma a indecisão metafísica em agressividade contra tudo e todos.

A montagem reinaugura o Teatro Oficina, na concretização da "rua cultural" que Lina Bo Bardi concebera, e agora se realiza. O novo espaço é o nascedouro de um processo teatral criado na relação entre o espaço urbano, o coro e José Celso. Ainda que sejam convidados atores profissionais de renome como protagonistas de alguns espetáculos dessa fase, é em torno do coro, em geral formado por jovens atores, que o trabalho se mobiliza[96].

Depois da apresentação de *Mistérios Gozosos* (1995), performance que Zé Celso cria a partir de *Santeiro do Mangue*, de Oswald de Andrade, no Pátio do Colégio, centro de São Paulo, o espetáculo seguinte é *As Bacantes* (1996). A adaptação da tragédia de Eurípides passa pela incorporação de elementos autobiográficos de integrantes do grupo, referências ao contexto do país e remissões à própria história do Oficina. O espetáculo acentua o rito dionisíaco recuperado na via dos *happenings* experimentados pelo grupo nos anos de 1960, e a influência artaudiana reaparece na atuação exacerbada do elenco, que busca um contato sensorial com o espectador, invadindo o espaço da plateia para incitá-la a integrar-se ao coro coletivo.

Em 1997, o Uzyna Uzona volta a Artaud em *Para Dar um Fim no Juízo de Deus*, persistindo na encenação ritual agora exacerbada na matéria concreta das fezes, do sangue e do esperma. O grupo transforma a cena em espaço limiar, com os atores defecando, masturbando-se ou colhendo o próprio sangue em seringas diante dos espectadores, em tensão perturbadora entre real e ficcional.

A tensão aprofunda-se na montagem de *Cacilda!* (1998), encenação da primeira parte do texto de autoria de José Celso, baseado na biografia artística da atriz Cacilda Becker. Texto e espetáculo são uma mescla de elementos biográficos da atriz e das personagens que interpretou, na composição de um "coletivo de Cacildas" que reflete a biografia artística não apenas da atriz, mas do próprio encenador[97]. A intensa intertextualidade da escritura é feita de remissões à história do Oficina e do país, com o intuito de resgatar o grande mito do teatro brasileiro, interpretado pelas atrizes Bete Coelho e Leona Cavalli, que contracenam com o coro de "atores desatuados"[98].

No encerramento do século XX, José Celso encena Nelson Rodrigues pela primeira vez. Em *Boca de Ouro* (1999), a pluralidade de pontos de vista fascina o diretor exatamente por impedir a definição de uma identidade estável da personagem. Em sua concepção, Boca de Ouro é o "Deus Asteca que não se deixa catequizar, trazendo para os nossos tempos a rebeldia da soberania do que não se dobra a uma só versão ou ordem única para as pessoas ou coisas". A ideia/matriz alastra-se por todo o palco/passarela do Oficina , multiplicada em soluções que incluem a própria máscara de Nelson Rodrigues carregada como estandarte de escola de samba.

Mas, sem dúvida, é a encenação de *Os Sertões* que melhor corporifica a posição central do coro no teatro Oficina. A adaptação do livro de Euclides da Cunha desdobra-se em cinco espetáculos: *Os Sertões – Primeira Parte – A Terra* (dez. 2002), *Os Sertões/O Homem – Primeira Parte: Do Pré-Homem à Revolta* (ago. 2003), *Os Sertões/ O Homem: Da Revolta ao Trans-homem* (out. 2003), *Os Sertões/A Luta: Primeira Parte – 1ª,2ª e 3ª Expedições + Rua do Ouvidor* (abr. 2005) e *Os Sertões/A Luta II: 4ª Expedição* (maio 2006).

96 Cf. L. F. Ramos, op. cit.

97 José Celso Martinez Corrêa, Zé Celso: O Anarquista Coroado, entrevista a Edélcio Mostaço e Fátima Saadi, *Folhetim*, n. 12, jan/mar 2002, p.152.

98 L. F. Ramos, *O Parto de Godot e Outras Encenações Imaginárias: A Rubrica como Poética da Cena*, São Paulo: Hucitec, 1999, p. 105 e 117.

A escolha do livro de Euclides da Cunha para a realização de um épico dessas proporções – cinco espetáculos, cada um deles com uma média de cinco horas de duração – tem relação com a história pregressa do Oficina, especialmente a luta do grupo contra o conglomerado empresarial de Sílvio Santos, que pretendia construir um shopping center no terreno vizinho ao teatro. Ainda que o projeto de encenação da obra acompanhe José Celso desde os anos de 1980, a saga dos sertanejos de Canudos contra o exército republicano, sob a liderança de Antonio Conselheiro, atualiza-se no acirramento da luta do Uzina Uzona em defesa do seu território. O ciclo define a expansão do trabalho teatral em todos os sentidos, espaciais, contextuais e de inclusão de protagonistas tradicionalmente alijados da cena, configurando uma espécie de ativismo cultural amplo, sintetizado na potente teatralidade das montagens.

É nesse contexto de ativismo cultural que se insere a encenação de *Os Sertões*. O processo de criação do primeiro espetáculo estende-se por dois anos, e se desenvolve a partir da leitura coletiva do livro. Da ênfase no texto original deriva a "potência escultórica" da palavra em cena, consubstanciada na leitura em uníssono de longos trechos, ou no canto coral de muitas passagens musicadas, que destacam o significado de cada camada textual. Aspectos climáticos, da vegetação e da topografia são falados, cantados e dançados pelo coro, com tratamento cênico que ressalta o ritmo e a coreografia e define a coralidade do Oficina.

Ao movimento coral acrescenta-se o intenso efeito estético de matérias elementares como a água, o fogo e o barro, o aproveitamento do espaço aéreo das passarelas, dos mezaninos e dos camarins sem vedação, o uso do alçapão que cava o espaço cênico, o teto móvel que se abre para o sol e o céu nublado e, especialmente, a paisagem explícita na imensa abertura de vidro que rasga uma das paredes do teatro, por onde passa uma árvore e se vê o entorno do prédio, tornando o ambiente fonte privilegiada de teatralidade[99]. A passagem para a cidade é concluída no portão duplo que se abre durante os espetáculos e permite ao teatro funcionar como o palco-rua concebido por Lina Bo Bardi, a "corifeia Lina", personagem que entra em cena como chefe do coro de um dos espetáculos.

O caminho associativo do evento histórico ao contemporâneo, projetado por analogias, explicita o ponto de vista coletivo não apenas por meio de acréscimos textuais, mas em atitudes corporais, na musicalidade e nos movimentos do coro no espaço cênico, em imagens projetadas nos telões do teatro ou em narrações e figurações alegóricas, que funcionam como mecanismos de expansão das possibilidades interpretativas dos episódios. O "ativismo crítico" funciona como sismógrafo da ampliação do fenômeno teatral para abarcar amplas manifestações da cultura e da sociedade, que se fortalece não apenas no Oficina, mas em outros grupos teatrais do período.

A Encenação Colaborativa

É consenso entre público e crítica a importância do teatro de grupo na cena brasileira das décadas de 1990 e 2000. A proliferação de coletivos teatrais como o Teatro da Vertigem, a Companhia do Latão, a Companhia dos Atores, o Grupo Galpão e o Ói Nóis Aqui Traveiz em cidades como São Paulo, Rio de Janeiro, Belo Horizonte, Porto Alegre e outras capitais do país, é um fenômeno que surpreende e estimula todos aqueles que acreditam no caráter socializado da criação teatral.

O retorno dos coletivos vem sustentado por processos colaborativos de trabalho, comuns no novo teatro de grupo, que atualizam a criação coletiva dos anos de 1970 a partir de outros pressupostos, combinando-a a procedimentos recuperados da encenação autoral da década de 1980. O diretor, o ator, o dramaturgo, o iluminador, o cenógrafo, o figurinista e o músico compartilham processo criativo, materiais e concepções ao se

99 José da Costa, Os Sertões do Teatro Oficina: Caatinga de Textos e Imagens, em Maria Helena Werneck; Maria João Brilhante (orgs.), *Texto e Imagem: Estudos de Teatro*, Rio de Janeiro: 7Letras, 2009, p. 55. Sobre o ciclo, cf. J. da Costa, *Teatro Contemporâneo no Brasil: Criações Partilhadas e Presença Diferida*, Rio de Janeiro: 7Letras, 2009; J. da Costa, Os Sertões em Cena: Crítica, Vocalização e Cruzamento de Sentidos, *Sala Preta*, n. 10, 2010, p. 77-92; Beth Néspoli, A Travessia dos Sertões no Teatro Oficina, *Sala Preta*, n. 10, 2010, p. 53-66; Silvana Garcia, Das Entranhas d'Os Sertões, o Oficina, *Sala Preta*, n. 10, 2010, p. 67-76; Dossiê Os Sertões, *Sala Preta*, n. 2, 2002.

alimentarem da matéria teatral produzida em conjunto, sem abrirem mão do trabalho singular que se constitui a partir da teatralidade coral surgida do coletivo. Percebe-se que as concepções e os materiais levantados em grupo são submetidos a um processo de filtragem e edição, que os faz aparecer em cena com uma formalização definida e particularizada, que talvez se pudesse qualificar de autoral, como se cada criador não precisasse abdicar de uma leitura própria do material experimentado em conjunto. O que se nota é que a participação ativa de atores, dramaturgo e diretor na concepção do texto e do espetáculo não impede que os envolvidos construam dramaturgias específicas da atuação, da palavra e da encenação, que às vezes podem não estar em completa sintonia. As fricções e as dissonâncias são bem vindas, pois garantem a expressão singular no discurso coletivo. Nesse sentido, pode-se constatar que a criação coletiva retorna nos anos de 1990 por outras vias, filtrada por procedimentos de encenação que dominaram a década anterior.

Mas o mais importante a sublinhar no predomínio do teatro de grupo é a nítida mudança do eixo das criações. Das práticas cênicas autônomas e autorreferentes da década de 1980, preocupadas com a ruptura dos limites do especificamente teatral pela experimentação de linguagens, o retorno dos grupos dá-se a partir de preocupações sociais e políticas, que haviam sido deixadas em segundo plano por pesquisas de linguagem cênica e experimentações performativas de encenadores, que partiam do hibridismo dos códigos e da recusa de uma teatralidade mais convencional.

Sem dúvida, as experiências mais contundentes do novo teatro de grupo não prescindem das conquistas que essa pesquisa efetivou, e da ampliação do âmbito do que se considera teatro. É visível que as práticas cênicas tornam-se mais difusas e difíceis de conter em categorias específicas e códigos estáveis, com uma nítida desfronteirização de atividades artísticas e campos culturais que, muitas vezes, gera uma sensação de perda de território fixo e desorientação na análise. A verdade é que as invenções de artistas, escritores, encenadores, arquitetos e *performers* contemporâneos ampliam a visão do que o teatro pode ser.

Relacionada às mais diversas experiências de teatralidade, que não se coadunam, necessariamente, a uma forma-teatro mais convencional, surge com força a problemática da alteridade, que se firma tanto na esfera sociopolítica quanto cultural, e leva a experiência dos grupos a centrar-se nas diferenças de subjetividade, gênero, localização espacial e geográfica. O que se constata é que o olhar dos criadores se amplia para dirigir seu foco para a cidade e o país, em geral escolhendo o outro, o excluído, o estigmatizado, não apenas como interlocutor, mas como coautor do trabalho teatral. Nesse sentido, pode-se afirmar que o teatro de grupo inaugura uma criação em rede, que se desvincula da pesquisa específica da linguagem cênica para envolver-se em questões políticas e culturais em sentido amplo. É a partir do contato com outros pontos de vista sociais que o novo teatro coletivo se constrói.

Outro traço característico de algumas experiências de grupo é a combinação de um forte impulso de aproximação com o real à rejeição da representação da realidade nos moldes realistas. Percebe-se que uma parcela considerável das práticas cênicas coletivas pauta-se menos pela reprodução naturalista e pelo enfoque temático dos problemas sociais, optando por envolver-se em longos processos de pesquisa que não visam à fabricação de um produto teatral de caráter político explícito. A inserção política aparece agora na investigação das realidades sociais do outro e na interrogação dos muitos territórios da alteridade e da exclusão social. A tendência projeta um desvio do domínio relativamente seguro da experimentação cênica e da dramaturgia engajada dos anos de 1960, para manifestar sua força na ocupação de espaços urbanos de natureza política, antropológica, ética ou religiosa, relegando a segundo plano tanto as exigências estéticas quanto o dogmatismo militante.

São exemplos da migração dos grupos do palco para a cidade as exaustivas pesquisas de campo dedicadas à coleta de depoimentos dos mais diversos cidadãos, as viagens exploratórias a bairros de periferia, o convívio em zonas urbanas de tráfico, criminalidade e prostituição, a ocupação teatral de albergues de moradores de rua, hospitais psiquiátricos e prisões, as oficinas abertas, os debates, os ensaios públicos, construídos em processos cola-

Teatro da Vertigem. *Apocalipse 1.11*, 2000.

borativos cada vez mais socializados, que fazem questão de incluir interlocutores tradicionalmente alijados da produção teatral e buscam uma aproximação com o espectador não restrita ao momento de apresentação do espetáculo.

O Teatro e a Cidade

É evidente no teatro brasileiro das últimas décadas o crescimento de uma vertente predominantemente urbana. O movimento de expansão do trabalho teatral para o espaço da cidade tem várias ramificações. A principal delas talvez seja a ocupação de espaços públicos por grupos de teatro, que interferem decisivamente nas metrópoles brasileiras. As novas formas de organização das diferenças sociais nas grandes cidades, marcadas pela globalização e pela mercantilização da cultura e da vida, por um lado, e pela heterogeneidade social por outro, refletem-se na conformação espacial, criando ilhas de convívio restrito e bolsões de exclusão, que caminham paralelos à expansão indiscriminada da violência e da violação dos direitos de cidadania.

Não por acaso, no período de explosão do neoliberalismo econômico no país, o teatro brasileiro encontrou cada vez mais espaço em edifícios que se oferecem em espetáculo, não apenas simbolicamente mas também de modo concreto, já que salas luxuosas instalaram-se com certa assiduidade em redutos urbanos supostamente seguros. Trata-se do mais recente mecanismo de elitização de uma arte que nunca foi exatamente popular no país. Em São Paulo, a tendência é visível em salas como o Teatro Alfa, o Credicard Hall, a Sala São Luís e o Teatro Renaissance, às quais vêm se agregar casas de espetáculo que sempre se distinguiram por ingressos caros e público bem pagante, como o Teatro Abril, o Teatro Jardel Filho, o Teatro Procópio Ferreira ou o Teatro Hilton.

No polo oposto de ocupação teatral da cidade aparecem especialmente o Teatro Oficina e o grupo Os Satyros, em movimento de ocupação da Praça Roosevelt que se espraiou pela região, encampado por outros coletivos, como Os Parlapatões, na abertura de um circuito independente de criação em grupo e de um território de alteridade social, que multiplica os sentidos da cena e age como mecanismo de resistência contra o preconceito e a discriminação, na medida em que dá voz e visibilidade a núcleos que não teriam condições de se manifestar em outros espaços.

Ligando-se ao Oficina e aos Satyros na democratização do lugar do teatro estão o Galpão do Folias, espaço cultural ativo no centro da cidade, ocupado pelo grupo Folias d'Arte, o Teatro da Universidade de São Paulo na rua Maria Antonia, que tem feito jus à tradição libertária de sua sede, o novo Teatro do Centro da Terra, nascido com vocação de polo cultural, assemelhando-se nessa postura ao Teatro Ágora, com atuação intensa de Roberto Lage e Celso Frateschi nos últimos anos, na realização de ciclos de palestras e publicações[100], da mesma forma que os núcleos do Sesc – o Anchieta, na região central, o Belenzinho, o Pinheiros, o Ipiranga e o Pompeia, que conseguiram, com sucesso, descentralizar apresentações teatrais, atividades culturais e discussões de arte, aproximando-se do Teatro Popular do Sesi, do Centro Cultural São Paulo e, como não poderia deixar de ser, do Teatro de Arena da rua Teodoro Baima que, desde o final da década de 1950, com inevitáveis e infelizmente longas interrupções, tem sido um espaço de luta por um teatro público no país.

A busca de um teatro público é evidente nos espetáculos do Teatro da Vertigem, dirigido por Antonio Araújo. A marca mais radical da proposta é a concepção do teatro como pesquisa coletiva de atores, dramaturgo e encenador em busca de respostas a questões urgentes do país, especialmente das grandes metrópoles brasileiras, projetadas, porém, num pano de fundo amplo, retalhado de inquietações metafísicas, ligadas a uma tradição de teatro sagrado que, nesse caso, paradoxalmente, dramatiza a insegurança social e a criminalização sistemática das questões públicas. Numa combinação inusitada, o grupo associa preocupações espirituais, evidentes na prospecção contínua dos textos bíblicos, a um tratamento que talvez se pudesse chamar de hiper-realismo alegórico, na falta de termo melhor para designar a sobreposição de literal e figurado que define, desde o princípio, em doses distintas, essa mistura de testemunho e abstração.

100 Cf. Ágora Teatro (org.), *Teatro Paulistano no Séc. V*, São Paulo: Ágora Teatro, 2006.

Talvez por isso o grupo seja, ao mesmo tempo, herdeiro e profanador de tudo que o precedeu no teatro brasileiro recente. Certamente não é por acaso que as vertentes mais importantes da cena contemporânea no país, representadas por Antunes Filho, José Celso Martinez Corrêa e Gerald Thomas, de certa forma têm continuidade nesse trabalho, que é uma síntese e uma transformação daquilo que seus antecessores criaram nas últimas décadas.

No caso de José Celso, as semelhanças com Antonio Araújo vão mais longe, denunciando a influência artaudiana comum, escancarada pelo primeiro em *Para Dar um Fim no Juízo de Deus*, e atualizada pelo segundo especialmente em *O Livro de Jó* (1995), que cumpria quase todas as exigências do teatro da crueldade. A começar pelo hospital desativado, um ambiente rigorosamente verdadeiro, com as macas e os aparelhos de atendimento de emergência semelhantes a instrumentos de tortura. Mateus Nachtergale, que interpretava Jó, fazia um trabalho real sem realismos, excessivo na falta de limites e na aterrorizante autoexposição que lembrava Cieślak no primeiro Grotowski, do Teatro-Laboratório de Wroclaw. Já de início mergulhado num banho de sangue literal e figurado, assumia diante do espectador um risco físico que contaminava, apavorava e, talvez pela primeira vez no teatro brasileiro, esclarecia Artaud, na potente imagem do ator como um supliciado que faz sinais a seus carrascos dentro da fogueira.

O texto poético, mescla de drama e narrativa, foi escrito por Luís Alberto de Abreu com o Teatro da Vertigem. Pautado em quadros autônomos, interligados pelo protagonista, apontava para o trabalho de regulação espacial planejado por Araújo no Hospital Humberto I, organizando o enredo numa trajetória ascensional que reforçava a passagem para o final transcendente, ambientado na sala cirúrgica. Dividindo o espaço em duas fileiras de arquibancadas, a mesa de cirurgia formava uma espécie de palco-sanduíche, destacado por uma luz intensa dirigida a Jó, deitado, e ao público sentado a seu lado. As portas trancadas, o cheiro de formol, a impossibilidade de olhar para o ator sem ver, ao mesmo tempo, como que formando um ciclorama humano, os espectadores sentados à frente, criava uma relação teatral inédita e transformava o público em comunidade cúmplice, solidária naquele espaço de cura e morte.

Apocalipse 1,11 (2000) é o resultado seguinte do processo de parcerias interdisciplinares do Teatro da Vertigem. A mobilização para o trabalho fez-se a partir do testemunho de fatos brutais, como a queima de um índio pataxó, em Brasília, e o massacre de cento e onze detentos no presídio do Carandiru, em São Paulo.

A analogia entre o contexto brasileiro de criminalidade e violenta exclusão social e o *Apocalipse* bíblico conduz o Teatro da Vertigem à primeira etapa da pesquisa, dedicada à exploração temática. Para a investigação, os atores visitam locais de referência para ações e personagens, como delegacias da periferia de São Paulo, boates da boca-do-lixo, rodoviárias e hotéis baratos, que fundamentam o testemunho da violência e do submundo urbano. Ao mesmo tempo, experiências com estados-limite de insanidade e demência são trabalhadas nos ensaios, para aproximar o elenco do registro interpretativo sugerido pelo diretor. Daí resulta a versão inicial do texto escrito por Fernando Bonassi a partir das improvisações do elenco, e marcado pelo confronto entre imagens poéticas, de cunho alegórico, e o realismo cru característico de seus escritos.

No espetáculo, Antonio Araújo criava ambientes distintos, aproveitando as celas, os pátios, os corredores, as grades, os muros e a entrada do presídio desativado do Hipódromo para organizar uma frenética e aterrorizante movimentação processional, exacerbada pela interpretação tensa dos atores e por sonoplastia agressiva.

A ocupação de um presídio em *Apocalipse 1,11* era mais uma etapa da trajetória de ocupação de espaços públicos, iniciada pelo Teatro da Vertigem em 1992, com *Paraíso Perdido*, apresentado na Igreja de Santa Ifigênia. O espetáculo, com roteiro de Sérgio de Carvalho, discutia a perda do paraíso e a descrença do homem contemporâneo, inaugurando o produtivo movimento de contradições que associava a investigação do divino, talvez a mais metafísica que o grupo realizou, a treinamento corporal de extrema concretude, baseado nas leis da física clássica.

Faz parte do mesmo projeto de sociometria, que ocupa o lugar público e inverte a geografia urbana, o espetáculo *BR3*, apresentado no Rio Tietê, em São Paulo, em 2006. O primeiro objetivo do trabalho foi investigar possíveis identidades brasileiras, ou não identidades, a partir da cartografia de três lugares do país, unidos pelo radical de nacionalidade e por localizações em pontos-limite físicos e imaginários. Em todos os sentidos, Brasilândia, bairro da periferia de São Paulo, Brasília, capital do país, e Brasileia, pequena cidade da fronteira do Acre com a Bolívia, formavam territórios de exceção, em que a ideia de país era posta em xeque. A cidade planejada, a cidade de fronteira e a cidade periférica – marcada pelas guerras do tráfico de drogas, religiões evangélicas e policiais corruptos – projetavam territórios em que a ideia de pertencimento nacional era enfraquecida por noções de borda, margem e travessia, e identidades instáveis, processuais e híbridas, substituíam os sujeitos seguros da brasilidade.

A pesquisa de campo nas três regiões desenvolveu-se por dois anos, e em várias frentes de ação, que incluíram uma viagem por terra, de quarenta dias e mais de quatro mil quilômetros, realizada em julho de 2004, em que dezoito integrantes do grupo atravessaram o país para unir as três regiões investigadas. No retorno a São Paulo, o dramaturgo Bernardo Carvalho propôs um roteiro em que a saga familiar de três gerações entrelaçavam os lugares inventariados em um percurso de situações, temporalidades e geografias.

A encenação ousada de Antonio Araújo no leito do rio Tietê, auxiliada pela edição de luz de Guilherme Bonfanti, consegue enquadramentos cinematográficos e dirige os pontos de vista do espectador. Na travessia do rio, o protagonista Jonas passa pelo Brasil das favelas, do narcotráfico, dos agronegócios, dos cultos evangélicos e do Vale do Amanhecer, dos índios depauperados e da Virgem de Copacabana, "sobre um terreno movente e pantanoso que o alegoriza e que, no entanto, é flagrantemente real, com seus despojos flutuantes"[101].

Nesse espaço movediço e instável o diretor cria uma espécie de heterotopia. Brasília associada ao monumental e aos viadutos, Brasilândia abrigada sob s pontes e Brasileia dispersa nas margens são espaços heterodoxos, forçados a conviver no mesmo rio, e absolutamente outros em relação às cidades reais a que se referem e de que falam. Filtrados pelo olhar coletivo e deformados por essa modalidade contemporânea de teatralidade, fragmentária e explodida, tornam-se lugares de "desvio", irreconhecíveis em sua identidade original, e são propostos ao espectador como uma forma inédita de reconhecimento de sua cidade e seu país[102].

Em certos aspectos, A Tribo de Atuadores Ói Nóis Aqui Traveiz pode ser associada ao Teatro da Vertigem, especialmente em relação ao diálogo com os espaços urbanos e à concepção do lugar teatral como instalação, além da influência artaudiana comum, evidente nos dois projetos. Criado em 1978, o Ói Nóis... concebe e pratica o teatro como modo de transformação social, seja nos trabalhos de ocupação da cidade de Porto Alegre, seja na criação de espaços não convencionais na Terreira da Tribo, sede que mantém em meio a lutas para evitar a desocupação. Influenciados pela contracultura, especialmente no início dos anos de 1980, os "atuadores" entregam-se a experiências de integração da arte à vida comunitária, período em que a palavra "tribo" incorpora-se ao nome e explicita a fusão entre cena e vivência coletiva.

A proposta de aliar o modo de vida alternativo a convicções ideológicas libertárias e prática militante, no endosso das linhagens teatrais de Artaud e Brecht, define a trajetória singular do grupo na cena contemporânea do país. A via política é aprofundada na opção pelo teatro de *agitprop*, que talvez se pudesse considerar pós-brechtiano pela abertura às influências da teoria e da dramaturgia de Heiner Müller, aliadas a procedimentos resgatados do *happening* e das experimentações coletivas e corais desenvolvidas por José Celso Martinez Corrêa, outra influência marcante do grupo.

Criações como *Antígona* (1990), de Sófocles, *Fausto* (1994), de Goethe e *Kassandra in Process* (2000) são vertentes do que o grupo define como

101 Guilherme Wisnik, O Tietê e o Brasil Profundo, *Estado Crítico: À Deriva na Cidade*, São Paulo: Publifolha, 2009, p. 31.

102 Sobre o Teatro da Vertigem, consultar Antonio Araújo, *A Gênese da Vertigem: O Processo Criativo de* O Paraíso Perdido, São Paulo: Perspectiva/Fapesp, 2011; Arthur Nestrovski (org.), *Teatro da Vertigem: Trilogia Bíblica*, São Paulo: Publifolha, 2002; Dossiê Apocalipse, *Sala Preta*, n.1, 2001, p. 117-170; Ângela Materno, Meditação Sobre a Noite: Paisagens e Fronteiras em BR-3, *Sala Preta*, n. 7, 2007, p. 229-256.

"teatro de vivência", em que a experimentação concentra-se em ambientações cênicas integrais, sem definição de um lugar específico para o espectador, com o intuito de borrar as fronteiras entre criação e recepção para permitir o mergulho em ações integrativas e trajetórias processionais, que compõem a teatralidade móvel dos espetáculos.

Outra via de trabalho são as cenas de rua, em que o estranhamento e a ambiência múltipla são substituídos por recursos populares como máscaras, pernas de pau, bonecos gigantes e música ao vivo, em espetáculos com dramaturgia própria, como *A Dança da Conquista* (1990), *Se Não Tem Pão Comam Bolo* (1993) e *Independência ou Morte* (1994), que ensaiam reflexões temáticas sobre a exclusão social[103].

Outro exemplo de ocupação do espaço urbano e de mapeamento das manifestações culturais da cidade é o do Núcleo Bartolomeu de Depoimentos, ligado a movimentos musicais como o *rap*, o *funk* e o *hip-hop*. Com registro sintético do cotidiano violento e excludente das metrópoles brasileiras, o Bartolomeu opta por percursos urbanos para expressar a vida de jovens excluídos, em geral moradores da periferia das grandes cidades. A experiência com a cultura de rua resulta em intervenções de fronteira, como o projeto *Urgência nas Ruas* ou as *Vigílias Culturais*, organizadas em regiões centrais de São Paulo, como o Minhocão e a Praça do Patriarca, em memória de moradores de rua assassinados. São práticas de intervenção que convivem com a criação de espetáculos impactantes, na trajetória de mais de dez anos do grupo.

O coletivo surge do encontro da dramaturga Cláudia Schapira com o bailarino e DJ Eugênio Lima, pioneiro da cultura *hip hop*, aos quais se reúne, logo em seguida, a atriz Roberta Estrela D'Alva. Os três artistas permanecem no núcleo da trajetória da equipe, ligando-se, em diferentes etapas, ao grafiteiro Julio Docjsar, à videasta Luaa Gabannini, e aos atores Benito Carmona, Maísa Lepique e Estela Laponi. A formação eclética dos artistas equilibra-se na união com atores, encenadores e dramaturgos de formação em trabalhos que ultrapassam a especialização estrita na linguagem teatral e permitem a construção de dramaturgias cênicas expandidas na prática das artes plásticas, do grafite, da dança, da música e da videoarte[104].

A primeira montagem do grupo, *Bartolomeu – Que Será que Nele Deu?* (2000), ainda se apresenta em palco italiano, espaço de que o grupo se afasta à medida que intensifica as intervenções urbanas e o ativismo poético. No projeto Urgência nas Ruas – Intervenções (2002/2004), invasões provocativas do espaço da cidade estimulam o confronto com os passantes e o diálogo de natureza performática.

Em outros projetos intervencionistas organizados em regiões centrais da cidade, em memória de moradores de rua brutalmente assassinados, a performatividade se mantém e a contracena com o espaço urbano inaugura novas matrizes de trabalho. É o que acontece em *Acordei que Sonhava* (2003), baseada em *A Vida É Sonho*, de Calderón de La Barca, relida a partir de conceitos da cultura *hip-hop*. O espetáculo seguinte, *Frátria Amada Brasil* (2006), é repleto de expressões dialetais e exemplos de violência verbal extraídos do cotidiano dos jovens moradores da periferia da metrópole. O crítico Kil Abreu observa que a discussão da diferença entre as classes sociais, a discriminação e o preconceito são escolhas temáticas que, em outros tempos, seriam suficientes para definir o núcleo Bartolomeu como um grupo de teatro "engajado". No entanto, se é certo que os temas políticos são traduzidos em épica brechtiana, também é evidente que sofrem um deslocamento radical, "no sentido de fazer da política algo que passe, às vezes intimamente, pela categoria do sujeito". Abreu nota que a proposta inverte a perspectiva do teatro político tradicional, resgatando o indivíduo como protagonista do problema coletivo, na criação de uma "épica íntima" que procura dar conta das novas conjunturas sociais do país[105].

103 Sobre o Ói Nóis Aqui Traveiz consultar Valmir Santos (org.), *Aos que Virão Depois de Nós: Kassandra in Process: O Desassombro da Utopia*, Porto Alegre: Tomo Editorial, 2005; Stela Fischer, *Processo Colaborativo e Experiências de Companhias Teatrais Brasileiras*, São Paulo: Hucitec, 2010, p. 69-106; Ingrid Koudela, Um Teatro Pós-Moderno de Resistência: Ói Nóis Aqui Traveiz de Porto Alegre, *Sala Preta*, n. 7, 2007, p. 213-220.

104 Cf. Antonio Rogério Toscano, Teatro e *Hip-hop*: A Experiência do Núcleo Bartolomeu de Depoimentos, *Sala Preta*, n. 5, 2005, p. 175-185.

105 Kil Abreu, O Épico e o Íntimo: Notas Sobre a Representação de Classe na Cena Paulistana, *Camarim*, São Paulo, Cooperativa Paulista de Teatro, v. 11, n. 42, 2008, p. 4-11.

Outra via de expansão do imaginário urbano é a dramaturgia brasileira das últimas décadas, que tematiza o submundo de marginalizados, prostitutas, policiais corruptos e subempregados, envolvidos em tragédias de rua das grandes cidades. O escrever sucinto e direto de alguns dramaturgos, como Fernando Bonassi, Pedro Vicente e Dionísio Neto impõe-se como modelo de um novo teatro urbano, herdeiro violento dos romances de Rubem Fonseca e dos flagrantes dramáticos de Plínio Marcos. Nessa vertente destaca-se Mário Bortolotto, à frente do grupo Cemitério de Automóveis.

Em geral, pode-se dizer que os textos dos autores mencionados, especialmente quando criados a partir de práticas de escritura colaborativa, parecem indicar o recuo dos modos dramático e épico frente a uma realidade social que já os superou. Na tentativa de traduzir uma percepção particular da realidade social brasileira, operam versões modificadas dos gêneros, que criam um modo alternativo de expressão dramatúrgica, ao mesmo tempo épica e íntima[106].

No caso de Newton Moreno, o procedimento resulta em uma espécie de dramaturgia migratória, que tenta mapear jornadas exploratórias à memória rural ou ao presente das grandes metrópoles brasileiras destruídas pela violência, pela fome e pela desigualdade social. É da expressão de vozes narrativas contaminadas por subjetividades líricas e dramáticas que surgem peças como *Agreste*, texto processual que acompanha a mobilidade e o questionamento da identidade dos protagonistas, ao entrelaçar memória e vida coletiva.[107] Na encenação minimalista de Márcio Aurélio, de 2004, ganham relevo os contrastes entre a subjetividade e o arcaísmo rural, a experiência do homoerotismo e os relatos de migração, a vivência urbana paulista e o interior pernambucano que o texto intercepta[108].

Os desdobramentos dramatúrgicos da experiência urbana, contraposta à memória rural, reaparecem nos textos de Moreno escritos na prática colaborativa com o grupo Os Fofos Encenam. Com a equipe, recriou os ensaios sociológicos de Gilberto Freyre em relação direta com as improvisações dos atores em *Assombrações do Recife Velho* (2006). O espetáculo compõe-se de quadros que narram vidas de fantasmas da Recife antiga, tendo como pano de fundo a história social da família brasileira.

Outros coletivos fazem percursos semelhantes, apropriando-se da cidade como temática e material de intervenção. É o que acontece com Os Satyros, criado em São Paulo em 1989 por Ivam Cabral e Rodolfo García Vázquez, a partir da montagem *Sades* ou *Noites com os Professores Imorais*. Mas é com *Saló, Salomé* (1991) que o grupo define uma linha própria de pesquisa na longa trajetória de criações baseadas em Safo, Lautréamont e Oscar Wilde, que desenvolve não apenas em São Paulo e Curitiba, mas também em Lisboa, propondo um ator visceral que leva o público a reagir fisicamente às propostas cênicas. A opção se fortalece a partir da escolha do nome, que resgata o caráter dionisíaco do cortejo teatral que pretende atualizar[109].

A articulação da imagem libertária, ligada a pulsões instintivas, afirma-se na opção pela abertura da sede na Praça Roosevelt, reduto de drogas e violência no centro degradado de São Paulo, que o grupo revitaliza a partir de 2000, e tematiza no espetáculo *A Vida na Praça Roosevelt* (2005), de Dea Loher, quando a ideia de "teatro veloz" passa a figurar como proposta central. A metodologia de trabalho surge a partir da necessidade de elaborar espetáculos com pouco tempo e dinheiro, e visa a resgatar o tempo do ritual e suspender o "tempo-vale-ouro capitalista"[110].

Também o Centro de Demolição e Construção do Espetáculo de Aderbal Freire-Filho ocupa o espaço urbano do Rio de Janeiro para suas criações. Em *O Tiro Que Mudou a História* (1991), grupo e diretor encenam a trajetória política de Getúlio Vargas na própria residência do presidente, o Palácio do Catete. O espetáculo processional revela

106 Jean-Pierre Sarrazac chama esse tipo de dramaturgia de "rapsódica", conceito que definiu pela primeira vez em *O Futuro do Drama: Escritas Dramáticas Contemporâneas* (Lisboa: Campo das Letras, 2002) e retomou em várias obras posteriores.

107 Cf. K. Abreu, *Trajetórias de Migrantes. Narrativa e Questões de Gênero na Dramaturgia Brasileira Contemporânea*, dissertação de mestrado, ECA-USP, São Paulo, 2007.

108 Cf. Dossiê Agreste, *Sala Preta*, n. 4, 2004, p. 93-134.

109 Cf. Alberto Guzik, *Cia. de Teatro Os Satyros: Um Palco Visceral*, São Paulo: Imprensa Oficial, 2006; Aimar Labaki; Germano Pereira (orgs.), *Os Satyros*, São Paulo: Imprensa Oficial, 2010.

110 A metodologia foi formalizada na dissertação de mestrado de Ivam Cabral, *O Teatro Veloz: Técnicas e Procedimentos para um Intérprete Contemporâneo*, ECA-USP, São Paulo, 2005.

as pressões políticas que levaram Getúlio ao suicídio numa jornada que principia nos jardins do atual Museu da República e segue pelos diversos cômodos da casa. O confronto direto de atores e espectadores, a atuação distanciada de indicação das personagens, o caráter operístico do espaço do casarão, os diálogos poéticos e o uso de alegorias freiam o realismo e afastam a peça da reconstituição historiográfica, fazendo prevalecer a perspectiva dos criadores sobre o fato narrado.

Encenador e grupo ocupam mais uma vez o espaço público na criação de *Tiradentes, Inconfidência no Rio* (1992), espetáculo itinerante que se ambienta em monumentos, museus, prédios e ruas do centro do Rio de Janeiro, refazendo os episódios da Inconfidência.

O Grupo XIX de Teatro é outro coletivo a ocupar a cidade em trabalhos como *Hysteria* (2002), reunião de monólogos de cinco pacientes que expõem os desejos de mulheres consideradas histéricas pela instituição médica. Encenada em casarões históricos de São Paulo, permite a relação direta com as espectadoras, que compartilham bancos de madeira com as atrizes, garantindo a vivência da opressão feminina.

O espetáculo seguinte, *Hygiene* (2005), é fruto de residência artística na Vila Operária Maria Zélia, conjunto arquitetônico tombado pelo Patrimônio Histórico, que o grupo ocupa com ensaios, oficinas e seminários. Optando por iniciar o espetáculo na rua, o diretor Luiz Fernando Marques incorpora vielas e prédios abandonados à narrativa da situação da população pobre dos cortiços, submetida a rigorosas normas de higienização no princípio do século XIX[111].

Teatros do Real

É visível que uma parcela considerável das práticas cênicas dos grupos não visa apenas à criação de uma peça, ou do que se poderia considerar um produto teatral acabado e comercializável no mercado da arte. Uma parte significativa desse teatro é reconhecida pelo envolvimento em longos projetos de pesquisa que, ainda que pretendam, em última instância, criar um texto e um espetáculo, parecem distender-se na produção de uma série de eventos pontuais. Talvez se pudesse caracterizar essas breves criações, apresentadas em ensaios públicos ou produzidas em workshops internos, como teatralidades episódicas, inacabadas, contaminadas de performatividade, cujo caráter instável explicita uma recusa à formalização. Na verdade, os próprios processos desdobram-se em mecanismos de intervenção direta na realidade e funcionam como microcriações dentro de um projeto maior de trabalho. Essas intervenções de teatralidade operam um desvio no que se considera a mais genuína intenção da criação teatral – a produção de uma dramaturgia e de um espetáculo – e sinalizam a multiplicação de práticas criativas pouco ortodoxas, cuja potência de envolvimento no território da experiência social tende a superar a força da experimentação estética.

Outra face do mesmo processo é a opção por mecanismos de confronto do teatro com escritos testemunhais, como depoimentos, cartas e entrevistas, que hoje proliferam nas cenas de teatro e cinema, como comprova a explosão de documentários ou a tensão entre realidade e ficção recorrente em alguns filmes, como os de Eduardo Coutinho, ou na maioria das criações do Núcleo Bartolomeu de Depoimentos. De certa forma, esses trabalhos evidenciam, no teatro, o que Flora Süssekind chama de "neodocumentalismo" da ficção brasileira contemporânea, marcado pela imbricação entre etnográfico e ficcional, de que também são exemplares as experiências do grupo carioca Nós do Morro, ou do coletivo paulista Pombas Urbanas[112].

Também exemplares da oscilação entre testemunho e representação são os trabalhos que apresentam uma intenção documental quase bruta, aparente em registros do contexto urbano cuja fidelidade ao "real" revela um impulso de aproximação tanto menos formalizado quando mais se liga à experiência imediata, quer pela imersão dos criadores em temáticas vivenciadas em árduas pesquisas de campo, quer pelo desempenho de

111 Cf. Grupo XIX de Teatro (org.), *Hysteria/Higiene*, São Paulo: Ed. do Grupo, 2006.

112 F. Süssekind, Desterritorialização e Forma Literária: Literatura Brasileira Contemporânea e Experiência Urbana, *Sala Preta*, n. 4, 2004, p. 14; sobre o grupo Nós do Morro, cf. Marta Porto (org.), *Nós do Morro 20 Anos*, Rio de Janeiro: X Brasil, 2008.

atores-autores ligados, na vida social, às questões trabalhadas em cena.

Um exemplo da proposta é o trabalho da Companhia São Jorge de Variedades, que cumpre uma extensa trajetória de mobilização política e teatral antes de chegar a essa experiência. Estreia em 1998 com o espetáculo *Pedro o Cru*, criado a partir de um poema dramático do escritor português António Patrício, para encenar em seguida um texto de Qorpo-Santo, *Um Credor da Fazenda Nacional* (1999). A montagem explora a precariedade em todas as instâncias cênicas, desde os materiais reciclados para o cenário, feito de caixotes de frutas, até os figurinos reaproveitados de roupas envelhecidas, a música executada na economia de um pandeiro, um triângulo e um violão, e as atuações desenhadas como esboços rápidos de história em quadrinhos.

É a partir de 2001 que o vínculo com a cidade se estreita, na ocupação do Teatro de Arena Eugênio Kusnet para o desenvolvimento do projeto Harmonia na Diversidade. A longa temporada de *Biedermann e os Incendiários* (2001) é realizada durante a ocupação e resulta da convivência mais íntima da companhia com os problemas da cidade. A discussão do tema da alienação, que Max Frisch trabalha com soluções próximas do absurdo, é encenada de modo menos ambíguo pela diretora Georgette Fadel, que mescla procedimentos épicos a elementos da cultura *hip hop*, reforçando o discurso da diferença de classe para distanciar o burguês conservador dos desconhecidos que abriga na própria casa.

O trabalho mais radical da companhia é *As Bastianas* (2002), cujo processo criativo se desenvolve em albergues para moradores de rua. A base textual da criação são contos de Gero Camilo reunidos em *A Macaúba da Terra*, que tratam do cotidiano de um grupo de mulheres no sertão nordestino, permeado de religiosidade e luta pela terra. A combinatória da temática sertaneja à experiência da metrópole é mais um exemplo de associação entre rural e urbano na cena brasileira recente.

Desde o princípio, o projeto previa a interação cotidiana com os moradores do albergue para garantir a troca de opiniões e sugestões para a criação do trabalho. A prática arriscada, inicialmente prevista para a Oficina Boraceia, desenvolveu-se no Albergue Municipal do Canindé/Núcleo de Cidadania, que abriga ex-presidiários, doentes crônicos, deficientes físicos, idosos, crianças, portadores de doenças mentais, alcoólatras, dependentes químicos, enfim, "resíduos gerados pelo sistema capitalista", como observa uma das atrizes do grupo, Paula Klein, lembrando a dificuldade dos primeiros ensaios[113].

De certa forma, faz parte do mesmo processo a incorporação de não atores a algumas manifestações cênicas contemporâneas, como acontece em *Ueinzz: Viagem a Babel* (1997), criado por Renato Cohen e Sérgio Penna com pacientes do hospital psiquiátrico A Casa. É talvez um dos exemplos mais contundentes de experiência com corpos desviantes que interferem no teatro como presença extra-cênica, apresentada mais como sintoma que como símbolo.

A performance dos corpos no limiar da loucura define uma das etapas de um percurso que Renato Cohen chama de "teatro do inconsciente" e aprofunda em *Gotham São Paulo* (2003). No resgate de alguns pressupostos do teatro da crueldade de Antonin Artaud, essa "cena da loucura" se aproxima de inúmeras experiências limítrofes do teatro contemporâneo. É evidente que, nesse tipo de teatro, fica difícil discernir texto e cena, e o tênue roteiro ficcional que descreve a viagem de uma trupe nômade no deserto, em busca de esclarecimento do enigma primordial, ganha uma dimensão quase trágica. Os atuantes cruzam mitos inaugurais, como os do labirinto, da travessia e dos percursos do herói, a fragmentos de Hesíodo, Paulo Leminski e Ítalo Calvino que se rearticulam e se potencializam em seus corpos[114].

Teatro Crítico

Outra prática frequente de teatro de grupo está centrada na dramaturgia e na tradição brechtiana. Nessa proposta, o processo colaborativo liga-se à linhagem do teatro crítico e político, em que a elaboração da dramaturgia e as pesquisas históricas e hermenêuticas ocupam posição central.

113 Paula Maria Garulo y Klein, *Cia. São Jorge de Variedades: As Bastianas*, dissertação de mestrado, ECA-USP, São Paulo, 2010, p. 42.

114 Cf. Renato Cohen, Rito, Tecnologia e Novas Mediações na Cena Contemporânea Brasileira, *Sala Preta*, n. 3, 2003, p. 117-124.

Companhia do Latão. *O Círculo de Giz Caucasiano.*

A Companhia do Latão é um dos exemplos mais bem-sucedidos da tendência. Desenvolve, desde 1996, uma das experiências mais produtivas de dramaturgia brasileira empreendidas nas últimas décadas. Resultantes de processo colaborativo, texto e cena são criados ou adaptados em sala de ensaio a partir de improvisações dos atores, e funcionam como modelo dos modos recentes de criação de dramaturgia a partir do trabalho coletivo. As marcas do procedimento conjunto estão explícitas na estrutura dos textos e da cena, ainda que o tratamento final, literário e teatral, seja de responsabilidade dos dramaturgos e encenadores Sérgio de Carvalho e Márcio Marciano.

Desde o princípio, o estudo e a experimentação da companhia visaram à criação de um método capaz de precipitar em formas críticas os movimentos e as contradições do capitalismo contemporâneo, especialmente em seus reflexos brasileiros. Como não poderia deixar de ser, o ponto de partida para o processo foi a pesquisa e a crítica de matéria histórica, política ou filosófica, trabalhada em experimentos em que o grupo projeta uma "estética das contradições", garantindo a representação do mundo como transformável. O diferencial do trabalho é a opção pela pesquisa do teatro épico-dialético, de matriz brechtiana, em que a crítica política das formas de representação é usada como meio de viabilizar o desmonte dos modos de operação do capitalismo periférico. O conceito brechtiano de *gestus* tem função imprescindível na proposta, pois materializa o exercício dialético da contradição entre palavra e ato.

O primeiro espetáculo do Latão, *Ensaio para Danton* (1996) é uma adaptação de *A Morte de Danton*, de Georg Büchner, realizada com o intuito de criticar as contradições da revolução burguesa. *Ensaio Sobre o Latão* (1997) é um experimento cênico que relê fragmentos de *Hamlet*, de Shakespeare, a partir das reflexões teóricas de Bertolt Brecht reunidas em *A Compra do Latão. O Nome do Sujeito* (1998) é o primeiro espetáculo inteiramente autoral da companhia, criado a partir de um conto do livro *Assombrações do Recife Velho*, de Gilberto Freyre. Usando o conceito de estranhamento brechtiano, o coletivo cria mecanismos de construção eficazes como a invisibilidade proposital do aristocrata que espolia e assassina os subalternos, mas permanece ausente da narrativa protagonizada por escravos, artistas, clérigos e comerciantes da cidade de Recife no Segundo Império[115].

A *Comédia do Trabalho* é um bom exemplo de exploração das contradições inerentes ao modo capitalista de produção na via da teatralidade dialética. O grupo retoma a questão a partir de outro ponto de vista no *Auto dos Bons Tratos* (2002), em que discute as origens da suposta "cordialidade" brasileira a partir de episódios do Brasil colonial, e explicita a contradição entre igreja e escravocratas à luz do processo instaurado contra Pero de Campos Tourinho, em 1547.

É visível, na sucessão de espetáculos da companhia, a paulatina radicalização da simbiose entre pesquisa formal e reflexão histórica, especialmente quando as articulações do processo social sedimentam-se na estrutura dramatúrgica, que expõe em suas soluções o que a temática procura explicitar. É o que acontece em *O Mercado do Gozo* (2003), que examina as raízes da violência urbana e a exploração da prostituição na São Paulo de 1917, por ocasião da greve operária. As "diversas modalidades de comércio entre os homens" são estruturadas em três planos ficcionais que criticam as manipulações da imagem na sociedade do espetáculo a partir da paralisação da indústria paulista, do mundo urbano da prostituição e da associação da fábrica e do bordel à mesma cadeia produtiva.

O jogo cinematográfico de cortes e repetições reaparece em *Visões Siamesas* (2004), que se inspira no conto "As Academias de Sião", de Machado de Assis, para expor os pontos de vista da companhia sobre a trajetória da classe trabalhadora brasileira[116].

Ao reatar conexões com a prática teatral dos anos de 1960, especialmente do Teatro de Arena e do CPC, a Companhia do Latão parece reconhecer o esgotamento do modelo nacional-popular diante das novas relações de trabalho e da penetração massiva da indústria cultural. Visando à recuperação dessas experiências pioneiras, produz uma reviravolta nas propostas do teatro político de perfil mais tradicional, em que a "mensagem" revolucionária é a prioridade. Na trilha da prática brechtiana e do quadro mais geral do materialismo cultural marxista, explicita e esclarece, via procedimentos teatrais, os mecanismos de determinação das relações sociais em circunstâncias históricas específicas.

Essa base teórica permite uma aliança inédita entre o experimentalismo dramatúrgico e a crítica apoiada no diálogo com outras frentes de ação cultural e política do país, como as do Centro Popular de Cultura, nos anos de 1960, e o Movimento dos Sem Terra na atualidade. Os frutos do trabalho com o MST aparecem na encenação de *O Círculo de Giz Caucasiano*, de Bertolt Brecht (2006), fiel às demandas brechtianas de releitura da obra a partir das exigências do próprio tempo[117].

Em muitos aspectos, o grupo Folias d'Arte tem sintonia com o trabalho do Latão. Criado em 1997, somente a partir de 2000 se estabelece em sede própria, um antigo galpão no centro velho de São Paulo, situado a poucos metros de um elevado em que se refugiam moradores de rua. Inserido nessa zona urbana degradada, entre prédios abandonados e ocupados por militantes do Movimento dos Sem Teto do Centro, o grupo passa a desenvolver atividades culturais e teatrais com a população do entorno[118]. O contato prolongado com a marginalidade e a exclusão fortalece na equipe o desejo de aprofundar a discussão sobre os problemas sociais do país e encontrar mecanismos de intervenção cultural e teatral nesse contexto.

Na longa trajetória que alia trabalhos sociais e cênicos, o Folias define um programa de ação cultural que visa a transformar o modo de produção e a forma do teatro. A proposta não determina apenas um repertório teatral, mas uma série de ações que

115 Cf. Iná Camargo Costa, Por um Teatro Épico, *Vintém*, São Paulo, ano 2, n. 3, p. 12-17.

116 Cf. Maria Sílvia Betti, Observações Sobre o Teatro Épico na Dramaturgia da Companhia do Latão, em André Luís Gomes (org.), *Dramaturgia Brasileira Contemporânea, Leitura e Publicação*, São Paulo: Horizonte, 2010, v. 1, p. 175-199.

117 Sobre o Latão, cf. Sérgio de Carvalho; Márcio Marciano, *Companhia do Latão: 7 Peças*, São Paulo: Cosac Naify, 2008; S. de Carvalho (org.), *Introdução ao Teatro Dialético: Experimentos da Companhia do Latão*, São Paulo: Expressão Popular, 2009; S. de Carvalho et al., *Atuação Crítica: Entrevistas da Vintém e Outras Conversas*, São Paulo: Expressão Popular/Companhia do Latão, 2009.

118 Cf. M. S. Betti, Pavilhão 5 e Babilônia: Processos de Trabalho do Grupo Teatral Folias d'Arte na Representação Cênica da Marginalidade e da Exclusão, *Anais da Abralic*, Belo Horizonte: Abralic, 2002.

resultam da mobilização e da reflexão crítica sobre a realidade brasileira. Da mesma forma que a opção pela sede na região degradada, o recurso à poética brechtiana (*Happy End*, 2000), a pesquisa musical (*Cantos Peregrinos*, 1997) e o uso de procedimentos metateatrais (*A Maldição do Vale Negro*, 2001) são índices inequívocos de uma experiência artística fundada, desde a origem, na atuação política e no teatro épico aberto em várias vias. *Happy End*, por exemplo, usa o crime organizado e o proselitismo religioso como paradigmas do capitalismo contemporâneo.

Os princípios de atuação do grupo reaparecem na montagem de *Otelo* (2003), de Shakespeare, em que a trama se atualiza pelo contraponto musical, de crítica ao capitalismo, e *El Dia Que Me Quieras* (2005), do dramaturgo venezuelano José Ignácio Cabrujas[119]. Neste caso, a interpretação farsesca está a serviço da oposição entre a utopia socialista do velho militante Pio Miranda e a indústria cultural, representada pela figura mítica de Carlos Gardel. O retrato da aristocracia decadente de Caracas potencializa o confronto entre os sonhos burgueses e a utopia de Miranda, de um futuro nos colcoses ucranianos. Essa estrutura de sentimento ganha atualidade inesperada com a corrosão das economias do leste europeu, especialmente o capitalismo de estado da União Soviética, e confere ao embate entre o ídolo e o revolucionário uma complexidade impensável na década em que a peça foi escrita. Além de reforçar o olhar cético de Cabrujas para a retórica de Pio Miranda, o diretor Marco Antonio Rodrigues amplia a discussão usando os músicos como serviçais da mansão aristocrática. Na periferia da cena, afastados das decisões, tecem comentários coreográficos e musicais à ação, e nos melhores momentos criam entreatos críticos de efeito semelhante ao da cena em que as portas do galpão abrem-se para a rua e o público observa os atores entre os transeuntes.

A disposição socializada do espaço, aberto para a cidade, é o índice eficaz de um teatro coletivo de ação cultural que os espetáculos *Pavilhão 5* e *Babilônia*, ambos de 2001, com texto de Reinaldo Maia, representam com perfeição. O primeiro é o resultado de um trabalho de seis anos do dramaturgo na comunidade Monte Azul, localizada na periferia de São Paulo. Discute as contradições inerentes à prática individual nesse contexto e a possibilidade de ações transformadoras que evitem o assistencialismo. A ação é ambientada em um pavilhão de detenção para menores infratores e opõe a professora idealista, imbuída das melhores intenções reformistas, e o aluno morador da favela, preso por envolvimento com o narcotráfico. *Babilônia* amplia e aprofunda a discussão iniciada em *Pavilhão 5*, focalizando a jornada de uma caravana de excluídos em busca da terra da plenitude. A maioria das personagens remete a referências anteriores, em mecanismo intertextual que lança mão de poemas de Manoel de Barros e figuras do teatro de Brecht. Galileu é o intelectual idealista que não consegue ver o mundo a partir das relações concretas, e por isso entra em cena suspenso pelos pés aos urdimentos. Figuras brechtianas como Coragem e Keuner contracenam com protagonistas históricos e contemporâneos, como o traidor Silvério dos Reis e o Monge Excelso, clara alusão ao criador do Teatro Oficina.

Na construção cênica de um pensamento crítico, aproxima-se do Folias d'Arte a Companhia Ensaio Aberto, do Rio de Janeiro. Dirigida por Luiz Fernando Lobo, endossa princípios épicos de encenação e narrativa para explorar temas políticos e promover uma relação direta entre atores e espectadores, muitas vezes realizada em espaços abertos. Estreia em 1993 com o espetáculo *O Cemitério dos Vivos*, de João Batista, baseado em vida e obra de Lima Barreto, dando continuidade ao trabalho coletivo na montagem de *A Missão* (1993), de Heiner Müller, estreada no pátio do Paço Imperial. Em 1995, retoma a experiência épica usando textos do próprio Bertolt Brecht e músicas de Kurt Weill para compor um ato de variedades, *Cabaré Youkali*. No mesmo ano, Luiz Fernando Lobo encena *Bósnia, Bósnia*, de Ad de Bont, associando o extermínio genocida ao contexto brasileiro. Na temporada seguinte o grupo apresenta *A Mãe*, acentuando o caráter didático do texto de Brecht e o confronto direto com o espectador no espaço exíguo de uma pequena sala de espetáculo[120].

119 Sobre *Otelo*, cf. M. S. Betti, Tradução na Sala de Ensaios: A Experiência do Otelo do Folias d'Arte, de São Paulo, em Jorge Louraço Figueira (org.), *Verás Que Tudo É Verdade: Uma Década de Folias (1997-2007)*, São Paulo: Prefeitura Municipal de São Paulo/ Cooperativa Paulista de Teatro/Folias d'Arte, 2008, p. 273-294.

120 Macksen Luiz, Corpo-a-corpo com Brecht, *Jornal do Brasil*, Rio de Janeiro, 25 jan. 1997.

Em outros trabalhos, como *Companheiros* (1999), *Morte e Vida Severina*, de João Cabral de Melo Neto (2000), *Missa dos Quilombos* (2002), de Milton Nascimento, Pedro Casaldáliga e Pedro Tierra, e mesmo em *Olga Benário: Um Breve Futuro* (2006), o grupo recorre a um modo de atuação mais afirmativo e heroicizante. Mas o que interessa destacar é a proposta coletiva que Luiz Fernando Lobo resume:

> nós somos os que ainda acreditamos que só é possível fazer teatro em torno de um coletivo de trabalho. Nós somos aqueles que queremos uma outra função social para o teatro. Queremos uma outra relação com a cidade, com o público, com a coisa pública. Por isso nosso teatro não é privado[121].

A Companhia do Feijão é mais um grupo que se empenha em reflexão crítica sobre o contexto brasileiro. Dirigido por Pedro Pires e Zernesto Pessoa, nasce nas comemorações do centenário de nascimento de Bertolt Brecht, em 1998, com a peça *O Julgamento do Filhote do Elefante*. No aprofundamento da pesquisa de campo e de fontes primárias, especialmente documentos históricos, encena *Movido a Feijão* nas ruas de Cordisburgo, terra natal de João Guimarães Rosa. A retomada da literatura como motivo de definição cênica do ator-narrador acontece em 1999, com *O Ó da Viagem*, que tem como ponto de partida os diários da viagem de Mário de Andrade pelo norte e nordeste brasileiros, reunidos no livro *O Turista Aprendiz*. *Mire Veja*, estreado em 2003, amplia a tendência que reúne criadores brasileiros de diversas extrações no trato da temática urbana, nesse caso a partir da adaptação de contos de Luiz Ruffato. Outro trabalho do grupo, *Nonada* (2006), combina personagens de Machado de Assis, Mário de Andrade e Clarice Lispector em reflexão sobre a formação do país e crítica ácida ao processo conservador de modernização.

Tradição e Invenção

No amplo movimento de teatro de grupo, algumas companhias mantém-se em modos mais tradicionais de criação, normalmente partindo de dramaturgia pré-existente e funções artísticas bem definidas. É o caso do grupo Tapa, formado no Rio de Janeiro em 1979 e transferido para São Paulo em 1986, exemplar desse modelo pelo nível de excelência artística das produções. Dirigido, desde a criação, por Eduardo Tolentino de Araújo, opta por grandes textos da tradição teatral, sejam eles brasileiros ou internacionais, com a condição de que apresentem qualidades inegáveis de composição dramática e se prestem à interpretação da vida social do país. A proposta é compatível com as técnicas do realismo que adota e aprofunda no decorrer do longo percurso, acrescida de procedimentos típicos da modernidade teatral.

A opção pelo aperfeiçoamento do instrumental do ator na composição de personagens bem delineadas e capazes de estimular as conexões possíveis entre a dramaturgia e a realidade brasileira é decorrência natural da intenção de refletir sobre o país. O teatro de fisionomia própria tornou-se foco central dessa reflexão a partir de 1993, com a composição do repertório do "Panorama do Teatro Brasileiro". Na definição da proposta, o rigor de técnica e estilo aliava-se ao viés ideológico implícito na intenção de recapitular a dramaturgia nacional desde o século XIX, de Martins Pena, até as criações contemporâneas de Plínio Marcos. Mariangela Alves de Lima vê no conjunto de peças encenadas uma história das classes sociais no Brasil, em que fica evidente a concentração de riqueza nas mãos de poucos e a alienação progressiva do campesinato, do operariado urbano e da classe média. Para a ensaísta, a visão marxista da história subjaz à seleção do conjunto, que permite combinatórias de diferentes períodos em uma "impressionante continuidade significativa"[122].

A perseverança na encenação de clássicos permite ao Tapa avançar na exploração de assuntos e no aperfeiçoamento da maestria teatral. A opressão da mulher em *A Mandrágora* (1988), de Maquiavel, e *A Megera Domada* (1991), de Shakespeare, a superficialidade dos comportamentos da burguesia em *A Importância de Ser Fiel* (2002), de Oscar Wilde, a miséria e a marginalidade social da maior parcela da população brasileira em *Querô, uma*

121 Em Meio ao Turbilhão, *Subtexto*, n. 4, nov. 2007, p. 70.

122 O Teatro Paulista, *Sete Palcos*, n. 3, set. 1998, p. 30.

Reportagem Maldita (1992) e *Morte e Vida Severina* (1995), são focos de discussão que o grupo atualiza a cada novo trabalho. Atua em linha semelhante à do Tapa o Teatro do Pequeno Gesto, sediado no Rio de Janeiro. O grupo também se dedica à encenação de clássicos da literatura dramática, como *Medeia* (2002), de Eurípides, e textos significativos da dramaturgia brasileira, como *Valsa N. 6* (1993) e *A Serpente* (1998), de Nelson Rodrigues. O caráter específico da companhia liga-se às características do núcleo criador, formado pelo diretor Antonio Guedes e pela dramaturgista Fátima Saadi, que transformam cada espetáculo em intensa pesquisa teórica, literária e crítica, centrada no dramaturgismo, o que resulta em valorização das falas dos atores e síntese depurada dos elementos cênicos. O trabalho de pesquisa, tradução e adaptação de textos socializa-se na publicação da revista de ensaios *Folhetim*, que o grupo edita desde 1998[123].

Criada em Recife no início dos anos de 1990 por Antonio Cadengue, diretor da maioria dos espetáculos, a Companhia Teatro de Seraphim assemelha-se ao Pequeno Gesto na valorização da pesquisa, que garante o aprofundamento de temas polêmicos, ligados à sexualidade, à loucura e ao racismo, tratados nos espetáculos *Em Nome do Desejo* (1991), de João Silvério Trevisan, e *Os Biombos* (1995), de Jean Genet. Outra vocação do grupo é revisitar clássicos da literatura brasileira, com valorização da palavra e da dramaturgia em *Autos Cabralinos* (1997), que reúne obras do poeta João Cabral de Melo Neto, e *Sobrados & Mocambos* (1998), de Hermilo Borba Filho, baseado no livro de Gilberto Freyre[124].

O Armazém Companhia de Teatro, dirigido pelo encenador e dramaturgo Paulo de Moraes, liga-se aos coletivos mencionados na intenção de valorizar o texto e a palavra poética sem, no entanto, prescindir da corporeidade e da ênfase em elementos acrobáticos da atuação. O repertório inclui Thornton Wilder (*Aniversário de Vida, Aniversário de Morte*, adaptação de *Nossa Cidade*), que marca a estreia do grupo em Londrina, em 1987. Também fazem parte das encenações da companhia, Shakespeare (*A Tempestade*, 1994), Sófocles (*Édipo Rei*, 1995), Samuel Beckett (*Esperando Godot*, 1998). A adaptação de *Alice Através do Espelho* (1998), de Lewis Carrol – encenada no Rio de Janeiro, para onde o grupo se transferiu –, é o melhor exemplo do empenho do encenador e da companhia em valorizar a palavra-ação, amparando-se em pesquisa minuciosa de ritmo e musicalidade, e na exploração de relações inéditas com o espectador. No espetáculo processional, o público deslocava-se numa espécie de labirinto de cortinas negras, acessando elevador, escorregadores e espaços inusitados que facilitavam a passagem para o mundo especular do autor, vivenciado na via das experiências sensoriais e da valorização do texto[125].

Em Porto Alegre destaca-se, nessa linha de trabalho com dramaturgia de qualidade e espetáculos bem realizados, o Teatro Vivo, criado por Irene Brietzke e Denize Barella. O grupo estreou em 1979 e ao longo de mais de duas décadas realizou montagens marcantes de peças como *O Rei da Vela* (1982), de Oswald de Andrade, e *No Natal a Gente Vem Te Buscar* (1983), de Naum Alves de Souza. Em 1987, o grupo inova ao encenar *Peer Gynt*, de Ibsen, com uma atriz interpretando o principal papel masculino. Igualmente bem-sucedidas são as releituras de Brecht: *Mahagonny* (1988) e *Um Homem É um Homem* (1994).

Pedagogia e Teatro de Grupo

Um fenômeno recorrente nos anos 2000 é a presença cada vez mais comum de criadores de teatro em departamentos de graduação ou pós-graduação em artes cênicas das universidades brasileiras. Em geral são encenadores-pedagogos que associam o ensino do teatro à criação colaborativa, feita em seus próprios grupos, estabelecendo um trânsito profícuo entre princípios de criação e métodos pedagógicos.

É possível que o intercâmbio produtivo entre cena e aula tenha fundamento nas novas metodologias de ensino das artes cênicas, cada vez mais próximas dos processos de criação teatrais. A formação do artista-pesquisador, que a maioria dos cursos universitários estimula, liga-se a procedimentos

123 Cf. Dossiê Teatro do Pequeno Gesto – Especial 15 anos. *Folhetim*, n. 24, jul.-dez. 2006.

124 Cf. Lúcia Machado, Antonio Cadengue: O Palco Como Poesia, *A Modernidade no Teatro [Aqui e Ali]: Reflexos Estilhaçados*, Recife: Ed. do Autor, 2009, p. 301-348.

125 Sobre o grupo, Paulo Moraes et al., *Espirais: Armazém Companhia de Teatro – 1987-2007*, Rio de Janeiro: Kan, 2008.

de pesquisa que preveem, em geral, a participação coletiva dos alunos na proposição de temáticas e workshops semelhantes aos modos de trabalho em processo colaborativo.

São exemplos do processo os encenadores-pedagogos ligados ao Departamento de Artes Cênicas da ECA-USP, como Antonio Araújo e Cibele Forjaz, que expandem as experimentações em seus coletivos artísticos para a sala de aula, além de convidarem seus alunos a estagiar nos processos que desenvolvem.

No caso de Cibele Forjaz, a identidade da Cia. Livre é definida por um modo de atuação que une pedagogia e criação em processos de abertura à participação do público, prática mantida ao longo de toda a trajetória. A sólida formação acadêmica da maioria dos participantes, como a diretora e a atriz Lúcia Romano, adensa a pesquisa teórica e documental, já visível no Estudo Público das Tragédias Cariocas de Nelson Rodrigues, leituras e debates realizados em 2000, que marcam o início da companhia.

No mesmo ano, os artistas integram o projeto de residência da Oficina Cultural Oswald de Andrade, na preparação de *Toda Nudez Será Castigada* (2000), dirigido por Forjaz. No espetáculo atores e espectadores acomodam-se no mesmo espaço circular, com poucos elementos cenográficos, que colaboram para valorizar os diálogos e explicitar a ênfase da leitura, que recai sobre o embate entre a repressão e a libido, Herculano e Geni, interpretada com vitalidade explosiva pela atriz Leona Cavalli.

A experiência repete-se no ano seguinte, desta vez com textos de Tennessee Williams, em processo que envolve leituras, oficinas de interpretação, direção, iluminação e se encerra com a estreia de *Um Bonde Chamado Desejo* (2002), com direção Forjaz, e Leona Cavalli como protagonista que se enreda nos fios elásticos da moldura cenográfica para concretizar literalmente a trama envolvente de Blanche DuBois.

A partir da ocupação do Teatro de Arena, em 2004, a Cia. aprofunda as experiências com o teatro épico para desenvolver o espetáculo *Arena Conta Danton* (2004), releitura de *A Morte de Danton*, de Büchner, com direção de Cibele Forjaz e dramaturgia de Fernando Bonassi, que atualiza as questões revolucionárias levantadas pelo Arena e o sistema coringa de Augusto Boal, em jogo cênico que permite a troca de papéis entre os atores[126].

Em São Paulo, o encenador Márcio Aurélio é precursor da tendência que alia pesquisa, ensino e criação teatral. Como professor do Departamento de Artes Cênicas da Universidade Estadual de Campinas e fundador do grupo Razões Inversas, compartilha com Maria Thaís, atualmente na USP, a preocupação de formar atores aptos a escrever dramaturgias da atuação e do espetáculo. Diretora da Companhia de Teatro Balagan desde 1999, Maria Thaís associa princípios da biomecânica de Meierhold a métodos de treinamento corporal brasileiros, como a capoeira e as danças de origem africana e, mais recentemente, do criador russo Anatoli Vassiliev. Um dos espetáculos mais importantes da companhia, *Sacromaquia* (2000), foi criado a partir de trabalho colaborativo sobre temática do enclausuramento da mulher. O elenco predominantemente feminino contribuiu para que a religiosidade dos textos de base fosse potencializada em gestualidade obsessiva, que se expandia em movimentos de capoeira e candomblé e na fala alterada por dialetos africanos.

Verônica Fabrini é outra encenadora-pedagoga da Unicamp que dirige a Boa Companhia desde 1992. Um dos marcos na história do grupo foi *Primus* (1999), baseado no conto "Comunicação a uma Academia", de Kafka, a que o grupo recorre para projetar uma parábola dos quinhentos anos de colonização do país, que resultaram em extermínio de índios e da cultura autóctone.

Tanto o trabalho da Boa Companhia quanto o da Balagan são fundamentados na dramaturgia do ator. As variações dessa prática de composição são bastante difundidas entre os grupos e escolas de teatro, a ponto de definirem uma das matrizes mais constantes da cena contemporânea. Criadas em processo, essas dramaturgias pessoais estimulam o diálogo entre a expressão íntima e a composição coletiva, e podem resultar em criações extremamente elaboradas, como as do grupo Espanca, de Belo Horizonte, da dramaturga, atriz e diretora Grace Passô, nos espetáculos *Por Elise* (2005) e *Amores Surdos* (2006), em que a abordagem lírica prevalece no tratamento de temas cotidianos.

126 Cf. Cibele Forjaz, Arena Conta Danton: Um Encontro com a História no Centro da Arena, *Sala Preta*, n. 5, 2005, p. 187-196.

Em geral associada à matriz da antropologia teatral de Eugênio Barba, a dramaturgia do ator é um dos focos do grupo Lume, criado pelo ator e professor do Departamento de Artes Cênicas da Unicamp, Luís Otávio Burnier (1956-1995), em 1985. A intenção inicial do artista era adaptar a linha de pesquisa a fontes culturais brasileiras, como o candomblé, a capoeira e a dança indígena[127].

Desde sua origem, o núcleo tem se dedicado à investigação de "técnicas não interpretativas" mais próximas da atuação performativa que da construção de personagens. Trabalhando com ações físicas e vocais define um vocabulário pessoal de matrizes codificadas e consolida linhas básicas de experimentação, como a dança pessoal, o *clown* e a mimese corpórea. Um dos frutos da dança pessoal foi *Kelbilim, o Cão da Divindade* (1988), que usava a trajetória mística de Santo Agostinho para definir as oscilações humanas, com excertos de Hilda Hilst e Giovanni Papini potencializados na dramaturgia corporal rigorosa de Carlos Simioni.

A mimese corpórea foi fonte de criação de espetáculos memoráveis como *Café com Queijo* (1999), fruto de pesquisa de campo dos atores no interior de vários estados brasileiros, na intenção de recuperar fala e gesto de moradores locais. Com atuações de Ana Cristina Colla, Jesser de Souza, Raquel Hirson e Renato Ferracini, o trabalho foi apresentado em arena íntima circundada por espectadores.

Também é comum que os próprios grupos promovam práticas pedagógicas, ministrando oficinas e socializando processos de criação reflexivos e críticos. Nesse caso, as sedes cumprem a função de núcleos de ensino, pesquisa e intercâmbio entre coletivos de várias regiões do país. A trajetória do grupo Cuíra, de Belém do Pará, criado em 1982, é um bom exemplo da prática de apresentação de espetáculos, formação de público e ações culturais de apoio à comunidade. O espaço próprio garantiu a formação de uma plateia cativa, que participa ativamente de espetáculos como *Dama da Noite* (1991), *Convite de Casamento* (1996) e *Laquê* (2006), resultantes das características notáveis da pesquisa coletiva sobre a memória e a cidade. Sem dúvida, a contribuição maior desses artistas é compreender a criação teatral como pesquisa e a pesquisa como prática do teatro.

Nota Sobre a Expansão do Teatro de Grupo.

Nas várias modalidades em que o teatro de grupo se afirmou a partir dos anos de 1990, o que se observa é um intenso trabalho de pesquisa realizado por artistas que optaram por ficar à margem do circuito comercial. Nas principais cidades do país multiplicaram-se os coletivos que investiram na criação artística de natureza experimental e que se fizeram conhecidos fora do seu lugar de origem, graças aos inúmeros festivais de que participaram e a outras iniciativas de descentralização da produção cultural. No Festival de Teatro de Curitiba, para dar um exemplo, a mostra paralela, o Fringe, tornou-se uma vitrine para esses grupos. Se em 1998 estrearam três dezenas de espetáculos, em 2005 foram apresentados cerca de duzentos, número que se repetiu em 2006[128]. Outra iniciativa que dá visibilidade ao teatro de grupo é o Palco Giratório, promovido pelo Sesc desde 1998. A cada edição são convidados grupos de todo o país e os espetáculos circulam por várias cidades, possibilitando a descentralização, a difusão e o intercâmbio entre artistas e público diversos.

O teatro de grupo fortaleceu-se também com encontros e associações para discutir políticas públicas de apoio às artes cênicas. Um movimento amplo de mobilização teatral, como o Arte Contra a Barbárie, que aconteceu em São Paulo no final da década de 1990, é um dos exemplos recentes da reunião de grupos, artistas, intelectuais e estudantes universitários em atuação conjunta na defesa de uma política pública para o teatro, cuja tônica é a oposição à mercantilização da cultura e o estímulo à pesquisa continuada. A partir de sua criação, o Arte Contra a Barbárie transformou-se em fórum permanente de diálogo entre os grupos e discussões centradas na necessidade de ampliação local

127 Cf. Luís Otávio Burnier, *A Arte de Ator: Da Técnica à Representação*, Campinas: Editora da Unicamp, 2001; Renato Ferracini, *A Arte de Não Interpretar Como Poesia Corpórea do Ator*, Campinas: Editora da Unicamp, 2001; Dossiê Lume, *Sala Preta*, n. 5, 2005, p. 81-150.

128 Sobre o Festival de Curitiba, cf. Geraldo Peçanha de Almeida, *Palco Iluminado: 10 Anos de História do Festival de Teatro de Curitiba*, Curitiba: Editora UFPR, 2005.

e nacional do Programa Municipal de Fomento ao Teatro para a Cidade de São Paulo, de 2002[129].

O crítico Valmir Santos localiza o início da mobilização coletiva dos grupos no 1º Encontro Brasileiro de Teatro de Grupo na cidade paulista de Ribeirão Preto em 1991. No mesmo ano, nasce a Associação Movimento Teatro de Grupo de Minas Gerais, em Belo Horizonte, que valoriza a atuação em espaços públicos característica de boa parte dos coletivos mineiros, como o Galpão. O movimento ganha impulso nacional a partir do movimento Redemoinho – Encontro Brasileiro de Espaços de Criação, Compartilhamento e Pesquisa Teatral–, iniciado pelo Galpão Cine Horto em 2004, também na capital mineira, e continuado em Porto Alegre no Arte Contra a Barbaridade, que se expande para o extremo oposto do país com o Núcleo de Laboratórios Teatrais do Nordeste, o Nortea, na construção de uma rede de ativismo político e poético poucas vezes vista no teatro brasileiro[130].

A luta em várias frentes consolidou o teatro de grupo no país. Entre as centenas de grupos em atividade, além dos já mencionados, podem ser lembrados vários outros. Em São Paulo, os grupos Companhia de Atores Bendita Trupe, Companhia Circo Mínimo, Companhia da Mentira, Companhia Fábrica São Paulo, Companhia Cênica Nau de Ícaros, Companhia Paideia de Teatro, Companhia Teatral As Graças, Companhia Triptal, Fraternal Companhia de Artes e Malas-Artes, Engenho Teatral, La Mínima, Núcleo Argonautas de Teatro, Núcleo Arte Ciência no Palco, Pessoal do Faroeste, Teatro de Narradores, Teatro Promíscuo, Teatro Ventoforte e XPTO; em Campinas, Barracão Teatro e Matula Teatro; em Ribeirão Preto, Fora do Sério; no Rio de Janeiro, Companhia Os Dezequilibrados, Cia. Teatral do Movimento, Amok Teatro, Companhia dos Comuns, Companhia Teatro Autônomo, Intrépida Trupe, Os Fodidos Privilegiados, Studio Stanislávski, Cambaleei, Mas Não Caí... e Teatro de Anônimo; em Belo Horizonte, Cia. Absurda, Companhia Clara, Cia

Acômica, Companhia Zikizira Teatro Físico, Luna Lunera Companhia de Teatro, Oficina Multimédia, Teatro Andante e ZAP 18 – Zona de Arte da Periferia; em Brasília, Circo Teatro Udi Grudi e Teatro do Concreto; em Goiânia, Zabriskie; em Curitiba, Antropofocus, CiaSenhas de Teatro, Companhia Brasileira de Teatro, Companhia Silenciosa, Obragem Teatro e Companhia, Delírio Teatro e Companhia Vigor Mortis; em Porto Alegre, Companhia Teatro di Stravaganza, Depósito de Teatro, Falos & Stercus e Oigalê Cooperativa de Artistas Teatrais; em Florianópolis, (E)xperiência Subterrânea, Persona Companhia de Teatro, Teatro Sim... Por Que Não?!!! e Téspis Companhia de Teatro; em Blumenau, Cia. Carona de Teatro; em Aracaju, Imbuaça e Stultífera Navis; em Maceió, Cena Livre, Infinito Enquanto Truque, Ata e Joana Gajuru; em João Pessoa, Bigorna e Piollin; em Salvador, Companhia Baiana de Patifaria, Companhia Teatro dos Novos, Dimenti, Los Catedráticos e Vilavox; em Recife, Coletivo Angu de Teatro, Aquarius Produções Artísticas; em Fortaleza, Teatro da Boca Rica, Teatro Radical, O Balaio, A Comédia Cearense, Bagaceira, Cabauêba e Teatro Máquina; em Natal, Stabanada Companhia de Teatro, Estandarte, Alegria Alegria e Clowns de Shakespeare; em Teresina, Grupo Harém e Grupo Teu; em Cuiabá, Mosaico e Teatro Fúria[131].

129 No levantamento histórico e estatístico dos primeiros cinco anos do programa junto à Secretaria Municipal da Cultura, Iná Camargo Costa e Dorberto Carvalho contabilizam treze edições do programa, entre junho de 2002 a janeiro de 2008, totalizando 1296 projetos inscritos e 192 selecionados, que correspondem a 93 grupos de teatro. Cf. Iná Camargo Costa; Dorberto Carvalho, *A Luta dos Grupos Teatrais de São Paulo por Políticas Públicas para a Cultura: Os Cinco Primeiros Anos da Lei de Fomento ao Teatro*, São Paulo: Cooperativa Paulista de Teatro, 2008, p. 21-22.

130 Cf. V. Santos, O Cisma e o Sismógrafo, *Subtexto*, n. 5, dez. 2008, p. 37-44.

131 Para mais informações, consultar Teatro de Grupo, em *Dicionário do Teatro Brasileiro: Temas, Formas e Conceitos* (2. ed., São Paulo: Perspectiva, 2009); Informações sobre Grupos de Teatro no Brasil, *Subtexto*, n. 4, 2007, p. 88-94; site do projeto Palco Giratório; Fátima Saadi; Silvana Garcia (orgs.), *Próximo Ato*, São Paulo: Itaú Cultural, 2009. Sobre o Teatro de Narradores, cf. José Fernando Azevedo (org.), *Teatro de Narradores: Cadernos de Ensaios*, São Paulo: Programa Municipal de Fomento ao Teatro, 2010; sobre a Companhia de Atores Bendita Trupe e Os Dezequilibrados cf. Rosyane Trotta, *A Autoria Coletiva no Processo de Criação Teatral*, tese de doutorado, Centro de Letras e Artes-Unirio, Rio de Janeiro, 2009; sobre o Teatro de Anônimo, Ieda Magri (org.), *Teatro de Anônimo: Sentidos de uma Experiência*, Rio de Janeiro: Aeroplano, 2008; sobre os grupos mineiros, ver Elvina Maria Caetano Pereira, *Tecido de Vozes: Texturas Polifônicas na Cena Contemporânea Mineira*, tese de doutorado, ECA-USP, São Paulo, 2011; sobre os grupos de Brasília, Fernando Pinheiro Villar; Eliezer Faleiros de Carvalho (orgs.), *Histórias do Teatro Brasiliense*, Brasília: EDA/UNB, 2004; sobre os grupos de Salvador, Armindo Bião, *Etnocenologia e a Cena Baiana: Textos Reunidos*, Salvador: P&A, 2009; sobre o Grupo Falos & Stercus, *Falos & Stercus, Ação e Obra*, Porto Alegre: Bestiário, 2009.

V.
Outras Práticas Teatrais Modernas e Contemporâneas

1. CENOGRAFIA E INDUMENTÁRIA

Para o historiador do nosso teatro, um dos aspectos mais difíceis de abordar é o que se relaciona com a cena: cenografia, indumentária, interpretação etc. E a explicação não se faz esperar. Da literatura dramática, regra geral, resta o documento direto [...]. De outra parte, porém, só por via indireta é possível formar juízo[1].

A efemeridade da obra de arte teatral, o espetáculo, e a falta de registros ou a sua pouca confiabilidade, mesmo com os modernos meios de reprodução como a fotografia, o filme e o vídeo, tornam a história da cenografia e da indumentária uma tarefa de difícil realização. Acrescente-se a isso que os principais testemunhos, dos cronistas, críticos, memorialistas, pouco se referem aos cenógrafos e figurinistas, talvez por ignorarem suas especificações ou considerarem o cenário/figurinos como atividades técnicas e não como criação artística. Ignoram que a cenografia é o tratamento do espaço cênico, elemento essencial na criação do espetáculo teatral, lembrando o que dizia Lope de Vega que, para fazer teatro, bastam um tablado, dois atores e uma paixão[2], estando o espaço cênico configurado no tablado. Ou se quisermos ir mais longe, já Aristóteles afirmava que "a realização de um bom espetáculo mais depende do cenógrafo que do poeta"[3], cenografia aqui entendida como encenação, compreendendo, evidentemente, os cenários e os figurinos. Essas dificuldades explicam por que, geralmente, as histórias do teatro são, apenas, histórias da dramaturgia.

A cenografia, entretanto, é elemento fundamental da obra teatral, tendo quatro funções: 1. estar a serviço do texto criando a ambientação histórico/geográfica, social e especialmente psicológica, prevista pelo autor; 2. estar a serviço do diretor, com quem o cenógrafo deve trabalhar em uníssono; 3. estar a serviço do ator, oferecendo-lhe o apoio (ou criando obstáculos a serem vencidos, como propunha Appia) para o seu trabalho de interpretação; 4. exercer a função estética, pela composição plástica. Esta última função é aquela em que o cenógrafo desenvolve a sua criatividade, utilizando-se das linhas, cores, volumes e formas, luz, e adotando um estilo. Os estilos cenográficos podem sofrer várias classificações, parecendo-nos a mais precisa a proposta por W. J. Friederich e J. H. Fraser, que dividem os estilos em dois grandes grupos: os realistas ou ilusionistas e os não realistas ou não ilusionistas. O primeiro grupo, que procura dar a ilusão da realidade, transpondo-a para o

1 José Galante de Sousa, *O Teatro no Brasil*, Rio de Janeiro: MEC/INL, 1960, tomo I, p.120.

2 Apud Lucien Dubech et al., *Histoire illustrée du théâtre*, Paris: Librairie de France, 1931, v. 2, p. 206.

3 Aristóteles, *Poética*, trad. Eudoro de Souza, São Paulo: Abril, 1973, p. 449. Coleção Os Pensadores.

palco, compreende o realismo propriamente dito, o naturalismo, e o realismo simplificado. No segundo grupo, que adota o conceito de que teatro é convenção, temos o teatralismo (o mais antigo, que nos vem dos gregos, com telões pintados), o formalismo (ou abstrato, cubista, cubofuturista), o estilista, o expressionista, o construtivista, o simbólico (incluindo o surrealismo), aos quais acrescentamos dois estilos modernos: o sucata, enchendo o palco de materiais e objetos inutilizados, e o ambiental, aproveitando um ambiente pré-existente, como a cidade ou um velho casarão.

A Modernização da Cenografia

O teatro brasileiro somente contou com edifício especial a partir do século XVIII. Antes, portanto, os espetáculos eram realizados em salões, igrejas e, especialmente, em tablados erguidos em ruas ou praças. A cenografia somente poderia ser constituída por telões pintados quando não utilizava o próprio ambiente, a floresta ou a fachada de um prédio, cenografia ambiental, retomada no século XX como grande novidade, o que veremos adiante. Quanto aos acessórios, também eram bastante simples, além de recursos ingênuos, como representar a lua por um ator segurando uma lanterna (o que deveria ser moda naquela época, pois Shakespeare o utiliza em *Sonho de uma Noite de Verão*, na montagem dos artesões).

Esse estilo de cenografia teatralista permanece no nosso teatro até o século XX, com a utilização de cenários padrões, servindo para qualquer montagem. Assim, era comum até os anos de 1930 (e mesmo depois), que o maquinista do teatro perguntasse ao diretor de uma companhia recém-chegada onde se passava o primeiro ato e, ao obter a resposta de que era numa sala, gritava ao seu auxiliar: "desce um gabinete". Lá vinha dos urdimentos uma cena de telões pintados configurando uma sala, sem dúvida os descendentes bastardos dos *kalablenata* e *periactos* gregos. "E o segundo é num jardim", avisava o diretor. "Desce o terceiro ato da *Aída*". Essa cenografia padrão, tipo coringa, servindo para qualquer peça, drama ou comédia, e ignorando, portanto, as suas funções na criação do espetáculo teatral, foi a regra no velho teatro profissional brasileiro da primeira metade do século XX. Quanto aos figurinos, ficavam por conta dos atores e assim se pode calcular a diversidade e as contradições de estilo da indumentária de uma encenação. Nos anos de 1940, como visto em capítulos anteriores, surgem movimentos inovadores da montagem teatral, aproveitando as lições das grandes correntes europeias de teatro iniciadas no final dos oitocentos e que ainda não haviam chegado ou não tinham sido adotadas pelo nosso teatro. No Rio de Janeiro, depois das tentativas do Teatro de Brinquedo de Álvaro Moreyra (1927), temos Os Comediantes e o Teatro do Estudante, responsáveis por duas montagens históricas e marcos na nossa revolução cênica – *Vestido de Noiva*, em 1943, e *Hamlet*, em 1948, respectivamente –, sem esquecer as encenações da Cia. de Dulcina-Odilon e dos Artistas Unidos, já inovadoras quanto à escolha do texto, com propostas de uma direção criativa e cenografia e figurinos específicos da montagem.

Em São Paulo, depois que a censura castra a experiência de Flávio de Carvalho, em 1933, com *O Bailado do Deus Morto*, com cenografia de Oswaldo Sampaio, dois grupos são os responsáveis pelos ventos novos que sopraram no nosso teatro: o Grupo de Teatro Experimental (GTE) de Alfredo Mesquita e o Grupo Universitário de Teatro (GUT) de Décio de Almeida Prado, com cenógrafos como Wasth Rodrigues, Noêmia, Hilda Weber e especialmente o pintor Clovis Graciano, de quem temos a foto de um excelente cenário cubista para *Fora da Barra* de Sutton Vane, direção de Alfredo Mesquita (1944). Desse pintor/cenógrafo temos, ainda, as fotografias de um cenário e figurinos formalistas para *Os Pássaros* de Aristófanes, para o GTE, direção de Alfredo Mesquita (1945) e outras para *Irmão das Almas*, de Martins Pena para o GUT, direção de Décio de Almeida Prado (1946). Infelizmente, pelo que pudemos verificar, Clovis Graciano somente teria outra boa oportunidade na cenografia brasileira em 1954, para o Ballet do IV Centenário.

Vestido de Noiva de Nelson Rodrigues, direção de Ziembinski, estreou em 28 de dezembro de 1943, ocasionando um terremoto pelo texto de inspiração expressionista, pela direção e interpretação, ambas declaradamente expressionistas, e, fundamentalmente, pelo cenário de Santa Rosa, com seus três níveis: o da realidade, o da memória e o da alucinação. Aliás, Os Comediantes, contando com o grande cenógrafo Santa Rosa, deram uma grande contribuição ao desenvolvimento da nossa cenografia, com os excelentes cenários de *A Verdade de Cada Um* de Pirandello (1940), sendo certo que essa peça foi remontada em 1941 com cenários de Bella Paes Leme, outra excelente cenógrafa, e figurinos de Adauto Filho; em 1944 tivemos o impressionante cenário, com seus panejamentos, para *Pelléas et Mélisande*, de Maeterlinck, o expressionista cenário de cena simultânea para *Desejo*, de O'Neill, e o estilista para *A Rainha Morta*, de Montherlant, em 1946, espetáculos dirigidos por Ziembinski.

O Teatro do Estudante, com a excepcional e surpreendente montagem de *Hamlet* que revelou um dos maiores atores do nosso teatro, Sérgio Cardoso, nos mostrou, pela primeira vez, um cenário utilizando uma grande escadaria, seguindo as propostas de Adolphe Appia e que Svoboda iria, também, adotar na sua montagem de *Édipo Rei*. Passado o primeiro momento de surpresa, o cenário passou a ser admirado, pela sua funcionalidade e beleza plástica, sendo posteriormente imitado. Pernambuco de Oliveira se tornaria um dos nossos maiores cenógrafos.

Em São Paulo, a criação do Teatro Brasileiro de Comédia (TBC), em 1948, iria estabelecer, apesar das inevitáveis exceções, um padrão de excelência na escolha do texto, na concepção do espetáculo pelo diretor, na interpretação, no projeto e na realização dos cenários e figurinos. A importação de diretores italianos e a vinda de cenógrafos estrangeiros fizeram com que os anos de 1950 fossem um momento fecundo, de realizações artísticas e, ao mesmo tempo, uma escola de como fazer montagens integradas e coerentes em todos os elementos criadores do espetáculo. Na cenografia e figurinos, tivemos a presença de Aldo Calvo, um dos grandes nomes do nosso teatro (que salvaria a cenografia do Ballet IV Centenário) e a quem ainda não se fez a devida justiça. Somente os seus cenários para as duas *Antigones*, de Sófocles e Anouilh, este último com um grande painel fotográfico de ruínas, aproveitando as lições de Piscator, lhe dariam um lugar de destaque no teatro brasileiro. Bassano Vaccarini, Mauro Francini, Túlio Costa, Maurice Vaneau, Sérgio Cardoso, Bella Paes Leme, Darcy Penteado, Clovis Graciano, e depois Gianni Ratto, Maria Bonomi, Cyro Del Nero, e outros mais, fizeram do TBC uma verdadeira escola de cenografia e indumentária, não podendo ser esquecido o nome de Carlos Giacheri, não somente cenógrafo mas, também, um grande maquinista.

A década de 1950 foi, realmente, um grande momento da cenografia. No Rio, O Tablado, a contar de 1951, sob o comando de Maria Clara Machado, passa a ser um celeiro não somente de atores, mas também de cenógrafos e figurinistas. As suas montagens se sucedem com cuidado artístico e funcional no tratamento do espaço cênico, por mais limitado que ele seja. Os cenários de Eros Martim Gonçalves, diretor e cenógrafo e que, posteriormente, iria dirigir, com grande eficiência, o departamento de Teatro da Universidade Federal da Bahia, foram uma grande contribuição para a nossa cenografia, bastando lembrar o tratamento do espaço cênico nas montagens de *A Escola de Viúvas* de Cocteau, *Todo Mundo e Ninguém* de Gil Vicente e *Sganarello* de Molière, todos de 1952, e *A Sapateira Prodigiosa* de García Lorca (1953), com a qual Kalma Murtinho iniciava sua brilhante carreira de figurinista. Em 1955 tivemos um marco importante no teatro para crianças e adolescentes com a estreia de *Pluft, o Fantasminha*, de Maria Clara Machado, com cenário de Napoleão Moniz Freire e figurinos de Kalma Murtinho. Desde então, *Pluft, o Fantasminha*, não deixou de estar em cartaz, todos os anos, em algum teatro ou vários teatros do Brasil. Merecem ainda citação os cenários de Bella Paes Leme e o surgimento de dois excelentes cenógrafos, Anísio Medeiros, com criação da cena para *A Sombra do Desfiladeiro*, de Synge (1956), e Arlindo Rodrigues com um trabalho para *Barrabás*, de Ghelderode (1963).

As comemorações do IV Centenário da fundação da cidade de São Paulo, em 1954, seriam uma grande oportunidade para a cenografia brasileira. Mas na parte teatral, o programa aprovado foi absolutamente modesto. Restaria o Ballet do IV Centenário para o qual se importou um renomado *maître de ballet*, Aurélio Millos, que criou dezessete excelentes coreografias, contando com ótimos bailarinos, selecionados por concurso entre veteranos e principiantes. Para a cenografia e figurinos, entretanto, que seria uma grande oportunidade para os artistas brasileiros, decidiu-se contratar pintores famosos, ou por ignorar a especificidade da elaboração de cenários ou por um certo triunfalismo, que foi o calcanhar de Aquiles dos planos para as comemorações. Ora, na história do teatro, em todos os momentos em que os pintores foram encarregados da cenografia, pela confusão entre duas expressões de Artes Plásticas, os resultados não foram dos mais brilhantes. Já na Renascença italiana, os cenários de Rafael, Michelangelo e Peruzzi ficaram na sombra histórica de Serlio, Palladio, Aleotti, Torelli e Sabbattini, conhecedores da arquitetura teatral e da função do espaço cênico. Também a colaboração do grupo Nabis, Maurice Denis, Vuillard, entre outros, com o Teatro de Arte de Paul Fort, não resultou num sucesso maior. Com a exceção dos Ballets Russos, em 1908, com os pintores-cenógrafos Bakst, Golovine e Benoit, as experiências do século XX não resultaram bem. Exemplo disso foi a moda, no início dos anos de 1920, dos pintores renomados que se dedicaram à cenografia. Pelos desenhos que temos e algumas fotos, com exceção de Picasso, os trabalhos de Delaunay (1923), Fernand Léger (1923), Picabia (1924), Mondrian (1926) e outros, foram muito pouco teatrais, prejudicando, inclusive, o trabalho dos atores. Assim, a história não recomendava o critério de encarregar pintores da cenografia do Ballet. Felizmente foi contratado para o Ballet o excelente cenógrafo italiano, já então no Brasil, vindo para o TBC, Aldo Calvo. Com profundos conhecimentos de cenografia e de maquinismo teatral, Aldo Calvo transformou em cenários de três dimensões os quadros plásticos que os pintores enviaram em duas dimensões, claro que com a exceção dos que já tinham experiência em cenografia. Os cenários, que São Paulo somente viu no ano seguinte – pois o Teatro Municipal, por falta de visão e excesso de burocracia, permaneceu em obras (sem contar os espetáculos improvisados na quadra de esportes do Pacaembu), e o Ballet estreou no Rio de Janeiro, pela tradução para o palco, feita por Aldo Calvo – resultaram em belas composições plásticas, funcionais, o que não se pode dizer dos figurinos que hoje nos parecem de gosto duvidoso. Foram os seguintes os cenários e figurinos, com seus autores, sendo que todos foram coreografados por Aurélio Millos, e dos quais existem desenhos originais e fotografias, salvos da destruição dos arquivos do Ballet:

- Irene Ruchti
  As Quatro Estações, com música de Verdi;
- Oswaldo de Andrade Filho
  Bolero, de Ravel;
- Flávio de Carvalho
  Cangaceira, de Camargo Guarnieri;
- Toti Scialoja
  Caprichos, com música de Stravínski;
- Santa Rosa
  Deliciae Populi, música de Casella;
- Noêmia Mourão
  Fantasia Brasileira, de Souza Lima;
- Aldo Calvo
  Ilha Eterna, de Bach;
- Edoardo Anahory
  Indiscreções, música de Jacques Ibert;
- Di Cavalcanti
  Lenda do Amor Impossível, de Di Cavalcanti e Aurélio Millos;
- Aldo Calvo
  Loteria Vienense de Strauss;
- Quirino da Silva
  No Vale da Inocência, música de Mozart;
- Heitor dos Prazeres
  O Guarda Chuva, de Mignone;
- Lasar Segall
  O Mandarim Maravilhoso, de Bela Bartok;
- Portinari
  Passacaglia, música de Bach;
- Burle-Marx
  Petrúschka, de Stravínski;
- Darcy Penteado
  Sonata da Angústia, de Bela Bartok;
- Clovis Graciano
  Uirapuru, de Villa-Lobos.

O resultado final dos cenários e figurinos do Ballet do IV Centenário teve tal repercussão que a I Bienal de Artes Plásticas de Teatro, realizada em 1957 no contexto da IV Bienal de São Paulo, reservou-lhes uma sala especial, onde estiveram presentes quase todos os participantes daquele evento, com exceção de Candido Portinari e Toti Scialoja. Essa primeira Bienal, além das representações estrangeiras, apresentou um amplo panorama da cenografia e indumentária do nosso teatro, com trabalhos de Bella Paes Leme (4), Athos Bulcão (1), Flávio de Carvalho (3), Tulio Costa (5), Benet Domingo (2), Antonio Lopes de Faria (5), Milton Fernandes (1), Mauro Francini (4), Napoleão Moniz Freire (4), Clovis Garcia (3), Martin Gonçalves (2), Irênio Maia (4), Luciano Mauricio (1), Anisio Medeiros (2), Oscar Niemeyer (1), Nilson Pena (3), Dirceu Perez (1), Darcy Penteado (7), Gianni Ratto (2), João Maria dos Santos (2), Maria Celina Simon (1), Eduardo Suhr (2), Washington Junior (2), Carlos Perry (2) e os *hors concours* Aldo Calvo e Sansão Castelo Branco. Figurinistas apresentaram, também, seus trabalhos: Germana de Angelis, Willy de Castro, Clara Heteny, Kalma Murtinho, Luciana Petrucelli, Heitor Ricco, Odette Santos, Renée Toso Wells. No setor de arquitetura teatral, foi exposto o projeto do Teatro Castro Alves de Salvador, BA, de autoria de José Bina, Fonyat Filho e Humberto C. Lopes. O Teatro Municipal do Rio de Janeiro contou com sala especial, com os trabalhos de Enrico Bianco, Sansão Castelo Branco, Mario Conde, Helmuth Noetzved, Fernando Pamplona, Enrique Peycere e Tomas Santa Rosa.

A II Bienal das Artes Plásticas de Teatro, junto à V Bienal de São Paulo, em 1959, apresentou dezenove cenógrafos e figurinistas, a maioria já participante da I Bienal, com o acréscimo de Sérgio Cardoso, Joel Lopes de Carvalho, Malgari Costa, Beatriz Lander Tanaka, Júlia van Bogger, Michel Weber e Bassano Vaccarini.

Já a III Bienal das Artes Plásticas do Teatro, no âmbito da VI Bienal de São Paulo, em 1961, também teve vários participantes anteriores, com outros estreantes na exposição, como Cyro Del Nero, que ganharia o prêmio da Bienal, Elisabeth Kossowski, Nelson Leiner, Thamar de Letay, Lúcio Menezes Santos, Flávio Phebo, Ana Letycia, Eduardo Badia Vilató, Waston Júnior. Essa Bienal, entretanto, caracterizou-se pelo importante setor da arquitetura, apresentando os projetos de José Maria Whitaker Assunção para a sede e o teatro do Serviço Nacional de Teatro em São Paulo, no local do antigo Cine Broadway, depois ocupado por edifício de apartamentos para militares; de Irineu Breitman para o Teatro de Equipe de Porto Alegre (RS); de Oscar Niemeyer para o Teatro Nacional de Brasília; de Igor Sresnewsky, projetos de acústica; de José Walter Toscano e José Caetano de Melo Filho para o Teatro de Assis (SP); de Oswaldo Correa Gonçalves, Júlio Katinski, Abrahão Sanovics e Aldo Calvo para o Teatro Municipal de Santos (SP); Helio Ferreira Pinto para o Palácio das Artes de Belo Horizonte (MG).

Infelizmente, as Bienais de Artes Plásticas não tiveram continuidade e somente em 1989, na XX Bienal de São Paulo, teríamos uma exposição de teatro, organizada pelo CPT (Centro de Pesquisas Teatrais ligado ao Sesc de São Paulo e dirigido por Antunes Filho), e depois, na Bienal seguinte, em 1991, teríamos uma instalação cenográfica de J. C. Serroni, Adriano Guimarães, Fernando Guimarães e Ricardo Junqueira.

As décadas de 1950/1960 foram das mais importantes para o nosso teatro, bastando lembrar o período áureo do TBC, a Companhia Delmiro Gonçalves, a Companhia Nydia Licia-Sérgio Cardoso, o Teatro Cacilda Becker, o Teatro de Arena, o Teatro Oficina, o Teatro de Maria Della Costa e a explosão do teatro amador, em São Paulo. No Rio de Janeiro há a atuação continuada do Tablado, a Companhia Tonia-Celi-Autran e o Teatro dos Sete. Nesse período, o teatro se desenvolve, também, nos outros Estados, especialmente em Pernambuco e Paraná.

Na área da cenografia, é um tempo de grandes experiências e procura de novos caminhos, em que se tenta recuperar o atraso com relação às inovações do teatro europeu. Somente para exemplificar com a nossa experiência pessoal, nesses anos realizamos um cenário cubofuturista para *Fora da Barra*, de Sutton Vane (Grupo de Teatro Amador, 1953); simbolista para *Corrupção no Palácio da Justiça*, de Ugo Betti (Grupo Teatral XI de agosto, 1954); realista-simbólico para *Um Amor de Bruxa* (*Bell, Book and Candle*), de Van Druten (Companhia Ludi Veloso – Armando Couto, 1955); naturalista para *Três Anjos sem Asas* (*La Cuisine des Anges*), de Albert Husson (Companhia Nydia Licia-Sérgio Cardoso, 1957); formalista (appiano) para *Cidade Assassinada*, de Antonio Callado (Sesi, 1963); na linha de Gordon Craig para *Noites Brancas*, de Dostoiévski (Sesi, 1964); estilista para *Caprichos do Amor e do Acaso*, de Marivaux (Sesi, 1964); teatralista para *Manhãs de Sol*, de Oduvaldo Vianna (Sesi, 1966); construtivista para *Intriga e Amor*, de Schiller (Sesi, 1969). Como se vê, todos os estilos foram experimentados, de acordo com a temática do texto e a proposta do diretor.

Em São Paulo, no TBC, podemos destacar Bassano Vaccarini, com o cenário para *Seis Personagens à Procura de um Autor*, de Pirandello (1951), e, em parceria com com Carlos Giachieri, *Entre Quatro Paredes*, de Sartre, de 1950. Já no final da década de 1940, tivéramos a cenografia elaborada por Aldo Calvo e Bassano Vaccarini para *A Mulher do Próximo*, de Abílio Pereira de Almeida, em1948; Aldo Calvo assina sozinho os cenários de *Nick Bar*, de William Saroya, de *O Mentiroso*, de Goldoni e de *A Dama das Camélias*, de Dumas Filho, todos de 1949; Bassano assina, também sozinho, o cenário de *A Importância de Ser Prudente*, de Oscar Wilde; de *Anjo de Pedra* (*Summer and Smoke*), de Tennessee Williams; e de *Paiol Velho*, de Abílio Pereira de Almeida, todos nos anos de 1950. Ainda nessa década, criaram cenários para o TBC: Noêmia Mourão, para *Arsênico e Alfazema*, de Kelssering; Mauro Francini para *Na Terra como no Céu*, de Hochwalder; *A Desconhecida de Arras, de* Salacrou; *Leito Nupcial*, de Jan de Hartog; *Mortos sem Sepultura*, de Sartre; *Leonor de Mendonça*, de Gonçalves Dias; *Volpone*, de Ben Jonson; *A Casa de Chá do Luar de Agosto*, de John Patrick; Túlio Costa fez o cenário para *A Ronda dos Malandros*, de John Gay; Gianni Ratto para *Nossa Vida com Papai*, de Howard Lindsay e Russel Crouse; Maurice Vaneau para *As Provas do Amor*, de João Bethencourt. E nos anos de 1960, Cyro Del Nero para *O Pagador de Promessas*, de Dias Gomes; *A Semente*, de Gianfrancesco Guarnieri; *Almas Mortas*, de Gogol; *A Escada*, de Jorge Andrade; Maria Bonomi para *A Morte do Caixeiro Viajante*, de Arthur Miller, e *Yerma*, de García Lorca; Darcy Penteado para *Um Gosto de Mel*, de Shelagh Delaney. Não podemos deixar de registrar ainda uma experiência de Franco Zampari, o criador do TBC, para *Patate*, de Marcel Achard. Criaram figurinos, entre outros, Aldo Calvo, Kalma Murtinho, Luciana Petrucelli, Odilon Nogueira, Clara Heteny, e Napoleão Moniz Freire, também cenógrafo.

Nas outras novas e destacadas companhias, tivemos a estreia de importantes cenógrafos, que depois teriam uma brilhante carreira, como, por exemplo, Irênio Maia na Companhia Delmiro Gonçalves. No Arena, depois de um princípio em que só se encontra registro de figurinistas, como Willis de Castro, Alfredo Mesquita, Edgar Koetz, Ded Boubonnais, ainda na década de 1950, começam a surgir cenógrafos, agora acostumados, juntamente com os diretores, ao novo espaço. Flávio Império, iniciando os anos de 1960, realiza cenários e figurinos para *Pintado de Alegre*, de Flavio Migliaccio; *O Testamento do Cangaceiro*, de Chico de Assis; *Os Fuzis da Senhora Carrar*, de Brecht e *O Melhor Juiz, o Rei*, adaptação de Lope de Vega. Em 1963, Paulo José projeta cenários e figurinos para *A Mandrágora* e *O Inspetor Geral*. José de Anchieta para *O Círculo de Giz Caucasiano*, Marcos Weinstock para *La Moschetta*, *Teatro-Jornal*, *A Resistível Ascensão de Arturo Ui* e *Doce América*. Nos anos de 1960, o Arena realiza uma série de experiências (especialmente depois do show *Opinião*), com *Arena Canta Bahia* (1965), *Arena Conta Zumbi* (1965) e *Arena Conta Tiradentes* (1967), com cenografia formalista, num tratamento austero do espaço cênico.

O Teatro Oficina inicia sua brilhante trajetória, nesse período, inovando não somente na escolha do repertório, no estilo de encenação e interpretação, com experimentações que vão de Stanislávski a Brecht, mas também no espaço cênico, na cenografia e na indumentária. A modificação da relação palco-plateia, feita pelo arquiteto Joaquim Guedes, também cenógrafo, na reforma depois do incêndio, adotando a forma do espaço de representação ficar ao longo de duas plateias laterais, chamada por alguns de palco-sanduíche e por outros, a que preferimos, de espaço paralelo, foi novidade para o nosso teatro. Na verdade essa relação foi criação medieval, primeiro dentro da igreja e depois na praça pública e já havia sido retomada nos anos de 1920 na famosa montagem da Universidade de Passadena, California, USA, e que, agora, é a forma permanente do Teatro Oficina, na proposta da arquiteta Lina Bo Bardi, cujo trabalho como cenógrafa foi dos mais importantes para o Oficina no final da década de 1960, bastando lembrar o famoso cenário para *Na Selva das Cidades*, de Brecht. Outros cenógrafos que contribuíram para a excelência do Oficina, nesse período, foram Napoleão Moniz Freire, com cenário e figurinos para *A Vida Impressa em Dólar*, e Flávio Império, desenvolvendo sua brilhante carreira com cenários e figurinos, entre outros, para *Um Bonde Chamado Desejo* (1962), *Andorra* (1964) e *Os Inimigos* (1966). Anísio Medeiros, Hélio Eichbauer, Marcos Flackman, Joel de Carvalho são outros cenógrafos que contribuíram para o alto nível artístico atingido pelo Oficina na época.

No Rio, nos anos de 1950, a Companhia Tônia-Celi-Autran, egressa do TBC, iniciou sua fecunda vida, realizando espetáculos em que cenógrafos já conhecidos ou iniciantes puderam criar excelentes cenários e figurinos. Aldo Calvo, para *Otelo* de Shakespeare (1956), encabeça, com justiça, a lista que conta com cenógrafos e figurinistas que contribuíram para a evolução e a qualidade artística do teatro brasileiro. Assim, tivemos Darcy Penteado, Luciano Maurício, Túlio Costa, Napoleão Moniz Freire, Glauco Rodrigues, Ded Bourbonnais, Joel de Carvalho, Arlindo Rodrigues e a excelente cenógrafa e figurinista Maria Bonomi. Em 1960, a cenógrafa Laura Lessa comparece com um belo cenário para *Dois na Gangorra* e a seguir tivemos, novamente, Aluísio Magalhães, Túlio Costa e Glauco Rodrigues. Foi uma companhia que teve importante participação no desenvolvimento da cena nacional. Quanto à atuação do Tablado, já nos referimos anteriormente.

Voltando a São Paulo, Gianni Ratto, não somente como cenógrafo e figurinista, atividades que já lhe haviam granjeado merecida fama no teatro europeu, mas também como diretor, teve uma atuação no Teatro Maria Della Costa que iria orientar e incentivar muitos jovens artistas nacionais. *O Canto da Cotovia*, de Anouilh, e *Depois da Queda*, de Arthur Miller, são espetáculos que bastariam para, em qualquer parte do mundo, consagrar seus criadores.

Sérgio Cardoso e Nydia Licia, deixando o TBC, criaram sua própria companhia e arrendaram um velho teatro no bairro da Bela Vista, tradicionalmente conhecido como Bixiga, o antigo Espéria, transformado em cinema "poeira" e depois fechado. Com uma reforma substancial, surge o novo Teatro Bela Vista, que seria sede de grandes espetáculos e onde realizariam seus cenários, entre outros, Eduardo Suhr (já famoso na Europa) para *Hamlet*, de Shakespeare (1956); Irênio Maia para *A Raposa e as Uvas*, de Guilherme de Figueiredo (1956) e *O Soldado Tanaka*, de Georg Kaiser (1959); e o próprio Sérgio Cardoso para a nova montagem de *Vestido de Noiva*, de Nelson Rodrigues, completamente diferente do cenário de Santa Rosa, mas igualmente funcional.

Também como um dos muitos "filhos" do TBC, Cacilda Becker, juntamente com Walmor Chagas, organizaria sua própria companhia, passando a ocupar o auditório da Federação Paulista de Futebol, transformado em teatro. Ali seriam apresentados cenários de qualidade, devidos a alguns dos nossos melhores cenógrafos, como Cyro Del Nero para *Raízes*, de Arnold Wesker; Joaquim Guedes, o arquiteto da segunda reforma do Teatro Oficina, para *Rinocerontes*, de Ionesco; Flávio Império para *Andorra*, de Max Frisch; Maurice Vaneau para *O Reco-reco*, de Charles Dyer; Ded Bourbonnais para a nova encenação de *Mary Stuart*, de Schiller; e Gianni Ratto para a também nova montagem de *Gata em Teto de Zinco Quente*, de Tennessee Williams. Em encenações de companhias não permanentes tivemos um belo e funcional cenário de Domingos Fuschine para *Velhos Marinheiros*, adaptação da novela de Jorge Amado com a direção de Ulisses Cruz e de Irineu Chamiso Junior, um expressivo cenário para *Em Defesa do Companheiro Gigi Damiani*, sobre a temática da greve operária de 1917, talvez a primeira greve de trabalhadores em São Paulo. Ambos os espetáculos já faziam parte do início da década de 1980, mas estavam ligados à anterior.

O Teatro Sob a Ditadura

Voltemos aos anos de 1960/1970, o período negro da cultura brasileira e também os anos negros de outras áreas culturais, sociais e políticas.

Com a repressão policialesca e a censura, a prisão e o exílio ou a morte de vários de seus artistas mais importantes, bastando lembrar o desaparecimento, até hoje não explicado, de Heleny Guariba, o exílio de Augusto Boal e José Celso Martinez Corrêa, entre tantos, o teatro deveria sofrer uma forte recessão. Surpreendentemente, apesar das peças proibidas, o teatro teve um grande desenvolvimento e conseguiu, enganando a censura, ignorante e burra como todas as censuras, constituir-se numa grande e forte trincheira de resistência à ditadura militar. É a época de *Opinião* e dos *Arena Conta...* As companhias aprenderam a driblar a censura e os críticos tiveram que estabelecer uma autocensura para não alertar os repressores de então. Com o recrudescimento das atividades teatrais de resistência, a cenografia deveria ter um grande desenvolvimento. Entretanto, os movimentos teatrais dos anos de 1960, de caráter revolucionário, especialmente os grupos americanos como o Living Theatre, o Bread and Puppet Theatre, o Open Theatre, o Black Theatre, o Teatro dos Ticanos, propondo uma encenação pobre e relançando a moda das chamadas "criações coletivas", proposta essa mal digerida pelos nossos grupos teatrais, principalmente os conjuntos estudantis, que sempre foram o celeiro do nosso teatro profissional e vanguardista –, reduziram a ação dos cenógrafos e figurinistas. Todo mundo passou a realizar cenários e indumentária para os espetáculos teatrais com resultados medíocres.

Mas a grande força que o teatro adquire, na sua posição de resistência, como uma trincheira na luta pela democracia, faz com que a atividade teatral se destaque também em outros estados brasileiros, fora do eixo Rio-São Paulo, tornando-se visível para todo o país. O projeto Mambembe, compreendendo o Mambembinho, de teatro para crianças e adolescentes, e o Mambembão, teatro para adultos, veio trazer essa visibilidade para primeiro plano, resultando num proveitoso intercâmbio de experiências e conhecimentos, especialmente pelo fato de as montagens de vários estados se basearem no aproveitamento do folclore regional.

Antes, porém, de nos chegarem os espetáculos das várias cidades brasileiras, haviam se tornado conhecidos alguns trabalhos teatrais e, em consequência, o nome de cenógrafos e figurinistas. Assim, em Minas Gerais trabalha um excepcional cenógrafo, Raul Belém Machado, com cenários e figurinos para *O Bom Soldado Schweik*, de J. Hasek, com adaptação, inclusive, de Piscator e Brecht, para *Fala Baixo Senão Eu Grito*, de Leilah Assumpção, para *Galileu Galilei*, de Brecht, que seriam premiados pela Associação Mineira de Críticos Teatrais, dentre outros. Raul Belém Machado, que chegaria a ser diretor artístico do Palácio das Artes de Belo Horizonte pelos seus profundos conhecimentos de cenografia (foi com ele que aprendemos os diferentes conceitos de espaço positivo e espaço negativo do ponto de vista do diretor, do ator e do cenógrafo) e pela sua criatividade artística, seria um nome de repercussão nacional se não tivesse ficado fiel a sua Belo Horizonte.

Em Pernambuco, os novos ventos que enfunavam as velas do teatro brasileiro tiveram efeito fecundante. Dois grupos se destacaram na produção cênica: o Teatro de Amadores de Pernambuco (TAP), o mais antigo, formado fundamentalmente pela família Oliveira sob a direção firme do seu chefe, Valdomiro de Oliveira, homem integral do teatro; e o Teatro de Estudantes de Pernambuco (TEP), dirigido por Hermilo Borba Filho, estudioso da nossa cultura popular (são dele os livros sobre espetáculos populares do Nordeste e sobre o mamulengo, teatro popular de bonecos), dramaturgo (entre outras peças uma excelente *Eletra no Circo*), diretor, crítico teatral, romancista, e um profundo intelectual. Sua passagem por São Paulo, onde morou durante alguns anos, foi marcante.

Dos cenógrafos pernambucanos, podemos destacar Lula Cardoso Alves, para, entre outros, *O Urso*, de Tchékhov (TEP); Martim Gonçalves (vindo do Rio passando pela Bahia), com cenários e figurinos para *Édipo Rei*, de Sófocles (TEP); Janice Lobo, prêmio de melhor cenógrafo em 1954, pela Associação dos Críticos Teatrais de Pernambuco; Aloísio Magalhães (TEP); Hélio Moreira, que se tornaria professor de cenografia da Universidade de Pernambuco; Francisco Brennand, trabalhando para um novo grupo, o Teatro de Arena do Recife; Heráclito Campelo, que se transferiu para São Paulo onde se tornou um dos melhores cenógrafos do teatro paulista, conhecido como Campelo Neto; e Antonio José, autor da primitiva cenografia do famoso espetáculo anual da *Paixão de Cristo de*

Nova Jerusalém, no município do Brejo da Madre de Deus, no interior pernambucano. Destaque especial merece Vítor Moreira, oriundo do TAP e que seria o autor da construção espetacular da Nova Jerusalém, com suas muralhas, que abrigam os serviços, com nove palcos, onde se desenrolam as cenas da Paixão para um público calculado em cerca de quatro mil pessoas por sessão em todos os dias da Semana Santa. A cidade cenográfica, projetada por Vítor Moreira, tornou-se o grande palco a céu aberto desde 1968, lembrando os espetáculos ao ar livre, com milhares de espectadores, e os espetáculos cívico-teatrais da Revolução Francesa e, depois, na Rússia, comemorativos da Revolução Bolchevista.

Ainda nos anos de 1960, Ruth Escobar, além dos Festivais Internacionais de Teatro, promoveu a vinda de Victor Garcia, diretor argentino radicado na França, hoje falecido, a quem devemos dois espetáculos excepcionais, especialmente quanto à concepção do espaço cênico. Um deles, *Cemitério de Automóveis*, junção de pequenas peças de Arrabal, foi montado numa espécie de oficina adaptada, com um cenário espetacular na forma elizabetana, tendo o espaço posterior ocupado por um monte de sucata de velhos carros, e o espaço anterior, composto na forma fálica, simbólica do erotismo do espetáculo, rodeado por três lados pelos espectadores. Todo esse espaço era circundado por uma passarela, por onde corriam intérpretes; com direção, cenografia e figurinos de Victor Garcia, a montagem causou surpresa e sensação, tornando-se uma proposta renovadora das concepções de espaço cênico entre nós.

Outra montagem revolucionária do Teatro Ruth Escobar, com direção de Victor Garcia, foi a do *Balcão* de Jean Genet, que teve espaço cênico de Vladimir Pereira Cardoso. Utilizando-se do espaço vertical, Vladimir derrubou paredes do Teatro Ruth Escobar e construiu um cilindro, com três anéis de espectadores, com as cenas se desenvolvendo em trapézios, em cordas, numa plataforma elevatória e numa passarela helicoidal suspensa no espaço oco do cilindro. O resultado foi tão criativo, funcional e estético, que a montagem se tornou a única encenação brasileira que consta do livro de Denis Bablet, *Les Révolutions scéniques du XXème siècle*. Aliás, o premiado cenógrafo Vladimir Pereira Cardoso teria uma produção de valor, no Teatro Ruth Escobar, com cenários para *O Casamento do Senhor Mississipi*, de Durrematt (1965), figurinos de Ugo Castellani; *As Fúrias*, de Rafael Alberti (1966); *Júlio César*, de Shakespeare; *Lisístrata*, de Aristófanes, com figurinos de Ninette van Vuchelen (1969); e *Os Monstros*, de Denoy de Oliveira.

Também um espetáculo notável, um dos mais belos que vimos no teatro brasileiro, foi *A Viagem*, adaptação de Carlos Queiroz Telles de *Os Lusíadas*, de Camões, direção de Celso Nunes, já no início dos anos de 1970, com cenografia e figurinos de Hélio Eichbauer. Ocupando todos os andares do Teatro Ruth Escobar, começando no porão, que seria a Idade Média, subindo, junto com o público, para o andar superior, que seria a Renascença, onde um praticável em balanço, de grande efeito, representava o barco de Vasco da Gama, a cenografia foi um dos grandes méritos da montagem. Hélio Eichbauer fora, também, cenógrafo e figurinista, na linha tropicalista, de *O Rei da Vela*, de Oswald de Andrade, famoso espetáculo do Teatro Oficina em 1967.

Ainda dois espetáculos devem ser citados: *Morte e Vida Severina*, de João Cabral de Melo Neto, direção de Silnei Siqueira para o Tuca (1965) e que obteve grande sucesso na sua excursão europeia, especialmente no Festival de Avignon (a única montagem brasileira estudada na coleção *Les Voies de la création théâtrale* [v. 2]), com cenários e figurinos de José Armando Ferrara. O outro foi *O Rito do Amor Selvagem*, do Grupo Sonda (1969), direção e cenografia de José Agrippino de Paula, espetáculo participativo, agarrando o público desde a bilheteria e com uma grande esfera transparente no espaço cênico, com os atores representando no seu interior.

No final da década de 1950 e início da seguinte, surge o Teatro Popular do Sesi que, sob inteligente direção de Osmar Rodrigues Cruz, faria um excepcional trabalho de popularização do teatro, oferecendo gratuitamente à classe trabalhadora espetáculos de alto nível artístico, seja pela qualidade dos textos encenados seja pelo cuidado na direção, na interpretação, na cenografia, figurinos, coreografia, música, resultando em excelentes montagens. A partir de 1960, o TPS encenaria: *O Fazedor de Chuva*, de Richard Nash (1960), *A Pequena da Província*, de Clifford Odets (1961), *A Beata Maria do Egito*, de

Rachel de Queiroz (1961), *Loucuras de Verão*, de Richard Nash (1962), todas com cenários de Francisco Giaccheri; com cenário de Clovis Garcia, tivemos *Cidade Assassinada*, de Antonio Callado (1963), *Noites Brancas*, de Dostoiévski (1964), *Caprichos do Amor e do Acaso*, de Marivaux (1964), *A Sapateira Prodigiosa*, de García Lorca (1965), *O Avarento*, de Molière, com figurinos de Odilon Nogueira (1966), *Manhãs de Sol*, de Oduvaldo Vianna, com figurinos de Renato Dobal (1966); e *Intriga e Amor*, de Schiller, com figurinos do próprio cenógrafo (1969); e *O Milagre de Anne Sullivan*, de William Gibson, com cenários e figurinos de Elisabeth Dobal (1967). Nos anos de 1970, o TPS nos daria grandes montagens, período em que passa a ocupar seu teatro próprio, na Avenida Paulista de São Paulo. Com importantes cenógrafos e figurinistas, entre os quais Bassano Vaccarini, com cenários e figurinos para *Memórias de um Sargento de Milícias*, de Manuel Antônio de Almeida (1970); Túlio Costa, cenários, e Ninette Van Vuchelen, figurinos, para *Senhora*, de José de Alencar (1971); Campello Neto, cenários e figurinos para *Um Grito de Liberdade*, de Sergio Viotti (1972); Tulio Costa, cenários, e Ninette Van Vuchelen, figurinos, para *Caiu o Ministério*, de França Junior e *Médico à Força*, de Molière (1973); Ded Boubonnais, cenário e figurinos para *Leonor de Mendonça*, de Gonçalves Dias (1974); Augusto Francisco, cenários e figurinos para *O Noviço*, de Martins Pena (1976); Flavio Império, cenários e figurinos para *O Poeta da Vila e Seus Amores*, de Plínio Marcos (1979) e para *A Falecida*, de Nelson Rodrigues (1979).

Os anos de 1970 seriam um período de contradições: ao mesmo tempo que a ditadura exercia sua força destruidora contra a cultura, o teatro entrava numa fase de grande criatividade e se tornava uma trincheira de resistência à ditadura, não só por espetáculos desafiadores mas, também, pelas suas organizações, bastando lembrar a atuação de Cacilda Becker à frente da Comissão Estadual de Teatro de São Paulo e as atitudes de protesto e desafio da Associação Paulista de Críticos Teatrais.

Dois fatos demonstram os tempos de contradições que o teatro (e toda a nossa cultura) era obrigado a suportar. O primeiro, que beirou o ridículo, foi o confisco, pelo governo, da peça *Patética*, vencedora do Concurso Nacional de Dramaturgia do então Serviço Nacional de Teatro, de 1976. A decisão do júri, até então soberano, não foi homologada, e assim a peça de João Ribeiro Chaves Netto não foi, oficialmente, considerada vencedora. A peça seria liberada e encenada depois da abertura democrática e demonstrou não ter nenhum poder explosivo, o que, mais uma vez, comprovou a insanidade da censura.

Mas, por outro lado, tivemos dois espetáculos revolucionários, do ponto de vista artístico, no ano de 1977. Um foi o genial *Tempo de Espera*, de Aldo Leite, vindo do Maranhão, com direção e cenografia do autor. Sem utilização da palavra, o espetáculo, ao mesmo tempo despojado e pleno de emoção, tinha uma força dramática para a qual contribuiu, sem dúvida, o belo cenário de linha realista simplificada. O outro foi *O Último Carro*, de João das Neves, com cenografia de Germano Blum. Apresentado no Rio, no ano anterior, a montagem paulista aproveitou o espaço da Bienal de Artes Plásticas, colocando o público no centro e os espaços cênicos em torno, tipo de espaço que denominamos panorâmico, o qual já havia sido proposto por Artaud e experimentado pela Escola de Arte Dramática de São Paulo, já incorporada à USP, poucos anos antes. O espetáculo produziu tal impacto que serviu de inspiração por muito tempo aos nossos cenógrafos.

Ainda na década de 1970 foram apresentados cenários de qualidade, entre os quais os de Maria Bonomi para *Corpo a Corpo*, de Vianinha e *Peer Gynt*, de Ibsen; de Túlio Costa para *A Morte de um Caixeiro Viajante*, de Arthur Miller, e com figurinos de Flavio Phebo para *A Margem da Vida*, de Tennessee Williams; de Flavio Phebo, com figurinos de Darcy Penteado para *Volpone*, de Ben Jonson; de Aderbal Júnior para *Apareceu a Margarida*, de Roberto Athayde. *Gota d'Água*, de Chico Buarque de Holanda e Paulo Pontes, direção de Gianni Ratto, estreando no Rio em 1975 e em São Paulo em 1977, espetáculo até hoje comentado, teve excelentes cenário e figurinos de Walter Bacci.

O Projeto Mambembe

No final dos anos de 1970, tivemos um projeto de real utilidade para o desenvolvimento do Teatro Brasileiro, o projeto Mambembe, compreendendo o Mambembão de teatro para adultos e o Mambembinho, teatro para crianças e adolescentes. Graças à operosidade de Orlando Miranda que, apesar de servir à ditadura, com sua visão de planejador e capacidade administrativa, muito fez pelo nosso teatro, o projeto foi realizado durante cinco anos, de 1978 a 1982, iniciando-se pelo Serviço Nacional de Teatro (SNT) e terminando pelo Instituto Nacional de Artes Cênicas (Inacen), tendo sido coordenado por Umberto Braga, Aldomar Conrado, Francisco Medeiros e Carlos Miranda, em anos diferentes, além de coordenadores regionais. Tinha por objetivo o intercâmbio entre os artistas teatrais de todo o Brasil, o conhecimento dos artistas, críticos e público, do eixo Rio-São Paulo, do teatro que se faz em todo território brasileiro. Durante o ano, os especialistas do SNT corriam todos os estados, verificando os grupos, as montagens apresentadas, escolhendo o quanto possível as de melhor nível artístico (nem sempre as melhores tinham possibilidade de se locomover na época prevista). As encenações selecionadas seriam, por conta do projeto, trazidas para apresentações no Rio, em São Paulo, em Brasília, um ano em Niterói e, no último ano, também em Belo Horizonte.

Puderam, assim, cariocas e paulistas, que se julgavam os "donos" do teatro brasileiro, verificar a excelente qualidade artística, além do vanguardismo e do aproveitamento da cultura popular, do teatro que se fazia nos outros estados, muitas vezes superior à média das montagens comercias dos dois maiores centros urbanos. Infelizmente, além da moda da criação coletiva, que dispensava o cenógrafo e o figurinista, a necessidade de simplificar os cenários para o transporte não permitiu que o público-alvo sempre pudesse admirar as montagens originais, em toda a sua realização cênica. Assim mesmo, tornaram-se conhecidos e admirados, os seguintes artistas da comunicação visual da arte cênica, por estados:

AMAZONAS:

Márcio Souza, cenários e figurinos (também autor) de *Folias do Látex*, Teatro Experimental do Sesc (1978).

Mário Santana, cenários para *Tem Piranha no Pirarucu*, de Márcio Souza, Teatro Experimental do Sesc (1979).

BAHIA:

Gilson Rodrigues, ambientação cênica para *Oxente Gente, Cordel*, criação coletiva sobre textos populares, Teatro Livre da Bahia (1978). Também cenários e figurinos para *Língua de Fogo*, adaptação de Luiz Marfuz, Grupo de Teatro Carranca (1982).

J. Cunha, cenários e figurinos para *O Baile Pastoril da Bahia*, texto-montagem de Nelson Araújo e Roberto Vagner Leite, aproveitando textos de folguedos populares (1980).

Márcio Meirelles, cenários e figurinos para *A Terceira Margem*, adaptação de textos latino-americanos de Cleise Mendes e Paulo Dourado, TCA (1981).

BRASÍLIA:

Eles Não Usam Black-tie, de Gianfrancesco Guarnieri, sob a direção de Chico Expedito, apresentou cenários e figurinos de J. Xavier Junior, Jesuíno Feitosa e Murilo Eckhardt; (1979).

Já *A Capital da Esperança*, criação coletiva do Grupo Esperança, direção de Humberto Pedrancin, não teve responsável pela cenografia, mas os figurinos foram atribuídos a Antonio Murilo (1980).

CEARÁ:

Haroldo Serra, ambientação, também direção, de *Rosa do Lagamar*, de Eduardo Campos, Comédia Cearense (1978).

Alberon e B. de Paiva, cenografia para *Cantochão para uma Esperança Demorada*, de B. de Paiva, Teatro Universitário Paschoal Carlos Magno da Universidade Federal do Ceará.(1981).

MARANHÃO:

Os Sete Encontros do Aventureiro Corre-corre ou O Cavaleiro do Destino, de Tácito Borralho e Josias Sobrinho, um ótimo aproveitamento da cultura popular, teve um lindo cenário de panejamentos, atribuído modestamente, com os figurinos, bonecos, iluminação ao departamento de Artes Cênicas do Laborarte, produtor do espetáculo mas onde se sentia a presença de Tácito Borralho. (1978).

MATO GROSSO:

Augusto Prócoro criou um belíssimo cenário, onde se sentia o rio caminhando, para *Rio Abaixo, Rio Acima ou Ergue o Mocho e Vamos Palestrar*, autoria do texto e direção de Glória Albuês e onde, pela primeira vez, o nosso público viu dançar o siriri, Grupo Terra de Teatro de Cuiabá (1980).

Amazonas 2000 foi uma criação coletiva do Grupo Universitário de Teatro Laboratório de Cuiabá, sob a direção de Alcides Moura Lot, falecido prematuramente (1981).

MATO GROSSO DO SUL:

O único espetáculo de MS, *Foi no Belo Sul Mato Grosso*, de Cristina Mato Grosso, teve cenografia e figurinos resultantes de criação coletiva, com os problemas habituais. Grupo Teatral Amador Campograndense (1980).

MINAS GERAIS:

José Mayer, depois ator global então iniciando sua carreira, fez o cenário e dirigiu *Álbum de Família*, de Nelson Rodrigues, com figurinos de Glauco Rocha. Mayer Produções Artísticas (1978).

Cobra Norato, do poema de Raul Popp, teve os bonecos, cenário de caráter abstrato, e manipulação por parte da equipe do Giramundo Teatro de Bonecos, sob a competente direção de Álvaro Apocalypse, resultando num espetáculo de belo visual (1979).

Cigarros Souza Câncer, de Eid Ribeiro, teve cenário e figurinos do próprio grupo Cenart Produções Artísticas (1979).

O grande cenógrafo Raul Belém Machado criou a cenografia para *Os Riscos da Fala*, roteiro e direção de Jota Dangelo com O Grupo (1980).

Me Aperta, Te Aperta, Te Espeta?, de Celso Antonio Fonseca, teve cenário de Mauro Chiari e João Diniz (1982).

PARÁ:

Neder Charone, cenário e figurinos para *Os Mansos da Terra*, de Raimundo Alberto, Teatro Universitário da Universidade Federal do Pará (1978), e com o Grupo Experiência, *Ver de Ver-o-Peso* (1982).

Salustiano Vilhena, cenários e figurinos, juntamente com Neder Charone, para *A Mãe d'Água* de Raimundo Alberto. Grupo de Teatro Experiência (1980).

PARAÍBA:

Flavio Tavares, cenário e figurinos para *Os Coiteiros*, adaptação da obra de José Américo de Almeida, direção de Fernando Peixoto, Grupo Oficial do Teatro Santa Rosa (1978).

Fernando Teixeira, cenógrafo e Fernando Cavalcanti, figurinista, em *A Donzela Joana*, de Hermilo Borba Filho. Teatro Universitário da UFPB (1979).

PARANÁ:

Dante Mendonça, cenografia para *Urubu*, de Manuel Carlos Karam. Grupo de Teatro Margem (1979).

José Carlos Proença, excelente cenógrafo prematuramente falecido, fez a cenografia, com figurinos de Luis Afonso Burigo, para *O Contestado* de Romário José Borelli, direção de Emilio Di Biasi, um espetáculo que fazia um belíssimo aproveitamento da cultura popular em todas as suas manifestações. Teatro de Comédia do Paraná (1980).

Já *Curitiba Velha de Guerra*, dirigida por Antonio Carlos Kraide, foi uma criação coletiva em todos os outros elementos do espetáculo, o que acentuou o seu caráter fracionário (1979).

PERNAMBUCO:

Beto Diniz fez a cenografia e Fernando Augusto, os figurinos, para os espetáculos de bonecos de um dos grupos mais famosos de mamulengo, o Mamulengo Só-Riso, com *Festança no Reino da Mataverde e Carnaval da Alegria*, o primeiro para adultos e o segundo para o público infantil (1978).

Já o espetáculo *Rua do Lixo, 24*, de Vital Santos, teve cenografia criada pelo Grupo Feira de Teatro Popular de Caruaru (1978).

Ubirajara Monteiro executou os cenários e Rogério Breuel fez os figurinos para *Chico Rei*, de Walmir Ayala (1979).

O Grupo Vivencial Deolinda apresentou uma criação coletiva (1979).

O Auto das Sete Luas de Barro, de Vital Santos, sobre a vida de Mestre Vitalino, o genial ceramista popular, que morreu abandonado e hoje tem seu barraco transformado em museu, teve um visual belíssimo, principalmente pelos efeitos de luz que transformavam os atores em figuras de barro do Mestre Vitalino, com cenário de Alcimar Vólia e Vital Santos, figurinos e iluminação de Ivã Araújo (1980)

Gilmar Crisóstomo criou o visual para *Prosopopeia: Um Auto de Guerreiro*, de André Luiz Madureira, e Lourdes Madureira criou os figurinos, baseados no índio ideológico dos nossos folguedos populares (1981).

Vital Santos fez os cenários e, com Ivã Araújo, os figurinos para *A Noite dos Tambores Silenciosos*, de sua autoria e direção (1982).

Já *Muito pelo Contrário*, de João Falcão, teve cenários de Eduardo Almeida (1982).

RIO GRANDE DO SUL:

A Morta, de Oswald de Andrade, do Ex-Núcleo de Trabalho Alternativo (1978), e *Jogos na Hora da Sesta*, de Rosa Mahieu, do Grupo Armação (1978), tiveram cenários e figurinos criados pelo grupo, sem a supervisão de um especialista. Da mesma forma *Pequenas Histórias do Bicho Homem*, roteiro e direção de Beto Ruas, do Grupo de Teatro Província (1979).

Com cenografia de Alberto Lombana e figurinos de Federico Wolff, o Teatro Novo apresentou *Linha de Montagem* de Franz Xavier Kroetz (1979).

As Revelações do Plausível: A Casa das Múmias, de Euclides Dutra de Moraes (Kydo), do Grupo Porão de Teatro, não teve responsáveis pelos cenários e figurinos.

Também sem constar responsável pela cenografia, mas com figurinos de Fernando Zimpeck, o Teatro Vivo apresentou o texto de Irene Brietzke *Frankie, Frankie, Frankenstein*.

Roberto Lautert fez a cenografia de *School'out*, de Pedro Eugenio Araújo Santos, apresentada pelo Grupo Ven De Se Sonhos, conseguindo criar os elementos necessários que expressassem as características de rebeldia adolescente do grupo, bastante jovem (1981).

Júlio César Saraiva realizou a cenografia e os figurinos de *Rango*, de Edgar Vasques, produção de Maria Rita (1982).

RONDÔNIA:

Um único espetáculo de Rondônia se apresentou, em 1981: do Grupo Cipó, *Rio que Rio É...Gente*, de Alejandro Bedotti, mas, infelizmente, sem cenógrafos e figurinista responsáveis por esses setores de criação artística.

SANTA CATARINA:

Clitemnestra Vive! de Marcos Caroli Resende, teve sua cenografia e figurinos, muito simplificados (os figurinos eram apenas colantes inteiriços), criados pelo próprio Grupo Armação (1978).

Mesa Grande, de Clécio Espezim, entretanto, tendo a direção de Carmem Lúcia Fossari, teve cenário de Uacauan Bonilha, Nildo Martins e José Geraldo Germano e figurinos de Norma Galdino (1978). Mas o outro espetáculo de Carmem Lúcia Fossari, *Terra de Terrara*, teve criação coletiva de cenário e figurinos (1981).

...E a Gralha Falou, espetáculo de bonecos com texto de Hector Grillo, teve cenários do autor e figurinos de Olga Romero (1980).

Os Anos de 1980

Um importante acontecimento para a nossa cenografia foi a regulamentação dos cursos, em nível superior, de bacharelado, na formação de cenógrafos. Pela Resolução n. 32 de 9 de agosto de 1974, o Conselho Federal de Educação estabeleceu os currículos mínimos para o bacharelado em Artes Cênicas, com habilitações em Direção Teatral, Interpretação, Cenografia (que incluía Indumentária) e Teoria do Teatro (Dramaturgia e Crítica), com duração mínima de 2145 horas e máxima de 3456 horas, correspondendo ao mínimo de três anos e meio e máximo de sete anos. Assim, vários cursos já existentes puderam ser regulamentados – como o do departamento de Artes Cênicas (então departamento de Teatro, Cinema, Rádio e Televisão), da Escola de Comunicações e Artes da Universidade de São Paulo – e outros foram criados, no Rio de Janeiro, Alagoas, Rio Grande do Sul, Bahia e alguns mais. O resultado foi a especialização e o surgimento de cenógrafos de valor, bastando citar o exemplo alagoano.

Em Alagoas, até então, artistas plásticos se encarregavam da cenografia das montagens, entre eles Lourenço Peixoto, Enrico Maciel, José Policarpo, Mario Hélio Gouveia e Pierre Chalita. Agora temos cenários assinados por Amadeus Barusio, para o TAP, João Denis de Araújo Leite (*O Advogado Pathelin*, *Como a Lua*, *A Farsa do Padre*) e M. Rodrigues para a Companhia Estável de Teatro de Alagoas (*Escola de Mulheres*).

Em São Paulo, a cenografia e os figurinos vão continuar apresentando bons trabalhos. O Teatro Popular do Sesi passa por uma fase de grandes montagens, com *O Santo Milagroso*, de Lauro César Muniz, cenários e figurinos de Irênio Maia; *Chiquinha Gonzaga, Ó Abre Alas*, de Maria Adelaide Amaral, cenários e figurinos de Flávio Império; *O Rei do Riso*, de Luís Alberto de Abreu, cenários e figurinos de Pietro Maranca; *Muito Barulho por Nada*, de Shakespeare; *Feitiço*, de Oduvaldo Vianna; *Onde Canta o Sabiá*, de Gastão Tojeiro, estas três com cenários e figurinos de Zecarlos Andrade, aliás um homem completo de teatro, sendo também ator, diretor e dramaturgo.

Em outras companhias, trabalhos importantes de cenografia foram de autoria de Márcio Tadeu para *Escuta, Zé*, baseada em Reich, *Zoo Story*, de Albee, e *Cerimônia para um Negro Assassinado*, de Fernando Arrabal; de Felippe Crescenti para *Picasso e Eu*, roteiro de Marilena Ansaldi; de Luis Carlos Ripper para *Adorável Julia*; de Pernambuco de Oliveira, um dos renovadores da cenografia brasileira, para *O Avarento*, de Molière; *Corpo a Corpo*, de Vianinha, teve o cenário de Maria Bonomi; *À Margem da Vida*, de Tennessee Williams, teve cenário de Túlio Costa e figurinos de Flávio Phebo; também de Túlio Costa foi o excelente cenário para *A Morte do Caixeiro Viajante*, de Arthur Miller; de Flávio Phebo, cenário e figurinos para *Bodas de Papel*, de Maria Adelaide Amaral; *Os Imigrantes*, de Celso Frateschi, teve cenário construtivista e figurinos de Alzira Andrade.

No Centro de Pesquisas Teatrais do Sesc, sob a eficiente direção de Antunes Filho, depois dos cenários e figurinos, de belo sabor expressionista, de Irineu Chamise Júnior para *O Eterno Retorno*, tivemos o excepcional cenário de J. C. Serroni para *Paraíso, Estação Norte*; em ambas as montagens, Antunes faz uma releitura das obras de Nelson Rodrigues.

O ano de 1980 foi de grande atividade teatral em todo o Brasil, com montagens importantes e artísticos e funcionais cenários e figurinos teatrais nos vários estados, apesar de ainda haver um grande número de criações coletivas, sem um especialista responsável pelos cenários e figurinos, herança dos anos de 1960.

Temos registro, no Acre, dos cenários de Maués Melo, José Antonio Alves, Ramayana Varges e Vera Paes e figurinos de Kleber Moura, Nilda Dantas, Vera Fróes e Marina Souza. Em Alagoas, cenário e figurinos de Antonio Lopes, estudioso da dança e da cultura popular, temas sobre os quais faria seu doutoramento na USP, com cenários de Pedro Onofre de Araújo, José Melo, Amaro Vicente e Aldhemar de Oliveira e figurinos de Edna Leite e Hercy Lopes de Oliveira. No Amazonas, cenários de Otom Mesquita, Plácido Santos, Flávio Motta e Theo Correa, também figurinista. Na Bahia, cenários de Edisio Patriota, Nilson Mendes e Margot Rios, Dílson Midles, Carl von Hanenschild, Leonel Amorim, Márcio Meirelles (cenógrafo e figurinista) Carlos Pitanga, Sônia Rangel, Leo Toniollo, Orlando Salerno, Arlindo Henrique, Echio Reis e Juarez Paraíso. Em Brasília, cenários e figurinos de Gisele Magalhães e de Gutenberg. No Ceará, apresentam trabalhos de cenografia B. de Paiva, depois diretor do SNT e professor da Universidade de Brasília, Airton Ferreira, Laerte Magalhães, Guaracy Rodrigues e Haroldo Serra. São cenógrafos do Maranhão, Augusto Rosa, Miguel Veiga, Whad Lina e Paulo Santana, estes três últimos também figurinistas. De Mato Grosso temos o nome de José Monteiro, cenógrafo, e de Ana Rosa, figurinista. Quanto a Mato Grosso do Sul, aparece como cenógrafo Antonio Wallace, sendo notável, como exceção, o cenário de *Rio Abaixo, Rio Acima*, que foi o excelente resultado de trabalho grupal. Em Minas Gerais salienta-se, mais uma vez, o nome de Raul Belém Machado, com o cenário de *A Invasão*, apresentado pelo Teatro Universitário da Universidade Federal de Minas Gerais, sob a competente direção de Haydée Bittencourt, que dirigiu o TU por mais de uma vintena de anos, e a cenografia de *Mãos Sujas de Terra, O Amor do Não, O Bravo Soldado Schweik*, entre outros; ainda os cenógrafos e figurinistas Júlio Mackenzie, Juca da Costa e Cláudio Goekler e os cenários de Marcelo Afonso Brandão e Luís Maia.

No Pará, salientam-se os cenários e figurinos de Salustiano Vilhena e Neder Charone para *A Mãe d'Água*; de Hélio Barros para *Caminho de Volta*; de Wlad Lima e Paulo Santana para *Jurupari*; Rivaldo

Rosa para *O Brigue Palhaço*, e somente os cenários de Geraldo Salles e Otávio Pinto para *O Testamento do Cangaceiro*, de Chico de Assis. Na Paraíba é apresentada a peça de Hilda Hilst, *O Verdugo*, com cenário de José Crisólogo e *Lampiaço, o Rei do Cangão*, com cenários e figurinos de José Bezerra Filho.

O Paraná, que nas décadas anteriores já tivera uma grande relação de cenógrafos, como Mário Guimarães, René Dotti, Heitor Rissato, Ary Fontoura (depois nacionalmente conhecido como ator de telenovelas), Luís César Rodock, René Bittencourt, Manoel Furtado, Mario Scarci, Aristides Teixeira, Aldo de Máio, Valdo Lobo, Nilo Prevedi, Aluísio Cherubin e, especialmente, o grande impulsionador do teatro paranaense, Armando Maranhão, homem completo das atividades cênicas. O Paraná tem apresentado recentemente uma nova safra de cenógrafos e figurinistas, como José Carlos Proença, de fino senso artístico, infelizmente falecido ainda jovem, mais Maria Weigert, Wellington da Silva, Paulo Maia, Mario Schoenberg, Irineu Adami, Gabriel Coelho e Beto Guiz, ainda permanecendo em atividade Armando Maranhão e Aldo de Máio.

Pernambuco, com grande e valiosa atividade teatral apresenta nessa década de 1980 um grande número de cenógrafos e figurinistas, destacando-se Joaquim Bernardo para *A Beata Maria do Egito*, de Rachel de Queiroz; João Denys para *A Incelença*, de Luiz Marinho; Milton Bacarelli (formado pela Escola de Arte Dramática de São Paulo e que foi, por muito tempo, diretor da Escola de Teatro do Recife); e Carmem Mayrinck Veiga para *A Resistência*, de Maria Adelaide Amaral; Beto Diniz para *As Criadas*, de Jean Genet; Bernardo Dimenstein para *Equus*, de Peter Shaffer; Alexandre de Lemos para *O Encontro da Cobra Choca com o Sertanejo Valente*; Buarque de Aquino para *Os Sete Gatinhos*, de Nelson Rodrigues; João Dionyso para *Um Grito Parado no Ar*, de Gianfrancesco Guarnieri, sendo ainda necessário acentuar os figurinos de Diva de Oliveira para a famosa montagem de *Um Sábado em Trinta*, de Luiz Marinho, pelo Teatro Amador de Pernambuco.

No Piauí, fizeram trabalhos de cenografia Paulo de Tarso, também figurinista, Sonia Cunha e Silva, José Wilson Alves de Oliveira e Firmino Luis, este para teatro para crianças e adolescentes.

No Rio Grande do Norte, Jesiel Figueiredo faz o cenário e figurinos para *Nó de Quatro Pernas*, talvez a peça mais representada de Nazareno Tourinho, o grande escritor espírita paraense. Jairo Lúcio, Raimundo da Hora e Jorge Roman são outros nomes no setor da cenografia e da indumentária do teatro piauiense.

Em Santa Catarina, Paulo Rocha e Ney Gonçalves são nomes que se destacam num teatro dominantemente de criação coletiva (pelo menos dez encenações são grupais, somente em 1980).

Sergipe conta com os seguintes cenógrafos nesse período: Feliciano José dos Santos, Amilton Andrade e Lindolfo Amaral.

Finalmente, o Rio Grande do Sul, com um forte teatro de qualidade, tendo produzido para o teatro brasileiro um grande número de dramaturgos, diretores, atores, teve, também, uma geração de cenógrafos e figurinistas de alto nível. Encontramos nesse período, início dos anos de 1980, Antonio Barth, Nelson Magalhães, Marly Danck Wardt, Ronald Vas, Lídia Richinitti, Tânia Moura, Alziro Azevedo, Clotilde Barcelos, Irene Brietzke, Nelson Magalhães, Elton Manganelli, sem contar a participação do excelente cenógrafo e figurinista Campello Neto, vindo de Pernambuco e que se radicaria em São Paulo, onde faleceu.

No ano de 1980 tivemos uma explosão teatral, com 248 espetáculos em São Paulo e 281 no Rio de Janeiro. Nesse grande número de montagens tivemos a apresentação dos trabalhos de cenógrafos e figurinistas, alguns de rápida aparição e outros de renome permanente. Entre esse grande número de artistas, podemos citar alguns com mais destaque.

Em São Paulo, destacamos Campello Neto, cenários e figurinos para pelo menos seis encenações; Flávio Phebo, com quatro montagens, numa delas com a curiosidade dos figurinos serem assinados por Cleide Yáconis; J. C. Serroni, que se tornaria um dos nossos melhores cenógrafos, com duas montagens; Felipe Crescenti, com dois espetáculos; Naum Alves de Souza, também com dois espetáculos; e Flávio Império, que foi um dos mais destacados cenógrafos brasileiros; Marcos Flaksman, Hélio Eichbauer, Luís Carlos Nistal, João Albano, Herton Roitman, Gilda Bandeira de Melo, Ilo Krugli, Tawfik, Lica Neami, Carlos

Eduardo Andrade, e os somente figurinistas Clodovil e a premiada Leda Senise.

No Rio de Janeiro, também com um número impressionante de autores de cenários e figurinos, podemos citar Colmar Diniz, Marcos Flaksman, Flávio Phebo, Germano Blum, Pedro Jácomo da Silva, Luís Carlos Ripper, Cyro Del Nero, Gianni Ratto, Arlindo Rodrigues, Luís de Lima, o grande Pernambuco de Oliveira, Luciano Trigo, Ivan de Albuqerque, Hélio Eichbauer, Elifas Andreatto e tantos outros. É interessante notar o grande número de cenógrafos que trabalharam nos dois grandes centros teatrais, Rio e São Paulo, revelando um importante e fértil intercâmbio artístico.

Tendências Contemporâneas

A partir do final dos anos de 1980, surge um movimento que vai se desenvolver nas duas décadas seguintes e que parece será uma das características do século XXI: é o que chamamos de cenografia ambiental, pois aproveita um espaço pré-existente, acrescentando apenas alguns acessórios cênicos. Esse tipo de encenação, que dispensa o edifício especificamente teatral, que já fora habitual na Idade Média, aproveitando igrejas, palácios, praças, pátios, foi a característica do teatro brasileiro, até o século XVII, quando foram construídos os primeiros teatros. Já em 1916, acompanhando o movimento europeu, que retomara essa forma de espetáculo, no Rio de Janeiro o Teatro da Natureza realizou uma temporada com Ésquilo e Sófocles no Campo de Santana, ao ar livre, prejudicada pela chuva, a grande inimiga dessa espécie de teatro[4].

Duas grandes vertentes se definem na cenografia ambiental: uma que aproveita construções e outra que é denominada teatro de rua, onde a cenografia é a própria cidade. O Teatro União e Olho Vivo, em 1969, já utilizara um velho casarão em São Paulo. Depois, Gabriel Villela aproveitou os porões do Centro Cultural São Paulo, em 1989, para *O Concílio do Amor*. Em 1992, Roberto Lage encenou *Tâmara*, aproveitando um antigo palacete em desuso, como recomenda o autor, para representar a Vila onde Gabriel D'Annunzio estava confinado pelo fascismo. Nessa cenografia, Isay Weinfeld e Márcio Kogan criaram cenários com móveis e objetos de antiquários, renováveis toda semana. No Rio, o velho palácio do Catete serviu de cenografia para uma peça sobre os últimos momentos de Getúlio Vargas. Uma das experiências mais interessantes foi a encenação de *Viagem ao Centro da Terra*, em 1992, no túnel em construção debaixo do rio Pinheiros, em São Paulo. O público atravessava o túnel, ainda em terra, com vários cenários construídos por Otavio Donasci, numa sucessão de surpresas. Em termos de aproveitamento de local histórico vale lembrar as montagens anuais, com centenas de atores, em comemoração à fundação de São Vicente em janeiro, na praia onde desembarcou Martim Afonso de Souza. Mas, talvez, o melhor que se conseguiu nessa linha foram os espetáculos do grupo Teatro da Vertigem, sob direção de Antonio Araújo: *O Paraíso Perdido*, com a igreja de Santa Ifigênia servindo como cenografia e cenários do diretor (1992), *O Livro de Jó*, cenografia em um hospital abandonado (1995) e *Apocalipse 1,11*, cenografia em um presídio desativado, ambos com cenários de Marcos Pedroso.

A vertente do chamado teatro de rua, porém, foi a que mais se desenvolveu, surgindo grande número de grupos especializados nesse gênero, como o Galpão, de Belo Horizonte; o Grupo Tá na Rua, do Rio de Janeiro; o Grupo Imbuaça, de Sergipe; o Ói Nóis Aqui Traveiz, de Porto Alegre; os Parlapatões, Patifes e Paspalhões, de São Paulo, e outros mais. O teatro de rua adquiriu tal desenvolvimento e importância que vários festivais de teatro criaram a categoria para premiação em separado, além de surgirem festivais especializados em São Paulo, Porto Alegre e, em Belo Horizonte, o Festival Internacional de Teatro Palco e Rua, na sua sétima edição em 2004, com vinte e oito grupos sendo oito internacionais.

A cenografia brasileira recebe um grande impulso com a criação de centros de estudos e de formação de cenógrafos, alguns oficiais outros da iniciativa privada. Já em 1987, no Rio, o Inacen cria a Oficina Pernambuco de Oliveira (Centro Técnico de Artes Cênicas) com o objetivo de formação e documentação, além de prestar assessoria técnica ao teatro. No Teatro Municipal, também no Rio,

4 Ver O Teatro da Natureza, em João Roberto Faria (dir.), *História do Teatro Brasileiro*, v. 1, São Paulo: Perspectiva/Edições SESC-SP, 2012, p. 380-384.

desde 1977 já funcionava um centro de cenografia e figurinos.

Em Belo Horizonte passa a funcionar um Centro Técnico da Fundação Palácio das Artes. Fundado em 1986, mas somente atuando a partir dos anos de 1990, Porto Alegre passa a contar com um Centro Cenotécnico do Rio Grande do Sul. E em São Paulo, o cenógrafo e figurinista J. C. Serroni – formado em arquitetura, mas com uma brilhante carreira no teatro, egresso do Centro de Pesquisas Teatrais do Sesc, dirigido por Antunes Filho – funda o Espaço Cenográfico de São Paulo, com oficinas, cursos, exposições e ainda uma excelente revista, *Espaço Cenográfico News*.

Além desses centros de estudos, nas várias regiões brasileiras se realizam vários simpósios, encontros, seminários. Em 1987, o Inacen realiza, no Nordeste, o I Encontro Nacional de Cenotécnicos, Cenógrafos e Arquitetos cênicos, com a presença de 64 profissionais de quatorze estados. O Sesc de São Paulo passa a realizar encontros mensais denominados Cenografia em Debate, sempre com as presenças de três cenógrafos convidados, sendo que os encontros se iniciaram com a participação de J. C. Serroni, Cyro Del Nero e Márcio Tadeu.

A cenografia brasileira adquire renome internacional graças à participação na importante e famosa exposição internacional, realizada a cada quatro anos, a Quadrienal de Teatro de Praga, graças à organização de J. C. Serroni. Entusiasmado com os excelentes resultados de um evento desse tipo, Serroni tentou ressuscitar no Brasil a Bienal de Artes Plásticas de Teatro, agora como quadrienal, revezando-se com Praga. Com apoio do Sesc, no contexto da XX Bienal Internacional de São Paulo (1989), a exposição "Uma Experiência Cenográfica – J. C. Serroni e o Centro de Pesquisa Teatral (CPT) do Sesc", completada com vários eventos como palestras, oficinas demonstrações, foi um sucesso, mas infelizmente não teve continuidade. Entretanto, a consagração da cenografia brasileira viria em 1995, com a Quadrienal de Praga concedendo o título de melhores cenógrafos mundiais a J. C. Serroni, José de Anchieta e Daniela Thomas.

Nos últimos anos do século XX e começo do novo milênio, muitos cenógrafos e figurinistas, felizmente, têm a oportunidade de apresentar excelentes trabalhos. Em Alagoas, comparecem Jose Eduardo Xavier da Silva, João Denis de Araújo Leite e Lael Correia; na Bahia, Jorge Alencar, Ewald Hackler, Lígia Aguiar Farias e Mauro Luís Prata Garcia; em Goiás, Shell Júnior; em Minas Gerais, novamente Raul Belém Machado e Luís Paixão, José Luis Ribeiro (em Juiz de Fora), Rogério Lopes , Silvana Menezes e Juliana Florais; no Paraná, Sérgio Pizoli, Olga Nessevê, Cristina Conde, Roberto Carlos Jubains, Carlos Sala e Paulo de Moraes (em Londrina); em Santa Catarina, Lourival Andrade, Sílvio Mantovani, arquiteto que desde 1982 vinha atuando como ator e cenógrafo, Roberto Gorgatila, Márcio Correa e o saudoso Isnard Azevedo, arquiteto, diretor, ator e cenógrafo, tão importante que o Festival de Teatro de Florianópolis tomou o seu nome depois do seu falecimento precoce; no Rio Grande do Norte, Jaime Figueiredo; no Rio Grande do Sul, Cristina Conde, Nestor Monastério, Paulo Balardin, Jarbas Parise, Luís Henrique Palese, Rodrigo Lopes e Nelson Magalhães; em Pernambuco, Doris Rollemberg; na Paraíba, Álvaro Fernandes, Eliézer Filho, Marcondes Moura para *A Farinhada*, que recebeu tantos prêmios em festivais nacionais. No Rio de Janeiro e em São Paulo, além dos cenógrafos e figurinistas já citados, a maioria apresentando continuamente novos trabalhos, tivemos uma série de novos artistas, que trouxeram uma grande contribuição para a renovação da cena brasileira. No Rio podemos citar José Geraldo Furtado, Cláudio Audrey, Rui Cortês, Augusto Federico, José Renato Neves da Silva, Mauro Marques, Paulo Conti, Marcelo Costa, Almir Telles, Paulo César Correia de Oliveira, Maria Carmem de Souza, Paulo Roberto Bibiano, Pedro Zorze Filho e Sueli Manda, sem contar que nesse período o excelente cenógrafo e figurinista José Dias, sendo arquiteto, defende sua tese de doutoramento no departamento de Artes Cênicas da Escola de Comunicações e Artes da USP sobre o tema da arquitetura teatral e o espaço cênico, coroando sua brilhante carreira na cenografia nacional, tão produtiva e tão premiada, além de uma vitoriosa carreira acadêmica. Em São Paulo, destacaram-se os nomes de Gabriel Villela e William Pereira, ambos artistas completos, cenógrafos e diretores, e de Renato Scripilitti, autor, entre outros, de um excelente cenário, conseguindo integrar uma grande escadaria construtivista com um pequeno ambiente realista simplificado, para a peça *Brasil S.A.*, de José Ermírio de Moraes e ainda os premiados José de Anchieta e Márcio Tadeu, Ninette Van Vuchelen, Juvenal dos Santos, Paulo Ribeiro, Carlos Verna, Graziela Rodrigues, Roberto Lage, Fábio Namatame, André Cortez e Leopoldo Pacheco.

A cenografia e a indumentária teatral, graças ao trabalho desses excelentes artistas, e outros mais que não foi possível citar, atraíram a atenção, o interesse e o respeito do grande público. Prova disso está no fato de a exposição, tão especializada, *Traje e Cena*, montada em 2004 pelo professor de cenografia do CAC-ECA-USP, Fausto Viana, nos porões do Teatro Municipal de São Paulo teve mais de 14.000 visitantes em pouco mais de três meses.

Na primeira década do século XXI, muitos dos cenógrafos importantes continuaram atuando, como José Dias, no Rio, e Serroni em São Paulo. Surgiram novos cenógrafos sendo que a nova cenografia, de caráter abstrato, acentuadamente simbolista, acompanha a nova dramaturgia, dita pós-dramática. Mas esse é um tema do novo século e certamente será tratado numa nova história do teatro brasileiro[5].

2. O TEATRO DE RUA

Rastrear a história do teatro de rua no Brasil implicaria necessariamente em um encontro com nossa época colonial e, portanto, com as experiências teatrais dos jesuítas, o que não é o caso deste capítulo, dedicado às manifestações posteriores à década de 1950. Vale lembrar que até o final do século XIX as festas populares e religiosas foram os espetáculos de rua de maior importância nas cidades brasileiras, apesar da existência de um intenso fluxo de artistas mambembes que realizavam pequenas apresentações, nas quais se fundiam a declamação, a mágica e a destreza circense.

Em princípios do século XX, em cidades do Centro-Sul – especialmente em São Paulo – os imigrantes europeus, particularmente italianos, fomentaram o teatro em seus grêmios anarquistas. Nas reuniões semanais e em festas como as do Dia Primeiro de Maio, elencos de amadores representavam peças com temas formativos. A partir da segunda década do século a festa proletária saiu dos salões e começou a ocupar os parques públicos com suas quermesses e peças teatrais. Apesar dessa eventual utilização do espaço ao ar livre não constituir um modelo de teatro de rua, significou um interessante antecedente de uso político do espetáculo teatral em espaços abertos.

O Teatro de Rua do CPC

O teatro de rua com caráter explicitamente político-militante se manifesta de forma contundente no Brasil nos primeiros anos da década de 1960, quando, em meio a uma profunda crise política e econômica, se intensificavam as lutas nas quais cumpriram um papel destacado os estudantes universitários. Um antecedente desse teatro foi a incipiente experiência, no final da década de 1940, do Teatro do Estudante de Pernambuco que, sob direção de Hermilo Borba Filho, com o apoio de Ariano Suassuna, utilizou uma barraca em praça pública para apresentações de diversas montagens, buscando uma maior proximidade com um público popular.

O Centro Popular de Cultura (CPC), da União Nacional dos Estudantes (UNE), sob a liderança de jovens intelectuais como Oduvaldo Vianna Filho, Carlos Estevam Martins, Ferreira Gullar, Augusto Boal, entre outros, deu impulso à criação de um núcleo teatral que dividia sua produção em teatro de sala e teatro de rua. Esse teatro de rua nasceu da necessidade do movimento estudantil – e dos intelectuais a ele ligados –, de alcançar uma maior aproximação com as camadas populares. No entanto, essa aproximação não se fez efetiva, seja pela pouca duração da experiência, seja pelas características do próprio movimento que se definia por sua composição de classe média.

5 Agradecemos a contribuição e informações das seguintes pessoas: Carlos Alberto da Conceição Teixeira (PA), Jairo Maciel e Edgard Feijó Mantovani (SC), Antonio Lopes (NE), José Dias (RJ), Ronaldo de Andrade Silva (AL), Ione Prado e Álvaro Maranhão (PR), Stanley Livingstone Whibbe (RJ e outros Estados).

O teatro de rua do CPC foi um teatro de propaganda produzido ao calor dos fatos políticos. Boal conta que no dia em que o presidente norte-americano John Kennedy, em 1962, decretou o bloqueio a Cuba pela crise dos mísseis, o grupo de teatro escreveu e ensaiou o espetáculo *O Auto do Bloqueio Roto*, que foi representado em praça pública no dia seguinte.

Nos poucos anos que durou a atividade do CPC, que foi interrompida pelo governo militar instalado com o golpe de março de 1964, o núcleo de teatro realizou uma pequena mas intensa produção de teatro de rua, a partir de diferentes referências estéticas da cultura popular. No entanto, predominou a influência dos procedimentos cênicos e as técnicas próprias do *agitprop*. A matriz desse teatro remete claramente às experiências da vanguarda russa, sobretudo às realizações dos primeiros anos da revolução bolchevique. O uso das notícias dos jornais, a intervenção do público na cena, a estreita conexão com os últimos acontecimentos e a urgência de um diálogo com o momento político que caracterizaram o teatro revolucionário russo e posteriormente o alemão dos anos de 1920, constituíram os elementos do teatro de rua político dos CPCs.

Essa atividade foi um instrumento das lutas políticas da UNE e não propôs uma reflexão sobre modelos estéticos. Apesar da carência de registros das experiências realizadas e dos escassos depoimentos que fazem referência ao teatro de rua e seus aspectos ideológicos e objetivos políticos, é possível perceber que essas práticas tiveram repercussões posteriores. Pode-se dizer que por força da difusão do livro *Técnicas de Teatro Popular Latino-americano* (1975) publicado em Buenos Aires por Augusto Boal, então exilado, algumas das modalidades do teatro de rua ganharam maior ressonância no âmbito do teatro latino-americano.

A Rua Sob Pressão

A partir de 1968, com o Ato Institucional n. 5, a ditadura endureceu o regime político e o teatro começou a sofrer com a censura prévia e violências de todo tipo. No período que vai desse ano até meados da década de 1970 a violência da repressão inibiu a realização de espetáculos de rua. Ainda assim, alguns poucos grupos que intervinham em âmbitos comunitários trabalharam quase no anonimato, na periferia de São Paulo ou do Rio de Janeiro. De fato, tais grupos buscaram modelos de um teatro comunitário que implicava também a exploração de espaços ao ar livre, via pela qual se aproximaram eventualmente do teatro de rua.

O grupo Teatro União e Olho Vivo, que trabalhava na periferia de São Paulo, constitui um exemplo dessa alternativa. Preocupado em fazer um teatro popular relacionado com os âmbitos comunitários, o grupo foi obrigado a enfrentar várias vezes a pressão da repressão, por utilizar espaços ao ar livre devido à carência de espaços disponíveis. Em 1973, o grupo foi detido sob alegações de desordem pública ao fazer teatro em uma pequena área disponível em uma favela paulista. César Vieira, fundador e diretor do grupo, viu-se obrigado a lidar com dificuldades dessa ordem para manter a atividade artística, em ruas de bairros populares, criando assim alternativas de produção.

Sobre esse período de atividades dos grupos paulistanos, Silvana Garcia afirma que o clima de insegurança obrigava os grupos a uma "itinerância que fazia parte de uma semiclandestinidade não admitida"[6]. Os registros históricos mostram que foram quase inexistentes as iniciativas que buscavam criar um teatro de rua: o foco da preocupação dos agrupamentos estava estreitamente relacionado com os aspectos políticos das atividades comunitárias. Ainda que a rua sempre tenha sido um espaço fundamental da atividade criativa e expressiva na cultura brasileira, como lugar das festas religiosas e do carnaval, o teatro da militância política nos bairros periféricos buscava a consolidação de espaços teatrais fechados – suas sedes –, que se relacionavam com a rua de forma episódica.

Paralelamente é interessante observar que em 1970 o grupo norte-americano Living Theatre, de Judith Malina e Julian Beck, chegou ao Brasil respondendo ao convite de José Celso Martinez Corrêa, que tinha como objetivo articular um trabalho criativo associando o Oficina ao grupo

6 Ver supra, O Teatro da Militância, p. 271.

argentino Lobos e ao Living Theatre. Embora esse projeto não tenha se efetivado, o Living Theatre aproveitou sua estada no país para realizar diversas experiências de rua, entre elas a apresentação de *House of Love* em uma favela paulista, em 23 de dezembro de 1970.

Com o fracasso do projeto junto a Zé Celso, o grupo Los Lobos decidiu fazer uma pequena turnê pelo Brasil, utilizando praças para representações improvisadas, enquanto o Living se deslocou para o Rio de Janeiro "a fim de conhecer mais o Brasil e entender a miséria do povo"[7]. Nessa cidade se apresentou em favelas. Subiu o morro da Mangueira para uma rápida performance ao ar livre que funcionou como parte experimental de um texto que Beck estava produzindo, e em dezembro de 1970 foi para Ouro Preto onde fez várias apresentações ao ar livre. Nessa cidade o grupo foi preso pelo Departamento de Ordem Política e Social (Dops) e, posteriormente, expulso do país, acusado pelo governo militar de consumo de drogas. A breve presença do Living, bem como sua proposta e metodologia influenciaram diversos grupos que tentaram estabelecer uma comunidade criadora com um compromisso de ir além da simples realização de espetáculos. A ideia de grupo teatral como uma comunidade permanente, cujos compromissos extrapolam o processo criativo, parece ter sido a influência mais duradoura dessa visita.

Segundo John Tyell, Julian Beck percebia que "o teatro tem que se fundir com a vida real para gerar um evento com significado genuíno, o que levou Julian a considerar que o teatro de rua deve sacudir aquela classe social que normalmente nunca estaria capacitada a enfrentar o luxo de ir ao teatro"[8].

No panorama dos grupos de teatro popular que trabalharam em bairros periféricos, a ideia de grupo como comunidade de autogestão produziu uma marca que foi importante nas tentativas de consolidação de projetos teatrais. A conexão entre a ideia de teatro popular e de comunidade é que permite tentar estabelecer uma relação com a modalidade do teatro de rua, pois esta forma de espetáculo aparece como uma alternativa expressiva, ainda que não fosse a modalidade prioritária de tais grupos.

A Crise da Ditadura e a Reconquista da Rua

No final dos anos de 1970, os movimentos sociais que se encontravam controlados pelo regime militar começaram a construir pequenas brechas no aparelho repressivo. Em 1977 aconteceram inúmeras manifestações estudantis nas ruas de diversas capitais do Brasil e algumas greves na indústria metalúrgica forçaram mudanças políticas. A partir de então o governo militar implementou um lento processo de liberalização, que teve como marco o fato de que em janeiro de 1979 deixou de existir o principal instrumento legal da ditadura – o Ato Institucional n. 5 (AI-5). Foi a partir desse momento que o regime autoritário começou a decair irremediavelmente.

Quando as manifestações políticas de rua voltaram a tomar importância e por todo o país brotavam greves, passeatas e assembleias de trabalhadores e de estudantes, ganhou força a ideia de um teatro comunitário ou militante. A percepção de que a rua voltava a constituir um lugar da luta política propiciou que os grupos retomassem a ideia do teatro de rua como uma modalidade apropriada às circunstâncias.

Cabe observar que os episódios mais violentos da repressão política – como a tortura sistemática e o desaparecimento de pessoas – cessaram ao final dos anos de 1970. Também nesse período começou a campanha nacional pela anistia geral e irrestrita. Nesse processo a sociedade civil brasileira foi conquistando espaços democráticos e paulatinamente encurralando a ditadura que, em 1985 recebeu o golpe de misericórdia quando a massiva campanha das "Diretas Já"[9] pôs fim a 21 anos de governos militares.

A democratização formal do país, com as primeiras eleições diretas para presidente em 1985, não implicou um fluxo novo do teatro de rua. Os grupos já vinham ocupando as ruas e mantendo

7 John Tyell, *The Living Theatre: Art, Exile and Outrage*, New York: Grove Press, 1995, p. 280.

8 Idem, p. 282.

9 Essa campanha exigia eleições presidenciais diretas, pois a ditadura havia mantido um sistema de pseudoeleições presidenciais através do congresso nacional que era controlado pelo regime.

uma atividade crescente. Tal fenômeno é bastante diferente de outros países da América do Sul, tais como Argentina, Uruguai e Chile, onde o fim dos regimes militares conduziu a uma espécie de *boom* do teatro de rua. Essa explosão de espetáculos de rua fomentou um movimento de grupos que se articularam de forma quase imediata com grupos europeus que começaram a visitar nosso continente.

A carência de modelos reconhecidos e de experiências recentes de teatro de rua possibilitou que os registros vagos do teatro político dos anos de 1960 constituíssem o principal material de referência para a realização de espetáculos. Os modelos de grupos estrangeiros, tais como o Bread and Puppet, o Living Theatre e o Teatro Campesino de Luiz Valdez, representaram influências, ainda que não de forma direta, mas devido a contatos esporádicos estabelecidos entre esses grupos e alguns professores, que formaram artistas e realizadores, além de fornecer referências bibliográficas.

O grupo precursor desse processo foi o carioca Tá na Rua, criado em 1980 pelo diretor Amir Haddad, que deixou sua carreira teatral nas salas mais importantes do Rio de Janeiro[10] para se dedicar ao teatro popular. Essa decisão foi motivada pelo desejo de fazer teatro para um público diversificado e buscar novos horizontes sociais. A percepção de que o teatro profissional daquele momento não constituía um espaço propício para a realização da discussão política, social e cultural necessária nos anos de 1970[11] conduziu Haddad à busca de uma nova forma de fazer teatro e de um espaço mais democrático. Para ele e seu grupo a rua representava o âmbito natural do artista que quer entrar em contato com o povo. O objetivo do grupo era "resistir à descaracterização cultural imposta pela ideologia autoritária do modelo político brasileiro"[12].

Segundo Amir Haddad, o trabalho do grupo foi resultado das condições adversas do governo do ditador Garrastazu Médici (1969-1974): "nasceu da busca de uma compreensão mais profunda do que se passava na sociedade sob a ditadura, com espetáculos censurados e com produções alternativas que se multiplicavam como forma de resistência a um sistema que nos oprimia"[13]. A persistência do Tá na Rua em apresentações no centro do Rio de Janeiro, sua contínua presença em diferentes festivais ao longo do país, bem como sua prática de oficinas fizeram com que o mesmo se consolidasse como um modelo do teatro de grupo para os anos de 1980.

Tá na Rua em performance.

O trabalho do Tá na Rua fundamenta-se em um coletivismo comprometido e na ausência de montagens de textos. O eixo de suas apresentações constitui-se de performances baseadas em números construídos a partir de personagens e tipos ao redor de uma "trouxa" de onde sai todo o material que gera o jogo de cena.

Essa forma de trabalho nasceu a partir do interesse de buscar na própria rua as técnicas da atuação de rua. A gestualidade das pessoas da rua é a referência mais clara para a elaboração do trabalho técnico do grupo.

10 Amir Haddad dirigiu importantes espetáculos nas salas de Rio de Janeiro, tendo recebido o Prêmio Molière, um dos mais importantes do teatro brasileiro.

11 Amir Haddad, Teatro: Magia Sem Mistério, *Cultura*, Rio de Janeiro, SMC, ano 1, n. 1, 1988.

12 Idem, p. 34.

13 André Carreira, *El Teatro Callejero: La Pasión Puesta en la Calle*, Buenos Aires: Nueva Generación, 2003, p. 111.

O Tá na Rua se distingue por haver elaborado um modelo particular de espetáculo que, apesar de buscar o plano da linguagem popular, escapa ao objetivo didático e à utilização de referências dramatúrgicas relacionadas com a literatura popular. É importante ressaltar essa característica porque a maioria dos grupos que utilizaram a rua para seus espetáculos – enquanto buscavam fazer um teatro popular ou mesmo militante – optou por um trabalho mais didático e apoiado em referências da cultura popular folclórica. Esse teatro se estruturou a partir de uma posição de enfrentamento com os elementos da cultura de massas. Por isso o popular não era aquilo que atendia ao gosto popular, mas prioritariamente o que parecia próprio da cultura do povo.

No cinturão industrial de São Paulo diversos grupos de teatro popular se aproximaram dos sindicatos de metalúrgicos, e assim estiveram na vanguarda das lutas e se colocaram ao serviço das organizações operárias. O grupo Forja, vinculado ao Sindicato dos Metalúrgicos do ABC, trabalhou nos bairros operários e apresentou o espetáculo *Brasil S/A* nas assembleias massivas realizadas no estádio da Vila Euclides em São Bernardo do Campo. O grupo Galo de Briga se desenvolveu apoiando os movimentos populares e os comitês de solidariedade aos grevistas, e para isso realizou o que o grupo chamou de "arte do momento: paródias políticas típicas do *agitprop* durante as assembleias e manifestações"[14].

Esse tipo de experiência também foi comum em outras cidades. Em Angra dos Reis (RJ), local da única usina nuclear do Brasil, o Grupo Revolucena, criado em 1979, surgiu como um elemento propulsor da organização de manifestações ecológicas e estruturação de entidades culturais e ecológicas[15]. Em Olinda (PE) o grupo Ponta de Rua; em Recife (PE) o Teatro Popular da Várzea e o Teimosinho, do bairro de Brasília Teimosa, entre outros, também impulsionaram movimentos culturais a partir de seus espetáculos relacionados às lutas sociais das comunidades.

A insatisfação de um grupo de alunos da Escola de Teatro de Porto Alegre com as propostas pedagógicas do curso e o teatro que viam nas salas da cidade, impulsionou a criação do Ói Nóis Aqui Traveiz, em 1977, que nasceu com o objetivo de realizar um teatro que respondesse às questões levantadas pelo movimento social local. Em 1981, o grupo experimentou pela primeira vez o espaço da rua com suas intervenções, mas foi em maio de 1985 que apresentou seu primeiro espetáculo de rua, *Teon* (roteiro e direção coletiva). O compromisso militante do grupo foi se diversificando com a crise da ditadura. Apesar disso, o grupo manteve uma linha de espetáculos específicos para apresentação em manifestações políticas[16] que são performances sob a forma de desfiles paródicos.

O Oi Nóis é um dos grupos que reconhece em seu trabalho uma influência direta do Living Theatre, especialmente no que diz respeito às dimensões sociais do trabalho grupal. Sob esse aspecto o grupo enfatiza a relação com os escritos de Antonin Artaud ao compreender que o elemento comunitário se completa com a noção do espetáculo como prática cerimonial.

Depois de fazer vários espetáculos de sala e intervenções o Ói Nóis Aqui Traveiz dirigiu sua atenção à pesquisa sobre a poética do teatro de rua com a apresentação de diversos espetáculos[17]. Assim, o grupo estabeleceu um circuito permanente de apresentações de rua que chamou de "Caminho para um Teatro Popular", que consistia em apresentações regulares em praças e bairros populares de Porto Alegre e de sua periferia. A finalidade desse circuito foi "levar o teatro à rua, com a ideia de um teatro político que servisse como instrumento de reflexão e conscientização social e de combate à colonização social e à massificação cultural"[18].

14 Silvana Garcia, *O Teatro da Militância*, São Paulo: Perspectiva, 1979, p. 56.

15 Ver Narciso Telles, *O Teatro que Caminha pelas Ruas*, São Paulo: Nativa, 2002.

16 Sandra Alentar, *Aguadores da Paixão*, Porto Alegre: Fumproarte/PMPA, 1992, p. 182.

17 As montagens de rua do grupo foram: *Teon: Morte em Tupi-Guarani* (1985); *A Exceção e a Regra* (1987), de Bertolt Brecht; *A História do Homem que Lutou Sem Conhecer Seu Grande Inimigo* (1988), de Augusto Boal; *A Dança da Conquista* (1990) e *Deus Ajuda os Bão* (1991), ambas de Arnaldo Jabor; *Se Não Há Pão, Coma Torta* (1993) e *Os Três Caminhos de Honório dos Anjos e dos Diabos* (1993), de João Siqueira. Este é o repertório que o grupo apresentou de forma alternada. Contar com um repertório amplo e variado permitiu ao grupo manter uma atividade permanente; ainda que tenha havido uma intensa rotatividade de membros colaboradores, o núcleo básico permanece estável desde a sua fundação.

18 *Terreira da Tribo de Atuadores. Projetos* 1993, publicação em mimeógrafo.

O Ói Nóis estruturou um modelo de teatro de rua que funde as raízes de um teatro formado por forte compromisso ideológico de denúncia e crítica, com um rigor interpretativo baseado no trabalho do ator e no uso de grandes objetos de cena. Os bonecos e máscaras constituem uma característica do teatro desse coletivo que não trabalha com diretores.

No Nordeste o grupo Imbuaça de Aracajú (SE) foi criado em 1977, a partir da experiência realizada pelo diretor Bemvindo Siqueira com o Teatro Livre da Bahia, e posteriormente, com o Teatro Livre de Sergipe. Desde seu início essa agrupação teve a cultura popular nordestina como sua fonte de inspiração, e a literatura de cordel como um material dramatúrgico privilegiado. O Imbuaça desenvolve um trabalho teatral voltado para apresentações nas ruas e com pesquisa de linguagem popular reforçada pela tradição das festas regionais. O grupo, entre cujos espetáculos se destaca *A Farsa dos Opostos*, construiu um modelo espetacular baseado fundamentalmente na utilização de rodas e de tipos populares cômicos característicos do Nordeste. Esse grupo também se identificou com projetos de intervenção na vida cultural do bairro Santo Antônio. Junto ao grupo Alegria, Alegria de Natal, o Imbuaça representa o mais significativo no que diz respeito à exploração da rua como espaço cênico.

Uma interessante iniciativa institucional no período correspondeu à RioArte – organismo estatal do Rio de Janeiro – que criou em 1982 um ciclo de teatro de rua (Projeto Cenas Cariocas) utilizando adaptações de textos clássicos da literatura brasileira. O diretor Aderbal Júnior[19] dizia, na apresentação do projeto, que "era ao ar livre onde o teatro ia se renovar". Ainda que essa experiência não tenha tido continuidade ela pode ser considerada reflexo das novas tendências que tingiram o teatro de rua no país ao longo do anos de 1980/1990.

A abertura do espaço democrático da rua propiciou a ampliação tanto da produção como estimulou a diversidade de experiências espetaculares de rua. Isso representou o surgimento de oportunidades para contatos com novos referenciais, e até para a renovação do conceito de teatro de rua que predominava na nossa cena. O teatro de rua dava então um passo em direção a um novo lugar no panorama teatral deslocando-se, ainda que de forma incipiente, de sua condição de marginalidade.

O Contato com as Matrizes do Teatro de Rua Europeu

Se os grupos de teatro de rua haviam começado suas atividades no período democrático sem contatos com modelos de teatro de rua vivos nos quais se inspirar, essa carência começou a desaparecer em 1986, quando Eugenio Barba visitou o país pela primeira vez. Barba não trouxe ao nosso continente apenas um modelo de teatro de rua, mas ofereceu também conceitos sobre a formação técnica do ator e sobre a organização e o trabalho do grupo que dirige, o Odin Teatret. Sua longa experiência de teatro de grupo e sua aprendizagem com Jerzy Grotowski foram credenciais mais que suficientes para que os grupos brasileiros que trabalhavam na rua, entre outros tantos teatristas, prestassem muita atenção a suas ideias.

Paralelamente às visitas de Barba diversos grupos europeus relacionados com a antropologia teatral realizaram várias turnês pelo Brasil, começando assim uma convivência frutífera com nosso meio teatral. Nomes como Odin Teatret, Farfa, Poltlash e Táscabile Di Bergamo, entre outros, tornaram-se familiares aos teatristas da rua. Tanto Barba como o Odin Teatret e outros grupos tiveram diferentes tipos de recepção, desde as mais amistosas até os confrontos mais veementes por parte daqueles que viram nos trabalhos desenvolvidos práticas de dominação cultural.

A apresentação de espetáculos, a realização de oficinas e sessões de intercâmbio com grupos locais permitiram a difusão das ideias estéticas e dos procedimentos técnicos dos grupos europeus e estreitaram os vínculos entre os diferentes grupos.

Foi possível observar que as atividades didáticas realizadas durante as visitas de Barba geraram polêmica. No entanto, suas ideias sobre o teatro e os espetáculos do seu grupo foram recebidos com muita atenção. Os modelos teatrais dos grupos europeus propunham uma teatralidade da rua não fundamentada nos aspectos temáticos e com uma

19 Posteriormente o diretor Aderbal Junior passou a utilizar o nome de Aderbal Freire-Filho.

maior elaboração técnica e estética. A aplicação técnica e a capacidade expressiva dos atores foram os aspectos que mais impressionaram os teatristas locais.

A repercussão imediata desse processo foi a incorporação, nos espetáculos dos grupos locais, de elementos de cena como as pernas-de-pau e as bandeiras para os espetáculos-desfile, e elementos circenses como a acrobacia[20]. Tais práticas logo passaram a ocupar um lugar nas aulas das escolas de teatro. Se esses elementos cênicos não eram totalmente estranhos ao teatro brasileiro por força das matrizes circenses dos séculos XVIII e XIX, é verdade que fazia muito tempo que não compunham o leque de técnicas preferenciais de atores e diretores da rua.

A mais importante contribuição da antropologia teatral ao teatro de rua do Brasil e da América Latina como um todo foi a sistematização de um discurso teórico que restituiu o valor ao teatro de rua como modalidade teatral importante no terreno da teatralidade moderna. Eugenio Barba foi a figura de renome mundial que teve a virtude de recolocar o fenômeno teatral de rua no panorama da arte teatral atual e fornecer uma ampla gama de instrumentos técnicos para a realização de espetáculos de rua.

Os conceitos de Barba sobre o teatro de grupo funcionaram como elemento exemplar para os teatristas da rua. Muitos grupos entusiasmados por ideias que valorizavam a arte da rua e principalmente o ator como veículo fundamental do teatro na rua tomaram o modelo de espetáculo de Barba como uma fórmula inspiradora.

O modelo da antropologia teatral, apoiado na pesquisa de técnicas expressivas, no processo criador do ator e, ao mesmo tempo, fundamentado por um sólido discurso ideológico de crítica à sociedade capitalista ocidental, estimulou os grupos de teatro de rua a encontrarem uma alternativa ao antigo modelo do teatro de rua "politizado". Nesse mesmo movimento, sugeriu conservar os objetivos de reconstrução da cultura popular ou regional.

Finalmente cabe dizer que o papel da influência de Barba junto ao teatro de rua não se esgota nos elementos anteriormente mencionados. O teatro de rua constituiu um objeto que ainda demanda uma maior atenção dos historiadores, pois se trata de uma modalidade espetacular pouco abordada em nossos livros de história, apesar de representar uma gama significativa de experiências artísticas do campo teatral no período que teve importantes desdobramentos na vida do teatro no Brasil.

O Grupo Galpão de Belo Horizonte pode ser considerado um desses grupos que sofreu uma influência estimulante do processo de contato com os europeus na década de 1980. O Galpão foi criado por atores[21] que, na cidade de Diamantina (MG), em 1982, participaram de oficinas de técnicas de atuação ditadas pelos diretores do Teatro Livre de Munique (Freies Theater München[22]). A partir dessa experiência, os atores iniciaram uma busca de novas formas de encarar o trabalho teatral, investindo na preparação técnica do ator. Surgiu assim um projeto de explorar uma teatralidade baseada na experimentação cênica e em uma estrita disciplina de trabalho. Isso deu início à realização de sessões de aperfeiçoamento através de pequenos cursos intensivos sobre técnicas de interpretação para o ator. Posteriormente, do contato com grupos como o Táscabile Di Bergamo, o Galpão adotou o formato do treinamento contínuo. A busca de uma refinada qualidade artística e até mesmo uma sorte de virtuosismo dos atores tinha como objetivo criar de imediato uma forte empatia com o público, com o objetivo de realizar "uma comunhão ritual no ato de atuar"[23].

Não obstante a experiência de criação coletiva com a qual o grupo iniciou sua busca por um produto artístico de maior qualidade, o Galpão optou

20 A crítica argentina Cecilia Hopkins, comentando as visitas de Barba a Buenos Aires, afirma sobre "as consequências do seminário que o Odin ofereceu em Buenos Aires": "Ali se originou todo um repertório de exercícios que 'viajou' de oficina a oficina, de estúdio em estúdio. Foi muito comum nos anos subsequentes encontrar professores que 'passassem' os exercícios aprendidos naquelas sessões. Por outro lado, [o Odin] montou um segundo espetáculo com atores formados pela Escuela Nacional de Arte Dramático. A opinião de muitos coincidiu em assinalar aquela experiência como ponto de partida para certas mudanças operadas em grupos de teatro de rua: começou-se a utilizar pernas de pau, bandeiras, fogo e acrobacias como tentativa de desenvolver a face mais espetacular do evento da rua". Las Cuatro Visitas del Odin Teatret a Buenos Aires, *Teatro al Sur*, 1997, p. 50.

21 Teuda Bara; Antônio Edson; Wanda Fernández; Beto Franco; Eduardo Moreira; Chico Pelucio.

22 George Froscher e Kurt Bildstein.

23 Arildo de Barros, A Paixão na Poeira, *Grupo Galpão*, Belo Horizonte: [s.n.], 1991, p. 17, cópia mimeografada.

por trabalhar com diretores convidados, o que implicou em experiências estéticas diversificadas, mas sem significar uma perda da unidade da linguagem cênica.

Como muitos grupos naquele período, o Galpão começou sua atividade na rua para aproveitar as poucas barreiras econômicas que esse espaço oferece. Isso estimulou o grupo porque o situava "no meio do povo, ao lado das buzinas e dos gritos das crianças, competindo com o ruído urbano"[24]. Para o grupo a rua era um espaço que propiciava a experimentação de técnicas expressivas do ator, devido à resposta imediata do público. Isso complementava o desejo de estar próximo das pessoas comuns, intervindo esteticamente no movimento da rua. Apesar de não haver assumido a forma de grupo militante, o Galpão não deixou de expressar seu compromisso com a realidade política do país. Inclusive realizou algumas experiências de participação em manifestações sindicais de esquerda, nas quais representou pequenos *sketchs*. Em decorrência disso, o grupo também experimentou problemas com as forças policiais.

O Galpão transitou do modelo teatral dos grupos europeus em direção à sua própria teatralidade. Alguns dos seus primeiros espetáculos se inspiraram na *Commedia dell'Arte* a partir da concepção de que esse era o modelo, por excelência, do teatro de rua[25]. Mas o projeto estético do grupo baseou-se, posteriormente, na cultura regional de Minas Gerais, com a intenção de "indagar sobre sua origem, seu ser brasileiro"[26] e responder a isso com espetáculos teatrais.

Esse grupo representa uma referência fundamental do novo teatro de rua brasileiro que experimentou um novo ciclo de crescimento nos anos de 1990. Suas montagens e modos de trabalho, especialmente sua atividade como polo de fomento do teatro de rua, constituem modelos que muitos grupos observam atentamente.

24 Idem, p. 19.

25 Desse período são: *Arlequim Servidor de Tantos Amores* (1985), espetáculo inspirado em textos de Goldoni, e *A Comédia da Esposa Muda* (1986), texto de autor anônimo da *Commedia dell'Arte*.

26 Eid Ribeiro (dir.), *Álbum de Família, de Nelson Rodrigues*, 1990. (Programa da peça).

Os Festivais de Teatro e as Mostras de Rua

O fenômeno do crescimento e expansão do número de festivais de teatro nos anos de 1980 repercutiu diretamente na produção do teatro de rua. O processo de ampliação do número de festivais e diversificação de critérios de organização no final dos anos de 1970 abriu espaço para manifestações de teatro de rua que antes nem eram cogitadas nas programações dos festivais.

Algumas iniciativas pioneiras, entre elas a de grupos como o Galpão, que organizou mostras internacionais de teatro de grupo e depois interveio na formulação do Festival Internacional de Teatro – Palco e Rua – de Belo Horizonte (1994), foram fundamentais para a construção de um espaço próprio para o espetáculo de rua. Este festival foi responsável por trazer pela primeira vez ao Brasil grupos de rua tais como Generik Vapeur (França), Ulotopie (Bélgica), Escena Subterránea (Argentina), entre outros, que rompiam com os modelos mais tradicionais de teatro de rua, tomando a cidade como um espaço dinâmico.

Alguns eventos contribuíram de forma destacada para criar uma ponte entre o teatro de rua do Brasil e os grupos estrangeiros através da abertura de um espaço mais profissional para o teatro de rua. Além do mencionado FIT-BH é interessante citar o Festival Internacional de Londrina, o Festival de Inverno da UFMG, o Porto Alegre em Cena, a Mostra de Teatro do Sesc, o Festival de Campinas, o Festival de Campina Grande, entre outros espalhados pelo país.

A repercussão dos trabalhos dos grupos de rua estimulou muitos festivais a incorporar uma mostra especial dedicada ao teatro de rua como espaço paralelo ou a aceitar espetáculos de rua no âmbito de suas mostras oficiais. Nesse processo, ainda surgiram festivais como o Nacional de Teatro de Rua de Angra dos Reis e a Mostra Lino Rojas que se caracterizam pela especificidade do espaço da rua[27].

27 Iniciativas como o Movimento de Teatro Popular de Pernambuco, MTP-PE, com mais de duas décadas de existência, fomentaram experiências de teatro de rua que deram origem a um festival de teatro de rua no início dos anos 2000 e ao Movimento de Teatro de Rua, surgido na mesma década.

De certa maneira a existência dessas mostras contribuiu para fomentar a realização de espetáculos de rua. A abertura de novos espaços, associada à repercussão do trabalho de grupos de rua que se profissionalizaram, significou um estímulo à adoção da rua como alternativa consistente para grupos de vários estados do país.

Além dos festivais é interessante destacar as visitas de importantes companhias, tais como o grupo francês La Royal de Luxe e o extinto Organización La Negra, da Argentina, que aportaram ideias arrojadas sobre o uso do espaço da cidade. La Royal de Luxe, com o espetáculo *Roman Photo* – um espetáculo-instalação –, discutia a própria lógica da fala da cena da rua, enquanto La Negra trouxe uma proposta teatral inusitada quando utilizou o Vale do Ibirapuera para as apresentações do seu espetáculo *La Tiroleza*, baseado na combinação de técnicas aéreas, violência e música.

O Advento do Circo como Espetáculo de Rua

A história do teatro de rua no Brasil não pode deixar de registrar que nos anos de 1990 um novo elemento começou a ter uma presença cada vez mais constante quando se faz referência ao espetáculo de rua: o circo[28].

Já no século XIX artistas circenses mambembes utilizavam as ruas do Rio de Janeiro ou das cidades de Minas Gerais e de São Paulo para performances de destrezas e habilidades. Palhaços de terrenos baldios e de esquinas não eram estranhos no começo do século XX e a Escola Nacional de Circo sediada no Rio de Janeiro já funciona desde 1982. Mesmo assim foi somente na última década do século XX que as técnicas circenses começaram a invadir as ruas e a se confundir com o próprio teatro de rua segundo alguns artistas.

O trabalho de companhias como Teatro de Anônimo (1986), Companhia Brasileira de Mystérios e Novidades (1985), Intrépida Trupe (1986), Teatro Circo Udu Grudi (1982), Escola Piolin (1977) contribuíram para que essa aproximação fosse consolidada criando um novo olhar sobre a performance circense de rua. Destaca-se entre estas experiências a figura do palhaço Xuxu (Luís Carlos Vasconcellos).

Os Anos de 1990 e os Primeiros Anos do Século XXI

A virada do século XXI encontrou um teatro de rua que se expandiu, criou espaços de intercâmbio e de troca de experiências. Nesse processo, o movimento de teatro de rua começou a ganhar formas de organização política, entre as quais pode-se citar a Rede Brasileira de Teatro de Rua, o que repercutiu em uma maior presença dos realizadores nas esferas da gestão cultural.

Por outro lado, os teatristas da rua ampliaram seus conceitos sobre o espetáculo de rua e criaram oportunidades de discussão sobre técnicas e referentes estéticos; isso também teve um reflexo significativo no crescimento de publicações de livros e artigos sobre o tema[29]. Ao mesmo tempo, diversos grupos começaram a organizar publicações sobre suas experiências e na esfera dos cursos universitários de teatro apareceram vários trabalhos dedicados ao teatro de rua, o que constituiu uma novidade considerando que a universidade brasileira pareceu ignorar essa modalidade teatral durante muito tempo.

Concomitante com esse processo se deu no seio do movimento de grupos de teatro de rua um aprofundamento da discussão sobre a natureza e o lugar político do teatro de rua. Pode-se observar que, apesar de predominar um olhar que situa o teatro de rua como referente da cultura popular – quando se pensa, por exemplo, nos trabalhos de importantes grupos, tais como Tablado de Arruá

28 Sobre o assunto, leiam-se as observações da Alice Viveiros de Castro, no artigo "Circo-Teatro" (*Anjos do Picadeiro*, São José do Rio Preto: s/n, dez. 1998): "Há uns vinte anos circo era coisa de circense. [...] Se hoje podemos falar em 'renovação do circo brasileiro', em 'nova geração' é porque em São Paulo, em 1980, existiu a Escola Piolin de Artes Circenses; na Paraíba Luís Carlos Xuxu e Cia. criaram a 'outra' Piolin; Luis Olimecha e Zé Wilson, frutos da tradição, criaram a Escola Nacional de Circo. [...] E daí, artistas urbanos que jogavam capoeira, dançavam e queriam fazer coisas foram estudar e tiveram a cara de pau de dizer: 'Eu também faço circo. Meu espetáculo vai ser feito na rua e nos teatros'".

29 Importantes publicações como o *Dicionário do Teatro Brasileiro* (J. Guinsburg; João Roberto Faria; Mariangela Alves de Lima, 2. ed., São Paulo: Perspectiva, 2009) incorporaram o teatro de rua como objeto de estudo.

(SP), Núcleo Pavanelli (SP), Oigalê (Porto Alegre) –, surgiram abordagens que buscam extrapolar essa noção. Isso pode ser observado com o aparecimento de espetáculos de grupos, ou artistas, tais como Erro Grupo (Florianópolis), Experiência Subterrânea (Florianópolis), Grupo do Trecho (São Paulo), Falus Stercus (Porto Alegre), Teatro que Roda[30] (Goiânia), Narciso Telles, que trabalham considerando a cidade como material poético e ponto de partida para criações cênicas mais performáticas.

Essa divisão entre dois campos, porém, não espelha de forma completa o quadro da primeira década do século XXI, em que há um desenvolvimento de teatro de rua mais complexo, que explora múltiplas alternativas de linguagens. Muitos artistas têm experimentado formas híbridas que combinam diversas matrizes e influências que vão do campo popular ao experimental, do musical ao teatro de bonecos, do uso de texto dramatúrgico ao espetáculo baseado no trabalho corporal.

3. O TEATRO DE BONECOS

As notícias que temos sobre as primeiras manifestações do teatro de bonecos no Brasil são poucas e esparsas. Certamente nos foi trazido pelos colonizadores europeus nos séculos XVI e XVII. O historiador Luiz Edmundo menciona o teatro de *bonifrates* como uma diversão muito popular no final do século XVIII e início do XIX, suprindo mesmo a falta que então havia de espetáculos em todo o país.

No Nordeste, como os pastoris e os presépios de fala, o teatro de bonecos era inicialmente ligado a festas religiosas, tornando-se depois cada vez mais descontraído e profano. Apresentava-se em palcos improvisados, como os ambulantes medievais, ou em tendas armadas nas praças e feiras. Ainda hoje é assim que em geral se apresenta o mamulengo, teatro de bonecos também conhecido pelo nome das suas personagens centrais como Babau, Casemiro Côco ou João Redondo. Os bonecos são predominantemente de luva, com cabeças esculpidas em madeira: os traços faciais são marcados por narigões, bocas e lábios salientes pintados em cores vivas e sem preocupações naturalistas. Porém, são as características de conduta e caráter que os assemelham: são irreverentes, justiceiros, desafiam as autoridades, principalmente as judiciais, eclesiásticas e políticas, buscam provocar o riso na plateia e resolvem seus conflitos quase sempre com o recurso da pancadaria.

Entre os mamulengueiros mais conhecidos podem ser lembrados Mestre Babau – Severino Alves Dias; Mestre Chico da Guia (1878-1948); Mestre Luiz da Serra – Luiz José dos Santos (1906-1986); Mestre Ginú, também conhecido como Tiridá – Januário de Oliveira (1910-1977); Mestre Antônio Biló – Antônio Severino dos Santos; Mestre Otílio – Otílio Caetano Felix; Mestre Sólon – Sólon Alves de Mendonça (1920-1987); Mestre Boca Rica (1936-1991); Mestre Chico Daniel – Francisco Alves da Costa (1941-2007); Mestre Zé Lopes – José Lopes da Silva Filho; Mestre Saúba – José Elias da Silva; Mestre Zé de Vina – José Severino dos Santos.

No Sul esse teatro se manifesta mais ligado a espetáculos de circo. Uma diversão simples, dirigida ao público em geral, mas não necessariamente infantil.

No final do século XIX e início do século XX, o Brasil recebe companhias de teatro de marionetes europeias profissionais que aqui estiveram em turnês pelos grandes centros e deixaram marcas por onde se apresentaram. Notórias foram as incursões dos Piccoli di Podrecca, em São Paulo, e da Companhia Automática do Régio Teatro San Martiniano de Turim, no Rio de Janeiro. Por ocasião da visita dessa companhia, João Batista Avalle, um tipógrafo carioca, por seus conhecimentos de línguas, foi contratado por ela como imitador de vozes[31].

30 *Das Saborosas Aventuras de D. Quixote de La Mancha e Seu Fiel Escudeiro Sancho Pança: Um Capítulo que Poderia Ter Sido.*

31 Sobre a passagem na cidade do Rio de Janeiro da Cia. Automática do Régio Teatro San Martiniano, de Turim, consultar: Susanita Freire, *O Fim de um Símbolo: Theatro João Minhoca Companhia Authomatica*, Rio de Janeiro: Achiamé, 2000.

Com a experiência assim adquirida, Batista fundou depois no Rio de Janeiro, em 1882, o seu próprio teatro, a que deu o nome de Teatro João Minhoca, nos moldes dos bonecos italianos. Este também era o nome da personagem central, um negrinho esperto e contestador, que contracenava com personagens-tipo da sociedade da época. Por algum tempo foi grande sucesso na cidade, percorrendo também outros centros importantes dos estados do Rio, Minas Gerais e São Paulo. Sua popularidade, porém, não vingou por muito tempo. Conforme comentário em artigo publicado no *Diário de S. Paulo*: "O teatro de bonecos João Minhoca foi uma tentativa persistente, porém sem raízes no folclore, na história ou tradição; suas aparições conservam apenas uma legenda caricatural, de simples diversão momentânea, fugaz e perecível"[32].

Os registros sobre a prática do teatro de bonecos no Sul do Brasil são incipientes. Recentemente, estudos confirmam a existência de grupos familiares ou titeriteiros solistas, de descendência italiana e alemã que atuaram na região em meados do século XX. Dal Bó, em estudo sobre os *burattini*, a tradição italiana presente no Rio Grande do Sul, afirma:

> Quando emigraram no final do século passado, algumas famílias italianas que se estabeleceram nessa região trouxeram, em sua bagagem, insólitas personagens. No fundo dos pobres baús de madeira e entre baldes de cobre, enxadas, quadros religiosos e lembranças de parentes que ficaram, vieram também pequenas figuras cuidadosamente entalhadas – *i burattini* – bonecos de luva que lá, nos longos serões na *stalla* (estrebaria), os distraíam durante as conversas ou que frequentemente viam na *osteria, na piazza del paese*, nos dias de feira ou aos domingos quando iam à missa[33].

É importante destacar que tais encenações permaneceram no universo familiar e não há registro de que tenham ocupado pautas em casas de espetáculo.

Diferentemente, em Santa Catarina, o tradicional teatro de bonecos alemão *kasperle* foi presença bastante viva na região de Blumenau, notadamente nos municípios de Jaraguá do Sul e Pomerode. Nessa transposição para a região Sul do Brasil o *kasperle* abandona algumas características de origem como, por exemplo, parte da irreverência, insubordinação às autoridades, destempero verbal e assume um tom mais educativo e até didático. Em Pomerode, as apresentações do teatro do sr. Hildor Emmel, no período de 1959 a 1964, transcendem os limites da família e amigos e tornam-se uma das atrações mais esperadas das festas da igreja local. Em Jaraguá do Sul, registra-se o Teatro da Móin-Móin protagonizado pela imigrante alemã Margarethe Schlünzen, que apresentava seu teatro em escolas, creches e festividades locais. Móin-Móin era a resposta das crianças à saudação em alemão *guten morgen, guten morgen* (bom dia, bom dia), para a marionetista, quando chegava às escolas para apresentar seu espetáculo. Essa expressão deu origem ao nome do seu teatro que atuou por um período de vinte anos, de 1957 a 1977.

As duas trajetórias catarinenses ainda apresentam algumas características comuns: as apresentações eram em língua alemã e com música ao vivo; os marionetistas e músicos pertenciam à mesma família e Kasper era a personagem central.

Origens de um Teatro de Bonecos Profissional

A partir da década de 1940 surgiu no Rio de Janeiro um movimento educativo e cultural que indiretamente acabou repercutindo também no teatro de bonecos de todo o país. Em 1945, Helena Antipoff criou a Sociedade Pestalozzi do Brasil, com sedes no Rio de Janeiro e em Belo Horizonte e com uma escola experimental numa área rural de Minas Gerais, a Fazenda Rosário.

Voltada principalmente para crianças deficientes e excepcionais, a Sociedade Pestalozzi foi um núcleo de pesquisas científicas, de informações, de educação, estatística e publicações. A meta era educar através de atividades artísticas, dando, paralelamente, um atendimento psicológico, o que na época era uma novidade.

Helena Antipoff ingressou em todas as áreas educacionais. Compreendendo o grande alcance

32 Artigo publicado no *Diário de S. Paulo*, de 26 junho de 1946, com o título "Lendas Brasileiras, Contos Regionais e Óperas Infantis, no Teatrinho de Fantoches".

33 Juventino Dal Bó, Burattini: A Tradição Italiana no RS, *Continente Sul Sur*, Porto Alegre, IEL, n. 5, 1997, p. 65.

do teatro de bonecos, passou a promover, a partir de 1946, uma série de cursos de formação de titeriteiros. Iniciou um intercâmbio entre artistas e intelectuais brasileiros e europeus. Incentivou jovens que depois vieram a se tornar, mais tarde, figuras importantes em nossa vida cultural ou precursores na área do teatro de bonecos. Entre eles Cecília Meireles, Gianni Ratto, Adolfo Celi, Chagas Freitas, Olga Obry, Maria Clara Machado, Augusto Rodrigues, Paschoal Carlos Magno, Tônia Carrero, Virginia Valli, Carmosina de Araújo, Suzana Rodrigues, Antonieta Lex Leite, entre outros[34].

Olga Obry, jornalista e escritora, natural da Ucrânia, naturalizada brasileira, dirigiu o Teatro de Figuras, no Leme. Escreveu diversos textos para teatro de bonecos. Além de dramaturga publicou *O Teatro na Escola* no qual ensinava processos de confecção e orientava a encenação de textos[35].

Virginia Valli, atriz e diretora, criou um grupo de artistas formados pela Sociedade Pestalozzi na cidade do Rio de Janeiro. Seus espetáculos eram baseados em contos tradicionais e no folclore brasileiro. Utilizava marionetes de fio e fantoches, inovando também entre nós a técnica de bonecos de vara. Dedicou-se durante anos à realização de cursos e colaborou nas edições da revista *Mamulengo*, na qual publicou diversos textos.

Maria Clara Machado realizou ainda criança, na década de 1940, experiências que repercutiram na sua carreira profissional e na definição por trabalhar no teatro para crianças[36]. Posteriormente frequentou cursos da Sociedade Pestalozzi e sua contribuição como dramaturga é relevante. As peças *Pluft, o Fantasminha*, *O Boi e o Burro a Caminho de Belém* e *Maroquinhas Fru-Fru* foram inicialmente escritas para a linguagem do teatro de bonecos. Seu trabalho despertou o interesse de educadores que passaram a usar fantoches em suas atividades. Os seus textos, durante muito tempo, foram a principal fonte de referência para quem fazia teatro de bonecos e teatro para crianças.

Augusto Rodrigues, fundador da Escolinha de Arte do Brasil no Rio de Janeiro, também pertenceu ao quadro da Sociedade Pestalozzi. Em sua infância, foi plateia dos mamulengueiros Babau e Cheiroso, mas preponderante para a sua formação foi o seu convívio com Javier Villafañe, de quem se tornou amigo, tendo sido seu assistente em muitas de suas apresentações pelo Brasil. Recebeu influências do dr. Ulysses Pernambucano (1892-1943), psiquiatra residente no Recife, o qual, contrário aos teatros apresentados nas ruas e praças de Recife, pregava a integração dos nossos valores culturais. A Escolinha de Arte estimulou a fundação de muitas novas unidades pelo Brasil, possibilitando às crianças vivenciarem experiências importantes através de cursos de pintura, dança, movimento, modelagem e teatro de bonecos.

Yolanda Fagundes, filha da pintora santista Guiomar Fagundes, trouxe da Polônia um teatro de bonecos completo. Trabalhou a princípio com ele em Santos, mas no mesmo ano de sua fundação, em 1945, transferiu-se para o Rio de Janeiro. Ali criou o Teatro Gibi, que esteve durante quase dez anos sob a direção de Maria Mazetti, educadora que escreveu diversos textos para teatro de bonecos. As estreitas relações do Teatro Gibi com a Secretaria da Educação e Cultura da Guanabara o tornaram conhecido como Teatro da Prefeitura. Por isso, se apresentava com muita frequência para crianças das escolas públicas do Rio de Janeiro. Posteriormente o Teatro Gibi esteve durante muitos anos sob a coordenação de Beatriz Pinto de Almeida.

Carmosina Araujo fundou no Recife, em 1949, o Teatro de Marionetes Monteiro Lobato, transferido mais tarde para o Rio de Janeiro, onde se manteve em atividade por trinta anos. Carmosina era grande conhecedora da linguagem do boneco de fios (marionete) e boa parte do elenco que dirigia era formada por seus familiares e amigos, como o cenógrafo do grupo, Aloísio Magalhães, "que decorava o palco desmontável e facilitava o transporte do teatrinho para diversos bairros do

34 Cecília Meireles escreveu textos dramáticos para teatro de bonecos, dentre eles *O Menino Atrasado*.

35 Olga Obry, *O Teatro na Escola*, São Paulo: Melhoramentos, [s.d.].

36 Aníbal Machado, pai de Maria Clara, recebeu visitas, em 1941, de Javier Villafañe (1909-1996), importante titeriteiro argentino, em sua casa no Rio de janeiro. Maria Clara e sua amiga Mariínha (Tônia Carrero) viam as apresentações do Mestre argentino e, encantadas com seu trabalho, "brincavam" de bonecos. Maria Clara escreveu e adaptou diversos textos para essa linguagem e publicou *Como Fazer Teatrinho de Bonecos* (Rio de Janeiro: Agir, 1970). Javier Villafañe percorreu quase toda a América Latina, deixando marcas, principalmente na Argentina. No Brasil, sua influência nos chegou indiretamente através do trabalho de Augusto Rodrigues.

Recife"[37]. Anos antes, Aloísio Magalhães coordenou o Departamento de Bonecos do movimento cultural organizado pelo Teatro do Estudante de Pernambuco. Juntamente com Hermilo Borba Filho e Augusto Rodrigues, Aloísio integrava um "grupo de artistas preocupados em conjugar as tradições populares com experiências artísticas contemporâneas"[38].

Em São Paulo, Antonieta Lex Leite, ou Nieta Lex, depois de participar de cursos da Escola Pestalozzi, fundou o Teatro Sacy. Em seu grupo trabalharam artistas que depois se destacaram nas artes plásticas, teatro ou literatura. Entre eles, Clovis Graciano, Maurício Barroso, Ítalo Rossi, Danilo di Prete, Reynaldo Bairão, Ruggero Jacobbi, Aldemir Martins, Suzana Rodrigues. Era um grupo de amigos que se reunia para discutir os seus projetos no então frequentado Clubinho dos Artistas, ou Clube dos Artistas e Amigos da Arte. Os espetáculos eram basicamente para crianças, mas houve também iniciativas destinadas ao público adulto. Com bonecos projetados por Darcy Penteado, apresentaram no TBC *O Pássaro de Fogo*, de Stravínski; *Farsa Grotesca*, de Aldous Huxley; *O Irmão das Almas* e *O Maquinista*, de Martins Pena[39]. Com seus bonecos, Nieta Lex também participou de campanhas de alfabetização da Escola Caetano de Campos e em programas de lazer no Hospital das Clínicas, iniciando um projeto de apresentações itinerantes em caminhões especialmente equipados para isso. Conseguiu formar, na Prefeitura de São Paulo, um Serviço de Teatro de Bonecos ligado ao Departamento de Cultura Municipal, com atividades estáveis. Esse teatro funcionou por algum tempo na Galeria Prestes Maia. O Teatro de Bonecos da Galeria Prestes Maia era um serviço público municipal, e ainda que em instalações precárias, na década de 1950, tinha sala exclusiva e uma programação diária intensa para crianças de escolas e público em geral. Por questões político-financeiras, foi transferido depois para a Secretaria de Administração das Regionais, voltando novamente para a Secretaria Municipal de Cultura. Essas idas e vindas no jogo da administração pública e sua dependência do poder municipal foram enfraquecendo o trabalho realizado por Nieta e Darcy Penteado, chegando a perder sua expressão e deixando de se renovar. O Teatro de Bonecos da Galeria Prestes Maia acabou fundindo-se com as atividades lúdico-pedagógicas das Bibliotecas Infanto-Juvenis, apresentando trabalhos pouco elaborados ou simples esquetes de música e dança, sem grande preocupação com a qualidade artística ou com a dramaturgia.

É possível perceber que a Sociedade Pestalozzi tem grandes méritos pelas iniciativas que tomou. No que se refere ao teatro de bonecos, os seus cursos são os primeiros de que se tem notícia no Brasil. Durante muito tempo estivemos sob influências de técnicas e concepções trazidas por seus professores que ofereciam uma formação básica, concentrada nas etapas de confecção e manipulação de bonecos de luva, vara e teatro de sombras.

O número de grupos que trabalhavam com as linguagens do teatro de bonecos vai aumentando e se diversificando no uso de técnicas, o que tornou possível a realização do primeiro festival de teatro de bonecos do Brasil, em 1958, no Rio de Janeiro. O evento foi organizado pela Associação Brasileira de Críticos Teatrais e, além de reunir grupos e espetáculos, propiciou também a realização do I Congresso Brasileiro sobre essa arte[40].

Estimulados pelo movimento iniciado pela Sociedade Pestalozzi e por eventos como esses festivais, surgiram no Rio de Janeiro vários grupos que, por sua vez, incentivaram a formação de outros em Recife, São Paulo, Porto Alegre e Belo Horizonte.

Merece destaque o trabalho realizado pela Fundação Cecosne, do Recife, dirigida pela madre Ármia Escobar. Em 1968, com a criação do Teatroneco, junção das palavras teatro e boneco, prolifera pelo Nordeste a realização de cursos, montagens de espetáculos, além de estudos e atividades de

37 Virginia Valli, Teatro de Marionetes Monteiro Lobato, *Mamulengo*, Rio de Janeiro, ABTB, n. 3, 1973, p. 44.

38 Humberto Braga, Catálogo da exposição Expedición Animada a Tierra Pappagalli: El Teatro de Títeres Brasileño, Tolosa, 1999, p. 12.

39 Antes de conhecer Nieta Lex, Darcy Penteado, em sua adolescência, mantinha um grupo de teatro de bonecos, O Carrapato, trabalhando com seus irmãos, primos e mais tarde com Reynaldo Bairão.

40 Esse festival volta a acontecer em 1966 como I Festival de Marionetes e Fantoches do Rio de Janeiro. Duas novas edições acontecem em 1967 e 1968, retomadas depois em 1973, todas sob a coordenação de Clorys Daly e Cláudio Ferreira. Ambos foram os iniciadores de uma organização que culminou, em 1973, com a criação da Associação Brasileira de Teatro de Bonecos – ABTB.

estímulo ao mamulengo. A biblioteca da instituição reúne farta documentação sobre o trabalho de diversos mamulengueiros. Em meados da década de 1980, Madre Escobar abre a Escola Superior de Teatro de Bonecos, mas por razões financeiras e pela falta de um quadro de professores com titulação específica para essa área, a escola encerra prematuramente suas atividades. A amplitude e diversidade das ações realizadas durante mais de vinte anos pela Fundação Cecosne merece estudo mais detalhado, não sendo possível dimensioná-la nos limites deste capítulo.

No final dos anos de 1960, o Circo do Palhaço Malmequer, dirigido por Cláudio Ferreira – que confeccionava e manipulava quase todos os bonecos, a maioria de fios –, percorre o Brasil apresentando seus espetáculos. Ele e Clorys Daly foram os iniciadores das atividades de organização dos bonequeiros, que culminou, em 1973, com a criação da Associação Brasileira de Teatro de Bonecos – ABTB.

Outra experiência importante iniciada na mesma década é a trajetória do Teatro de Bonecos Dadá, de Curitiba. Euclides Coelho de Souza, seu diretor, e Adair Chevônica (titeriteira e sua esposa) excursionaram com seus espetáculos por diversos países da América Latina, dando cursos, criando uma escola para titeriteiros em Lima, Peru, e se apresentando prioritariamente para crianças. Em Curitiba, Euclides dirigiu também o Teatro do Piá, cuja programação era elaborada somente com espetáculos dentro dessa linguagem. O referido teatro, localizado no Largo da Ordem, até hoje funciona mantido pela Fundação Cultural da cidade. O Teatro de Bonecos Dadá continua com suas atividades regulares em Curitiba em seu teatro no bairro das Mercês.

No Rio Grande do Sul, ainda em nossos dias, existe um teatro tradicional de marionetes que vem se mantendo vivo e atuante por três gerações. O TIM – Teatro Infantil de Marionetes, fundado em Porto Alegre, na década de 1950, por Odila Cardoso de Sena, conta hoje ainda com um elenco de pelo menos oitenta bonecos de fios. Atualmente dirigido por Antonio Carlos de Sena[41], apresenta-se em escolas, teatros, TV, em praças, feiras, centros comunitários e festivais, com números variados de música, dança, folclore, circo, além de histórias clássicas adaptadas pelo grupo, sempre com muita graça e humor. Do vasto repertório do TIM se destacam como as peças mais apresentadas: *Chapeuzinho Vermelho*, *A Bela Adormecida*, *Saci e o Boi Barroso*, *João e Maria*. É um grupo que caracteriza bem o modo de organização de muitos grupos de teatro de bonecos, principalmente desse período, ou seja, até a década de 1960[42]. Seus integrantes pertencem à mesma família e na sua trajetória o grupo desenvolve uma poética que se evidencia já na criação de procedimentos técnicos na confecção dos bonecos, assim como na encenação do espetáculo.

A animação de marionetes (bonecos de fio) exige o domínio de técnicas apuradas e saberes muito distintos das outras linguagens do teatro de bonecos. Talvez, por isso, hoje ela seja raramente empregada no Brasil.

Esse período, que compreende os anos entre 1940 e 1970, caracteriza-se por tentativas iniciais de organização dos bonequeiros do Brasil e pela realização dos primeiros festivais de teatro de bonecos, na época denominados fantoches. Evidencia-se ainda a organização de muitos grupos de teatro em núcleos familiares, com o predomínio das técnicas de boneco de luva e marionetes, na criação de espetáculos. Ressalte-se que a década de 1960 é marcada por iniciativas para superar a ideia de que a arte do teatro de bonecos já não é atividade meramente intuitiva e diletante. É uma etapa na qual os grupos realizam ações importantes que ampliam a visibilidade dessa arte, tanto junto a variados segmentos artísticos e autoridades da área da educação e cultura, quanto para a sociedade em geral através de seus espetáculos e dos meios de comunicação de massa.

41 Antonio Carlos Sena, por várias gestões, foi presidente da ABTB – Associação Brasileira de Teatro de Bonecos – e da AGTB – Associação Gaúcha de Teatro de Bonecos. Criou e organizou os Festivais Internacionais de Teatro de Bonecos em Canela, RS.

42 Essa característica de organização familiar pode ser comprovada na trajetória da família Araujo em Recife, com Carmosina liderando o elenco; a Equipe Bellan; e o Teatro Quintal com a família Martini Bedran ambas do Rio de Janeiro; o Teatro da Torre Amarela de Curitiba com a família de Icléa Guimarães Rodrigues.

Inovando a Cena

Nas décadas de 1960/1970, o Rio de Janeiro continua centralizando as principais manifestações. Geraldo Casé, radialista de profissão, mas com incursões pelo teatro amador, também realiza experiências na área do teatro de bonecos. Seu teatro acontecia entre amigos, numa coincidência feliz de talentos, entre eles, sua mulher Heleida, Tom Jobim, Vinicius de Moraes e Guilherme de Figueiredo[43]. Cláudio Ferreira comenta que "a novidade nesse Festival [realizado no Rio de Janeiro em 1958] foi o Teatro do Gesto, de Geraldo Casé, que usou as mãos nuas manipulando objetos dentro de diversos ritmos[44]". Ele buscava uma forma inovadora de expressão, muito próxima das iniciativas das vanguardas europeias dos anos de 1920. Casé nunca se interessou em se profissionalizar nessa área, no entanto, sua prática consistia num interessante experimento artístico no contexto do teatro de bonecos brasileiro. Infelizmente o ambiente ainda não era propício para propostas tão inovadoras, mas suas ideias repercutiram entre bonequeiros. Foi grande sua influência, pelo menos em dois titeriteiros recém-chegados da Argentina, vindos de uma turnê pelo Peru e Bolívia: Ilo e Pedro.

Ilo Krugli e Pedro Touron Dominguez chegaram ao Rio de Janeiro com um espetáculo no qual utilizavam bonecos de luva, o *guignol* tradicional, com visíveis influências de importantes titeriteiros argentinos como Javier Villafañe, irmãos Di Mauro e Mane Bernardo. Pedro descreve o seu primeiro contato com o teatro de Geraldo Casé, em 1960, como um deslumbramento, um mundo de possibilidades que se abria[45]. Com criatividade e tenacidade, Ilo e Pedro foram aos poucos desenvolvendo no Rio de Janeiro um teatro que ia além dos padrões até então existentes. Sob a direção de Gianni Ratto encenaram *Ubu Rei*, de Alfred Jarry, e mais tarde *El Retablo de Maese Pedro*, de Miguel de Cervantes. Montagens que, para a época, foram uma novidade cênica inclusive pela iniciativa de utilizarem textos dramáticos destinados ao público adulto.

Mas em 1974, com a estreia de *História de Lenços e Ventos*, peça escrita e dirigida por Ilo Krugli, e que dá origem ao Teatro Ventoforte, no Rio de Janeiro[46], inaugura-se no Brasil uma forma de teatro na qual os bonecos interagem com os atores, deflagrando um tipo de interpretação que passou a ser largamente experimentado por outras companhias teatrais. A valorização do jogo, da ação e das imagens faz com que o texto dramático falado perca seu valor enquanto elemento central na encenação.

Esse trabalho pode ser visto como um marco que redefine a forma de fazer e pensar teatro de bonecos e teatro para crianças no Brasil. Ana Maria Machado, na época crítica de teatro no *Jornal do Brasil*, já anteviu a importância dessa montagem ao escrever:

> uma montagem que parece mesmo destinada a dividir o teatro infantil carioca em antes e depois, um espetáculo que não se pode perder, por sua vitalidade, sua inteligência, sua beleza plástica e pelas qualidades eminentemente teatrais que estabelecem com a plateia uma comunicação rica e rara[47].

História de Lenços e Ventos abandona características do "teatro didático"[48], largamente utilizado na época, e valoriza a encenação, o espetáculo, a imaginação e a fantasia. Ludicidade e poesia são elementos indispensáveis nesse novo tipo de encenação que aposta na criança como ser humano dotado de inteligência, capaz de criticar e refletir. O teatro de Ilo sempre viu o ser humano nesse movimento entre a criança, que precisa ser respeitada como tal, e o adulto, que ainda tem dentro de si a criança que já foi.

A partir da década de 1970, o movimento de teatro de bonecos passa a se desenvolver de modo mais profissional. Os grupos se estruturam de forma mais organizada e a Associação Brasileira de Teatro de Bonecos (ABTB) desempenha papel

43 Ana Maria Amaral, *Teatro de Bonecos no Brasil*, São Paulo: Com Arte, 1994, p. 33.

44 Teatro de Bonecos no Brasil, *Mamulengo*, Rio de Janeiro, ABTB, n. 1, 1973.

45 Idem, p. 35.

46 Ilo Krugli transferiu-se posteriormente para São Paulo e seu grupo é até hoje atuante, com um trabalho reconhecido, constantemente premiado.

47 História de Lenços e Ventos, *Jornal do Brasil*, Rio de Janeiro, 15 jun. 1974.

48 Teatro didático é entendido neste contexto como aquele em que se sobressai o discurso verbal informativo em detrimento do que se poderia chamar de artístico.

importante na criação de espaços tanto na mídia quanto junto a órgãos públicos, procurando imprimir uma nova compreensão sobre essa arte. Começou a surgir uma postura crítica em relação aos conteúdos pedagógicos e artísticos dos espetáculos, uma maior preocupação e refinamento das encenações e da dramaturgia. No entanto, essa arte ainda era vista como manifestação destinada às crianças.

Nessa época predominavam duas ideias estereotipadas sobre o teatro de bonecos: a primeira, que o considerava uma forma de arte destinada exclusivamente ao público infantil; a outra, que o via como teatro popular-folclórico. A ideia de teatro exclusivo para crianças está relacionada com o boneco, ora como brinquedo, ora como instrumento didático e educativo capaz de propiciar o aprendizado de conteúdos ou estimular a fantasia. Já a concepção popular-folclórica, vista como expressão em que predominam o cômico e a crítica social e política, tem como referência o mamulengo. O equívoco está em ver o teatro de bonecos apenas segundo essas duas concepções, deixando de perceber que, além disso, reúne produções que se diferenciam e não se enquadram em tais perspectivas.

As iniciativas de superação dessa visão e de renovação da linguagem se tornam mais visíveis no Festival de Teatro de Bonecos realizado em Ouro Preto, Minas Gerais, em 1979[49]. Esse festival pode ser considerado outro marco importante na renovação do teatro de bonecos brasileiro por reunir a produção de grupos interessados em encenar espetáculos destinados ao público adulto, contribuindo desse modo para superar a visão predominante de que essa arte era destinada somente ao público infantil. A presença de espetáculos como *Cobra Norato*, que encenava o texto integral do poema modernista de Raul Bopp, sob a direção de Álvaro Apocalypse, com o Grupo Giramundo de Belo Horizonte, causa enorme impacto pela sua beleza plástica e visual. O Casulo de São Paulo surpreende público e crítica com um espetáculo denso e poético. *Palomares*, partindo de um fato real – o drama vivido por uma pequena população no sul da Espanha – apresenta o problema da poluição atômica e o perigo das usinas nucleares. Yan Michalski ao escrever sobre a temporada teatral de 1978 em São Paulo, coloca o espetáculo entre as melhores produções daquele ano, e comenta: "*Palomares* nos mostra uma versão autenticamente humanista do episódio, através de uma linguagem cujo encanto essencialmente poético não exclui uma resoluta tomada de posição crítica"[50]. Ou ainda:

> *Palomares* contribui decisivamente para definir o momento privilegiado que o gênero vem atravessando. Em primeiro lugar, porque é lindo, humano, poético e competente. Em segundo lugar, porque experimenta uma trilha, salvo erro, ainda não tentada pelo nosso teatro de bonecos: a de um comentário crítico sobre um fato real de ampla repercussão internacional[51].

Sonhos de um Coração Brejeiro Naufragado de Ilusão, da Cia. Brasileira de Teatro, com texto de Ernesto de Albuquerque Santos Filho, sob a direção de Ilo Krugli, explora cores, formas e elementos da cultura popular nordestina. Este espetáculo foi convidado para a abertura do American College Theatre Festival, na Fundação Kennedy, em Washington, e apresentou-se no Teatro La Mamma, em Nova York, e em diversas universidades daquele país. *O Cavaleiro do Destino* do Grupo Laborarte de São Luís do Maranhão, com criação coletiva do grupo e direção de Tácito Borralho e Nelson Brito, procura recuperar a linguagem popular, trabalhando com mitos e problemas ligados à comunidade. O Laborarte deflagrou em São Luís um verdadeiro movimento artístico-pedagógico.

Há uma variedade de novas propostas cênicas com experimentações efetuadas por grupos atuando no Rio de Janeiro. O Grupo Carreta, de Manoel e Marilda Kobachuck, juntamente com Jorge Crespo, trabalha nos palcos e num programa da Televisão Educativa. Ao mesmo tempo, Marilda escreve textos dramático que foram encenados não só pelo Grupo Carreta, mas por outros grupos. Textos como *A*

49 O Festival foi realizado pela Associação Brasileira de Teatro de Bonecos (ABTB) que, na época, organizava festivais anuais, reunindo grupos de todo o Brasil. Este festival realizado em Ouro Preto, de 20 a 28 de janeiro de 1979, foi coordenado por Júlio Varela e pelo Grupo Giramundo Teatro de Bonecos, com apoio da Universidade Federal de Minas Gerais – UFMG.

50 Momentos Finais de uma Bela Temporada, *Jornal do Brasil*, Rio de Janeiro, 29 nov. 1978.

51 O Grito Nobre dos Bonecos, *Jornal do Brasil*, Rio de Janeiro, 3 ago. 1979.

Margarida Curiosa Visita a Floresta Negra (1976) e *A Caminhada do Espantatudonas Asas da Gralha Azul* (1979) são dois exemplos. O Grupo Revisão, de Maria Luiza Lacerda, com a peça *Andar sem Parar de Transformar* (1978), se consolida como grupo profissional. O Grupo Contadores de Estórias, de Marcos e Rachel Ribas, abandona o trabalho com bonecos gigantes, na rua, e busca um caminho mais intimista com bonecos quase miniaturas. O Grupo Hombu, de Sílvia Aderne, com *As Tranças de Ibaê* (1979), é mais um grupo que mescla de modo visível na cena o trabalho de ator e o de manipulador de bonecos. O Grupo Navegando, dirigido por Lúcia Coelho, com *Tá na Hora...Tá na Hora* (1978) e *Duvideodó* (1979) amplia a visão de teatro para o público infanto-juvenil de modo inteligente e sensível. Isso se confirma quando Lúcia, adaptando e encenando *O Círculo de Giz Caucasiano*, de Brecht, e que em sua montagem é rebatizado como *Dito e Feito* (1984), sabiamente explora as contradições políticas propostas nesse texto pelo dramaturgo alemão, com enorme carga de humor e ironia.

O trabalho desses grupos se define pelo claro enfoque social, rompendo com o que se poderia chamar de postura receptora das poéticas europeias e se caracteriza por uma busca formal autenticamente brasileira. Um novo espetáculo do Grupo Carreta, cuja estreia se deu em 1981, no Teatro Aurimar Rocha, no Rio de Janeiro, exemplifica essa tendência. A peça, *Os Três Caminhos Percorridos por Honório dos Anjos e dos Diabos*, texto de João Siqueira e primeira direção de Manoel Kobachuck para público adulto, é bem recebida pela crítica conforme se constata no seguinte comentário publicado na revista *Isto É*:

> A peça é a história do boia-fria que chega em um pau-de-arara para ser peão de construção no metrô carioca. É a história de percalços da consciência comprometida na luta por uma libertação individual e coletiva. [...] A habilidade dos atores na manipulação dos bonecos, a dinâmica mobilidade das cenas e a união harmoniosa da música à ação garantem a graciosa agilidade de um espetáculo que representa, com raro apuro formal, o movimento alegre das feiras, procissões e festas nordestinas e o movimento trágico da repressão às revoltas populares[52].

Entre os anos de 1960 e 1975 o diretor e dramaturgo Naum Alves de Souza dirige, em São Paulo, o Grupo Pod Minoga, que se destaca na cena *underground* paulistana. Seus espetáculos são criados coletivamente, com temáticas extraídas da vivência de seus integrantes, e incorporando diversas linguagens artísticas, como máscaras e bonecos.

Em outras regiões do país essas transformações na linguagem são efetuadas por iniciativas de grupos como o Mamulengo Só Riso, dirigido por Fernando Augusto Gonçalves Santos, de Olinda, que recria o mamulengo na peça *Festança no Reino da Mata Verde*, oferecendo um novo olhar sobre essa tradição, obtendo merecida repercussão internacional. Em Santa Catarina, o Grupo Gralha Azul, em 1979, então dirigido pelo argentino Hector Grillo, estreia o espetáculo sobre tema ecológico, *E a Gralha Falou*, que denunciava o processo irracional de destruição das matas.

Contudo, entre as trajetórias de muitos grupos brasileiros, destaca-se, sem dúvida, como já mencionamos anteriormente, o Grupo Giramundo, de Minas Gerais. Dirigido por Álvaro Apocalypse, já em meados dos anos de 1970 vinha apresentando excelentes montagens. O espetáculo *Cobra Norato*, ao qual já nos referimos, é um dos exemplos de sua excelente expressão plástico-teatral. Vale destacar um pequeno trecho da crítica de Flávio Marinho, do jornal *O Globo*, por ocasião da temporada do espetáculo no Rio de Janeiro:

> Parte do público, eventualmente, poderá nutrir certo preconceito contra o teatro de bonecos. Dificilmente, no entanto, alguém conseguirá resistir ao encanto de tal manifestação artística em *Cobra Norato*. O harmonioso conjunto resulta num indescritível banho de luz, som e imagem realizado com uma limpeza e acabamento profissional, capazes de matar de inveja qualquer grupo do eixo Rio/São Paulo. Na verdade, trata-se de um espetáculo com características regionais, mas de nível internacional. Sob hipótese alguma, ninguém deve perder *Cobra Norato*: uma experiência fascinante e inesquecível[53].

O espetáculo recebeu diversas indicações para o Prêmio Mambembe e isso colaborou para a di-

52 Kátia Muricy, Em Cartaz, *Isto É*, 26 ago. 1981.

53 Cobra Norato: O Ponto Alto do Mambembão, *O Globo*, Rio de Janeiro, 16 fev. 1979.

luição do preconceito contra o teatro de bonecos como arte exclusiva para o público infantil, tanto junto ao público em geral, quanto junto à crítica e à administração das políticas culturais.

A trajetória desses espetáculos evidencia ainda outros aspectos importantes: primeiro, ocupam pautas noturnas nos teatros comerciais, recebendo diversos prêmios que confirmam a qualidade técnica e artística de espetáculos de teatro de bonecos. Até os anos de 1970 os grupos não participavam, não concorriam e, portanto, não recebiam prêmios anuais destinados aos atores e produções teatrais nos grandes centros do país. Segundo, esses espetáculos premiados já não eram produzidos somente no eixo Rio-São Paulo. Produções de outras cidades ganham visibilidade e marcam a existência de trabalhos artísticos importantes em outras regiões[54].

Os últimos anos da década de 1970 e primeiros anos da década de 1980 também evidenciam mudanças na linguagem do teatro de bonecos que alteram o modo de atuar e criar. Faz-se a ruptura com o palquinho tradicional, a tenda, como espaço de representação, e inclui-se a prática de manipulação efetuada pelo bonequeiro à vista do público[55].

Toda essa etapa identificada por iniciativas de consolidação do teatro de bonecos como campo artístico coincide com o período da ditadura militar imposta ao país. E isso marcou profundamente a criação de espetáculos. Na década de 1970 se evidenciam pelo menos duas tendências no processo criativo dos grupos de teatro: a criação coletiva e a apropriação de elementos da cultura popular e regional nas narrativas dramatúrgicas e cênicas. O uso abundante de cores, as músicas de folguedos, a recriação de danças e coreografias extraídas de danças e festejos, a incorporação de elementos cenográficos característicos da arquitetura e vegetação regional, o uso de figurinos que indicam a procedência de determinadas regiões marcam as produções teatrais desse período. Ao mesmo tempo, o cotidiano da gente mais humilde, com suas esperanças e seus problemas permeava as encenações que não perdiam de vista o desejo de contribuir para as transformações políticas vividas nesse período. A impressão é de que os bonequeiros se estimulavam com a alegria presente nessas danças, folguedos e festas populares, de um lado para suportar a tristeza e o medo que predominavam no cotidiano dos brasileiros e, de outro, para ganhar forças para colaborar com as inúmeras iniciativas que buscavam a redemocratização do país. Apoiados em elementos da cultura regional, os artistas, impedidos de trazerem à cena de modo mais evidente grandes questões da vida nacional, discutiam os problemas com metáforas regionais, burlando desse modo a censura que exigia a aprovação prévia do texto a ser encenado. Além disso, é importante registrar, os espetáculos não estreavam sem uma apresentação exclusiva para os censores, que aprovavam ou não o início da temporada.

Relações Internacionais e Formação Profissional

A trajetória do teatro de bonecos brasileiro se transforma de maneira mais visível a partir de 1980, com mudanças que se evidenciam em aspectos como: o fortalecimento de relações com grupos estrangeiros, com pesquisadores e estudiosos desse teatro, além de associações internacionais, iniciativas de formação mais sistemáticas e novas mudanças na linguagem dessa arte.

A União Internacional de Marionetes – Unima – foi fundada em 1929, em Praga, com o objetivo de reunir marionetistas de todo o mundo para intercâmbio de ideias e experiências. Durante os cinquenta primeiros anos de sua existência, essa entidade organizou doze congressos, sempre sitiados em cidades europeias. Em 1980, ainda celebrando o 50º aniversário de sua fundação, os Puppeteers of

54 É importante destacar que a visibilidade conseguida por muitos grupos deu-se pelo projeto Mambembão, organizado pelo Serviço Nacional de Teatro – SNT nos anos de 1970. O projeto trazia grupos de teatro de diversos estados brasileiros para pequenas temporadas nas cidades do Rio de Janeiro e São Paulo, o que possibilitou a quem vivia nesses centros conhecer melhor a produção teatral de outras regiões do país.

55 Os grupos abandonam igualmente o uso da expressão "teatro de fantoches", que remete com facilidade ao trabalho pedagógico realizado por professores, e passam a utilizar "teatro de bonecos", por acreditar que a expressão qualifica melhor o trabalho que realizam. Essa decisão foi uma das conclusões do Congresso da Associação Brasileira de Teatro de Bonecos ocorrido em Ouro Preto, Minas Gerais, de 20 a 28 de janeiro de 1979. Isso denota, mais uma vez, o desejo desses artistas em dissipar a ideia do trabalho do bonequeiro como diletantismo e fortalecer a imagem de profissional com um *status* artístico igual ao dos artistas de outros campos.

America[56] organizaram em Washington, DC, um Festival Internacional e um Congresso Extraordinário da Unima, pela primeira vez reunida fora do solo europeu. Como observou Jaime Enrique Oviedo, "rompendo o monopólio europeu das ditas reuniões, ficou assim marcado o começo do segundo cinquentenário da Unima"[57].

Na delegação brasileira presente ao evento estavam os espetáculos *Cobra Norato*, do Grupo Giramundo, e *Festança*, do Mamulengo Só Riso[58]. A exposição Mamulengo, Histórias e Estórias, tendo Magda Modesto como curadora e a concepção plástica de Cica Modesto, reuniu quase duas centenas de peças, bonecos originais, quase todos da coleção de Fernando Augusto Gonçalves Santos[59]. A exposição e os espetáculos deram aos estrangeiros uma ideia mais clara da importância dessa arte no Brasil. Sobre o evento, Yan Michalski observou:

> Foi coroada de intenso sucesso a participação do Brasil no recente Festival e Congresso da Unima em Washington. Além do êxito alcançado pelas apresentações do Grupo Giramundo de Belo Horizonte e do Mamulengo Só Riso de Olinda, bem como pela exposição sobre o teatro de bonecos do Brasil, o nosso país foi eleito como um dos 18 que compõem o Comitê Executivo da Unima, sendo que Ana Maria Amaral, do Grupo Casulo de São Paulo, foi escolhida não só como delegada do Brasil, mas como representante de toda a América Latina no Comitê[60].

É preciso destacar ainda o X Festival Mundial de Teatro de Marionetes, de Charleville-Mézières, na França, em 1994; e o 17º Festival Internacional de Marionetes de Tolosa, na Espanha, em 1999. No festival da França o Brasil foi escolhido como tema e reuniu, além de grupos de teatro, o Bumba-meu-boi dirigido por Mestre Apolônio Belônio e a Turma de São João Batista de São Luís do Maranhão; juntamente com a exposição Marionnettes en Territoire Brésilien esse festival deu uma significativa mostra do teatro de bonecos popular brasileiro. Em Tolosa, o teatro e a cultura do Brasil novamente são o tema do festival, reunindo diversos grupos de teatro e a exposição organizada por Magda Modesto: Expedición Animada a Tierra Pappagalli: El Teatro de Titeres Brasileño.

É inegável que eventos e iniciativas dessa envergadura colaboram para a construção de uma imagem positiva sobre essa arte dentro e fora do país. O sucesso dos espetáculos brasileiros presentes nos festivais serve para mensurar a qualidade artística do teatro de bonecos do país e sua capacidade criadora, além de possibilitar o estabelecimento de novas relações profissionais entre os artistas e os grupos de teatro.

A Associação Brasileira de Teatro de Bonecos e a União Internacional da Marionete construíram um produtivo intercâmbio entre profissionais dessa área[61]. A circulação de informações, a participação em festivais e cursos fora do Brasil estimulou a produção de espetáculos com maior rigor técnico e artístico. A relação com o Institut International de la Marionnette e com a École Nationale Supérieure des Arts de la Marionnette em Charleville-Mézières, França, favoreceu, desde 1982, a participação de dezenas de bonequeiros brasileiros em cursos com renomados profissionais e pesquisadores dessa arte. Isso contribuiu para a atualização e a renovação da linguagem do teatro de bonecos no país.

O estreitamento das relações com artistas e grupos de teatro de marionetes estrangeiros, iniciado por Clorys Daly e Cláudio Ferreira, consolidou-se, anos depois, com as iniciativas de muitos artistas brasileiros em eventos e festivais e pelo trabalho das novas diretorias da ABTB. Magda Modesto, encarregada dos assuntos internacionais da entidade, não apenas atuou com a perspectiva de buscar o intercâmbio na programação dos festivais como também na abertura de vagas e bolsas de estudos para brasileiros em cursos no exterior.

Certamente não é possível atribuir somente ao trabalho da ABTB o aprofundamento dessas relações com grupos e instituições estrangeiras. Um

56 *Puppeteers of America* é a associação nacional dos bonequeiros americanos.

57 El Mundo por un Hilo, *Americas*, v. 32, n. 9, p. 51-56.

58 A revista *Mamulengo* n. 9 (1980) da ABTB foi editada como uma espécie de catálogo dessa exposição e nela está incluída a relação dos principais grupos brasileiros atuantes naquele momento.

59 Posteriormente, no mesmo ano a exposição foi montada no Teatro João Caetano, no Rio de Janeiro, e no Teatro Guaíra, em Curitiba.

60 Nota sem Título, *Jornal do Brasil*, 3 ago. 1980.

61 Os primeiros números da revista *Mamulengo*, publicadas a partir de 1973, dão uma boa visão das iniciativas da diretoria da ABTB, já na época, para fortalecer as relações internacionais.

conjunto de fatores atuando simultaneamente contribuiu para superar o isolamento que caracterizava o teatro de bonecos do Brasil nos anos anteriores à década de 1970.

As iniciativas acima descritas repercutiram na formação dos bonequeiros e os espetáculos ganharam mais qualidade técnica e artística. No entanto, é possível afirmar que hoje os espaços destinados à formação de atores bonequeiros ainda são insuficientes, mesmo existindo diversas maneiras pelas quais ela se dá. Os processos mais evidentes são: o autodidatismo; cursos ou oficinas; formação por tradição; encontros e festivais de teatro de bonecos; e disciplinas ofertadas nos cursos de licenciatura e bacharelado em teatro em algumas universidades[62].

É possível afirmar que boa parte dos bonequeiros brasileiros se formou autodidaticamente. Esse modo de formação ocorre, com frequência, entre pessoas que iniciam sua trajetória profissional estimuladas por um espetáculo visto na rua, escola ou festival. Depois de certo tempo, o bonequeiro autodidata adquire, pela experiência, domínio do trabalho. E isso o encoraja a enfrentar plateias. É importante destacar um traço marcante do profissional autodidata no teatro de bonecos: sua polivalência, visível na multiplicidade de áreas com as quais trabalha na criação do espetáculo.

Cursos e oficinas ministradas por bonequeiros mais experientes são outro caminho bastante comum na formação profissional de atores bonequeiros. E se concretizam das mais variadas formas, não só pela diferença de carga horária, como também pelo conteúdo oferecido e metodologia de trabalho empregada. Às vezes organizadas por grupos de teatro de bonecos, outras pelas associações estaduais ou mesmo pela direção nacional da ABTB, essas oficinas são, na maioria das vezes, financiadas ou apoiadas por órgãos públicos. Sem obedecer a uma política de capacitação, as oficinas acontecem de acordo com as disponibilidades e conhecimentos de ministrantes, cumprindo principalmente a função de iniciar jovens na profissão.

É difícil apontar todas as iniciativas importantes organizadas no formato de oficinas direcionadas à formação de bonequeiros. No entanto, é importante registrar duas experiências que ilustram de modo singular esse esforço. Em agosto de 1980, a Oficina de Criação: Som, Forma e Movimento reuniu 25 bonequeiros de diferentes regiões do Brasil no Teatro Aurimar Rocha, no Rio de Janeiro. O objetivo da Oficina era aprofundar conhecimentos com os experientes professores da Universidade Federal de Minas Gerais e integrantes do Grupo Giramundo: Álvaro Apocalypse, Teresinha Veloso e Maria do Carmo Martins. Esses artistas contaram ainda com a colaboração direta do maestro Lindenberg Cardoso, professor da Universidade Federal da Bahia, um dos poucos compositores brasileiros com experiência na criação musical para teatro de bonecos, e Fernando Augusto Gonçalves Santos, diretor do Mamulengo Só Riso de Olinda.

Na tentativa de dar uma direção ao processo de formação profissional dos bonequeiros, foi criado, em 1994, o Centro Latino-Americano de Teatro de Bonecos. O projeto, coordenado por Humberto Braga e Magda Modesto, realizou-se na Aldeia de Arcozelo, município de Paty do Alferes, RJ. A originalidade dessa experiência consistiu na possibilidade de reunir profissionais atuantes, selecionados a partir de suas trajetórias artísticas, para socializar o conhecimento acumulado em anos de trabalho. Portanto, não foram cursos para principiantes. A iniciativa possibilitou aos bonequeiros relacionar-se com experientes diretores e técnicos da área, contribuindo assim para o aprofundamento do processo de formação[63]. Suas atividades foram interrompidas em 1996, por dificuldades finan-

62 Identificar quais as universidades que oferecem disciplinas obrigatórias sobre teatro de animação nos cursos de Artes Cênicas exige constante atualização. Porém, é possível confirmar a existência dessas disciplinas na Universidade de São Paulo – USP; Universidade do Estado de São Paulo – Unesp; Universidade de Sorocaba, SP – Uniso; Universidade do Estado de Santa Catarina – Udesc; Universidade Federal do Maranhão – Ufma; Universidade Federal do Pernambuco – Ufpe; Universidade Federal de Uberlândia – UFU, Universidade Federal do Estado do Rio de Janeiro – Unirio; Universidade Nacional de Brasília – UNB; Universidade Estadual de Londrina – UEL.

63 Os cursos foram ministrados por 1. Margareta Niculescu, ex-diretora do Teatro Tandarica da Romênia e diretora do Institut International de la Marionnette da França, com o tema: Direção Teatral, 1994; 2. Álvaro Apocalypse, diretor do Giramundo: Cenografia e Tecnologia – Espaço e Imagem, 1994; 3. Oswaldo Gabrieli, diretor do XPTO: Som, Forma, Cor e Movimento, 1995; 4. Fabrizio Montecchi, Antonella Enrietto e Franco Quartiere, do Teatro Gioco Vita, da Itália, com o tema, Teatro de Sombras, 1995. A iniciativa contou com o apoio e a participação da Funarte, ABTB, Institut International de la Marionnette da França e Unima – Union Internationale de la Marionnette.

ceiras, demonstrando mais uma vez a inexistência de políticas púbicas consistentes na área da cultura.

Essas iniciativas pedagógicas são efetuadas compreendendo que o trabalho do artista bonequeiro tem peculiaridades que se distinguem de outros artistas da cena. Uma característica fundamental do trabalho do bonequeiro é a presença do objeto animado mediando a relação com a plateia. E a sua realização exige habilidades distintas do trabalho do ator. A professora Nina Dimitrova, do Instituto de Teatro de Sofia, Bulgária, sintetiza de modo claro a necessidade dessa formação específica quando afirma:

> O processo de criação no teatro de animação é diferente do processo de criação no *teatro de atores*. No teatro de animação existe um sujeito e um objeto: o ator é o sujeito e o boneco é o objeto. No entanto, o ator de teatro é, normalmente, sujeito e objeto do seu próprio ato de criação. No teatro de bonecos, o ator vive com o boneco, o que não acontece noutras formas de expressão cênica. Por isso, o teatro de animação exige um tipo de formação distinta da formação destinada aos que querem trabalhar como atores[64].

Enquanto no Brasil não são criadas escolas de teatro para a formação de bonequeiros, o ingresso num grupo de teatro de bonecos, oportunidade em que seus integrantes mais experientes ensinam suas técnicas de trabalho, adquire importância como forma de capacitação. Às vezes esse procedimento é recorrente entre membros de uma mesma família, bonequeiros populares, como também em grupos que trabalham com linguagens contemporâneas.

Vale destacar as reflexões de Humberto Braga quando se refere ao trabalho dos grupos de teatro de bonecos no Brasil:

> É interessante observar, por exemplo, como os grupos de teatro de bonecos sistematizam um trabalho processual. Guardam o sentido de um núcleo agregador de aptidões várias e que se somam no resultado artístico final, talvez pela indispensabilidade de conhecimentos específicos como a produção artesanal, ou pela necessidade de fabricar o personagem com as mãos e depois levá-lo à cena imbuído de toda a carga sensível[65].

Os grupos sistematizam os saberes adquiridos nos processos de montagens dos espetáculos e assim acumulam conhecimentos indispensáveis para seguir trabalhando e, ao mesmo tempo, para formar novos profissionais. É verdade que esse tipo de formação pode restringir o aprendizado do jovem artista a uma única experiência formadora. No entanto, é inegável que essas experiências, nem sempre sistematizadas na forma de discurso racional, são assimiladas na convivência com artistas no interior dos grupos durante as etapas de criação e ensaios, capacitando o participante para atuar nesse campo.

Outro aspecto a ser destacado sobre os distintos modos de formação são os festivais. Esses eventos nem sempre recebem o valor merecido como espaço de troca de informações e atualização profissional dos bonequeiros. Os festivais que há anos se realizam nas cidades de Canela, Curitiba, São Paulo, Belo Horizonte, Porto Alegre, Brasília, Jaraguá do Sul, Florianópolis, apenas para citar algumas cidades, são momentos fundamentais para a ampliação do conhecimento sobre essa profissão. Isso redimensiona a função dos festivais, destacando-se o caráter pedagógico desses eventos como espaços privilegiados de aprendizado, reflexão e debate. Por isso, bonequeiros mais experientes afirmam: "os festivais são a nossa universidade".

No entanto, registram-se mudanças significativas na concepção dos festivais no final da década de 1990. Até essa data os festivais eram organizados pela ABTB com o apoio financeiro e logístico de órgãos públicos. Na verdade, a Associação jamais conseguiria organizar, sozinha, eventos que reunissem quase duas centenas de artistas provenientes de diversas regiões do país, porque nunca dispôs de recursos e infraestrutura para este tipo de atividade. Em meados de 1990 os festivais de teatro de bonecos proliferam pelo país e há, em alguns deles, uma redefinição de objetivos: predomina o sentido de evento cultural com estreitos vínculos com o turismo em detrimento da noção de congraçamento,

64 Nina Dimitrova, *Simposio Internacional Sobre la Formación de Dedicación Plena de los Titiriteros*, Londres: Calouste Gulbenkian Foundation/British Council/Teatro Lilian Baylis/Mimeo, 1990, p. 10.

65 O Teatro de Bonecos e a Fundacen, *Continente Sul/Sur*, Porto Alegre, Instituto Estadual do Livro, n. 5, 1997, p. 55.

encontro, troca de ideias e espaço de formação para bonequeiros e público em geral.

Merece destaque o trabalho desenvolvido por algumas universidades brasileiras que oferecem disciplinas com conteúdo específico sobre teatro de animação. Os precursores dessa iniciativa foram, em 1975, Madu Vivacqua Martins, Teresinha Veloso e Álvaro Apocalypse, professores da Universidade Federal de Minas Gerais. No mesmo período, na Universidade de São Paulo, os cursos de Licenciatura em Artes Cênicas e o Bacharelado em Direção Teatral ministram disciplinas com esse tipo de conteúdo, sob a responsabilidade da professora Ana Maria Amaral[66]. Já em 1990 o Programa de Pós-graduação (mestrado e doutorado em Teatro) da USP oferece disciplinas regularmente e orientações a pesquisas nessa área. Pela primeira vez a formação sistemática do artista de teatro, na universidade brasileira, oferece conteúdos relativos à arte do teatro de animação.

Essa mudança significativa, porém sem muita visibilidade, começa a demarcar o início de um processo que já ocorre em diversos países da Europa. Ou seja, o Brasil começa a produzir teoria, sistematizando reflexões sobre os aspectos técnicos e estéticos dessa arte e suas relações com outras linguagens artísticas.

É importante destacar as iniciativas de preservação e valorização da memória do mamulengo, organizadas por Fernando Augusto Gonçalves Santos e o Grupo Mamulengo Só Riso, de Olinda. Nos últimos anos foi criado, na cidade pernambucana, o Museu do Mamulengo e o Espaço Tiridá, reunindo valoroso acervo de bonecos organizado com peças de diversos mamulengueiros, além de teatro e biblioteca. Há nesses espaços registros sobre a história de importantes mestres constituindo-se em referência para o estudo e pesquisa sobre essa arte.

Ao pontuar aspectos sobre como se dá a formação profissional de artistas bonequeiros no Brasil, fica evidente que ela ocorre de variadas maneiras e que essas iniciativas se interpenetram e interagem na formação desses artistas. Entretanto, interessa destacar, sobretudo, a compreensão da importância da necessidade de formação sistemática contínua, pela qual sejam adquiridos conhecimentos que envolvem a profissão de ator bonequeiro.

Novas Mudanças na Linguagem

É possível constatar que, nos últimos anos, o boneco é utilizado em programas de televisão de variadas maneiras: programas educativos, comentários de telejornais, propagandas comerciais, atingindo uma plateia de milhões. O teatro de atores se aproxima dessa arte, incluindo bonecos e formas animadas em encenações. Entre os grupos de teatro de bonecos há maior cuidado com a dramaturgia e com a preparação técnica dos atores-manipuladores. O gênero passa a ser mais bem conceituado tanto por suas produções de teatro infantil como pelas montagens, cada vez mais frequentes, direcionadas ao público adulto. As mudanças podem ser percebidas nos trabalhos de diversos grupos de diferentes regiões do país.

O Grupo XPTO, de São Paulo, em 1984, inicia seu percurso transitando entre artes plásticas e performance, alcançando notoriedade internacional. Osvaldo Gabrieli, diretor do XPTO, afirma:

> Pensamos a dramaturgia desde os primeiros trabalhos do grupo (baseadas em roteiros e não em obras com diálogos escritos), como se fossem peças autônomas de estrutura dramática e musical. Havia uma continuidade temática e visual, mas as partes integrantes da obra passavam ao espectador uma sensação aleatória e fragmentada. A fragmentação da trama dramática em "focos de revelação" sugere uma visão parcial do mundo, como na vida moderna[67].

Nos premiados espetáculos *A Infecção Sentimental Contra-ataca* (1985), *Coquetel Clown* (1989), *Babel Bum* (1994), *O Pequeno Mago* (1996) e *Buster, o Enigma do Minotauro* (1997) é visível a influência da Escola Bauhaus e dos experimentos de

66 Na área prática dos Departamentos de Teatro de várias Universidades, como USP, Ufba, Uniso, Unirio e Udesc, começaram a ser inseridas montagens com bonecos e máscaras, voltadas para público adulto, de peças de Lorca, Beckett, Ionesco, Aldo Leite, Guimarães Rosa, Suassuna e Januário de Oliveira; ou ainda criações coletivas resultantes de cursos de extensão, muitas vezes espetáculos que circularam depois por festivais nacionais ou internacionais.

67 Uma Dramaturgia sem Palavras, *Revista do Fenatib*, Blumenau, 1999, p. 16.

Oscar Schlemmer. Ao acoplar objetos e próteses ao corpo dos atores, Gabrieli exige um novo modo de se movimentar em cena, no qual os atores assumem um comportamento próximo ao da marionete. O diretor do XPTO assim justifica:

> esta atitude permite que a obra crie com o espectador uma comunicação sensível e total, deixando que aspectos mais racionais, que estejam solidificados pela palavra, vagueiem sem rumo pelo terreno das ambiguidades, dos sonhos, do imperceptível, propiciando imagens abertas capazes de serem articuladas pelo público de formas diferentes[68].

Em 1987, o Grupo Sobrevento foi a grande novidade do Festival de Teatro de Bonecos realizado em Nova Friburgo, Rio de Janeiro, com a peça *Ato Sem Palavras*, de Samuel Beckett[69]. No ano de 1992 esse trabalho é remontado e nele são incluídos outros textos do autor, passando o espetáculo a ser denominado *Beckett*. É interessante lembrar que Beckett nunca escreveu textos dramáticos para teatro de marionetes. O Grupo Sobrevento, com tal iniciativa, abre novas perspectivas com a obra do dramaturgo irlandês. O diretor do grupo, Luiz André Cherubini, embaralha os limites entre o teatro de bonecos e o de atores, colocando em cena objetos, atores, eventualmente uma banda de *heavy metal* ao vivo, como ocorreu com a montagem de *Ubu Rei* (1996), ao mesmo tempo que conserva, nas produções, a minuciosa e tradicional manipulação de bonecos de luva ou de fios.

O que se apresenta de novo no percurso de grupos como o XPTO e o Sobrevento é o crescente abandono de certos procedimentos predominantes em muitos grupos de teatro de bonecos daquele período: já não há tanta ênfase na direção coletiva e se recorre à criação de dramaturgia colaborativa ou à dramaturgia consagrada, escrita por dramaturgos reconhecidos; evidencia-se o apoio em referências técnicas e teóricas de períodos importantes da história das artes; há o abandono do "gueto do teatro de bonecos" e o flerte com outras linguagens artísticas; observa-se que os integrantes dos elencos são oriundos de outras áreas, notadamente da dança e das artes plásticas e outros com formação universitária em teatro, uma vez que no final dos anos de 1980 já existiam muitos cursos superiores de teatro formando atores.

Nessa perspectiva se destacam os trabalhos do Grupo Pia Fraus, integrando dança e circo. Na encenação da peça *Flor de Obsessão* (1996), colagem de textos de Nelson Rodrigues, no qual o grupo recria o universo do dramaturgo, o elenco formado por Beto Lima e Beto Andretta convida Francisco Medeiros, experiente diretor de atores que jamais havia dirigido espetáculo de teatro de animação, para encenar o texto. A experiência foi enriquecedora para todos. Em seus outros espetáculos o Pia Fraus novamente convida diretores de teatro de atores como Naum Alves de Souza e Hugo Possolo para dirigi-los. Essas parcerias deslocam o eixo das atenções para a montagem teatral. Confecção e animação dos bonecos ocupam o mesmo centro de atenção exigidos por distintos elementos que articulam o espetáculo cênico e levam à realização deste.

Nessa mesma direção, explorando a interface com outras linguagens, se dá o trabalho dos Contadores de Estórias. O percurso do grupo se destaca, inicialmente, pela opção de se instalar, em 1980, na histórica Paraty, e ali abrir o seu Teatro Espaço, com apresentações regulares ao público. Ao mesmo tempo, esse local possibilita ao grupo criar e experimentar, montando espetáculos que circulam regularmente pela Europa e Estados Unidos. Na peça *Rodin, Rodin* (1993) mesclam-se atores, dançarinos e bonecos. Mas essa tendência já era evidente em *Pas de Deux* (1982), *Maturando* (1987), *In Concert* (1994), trabalhos anteriores do grupo. Mesmo na peça *Mansamente*, cuja estreia se deu em 1980, Marcos e Rachel Ribas já demonstravam essa preocupação tornando-a visível na qualidade da animação dos bonecos. Ao assistir *Maturando*, o crítico de teatro do *The New York Times* identifica bem as qualidades do espetáculo, sobretudo quanto à delicadeza dos gestos e movimentos das personagens que comoviam a plateia, quando escreve: "Ao final da apresentação sem palavras fica a extraordinária sensação de que as figuras em miniatura são mais reais do que os humanos"[70].

68 Idem, p. 17.

69 Este era o XIV Festival da ABTB, com o nome de *Bonecos Brasil 87* e aconteceu de 4 a 12 de julho de 1987.

70 Stephen Holden, Who's Real, the Puppeteer or the Puppet?, *The New York Times*, New York, 17 jan. 1991.

No Rio Grande do Sul o Grupo Cem Modos, de Porto Alegre, sob a direção de Luiz Ferré, encena espetáculos como *O Julgamento do Cupim* (1984), *Tu Tem Cara de Lobisomem* (1987), *O Menor Espetáculo da Terra* (1989) e *O Maravilhoso Mundo do Horror* (1992). São espetáculos nos quais predomina a estrutura de quadros, inovadores e acurados, permeados por muito humor e cenas desconcertantes. O Grupo Anima Sonho, criado em 1984 pelos irmãos Tiarajú e Ubiratan Carlos Gomes, também de Porto Alegre, apresenta espetáculos revelando grande intimidade com a linguagem do teatro de bonecos e estabelecendo estreita comunicação com seu público. Com os espetáculos *Bonefarsas* (1990), *Bonecrônicas* (1993) e *O Ferreiro e o Diabo* (1996), o grupo viaja por muitos países[71].

No Paraná, o Teatro Filhos da Lua, com a peça *Fandango* (1987), de Renato Perré, recria o cotidiano dos moradores do litoral paranaense, apresentando suas danças e modos de sobrevivência. No outro extremo do país, em Belém do Pará, Beto Paiva dirige o grupo Usina Contemporânea de Teatro, que adere à prática de releitura de clássicos encenando *À Deriva* (1992), recriação de *A Tempestade*, de Shakespeare. A beleza plástica do espetáculo e a maturidade do jovem elenco causaram grande impacto na plateia.

Ao mesmo tempo que os espaços cênicos são ampliados e bonecos contracenam com atores, Denise Santos e Ismine Lima, na Bahia, poeticamente reduzem a cena, apresentando mini-personagens em minúsculas caixas, nos Teatros Lambe-lambe, visíveis apenas para um espectador de cada vez. Desde 1989 essa criação de Ismine e Denise é largamente seguida por outros grupos, como o Caixa de Imagens de São Paulo, liderado por Mônica Simões, com um trabalho reconhecido, tanto nacional como internacionalmente. A Cia. Gente Falante Teatro de Bonecos, de Porto Alegre, inspirada nessa mesma proposta, amplia o público para sete espectadores por apresentação. Paulo Fontes, diretor e ator no espetáculo *Circo Minimal* (2003), organiza-o em diversos quadros, com duração de quatro minutos para cada cena.

O teatro de sombras, sob influência do Teatro Gioco Vita, da Itália, deixa para trás normas rígidas e busca sua devida aproximação com o cinema e o vídeo, como é possível perceber nas experimentações da Cia. Teatro Lumbra de Animação, do Rio Grande do Sul, no espetáculo *Saci Pererê: A Lenda da Meia-noite* (2003). Já a Companhia Karagozwk, sob a direção de Marcelo Andrade, segue em Curitiba trabalhando com essa linguagem. A peça *Janeiro* (1995), sua primeira encenação, ainda se mantém no repertório do grupo.

O Grupo Mundaréu, criado em 1997 em Curitiba, sob a direção de Itaércio Rocha, mescla música, dança e bonecos na montagem de seus espetáculos. A pesquisa e a recriação de diversas danças dramáticas brasileiras constituem o principal estímulo criativo para os trabalhos do grupo, que se afasta cada vez mais do espetáculo propriamente teatral para realizar uma espécie de festa cênica.

Grupos profissionais, com diferentes tendências, buscam novas perspectivas técnicas e temáticas. Mesclam-se recursos das artes plásticas. Fazendo uso das afinidades implícitas que alguns bonequeiros percebem possuir com o teatro de ator contemporâneo, abrem-se novos caminhos. O teatro de bonecos se autodenomina teatro de formas animadas e, em seguida, teatro de animação, incluindo com esse termo diferentes linguagens e técnicas. Objetos, figuras abstratas ou imagens simbólicas substituem personagens antropomorfas. Certamente essa é mais uma tentativa de consolidar esse teatro no *status* de arte contemporânea.

Em São Paulo, o grupo O Casulo, em *Babel: Formas e Transformações* (1991), substitui conceitos tradicionais e figuras antropomórficas por formas abstratas; ou em *Dicotomias: Fragmentos Skizofrê* (2002), caminha em direção ao teatro visual, colocando em cena objetos e imagens surrealistas, como ocorre no espetáculo *Livres e Iguais* (1999) do Grupo Teatro Sim, Porque Não?, de Florianópolis.

A Cia. Pequod, do Rio de Janeiro, dirigida por Miguel Vellinho, reanima o ambiente carioca, há muito tempo esquecido, com *Sangue Bom* (1999), *Filme Noir* (2004) e *Peer Gynt* (2006). Barbara

71 O Grupo Anima Sonho, desde meados dos anos de 1990, participa com frequência de festivais internacionais, principalmente na Espanha, sempre com grande sucesso. Um dos seus textos dramáticos *El Herrero y el Diablo* foi publicado em Zaragoza em 2001, pela editora Teatro Arbolé y Cultural Caracola na Colección Titirilibros -14.

Encenação do grupo O Casulo, dirigido por Ana Maria Amaral.

Heliodora capta muito bem o segredo desse espetáculo já repetido nas encenações anteriores quando afirma:

> Nesse *Peer Gynt* é realmente notável o uso sem distinção de atores, bonecos e objetos, que resulta em uma perfeita harmonia cênica. [...] O segredo dessa harmonia, parece, está na manipulação dos bonecos pelos atores, que acaba por estabelecer uma igualdade íntima entre uns e outros[72].

Solistas

O princípio da década de 1990 registra a proliferação de atividades de bonequeiros solistas. Nessa modalidade o bonequeiro atua sozinho no palco, dominando todos os elementos constituintes do espetáculo. É comum o bonequeiro apoiar-se na colaboração de figurinista, de cenógrafo e até mesmo, às vezes, de confeccionador de bonecos. Nesse modo tão particular de atuar se destacam os trabalhos de Olga Romero, de Curitiba, com sua *Maria das Cores e Seus Amores* (1990), no qual a atriz contracena com bonecos e objetos. A longa trajetória desse espetáculo possibilitou a publicação do texto dramático homônimo como obra literária[73]. Na cidade de Rio do Sul, SC, Willian Siverdt segue seu percurso de titeriteiro solista com *O Velho Lobo do Mar* (1996), no qual trabalha com bonecos de luva. Em *O Incrível Ladrão de Calcinhas* (2005), obra inspirada no cinema *noir* e no expressionismo alemão, Willian atua com bonecos à vista, no balcão. Paulo Fontes, da Cia. Gente Falante, de Porto Alegre, com os espetáculos *Sob a Luz da Lua* (2000) e *João e Maria* (2001) mescla teatro de sombras, máscaras, bonecos de luva. Dois solistas de Curitiba optam pelo delicado trabalho com marionetes: Paulinho de Jesus estreia *Fio* (1992), o espetáculo-base da sua carreira e, do mesmo modo, Rubem Carvalho Silva Cauê, com o espetáculo *Hoje é Domingo, Pé de Cachimbo* (1986), recria os números de um circo interiorano com personagens inesquecíveis, como os contadores de histórias Pereira e Pereirinha e a ciclista malabarista Polaca da Silva. Em Porto Alegre, Rafael Leiders provoca o inédito encontro de Carmem Miranda, Elis Regina e Gal Costa no espetáculo *Show* (1998), no qual só utiliza marionetes. Augusto Bonequeiro, de Fortaleza, ajuda a manter viva a arte do ventríloquo com seu inseparável boneco Fuleragem, personagem com uma conduta tão solidificada que possibilita ao seu criador se apresentar em distintos lugares e situações com a mesma desenvoltura. Chico Simões, em Brasília, e Valdeck de Garanhuns, em São Paulo, mantêm viva a tradição do mamulengo recriando-o e ao mesmo tempo mantendo um núcleo de saberes incorporados de mestres com os quais conviveram. Ainda em Curitiba, Renato Perré, depois de muitas experimentações estreia *Nau, um Poema Cênico* (1995) e *Teresinha* (1997), revelando as amplas possibilidades artísticas do

72 Uma Adaptação de Ibsen que Diverte e Emociona, *O Globo*, Rio de Janeiro, 15 nov. 2006, Segundo Caderno.

73 Olga Romero, *Maria das Cores e Seus Amores*, Curitiba: Arte & Letra, 2003/2005.

trabalho do titeriteiro solista. No entanto, uma das mais surpreendentes revelações entre os solistas é o paulista João Araujo, com *O Princípio do Espanto* (2004). Conforme reportagem do *Jornal do Comércio* de Pernambuco, de 2 de março de 2007:

> Na peça, criador e criatura mostram um pouco da percepção – ou da falta dela – que temos sobre nós mesmos. Apesar de manipulado, o boneco acredita que está realizando todas as ações por conta própria, até perceber que há um outro comandando suas vontades. *O espanto vem quando ele vê que não é responsável por suas ações*, explica Araújo. Enquanto isso, o homem que o guia também reflete sobre a sua própria condição. A peça fala sobre olhar para si mesmo.

Vale destacar que, enquanto alguns solistas optam por, de certo modo, perpetuar formas de espetáculos populares de marionetistas europeus do século XIX (Paulinho, Cauê, Leiders, Augusto, Chico e Valdeck) os outros solistas incorporam as mudanças efetuadas no modo de encenar e atuam à vista do público animando bonecos, formas e objetos.

A atividade de bonequeiro solista merece estudos mais aprofundados que ajudem a compreender as razões dessa opção profissional e as exigências técnicas para o seu exercício. Seria de grande relevância compreender em que medida essa opção se dá pela poética do espetáculo, que desafia o artista ao virtuosismo, ou se é o processo de criação que determina essa escolha, uma vez que para muitos artistas o ato de criar exige concentração e até mesmo o isolamento, ou ainda, se essa definição está submetida às condições econômicas do país, que dificulta a circulação de grupos artísticos com elencos numerosos. Cabe ressaltar que a redução do número de integrantes nos elencos é um fenômeno que também se registra em outras manifestações cênicas, além do teatro de bonecos. Percebe-se que, enquanto nos anos de 1970 – período no qual era comum a prática da criação coletiva – os elencos eram numerosos, os anos de 1990 – período em que se consolida o teatro de diretores –, são justamente a época em que se evidencia a redução do número de integrantes nos elencos e torna-se mais comum a incidência de monólogos e bonequeiros solistas.

Espetáculos para Crianças

Os espetáculos para crianças também se renovam explorando tanto a visualidade dos espetáculos quanto o aprimoramento técnico das encenações. É difícil citar grupos sem pecar por omissões, mas simbolicamente vale mencionar as relevantes montagens do grupo Caixa de Elefante, de Porto Alegre, dentre as quais se destacam *Histórias da Carrocinha* (1996) e *O Cavaleiro da Mão de Fogo* (2003), sempre com textos do mestre argentino Javier Villafañe. Nesses espetáculos as técnicas para o uso de bonecos de luva foram muito elaboradas, refinando recursos que permitem maior precisão e limpeza nos gestos e ações dos bonecos. Porém, a personagem mais conhecida do grupo é, sem dúvida, o simpático Cachorro Abelardo, sempre manipulado por Mário de Ballenti. Com seu marcado sotaque gaúcho, Abelardo passou a apresentar festivais e atuar em eventos, além é claro de tecer comentários entre as cenas de alguns espetáculos do grupo. Em São Paulo, a Cia. Truks dirigida por Henrique Schichtin, estreia em 1991 com *A Bruxinha*, baseada na obra de Eva Furnari. Com esse trabalho o grupo já ganha visibilidade nacional. Em 1997, com *Cidade Azul* e *Vovô* (1999), o grupo consolida um modo particular de atuação em que atores e bonecos contracenam e contam histórias nas quais, sem perder o humor e lirismo, o cotidiano e a dura realidade das grandes cidades são abordados. A Cia. Cidade Muda, com *Circus* (2000), explora o gesto, o movimento e sons, estimulando o espectador a criar um enredo próprio. Ainda em São Paulo, a Cia. Articularte, dirigida por Dario Uzan, opta por encenar um pouco da história de vida de artistas brasileiros. *A Cuca Fresca de Tarsila* (2000), *Trenzinho Villa-Lobos* (2001) e *Portinari Pé de Mulato* (2003) exemplificam esse percurso que deu amplo reconhecimento ao trabalho do grupo. A Cia. Manoel Kobachuck, agora em Curitiba, se especializa na linguagem do teatro de marionetes (bonecos de fios) e dirigiu o Teatro do Dr. Botica no interior de um shopping center, com atividades regulares até o final do ano de 2009. Em Belo Horizonte, a Companhia Zero de Bonecos, sob a direção de Wilma Rodrigues, mergulha no estudo de textos literários para a infância e juventude e adapta *A Bolsa Amarela* (1998), de Lygia Bojunga Nunes. Diferentemente, o Armatrux opta por montar um show com uma banda de rock totalmente integrada por bonecos. A encenação de *A Banda* (2006) contou com a colaboração direta de John, músico do Pato Fu. O Catibrum, desde a sua fundação em 1991 por Lelo Silva e Adriana Focas, com as montagens de *O Dragão que Queria Voar* (1995) e até *Homem Voa?* (2006), já não pode mais ser visto apenas como um grupo de teatro que trabalha preferencialmente para crianças. A realização anual dos Festivais Internacionais de Teatro de Bonecos, com rigorosa seleção de espetáculos, faz do Catibrum um grupo formador de opinião e refinamento do gosto público para essa arte. Ainda em Belo Horizonte, é necessário lembrar, novamente, o Grupo Giramundo que, sem abandonar os espetáculos para o público adulto, também trabalha para crianças. Atualmente, o grupo mantém seu museu, escola e teatro, o que faz do Giramundo uma instituição cultural consolidada.

O que melhor caracteriza os espetáculos desses grupos é a diversidade de propostas. É impossível encontrar semelhanças, uma vez que cada grupo constrói uma poética original, resultante de suas próprias experimentações. Talvez seja interessante destacar que aliam em seus espetáculos algumas tradicionais técnicas de animação com experimentações nas quais a ideia de dramaturgia já não se restringe ao texto. A forma animada, os bonecos (elemento comum possível de se registrar em todos os grupos) e os materiais com os quais são confeccionados interferem na dramaturgia do espetáculo[74].

O percurso dos grupos aqui mencionados, os espetáculos de acabamento técnico e artístico refinado, as iniciativas de formação profissional realizadas de distintos modos e o amadurecimento no modo de atuar da ABTB criaram, nesse conjunto de ações, uma dinâmica que contribuiu para ampliar o reconhecimento artístico da arte do teatro de bonecos. Longe de se considerar como situação ideal, esse reconhecimento se deu não só junto ao grande público, mas também junto às diferentes organizações de artistas, aos críticos de teatro e aos órgãos responsáveis pela política cultural do país.

Nota-se ainda que, se nos anos de 1970 é possível destacar nas encenações da maioria dos grupos o compromisso social posto de modo visível na cena e a busca de uma forma brasileira de encenar espetáculos, a partir do final dos anos de 1980 prepondera a experimentação de poéticas no interior dos grupos. Torna-se difícil perceber unidade nas concepções dos distintos grupos e desde então a ideia de multiplicidade e diversidade de caminhos se evidencia. É importante lembrar que, nesse período, o contexto político do país já havia se modificado: a ausência dos militares no poder central; a realização de eleições diretas nos estados; o movimento para eleger presidentes da República, conhecido como "Diretas Já"; o afastamento da censura política sobre os espetáculos, ou seja, a abertura política conquistada pela sociedade brasileira, possibilitou aos grupos concentrar mais atenção e esforços na pesquisa da linguagem do teatro. Disso resulta a criação de um teatro de bonecos híbrido, heterogêneo e a criação de poéticas próprias produzidas no interior dos grupos.

Perspectivas e Tendências

As mudanças efetuadas nos últimos anos no teatro de animação o aproximam cada vez mais do teatro dramático (teatro de atores) ou das artes performáticas. As fronteiras artísticas entre essas artes são cada vez mais tênues e se percebe o fascínio que a forma animada produz em distintas linguagens. Por isso, no atual contexto do teatro de animação no Brasil, talvez o importante seja observar as relações entre o teatro de atores e o teatro de animação. Tanto nessa linguagem assim como no teatro dramático e na performance, observa-se uma tendência desdramatizadora – ou uma nova ordem cênica? – que atinge as estruturas tradicionais do drama, apresentando narrativas fragmentadas. São outros os conceitos de personagem, diálogo, ação; explora-se uma linguagem híbrida. Há como que uma economia, ou eliminação da palavra, o que leva à necessidade de um trabalho de manipulação acurado, a uma busca

74 As reflexões sobre dramaturgia no teatro de animação merecem um espaço no qual sua complexidade possa ser mais profundamente discutida. Um dos estudos mais relevantes sobre o tema foi elaborado por Felisberto Sabino Costa, *A Poética do Ser ou Não Ser: Procedimentos Dramáticos no Teatro de Animação*, tese de doutorado, ECA-USP, São Paulo, 2001.

de clareza nos gestos e movimentos que passam a fazer parte da própria expressão dramatúrgica.

Alguns espetáculos de atores parecem ter na marionete a referência para o comportamento do ator em cena. *Agreste*, espetáculo dirigido por Márcio Aurélio, em São Paulo, certamente é um bom exemplo dessa aproximação. Ao trabalhar com princípios técnicos similares aos do teatro de animação – tais como economia de meios, o olhar como indicador da ação, triangulação, a noção de foco, partitura de gestos e ações, a atuação do elenco remete ao comportamento da marionete.

Essas evidentes aproximações e rupturas das fronteiras estéticas não põem em risco a existência de um teatro de bonecos no qual predomina a presença da forma animada. O que se evidencia é o uso diferenciado do boneco e da forma animada presente nos espetáculos. O teatro de animação se expressa, fundamentalmente, através de objetos, máscaras, bonecos, imagens e sombras. E a importância desses elementos no teatro de ator contemporâneo é visível. Cada vez mais figuras inanimadas representam o ator vivo. Existe no teatro contemporâneo uma tendência de colocar em cena atores não humanos, como afirma Henryk Jurkowski:

> O atual interesse por atores não humanos é o resultado de um longo processo histórico das artes cênicas. Máscaras, figuras e bonecos foram, pouco a pouco, sendo retirados das cerimônias religiosas e depois das produções artísticas, cedendo lugar à pessoas-atores – mas apenas temporariamente. Hoje ressurgem em grande número e com papel de destaque entre as mais refinadas manifestações artísticas[75].

Contribuem para isso as possibilidades oferecidas pela tecnologia que se renova a cada dia. É comum ver e traduzir a vida por imagens e representações artificiais e isso determina profundas modificações no teatro e nas artes em geral. Na cena contemporânea, o ator frequentemente divide o espaço com seus duplos: reflexos e projeções da própria imagem, figuras, bonecos, máscaras, ou simples objetos colocados como simulacros.

É importante reafirmar a dificuldade de identificar uma tendência predominante no modo de criar e produzir no teatro de animação contemporâneo. No entanto, não é possível afirmar que inexistam novas formas e caminhos sendo trilhados por grupos que fortalecem suas próprias trajetórias, criando novas poéticas. Das diversas formas de criação de espetáculos no teatro de animação contemporâneo vale destacar dois grandes eixos norteadores, que revelam a existência de trajetórias distintas no modo de criar e comprovam a maturidade e desenvolvimento dessa arte. São eles:

a. recriação do regional/popular. Nessa perspectiva existem pelo menos duas vertentes visíveis vinculadas ao teatro de bonecos popular brasileiro. De um lado, bonequeiros criam espetáculos conservando formas originais do mamulengo. Esses bonequeiros trabalham com as técnicas codificadas de longa duração e desse modo procuram não se afastar da maneira como mamulengueiros tradicionais ainda hoje atuam. Ao mesmo tempo, são artistas que buscam reconstruir formas desaparecidas de organização do espetáculo. De outro lado, é possível registrar o trabalho de artistas que recriam e adaptam o mamulengo, modernizando essa tradição. Ao reinventar essa tradição, o espetáculo se torna ainda mais universal, porque se ampliam as fronteiras do seu sentido e compreensão regional. O novo dessa prática reside no fato de contribuir para o fortalecimento de *identidades*, ultrapassando os limites do que se poderia configurar como espetáculo baseado na cultura local, como algo pitoresco ou exótico. Esses artistas criam uma poética teatral heterogênea mesclando aspectos da cultura popular e recuperando tradições e elementos da cultura erudita. Eles valorizam a experiência cotidiana do homem comum transformando-a em poesia para a cena teatral.

b. dramaturgia desconstruída ou a cena fragmentada. Esse procedimento nasce do desejo de rompimento com as tradicionais formas de criação do texto ou enredo. Já não interessa a dramaturgia tradicional, a "peça benfeita", aquela com início, meio e fim. Nessa perspectiva também é possível apontar dois modos de criar os espetáculos. De um lado, existem grupos que montam espetáculos nos quais as peças não têm apenas uma situação principal, um conflito central, nem personagem protagonista. Predomina a definição de um assunto, o tema, e em torno dele giram

75 Apud A. M. Amaral, *O Ator e Seus Duplos*, São Paulo: Senac, 2002, p. 9.

situações, ações e imagens. Mas também ocorre a justaposição de cenas sem relação aparente, imagens e ações desconexas. A ruptura com a narrativa linear, a narrativa "benfeita", na qual se conta uma história, onde cada acontecimento é a sequência da ação anterior, é substituída por uma proposta de narrativa desconstruída, desordenada. Situações que ora apresentam uma sequência, mas em seguida são abandonadas, interrompidas por uma imagem em movimento que possibilita ao espectador imaginar, refletir ou somente desfrutar da beleza da imagem contrastando com situações antes mostradas[76].

De outro lado, mas seguindo uma direção similar, existe uma nova forma de criação do espetáculo que pode ser definida pela intertextualidade. Trata-se de um procedimento que busca, em fontes existentes, os dados e elementos que fazem parte do texto ou da cena. Do ponto de vista da dramaturgia, consiste em recolher trechos de textos de diversos autores, nem sempre textos dramáticos, e que postos numa disposição dão um novo sentido, às vezes diferente do que tinham quando foram originalmente criados. A unidade temática é formatada pelo dramaturgo ou diretor que, ao utilizar material já existente, assume a posição de "coletor", e com frequência usa o recurso da colagem e negligencia o encadeamento lógico de ideias. Esse procedimento também se caracteriza pela interface com outras linguagens artísticas como a dança, artes plásticas, imagens gravadas/filmadas, produzindo surpresas, dúvidas e certo distanciamento no público. Para Cohen, que prefere a expressão "intertextualidades", elas acontecem "entre a palavra, as materialidades e as imagens, nas formas antes que nos sentidos, nas poéticas desejantes que dão vazão às corporalidades, às expressões do sujeito nas paisagens do inconsciente e em suas mitologias primordiais"[77]. São espetáculos que abandonam o gueto do boneco (sobretudo o do tipo antropomorfo) e utilizam formas, objetos, imagens, distanciando-se dos registros conhecidos do grande público. Nessa modalidade de trabalho, é interessante observar que a identificação do público com o espetáculo também se dá na medida em que o espectador reconhece trechos dos textos de autores conhecidos, presentes na dramaturgia, ou se lembra de imagens antes vistas num filme, trabalho de artista plástico ou até mesmo noutro espetáculo teatral.

Vale ressaltar que tais facetas que caracterizam esses processos de criação de espetáculos são cambiantes, estão em permanente movimento e, não raro, se interpenetram, podendo estar às vezes mais, às vezes menos visíveis. Por isso, seria mais adequado afirmar que, hoje, os espetáculos de teatro de animação representam diversas tendências, existindo grupos com trajetórias distintas no seu modo de criação, podendo ser identificados ora com o teatro de bonecos mais tradicional, aquele do final do século XVIII, ora com trabalhos que se aproximam bastante das ideias de heterogeneidade e hibridismo que caracterizam encenações mais contemporâneas. Enquanto alguns trabalhos se inspiram em técnicas e princípios centenários, outros buscam a comunicação com o público utilizando recursos mais atuais. De todo modo, um objeto animado é presença indissociável dessa arte.

4. O TEATRO PARA A INFÂNCIA E JUVENTUDE

Levado a efeito por atores adultos, o teatro para a infância e juventude se endereça a um público particular: as jovens gerações. Com mais frequência adjetivado como *teatro infantil*, ele pode eventualmente ter como alvo um segmento mais amplo do público, passando nesse caso a ser nomeado *teatro infanto-juvenil*. Sob ambas as denominações ele se distingue das modalidades teatrais produzidas por crianças e jovens em contextos escolares ou ligados à ação cultural. Seu traço distintivo se situa precisamente na diferença de idade entre quem o realiza e o público ao qual ele se destina, independentemente do caráter profissional ou amador do acontecimento teatral.

76 Valmor Beltrame, Reflexões Sobre o Teatro de Bonecos no Brasil, em Sérgio Vieira (org.), *Vida de Boneco*, Curitiba: Imagemsul, 2006, p. 11.

77 Cartografia da Cena Contemporânea: Matrizes Teóricas e Interculturalidade, *Sala Preta*, São Paulo, ECA-USP, 2001, n. 1, p. 106.

A bibliografia sobre o tema no Brasil ainda é rarefeita; poucos são os títulos relevantes, tanto em termos de abordagens históricas, quanto de perspectivas de ordem crítica. Uma eventual reconstituição sistemática da história do nosso teatro voltado para crianças e jovens que cobrisse diferentes pontos do país, passaria necessariamente pelo levantamento rigoroso de artigos esparsos de autoria de criadores, jornalistas e críticos teatrais, além da verificação de um número ainda restrito de pesquisas universitárias.

Nosso propósito aqui é de natureza sobretudo conceitual. As informações relativas a autores, peças e encenações, longe de se pretenderem exaustivas, serão apresentadas na esteira de uma discussão – a nosso ver primordial – em torno das implicações decorrentes da especificidade desse teatro.

Assim, ao longo das próximas páginas trataremos a questão em dois tempos. Procuraremos examinar como se engendrou o campo específico do teatro voltado para crianças entre nós, trazendo à tona suas origens, a natureza dessa produção e as manifestações do seu reconhecimento. Na sequência, analisaremos diferentes procedimentos e discursos que, na contramão dessa trajetória, vêm colocando em xeque essa mesma especificidade forjada no decorrer do século XX.

Os Primórdios

É nas primeiras décadas do século passado que começa a se engendrar o fenômeno específico do teatro infantil, quase simultaneamente em países europeus, nos Estados Unidos e no Brasil.

Até então, as diferentes etapas pelas quais passa o desenvolvimento humano não se constituíam objeto de preocupação particular por parte dos emissores do espetáculo teatral. Conforme mostra a iconografia de séculos anteriores, a plateia de espetáculos de caráter popular, na rua e em outros espaços, era composta pela mistura de pessoas de todas as idades. Essa observação traz à tona, uma vez mais, o quanto o conceito de infância apresenta uma universalidade apenas aparente.

O caráter relativamente recente da infância como fase da vida merecedora de cuidados distintos daqueles dispensados à idade adulta é ressaltado pelo famoso trabalho de Philippe Ariès, *História Social da Criança e da Família*[78], no qual o autor demonstra que a infância e as instituições a ela vinculadas, como a família e a escola, só começam a se legitimar mutuamente a partir do século XVII. Diferenciada segundo as condições históricas que permitem sua existência, a infância é, em parte, uma relação socialmente produzida; a representação que os indivíduos possam ter desse estágio do desenvolvimento humano vai variar de acordo com a organização da formação social na qual eles se inserem. A infância se configura, pois, como uma categoria social a ser necessariamente examinada dentro da sua inserção histórica.

A exploração escandalosa das jovens gerações no mundo do trabalho dá origem, na Europa no século XIX, a tomadas de consciência coletiva sobre a situação do jovem e da criança na sociedade; combates do proletariado pela sua emancipação se traduzem por demandas de escolarização em massa e pela modificação do estatuto da criança e do jovem na sociedade. Reúnem-se assim as condições para o surgimento de uma literatura voltada para a infância, matriz do teatro infantil.

Na União Soviética, por exemplo, é inaugurado, em 1918, o Teatro da Criança, coordenado por Lunatcharski[79], voltado para a formação do cidadão socialista. Mais tarde, em 1933, na França, Léon Chancerel funda o Théâtre de l'Oncle Sébastien, fruto de um projeto pedagógico desenvolvido junto a escoteiros e participantes de movimentos de juventude, bastante ativos nos anos de 1920/1930. Além de estar na origem do primeiro grupo de teatro francês voltado para crianças, a figura de Chancerel nos diz respeito de perto, na medida em que foi ele o criador dos chamados jogos dramáticos, modalidade de improvisação teatral por crianças que exerceu alguma influência entre nós[80].

78 Rio de Janeiro: Zahar, 1978.

79 Para mais detalhes, consultar Fernando Lomardo, *O que é Teatro Infantil*, São Paulo: Brasiliense, 1994, p. 19.

80 A prática de Chancerel foi disseminada por meio dos *Cahiers d'Art Dramatique* que mais tarde inspiraram, no Rio de Janeiro, a criação dos *Cadernos de Teatro do Tablado*, de Maria Clara Machado. Para mais detalhes, ver Maria Lúcia de Souza Barros Pupo, Para Desembaraçar os Fios, *Educação e Realidade*, Porto Alegre, v. 30, n. 2, 2005, p. 217-228.

Coelho Netto e Olavo Bilac são os responsáveis, no Brasil, pelas primeiras manifestações de uma dramaturgia vinculada à infância; ambos publicam juntos *Teatrinho* (1905) e depois, separadamente, o primeiro lança *Teatro Infantil* e o segundo, *Poesias Infantis*. Compostos por textos curtos e eminentemente didáticos, visam à representação por crianças e têm como meta o desenvolvimento de valores morais pelos atores infantis.

Em 1938, Joracy Camargo e Henrique Pongetti publicam *Teatro para Crianças*, e em 1940 a revista infantil mineira *Era uma Vez* divulga peças de Vicente Guimarães, o "Vovô Felício", destinadas a festividades escolares. Em diferentes cidades brasileiras uma dramaturgia específica vai tomando corpo. No Rio Grande do Norte, por exemplo, Stella Wanderley Benevides, poetisa e dramaturga, inicia sua produção em 1922 com *No Reino das Fadas* e continua a escrever para teatro infantil até a década de 1960[81].

No Recife, em 1939, temos notícia da estreia de *Branca de Neve e os Sete Anões* no Grêmio Cênico Espinheirense, representada por crianças, assim como da criação do Teatro Infantil de Pernambuco por Valdemar de Oliveira, no qual são encenadas, entre 1939 e 1941, três operetas infantis de sua autoria: *Terra Adorada*, *A Princesa Rosalinda* e *Em Marcha, Brasil*[82].

Até os anos de 1940 as manifestações do nascente teatro infantil brasileiro são quase sempre marcadas por uma dramaturgia de cunho moralizante e a semelhança com o teatro jesuíta é patente. Os protagonistas, antes indígenas e degredados, são agora crianças, mas a atuação teatral continua a ser vista como instrumento para a absorção de valores tidos como edificantes.

A encenação no Rio de Janeiro, em 1948, de *O Casaco Encantado*, de Lúcia Benedetti, com direção de Graça Mello e presença no elenco de Henriette Morineau, é considerada uma referência particular na história do nosso teatro infantil. As crianças passam a ser o objeto da representação e a responsabilidade da cena é assumida por adultos. Marcado por muita ação e surpreendente ausência de maniqueísmo, o espetáculo gira em torno de um casaco enfeitiçado que origina uma série de situações cômicas. Múltiplas viagens são realizadas pelo grupo através do país, com grande sucesso:

> Tinha sido lançado o teatro para crianças fora dos moldes habituais. Nem escolar, nem amadorístico, mas o teatro como espetáculo de arte. A repercussão foi enorme. As crianças, desprovidas de espetáculos desse gênero, fizeram fila no teatro. Os adultos também. Todo mundo debatia o assunto, ia ver, opinava. A procura de bilhetes foi de tal natureza que tornou-se necessário dar os espetáculos à noite. E a peça que estava sendo dada à noite era belíssima, um dos trabalhos mais notáveis de Morineau[83].

Pouco a pouco começam a se abrir perspectivas de profissionalização com a criação de novos grupos cuja atuação se volta para a criança, como é o caso, no Rio de Janeiro, do Teatro da Carochinha, ainda em 1948. No mesmo ano, em Recife, têm início as atividades do Teatro do Deca, importante grupo amador voltado para crianças e adolescentes, oriundo da Divisão de Extensão Cultural e Artística, órgão do governo estadual. Simultaneamente, uma dramaturgia específica começa a proliferar em diferentes pontos do país. Nas décadas de 1950/1960 surgem peças de Pernambuco de Oliveira, Pedro Veiga, Stella Leonardos, Odilo Costa Filho, Zuleika Mello, Silveira Sampaio, entre outros.

Três grupos surgem no Rio Grande do Sul na década de 1950, quando o campo do teatro infantil se consolida: o Teatro Infantil Permanente (1954), de Sayão Lobato, o Teatro da Criança (1956) fundado por Glênio Peres e, no mesmo ano, o Teatro Infantil Permanente do Instituto de Educação General Flores da Cunha – Tipie, coordenado por Olga Reverbel[84]. Até os anos de 1970, o Tipie se responsabilizaria por apresentações semanais de espetáculos infantis abertos ao público, como

81 Sonia M. O. Othon, *Dramaturgia da Cidade dos Reis Magos*, Natal: EDUFRN, 1998.

82 Para mais detalhes relativos ao teatro infantil pernambucano, consultar Marco Camarotti, História do Teatro pra Crianças em Pernambuco. Disponível em: <www.cbtij.org.br>; e *A Linguagem no Teatro Infantil*, São Paulo: Loyola, 1984.

83 Lúcia Benedetti, *Aspectos do Teatro Infantil*, Rio de Janeiro: Serviço Nacional do Teatro, 1969, p. 105.

84 Taís Ferreira, *Teatro Infantil, Crianças Espectadoras, Escola: Um Estudo Acerca de Experiências e Mediações em Processos de Recepção*, dissertação de mestrado, Faculdade de Educação-UFRGS, Porto Alegre, 2005, p. 52-53.

parte integrante das atividades de formação das normalistas daquela instituição.

Um mercado teatral específico para a infância passa a ser constituído: os temas, o teor da dramaturgia, o ritmo e a duração do espetáculo são agora adaptados à idade do público. Entre as justificativas que o legitimam, aparece com vigor a ideia de que o teatro para crianças contribui para a formação do futuro espectador teatral.

Uma trajetória singular marca as atividades do Teatro Escola de São Paulo – Tesp, dirigido pelo casal Júlio Gouveia e Tatiana Belinky, grupo semi-amador voltado para crianças e adolescentes. Estreia no Teatro Municipal de São Paulo com a peça *Peter Pan*, adaptação da história de James M. Barrie, e entre 1949 e 1951 passa a realizar apresentações semanais em teatros da prefeitura e em diferentes locais da periferia da cidade. Mais tarde o grupo estende suas atividades realizando apresentações na televisão até 1964; Teatro da Juventude e Sítio do Pica-pau Amarelo deixam marcas em toda uma geração que passa a ter acesso à literatura de qualidade através da TV Tupi.

Segundo Tatiana – filha de imigrantes judeus russos que chegou ao Brasil em 1929, até hoje escritora dedicada ao público jovem –, seu marido, Júlio Gouveia, encarava o teatro para crianças

> como uma atividade educativa, construtiva, formadora, capaz de desenvolver na criança e no adolescente certos conceitos, certas atitudes mentais e emocionais, base para a formação, na idade adulta, de uma atitude ética diante da vida, de uma compreensão justa dos valores humanos[85].

A extremamente fértil atuação do Tesp abarcou a encenação de incontáveis adaptações de literatura para crianças, tanto brasileira quanto estrangeira, além de adaptações dos clássicos da dramaturgia ocidental.

Em um conhecido texto, "O Teatro para Crianças e Adolescentes: Bases Psicológicas, Pedagógicas, Técnicas e Estéticas para a sua Realização"[86] – apresentado em um congresso internacional sobre teatro

Tatiana Belinky.

e juventude em Paris, em 1952, no qual quinze países estavam representados – Júlio Gouveia reitera a famosa declaração de Stanislávski, que, perguntado sobre como deveria ser o teatro para crianças, após rápida reflexão responde: "igual ao dos adultos, só que melhor".

Nesse texto Gouveia preconiza para o teatro dirigido às jovens gerações conflitos perfeitamente delineados, personagens bem caracterizadas e situação definida com nitidez. Sugere que o público seja sempre separado por graus de desenvolvimento e valoriza a comicidade:

> Toda peça para crianças deve conter uma grande dose de humor e comicidade, pois a criança precisa de alegria e de risos para descarregar os excedentes de energia nervosa, e, no teatro, para aliviar a tensão das situações dramáticas[87].

85 José Lessa Mattos Silva, *Cultura Brasileira: Teatro e Televisão em São Paulo – Anos 40 e 50*, tese de doutorado, FFLCH-USP, São Paulo, 2000, p. 190.

86 Tatiana Belinky; Júlio Gouveia, Teatro para Crianças e Adolescentes: A Experiência do Tesp, em Regina Zilberman (org.), *A Produção Cultural para a Criança*, Porto Alegre: Mercado Aberto, 1982, p. 29-41.

87 Idem, p. 39.

Chamam a atenção as observações do autor acerca da avaliação, pelo adulto, do interesse da plateia infantil, pois, segundo ele, muitas das manifestações desse público ainda estavam longe de serem devidamente compreendidas. Gouveia recomenda que as preferências infantis não sejam julgadas exclusivamente em função das manifestações de entusiasmo, ou da excitação gratuita do público; adverte igualmente o leitor em relação aos resultados tendenciosos de entrevistas diretas com as crianças. O silêncio da plateia é considerado por ele não como suposta passividade, mas como indício provável de uma participação autêntica[88]. O pensamento contido nesse ensaio constitui síntese interessante de uma prática relevante de teatro para crianças e jovens datada dos anos de 1950, uma vez que formula questões até hoje não superadas ou mal resolvidas.

O Tablado, fundado em 1951 por Maria Clara Machado, é sem dúvida uma referência de grande relevo na trajetória do nosso teatro infantil. Além de ter encenado uma dramaturgia menos marcada pela veiculação de ensinamentos do que pela preocupação com enredos resultantes de um conflito preciso, configurado mediante uma ação dramática clara, o Tablado se destaca por ter atuado como uma escola responsável pela formação de inúmeros profissionais em todas as áreas da atividade teatral, desde aquele momento até hoje[89].

Menos conhecido é o interessante exemplo do Clube de Teatro Infantil de Pernambuco. Mobilizados em direção ao conhecimento do imaginário infantil, seus componentes, em convênio com a Secretaria de Educação, desde os anos de 1960 começam a recolher histórias criadas pelas crianças e passam a desenvolver seu trabalho teatral a partir delas, em moldes semelhantes às encenações realizadas na mesma época por Catherine Dasté, na França.

A Natureza da Produção

O fenômeno do *boom* do teatro infantil que presenciamos no Brasil na década de 1970 ocorre simultaneamente em vários países[90]. A produção cultural endereçada à infância, em plena consolidação, torna-se cada vez mais um agente poderoso do processo de socialização. Vale ressaltar que a autonomia crescente dessa produção cultural voltada para as jovens gerações se acha diretamente vinculada às necessidades de ampliação de mercado inerentes ao sistema capitalista, que, como sabemos, conhece nas últimas décadas do século XX intensa diversificação e sofisticação; podemos falar hoje não apenas em literatura e teatro infantil, mas em música, ou em cinema para crianças. Nos anos de 1970 – momento histórico atravessado pela herança dos questionamentos radicais sobre o papel do indivíduo, por reivindicações pelo direito à expressão de minorias sociais, sexuais e culturais que já haviam marcado a década anterior – o teatro para crianças recebe forte impulso e se torna depositário de grandes esperanças.

Enquanto prática cultural, esse teatro consagra a infância como uma relação social produzida em determinado espaço e momento histórico. O teatro infantil define-se como um instrumento, pode-se dizer educacional, a serviço da veiculação de modelos que recobrem sistemas de valor. Uma heterogeneidade básica o caracteriza de modo determinante: seu emissor é o adulto artista, detentor de um poder assegurado por sua condição de idade, enquanto o receptor é a criança, desprovida desse poder. E tal heterogeneidade fica agravada quando se constata que, além da criação propriamente dita, o adulto em geral possui também a prerrogativa de decidir quando levar a criança e a qual espetáculo assistir.

A inexistência de espaços próprios para as encenações voltadas para a infância sempre foi apontada pelos realizadores como fonte de boa parte das dificuldades por eles enfrentadas. Com efeito, fatores essenciais na construção da significação do espetáculo, tais como os signos relativos ao cenário e à iluminação, entre outros, ficam condicionados às necessidades do espetáculo para adultos que normalmente tem lugar no mesmo palco, à noite. Decorre daí, evidentemente, uma série de restrições previamente estabelecidas à criação.

88 A respeito da importância do silêncio no teatro assistido por crianças, ver Marina Marcondes Machado, *Cacos de Infância: Teatro da Solidão Compartilhada*, São Paulo: Annablume, 2004.

89 Ver, supra, O Tablado e a Modernização do Teatro Infantil, p. 144.

90 Para mais detalhes sobre a produção da década de 1970, ver M. L. de S. B. Pupo, *No Reino da Desigualdade*, São Paulo: Perspectiva, 1991.

Se examinarmos quais os textos encenados na época em que ocorre a explosão quantitativa à qual fazemos referência, observaremos que a maior parte deles é de textos originais, seguidos por múltiplas modalidades de adaptação, desde retomadas de dramaturgia e literatura para adultos, até adaptações da própria dramaturgia infantil.

Em termos do enredo das peças, há grande incidência de textos com o universo fantástico, no qual a verossimilhança não é levada em conta. Muitas vezes o caráter mágico do contexto não chega a ser assumido até as últimas consequências e o que se observa é a tentativa de utilizar elementos mágicos mantendo uma pretensa perspectiva crítica em relação a eles. A magia, então, acaba sendo visivelmente empobrecida e desacreditada pelas próprias personagens. Embora questionada, ela continua sendo o cerne da trama, o que acarreta como resultado um texto que não se sustenta como fantástico – nem tampouco como aniquilamento dele – e se apresenta desprovido de força poética.

Conflitos de caráter maniqueísta, que implicam ausência absoluta de contradição interna, caracterizam boa parte dessa produção. Instalados no polo da ordem (bem) ou da desordem (mal), as personagens desconhecem qualquer modalidade de ambivalência de sentimentos e funcionam exclusivamente como tipos a serviço da trama, não chegando a possuir uma dinâmica própria de ação. O bem e o mal são estabelecidos *a priori*, não resultam de escolhas das personagens. A conformidade a padrões de comportamento tidos como imanentes ao ser humano é o substrato a partir do qual a ação se desenvolve. A bondade vem invariavelmente associada à beleza, enquanto a maldade é aliada à feiura, aberta ou veladamente.

Trama única e tratamento linear do tempo marcam os textos que apresentam conflito maniqueísta. Uma estrutura dramática simplificada, servindo de arcabouço para a veiculação da dicotomia entre bem e mal evidencia o conservadorismo da maior parte da produção, que não cessa de crescer em termos quantitativos ao longo das últimas décadas do século passado. Estamos muito longe daquele comentário do pedagogo francês Philippe Meirieu, quando afirma que "o teatro é esse lugar extraordinário no qual as pessoas que se opõem podem igualmente ter razão"[91].

Um elemento de caráter didático e autoritário aparece reiteradamente: são as explicações. Qualquer situação ou acontecimento pode servir de pretexto para uma peroração que quebra a fluência da ação dramática e se impõe como verborragia desprovida de significado para o desenvolvimento da trama. Ocorrem desde explicações simples, referentes ao significado de palavras, até outras, verdadeiras enxurradas de informação, à maneira de uma aula tradicional:

> A terra onde vivemos
> É dividida em três partes
> A primeira, a que pisamos
> Chama-se crosta terrestre
> Nos locais em
> Que a crosta está rachada
> O magma terrestre
> Faz uma força danada
> Abrindo um furo
> De espessura tão grande
> Que nós chamamos
> De cratera
> Pela cratera
> É expelido
> Ferro, metal
> Chumbo fervido
> Quando tal
> Ocorre então
> O vulcão
> Entra em erupção[92].

Uma curiosidade digna de nota é o fato de a vida urbana pouco aparecer nos textos. Quando isso ocorre, ela é invariavelmente encarada como nefasta ao ser humano; estereótipos como a poluição, o movimento frenético ou a falta de comunicação entre as pessoas a caracterizam de modo exclusivo.

A possibilidade de múltiplas leituras, prerrogativa inerente a criações de relevância artística, é pouquíssimo frequente. Ao abrigar conflitos de

91 Penser le discontinu pour renoncer à la violence, *Théâtre aujourd'hui*, Paris, Scérén/CNDP, n. 9, p. 116. Théâtres et enfance: L'émergence d'un répertoire, .

92 Luciano Tadeu, *Uma Viagem à Casa do Vento*, cópia datilografada.

ordem maniqueísta, soluções quase sempre claramente dadas e, em muitos casos, a presença do narrador, a dramaturgia dirigida às jovens gerações se define antes de mais nada por ser inequívoca; sua decodificação não permite ambiguidades.

No entanto, no final da década de 1970, em meio a essa produção majoritária, novas tendências começam a se esboçar na contracorrente das características assinaladas. Se a sua consolidação no período posterior não chega a ser significativa em termos quantitativos, elas acabam se manifestando nas realizações mais ousadas e interessantes da produção teatral voltada para as jovens gerações formulada nas décadas seguintes.

Surgem contextos que podemos denominar de "ficção explicitada": apesar de os dados da realidade não serem levados em conta, dentro do próprio enredo fica explicitado que se trata de ficção. Permanece de certa forma o didatismo, mas agora ele se volta para a própria convenção teatral:

LAVADEIRA: Eu trouxe um segredo... Eu trouxe um segredo de verdade! Isto (*mostra o pano*) é um rio de água azul. Um rio de água azul de brinquedo! Vou estender o meu rio em voltinhas e voltinhas... Até lá longe... lá longe, onde acabam os rios!

> Vim lavar a minha roupa com água pura e sabão
> Nesse rio de brinquedo
> Que eu estendo pelo chão!
> Como a água está gelada...
> Atchim!
> Vou acabar resfriada... Atchim![93]

A dicotomia entre bem e mal cede lugar a teses de outro teor. Uma delas é a valorização da imaginação. O jogo de faz-de-conta é valorizado como a modalidade mais autêntica de brincadeira infantil, chegando a ser identificado como a base sobre a qual se desenvolve a linguagem teatral. Em muitos casos o encadeamento de cenas em que personagens infantis vivem momentos de prazer, brincando de faz-de-conta ou de "teatrinho", forma um roteiro a partir do qual o ator pode improvisar no decurso do processo de encenação.

Trata-se de peças nas quais a constante quebra de continuidade e a perpétua mutabilidade do brinquedo infantil formam o eixo da trama, como ocorre em *Vamos Brincar de Teatrinho*, de Magno Bucci; *Brincadeiras*, de Raimundo Matos de Leão; ou *Serafim-fim-fim* e *A Praça de Retalhos*, ambas de Carlos Meceni. Textos dessa natureza assumem seu caráter inacabado, uma vez que, de modo mais evidente do que qualquer outro, necessitam do trabalho do ator para que seu potencial seja plenamente atualizado. Neles, o jogo é a mola mestra que move a ação. A primazia até então indiscutível da história é abalada e os desdobramentos dessa subversão vão se fazer sentir de modo acentuado no trabalho dos criadores mais recentes.

Outra tese bastante comum entre as de teor não moral é a defesa da ecologia; nesses textos, porém, a melhoria das condições de vida ligada aos cuidados com o ambiente é invariavelmente encarada como tarefa individual. Fala-se muito contra a poluição e sobre a preservação da natureza, sem que seja suscitada qualquer reflexão acerca dos interesses econômicos responsáveis pelas devastações descritas no enredo.

Importante fator é o aparecimento de peças com várias tramas entrelaçadas. A existência de uma multiplicidade de tramas dentro do mesmo texto denota sem dúvida um tratamento mais complexo e, portanto, mais rico do enredo. É também em textos desse tipo que se verifica a ocorrência de *flashbacks*. A combinação de duas modalidades de enriquecimento da estrutura dramática – o desdobramento da trama e a quebra da linearidade no tratamento do tempo –, embora apareça raramente, constitui marca bastante significativa de um salto qualitativo de ordem dramatúrgica.

A presença maciça da música e da comicidade parece particularizar não só o teatro, como também outras manifestações da produção cultural destinada à infância. Esses elementos estão de tal maneira incorporados ao conceito daquilo que o adulto concebe como sendo o gosto infantil, que parece inconcebível a criação de um texto teatral desprovido da sua utilização.

No que se refere à música, a maior parte dos textos apresenta a letra, sem qualquer indicação de partitura. Entre as funções desempenhadas pela

93 Sylvia Ortoff, A Viagem de um Barquinho, *Cinco Textos para Teatro Infantil*, Curitiba: Governo do Estado do Paraná/Grafipar, 1975, p. 13-41.

inserção da música, destaca-se aquela inerente ao espetáculo musical, ou seja, ser parte integrante da ação; através dela a personagem se apresenta, propõe plano ou entra em conflito com outro, por exemplo. Mas a música pode ainda contribuir para a criação de um clima específico, quando serve de pano de fundo para a ação dramática, ou para a consagração do final feliz. Quando o público é convidado a participar da emissão musical junto com os atores, na maioria das ocorrências trata-se de canções já consagradas.

O enredo teatral dirigido à infância se caracteriza igualmente por um tom decididamente cômico. Podemos analisar os recursos cômicos observados nesses textos lançando mão das formulações teóricas de Henri Bergson[94].

A comicidade verbal é o tipo mais frequente; ela diz respeito a um incidente que pretende provocar o riso através de recursos da própria linguagem, seja mediante equívoco provocado pela diversidade de acepções de uma palavra, seja através de mecanismos que acentuem a rigidez dessa mesma linguagem:

JOSÉ: [...] Falai em segundo lugar, príncipe Luís IV.

PRÍNCIPE: Não tem quarto, majestade.

SALOMÉ: Não tem quarto? Então onde é que Vossa Alteza dorme, na cozinha?

PRÍNCIPE: Perdão, majestade. Eu quis dizer que o meu nome é Luís II[95].

Em muitas ocasiões, a gestualidade ou a movimentação motivadas por circunstância exterior à personagem é que estão na base do riso. Trata-se de modalidade considerada por Bergson como acidental, uma vez que permanece na superfície do indivíduo:

LOBO: Nossa, acho que eles me viram. Vou disfarçar-me primeiro.(*Corre pegar o disfarce. Faz a maior confusão possível. Começa a escolher o que vai vestir, mas corre e coloca uma flecha. Mistura tudo. Pendura a barba e roupas nas flechas e acaba escondendo-se com uma flecha na frente. Os porquinhos entram.*)[96]

A comicidade de situação – encadeamento de situações que, por apresentarem um componente mecânico, provocam o riso – se faz presente nos textos através de duas variantes: a repetição e o quiproquó. A repetição nos faz rir porque simboliza um jogo completamente mecânico e sugere certo automatismo desprovido de vida. Já o quiproquó diz respeito a personagens que conhecem apenas um aspecto de uma situação ambígua, equivocando-se em relação àquilo que ocorre ao seu redor e àquilo que eles mesmos fazem. Repetidas entradas e saídas de cena, muitas vezes forçadas e desvinculadas da dinâmica da tensão dramática fornecem o terreno para tais modalidades em nosso teatro infantil.

Um aspecto a ser destacado, muito frequente nessa dramaturgia, diz respeito a modalidades pretensamente cômicas que não chegam a ser identificadas como tais pelo público infantil, que não dispõe de referencial para decodificá-las, como é o caso, por exemplo, de uma passagem de *Tribobó City*, de Maria Clara Machado. A personagem Mexicano menciona outra personagem, dizendo: "Meu amigo mescalero... Era um hombre mui ilustre como usted, juiz na ciudade de Guadalajara e descendente de la família de Pancho Villa que tinha uma prima cujo sogro descendia de la família de Zapata también do Ceará"[97].

Na intenção de promover o interesse da plateia, autores e diretores teatrais se valem de diferentes modalidades de apelo dirigido ao público. Estamos diante de procedimentos que, tornando menos rígida a distinção palco/plateia, visam a envolver o público na trama, de forma direta ou indireta, oferecendo-lhe diferentes graus de possibilidade de atuação. O objeto do apelo pode ser a plateia como um todo, assim como uma criança isolada ou um grupo de crianças. O público muitas vezes é solicitado a responder pergunta relativa à ação dramática; no entanto, como as questões quase nunca permitem respostas divergentes, a plateia é seguidamente manipulada em termos da conduta desejada pelos realizadores:

TIA CLARA e PEDRINHO (*juntos, olhando para a plateia e em voz alta, com os sorrisos amarelos persistindo*): E vocês

94 *La Risa: Ensayo Sobre la Significación de lo Cómico*, Buenos Aires: Losada, 1953.

95 Mario Bruni, *No País do Não Sei Ler*, cópia datilografada.

96 Alessandro Memmo, *Quem tem Medo do Lobo Mau*, cópia datilografada.

97 *Tribobó City e Outras Peças*, Rio de Janeiro: Nova Fronteira, 2009, p. 153-154.

também nunca viram o lobo comer fantasmas, não é? (*Fazem sinal de negação, orientando a resposta da plateia.*)[98]

Convite para delatar personagens maus é atitude recorrente em nossa dramaturgia. Apelo à execução de uma ação no palco ou solicitação para julgar, optar ou decidir também se fazem presentes, denotando expectativa de contato mais direto dos espectadores com a cena. No entanto, quando ocorre essa última modalidade, que, conforme seria lícito esperar, deveria acarretar implicações diretas no desenvolvimento da trama, o texto apresenta apenas um único encaminhamento para a ação dramática.

LEÃO: [...] Ilustre colega da defesa, posso começar? Então lá vai a acusação. (*O ator deve improvisar o texto de acordo com seu talento. Toda vez que ele para, a pantera, como única defesa, atravessa a cena mostrando uma placa onde se lê: "O Piauin estava brincando". A cena se repete umas três vezes.*) Bem, a acusação terminou. A defesa também? Então, o que dizem os senhores jurados? O Piauin é ...

RATO (*pula em cena*): Inocente ou culpado? (*Espera-se que, dada a popularidade da Pantera, o Piauin seja absolvido.*)

CHAPEUZINHO: Então, a maioria é quem manda: o Piauin está perdoado![99]

Raras são as ocasiões em que a plateia se torna responsável pelo que ocorre em cena; ela não chega a ganhar espaço para, efetivamente, contribuir para o desenvolvimento da ação dramática. As participações apresentam – salvo raríssimas exceções – um caráter apenas enfático, do qual decorre um incentivo generalizado a manifestações ruidosas e frenéticas do público.

A extrema simplificação do texto teatral destinado à infância transparece também na construção das personagens. Caracterizadas de modo empobrecido, elas são desprovidas de conflito interno e tendem a se constituir como tipos a serviço da trama. Muitas das personagens de ficção têm vida pré-existente em relação ao texto, como Emília, Super-Homem, Mônica. Não raro são oriundas de contos de fadas, como é o caso de Chapeuzinho Vermelho ou da dupla João e Maria. Na medida em que estão inscritas em um referencial cultural conhecido pelo público, têm grande probabilidade de estabelecer comunicação imediata com a plateia.

No que diz respeito às relações familiares, as atividades domésticas, por exemplo, são invariavelmente responsabilidade exclusiva da figura feminina; homens e mulheres se comportam estritamente de acordo com padrões estereotipados, legitimados pela ordem social vigente. Raramente o dia a dia na escola é mostrado e a dimensão do trabalho recebe invariavelmente tratamento superficial. Somente ao retratar as atividades profissionais ligadas ao fazer artístico – em última análise, o seu próprio campo profissional – os criadores detalham um pouco mais o cotidiano de trabalho das personagens.

A padronização recorrente sofrida pela personagem no teatro infantil resulta de uma absoluta precariedade na sua construção. A escassez de atributos que lhe são conferidos, assim como a ausência de dúvidas ou contradições internas, alia-se à quase inexistência de questionamento em relação a si mesmo ou ao ambiente que o cerca. Com exceção dos casos em que a maldade cede lugar à bondade, tais personagens não costumam passar por qualquer forma de evolução.

Essas considerações nos levam a circunscrever a contradição que envolve a cena endereçada às crianças: invenção recente dentro da história do teatro, ela veio forjando uma especificidade ao longo do século XX que, no entanto, não tem lhe assegurado qualidade enquanto criação artística.

Os textos apresentam uma visão de mundo fragmentada e conformista que consagra a ordem social vigente como a única possível, visão essa veiculada através de nítida precariedade de domínio de pressupostos básicos da dramaturgia; é a pobreza artística que, no mais das vezes, vem regendo as relações entre o adulto e a criança. A arte teatral, que, pela sua própria natureza, pode dar contribuições singulares para a ampliação do conhecimento sobre o ser humano, não se manifesta neste território com a ousadia que caracteriza sua força simbólica.

Cabe assinalar um outro segmento da produção que, apesar de aparecer de maneira relativamente isolada e descontínua, representa uma vertente

98 José Roberto Caprarole, *O Lobinho Careca*, cópia datilografada.

99 Otto Prado, *A Volta do Chapeuzinho Vermelho*, cópia datilografada.

significativa da especificidade aqui examinada: trata-se do teatro para jovens. Na esteira de uma literatura e de uma programação televisiva *teen* e de suplementos especiais com aparição semanal na imprensa, o teatro também passa a visar precisamente essa fatia do público.

Em 1991, *Namoro*, texto de Ilder Miranda Costa, dirigido por Roberto Lage e interpretado por atrizes adolescentes, filhas de atores famosos, obtém grande sucesso ao tratar de questões afetivas próprias da idade para a recepção de um público de adolescentes. Um fenômeno correlato, o crescente número de jovens que participam de grupos e procuram oficinas teatrais, leva Gianfrancesco Guarnieri, em 1992, a criar o Projeto Palco de Troca, disponibilizando a estrutura do Teatro de Arena Eugênio Kusnet para a apresentação de grupos dessa faixa etária.

O exame da produção específica para adolescentes revela uma dinâmica voltada para a apresentação de espetáculos que tendem a refletir, como um espelho, as condições de existência da plateia. Menos voltadas para a metáfora do que para a retomada, em cena, de códigos televisivos, as encenações, via de regra, apresentam temática e personagens "colados" à situação social do público jovem. Fragmentação do enredo e ritmo acelerado se fazem presentes, na expectativa de assegurar a atenção do espectador.

De modo talvez ainda mais incisivo do que em relação à infância, se coloca aqui a questão da pertinência de um teatro visando a determinada faixa etária. Entre os criadores que o defendem, encontra-se Débora Dubois, diretora, entre outros, de *Cuidado*, *Garoto Apaixonado* e *Pirata na Linha*: "o que acho importante é ter uma faixa etária clara para ser atingida; isso pode ajudar muito, tanto o autor como o diretor, para ninguém se perder e poder criar um espetáculo claro"[100].

As implicações de uma criação teatral focalizada nas expectativas de um público-alvo é a questão que emerge a partir dessas considerações. Quais as diferenças entre encenar a partir do desejo de comunicar, de dar forma a um tema, formulado pelo grupo emissor por um lado e, por outro, fazer espetáculos que respondam a pretensas demandas do público jovem? Estabelecer *a priori* aquilo que se considera ser o interesse e o desejo do expectador consiste uma opção oposta à abertura do leque de escolhas, para que ele mesmo, gradativamente, venha a reconhecê-los e a manifestá-los.

No que diz respeito a esse tema, há uma interrogação que hoje ganha contornos mais precisos: uma eventual distância entre as expectativas do público jovem e a cena à qual ele tem acesso não seria um fator para o desenvolvimento do prazer estético e de provocação à reflexão?

Manifestações do Reconhecimento

O reconhecimento social das modalidades teatrais dirigidas para as jovens gerações pode ser aferido através de diferentes desdobramentos, tais como a dinâmica das associações e encontros, as publicações, as relações com a escola, as manifestações da crítica e a premiação.

Na perspectiva de lutar pela valorização do teatro infanto-juvenil, seguidamente objeto de uma atitude de menosprezo por parte dos criadores do teatro sem adjetivos, a organização de coletivos de trabalho sempre foi um meio privilegiado de militância. Já em 1957 Léon Chancerel cria a Association des Amis du Théâtre pour l'Enfance et la Jeunesse, que dá origem, em 1965, à Association Internationale de Théâtre pour l'Enfance et la Jeunesse, a Assistej, que, bastante ativa no campo, até hoje congrega indivíduos, grupos e organizações através do endereço <www.assitej.org>. Cabe lembrar que a própria Assitej vem sendo nos últimos anos a responsável pela comemoração, a cada 20 de março, do "Dia Mundial do Teatro para a Infância e a Juventude", festejado nos diferentes países membros da Associação.

Entre as décadas de 1970 e 1990 uma profusão de encontros, mostras e festivais torna-se sede de debates acalorados, nos quais se abordam os espetáculos apresentados e se discutem as dificuldades da produção, assim como a pertinência da particularização das faixas etárias.

Na Casa de Paschoal Carlos Magno no Rio de Janeiro, em 1985, por exemplo, a própria existência do teatro infantil torna-se objeto de questionamentos

100 Apud Dib Carneiro Neto, *Pecinha É a Vovozinha!*, São Paulo: DBA, 2003, p. 26.

em função do descontentamento generalizado com a sua qualidade por parte de artistas e educadores. No estado de São Paulo – e em especial através da prefeitura da capital – uma série de encontros traz à tona importantes aspectos ligados às condições de trabalho e ao significado social desse teatro. O Encontro Nacional de Teatro para a Infância e Juventude ilustra o entusiasmo do momento, visto ter conseguido reunir em 1986, na cidade de Campinas, 174 pessoas provenientes de dezessete estados, representando federações de teatro amador, sindicatos e associações de produtores, professores universitários e funcionários de diferentes secretarias de cultura. Em seu relatório final não publicado, se afirma que "os grupos não se arriscam porque 'têm que dar certo', o que é determinado pelas grandes dificuldades econômicas e de mercado e pela própria imaturidade intelectual". O tema da faixa etária, até hoje não superado, ficou longe do consenso:

> uns pensam que deve existir uma diferenciação no emprego da linguagem do espetáculo dirigido à criança; outros entendem que não deve existir a preocupação, porque o artista, no ato de sua criação, deve preocupar-se exclusivamente com a qualidade do espetáculo e perguntam o por quê da oposição dos termos teatro infantil/teatro adulto.

Data de 1977 a fundação da Associação Paulista de Teatro para a Infância e Juventude – APTIJ, que, ao longo da década seguinte assume um papel importantíssimo no debate sobre as faixas etárias. Atuando de modo integrado à Cooperativa Paulista de Teatro criada em 1979, a APTIJ teve sua representatividade legitimada junto aos órgãos públicos promotores da cultura até por volta de 1990.

A amplitude do leque de atividades promovidas por aquela entidade denota o grau de mobilização provocado pelo tema, na época. Sob a batuta da atriz Lizette Negreiros (*O Rapto das Cebolinhas* em 1970, *Maroquinhas Fru-Fru* em 1974, *O Gato Malhado e a Andorinha Sinhá* em 1983, entre muitos outros espetáculos), promovem-se inúmeros encontros, seminários e mostras. Uma vertente de capital importância para alimentar o debate é, naquele momento, constituída pelas iniciativas em torno da dramaturgia. Ciclos de leitura dramática e a organização de um banco de textos reúnem criadores, professores universitários e críticos. Em 1988 o Seminário Censura Livre, coordenado pelos dramaturgos Claudia Dalla Verde e Ezequiel Capellini discute o interesse de textos a serem apreendidos por pessoas de qualquer idade, ilustrando assim, através de obras inéditas, uma problemática que naquele momento já ganhava seus primeiros contornos. Cursos e oficinas, não só de dramaturgia, mas também de improvisação, técnica vocal, jogos teatrais, cenografia, figurino, iluminação, oferecidos pela APTIJ promovem o aprofundamento da argumentação em torno de políticas públicas e de tendências estéticas do nosso teatro infantil.

Mais recentemente, em 1997, ocorre a primeira edição do Festival Nacional de Teatro Infantil de Blumenau – Fenatib que, desde então, vem sediando o diálogo através de encontros documentados por publicações disponíveis também em sites específicos, o que amplia consideravelmente o alcance das discussões.

Atualmente o coração dos debates se encontra no Rio de Janeiro. Desde 1995 o Centro Brasileiro de Teatro para Infância e Juventude – CBTIJ, vinculado à Assitej, tem como meta fomentar uma política de incentivo ao teatro infantil, projetando-o frente às políticas culturais de órgãos públicos e privados, promovendo simultaneamente intercâmbios nacionais e internacionais e publicações sistemáticas. Para tanto, o site <www.cbtij.org.br> vem funcionando como aglutinador da reflexão. Maria Helena Kühner lidera o Centro de Pesquisa e Estudo do Teatro Infantil – Cepetin, organização que tem como alvo "a qualidade do teatro para crianças através de uma reflexão constante, com atividades voltadas para profissionais de teatro, profissionais da educação e pais", conforme indica o site <www.cepetin.com.br>. A Prefeitura Municipal do Rio de Janeiro disponibiliza aos interessados o Centro de Referência do Teatro Infantil que, em suas instalações dentro do Jockey Club, promove a pesquisa de novas linguagens mediante o intercâmbio nacional e internacional, atingindo desde a primeira infância até a adolescência.

Publica-se pouco sobre o teatro para as jovens gerações; raras são as peças editadas e pouquíssimos os trabalhos de cunho reflexivo sobre o assunto, conforme já salientamos. Nesse quadro de escassez, no entanto, se destaca o papel de alta relevância desempenhado por duas revistas que marcaram época e balizaram o tema entre nós.

Os *Cadernos de Teatro* do Tablado, inspirados nos *Cahiers d'Art Dramatique* de Léon Chancerel[101], aos quais Maria Clara Machado teve acesso na França em 1950, sem dúvida são ainda um marco na área. Tendo como objetivo levar aos confins do país possibilidades operacionais de incentivar o trabalho teatral, os *Cadernos* cobrem vasto espectro de interesses. As relações entre o teatro e a educação, a prática dos jogos dramáticos na acepção francesa, a teoria teatral, a dramaturgia, o aspecto artesanal da prática cênica são contemplados por essa publicação que, disseminada em bibliotecas de todo o nosso território, representa uma contribuição incomensurável para o teatro brasileiro.

A revista *Teatro da Juventude* dirigida por Tatiana Belinky, do Tesp, trazendo peças teatrais, artigos e resenhas e "destinada a jovens atores e encenadores" também teve papel relevante. Publicada de 1965 a 1972, ela foi interrompida e depois retomada a partir de 1995, sob a responsabilidade da Comissão de Teatro da Secretaria de Estado da Cultura de São Paulo. Sua distribuição gratuita a estabelecimentos de ensino e entidades culturais, da capital e do interior, foi um fator preponderante para a consolidação do nosso teatro para crianças e jovens.

As relações entre o teatro e a escola, por sua vez, vêm sendo atravessadas por contradições. Por um lado, a instituição escolar é o coração do projeto democrático e, portanto, a aproximação com a experiência teatral pode idealmente se dar, dentro dela, em direção a todas as crianças. Por outro lado, existe também o risco de que, ao encampar o teatro, a escola acabe lhe prestando um desserviço, na medida em que ele possivelmente fica associado à obrigatoriedade, correndo riscos de ser esvaziado em sua significação, sobretudo se considerarmos que, em princípio, o potencial de questionamento presente nas manifestações artísticas não interessa especialmente ao sistema educacional.

No bojo dessa contradição, diferentes projetos vêm sendo levados a efeito, nos quais tanto os estudantes vão ao teatro, quanto grupos teatrais se apresentam no ambiente escolar. Uma terceira modalidade foi formulada nos últimos anos através de programas estaduais e municipais nos quais apresentações teatrais se dão no espaço escolar nos fins de semana, mas se dirigem também às famílias e à comunidade, na perspectiva de promover uma difusão cultural.

Em todas essas modalidades, a questão que salta aos olhos é a da qualidade dos espetáculos difundidos. Com frequência a desinformação dos responsáveis acarreta a escolha de trabalhos medíocres, veiculados precariamente. As características estéticas do evento teatral não se configuram como critério para essa seleção; o teatro acaba se colocando a serviço da escola mediante os temas por ele veiculados e suas relações com as disciplinas do currículo. A linguagem empregada em cena não chega a ser objeto de atenção, dadas as lacunas na formação profissional dos docentes.

Recentemente um caminho começa a se delinear para que essa contradição venha a ser superada; trata-se de tentativas de formar docentes e estudantes com vistas à recepção teatral. O Projeto Formação de Público da Secretaria Municipal de Cultura de São Paulo atuou simultaneamente com criadores, professores e alunos, visando ao diálogo entre a cena e a plateia, na perspectiva de que os espectadores passassem a ser sujeitos da interpretação da obra. Na esfera privada, o Projeto Panamco Leva ao Teatro propõe um apoio pedagógico para que docentes possam ir ao teatro com seus alunos e, na sequência, estejam em condições de dar continuidade àquilo que foi despertado nas crianças, através de múltiplas atividades[102]. Iniciativas desse porte, se mantidas a longo prazo e multiplicadas, podem abrir perspectivas férteis de uma colaboração animadora entre a escola e o teatro.

Muitos têm sido os críticos que, no decorrer das últimas décadas, principalmente através da imprensa escrita, vêm procurando contribuir para que nossas crianças e jovens possam se defrontar com acontecimentos teatrais mais relevantes. Clóvis Garcia, Tatiana Belinky, Fanny Abramovich, Maria Helena Kühner, Ana Maria Machado são

101 Ver detalhes em José Ronaldo Faleiro, *La Formation de l'acteur à partir des "Cahiers d'Art Dramatique" de Léon Chancerel et des "Cadernos de Teatro" do Tablado*, tese de doutorado, Université de Paris X, Paris, 1998.

102 Ver Ingrid Koudela, A Nova Proposta de Ensino do Teatro, *Sala Preta*, São Paulo, ECA-USP, n. 2, 2002, p. 233-246.

nomes pioneiros, conhecidos por várias gerações. Outros – e a listagem, evidentemente, não é exaustiva – como Dib Carneiro Neto, Marco Camarotti (já falecido), Mônica Rodrigues da Costa, Carlos Augusto Nazareth, Rui Fontana Lopes, seguindo os passos daqueles primeiros, têm procurado fugir às tentações de uma crítica normativa, de modo a poder esclarecer criadores e plateias em relação aos desafios da cena de nossos dias.

A outorga de premiação foi e continua sendo um fator relevante para a legitimação dessa modalidade de teatro. O antigo Serviço Nacional de Teatro – SNT, depois Inacen, mais tarde Fundacen – manteve uma política de subvenções e premiações que sem dúvida impulsionou o trabalho de múltiplos artistas da cena, principalmente nas décadas de 1970/1980. Muitas outras modalidades de premiação atribuídas por esferas diversificadas, como serviços públicos estaduais – como é o caso, entre muitos outros, do Prêmio Tibicuera no Rio Grande do Sul e dos concursos patrocinados pela Fundação Teatro Guairá, no Paraná – ou pela iniciativa privada – tais como a Associação Paulista de Críticos Teatrais (APCA), o Prêmio Molière ou o Prêmio Coca-Cola – constituem demonstração da legitimidade conquistada pelo teatro infantil dentro do panorama teatral mais amplo.

Há alguns nomes de destaque no campo das artes cênicas e da literatura que, embora pontualmente, em algum momento de suas carreiras se vincularam ao teatro para crianças, ou para todas as idades.

O primeiro a ser citado é Chico Buarque que, com *Os Saltimbancos* (1977)[103], peça inspirada em *Os Músicos de Bremen* dos Irmãos Grimm, encenada incontáveis vezes nos mais diferentes contextos desde então, conseguiu metaforicamente dar forma à conjuntura política da época, obtendo uma repercussão retumbante junto a plateias de todas as idades. João das Neves e Plínio Marcos estão entre os dramaturgos reconhecidos; o primeiro escreveu *A Lenda do Vale da Lua* (1977) e *O Leiteiro e a Menina Noite* (1985) e o segundo assinou *O Coelho e a Onça* (1988). Ainda na esfera do texto destacam-se uma adaptação de Julio Cortázar feita por Augusto Francisco e dirigida por Roberto Lage, *Souzalândia* (1977), a peça de Caio Fernando Abreu, *A Comunidade do Arco-íris*, encenada em Porto Alegre em 1979, e o texto de Márcio de Souza encenado em 1995, *A Maravilhosa História do Sapo Tarô Bequê*. Alguns entre nossos diretores teatrais se dedicaram esporadicamente ao teatro infantil; é o caso de Antunes Filho (*Chapeuzinho Vermelho*, de Paulo de Magalhães, em 1952), Márcio Aurélio (*Flics, a História de uma Cor*, de Ziraldo, adaptado por Aderbal Júnior em 1977) e Paulo Yutaka (*O Crocodilo do Nilo*, adaptado por Claudia Dalla Verde, Ezequiel Capellini e Lica Neaime em 1985). O Grupo Galpão também se insere nesta lista, graças a uma montagem datada de 1983, *De Olhos Fechados*, de João Vianney.

Um olhar retrospectivo para a trajetória do nosso teatro infantil revela que – salvo raras exceções de diversificação temática, de ênfase no caráter lúdico da representação ou de construção de uma estruturação dramática mais complexa – ele sugere um modelo pobre de conhecimento do ser humano, disseminado mediante dispositivos teatrais sem vínculos com qualquer renovação de ordem estética, encobrindo e reafirmando assim a desigualdade de poder entre as gerações. A especificidade desse teatro vem, portanto, acompanhada de efeitos perversos.

Da gradativa consciência desse fenômeno, surge pouco a pouco uma contestação às fronteiras etárias, no sentido inverso do percurso até aqui apontado. Se o trunfo desse teatro é ter a criança como público privilegiado, essa exclusividade – justamente por se traduzir em termos de insuficiência artística – vem sendo cada vez mais considerada pelos realizadores como não desejável e a comunicação com todas as faixas etárias tende a ser agora a sua maior aspiração.

O Questionamento das Fronteiras Etárias

A trajetória de alguns encenadores contemporâneos constitui exemplo interessante desse movimento em direção a um teatro voltado para todas as idades, caracterizado por um nítido cuidado

103 Ver Adriano de Paula Rabelo, *O Teatro de Chico Buarque*, dissertação de mestrado, FFLCH-USP, São Paulo, 1998.

artístico e um tratamento poético da encenação. Ilo Krugli e Vladimir Capella são marcos particularmente relevantes dentro dessa tendência, em função de terem uma carreira marcada há décadas por criações nas quais se reconhece a qualidade artística.

O trabalho de Ilo Krugli ilustra como o modo de produção do acontecimento teatral acaba tendo incidências em termos estéticos, como tão bem demonstrou o crítico Bernard Dort. Liderando produções cooperativadas, Ilo sempre atuou de modo a colocar em relevo o processo coletivo de criação de espetáculos, no qual se dissolve a atribuição fixa das funções dos diferentes responsáveis, resultando daí encenações nas quais o aspecto lúdico vem a ser o vetor mais marcante da cena[104].

Os espetáculos do Grupo Ventoforte se voltam para todas as idades; se a criança é vista como a raiz arcaica do homem, se o universo do imaginário infantil é especialmente valorizado, o que se busca é, antes de mais nada, compartilhar uma experiência estética com pessoas diversificadas. Enfatiza-se reiteradamente que, em função da idade e do percurso de cada membro da plateia, vão variar também as leituras da cena.

Com vasta experiência em teatro de bonecos, o argentino Ilo Krugli chega ao Rio de Janeiro em 1961 e trabalha por onze anos na Escolinha de Arte do Brasil, referência-chave na renovação do nosso ensino de arte. Nela, processos artísticos são mobilizados a partir do ideal da livre-expressão, integrando artes plásticas, música, dança, teatro e são centrados na elaboração de histórias a partir de diferentes tipos de material.

A experiência de Ilo Krugli como pedagogo teve profundas repercussões na dinâmica do seu trabalho teatral. Instalado desde 1985 na Casa do Ventoforte, em São Paulo, o grupo vem oferecendo regularmente cursos que contribuem para renovar o elenco, visto que os seus "atuadores"[105] quase sempre provêm desses encontros. As situações vividas dentro de cursos e oficinas também abrem pistas para a criação de espetáculos e eventos, além de terem papel significativo no equilíbrio financeiro do coletivo. Neles, os participantes são convidados a improvisar e a transformar materiais os mais diversos, dando origem a esboços de narrativas de modo similar ao brinquedo de faz-de-conta infantil, referência importante nos processos de criação do grupo. Clóvis Garcia alude a essa relação quando, no programa de uma reencenação de *As Quatro Chaves* escreve: "é mais um evento teatral, ou melhor, uma brincadeira dramatizada, concebida para uma atividade de rua e que funciona, também, no teatro". *O Mistério das Nove Luas*, encenado em 1977, ilustra bem o quanto a dinâmica dos cursos alimenta a criação do grupo: o espetáculo tem suas raízes em cursos e festas promovidos pelo Centro de Criatividade do Meyer, no Rio de Janeiro, na época dirigido por Ilo Krugli[106].

A partir do contato com Nise da Silveira, psiquiatra fundadora do Museu do Inconsciente, Ilo se detém na obra de Jung, que acaba exercendo marcante influência no Ventoforte. Os cursos oferecidos pelo grupo costumam destacar a relação entre as manifestações artísticas populares brasileiras – folguedos, danças dramáticas, cordel, circo – e o inconsciente coletivo universal, particularmente sintetizado nos contos de fada. Nessa óptica, a feitura e a manipulação de bonecos e mamulengos constituem uma vertente bastante rica. A livre-expressão, marca registrada da Escolinha de Arte do Brasil, se faz também presente nos processos criativos do grupo, conforme fica destacado nas palavras de Yan Michalski:

> A maior qualidade da realização talvez seja a de transmitir a impressão de que todos os integrantes da equipe estão inventando espontaneamente, na hora, as palavras que dizem, as melodias que cantam e os gestos ou movimentos que executam, sem que essa ideia de espontaneidade se torne incompatível com uma elaboração formal limpa, rebuscada e inteligente[107].

Entre as criações do Ventoforte destacam-se: *As Pequenas Histórias de Lorca* (1976), *História do Barquinho, Esse Menino Navegador* (1981), *As*

104 Esse aspecto é salientado por Silvia Fernandes em *Grupos Teatrais: Anos 70*, Campinas: Editora da Unicamp, 2000.

105 Idem, p. 228.

106 Andréa Cavinato, *Uma Experiência em Teatro e Educação: A História do Menino Navegador Ilo Krugli e seu Indomável Ventoforte*, dissertação de mestrado, ECA-USP, São Paulo, 2003, p. 92.

107 Apud S. Fernandes, op. cit., p. 178.

Quatro Chaves (1983), *Os Cisnes Selvagens* (1984), *Labirinto de Januário* (1985) e *Histórias que o Eco Canta* (1995). Mas o espetáculo emblemático, que deu inclusive nome ao grupo é, sem dúvida *Histórias de Lenços e Ventos* (1974), muitas vezes reencenado e fartamente premiado. Metáfora da repressão militar, o enredo gira em torno de um quintal mágico no qual tudo é construído artesanalmente, diante do público; lenços e ventos de todo o mundo se unem para livrar Papel e Azulzinha – referência à bandeira argentina – do poder do Rei Metal Mau. É o próprio Ilo quem explicita as conotações políticas do espetáculo:

> *História de Lenços e Ventos* tem por trás uma grande dor; tudo o que tinha acontecido, tudo o que tínhamos perdido, gente que tinha trabalhado com a gente, que tinha sido assassinada lá no Chile, tudo isso então é consciente, falar do poder repressivo, tudo isso aparece em *Lenços e Ventos*[108].

Estamos, pois, diante de um espetáculo que dribla a censura ao se estruturar em termos de um conto mágico endereçado a crianças e a todas as faixas de idade e tem como ponto de partida não exatamente uma destinação de caráter etário, mas a inquietação de um artista preocupado em encontrar um tratamento poético para levar à cena as relações de poder vividas no momento.

A dramaturgia recortada em fragmentos confere descontinuidade à narrativa; a linearidade é rompida, inclusive com a introdução de *flashbacks*. Nos espetáculos do Ventoforte as crianças e o público em geral são convidados a participar efetivamente da cena, desenhando, realizando ações, vivendo papéis. A dinâmica do jogo, vetor do processo de criação que transborda na própria cena, faz com que o não ilusionismo se torne uma característica marcante: os bastidores são exibidos, objetos são construídos e sons são produzidos diante dos olhos dos espectadores que, além da ficção, fruem também a fabricação do acontecimento teatral.

Ao longo de mais de quatro décadas de atuação, passaram pelo Ventoforte nomes de relevo da cena atual; entre eles cabe assinalar Beto Andretta, do grupo Pia Fraus, e Osvaldo Gabrieli, do XPTO.

108 A. Cavinato, op. cit., p. 50.

Vladimir Capella é outro diretor que se destaca no tocante à contestação do escalonamento dos espetáculos teatrais por faixas etárias. Seu percurso, iniciado em 1978 na parceria com José Geraldo Rocha em *Com Panos e Lendas*, sempre foi marcado por trabalhos reconhecidos pelo teor estético, número relativamente alto de peças publicadas e múltiplas premiações em várias categorias, com destaque para o texto e a encenação.

Sua posição, no que tange às faixas etárias, é clara: "Acho que escrevo e dirijo Teatro. 'Prá quem'? 'Em que coluna de teatro vai sair'? 'Que público é que vai gostar'? São coisas que já não me dizem respeito"[109]. Segundo ele, o primordial é que o autor saiba a qual pergunta está tentando responder quando escolhe realizar um ou outro trabalho. Mais uma vez o compromisso do criador com suas próprias inquietações é destacado como o impulso por excelência da elaboração teatral, em detrimento de fórmulas e pontos de chegada estabelecidos *a priori*.

Chama a atenção do espectador a amplitude e a densidade da temática abordada por ele. Para muitos é surpreendente que a dor, a velhice, a sexualidade, o medo, o poder, a arte e principalmente a morte se façam presentes de modo tão contundente em seus espetáculos, assistidos também por crianças e jovens.

> O grande equívoco de toda a sociedade, sobretudo de quem faz teatro para crianças – deixando de lado os caça-níqueis que só querem ganhar dinheiro, que a gente já sabe – é que procuram afastar a criança da dor. Poupá-la do impalpável. Distraí-la dos problemas ao invés de ajudá-la a lidar com eles, com a dificuldade de viver. Afastá-la das coisas ruins, ao invés de fazer com que ela aceite e conviva melhor com a sua (nossa) natureza complexa, paradoxal e problemática, e não se deixar abater por isso[110].

Como a Lua (1981), sobre o amor não correspondido do índio Payá, e *Antes de Ir ao Baile* (1985), focalizando lembranças e projeções de quatro velhos, foram consideradas por Tatiana Belinky como

109 Cibele Paula Troyano Terçaroli, *O Enigma da Morte no Teatro de Vladimir Capella*, dissertação de mestrado, ECA-USP, São Paulo, 2004, p. 113.

110 Vladimir Capella, Conversa de Algumas Horas e Muitos Anos, *Camarim*, São Paulo, Cooperativa Paulista de Teatro, ano VI, n. 31, out.-nov. 2003, p. 33.

encenações que transcendem repartições etárias. Sobre a primeira, ela afirma:

> Vladimir Capella conseguiu dar o seu recado com este espetáculo lindo, esse belo musical tão brasileiro na sua forma e tão universal no seu conteúdo, bom para todas as idades, programa obrigatório para o nosso público infanto-juvenil – ou qualquer outro.

Em relação à segunda, eis o seu ponto de vista: "Este espetáculo delicado, de ritmo suave, tudo como que à meia-luz, permite uma 'leitura' diferente para cada faixa etária"[111].

Seguindo a vertente de valorização do jogo surgida nos anos de 1970, os espetáculos *Com Panos e Lendas* e *Avoar* (1985) apresentam a predominância do aspecto lúdico como motor da ação e são atravessados por canções e brincadeiras populares. Assistimos novamente à queda da "quarta parede", em benefício da exposição, em cena, de múltiplas transformações de caráter não ilusionista. O tratamento não linear do tempo – volta ao passado, projeções no futuro – e a fragmentação do enredo são preponderantes em espetáculos de estrutura mais complexa como *Antes de Ir ao Baile*, *Filme Triste* (1984) ou *Clarão nas Estrelas* (1998).

Muitas das obras de Capella são explicitamente filiadas a contos de fada; o seu interesse pelas posições difundidas por Bruno Bettelheim em *A Psicanálise dos Contos de Fada*[112] é inclusive reiteradamente trazido à tona em inúmeras entrevistas e depoimentos.

Em *Maria Borralheira* (1989) – baseada na versão brasileira do conto tradicional, recolhida em Sergipe por Silvio Romero – Vladimir Capella acrescenta à simbologia já presente na fábula personagens dotadas de conflitos internos, com trajetórias precisas, trazendo para o primeiro plano temas como a sexualidade e a morte.

Clarão nas Estrelas (1988), por sua vez, aborda a relação amorosa de uma personagem que vê na morte uma saída para suas dificuldades. Sobre esta última se manifesta a psicanalista Miriam Chnaiderman:

111 Apud C. P. T. Terçaroli, op. cit., p. 15-16.

112 Rio de Janeiro: Paz e Terra, 1978. O autor demonstra como os contos de fada são importantes na formação psíquica de qualquer criança, que neles encontra significados profundos de sua própria existência, elaborando, através deles, dores, perdas, medos.

> É um conto de fadas contemporâneo. Embora formalmente fiel aos princípios tradicionais de construção do antigo conto de fadas, nessa sua nova peça, Vladimir Capella permite-se brincar com o feminino e o masculino, quem salva quem, introduz o tema da loucura, da morte e da vida, há referências à violência do mundo atual[113].

Em uma de suas criações mais interessantes, *O Homem das Galochas* (1997), Capella transforma Hans Christian Andersen em protagonista, desdobrando-o em duas personagens, Andersen criança e o velho Andersen à beira da morte. Numa tessitura complexa, carregada de significações simbólicas e alegorias, alguns dos contos do autor são mostrados integralmente em cena, enquanto outras personagens por ele criadas fazem aparições esporádicas. Embora sua decodificação necessite de um quadro de referências mais provavelmente detido pelo espectador adulto, a presença de tais elementos sem dúvida amplia e enriquece o universo simbólico de pessoas de todas as idades. O plano da ficção criada por Andersen e o da sua própria existência se interpenetram dentro de um registro nitidamente poético. O programa do espetáculo problematiza, mediante a referência ao escritor Andersen, as próprias escolhas de Capella. Nele pode-se ler que: "segundo declarações do próprio Andersen, era o público adulto quem, na realidade, ele desejava atingir. E o fez, sabiamente, através das crianças"; ou ainda: "além de buscar fascinar seu público infantil, Andersen sempre inseria temas de reflexão para os adultos". À semelhança do famoso escritor dinamarquês, Capella responde por uma criação artística impregnada de forte carga poética, que, enquanto tal, possibilita momentos férteis de fruição estética a pessoas de todas as idades.

Muitos outros grupos, como os Parlapatões, que trabalham a partir da linguagem circense, ou os Atores de Laura, do Rio de Janeiro, têm em comum o fato de assinarem espetáculos caracterizados pelo cuidado artístico e apuro técnico, sem se vincularem a estratificações etárias.

Entre os vários nomes relevantes de nosso panorama teatral que partilham essa posição, salientam-se também os diretores Gabriel Villela e Osvaldo Ga-

113 Apud C. Troyano, op. cit., p. 30.

brieli, fundador do XPTO, grupo ativo desde 1984. Ambos ressaltam o fato de que as criações voltadas para a infância devem também sensibilizar os adultos; além de serem eles que acompanham as crianças e de quase sempre se responsabilizarem pela escolha dos espetáculos, espera-se que a ida ao teatro seja também para eles a ocasião de uma apreciação estética singular.

A trajetória do XPTO, marcada por uma síntese particular obtida com intensa participação da música, da dança e uma especialmente engenhosa animação de objetos e bonecos, caracteriza-se também por uma movimentação cênica vigorosa, definida com rigor milimétrico. Partindo de roteiros, o grupo busca criar no espectador uma sensação aleatória e fragmentada. "A fragmentação da trama dramática em 'focos de revelação' sugere uma visão parcial do mundo, como na vida moderna"[114], afirma Gabrieli. A descrição de passagens do espetáculo *A Infecção Sentimental Contra-ataca* ilustra bem a natureza dos trabalhos do grupo e o nível poético por ele atingido, para além de fronteiras de natureza etária:

> Canos com lâmpadas nas pontas eram os filhos de uma família, sacos de lixo gigantes disputavam alimentos, canos pretos retorcidos articulavam o rabisco de um rosto deformado pela noite, pelo frio e pela fome; flores soltavam fumaças coloridas e engravidavam a população, dois olhos de luz como faróis de carro passeavam entre os desenhos do biombo-cenário, se perseguiam, se desencontravam, se amavam[115].

Em *Buster, o Enigma do Minotauro*, as *gags* do cinema mudo são recriadas cenicamente mediante uma movimentação frenética que dá origem a rebuscados quiproquós, singularizados pelo volume presente na indumentária:

> Alguns dos personagens eram clonados por dois ou três atores, o que facilitava entradas e saídas rápidas de lugares distantes, e em planos diferentes, o que permitia criar divertidos jogos de ilusão. Gostaria ainda de destacar a utilização, pelo XPTO, de figurinos cenográficos que permitem aos atores criar seus próprios "lares ambulantes"[116].

De modo sintético, podemos afirmar que vários são os argumentos que nas últimas décadas vêm sendo levantados pelos criadores no sentido de contestar a especificidade do teatro voltado para a infância e para as jovens gerações.

Um deles é o de que todo e qualquer tema – desde que tratado de modo metafórico e com cuidados em relação à linguagem formulada em cena, incluindo a duração do evento – pode interessar a crianças e jovens. Muitos são os que defendem a posição de que no plano da realização artística propriamente dita não há ou não deveria haver diferenças no que tange à idade do público. Outro ponto de vista recorrente é o de que a diversificação dos públicos teatrais hoje não se reduz apenas à idade, mas diz respeito também a fatores ligados ao meio sociocultural. Essa consideração, em última análise ampliaria o debate para uma esfera mais ampla: o que estaria em questão seria a pertinência de uma criação teatral visando a públicos-alvo previamente determinados.

Outras posições, mais radicais, colocam em xeque a especificidade desse teatro sob a alegação de que ela vem se configurando como um desserviço à sensibilização estética do público jovem. Segundo os defensores dessa óptica, os guetos nunca são desejáveis e não haveria por que aspirar à constituição de plateias marcadas por uma pretensa homogeneidade na leitura da cena, supostamente suscitada pela faixa etária comum dos espectadores. Dentro dessa ordem de ideias, o que vem para o primeiro plano é o princípio de que a leitura do acontecimento teatral sempre estará vinculada às experiências de cada espectador, às suas expectativas no momento e à sua capacidade semiológica de interpretação da cena.

Essa constatação sem dúvida reforça a ideia de que a diferença de leituras em torno de um mesmo espetáculo constitui um pressuposto intrínseco à recepção teatral. O debate sofre então um significativo deslocamento: ao invés da especificidade etária, passa a focalizar o tema dos processos de

114 Valmor Beltrame, A Interpretação no Teatro para Infância e Juventude, *Revista do Seminário Nacional Sesc-CEBTIJ de Teatro para Infância e Juventude*, Rio de Janeiro, n. 2, 2005, p. 37.

115 Osvaldo Gabrieli, O Espaço Cenográfico: Cenografia ou Decoração?, em Maria Helena Kühner (org.), *O Teatro Dito Infantil*, Blumenau: Cultura em Movimento, 2003, p. 78.

116 Idem, p. 79.

aprendizagem da leitura e interpretação da cena por parte de crianças, jovens e adultos[117].

As diferentes operações formuladas pelo espectador a partir da percepção sensorial da cena passam a ser vistas como elementos de um processo contínuo que, para além da simples familiarização com o evento cênico, se configura como verdadeiro aprendizado da apreciação teatral.

As primeiras iniciativas desse gênero na esfera pública em nosso país vêm trazendo à tona um esforço pedagógico no sentido de ampliar as condições da recepção teatral junto a pessoas das mais variadas condições e idades. Diante de espetáculos muitas vezes provocadores e fragmentados, o receptor de nossos dias é instado a construir significados ativamente; em última análise é convidado a se constituir enquanto coautor de uma manifestação artística por vezes nada transparente. A implicação do espectador na construção do significado daquilo que lhe é apresentado, sem dúvida pode ser gradativamente conquistada. E esse desafio relativo à formação do espectador diz respeito hoje a todas as idades. Saímos do terreno das fronteiras etárias e penetramos no campo de uma reflexão pedagógica mais ampla sobre a fruição teatral.

As constantes invenções de novas modalidades de relação entre a cena e os espectadores, presentes no teatro atual, também dizem respeito aos jovens. Tanto quanto os espectadores adultos, eles podem ampliar suas referências quando se veem diante de formas teatrais que trazem à tona, de novas maneiras, as inquietações do homem contemporâneo. Tanto quanto os espectadores adultos, eles podem encontrar na frequentação das artes da cena um caminho para estender o imaginário, tornar-se sensível à metáfora, ter ampliada sua capacidade de reflexão, questionar pretensas verdades definitivas.

A capacidade que possui a manifestação cênica de questionar de modo contínuo sua função e de refletir sobre a própria representação, configura, sem dúvida, um vetor relevante dessa arte em nossos dias. Entre os desafios e as ambições da cena atual, capaz, como sabemos, de se renovar incessantemente, aparece o de uma relação mais e mais vigorosa com o público.

117 Ver a esse respeito as publicações de Flavio Desgranges, *A Pedagogia do Espectador;* e *Pedagogia do Teatro: Provocação e Dialogismo*, São Paulo: Hucitec, 2003 e 2006 respectivamente.

Entre os defensores da especificidade de um teatro voltado para a criança e o jovem, inegavelmente se pode observar nos últimos anos o esboço de uma tendência em direção a propostas de encenações mais cuidadas, com maior apuro estético, em contraposição ao panorama quase exclusivamente desanimador descrito em páginas anteriores.

No entanto, parece-nos que o debate em torno da especificidade ou não especificidade de um teatro para as jovens gerações encobre uma questão de maior alcance; é a problemática da formação estética do espectador teatral que, acreditamos, provavelmente mereceria ocupar o centro das reflexões.

Após termos acompanhado a trajetória recente do teatro infanto-juvenil, datada do século passado, ao longo da qual foram forjadas práticas teatrais e um discurso correspondente que deram sustentação àquilo que se acreditou serem as singularidades do jovem espectador, constatamos hoje que um desafio de maior magnitude se apresenta diante de nós. Trata-se da sensibilização das jovens gerações em relação ao chamado "espetáculo vivo" e ao impacto que a leitura de criações instigantes e provocadoras, contemporâneas de nosso tempo, pode gerar. Prioritária é a necessidade de os jovens descobrirem a natureza do jogo teatral enquanto fruidores, e igualmente e de modo complementar, enquanto jogadores.

Prosseguir buscando respostas para o desafio da formação estética das jovens gerações, em moldes a serem sempre reinventados, consiste numa responsabilidade delicada a ser compartilhada hoje por artistas e educadores.

5. O CIRCO-TEATRO

As origens do circo-teatro no Brasil estão ligadas ao trabalho artístico de um genial palhaço negro chamado Benjamim de Oliveira (1870-1954). Foi ele quem, na primeira década do século XX, introduziu dramas na parte final dos espetáculos do Circo Spinelli, como afirmou em depoimento a Brício de Abreu[118]. Não que antes dele não tivesse havido representações de peças teatrais em outros circos, como esclarece Erminia Silva em alentado livro sobre o artista[119]; mas foi ele seguramente que consolidou uma tendência que já existia, mas à qual faltava sistematização.

Com boa aceitação por parte da plateia, outros circos copiaram a fórmula, abrindo caminho para um repertório dramático formado em geral por melodramas e comédias leves. A forma de representação era frequentemente espalhafatosa e exagerada, como exigiam os enredos das peças, explica uma estudiosa do assunto, acrescentando:

> Muitas das peças resultavam de adaptações de romances folhetinescos de forte cunho melodramático. O espetáculo do circo, tal como era antes, passou a ocupar uma primeira parte do espetáculo, ficando a segunda reservada a peças como *O Filho Assassino, Os Irmãos Jogadores, O Negro do Frade, O Punhal de Ouro, A Princesa Cristal, A Noiva do Sargento*, e outras, com predominância de diálogos lacrimejantes entre o herói, galã apaixonado, e a mocinha ingênua, sempre lutando contra um vilão terrível a conspirar contra a plena realização de sua paixão. Para completar o quadro de personagens nunca faltava um molequinho cômico ou uma criada abelhuda quebrando o clima de suspense e emoção com suas piadas e comentários[120].

Benjamim de Oliveira não se contentava com pouco. Se a primeira peça que encenou intitulava-se *O Diabo e o Chico*, em pouco tempo ousava levar *Otelo*, de Shakespeare, e *A Viúva Alegre*, de Franz Lehar. No depoimento a Brício de Abreu, o artista menciona uma crônica de Artur Azevedo, que o teria elogiado no papel de Otelo. Ressalte-se ainda seu empenho para a qualidade artística dos espetáculos que montava: Benjamim afirma que chegou a trocar correspondência com Franz Lehar para esclarecer dúvidas sobre o figurino, como informa reportagem da *Revista da Semana* a propósito da passagem do Circo-teatro Dorby – à época pertencente a Benjamim – por Vila Isabel, na cidade do Rio de Janeiro, em 1944:

> Um dos episódios interessantes da vida de Benjamim foi a carta que ele escreveu ao autor da *Viúva Alegre*. Queria uns esclarecimentos sobre a indumentária das personagens. Franz Lehar prontificou-se a responder dando as informações pedidas. Pela primeira vez, aqui no Brasil, a peça foi levada com aquelas roupas. No intervalo, Raul Pederneiras entra no camarim de Benjamim de Oliveira. "Que é isso?" Perguntou apontando para a roupa de Benjamim. É o embaixador. "Rata", disse Raul ao ouvido de Benjamim. Este, sem responder, mostrou-lhe a carta de Lehar. Raul estava vencido[121].

Quando se pensa no teatro popular no Brasil, os problemas que se apresentam são difíceis de resolver. Por ser associado ao cômico, por *tradição*, e ao *ligeiro*, por despretensão artística, seu enfrentamento exige rigor e leituras diferenciadas. Maria de Lourdes Rabetti Gianella ressalta a importância da discussão sobre as leituras que tendem a reduzir a produção artística popular ao típico e ao pitoresco e costumam descuidar de técnicas aparentemente não sistematizadas em formas consideradas convencionais, mas que são elementos persistentes na estrutura de suas manifestações[122]. Muitas vezes, o olhar do observador, embora seja *simpático* ao evento popular, não hesita em corroborar a reafirmação do problema de que estamos tratando. Januário Ozório, ao descrever um espetáculo no Circo Spinelli, alterna elogios à iniciativa de Benjamim de Oliveira com comentários sobre o circo e seus frequentadores que ressaltam o lado *pitoresco* dessa arte. Diz ele:

> Há quem não suporte, mesmo de graça e com todas as comodidades, um espetáculo num clube de amadores ou em um circo. Apesar de ser um tanto enfadonho e constituir um verdadeiro sacrifício para muitos, há o lado pitoresco e curioso. O Circo Spinelli já não dá grande ideia de um verdadeiro circo, pois de há muito que está transformado em circo-teatro; contudo ainda se pode avaliar por ele o que são,

118 Cf. *Esses Populares tão Desconhecidos*, Rio de Janeiro: Raposo Carneiro, 1963, p. 85-86.

119 *Circo-teatro: Benjamim de Oliveira e a Teatralidade Circense no Brasil*, São Paulo: Altana, 2007, p. 21.

120 Regina Horta Duarte, *Noites Circenses: Espetáculos de Circo e Teatro em Minas Gerais no Século XIX*, Campinas: Editora da Unicamp, 1995, p. 204.

121 E o Palhaço o que É?, *Revista da Semana*, Rio de Janeiro, n. 41, 7 out. 1944, p. 42.

122 Cf. História do Teatro como História da Cultura, *Folhetim*, Rio de Janeiro, n. 2, 1998, Teatro do Pequeno Gesto.

mais ou menos, os espectadores em um circo de cavalinhos. Tudo é diferente de um teatro, desde o edifício até a denominação dos espetáculos. No teatro é récita, no circo é função ou espetáculo. [...] A função é iniciada por uns exercícios de acrobacia, ginástica, contorcionismo, excentricidades etc., tudo porém já muito visto e revisto, o que não quer dizer que não seja bem feito. Nem há razão para procederem de outra forma pois repetem sempre a mesma coisa toda a sua vida. [...] Terminada essa parte do programa aparece um criado que coloca na entrada do corredor uma tabuleta, em forma de cruz, contendo o seguinte: "Intervalo" – o qual dura uns quinze minutos. [...] A 2ª e última parte é a mais divertida e apreciada. [...] *A orquestra agora sob a direção de um maestro de verdade* dá-se também ao luxo de executar uma *ouverture*, não de farsa ou pantomima, como antigamente, no tempo em que o Benjamim vinha dizer asneiras e fazer momices, mexendo com as crioulas do poleiro e chamando-as de parente, mas da opereta mais em voga: *A Viúva Alegre* – cuja *première* assistimos. *Ao fundo via-se, no palco, lindo cenário*. Entraram os convidados, o Conde Danilo, Niegus e finalmente a célebre viúva, ricamente vestida. Um oh! geral percorreu toda a assistência. Surgiram logo os comentários: *Este pessoal é audacioso! O Spinelli é louco! Está bem vestida não há dúvida alguma*. [...] Não havia ponto, o pessoal todo sabia os papéis na pontinha da língua. O sucesso era geral. [...] Terminado o espetáculo caem flores, chapéus, bengalas e paletós na arena. *Os artistas são reclamados pelo público delirante. Benjamim é carregado em triunfo*[123].

Essa estrutura do espetáculo descrita por Ozório foi dominante no século XX. A primeira parte apresentava o espetáculo tradicional[124] de circo, assentado nas variedades (acrobatas, palhaços e malabaristas); a segunda, as peças. Essa fórmula permitia às companhias economizarem na estrutura do espetáculo, que excluía números mais dispendiosos como "apresentação de animais, motivo de gastos enormes para as companhias dados os custos de sua aquisição, alimentação e cuidados especiais"[125].

Embora fosse duradouro, esse espetáculo que justapõe circo e teatro provocava reações ambíguas na crítica e em pensadores dessa época. Em 1941, Benjamim de Oliveira pediu auxílio ao Serviço Nacional de Teatro/Ministério da Educação e Cultura (SNT/MEC)[126] a fim de pagar a passagem de 42 artistas e o transporte do material do circo para uma excursão a Belo Horizonte (MG). O parecer técnico do escritor Gastão Tojeiro[127], desfavorável ao auxílio, deixa entrever a dificuldade inicial de a proposta de espetáculos de circo-teatro ser aceita por uma instituição nacional, pelo SNT/MEC e pelo dramaturgo:

Realmente o Sr. Benjamim de Oliveira há muitos anos exerce a sua atividade como artista de circo, começando como palhaço, no picadeiro, e mais tarde, quando os circos adotaram os espetáculos teatros, de há uns vinte e cinco anos para cá, passou a desempenhar papéis em peças. Durante muitos anos fez parte dos elencos dos já desaparecidos Circos "Spinelli", "Democrata" e, há seis anos é uma das principais figuras da companhia do "Circo Dorby", representando peças de todos os gêneros. [...] Não há precedentes deste serviço ter auxiliado viagens de pavilhões-teatros, *muito embora a maior parte de seus espetáculos seja preenchida com a representação de peças teatrais. Mesmo tratando-se de Benjamim de Oliveira, cujo passado e popularidade nos despertam a maior simpatia e consideração*, achamos que não deve ser aberta uma exceção em seu favor, pois estabelecer-se-ia um precedente de más consequências. Assim parece-nos que a pretensão não deve ser atendida[128].

O Circo-teatro e o Teatro Moderno

Para contextualizar o circo-teatro brasileiro nas décadas de 1940/1950, devemos considerar o que os estudos históricos do nosso teatro têm denomi-

123 Januário d'Assumpção Ozório, Um Espetáculo no "Spinelli", *O Theatro*, Rio de Janeiro, ano 1, n. 6, 1 jun. 1911, p. 12-14.

124 Designam-se aqui como tradicionais os circos compostos só por números de variedades, tomando como referência conceitos estabelecidos pelos estudos da experiência pioneira de Philip Astley em Westminster Bridge, Inglaterra, em 1770, que uniu números hípicos a artistas de rua desse período num espetáculo apenas.

125 R. H. Duarte, op. cit., p. 204.

126 Processo 6.451/41. Rio de Janeiro, 1941. Fonte: Pasta Benjamim de Oliveira – Setor Biblioteca Edmundo Moniz – Funarte (RJ).

127 "Gastão Manhães Tojeiro nasceu no Rio de Janeiro a 3 de fevereiro de 1880. Estreou como autor, em 1904, com a peça *As Obras do Pôrto*. Tinha então 24 anos e era caixeiro viajante. Escreveu mais de cem peças, entre as quais: *A Mão Negra*, peça policial [sob o pseudônimo George Sydney], 1910; *Onde Canta o Sabiá*, comédia em três atos, 1921, e *O Felisberto do Café* ou *A Conferência do Garçon*, farsa em um ato, 1941". J. Galante de Sousa, *O Teatro no Brasil*, Rio de Janeiro: MEC/INL, 1960, tomo II, p. 544.

128 Gastão Manhães Tojeiro e Armando Prazeres, *Processo* 6451/41 – *SNT/MEC*, Parecer dos Escritores Gastão Tojeiro e Armando Prazeres, Desfavorável ao Pedido de Auxílio para Excursão do Circo Dorby a Belo Horizonte. Rio de Janeiro, 1941, Acervo: Setor Biblioteca Edmundo Moniz – Funarte, Rio de Janeiro/RJ, [s/p.]. (Grifo nosso.)

nado constituição do moderno teatro brasileiro[129]. Em outros termos, o teatro passa por um momento de transformação e surgem novos parâmetros de julgamentos estéticos que tendem a valorizar a construção da cena moderna. Essa modernização tem um movimento em que prevalece a negação ou cautela relativa às tradições populares da cena brasileira, das quais faz parte o circo-teatro[130]. A tentativa de internacionalizar a cena teatral faz oposição ao teatro empreendido pela então chamada velha guarda dos profissionais. As tradições populares encontram abrigo nos circos-teatro – onde a frequência de críticos teatrais era rara –, que mantêm um repertório e modo de interpretar associados a essa velha guarda. Assim, até a década de 1950, o circo se articulava com a produção teatral vigente, que ainda iniciava seu diálogo com as referências modernas. No entanto, uma análise do percurso do circo até as décadas de 1970 e 1980 revelará que o modelo surgido entre os anos de 1910 e 1950 se manteve.

Ao longo do decênio de 1950 e até o início dos anos de 1960, o SNT/MEC destinou, com regularidade razoável, uma verba de incentivo aos circos tradicionais e aos circos-teatro. O acervo da Fundação Nacional de Arte (Funarte)[131], no Rio de Janeiro, mantém cópia de uma portaria do SNT/MEC de 14 de abril de 1959 que anuncia o auxílio a "Companhias Profissionais de Teatro declamado, Circos, Grupos Amadoristas e de outras entidades teatrais". Para receber a verba, o circo tinha de discriminar elenco e títulos das peças do seu repertório e apresentar contratos e comprovantes de quitação de impostos. O acervo da Funarte contém um número relevante de pedidos de auxílio[132], feitos até 1963, ou seja, um ano antes do golpe político que instaura a ditadura militar.

Tais documentos guardam aspectos do percurso dos artistas circenses. Por exemplo, pode-se considerar que o circo-teatro mantém os núcleos familiares como estrutura dominante[133]. Também mostram pedidos de famílias circenses tradicionais, tais como Circo-teatro Tangarás (São Paulo/SP, 1956 – de Benedito Marques Ribeiro), Circo-teatro Irmãos Silva (São Paulo, 1962 e 1963 – de Miguel Eugênio da Silva), Circo-teatro Irmãos Savalla (São Paulo, 1955, 1956 e 1957 – de Sorayde Savalla Baxter) e outros.

Descendente de família circense tradicional, a historiadora Erminia Silva registra dados que delineiam uma estrutura social própria das famílias circenses; segundo ela, a transmissão desse conhecimento se baseia, pela memória e pelo trabalho, "na crença de que era necessário que a geração seguinte fosse depositária do saber circense. Saber transmitido oralmente que pressupõe também todo um ritual de aprendizagem para fazer-se e tornar-se circense"[134]. Em geral, o

129 Uma leitura mais profunda pode se apoiar nas análises de: Gustavo Alberto Accioli Dória, *Moderno Teatro Brasileiro*, Rio de Janeiro: SNT, 1975; Sábato Magaldi, *Panorama do Teatro Brasileiro*, São Paulo: Difel, 1962; Décio de Almeida Prado, *O Teatro Brasileiro Moderno*, São Paulo: Perspectiva, 1988; M. de L. R. Gianella, *Contribuição para o Estudo do Moderno Teatro Brasileiro: A Presença Italiana*, tese de doutorado, FFLCH-USP, São Paulo, 1988; e Tania Brandão, *Uma Empresa e seus Segredos: Companhia Maria Della Costa*, São Paulo: Perspectiva, 2009.

130 Prado acentua a imposição desses novos padrões de modernização mediante o exemplo de um dos maiores atores da época: Procópio Ferreira. "Procópio não reagiu como Jaime Costa perante o teatro moderno. Rejeitou-o em bloco e talvez tivesse lá os seus motivos para isso. Compensaria abandonar o repertório que lhe dera renome e riqueza, reformular métodos de ensaio e interpretação, quebrar uma estrutura de vida – e de vida artística – já enraizada em seu modo de ser, para, além de tudo, ter de competir com os mais jovens em terreno que lhe era desconhecido?" Também revela o paradoxo dessa modernização na possibilidade, encontrada por Procópio, de buscar público em regiões onde esses novos padrões ainda não eram vigentes: "Foi a época das longas excursões, das temporadas de uma só noite em cidades provincianas, de visitas a regiões onde nunca sonhara pôr os pés. Somente aí voltava plenamente a ser celebridade nacional. Como bastassem para a bilheteria o seu nome e a sua habilidade em fazer rir, sobretudo para os que não conheciam o seu repertório de gestos e inflexões, reduziu aos poucos o elenco, simplificou os textos, como que revertendo ao mambembe, gênero que não conhecera na mocidade e por meio do qual muitos atores ilustres haviam penetrado no palco brasileiro". D. de A. Prado, *Peças, Pessoas, Personagens: O Teatro Brasileiro de Procópio Ferreira a Cacilda Becker*, São Paulo: Companhia das Letras, 1993, p. 47.

131 Edital publicado no *Diário Oficial* da União em 20.8.63, conforme a portaria 126, de 14.4.59, do SNT/MEC, para o período de 1.7.63 a 30.6.64. Rio de Janeiro, 1963. Fonte: Setor Biblioteca Edmundo Moniz – Funarte (RJ).

132 Levantamos títulos de peças de circo-teatro levadas à cena ou que então se pretendia levar nas pastas de documentos relativos à concessão de incentivos aos espetáculos. Ver Paulo Ricardo Merisio, *O Espaço Cênico no Circo-teatro: Caminhos para a Cena Contemporânea*, dissertação de mestrado, Centro de Letras e Artes-Unirio, Rio de Janeiro, 1999.

133 Antonio Torres, em *O Circo no Brasil* (Rio de Janeiro: Funarte, 1998) destaca estas famílias: Teresa-Cardona, Schumann, Canales, Olimecha, Pery, Pereira, François, Queirolo, Mange, Ozon, Silva, Temperani, Campos, Landa, Delphin Pacheco, Moya, Stringhini, Leite, Azevedo, Baxter, Martinelli, Costa de Mello, Zanchettini, Marques.

134 Erminia Silva assim define o conceito do circo-família: "um circo que desenvolveu relações sociais e de trabalhos específicas, resultantes das variadas formas de adaptação entre o artista imigrante e a consolidação do circo como escola, além das interligações entre as várias famílias circenses – proprietárias ou não".

proprietário vem de família extensa e atuante no circo e, não raro, contrata famílias para compor seu elenco. Também de origem circense, estas se adaptam com perfeição aos hábitos do circo em que estão trabalhando, numa relação circo/família. Nessa estrutura coletiva, um arsenal de técnicas artísticas é repassado. Os artistas/mestres são responsáveis por ensinar números específicos e preparar corporalmente seus aprendizes para que estejam disponíveis ao desenvolvimento de técnicas variadas. Seus métodos são respeitados por todos, e o treinamento inclui até os filhos das famílias contratadas:

> Quando o circo-família é composto por várias famílias, um artista, com um pouco mais de idade, era o mestre das crianças, que eram muitas, de todas as famílias. Os pais as deixavam sob sua responsabilidade, não interferindo nem mesmo nos castigos[135].

A Cena Circense Teatral

a. A Atuação – Os Papéis Cômicos e Melodramáticos

Os documentos encontrados no acervo da Funarte ainda permitem identificar características do repertório dos circos-teatro, como a predominância de uma dramaturgia baseada em três gêneros. Um é o melodrama, talvez o mais emblemático desse universo, pois sua estrutura admite a inserção de momentos cômicos – possibilitando preciosas cenas de improvisação no interior da peça e o uso de *gags* desenvolvidas no momento das variedades – e decerto empresta aos atores determinado modo de representar que se estende às montagens sacras. Outro gênero são os dramas sacros, representados com frequência nas datas festivas religiosas. Por fim, temos as comédias ou chanchadas, compostas por roteiros que embasam a improvisação dos atores, os quais costumam lançar mão de vários números cômicos. Essas cenas podem ser incorporadas aos roteiros e ser apresentadas isoladamente no momento das variedades.

A sedimentação do teatro como componente do espetáculo circense impõe a seus artistas novas abordagens em seu trabalho. Quem se apresenta nos números de variedades passa a se desenvolver como ator após a incorporação do teatro ao circo. É assim que os cômicos assumem, nas peças teatrais, personagens específicas. As cenas cômicas dos palhaços são, portanto, encontradas em ambas as partes do espetáculo de circo-teatro tradicional. Algumas comédias levadas à cena têm como protagonista o próprio palhaço/personagem, a exemplo de *O Casamento de Piolim*[136] e *O Casamento de Chico Biruta*[137]. Se considerarmos que, em muitas companhias, o sucesso de público se vincula diretamente à qualidade do trabalho do palhaço[138], então não devemos estranhar que seu nome, feito personagem, figure no título das peças teatrais encenadas pelo circo-teatro[139].

A presença do melodrama em tais palcos reafirma a condição do circo-teatro como espaço de manutenção da "antiga" tradição ou do chamado "velho teatro". Sua estrutura tem a presença importante do teatro cômico popular brasileiro, ou seja, a presença de papéis fixos. Ao analisar a personagem teatral, Décio de Almeida Prado estabelece características que a distinguem, como componente de literatura dramática, dos demais gêneros e destaca a consolidação de categorias definidoras de personagens em fenômenos "como a *Farsa Atelana* e a *Commedia dell'Arte*, nas quais as personagens, entendidas como individualidades, foram inteiramente substituídas, durante séculos, por máscaras, arquétipos cômicos

Cf. *O Circo: Sua Arte e Seus Saberes – O Circo no Brasil do Final do Século XIX a Meados do XX*, dissertação de mestrado, Instituto de Filosofia e Ciências Humanas-Unicamp, Campinas, 1996, p. 13. Ao elaborar esse conceito, a autora investiga questões como aprendizagem, formação e relações sociais no universo do circo.

135 Idem, p. 78.

136 A peça *O Casamento de Piolim*, de Lima Penante, aparece no repertório do Circo-teatro Piolim, propriedade de Abelardo Pinto (Piolim), no pedido de auxílio datado de 14.8.62. Fonte: Dossiê Circo-teatro Piolim, Setor Biblioteca Edmundo Moniz, Funarte, Rio de Janeiro (RJ).

137 José Guilherme Magnani apresenta o roteiro dessa peça e, sem apontar seu autor, apenas indica se tratar de uma "chanchada em três atos". Cf. *Festa no Pedaço: Cultura Popular e Lazer na Cidade*, São Paulo: Brasiliense, 1984, p. 96.

138 O depoimento de Benjamim de Oliveira a Brício de Abreu confirma o lugar do palhaço na qualificação da cena circense tradicional: "Nesse tempo eu ainda não era palhaço. Naqueles tempos distantes a palavra palhaço tinha uma importância difícil de se compreender hoje. Perguntava-se: o palhaço é bom? E se a resposta era favorável a companhia estava feita em qualquer lugar". Em *Esses Populares Tão Desconhecidos*, p. 82.

139 A obra de Mario Fernando Bolognesi, *Palhaços* (São Paulo: Editora da Unesp, 2003) trata com profundidade dos palhaços circenses.

tradicionais"[140].Esse autor ainda relaciona as categorias componentes de um elenco de companhias teatrais do fim do século XIX e início do século XX. Uma comparação (Quadro 1) dessas personagens com o depoimento do artista circense Zurca Sbano[141] revelará que os papéis fixos que figuram nos palcos brasileiros de então podem ser identificados, também, nos elencos dos circos-teatro.

QUADRO 1

Personagem na visão do estudioso de teatro e na visão do artista de circo-teatro

PRADO, *sobre o século XIX*	SBANO, *sobre as décadas de 1950 e 1960*
no Brasil do século passado uma companhia que dispusesse de um certo número de *emplois* – o galã, a ingênua, o pai nobre, a dama galã, a dama central, o cômico, a caricata, o tirano (ou o cínico), a lacaia – estava em condições de interpretar qualquer personagem.	Sempre nas peças tinha o cínico, que se chama hoje vilão. Na linguagem teatral era a classificação dos elementos do elenco: o galã, – o mocinho; a moça que trabalhava, a mocinha, chamava-se ingênua. [...] Então as mulheres eram: a ingênua, a caricata, a dama central; [...] os principais: o galã, centro dramático, cínico e cômico. Agora, entre esses tem a dama central, tem o centro nobre, [...] o genérico, que faz todos, se adapta a qualquer papel, tudo isso.

Identificáveis no depoimento do artista tradicional, os papéis presentes no circo-teatro são organizados na publicação da pesquisadora Daniele Pimenta:

No circo-teatro, era empregada uma nomenclatura particular para os tipos ou personagens, sendo que a maioria dos atores atuava sempre em papéis semelhantes nas diversas montagens, especializando-se em tais tipos, classificados da maneira que se segue:

- o personagem mau ou vilão: CÍNICO
- o herói: GALÃ
- a heroína: INGÊNUA
- o cômico masculino: CÔMICO
- o cômico feminino: CARICATA
- o parceiro do CÍNICO: COMPARSA
- a figuração: COMPARSARIA (com ou sem pequenas falas)

Essa nomenclatura faz parte da tradição oral do circo-teatro, utilizada como referência na distribuição dos papéis, com exceção do termo "comparsaria", no sentido de figuração, que aparece nas rubricas e nas indicações de falas de pequenas participações, sem criar confusão, portanto, com os comparsas do cínico, tratados pelo nome do texto[142].

Os papéis fixos em que atuam os componentes de companhias de circo-teatro compõem uma série de variantes que estruturam uma forma especial de reelaboração dramatúrgica embasada num texto original, um tema ou outra obra artística; e, de qualquer forma, orientada pelo fato determinante de que se trata de dramaturgia destinada a ser encenada num espaço que pede constante relação participativa com o público. Portanto, trata-se de literatura dramática tornada flexível e aberta a um espaço cênico que deve comportar um exercício incessante e atualizador de inter-relação do palco com a plateia.

Em depoimento a Ferlauto, a família Benelli enfatiza esse estado de abertura do espetáculo teatral no circo-teatro:

PESQUISADOR: E, como é que você faz com as piadas, com essas coisas? Você tudo improvisa na hora? Você vê?...

FILHO: Às vezes improviso...

MARIA: Mas já sabe, né?

FILHO: Tem as que já é de praxe, né? Mas, conforme o negócio da plateia reagir, então, a gente improvisa na hora? Você vê?

PESQUISADOR: Depende da reação do público...

FILHO: Reação do público.

PESQUISADOR: Se eles gostam ou não, daí você [...]?

FILHO: É, ele tem que ter malícia – se eles gostam de piada forte ou pesada.

PESQUISADOR: E isso como é que você percebe?

FILHO: Primeiramente piadinha leve – vamo ver...

MÁRIO: Na estreia isso.

140 D. de A. Prado, A Personagem no Teatro, *A Personagem de Ficção*, São Paulo: Perspectiva, 1995, p. 94.

141 Entrevista concedida ao autor em São Paulo, a 4 de julho de 1998. Artista de família circense tradicional de origem cigana; tem grande habilidade na confecção de telões. Entre 1998 e 1999, na periferia de São Paulo, manteve um circo-teatro onde pretendia apresentar comédias e melodramas: o Circo-theatro Sbano: o moderno circo antigo. Seu irmão Benedito Sbano foi proprietário do Pavilhão Teatro Popular Volante na década de 1950.

142 *Circo e Poesia: A Vida do Autor de*... E o Céu Uniu Dois Corações, São Paulo: Imprensa Oficial, 2005, p. 141.

FILHO: É na estreia, logo de cara. Tem que estudar a plateia. O duro do palhaço é isso aí – estudar a plateia na estreia, logo de cara.

MÁRIO: Vê o que eles querem.

FILHO: Piadinha leve – ninguém gostou; manda uma pesada – gostaram. Então, querem pesada. Então,... Aí, muda o programa, é o tal do improviso. Aí, muda o programa todo de novo – que é o palhaço e o cron (sic). Os dois trabalham juntos... Não gostaram da leve, vamo partir p'rá pesada. Mas, já tá as duas... né? Na cabeça do [...][143].

Esse depoimento revela, ainda, a posse de um afiado mecanismo de percepção das especificidades de cada plateia, pois, no que se refere aos números, a flexibilidade indica a possibilidade de se estabelecerem variantes nos textos dramáticos de um mesmo circo-teatro, variáveis, portanto, de uma apresentação para outra.

b. O Repertório – Melodrama e Tradição Oral

Quanto ao repertório dramatúrgico, começa a se desvendar aqui uma estrutura muito maleável. O grande repertório de números (sempre aperfeiçoados) para a parte das variedades encontra, então, equivalência nesse repertório dramatúrgico para a parte da representação teatral; e este último, ao agir sobre a variabilidade de certas matrizes estruturais (que empregam um número determinado de papéis fixos), também pode acionar com rapidez uma sequência razoável de peças a ser oferecida ao público. Por sua vez, a variedade de peças de cada companhia de circo-teatro tem vínculos diretos com sua possibilidade de permanecer por mais tempo em praças de bom público. Esse repertório permite aos circos variarem de espetáculo de um dia para o outro, criando uma relação direta entre quantidade de espetáculos de boa aceitação no lugar e número de dias de apresentações.

Outro elemento imprescindível para se acionar diariamente esses espetáculos de circo-teatro é o ponto. Chiaradia aponta o pioneirismo – talvez devamos dizer a excepcionalidade – de Benjamim de Oliveira ao prescindir da figura do ponto em suas montagens no circo e propõe que essa ausência estivesse ligada a impossibilidades físicas de sua localização no picadeiro. Essa autora ressalta que o ponto

> foi hábito alimentado ao longo de tanto tempo e num período em que a prática teatral era tão intensa [fim do século XIX e início do XX], que foi difícil para a geração de transição daquele modelo para o atual adaptar-se às novas regras impostas pelas encenações modernas, em que a memorização dos textos e as marcações tornaram-se condições indispensáveis ao bom trabalho do ator[144].

A anexação de um palco ao picadeiro na estrutura espacial cênica dos circos-teatro retoma a função do ponto. Sua presença volta a ser marcante como dado constitutivo do próprio espaço cênico da representação teatral em âmbito circense, constituindo, por vezes, elemento integrante do espetáculo encenado. Isso tem implicações importantes. Fisicamente, o ponto impõe o estabelecimento da elevação do palco a um nível (acrescentando-se a medida da altura da caixa de ponto) suficiente para conter sua presença; se a construção da caixa não o oculta de fato, ela o circunscreve a um local bem determinado no conjunto da encenação.

Contudo, a presença do ponto (necessária, mas que, ao se querer velada, exige a construção da caixinha cúbica que a enfatiza) tem outras implicações cênicas no modelo espacial, como a dependência dos atores à sua emissão do texto, que os obriga a manter uma relação direta, fixando-os no palco e impedindo-os de explorarem outras áreas ocupáveis para a representação teatral no circo-teatro: o picadeiro e a plateia. A exploração desses espaços se torna mais favorável na encenação de comédias, que dão mais independência do ponto, visto que os atores podiam pontuar com improvisações (completando ou esgarçando) sua performance. A não exigência de interpretação integral do texto dramático e, portanto, a independência do ponto permitem aos atores saírem do palco.

143 Claudio Augusto Ferlauto (coord.), *O Circo Paulistano: Um Estudo de Arquitetura*, São Paulo, Secretaria Municipal de Cultura de São Paulo/SP – Departamento de Informação e Documentação Artísticas (Idart), 1976, p. 45. (Acervo: Arquivo Multimeios – CCSP/SP.)

144 Maria Filomena Vilela Chiaradia, *A Companhia de Revistas e Burletas do Teatro São José*: A Menina-dos-olhos *de Paschoal Segreto*, dissertação de mestrado, Centro de Letras e Artes-Unirio, Rio de Janeiro, 1997, p. 42.

As interferências do ponto dão à cena um ritmo diferente do que se poderia prever (caso fosse ensaiada em outros moldes) para as falas das personagens. Se o ator, que pode recorrer ao ponto, tende a diminuir o ritmo da frase de sua personagem com pausas e um forte escandir de palavras e frases, o intervalo que sua escuta produz (tempo e espaço na cena) não chega a constituir, com rigor, um vazio. Essa distância entre ouvir o ponto e emitir a fala de sua personagem é preenchida cenicamente por uma fala antecipada e em tom menor – fala que, partindo da caixa semivelada do ponto, alcança ator e público. O espaço preenchido por essa voz pode gerar ruídos que, também, passam a constituir elementos (em geral cômicos) de cena. A escuta de uma gravação da peça *O Céu Uniu Dois Corações* (1976)[145] revelou que, em algumas interferências, o ponto dá só as indicações iniciais do texto; a seguir o ator, quase simultaneamente, mistura o que ouve com o texto em sua memória. Os atores se situam em fase intermediária entre o prévio decorar do texto e a dependência completa do ponto.

A presença dos papéis abre verdadeiros hiatos no texto dramatúrgico, preenchidos por números e jogos de palavras. O próprio texto indica uma "combinação", ou seja, uma cena cômica conhecida (ou combinada) previamente que pertence ao repertório dos atores que estarão em cena – no caso de *O Céu Uniu Dois Corações*, os que representam as personagens Benevides e Juca:

JUCA: Não, o senhor não está maluco está com o "intestino da cabeça estragado" [na versão gravada essa expressão aparece como "chulé na cabeça"].

BENEVIDES: Lá isto, sim, mas maluco não estou. Dá cá um abraço. Outro. (*combinação*)

JUCA: O homem é maluco mesmo[146].

Esse trecho revela duas características dos textos de circo-teatro: uma, a versão pessoal de cada ator sobre certos termos e certas piadas – identificável nas formas distintas "intestino da cabeça estragado" e "chulé na cabeça"; outra, o aparte – recurso rotineiro das comédias, comum ao texto e ao áudio, exemplificado na última frase de Juca; aqui, o comentário do cômico – dirigido ao público – contradiz sua fala à personagem com quem contracena: "O homem é maluco mesmo". O cotejo do texto original com a versão em áudio permite identificar vários trechos improvisados por completo pelos cômicos.

Cabe dizer, esses cômicos têm um acervo técnico de muitas piadas e vários números que, como parte do repertório dos circos-teatro, podem ser apresentados como chanchadas, esquetes, entradas cômicas e outras formas. Tal acervo permite aos artistas improvisarem com uma variedade grande de números já testados ante o público. Magnani descreve alguns: "É o que ocorre, por exemplo, com os indefectíveis testes de inteligência (sempre em duplo sentido), os espalhafatosos empurrões e rasteiras em cegos e aleijados, ou quando o cômico desarma, imobiliza e prende o vilão para gáudio do público, obriga-os a rebolar"[147]. A indicação apontada por Magnani nesse texto é Juca, o cômico, que desarma Della Torre, o vilão.

O cotejo de diversas versões do mesmo texto permite ainda identificar a incorporação de variantes no texto dramatúrgico original (ou no acervo individual do artista, que não necessariamente as registra e que as pode ter divulgado oralmente por outros elementos da companhia que presenciaram a performance) derivadas de improvisações na cena. Também há indícios que permitem supor, na gravação, que determinadas cenas, naquele momento, são de fato improvisadas. Ao mesmo tempo, esses cômicos mantêm espaço para a incorporação de dados específicos a cada apresentação, usando o público como termômetro e referência. Essa abertura ao improviso determinada pelos efeitos que se obtêm sobre o público é incorporada às peças teatrais originais. Tais artistas, portanto, estabelecem esse espaço criador não só em seus números inseridos no momento das variedades, mas também em sua atuação nas peças. Muitos, aliás, são palhaços também.

Assim, além de técnicas ligadas aos tradicionais números circenses de variedades e técnicas de inter-

145 O título desse melodrama de Antenor Pimenta tem variantes, como *O Céu Uniu Dois Corações*, mas Pimenta o publica como *... E o Céu Uniu Dois Corações*.
O espetáculo foi gravado no Circo Carlito, em Vila Formosa, São Paulo, em 1º de fevereiro de 1976, para pesquisa coordenada por Maria Thereza Vargas.

146 A. Pimenta, *O Céu Uniu Dois Corações*, Acervo: Arquivo Multimeios – CCSP/SP PIMENTA, [s. d.], p. 39. (Grifo nosso.)

147 Op. cit., p. 95.

pretação associadas aos papéis fixos, os componentes de circo-teatro dominam recursos particulares para tratar do material literário-dramático; muitas vezes repassados oralmente, os textos ou a temática das peças se apresentam, ante as exigências do espetáculo teatral encenado no espaço do circo-teatro, como mecanismos a serem decompostos e recompostos conforme a cena e a plateia com que atuam intensamente. Trata-se de outro mecanismo cênico atualizador, gerador de uma intensa circulação e troca[148].

Com efeito, no cotidiano desse universo, em que as peças tinham origens diversas e os artistas de circo-teatro procuravam renovar e ampliar seu repertório, havia um forte componente de tradição oral. Em depoimentos de alguns desses artistas, podemos perceber que essas obras se tornaram parte de um acervo coletivo, em que é difícil precisar a origem e a forma de transmissão:

Não é propriamente ensaiar, porque as peças de circo todo mundo conhece, principalmente quem trabalha em circo. Então a gente pega a peça, aponta alguma coisa que a gente lembra, alguma cena. Um ajuda e fala: "Ah, aquela cena era assim, eu conhecia assim". Todo mundo ajuda, colabora com a gente. Quer dizer que a gente lembra mais. Peça que alguém não conhece, a gente já conhece, vai, e explica. A gente colabora[149].

Ao analisar componentes do espetáculo de circo-teatro tradicional, Regina Horta Duarte aponta elos específicos entre eles e a dramaturgia que floresce nesses palcos. Essa autora estabelece um paralelo entre o acrobata e a personagem do melodrama, constantemente submetida a reviravoltas, e sintetiza essa proximidade no desprendimento de ambas as formas numa representação da realidade:

Descompromissados com uma "verdade anterior", o circo e o melodrama levavam a seu público a intensidade do prazer experimentado naqueles momentos em que se mesclavam sensações de tensão, espera, perigo, morte, vida, alegria e emoção. A importância de tudo não residia no espelhamento, de forma verossímil e racional, de uma realidade dada. Pelo contrário, cada número do saltimbanco e cada reviravolta na intriga do melodrama valiam pelo seu momento. A falta de intenções intelectuais não é, aqui, um defeito ou uma ausência, mas uma característica muito específica do predomínio de uma lógica diferente, em que a vivência de certas coisas não se pode dar através de um esforço de racionalização. As fronteiras foram todas mobilizadas, nada é fixo nem imutável, o ser não precede as suas ações, mas existe nelas, tudo é devir intenso, num turbilhão de surpresas, transformismos, mutações e ininterrupto movimento[150].

Como vimos, é patente a transmissão oral para montagens de textos dramatúrgicos nos circos-teatro e sua consequente facilitação para absorção de variantes. Mas convém ressaltar que o circo-teatro estimula o surgimento de autores especializados em seu repertório, dos quais um dos mais emblemáticos é Antenor Pimenta, autor do aqui já citado *...E o Céu Uniu Dois Corações* (1942), melodrama de grande sucesso nos palcos dos circos-teatro brasileiros. Eis o que diz Daniele Pimenta sobre esse autor:

A função de autor foi a que tornou Antenor conhecido até hoje, o que aconteceu assim: seu amigo Guarim, dono do circo, sabia que ele tinha sido redator de jornal e passou para Antenor a responsabilidade pelos textos das peças da companhia. No começo de sua carreira circense, Antenor revisava os textos que já estavam no repertório e escrevia adaptações de livros e filmes para o palco. Como já gostava de escrever poesias e pensamentos, resolveu testar sua capacidade e escrever um texto que fosse realmente seu. A partir de suas observações sobre os vários aspectos do teatro circense, principalmente sobre as reações da plateia, escreveu seu primeiro texto original, que foi também o seu maior sucesso: *...E o Céu Uniu Dois Corações*[151].

Outra fonte dos textos levados à cena nesse universo é a Livraria Teixeira. Nas décadas de 1950 e 1960, na cidade de São Paulo, ela publica dramas e comédias que circulam pelos circos-teatro[152]. A

148 O intercâmbio de artistas era comum nos circos-teatro. Esses "artistas temporários" interferiam intensa e concretamente nos circos-teatro: faziam circular motivos artísticos (textos ou temas dramatúrgicos e números) e aportes técnicos e, assim, contribuíam para intensificar a implementação de variáveis.

149 Fátima de Carvalho (Circo do Chiquinho), apud J. G. Magnani, op. cit., p. 41.

150 Op. cit., p. 226.

151 Op. cit., p. 47-48.

152 Livraria Teixeira – Ferreira Girão & Cia. Ltda. Editoras. Rua Marconi, 40. São Paulo (SP). Na contracapa dessas edições se lê: "Primeira casa do país no gênero teatral e fornecedora das Primei-

contracapa dessas publicações, que lista as peças que a livraria editou, contém títulos que constam, também, da listagem elaborada com base nos dossiês da Funarte, os quais – como dissemos – indicam os textos em seus pedidos de financiamento para montagens[153]. Zurca Sbano relata, com nostalgia, a importância dessas edições para a montagem do repertório de peças dramáticas do seu circo-teatro:

PAULO: E como vocês escolhiam essas peças? Eram textos? Onde conseguiam?

ZURCA: Antigamente tinha a Livraria Teixeira, onde você encontrava tudo, peças francesas, espanholas, alemãs, russas, todos aqueles dramas, comédias, portuguesas, nossa! Era o Seu Teixeira. Tinha isso também por uma paixão, porque ele era apaixonado. Quantas vezes eu ia comprar peça lá, ia comprar *Cabana do Pai Tomás*, e ele ficava conversando comigo. Ele morreu, acabou; terminou. Ninguém tem mais peça. Antigamente havia todos esses textos; e eu tenho um repertório muito grande, perto de duzentas peças; coisa rara, que ninguém tem mais. E então nós levávamos essas peças, peças grandes. Eu levava na nossa companhia. Eu tive um pavilhão de teatro chamado Teatro Popular Volante que nós levávamos *Cabana do Pai Tomás*, *O Mistério do Comboio Número Seis*, que tem um descarrilamento no palco. O trem aparece lá em cima na montanha, pequenininho assim aquele trem; some atrás do monte; de repente, ele aparece aqui, mais um pouquinho por dentro. Porque os assaltantes pegam, viram a chave e tem um trilho, e a máquina descarrila. Esses efeitos todos sem recurso; não como tem hoje; nossa! É que antigamente, sem recurso nenhum, a apoteose era feita com fogos de artifício, e se fazia bonito[154].

Uma passagem do drama em dois atos *Rosas de Nossa Senhora*[155], de Celestino Silva[156], pode ser considerada como variante da temática do drama *Coração Materno* (1947), de Alfredo Viviani[157]:

CARRAPIÇO: Eu já te digo. Quando saí daqui, pus-me a pensar... meu Deus, onde haverá rosas este ano! Depois lembrei-me: minha mãe tem lá no alto da serra um quintalito com umas roseiras temporãs, subi a correr, cheguei a casa e nas roseiras nem botão! Não há rosas este ano minha mãe? Perguntei eu à velhota... Tinha uns botõezinhos que colhi esta manhã e botei no altar da virgem, respondeu-me ela! Calei-me e saí, cheguei à ermida que estava silenciosa e triste, tirei o chapéu e entrei. No altar aos pés da virgem estavam as rosas dentro de uma jarrita branca, olhei em volta e não vi ninguém, corri ao altar, e quando ia tocar nas rosas, olho para a direita e vejo São Miguel no seu nicho com a espada desembainhada como que dizendo: se lhe tocas corto-te as mãos, grande patife, volto para a esquerda e vejo São João Batista apontando-me com o dedo a porta como quem diz: para a rua grande ladrão! Recuei cheio de medo até à porta, ia sair quando de repente pensei: mas Agueda há de ficar sem as rosas? Fechei os olhos para não ver os santos, corri ao altar, agarrei as rosas e fugi... ao chegar à porta parecia que alguém me seguia, volto-me e vejo Nossa Senhora sorrindo, como que dizendo: são para ela, são para Agueda, leva-as estás perdoado. Saí correndo e aí as tens.

MARIA: E roubaste por causa dela?

ras Sociedades, Grupos Dramáticos e Circos do Brasil". Magnani (op. cit., p. 69) aponta a produção dessa livraria como indício de que o melodrama foi parar no circo: "Na contracapa do volume n. 125 – *O Filho Natural*, drama em três atos, de João Marques, 'representado pela primeira vez em Sorocaba a 31 de janeiro de 1866, depois em várias cidades do estado de São Paulo, com gerais aplausos' – aparece uma relação de 220 peças já publicadas. O n. 178, *Dalila*, drama em seis quadros de J. Vieira Pontes do romance de mesmo título de Octave Feuillet, traz a lista das 177 peças anteriores". O Bloco I, Anexo E, em Paulo Ricardo Merisio (op. cit.) relaciona os 120 exemplares localizados em bibliotecas da capital paulista na Coleção Biblioteca Dramática Popular, editada pela Livraria Teixeira e elaborada por uma equipe de professores da USP, sob a coordenação de Amélia Maria Moreira (1981). Essa listagem inclui cinco títulos pertencentes a essa coleção, porém editados pela Livraria Popular Francisco Franco, de Lisboa, o que sugere uma relação estreita entre essas livrarias.

153 Ver o cotejamento das 224 peças publicadas pela Livraria Teixeira – que aparecem listadas na contracapa dos números 163, *Rosas de Nossa Senhora* (Celestino Silva, 1956), e 192, *A Ditadora* (Paulo Magalhães, 1951) – com o repertório que recuperamos com base nos dossiês da Funarte. Cf. Paulo Merisio, op. cit.

154 Zurca Sbano, em entrevista ao autor, em São Paulo, 4 jul. 1998.

155 Esse exemplar pertencia ao acervo do Grupo Teatral Ziembinski, de Taió (SC), e foi cedido pela diretora do grupo, Maria Tonolli Meriz.

156 "Nascido em 1874, em Lisboa, em 1900 veio para o Brasil, onde morreu, em 1951. Usou os pseudônimos Scipião, Simplex e João Sincero. Escreveu *As Preciosas Ridículas* (1942, de Molière) – transposição para português em versos alexandrinos, Rio de Janeiro, editora Talmagráfica; *A Baratinha Vermelha*, burleta; *O Espelho da Verdade*, opereta; *Fandango e Maxixe*, revista; *Figuras e Figurões*, revista, com Gastão Tojeiro e Carlos Bittencourt; *Rosas de Nossa Senhora*, peça extraída de um conto espanhol. Também fez traduções: *Ladrão por Amor*, *O Rei dos Piratas*, *O Homem da Capa Preta*, *Mamãe Quer Casar*, *Como É Bom Ser Mulher*". J. G. de Sousa, op. cit., p. 498-499.

157 Alfredo Viviani: "Nome por que é conhecido o empresário, ator, e autor, Itálico Vianelli". Idem, p. 574.

CARRAPIÇO: Até matava, se ela mandasse![158]

O filho apaixonado rouba as rosas – raras, porque temporãs – que sua mãe havia usado para ornamentar o altar de Nossa Senhora – sagradas, portanto – para satisfazer os caprichos de sua amada. Como se vê, trata-se da temática da música *Coração Materno* (1937), de Vicente Celestino[159].

Com efeito, dramas inspirados em músicas, sobretudo sertanejas, frequentam os palcos dos circos-teatro. A música de Vicente Celestino serve de base para a elaboração do drama homônimo de Alfredo Viviani. Essa relação intrínseca entre música e dramaturgia circense teatral contém mecanismos de absorção da produção da indústria cultural pelo circo. Walter de Almeida[160], em depoimento com sua esposa, fala sobre essa relação:

WALTER: Sílvio Santos naquele tempo chegou a trabalhar conosco, em Santos. O Luiz Gonzaga veio e, quando vinha, dava duas sessões. Eu tocava dois circos; este pavilhão, que ficava fixo, ali na Bernardino de Campos com Carvalho de Mendonça, em Campo Grande; e o pavilhão de lona, que rodava os bairros; então, quando eles vinham trabalhar comigo, trabalhavam nos dois circos.

PAULINA: Vicente Celestino, Gilda de Abreu.

PAULO: Isso foi por volta de 1957, então.

WALTER: É...

PAULINA: Cantaram também.

WALTER: Vicente Celestino tinha a fama de beberrão e ele não bebia.

PAULO: Por causa da personagem, não é?

WALTER: Do ébrio; ele ganhou fama [e as pessoas comentavam] "Ah, eu vi o Vicente Celestino bebendo". Mentira, ele não bebia. Não bebia de jeito nenhum.

A presença desses artistas no circo-teatro, nas décadas de 1930 e 1940, indica uma prática que se sedimentaria no decênio de 1970, quando a arte do circo-teatro se apresenta como exemplo notável de arte popular que, justamente para manter seu espaço e público, teve de empreender medidas de reelaboração e adequação às normas da produção cultural então predominantes. Envolvendo-se na trama urbana dos meios de comunicação de massa, o circo-teatro mantém núcleos tradicionais e passa a incorporar novos modelos e novas fórmulas como meios de sustentação. Os pedidos de auxílio ao SNT/MEC, por exemplo, têm vários títulos de peças de circo-teatro homônimos a sucessos da televisão e do cinema, a exemplo de *O Ébrio*, *O Cangaceiro*, *A Escrava Isaura* e *Marcelino, Pão e Vinho*.

c. O Espaço Cênico – Palco + Picadeiro

A consolidação desse repertório, justaposto aos números tradicionais, ajuda a estruturar uma configuração espacial cênica. A representação de peças teatrais no modelo criado por Benjamim acontece no espaço do picadeiro. Porém, na transformação dos circos-teatro, a configuração espacial cênica do palco fica mais importante: agora ela divide a área de representação – antes restrita ao picadeiro – em dois espaços de igual importância para a estrutura dos espetáculos. Essa forma pode ser sintetizada em duas áreas de representação distintas, em geral situadas em níveis diferentes – um elemento retangular (o palco) e um semicircular (que assume a função de picadeiro) – e passará a ser associada com esse universo, a ponto de distingui-lo, de se tornar seu emblema. Geralmente o palco é um elevado praticável equipado com um pequeno urdimento que permite a utilização de telões e pequenas coxias para entrada e saída de atores; o picadeiro, usualmente no nível do chão, é delimitado pelos próprios circenses mediante pequenas traves chamadas empanadas de picadeiro.

158 Celestino Silva, *Rosas de Nossa Senhora*, São Paulo: Livraria Teixeira, 1956, p. 14.

159 Filho de imigrantes italianos, Vicente Celestino nasceu no Rio de Janeiro, em 12 de setembro de 1894. Em 1933, casou-se com a atriz Gilda de Abreu. Ator, cantor e compositor, passou pela Companhia Nacional de Revistas do Teatro São José, pela Companhia Leopoldo Fróes e pelo Circo-teatro Irmãos Almeida. No Teatro Lírico participou, a partir de 1921, de montagens de *O Mártir do Calvário*, melodrama de Eduardo Garrido (1902). O tango-canção *Coração Materno* baseia-se numa lenda e foi lançado em 1937. Em 1947, transformou-se em peça teatral e, em 1951, foi adaptado para cinema, com participação do próprio Vicente Celestino.

160 Walter de Almeida foi, na década de 1950, ao lado de seus irmãos, Abegair (a comediante Nhá Tica) e Alfredo de Almeida (o palhaço Fredô), dono do Circo-teatro Irmãos Almeida; na década de 1960, fixam o circo em Campinas; dada a boa receptividade de público, eles o transformam no grande Pavilhão Teatral Irmãos Almeida. Walter reside em Campinas e, aproveitando o *know-how* adquirido no universo circense, trabalha com aluguel e montagem de lonas e arquibancadas para eventos. Seus irmãos faleceram na década de 1980. A entrevista foi concedida por Walter e sua esposa, Paulina, em Campinas (SP), em 1998. Cf. P. Merisio, op. cit., p. 262.

Conforme a característica do espetáculo, os circos prescindem do espaço reservado ao picadeiro, que pode ser ocupado pelas cadeiras da plateia. Essa flexibilidade se estende a todo o espetáculo: o picadeiro poderia ser extinto quando não houvesse números de variedades, e também poderia ser transformado em ringue de lutas caso tal atração compusesse a apresentação. Mas, como artistas de circo-teatro raramente usam o picadeiro como área de representação na hora das representações teatrais – desde que o palco tenha dimensões consideráveis e abrigue as peças na íntegra –, o espaço do palco não se modifica de um espetáculo para outro. Portanto, as peças teatrais se concentram no espaço do palco, cuja estrutura se inspira em modelos de espaços teatrais fixos; em geral, a caixa de palco tem cobertura de zinco e abriga elementos da maquinaria cênica que permitem controlar telões e cortinas. Delimita o fundo do palco uma boca de ópera, que emoldura esses elementos cenográficos, escamoteando o urdimento que comporta a estrutura necessária para sua operação.

Posto isso, desde a inserção do palco no espaço cênico circense-teatral, consolida-se um modelo de configuração espacial que, bastante flexível, depreende-se da estrutura de cada espetáculo feito pelo circo-teatro, mas com tendência predominante: o picadeiro acolhe os números de variedades e o palco, as representações teatrais e apresentações de artistas convidados. Mas essa forma admite variações. Nélson Correia de Araújo, na década de 1970, aponta a existência, na periferia de Salvador (BA), de um modelo criado por artistas dissidentes de circos de grande porte que, sem condições de erguerem uma lona, apresentam-se em panos-de-roda, ou seja, num modelo em que o espaço de representação teatral é definido por anteparos de pano dispostos circularmente e sem cobertura:

> Fidelidade ocasional ao teatro tributam, do mesmo modo, os "panos-de-roda" que vagam em terras da Baía de Todos os Santos e nas suas vizinhanças – últimos destroços de circos, ou novos rebentos nutridos pela esperança de atingir, em dia que nem sempre acontece, a envergadura de seus congêneres mais respeitáveis. Sumário e carente, destituído de mastro e cobertura, o "pano-de-roda" é o ramo mais aventureiro de toda a organização a que pertence e pelo menos um deles foi visto, mirando de longe Salvador, de propriedade de ciganos[161].

Esse autor também relata a presença de trupes formadas por artistas desempregados que passam a apresentar seus espetáculos em espaços alternativos:

> Numerosas no passado, menos no presente, as "troupes" têm *mais sério compromisso com a arte de representar*. Entenda-se "troupe" como um grupo de artistas que em dado momento se desmembra do elenco semiestável em que atuava e passa a gerir a sua própria existência, num modesto circuito de salas em prédios escolares, cinemas, clubes e mercados, explorando um repertório de *dramas, comédias e farsas* (a "segunda parte"), complementado ou não com uma "primeira parte" de variedades, ou lançando mão apenas desta última. Por vezes a associação se firma distante dos picadeiros (foro preponderante dos contratos), entre atores e artistas desempregados; por vezes o próprio teatro de bonecos surge como uma de suas atrações[162].

Desenvolvido em espaços alternativos ou não convencionais, o trabalho dessas trupes que temporariamente abandonam os picadeiros pode sugerir uma migração de artistas de circo-teatro para agremiações teatrais de cidades interioranas. A própria característica nômade (periférica e/ou interiorana) dos circos-teatro permite que apresentações teatrais cheguem a lugares de pouco acesso a espetáculos produzidos por companhias profissionais de teatro. Um indício importante desse deslocamento pode ser os registros das montagens, no Brasil, do texto dramático *O Mártir do Calvário*, de Eduardo Garrido[163]. Essa peça teria sido encenada pela primeira vez no Brasil em 1902, no Teatro Recreio Dramático, da cidade do Rio de Janeiro. Reportagem

161 Nélson Correia de Araújo, *Duas Formas de Teatro Popular do Recôncavo Baiano*, Salvador: O Vicerey, 1979, p. 14.

162 Idem, ibidem. (Grifo nosso.)

163 Eduardo Garrido, autor português, nasceu em Lisboa, a 20 de outubro de 1842. Seu mistério em cinco atos e dezesseis quadros *O Mártir do Calvário: Vida, Paixão e Morte de N. S. Jesus Cristo* foi apresentado pela primeira vez em 20 de setembro de 1902, no Teatro Recreio Dramático, do Rio de Janeiro, pela Companhia Dias Braga, sob a direção de Eduardo Vitorino. Localizamos, no acervo da Funarte (Setor Biblioteca Edmundo Moniz), outros quatro textos de sua autoria: *A Viagem à Lua* [s.d.] – opereta burlesca; *A Timidez de Cornélio Guerra* [s.d.] – comédia em um ato; *Por um Triz* (1871) – comédia em um ato; e *Pecados Velhos* (1900) – farsa (montada pela primeira vez em Lisboa, no Teatro de D. Maria II, no carnaval de 1864).

da *Revista da Semana* de 1925 registra as diversas montagens nessa cidade durante a Semana Santa desse ano – num circo e em nove teatros diferentes (Circo Democrata, Teatro Recreio, Teatro Carlos Gomes, Teatro S. José, Palácio Teatro, Teatro João Caetano, Cine Americano, Cine-Teatro Brasil, Teatro Lírico e Cine-Teatro Centenário):

> Eduardo Garrido, morto há doze anos, em Gaieiras, a 20 de dezembro de 1912, nunca teria podido prever as alternativas por que tem passado o seu grande drama sacro. O Rio assistiu ao seu célebre drama, pela vez primeira, em 1902, no Teatro Recreio Dramático, em dias comuns do ano, muito diferentes daqueles a que se refere a peça de Garrido. [...] Por essa época teria sido uma profanação abrirem-se os teatros na Semana Santa, e ainda tempos depois, quando o velho Dias Braga se achava em dificuldades financeiras e lhe sugeriram a possibilidade de lucros com a apresentação da célebre peça sacra em dias que a Igreja guarda, o velho ator preferiu privar-se deste sucesso. [...] Nunca, em verdade, o Rio de Janeiro assistiu a tantas apresentações d'"O Mártir do Calvário" como na Semana Santa que findou. Tivemo-lo em quase todos os teatros do *centro da cidade*; tivemo-lo em teatros dos *arrabaldes*, em cinemas e até em *circos de cavalinhos*![164]

Importa frisar que *O Mártir do Calvário*, deslocado de teatros para circos de cavalinhos, do centro para os arrabaldes, passa a ser montado, também, pelos circos-teatro na Semana Santa, representando um gênero dramatúrgico que ocupa parte significativa do seu repertório: o drama sacro[165]. Dos 629 títulos de peças de circos-teatro registrados nos já citados dossiês da Funarte, o texto de Garrido é o sexto mais montado: de 91 circos-teatro, 37 o tinham em seu repertório.

Em *Pequena História de Teatro, Circo, Música e Variedades de São João del Rey – 1717 a 1967*, Antônio Guerra se refere a montagens desse espetáculo pelo Clube Teatral Arthur Azevedo, de São João del Rey (MG), continuadamente de 1932 a 1957. Esse autor registra ainda parte do repertório desse clube teatral, que contém textos presentes na listagem de peças dos circos-teatro que elaboramos em nossa pesquisa no acervo da Funarte, tais como *Deus e a Natureza* (Arthur Rocha, 1904), *A Ditadora* (Paulo de Magalhães, 1951) e outros.

Essa provável troca de influências entre os grupos teatrais amadores das cidades do interior – muitas vezes denominados clubes teatrais – e os circos-teatro pode ter ajudado a fortalecer uma variante na configuração espacial circense-teatral: os pavilhões, ou seja, as edificações formadas por telhas e paredes de zinco. Nos pavilhões, o espaço cênico se restringe ao palco, prescindindo do picadeiro, e o repertório é basicamente o mesmo dos circos-teatro sob a lona. Esse modelo, com estrutura arquitetônica de montagem menos flexível que a dos circos de lona, tende a permanecer mais tempo nas regiões. Vejamos, no depoimento de Walter de Almeida, como, após dois anos instalado na cidade de Campinas, seu pavilhão percorre um pequeno circuito na cidade de São Paulo:

> PAULO: O senhor falou que tinha o pavilhão e o circo...
>
> WALTER: E o circo.
>
> PAULO: Isto foi na mesma época – esta época aqui em 1957? [referência a uma fotografia do Pavilhão Irmãos Almeida]
>
> WALTER: Isso.
>
> PAULO: E o pavilhão ficava sempre fixo?
>
> WALTER: Sempre fixo. Dois anos. Nós fizemos para aquele local, para aquele terreno, estava vazio há 18 anos. Nós instalamos ali, depois de dois anos que nós estávamos ali, todo dia com frequência boa, nunca caiu a frequência. E dois anos depois eles venderam o terreno e o novo proprietário quis construir e tivemos que sair.

164 Cf. A Semana Santa nos Teatros, *Revista da Semana*, Rio de Janeiro, 18 abr. 1925, p. 22-23. (Grifo nosso.)

165 Muitas vezes inspirados em passagens bíblicas, esses dramas retomavam a trajetória de santos e mártires da igreja católica. A origem dos dramas sacros que frequentaram os palcos circenses-teatrais talvez remonte aos mistérios medievais: encenações da sagrada escritura. A dimensão épica desses enredos permitia explorar composições cenográficas diferenciadas que encantavam o público, como aponta Regina Horta Duarte (op. cit., p. 216-217): "Mas talvez fossem os cenários dos *chamados dramas sacros*, os que mais se destacassem. O aplaudido *Milagres de Santo Antonio* trazia visualidades, transformações, mutações, maquinismos etc., tudo feito a capricho. [Theatro. *A Actualidade*, Ouro Preto, n. 115, 22 out. 1878, ano I, p. 4]. [...] Os dramas traziam cenas apoteóticas e muitos efeitos eram obtidos com o uso de refletores de metal, tornando o efeito ótico e a iluminação mais perfeitos [Theatro. *Diário de Minas*. Ouro Preto, 7 jun. 1876, ano IV, p. 3 e 4] como ocorreu com *A Virgem Mártir de Santarém*, escrita pelo mineiro Severiano Nunes Cardoso de Resende. Ornado de cantos e apresentando como personagens frades, demônios, camponeses, virgens e anjinhos, trazia uma vista do mar onde flutuava uma barca da qual a virgem subiria cercada de anjinhos. Nesse mesmo momento, Lúcifer aparecia sobre um penhasco, sendo subjugado pelo anjo Gabriel, portador de uma espada de fogo. [Annuncios. *Diário de Minas*. Ouro Preto, n. 647, 20 maio 1876, ano IV, p. 4]".

PAULO: Todos os pavilhões eram fixos ou também tinha alguns que circulavam pelas cidades, o senhor lembra disso?
WALTER: Realmente fixos eram muito poucos.
PAULO: Porque esse era muito grande, não é?
WALTER: É muito grande; esse aí, chegamos a fazer São Paulo, nós fizemos a Vila Maria, fizemos o Aeroporto, fizemos a Vila Pompeia.
PAULO: Com esse pavilhão aqui?
WALTER: Com esse pavilhão.
PAULO: Então ele circulou um pouco?
WALTER: E depois de lá nós fizemos quatro bairros em São Paulo, depois de lá viemos a Campinas. [Em] Campinas ele foi montado em três locais. No último local nós vendemos. Ficamos só com o circo[166].

De certa maneira, o pavilhão é um espaço de transição entre os circos-teatro de lona e as edificações que abrigam as companhias teatrais regulares; uma área com características espaciais à italiana, ocupada por montagens de famílias circenses e que acolhe o repertório dramatúrgico dos circos-teatro, mas seminômade.

Todas as variantes espaciais cênicas aqui descritas, em graus diferenciados, como foi visto, convergem para uma mesma característica: a busca de equipamentos que viabilizem o nomadismo característico desses circos. Veja-se no depoimento de Roger Avanzi, do Circo Nerino:

> Toda a estrutura do circo – do pau de roda ao mastro, da empanada às barracas, frente, bilheteria etc. – era construída, confeccionada, armada e desarmada pelos próprios artistas. E assim tinha que ser, pois só os circenses dominavam esse conhecimento. Fôssemos seguir as instruções e exigências de alguns fiscais que cruzavam nosso caminho, e o circo caía[167].

Convém ressaltar que ainda há muitas lacunas na historiografia do circo-teatro no Brasil. Buscamos articular este texto com o que apontam alguns pesquisadores que tratam desse universo, a exemplo de Erminia Silva, mantendo o olhar predominante sobre as características do fazer teatral no espaço do circo. Assim, para concluir, recorremos às palavras dessa autora, que sintetiza o lugar do circo-teatro ao longo do século XX:

> O convívio e o intercâmbio entre artistas, palcos e gêneros no final do século XIX, como se observa na própria forma de se apresentarem – "Companhia Equestre, Ginástica, Acrobática, Equilibrista, Coreográfica, Mímica, Bailarina, Musical e... Bufa" –, resultaram em permanências e transformações dos espetáculos, nos quais homens e mulheres circenses copiaram, incorporaram, adaptaram, criaram e se apropriaram das experiências vividas, transformando-se em produtores e divulgadores dos diversos processos culturais já presentes ou que emergiram neste período, contribuindo para a constituição da linguagem dos diversos meios de produção cultural no decorrer do século XX. O espaço circense consolidava-se como um local para onde convergiam diferentes setores sociais, com possibilidade para a criação e expressão das manifestações culturais presentes naqueles setores. Através de seus artistas, em particular os que se tornaram palhaços instrumentistas/cantores/atores, foi se ampliando o leque de apropriação e divulgação dos gêneros teatrais, dos ritmos musicais e de danças urbanas ou rurais, elementos importantes para se entender a construção do espetáculo denominado circo-teatro[168].

6. O TEATRO NA EDUCAÇÃO

A presença efetiva do teatro na educação brasileira insere-se como um fenômeno recente, seja em termos da educação básica ou da educação profissionalizante, sendo possível afirmar que foi de maneira progressiva – e nos últimos cinquenta anos – que a historiografia dessa área floresceu com maior vigor, apesar de contar com uma tradição que remonta aos primórdios da colonização, quando os padres da Companhia de Jesus utilizaram didaticamente a arte dramática visando à catequese.

Entretanto, hoje, em todo o território nacional, são muitas as possibilidades de abordar essa ques-

166 Entrevista concedida ao autor em Campinas, em 2 de julho de 1998.

167 Apud Verônica Tamaoki, *Circo Nerino*, São Paulo: Pindorama Circus/Códex, 2004, p. 38.

168 E. Silva, op. cit., p. 83.

tão complexa e de vasto escopo, a qual abrange, só para citar algumas das suas vertentes, o currículo da escola formal, a temática da preparação de professores, os cursos de iniciação e as práticas metodológicas disseminadas em escolas e centros culturais, as formas de capacitação voltadas para as carreiras profissionais, os avanços teóricos advindos da atividade de pesquisa, desenvolvida principalmente nas universidades e por grupos de teatro; as ações promovidas por organizações não governamentais; as necessidades e demandas do mercado de trabalho, dentre outras possibilidades.

Tendo em vista analisar a temática do teatro na educação brasileira, compreende-se, no âmbito deste capítulo, que a epistemologia de uma área do conhecimento se consubstancia através de sua historicidade, tornando-se necessário, no caso em apreço, analisar a constituição do *corpus* de conteúdos relativos à pedagogia do teatro numa perspectiva histórico-social, verificando-se os fatos mais relevantes, os fenômenos culturais e as vertentes teóricas e metodológicas que contribuíram para sua consolidação na escolarização[169].

Primeiros Passos: As Escolas Profissionalizantes e o Teatro na Educação Básica

No tocante à presença do teatro na educação brasileira, o marco zero reporta-se aos colégios e aulas de ensinar a ler e contar mantidos pela Companhia de Jesus e demais ordens religiosas, ainda no período colonial. Entretanto, cuidando de um ensino primário insuficiente, em termos de quantidade e qualidade, os padres utilizaram o teatro sem a preocupação de desenvolver a linguagem cênica, realizando espetáculos como instrumento didático para o povo e para os índios. Por sua vez, os documentos históricos não registram o uso escolar do teatro, sendo raras as imagens relativas a esse tema; mesmo a pintura de cenas domésticas, tão cultuada pelas classes abastadas da época, não informa quais eram as brincadeiras de improvisação, jogos cênicos e folguedos mais praticados nas diversas regiões do Brasil, situação que foi alterada parcialmente com a produção elaborada pelos artistas franceses e também pelos professores das academias e escolas de artes e ofícios criadas por D. João VI[170].

Contudo, no bojo da revolução cênica que marcou a virada dos séculos XIX-XX, no Ocidente, foram concebidas as propostas que deram novos rumos à arte dramática como um todo e especialmente à arte do ator, quando fatores de natureza estética e técnica tornaram mais complexo o fazer teatral, exigindo um procedimento novo a ser implementado através de um longo processo de estudo[171]. Essa ideia repercute no Brasil de maneira bastante gradual, pois as propostas estéticas que transformaram a Europa demoraram a influenciar os nossos espetáculos e atingiram as instituições educativas com décadas de atraso.

Em decorrência da situação que se verificava no palco, onde predominava, entre 1900 e 1940, um modelo mercadológico regido pela bilheteria, uma dramaturgia que servia de mero apoio à interpretação, uma cenografia praticamente inexistente e um público acostumado a assistir ao desempenho do primeiro-ator, geralmente o dono da companhia, as primeiras tentativas de estruturação de escolas e conservatórios em quase nada resultaram, pois a ideia de formação de elenco contrapunha-se à hierarquia rígida que caracterizava a produção cênica – para os atores auxiliares não havia possibilidade de ascensão; ao contrário, o primeiro-ator jamais deixaria de ocupar o seu posto[172].

O advento da formação profissional coincide, portanto, com a emergência do moderno teatro brasileiro, tendo como protagonistas personagens ilustres que desenvolveram projetos artísticos associados a iniciativas pedagógicas informais que aos poucos foram se consolidando institucionalmente,

169 O presente trabalho busca sistematizar as informações encontradas na literatura dessa área do conhecimento, reunindo ideias e fragmentos de textos produzidos anteriormente pelos autores.

170 Foram analisados vários livros de história geral do Brasil, incluindo-se os tomos referentes às artes plásticas e aos costumes da vida privada, sendo raras as imagens relacionadas a jogos, atividades lúdicas e cênicas. Ver Laura de Mello e Souza (org.), *História da Vida Privada no Brasil*, São Paulo: Companhia das Letras, 1997.

171 Gerd Bornheim, *O Sentido e a Máscara*, São Paulo: Perspectiva, 1992, p. 21.

172 Observe-se que apesar do interesse dos modernistas Alcântara Machado, Oswald de Andrade e Mário de Andrade pelo teatro, o palco brasileiro não assimilou de imediato as propostas da Semana de Arte Moderna de 1922.

a saber: 1. Renato Vianna e o seu Teatro Anchieta, *locus* do primeiro tipo de oficina teatral do país; 2. Renato Vianna e posteriormente Ruggero Jacobbi, que semearam as raízes da Escola Dramática de Porto Alegre, hoje ligada à Universidade Federal do Rio Grande do Sul; 3. Alfredo Mesquita e Décio de Almeida Prado, criadores do Grupo de Teatro Experimental e do Grupo Universitário de Teatro, respectivamente, que inspiraram a criação da Escola de Arte Dramática, hoje vinculada à Escola de Comunicações e Artes da USP; 4. o Clube de Fantoches da Euterpe, de Salvador, ligado ao Serviço Nacional de Teatro, que incentivou a criação da Escola de Teatro da Universidade da Bahia; 5. Maria Clara Machado e seu O Tablado, que desde os anos de 1950 tem marcado a cena pedagógica e estética; 6. Paschoal Carlos Magno e o Curso de Arte Dramática do Teatro Duse, voltado para a preparação de quadros para a prática cênica, e sobretudo o Teatro do Estudante, cuja ideia disseminou-se Brasil afora; 7. Dulcina de Moraes e a Fundação Brasileira de Teatro, estabelecimento que formou muitos intérpretes no Rio de Janeiro e hoje é mantenedora da Faculdade de Artes, em Brasília; 8. o Curso de Arte Dramática da Universidade Federal do Ceará, fundado por B. de Paiva, em 1960, que propiciou a produção de inúmeros espetáculos e atualmente ainda desempenha um papel decisivo em Fortaleza; 9. a Escola de Teatro de Recife, que teve um papel importante perante o sistema de ensino local, atuando eventualmente ao lado da Escolinha de Arte de Recife na reciclagem de professores; 10. o Curso de Formação de Atores da Universidade Federal de Minas Gerais, mais tarde denominado Teatro Universitário, que desencadeou naquele estado o interesse pela prática e pesquisa teatral; 11. o Teatro Escola do Pará, criado por Benedito Nunes e Maria Sylvia, que revelou João Cabral de Mello Neto como autor teatral e atualmente oferece o ensino médio profissionalizante, constituindo-se agora numa das unidades da Universidade Estadual do Pará; 12. Yan Michalski e o Centro de Artes Laranjeiras, que é uma das referências sempre citadas no Rio de Janeiro; 13. Silvio Zylber e o Teatro Escola Macunaíma, que oferta ensino médio profissionalizante, além de preocupar-se com a produção cultural; 14. Antunes Filho e o Centro de Pesquisa Teatral, ligado ao Serviço Social do Comércio/Sesc-SP, que tem prestado serviços relevantes tanto em termos de ensino como na produção de espetáculos de repercussão nacional[173].

A maioria dessas escolas mantém-se até hoje, seja com nova estrutura ou através de fusão institucional, ao passo que as demais inspiraram a criação de centros culturais ligados à Pedagogia do Teatro. Contudo, elas somente mereceram maior atenção do poder público após o surgimento daquilo que se convencionou chamar de moderno teatro brasileiro, no decorrer dos anos de 1940. Até esse período, no âmbito da escola formal, a pesquisa histórica registra que o teatro foi utilizado apenas enquanto comemoração de efemérides, tendência que se cristalizou no bojo da educação tradicional. Na realidade, tanto o teatro como as outras formas artísticas passaram a ser valorizadas no panorama da educação oficial com a propagação do ideário da Escola Nova, cujas repercussões se fixaram aqui entre os anos de 1930 e 1950, justo num período em que a sociedade brasileira ensejava transformações políticas da maior importância: sedimentava-se um pensamento genuinamente nacional, planejava-se a expansão da escolarização e, na perspectiva das artes, colhiam-se os frutos germinados no movimento modernista de 1922.

O pensamento escolanovista inspirou Augusto Rodrigues a criar, no Rio de Janeiro, em 1948, a Escolinha de Arte do Brasil, uma "espécie de ateliê onde as crianças podiam desenhar e pintar livremente, o que refletia o clima de reafirmação expressionista que dominava o pós-guerra"[174]. Em pouco tempo a Escolinha expandiu-se para outras regiões brasileiras e tornou-se uma espécie de centro de formação de professores, influenciando as práticas pedagógicas da escola primária e secundária. Firmaram-se convênios com secretarias de educação, órgãos públicos ligados à cultura e, à época da implantação da Lei de Diretrizes e Bases n. 4024, de 1961, que incentivava a prática artística na escola básica, a Escolinha de Arte do Brasil era a única instituição habilitada para a qualificação de educadores, mesmo que de maneira informal.

173 Arão Paranaguá de Santana, *Teatro e Formação de Professores*, São Luís: Edufma, 2000, p. 67-68.

174 Ana Mae Barbosa, *Arte-Educação: Conflitos e Acertos*, São Paulo: Max Limonad, 1984, p. 14.

Apesar da orientação séria disseminada pelos colaboradores de Augusto Rodrigues, tendo Hilton Carlos de Araújo, Yan Michalski e Ilo Krugli como legítimos representantes da linguagem teatral, surgiu no ensino do teatro, por volta dos anos de 1960/1970 – em face da disseminação do conceito de "livre-expressão", um dos pilares do movimento de educação pela arte, baseado em Herbert Read e cultuado nas Escolinhas –, uma abordagem espontaneísta pautada na dramatização de fundo psicológico, em oposição ao vetusto papel de coadjuvante dos conteúdos "sérios" do currículo formal. De certa forma esse pensamento foi alimentado pelo impacto das reformas no ensino básico e superior, fortalecendo uma abordagem polivalente que não levava em conta a autonomia das linguagens artísticas, assunto a ser tratado mais à frente; antes disso, convém analisar a penetração do teatro na educação superior.

A formação profissional na área de teatro foi regulamentada a partir de 1965, após a criação legal das carreiras profissionais de ator, crítico, diretor, cenógrafo e professor de arte dramática[175]; entretanto, desde 1939, o Conservatório Brasileiro de Teatro, órgão ligado ao Ministério da Educação e Cultura através do Serviço Nacional de Teatro, ofertava o Curso Prático de Teatro, que funcionava de maneira alternativa até sua incorporação à Federação das Escolas Isoladas do Estado da Guanabara (1969) e depois à Universidade do Rio de Janeiro (1979).

A primeira diretriz oficial relativa ao ensino superior de teatro também data de 1965: o Parecer n. 608/65 do Conselho Federal de Educação estabeleceu os mínimos de conteúdo e duração dos cursos de Direção, Cenografia e Professorado de Arte Dramática, com base nos programas que já vinham sendo adotados pelo Conservatório Nacional de Teatro, com a seguinte estrutura curricular mínima:

Direção Teatral – História do Teatro, Literatura Dramática, Dramaturgia, Artes Visuais (Noções), Cenografia, Indumentária, Iluminação, Música e Ritmo (Noções), Direção, Improvisação, Interpretação e Administração de Teatro.

Cenografia – História das Artes, História do Teatro, História do Teatro Brasileiro, Estética, Desenho, Geometria Descritiva, Artes Visuais (Noções), Cenografia, Indumentária, Iluminação e Técnicas de Teatro.

Professorado de Arte Dramática – Literatura Dramática (para o Cenógrafo), Direção, Cenografia, Técnicas de Montagem (para o Diretor de Teatro), Estudo ou Obras de um Clássico do Teatro Universal e Matérias Pedagógicas.

Essa legislação previa que os cursos de Cenografia e Direção Teatral deveriam ter duração média de três anos letivos e carga horária de 2160 horas. Para o Professorado de Arte Dramática adotou-se o modelo que vigorava desde a implantação dos cursos pioneiros de formação de professores – o chamado "esquema 3 + 1" –, prevendo-se a formação do professor sobre a do bacharel, ou seja, após os três anos de estudo em Direção Teatral ou Cenografia, o candidato a docente submetia-se a mais um ano, sendo este voltado para as matérias pedagógicas. Um detalhe interessante da criação desses três cursos diz respeito à maneira como o Conselho Federal de Educação encaminhou a estruturação curricular – diferentemente dos procedimentos adotados usualmente –, sendo ajuntados e sintetizados os conteúdos vigentes no Conservatório Nacional de Teatro e na Fundação Brasileira de Teatro, face à inexistência de associações de especialistas[176]. Esse fato reafirma a hipótese de que o perfil das escolas pioneiras no ramo da interpretação delineou o modelo pedagógico que deu origem aos cursos superiores e à formação de professores de teatro[177].

Contudo, entre a legislação de 1965 e a implementação dos cursos superiores nas várias regiões brasileiras há um hiato considerável, pois inicialmente foram criados cursos superiores apenas em Salvador, Rio de Janeiro e São Paulo; com as reformas da educação superior (1968) e do ensino de 1º e 2º graus (1971) é que as artes cênicas passaram a se firmar nos estabelecimentos escolares, conforme será visto a seguir[178].

175 A lei federal n. 4641, de 31 de maio de 1965, regulamentou as carreiras de nível médio (ator, contrarregra, sonoplasta e cenotécnico) e superior (diretor teatral, cenógrafo e professor de arte dramática).

176 Ver Paulo L. Freitas, *Tornar-se Ator: Uma Análise do Ensino de Interpretação no Brasil*, Campinas: Editora da Unicamp, 1998, p. 84.

177 Cf. Arão Santana, *Teatro e Formação de Professores: Origem dos Cursos, Situação Atual e Perspectivas de Reestruturação*, tese de doutorado, ECA-USP, São Paulo, 2000.

178 Considera-se que a rápida expansão do ensino superior ocasionada pela reforma de 1968 e a obrigatoriedade da educação artística garantiram a presença do teatro na escola, disseminando,

O Advento do Teatro na Escola Formal

Quando o ensino de Educação Artística foi implantado compulsoriamente na educação brasileira (lei n. 5692, de 1971), no apogeu da pedagogia tecnicista importada dos EUA, o conceito de ensino do teatro restringia-se à abordagem espontaneísta mencionada anteriormente, salvo experiências isoladas.

Entretanto, a inserção no currículo da escola básica de uma disciplina com conteúdo adjetivado – educação "artística" –, concebida enquanto fusão polivalente das artes, demonstrou ser, na prática, uma experiência tanto inviável quanto inexequível em todo o território nacional[179]. Em documento recente, o governo federal reconhece o equívoco:

> De maneira geral, entre os anos 70 e 80 os professores viram-se responsabilizados por educar os alunos em todas as linguagens artísticas [...] Essa tendência implicou a diminuição qualitativa dos saberes referentes às especificidades de cada uma das formas de arte e, no lugar destas, desenvolveu-se a crença de que o ensino das linguagens artísticas poderia ser reduzido a propostas de atividades variadas que combinassem artes plásticas, música, teatro e dança, sem aprofundamento dos saberes referentes a cada uma delas[180].

O que se assistiu, portanto, foi à improvisação de professores, de enfoques pedagógicos, técnicas e materiais didáticos, sem que o conhecimento inerente às linguagens da arte pudesse contribuir para a construção da cidadania através de uma educação de qualidade. Contudo, em decorrência da obrigatoriedade desse componente curricular na escola formal apresentou-se o problema da formação docente, originando um modelo híbrido de currículo para a licenciatura em educação artística, em dois níveis progressivos: a parte comum, de caráter generalista, estabelecia os termos da licenciatura curta, voltada para o ensino de 1º grau; a parte diversificada, complementar à primeira, possibilitava a formação plena, no esquema de habilitações opcionais em Música, Artes Plásticas, Desenho ou Artes Cênicas, e visava ao ensino de 1º e 2º graus, com os seguintes conteúdos especificados a seguir.

> *Parte comum* – Fundamentos da Expressão e Comunicação Humanas, Estética e História da Arte, Folclore Brasileiro, Formas de Expressão e Comunicação Artística;
> *Parte diversificada/habilitação artes cênicas* – Evolução do Teatro e da Dança, Expressão Corporal e Vocal, Encenação, Cenografia, Técnicas de Teatro e Dança[181].

A ênfase na formação de professores de educação artística colaborou decisivamente para a expansão do ensino das artes em nível superior e ocasionou a emergência da pesquisa acadêmica num campo até então inexplorado. Assim, se em 1970 não existiam mais de trinta cursos superiores nas diversas áreas artísticas – quase todos em âmbito de bacharelado, sendo a maioria de artes plásticas –, hoje há cerca de três centenas, em várias regiões brasileiras, incluindo moda, decoração, cinema e design, além de música, artes visuais, dança e teatro, sendo metade deles voltados para a formação de professores.

Acompanhando a expansão que se efetivou em todo o sistema superior de ensino, firmaram-se progressivamente os bacharelados e licenciaturas em teatro[182], o que contribuiu não somente para a ampliação das oportunidades educacionais como interferiu no mercado de trabalho e no panorama cultural brasileiro. A expansão do ensino superior na área de teatro caracterizou-se pela concentração de vagas nas regiões mais desenvolvidas, pelo desempenho institucional diferente em relação aos demais cursos[183], pelo perfil do corpo docente com titulação razoável em termos de mestres e doutores

a partir de então, práticas metodológicas e propostas conceituais no vasto território nacional.

179 A orientação do Conselho Nacional de Educação em relação à educação artística negava a autonomia das linguagens, instituindo ensino generalista das artes plásticas junto ao do desenho, da música e das artes cênicas – segundo a crítica especializada, uma solução barata, prática, mas que não deu certo.

180 *Parâmetros Curriculares Nacionais: Ensino Fundamental / Arte*, Brasília: MEC, 1998, p. 27.

181 Conselho Federal de Educação – Resolução n. 23 de 1973.

182 Há 47 cursos graduação em teatro no Brasil, distribuídos nas seguintes regiões: Norte (Unir, Ufac, Ufpa); Nordeste (Ufma, Ifce, UFRN, Ufal, UFPB, Ufpe, UFS, Ufba, Uesb); Centro-Oeste (UnB, FA-FBT, UFG, UFGD-MS); Sudeste (UFMG, UFU, Ufop, UFSJ, Unimontes, UFRJ, Unirio, CUC-RJ, UES-RJ, UGG, USP, Unicamp, Unesp, USC-SP, USJT, Uniso, UAM, Fainc-SP, FPA-SP, Cunsp); Sul (UFPR, PUC-PR, FAP-PR, UEL, Udesc, FURB-SC, UFRGS, UFSM, UERGS, Ufpel, UPF-RS).

183 Os aspectos positivos na comparação da área de teatro em relação às demais licenciaturas se referem à tipologia das agências formadoras, que na sua maioria são universidades (88.9%) administradas pelo poder público (72.2%), restando para as mantenedoras privadas um percentual menor (27%) da totalidade dos cursos. Cf. A. P. de Santana, op. cit., p. 128-133.

e pela atuação de egressos em programas educativos, formais ou informais.

Se no momento em que a educação artística foi implementada na escola básica apresentou-se a necessidade de equacionar urgentemente os problemas mais evidentes, nas décadas seguintes (1980/1990) muito se realizou em termos de avanço teórico e metodológico, dando início a uma profusão de ideias que, hoje, já podem ser inclusive avaliadas[184]. Além das experiências que se acumularam no interior das escolas e instituições culturais, outros fatores contribuíram para esse salto qualitativo: o intercâmbio com o estrangeiro, seja através da divulgação de livros, artigos e relatórios de pesquisa, ou da vinda de especialistas renomados para ministrar cursos, participar de seminários ou dar consultoria; a publicação de obras resultantes de pesquisas; o surgimento dos cursos de pós-graduação específicos em arte, bem como a abertura de linhas de pesquisa sobre ensino de teatro nos mestrados de áreas como educação, ciências sociais, filosofia e psicologia; a divulgação de pesquisas[185] de autores nacionais, abordando teorias e métodos de ensino; o agrupamento de profissionais em entidades acadêmicas e sindicais, fato que propiciou a realização de congressos e simpósios – ressalte-se a contribuição da Federação de Arte-Educadores do Brasil (Faeb) e da Associação Brasileira de Pesquisa e Pós-Graduação em Artes Cênicas (Abrace).

Os simpósios de especialistas e encontros interinstitucionais realizados nos últimos trinta anos evidenciaram o quanto o modelo implantado pela educação artística não atendia às expectativas dos alunos, professores e do próprio mercado de trabalho, emergindo, no bojo desse debate, um movimento de transformação dos cursos que redundou na criação do Fórum Permanente de Avaliação e Reformulação do Ensino Superior de Artes e Design, organizado inicialmente pela Faeb e tornado oficial pela Comissão de Especialistas do Ensino das Artes (Ceeartes-MEC). Esse movimento de educadores caracterizou-se como um processo dialógico envolvendo vozes polifônicas do pensamento nacional, contribuindo decisivamente para a promulgação das diretrizes curriculares para os cursos superiores de teatro, ora em vigor[186]. O Parecer CNE-CES 146/2002 estabelece as bases curriculares dos cursos de graduação nos seguintes termos:

> i. Conhecimento da linguagem teatral, suas especificidades e desdobramentos, inclusive conceitos e métodos fundamentais à reflexão crítica dos diferentes elementos da linguagem teatral; ii. Conhecimento da história do teatro, da dramaturgia e da literatura dramática; iii. Domínio de códigos e convenções próprios da linguagem cênica na concepção da encenação e da criação do espetáculo teatral; iv. Domínio técnico e expressivo do corpo visando à interpretação teatral; v. Domínio técnico construtivo na composição dos elementos visuais da cena teatral; vi. Conhecimento de princípios gerais da educação e dos processos pedagógicos referentes à aprendizagem e ao desenvolvimento do ser humano como subsídio para o trabalho educacional direcionado para o teatro e suas diversas manifestações; vii. Capacidade de coordenar o processo educacional de conhecimentos teóricos e práticos sob as linguagens cênicas e teatral, no exercício do ensino do Teatro, tanto no âmbito formal como em práticas não formais de ensino; viii. Capacidade de auto-aprendizado contínuo, exercitando procedimentos de investigação, análise e crítica dos diversos elementos e processos estéticos da arte teatral.

A afirmação do espaço da arte na forma da Lei de Diretrizes e Bases promulgada em 1996 impulsionou o trabalho realizado pelos professores de teatro nas escolas e nas comunidades, justificando a necessidade de uma sólida formação profissional.

184 Pode-se encontrar na bibliografia especializada um inventário pormenorizado acerca da situação do ensino da arte na escola formal no período de 1970-2000, especialmente nos livros de Ana Mae Barbosa, Ingrid Dormien Koudela, Maria R. Fusari e Maria Heloísa Ferraz, bem como em documentos oficiais, a exemplo dos Parâmetros Curriculares Nacionais relativos ao ensino fundamental.

185 Há vários grupos cadastrados no sistema nacional de pesquisa organizado pelo CNPq (Plataforma Lattes), podendo-se afirmar, através deste e de outros indicadores, que atualmente a produção nacional tem se expandido e se articulado aos parâmetros internacionais da investigação em arte. Esses grupos são vinculados, na sua maioria, aos cursos de pós-graduação *stricto sensu* – são os seguintes os cursos de pós-graduação em teatro ou artes cênicas: quatro com mestrado e doutorado (USP, Unirio, Ufba, Udesc) e três com mestrado (UFRGS, UFRN, UFU); além desses programas há os de áreas afins que mantêm linha de pesquisa em teatro, sendo três com mestrado e doutorado (UFMG, UFRGS, UNB) e um com mestrado (UFPA).

186 A legislação vigente é a seguinte: Parecer CNE-CES 146/2002, que estabelece as diretrizes curriculares para o ensino superior de teatro; Resolução CNE-CP 1/2002, que institui Diretrizes Curriculares Nacionais para a Formação de Professores da Educação Básica, em nível superior; Resolução CNE-CP 2/2002, que institui a duração e a carga horária dos cursos de licenciatura, de graduação plena, de formação de professores da educação básica em nível superior.

É possível identificar no pensamento pedagógico contemporâneo brasileiro alguns eixos de discussão recorrentes na área de arte e, do ponto de vista epistemológico, o conhecimento artístico deve articular o método entre o fazer artístico, a apreciação da obra de arte e o processo de contextualização histórico e social. Através do ensino da história, da estética e do exercício crítico de leitura da obra de arte, o processo expressivo do aluno é ampliado, inserido na história da cultura e da cultura na história. Esta nova conceituação dos fundamentos da arte na educação básica consolidou-se através dos Parâmetros Curriculares Nacionais, quando pela primeira vez o poder público instituiu orientações pedagógicas atinentes ao ensino escolar do teatro, da dança, das artes visuais e da música, confrontando decisivamente o sentido da polivalência.

Além do aperfeiçoamento da legislação curricular em todos os níveis da educação nacional, há outros aspectos que vêm favorecendo a penetração do teatro no ensino formal, tais como o aumento da carga horária da disciplina arte no ensino fundamental e médio, a inclusão dos conteúdos de arte nos vestibulares[187], a atualização dos projetos pedagógicos dos cursos universitários, a multiplicação dos concursos e das oportunidades no mercado de trabalho, dentre outros. Todavia, há fatores que atormentam a escola formal e comprometem a qualidade do ensino de arte, a saber: turmas abarrotadas de alunos; espaço inadequado; tempo insuficiente para preparação e desenvolvimento das aulas; má qualidade do material didático; diálogo truncado e falta de parcerias, mesmo entre docentes; inexistência ou descontinuidade no aperfeiçoamento profissional; mentalidade servil e avessa à ousadia; baixa remuneração dos trabalhadores da educação.

Mesmo assim, a configuração de práticas e pesquisas sinaliza a existência de perspectivas alvissareiras, muito embora, na realidade da escola brasileira, isso ainda seja um desafio a ser vencido. Essas conquistas vão chegando aos poucos na sala de aula e, por isso mesmo, precisam cristalizar-se nos programas de formação docente, seja em nível de graduação, pós-graduação, como de educação continuada.

Observe-se que há relação entre esses fatos históricos e as proposições dos organismos internacionais de incentivo à educação e cultura, veiculadas através de colóquios ou periódicos. No Encontro de Especialistas de Educação Artística da América Latina e Caribe, realizado pela Unesco, em 2001, os relatórios apresentados pelos *experts* tinham o propósito de descrever a situação e as perspectivas da arte na escolarização dos países representados[188], e considerando-se que a maioria possuía currículos nacionais estruturados foi dada ênfase na discussão específica de cada área: teatro, dança, música e artes visuais. É importante ressaltar a semelhança entre uma das conclusões aprovadas na plenária final e as diretrizes que regem a educação escolar brasileira na atualidade:

> Teatro é uma área voltada para a aquisição e construção do conhecimento no processo educacional, devendo ser parte integrante dos currículos da educação básica, com a mesma importância atribuída às demais áreas [...] sendo importante para o desenvolvimento da criatividade e da capacidade simbólica de crianças, jovens e adultos, e também uma forma de abrir as portas da escola para a entrada dos valores da comunidade e suas tradições artísticas e culturais. A ponte entre a sala de aula e instituições comunitárias artísticas e culturais cria relações entre crianças, artistas e produtores culturais. A Unesco se propõe incentivar a promoção de um ensino/aprendizagem em arte e teatro visando ao desenvolvimento da criatividade das crianças, jovens e adultos, e à apreciação de bens artísticos e culturais[189].

Para o pleno atendimento da demanda por escolarização em teatro estabelecido pela LDB (lei n. 9394, de 1996), e a consolidação dos avanços inventariados na trajetória histórica esboçada até aqui, precisam ser tomadas decisões em variadas es-

187 Em vários Estados as diretrizes curriculares em vigor estabelecem duas horas semanais para a área de arte no ensino fundamental. Nas escolas de ensino médio, após a LDB, houve uma tendência de ampliação da carga horária, inclusive nos cursinhos pré-vestibulares, em decorrência da inclusão dos conteúdos de arte nos vestibulares de algumas IES, sobretudo agora, com o advento do Exame Nacional de Cursos (Enem).

188 O *meeting* contou com a participação de representantes da Argentina, Barbados, Brasil, Chile, Cuba, Jamaica, México, Peru e Venezuela, consultores da Finlândia, Canadá e Inglaterra, além do pessoal técnico da própria Unesco.

189 Unesco, *Regional Conference on Arts Education at School Level in Latin America and the Caribbean*, [S.l.]. Disponível em: <http://www. unesco.org/culture/creativity/education/html_eng/latam.shtml>. Acesso em: 21 maio 2002.

Apresentação de teatro em escola.

feras públicas. Até bem pouco tempo os debates em torno desse assunto tinham pretensões modestas, mas com as conquistas da arte na educação escolar e as alternativas sugeridas nas diversas instâncias da ação pedagógica, passou-se a ensaiar passos bem mais ousados, tendo como base os conceitos teóricos e metodológicos que consubstanciam essa área de conhecimento.

Principais Conceitos Cristalizados na Historiografia Nacional

Do ponto de vista epistemológico, até algum tempo atrás os fundamentos do teatro na educação eram pensados a partir de questões dirigidas ou formuladas pela psicologia e educação, indicando o caminho a orientar. Hoje a história e a estética do teatro fornecem conteúdos e metodologias norteadoras para a pedagogia do teatro. Podemos dizer que a situação se inverteu, sendo que especialistas de várias áreas e em vários níveis de ensino – da educação infantil ao ensino superior – buscam a contribuição única que a área de teatro pode trazer para a educação.

Ainda que possa ser considerado em grande parte utópico diante da miséria em que se encontra a educação brasileira, o caminho afigura-se talvez como a última possibilidade de resgate do ser humano diante do processo social conturbado que se atravessa na contemporaneidade.

Para atender a essas prerrogativas sociais, pode-se dizer que há várias abordagens metodológicas dentro da pedagogia do teatro, que nasceram de forma independente, em contextos culturais e educacionais diversos e em grande parte estranhos uns aos outros[190].

Inventariando, teríamos o *Lehrstück*, o jogo de aprendizagem brechtiano, e a *animation*. Ambos sugerem a parceria entre projetos artísticos e educacionais (o teatro na escola e a escola no teatro). A renovação da linguagem do teatro de espetáculo não é dissociada do vasto campo do teatro de grupo e do chamado teatro amador que engloba o teatro

190 Inúmeros termos designam a área do teatro na educação: *drama, child drama, creative drama, creative dramatics, improvisational drama, drama in education, educational drama, informal drama, art education, theatre education, theatre in education, educational theatre*. A discussão em torno da gênese e desenvolvimento dessas expressões é analisada detalhadamente por Ingrid Dormien Koudela em *Jogos Teatrais*, São Paulo: Perspectiva, 1984.

na escola e o grupo comunitário. Bons exemplos são o teatro da espontaneidade de Moreno, o *Lehrstück* (a peça didática) de Brecht, o teatro-fórum de Boal e os jogos teatrais de Viola Spolin. Mas por que ensinar teatro para crianças e jovens? Ou para amadores? Essa pergunta, de ordem epistemológica, tem mais de uma resposta.

O termo *theater game* (jogo teatral) foi originalmente cunhado por Viola Spolin em língua inglesa. Mais tarde ela registrou o seu método de trabalho como Spolin Games. A autora norte-americana estabelece uma diferença entre *dramatic play* (jogo dramático) e *game* (jogo de regras), diferenciando assim a sua proposta para um teatro improvisacional de outras abordagens, através da ênfase no jogo de regras e no aprendizado da linguagem teatral.

Nos livros de Winifred Ward encontramos os postulados da Escola Nova, transportados para o ensino do teatro. Apesar de teóricos como John Dewey preverem oportunidades para a expressão dramática na escola, foi Ward quem desenvolveu princípios e técnicas e popularizou a atividade. Seu livro *Playmaking with Children* (Jogo de Atuação para Crianças, publicado em 1947) teve impacto considerável na Inglaterra e em todo o Reino Unido, além dos Estados Unidos, onde o termo *creative dramatics* passou a designar o movimento de teatro realizado com crianças. Peter Slade publicou *Child Drama* (1954) baseado em trabalhos desenvolvidos durante vinte anos na Inglaterra. Sua tese é a de que existe uma arte infantil e, na definição de Slade, o objetivo do jogo dramático é equacionado pelas experiências pessoais e emocionais dos jogadores. O valor máximo da atividade é a espontaneidade, a ser atingida através da absorção e sinceridade durante a realização do jogo. Dentre os muitos valores do *drama* está o valor emocional e Slade propõe que o jogo dramático fornece à criança uma válvula de escape, uma catarse emocional.

A diferença mais importante da definição de *theater game* (jogo teatral) de Spolin, quando relacionada ao *drama* (teatro-educação) de origem inglesa ou ao *creative dramatics* (drama criativo) de origem norte-americana, reside na relação com o corpo. O puro fantasiar do jogo dramático é substituído, no processo de aprendizagem com o jogo teatral, por meio de uma representação corporal consciente. De acordo com Spolin, o princípio da *physicalization* (fisicalização/corporificação) busca evitar uma imitação irrefletida, mera cópia.

Dicotomia e polarização de objetivos e técnicas agravaram-se durante os últimos trinta anos no Brasil. Através da influência do escolanovismo e da postura espontaneísta, pode-se caracterizar uma tendência que ancora os objetivos educacionais da atividade de teatro na escola na dimensão psicológica do processo de aprendizagem. Nos textos especializados nacionais sucedem-se descrições de objetivos comportamentais que são a justificativa para a inclusão do teatro no currículo da escola.

Ultimamente, o conceito de jogo teatral vem tendo uma larga aplicação na educação e no trabalho com crianças e adolescentes. Paralelamente à prática do jogo teatral em escolas e centros culturais, o método de Viola Spolin vem sendo adotado em escolas de teatro, contribuindo para a formação de atores e professores nas universidades.

O conceito de jogo teatral tem sido entre nós objeto de reflexão e fundamentação teórica, sendo abordado através da conceituação de Piaget e Vygotsky. Na psicogênese da linguagem e do jogo na criança, a função simbólica ou semiótica aparece por volta dos dois anos e promove uma série de comportamentos que denotam o desenvolvimento da linguagem e da representação. Piaget destaca cinco condutas, de aparecimento mais ou menos simultâneo e que enumera na ordem de complexidade crescente: imitação diferida, jogo simbólico ou jogo de ficção, desenho ou imagem gráfica, imagem mental e evocação verbal (língua).

A evolução do jogo na criança se dá por fases que constituem estruturas de desenvolvimento da inteligência: jogo sensório-motor, jogo simbólico e jogo de regras. O jogo de regras aparece por volta dos sete/oito anos de idade como estrutura de organização do coletivo e se desenvolve até a idade adulta nos jogos de rua, jogos tradicionais, folguedos populares, danças dramáticas.

O jogo de regras favorece a aprendizagem da cooperação, no sentido piagetiano. Na teoria biológica de Piaget, o processo de equilibração é promovido pela relação dialética entre a assimilação da realidade ao eu e a acomodação do eu ao real. Com foco na psicologia do desenvolvimento, é importante notar que a relação dialética entre assimilação e acomodação não se dá de forma harmônica no desenvolvimento da criança. Na primeira infância prevalece a assimilação da realidade ao eu, determinada pela atitude centrada em si mesma da criança até os seis/sete anos de idade. O jogo de regras supõe o desenvolvimento da inteligência operatória, quando a criança desenvolve a reversibilidade de pensamento. O amplo repertório de jogos tradicionais populares sempre foi instrumento de aprendizagem privilegiada da infância. As brincadeiras de rua como as amarelinhas, os jogos de bolinhas de gude, as cantigas de roda, os pegadores, o esconde-esconde, as charadas e adivinhas foram documentadas, por exemplo, por Peter Brueghel, em uma imagem paradigmática sobre esse patrimônio cultural da humanidade.

A expressividade da criança é uma manifestação sensível da inteligência simbólica egocêntrica. Através da revolução copernicana que se opera no sujeito ao passar de uma concepção de mundo centrada no eu para uma concepção descentrada, as operações concretas iniciam o processo de reversibilidade do pensamento. Esse princípio irá operar uma transformação interna na noção de símbolo na criança. Integrada ao pensamento, a assimilação egocêntrica do jogo simbólico cede lugar à imaginação criadora.

Por uma correlação com a conceituação piagetiana, a maior contribuição de Vygotsky reside no favorecimento de processos que estão embrionariamente presentes, mas que ainda não se consolidaram.

A intervenção educacional do coordenador de jogo é fundamental, ao desafiar o processo de aprendizagem de reconstrução de significados. A zona de desenvolvimento proximal muda radicalmente o conceito de avaliação. As propostas de avaliação do coordenador de jogo deixam de ser retrospectivas (o que o aluno é capaz de realizar por si só) para se transformarem em prospectivas (o que o aluno poderá vir a ser). A avaliação passa a ser propulsora do processo de aprendizagem. O conceito de zona de desenvolvimento proximal, como princípio de avaliação, promove, com particular felicidade, a construção de formas artísticas.

No jogo teatral, através do processo de construção da forma estética, a criança estabelece com seus pares uma relação de trabalho em que a fonte da imaginação criadora – o jogo simbólico – é combinada com a prática e a consciência da regra de jogo, a qual interfere no exercício artístico coletivo.

O jogo teatral passa necessariamente pelo estabelecimento de acordo de grupo, por meio de regras livremente consentidas entre os parceiros. O jogo teatral é um jogo de construção com a linguagem artística. Na prática com o jogo teatral, o jogo de regras é princípio organizador do grupo de jogadores para a atividade teatral. O trabalho com a linguagem desempenha a função de construção de conteúdos, por intermédio da forma estética.

Outra abordagem metodológica e conceitual muito difundida no Brasil reporta-se à Peça Didática brechtiana. Através da teoria da Peça Didática, Brecht busca uma solução reintegradora para a sociedade e para o impasse da alienação artística. E aqui, não menos que no conjunto de problemas onde se insere a filosofia marxista, vai encontrá-la na sociedade sem classes. O desenho da etapa propriamente comunista, depois de revolucionariamente ultrapassadas as contradições não só do capitalismo como da fase instauradora da nova ordem proletária, não é muito preciso e contém boa dose de redução teleológica, senão utópica ou pelo menos profética.

A Peça Didática foi concebida por Brecht com o fito de interferir na organização social do trabalho (infraestrutura). Em um Estado que se dissolve como organização fundamentada na diferença de classes, essa pedagogia deixa de ser utópica. Por outro lado, é justamente o caráter utópico da experimentação com a Peça Didática – concebida para uma ordem comunista do futuro – que garante a sua reivindicação realista no plano político.

Enquanto o palco privilegiado do *Episches Schaustück* (Peça Épica de Espetáculo) é o *Schauspielhaus* (casa de espetáculo, casa onde se mostra o jogo), o *Lehrstück* (Peça Didática) busca palcos alternativos, buscando romper a atitude passiva do espectador, do consumidor de arte. Ambas as tipologias dramatúrgicas pertencem à poética do Teatro Épico Dialético, de acordo com Brecht.

Na Peça Didática, a realização do espetáculo fica condicionada à intervenção ativa do receptor na obra de arte no *Kollektiver Kunstakt* (ato artístico coletivo). A Peça Didática ensina quando nela atuamos. Em princípio não há necessidade de plateia, embora ela possa ser utilizada.

Brecht propõe dois instrumentos didáticos, quais sejam o *Handlungsmuster* (modelo de ação) e a *Verfremdung* (estranhamento). O conceito de *Handlungsmuster* visa radicalizar, de acordo com Brecht, a autonomia da obra de arte, o próprio autor como modelo. Ao escrever a Peça Didática, Brecht abdica da autoria, na medida em que concebeu exercícios de dialética, nos quais o texto é experimentado cenicamente, visando à participação do leitor como ator e coautor do texto.

O exame do *Theaterspiel* (jogo teatral) brechtiano levanta novos questionamentos. O jogo teatral brechtiano pode atingir objetivos de aprendizagem específicos, que são próprios ao teatro e só podem ser aprendidos através desta linguagem?

Para o teatro amador contemporâneo (dos trabalhadores, estudantes e crianças) a libertação da obrigação de exercer a hipnose se faz sentir de forma especialmente positiva. Torna-se possível estabelecer fronteiras entre o jogo do amador e do ator profissional, sem abandonar funções básicas do teatro.

O teatro, como uma forma distinta de manifestação pública, tem um *Gestus* próprio, que pode ser declarado (ou camuflado) por meio da confissão do teatro como teatro. Os campos hipnóticos do velho teatro de ilusões sugerem que, ao abrir-se a cortina, aparecerá um mundo real de ações e paixões.

A capacidade de transformação completa é tida como uma característica do talento do ator; se falhar, tudo estará perdido. Ela falha quando crianças brincam de teatro e com atores leigos. Algo de artificial estará presente no seu jogo. A diferença entre teatro e realidade aparece de forma dolorosa.

A natureza do *Gestus* é dialética, justamente pelo fato de ser simultaneamente símbolo e ação física. É o que lhe confere o status de *Gestische Sprache* (linguagem gestual) de acordo com Brecht. No poema "Teatro do Cotidiano", o autor descreve como esse processo de pensamento se organiza. No ensaio "Cena de Rua", tira as consequências do teatro do cotidiano para as formas de procedimento e a estética do Teatro Épico. A cena de rua é eleita por Brecht como modelo de uma cena de Teatro Épico.

O teatro passa a ser o espaço do filósofo (no sentido de Brecht) que reflete sobre os processos históricos para exercer uma ação sobre eles. O conceito de *Gestus* exerce justamente neste ponto nevrálgico, ou neste campo de tensão entre os estados estéticos e históricos, a sua importância primordial. Tarefa do trabalho pedagógico, na dicção brechtiana, é ter em mira o concreto e o abstrato, na forma do gesto, que deverá ser operacionalizado (tornado físico).

O *Lehrstück* foi estudado à margem ou esteticamente desqualificado, a partir de pontos de vista artísticos, críticos e/ou políticos que impediam o acesso à sua poética. A marca registrada da vulgata brechtiana é pensar a Peça Didática como aprendizado e suporte de conteúdos que envelheceram.

Quando Brecht traduziu o termo *Lehrstück* para o inglês, utilizou o equivalente *Learning Play*, isto é, um jogo de aprendizagem e não a instrumentalização de conhecimentos pré-estabelecidos. Essa confusão afastou o conhecimento real do trabalho teórico de Brecht sobre a Peça Didática e sua capacidade de se adaptar a novos contextos.

A prática do Teatro do Oprimido de Augusto Boal surgiu da necessidade de reação às relações ditatoriais na América Latina na década de 1960. Boal conclui por uma total desativação do papel do espectador, tendo em vista a sua libertação do papel de mero observador e, com isso, em última instância, a libertação do povo de sua passividade e impotência. Ao acusar Brecht de ter proclamado a experiência política apenas no nível da consciência e não da ação, Boal desconhece as reflexões do autor de peças e sua teoria da Peça Didática.

Através da publicação do estudo de Ingrid D. Koudela, *Brecht: Um Jogo de Aprendizagem*[191] foram recuperados materiais importantes, que eram totalmente desconhecidos entre nós e que permaneceram em grande parte fragmentários e subterrâneos na obra de Brecht. Na teoria da Peça Didática e na especificidade dessa tipologia dramatúrgica foi possível vislumbrar uma proposta estética e pedagógica que mostrou ser merecedora de novos aprofundamentos teórico-práticos de pesquisa, com vistas à sua aplicabilidade no contexto educacional brasileiro contemporâneo.

191 São Paulo: Perspectiva, 1991.

A teoria pura da Peça Didática não mais existe – e certamente nunca existiu. É a possibilidade de ir além do plano meramente intelectual e buscar a percepção sensório corporal para provocar o processo de estranhamento de gestos e atitudes corporais, o que torna a proposta pedagógica brechtiana singular. Na perspectiva de um dos maiores encenadores de Brecht no Brasil, José Celso Martinez Corrêa:

> Na pequena brecha antes do primeiro fim (antes da Segunda Guerra), Brecht criou uma antítese teatral para deter o que vinha vindo – o *merchandising*, a arte como mídia. Trouxe a tecnologia dos ritos taoístas de sacação social dialética para as suas peças chamadas de didáticas, *softwares* sofisticadíssimos de educação social. A Peça Didática entrou na máquina de produção cultural que os corais operários comunistas desencadearam num último *round* de guerra social. Mas disso ficou um eco de teatro doutrinário. Essas peças não são isso. São obras de arte. São como os mistérios dos jesuítas, ou rituais de feitura de nova cabeça no candomblé, que se fazem para sacar nossos papéis no jogo social. Ritos austeros, produzidores de estalos dialéticos, não somente comunistas, mas metáforas da sacação coletiva do tempo. Essas peças sempre foram horrivelmente mal representadas como teatro político. Como teve que fazer as malas, Brecht trabalhou muito pouco com elas. Essas peças, inspiradas em ritos de teatro Nô chinês, são programas teatralizados de aprendizagem que o Ministério da Educação deve aplicar à educação como Villa-Lobos fez com os corais [...] para a educação da juventude no teatro[192].

Uma educação política que pratique a educação estética e uma educação estética que leve a sério a formação política terão de esforçar-se para alcançar uma consciência capaz de superar a diferença entre a esfera do estético e a do político no seu conceito de cultura. Ou seja: ambas as esferas não podem ser submetidas a um denominador comum, pois tal redução significaria o fim da arte; por outro lado, não há como separar tais domínios um do outro, posto que se inter-relacionam continuamente, através de um processo de oscilações. O político deve ser constantemente resguardado de modo a não se tornar unidimensional, cabendo-lhe trazer ao estético a consciência de que ele se acha sob o signo do "como se".

Nos últimos anos vem sendo usado no Brasil o termo "pedagogia do teatro", que incorpora tanto a investigação sobre a teoria e prática da linguagem artística do teatro quanto sua inserção nos vários níveis e modalidades de ensino. O acento contemporâneo focaliza principalmente pesquisas e encenações com ênfase no jogo teatral e na teoria do jogo, com diferentes fundamentações. O espaço como elemento deflagrador do jogo e da encenação e local privilegiado para enfrentamento e risco é um dos temas recorrentes, bem como a proposição de textos poéticos e imagens como modelos de ação no processo pedagógico. A perspectiva de interação entre jogo e narrativa é outro aspecto ressaltado.

Uma tendência verificada em várias pesquisas é o teatro como ação cultural. Problemas sociais contemporâneos, como as drogas, o meio ambiente e a violência têm surgido como temas privilegiados nos trabalhos realizados com crianças e adolescentes. Esse trabalho teatral vem sendo desenvolvido no âmbito de grupos de teatro, de organizações não governamentais, de projetos de pesquisa e extensão nas universidades e através de apoios da iniciativa privada. Os artistas e pesquisadores representantes dessa tendência propõem ampliar a discussão de políticas culturais que discutam o papel do Estado, na busca de continuidade e apoio para o tratamento dos problemas sociais contemporâneos, através do teatro e da arte. A pesquisa que surge dentro dessa tendência manifesta preocupação com os critérios estabelecidos para a condução de projetos em ação cultural e/ou comunitária, no que diz respeito ao treinamento e recrutamento de educadores e artistas, considerando-se as esferas estatais, privadas e do terceiro setor.

A pedagogia do teatro abrange também o receptor na apreciação de espetáculos teatrais. Assim como o espectador frente ao espetáculo, o professor/artista pode explorar os materiais de apoio educativo para transformar a ida ao teatro numa experiência significativa, através da mobilização do processo de apreciação e criação de seus alunos.

A apreciação e análise, por parte das crianças e jovens de espetáculos teatrais de qualidade, bem

192 Apud I. D. Koudela, *Brecht na Pós-Modernidade*, São Paulo: Perspectiva, 2001, p. 40.

como a participação em eventos artísticos, são formas de trabalhar a construção de valores estéticos e o conhecimento de teatro, sendo que o professor/artista desenvolve procedimentos variados para avaliar a fruição, apreciação e leitura do espetáculo, fazendo propostas para a tematização do conteúdo e da linguagem das encenações.

A pedagogia do teatro tem como referência teorias contemporâneas de estudos crítico-culturais como o desconstrutivismo, o feminismo e o pós-modernismo. Nesse tipo de teatro, educadores e alunos empregam convenções que desafiam, resistem e desmantelam sistemas de privilégio criados pelos discursos dominantes e práticas discursivas da moderna cultura do Ocidente. Dessa forma, a prática da ação dramática cria espaços e possibilidades para dar forma à consciência pós-moderna e pós-colonial, sensíveis à pluralidade, diversidade, inclusão e justiça social.

Acreditando que a escolarização, a cultura e a economia no novo milênio vão exigir dos educadores e artistas brasileiros uma reavaliação de suas percepções rotineiras, há solicitação quanto à construção de pontes, no mais amplo sentido do termo, para atingir o outro. A pedagogia do teatro pode contribuir para essa tarefa.

* * *

Analisando a história do teatro brasileiro na perspectiva de sua relação com os processos educativos e sociais, percebe-se que os valores culturais, estéticos e éticos mudaram tanto no nível das instituições como no plano dos conceitos teóricos e metodológicos aplicados ao fazer teatral, ao teatro na escola básica, profissionalizante ou informal, inferindo-se que essa instância da cultura se constitui, de alguma forma, em um indicativo de mudança na mentalidade nacional.

Os valores que se foram agregando ao longo do tempo nas diversas regiões deste imenso país contribuíram para a consolidação do corpo de conhecimentos que compõe a epistemologia da pedagogia do teatro, legando ao presente noções estéticas e pedagógicas que se de um lado pertencem à história do teatro, geram fenômenos culturais e estéticos novos entre nós.

Nesse contexto, diversos atores sociais e setores institucionais (escolas, universidades, centros culturais, órgãos do poder público, associações não governamentais, grupos de teatro) prestaram contribuição decisiva para uma transformação que, se de início se manifestou lenta, nos últimos anos tem se mostrado vigorosa e atuante.

7. A FORMAÇÃO DO ATOR

A formação dos atores de qualquer tempo e espaço entrelaça-se intimamente com o teatro que se faz num determinado momento e lugar. Ela revela a maneira como o teatro se percebe e, de algum modo, aponta os sinais de transformação. Estabelece uma via de mão dupla em que ambos, aprendizagem do ator e o teatro ao qual se destina, se influenciam, se nutrem, dialogam, enfim, como se na mesma pulsação.

Breve Passeio Pela História

No Brasil, a formação de nossos intérpretes não fugiu à regra. Quando o teatro brasileiro, por assim dizer, ainda engatinhava, padecia de um modo de produção precário e exigia de suas companhias um repertório bastante elástico. Este era constituído a cada temporada por vários espetáculos de poucas récitas, uma vez que não havia público em número suficiente para grande número de apresentações de uma mesma peça.

O interior dessas companhias de repertório vasto e montagens apressadas – comuns no século XIX e primeira metade do XX – constituiu-se na escola de mais de uma geração de atores brasileiros. Ali, desenvolveram suas habilidades no calor das apresentações dos espetáculos de que participavam, bem como nos ensaios. Estes eram fragmentados: cada ator recebia suas falas com as "deixas" correspondentes, o elenco nunca estava completo, e o intérprete preocupava-se em preparar apenas a sua "parte".

Assim, pode-se supor o grau de precariedade dessa experiência de aprendizagem no chamado "velho teatro". Esta se construía basicamente por meio de duas vias principais: a prática do ofício (o aprender fazendo) e a imitação e observação dos procedimentos utilizados pelos intérpretes mais experientes. O comediante devia seguir um modelo. Havia, a par da adequação de seu tipo físico aos papéis que lhe eram destinados, a imitação dos gestos, entonações, pausas, enfim, de tudo o que empregavam os intérpretes bem conceituados na cena brasileira. Uma vez que havia um "jeito certo" de fazer determinado papel, cabia ao aprendiz a grande tarefa de aproximar-se dele. Tal era a condição de todos os intérpretes-aprendizes ocidentais, não só dos brasileiros, nos tempos que precederam a formalização do ensino da interpretação.

Os primeiros documentos relativos a uma tentativa de sensibilizar o poder público brasileiro para a criação de uma escola de formação de atores de que se tem notícia datam de 1846, segundo Ênio Carvalho[193]. A história registra ainda a luta de João Caetano a partir de 1861, a fim de proporcionar aos comediantes brasileiros uma formação de qualidade, tal como a dos europeus. Através de cursos, petições, palestras, bem como da publicação de suas *Lições Dramáticas* em 1862, João Caetano empenhou-se para que esse anseio se concretizasse. Infelizmente, faleceu em 1863 sem vê-lo realizado.

Embora vez por outra a imprensa, literatos (Machado de Assis, por exemplo), intelectuais voltassem ao tema, foi necessário, segundo Paulo Luiz de Freitas, "que mais de três décadas se passassem para que surgissem as primeiras escolas de teatro"[194].

A primeira escola de atores criada no Brasil foi particular. Fundada por Gomes Cardim em 1906, denominou-se Conservatório Dramático e Musical de São Paulo. Pouco tempo depois, em 1911, no Rio de Janeiro, foi criada uma escola pública: a Escola Dramática Municipal, hoje Escola de Teatro Martins Penna, cujo primeiro diretor foi o escritor e dramaturgo Coelho Neto. Ao longo do tempo, seu funcionamento foi um tanto irregular, com interrupções, padecendo dos males do pioneirismo e das idiossincrasias do poder municipal.

Entre as décadas de 1920 e 1940 foi imprescindível o apoio de Renato Vianna à causa da consolidação do ensino formal para atores. Incansável batalhador, participou não apenas da criação de cursos, mas, sobretudo, apoiou as iniciativas já em andamento. Chegou mesmo a fundar um curso junto ao Teatro S. Pedro, em Porto Alegre, que funcionou até 1946.

Esses primeiros tempos constituíram a força motriz do que seriam os passos seguintes: as tentativas de irradiar por todo o território brasileiro a consciência da necessidade de formação dos intérpretes das gerações vindouras, para atender a um teatro que pouco a pouco se modernizava.

Inicialmente, no Brasil, essa modernidade teatral consistia na escolha de textos de qualidade, por oposição às comediazinhas de gabinete constituintes do repertório da maioria das companhias profissionais. A montagem de textos mais consistentes exigia dos intérpretes maior domínio técnico e uma cultura geral mais abrangente.

Nesse sentido cabe ressaltar o papel do SNT (Serviço Nacional de Teatro) na difusão de ideias, no oferecimento de cursos, no amadurecimento do pensamento, tudo culminando na criação, em 1939, do Curso Prático de Teatro (CPT), no Rio de Janeiro. Esse curso, patrocinado pelo SNT, em nível federal, portanto, transformou-se no Conservatório Nacional de Teatro (1953-1969), hoje Unirio. O CPT, em contato com o grupo Os Comediantes, que contribuiu de maneira ruidosa para sacudir a cena e a modernizar o teatro no Rio de Janeiro, nasceu para responder ao teatro que se anunciava. Com ele, a cena carioca passou, então, a partir de 1939, a contar com um ensino formal com funcionamento regular e ininterrupto, alterando sensivelmente a qualidade dos novos atores dispostos a entrar no mercado de trabalho em transformação.

Em 1948, em São Paulo, o dr. Alfredo Mesquita criou a EAD (Escola de Arte Dramática), inicialmente com a finalidade de criar profissionais para o TBC (Teatro Brasileiro de Comédia). De caráter

193 Cf. *História e Formação do Ator*, São Paulo: Ática, 1989.

194 *Tornar-se Ator: Uma Análise do Ensino Formal da Interpretação no Brasil*, dissertação de mestrado, ECA-USP, São Paulo, 1991, p. 10.

privado até 1968, plasmou-se a partir do pensamento, gosto e irreverência de seu fundador. Admirador de Copeau, ele procurou injetar em seu curso as ideias do mestre francês para a formação dos intérpretes visando ao moderno teatro brasileiro: "J. Copeau pensou o teatro e propôs sua renovação em termos de uma arte da mais elevada cultura e espiritualidade, contrapondo-se à cena brejeira e mercantilizada do *boulevard* francês então dominante na cena francesa"[195].

Dialogando com os diretores italianos de sólida educação formal em teatro que vieram para o TBC, essa Escola procurou implementar a formação de seus alunos-atores com o emprego das técnicas mais modernas da época.

Em 1968, a EAD foi encampada pela USP. Seus cursos teóricos deram origem ao Departamento de Artes Cênicas da ECA-USP e o curso de atores foi assumido como escola técnica de formação de atores anexa à Escola de Comunicações e Artes da referida Universidade, conservando o nome EAD.

Em 1951, no Rio de Janeiro, Maria Clara Machado iniciou seu importante centro de formação de atores, O Tablado, que ainda hoje, mesmo depois de sua morte, é celeiro de atores com sólida formação.

Há que se ressaltar ainda, nesse período de implementação da modernidade do teatro no Brasil, a atuação de Paschoal Carlos Magno, diplomata que percorreu grande parte do território nacional com o seu Teatro do Estudante, despertando os jovens para as artes da cena, além de criador do Teatro Duse, em 1952, iniciativa que colocava os jovens em contato com artistas de expressão das mais diversas áreas.

A solidez e eficiência das referidas iniciativas, pontas de lança de um ensino formal de atores voltado para o teatro brasileiro moderno que se consolidava, influíram na descentralização do ensino, propiciando o surgimento de escolas de atores em outras cidades, como Porto Alegre, Belo Horizonte, Campinas, Brasília, Salvador e Santa Maria (RS), entre outras.

Outro fator responsável pela expansão das escolas formadoras de intérpretes certamente foi o reconhecimento da profissão de ator, pelo Ministério do Trabalho, em 1978 – o que provocou o reconhecimento dos cursos existentes pelo Ministério da Educação, assim como estimulou a criação de outros tantos nos grandes centros de diversas unidades da federação, a maioria ligados às universidades.

O reconhecimento da atividade do ator como profissão, aliado ao desenvolvimento do próprio teatro brasileiro, à produção acadêmica que se iniciava (com seus cursos de mestrado e doutorado), ao intercâmbio de artistas e intelectuais brasileiros com professores, artistas e pesquisadores (especialmente da Europa e Estados Unidos) incrementou as atividades pedagógicas desse campo.

Desse modo, pode-se dizer que a educação formal dos atores brasileiros está consolidada.

O Corpo: Da Pura Flexibilidade a Instrumento de Trabalho na Atuação

Nos primórdios da preparação corporal de nossos alunos-atores, a formação corporal consistia na prática do balé clássico e da esgrima. O Conservatório Nacional de Teatro, no Rio de Janeiro, e a EAD, em São Paulo, introduziram a expressão corporal na década de 1950. Essa disciplina foi trazida por professoras europeias – como Chinita Ullman (da EAD) – que tinham contato com a dança moderna e as técnicas expressivas de Dalcroze, Decroux, Laban, Mary Wygman, Martha Graham, entre outros.

A introdução da expressão corporal nas escolas existentes representou um avanço significativo no ensino relacionado ao corpo para os alunos-atores. Essa disciplina mudou o ponto de vista do trabalho corporal. Trata-se de enfocar a expressividade pessoal e não posturas e movimentos a copiar. Abolem-se os espelhos e o espelhamento. O estudante passa a pesquisar seu corpo a partir dele mesmo, do ponto de vista de quem executa a postura e o movimento.

Entretanto, mesmo com essa mudança de perspectiva, o que não representa uma transformação pequena, não havia ainda a consciência da importância do corpo como instrumento do processo de atuação. Tanto a expressão corporal como as téc-

195 Armando Sérgio da Silva; J. Guinsburg, A Escola de Arte Dramática e o Moderno Teatro Brasileiro, em J. Guinsburg, *Diálogos Sobre Teatro*, São Paulo: Edusp, 2002, p. 177.

nicas de dança e a esgrima eram vistas tão somente como algo a promover a flexibilidade do corpo do comediante. Não se cogitava, ainda, a sua estreita relação com os processos interpretativos, como consideramos em nossos dias.

O *boom* do corpo no teatro brasileiro deu-se na década de 1960. E, aos poucos, fez-se sentir no aumento da carga horária destinada às disciplinas corporais na grade curricular das escolas de atores. A difusão da obra de Artaud em nosso país e a notícia da existência do trabalho de Grotowski, na Polônia, de Peter Brook, na Inglaterra, do Living Theater, nos EUA, de Jaques Lecoq, na França, entre outros, serviram de paradigmas para estimular a exigência de uma maior corporalidade do ator na cena brasileira. Nosso teatro passou a exigir mais do corpo de seus intérpretes e nossas escolas de atores passaram a redimensionar a posição das disciplinas corporais. Esse processo seria consolidado, porém, somente na década seguinte.

A partir dos anos de 1970 as escolas de atores, umas em maior grau que outras, perceberam aos poucos a importância do corpo do intérprete como parte integrante do processo de atuação. E desde então vêm buscando o emprego de técnicas contemporâneas como a antiginástica, o método Feldenkrais, o Alexander, o BMC, o Pilates, o *Contact Improvisation*, a eutonia, o método Laban bem como das técnicas milenares circenses, da improvisação, das artes marciais e da ioga, entre outras. A par delas, o contato com os procedimentos de Grotowski (que testava os limites psicofísicos de seus intérpretes) e de Eugenio Barba (que tanto tem bebido em fontes orientais) e a redescoberta das propostas de Meierhold e da utilização das máscaras (da *Commedia dell'Arte*, da máscara neutra e do *clown*) reforçaram a convicção dos professores quanto ao papel dessas diferentes práticas na formação de seus alunos, bem como de sua inserção no processo interpretativo.

Se observarmos as diferentes técnicas corporais empregadas em nossas escolas de atores, contemporaneamente, no Brasil, podemos dizer que têm em comum o fato de serem atividades psicofísicas. Todas elas exigem de seus praticantes a presença no aqui-agora, a participação atenta e ativa – são atividades integrativas do indivíduo consigo mesmo, do indivíduo integral: corpo, mente e espírito focados no mesmo ato.

As práticas corporais oferecidas em nossas escolas atualmente, para além da flexibilidade e disponibilidade física que promovem, desenvolvem a prontidão, a construção do corpo cênico, a "presença" do ator, propiciando também a produção de um "estado" psicofísico adequado à criação artística do comediante.

A partir do contato com os escritos do Stanislávski sobre o método das ações físicas, com as obras de Grotowski, Barba, Peter Brook, Jaques Lecoq e Yoshi Oida, e com as recentes teses acadêmicas produzidas na universidade, os atores brasileiros robusteceram a compreensão do papel do trabalho corporal como parte integrante do processo interpretativo.

O trabalho com o corpo para o aluno-ator reveste-se atualmente não só da compreensão de sua importância para a disponibilidade psicofísica e plástica do intérprete, bem como de sua integração ao processo de atuação como parte ativa.

Treinamento de ator do grupo Lume com Luís Otávio Burnier, 1985.

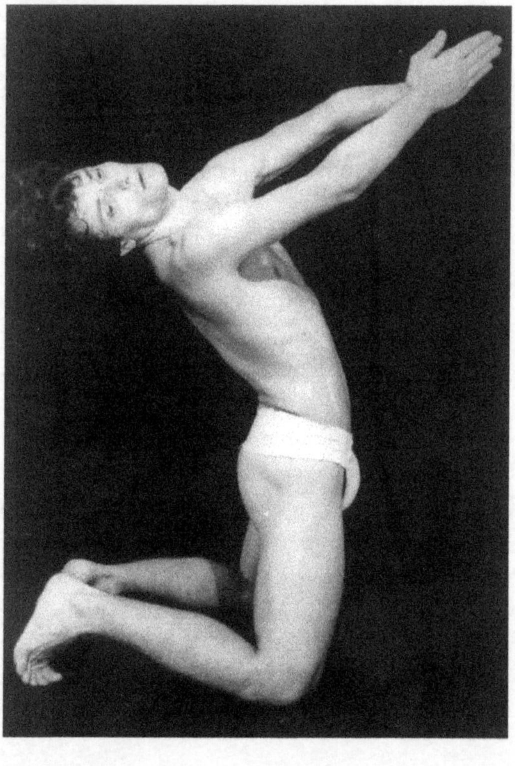

A Voz: a Imitação de uma Sonoridade Proposta ao Reconhecimento do Sujeito que Soa

Quando se observa um ator brasileiro em cena percebe-se uma característica bastante disseminada. Enquanto a maioria apresenta um corpo que corresponde às exigências do teatro contemporâneo, sua voz parece não acompanhar esse desenvolvimento.

De fato, embora tenha sempre havido por parte das escolas uma grande preocupação e cuidado quanto a esse aspecto da formação de seus alunos, não se percebe, em relação à expressão vocal, um desenvolvimento dos intérpretes e dos alunos-atores digno de registro. Poucas vezes tem-se a oportunidade de fruir de uma atuação cuja expressão através da voz e da fala tenha o mesmo nível de excelência daqueles encontrados na expressividade do corpo e do jogo do ator.

Talvez por não ter ainda percebido o papel da voz no processo de interpretação, ou não ter atentado para o seu potencial expressivo, ou ainda, ao prazer que pode ser auferido no trato com a expressividade vocal, tanto o comediante como o aluno-ator negligenciam a voz e a fala, deixando de dedicar a elas a atenção, o esforço e o entusiasmo que dispensam à atuação e ao corpo. No entanto, a abordagem da voz nos centros de estudos de formação de ator vem sofrendo transformações profundas, enfrentando o desafio de encontrar técnicas adequadas à voz falada. Isso porque as técnicas utilizadas no passado eram as do canto lírico. O aparato técnico do canto era o recurso à disposição de quem quisesse desenvolver a voz. Quanto à fala, o que se trabalhava eram a prosódia e a dicção. Pode-se dizer que se aprendia por imitação a fim de aproximar-se do modelo da "voz de teatro"[196].

A projeção vocal era trabalhada com a finalidade de aumentar a capacidade respiratória do aluno e conseguir um volume de voz que "ocupasse a sala", por maior que fosse. Era o primado da noção da voz ocupando o espaço existente fora do ator. Com isso, procurava-se objetivar que os intérpretes de uma mesma turma desenvolvessem habilidades muito semelhantes, uma vez que todos deveriam procurar reproduzir o mais fielmente possível a sonoridade dada.

Embora esse processo também levasse em conta ressonâncias na interioridade do indivíduo, o fato de ter de reproduzir o modelo pré-estabelecido do ponto de vista da prosódia, da dicção, da projeção, não permitia a valorização da pessoalidade na emissão. Tal metodologia tratava ainda da imitação de um modelo. Desse modo, o trabalho com a voz não levava em consideração as diferenças individuais, nem as possibilidades criativas que um trabalho com a voz pode vir a oferecer.

Tal concepção do trato com a voz e a fala desanimava aqueles cujo material vocal não se aproximava do modelo exigido, além de tornar penoso o estudo de suas técnicas. Alguns intérpretes conseguiam um resultado bastante interessante com o emprego desse método, mas não a maioria. Por outro lado, a padronização do resultado obtido com seu emprego conferia um alto grau de artificialidade aos atores e estudantes que dele faziam uso.

À medida, porém, em que se foi modificando a percepção da voz e da fala na tessitura do processo de atuação, foi-se alterando a maneira de encarar o trabalho vocal nas escolas de teatro. Nesse sentido vale ressaltar a importância das reflexões provocadas pela retomada dos escritos de Artaud, das pesquisas de Grotowski com as diversas caixas de ressonância exploradas no corpo do ator, o contato com os diversos modos orientais de emissão dos sons, a diversidade expressiva da fala dos atores nos vários continentes, além da percepção da força da palavra na construção de imagens, não apenas através do seu significado, mas também pelo potencial expressivo da energia liberada pela emissão sonora dos fonemas, conforme Yoshi Oida comenta a respeito do trabalho de Peter Brook com a sonoridade das palavras em *Um Ator Errante*[197].

Além dessas contribuições, tivemos ainda o contato com os treinamentos vocais do Odin Teatret, de E. Barba, em oficinas oferecidas em festivais ou em núcleos de pesquisa (como o Lume, da Unicamp, por exemplo), além da introdução,

196 No Brasil, lembre-se outra dificuldade: substituir a prosódia portuguesa pela brasileira, esforço que teve em Oduvaldo Vianna um pioneiro já na década de 1920.

197 São Paulo: Beca, 1999, p. 64.

em alguns meios, das técnicas de Alexander e do Desvendar da Voz. Há, enfim, uma gama enorme de influências concorrendo para as transformações que ocorreram no modo de encarar a voz e a fala do ator nas escolas.

As mesmas transformações de pontos de vista operadas no âmbito do corpo passaram a ocorrer no modo do ensino das técnicas vocais. Assim, em muitas escolas, a tarefa do aluno-ator consiste atualmente em perceber e colocar a serviço de sua expressividade a voz que tem. Tal percepção se dá no corpo e através dele. Trata-se de descobrir as possibilidades sonoras oferecidas por sua voz, que é única.

Por outro lado, a compreensão de que voz é corpo faz com que a tarefa do aprendiz se volte para o desvendar de sua identidade sonora, bem como dos percursos desenhados pelos sons no interior desse corpo. A voz, para ecoar no espaço, fora do corpo do intérprete, depende do modo como ressoa no corpo sonante. Uma sonoridade vocal resulta das vibrações produzidas pela ocupação dos espaços ressonadores do seu interior, para além do significado que possam ter as palavras enunciadas.

A expressão vocal, vista dessa forma, lança seu foco no sujeito que soa, não mais num modelo externo a ser reproduzido. O trabalho consiste em fazer com que o aluno descubra sua voz e a transforme em ferramenta expressiva e em parte integrante dos processos de atuação.

Sem omitir-se quanto aos problemas de prosódia e dicção, o tratamento dado a essas questões baseia-se na expressividade da pessoa que soa e não mais em modelos oferecidos à imitação.

Essa maneira de enfocar o trabalho com a voz e a fala tem se mostrado mais estimulante para os alunos-atores, além de mais contributiva para o processo criativo dos intérpretes, uma vez que se assume como estimuladora da criação de imagens ao mesmo tempo em que se expressa em imagens.

Quando um ator soa, o mundo imaginário se desenha para quem o ouve. Essa é a natureza do ensino do trabalho com a voz e a fala para uma escola de atores. Produzir imagens com a sonoridade pessoal é no que se constitui a aprendizagem dos alunos-atores no tocante à voz e à fala.

Interpretação: Da Representação à Atuação

Do mesmo modo que o estudo do corpo e da voz vêm sofrendo modificações substanciais, também as disciplinas ligadas à interpretação se transformaram radicalmente.

O teatro ocidental do século XX sofreu uma verdadeira revolução estética, o que consequentemente provocou modificações no ensino tanto do ponto de vista do conteúdo, quanto da metodologia.

O Brasil bebeu das fontes que transformaram o teatro na Europa, principalmente o francês: do naturalismo de Antoine, na virada do século XIX para o XX, às encenações do Théâtre du Soleil, de Ariane Mnouchkine, passando pelas encenações de Grotowski e Peter Brook, entre outros, chegamos à nossa revolução estética que rapidamente assumiu as formas mais diversas. Da influência dos diretores italianos do TBC, passamos por um período realista e de busca de um modo brasileiro de representar, no Teatro de Arena; nesse mesmo grupo explorou-se uma gama estética que exigiu estudos stanislavskianos e, mais tarde, à medida que mudava o panorama político-social do país, buscou-se na estética brechtiana um teatro que expressasse o seu tempo.

O grupo Oficina, no mesmo sentido, debruçou-se sobre os estudos de Stanislávski realizados por Eugenio Kusnet e também passou pela estética brechtiana, até desembocar numa carnavalização tropicalista; assistimos às fases diversas de Antunes Filho, Ademar Guerra, Ivan de Albuquerque, Vitor Garcia, entre outros, bem como às criações coletivas, para ficarmos somente entre algumas das manifestações efervescentes das décadas de 1960/1970.

Essas rápidas e constantes transformações pediam um novo ator e nossas escolas deveriam não apenas atender a essa demanda, mas até mesmo propor e provocar mudanças na formação de novos intérpretes.

Os professores da disciplina Interpretação passaram a se aprofundar no conhecimento das diferentes linhas de trabalho, procurando dialogar com o teatro e os procedimentos do seu tempo. Assim, a partir dos anos de 1970, foi introduzida nova disciplina: improvisação. Em algumas escolas implementou-se o aprofundamento em uma única linha de trabalho de ator, o monoestilismo, com base em Stanislávski ou em Eugenio Barba. No caminho oposto, outras escolas adotaram o pluriestilismo, mesclando diferentes linhas de pesquisa em interpretação.

Em ambos os casos, porém, em sua maioria, nos primeiros tempos, as aulas da disciplina interpretação tinham o caráter de montagem de cenas e/ou de espetáculo. Mais tarde, desmembraram-se em aulas propriamente ditas, com exercícios a partir de determinadas técnicas que tinham finalidades pontuais e montagem de espetáculos. Os alunos-atores passaram a ter tempo e espaço para a aprendizagem de alguns procedimentos sem a preocupação de, ao mesmo tempo, estarem a serviço de um espetáculo.

Por outro lado, embora não se possa negar o conhecimento e a competência da maioria dos professores de interpretação de nossas escolas, uma carência visível empanava a eficiência do desenvolvimento do aluno: a falta de continuidade no aprendizado.

A disciplina interpretação, embora apresentasse aos alunos as técnicas mais recentes, não se constituía num curso propriamente dito. Era o curso de fulano ou de sicrano, dependente das preferências e capacidades do professor do momento, porém, sem propostas claras de gradação de dificuldades e de continuidade do processo.

Essa questão constitui-se no calcanhar de Aquiles das escolas de formação de atores no Brasil, tanto as que trabalhavam com diferentes linhas de interpretação, quanto aquelas que, casualmente, ofereciam formação em uma única linha. O curso de interpretação de cada ano, ou semestre, dependendo da escola, era estanque. Não se comunicava formalmente com o anterior, nem com o seguinte, chegando, na maioria das vezes, ao ponto de cada um ignorar o trabalho dos demais professores, não só de interpretação, como também das outras disciplinas. Era como se cada um tivesse seu curso particular.

Aos poucos essa situação foi se transformando. Os professores foram percebendo o quanto seu trabalho poderia crescer a partir do diálogo com seus colegas, tanto da mesma disciplina como das áreas afins. Esse diálogo provocou, em grande parte das escolas, profundas mudanças no ensino da prática do ator.

Esse diálogo entre colegas de um mesmo curso, aliado ao desmembrar das aulas de interpretação em aulas propriamente ditas e processos de montagem, possibilitou um amadurecimento dos procedimentos pedagógicos quanto aos objetivos, métodos e às escolhas estéticas.

Agora era possível apontar com clareza quando, no processo de aprendizagem do aluno-ator, o curso trabalhava a instrumentalização do comediante – desenvolvimento de habilidades, reconhecimento dos mecanismos a serem acionados para a atuação. Também tornou-se mais evidente a percepção dos instrumentos de trabalho do ator, separando-os de outros processos inerentes à interpretação mas que não são ferramentas de trabalho; ou seja, separando as ferramentas desencadeadoras do processo interpretativo dos elementos desencadeados no decorrer da atuação. Do mesmo modo podia-se perceber com clareza o uso dessa instrumentalização a serviço de uma linguagem (montagem).

De posse dessas noções, o professor colocava-se em condições de conduzir o processo dos seus alunos nomeando o que estava sendo trabalhado e com que finalidade. Desse modo, professores e alunos-atores passaram a ter maior consciência de que momento do processo se ocupavam em determinada etapa.

Entre os princípios que passaram a nortear o ensino da interpretação no Brasil, destaca-se o novo processo de aprendizagem, deslocado da técnica para o indivíduo; ou seja, vale servir-se de uma técnica para desenvolver o instrumental do aluno, mas não torná-lo exímio na execução dos procedimentos de determinada técnica. Sendo assim, não importa a técnica utilizada na formação de um aluno-ator, o que importa é a promoção do seu aprimoramento enquanto intérprete.

Ao trabalhar a instrumentalização do ator, ficou cada vez mais evidente o papel do jogo nos processos interpretativos. O jogo é entendido como processo lúdico através do qual o ator age no aqui-agora do ato teatral, sem premeditação, aceitando os estímulos do momento e respondendo a eles com prontidão e inteireza.

A compreensão daquilo que o ator faz em cena, a partir da ideia de jogo, na qual se pede que ele aja-em-situação, por oposição à ideia de representação de uma situação, desloca-se da noção de representação para a ideia de atuação. E a partir da avaliação dessa compreensão chega-se à consciência do quanto a improvisação está contida na interpretação – o que confere a essa disciplina um peso muito maior do que o que tinha anteriormente.

Visto dessa maneira, o jogo vivifica o trabalho do ator, impede o intérprete de "ausentar-se" da cena, o que tornaria mecânica sua execução. E, como treinamento na aprendizagem, o jogo converte-se em instrumento capaz de exigir do aluno-ator a participação de todo seu ser (corpo, mente e espírito) em alerta no aqui-agora da atuação, percebendo-se como instrumento da ação, com prontidão para respostas rápidas, eficientes e adequadas.

A atuação propicia, então, ao comediante, que ele seja verdadeiramente o senhor da cena. Com o ator que atua, o teatro converte-se, de fato, na tensão entre quem o vê no palco e o que ele faz. Tudo isso coloca nas mãos do aluno-ator a responsabilidade última sobre seu processo de aprendizagem, uma vez que exige dele a condição de sujeito.

Atuar confere ao intérprete a liberdade criativa permanente, a condição de condutor da ação, do criador que se recria a cada récita.

Nessa condição, se por um lado o ator é lançado a uma situação com a qual ele tem que se haver sem rede de proteção, por outro ele se sabe livre para perseguir lugares nunca antes visitados, por poder surpreender a si mesmo, por tecer atmosferas insuspeitadas.

Se por um lado a tarefa de professores e alunos se torna mais complexa e plena de sutilezas, por outro se configura mais desafiadora, criativa e prazerosa para todos.

Teoria: Da Cultura Geral ao Conhecimento Histórico-Crítico-Estético

No período da implantação das escolas de teatro no Brasil havia muito pouco espaço para o ensino da teoria. Os cursos iniciais eram noturnos e seus estudantes provinham de formações diversas. Como eram cursos que não faziam nenhuma exigência de formação prévia em qualquer nível, havia no corpo discente, entre uns poucos de melhor nível de escolaridade, um grande número de alunos de baixa escolaridade.

A teoria cumpria, então, num primeiro momento, a função de dar um certo "polimento" nos alunos. A par de um ensino bastante rigoroso no tocante à história do teatro (que se baseava em estudo dos textos teatrais, funcionando mais como literatura dramática), havia disciplinas como história geral, francês e português.

Aos poucos, o contato dos alunos com diferentes linguagens estéticas mostrou a necessidade do conhecimento mais aprofundado da matéria teatral; era preciso oferecer melhor preparo para o seu entendimento, tanto em nível teórico, como de sua transposição para a cena. A par disso, o alunado cada vez mais se constituía de pessoas melhor preparadas, do ponto de vista da escolaridade.

Mais tarde, na década de 1970, com o reconhecimento da profissão de ator em nível de segundo grau, aumentou o grau de exigência para os aspirantes das escolas técnicas: num primeiro momento exigia-se que tivesse pelo menos o primeiro grau completo; depois, exigiu-se o segundo grau completo ou seu término antes da conclusão do curso de formação de ator. Nos cursos universitários, evidentemente, tal questão não se coloca.

A partir desse quadro, mudanças lentas, mas constantes, se fizeram sentir nas grades curriculares. Foram introduzidos cursos de psicologia, de teatro brasileiro, de literatura dramática, de estética teatral, de introdução ao teatro, bem como estudos de teorias do ator e da interpretação, senão como disciplinas específicas, ao menos como subsidiárias da Interpretação.

As transformações por que passa o teatro dinamizam transformações no estudo da teoria nas escolas. Por outro lado, a divulgação de uma bibliografia internacional, as viagens, a facilidade da troca de informações bem como a produção acadêmica têm contribuído e muito para o aprofundamento das questões teóricas no ensino do teatro e da reflexão sobre o fazer teatral.

As mudanças no quadro das disciplinas teóricas, assim como o amadurecimento na produção do conhecimento teórico e da prática da reflexão sobre o fazer teatral acarretam também mudanças no que respeita aos objetivos e metodologias.

Muito mais do que dar conta do conteúdo de cada disciplina, tende-se, nos dias de hoje, a promover a autonomia do estudante no sentido de que aprenda não só a pesquisar, mas também a elaborar os conteúdos e perceber sua aplicação prática. Não se trata aqui do acúmulo do conhecimento, mas da contribuição que esses conteúdos possam dar ao aprimoramento de sua formação como intérprete.

O ator contemporâneo é percebido no teatro do seu tempo como um artista que dialoga com o encenador e com os demais artistas envolvidos na criação de um espetáculo em nível de igualdade. Tem deixado de ser aquele que entende, acata e executa as ordens do diretor. Passou a ser ouvido como alguém que pode contribuir. Na condição de cocriador da cena de que participa tem que ter um preparo intelectual que lhe faculte o acesso aos processos criativos, e lhe possibilite escolhas em diálogo sobre questões de ordem ética e estética pertinentes à obra em questão.

Só conhecendo as leis da arte teatral, o artista da cena poderá compreender o teatro em profundidade. Só dominando essas leis poderá, se quiser, transgredi-las.

Por outro lado, a par do conhecimento específico de sua arte, como cidadão ele deve saber que seu trabalho revela sua visão de mundo e seu modo de estar no mundo. O ensino da teoria nas escolas deve também contribuir para a ampliação dessa visão de mundo, para a aceitação das diferenças, para diluir preconceitos, para, enfim, auxiliar na formação dos traços de cidadania.

Promover a reflexão, a observação de si e do mundo, ampliar a consciência, desenvolver a curiosidade e o gosto pelo conhecimento, além, evidentemente, de favorecer um conhecimento do teatro, eis as funções das disciplinas teóricas numa escola para atores.

* * *

Esse é, de maneira horizontal, o panorama da evolução da formação de atores no teatro brasileiro moderno e contemporâneo. Apesar das diferenças existentes nos modos de formação das várias escolas de atores no Brasil, estas parecem ser as tendências do ensino em nosso país. A vastidão de nosso território, as diversidades regionais e as demandas locais produzem, por certo, diferenças. Porém, a troca constante de informações proporcionadas por festivais em todo o país, as viagens, as visitas de grupos e pensadores do teatro de âmbito internacional fazem dessas diferenças contribuições enriquecedoras para o teatro do Brasil e do mundo.

8. O TEATRO E O ESTADO

As ações do Estado na área do teatro se caracterizaram, ao longo da história, pelo caráter predominantemente circunstancial e transitório. Momentos exuberantes – em que se renovam tanto paradigmas estéticos e estruturas de produção quanto o modo de fruição e o espaço cultural de inserção das obras na cidade – aparecem ligados ao mandato de um secretário, um ministro, um chefe de instituição, sem caracterizar uma política cultural e, portanto, sem ultrapassar a fugacidade da gestão para se desenvolver em continuidade. O teatro, por seu lado, não se faz representar na esfera política: quando busca o diálogo com o poder público, o artista, via de regra, tem em mente apenas a sua produção e, sem se organizar coletivamente, almeja o abraço estatal.

Graças ao seu trânsito na elite política brasileira, João Caetano (1808-1863) foi o primeiro empresário a receber incentivos públicos. Mudadas as circunstâncias, o Estado retirou o seu apoio e deixou que ele terminasse a vida em absoluta pobreza. Esse modo de destinar verbas públicas, como ação isolada e levada a termo pelo jogo de influências pessoais, toma o lugar que deveria ser ocupado por uma política definidora da função social da cultura ao mesmo tempo em que mascara sua ausência – sintoma de um alheamento em relação à sociedade que se estende aos agentes culturais; e estes, por sua vez, tendem a reproduzi-lo.

Cada uma destas palavras – teatro e Estado – encerra, uma em relação à outra, sentidos diversos a que correspondem práticas distintas ligadas ao trajeto político e à complexidade cultural de cada país. Quando se fala, em termos utópicos, de um teatro democrático capaz de se tornar elemento constitutivo da formação da cultura em amplitude nacional, é recorrente o exemplo da antiguidade clássica. Frequentemente se esquece de que, naquela estreita parceria, o Estado era o produtor e o promotor do teatro. Não é preciso ir tão longe para afirmar que é da ação do primeiro que depende o espaço social do segundo.

Hoje, diante de um público cada vez mais restrito, fala-se em pluralidade e em democratização. O teatro procura o seu lugar em um mundo direcionado pela produção e pelo consumo, em que o pequeno se incorpora ao grande por fagocitose; época de vida pública recolhida, de línguas que se extinguem e costumes uniformizados. Em todo o mundo, as empresas que patrocinam os eventos deixam de ser apenas o anunciante para se tornar o foco principal: sobre o pano de fundo da música, do esporte ou do teatro, as marcas vêm difundir suas imagens. É o patrocinador que outorga *status* ao artista.

> O dinheiro tudo corrompe muito rapidamente. Ele traz uma ascensão nos aspectos exteriores dos espetáculos, pela possibilidade de melhores teatros e de mais ricos cenários. Mas a essência do teatro, que é ser uma arte vital, [...] fica prejudicada. O grã-finismo leva imediatamente para a fuga dos problemas e das grandes verdades, sempre incômodas. A cena se desvirtua irremediavelmente em refúgio de pirotecnias inofensivas[198].

A análise, embora se enquadre com algumas adaptações ao panorama atual, é um fragmento do texto do crítico Miroel Silveira publicado em 1950 e se refere ao Teatro Brasileiro de Comédia.

Em quatro tópicos – que tratam das companhias oficiais, da postura do artista frente ao poder, da inserção cultural do teatro e do movimento promovido por grupos teatrais – buscaremos abordar, de uma perspectiva histórica, essa polêmica.

198 Miroel Silveira, Contra o Grã-finismo em Arte, *A Outra Crítica*, São Paulo: Símbolo, 1976, p. 25-26.

Companhias Oficiais

Entre 1891 e 1929, doze projetos tramitaram entre câmara e congresso, um ou outro com detalhados artigos, propondo a fundação de uma companhia de teatro nacional. Nenhum deles, mesmo aqueles cuja lei foi aprovada nas diversas instâncias e entrou em vigor, jamais vigorou de fato.

Ao longo da década de 1930, o governo de Getúlio Vargas subvenciona iniciativas esparsas e de curta duração, sempre atendendo ao pedido de um produtor teatral que tem, por alguma razão, acesso ao poder decisório. Entre elas, está, por exemplo, o Teatro Escola, concebido por Renato Vianna (1894-1953), com a proposta de compor em um ano um repertório de doze peças nacionais e com elas viajar pelo país. Apenas três peças são encenadas, duas delas da autoria de Vianna, o que faz a classe teatral sair em passeata para exigir explicações do Ministro da Educação. O mau uso do dinheiro público faz o crítico Mário Nunes, até então um entusiasta do diretor, escrever: "Se representável só existe Renato Vianna é óbvio que o Teatro Escola falhou à sua finalidade, que era criar e instituir o teatro nacional – e não a oficialização de Renato Vianna"[199].

Naquele período, a cultura nacional, em seus diversos setores, dá grandes passos no sentido da modernização. O regime liderado por Getúlio Vargas instala à frente do Ministério da Educação e Cultura uma equipe que, encabeçada por Gustavo Capanema, coloca em prática uma visão progressista da administração do setor. No campo do teatro, as verbas liberadas pelo ministério sustentam a companhia amadora Os Comediantes e permitem a montagem de *Vestido de Noiva*, de Nelson Rodrigues (1912-1980), em 1943. Também o teatro estudantil ganha impulso: o Teatro Universitário (TU), graças à subvenção, é um dos conjuntos mais contínuos do teatro amador e ocupa, com temporadas musicais, o Teatro Municipal[200]. Gustavo Capanema designa ao TU algumas salas na sede da UNE e uma dotação do orçamento para a produção de espetáculos, o que faz

199 *40 Anos de Teatro*, Rio de Janeiro: SNT, 1956, v. 4, p. 22.

200 A este respeito, ver Jerusa Camões, O Teatro Universitário, *Dionysos*, Rio de Janeiro: MEC/Funarte/SNT, n. 23, set. 1978, Especial: Teatro do Estudante do Brasil, Teatro Universitário e Teatro Duse, p. 29-30.

com que o grupo amador passe a ter responsabilidades de companhia profissional. Esther Leão (1897-1971) incumbe-se frequentemente da direção, que tem participações também de Mário Brasini (1911-1997), Adacto Filho (?-1963), Fernando Pamplona e outros. No elenco figuram, como atores estreantes, Nathália Timberg, Jayme Barcellos (1930-1980), Sérgio Cardoso (1925-1972), Sérgio Britto (1923-2011), Paulo Fortes (1923-1997), Fernando Torres (1927-2008), entre outros.

O espetáculo de estreia, *Filigranas*, em 1938, apresenta trechos da *Cavalaria Rusticana*, de *La Boème*, de *Rigolleto*, intercalados com esquetes, poesias e números independentes. O TU realiza seus espetáculos nos locais mais diversos: fazendo apresentações beneficentes, desloca-se para outras cidades e representa em pátios, hospitais, escolas, quartéis e fábricas. O projeto da companhia compreende, além da produção teatral, a militância estudantil. Para conseguir recursos para as entidades estudantis, o grupo faz sociedade com um locador de brinquedos e transforma a praça do Russel em um parque de diversões, com apoio do presidente da República, que autoriza sua instalação, por tempo indeterminado, e do Ministro da Guerra, que cede soldados para cercar a praça. No parque, o TU remonta um antigo sucesso, *A Viúva Alegre*, de Franz Lehar, montagem de 1943. É uma das primeiras iniciativas no sentido de popularizar e democratizar o teatro.

O princípio paternalista e o conservadorismo que norteia a política cultural do Estado Novo se tornam flagrantes com a criação do Serviço Nacional de Teatro. Abadie Faria Rosa (1889-1945), ex-chefe de gabinete de ministros anteriores, é nomeado diretor do SNT à revelia de Capanema. Através desse cargo, torna-se também o gestor da primeira companhia oficial de teatro do país e possivelmente a única a encenar dois textos de sua autoria. A Comédia Brasileira funciona de 1940 a 1945, montando dezenove espetáculos. Inicialmente difusora do espírito do Estado Novo, termina por reproduzir os padrões mais antigos do teatro comercial. A montagem de estreia de *A Mulher Sem Pecado*, primeiro texto de Nelson Rodrigues, representa uma exceção involuntária em seu repertório.

Na primeira temporada, a Comédia Brasileira é levada a realizar dramas históricos triunfalistas. *Caxias*, de Carlos Cavaco (1891-?), é uma peça cívica sobre a vida do patrono do exército brasileiro, responsável por atrocidades nunca mencionadas pela história oficial, e seu autor, ao que parece, era ligado ao movimento integralista. *O Caçador de Esmeraldas*, de Viriato Corrêa (1884-1967), é uma exaltação à epopeia dos bandeirantes. *Ombro, Armas!*, uma peça cívico-patriótica do diretor do SNT, também na linha do ideário estadonovista, é encenada em 1942. O teatro se coloca como um difusor da ideologia do Estado, a exemplo do que acontecia com as artes do regime de Hitler. Mas aqui não se tratava de uma intervenção direta de Vargas ou de uma recomendação sua para que se desse ao repertório da companhia uma orientação nacional-militarista. Ao menos, não há registro de uma intervenção desse tipo. Ao que parece, o diretor do SNT agia por sua própria conta e seu próprio gosto, talvez esperando ser bem visto junto à presidência.

Na segunda temporada, o repertório tende para a mesma dramaturgia que povoava as salas desde os tempos do Teatro Trianon: comédias de costumes e dramas românticos. Na montagem de *A Mulher sem Pecado*, em 1942, a encenação segue a linha realista, o que torna deslocados, de saída, três personagens: a velha mãe paralítica, imobilizada e muda, os fantasmas de um mendigo e da falecida mulher do protagonista. O crítico Mário Nunes estranha as roupas cotidianas e lamenta a ausência da palidez cadavérica e da roupa própria aos defuntos. A crítica reconhece mérito no esforço do autor em renovar o teatro e encoraja-o a uma nova tentativa, em que resista às incoerências e irrealidades, não procure dificultar o entendimento do público e evite nas personagens as explicações redundantes e as argumentações demoradas.

A tentativa de encaixar *A Mulher Sem Pecado* nos padrões conhecidos se explica também pelo descompasso do nosso teatro com a modernidade que, em outros países, já fazia bodas de ouro. Não havia ainda a concepção da direção do espetáculo como função autoral. O diretor era um mero organizador do elenco, o que permitiu, na Comédia Brasileira, tanto a ausência de assinatura para a função quanto a adoção de um mesmo diretor para todos os espetáculos do ano ou ainda a alternância, na direção dos espetáculos, de Rodolfo Mayer e Teixeira Pinto – ambos contratados como "primeiros atores" da companhia.

O texto de Nelson Rodrigues não foi uma indicação do diretor do SNT, mas possivelmente um pedido de Vargas Neto, jornalista influente e amigo do autor. Abadie Faria Rosa, mesmo não vendo valor naquelas obras, concordou em montá-las. Entre os textos oferecidos estava *Vestido de Noiva*, que inauguraria, no ano seguinte, o teatro moderno no Brasil com a encenação de Ziembinski (1908-1978). Mas a obra não se adequava ao espírito da companhia oficial. A atriz Vitória Régia lembra que houve veto ao drama de Alaíde por parte do seu marido, Teixeira Pinto, porque "era uma peça pesada para a Comédia Brasileira"[201]. O diretor do SNT, especialista no jogo de influências, guardou o texto como uma batata quente e suspirou aliviado quando Ziembinski veio solicitá-lo para a montagem com Os Comediantes.

No período de cinco anos, a companhia oficial não realiza um único espetáculo marcante, não define uma linha de atuação cultural e não conquista uma faixa significativa de público. A crítica da época, visivelmente parcial, não serve de parâmetro para dimensionar o valor estético das montagens. Na sua quase totalidade, os textos soam tão ufanistas quanto o espírito estadonovista que definiu inicialmente a atuação da companhia. Os críticos procuram não ferir as vaidades dos responsáveis pelo SNT, ao mesmo tempo em que revelam uma incapacidade de avaliar criticamente a Comédia Brasileira, saudando todos os seus espetáculos com adjetivos elogiosos de ponta a ponta. Sobre o texto do diretor do SNT, por exemplo, o crítico do *Diário de Notícias*, depois de qualificá-lo como "alguma coisa de impressionante", escreve:

Há nesses três atos cheios de alma e brasilidade muita graça sadia e natural; a mais viva e palpitante emotividade de um caso de amor integrado no momento de exaltação cívica que o país atravessa; todo um ambiente de amor pátrio, espalhado, em cores fortes mas naturais, o estado de espírito dos filhos de nossa terra, nessa hora trágica para os destinos da humanidade[202].

201 Depoimento em Yan Michalski; Rosyane Trotta, *Teatro e Estado: As Companhias Oficiais de Teatro no Brasil*, São Paulo/Rio de Janeiro: Hucitec/Instituto Brasileiro de Arte e Cultura, 1992, p. 59.

Em 1953, cria-se uma nova companhia que dura apenas dois anos e monta sete espetáculos. Há três aspectos importantes a serem considerados nesta segunda companhia oficial: 1. A dificuldade de seu início, revestido de polêmica e ameaça de veto, tem origem entre a própria classe teatral; 2. Sua trajetória mostra uma consonância entre o poder administrativo e o projeto artístico; 3. Sua abrupta interrupção aponta para a fragilidade de um empreendimento que se revelava artisticamente acima da média dos espetáculos do seu tempo.

O que permite a aprovação da emenda orçamentária pelo Congresso Nacional é o empenho e a influência política de Aldo Calvet, diretor do SNT, que escolhe também o diretor da companhia, Henrique Pongetti (1898-1979), e o repertório. Sua habilidade aparece nas mudanças operadas no texto original do projeto escrito por Pongetti, deslocando a responsabilidade pela organização da companhia e pela escolha do repertório para si próprio, quando, no projeto original, estas atribuições caberiam a um Conselho Consultivo de intelectuais não pertencentes aos quadros do órgão federal. Aldo Calvet antecipa-se ao próprio governo: muito antes de ser juridicamente oficializada, a Companhia Dramática Nacional já tem diretor artístico, elenco e repertório definidos e divulgados nos jornais. Mesmo assim, a liberação da verba tarda e o diretor da companhia enfrenta "os maiores e mais absurdos entraves burocráticos", que ameaçam comprometer a organização do conjunto.

A pressão de um grupo de artistas veteranos faz com que Henrique Pongetti peça demissão antes mesmo do início dos ensaios. Em carta divulgada nos jornais, ele afirma que "elementos da classe teatral intervieram abusivamente e de forma capciosa e vexatória na vida interna da CDN, diminuindo minha autoridade". Aldo Calvet contorna a situação, mas o *lobby* dos artistas contrários chega ao presidente da República, que exige esclarecimentos para a liberação do orçamento. Em linhas gerais, os artistas reclamam da contratação de não profissionais, da concorrência

202 Ombro, Armas!, pela Comédia Brasileira, no Ginástico, *Diário de Notícias*, Rio de Janeiro, 4 out. 1942.

e do elevado salário oferecido. A imprensa protesta e dezenas de artistas – entre eles, Ziembinski, Tônia Carrero e Cacilda Becker (1921-1969) – enviam telegramas a Vargas. Procópio Ferreira (1898-1979), na intenção de desfazer os boatos de que ele e outros atores de sua geração estariam entre os insatisfeitos, escreve a Paschoal Carlos Magno (1906-1980), no *Correio da Manhã*, dizendo:

> Nós, velhos atores, como eu, Jayme [Costa] e Delorges [Caminha], estamos colocados diante da nova geração como pais orgulhosos de seus filhos, desejando apenas que eles venham a ser superiores a nós. Vargas, a contragosto, afirmando que o SNT deveria apoiar as companhias existentes e não "montar teatro luxuoso com verba oficial", assina a liberação[203].

Em 1953, o Congresso Nacional aprova uma lei que obriga toda companhia a encenar um texto de autor nacional em cada três montagens. A medida mostra até que ponto o autor brasileiro carecia de espaço. E continuou carecendo por algum tempo, porque a lei que orientava a ação não chega a mudar a mentalidade. A Companhia Cacilda Becker, por exemplo, estreia em 1957 com *O Santo e a Porca*, de Ariano Suassuna, sem sua atriz principal, que está ensaiando *Longa Jornada de um Dia para Dentro da Noite*, de O'Neill.

Dentro desse cenário, a segunda companhia oficial do Brasil representa uma iniciativa pioneira, na medida em que, com claro direcionamento de seu projeto, se define por um repertório 100% nacional. Vai além disso: entre os textos encenados, apenas um autor não é contemporâneo. E, além de brasileiros e contemporâneos, os autores escolhidos para formar o repertório da CDN têm também em comum o fato de serem, em seu tempo, talentos já revelados mas ainda em desenvolvimento. Por um lado, não estavam vinculados ao teatro estabelecido; por outro, a montagem pela companhia estatal lhes oferecia a chance de testar e amadurecer sua dramaturgia e ao mesmo tempo abrir espaço para ela junto ao público. A semente lançada gera frutos: três anos depois da extinção da companhia oficial, a companhia Tônia-Celi-Autran coloca no repertório peças de dois autores montados pela CDN – Guilherme Figueiredo (1915-1997) e Antonio Callado (1917-1997) – depois de, no ano anterior, ter encenado apenas textos estrangeiros.

Da mesma forma, o elenco é formado de jovens que, embora já tivessem se apresentado ao público e conquistado algum prestígio, ainda não haviam sido absorvidos pelo sistema de produção comercial. Há também a preocupação de fornecer a esses atores subsídios técnicos para a interpretação – eles contam com preparador corporal, preparador vocal, professor de prosódia e instrutor de armas e lutas corporais. Os diretores dos espetáculos – Sérgio Cardoso, José Maria Monteiro e Bibi Ferreira – eram todos jovens talentos. Ainda que a filha de Procópio contasse com uma considerável experiência anterior, ela se restringia aos limites de sua própria companhia de onde nunca saíra e onde a direção não era uma função em separado, mas quase uma consequência do trabalho de empresária e de primeira atriz. Era, portanto, a primeira vez que aqueles jovens eram contratados como diretores.

Na área da cenografia e do figurino, a CDN agrega o consagrado Santa Rosa (1909-1956) aos iniciantes Nilson Pena e Anísio Medeiros, mostrando que já existia no Rio uma mão de obra artística capaz de competir em igualdade de condições com os cenógrafos e figurinistas italianos que ditavam as regras, nesta área, no TBC paulista. Em termos de linguagem e de repertório, a companhia oficial revela sua contradição: quer atingir o moderno, mas teme o revolucionário, ou, em outras palavras, mostra um impulso em direção à contemporaneidade e ao mesmo tempo apego às convenções de seu tempo.

No campo da relação com o público, a direção da CDN procura estabelecer convênios com empresas e temporadas de baixos ingressos, a fim de facilitar e incentivar o acesso das classes que não estão acostumadas a frequentar os teatros. No campo da organização e da produção, a CDN torna evidente a lentidão da máquina estatal e os entraves que a burocratização causa às necessidades artísticas.

Na primeira temporada, 1953, três espetáculos são lançados no mesmo mês, com intervalo de uma semana, em uma programação compacta no Teatro Municipal. Para cumprir o programa, o elenco ensaia por três meses em tempo integral: de manhã,

203 Ambas as citações estão em Y. Michalski; R. Trotta, op. cit., p. 77-78.

Sérgio Cardoso dirige *Canção Dentro do Pão*, de R. Magalhães Júnior (1907-1981); à tarde, Bibi Ferreira ensaia *A Raposa e As Uvas*, de Guilherme Figueiredo; à noite, os atores voltam a se reunir, sob o comando de José Maria Monteiro em *A Falecida*, de Nelson Rodrigues. Alguns atores têm três ou quatro funções de peso. Sérgio Cardoso, por exemplo, estreia como diretor e desempenha papéis de primeiro plano tanto na comédia que ele mesmo dirige quanto em *A Falecida*, além de atuar como protagonista no terceiro espetáculo. Esse sistema intensivo de produção não poderia ser praticado entre as companhias particulares.

Os espetáculos são bem recebidos – com ressalvas para o texto de Nelson Rodrigues. *A Raposa e as Uvas*, versão livre de alguns episódios da vida de Esopo, de literatura sofisticada e ambições filosóficas, obtém tal êxito que passa a integrar o repertório de muitas companhias amadoras e profissionais da época, em todo o Brasil. O papel principal oferece a Sérgio Cardoso uma oportunidade de composição psicofísica que ele aproveita com habilidade: mostrando virtuosismo, constrói uma figura corcunda, aleijado das pernas, que impressiona tanto pela aparência quanto pela voz opulenta.

Depois de uma curta temporada de viagens – Niterói, Juiz de Fora, Campinas e São Paulo – a companhia, que estreara em junho, encerra suas atividades em outubro, só voltando à cena em junho do ano seguinte, com elenco reformulado e nomes menos consagrados. Entre eles, Nathália Timberg, que estreia como Eduarda em *Senhora dos Afogados*, de Nelson Rodrigues. Novamente os ensaios são concentrados, desta vez não em três, mas em quatro espetáculos.

O primeiro deles, com direção de Bibi Ferreira, encontra no público e na crítica forte rejeição ao texto. No *Diário de Notícias*, o crítico Raul Lima escreve: "é preciso contar-se ao público, que não foi nem irá ao Municipal ver *Senhora dos Afogados*, o que fazem as personagens da nova tragédia de Nelson Rodrigues, sempre falando em morte e sexo, partes do corpo e roupas íntimas"[204]. Segundo o crítico Mário Nunes – que se confessa já constrangido em criticar as produções do autor "porque, provavelmente por deficiência nossa, não as sentimos nem as admitimos"[205] – descreve o caos que se torna a estreia, quando, no final da quinta cena do terceiro ato, a plateia irrompe em vaia e um grupo de crentes pede a presença do autor no palco.

As Casadas Solteiras, única montagem que utiliza um texto clássico, com direção de Monteiro, é mal recebida pela crítica, que aponta o erro na escolha de um dos textos mais fracos de Martins Pena. Recebe elogios o trabalho de Nilson Pena, cenógrafo e figurinista, que constrói a cada ambientação um quadro que "mais parece copiado de missal ou livro folheado por nossas bisavós"[206], escreve Paschoal Carlos Magno no *Correio da Manhã*.

A tragédia *Cidade Assassinada*, obra de estreia de Antonio Callado como dramaturgo, é prejudicada pela súbita substituição do diretor Mário Brasini, que às vésperas da estreia se desentende com o diretor da companhia. Classificada pelo crítico do *Correio da Manhã* como "peça religiosa" ou "teatro da poesia", emociona o público com sua história moral, apesar da conturbada estreia. Em seguida vem *Lampião*, da já consagrada escritora Rachel de Queiroz (1910-2003), que realiza uma de suas raras incursões na dramaturgia. Com duelos e tiroteios, a direção de Bibi Ferreira trabalha sobre o realismo da ambientação. Com o repertório da nova temporada, a CDN inicia uma excursão por Salvador e Recife, onde o elenco é surpreendido pela notícia da exoneração do diretor do SNT, Aldo Calvet, e por uma ordem dada pelo seu substituto, Adonias Filho (1915-1990), para que a excursão seja imediatamente interrompida.

Criado no governo de Juscelino Kubitschek, o Teatro Nacional de Comédia foi a terceira, última e mais duradoura das companhias oficiais criadas pelo SNT entre as décadas de 1940 e 1950. Em onze anos, o TNC realizou duas montagens importantes: *Pedro Mico*, de Antonio Callado, 1957, seu único sucesso de público, e *Rasto Atrás*, de Jorge Andrade (1922-1984), 1966, seu único sucesso artístico. Ao anunciar a criação do TNC, o diretor do SNT, Edmundo Muniz, mostra que o problema da falta de um perfil artístico mais nítido para uma companhia oficial persiste quando declara à imprensa

204 Idem, p. 95.

205 Idem, p. 97-98.

206 Idem, p. 98.

que o objetivo da companhia é montar textos de qualidade da dramaturgia universal e criar público.

Os primeiros espetáculos são um fracasso. *Memórias de um Sargento de Milícias*, de Manuel Antônio de Almeida, com direção de João Bethencourt, 1956, é bem recebido pela crítica, que reconhece se tratar de um trabalho bem realizado, embora sem maior interesse. *O Dilema de um Médico*, de Bernard Shaw, com direção de Paulo Francis (1930-1997), 1956, traz um texto preso à cultura inglesa. Ambas as produções não escondem o desequilíbrio do elenco, que mistura estreantes com profissionais experientes.

No ano seguinte, a direção da companhia contrata Gianni Ratto (1916-2005) e novos atores – entre eles, Tereza Raquel, Sebastião Vasconcelos e Milton Morais. Mas as críticas ao elenco permanecem e Henrique Oscar, do *Diário de Notícias*, é o mais explícito ao denunciar a dificuldade em encontrar diretores que aceitem a imposição, no papel feminino principal, de uma funcionária do SNT – referindo-se a Beatriz Veiga, que protagoniza vários espetáculos. Entre as estreias de 1957, sobressai um texto de Antonio Callado com direção de Paulo Francis, *Pedro Mico*, que aborda a vida do favelado e do malandro carioca. Embora a montagem beire a caricatura, com o exagero do linguajar típico falado por atores brancos pintados de preto, em um texto que se pretende realista, *Pedro Mico* consegue a primeira boa repercussão da companhia.

Mesmo quando encena textos de autores polêmicos e modernos, como Brecht e Nelson Rodrigues, a companhia não impressiona. A repercussão crítica de suas dezesseis produções e vinte peças encenadas é quase inteiramente negativa. Principalmente porque entre 1956 e 1966, período de atividade da companhia, o teatro brasileiro viveu uma fase única em sua história, com saltos de amadurecimento e diversificação, enquanto o TNC permaneceu à margem desse processo, não usufruiu de suas conquistas e nem se deixou respingar pelos novos ares. Mesmo quando, em 1961, José Renato muda-se para o TNC, com o objetivo de fazer dele uma ampliação do Teatro de Arena, a máquina administrativa oferece resistência e, já na primeira encenação, *Boca de Ouro*, de Nelson Rodrigues, 1961, há um impasse provocado pela interferência do SNT na distribuição do elenco. Numa época em que o teatro brasileiro descobria, por meio das novas companhias, um novo conceito de trabalho de equipe, que transformaria a cena dos anos seguintes, na companhia oficial as decisões tomadas de cima para baixo tornavam impossível a constituição da ideia de conjunto artístico. Há também uma incompatibilidade de princípio entre a rigidez da burocracia oficial e a flexibilidade exigida pelo dia a dia de uma companhia teatral: *O Telescópio*, uma das peças menos importantes de Jorge Andrade, é encenada em 1956, dois anos depois da encenação de uma de suas obras-primas, *A Moratória*; *O Pagador de Promessas*, obra-prima de Dias Gomes (1922-1999), vai à cena em 1962, dois anos depois de uma montagem superior realizada pelo TBC; Brecht é colocado em pauta em 1957, quando ainda era inédito no Brasil, mas a companhia só consegue apresentá-lo em 1963, quando quatro outros textos do autor já haviam sido encenados. Enquanto o Teatro de Arena faz história montando *Eles Não Usam Black-tie*, de Guarnieri (1934-2006), o TNC monta textos bem comportados como *Antes da Missa*, de Machado de Assis, e *A Joia*, de Artur Azevedo, ambos em 1958.

A única montagem realmente marcante realizada pela companhia é *Rasto Atrás*, de Jorge Andrade, com direção de Gianni Ratto, sua última encenação. Nela somam-se uma peça emocionante e bem construída a uma direção que, trabalhando a interpretação de modo a iluminar cada frase do texto, renova a linguagem cênica por meio de uma criação cenográfica que dinamiza a ação e um elenco que desempenha com maturidade suas funções.

Além do espetáculo-despedida, destacam-se, no saldo de onze anos da companhia: a qualidade da adaptação de Francisco Pereira da Silva para *Memórias de um Sargento de Milícias*; o programa triplo composto de *O Telescópio*, de Jorge Andrade, *Jogo de Crianças*, de João Bethencourt, e *Pedro Mico*, de Antonio Callado, que levam ao palco três textos inéditos de importantes dramaturgos contemporâneos, sendo que a peça de Callado se transforma num miniclássico; a encenação da dramaturgia brasileira moderna com *Boca de Ouro*, de

Nelson Rodrigues, e *O Pagador de Promessas*, de Dias Gomes; as primeiras encenações brasileiras de *As Três Irmãs*, de Tchékhov, por Ziembinski, e de *O Círculo de Giz Caucasiano*, de Brecht, por José Renato (embora não tenham correspondido ao resultado esperado); a direção de Dulcina de Moraes (1908-1996) para *O Noviço*, de Martins Pena, injetando ao texto uma graça teatral por meio da linha de interpretação.

A partir da implantação da ditadura militar, as relações entre teatro e Estado tomam proporções críticas – que foram tratadas em outro capítulo desta publicação. O que vale aqui ressaltar é que, tanto nos anos anteriores ao golpe, quando o Brasil viveu um ápice de mobilização cultural e política, quanto nos anos posteriores, em que a arte passou a ter um caráter de resistência e contestação, a companhia oficial, apesar do compromisso de seus diretores com posições artísticas progressistas, tornou cada vez mais flagrante a impossibilidade de sua independência e, em função disso, o seu descompasso em relação à história e ao teatro mais representativo do período.

O Artista e o Poder

As dificuldades que o Brasil enfrentou ao longo de toda a sua história para conquistar uma democracia que não se esvaísse ao fim do dia, um governo que, legitimado pelas urnas, não fosse dissolvido por golpe, cassação ou morte expressam-se na fragilidade do nosso teatro. No entanto, os períodos de maior incremento público à atividade ocorreram justamente nos governos ditatoriais, tanto o de Getúlio Vargas quanto o dos militares a partir de 1964.

Uma exceção nesse panorama foi a criação e a manutenção, por quase vinte anos, da Comissão Estadual de Teatro, CET, em São Paulo, como órgão ligado à secretaria estadual de cultura de São Paulo. A CET surge, em 1956, de um projeto apresentado pela Associação Paulista de Críticos Teatrais, APCT, para a concessão de financiamento às companhias que montassem textos nacionais, com o intuito de democratizar o acesso ao teatro. No ano seguinte, o vereador Paulo de Tarso promove convênios entre o município e a CET, graças aos quais houve amparo a entidades, venda de ingressos a preços populares, excursões de espetáculos ao interior e utilização das escolas estaduais para apresentações. Dez anos depois há uma polêmica sobre a política de distribuição de verbas, que passa a priorizar o teatro universitário. Em 1968, Cacilda Becker assume a presidência do órgão e consegue quadruplicar sua verba, exercendo um apoio efetivo à atividade cênica da região. Durante esse período, no entanto, há conflitos em torno da censura e três representantes da APCT colocam seus cargos na CET à disposição. Em ato de deliberado confronto e de desobediência civil, Cacilda Becker abre a estreia da Feira Paulista de Teatro, proibida pela censura, já no auge da ditadura militar[207].

O golpe de 1964 põe fim a um intenso movimento ideológico que se manifestava em diversos setores da sociedade. Os militares encontram grupos com grande capacidade de mobilização e organização, tanto entre os estudantes quanto entre os partidos políticos, nas diversas classes artísticas e educacionais. Inicialmente buscam a simpatia dos opositores por meio de medidas que beneficiavam o setor de produção. Ainda no governo de Castelo Branco, o ministro Carlos Lacerda acaba com a "lei do selo", que fiscalizava os teatros e abria brecha para que os fiscais cobrassem propina, e com o imposto de cerca de 20% sobre a bilheteria. Com Barbara Heliodora à frente do SNT, Castelo Branco distribui parte da verba do órgão para cada uma das companhias do Rio.

Durante a década de 1960, a ditadura opera uma violenta repressão à produção artística – cujo alvo impreciso vai desde as obras de cunho político até os espetáculos de inovação de linguagem, passando pelos eventos comerciais que traziam nus ou qualquer sugestão que fugisse aos padrões de gosto idealizados para uma sociedade que tivesse por base a família, a propriedade e a tradição – suspende temporadas, veta textos, cenas, palavras ou mesmo adereços. Os grupos são dissolvidos por sufocamento ou pela supressão de seus líderes, os empresários ficam sem saída diante dos prejuízos de um espetáculo pronto inteiramente vetado às vésperas da estreia. O auge da censura, das prisões, dos exílios e da violência direta

207 Ver Sábato Magaldi; Maria Thereza Vargas, *Cem Anos de Teatro em São Paulo*, São Paulo: Senac, 2000.

e física que acua os artistas acontece já nos primeiros anos da década de 1970, numa escalada que se inicia a partir do AI-5, em 1968.

Paralelamente, o governo militar começa a plantar novas sementes, mais afeitas à nova moral e ao novo civilismo que se quer implantar. A ação integrada de um conjunto de medidas para todos os setores artísticos é sustentada pela aspiração ao imobilismo cultural: na edição de 1976 do Manual Básico da Escola Superior de Guerra, define-se nação como "a sociedade já sedimentada pelo longo cultivo das tradições". A cultura é o que se repete, o que se folcloriza, sendo, portanto, uma ameaça à nação qualquer produção artística orientada pela transformação. E como, segundo os princípios doutrinários, a Nação sem o Estado caminha para o caos, os dois conceitos são inseparáveis e se fundem no binômio Estado-Nação, que expressa esta relação tutelar.

No governo Médici, o Estado passa a incentivar os cineastas a tratarem de temas históricos indicando as personalidades e instituições de sua preferência: FEB, CAN, Borba Gato, Anhanguera, Paes Leme, Oswaldo Cruz, Santos Dumont, Delmiro Gouveia, Duque de Caxias, Marechal Rondon. Todos heróis capazes de despertar na população o desejo de colaborar para o progresso da nação. Tratava-se de dominar o país não apenas pela força, que se cansa, mas pela ideologia, que se enraíza. Como formula Jean Claude Bernardet, toda a abordagem da história passada é também uma interpretação da história presente e, portanto, "impor uma visão da história é impor uma maneira da sociedade se pensar no presente"[208].

Em 1973, Orlando Miranda e Paulo Pontes (1940-1976) assumem respectivamente a presidência e a secretaria geral da Associação Carioca dos Empresários Teatrais (Acet). A associação leva ao Ministro da Educação, coronel Jarbas Passarinho, documento em que reivindica o abrandamento da censura argumentando que "o teatro, em que pese o seu caráter cultural, é atualmente no Brasil uma atividade sujeita às leis de mercado". Segundo o texto, a censura "excessivamente rigorosa" prejudica a empresa teatral. Em outras palavras, a Acet propõe um acordo – os empresários reconhecem a legitimidade da censura e as prerrogativas do regime militar desde que sua atividade não se torne inviável. Mas o teatro continua amordaçado e sem recursos: no I Ciclo de Debates da Cultura Contemporânea, em 1975, em que se reúnem 31 artistas e intelectuais no Rio, o principal tema na mesa de discussões é a sobrevivência da atividade. Mesmo o chamado "teatro de resistência", que a partir de 1969 procura encontrar brechas para tematizar a falta de liberdade por meio de metáforas, necessita lograr o sucesso comercial para a manutenção de seu público e sua viabilidade profissional, adotando por vezes a moldura de uma "montagem de qualidade".

Em meados dos anos de 1970, a ditadura se institucionaliza como sistema de governo, com o chamado "segundo golpe". Não se trata mais de um suposto período de transição, de uma ação emergencial para sanar problemas circunstanciais, como de início o regime foi apresentado. Entre as medidas adotadas para possibilitar essa transição está o incentivo às artes, como estratégia de intermediação entre a sociedade e o governo, forjando uma união nacional e ocultando a violência contra seus opositores sob um véu de calmaria e prosperidade. Assim, depois de estrangular a atividade, o governo lhe estende a mão – mas apenas a uma parcela, como veremos adiante.

Em 1974, o presidente Geisel nomeia para o Ministério da Educação e Cultura Ney Braga, general da reserva que durante a década de 1960 havia sido prefeito de Curitiba e em seguida governador do Paraná. Nesse período não apenas criara a Fundação Teatro Guaíra, com companhias permanentes de teatro e balé, como implementara uma política de desenvolvimento do teatro local por meio da contratação de diretores do Rio de Janeiro e de São Paulo e do patrocínio a espetáculos de artistas consagrados em troca de estreia no estado. A Acet encaminha ao novo ministro um outro documento, mais abrangente, que procura tratar das necessidades da atividade como um todo. Ney Braga nomeia Orlando Miranda para o SNT por meio de consulta à classe teatral, da mesma forma que, na área de cinema, Roberto Faria é indicado e nomeado para a Embrafilme.

Em entrevista coletiva na sede do Museu da Imagem e do Som, no Rio de Janeiro, em 2002,

208 Qual É a História?, *Anos 70: Cinema*, Rio de Janeiro: Europa, 1979-1980, p. 50-51.

Orlando Miranda comenta os atributos que permitiram que o ministro Ney Braga aceitasse seu nome para o cargo de diretor do SNT: "Eu não tinha nenhum valor artístico que pudesse me recomendar. Mas tinha as contas do meu teatro pagas, era udenista e heterossexual". Fazendo um balanço sobre sua gestão, ele considera ter sido útil tanto à ditadura quanto aos artistas e que este seria, na sua acepção, o objetivo de qualquer política cultural. "Fazer as coisas", é como ele define a função de um órgão de cultura. O critério de sua indicação, além do papel que vinha desempenhando na liderança dos empresários teatrais, tem por base a competência administrativa e o conservadorismo moral e político.

Em 1975, Ney Braga cria a Política Nacional de Cultura, procurando contentar os diversos setores da sociedade. O documento defende a democratização da cultura como meio de levar a todos os benefícios do desenvolvimento e atribui ao governo a tarefa de ativar a criatividade ameaçada pela massificação. A segurança nacional dependeria da identidade brasileira, a ser estabelecida pela cultura, e para isso o Estado deveria "incentivar a produção e generalizar ao máximo o consumo"[209]. Em dezembro, dentro de um conjunto de medidas na área da cultura, é criada a Fundação Nacional de Arte (Funarte) com o objetivo principal, tão dúbio quanto abrangente, de "formular, coordenar e executar programas de incentivo das manifestações artísticas".

O Estado se torna o grande mecenas do teatro e da cultura, com atuação maciça e fartura na distribuição de verbas e subvenções. Em 1978, o SNT tem o seu maior orçamento, custeado pelos recursos do Fundo Nacional de Desenvolvimento Econômico (FNDE), em medida única na história. Até o final da ditadura militar, o SNT se tornará Instituto Nacional de Artes Cênicas (Inacen) e depois Fundação de Artes Cênicas (Fundacen). Nesse período, Orlando Miranda e Carlos Miranda fazem com que todas as artes cênicas sejam atendidas pela instituição, instituem o crédito a produtores, reformam e reabrem as casas de espetáculo de todas as capitais (que estavam fechadas, com exceção do teatro de São Luís), criam o apoio à circulação das produções por meio de passagens e hospedagem, realizam publicações como a Série Depoimentos que resgata a história do teatro nacional, compram o Teatro Duse, no Rio de Janeiro, que passa a fazer parte da rede federal de teatros, criam a Escola Nacional de Circo.

Instalada a ditadura, os artistas são colocados diante de uma opção: a adesão ou a marginalidade. A contestação cede lugar à crença de que seria possível manter uma postura ideologicamente divergente, ainda que sentado à mesa do poder. Adotando o governo como parceiro, o artista é livre para criar e desempenhar qualquer papel que não conteste sua ideologia e suas ações. Na imprensa, surgem declarações de adesão ao sistema: Glauber Rocha compara a genialidade do general Geisel à de Darcy Ribeiro e afirma que "os militares são os legítimos representantes do povo"[210]. Gustavo Dahl garante que o Brasil depende dos militares para ficar de pé e que seu projeto de nação significa a independência e a libertação do cinema[211]; Gilberto Gil declara que o artista precisa ser parceiro do Ministério da Educação porque é ele que preserva a cultura[212].

A Comissão Permanente de Luta pela Liberdade de Expressão (CPLLE) é criada para fazer frente aos abusos do regime e reúne diversas entidades da sociedade civil brasileira. Enquanto a Associação dos Produtores de Espetáculos Teatrais de São Paulo (Apetesp) dedica as bilheterias de suas estreias à Comissão, a Associação Carioca de Empresários Teatrais (Acet) recusa-se até a integrá-la, embora individualmente muitos empresários sigam o exemplo paulista. O pragmatismo substitui o pensamento crítico na ética do artista brasileiro. Isso não impedirá que, a partir da década seguinte, ele perca prestígio, público e poder aquisitivo, lutando para sobreviver tanto quanto para se manter nos palcos.

Se a censura e a perseguição aos líderes das companhias de acentuado trabalho político e libertário explicam a extinção do Teatro de Arena e do núcleo que havia formado a linha de atuação

209 Política Nacional de Cultura, Brasília: MEC, 1977, p. 13.

210 Citado por Tânia Pacheco, em *Arte/Cultura/Ideologia: A Mascarada da Luta de Classes*, dissertação de mestrado, Instituto de Estudos Avançados em Educação-Fundação Getúlio Vargas, Rio de Janeiro, 1991, p. 141.

211 Idem, p. 164.

212 Idem, p. 165.

do Oficina, o mesmo não se pode dizer dos grupos que surgem nos anos de 1970. Para estes, o cerceamento da atividade se deu por vias menos explícitas, principalmente via censura econômica. Para Edélcio Mostaço, a política cultural praticada pela ditadura através do SNT funcionou como uma peneira, beneficiando apenas as empresas constituídas, por meio da burocracia[213]. Para entrar na campanha das kombis, por exemplo, que vendia ingressos a preços populares, exigia-se a apresentação de oito documentos da empresa, além das carteiras de registro na censura, dos contratos de trabalho de todos os artistas e técnicos envolvidos na produção e dos comprovantes de quitação das taxas e emolumentos fiscais.

Não se pode afirmar, sob pena de incorrer em imprecisão histórica, que a administração de Orlando Miranda tenha forjado ou possibilitado uma perseguição aos grupos. O empresário e diretor do SNT foi responsável pelo fomento à atividade teatral nos anos de chumbo e por uma política cultural de democratização e valorização do teatro como não se via desde a última ditadura. Diante do flagrante aniquilamento do teatro, salvou o que estava a seu alcance – e o que pôde ser salvo obteve grande prosperidade naqueles anos. O SNT, como todo o teatro daquele período, era a própria dicotomia. De um lado, fazia concursos de dramaturgia e premiava textos contestadores; de outro, assistia ao veto desses mesmos textos. Enquanto via o Teatro Oficina ser invadido e serem presos os seus integrantes, enquanto assistia ao veto de *Rasga Coração*, de Oduvaldo Vianna Filho (1936-1974), a classe teatral comemorava a inauguração da campanha "vá ao teatro" veiculada pela Rede Globo, a entrada em vigor do auxílio-montagem para as temporadas fixas e do apoio a viagens, com cachês e custeio de todas as despesas.

Havia uma alternativa: colocar luto e cruzar os braços. Fazer como a Joana de *Gota d'Água*, de Chico Buarque e Paulo Pontes, 1975, que, como metáfora brasileira do mito de Medeia, mata os próprios filhos para que eles não cresçam ultrajados. Seria isso sucumbir? Seria isso resistir? O princípio que prevalece no teatro profissional é a luta pela sobrevivência, mesmo que seja de um teatro empobrecido, de um teatro já sem função social além da manutenção do ofício.

Não é possível ignorar que todo esse incremento às artes cênicas se fez dentro da Política Nacional de Cultura que, a partir de 1975, valoriza a competição qualitativa alertando "contra certos males, como o culto à novidade"[214]. Os historiadores são praticamente unânimes ao analisar que, a partir desse período, "a produção isolada, nos seus melhores momentos, não chega a constituir um fator que abale ou modifique de alguma forma a linguagem disponível do teatro"[215] e que o teatro não empresarial se torna a "quase única opção para os artistas mais inquietos e ainda preocupados com a discussão da realidade brasileira e da revolução do conteúdo e da forma"[216].

No entanto, os grupos não resistem à década seguinte. Asdrúbal Trouxe o Trombone, Pão e Circo, Pessoal do Cabaré, Pessoal do Despertar, Jaz-O-Coração, Teatro Livre da Bahia e tantos outros, fecham suas portas antes da segunda metade dos anos de 1980. Um conjunto de fatores históricos – os efeitos da censura e do exílio combinados à abertura do mercado da televisão, nos anos de 1970; a censura econômica combinada à supervalorização da individualidade, nos anos de 1980; a mercantilização da arte combinada às formas globalizadas, nos anos de 1990 – forma uma espécie de barreira à estabilidade dos grupos. A partir da década de 1980, alguns conjuntos se formam, mas não sobrevivem à primeira montagem.

Como diagnostica Edélcio Mostaço,

> o triunfo da mentalidade empresarial no curso da década de 1970 não apenas confina-se com as táticas e estratégias preconizadas pela geopolítica mas, especialmente, significou o aniquilamento da vanguarda artística enquanto experimentação, risco, o necessário desapego material que pudesse ousar investigações de linguagem ou de relações renovadas nos circuitos de distribuição e criação[217].

213 Cf. *O Espetáculo Autoritário: Pontos, Riscos, Fragmentos Críticos*, São Paulo: Proposta Editorial, 1983.

214 Política Nacional de Cultura, opúsculo do MEC, s/d.

215 Mariangela Alves de Lima, Quem Faz o Teatro?, *Anos 70: Teatro*, Rio de Janeiro: Europa, 1979, p. 58.

216 T. Pacheco, O Teatro e o Poder, *Anos 70: Teatro*, p. 98.

217 E. Mostaço, op.cit., p. 24.

Também vão se esgarçando as relações entre o teatro e sua motivação social. Se a prática da experimentação passa a ser vista como gratuita e ingênua, também a discussão ideológica no engendramento da estética se torna anacrônica. Esse aspecto não é um privilégio nacional: em todo o mundo a mentalidade empresarial e institucional enquadra toda iniciativa em um programático percurso de produção.

A Cultura à Margem da Política

Em 1984, com apoio do governador Tancredo Neves, realiza-se em Belo Horizonte o Encontro Nacional de Política Cultural, que discute e aprova a criação do Fundo Nacional de Desenvolvimento da Cultura e do Ministério da Cultura e da Comunicação Social. O objetivo principal é reunir apoio político para a Nova República. Sarney convida Fernanda Montenegro, que indica Celso Furtado, economista de esquerda, ex-exilado. Ele formula a "lei de incentivos fiscais" e, em 1986, a Lei Sarney é apresentada em solenidade que reúne centenas de artistas.

Celso Furtado sai do cargo em 1988. Na gestão de seu sucessor, José Aparecido de Oliveira, o MinC ganha o noticiário como um dos recordistas nos "trem-da-alegria" – nomeação de amigos e correligionários do governo para serem os últimos funcionários contratados pelo antigo regime, antes que a nova constituição reformulasse os contratos públicos. Aluísio Pimenta recebe de José Aparecido de Oliveira um ministério por organizar – e é demitido poucos meses depois.

Em 1989, acontece finalmente a primeira eleição presidencial depois de 28 anos. Com a vitória de Collor, facilitada pela indisfarçável campanha das empresas Globo, resta a expectativa de que a privatização da cultura leve à sua profissionalização. Na primeira entrevista à imprensa, Sérgio Paulo Rouanet afirma o dever do Estado de apoiar a atividade cultural e defende um reexame da extinta Lei Sarney.

Criado em 1985, o Ministério da Cultura teve, até 1997, dez ministros. A falta de projeto, de estratégia e de profissionalização entre aqueles que chefiaram a política cultural do país é acompanhada da falta de continuidade administrativa. Um balanço sobre os projetos realizados e as mudanças promovidas no setor fornece dados desalentadores: Celso Furtado implantou uma estrutura administrativa; Sérgio Rouanet criou a lei federal de incentivos que levou seu nome; Antônio Houaiss fez a lei do audiovisual; e Francisco Weffort procurou descentralizar a administração.

Em todas as administrações prevalecia o pensamento de que a cultura estava pronta e tratava-se apenas de distribuí-la ao consumo. Falar em democratização significava oferecer o patrimônio formado pelas grandes obras da cultura erudita, para que o melhor filme, a peça premiada e a exposição do momento fornecessem alguma unidade aos indivíduos. Destituída de conceito e voltada para interesses circunstanciais, a política cultural brasileira se reduzia a um programa de ações objetivas para soluções imediatas.

Na segunda metade dos anos de 1980, a atividade teatral está inteiramente transformada, em relação ao panorama da década anterior. Verifica-se o seguinte quadro, no eixo Rio – São Paulo:

- entre trinta e quarenta espetáculos disputam os teatros da cidade;
- a imprensa não se ocupa nem de 20% deles;
- as casas de espetáculo não têm perfil definido, não havendo um diretor artístico que se encarregue da coerência na composição de sua pauta, o que colabora para que o público tenha dificuldade em saber o que pode encontrar em cada um dos tantos espetáculos anunciados;
- os espetáculos não chegam a atuar sobre uma parcela significativa da sociedade, limitando-se a um número muito restrito de uma camada social já restrita;
- apenas os espetáculos estrelados por atores da televisão enchem suas casas e se tornam um acontecimento social relevante;
- o número de alunos que se formam nas cada vez mais numerosas escolas de teatro dobra a cada ano;
- em lugar do sistema em companhias que havia caracterizado o teatro até trinta anos atrás, predomina o sistema de produção avulsa em que um ou mais artistas se reúnem para realizar um único espetáculo.

A produção avulsa começa a ser alvo de preocupação na medida em que domina quase a totalidade do panorama teatral. Em 1987, Yan Michalski afirma que a falta de continuidade de um trabalho coletivo "afeta, de modo muito substancial, o resultado artístico", e argumenta:

> Quando uma equipe se reúne apenas para uma montagem única, é difícil esperar que essa montagem se constitua numa amadurecida síntese das convicções, ideais e temperamentos artísticos de todos os envolvidos, contrariamente ao que acontece quando um agrupamento de artistas tem a oportunidade de transformar-se num autêntico conjunto, testando sua criatividade em cima de uma série de trabalhos, e aprendendo a receber, cada um, legítimas influências de todos os outros. Também um verdadeiro processo de experimentação torna-se difícil na ausência de tal continuidade. E o público tem dificuldade em identificar com clareza a natureza de cada proposta, num mercado tão fracionado[218].

À margem da visibilidade e do sistema de produção das salas comerciais, os anos de 1980 marcam o início de uma luta de diversos grupos por espaço próprio. Teatro Ventoforte, Tá Na Rua, Grupo Imbuaça, União e Olho Vivo, Ói Nóis Aqui Traveiz, Grupo Galpão, Grupo Hombu são alguns dos conjuntos que nascem ainda no período ditatorial, se dedicam ao teatro popular e desenvolvem técnicas, linguagens e dramaturgias voltadas aos espaços não convencionais – em geral abertos e públicos. Vivem da venda de apresentações, da circulação pelos subúrbios e cidades do interior, onde encontram um espectador sem acesso aos locais sagrados da arte. Projetos junto a prefeituras, secretarias municipais e estaduais, Sescs regionais, apresentações em festivais e escolas permitem a esses grupos se manter em circulação durante boa parte do ano. Trabalhando com repertório, mantêm cada espetáculo por vários anos. No começo dos anos de 1990, dezenas de novos grupos vêm se juntar a essa forma de produção. Em 1991, o Movimento Brasileiro de Teatro de Grupo reúne grupos de diversos lugares do Brasil para uma troca de experiências que os fortalece, sobretudo na consciência sobre si e sobre o seu teatro, e os faz entender que cumprem "um papel decisivo nos fluxos da vida teatral do ponto de vista da ação política junto aos organismos públicos"[219].

Nesse período, a política cultural que entra em vigor na volta do Brasil à democracia promove o sucateamento das instituições públicas de cultura, que começa em 1990 e continua durante toda a década. Teatros encerram ou rarefazem suas atividades, publicações desaparecem, setores de documentação e memória deixam de funcionar, terminam definitivamente todos os projetos que, ainda que de forma precária, colocavam em circulação pelo país a produção artística e a informação. Inicialmente, apenas a verba vai diminuindo e há desaparelhamento em função da falta de manutenção, até que as demissões sucessivas obrigam, em alguns casos, a fechar as portas. A partir da segunda metade dos anos de 1990, o papel do Estado em relação à cultura se restringe às leis de incentivo. De modo geral, são extintos todos os projetos desenvolvidos por secretarias de cultura municipais e estaduais e por órgãos a elas vinculados. No Rio de Janeiro, por exemplo, o Instituto Rio-Arte fecha as portas, encerrando projetos de produção, circulação e programas de pesquisa.

Toda a política cultural pratica um determinado pensamento, mesmo que por meio da omissão. Algumas delas se pautam pela ideia de que não é papel do Estado defender modelos únicos de arte e cultura nem oferecer à população produtos. Entre essas políticas está a que se guia pela ideologia do liberalismo cultural, segundo a qual a cultura passa a ser produzida a critério da iniciativa privada, que recebe para isso isenção de parte do tributo fiscal devido ao Estado. As leis de incentivo fiscal foram criadas para estimular a iniciativa privada a investir em cultura. Na década de 1990, sua importância toma novo fôlego com o fechamento ou, em outros casos, com o drástico corte orçamentário de órgãos culturais públicos. Com Fernando Collor começa-se a construir um Estado mínimo ao lado de um mercado máximo. Nos dois mandatos de Fernando Henrique Cardoso, o projeto se implanta.

Por meio das leis de incentivo, o poder público transfere incentivos para a política de *marketing*

218 Progressos ou Retrocessos, *Revista Humanidades*, Brasília, UnB, n. 12, 1987, p. 32.

219 André Carreira, Teatro de Grupo em Santa Catarina: Resistindo ao Isolamento, *Subtexto*, Belo Horizonte, Galpão Cine Horto, n. 4, 2007, p. 61.

das empresas, que abatem dos seus impostos de renda 100% do que investem em si mesmas. Dessa forma, trabalha contra a diversidade cultural, na medida em que incrementa largamente a indústria cultural e acaba com qualquer programa dedicado aos modos culturais que não representam uma parcela significativa do mercado de consumo. O texto das leis define que não se avaliará o mérito do projeto, mas sua viabilidade técnica e financeira. Ao lavar as mãos sob o argumento de assim obter uma suposta liberdade e espontaneidade cultural, o Estado favorece a proliferação e o predomínio das manifestações que geram lucro – direta ou indiretamente. A atividade teatral precisa se enquadrar na cadeia de produção, calcular seu orçamento e definir seu projeto estético antes de entrar na sala de trabalho, definir seu público-alvo antes de encontrar o primeiro espectador.

Algumas estatísticas[220] confirmam que o papel das leis de incentivo, criadas como estratégia para o desenvolvimento social e a profissionalização do setor, foi na prática inteiramente reduzido. Menos de 20% dos proponentes efetivam o patrocínio. Dos incentivos fiscais oferecidos pelo governo, 85% são investidos na região Sudeste, 60% são confiados às dez empresas que mais se utilizam das leis. O dinheiro público se concentra na mão de poucos – daqueles poucos que mais têm recursos próprios. O "investidor" obtém normalmente um retorno de 9 a 25% além do valor aplicado, sem contar o retorno em benefício de sua imagem junto ao público-alvo. Como as empresas só aceitam aplicar o imposto em espetáculos que possam comprovadamente atingir seus consumidores, todo esse investimento do dinheiro público se reverte em *marketing* cultural. Sem a interferência do Estado em seu planejamento, regulação e fiscalização, na definição de suas prioridades, as leis atuam apenas sobre os produtos e eventos, a parcela mais efêmera da cultura e submetem os produtores culturais às leis do mercado. Surgem empresas especializadas em projetos de captação dos incentivos fiscais. A cultura passa a ser uma questão da economia.

Em novembro de 2007, dez anos depois de implementadas as leis, a revista *Subtexto*, publicada pelo Galpão Cine Horto, encomenda uma pesquisa para fazer um panorama do teatro de grupo no Brasil. Dos 23 estados mapeados, quinze não têm leis de incentivo em funcionamento e, destes, apenas alguns contam com leis municipais nas principais cidades. No entanto, poucos são os defensores da extinção da Lei Rouanet: embora muito criticada, ela coloca à disposição dos captadores um bilhão de reais por ano, quase o mesmo valor do orçamento total do Ministério da Cultura.

Em 1998 e em 1999, a partir da seleção feita por uma comissão escolhida pela Funarte, dez grupos são beneficiados com uma verba de cerca de cem mil dólares proveniente do Fundo de Amparo ao Trabalhador (FAT). Em contrapartida, cada grupo deve criar e produzir um espetáculo e realizar oficinas de formação profissional. Entre os grupos de teatro foram contemplados: Grupo Galpão (MG), Grupo Imbuaça (SE), Tribo de Atuadores Ói Nóis Aqui Traveiz (RS), Tá Na Rua (RJ), Grupo Tapa (SP), todos com mais de quinze anos de existência, trabalho contínuo e linha de ação definida. A aplicação do FAT às artes cênicas, por seu caráter ocasional, não se configura como uma política cultural, mas como uma exceção na ausência que caracteriza a ação do governo daquele período. Diante do corte dos seus recursos no orçamento federal, o órgão da cultura se vale de uma brecha legal para captar uma verba concebida para outros setores. E pode-se dizer que a iniciativa e o critério de seleção adotado pela comissão julgadora se colocam como contraponto à política do Ministério da Cultura.

O Teatro Além do Espetáculo

Em 1998, o Movimento Arte Contra a Barbárie inicia, em São Paulo, uma série de debates que aglutina uma parcela da classe teatral composta em sua maioria por encenadores ligados a grupos. Interrogando-se sobre o sentido de uma militância em tempos neoliberais, o movimento reflete sobre o possível papel da política cultural "entre o irresponsável Estado Mínimo e o fantasma do velho Estado paternalista"[221] e defende:

220 Leonardo Brant (org.), *Políticas Culturais*, Barueri: Manole, 2003, v. 1.

221 Aimar Labaki, artigo na *Revista Bravo On Line*, n. 34, mar. 2002.

- a importância da cultura nos processos de redemocratização em curso no Brasil e de reversão de uma situação de barbárie;
- o direito constitucional dos cidadãos ao acesso aos bens culturais;
- a reestruturação da produção teatral e de suas propostas às diversas instâncias de governo, a partir da compreensão de sua realidade e diversidade;
- a criação e a manutenção de canais de diálogo permanente, no interior da própria classe artística, e desta com as autoridades, a mídia e, principalmente, a comunidade.

Depois de três anos de articulação, o movimento resulta em uma conquista que transformará o panorama teatral da cidade. Em dezembro de 2001, é aprovado na Câmara Municipal e sancionado pela prefeita Marta Suplicy um projeto de lei que resulta no Programa Municipal de Fomento ao Teatro para a Cidade de São Paulo. O programa propõe um novo paradigma para as políticas públicas na área cultural. Não distribui verbas para montagens, e sim para projetos liderados por grupos já estruturados. No lugar de prestação de contas, a lei determina o acompanhamento do projeto e de seu impacto na comunidade onde se encontra.

Em 2002, o presidente do Partido dos Trabalhadores, Lula, torna-se o presidente do Brasil, como Luiz Inácio Lula da Silva. À frente da pasta da Cultura, o compositor e cantor Gilberto Gil. No ano seguinte, o Ministério da Cultura lança o projeto de construção do Sistema Nacional de Cultura que, prevendo uma ação continuada e abrangente, tem início com a convocação dos diversos setores artísticos e culturais. O diversificado e disperso setor teatral é chamado à organização política – assim como o circo, a cultura popular, a dança – devendo dialogar, descrever suas características e necessidades, constituir sua Câmara Setorial e apresentar suas lideranças. Formam-se conselhos municipais e estaduais, que elegem seus representantes e participam do Fórum Nacional de Cultura, em Brasília, promovido pelo governo. Em 2005, é criado o Conselho Nacional de Política Cultural, cuja função consiste em "propor a formulação de políticas públicas, com vistas a promover a articulação e o debate dos diferentes níveis de governo e a sociedade civil organizada, para o desenvolvimento e o fomento das atividades culturais no território nacional"[222]. Todas essas ações se encaminham para a criação e o funcionamento do Plano Nacional de Cultura.

Em 2003, o Ministério da Cultura propõe a inclusão do critério de "contrapartida social" (ingressos gratuitos, vinculação a projetos sociais etc.) na avaliação dos projetos submetidos à Lei Rouanet. Um grupo de cineastas cariocas vai para a televisão denunciar a medida como "dirigismo cultural". Empresas estatais como Eletrobrás e Furnas Centrais Elétricas, que haviam anunciado os novos critérios em seus editais, recuam. Em resposta, 53 artistas de cinema de todo o país se manifestam favoráveis à medida. O cineasta Nelson Pereira dos Santos se diz repugnado pela afirmação, feita por Cacá Diegues e Luiz Carlos Barreto, de que "a contrapartida da obra é a própria obra". O movimento Arte Contra a Barbárie manifesta sua posição contra o que classifica como "pânico de que a cultura do favor seja rompida nos tratos da indústria cultural brasileira", "fobia de que a arte deixe de ser um privilégio de classe", e volta a propor a discussão sobre o significado social da produção artística. A declaração de Zelito Viana, de que não sabe fazer filmes para todos, manifesta, de seu ponto de vista, "o conservadorismo de uma cinematografia dependente dos favores do Estado – em troca de um nacionalismo de exportação". Para os articuladores do movimento, "a formulação de critérios públicos de apoio à arte não implica policiamento ideológico, e sim chamamento à responsabilidade social"[223].

Em 2004, outro movimento é posto em marcha, dessa vez organizado em Belo Horizonte. O Redemoinho, nome que identifica o Movimento Brasileiro de Espaços de Criação, Compartilhamento e Pesquisa Teatral, reúne setenta grupos de todo país que atuam para "tecer novas relações sociais e humanas entre a Arte e a sociedade". O objetivo do movimento parte, inicialmente, da "troca de experiências no âmbito artístico-cultural, em busca

222 Disponível em: <www.cultura.gov.br/cnpc/sobre-o-corpo>.

223 Cf. Iná Camargo Costa; Dorberto Carvalho, *A Luta dos Grupos Teatrais de São Paulo por Políticas Públicas para a Cultura*. São Paulo: Cooperiva Paulista de Teatro, 2008, p. 23-26.

do fortalecimento mútuo e da criação de projetos de interesses comuns". Mas já no ano seguinte a ideia de propor uma alternativa às leis de incentivo aparece como objetivo central. Em um manifesto, o movimento declara seus princípios:

> Entendemos as nossas criações como um pensamento em construção que objetiva a constituição de uma sociedade humanista. [...] A Cultura estruturada pela visão política que tem no marketing o seu fundamento é o que alimenta na sociedade a competição, a concentração de renda, o preconceito, a privação dos direitos elementares do cidadão e a manutenção do status quo. Não compete à Arte [...] propiciar a inclusão e a contenção da insatisfação social. À Arte compete apontar para além dos limites impostos pela dura realidade, na tentativa de buscar novos caminhos para a política e para o homem[224].

Em 2006, o Redemoinho elabora o Projeto de Lei Federal para o Fomento ao Teatro, que prevê atender anualmente a até 445 projetos, com os objetivos de "fomentar o desenvolvimento de um teatro que tenha relevância cultural" e "facilitar o acesso da população". O projeto se destina à manutenção de núcleos artísticos com trabalho contínuo, à produção de espetáculos teatrais com relevância artística e à circulação de espetáculos e/ou atividades teatrais com relevância artística. O projeto é levado a Brasília em março de 2008, quando a Associação Produtores Teatrais do Rio de Janeiro (APTR), representando cento e quarenta produtores da cidade, entrega seu projeto para a Lei do Teatro, que tem como base a renúncia fiscal, o modelo de captação do cinema, e prevê a criação de uma secretaria especial para o teatro. Cinco dias depois, o secretário-executivo do Ministro da Cultura, Juca Ferreira, e o presidente da Funarte, Celso Frateschi, divulgam texto em que criticam a proposta dos produtores cariocas e afirmam que ela "baseia-se nos mesmos princípios da Lei Rouanet, que todos querem mudar". Da análise apresentada sobre as consequências da lei, destacam-se os seguintes pontos:

- quase todos os recursos são aplicados na montagem e na manutenção da temporada;
- o ingresso ficou mais caro e chega a custar um salário mínimo;
- o lucro do empresário não vem da bilheteria, o que o estimula a produzir mais montagens menos duradouras;
- o número de apresentações dos espetáculos diminuiu em mais de 50%;
- o número de produções cresceu, aumentando a concentração na região Sudeste;
- o teatro recebeu, em 2007, mais de cem milhões de reais;
- há registro de um proponente que, em cinco anos, captou mais de quarenta milhões;
- com a Lei Rouanet, os orçamentos públicos para a área de cultura escassearam.

Segundo a análise, grandes sucessos geram lucros significativos que, no entanto, não são aplicados em outros setores da economia e nem revertem em benefício do cidadão. Ainda assim, o proponente continua a ser beneficiado pelo dinheiro público nos projetos seguintes. Ao final, os autores definem a função do teatro:

> O teatro não é apenas uma atividade econômica. É uma forma de expressão e de construção de conhecimento, que engrandece o cidadão na sua humanidade e sociabilidade. É uma arte pública e possui na sua própria essência o ato político da cidadania. É um exercício de liberdade que expõe, pela representação, o homem em suas relações, num ato ao mesmo tempo individual e coletivo[225].

As declarações parecem preparar o terreno para a mudança. Contraditoriamente, o diretor da Funarte se demite em outubro, pressionado pelo protesto dos funcionários, que o acusam de abandonar a instituição. Nomeado Ministro da Cultura em agosto do mesmo ano, em virtude da saída de Gilberto Gil, Juca Ferreira apresenta um projeto para a reforma da Lei Rouanet e para a reestruturação do Fundo Nacional de Cultura[226]. O projeto, que é recebido com desconfiança por setores que temem o controle político (especialmente o clientelismo, a corrupção e a ineficiência

224 Disponível em: <http://grupoteatroinvertido.blogspot.com.br/2010/11/manifesto-redemoinho.html>.

225 Celso Frateschi; Juca Ferreira, Incentivo ao Teatro?, *Folha de S. Paulo*, 27 mar. 2008. Coluna Opinião.

226 Disponível em: <www.cultura.gov.br/blogdarouanet>

que acompanham a gestão dos recursos públicos no país), está de acordo com o Plano de Governo apresentado pelo Partido dos Trabalhadores para o segundo mandato do presidente, de 2007 a 2010, e cujo item dedicado à cultura promete:

> Avançar na consolidação do Sistema Nacional de Cultura, com pactos progressivos com estados e municípios, fortalecendo o Plano Nacional de Cultura, integrando políticas de financiamento e estimulando práticas participativas na gestão cultural; criar e implementar mecanismos de financiamento para estabelecer o Ticket Cultural, como forma democrática de acesso da população aos bens e serviços culturais; *acelerar o processo de revisão do Fundo Nacional de Cultura e das demais leis de incentivo, preservando o caráter republicano, a transparência e o controle público sobre esses instrumentos de financiamento à produção cultural*; articular as ações governamentais em educação, cultura e comunicação, reconhecendo e apoiando a diversidade cultural do país[227].

Ainda em 2008, a Casa Civil da Presidência da República lança, para consulta pública, o projeto de lei que institui o Programa Nacional de Fomento e Incentivo à Cultura (Profic). Passa-se dois anos sem que haja notícia sobre o texto final do projeto e seu encaminhamento para votação.

A partir de 2009, na gestão de Sérgio Mamberti na presidência da Funarte, o cargo de Diretor de Artes Cênicas é ocupado por Marcelo Bones, encenador mineiro que participara da fundação do Redemoinho e que se propõe a aproximar os setores divergentes do teatro. Em entrevista ao jornal *Estado de Minas*, ele considera que este é um dos principais problemas do momento que identifica como de "reconstrução das políticas culturais no Brasil", ao lado da precariedade do Estado e da falta de entendimento, por parte da sociedade em geral, sobre o papel da cultura.

> Não temos mais a visão de mobilização nacional do passado. Já tivemos um sentido de categoria e perdemos isso. [...] Neste sentido, a dança avançou muito e tem se mostrado extremamente articulada. É invejável o que a dança vem fazendo. O circo e a dança. [...] É preciso superar essa falsa dicotomia que leva à rivalidade. É muito mais importante fazer com que o teatro seja necessário para a sociedade. [...] Temos que amadurecer cada vez mais a ideia de democracia. Saber conviver com a diversidade. As diferenças não são destrutivas umas às outras[228].

As divergências entre o Redemoinho e a APTR, que se enraízam em práticas distintas, assim como a cisão que interrompeu as atividades daquele movimento de grupos, e a polêmica que colocou em oposição, na imprensa mineira[229], o teatro profissional e o teatro de invenção, são algumas das rivalidades a que se refere Bones e que impedem uma articulação nacional do setor. Em certa medida, as polêmicas cumprem, num primeiro momento, o papel de tornar claras as diferenças, para que estas sejam reconhecidas pelas políticas culturais. O problema consiste em dar o passo seguinte.

Considerações Finais

Desde a década de 1990, nos eventos voltados ao teatro de grupo, os participantes dedicam boa parte do espaço reflexivo à discussão conceitual do termo, procurando encontrar uma definição única, que se mostra impossível diante da diversidade. Busca-se os mais variados parâmetros: a atuação social, a continuidade da pesquisa, o investimento técnico, a formação de público, a estabilidade dos integrantes. Nos países onde a atuação do Estado é clara e contínua, não se discute o que é grupo de teatro, uma vez que as vias e os modos de fomento são definidores: cada categoria possui um tipo específico de subvenção. Isso quer dizer que uma iniciativa artística precisa definir, antes mesmo de nascer, em que categoria se encaixa[230]. No Brasil, os conjuntos se batizam como "grupo", "trupe", "companhia" ou "teatro" segundo critérios unicamente subjetivos.

227 Idem. (Grifo nosso.)

228 Marcelo Bones Fala do Desafio de Dirigir as Artes Cênicas da Funarte. Entrevista a Jefferson da Fonseca, *Jornal Estado de Minas*, Belo Horizonte, 8 fev. 2010, Caderno de Cultura, p. 1.

229 *Jornal Estado de Minas*, Belo Horizonte, dias 31 jan. e 4 fev. 2010, Caderno de Cultura.

230 No livro *Fragments d'un discours théâtral: Entre singulier et pluriel, de l'individualité créatrice à l'oeuvre collective*, Brigitte Rémer descreve as categorias vigentes na França, diferenciando-as em termos de funcionamento, composição e organização. Paris: L'Harmattan, 2002.

Se um grupo será na verdade uma companhia, se uma companhia será na verdade uma instituição, isso dirá respeito apenas a seus responsáveis.

Em outras palavras, o lugar e a função do teatro, como organismo social e público, são definidos pelo Estado. Se o Estado não o define, ele é livre – o que quer dizer que está entregue à própria vontade e sorte. Daí o problema das organizações de grupos quando procuram fazer o papel do Estado, isto é, conceber políticas para o setor. A tentativa de elaborar um plano esbarra no limite óbvio dos interesses particulares: a atuação política do artista tem como objetivo lutar pela sua sobrevivência artística. Se, por fatores conjunturais, sua estrutura interna e seu campo de ação se encontram reduzidos (atores rotativos, espetáculos de curta e única temporada, descontinuidade), dificilmente sua visão não vai além deste teatro constrito. As relações com o Estado se pautam pelo pragmatismo quando se almeja a melhoria das mesmas formas de criação, produção e distribuição, ou seja, melhores condições para a perpetuação do presente. Dessa forma, os "núcleos teatrais" plantam a reprodução de sua própria redutibilidade para o futuro.

Na década de 1980, Yan Michalski observou que o teatro brasileiro, na distribuição dos papéis que oferecia aos atores, vinha reproduzindo a pirâmide social do país – reflexo da redução do público a uma pequena faixa desta mesma pirâmide. Também nos anos de 1980, Mariangela Alves de Lima nega que exista, no teatro alternativo, uma função de alteridade, na medida em que ele pretende "conseguir mais público para o mesmo teatro"[231]. Lima não trata do papel do Estado, mas da capacidade inovadora do artista.

> Qualquer coisa nova como o *outro* teatro deve por exigência do seu caráter inaugural encontrar novos meios de expressão para poder finalmente chegar a um outro público. Esse outro teatro pode também (e a ousadia nesse caso tem que ser maior) transformar o *mesmo* público em *outro* público[232].

Algumas vertentes teatrais cumpriram esse papel nas décadas seguintes. Diversos grupos se plantaram em espaços não convencionais (físicos e geográficos) e formaram um público próprio. As escolas de teatro, técnicas e universitárias, e os programas de pós-graduação se multiplicaram, colaborando significativamente para a formação do artista e do espectador. A bibliografia produzida pelos pesquisadores minimizou sensivelmente a lacuna de conhecimento acerca da história do teatro brasileiro, dos primórdios à atualidade. Um público especializado, desejoso de desafios e inovações, se formou em torno de teatros e de encenadores, o que possibilitou o surgimento de um teatro que requer do espectador não apenas o conhecimento prévio do texto e do universo do autor como também de suas históricas montagens anteriores e dos conceitos teatrais mais recentemente postulados. A extensão da lista de dissertações e teses, de publicações e de eventos dedicados ao teatro de grupo permite considerar que esta modalidade se tornou a vertente de maior nitidez e consequência no diversificado panorama nacional. Motivado pelo discurso oficial da descentralização, o teatro de rua ganhou força e se organizou para ampliar sua representatividade política. Os editais de órgãos e empresas públicas inseriram categorias específicas para atender a projetos de circulação e manutenção de grupos.

O Prêmio Myriam Muniz, criado pela Funarte em 2006 e patrocinado pela Petrobrás, contempla anualmente projetos de produção, circulação e manutenção. Em 2008, foram oferecidos sete milhões de reais, distribuídos entre 166 prêmios que variavam entre vinte mil e cem mil reais, disputados por cerca de mil e duzentos inscritos. Em 2009, foi oferecida a mesma quantia, para apenas 86 projetos que receberam de quarenta mil a cento e cinquenta mil reais, entre 2053 inscritos. O número de prêmios é previamente definido para cada região, com o objetivo de evitar a disputa entre as desigualdades e a concentração regional. Na lista dos contemplados destas últimas edições, há uma inserção constante da produção de dramaturgia inédita, da pesquisa histórica/técnica/estética, do teatro para crianças, do teatro de rua, do teatro de grupo, do teatro de animação, da circulação pelo interior, dos projetos oriundos de municípios de periferia, das associações e entidades. Há, enfim, uma inclusão dos processos

231 Perplexidades de um Crítico, *Arte em Revista*, São Paulo, Ceac-Centro de Estudos de Artes Cênicas, n. 8, 1984, p. 113.

232 Idem, p.112.

artísticos e produtivos que podem apresentar uma consequência cultural – aquilo que podemos chamar de "teatro de base".

Ressurge a polêmica: cabe ao Estado interferir na realidade? Que tipo de transformação pode emergir dessa interferência? A concepção acerca do seu papel junto à sociedade mudou, nas últimas décadas, mesmo entre os pensadores de esquerda, que antes defendiam um Estado que tomasse para si a responsabilidade sobre o funcionamento dos diversos setores. Hoje se fala antes em chamar ao diálogo os setores organizados da sociedade e apoiar iniciativas e necessidades manifestas do que em tomar a frente da produção cultural. No contexto democrático, o Estado gere, não produz – como os "pontos de cultura", criados pelo governo Lula a partir de práticas já existentes que ganharam sustentação do Estado[233].

O papel central que a cultura deve assumir no processo de desenvolvimento, não como produto a ser distribuído, mas como prática a ser coletivamente partilhada, vem sendo bastante discutido. No regime democrático, ela serviria para incluir todos os cidadãos em uma perspectiva humanista da sociedade, uma "forma de superação da barbárie pela ordem democrática e pluralista"[234]. A evolução do espírito seria condição para que se considerassem efetivas as conquistas nos campos econômico, tecnológico e político. Para ser incluído no projeto de desenvolvimento nacional, o indivíduo precisaria participar do processo que cria a cultura, o que significaria atuar por meio de um grupo que afirmasse sua identidade cultural. Junto às empresas, esse processo muitas vezes é confundido com capacitação técnica: contratam-se profissionais de destaque na área artística para captar jovens de talento junto a uma comunidade carente, com o objetivo de fornecer adestramento e inserção em um produto artístico fugaz que, na época de seu lançamento, atestará que aquela empresa "está fazendo a sua parte". Iniciativas de curta duração, de gestão e de criação verticalizadas, não se propõem a desenvolver a autonomia organizativa entre os integrantes, desempregados ao fim do projeto. São por vezes projetos vultuosos, cujos diretores recebem um salário cem vezes maior do que aquele oferecido aos jovens artistas.

Nas últimas décadas, vem ganhando força a ideia de investir em processos culturais coletivos com o objetivo de, a longo prazo, envolver os indivíduos na vida e no tempo atuais, ao mesmo tempo em que, por esse processo, a contemporaneidade se humanizaria e ganharia identidade. O acesso aos bens culturais – aí incluídos a escola e o patrimônio cultural – continua sendo considerado primordial, mas insuficiente. Para democratizar e descentralizar seria preciso mais do que fornecer produtos, seria necessário tornar acessíveis os processos de criação, produção e distribuição.

Mas a diluição das relações entre o teatro e a sociedade não pode ser revertida com a mera distribuição de recursos e de equipamentos por parte do Estado. É certo que, com a invasão do público pelo privado, a atividade teatral foi elitizada em toda a extensão da cadeia de produção, distribuição e acesso. Mas, além disso, diluiu-se o sentido coletivo do teatro, da organização à representação. A dificuldade em constituir a equipe teatral encontra paralelo na própria dificuldade de penetrar na sociedade, de encontrar um grupo social a que se dirigir. Minimizar a desigualdade provocada pelas leis de mercado, reservando recursos para o teatro de comprovada "relevância cultural", é talvez um começo (embora resulte tão abrangente quanto o estatuto do TNC). Se o Estado deve desempenhar um papel distinto daquele exercido pelo mercado, esse papel consistiria na priorização de projetos de continuidade, que colocasse em conexão, que construísse um vínculoo entre artistas, espaço e público. Parece impossível que o teatro adquira um sentido coletivo sem criar vínculo estreito com uma coletividade territorial e culturalmente definida, retirando dela seus elementos de linguagem, comprometendo-se com sua memória, sua identidade e sua autonomia.

Este texto foi finalizado no início de 2010, ano de eleição presidencial. Pode ser que a abrangente categoria teatral consiga construir um consenso sobre as divergências, e que a lei do Profic seja

233 Não deixa de ser curioso que, já em 1953, Getúlio Vargas, ao mesmo tempo em que assinava o decreto para a implantação da Companhia Dramática Nacional, afirmasse sua preferência em apoiar as companhias já existentes ao invés de produzir um teatro oficial de luxo.

234 Sérgio Mamberti, Por uma Cultura Democrática, em Leonardo Brant (org.), *Políticas Culturais*, Barueri: Manole, 2003, v. 1, p. 15.

votada, aprovada e entre em vigor nos próximos anos, com a participação da sociedade, tornando-se um importante instrumento para a diversificação, a democratização e a circulação da produção teatral do país. Pode ser que as leis de incentivo sejam modificadas de modo que o teatro, da base à ponta, e sua inserção social não dependam mais de mandatos profícuos e editais furtivos. Até muito recentemente, o futuro era uma incógnita e, em matéria de relação entre sociedade e Estado, tudo podia acontecer. Em breve saberemos se ultrapassamos esta fronteira.

Colaboradores do Volume 2

ALBERTO GUZIK (1944-2010) estreou no teatro em *Peter Pan*, em 1949, no Teatro Escola São Paulo, dirigido por Tatiana Belinky e Júlio Gouveia. Atuou no teatro amador até ser admitido, em 1964, como aluno de interpretação na Escola de Arte Dramática (EAD). Concluiu o curso em 1966. Em 1967 formou-se em Direito pela Universidade Mackenzie. Entre 1968 e 1980 foi professor da Escola de Arte Dramática e do departamento de Teatro da Escola de Comunicações e Artes da Universidade de São Paulo. Na ECA-USP obteve, em 1982, o título de mestre em Teatro. Tornou-se crítico teatral em 1971 e escreveu em várias revistas e jornais. De 1984 a 2001 foi crítico do *Jornal da Tarde*. Seus principais livros são: *Risco de Vida* (Globo, 1995, romance), *O que é Ser Rio, e Correr?* (Iluminuras, 2002, contos), *TBC: Crônica de um Sonho* (Perspectiva, 1986), *Paulo Autran: Um Homem no Palco* (Boitempo, 1998, vencedor do prêmio Jabuti de livro-reportagem) e *Os Satyros: Um Palco Visceral* (Imesp, 2006). Como dramaturgo, escreveu várias peças, com destaque para *Errado, Um Deus Cruel* e *Risco de Vida*. Em agosto de 2003 voltou a se apresentar como ator na peça *O Horário de Visita*, de Sérgio Roveri, com direção de Ruy Cortez. A partir de 2004, como integrante da Cia. Teatral Os Satyros, participou de diversas montagens como ator e diretor.

ANA BERNSTEIN é doutora em Estudos da Performance (Performance Studies, NYU) e mestre em História Social da Cultura (PUC-RJ). Publicações recentes incluem *A Crítica Cúmplice: Décio de Almeida Prado e a Formação do Teatro Brasileiro Moderno* (Instituto Moreira Salles, 2005), a primeira tradução em língua inglesa de *O Rei da Vela* de Oswald de Andrade (*The Candle King in Stages of Conflict: A Latin American Theater Reader*, University of Michigan Press, 2008), "Marina Abramović Artist Body/Public Body" (em *The Human Body: A Universal Sign. Papers, Workshops, Performances*, Jagiellonian University Publishing House, 2006), e "Do Corpo/Do Texto" (em *Literatura, Técnica & Outras Artes*, Fundação Casa de Rui Barbosa/Vieira & Lent, no prelo).

ANA MARIA AMARAL é professora titular de teatro de animação da ECA-USP e diretora do grupo O Casulo. Seus principais espetáculos são: *Palomares* (1978/1983, Prêmios Mambembe e Governador do Estado), *Fantoches e Fantolixos* (1977/1979, Prêmio Mambembinho – Teatro Infantil), *Zé da Vaca* (1981/1986, Prêmio APCA – Teatro Infantil), *A Coisa: Vibrações Luz do Objeto-imagem* (1990, espetáculo com objetos), *Babel Formas e Transformações* (1992, pesquisa com sombras e formas abstratas), *A Benfazeja* (2002, adaptação para ator e máscara de um conto de Guimarães Rosa), *Dicotomias* (2001/2002, com Bolsa Vitae de Artes). É autora dos livros *Teatro de Formas Animadas* (Edusp, 1991/97), *Teatro de Bonecos no Brasil* (Com Arte, 1994), *Teatro de Animação* (Ateliê, 1997), *O Ator e Seus Duplos* (Senac/Edusp, 2002).

ANDRÉ CARREIRA possui licenciatura em Educação Artística (Artes Plásticas) pela Universidade de Brasília (1984), é doutor em Teatro pela Universidad de Buenos Aires (1994) e pesquisador do CNPq. Atualmente é professor da Universidade do Estado de Santa Catarina, no departamento de Artes Cênicas e no Programa de Pós-Graduação em Teatro. Pesquisa com ênfase em teatro de grupo e teatro de rua como prática de apropriação da silhueta da cidade e também dirige o grupo teatral Experiência 2 de Florianópolis, que desenvolve um trabalho centrado na noção de risco físico e na exploração de fronteiras no trabalho do ator. É autor de diversos artigos publicados em revistas especializadas, de capítulos de livros e de obras como *El Teatro Callejero en la Argentina y en el Brasil Democráticos de la Década del* 80 (Nueva Generación, 2003), *Práticas de Produção Teatral em Santa Catarina – Sobrevivência e Busca de Identidade* (Udesc, 2003) e *Teatro de Rua: Uma Paixão no Asfalto* (Hucitec, 2007).

ARÃO PARANAGUÁ DE SANTANA é professor do Programa de Pós-Graduação Cultura e Sociedade e da licenciatura em Teatro na Universidade Federal do Maranhão. É licenciado em desenho e plástica (UnB, 1979), mestre em Educação (UnB, 1983) e doutor em Artes pela Universidade de São Paulo, com concentração de estudos em Teatro e Educação. Publicou os livros *Teatro e Formação de Professores* (Edufma, 2000) e *Visões da Ilha: Apontamentos Sobre Teatro e Educação*, (Ed. do Autor, 2003), além de artigos sobre pedagogia do teatro em revistas especializadas. Em 2006 recebeu o título de Cidadão de São Luís pela contribuição na área de cultura e teatro.

CHRISTINE JUNQUEIRA é doutora (2007) e mestre (2002) em Teatro e bacharel em Artes Cênicas, com habilitação em Teoria do Teatro (1996) pela Unirio; bacharel em Comunicação Social, com habilitação em jornalismo (1986) e publicidade e propaganda (1987) pela PUC-RJ. Colaborou como pesquisadora e redatora da *Enciclopédia Itaú Cultural de Teatro* (2008, 2009), foi professora do departamento de História e Teoria da Arte, da Escola de Belas--Artes da UFRJ (2002, 2005, 2006) e do Núcleo Integrado de Teatro e Educação da UGF (1997 a 2001). Atuou como pesquisadora e redatora da área de artes cênicas do Canal Funarte (2006) e foi editora assistente da revista *O Percevejo* (1997 a 1999). Principais publicações: "Yan Michalski: Um Crítico em Cena" (*Folhetim: Teatro do Pequeno Gesto*, n. 22, 2005); "A Crítica Teatral Carioca e a Consolidação do Teatro Brasileiro Moderno" (*Folhetim*: *Teatro do Pequeno Gesto*, n. 21, 2005); "CICT Versus ABCT: A Polêmica da Crítica Teatral Carioca da Década de 1950" (*O Percevejo*, n. 13, Unirio, 2004); "O Jogo de Cena do Teatro Antigo" (em Irley Machado (org.), *Teatro: Ensino, Teoria e Prática*, Edufu, 2004); "A Dramaturgia de Armando Gonzaga e Gastão Tojeiro na 'Tradição da Comédia de Costumes': Uma Remontagem de *Cala a Boca, Etelvina!...* na Década de 1960" (*Folhetim*: *Cadernos Monográficos*, n. 1, Teatro do Pequeno Gesto, 2004).

CLÁUDIA DE ARRUDA CAMPOS possui graduação em Letras pela Universidade de São Paulo (1971), mestrado (1983) e doutorado (1993) pela mesma universidade. É professora aposentada do departamento de Teoria Literária e Literatura Comparada da Universidade de São Paulo, com pesquisa voltada para dramaturgia e história do teatro no Brasil. É autora de *Zumbi, Tiradentes e Outras Histórias Contadas Pelo Teatro de Arena de São Paulo* (Perspectiva/ Edusp, 1978) e *Maria Clara Machado* (Edusp/ Fapesp, 1988. Coleção Artistas Brasileiros).

CLOVIS GARCIA formou-se em Direito pela Universidade de São Paulo, em 1942. Foi ator, diretor, cenógrafo, figurinista e crítico teatral da revista *O Cruzeiro* (1951-1958) e dos jornais *A Nação* (1963-1964) e *O Estado de S. Paulo* (1972-1986). Foi crítico de teatro infantil no *Jornal da Tarde* (1980-1990). É Professor Emérito da USP e doutor em Artes. Foi professor da Escola de Arte Dramática e da Escola de Comunicações e Artes da USP, onde se aposentou em 1992. Publicou, além de vários capítulos de livros e artigos em periódicos nacionais e internacionais, os livros *Os Caminhos do Teatro Paulista* (Prêmio, 2006) e *A Crítica como Ofício* (Imesp, 2006).

EDÉLCIO MOSTAÇO é professor associado na Udesc – Universidade do Estado de Santa Catarina e pesquisador do CNPq. Crítico, ensaísta e historiador do teatro brasileiro, voltou-se para os temas ligados à renovação da cena brasileira. Entre seus principais trabalhos estão: *Teatro e Política: Arena, Oficina e Opinião* (Proposta Editorial, 1982), *O*

Espetáculo Autoritário (Proposta Editorial, 1983) e *Nelson Rodrigues: A Transgressão* (Cena Brasileira, 1996). Foi assessor e redator da primeira fase da *Enciclopédia Itaú Cultural do Teatro Brasileiro* (2002). Escreveu o capítulo "O Teatro Pós-moderno" para a obra *O Pós-Modernismo* (Perspectiva, 2004) e diversos verbetes para o *Dicionário do Teatro Brasileiro* (Perspectiva, 2007).

INGRID DORMIEN KOUDELA é livre-docente pela ECA-USP e pesquisadora do CNPq. Professora do curso de pós-graduação em Artes Cênicas na ECA-USP, atua também como encenadora com alunos de graduação no Curso de Licenciatura em Teatro da Uniso – Universidade de Sorocaba. Autora de *Jogos Teatrais* (Perspectiva, 2002) é tradutora e introdutora do Sistema de Jogos Teatrais no Brasil. Pesquisadora de Brecht, com ênfase na Peça Didática, escreveu os seguintes livros, nos quais propõe uma abordagem alternativa para o ensino/aprendizagem da linguagem teatral e do texto literário: *Brecht: Um Jogo de Aprendizagem* (Perspectiva, 1991), *Um Vôo Brechtiano* (Perspectiva, 1992), *Texto e Jogo* (Perspectiva, 1996) e *Brecht na Pós-Modernidade* (Perspectiva, 1996). Em parceria com Jacó Guinsburg publicou a tradução da obra de Georg Büchner, *Georg Büchner: Na Pena e na Cena* (Pespectiva, 2004). É colaboradora com vários verbetes no *Dicionário do Teatro Brasileiro* (Perspectiva, 2006) e organizadora do volume *Heiner Müller: O Espanto no Teatro* (Perspectiva, 2003). Foi coordenadora do Grupo de Trabalho (2000-2009) – Pedagogia do Teatro e Teatro na Educação da Abrace – Associação Brasileira de Pesquisa e Pós-Graduação em Artes Cênicas.

J. GUINSBURG é professor titular (aposentado) de Estética Teatral e Teoria do Teatro da ECA-USP, jornalista, crítico literário e teatral e editor. É autor de *Motivos: Ensaios de Literatura* (Conselho Estadual de Cultura, 1964), *Stanislávski e o Teatro de Arte de Moscou* (Perspectiva, 2. ed. de 2001); *Leoni de'Sommi: Um Judeu no Teatro da Renascença Italiana* (Perspectiva, 1989); *Diálogos Sobre Teatro* (coautor, Edusp, 1992); *Aventuras de uma Língua Errante: Ensaios de Literatura e Teatro Ídiche* (Perspectiva, 1996); *Stanislávski, Meierhold e Cia.* (Perspectiva, 2001); *Da Cena em Cena* (Perspectiva, 2001); *A Cena em Aula: Itinerários de um Professor em Devir* (Edusp, 2009). Tradutor de obras de Diderot, Descartes, Lessing, Kleist, Kant, Büchner, Nietzsche, Strindberg, Ans-ki, Pirandello, Ortega y Gasset, Sartre, entre outras. Organizador da Coleção Judaica em treze volumes, bem como das coletâneas sobre *O Romantismo*, *O Classicismo*, *O Expressionismo*, *O Pós-Modernismo*, o *Surrealismo* na coleção Stylus da editora Perspectiva, e dos escritos de Anatol Rosenfeld.

JOSÉ EDUARDO VENDRAMINI é professor titular (aposentado) do departamento de Artes Cênicas da Escola de Comunicações e Artes da Universidade de São Paulo, onde ministrou aulas (desde 1980) na graduação e pós-graduação e orientou mestrados e doutorados, alguns deles já publicados. Como encenador, participou do movimento de teatro amador paulista desde 1964, recebeu quatro vezes o Prêmio Governador do Estado e foi um dos fundadores do atual Festival Internacional de Teatro de S. José do Rio Preto. Como dramaturgo, recebeu seu primeiro prêmio em 1967. Seus últimos trabalhos são *Diálogo com a Mãe*, *Sinfonia do Tempo* e *Jogo de Damas*.

MARIA LÚCIA DE SOUZA BARROS PUPO é professora titular no departamento de Artes Cênicas da Escola de Comunicações e Artes da Universidade de São Paulo. Vem atuando particularmente na formação inicial e continuada de professores de teatro e orienta pesquisas de mestrado e doutorado no campo da pedagogia do teatro. Publicou *No Reino da Desigualdade* (Perspectiva, 1991) e *Entre o Mediterrâneo e o Atlântico: Uma Aventura Teatral* (Perspectiva, 2005), além de capítulos de livros e artigos em revistas especializadas.

MARIA SÍLVIA BETTI é professora da Faculdade de Filosofia, Letras e Ciências Humanas da Universidade de São Paulo e coordena as atividades de cultura e extensão do Núcleo de Estudos Teatrais Décio de Almeida Prado, do Centro Ángel Rama. Cursou graduação, mestrado e doutorado na USP e fez pós-doutorado na New York University. É autora de *Oduvaldo Vianna Filho* (Edusp/Fapesp, 1997, Coleção Artistas Brasileiros), tradutora de *O Método Brecht*, de Fredric Jameson (Vozes, 1999, Coleção Zero à Esquerda) e colaboradora na preparação de verbetes do

Dicionário do Teatro Brasileiro: Temas, Formas e Conceitos (Perspectiva, 2006). Desenvolve pesquisas e orientação nas áreas de teatro norte-americano e dramaturgia comparada Estados Unidos-Brasil.

MARIA THEREZA VARGAS é pesquisadora e historiadora do teatro brasileiro. Formou-se em Dramaturgia e Crítica pela Escola de Arte Dramática (EAD), em São Paulo. Nos anos de 1950, colaborou com a edição dos primeiros *Cadernos de Teatro* do grupo carioca O Tablado e participou do Seminário de Dramaturgia do Teatro de Arena. Entre 1975 e 1997 foi pesquisadora do Idart, órgão de pesquisa ligado à Secretaria Municipal de Cultura de São Paulo. Suas principais publicações são: *O Teatro Operário na Cidade de São Paulo: Teatro Anarquista* (em conjunto com Mariangela Alves de Lima, SMC, 1980); *Circo: Espetáculo de Periferia*, (SMC, 1981); *Da Rua ao Palco – O Teatro da Academia de Direito de São Paulo no Século XIX* (SMC, 1982); *Uma Atriz: Cacilda Becker* (juntamente com Nanci Fernandes, Perspectiva, 1983); *Fredi Kleemann: Foto em Cena* (em conjunto com Tânia Marcondes, 1991); *Giramundo: O Percurso de uma Atriz – Myrian Muniz* (Hucitec, 1998); *Cem Anos de Teatro em São Paulo* (em conjunto com Sábato Magaldi, Senac, 2000); *Sônia Oiticica, uma Atriz Rodrigueana?* (Imesp, 2005); e *Antologia do Teatro Anarquista* (Martins Fontes, 2009).

NANCI FERNANDES é professora de história do teatro brasileiro na Escola de Arte Dramática da ECA-USP (1987-2009). Pesquisadora independente e tradutora. Organizou e pesquisou o acervo de Anatol Rosenfeld, trabalho que resultou na publicação, pela editora Perspectiva, de dezessete volumes, dentre os quais cinco foram por ela organizados. Também para a mesma editora, fez traduções de livros e verbetes de teatro, bem como escreveu vários verbetes sobre temas teatrais. Autora, em parceria com Maria Thereza Vargas, de: *Uma Atriz: Cacilda Becker* (Perspectiva, 1984). Com Ilka Marinho Zanotto, organizou *Contos*, de Alfredo Mesquita (Nova Fronteira, 1985). Escreveu vários ensaios sobre teatro, dentre eles: "EAD-USP: Uma Nova Etapa" em *Lição de Palco: EAD-USP* 1969-2009 (Edusp, 2009, p. 21-62).

ORNA MESSER LEVIN é professora do departamento de Teoria Literária da Unicamp. Nessa instituição fez a graduação, o mestrado e o doutorado em Letras. É pesquisadora do CNPq. Em 1996 publicou *As Figurações do Dândi: Um Estudo Sobre a Obra de João do Rio* (Editora da Unicamp). Organizou vários livros, com destaque para: *Aluísio Azevedo, Ficção Completa*, (Nova Aguilar, 2005); *Teatro de João do Rio* (Martins Fontes, 2004); *Fagundes Varela, Cantos e Fantasias e Outros Cantos* (Martins Fontes 2003). Traduziu e organizou com Alexandre Soares Carneiro uma edição bilíngue (espanhol/português) de *O Auto da Sibila Cassandra*, de Gil Vicente (Cosac Naify, 2008). Com Larissa de Oliveira Neves organizou o livro *Theatro: Crônicas de Artur Azevedo*, (Editora da Unicamp, 2009) que contou com o patrocínio da Petrobrás e Ministério da Cultura dentro da Lei de Incentivo à Cultura.

PAULO MERISIO é formado em cenografia (Unirio, 1987) e Interpretação Teatral (Escola de Teatro Martins Pena, 1993). Doutor em Teatro (Unirio, 2005) e professor adjunto do Curso de Teatro da Universidade Federal do Estado do Rio de Janeiro, é bolsista de Produtividade em Pesquisa do CNPq. Foi docente do Curso de Teatro da Universidade Federal de Uberlândia de 2002 a 2009, onde atua ainda como professor colaborador do mestrado em Artes. Coordena o Projeto de Pesquisa Sentidos do Melodrama: Poéticas, Escritas, Visualidades e Potencialidades Pedagógicas (2009 – 2012), que é vinculado aos grupos de pesquisa: Grupo de Estudos Sobre o Teatro Cômico (Unirio), Núcleo de Criação e Pesquisa Teatral – Tribo (UFU), Núcleo Transdisciplinar de Pesquisa em Artes Cênicas – Nace (UFMG). Dirige, desde 2002, o grupo uberlandense Trupe de Truões, em que é coordenador pedagógico do Ponto de Cultura (MG): "Ensino Encena: Atuação e Formação no Teatro Infanto-juvenil".

RACHEL ARAÚJO DE BAPTISTA FUSER é licenciada em Pedagogia pela Faculdade de Filosofia, Ciências e Letras de Marília (hoje Unesp), formada pela EAD/ECA-USP, mestre e doutora em Artes Cênicas pela ECA-USP. Trabalhou como atriz em teatro, TV e cinema, e como diretora em espetáculos como *O Jardim das Delícias* (na Casa das Rosas),

After Darwin (no Masp e Centro Cultural São Paulo), *E a Culpa é da Ciência* (Campus da PUC, São Paulo). É professora de interpretação na EAD desde 1980. Participou das equipes de tradução de *O Ator no Século XX*, de Odette Aslam, e *Dicionário de Teatro*, de Patrice Pavis, ambos editados pela Perspectiva.

ROSANGELA PATRIOTA é professora do Instituto de História da Universidade Federal de Uberlândia. É uma das coordenadoras do Núcleo de Estudos em História Social da Arte e da Cultura (Nehac) que, em 2001, tornou-se Diretório de Pesquisa do CNPq. Como pesquisadora, dedica-se às interlocuções entre história e teatro. Publicou diversos artigos em periódicos especializados, capítulos de livros e é autora de *Vianinha: Um Dramaturgo no Coração de Seu Tempo* (Hucitec, 1999) e de *A Crítica de um Teatro Crítico* (Perspectiva, 2007). Organizou coletâneas de livros, dentre as quais se destacam *História e Cultura: Espaços Plurais* (Asppectus, 2002), *A História Invade a Cena* (Hucitec, 2008), *Imagens na História* (Hucitec, 2008) e *J. Guinsburg, A Cena em Aula: Itinerários de um Professor em Devir* (Edusp, 2009, em parceria com J. Guinsburg). Foi colaboradora no *Dicionário do Teatro Brasileiro* (Perspectiva, 2006) e assinou, com J. Guinsburg, o estudo introdutório da edição fac-símile da *Revista Dramática* (Edusp, 2007). É uma das editoras do periódico eletrônico *Fênix: Revista de História e Estudos Culturais* – ISSN – 1807-6971, uma das coordenadoras da série *A História Invade a Cena* (Hucitec) e membro do Conselho Editorial do selo História da editora Argvmentvm, além de conselhos editoriais de periódicos especializados.

ROSYANE TROTTA é doutora em teatro e professora da Unirio. Dedica-se à pesquisa sobre os sistemas de organização e de criação em grupo, tema da maioria dos seus escritos teóricos. Publicou o livro *Teatro e Estado: As Companhias Oficiais do Brasil* (Hucitec, 1992), escrito em parceria com Yan Michalski. Tem artigos publicados em livros – entre eles, *Teatro de Rua, Olhares e Perspectivas* (E-papers, 2005), *O Desassombro da Utopia* (Tomo, 2005), *Sentidos de uma Experiência* (Aeroplano, 2008) – e em periódicos especializados (*Sala Preta, Folhetim, Subtexto*, entre outros). Integra o conselho editorial das revistas *Cavalo Louco* e *Urdimento*. Entre suas peças encenadas estão *Os Náufragos* (1988), *O Malfeitor* (1997) e *Mar Aberto* (2000). Pelo Programa de Bolsas da Fundação Vitae, escreveu *O Homem que Vendeu o Samba* (2002). Em processos colaborativos, compôs a dramaturgia de *Peça ao Seu Amante para Limpar os Pés Antes de Entrar na Nossa Casa* (2003), *Memória Afetiva de um Amor Esquecido* (2008) e *Mistério Bufo* (2010). É dramaturgista da Cia. Marginal, que atua no Complexo da Maré, desde 2002.

SILVANA GARCIA é pesquisadora, pedagoga, dramaturgista e professora da Escola de Arte Dramática da Universidade de São Paulo. É autora dos livros *Teatro da Militância* (Perspectiva, 2005) e *As Trombetas de Jericó: Teatro das Vanguardas Históricas* (Hucitec, 1997) e de inúmeros ensaios sobre teatro brasileiro, publicados no país e no exterior. Foi diretora da Divisão de Pesquisas – Idart (Centro Cultural São Paulo/Secretaria Municipal de Cultura, 2001-2004), coordenadora para São Paulo do Projeto Royal Court de Dramaturgia (2202-2004) e jurada do Prêmio Shell de Teatro (São Paulo, 1997 – 2007). Integra a Cátedra Itinerante de Teatro Latino-Americano e pertence ao núcleo gestor do Archivo Virtual de Artes Escénicas (Universidade Castilla La Mancha, Espanha). É diretora do grupo *lasnoias & cia.*, dedicado à pesquisa de dramaturgia contemporânea, e responsável pelos espetáculos *Lesão Cerebral* (2007) e *Há um Crocodilo Dentro de Mim* (2009).

SÍLVIA FERNANDES é professora titular do departamento de Artes Cênicas e do Programa de Pós-Graduação em Artes Cênicas da ECA-USP. Pesquisadora do CNPq, atua nas áreas de teatro brasileiro contemporâneo e teoria teatral. Foi docente do departamento de Artes Cênicas do Instituto de Artes da Unicamp e pesquisadora de teatro no departamento de Informação e Documentação Artísticas ligado à Secretaria Municipal de Cultura de São Paulo. Publicou pela editora Perspectiva *Sobre o Trabalho do Ator* (com Mauro Meiches, 1988), *Memória e Invenção: Gerald Thomas em Cena* (1996) e *Teatralidades Contemporâneas* (2010) e organizou *Um Encenador de Si Mesmo: Gerald Thomas* (com J. Guinsburg, 1966), *Teatro da Vertigem: BR3* (com Roberto Audio, 2006) e *O Pós-Dramático: Um Conceito Operativo?* (com J. Guinsburg, 2008). São também de sua autoria: *Grupos Teatrais, Anos 70* (Editora da Unicamp, 2000) e *A Arte de Brincar no Palco Sem Pedir Licença* (Sesc-SP, 2008).

TANIA BRANDÃO é bacharel e licenciada em História (UFRJ, 1973 e 1974), doutora em História Social pelo IFCS da UFRJ e livre-docente em Direção Teatral pela Unirio. Lecionou na Escola de Teatro Martins Pena (1982-1992) e na Escola de Teatro da Unirio (1989-2002), onde atua como orientadora na pós-graduação e da qual foi diretora (2000-2002). A partir de 1982, tornou-se crítica de teatro, assinando colunas especializadas em diversas revistas e jornais; atualmente é crítica teatral do jornal *O Globo* – fórum mensal de crítica. Desde 2005 é uma das curadoras do Festival de Teatro de Curitiba e integra o júri do Prêmio Shell de Teatro, edição do Rio de Janeiro. Entre os livros, capítulos de livros, ensaios e artigos que publicou nos últimos anos, destacam-se: *Teatro de Revista no Brasil* (ed. especial de *O Percevejo*, Unirio, 2006), colaboração no *Dicionário do Teatro Brasileiro* (Perspectiva, 2006), "Um Teatro se Improvisa: O Teatro Carioca de 1943 a 1968" (em *Brasil Palco e Paixão: Um Século de Teatro*, Aprazível, 2004), *A Máquina de Repetir e a Fábrica de Estrelas: O Teatro dos Sete* (Sete Letras, 2002) e *Uma Empresa e Seus Segredos: Companhia Maria Della Costa* (Perspectiva, 2009).

VALMOR BELTRAME é professor no Programa de Pós-Graduação em Teatro na Universidade do Estado de Santa Catarina – Udesc. Mestre (1995) e doutor (2001) em Artes – Teatro pela Escola de Comunicações e Artes da Universidade de São Paulo – USP. Diretor teatral, pesquisa distintas manifestações do teatro de animação tais como bonecos, objetos, máscaras e teatro de sombras. É editor da *Móin-Móin: Revista de Estudos Sobre Teatro de Formas Animadas*. Organizou a publicação de *Teatro de Bonecos: Distintos Olhares Sobre Teoria e Prática* (Udesc, 2007) e, com Milton de Andrade, de *Poéticas Teatrais: Territórios de Passagem* (Desing Editora/Fapesc, 2008).

WELINGTON ANDRADE é bacharel em Artes Cênicas pela Unirio e em Letras pela USP, onde também desenvolveu suas pesquisas de mestrado (*O Livro de Jó, de Luís Alberto de Abreu: Mito e Invenção Dramática*) e de doutorado (*Contestação e Desvario: Tentativas de Experimentação do Drama Brasileiro Pós*-68). É professor do curso de jornalismo da Faculdade Cásper Líbero desde 1997 e autor de artigos sobre teatro e literatura para revistas de difusão cultural. Organizou os ciclos de debates e leituras dramáticas *Em Cena, Ações!* (Sesc Ipiranga, 2005-2006), sobre o teatro musical brasileiro dos anos de 1960 e de 1970, e *Bernard Shaw: Um Porto de Passagem* (Sesc Vila Mariana, 2004), sobre a obra do dramaturgo irlandês.

Créditos das Imagens

Acervo Companhia do Latão
PÁGINA 362
Acervo Decio de Almeida Prado-ims
PÁGINAS 72; 74 e 165
Acervo Funarte-Cedoc
PÁGINAS 45; 51; 59 e 65 (Foto: Carlos Moskowski); 66 (Foto: Carlos Moskowski)
Acervo Galpão
PÁGINA 342
Acervo GEDES/SESC Memórias
PÁGINAS 321 e 334 (Fotos: Paquito)
Acervo Iconographia
PÁGINA 229
Acervo Lume
PÁGINAS 323 e 461
Arquivo Multimeios-Divisão de Pesquisas
PÁGINAS 87; 91 (Foto: Fredi Kleemann); 92 (Foto: Fredi Kleemann); 106 (Foto: Fredi Kleemann); 109 (Foto: Fredi Kleemann); 224 (Foto: Ary Brandi); 267 (Foto: Ruth Amorim Toledo) e 336 (Foto: João Caldas)
Acervo Perspectiva
PÁGINA 287
Acervos pessoais
PÁGINAS 61 [Nydia Licia]; 87 [Mara Jacobbi]; 131 [Revista *Teatro Brasileiro*, n. 6]; 133 [Maria Thereza Vargas]; 223 [Lígia Cortez]; 241 [Foto: Marcos Muzzi]; 288 [Sábato Magaldi]; 329 e 339 [Fotos: Lenise Pinheiro]; 345 e 354 [Fotos: João Caldas]; 391 [Tá na Rua]; 412 [Ana Maria Amaral]; 419 [Tatiana Belinky]; 453 [Ingrid D. Koudela]

Agradecemos o apoio de todos os acervos, artistas, fotógrafos e seus representantes por disponibilizar os direitos de reprodução das imagens deste volume.

Agradecemos em especial a Maria Thereza Vargas pela inestimável orientação, empenho e envolvimento na localização de representantes e liberação dos direitos de reprodução de várias destas imagens.

Este livro foi impresso na cidade de Cotia,
nas oficinas da Meta Brasil, para a Editora Perspectiva